COMENTÁRIOS À LEI
DE SOCIEDADES ANÔNIMAS

2º VOLUME - Arts. 75 a 137

PLANO GERAL DA OBRA

MODESTO CARVALHOSA

Advogado

COMENTÁRIOS À LEI DE SOCIEDADES ANÔNIMAS

2º **VOLUME** - Arts. 75 a 137

Lei n. 6.404, de 15 de dezembro de 1976,
com as modificações da Lei n. 12.431, de 24 de junho de 2011

6ª edição
revista e atualizada

2014

100 ANOS
Saraiva

Editora Saraiva

Rua Henrique Schaumann, 270, Cerqueira César — São Paulo — SP
CEP 05413-909
PABX: (11) 3613 3000
SACJUR: 0800 055 7688
De 2ª a 6ª, das 8:30 às 19:30
saraivajur@editorasaraiva.com.br
Acesse: www.editorasaraiva.com.br/direito

FILIAIS

AMAZONAS/RONDÔNIA/RORAIMA/ACRE
Rua Costa Azevedo, 56 — Centro
Fone: (92) 3633-4227 — Fax: (92) 3633-4782 — Manaus

BAHIA/SERGIPE
Rua Agripino Dórea, 23 — Brotas
Fone: (71) 3381-5854 / 3381-5895
Fax: (71) 3381-0959 — Salvador

BAURU (SÃO PAULO)
Rua Monsenhor Claro, 2-55/2-57 — Centro
Fone: (14) 3234-5643 — Fax: (14) 3234-7401 — Bauru

CEARÁ/PIAUÍ/MARANHÃO
Av. Filomeno Gomes, 670 — Jacarecanga
Fone: (85) 3238-2323 / 3238-1384
Fax: (85) 3238-1331 — Fortaleza

DISTRITO FEDERAL
SIA/SUL Trecho 2 Lote 850 — Setor de Indústria e Abastecimento
Fone: (61) 3344-2920 / 3344-2951
Fax: (61) 3344-1709 — Brasília

GOIÁS/TOCANTINS
Av. Independência, 5330 — Setor Aeroporto
Fone: (62) 3225-2882 / 3212-2806
Fax: (62) 3224-3016 — Goiânia

MATO GROSSO DO SUL/MATO GROSSO
Rua 14 de Julho, 3148 — Centro
Fone: (67) 3382-3682 — Fax: (67) 3382-0112 — Campo Grande

MINAS GERAIS
Rua Além Paraíba, 449 — Lagoinha
Fone: (31) 3429-8300 — Fax: (31) 3429-8310 — Belo Horizonte

PARÁ/AMAPÁ
Travessa Apinagés, 186 — Batista Campos
Fone: (91) 3222-9034 / 3224-9038
Fax: (91) 3241-0499 — Belém

PARANÁ/SANTA CATARINA
Rua Conselheiro Laurindo, 2895 — Prado Velho
Fone/Fax: (41) 3332-4894 — Curitiba

PERNAMBUCO/PARAÍBA/R. G. DO NORTE/ALAGOAS
Rua Corredor do Bispo, 185 — Boa Vista
Fone: (81) 3421-4246 — Fax: (81) 3421-4510 — Recife

RIBEIRÃO PRETO (SÃO PAULO)
Av. Francisco Junqueira, 1255 — Centro
Fone: (16) 3610-5843 — Fax: (16) 3610-8284 — Ribeirão Preto

RIO DE JANEIRO/ESPÍRITO SANTO
Rua Visconde de Santa Isabel, 113 a 119 — Vila Isabel
Fone: (21) 2577-9494 — Fax: (21) 2577-8867 / 2577-9565 — Rio de Janeiro

RIO GRANDE DO SUL
Av. A. J. Renner, 231 — Farrapos
Fone/Fax: (51) 3371-4001 / 3371-1467 / 3371-1567
Porto Alegre

SÃO PAULO
Av. Antártica, 92 — Barra Funda
Fone: PABX (11) 3616-3666 — São Paulo

107.284.006.001   962356

ISBN 978-85-02-02277-6   (obra completa)
ISBN 978-85-02-20770-7   (v. 2)

Dados Internacionais de Catalogação na Publicação (CIP)
(Câmara Brasileira do Livro, SP, Brasil)

Carvalhosa, Modesto
    Comentários à Lei de sociedades anônimas, 2º volume :
artigos 75 a 137 / Modesto Carvalhosa. – 6. ed. rev. e atual.
– São Paulo : Saraiva, 2014.

    "Lei n. 6.404, de 15 de dezembro de 1976, com as
modificações da Lei n. 12.431, de 24 de junho de 2011".

    1. Sociedades anônimas - Lei e legislação - Brasil I.
Título.

13-03133   CDU-347.725 (81) (094.56)

Índices para catálogo sistemático:

1. Brasil : Leis comentadas : Sociedades anônimas :
     Direito comercial   347.725(81) (094.56)
2. Leis : Sociedades anônimas : Comentários : Brasil :
     Direito comercial   347.725 (81) (094.56)

Diretor editorial Luiz Roberto Curia
Gerente editorial Thaís de Camargo Rodrigues
Editora assistente Olívia de Quintana Figueiredo Pasqualeto
Produtora editorial Clarissa Boraschi Maria
Preparação de originais Ana Cristina Garcia
                        Maria Izabel Barreiros Bitencourt Bressan
                        Luciana Shirakawa
Arte e diagramação Edson Colobone
Revisão de provas Amélia Kassis Ward
                        Alzira Muniz
                        Setsuko Araki
Serviços editoriais Camila Artioli Loureiro
                        Elaine Cristina da Silva
Capa Estúdio Insólito
Produção gráfica Marli Rampim
Impressão Gráfica Salesianas
Acabamento Gráfica Salesianas

Data de fechamento da edição: 8-10-2013

Dúvidas?
Acesse www.editorasaraiva.com.br/direito

À minha querida Claudia.

Índice Geral

Índice Geral

CAPÍTULO VII
CONSTITUIÇÃO DA COMPANHIA

Seção I
REQUISITOS PRELIMINARES

PROSPECTO

LISTA, BOLETIM DE ENTRADA

Índice Geral

CAPÍTULO VIII
FORMALIDADES COMPLEMENTARES DA CONSTITUIÇÃO

ARQUIVAMENTO E PUBLICAÇÃO

COMPANHIA CONSTITUÍDA POR ASSEMBLEIA

COMPANHIA CONSTITUÍDA POR ESCRITURA PÚBLICA

REGISTRO DO COMÉRCIO

PUBLICAÇÃO E TRANSFERÊNCIA DE BENS

RESPONSABILIDADE DOS PRIMEIROS ADMINISTRADORES

CAPÍTULO IX
LIVROS SOCIAIS

ESCRITURAÇÃO DO AGENTE EMISSOR

AÇÕES ESCRITURAIS

CAPÍTULO X
ACIONISTAS

SEÇÃO I
OBRIGAÇÃO DE REALIZAR O CAPITAL

CONDIÇÕES E MORA

Índice Geral

RESPONSABILIDADE DOS ALIENANTES

Seção II
DIREITOS ESSENCIAIS

Seção III
DIREITO DE VOTO
DISPOSIÇÕES GERAIS

SEÇÃO IV
ACIONISTA CONTROLADOR

DEVERES

RESPONSABILIDADE

Seção V
ACORDO DE ACIONISTAS

Índice Geral

SEÇÃO VI
REPRESENTAÇÃO DE ACIONISTA RESIDENTE OU DOMICILIADO NO EXTERIOR

COMPETÊNCIA PRIVATIVA

COMPETÊNCIA PARA CONVOCAÇÃO

LIVRO DE PRESENÇA

MESA

QUÓRUM DAS DELIBERAÇÕES

ATA DA ASSEMBLEIA

Seção II
ASSEMBLEIA GERAL ORDINÁRIA
OBJETO

DOCUMENTOS DA ADMINISTRAÇÃO

Seção III
ASSEMBLEIA GERAL EXTRAORDINÁRIA
REFORMA DO ESTATUTO

QUÓRUM QUALIFICADO

Índice Geral

Índice Geral

CAPÍTULO VI
BÔNUS DE SUBSCRIÇÃO

CARACTERÍSTICAS

Art. 75. A companhia poderá emitir, dentro do limite de aumento do capital autorizado no estatuto (art. 168), títulos negociáveis denominados "bônus de subscrição".

Parágrafo único. Os bônus de subscrição conferirão aos seus titulares, nas condições constantes do certificado, direito de subscrever ações do capital social, que será exercido mediante apresentação do título à companhia e pagamento do preço de emissão das ações.

LEI DE 1940

O Decreto-Lei n. 2.627, de 26 de setembro de 1940, não previa nenhum título com tais características.

Foi a Lei n. 4.728, de 14 de julho de 1965, que, no seu art. 44, instituiu, anexo às debêntures, cupão que dava direito à subscrição de ações. Reza o citado art. 44 da Lei do Mercado de Capitais que "o direito à subscrição de capital poderá ser negociado ou transferido separadamente da debênture conversível em ação, desde que seja objeto de cupão destacável ou sua transferência seja averbada pela sociedade emissora no próprio título e no livro de registro, se for o caso".

Era o cupão um título de crédito destacável, originário das debêntures conversíveis em ações, negociável de forma autônoma. Consequentemente, a transferência desse título outorgava ao seu possuidor direito autônomo de subscrever ações da companhia. Ao proceder à transmissão do direito contido no cupão, o titular da debênture perdia o direito adicional de subscrever ações.

O sistema funcionava, portanto, de modo semelhante ao conhecimento de depósito e respectivo *warrant*. O titular da debênture conversível somente poderia subscrever ação se exibisse, com o título, o cupão. Se não o fizesse, pressupunha-se que o direito autônomo representado pelo cupão havia sido negociado. Portanto, na Lei do Mercado de Capitais, instituíram-se dois direitos, representados por dois títulos conexos, destacáveis: a debênture, que correspondia ao direito de crédito financeiro; e o cupão, que compreendia o direito de subscrição de ações novas, emitidas pela sociedade.

LEI N. 6.404, DE 1976

A Lei n. 6.404, de 15 de dezembro de 1976, avançou enormemente nesse capítulo de autonomia do direito de subscrição, desta feita desvinculando-o inteiramente de outros títulos, sejam debêntures, sejam ações (art. 77).

Instituiu o diploma de 1976 a independente *stock option*.

Ainda que, no plano contratual, possam os bônus de subscrição resultar da aquisição de outros títulos, tendo em vista o direito que outorga, sua autonomia é absoluta. A lei de 1976 reveste, assim, os bônus das características de título próprio[1], de livre emissão das companhias de capital autorizado[2].

O principal objetivo da criação desse título societário é assegurar a colocação de capitais junto a interessados, acionistas ou não. Para tanto, o valor ou o critério diferencial do preço de subscrição constitui o principal atrativo. Também a colocação de empréstimos, via debêntures, ou mesmo aumentos atuais do capital social podem ser beneficiados ou incentivados, na medida em que a companhia ofereça, gratuitamente, bônus de subscrição de futuro aumento. Essa vantagem adicional permite a obtenção imediata de recursos, bem como viabiliza novos aumentos[3].

---

1   Fran Martins, *Comentários à Lei das Sociedades Anônimas*, Rio de Janeiro, Forense, 1977, v. 1, p. 462.

2   Luiz Gastão Paes de Barros Leães, *Comentários à Lei das S.A.*, São Paulo, Saraiva, 1980, v. 2, p. 110.

3   Egberto Lacerda Teixeira e José Alexandre Tavares Guerreiro, *Das Sociedades Anônimas*

LEI N. 8.021, DE 1990

A Lei n. 8.021, de 1990, extinguiu os títulos ao portador e endossáveis, impondo a nominatividade obrigatória para todos os documentos circuláveis no mercado financeiro e de capitais. Essa nominatividade pode traduzir-se em títulos nominativos registrados (cf. art. 31)[4] ou nominativos escriturais (cf. art. 34).

Este diploma, de caráter geral, e que, por incompatibilidade, revogou as disposições respectivas das leis especiais e, assim, as da Lei n. 6.404, de 1976, implica uma alteração profunda nas características dos bônus de subscrição, na medida em que foram sempre vocacionados à cartularidade e literalidade próprias dos títulos ao portador e endossáveis. É por isso mesmo que o art. 78 da Lei n. 6.404, de 1976, prescreve as formas ao portador e endossável para os bônus, não prevendo as formas nominativas registrada e escritural. A Lei n. 9.457, de 1997, recebeu no âmbito societário a nominatividade compulsória nos seus arts. 78 e 79.

LEI N. 9.457, DE 1997

O diploma societário de 1997, contrariamente à Teoria Geral dos Títulos de Crédito, manteve a figura do certificado, seja no parágrafo único do presente artigo, seja nos arts. 78 e 79. Essa adaptação para os bônus nominativos é incompatível com o ordenamento[5], pelo que, na parte referente à função do *certificado*, está derrogado pelo desuso o parágrafo único do art. 75, ora comentado[6].

---

no direito brasileiro, São Paulo, Bushatsky, 1979, v. 1, p. 324; Fran Martins, *Comentários*, cit., v. 1, p. 461.

4 *V.* comentários ao art. 31.

5 *V.* comentários aos arts. 78 e 79.

6 O caráter cartular e literal dos bônus impunha até a vigência da Lei n. 8.021, de 1990, as formas ao portador e endossável, como vimos. Esse aspecto documental dos bônus é claramente disposto no art. 75 ora estudado e, assim também, nos arts. 78 e 79. Com efeito, o presente art. 75 trata expressamente das "características" do título, estabelecendo em seu parágrafo único que o direito declarado no certificado será exercido mediante sua apresentação à companhia. Pela clara disposição legal, verifica-se que o documento era da essência desse título e, bem assim, a sua literalidade. A nominatividade obrigatória, por força da citada Lei n. 8.021, de 1990, teve como primeiro efeito derrogar o item previsto no parágrafo único do art. 75. Isto porque o procedimento aí estabelecido está ab-rogado, por incompatível com o ordenamento. As cláusulas que o legislador bisonhamente chama de "condições" não mais constam de

A ab-rogação do procedimento previsto no parágrafo único do art. 75, no entanto, não invalida seu conteúdo substantivo, ou seja, de que os bônus conferem aos seus titulares direito autônomo de subscrever ações do capital social, mediante pagamento do preço de emissão das ações.

A literalidade cartular e sua força documental necessária e suficiente (ao portador) e necessária (endossável) desaparecem, devendo ser lido o parágrafo único deste art. 75 da seguinte forma: "Os bônus de subscrição conferirão aos seus titulares, na forma prevista no estatuto ou na deliberação da assembleia geral e do conselho de administração, direito de subscrever ações do capital social, que será exercido mediante prova de titularidade e pagamento do preço de emissão das ações".

Temos, assim, que as cláusulas previstas no estatuto ou estabelecidas pela assembleia ou pelo Conselho de Administração substituem a literalidade documental do título. Por sua vez, a prova de titularidade, seja pela inscrição nos livros da companhia dos bônus nominativos registrados (art. 100), seja pelo lançamento junto à instituição custodiante (art. 41, § 2º)[7], seja, ainda, pelo lançamento em conta corrente em instituição administradora dos bônus escriturais, deverá ser reconhecida pela companhia, por iniciativa do titular ou dela própria.

A REMISSÃO QUANTO À FORMA

Como se viu, a forma nominativa não se compraz com a vocação cartular dos bônus de subscrição, que na sua origem constituíam títulos apensos, destacáveis de outros títulos. Daí toda a legitimação no antigo direito vincular-se à posse do certificado, que era requisito indispensável ao exercício deste.

Como então fazer prevalecer um título cuja nominatividade compulsória retira dele suas características documentais?

Mudam apenas as suas características no que respeita à forma de propriedade e de exercício do respectivo direito. Esses títulos passam agora a

---

um certificado apto ao exercício do direito nele contido, como é o caso absoluto dos bônus ao portador e relativo dos endossáveis, ora desaparecidos. O documento ou certificado que pudesse ser apresentado, representativo dos bônus nominativos registrados, seria totalmente inútil, pois esses papéis não têm efeito constitutivo de direito, e de nenhum valor jurídico a sua emissão. Por outro lado, se houver a adoção da forma nominativa escritural, a emissão do certificado é impossível, por incompatível com a natureza e as características desse título.

7   V. comentários ao art. 41.

revestir a natureza não mais cartular ou documental, pela inutilidade ou impossibilidade da emissão de certificados, respectivamente dos bônus registrados (cf. art. 31) e escriturais (cf. art. 34).

Prevalecem, portanto, os bônus de subscrição no ordenamento quanto à substância do direito titulado, que se manifestará por outros meios que não o documental. Prevalecerão no tocante à propriedade e exercício de direito os lançamentos da entidade custodiante (art. 41) ou de lançamento em conta corrente, conforme revistam-se das formas nominativa registrada (cf. art. 31) ou escritural (cf. art. 34).

DIREITO AUTÔNOMO

Mantém-se, assim, o *right* de subscrição que se exercerá de maneira diversa daquela documental prevista na lei. A literalidade (art. 79) é substituída pelas cláusulas de emissão deliberadas pelo estatuto, assembleia geral ou pelo Conselho de Administração no que respeita ao número, à espécie e à classe das ações que poderão ser subscritas com os bônus; ao preço de emissão ou aos critérios para sua determinação; à época em que o direito de subscrição poderá ser exercido e à data do término do prazo para esse exercício.

ORIGENS NO DIREITO ESTRANGEIRO

A inspiração vem da *stock option* do direito norte-americano, embora o nosso bônus de subscrição não se iguale a esse instituto, tal como conceituado no art. 20 do *Model Business Corporation Act*. Isto porque o sistema das *stock options* é mais amplo, abrangendo também as opções de compra que, em nosso Direito societário, são referidas no art. 168.

As leis norte-americanas são mais flexíveis, outorgando grande poder ao *board*, na fixação das condições de emissão das *stock options*.

Quanto à função, também se encontram diferenças no sistema norte-americano. Nos Estados Unidos, a principal finalidade das *stock options* é a de produzir facilidades fiscais aos administradores e *managers*, como remuneração indireta[8].

---

8   A respeito, o significativo exemplo de Ballantine, *Ballantine on Corporations*, Chicago, Callaghan & Co., 1946, p. 194 e 514; Harry G. Henn, *Handbook of the law of corporations*, St. Paul, West Publishing Co., 1970, p. 492; Fran Martins, *Comentários,* cit., v. 1, p. 463.

Aproxima-se, outrossim, o nosso instituto das *options de souscription* do Direito francês, disciplinadas na Lei Societária de 1966, no art. 208-1. Na França, as opções têm, ainda, a função de remunerar indiretamente os administradores ou de incentivar a participação de empregados no capital, bem como de estimular os negócios de Bolsa. Não visam, precipuamente, à mobilização de novos capitais para a companhia, como é o nosso caso[9].

STOCK OPTIONS

As *stock options* têm natureza contratual, sendo fruto da prática societária norte-americana. Posteriormente, vieram a ser reconhecidas pelas diversas legislações, notadamente as de Delaware e New York, bem como disciplinadas no âmbito da legislação do mercado de capitais, como se verá mais adiante. Os diversos *rights* são, consequentemente, considerados *securities*.

Podem as *stock options* ser emitidas juntamente com outros títulos ou separadamente. Diferem das *puts* e *calls*, que são negócios de Bolsa e não títulos de emissão das sociedades[10], e conferem a seus titulares o direito de adquirir ou subscrever ações, dentro de um período determinado de tempo e a um preço previamente estabelecido[11].

Existem dois tipos de *stock options* no Direito norte-americano: a emitida com outras *securities* e a *independent stock option*[12].

Quando em conjunto, a emissão é feita com *bonds* ou com ações preferenciais[13]. A finalidade de tais emissões é a de facilitar a colocação dos capitais representados por tais valores, revestindo-os de uma vantagem adicional, ou seja, o direito de subscrição de ações ordinárias[14].

Interessante ressaltar que, no caso de emissão conjunta, nem sempre são os *rights* destacáveis dos *bonds* ou das ações preferenciais. Se destacáveis, terão um mercado próprio. Se não, o valor dessa vantagem adicional agrega-se ao valor de mercado do próprio título que o declara[15].

---

9   Ripert-Roblot, *Traité élémentaire de droit commercial*, Paris, LGDJ, 1977, v. 2, p. 707 e 931.

10 Louis Loss, *Securities regulation*, Boston, Little, Brown and Co., 1961, p. 467.

11 Ballantine, *Ballantine*, cit., p. 514.

12 Ballantine, *Ballantine*, cit., p. 515.

13 Ballantine, *Ballantine*, cit., p. 512.

14 *Financial Handbook*, New York, Jules I. Bogen Ed., 1968, p. 12-29.

15 Ballantine, *Ballantine*, cit., p. 514.

As *independent stock options* têm funções diversas das opções vinculadas. Prestam-se, em geral, a incentivar ou a remunerar indiretamente administradores ou, então, constituem fórmula para assegurar o controle acionário da companhia aos fundadores ou, ainda, forma de pagamento de serviços ou outros encargos contraídos pela sociedade[16].

Foram as vantagens fiscais franqueadas, a partir de 1950, que tornaram as *stock options* forma de remuneração indireta, através dos *stock options plans*[17]. Muito embora essas vantagens tenham sido reduzidas, a partir de 1964[18], o principal motivo que mantém o interesse nos *rights* continua a ser de ordem tributária.

Inúmeros problemas surgem desse sistema, no tocante aos interesses dos antigos acionistas, conforme apontou Leech, tais como direito de preferência, preço de emissão, *disclosure* e aplicação das normas da *Securities and Exchange Commission*[19].

AINDA A DISCIPLINA JURÍDICA NORTE-AMERICANA

Adotado, em 1929, por emenda à *Delaware Corporation Act*[20], o instituto vem sendo reconhecido em diversas legislações societárias estaduais, a partir de então. Os princípios gerais, no que diz respeito a esses *rights*, no âmbito das relações e interesses estritamente societários, encontram-se consubstanciados no referido art. 20 do *Model Business Corporation Act*, sob a denominação de *stock rights and options*.

Por força desse modelo das diversas legislações dos Estados, extraem-se os seguintes princípios: as companhias podem emitir *stock options*, consoante o que, a respeito, dispuserem os *articles of incorporation*. A deliberação sobre a emissão dos *rights* e as cláusulas e condições neles contidas são da competência do *board*. Não obstante, se houver benefícios para os administradores e empregados, a emissão deverá ser aprovada

---

16 Ballantine, *Ballantine,* cit., p. 514.

17 *Internal Revenue Code*, 26, *USCA*, §§ 421 e s. Alfred Conard, *Corporations in perspective*, Mineola, Ed. Foundation Press Inc., 1976, p. 57.

18 *Revenue Act*, de 1964, e *Tax Reform Act*, de 1969.

19 Frey, Choper, Leech e Morris, *Cases and materials on corporations*, Boston, Little, Brown and Co., 1977, p. 201 e s.

20 *Model Business Corporation Act Annotated*, Chicago, West Publishing Co., 1971, v. 1, p. 454.

pelos acionistas ou, então, obedecer aos termos dos *stock options plans*, anteriormente aprovados ou ratificados por estes[21].

Conforme já se referiu, a emissão poderá estar relacionada com a simultânea emissão de ações ou outras *securities*. Nesse caso, serão livremente oferecidas aos acionistas ou a terceiros. Seja nessa hipótese, seja naquela de emissão destinada a administradores e empregados, deverão ser obedecidas as normas legais e estatutárias, relativas ao direito de preferência dos acionistas[22]. A observância dessas regras de preempção visa a evitar a diluição da participação dos antigos acionistas e a eventual transferência do controle, por meio das opções[23].

O Direito societário norte-americano determina que o *board* deverá especificar, nas emissões, a negociabilidade ou não dos *rights*. Deverá ficar claro se as opções são livremente transferíveis ou se há restrições. Quando personalíssimas, ou seja, outorgadas a determinados administradores e empregados, são, portanto, intransferíveis. Deverá ser especificado, ainda, se as ações adquiridas, por força da opção, terão algum empecilho à sua circulação[24]. Os demais elementos deverão ser igualmente estabelecidos, tais como prazo de duração da opção, que poderá ser indeterminado, ou seja, com *limited or unlimited duration*[25].

A responsabilidade do *board*, no tocante à oportunidade da emissão dos *rights* e também quanto à observância da equidade na operação, é objeto de regras nas diversas legislações estaduais. Assim, as *options* deverão corresponder, sempre, a uma contraprestação, no que diz respeito aos interesses da companhia, seja no caso de alienação dos *rights*, seja na sua outorga, independentemente de pagamento em dinheiro[26].

---

21 Conforme excelente estudo de Maria Lúcia de Araújo Cintra, *Aspectos jurídicos do bônus de subscrição*, Ed. Universidade de São Paulo, 1980, p. 15 e s.

22 As leis dos Estados de Arkansas, North Carolina, Ohio e Pennsylvania exigem que a emissão de *options* para aquisição de ações sujeitas ao direito de preferência deve ser autorizada pelos acionistas titulares da preempção.

23 Em célebre operação, os empregados da *Sears Roebuck and Co.* adquiriram, mediante um *stock options plan*, 23% das ações ordinárias da companhia e, em consequência, o seu controle (Henn, *Handbook*, cit., p. 497). A respeito, Lattin, *The law of corporations*, 2. ed., Mineola, New York, The Foundation Press, 1971, p. 499 e 500; *Financial Handbook*, cit., p. 13-30.

24 Maria Lúcia de Araújo Cintra, *Aspectos*, cit., p. 27.

25 Lei do Estado de Delaware.

26 Maria Lúcia de Araújo Cintra, *Aspectos*, cit., p. 27 e s.

As opções não poderão ser objeto de liberalidade[27], devendo, sempre, corresponder a um pagamento em dinheiro, ou em serviços, ou em vantagens de produtividade e incentivo para administradores e empregados. Neste último caso, deverão estar em vigor os mandatos e os contratos de trabalho. A *common law* entende que os direitos contidos em *stock options plans* somente podem ser exercitados enquanto o beneficiário for empregado da companhia. Se este se demite voluntariamente, dentro do prazo de exercício da opção, considera-se ter ocorrido violação do respectivo contrato, permitindo que a companhia remaneje as ações, objeto da respectiva opção, em benefício dos demais contratantes, com a recompra das ações já vendidas ao empregado demissionário, e tornam-se sem efeito os direitos ainda não exercitados[28].

O sistema norte-americano é rigoroso quanto às *considerations*, no que diz respeito à emissão e atribuição de *rights*, cabendo, na espécie, as mesmas regras da emissão de ações e demais *securities*[29]. Consequentemente, devem ser observados os princípios de defesa do capital social e de sua integridade, e a preservação dos direitos dos antigos acionistas[30]. Assim, o preço de aquisição das ações não poderá ser inferior à cotação no mercado, na época em que são emitidos os *rights*[31].

Por outro lado, encontram-se várias regras de proteção aos direitos dos titulares de *stock options*. Na hipótese de não existirem ações suficientes para o exercício das opções, deverá ocorrer aumento de seu número, mediante alteração dos *articles of incorporation*.

As opções, no sistema norte-americano, dão o direito tanto de subscrever ações novas como de adquirir ações mantidas em tesouraria ou, ainda, ações a serem adquiridas, no mercado, pela sociedade[32].

Outra regra que se encontra, no sistema norte-americano, é a dos *adjustments*, representada pela possibilidade de, em caso de aumento de capi-

---

27 Lattin, *The law of corporations,* cit., p. 629.

28 Beard *vs.* Elster, 160 a 2d 731 (Delaware Supl. Ct. 1960); Maytag Co. *vs.* Alward, 253, IWOA, 111, NW 2d 654, AI 2d 162-1962.

29 Henn, *Handbook,* cit., p. 493 e s.

30 Ballantine, *Ballantine,* cit., p. 515.

31 *Financial Handbook,* cit., p. 13-30.

32 Como, neste último caso, prevê a lei societária da Flórida. No *leading case* Eliasberg *vs.* Standart Oil Co., a cláusula de aquisição, no mercado, acarretou sérios prejuízos à companhia, já que o direito foi exercido a US$ 57,07 por ação, tendo sido a companhia obrigada a adquirir tais títulos, no mercado, ao preço médio de US$ 467,13 cada.

tal com distribuição de ações bonificadas, diminuir-se o preço das ações objeto dos *rights*, aumentando-se proporcionalmente o número de ações adquiridas[33].

Os possuidores de *rights* têm direitos de natureza contratual, ou seja, podem, nas condições e no prazo estabelecidos, se houver, adquirir ações da companhia. Não são os titulares dos *rights* considerados acionistas. Consequentemente, a extinção dos direitos de opção segue as regras dos contratos (*dissolution, consolidation or lapse of time*) e não as de extinção dos direitos de sócio[34].

RIGHTS COMO SECURITIES

Os *rights* estão expressamente mencionados como *securities* no § 2 (1) do *Securities Act*, de 1933, sujeitos, portanto, às regras atinentes aos valores negociados no mercado de capitais norte-americano. Genericamente, a lei de 1933 denomina-os *warrant or right to subscribe or to purchase* ações da companhia ou de controladas, independentemente de ser ou não tal direito documentado ou representado por certificado[35].

Qualquer emissão de *rights* de subscrição ou aquisição de ações, desde que objeto de colocação pública (*public offering*), deverá ser registrada na *Securities and Exchange Commission*. Esse registro compreende também as ações objeto dos *rights* — *optioned shares* —, bem como os *stock options plans*[36]. Estão expressamente isentas de registro as emissões privadas de *rights*[37]. Não obstante, entende a *Securities and Exchange Commission* que são passíveis de registro as opções outorgadas a empregados e a administradores[38].

Tais regras fundam-se no princípio de *disclosure*. As regras referentes às práticas de *insider trading* também incluem os *rights* e *stock options*. Isto porque se entende que, na outorga e na negociação das *options* e, ainda, no exercício dos respectivos direitos de subscrição ou aquisição, pode ocorrer tal ilícito[39].

33　Amdur *vs.* Meyer, 28 Mis. 2d 855, NY 52d 765 (Supl. Ct. 1961).

34　Ballantine, *Ballantine*, cit., p. 514.

35　Maria Lúcia de Araújo Cintra, *Aspectos*, cit., p. 34.

36　*Form* S-8, Loss, *Securities*, cit., p. 467.

37　*Rule* 146 da *Securities and Exchange Commission*.

38　*Form* S-8 e respectivos §§ 13b e 15d do *Securities and Exchange Act*, de 1934.

39　Maria Lúcia de Araújo Cintra, *Aspectos*, cit., p. 37; Loss, *Securities*, cit., p. 1075; § 16b da lei de 1934 e regra 10-b-5 da *Securities and Exchange Commission*.

DIREITO FRANCÊS

Visando a vincular os executivos (*cadres*) ao capital da empresa, introduziram-se, na França, por meio da Lei n. 1.322, de 31 de dezembro de 1970, as *options of souscription* ou *d'achat d'actions*. São atribuídas gratuitamente a empregados qualificados, com o objetivo de inverter seu posicionamento negativo, de caráter sindicalista, atraindo-os para o âmbito do capital[40].

Igualmente teve-se em vista, com o novo instituto, dinamizar o mercado secundário de capitais, dando-lhe maior movimentação e aumentando o número de investidores e de interessados no movimento da Bolsa[41].

Não obstante, conforme relatório da *Commission des Opérations de Bourse — COB*, de 1976, a adoção do instituto vem sendo muito limitada, com tímidos resultados, diante dos propósitos políticos e econômicos que o inspiraram, inclusive de aperfeiçoamento dos níveis gerenciais das companhias, mediante a atração, em face desse benefício adicional, de pessoal altamente qualificado[42].

Tendo em vista estender a participação no capital aos empregados de nível mais baixo, ou seja, aos próprios operários, outra lei (n. 1.196, de 1973) criou o sistema de *émission et achat en bourse d'actions réservées aux salariés*. Por essa lei, as companhias, com ações cotadas, poderiam promover aumentos de capital, destinando a seus empregados a respectiva subscrição.

Também prevê o referido diploma a compra de ações da companhia pelos assalariados diretamente em Bolsa, abrangendo tais operações, por lei posterior, as ações de controladas e de controladora[43]. Para tais aquisições, havia adiantamentos de ordenados bem como contribuições da própria companhia, cujo dispêndio seria tributariamente beneficiado[44].

Reportando-se à lei de 1970, foram criados dois tipos de opções: de subscrição e de compra, cujas regras foram incluídas nos arts. 208-1 a 208-8 da lei de 1966 e respectivo regulamento de 1967.

---

40 Hemard, Terré e Mabilat, *Sociétés commerciales,* Paris, Dalloz, 1974, v. 2, p. 484 e 485; Maria Lúcia de Araújo Cintra, *Aspectos,* cit., p. 38 e s.

41 Hemard et al., *Sociétés,* cit., v. 2, p. 484.

42 *Rapport* 1976 — *Commission des Opérations de Bourse.*

43 Lei de 31 de dezembro de 1977.

44 Maria Lúcia de Araújo Cintra, *Aspectos,* cit., p. 43 e s.

Inúmeras dificuldades de caráter estrutural do sistema societário francês, no entanto, deveriam ser superadas, para a adoção das *options de souscription*, tais como: a fixidez do capital social, a proibição de as companhias adquirirem suas próprias ações e o rígido direito de preferência dos antigos acionistas[45].

No Direito norte-americano, em que se inspirou o legislador francês, não há fixidez de capital, por serem as companhias de capital autorizado. Ademais, a negociação com suas próprias ações constitui prática fundamental na movimentação de capitais; e o direito de preferência, geralmente de natureza estatutária, sofre inúmeras limitações, as quais permitem maior liberdade na subscrição por terceiros. E são precisamente essas três facilidades que permitiram o sucesso do regime de opções nos Estados Unidos.

Para permitir tais adaptações ao sistema norte-americano, foram adotadas diversas exceções na lei societária francesa. Na reforma do art. 208-1 da lei de 1966, passou-se a admitir a outorga de opções, mesmo antes da integralização total do capital anteriormente subscrito, ressalvando-se, portanto, a regra contida no art. 182 da mesma lei, que exige a integralização absoluta, antes da emissão de qualquer ação nova[46].

Da mesma forma, a modificada redação do art. 217-1 da Lei Societária permite que a companhia adquira, em Bolsa, suas próprias ações, para o fim específico de revendê-las aos titulares de *options d'achat*. Essa operação não afeta, obviamente, o capital social nem o direito de preferência dos acionistas, por se tratar de negócio de aquisição de ações anteriormente emitidas.

Restava resolver a questão do direito de preferência, de arraigada tradição no Direito francês. A respeito, a redação do art. 208-2 determina que, ao autorizar a assembleia geral a emissão de *options de souscription*, opera-se *ipso facto*, em proveito dos beneficiários dessas mesmas opções, a renúncia dos acionistas a seu direito de preferência na subscrição das respectivas ações.

Convém notar que, na sistemática francesa, as opções somente podem ter como beneficiários os empregados, tanto da própria companhia como de suas coligadas ou, ainda, da controladora, no que diz respeito às ações emitidas por suas controladas[47].

Além da vinculação da outorga a empregados, deverá a assembleia extraordinária aprovar os nomes dos beneficiários, que poderão pertencer a

---

45   Hemard et al., *Sociétés*, cit., v. 2, p. 517 e s.

46   Maria Lúcia de Araújo Cintra, *Aspectos*, cit., p. 45.

47   Art. 208-4 da Lei Societária de 1966, com sua nova redação.

determinada categoria — geralmente *cadres* —, segundo critérios que poderão ser de função, nível de gerência, faixa salarial etc. Não podem ser outorgadas opções aos administradores eleitos ou membros do *conseil de surveillance* ou do *directoire*, salvo se acumularem seus cargos com um contrato de trabalho com a companhia[48].

O preço da subscrição será fixado no momento em que a opção é concedida, obedecidos os critérios estabelecidos pela assembleia geral extraordinária[49].

Se as ações são listadas em Bolsa, o preço da subscrição não poderá ser inferior à média da cotação dos últimos vinte dias. Sendo *options d'achat*, o valor da aquisição não poderá ser inferior ao preço médio de compra das ações adquiridas pela companhia, para o específico fim de revendê-las aos titulares dessas opções.

AJUSTAMENTOS E PRAZOS NO DIREITO FRANCÊS

A lei francesa prevê critérios de ajustamentos, no caso de certas alterações de caráter financeiro ou patrimonial ocorrerem no período[50]. As operações que ensejam tais ajustamentos são: emissão de obrigações *convertibles* ou *échangeables*, emitidas por instituição financeira; incorporação ao capital de reservas, lucros ou valor de ágio; distribuição de reservas em dinheiro ou em ações ou, ainda, redução do capital social, decorrente de perdas[51].

Em tais casos, pressupõe-se ter havido diminuição do valor da ação e, consequentemente, do preço de subscrição ou de compra, acarretando, necessariamente, um ajustamento a menor do valor da subscrição prevista nas *options*. Não obstante, o preço de subscrição não poderá, em nenhuma hipótese, ser inferior ao valor nominal[52]. O ajustamento, visando à manutenção do valor global do investimento, corresponde à diminuição do número de ações, mantendo-se a constância do preço da subscrição ou compra[53].

---

48   Art. 208-6 da Lei Societária de 1966, com sua nova redação.

49   Art. 208-1 da Lei Societária de 1966, com sua nova redação.

50   Hemard et al., *Sociétés*, cit., v. 2, p. 510; art. 208-5 da Lei Societária de 1966, com sua nova redação.

51   Arts. 174-8 a 174-14 do Decreto n. 236, de 1967.

52   Art. 174-15 do Decreto n. 236, de 1967.

53   Maria Lúcia de Araújo Cintra, *Aspectos*, cit., p. 51.

O titular das *options* tem o prazo de cinco anos para o exercício dos seus direitos. Nesse período, os direitos são inalienáveis, consoante o art. 208-7 da Lei Societária. Ademais, é facultado à administração proibir a revenda imediata das ações adquiridas dessa forma, desde que tal restrição não supere, como prazo global, cinco anos.

O respectivo aumento de capital fica dispensado das formalidades que se exigem nos demais casos, inclusive quanto à publicidade. Na espécie, o aumento efetua-se apenas com o exercício da opção pelo seu titular, mediante a assinatura no respectivo boletim, que, por sua vez, é simplificado. Esse procedimento constitui exceção ao princípio da fixidez do capital social[54].

Em consequência, os órgãos da administração, no mês seguinte ao encerramento do exercício social, farão as necessárias alterações estatutárias, no que diz respeito ao valor do capital social e ao número de ações que o representa.

BÔNUS DE SUBSCRIÇÃO E OPÇÃO DE COMPRA (*STOCK OPTIONS*)

No Direito brasileiro, são distintos a opção de compra e o bônus de subscrição, seja quanto às diversas funções a que se prestam, seja quanto à sua própria natureza jurídica.

Afasta-se, portanto, o nosso estatuto legal de sua origem norte-americana, em que as *stock options* têm dupla função: atender aos interesses corporativos dos administradores e empregados na participação no capital, bem como a movimentação e agilização dos capitais da companhia, no mercado.

As *stock options* foram trazidas para o nosso Direito por meio de dois diferentes institutos: a opção de compra, especialmente criada para atender aos interesses dos administradores, empregados e contratantes, com respeito às emissões de capital da companhia, e os bônus de subscrição, que têm como objetivo viabilizar a obtenção de capitais financeiros para a companhia, racionalmente, em termos de mercado e de adesão de novos investidores ou de incentivo aos acionistas ou debenturistas.

Além de diferentes funções, as opções de compra têm natureza diversa da dos bônus de subscrição. A opção de compra constitui ato unilateral da companhia, de natureza contratual, representando um benefício outorgado a administradores, a empregados ou a terceiros prestadores de serviços à

---

54 Maria Lúcia de Araújo Cintra, *Aspectos*, cit., p. 52.

companhia. Pelo seu caráter personalíssimo, é sempre nominativa, não constituindo título negociável[55].

Os bônus de subscrição, por seu turno, revestem a natureza de títulos negociáveis, que podiam assumir a forma ao portador ou endossável. Com o advento da Lei n. 8.021, de 1990, passaram a revestir compulsoriamente a forma nominativa registrada (cf. art. 31) ou escritural (cf. art. 34).

As opções de compra constituem contratos preliminares que outorgam o direito de subscrever ações emitidas pela companhia. Já os bônus de subscrição são títulos que incorporam o direito de subscrever ações, na forma e condições previstas no estatuto e na deliberação do Conselho de Administração. Revestem a natureza de títulos de crédito, diferentemente das opções de compra, que permanecem integralmente na esfera contratual[56].

Não obstante a nítida diferença quanto à natureza jurídica, assemelham-se os bônus às opções, na medida em que ambos são instrumentos de capitalização das sociedades sob o regime de capital autorizado. Ambos outorgam direito de adquirir o *status* de acionista, mediante a subscrição de ações novas.

A opção de compra reveste-se de natureza contratual e personalíssima. Esparsamente prevista nos arts. 157[57], 168, 171 e 176 da Lei Societária, constitui contrato preliminar unilateral[58], celebrado entre a companhia de capital autorizado e os legitimados (empregados, administradores e terceiros contratantes), tendo por objeto a celebração de um contrato de subscrição ou de compra de ações, cuja efetivação dependerá apenas da vontade destes últimos[59].

CONCEITO DE BÔNUS DE SUBSCRIÇÃO

Os bônus de subscrição são títulos negociáveis, emitidos por companhia de capital autorizado, que conferem a seus titulares o direito de subscrever ações da companhia emitente[60].

---

55 Campos Batalha, *Comentários à Lei de Sociedades Anônimas*, Rio de Janeiro, Forense, 1977, v. 1, p. 406.

56 Maria Lúcia de Araújo Cintra, *Aspectos*, cit., p. 11 e s.

57 *V.* comentários ao art. 157.

58 Caio Mário da Silva Pereira, *Instituições de direito civil*, Rio de Janeiro, Forense, 1963, v. 3, p. 56 e s.; Orlando Gomes, *Contratos*, Rio de Janeiro, Forense, 1966, p. 154.

59 Maria Lúcia de Araújo Cintra, *Aspectos*, cit., p. 60.

60 Campos Batalha, *Comentários*, cit., v. 1, p. 406; Maria Lúcia de Araújo Cintra, *Aspectos*, cit., p. 55.

Trata-se de título negociável e cedível, não se confundindo com o instituto da cessão de direitos contratuais, que cabe nas opções de compra (art. 168). Outorgam os bônus direito de crédito aos seus titulares, consubstanciado no direito de exigir a prestação do devedor especificada no estatuto e nas cláusulas deliberadas pela assembleia geral ou pelo Conselho de Administração[61].

Contém o documento a obrigação unilateral da companhia de admitir a subscrição, por parte do credor, ou seja, a obrigação de admitir que o credor assuma um ônus de natureza contratual junto à própria devedora, representado pela subscrição e integralização das ações nele previstas[62].

NATUREZA JURÍDICA

Discute-se a respeito da natureza jurídica dos bônus de subscrição. Fran Martins considera-os títulos de legitimação, ao entender que "não dão os bônus de subscrição, aos seus portadores, nenhum direito de crédito contra a sociedade emissora, pois não são ações nem títulos representativos de empréstimos ou adiantamento do pagamento de ações, mas simplesmente títulos que conferem direitos especiais"[63].

O caráter de título de legitimação é, assim, lecionado pelo eminente Autor: "São os bônus de subscrição sempre títulos que dão ao proprietário o direito de, futuramente, se tornar acionista da sociedade, em condições previamente estabelecidas. Os títulos legitimam os seus proprietários nesse direito, com uma vantagem especial ou adicional aos que os adquiriram onerosamente ou os receberam de modo gratuito da sociedade"[64].

Acolhe-se o entendimento de tratar-se de título de legitimação. No entanto, essa legitimação, na espécie, é de função, que cabe a todos os títulos de crédito. Com efeito, os bônus de subscrição legitimam o seu titular a contratar a subscrição de ações emitidas pela companhia. Tal função é idêntica à dos títulos de crédito representativos de valor monetário ou de mercadorias, que também legitimam os seus titulares, respectivamente, a rece-

---

61 Waldirio Bulgarelli, *Títulos de crédito, direito comercial III*, São Paulo, Atlas, 1979, p. 22.
62 Ascarelli, *Teoria geral dos títulos de crédito*, São Paulo, Saraiva, 1969, p. 22; Maria Lúcia de Araújo Cintra, *Aspectos,* cit., p. 56.
63 Fran Martins, *Comentários,* cit., v. 1, p. 467 e s.
64 Fran Martins, *Comentários,* cit., v. 1, p. 472 e s.

ber o valor monetário ou as mercadorias expressos nos títulos representativos de tais direitos.

Como ensina Ascarelli, a função de legitimação dos títulos de crédito é diferente daquela que é exercida pelos comprovantes e títulos de legitimação propriamente ditos. Isto porque, segundo o mesmo autor, os títulos de crédito não se referem à titularidade de um direito derivado de um contrato, de que o título seja apenas um documento comprobatório, mas, sim, à titularidade de um direito autônomo, constituído no próprio documento que o declara[65].

Nem se pode utilizar, na espécie, a classificação de Carvalho de Mendonça[66], que divide os títulos de crédito em "próprios" e "impróprios", na medida em que estes últimos não representam uma operação de crédito financeiro. Esse sentido de crédito é muito restrito, limitando-se a créditos monetários ou financeiros, quando, no mundo jurídico, a categoria "crédito" tem um sentido muito mais amplo.

Para se chegar à natureza jurídica dos bônus de subscrição, há que se fazer a distinção não no interior dos títulos de crédito, mas entre títulos de crédito, de um lado, e títulos impróprios, de outro. Estes são os títulos de legitimação, ou seja, documentos que comprovam um direito constituído fora do documento que o declara. Neles, o direito não deriva do documento, mas do contrato ou mesmo de um fato jurídico, em razão do qual o documento legitimatório tem função meramente probatória.

O possuidor dessa categoria de títulos legitima-se, perante o devedor da prestação, como contratante originário. Uma vez provado que o portador do título de legitimação não é o titular originário do direito, o devedor não é obrigado à prestação. Pode, na espécie, este exigir prova do direito contratual que o titular quer exercitar por meio do título.

Assim, nos títulos de legitimação, os direitos nele declarados são cedíveis, no sentido que lhes empresta o Direito Civil, e não negociáveis ou circuláveis, como são os títulos de crédito.

O possuidor do título legitima-se como contraente originário ou como cessionário. Provada a ausência de cessão do direito contratual expresso no título, inexistirá a obrigação do devedor.

---

65 Ascarelli, *Teoria geral*, cit., p. 243.
66 Carvalho de Mendonça, *Tratado de direito comercial brasileiro*, Rio de Janeiro, Freitas Bastos, 1963, v. 5, n. 463.

Nos títulos de legitimação, portanto, o direito do titular encontra sua disciplina no contrato originário[67]. Por aí se vê que os bônus de subscrição não podem ser considerados títulos de legitimação, na sua acepção diferenciada dos títulos de crédito. Isto porque os bônus de subscrição são documentos formais e literais, criados por lei, que outorgam aos seus titulares direito autônomo, quanto ao crédito neles declarado.

O fato de não ser representativo de um crédito monetário, como a cambial, não lhe tira a natureza de título de crédito. Se assim fosse, não seriam títulos de crédito os antigos certificados de depósito de ações, nem as ora extintas ações ao portador, ou os títulos representativos de mercadorias, nem aqueles que representam direitos de participação[68].

NATUREZA DO CRÉDITO

O bônus de subscrição confere ao seu titular um direito de crédito consistente na prerrogativa de exigir a prestação do devedor nele especificada[69].

Assim, os bônus de subscrição apresentam autonomia do direito contido no título em relação ao negócio que lhe deu causa, bem como autonomia das obrigações. A cada cessão, o direito é autônomo em relação ao antigo titular. Uma vez negociado o bônus, o novo titular reveste-se do direito originário nele declarado, independentemente das relações entre o devedor — a companhia — e os anteriores titulares do direito. Há sempre um direito novo, não havendo sucessão de obrigações[70]. Aplica-se, pois, aos bônus de subscrição a regra da inoponibilidade das exceções a terceiros de boa-fé.

Aplicam-se, portanto, excludentemente, aos bônus de subscrição as regras especiais do Direito cambiário, não estando sujeitos às normas do Direito obrigacional comum[71], consoante os seguintes princípios[72]: o direito de subscrição não existe sem o título registrado, custodiado ou lançado (arts. 34, 41

---

67 Ascarelli, *Teoria geral,* cit., p. 168, 172 e s.

68 Sobre a natureza de título de crédito dos bônus de subscrição, Mauro Brandão Lopes, *S.A.: títulos e contratos novos*, São Paulo, Revista dos Tribunais, 1978, p. 84 e 85; Bulgarelli, *Títulos*, cit., v. 3, p. 89; Rubens Requião, *Curso de direito comercial*, São Paulo, Saraiva, 1980, v. 2, p. 294 e s.

69 Bulgarelli, *Títulos,* cit., v. 3, p. 22.

70 Maria Lúcia de Araújo Cintra, *Aspectos*, cit., p. 58.

71 Maria Lúcia de Araújo Cintra, *Aspectos*, cit., p. 59.

72 João Eunápio Borges, *Títulos de crédito*, Rio de Janeiro, Forense, 1971, p. 10 e 11.

e 100) (bônus nominativos ou escriturais); o direito de subscrição não pode ser exigido sem o registro ou lançamento dos bônus pela companhia, para que esta o satisfaça; o adquirente do bônus não é sucessor do antigo titular, na relação que o liga à companhia, mas investe-se do direito de subscrição constante do bônus como credor originário e autônomo.

ESPECIFICIDADE CAMBIÁRIA DO BÔNUS

Como título de crédito consistente no direito de exigir da companhia a subscrição das ações, o bônus tem várias especificidades. Em primeiro lugar, o crédito corresponde a uma obrigação de fazer do devedor, ou seja, de firmar com o seu titular um contrato de subscrição de ações novas emitidas pela companhia devedora, decorrente de aumento do seu capital social.

Essa obrigação de fazer, por parte do devedor, gera um novo e autônomo negócio jurídico: o de contratar a subscrição. Neste segundo negócio, que se origina da satisfação do crédito contido no bônus, invertem-se as posições. O devedor — companhia —, ao satisfazer a obrigação contida no título, extingue o direito nele contido, mediante a celebração, com o subscritor, de um contrato plurilateral de subscrição do aumento de capital[73]. Ao se tornar subscritor, por força da satisfação de seu título, o titular do bônus assume a obrigação unilateral de integralizar o valor subscrito.

Como subscritor, passa a ostentar o *status* de acionista, inclusive para os efeitos dos arts. 106 e s. da lei[74]. Vê-se, portanto, que o titular do bônus de subscrição, enquanto tal, não é acionista, mas, sim, titular de um direito de subscrever, contido no título. O bônus de subscrição não atribui ao seu titular o direito de sócio e, portanto, não lhe outorga prerrogativa de participar da vida social. Enquanto titular do bônus, falta-lhe legitimidade como acionista.

Difere, portanto, o direito do titular do bônus de subscrição daquele dos debenturistas (art. 57). Estes adquirem a qualidade de acionistas, mediante a mera conversão de suas debêntures em ações, o que também ocorre com os titulares de partes beneficiárias conversíveis (art. 48)[75].

---

73 V. comentários ao art. 106; Mascheroni, *El vínculo accionista — sociedad anónima y el contrato de suscripción*, Buenos Aires, Conglaco, 1970, p. 116 e s.

74 V. comentários aos arts. 106 a 108.

75 V. comentários ao art. 47.

Já os titulares de bônus de subscrição, para adquirirem o *status* de acionista, deverão celebrar o respectivo contrato de subscrição e efetuar o pagamento parcial ou total, previsto nos próprios bônus. Não basta, portanto, o registro ou o lançamento do título na companhia ou na entidade custodiante (art. 41, § 2º), já que lhes cabe subscrever e pagar, como qualquer outro subscritor, o valor correspondente à parcela do aumento de capital da companhia.

CARACTERÍSTICAS

Os bônus são de emissão privativa de sociedades de capital autorizado (art. 168). O privilégio legal decorre da possibilidade, que tais companhias ostentam, de proceder a aumentos de capital, sem maiores formalidades, dentro do limite previsto.

Poderão as companhias de capital autorizado ser abertas ou fechadas, embora tais títulos tenham, dentre as suas finalidades econômicas, a de permitir maior negociabilidade das ações, o que é próprio das primeiras[76].

Por outro lado, a emissão de tais títulos implica a obrigação de a companhia emitente proceder ao respectivo aumento de capital, que corresponderá ao número de ações constantes dos bônus.

Por sua vez, o direito do titular do bônus não representa, em si, uma vantagem econômica certa. Para que tal ocorra, o preço de emissão das ações, previsto no título, deverá ser inferior ao valor ponderado destas, entre cotação das ações no mercado, valor do patrimônio líquido e valor econômico (art. 170), no momento da subscrição. Nesse cálculo, contará, outrossim, o valor pago pelo bônus, se objeto de compra (art. 77). Consequentemente, poderá ocorrer a hipótese de não exercício do direito de subscrição decorrente de bônus, deixando de haver, portanto, o aumento deliberado pela companhia, ou, então, verificar-se a ocorrência de sobras[77].

---

76 A respeito do privilégio legal, Mauro Brandão Lopes, *S.A.: títulos,* cit., p. 91.

77 Sobre a matéria, A Instrução CVM n. 330, de 2000, precedida da Instrução CVM n. 9, de 1980; também o Parecer CVM/SJU n. 027, de 1986. No plano judiciário, a Decisão do TJRJ, 18ª Câmara, Emb. Infr. 200800500044, Rel. Des. Marcus Faver, j. em 1º-4-2008 e Decisão do STJ, REsp 717.327/SP, Rel. Min. Cesar Asfor Rocha, *DJU,* 27-3-2006, in Lazzareschi, ob. cit., p. 159 e s.

VALOR MOBILIÁRIO

Pelo art. 2º da Lei n. 6.385, de 7 de dezembro de 1976, alterado pelo art. 4º com a redação dada pela Lei n. 10.303, de 2001, os bônus de subscrição são colocados na categoria de valores mobiliários. Sua emissão e distribuição submetem-se, portanto, às regras e ao controle administrativo da Comissão de Valores Mobiliários, à semelhança do que ocorre nos Estados Unidos, em que as *stock options*, objeto de *public offering*, são fiscalizadas pela *Securities and Exchange Commission*.

Convém notar, como referido, que os bônus de subscrição poderão ser emitidos tanto por companhias abertas como fechadas, que adotem o regime de capital autorizado (art. 168).

Feita essa anotação, cabe indagar o que vem a ser valor mobiliário[78].

Os valores mobiliários são direitos negociados, em massa, no mercado de capitais.

Essa característica de negociação em massa implica a proteção jurídico--administrativa na colocação desses direitos junto ao público investidor.

É evidente que serão valores mobiliários os títulos de crédito negociados em massa. Mas também entrarão na mesma categoria os demais direitos, sejam eles bens incorporados, ou não, em um documento.

O conceito de valor mobiliário extrapola o de título de crédito, que pertence a outra categoria jurídica, tendo função diversa. Aos valores mobiliários, que são contratos ou títulos de crédito — como os bônus de subscrição —, aplicam-se as regras e os princípios da Teoria Geral respectiva. Se os valores mobiliários não forem títulos de crédito, aplicam-se as regras obrigacionais. Nem por isso perdem a característica de valores mobiliários e a proteção legal e administrativa prevista nas respectivas leis. Os valores mobiliários são direitos, negociáveis ou cedíveis em massa. Nestes últimos (cedíveis), por exemplo, incluem-se os direitos de subscrição transacionados em Bolsa[79].

Não há correlação entre título de crédito e valor mobiliário, embora possa este último, coincidentemente, revestir-se das características e eficácia daquele. Também certos contratos podem caracterizar-se como valores mobiliários.

---

78   *V.* comentários ao art. 4º.

79   A respeito, Mauro Brandão Lopes, *S.A.: títulos,* cit., p. 15 e 78; Waldirio Bulgarelli, *Revista de Direito Mercantil,* 37:94 e s., 1980; Newton de Lucca, *A cambial-extrato,* Tese de Doutoramento, Universidade de São Paulo, 1981, p. 192 e s.; Luiz Gastão Paes de Barros Leães, *Direito comercial,* São Paulo, Bushatsky, 1976, p. 264 e s.

Os valores mobiliários apresentam como característica a sua negociação — no sentido amplo do termo — no mercado de capitais. São direitos transacionados em massa, segundo as regras legais e costumeiras aplicáveis aos respectivos mercados. Por outras palavras, os valores mobiliários são determinados direitos, habitual e reiteradamente, negociados por milhares de pessoas, segundo regras idênticas[80].

A função econômica dos valores mobiliários, segundo a lição de Ferri, não se confunde com a dos títulos de crédito. Isto porque se prestam aqueles à mobilização de capitais e sua dispersão, enquanto os títulos de crédito têm como função mobilizar e concentrar créditos[81].

Temos, assim, as características fundamentais dos valores mobiliários: negociação em massa no mercado e uniformidade de direitos, objetivando a mobilização e a mobilidade de capitais. Portanto, quando a companhia utilizar-se, na emissão de bônus, do sistema de distribuição do mercado de capitais, serão tais títulos também categorizados como valores mobiliários.

TUTELA DOS DIREITOS — CLÁUSULAS DE AJUSTAMENTO

Os direitos dos titulares de bônus de subscrição dependem do conteúdo das cláusulas estatutárias e são decorrentes das deliberações da assembleia geral e do Conselho de Administração. Diante da mobilidade própria do patrimônio social, deverão ser previstos ajustamentos necessários a tais mutações patrimoniais ou, então, a subordinação de determinadas operações (fusão, incorporação e cisão, p. ex.) ao exercício antecipado do direito de subscrição, previsto no bônus[82].

Os titulares de bônus não possuem posição privilegiada de credores, como ocorre com os debenturistas (art. 231). São eles considerados credores comuns, não possuindo direito de oposição, legitimando-se apenas para pleitear a anulação das operações praticadas pela sociedade em prejuízo do valor da subscrição previsto no título, ou seja, a diluição desse mesmo valor por meio de operações sociais, ainda que legítimas em si (art. 232).

Assim, devem revestir-se os bônus de cláusulas que preveem ajustamentos do preço ou do número de ações anteriormente fixadas. Também devem ser estabelecidas cláusulas que subordinem a conclusão de determinadas operações ao exercício antecipado da subscrição.

---

80 Newton de Lucca, *A cambial-extrato*, cit., p. 199.

81 Ferri, *Il titolo di credito*, Turim, UTET, 1965, p. 36.

82 A propósito, Decisão do TJSP, 1ª Câm., AC 495985-4/5-00, Rel. Des. Carlos Augusto de Santi Ribeiro, j. em 18-2-2007, in Lazzareschi, ob. cit., p. 159.

Por outro lado, podem ser previstas cláusulas impeditivas de mutações patrimoniais ou estruturais (cisão, fusão ou incorporação), durante o período anterior ao término do prazo de exercício do direito previsto nos bônus[83].

Quanto às cláusulas de ajustamento, cabe levar em conta o prejuízo dos futuros subscritores originários dos bônus de subscrição, no caso de capitalização de lucros e reservas com distribuição de ações bonificadas. Nessa hipótese, há uma efetiva distribuição do patrimônio social aos antigos acionistas.

Tal não ocorre, evidentemente, quando se eleva o valor nominal das ações, como faculta a lei (art. 169)[84]. Nesse caso, devem ser previstos critérios de diminuição do valor da subscrição, mantendo-se o mesmo número de ações determinado no bônus.

Também deverá ser previsto ajustamento do número de ações, objeto do direito de subscrição[85], em ocorrendo a emissão de debêntures ou partes beneficiárias conversíveis em ações, a preço inferior ao valor patrimonial.

O mesmo ajustamento é indispensável, no caso de emissão de ações por subscrição, a preço inferior ao aferido pela conjugação dos critérios previstos no art. 170 da lei[86].

Já no caso de fusão, cisão ou incorporação, será necessário prever cláusula que subordine o respectivo negócio jurídico ao exercício antecipado da subscrição das ações, objeto dos bônus emitidos[87].

Na hipótese de redução do capital social, se houver perda, também se impõe o ajustamento do valor de subscrição. No caso de redução do capital por excessivo (art. 173), cabe aos titulares dos bônus idêntico ajustamento, por não lhes assistir o direito de oposição (art. 174), reservado aos credores quirografários da companhia.

PERDAS E DANOS

Todas as hipóteses, bem como aquela de transformação da companhia (art. 220), e quaisquer outras que causem diminuição ao di-

---

83 Maria Lúcia de Araújo Cintra, *Aspectos,* cit., p. 147 e s.

84 Gaston Defossé, *Les obligations convertibles en actions,* Paris, PUF, 1970, p. 20 e s.; Maria Lúcia de Araújo Cintra, *Aspectos,* cit., p. 148 e s.

85 *V.* comentários ao art. 47.

86 *V.* comentários ao art. 170; Maria Lúcia de Araújo Cintra, *Aspectos,* cit., p. 150.

87 Maria Lúcia de Araújo Cintra, *Aspectos,* cit., p. 152.

reito dos titulares de bônus, ainda que lícitas e incontestáveis, ensejam a reparação por perdas e danos.

Com efeito, falecendo aos titulares dos bônus o *status* de sócio, não lhes cabe pleitear a anulação dos respectivos atos. Como terceiros, titulares de direitos que foram suprimidos por tais negócios jurídicos, cabe-lhes a via condenatória da reparação civil.

EXERCÍCIO CONSTITUTIVO DO DIREITO

Por outro lado, na época prevista, terá o titular do bônus legitimidade para opô-lo à companhia, para que esta, como devedora da obrigação de fazer, promova a subscrição das respectivas ações (art. 79).

Esse prazo para o exercício do direito decorrente do bônus deve ser, no mínimo, de trinta dias, como previsto para o exercício do direito de preempção (art. 171). A qualquer momento, dentro do prazo fixado, poderá o direito ser exercido. Não se admite que possa a companhia estabelecer prazo menor do que trinta dias para o exercício do direito de subscrição. Isto porque seria a exiguidade do prazo, por razões óbvias, forma indireta de obstrução do exercício do direito.

Decorrido o último dia do prazo fixado no bônus, ocorrerá a decadência do direito. Não se deve incluir o ato de pagamento do preço de emissão como formalidade necessária ao exercício do direito.

A subscrição, em si, constitui a satisfação do devedor em celebrar o respectivo contrato. Trata-se, portanto, a subscrição de negócio jurídico sucessivo ao exercício necessário e suficiente do direito, para que tal contrato se realize. À manifestação do titular corresponde a qualidade de credor do titular do bônus junto à companhia. À subscrição do aumento, ato sucessivo, corresponde a qualidade de acionista, já tendo desaparecido, em consequência, a primeira qualidade, a de credor.

Com a manifestação de vontade, terá o titular direito à conclusão do contrato de subscrição, e não ao imediato recebimento das ações indicadas no documento[88].

AUMENTO DE CAPITAL

Controvérsia doutrinária ocorre no que diz respeito à

---

88 Mauro Brandão Lopes, *S.A.: títulos,* cit., p. 89; Maria Lúcia de Araújo Cintra, *Aspectos,* cit., p. 187.

natureza do direito decorrente do bônus. Para o insigne Professor Mauro Brandão Lopes, tem o titular do bônus direito de imediata conversão em ações, mediante o pagamento do preço, e não direito de subscrever ações no desenrolar do processo formal de aumento de capital[89]. Segundo o autor, a companhia já cumpriu as formalidades do aumento, inclusive observado o direito de preferência.

Contrariamente manifesta-se Fran Martins, para quem os bônus conferem aos seus titulares o direito de subscreverem ações do capital, quando o aumento for deliberado, pois, conforme seu douto parecer, a deliberação da assembleia de emitir bônus não é, em si, uma deliberação de aumento do capital social[90].

Aí reside a divergência doutrinária, entendendo Mauro Brandão Lopes que a deliberação do aumento já terá sido tomada no momento em que se decidiu emitir os bônus[91].

Para deslindar a questão, note-se que, no aumento de capital pelo exercício de direitos conferidos por bônus de subscrição, não prevê a lei deliberação da assembleia geral (art. 166, III). Consequentemente, o exercício do direito não se dá na época em que a companhia decidir aumentar o seu capital. Dá-se exatamente o inverso: a sociedade aumentará o capital, no momento em que os titulares dos bônus exibirem os títulos à sociedade, para o exercício do direito de subscrição[92].

Essa subscrição será feita em dinheiro ou por aproveitamento de créditos líquidos do titular do bônus, junto à companhia[93].

Nos aumentos de capital por exercício do direito contido nos bônus, existe operação financeira, representada pelo ingresso de recursos de terceiros, que são convertidos em capital próprio da companhia. Difere, portanto, a operação de aumento, na espécie, daquela decorrente da conversão de debêntures ou partes beneficiárias em ações.

Em se tratando de debêntures, embora haja também uma conversão de capital de terceiros em capital próprio da companhia, não há nenhum contrato de subscrição, ocorrendo automática operação contábil. No caso de

---

89 Mauro Brandão Lopes, *S.A.: títulos,* cit., p. 85.

90 Fran Martins, *Comentários,* cit., v. 1, p. 466 e 468.

91 Mauro Brandão Lopes, *S.A.: títulos,* cit., p. 88.

92 Maria Lúcia de Araújo Cintra, *Aspectos,* cit., p. 181 e s.

93 Conforme expressamente prevê a Lei Societária francesa, art. 208-2; Hemard et al., *Sociétés,* cit., v. 2, p. 517.

partes beneficiárias, também ocorre o mero lançamento supressivo daqueles direitos convertidos em ações, sem que haja a correspondente entrada de capital, já que as partes beneficiárias são estranhas ao capital social (art. 46)[94]. Contabilmente haverá, na espécie, mera conversão de reservas para resgate em capital, ocorrendo, portanto, transferência de contas, que não altera o patrimônio da companhia (art. 46).

E no caso de subscrição mediante o exercício do direito decorrente dos bônus de subscrição, mesmo quando feita com o aproveitamento de créditos líquidos em conta corrente, haverá, necessariamente, o contrato de subscrição, o qual se consuma, desde logo, pela conversão contábil respectiva.

OBRIGAÇÃO DA COMPANHIA

A obrigação da companhia, no tocante aos bônus, consiste no efetivo aumento de capital por subscrição (art. 168), emitindo ações em número e respectivas espécie e classe constantes do documento. Aí reside a obrigação de fazer, que constitui o seu débito, perante o titular do bônus[95].

A partir do início do prazo do exercício do direito contido no bônus, deverá a companhia proceder ao aumento do capital, visando ao cumprimento de tal obrigação.

O contrato de subscrição precede às medidas necessárias à efetivação do aumento[96]. Tendo sido tal aumento predeterminado, a parte do capital autorizado a ele destinada será destacada para cumprimento da obrigação, não podendo a companhia dispor de tal parcela para outro fim[97]. E, consoante o regime de capital autorizado, o aumento respectivo será automático, bastando seu arquivamento no Registro do Comércio.

A dispensa de deliberação para efetuar o aumento, na espécie, como já se referiu, encontra-se expressa no inciso III do art. 166, abrangendo tanto a deliberação da assembleia geral como a do Conselho de Administração[98].

---

94   V. comentários ao art. 47.

95   Maria Lúcia de Araújo Cintra, *Aspectos*, cit., p. 183; Messineo, *Manuale di diritto civile e commerciale*, v. 3, p. 46.

96   A respeito, Mauro Brandão Lopes, *S.A.: títulos*, cit., p. 85.

97   Henn, *Handbook*, cit., p. 312.

98   V. comentários ao art. 166.

A parcela do capital autorizado destacada e vinculada às subscrições decorrentes do exercício do direito contido nos bônus somente será liberada e, portanto, desvinculada se, terminado o prazo determinado nos títulos, os direitos a ela correspondentes não tiverem sido exercidos[99].

CONTRATO DE SUBSCRIÇÃO

O fato de independer a efetivação do aumento de qualquer deliberação de órgãos societários (art. 166, III) não dispensa as formalidades próprias dos aumentos por subscrição, ou seja, a assinatura do respectivo boletim e, consequentemente, celebração do respectivo contrato (arts. 106 e s.).

A satisfação do crédito do titular do bônus constitui uma efetiva subscrição, com todas as consequências e obrigações de tal negócio jurídico[100], e não apenas conversão automática da posição de credor em acionista, mediante a mera troca do título representativo do débito (bônus) por outros que representam a participação societária[101].

O contrato aperfeiçoa-se com a assinatura e o pagamento da primeira parcela ou da totalidade do valor da subscrição. A partir daí o titular do bônus torna-se acionista da companhia, com os respectivos direitos e a correspondente obrigação de integralizar o valor subscrito (arts. 106 e s.)[102].

INADIMPLEMENTO DA COMPANHIA

Sendo a companhia devedora da obrigação de contratar a subscrição e, portanto, de promover o aumento de capital, decorre daí a sua responsabilidade pelo inadimplemento de tais encargos.

O descumprimento dessa obrigação de fazer acarreta prejuízos de ordem patrimonial, que não se ressarcem satisfatoriamente por mera reparação das respectivas perdas e danos[103].

Cabe, na espécie, a execução específica da obrigação, ou seja, a reparação específica, consistente na execução de idêntica obrigação por mandamento

---

99 Maria Lúcia de Araújo Cintra, *Aspectos*, cit., p. 185.

100 *V.* comentários aos arts. 106 e s.

101 Maria Lúcia de Araújo Cintra, *Aspectos*, cit., p. 188.

102 Mascheroni, *El vínculo*, cit., p. 70.

103 Clóvis Beviláqua, *Direitos das obrigações*, Bahia, Ed. Livr. Magalhães, 1896, p. 73.

judicial, consoante o estabelecido nos arts. 466-A, 466-B e 466-C do Código de Processo Civil. Embora não haja contrato preliminar, mas negócio jurídico unilateral, neste também cabe o remédio específico[104 e 105].

COMPETÊNCIA

> *Art. 76. A deliberação sobre emissão de bônus de subscrição compete à assembleia geral, se o estatuto não a atribuir ao Conselho de Administração.*

LEI DE 1940

O Decreto-Lei n. 2.627, de 1940, era inteiramente omisso quanto à emissão de bônus de subscrição. Já a Lei n. 4.728, de 1965, ao instituir, em seu art. 44, o sistema de negociação autônoma do direito de subscrição, fundado em debêntures, apontou implicitamente a competência da assembleia geral, para adotar o respectivo procedimento de cupão destacável[106]. Isto porque, sendo da alçada da assembleia geral a emissão de debêntures, era óbvio que sobre todos os atributos a elas inerentes, inclusive o cupão destacável, também competia ao conclave deliberar.

LEI N. 6.404, DE 1976

O diploma vigente, ao vincular a emissão de bônus ao regime das companhias de capital autorizado, criou a alternativa estatutária de se atribuir a um outro órgão a competência da respectiva emissão.

A existência legal de capital autorizado prende-se à prerrogativa que têm as respectivas companhias de aumentar o capital social, dentro do limite estatutário, independentemente de reforma da lei interna.

A dispensa das formalidades próprias dos aumentos por subscrição, nas companhias de capital autorizado (art. 168), constitui requisito ins-

---

104 *V.* matéria de exceção específica nos comentários ao art. 118.

105 Pontes de Miranda, *Comentários ao Código de Processo Civil*, Rio de Janeiro, Forense, v. 10, p. 121.

106 *V.* comentários ao art. 75.

trumental indispensável para que seja possível a emissão de bônus de subscrição[107].

A discriminação é, portanto, procedente, já que nossa lei de 1976 divide as companhias em dois regimes de capital, ao passo que, no direito norte--americano, todas as companhias são constituídas com capital autorizado.

Talvez fosse possível, para fazer desaparecer a discriminação, que se adotasse a sistemática legislativa francesa que, admitindo unicamente o regime de capital fixo, passou a dispensar algumas das formalidades normalmente estabelecidas[108].

A emissão de bônus constitui também modalidade de suprimento das necessidades de recursos financeiros para a companhia, oferecendo sua sistemática diversas opções que permitem maior agilidade nessa captação e mobilização de capital.

COMPETÊNCIA

Na omissão do estatuto, a deliberação sobre emissão de bônus de subscrição compete à assembleia geral extraordinária[109]. Isto porque a competência da assembleia geral ordinária é exaustivamente determinada na lei (art. 132), sendo taxativos os assuntos que poderão ser objeto de suas deliberações. Não podem tais matérias ser ampliadas, seja pelo estatuto, seja por inserção convocatória[110]. Diferentemente da lei anterior de 1940, a competência das assembleias ordinária e extraordinária é *ratione materiae* e não mais *ratio temporis* (art. 131)[111]. Em razão desse critério funcional, e não temporal, será competente para deliberar sobre a emissão de bônus de subscrição a assembleia geral extraordinária.

Em face do regime especial das companhias de capital autorizado (art. 168), a deliberação sobre tais emissões não demanda quórum especial, pois não importa a alteração do capital autorizado e, portanto, do estatuto social.

---

107 Mauro Brandão Lopes propugna pela permissão para que todas as companhias emitam bônus de subscrição (*S.A.: títulos,* cit., p. 91).

108 Tais como publicidade, registro, subscrição antes de o capital anterior estar integralizado e automática efetivação do aumento, mediante simples ato de subscrição do titular do bônus. V. comentários ao art. 75; Hemard et al., *Sociétés,* cit., v. 2, p. 517; arts. 208-1, al. 4, 182 e 208-2 da lei societária francesa.

109 Art. 208-1 da Lei Societária francesa.

110 V. comentários aos arts. 131 e 132.

111 V. comentários ao art. 122.

Por isso que a emissão de bônus não se encontra entre as matérias enumeradas nos arts. 135 e 136 da lei[112].

Prevalece, na espécie, o quórum de instalação estabelecido no art. 125, deliberando o conclave por maioria absoluta de votos, consoante o determinado no art. 129.

A matéria deverá explicitamente constar do edital de convocação do conclave, já que a emissão poderá trazer alterações no patrimônio e na composição acionária da companhia, bem como agravamento dos direitos de preempção dos acionistas.

Não será eficaz a deliberação tomada em assembleia geral sobre emissão de bônus, se a matéria não constou expressa e claramente do respectivo edital de convocação, mesmo porque a autorização de emissão importará em futura alteração do capital social realizado.

CONSELHO FISCAL

Determina a lei — art. 163, III — que caberá ao Conselho Fiscal opinar sobre a proposta de emissão de bônus, devendo, outrossim, ao menos um de seus membros comparecer ao conclave, para prestar esclarecimentos a respeito da matéria[113]. Esse quadro permite aos acionistas presentes obter amplas informações sobre os motivos da emissão e sobre os diversos aspectos de projeção financeira, valor de emissão, implicações quanto às modificações eventuais nos grupos de controle (arts. 116 e 118), espécies e classes de ações a serem subscritas etc.

COMPETÊNCIA ESTATUTÁRIA DO CONSELHO DE ADMINISTRAÇÃO

Se o estatuto atribuir, na forma do art. 142, VII, a competência de emissão ao Conselho de Administração, a respectiva deliberação obedecerá a todos os procedimentos próprios desse órgão colegiado, consoante o previsto no art. 140[114]. Essa atribuição estatutária não permite reserva de competência concorrente à assembleia geral, não mais podendo o conclave deliberar sobre a matéria. Para que tal possa ocorrer, será necessário reverter a competência estatutária atribuída ao conselho de administração,

---

112 V. comentários aos arts. 135 e 136.

113 V. comentários ao art. 163.

114 V. comentários ao art. 140.

retornando expressamente esse poder à assembleia geral, que é o órgão natural para tal deliberação, sendo o presente artigo.

A deliberação, que será tomada por maioria absoluta de votos, deverá ser devidamente arquivada no Registro do Comércio, bem como publicada a respectiva ata, na forma determinada no parágrafo único do art. 142. Isto porque, obviamente, a emissão de bônus de subscrição destina-se a produzir efeitos perante terceiros, mesmo quando a emissão for privada[115].

DESTAQUE PARA O VALOR DO AUMENTO

Seja por deliberação da assembleia geral, seja do Conselho de Administração, deverá constar expressamente da respectiva decisão o montante do capital social *reservado* ao exercício do direito de subscrição relativo aos bônus a serem emitidos. Isto porque o aumento do capital correspondente à emissão é deliberado desde o momento em que se decide essa mesma emissão, sendo irrevogável, vinculando a companhia e sua administração, a partir desse momento.

O destaque da parcela do capital autorizado para tal fim visa ao cumprimento da obrigação assumida pela sociedade de contratar a subscrição com os titulares dos bônus[116]. Essa parcela corresponde ao aumento antecipadamente determinado. Tal predeterminação não é suscetível de outra deliberação, seja da assembleia, seja do Conselho, que revogue ou retifique, ou, de qualquer forma, altere a decisão anterior.

Trata-se de vínculo representado pela oferta de subscrição que a companhia fez. Esse ato unilateral, por destinar-se a produzir efeitos perante terceiros, não é, com efeito, negócio jurídico suscetível de revogação futura, como é da natureza das deliberações dos órgãos societários, toda vez que devam produzir efeitos internos.

A vinculação de tal parcela é, portanto, definitiva, podendo tão somente reverter à rubrica do capital autorizado disponível, se, findo o prazo de subscrição outorgado aos titulares dos bônus, estes deixarem de exercer o seu direito[117].

Destacada a parcela do capital autorizado suficiente para atender à totalidade da subscrição, a efetivação do aumento será automática, bastando

---

115 V. comentários ao art. 142.

116 Maria Lúcia de Araújo Cintra, *Aspectos,* cit., p. 185 e s.

117 Henn, *Handbook,* cit., p. 312.

a sua averbação no Registro do Comércio, como referido[118].

QUANTIDADE DE BÔNUS

A quantidade de ações a serem subscritas, em decorrência da emissão de bônus, deve atender ao limite do capital autorizado, não podendo extrapolá-lo.

Se a autorização, consoante a alternativa prevista na letra *a* do § 1º do art. 168, for fixada em número de ações (e não em valor do capital), o total de ações vinculadas aos bônus não poderá ser superior ao número de ações ainda não emitidas dentro do capital autorizado, respeitadas as espécies e classes previstas no estatuto.

Por outro lado, se o limite do aumento estiver fixado em valor do capital, deverá ser levado em conta o valor nominal da ação, anualmente corrigido (art. 168, § 2º), determinando-se o número de ações vinculadas aos bônus que serão emitidos.

Finalmente, na hipótese de as ações não terem valor nominal, será considerado o preço de emissão delas[119].

Não há, pois, limite no tocante ao número de bônus emitidos. Estes, no entanto, devem ser fracionados em número e valor das ações correspondentes ao limite do capital autorizado, dentro dos critérios de quantidade e valor previstos no estatuto[120].

COMISSÃO DE VALORES MOBILIÁRIOS

Havendo emissão pública, deverá ela ser submetida ao prévio registro junto à Comissão de Valores Mobiliários, como determina o art. 16 da Lei n. 6.385, de 1976, e nos termos da Instrução n. 202, de 6 de dezembro de 1993, daquela autarquia.

Esse registro abrange tanto a oferta dos próprios bônus como das ações ou debêntures a que, eventualmente, estiverem vinculadas como vantagem adicional (art. 77).

A nossa agência reguladora adotou a *Form S-8* da *Securities and Exchange Commission*, a qual determina que qualquer emissão de *rights* correspon-

---

118 Maria Lúcia de Araújo Cintra, *Aspectos,* cit., p. 186.
119 Maria Lúcia de Araújo Cintra, *Aspectos,* cit., p. 107.
120 *V.* comentários ao art. 168.

de à obrigação de registro não apenas das *options*, mas também das *optioned shares*[121].

Compete, outrossim, à Comissão de Valores Mobiliários, consoante o art. 8º da Lei n. 6.385, de 1976, fiscalizar a distribuição pública de bônus, sem embargo da fiscalização que sobre suas negociações terá as BM&FBovespa, se nelas ocorrerem transações com estes títulos.

AGENTE EMISSOR

Conforme o estabelecido no art. 27, poderá a companhia contratar os serviços de um agente emissor dos bônus de subscrição. Tais serviços são privativos de instituição financeira autorizada pela Comissão de Valores Mobiliários ou das Bolsas de Valores (art. 293)[122].

A referência genérica a valores mobiliários, constante do art. 27, é explicitada melhor, no tocante aos bônus de subscrição, pelo art. 101 da lei, ao estabelecer que o agente emissor poderia substituir o Livro de Registro de Bônus de Subscrição Endossáveis pela sua própria escrituração. A revogação dos bônus endossáveis pela Lei n. 8.021, de 1990, não invalida o procedimento substitutivo, que se aplica aos bônus obrigatoriamente nominativos.

Assim, os registros de propriedade dos bônus de subscrição serão aqueles do agente emissor, devidamente aprovados pela Comissão de Valores Mobiliários, sendo a companhia periodicamente informada dos respectivos lançamentos.

Será incumbência do agente emissor elaborar, anualmente, a lista dos titulares dos bônus, especificando o número de títulos respectivos, a qual será encadernada, autenticada no Registro do Comércio e arquivada na companhia (art. 101).

Caberá também ao agente emissor verificar a regularidade da transferência e da constituição de direitos ou ônus sobre os bônus de subscrição. A responsabilidade do agente emissor por atos ilícitos é de natureza obrigacional, respondendo apenas perante a companhia com que contratou (art. 104). Consequentemente, será a companhia responsável perante o titular dos bônus de subscrição por qualquer irregularidade referente aos registros e transferências dos mesmos, apesar de a tarefa ter sido confiada

---

121 Loss, *Securities*, cit., p. 467. *V.* arts. 13b e 15d do *Securities and Exchange Act*, de 1934.

122 *V.* comentários ao art. 27.

a um agente emissor[123]. Também cabe instituir a custódia dos bônus *ex vi* do art. 41[124].

As dúvidas nos livros de registro e transferência de bônus serão dirimidas pelo juiz competente para solucionar questões levantadas pelos respectivos oficiais dos registros públicos, excetuadas aquelas atinentes à subsistência do direito (art. 103).

EMISSÃO

> **Art. 77. Os bônus de subscrição serão alienados pela companhia ou por ela atribuídos, como vantagem adicional, aos subscritores de emissões de suas ações ou debêntures.**
>
> **Parágrafo único. Os acionistas da companhia gozarão, nos termos dos arts. 171 e 172, de preferência para subscrever a emissão de bônus.**

LEI DE 1940

O Decreto-Lei n. 2.627, de 1940, não dispunha a respeito de bônus de subscrição. A matéria de direitos de subscrição vinculados à emissão de outro título — a debênture — foi objeto da Lei n. 4.728, de 1965, que, em seu art. 44, instituiu o sistema de negociação autônoma do direito de subscrição, fundado na titularidade, não de ações, mas de debêntures.

Por esse artigo da Lei do Mercado de Capitais, poderia a companhia emitir debêntures com cupão destacável, que dava a seu titular direito autônomo de subscrição, em futuro aumento de capital.

Por se tratar o cupão de título originado de outro — a debênture —, sua emissão era gratuita. Constituía-se vantagem adicional aos subscritores das respectivas debêntures. Não previa, pois, a Lei n. 4.728, de 1965, a emissão onerosa de direitos autônomos de subscrição[125].

LEI N. 6.404, DE 1976

A lei de 1976, ao instituir os bônus de subscrição como

---

123 Maria Lúcia de Araújo Cintra, *Aspectos,* cit., p. 105 e s.

124 *V.* comentários ao art. 41.

125 *V.* comentários ao art. 75.

títulos de crédito, reproduziu o regime de duplicidade do Direito norte-
-americano, quanto à emissão onerosa ou gratuita. Na emissão onerosa,
pressupõe-se que a companhia é próspera. Em face do valor de mercado de
suas ações, a aquisição de bônus é um atrativo para os investidores, na medida em que estes representam o direito de subscrição de ações por valor
abaixo da cotação, o que corresponderá, portanto, a uma valorização, no
momento efetivo da subscrição.

No segundo caso — emissão gratuita —, pressupõe-se uma conjuntura
de carência de capitais financeiros, que demanda a colocação, pela companhia, de debêntures no mercado. E, justamente para atrair investidores
para a tomada de empréstimos representados por debêntures, emitem-se
bônus de subscrição, como vantagem adicional. Dessa forma, procura-se
atrair o investidor, pela perspectiva de subscrever, no futuro, o capital da
companhia, cujo pressuposto será a maior rentabilidade da aplicação.

Assegura, ainda, a lei de 1976 aos acionistas o direito de preempção, na
emissão de bônus, fazendo-o dentro da relatividade que tal princípio ostenta, no tocante às companhias de capital autorizado, consoante as exceções
a esse direito facultadas pelo art. 172[126].

DIREITO NORTE-AMERICANO

No Direito norte-americano, o *Model Business Corporation
Act* prevê a emissão de *stock options*, juntamente com outros títulos, ou independentes[127]. Quando sua emissão é conjunta, visam os *rights* a tornar as
ações preferenciais ou debêntures mais atrativas aos investidores[128], permitindo que os tomadores subscrevam, no futuro, ações ordinárias.

Esses *rights* podem ser ou não destacáveis, como títulos autônomos, dos
bonds ou das ações preferenciais. Se destacáveis, são suscetíveis de negociação autônoma, inclusive em Bolsa. Se não destacáveis, terão um mercado
próprio, ficando seu valor de cotação incorporado à respectiva *security*,
acrescendo-o, presumivelmente, ao preço[129].

---

126 *V.* comentários ao art. 172.

127 *V.* comentários ao art. 75; art. 20 do *Model Business Corporation Act*; Ballantine, *Ballantine*, cit., p. 515.

128 *Financial Handbook*, cit., p. 12-29; Ballantine, *Ballantine*, cit., p. 512.

129 Maria Lúcia de Araújo Cintra, *Aspectos*, cit., p. 18 e s.; Ballantine, *Ballantine*, cit., p.
514.

Em se tratando de *independent stock options*, haverá autonomia de circulação e negociação no mercado. São, em geral, emitidas a favor dos administradores e empregados categorizados ou, então, colocadas como modalidade de garantia futura da manutenção do controle acionário. São também emitidas a favor dos fundadores da companhia, por ocasião da sua constituição, fazendo, assim, as vezes das partes beneficiárias encontradas em nosso Direito (arts. 46 e s.), ou, ainda, como forma de pagamento de débitos[130].

Conforme a finalidade dos *rights*, poderão ser outorgados a todos os acionistas, ou a terceiros, ou especialmente a administradores e a empregados, da própria companhia ou do grupo empresarial. Em qualquer circunstância, a emissão deverá obedecer às normas legais e estatutárias relativas ao direito de preferência dos acionistas[131]. Se o direito de preferência for reconhecido pela lei estadual respectiva ou pelos *articles of incorporation*[132], será ele estendido aos *rights*, ou seja, a quaisquer direitos que envolvam uma emissão futura de ações[133].

Tem-se em vista, com a observância do direito de preferência, garantir o quadro atual do controle acionário, bem como a participação dos antigos acionistas, evitando-se com a efetivação dos *rights* a diluição das anteriores participações acionárias[134].

Como também prevê o nosso Diploma societário, a lei norte-americana exclui o direito de preferência sobre as ações emitidas para satisfazer as opções respectivas. O direito de preferência recairá sobre os *rights* e não sobre aquelas ações.

DIREITO FRANCÊS

No Direito francês[135], as opções serão sempre emitidas gratuitamente, atribuídas que são aos empregados, visando à sua participação no fator capital[136].

---

130 Ballantine, *Ballantine*, cit., p. 514; Henn, *Handbook*, cit., p. 492 e s.; Maria Lúcia de Araújo Cintra, *Aspectos*, cit., p. 19.

131 Maria Lúcia de Araújo Cintra, *Aspectos*, cit., p. 25.

132 *V.* comentários aos arts. 171 e 172.

133 Art. 26a do *Model Business Corporation Act*; Ballantine, *Ballantine*, cit., p. 491; Maria Lúcia de Araújo Cintra, *Aspectos*, cit., p. 26.

134 Henn, *Handbook*, cit., p. 497; Lattin, *The law of corporations*, cit., p. 499 e s.; *Financial Handbook*, cit., p. 13-30.

135 *V.* comentários ao art. 75.

136 Art. 208-2 da Lei Societária francesa.

A criação tardia dessas opções[137] obrigou a uma derrogação específica do direito de preferência. Para tornar possível o exercício das opções, a lei determina que a autorização da assembleia geral para a emissão pressupõe, de forma absoluta, a renúncia dos acionistas a seu direito de preferência na respectiva subscrição[138].

ALIENAÇÃO

Visa a emissão onerosa à obtenção de recursos para a companhia. Implica uma contraprestação, representada por valor monetário e não por outras formas indiretas de contraprestação presente ou futura, como ocorre na emissão gratuita[139].

Consequentemente, a alienação deverá corresponder à fixação de um preço, a cargo do órgão competente para deliberar sobre a emissão (art. 76). Esse preço refere-se ao valor da emissão do bônus, já que este não terá valor nominal. Será ele calculado, tendo em vista a viabilidade de distribuição dos bônus no mercado[140]. Não há, com efeito, nenhum critério estabelecido na Lei Societária para a fixação do preço de emissão desses títulos.

Fixado o preço, seu recebimento poderá ser feito não só em dinheiro, mas também por troca ou compensação de bens adquiridos, serviços prestados ou como remuneração de *royalties* ou de assistência técnica.

PREÇO DO BÔNUS

Como o bônus não tem valor nominal, o seu preço será aquele estabelecido pelo órgão autorizado a emiti-lo.

Não há nenhum critério legal expresso que deva ser observado para a determinação desse preço[141]. Esse direito, onerosamente adquirido, deve representar um valor qualquer dentro da projeção que a companhia fará entre o atual patrimônio líquido e aquele que, provavelmente, será apurado ao tempo da subscrição. Deverão ser levados em conta a projeção dos resul-

---

137 V. comentários ao art. 75.
138 Art. 208-2 da Lei Societária francesa; Maria Lúcia de Araújo Cintra, *Aspectos*, cit., p. 46.
139 Mauro Brandão Lopes, *S.A.: títulos*, cit., p. 80.
140 Fran Martins, *Comentários*, cit., v. 1, p. 470.
141 Maria Lúcia de Araújo Cintra, *Aspectos*, cit., p. 108.

tados de exercícios futuros (art. 181) e também outros fatores, como os intangíveis da companhia, cotação média em Bolsa e respectiva liquidez.

Por outro lado, a ponderação desses fatores deverá respeitar o direito de preferências dos acionistas (arts. 171 e 172). Se, com efeito, o preço dos bônus resultar da mera soma desses fatores, estar-se-á, de certa forma, onerando os próprios acionistas, quando adquirirem os bônus. Estes, para não perderem o direito de preferência, estarão pagando um ágio pela própria prosperidade da companhia, para a qual contribuíram. Assim, o preço de emissão dos bônus não pode prejudicar o exercício do direito de preferência por parte dos acionistas.

Por tudo isso, o preço do bônus deverá representar um valor não superior, via de regra, a 5% do valor patrimonial da ação, no momento de sua emissão. Ultrapassando-se esse percentual, poderá ficar, com efeito, economicamente agravado o direito de preempção dos acionistas. Poder-se-ia argumentar que teriam eles a vantagem de subscrever, futuramente, o capital por valor patrimonial antigo. Mas, de qualquer forma, estariam pagando injustificado ágio sobre o próprio valor patrimonial originado de suas anteriores contribuições de capital.

ALOCAÇÃO DO PRODUTO DA VENDA

Estabelece o art. 182, § 1º, *b*, que serão classificadas como reservas de capital as contas que registrarem o produto da alienação de bônus de subscrição. O fundamento dessa alocação obrigatória baseia-se no pressuposto de que os recursos obtidos com a alienação dos bônus equivalem a uma antecipação do ágio. Daí os mesmos serem classificados como reservas de capital[142].

O preço de emissão, por ser escriturado em conta de reserva de capital, não será computado na determinação do lucro real da companhia. Sua aplicação está vinculada às rubricas previstas no art. 200 da lei[143].

EMISSÃO GRATUITA

Permite a lei a emissão de bônus para atribuição gratuita, com o objetivo de viabilizar o aumento de capital ou a colocação de debêntures.

---

142 Maria Lúcia de Araújo Cintra, *Aspectos*, cit., p. 108.
143 *V.* comentários ao art. 200, assim como aos arts. 13 e 14.

Nessas hipóteses, os bônus de subscrição serão distribuídos simultaneamente com as ações ou as debêntures da companhia quando subscritas. São títulos inteiramente autônomos. Tal vantagem adicional pode ser atribuída na emissão de ações de qualquer espécie ou classe.

Em se tratando de bônus distribuídos gratuitamente na subscrição de ações, poderia parecer que os respectivos subscritores teriam duplo direito: um decorrente da titularidade do bônus e outro resultante da titularidade das ações[144]. Tal duplicidade, porém, não ocorre, em face do preceituado no § 3º do art. 181, que desloca o direito de preferência, havendo emissão de bônus para estes. Perdem os acionistas, consequentemente, o direito de preempção no momento da subscrição das ações a eles relativas.

DEBÊNTURES

A vantagem adicional de atribuição gratuita de bônus também será aplicável tanto no caso de debêntures conversíveis em ações como no de inconversíveis[145].

Poderá parecer estranha tal vantagem, no caso de debêntures conversíveis, uma vez que estas permitem a automática troca do seu valor por ações. Mas tal duplicidade de benefício não existe.

Trata-se de dois negócios jurídicos diversos. A conversão de debêntures constitui troca decorrente de promessa unilateral da companhia, a que não corresponde um novo ônus para o titular delas. Este simplesmente opta pela conversão, em vez de receber o valor do empréstimo em dinheiro. Recebe em espécie o valor de seu crédito.

Já o bônus não dá ao seu titular o direito de troca, mas o de subscrever ações, o que lhe será oneroso, devendo despender a importância da subscrição, no momento de efetuá-la.

GRATUIDADE *VERSUS* ONEROSIDADE

A emissão de bônus a título de vantagem adicional, atribuída gratuitamente a subscritores de ações ou debêntures, não pode representar ato de liberalidade (art. 154). Aqui se obedece aos princípios da

---

144 Fran Martins, *Comentários*, cit., v. 1, p. 470.
145 Sobre a matéria, Parecer CVM/SJU, n. 005/84.

common law, que, na espécie, declara que não poderão as opções ser objeto de liberalidade[146].

Presume-se que tal operação corresponde, sempre, a uma vantagem para a companhia, representada pela viabilização do ingresso de capitais próprios ou de terceiros, mediante a emissão, respectivamente, de ações ou de debêntures.

Não será justificável a atribuição gratuita de bônus nos casos de companhias prósperas, cuja colocação de ações ou de debêntures far-se-ia sem qualquer necessidade de oferecimento de vantagens adicionais.

Para que seja legítima a emissão de bônus, como vantagem adicional, deverá estar a companhia colocada em posição de menor aceitação no mercado de capitais, o que a levará a suplantar tal posição, mediante esse expediente facultado pela Lei Societária.

PREJUÍZO DOS ANTIGOS ACIONISTAS E DIREITO DE PREFERÊNCIA

Diversas questões surgem com respeito ao agravamento do direito de preferência dos antigos acionistas em face da emissão de bônus. Tais questões advêm, em primeiro lugar, do deslocamento do direito de preempção que a lei faz, assegurando tal prerrogativa apenas para subscrever os bônus e não, posteriormente, as ações a eles relativas (art. 171, § 3º).

Outra questão decorre do preço de subscrição das ações pelos titulares dos bônus, cuja diferença, quanto ao valor patrimonial (art. 170), poderá levar à diluição do capital social.

Havendo deliberação da assembleia geral ou do Conselho de Administração (art. 76), no sentido de emitir bônus, deverão os acionistas diligenciar a aquisição preferencial de tais títulos, sob o risco de, no respectivo aumento, perderem suas posições acionárias.

Essa preferência antecipada, que a lei estabelece, não pode ser injustificadamente onerosa, como já se comentou, sob pena de, em razão do preço de alienação do bônus, ver-se o acionista desencorajado à sua aquisição.

PUBLICIDADE E PRAZO

A companhia deverá diligenciar, através de ampla publicidade (art. 289), idêntica à que se exige para os aumentos de capital por

---

146 Lattin, *The law of corporations*, cit., p. 269.

subscrição (art. 170)[147], para permitir o acesso dos acionistas à informação sobre a emissão de bônus (art. 289)[148].

Ademais, deverá ser dado aos acionistas prazo razoável para a aquisição dos bônus, que não poderá ser inferior a trinta dias, contados da publicação dos avisos respectivos, na forma e para os efeitos do disposto no art. 289[149].

Por outro lado, o não exercício do direito de preempção para a aquisição dos bônus equivale à caducidade do direito de subscrever as ações a eles correspondentes[150].

EXCLUSÃO ESTATUTÁRIA

Permite o art. 172 da lei que a emissão de bônus seja efetivada sem que assista aos acionistas o direito de preferência[151]. Será legítima tal exclusão, desde que o estatuto social a tenha anteriormente previsto, não podendo tal regra ser objeto de reforma estatutária concomitante ou posterior à própria emissão dos bônus.

Ademais, a exclusão estatutária deverá ser expressa, no tocante aos bônus de subscrição. Assim, se o estatuto menciona a exclusão apenas para ações ou para outros títulos, ao deixar de explicitamente fazê-lo com respeito aos bônus, prevalecerá integralmente o direito de preferência para esses títulos (art. 171).

Contendo o art. 172 norma de exceção ao princípio geral de inderrogabilidade da preempção, o estatuto que a adotar deve estritamente observar as três hipóteses de colocação previstas nos incisos I e II, mencionando inequivocamente os bônus como compreendidos em tais hipóteses.

Consequentemente, em não havendo disposição estatutária anterior, expressamente excluindo o direito de preferência para os bônus, cuja colocação seria feita consoante as exceções legais (art. 172), qualquer deliberação a respeito será ineficaz.

Por outro lado, o art. 172, ao tratar de incentivos fiscais, restringiu a possibilidade de exclusão estatutária apenas para a subscrição de ações. Em consequência, a eventual emissão de bônus de subscrição, que tenha por

---

147 V. comentários ao art. 170.
148 V. comentários ao art. 289.
149 V. comentários ao art. 171.
150 Ballantine, *Ballantine*, cit., p. 491.
151 V. comentários ao art. 172.

objeto futuras emissões de ações com benefícios fiscais, deverá estritamente observar o direito de preempção dos acionistas.

PREFERÊNCIA EM BÔNUS GRATUITOS

Instaurou-se dissídio doutrinário sobre se os bônus distribuídos gratuitamente, a título de vantagem adicional aos subscritores de ações ou de debêntures, estariam ou não abrangidos pelo direito de preferência previsto no art. 171[152].

Nesse caso de bônus gratuitamente distribuídos, o direito de preferência é exercido sobre os próprios valores subscritos — ações ou debêntures —, e não sobre os bônus que constituem vantagem decorrente do próprio contrato.

Não há, na hipótese, subscrição de bônus, mas tão somente subscrição de ações ou de debêntures, que virão acompanhadas desse título[153]. Na distribuição gratuita, portanto, terão direito aos bônus os respectivos subscritores, para os quais a lei e o estatuto reservam ou não o direito de preferência, dentro das regras contidas nos arts. 171 e 172.

AGRAVAMENTO DO DIREITO

Conforme já se viu, o deslocamento do direito de preempção para os bônus (art. 171, § 3º) implica um ônus complementar para o acionista, no exercício do seu direito de subscrever ações[154].

Não obstante o caráter inderrogável do direito instituído pelo art. 171, poderá o órgão competente da companhia tornar mais oneroso o exercício desse direito, fazendo com que os acionistas que desejarem manter sua posição acionária paguem o valor de emissão dos bônus. Tal valor será maior quanto mais próspera for a companhia, incidindo exatamente sobre aqueles que, com suas anteriores subscrições de capital, contribuíram para a atual situação da sociedade.

---

152 Pelo direito de preferência, nessa hipótese, Mauro Brandão Lopes, *S.A.: títulos*, cit., p. 83 e s. Pela sua exclusão, Egberto Lacerda Teixeira e Tavares Guerreiro, *Das sociedades*, cit., v. 1, p. 327; Maria Lúcia de Araújo Cintra, *Aspectos*, cit., p. 164 e s.

153 Maria Lúcia de Araújo Cintra, *Aspectos*, cit., p. 167.

154 Mauro Brandão Lopes, *S.A.: títulos*, cit., p. 80 e s.

A respeito, Mauro Brandão Lopes considera que "o direito de preferência, exercido sobre os bônus, equivale à preferência indireta e mais onerosa na subscrição do próprio aumento, em conflito com o § 1º do art. 170"[155].

Não há como negar que, no caso de emissão de bônus, os acionistas pagarão por um direito que já possuem, *ex vi* do disposto no art. 171[156].

Tal agravamento patrimonial, no entanto, inexiste, em princípio, pois o preço de subscrição das ações objeto dos bônus terá como base o seu valor econômico (art. 170), apurado no momento da emissão desses bônus e não, como projeção do patrimônio, no momento da futura subscrição.

Há, portanto, um pressuposto de compensação patrimonial para o acionista. Este, ao pagar pelos bônus, poderá subscrever as futuras ações por valor inferior ao que seria calculado, no momento da subscrição, consoante os parâmetros contidos no art. 170.

Sob o aspecto puramente legal, também esse deslocamento oneroso do direito de preferência é perfeitamente admissível. Mesmo que se admita possa haver tal agravamento, não há que falar em conflito[157], pois é a própria lei que o autoriza[158]. Caso tal agravamento fosse fruto de disposição estatutária ou deliberação de órgãos societários, evidentemente que não seria eficaz. Mas não é o caso, em face do que dispõe expressamente o § 3º do art. 171.

FORMA, PROPRIEDADE E CIRCULAÇÃO

Art. 78. Os bônus de subscrição terão a forma nominativa.

• Caput *com redação dada pela Lei n. 9.457, de 5 de maio de 1997.*

Parágrafo único. Aplica-se aos bônus de subscrição, no que couber, o disposto nas Seções V a VII do Capítulo III.

LEI DE 1940

Nada era previsto sobre a matéria no Decreto-Lei n. 2.627, de 1940. Já a Lei n. 4.728, de 1965, ao instituir o cupão originado de

---

155 Mauro Brandão Lopes, *S.A.: títulos*, cit., p. 81.

156 Mauro Brandão Lopes, *S.A.: títulos*, cit., p. 80.

157 Mauro Brandão Lopes, *S.A.: títulos*, cit., p. 81.

158 Maria Lúcia de Araújo Cintra, *Aspectos*, cit., p. 169.

debêntures, deu a esse título as formas endossável e ao portador. Determinava, em seu art. 44, ser o cupão ao portador destacável ou transferível por averbação no próprio título e no livro de registro respectivo, se endossável.

LEI N. 6.404, DE 1976, E LEI N. 8.021, DE 1990

Não prescrevia a Lei Societária de 1976 a forma nominativa, mencionando apenas a endossável e ao portador. Não obstante, não se pode mais entender, em face da Lei n. 8.021, de 12 de abril de 1990, que subsista a incompatibilidade entre a natureza desse título e a sua compulsória forma nominativa registrada ou escritural.

E, com efeito, os artigos da lei que regulavam a emissão de bônus procuravam dar ênfase ao aspecto cartular do título, visando à sua negociação e circulação manual. Entendia o legislador de 1976, ao prescrever a forma ao portador e endossável, que a nominativa, registrada e escritural, por não serem cartulares, seriam incompatíveis não só com a natureza, mas também com a própria função mobilizadora de capitais, que é a causa da emissão dos bônus de subscrição. Essa visão cartular dos títulos já era, no entanto, superada ao tempo da elaboração e discussão do projeto de 1976, em face do avanço das técnicas de informática aplicadas à negociação de valores mobiliários, em nível abrangente (negociação *on line*)[159].

Não havia, portanto, mesmo ao tempo do projeto de 1976, qualquer incompatibilidade entre a forma nominativa escritural (cf. art. 34) e o bônus de subscrição, enquanto título, e muito menos com a sua função de mobilização de capitais. Pelo contrário, a forma escritural constitui instrumento incomparavelmente mais ágil para a efetividade dessa mobilização, como é evidente. Já a forma nominativa registrada não tem a mesma agilidade[160].

Temos assim que o artigo ora comentado, no texto original da Lei n. 6.404, de 1976, coerentemente com os demais que tratavam do bônus, não mencionava os nominativos ou escriturais, embora os admitisse, por remissão, nos arts. 31 e 34.

E a remissão às Seções V a VII do Capítulo III, com efeito, tornava possível a adoção das formas nominativa registrada e escritural no tocante ao bônus, como referido nos comentários ao art. 75, *supra*.

---

159 Newton de Lucca, *A cambial-extrato*, Revista dos Tribunais, 1985.

160 *V.* comentários ao art. 34.

LEI N. 9.457, DE 1997

A Lei n. 9.457, de 1997, veio deslindar a derrogação tácita do *caput* do art. 78 pela Lei n. 8.021, de 1990, suprindo assim uma lacuna deixada pela disposição constante do antigo texto da Lei n. 6.404, de 1976. Ao dar ao dispositivo uma redação nova, convalidou-o, permitindo, desse modo, que todas as discussões e as remissões que se faziam para demonstrar a possibilidade de bônus nominativos fossem recebidas pela Lei Societária de 1997. Isto posto, ficam admitidas apenas as formas nominativas, nas suas subformas registradas (cf. art. 31) e escriturais (cf. art. 34). O que importa é sempre a nominatividade.

A propriedade dos bônus nominativos registrados decorre da inscrição do nome de seu titular no livro próprio da companhia. Este, por remissão, passa a ser o Livro de Registro de Bônus de Subscrição Nominativos em vez de Livro de Registro de Bônus de Subscrição Endossáveis previsto no antigo inciso IV do art. 100. Prevalece, portanto, a remissão ao art. 31, devendo a companhia, no que respeita aos livros sociais estabelecidos no referido art. 100, criar um de registro próprio para os bônus nominativos e, bem assim, um outro de Transferência de Bônus de Subscrição Nominativos. Ademais, *ex vi* do art. 41, com redação dada pela Lei n. 10.303, de 2001, podem os novos bônus registrados ser objeto de custódia, na forma prevista no art. 31.

Nos bônus nominativos registrados (cf. art. 31), o certificado é inteiramente dispensável, por não ser requisito capaz de legitimar o exercício de qualquer direito. Daí nunca ter sido utilizado tal procedimento. E mais ainda. A própria forma nominativa registrada jamais foi adotada após a vigência da Lei n. 8.021, de 1990. Tal desuso deve-se à incompatibilidade entre o ritualístico procedimento registrário que lhe é próprio e as dinâmicas funções dos bônus. Por se tratar de título de curto prazo, pressupõe, com efeito, maior mobilidade na sua negociação no mercado. Daí ter o legislador de 1976 imposto as formas ao portador e endossáveis, ora expressamente revogadas.

PROPRIEDADE DOS BÔNUS ESCRITURAIS

A propriedade dos bônus de subscrição escriturais (cf. art. 34) obedece aos princípios dos registros públicos de direitos reais. Assim, presume-se que o titular de uma conta corrente de bônus de subscrição aberta em instituição financeira administradora seja o proprietário dos títulos que ali foram lançados a seu crédito. Trata-se de presunção relativa. Em consequência, o verdadeiro titular pode demonstrar o erro ou o dolo no lançamento, através de ação própria objetivando a sua anulação, mediante estorno.

Dessa forma, todos os princípios referentes à caracterização da propriedade de bens reais aplicam-se aos bônus de subscrição escriturais. Tem-se visto, a propósito, a alegação absurda de instituições administradoras de que não se pode eficazmente reivindicar a propriedade de títulos escriturais em face da celeridade das operações no mercado informatizado. Assim, haveria o prevalecimento da informática sobre o próprio Ordenamento, que não mais seria aplicável na perseguição do direito do verdadeiro titular. Esses argumentos não podem ser acolhidos. Devem, isto sim, os programas e sistemas prever tal possibilidade de estornos sucessivos, aptos a restaurar os direitos legítimos arguidos.

TRANSFERÊNCIA DOS BÔNUS ESCRITURAIS

A transferência da titularidade dos bônus de subscrição escriturais opera-se mediante o lançamento efetuado pela instituição financeira administradora, a débito da conta corrente aberta em nome do cedente e a crédito da conta corrente aberta em nome do cessionário. Essa transferência opera-se sem interferência da companhia emissora dos bônus ou mesmo sem o conhecimento desta.

Cabe, por outro lado, compatibilizar o sistema de transferência informatizado com a não admissibilidade de ordem verbal para a transferência. Essa harmonização pode dar-se por ordens padronizadas, cujo documento contenha as explicações necessárias, inclusive quanto à responsabilidade da instituição administradora por eventuais erros nesses lançamentos[161].

Por outro lado, sendo um título de curta duração e não de permanência, difícil imaginar a constituição de direitos reais sobre os bônus de subscrição. Nada, no entanto, impediria, em casos especiais, que tal ocorresse, quando serão aplicáveis os arts. 39 e 40, que tratam da constituição de direitos reais e outros ônus. Assim, do extrato da conta corrente constará o código próprio do gravame, pelo que estarão os bônus relativamente bloqueados no tocante à transferência dos direitos de subscrição que lhes são inerentes.

---

161 V. Parecer CVM/SJU 056/83, a propósito da transferência informatizada das debêntures.

CARACTERÍSTICAS DOS BÔNUS ESCRITURAIS

Os bônus escriturais não podem incorporar-se em um certificado. Não se caracterizam, portanto, como bens móveis. Não havendo corpo material (certificado) a ser depositado, os bônus de subscrição escriturais escapam, outrossim, aos requisitos declaratórios previstos no art. 79.

E, pela sua natureza de bens incorpóreos, os bônus escriturais não se prestam à tradição. Também não podem ser objeto daqueles negócios jurídicos cuja essência é a mobilidade do bem. Embora livremente negociáveis, os bônus escriturais não são circuláveis. Têm eles, pelo contrário, como característica a não circulabilidade, na medida em que a cessão dos direitos que lhes são inerentes é operada pelo sistema escritural.

NOÇÃO DE BÔNUS ESCRITURAIS

Os bônus escriturais constituem um valor patrimonial incorpóreo, que outorga ao seu titular direitos de subscrição e cuja propriedade e respectiva transferência processam-se escrituralmente por meio de lançamentos em conta corrente aberta na instituição encarregada de sua administração. A característica fundamental dos bônus escriturais é a sua nominatividade. A emissão de certificados no caso de bônus escriturais é impossível, como reiterado.

PREÇO DE EMISSÃO

O preço de emissão, que poderá ser substituído por critérios para determiná-lo, constitui, outrossim, elemento fundamental. Deve ser ele fixado tendo em vista a vantagem patrimonial do subscritor do bônus e a manutenção do valor econômico das ações novas. O preço determinará a eventual existência de diluição justificada ou injustificada da participação dos antigos acionistas (art. 170).

A respeito, deve-se invocar o caráter mandamental contido no art. 170, que determina seja o preço das ações emitidas compatível com o seu valor econômico, ou seja, pelos critérios de fluxo de caixa descontado de patrimônio líquido (art. 178) e de cotação na BM&FBovespa (art. 181)[162]. Tais critérios

---

162 *V.* comentários ao art. 170.

ponderados deverão ser observados no momento em que a administração deliberar a respeito do aumento (arts. 168 e 170)[163].

O fundamento econômico da tomada de bônus pelos investidores é a perspectiva da valorização das ações durante o período de manutenção do direito. Essa perspectiva somente se materializará se houver diferença no preço de subscrição e no de mercado no momento exato do exercício do direito.

Isto posto, tem-se que o preço de subscrição das ações será fixado, por ocasião da emissão dos bônus, atendendo-se, neste exato momento, aos referidos parâmetros do art. 170, que permitem aferir o valor da ação[164]. Esse valor será expresso em moeda corrente[165].

OUTROS CRITÉRIOS

Admite a lei que o valor da ação seja expresso por outros critérios que não o da fixação definitiva do preço em moeda corrente.

Essa alternativa implica uma questão temporal. Assim, em vez de se fixar, agora, o valor da ação (art. 170), ou seja, no momento da emissão do bônus, fica estabelecido que o preço da ação será, v. g., 20% menor do que o valor que for apurado no momento da subscrição.

Tal critério poderá importar o agravamento dos direitos tanto dos titulares de bônus como dos acionistas. Isto porque tal ônus, para uns ou para outros, dependerá do método de apuração do valor que, no futuro, será utilizado pela administração.

Esse método, em face do sistema ponderado de avaliação que o art. 170 faculta, é suscetível de manipulação por parte dos administradores, no sentido de desvalorizarem ou valorizarem a emissão. Estabelecer critério de preço de subscrição dependente de futura avaliação levará, certamente, a incontáveis dissídios, como, de resto, ocorre em todo o direito calcado em valor futuramente apurável.

---

163 Maria Lúcia de Araújo Cintra, *Aspectos*, cit., p. 172.

164 No Direito francês, art. 208, § 1ª, alínea 4, da Lei Societária. No Direito norte-americano, o critério do *fair value* é apontado por Leech, *Cases*, cit., p. 201. V. também Ballantine, *Ballantine*, cit., p. 515.

165 Sobre a matéria, JTJ 270/391, in Lazzareschi, ob. cit., p. 161.

DILUIÇÃO JUSTIFICADA

Resta indagar se a fixação do valor da ação (art. 170), no momento da emissão dos bônus, não acarretará a diluição injustificada da participação dos antigos acionistas.

Para que se chegue a uma conclusão, deve-se, desde logo, afastar a errônea diretriz contida no Parecer de Orientação n. 1 da Comissão de Valores Mobiliários, a qual não só desorienta, mas também procura retirar do art. 170 o seu caráter cogente.

A questão é simples. Se decorrer a necessidade ou a conveniência da emissão de bônus, estará ela plenamente justificada. O critério de determinação do valor da ação, no momento da emissão de bônus, é o único racional. Assim, a eventual diluição da participação dos antigos acionistas, em face da valorização patrimonial, econômica e de mercado das ações ocorrida no período, será plenamente justificada.

Repetindo: a diluição justificada ou injustificada dá-se no momento da deliberação sobre a emissão dos bônus, em face da sua necessidade ou conveniência para a companhia. Inexistindo tais fatores, a diferença futuramente apurada poderá ensejar a responsabilidade da administração. Para que tal responsabilidade, no entanto, seja configurável, deverão os acionistas manifestar sua discordância, por ocasião da emissão dos bônus. Nesse momento, reservar-se-á o direito de, futuramente, responsabilizar os administradores, se apurada a diluição injustificada, em face da inoportunidade da emissão dos bônus[166].

Sem que tenham os acionistas interessados ressalvado, oportunamente, o seu direito de ação, mediante a constituição formal do seu protesto, não haverá legitimidade para promover medidas judiciárias, no sentido de responsabilizá-los.

DILUIÇÃO QUANTO AOS BÔNUS

Deverão constar da emissão do título cláusulas de ajustamento ou de subordinação ou, ainda, impeditivas de modificação patrimonial ou constitutiva da companhia emitente[167].

---

166   A respeito, Fran Martins, *Comentários*, cit., v. 1, p. 465; Mauro Brandão Lopes, *S.A.: títulos*, cit., p. 90; Egberto Lacerda Teixeira e Tavares Guerreiro, *Das sociedades*, cit., v. 1, p. 325.

167   *V.* comentários ao art. 75.

As cláusulas de ajustamento[168] têm como objetivo permitir à companhia a necessária mobilidade de seu capital, durante o período de maturação dos bônus, sem qualquer subordinação à vontade dos titulares destes.

Em cláusula de ajustamento pode-se prever a permissão, p. ex., para aumento de capital por subscrição em dinheiro, em bens ou em aproveitamento de créditos, já que nenhum agravamento aos direitos patrimoniais dos titulares dos bônus decorreria de tal modificação.

Nessa hipótese, visaria o ajustamento, notadamente, ao aumento decorrente da capitalização de reservas ou lucros, com distribuição de ações bonificadas. Nesta operação haveria, com efeito, distribuição do patrimônio social aos antigos acionistas. Se o aumento, no entanto, for efetivado com a elevação do valor nominal das ações, não caberá nenhum ajustamento, já que o capital continuará representado pelo mesmo número de ações.

As cláusulas de subordinação ou impeditivas teriam por objeto operações constitutivas de fusão, incorporação ou cisão. Se a companhia desejar promover, eventualmente, estes negócios reorganizativos no transcurso do prazo de maturação, deverá submeter tais operações à prévia concordância dos titulares dos bônus. Para tal concordância, evidentemente, não se poderia exigir unanimidade. Mas, de qualquer modo, a sua obtenção encerraria grandes dificuldades, em se tratando de emissão pública.

De qualquer forma, havendo concordância, deverá ser estabelecido o modo de ajustamento dos direitos dos titulares dos bônus, conforme seja a operação de fusão, ou de cisão ou, ainda, de incorporação.

Uma das soluções alternativas aventadas, na prática estrangeira, é de que, no caso de modificação constitutiva da companhia, seja antecipado o prazo de exercício da subscrição pelos titulares de bônus[169].

Essa a cláusula que teria maior possibilidade de sucesso. Não representaria nenhuma antecipação de direitos ou obrigações, pois prevista no título.

Outra forma seria a de garantir aos titulares a subscrição de ações da nova sociedade, resultante da fusão, ou da incorporação, ou das sociedades cindidas.

É claro que não se cogita de cláusulas de subordinação ou impeditivas para o caso de transformação, já que esta, se operada no período de maturação dos bônus, constituirá evidente lesão ao direito de subscrição.

---

168 Maria Lúcia de Araújo Cintra, *Aspectos*, cit., p. 148 e s.

169 Santley A. Kaplang, Piercing the Corporation Boilerplate: anti-dilution clauses in convertible securities, *The University of Chicago Law Review*, 44(1):16, 1965.

MOMENTO DO EXERCÍCIO

Outro elemento do bônus é o momento do exercício do direito que lhe é inerente. Será o prazo concedido para a subscrição a partir de determinada data fixada na emissão do título; prazo esse que não poderá ser inferior a trinta dias[170]. Constarão expressamente da emissão as datas do início do prazo de subscrição e de seu término.

VALOR MOBILIÁRIO

Como valor mobiliário[171], os bônus de subscrição podem ser negociados na BM&FBovespa ou no mercado de balcão organizado, sem a interferência da companhia emitente. O valor de negociação será livremente fixado e alterado pelo curso do próprio mercado. Os fatores microeconômicos, ligados diretamente à *performance* da companhia e à colocação de seus produtos ou serviços, levarão a um menor ou maior interesse pela subscrição. Essa expectativa é que, de forma decisiva, influenciará no preço de negociação do bônus.

NEGOCIAÇÃO PELA COMPANHIA

Aplicam-se aos bônus as regras de negociação da companhia com suas próprias ações[172]. Não obstante, deve ser apontada, na espécie, a diferença específica entre a ação e o bônus. Permite a lei (art. 30)[173] que a companhia negocie com ações já emitidas. E, pela remissão ao mesmo art. 30, permite que ela negocie com bônus evidentemente já emitidos. Estes não representam parcela do capital social, mas, sim, direitos à subscrição. Ora, seria inadmissível que a companhia pudesse negociar com seus próprios bônus, com a finalidade de, no momento oportuno, subscrever o seu próprio capital.

Ainda como complicador vigora a Instrução CVM n. 10, de 1980 (com as alterações trazidas pela Instrução CVM n. 390, de 2003), que proíbe, em

---

170   Fran Martins, *Comentários*, cit., v. 1, p. 476.

171   *V.* comentários ao art. 75.

172   *V.* comentários ao art. 4º.

173   *V.* comentários ao art. 30.

seu art. 6º, que as companhias negociem com direitos de subscrição relativos às ações de sua própria emissão[174].

A primeira questão — direito de subscrever as suas próprias ações — é deslindável com base na própria lei, que determina a suspensão dos direitos respectivos. Estabelece o art. 30, em seu § 4º, que as ações adquiridas para permanência em tesouraria, enquanto aí mantidas, terão seus respectivos direitos suspensos.

A mesma regra aplica-se aos bônus. Estes, enquanto mantidos em tesouraria, terão suspenso o direito neles expresso, ou seja, o de subscrição. Não poderá, pois, a companhia subscrever suas próprias ações. Ainda que pareça absurda essa hipótese, por representar exercício de direito contra si mesma, sob o ponto de vista mercadológico, no entanto, tal procedimento seria justificável, com o objetivo de sustentar o valor da emissão junto ao mercado primário. Esta operação poderia ser feita com o valor do saldo de lucros ou reservas livres.

Ocorre que a lei, como já se viu, não permite tal operação. Consequentemente, a companhia poderá adquirir bônus de sua emissão, para mantê--los em tesouraria, sem que possa exercer os direitos respectivos contra si mesma. Se decorrer o prazo de subscrição, estando os bônus ainda em tesouraria, serão cancelados.

Assim, para efeito de sustentação dos bônus, quanto ao seu valor no mercado, ou para o cancelamento deles, a fim de que não sejam exercidos os respectivos direitos, poderá a companhia adquiri-los.

Não é permitido, no entanto, a companhia, como já se reiterou, exercer os direitos inerentes a tais títulos, da mesma forma como não pode exercer o direito de voto e de receber dividendos quanto às ações em tesouraria (art. 30).

No que diz respeito à proibição por parte da Comissão de Valores Mobiliários (Instruções n. 10, de 1980, e n. 390, de 2003), refere-se ela à negociação do direito de preferência no mercado. Essa disputa entre a companhia, os acionistas e os investidores provocaria uma artificial valorização ou desvalorização de tais direitos.

Ora, os bônus de subscrição não se confundem com direitos de preferência. São títulos emitidos pela companhia que dão direito à subscrição e não de preferência a essa mesma subscrição. O direito de subscrição origi-

---

174 Tal regra regulamentar foi traduzida do modelo norte-americano (art. 6º do *Model Business Corporation Act*).

nado do bônus decorre do título, enquanto o direito de preempção do acionista decorre da lei. O primeiro é predeterminado no próprio documento, quanto a prazo e valor, ao passo que o segundo – direito de preempção do acionista – depende, em cada caso, de deliberação da assembleia.

O bônus não é representativo do direito de preferência, não se enquadrando, portanto, a sua negociação na proibição prevista nas citadas Instruções n. 10, de 1980, e n. 390, de 2003, da Comissão de Valores Mobiliários.

Ainda no que diz respeito à negociação pela companhia com bônus de sua emissão, convém notar que deve ser rigorosamente observada a regra da intangibilidade do capital prevista no art. 30. A companhia, ao transacionar com tais títulos, deverá utilizar tão somente recursos oriundos do saldo de lucros ou de reservas livres.

A negociação da companhia com bônus de sua emissão é da competência do Conselho de Administração.

PRÁTICAS NÃO EQUITATIVAS

A negociação pela companhia com bônus de sua própria emissão poderá servir para manipular e manter condições artificiais de demanda, de oferta ou de preço das ações negociadas no mercado.

Também poderia ser cogitada a abusiva utilização do bônus de subscrição para a prática do *insider trading*[175].

Forma de coibir tal prática encontra-se no regime de informações que a lei, em seu art. 157, § 1º, *a*, estende aos bônus de subscrição[176]. Neste dispositivo é estabelecida a obrigação de o administrador revelar a quantidade que possui de valores mobiliários de emissão da companhia ou do grupo. Sendo valores mobiliários, os bônus de subscrição incluem-se nos encargos de informação, previstos na lei, e cuja fiscalização cabe à Comissão de Valores Mobiliários.

Ademais, deverá o administrador, ao firmar o termo de posse, consoante o art. 157, *caput*, revelar o número de bônus de subscrição de que é titular. A inocuidade dessa informação é evidente, em face do seu caráter estático[177].

---

175 V. comentários ao art. 155.

176 V. comentários ao art. 157.

177 Fábio Comparato, *Revista de Direito Mercantil*, 2:41, 1971. No Direito norte-americano, Loss, *Securities*, cit., p. 1075 e s.

Não obstante, a Comissão de Valores Mobiliários poderá valer-se do preceito para exercer um efetivo controle sobre as práticas de *insider trading*[178].

CERTIFICADOS

Art. 79. O certificado de bônus de subscrição conterá as seguintes declarações:

I — as previstas nos n. I a IV do art. 24;

II — a denominação "Bônus de Subscrição";

III — o número de ordem;

IV — o número, a espécie e a classe das ações que poderão ser subscritas, o preço de emissão ou os critérios para sua determinação;

V — a época em que o direito de subscrição poderá ser exercido e a data do término do prazo para esse exercício;

VI — o nome do titular;

• Inciso com redação dada pela Lei n. 9.457, de 5 de maio de 1997.

VII — a data da emissão do certificado e as assinaturas de dois diretores.

• Antigo inciso VIII, renumerado pela Lei n. 9.457, de 5 de maio de 1997.

• Por não ter sido tratada a matéria no Decreto-Lei n. 2.627, de 1940, a remissão à legislação anterior é encontrada na Lei n. 4.728, de 1965, no seu art. 44, que instituiu o cupão de subscrição, originário de debêntures conversíveis.

LEI DE 1940

Por não ter sido tratada a matéria no Decreto-Lei n. 2.627, de 1940, a remissão à legislação anterior é encontrada na Lei n. 4.728, de 1965, no seu art. 44, que instituiu o cupão de subscrição, originário de debêntures conversíveis.

Nada dizia a norma citada sobre os elementos de literalidade que deveriam constar do cupão. Aplicava-se-lhe a Lei Uniforme, adaptando-a ao direito contido no cupão, ou seja, o de subscrever ações da companhia, direito esse autônomo e, portanto, circulável.

---

178 V. comentários ao art. 157.

LEI N. 6.404, DE 1976

A Lei Societária de 1976, antes do advento da Lei n. 8.021, de 1990, que impôs a forma nominativa dos títulos, prescrevia a forma ao portador e endossável e determinava os elementos de literalidade dos respectivos certificados. Estes constituíam o documento necessário para o exercício dos direitos que eram inerentes ao título. Quando em vigor o art. 79, revogado por incompatibilidade com o Ordenamento na vigência da Lei n. 8.021, de 1990, o documento (certificado) representativo dos bônus era, com efeito, constitutivo do direito nele declarado. E o teor das declarações nele lançadas determinava o conteúdo, a extensão e a modalidade do direito. Esses elementos de literalidade expressavam a certeza e a exatidão do direito nele declarado, no âmbito da Teoria Geral dos Títulos de Crédito. E dentro desses paradigmas os elementos da literalidade eram declarados no certificado, no pressuposto da cartularidade do título e, assim, de sua circulação documental, sob as formas ao portador e endossáveis (art. 78).

E nessa concepção clássica do título documentado, necessário e suficiente (ao portador) e necessário (endossável) ao exercício do direito nele declarado, a norma ora estudada visava permitir a circulabilidade plena do título em face da sua função de mobilizar, em determinados períodos da vida societária, capitais próprios para o seu giro e investimentos. A curta duração de tais (cf. art. 34) títulos demandava a forma ao portador ou endossável.

Não obstante, a forma escritural, vinculada aos sistemas de negociabilidade informatizados, ainda mais se compatibiliza com tais funções, além de obviar os riscos da circulação documental, embora possa trazer outros riscos e inconvenientes.

LEI N. 8.021, DE 1990

Como tantas vezes referido, o diploma de 1990 extinguiu os títulos ao portador e endossáveis, visando o controle notadamente fiscal dos capitais financeiros. E, ao fazê-lo, a Lei n. 8.021, de 1990, não se referiu a todos os títulos circuláveis nos mercados de capitais e financeiros, mencionando apenas, no tocante aos títulos societários, a forma das ações.

Tratando-se de lei geral que, no caso específico, é inteiramente incompatível com o que, a respeito, dispunha a lei especial societária, foram tacitamente revogadas as formas ao portador e endossáveis dos bônus de subscrição.

Tal fato legislativo não retira, no entanto, o caráter de título autônomo dos bônus de subscrição. Como referido no estudo do art. 75, mantém-se o *right* de subscrição que se exercerá de maneira diversa daquela documental então prevista na Lei Societária.

OS BÔNUS COMO TÍTULOS

A natureza do título, enquanto direito que se exerce autonomamente ao negócio jurídico que lhe deu origem, não se desnatura com a supressão de sua característica documental. Os bônus de subscrição, ao perderem a sua literalidade cartular, nem por isso perderam a sua característica fundamental de representar um direito próprio e, portanto, não derivado de um contrato.

Deixa assim o documento de ser comprobatório do título. O direito titulado não é mais exercido por documento. Este não é mais comprobatório do direito autônomo. A titularidade do direito autônomo advém do respectivo lançamento escritural. O direito autônomo portanto é resultante da atribuição a determinado titular das cláusulas de emissão dos bônus feita pelos órgãos competentes da companhia.

Separa-se, na Teoria Geral dos Títulos de Crédito, neste caso, nitidamente o documento do título. Permanece o título, enquanto direito autônomo. Desaparece o certificado enquanto seu documento representativo.

EFEITOS DA SUPRESSÃO DAS FORMAS AO PORTADOR E ENDOSSÁVEIS

A supressão legal das formas ao portador e endossáveis fez com que desaparecesse a função dos certificados, qual seja, a de materializar o título. Restando apenas a forma nominativa, nas suas subformas registrada e escritural, torna-se desnecessária a emissão de certificados para a primeira (bônus registrados) e impossível para a segunda (bônus escriturais).

Daí decorrem duas situações. A nominatividade registrada dos bônus de subscrição (cf. art. 31)[179] torna absolutamente inútil, sob o ponto de vista de efeitos jurídicos, a emissão de certificados. Isto porque somente a inscrição do nome do titular no livro próprio (art. 100) ou os lançamentos da entidade custodiante (arts. 31 e 41) determinam a presunção relativa de sua propriedade.

---

179 *V.* comentários ao art. 31.

E, embora livremente negociáveis, os bônus nominativos registrados, tanto como os escriturais, não são circuláveis. Têm como característica a não circulabilidade, na medida em que a cessão dos direitos que lhes são inerentes opera-se pelo sistema registrário, de lançamento em conta corrente e de custódia (arts. 31 e 41).

LEI N. 9.457, DE 1997, E LEI N. 10.303, DE 2001

Não obstante a clara derrogação por desuso do certificado de bônus, em face da nominatividade obrigatória destes, do que resulta a dispensa dos elementos de literalidade próprios dos títulos circuláveis (ao portador e endossáveis), o legislador de 1997 e o de 2001 mantiveram o presente artigo. O inciso VI, que na lei de 1976 apontava como elemento da literalidade "a cláusula ao portador, se esta for a sua forma", foi substituído na redação de 1997 por "o nome do titular", suprimindo, em consequência, o antigo inciso VII, que dispunha a respeito e também tratava da transferibilidade do bônus mediante endosso. Assim, o antigo inciso VIII do art. 79 da lei de 1976 passou a inciso VII na lei de 1997.

Isto posto, cabe lamentar a inaptidão dos sucessivos legisladores para enfrentar a matéria. Ativeram-se eles à mera recepção formal, na legislação societária, da Lei n. 8.021, de 1990. Não atentaram para os efeitos da supressão das formas ao portador e endossável, por falta de atenção à Teoria Geral dos Títulos de Crédito e das regras de interpretação modernas e contemporâneas do Direito[180].

INUTILIDADE DO CERTIFICADO

Os certificados de bônus nominativos registrados (cf. art. 31) são desnecessários por incapazes de suscitar o exercício dos direitos inerentes ao título. Nem na hipótese de perda ou furto de "certificados" de títulos nominativos não caberia medida reivindicatória de sua anulação e substituição, procedimento esse que era reservado pelos tacitamente revogados arts. 907 e s. do Código de Processo Civil. A razão já referida é que não constituem os bônus nominativos coisa corpórea.

O certificado nominativo não é documento constitutivo, nem tem força probante e não é negociável. Não tem eficácia de documento autônomo, por

---

180 *V.* comentários ao art. 64.

lhe faltar literalidade. A declaração cartular do certificado nominativo não representa uma declaração necessária e bastante de vontade que pudesse ser exercida mediante a simples apresentação do documento, como no caso dos antigos bônus ao portador. O certificado dos bônus nominativos registrados tem existência apenas no mundo gráfico, como referido. Mas no mundo jurídico é de absoluta ineficácia constitutiva.

IMPOSSIBILIDADE DO CERTIFICADO

No que respeita aos bônus nominativos escriturais (cf. art. 34) não podem incorporar-se em um certificado, pela sua própria natureza, que os coloca fora da classificação de bens fungíveis ou infungíveis. A esses bônus também não se aplica o presente art. 79, ao estabelecer os elementos de literalidade documental. Constituem, com efeito, os bônus de subscrição escriturais o oposto dos extintos bônus ao portador, cujo certificado, com os seus elementos de literalidade, incorporava todo o direito de subscrição.

Constituía, portanto, a cártula dos bônus ao portador o elemento necessário e suficiente ao exercício do direito inerente ao título. Pelo contrário, o direito autônomo representado pelos bônus escriturais surge do lançamento em conta corrente promovido pela instituição administradora. Por conseguinte, em se tratando de bônus escriturais, a emissão de certificado é impossível.

DERROGAÇÃO DO PRESENTE ART. 79 POR INCOMPATIBILIDADE COM O ORDENAMENTO

Em decorrência do que acima se considerou, constata-se que este art. 79, na redação dada pela Lei n. 9.457, de 1997, e mantida pela Lei n. 10.303, de 2001, está ab-rogado pelo desuso, pois não existem mais os pressupostos para a sua vigência em face da revogação dos bônus ao portador e endossáveis pela Lei n. 8.021, de 1990. Não têm os preceitos contidos neste art. 79 qualquer eficácia, alcançando, portanto, a sua validade. Torna-se, com efeito, esse artigo obsoleto, desde logo, devendo ser entendido como não mais integrante do ordenamento, pela sua absoluta inutilidade.

CAPÍTULO VII
CONSTITUIÇÃO DA COMPANHIA

SEÇÃO I
REQUISITOS PRELIMINARES

Art. 80. A constituição da companhia depende do cumprimento dos seguintes requisitos preliminares:

I — subscrição, pelo menos por 2 (duas) pessoas, de todas as ações em que se divide o capital social fixado no estatuto;

II — realização, como entrada, de 10% (dez por cento), no mínimo, do preço de emissão das ações subscritas em dinheiro;

III — depósito, no Banco do Brasil S.A., ou em outro estabelecimento bancário autorizado pela Comissão de Valores Mobiliários, da parte do capital realizado em dinheiro.

Parágrafo único. O disposto no n. II não se aplica às companhias para as quais a lei exige realização inicial de parte maior do capital social.

LEI DE 1940

Os requisitos preliminares de constituição, contidos no art. 38 do Decreto-Lei n. 2.627, de 1940, são basicamente os mesmos previstos pela lei vigente. A principal diferença consiste na exigência, que fazia a antiga lei, de sete acionistas.

Não havia, outrossim, o monopólio do Banco do Brasil para recebimento dos depósitos ou necessidade de autorização administrativa para outro estabelecimento bancário recebê-los.

Ademais, sendo o Decreto-Lei n. 2.627 anterior à instituição da sociedade de capital autorizado, que surgiu com a Lei n. 4.728, de 1965, prevalecia, para todas as companhias, a realização mínima de 10%.

Já o diploma de 1965, ao instituir, em seu art. 45, o regime de capital autorizado, reservava competência ao Conselho Monetário Nacional, no § 5º desse mesmo dispositivo, para fixar o mínimo de integralização inicial.

No que se refere ao número de subscritores, a lei de 1940 fundava-se na ideia de que a sociedade anônima diferenciava-se das demais sociedades comerciais, entre outros fundamentos, pelo largo número de acionistas, concebendo-se, portanto, que, no mínimo, sete fossem os seus subscritores iniciais.

Não se faziam, à época, as distinções mais realistas do pós-guerra entre sociedades fechadas ou familiares e as abertas. Estas últimas, sim, com tendência a possuir número considerável de acionistas.

Não vale a pena insistir sobre os inconvenientes dessa antiga formalidade numerológica, que levou à existência de acionistas fictícios para completar o número mínimo de sete.

LEI N. 6.404, DE 1976

Além das alterações acima citadas, a lei de 1976 estabelece uma de fundamental importância, ou seja, a de que a realização mínima não mais é exigida sobre o valor nominal, mas sobre o preço de emissão das ações.

Permite-se que a companhia, ao se constituir, emita ações com ágio, se estas tiverem valor nominal. A norma vigente, ao falar em "preço de emissão" (inciso II), diferentemente da lei anterior, de 1940, que falava em "valor nominal da ação", colocou fim à longa discussão que se travava, no regime do Decreto-Lei de 1940, sobre a possibilidade de emissão de ações com ágio, na constituição do capital social.

Colocava-se contra a emissão com ágio, entre outros, Lopes Pontes[1]; a favor, Ascarelli[2].

Outros admitiam a emissão com ágio, na constituição da companhia, como medida excepcional, com fundamento no art. 14, § 1º, do Decreto-Lei

---

1   Aloysio Lopes Pontes, *Sociedades anônimas*, Rio de Janeiro, Forense, 1957, p. 321 e s.
2   *Problemas das sociedades anônimas e direito comparado*, São Paulo, Saraiva, 1945, p. 550.

n. 2.627, de 1940, o qual preceituava não ser permitida a emissão de ações abaixo de seu valor nominal[3].

A lei vigente de 1976 afastou qualquer dúvida a respeito. Permite-se, como referido, a emissão com ágio no momento da constituição da companhia. Essa faculdade é consequência do regime de ações sem valor nominal (art. 14), bem como da possibilidade de a companhia negociar com suas próprias ações, mantendo-as em tesouraria (art. 30)[4].

A lei vigente não estabelece um critério para a fixação do preço de emissão de ações com ágio na constituição da sociedade. Esse valor, no entanto, não pode ultrapassar uma proporção rigorosa entre as necessidades maiores de consecução do objeto social da companhia e as previsões de aplicação das reservas de capital enumeradas no art. 200[5].

A necessidade de credenciamento junto à Comissão de Valores Mobiliários para instituições financeiras deve-se aos abusos que ocorriam anteriormente, quando os fundadores negociavam com os bancos o valor do depósito, fazendo-o representar por títulos de crédito, à maneira de um mútuo simulado[6].

A autorização contida no Ato Declaratório n. 2 da CVM, de 1978, pressupõe que a Autarquia tenha se convencido da idoneidade de todas as instituições financeiras. Mas isso não basta. Ao credenciar um banco, deveria a Comissão de Valores Mobiliários ter jurisdição administrativa sobre ele, para proceder às fiscalizações respectivas. Não a possuindo, deverá a agência reguladora suscitar tal verificação ao Banco Central.

Constatam-se, na lei de 1976, contradições no âmbito do mercado financeiro e de capitais, em que a agência reguladora que credencia não tem poder de fiscalização sobre o credenciado.

LEI N. 12.441, DE 2011 — EIRELI

Atendendo a uma demanda, sobretudo, de natureza fiscal e de proteção de direitos autorais nas áreas de produção de arte, e ainda de atender ao crescente empreendedorismo individual, surgiu a Lei

---

3   V. comentários ao art. 13.

4   V. comentários ao art. 30.

5   V. comentários ao art. 13.

6   A propósito, v. Ato Declaratório n. 2, da CVM, de 1978, autorizando todos os bancos comerciais a receberem o depósito na constituição da companhia.

n. 12.441, de 2011, que altera o Código Civil de 2002, ao permitir a constituição de empresa individual de responsabilidade limitada – a EIRELI[7].

Nas palavras de Vilela Cardoso, a "lei veio justamente para pôr fim a uma angústia sentida há tempos por milhares de empreendedores brasileiros que, desejando montar o seu negócio, viam-se na obrigação de associar-se a alguém, geralmente um parente ou amigo próximo, para dar início à sua atividade econômica, com o objetivo de ter a segurança de proteção aos bens pessoais e familiares somente conferidos até então por intermédio de sociedades limitadas"[8].

Restrita a essa forma (limitada), a lei, no entanto, leva a comparações com a subsidiária integral (art. 251), que, no contexto da sociedade anônima, permite a sua constituição com um único sócio. Ademais, remete à questão da exigência da pluralidade de acionistas, que tem sido cada vez mais dispensada no Direito norte-americano, que trata a companhia como um patrimônio separado destinado a ser empresarialmente gerido. Daí ter-se ali admitido plenamente a sociedade anônima unipessoal. Ademais a Lei n. 12.441 invoca a questão de dissolver-se de pleno direito a companhia (art. 206, I, *d*) se "constatada a existência de um único sócio, verificada em assembleia geral ordinária, se o mínimo de dois não for reconstituído até a do ano seguinte", a não ser que se trate exatamente de subsidiária integral (art. 251).

Traz novamente à baila essa lei de 2011, que regula as sociedades limitadas unipessoais, a questão da sociedade anônima aparente, em que se empresta o nome de um ou mais acionistas, com participação irrisória no capital social, para assim satisfazer a exigência de pluralidade de acionistas.

EVOLUÇÃO DA SOCIEDADE ANÔNIMA

Valverde e Cunha Peixoto, grandes comentadores do Direito societário brasileiro, consideram importante para a análise da natureza jurídica da constituição da companhia a sua evolução histórica[9].

---

7   A Lei n. 12.441, de 2011, altera o Código Civil de 2002, acrescentando o inciso VI ao art. 44 e o art. 980-A ao Livro II da Parte Especial e altera, ainda, o § único do art. l.033, de modo a instituir a empresa individual de responsabilidade limitada.

8   Vilela Cardoso, *O empresário de responsabilidade limitada – EIRELI*, Saraiva, 2012, p. 119.

9   Miranda Valverde, *Sociedades por ações*, 2. ed., Forense, 1953, v. 1, p. 234 e s.; Cunha Peixoto, *Sociedades por ações*, São Paulo, Saraiva, 1972, v. 2, p. 2 e s.; Brunetti, *Tratado del derecho de las sociedades*, v. 2, p. 14 e s.; Halperin, *Sociedades anónimas*, Buenos Aires, Depalma, 1975, p. 47 e s.

Na primeira fase, iniciada no século XVII, nasciam as companhias em virtude de leis especiais. Atos governamentais permitiam que se constituíssem tais sociedades, como ocorreu com a Companhia Holandesa das Índias Ocidentais. Não abrangia tal concessão apenas o direito de se constituir a companhia, mas também o objeto social dela, estabelecendo a outorga o ramo de indústria ou comércio alvo do privilégio[10].

Fundava-se, historicamente, tal procedimento no fato de que as companhias exerciam atividades próprias do Estado, tais como a colonização de novos territórios e mesmo a conquista de terras coloniais. Consequentemente, cabiam às companhias fundadas no século XVII a manutenção de exércitos e a construção de fortificações.

Por outro lado, competia aos bancos, que floresceram nos séculos XV e XVI, a emissão de moeda, atividade que se manteve, em muitos países, até o início do século XX. Esses bancos de emissão obviamente demandavam a outorga administrativa. São também desse período as companhias de mineração alemãs[11].

O Estado tinha a prerrogativa de cassar o direito respectivo, dissolvendo a sociedade, como ocorreu com a Companhia das Índias Ocidentais, extinta por Luís XIV, em 1674. Nesse clássico exemplo, aos acionistas foi restituído o capital, tendo o Rei incorporado ao Estado as mais importantes possessões coloniais pertencentes àquela sociedade[12].

A sociedade anônima foi, assim, criada pelo Direito Público[13], passando à esfera do Direito Privado somente após a Revolução Francesa, que aboliu os privilégios e as agremiações que a representavam, sob a égide da liberdade da indústria e do comércio.

A abolição do regime das Manufaturas do Rei, para se tomar o exemplo francês, foi seguida do regime de liberdade absoluta para a constituição de sociedades anônimas. Por outro lado, os abusos constatados, nesse período, levaram à proibição de se constituírem, porque se verificou que muitas delas o faziam em detrimento do interesse coletivo. A contradição dessa

---

10 Cunha Peixoto, *Sociedades por ações*, cit., v. 2, p. 3. Como ocorreu, no século XVII, com as Companhias Francesas das Índias Orientais e Ocidentais, as Companhias de Santo Domingo, do Canadá e da Baía de Hudson.

11 Halperin, *Sociedades anônimas*, cit., p. 48.

12 Cunha Peixoto, *Sociedades por ações*, cit., v. 2, p. 3.

13 Cunha Peixoto, *Sociedades por ações*, cit., v. 2, p. 3; Miranda Valverde, *Sociedades por ações*, cit., v. 1, p. 234.

medida restritiva com os princípios liberais, vigentes à época, levou a que se restaurasse a liberdade de constituição das companhias.

Esse regime prevaleceu até a promulgação do Código Comercial francês de 1807, que estabeleceu o poder do Estado para fiscalizar as atividades das companhias, no que se referia à veracidade dos balanços patrimoniais, ao regular funcionamento das assembleias gerais e à distribuição de dividendos[14].

Estabeleceu-se, assim, não somente na França, mas também na Itália e na Alemanha, o regime de ingerência de funcionários do Estado nos atos sociais, notadamente pela sua presença nas assembleias gerais e na certificação dos balanços sociais.

Essa espécie de intervenção administrativa na vida social acabou por ser abolida, na França, em 1863, na Alemanha, em 1873, e na Itália, em 1882, porque gerava os inconvenientes próprios dos procedimentos burocráticos, a ponto de impedir a atividade associativa[15].

A esse sistema seguiu-se, a partir da lei francesa de 1863, o regime de regulamentação dos atos de constituição e de funcionamento das sociedades anônimas. Por meio deles o Estado dita normas legais obrigatórias para o reconhecimento da existência da companhia, restringindo-se a aprovar administrativamente os aspectos formais da constituição e demais atos sociais. A chancela administrativa, por referir-se tão somente a aspectos formais, não é constitutiva de direito.

A partir daí o Estado atribuiu total responsabilidade pela observância da lei aos fundadores e aos administradores da companhia.

Agora, entre nós, por força da lei de 1976, instituiu-se a figura do acionista controlador (arts. 116 e 118) e suas responsabilidades (art. 117)[16]. Substituiu, assim, o Estado o regime de fiscalização direta sobre a vida social pelo da responsabilidade dos seus fundadores, administradores, fiscais e acionistas controladores.

Restringe-se o Estado a estabelecer as normas impositivas referentes à constituição e à publicidade, abstendo-se de examinar o mérito. Cabe-lhe

---

14 Cunha Peixoto, *Sociedades por ações*, cit., v. 2, p. 4.

15 Cunha Peixoto, *Sociedades por ações*, cit., v. 2, p. 4.

16 A responsabilidade dos acionistas controladores representa, de certo modo, um retorno ao sistema primitivo das companhias, encontrado no século XVII, em que não havia assembleia geral, estando a administração a cargo de uma junta constituída dos maiores acionistas que se autoelegiam, posto que os pequenos acionistas eram alijados de tal pleito (Halperin, *Sociedades anónimas*, cit., p. 49).

registrar os respectivos atos se estiverem em conformidade com a lei. Em contrapartida, a lei reveste os fundadores de responsabilidade pela eventual má-fé na constituição da sociedade, envolvendo aspectos civis e penais.

Temos, assim, que o regime vigente, nos diversos países, é o da responsabilidade dos fundadores e dos administradores, na constituição da sociedade anônima, em substituição ao regime da outorga e da fiscalização direta, em que o Estado, de certa forma, tornava-se vinculado aos atos iniciais da companhia e àqueles que se seguiam.

A responsabilidade dos fundadores e dos primeiros administradores e dos fiscais decorre diretamente da lei, que fixa as atribuições e encargos que lhes cabem[17]. Ao livre exercício da vontade de constituir corresponde o ônus do cumprimento das leis e da observância estrita do princípio da boa-fé.

Ao regime de privilégios e de concessões e àquele da liberdade absoluta segue-se o sistema normativo, na constituição das companhias e nos demais atos praticados por elas[18]. Essa regulamentação positiva, de que fala Brunetti[19], estabelece o sistema de publicidade: a pessoa jurídica nasce com a publicidade do ato constitutivo, ou seja, pela sua inscrição no Registro do Comércio e publicação oficial dos respectivos atos (art. 289).

É evidente que o regime de intervenção administrativa remanesceu em muitos casos, como na constituição das sociedades de economia mista, as quais — como na fundação da Companhia do Grão-Pará, pelo Marquês de Pombal — são formadas de capitais públicos e privados. Tais sociedades, entre nós, são constituídas por atos legislativos da União, dos Estados e dos Municípios, ficando sua administração sujeita à fiscalização dos Tribunais de Contas existentes em nosso regime federativo.

Ademais, o regime de concessão também permaneceu para aquelas companhias dedicadas aos serviços públicos. E também o sistema de privilégio coloca-se de forma relativa — como no caso da Petrobras, favorecida por monopólio constitucional.

Temos, assim, semelhantemente ao sistema inglês[20], companhias constituídas com privilégio soberano (*chartered companies*); outras criadas por leis especiais (*statutory companies*); e, finalmente, as demais, regidas por leis que

---

17   Miranda Valverde, *Sociedades por ações*, cit., v. 1, p. 238.

18   Brunetti, *Tratado*, cit., v. 2, p. 14 e s.

19   *Tratado*, cit., v. 2, p. 203 e s.

20   Ballantine, *Ballantine on Corporations*, Chicago, Callaghan & Co., 1946, p. 31 e s.; Corapi, *Inchieste di diritto comparato*, v. 5-I, p. 8 e s.

regulam a sua constituição, consoante o sistema de publicidade e de responsabilidade.

NATUREZA JURÍDICA DA CONSTITUIÇÃO

Remanesce a divergência doutrinária sobre a natureza jurídica do negócio de constituição da companhia. Cristalizam-se as divergências nas teorias do contrato, do ato coletivo, do ato complexo, da instituição e do contrato plurilateral.

A teoria contratual retira seu fundamento da evolução histórica da sociedade anônima[21], bem como do próprio Direito positivo de diversos países, entre os quais Itália[22] e França[23], e também do nosso Código Civil, em seu art. 981, que fala em contrato de sociedade.

Avoca-se que o aspecto contratual advém da necessidade de constituir-se a companhia com duas ou mais pessoas, que celebram, nos moldes estabelecidos na lei, um contrato privado.

Para Carvalho de Mendonça, existem dois contratos: o primeiro, de subscrição, realizado entre os fundadores e os subscritores, condicionado à futura constituição da sociedade. O negócio de subscrição seria, assim, um contrato preliminar ao segundo contrato, qual seja aquele da constituição da companhia[24].

No entender de Eunápio Borges, a complexidade e o encadeamento dos diversos negócios jurídicos preliminares à constituição definitiva da companhia não alteram a sua natureza de acordo de vontades. São, portanto, esses diversos e complexos momentos preliminares a forma de manifestação desse consentimento, que é indispensável para a constituição de qualquer tipo de sociedade, desde a em nome coletivo até a anônima. Divide, assim, o Autor o processo de constituição em dois contratos: o preliminar de subscrição e o contrato final de sociedade, cuja conclusão depende da vontade formada pelos próprios subscritores em sua maioria absoluta[25].

---

21 Contrariamente a Cunha Peixoto (*Sociedades por ações*, cit., v. 2, p. 2) e Valverde (*Sociedades por ações*, cit., v. 1, p. 237), que afirmam a impossibilidade do enquadramento do negócio constitutivo, com base na evolução jurídica das sociedades anônimas.

22 Art. 2.247 do Código Civil italiano.

23 Art. 1.832 do Código Civil francês.

24 J. X. Carvalho de Mendonça, *Tratado de direito comercial brasileiro*, Rio de Janeiro, Freitas Bastos, v. 3, n. 951, p. 335 e s.

25 João Eunápio Borges, *Curso de direito comercial terrestre*, Rio de Janeiro, Forense, 1969, p. 398 e 399.

Isto posto, entendemos que a teoria contratual, nos seus moldes clássicos de sinalagma, não se ajusta ao negócio jurídico de constituição da companhia[26]. O contrato, enquanto relação de recíproca dependência entre as prestações, tem como fundamento interesses contrastantes que, na avença, encontram a sua composição.

Ocorre que, no contrato de constituição social, as partes têm interesses idênticos, voltados para um mesmo fim. Isto porque, no negócio jurídico constitutivo da sociedade anônima, as prestações, vale dizer, as obrigações das partes, são qualitativamente idênticas, embora possam ser quantitativamente diversas[27].

Em face da intransponível questão do sinalagma, Valverde inclina-se para o ato complexo[28], lecionando que, na formação das sociedades anônimas, "há uma pluralidade de declarações de vontades paralelas, um concurso de vontades, sem dúvida, porém, não um contrato. Trata-se de um ato coletivo unilateral ou, mais correntemente, de um ato complexo"[29]. Ato complexo seria, portanto, a fusão de diferentes vontades em uma única, perdendo a vontade de cada um dos participantes a sua individualidade[30].

Essa teoria é criticada por Cunha Peixoto, ao lembrar que qualquer vício, que contaminasse uma das partes formadoras da vontade coletiva, afetaria o todo[31].

No mesmo sentido manifesta-se Ascarelli[32], fazendo ver que, diferentemente do ato complexo, em que as partes encontram-se do mesmo lado, na constituição da sociedade, os vários contratantes têm, muitas vezes, interesses contrastantes. E dá como exemplo a avaliação das contribuições em bens; as questões em torno dos poderes de administração; a distribuição de lucros. Tanto assim é, segundo o Autor, que, diferentemente do ato complexo, nos

---

26 Cunha Peixoto (*Sociedades por ações*, cit., v. 2, p. 2) e Miranda Valverde (*Sociedades por ações*, cit., v. 1, p. 237), como já se referiu, afirmam a impossibilidade do enquadramento do negócio constitutivo, com base na evolução jurídica das sociedades anônimas.

27 Brunetti, *Tratado*, cit., v. 1, p. 124.

28 Miranda Valverde, *Sociedades por ações*, cit., v. 1, p. 233.

29 Miranda Valverde não faz distinção entre ato complexo e ato coletivo, considerando tratar-se de uma sutileza escolástica (*Sociedades por ações*, cit., v. 1, p. 233, nota 3).

30 Brunetti, *Tratado*, cit., v. 1, p. 124, nota 2.

31 Cunha Peixoto, *Sociedades por ações*, cit., v. 2, p. 5.

32 *Problemas*, cit., p. 276 e s.

contratos constitutivos a ingerência legal, na sua formação, visa especificamente a manter o equilíbrio de interesses dos acionistas entre si e entre os destes e os dos administradores.

TEORIA DO ATO COLETIVO

Para deslindar essa contradição apontada por Ascarelli, há os que veem, no negócio jurídico de constituição, um ato coletivo. Este seria entendido como a união de vontades, as quais, no entanto, permaneceriam distintas e discerníveis internamente no próprio ato[33].

Sustenta a tese, notadamente, Messineo[34], que vislumbra, no negócio de constituição, não um contrato, mas um ato constituído da vontade coletiva, na medida em que, nele, não se exige a unanimidade, que se presume no contrato plurilateral. Lembra, ainda, Messineo que muitas regras, nos negócios societários, prescindem da unanimidade dos sócios, para configurar-se pela maioria, o que se afina com a figura do ato coletivo[35].

A teoria do ato coletivo, no entanto, não pode subsistir, exatamente pelo fato de que, no ato constitutivo, presume-se a unanimidade dos subscritores, no tocante à aprovação do estatuto social, já que não tem a maioria poder para alterar o respectivo projeto (art. 87). Além disso, deve haver a subscrição da totalidade das ações, sob pena de não se realizar a assembleia de constituição (art. 86).

TEORIA DO ATO CORPORATIVO

Outra escola apresenta a teoria do ato corporativo, fundando-se em Von Gierke[36]. Trata-se da teoria do ato-função ou ato de união. Explica-se que as diferentes declarações dos sócios não têm existência e valor jurídico autônomos, mas unificam-se em uma só declaração de vontade — o ato corporativo. As vontades individuais constituem, portanto, mera função, sendo uma espécie de manifestação antecipada da personalidade do novo ente jurídico — a sociedade. Manifesta-se, pois, a vontade corporativa, no próprio ato constitutivo.

---

33 Brunetti, *Tratado*, cit., v. 1, p. 124, nota 2.

34 *Manuale di diritto civile e commerciale*, v. 3, p. 290.

35 Concorda com esse ponto de vista Campos Batalha (*Comentários à Lei de Sociedades Anônimas*, Rio de Janeiro, Forense, 1977, v. 1, p. 413 e s.).

36 Rubens Requião, *Curso de direito comercial*, São Paulo, Saraiva, 1980, v. 1, p. 256 e s.

TEORIA DA INSTITUIÇÃO

A teoria da instituição, desenvolvida por Hauriou e Rénard[37], na esteira da escola francesa, funda-se, igualmente, na noção de organismo corporativo, ressaltando, no entanto, seu caráter quase público, pois constituído com finalidades e meios superiores àqueles dos indivíduos que o compõem. Tal organismo, por apresentar uma repartição hierárquica de poderes, com vistas a um fim comum transcendente, apresenta-se como um ente intermediário entre o indivíduo e o Estado.

Entre nós, adota a teoria da instituição Cunha Peixoto. Com base em Escarra, o insigne comentarista pátrio conclui: "Realmente o ato constitutivo da sociedade, sua regulamentação pela lei, não pode ser um contrato, mas um conjunto de atos dos fundadores com o objetivo de criar uma instituição"[38].

Seria, com efeito, elemento dessa instituição intermediária, de caráter corporativo, a ideia de uma obra que um grupo pretende realizar no meio social. Seria, outrossim, um poder organizado, posto a serviço dessa ideia, visando à sua realização. Traduz-se, pois, como um conjunto de manifestações de comunhão, que se produz no grupo social, com relação à ideia e sua realização. Tais elementos configurariam, assim, a instituição corporativa, ou seja, a ideia de uma obra a realizar-se em um agrupamento social, em benefício desse mesmo agrupamento.

Essa teoria, de resto, foi invocada na Exposição de Motivos de 1976, em que se lê: "Há muito a sociedade anônima deixou de ser um contrato de efeitos limitados para seus poucos participantes; é uma instituição..."[39].

Não há como negar que a companhia, cada vez mais, torna-se uma instituição. Mas, como mencionado[40], a sociedade anônima é uma instituição derivada de contrato privado. Constituída em virtude desse mesmo contrato, a companhia, na medida em que atua no meio social, como forma de

---

37 V. comentários ao art. 1º.

38 Cunha Peixoto, *Sociedades por ações*, cit., v. 2, p. 3.

39 Também adota a teoria institucional, apontando o caráter normativo da sociedade anônima, entre nós, Fran Martins, *Comentários à Lei das Sociedades Anônimas,* Rio de Janeiro, Forense, 1977, v. 1, p. 479 e s. Também Ripert-Roblot, *Traité élémentaire de droit commercial*, Paris, LGDJ, 1977, v. 1, p. 647. Sobre o desenvolvimento dessa teoria e respectiva bibliografia, Paillusseau, *La société anonyme — Technique d'organisation de l'entreprise*, Paris, Sirey, 1967, p. 25 e s. e nota 4.

40 V. comentários ao art. 1º.

organização jurídica da empresa, é que pode ser considerada uma instituição de interesse coletivo. Assim, o caráter institucional da companhia advém de sua função e não do negócio jurídico de sua constituição propriamente dito. Nesse sentido lecionam Rubens Requião[41] e Halperin[42]. Para o primeiro Autor, a sociedade anônima configura, após constituída, uma instituição, o que não descarta a sua formação por meio do contrato.

CONTRATO PLURILATERAL

O negócio jurídico de constituição da companhia é um contrato especial, de categoria diversa da dos contratos de permuta, em que a bilateralidade vai acompanhada de reciprocidade de prestações[43].

Não são aplicáveis ao contrato de constituição da companhia a exceção de não cumprimento e, via de consequência, a resolução da avença[44].

Trata-se a constituição de um contrato plurilateral[45], de natureza especial, na medida em que há entre os contratantes um *lien sympathique*, ou seja, um interesse comum e não um interesse contrastante[46]. Não há como fugir à teoria do contrato plurilateral, para explicar o negócio de constituição. Deve-se, no entanto, enfatizar o caráter formal dessa adoção, pois o conteúdo da vontade, ainda que voltado para um interesse comum, não logra afirmar-se livremente, na medida em que se encontram na Lei Societária todas as regras de formação da companhia e de relacionamento entre os acionistas e destes com os órgãos sociais[47].

Assim, embora constituída a companhia sob a forma de um contrato privado, os participantes desse negócio somente podem expressar suas

---

41 A sociedade anônima como instituição, *Revista de Direito Mercantil*, 18:25 e s.

42 *Sociedades anónimas*, cit., na Introdução. *V.* bibliografia nos comentários ao art. 1º, v. 1, p. 6, nota 10.

43 Brunetti, *Tratado*, cit., v. 1, p. 124.

44 Brunetti, *Tratado*, cit., v. 1, p. 135.

45 Ascarelli, *Problemas*, cit., p. 285 e s. Sobre a matéria, *v.* também Aurelio Candian, Per la qualificazione del contratto di società commerciale, *Rivista delle Società*, 1963, p. 233 e s.; Horacio Fargosi, Sobre la naturaleza del acto constitutivo de las sociedades, in *Nuevas cuestiones de derecho comercial*, Buenos Aires, Cangallo, 1971; Halperin, *Sociedades anónimas*, cit., p. 19 e s.; Hemard et al., *Sociétés commerciales*, Paris, Dalloz, 1974, v. 2, p. 542 e s.

46 Thaller, *Traité élémentaire de droit commercial*, 6. ed., Paris, 1922, p. 176.

47 *V.* elenco de regras que, a respeito, estabelece a Lei Societária, nos comentários ao art. 1º.

vontades no sentido de constituí-la, na medida em que a lei estabelece todas as normas de relacionamento entre as partes. Também a responsabilidade dos fundadores, acionistas, administradores e fiscais decorre diretamente da lei[48], não podendo os participantes do negócio constitutivo convencionar diversamente, seja diminuindo, seja aumentando suas obrigações e responsabilidades.

Trata-se, a constituição da companhia, portanto, de negócio jurídico de natureza plurilateral, restringindo-se a vontade dos participantes ao determinado na lei.

SUBSIDIÁRIA INTEGRAL — ATO UNILATERAL

O caráter plurilateral do negócio de constituição, por outro lado, não se coaduna com a figura da subsidiária integral (art. 251), na medida em que esta, conforme Campos Batalha, é decorrente de "ato unilateral instituidor de um ente jurídico dotado de própria personalidade"[49]. Não há, com efeito, no negócio de constituição da subsidiária integral a pluralidade de sócios. Esta a razão por que se derroga, na espécie, a teoria contratual[50]. Na subsidiária integral inexistem relações entre os sócios, já que existe um único acionista. Porém, não deixam de existir as relações entre esse único acionista e os órgãos sociais, conforme estabelece a lei[51]. Daí as responsabilidades dos administradores e obrigações patrimoniais decorrerem da manifestação da vontade do único acionista, conforme o interesse social.

Existem, com efeito, na subsidiária integral, os órgãos sociais, entendendo alguns, como o próprio Registro do Comércio, ser indispensável a assembleia geral para aprovação das contas dos administradores, sua eleição e alteração do estatuto social. Dessa forma, não obstante revestir-se a subsidiária integral da estrutura própria da sociedade com pluralidade de sócios, o negócio de sua constituição não tem a natureza de contrato, mas de ato unilateral.

---

48 Miranda Valverde, *Sociedades por ações*, cit., v. 1, p. 237.

49 Campos Batalha, *Comentários*, cit., v. 1, p. 419.

50 Sobre sociedade unipessoal e contrato, Sergio la Pera, *Cuestiones de derecho comercial moderno*, Buenos Aires, Astrea, 1974, p. 96 e s.

51 A respeito, Fábio Comparato, *O poder de controle na sociedade anônima*, 2. ed., São Paulo, Revista dos Tribunais, 1977, p. 39 e s.

CRITÉRIOS DE AUTORIZAÇÃO

Consoante a qualificação comparativa de Corapi[52], há leis que exigem autorização administrativa para a constituição de qualquer sociedade por ações; outras que a demandam somente para algumas categorias, como é o caso do Brasil e Argentina, cujas leis exigem autorização para o exercício de determinadas atividades, como as financeiras e as de seguros. Há outras legislações que também encontram, no volume do capital, critério de autorização, como a Itália e a França. Neste último país, a autorização é requisito para companhias com capital relevante[53]. Existem casos em que se demanda a autorização do Judiciário, como ocorre no Equador.

E há companhias que, pelo seu objeto, levam à intervenção do Legislativo, como na Inglaterra, para as *statutory companies*, e no Brasil, para as sociedades de economia mista e para as empresas públicas.

MOMENTO DA CONSTITUIÇÃO

É necessário distinguir o negócio jurídico da constituição do ato de surgimento da pessoa jurídica.

A sociedade constitui-se na assembleia geral (art. 87), aí se configurando a pessoa jurídica, com efeitos retroativos, a partir do arquivamento e da publicação desses atos (art. 94)[54]. Aqui não cabe literalmente a regra do art. 45 do Código Civil: "Começa a existência legal das pessoas jurídicas de direito privado com a inscrição do ato constitutivo no respectivo registro, precedida, quando necessário, de autorização ou aprovação do Poder Executivo (...)".

A regra, no Direito brasileiro, é de que o arquivamento e a publicação oficial (art. 289) constituem formalidades necessárias e complementares do negócio jurídico da constituição (art. 94).

Já em outros sistemas, considera-se que o momento da constituição é o da inscrição no Registro do Comércio. A respeito, Brunetti considera o momento constitutivo como o da publicidade do registro, porque as relações entre os participantes do ato constitutivo ficam subordinadas à observância

---

52   *Inchieste*, cit., v. 5-I, p. 12 e s.

53   A respeito, Ripert-Roblot, *Traité*, cit., v. 1, p. 663.

54   *V.* comentários ao art. 94.

das formalidades publicitárias. Pode-se notar aí certa contradição, porque, se o negócio de constituição está sujeito a uma condição resolutiva, ele já se configurou.

Ademais, o simples registro e publicidade não bastam para constituir a companhia. Isto se faz por meio dos atos de subscrição e de aprovação do estatuto, de competência da assembleia geral (art. 87). E, para dirimir essa contradição, Brunetti entende que a constituição depende da conclusão do contrato plurilateral e do cumprimento das formalidades publicitárias[55].

Esse, com efeito, é o consenso, na maioria dos países, em que a inscrição do ato constitutivo no Registro do Comércio é considerada um dos elementos complementares do procedimento de constituição[56].

Nesse sentido, Ripert afirma que o registro marca o fim do período de fundação, que é o conjunto de atos materiais e legais necessários para a criação do organismo jurídico[57].

DIREITO NORTE-AMERICANO

No sistema norte-americano, a sociedade constitui-se com a aprovação dos *articles* pela autoridade competente[58]. Adota-se, nesse passo, o regime da *preincorporation management*[59]. Segundo Lattin, tal instituto não significa apenas o exercício, pelos fundadores, dos atos jurídicos constitutivos que predispõem a companhia para a aquisição da personalidade jurídica. Além disso, a *preincorporation management* atribui a capacidade para os promotores celebrarem contratos com terceiros, dentro do objeto para o qual a sociedade está sendo formada.

Esse conceito é próprio do Direito norte-americano que, traduzido para a nossa sistemática, representaria a possibilidade de existência de uma sociedade anônima irregular, o que, entre nós, é inadmissível.

---

55 Brunetti, *Tratado*, cit., v. 2, p. 205.

56 Corapi, *Inchieste*, cit., v. 5-I, p. 19. Na França, até a Lei Societária de 1966, a sociedade adquiria personalidade jurídica antes mesmo do registro; atualmente, só com ele (art. 5.ª, I, da lei vigente).

57 Ripert-Roblot, *Traité*, cit., v. 1, p. 658.

58 *Model Business Corporations Act*, art. 53.

59 Lattin, *The law of corporations*, 2. ed., Mineola, New York, The Foundation Press, 1971, p. 107 e s.

Existem diversas categorias de companhias, conforme o grau de seu reconhecimento como pessoa jurídica. Assim, segundo a classificação de Smith, no sistema norte-americano há as *de jure corporations*, as *de facto corporations*, as *corporations by stoppel*, as *too defective corporations* e as *disregard of corporateness*[60].

A *de jure corporation* seria aquela constituída com substancial observação das normas legais aplicáveis. O teste para verificação dessa observância estaria na capacidade da companhia de suportar uma medida judicial por parte do Estado *in quo warranto*.

A *de facto corporation* seria aquela que, muito embora, nos seus atos constitutivos, as regras legais aplicáveis tenham sido observadas, os seus fundadores deixam de submeter tais atos ao arquivamento e, portanto, à aprovação junto à *Corporation Commission* do respectivo Estado e ao Registro Público. Não obstante, as *de facto corporations* terão sua existência reconhecida se preencherem três requisitos: se constituídas conforme uma determinada lei societária; se houver, de boa-fé, uma razão plausível, muito embora insuficiente, para que não fossem feitos os registros; se tiver havido o efetivo exercício dos poderes sociais[61]. A *de facto corporation* tem personalidade judicial, podendo ser parte ativa e passiva, por isso que considerada uma sociedade constituída de fato.

A *corporation by stoppel* não chega a ser, normalmente, considerada sociedade. Não obstante, é considerada como tal sempre que, diante da situação de fato, fique evidente que seria impossível ou ocioso questionar preliminarmente a legalidade de sua constituição.

São elas reconhecidas como companhias em duas instâncias: quando os sócios a contrataram, na mútua presunção de que se tratava de uma sociedade, e quando ocorre efetivamente o *stoppel*, ou seja, o reconhecimento judicial de sua legitimidade passiva, não obstante a preliminar levantada pelos sócios de que ela não existe[62].

A *defective corporation* é aquela que não tem reconhecida sua personalidade judicial, em nenhuma circunstância, daí decorrendo a responsabilidade

---

60 Chester H. Smith, *Smith's Review — Corporations*, St. Paul, Minn., West Publishing, p. 26 e s.

61 Henn ainda acrescenta, para a configuração, o elemento *fairness to the parties* (*Handbook of the law of corporations*, St. Paul, West Publishing Co., 1970, p. 239 e s.).

62 Detroit Trust Co. *vs.* Allinger, 271, Mich. 600, 261 N.W. 90 (1935), appeal dismissed, 297 U.S. 695 (1936).

pessoal dos sócios que se relacionaram com terceiros[63]. O pressuposto da negativa de sua existência jurídica ou judicial é de que não existem sócios, pela simples razão de que eles não tiveram a intenção de se associarem, seja por acordo, seja por conduta[64].

A *disregard of corporateness* é a conversão do reconhecimento da personalidade jurídica (*corporateness*) em declaração de inexistência (*disregard*). O princípio, formulado por Henn, é de que a personificação da companhia não pode ser desconsiderada. Não obstante, a personalidade jurídica não pode ser reconhecida, para o efeito de produzir injustas e indesejáveis consequências, incompatíveis com os propósitos da personificação das companhias, no que tange à responsabilidade dos sócios. Em consequência, não pode a companhia ser *constituída*, para permitir a evasão de uma obrigação já existente, de natureza obrigacional ou legal, ou para cometer fraudes. Se tais hipóteses configuram-se, por meio das diversas instâncias probatórias, a desconsideração da personalidade jurídica, a fim de declarar a legitimidade passiva dos sócios, é cabível, mediante *piercing the corporate veil*[65]. O princípio que permite a *disregard of corporateness*, no Direito norte-americano, é principalmente haurido do caso United States *vs*. Milwaukee Refrigerator Transit Co.[66], nos seguintes termos: se há uma regra que pode ser considerada consagrada, no presente regime legal, é a de que a companhia é considerada como uma pessoa jurídica (*legal entity*), até que razões suficientes surjam para desconsiderá-la. Assim, quando o conceito de pessoa jurídica é usado para prejudicar a coletividade, justificar ilegalidades, proteger fraudes ou acobertar crimes, a lei considerará a companhia como uma associação de pessoas.

Temos, portanto, que, para ser configurada uma *de jure corporation*, deve haver *incorporators*, que providenciarão o *certificate of incorporation,* promovendo, outrossim, o pagamento de impostos devidos e, em seguida, as assembleias de constituição e os registros junto às autoridades competentes[67].

---

63 Henn, *Handbook*, cit., p. 244 e 249.

64 Baker *vs*. Bates-Street Shit Co., 6 F. 2d 854 (1st. Cir. 1925). Robertson *vs*. Levy, 197 A.2d 443 (D.C. Ct. App. 1964). *V*. outras decisões citadas por Henn, *Handbook*, cit., p. 249.

65 Henn, *Handbook*, cit., p. 250 e s.

66 United States *vs*. Milwaukee Refrigerator Transit Co., 142 F.2d 247, 255 (C.C.E.D.) Wis. 1905.

67 Smith, *Smith's Review*, cit., p. 28; Cary, *Cases and materials on corporations*, 4. ed., The Foundation Press, 1969, p. 30 e s.; Ballantine, *Ballantine*, cit., p. 50 e s.; Conard, *Cor-*

MÍNIMO DE SUBSCRITORES

O Decreto-Lei n. 2.627, de 1940, em seu art. 38, impunha como requisito a subscrição do capital social por sete pessoas no mínimo. Conforme Valverde, o número sete é arbitrário, refletindo o pensamento de que a sociedade anônima deveria revestir as grandes empresas de personalidade jurídica, já que estas exigiam grandes capitais subscritos por muitas pessoas[68].

A lei vigente de 1976, ao impor duas pessoas, leva em conta a realidade, já que é comum, notadamente nas *joint ventures*, a constituição de companhias com capitais formados por dois acionistas pessoas jurídicas. Foi exatamente para atender aos interesses formados em torno dessa modalidade de consórcio personalizado, ou seja, associação entre duas empresas, que se efetivou a redução de subscritores, como dispõe o presente artigo.

Ademais, há a exceção da constituição com único sócio, no caso da subsidiária integral (art. 251). Trata-se de modalidade de incorporação de companhia, sem extinção de sua personalidade jurídica[69]. É forma de racionalização da atividade empresarial que, no entanto, sob o aspecto jurídico, tem trazido inúmeras perplexidades. Isto porque o legislador de 1976 não cuidou de dispensar inúmeras formalidades, próprias das companhias plurais, como seria o caso da assembleia geral e outras.

A companhia unipessoal é admitida na sistemática norte-americana para sociedades fechadas. A *one-man corporation* tem, na sua origem, sentido diverso das subsidiárias integrais, na medida em que se fundava na limitação da responsabilidade do seu sócio e não propriamente na racionalidade empresarial. Foi, com efeito, a intenção de caráter meramente patrimonial que levou à considerável difusão dessas companhias, nos Estados Unidos, as quais acabaram por receber o reconhecimento judicial[70] e legislativo[71].

Os pressupostos para o reconhecimento das *one-man corporations*, além de objeto legítimo, são os de que os negócios sejam conduzidos em bases

---

porations in perspective, Mineola, New York, The Foundations Press, 1976, p. 180 e s.; Henn, *Handbook*, cit., p. 93 e 171 e s.

68   Miranda Valverde, *Sociedades por ações*, cit., v. 1, p. 244 e s.

69   Cf. Exposição de Motivos.

70   Salomon *vs.* Salomon & Co. (1897) A.C. 22, in Henn, *Handbook*, cit., p. 256, nota 3. Robertson *vs.* Roy Morgan Production Co., 411 F.2d 1941 (10th Cir. 1969).

71   Conforme faz referência o *Model Business Corporation Act*, art. 53, com base em legislações dos Estados-Membros.

sociais, e não pessoais, e de que a empresa seja estruturada com adequado lastro financeiro, ou seja, com capital apropriado ao objeto social[72].

Com o desenvolvimento dos grupos e conglomerados, os princípios da *one-man corporation* acabaram por desaguar na adoção das *subsidiary* e *affiliated corporations*. Os princípios que regem o reconhecimento da personalidade jurídica da subsidiária integral, no sistema norte-americano, além daqueles próprios das *one-man corporations*, são os seguintes: 1) que os negócios, propriedades, empregados, contas bancárias e registros contábeis sejam separados, sendo vedada a promiscuidade com a sociedade-mãe; 2) que as formalidades e procedimentos legais de cada uma das sociedades — mãe e subsidiária — sejam igualmente separados. Assim, mesmo que os administradores de ambas sejam comuns, as suas deliberações, quanto à competência de cada administrador, deverão ser tomadas também apartadamente; 3) que o suprimento de capitais da subsidiária seja adequado, sendo descaracterizador de sua personalidade jurídica a inexistência de capital inicial suficiente ou a drenagem de recursos, durante sua existência, pela sociedade-mãe; 4) que as respectivas companhias sejam apresentadas permanentemente, perante terceiros, como sociedades separadas; 5) que a política empresarial da subsidiária esteja voltada diretamente para seus próprios interesses e não para os da sociedade-mãe[73].

Na Alemanha, a Lei Societária prevê um número mínimo de cinco acionistas[74]. Já a Lei Societária francesa de 1966 mantém o número mínimo de sete[75]. Na Espanha, o requisito é de três sócios, enquanto na Itália o número mínimo é de dois[76].

FUNDAMENTO DA EXIGÊNCIA DE PLURALIDADE

Historicamente, a sociedade é originada de um contrato do tipo associativo, que outorga ao seu objeto personalidade jurídica. Esta a razão do requisito de pluralidade. Atualmente, as leis tendem a permitir o funcionamento da sociedade, durante algum tempo, com um único sócio e, além disso, mais recentemente, preveem algumas a própria constituição

---

72 Henn, *Handbook*, cit., p. 256 e s.

73 Henn, *Handbook*, cit., p. 258 e s.

74 Art. 2º da Lei Societária de 1965.

75 Art. 73 da Lei Societária de 1966.

76 Art. 10 da Lei Societária espanhola; art. 2.332 do Código Civil italiano.

com uma única pessoa, como é o caso da subsidiária integral (art. 251).

Corapi vê no requisito de mínimo de sócios relação com o limite de responsabilidade do comerciante individual[77]. A tendência mais recente é, no entanto, desvincular-se a companhia da questão numérica dos sócios que a compõem.

Pelo Direito norte-americano, verifica-se que, cada vez mais, trata-se a companhia de um patrimônio destinado, por uma ou mais pessoas, a ser administrado empresarialmente, com a racionalidade e os riscos inerentes a tal atividade. Este o motivo da redução do número mínimo de sócios e o surgimento da sociedade anônima unipessoal.

REDUÇÃO A SÓCIO ÚNICO

Não obstante, determinados princípios tradicionais permanecem, como o da dissolução da companhia, se reduzida a apenas um sócio (art. 206)[78]. Nessa hipótese, a lei vigente declara dissolvida, de pleno direito, a companhia, dando o prazo de um exercício para que se faça a reconstituição da pluralidade. Dessa forma, consoante o art. 206, mesmo verificando-se a existência de um único sócio, a sociedade poderá funcionar por mais de um exercício.

Outras legislações, como a suíça, não preveem dissolução de pleno direito, mas apenas, se solicitada, poderá ser decretada, na espécie, a dissolução judicial[79].

SOCIEDADE ANÔNIMA APARENTE

Muito se discutiu, na doutrina, sobre a constituição simulada da sociedade anônima, que se daria quando determinada pessoa alicia outras para formar uma sociedade, cujo patrimônio é, na realidade, somente dela[80]. Entendeu-se que, por se tratar, na verdade, de sociedade de

---

77 Corapi, *Inchieste*, cit., v. 5-I, p. 28.

78 Art. 137 do revogado Decreto-Lei n. 2.627, de 1940. A respeito, Cunha Peixoto, *Sociedades por ações*, cit., v. 2, p. 11.

79 Art. 775 do Código das Obrigações suíço.

80 Miranda Valverde, *Sociedades por ações*, cit., v. 1, p. 245 e s.; Cunha Peixoto, *Sociedades por ações*, cit., v. 2, p. 10 e 11; Halperin, *Sociedades anónimas*, cit., p. 145 e s., especialmente p. 160; Ascarelli, *Problemas*, cit., p. 139 e s.

uma só pessoa, sua dissolução dar-se-ia de pleno direito. Por outro lado, colocou-se que tal simulação não poderia prejudicar terceiros de boa-fé.

A questão, tal como acima colocada, foi resolvida por Ascarelli, no sentido de que, na espécie, não existe simulação. Isto porque o escopo de uma pessoa que participa da constituição de uma sociedade é o de constituir um patrimônio separado. Assim, uma pessoa que reúne outras, fiduciariamente, para constituir uma companhia não foge ou se desvia desse objetivo de formação de um patrimônio apartado. A única diferença é que todo o capital é seu, ainda que, juridicamente, seja partilhado entre outros. E conclui o Autor que, na espécie, portanto, não existe simulação, pois, nesta, "a realização do que é aparentemente declarado contrastaria com a realização do que é efetivamente visado"[81].

Não há, com efeito, simulação alguma, sendo, portanto, imaginosa a hipótese de constituição aparente da sociedade. Assim como em nosso sistema jurídico não existe sociedade anônima de fato, também não existe sociedade anônima simulada. Se algumas pessoas prestam-se a subscrever o capital com patrimônio alheio, tal relação entre o real titular das respectivas ações e os que as ostentam, fiduciariamente, é irrelevante perante a própria sociedade e perante terceiros.

EXIGÊNCIA DE SUBSCRIÇÃO INTEGRAL

A lei vigente reitera ser indispensável a subscrição integral das ações ofertadas pelos fundadores[82]. Essa exigência garante os interesses patrimoniais dos credores e dos próprios subscritores. O princípio da subscrição integral constitui uma garantia essencial, tanto no sistema de capital fixo como no de capital autorizado[83].

O princípio é de origem contratual[84], na medida em que se pressupõe que um subscritor obriga-se, na certeza de que os demais completarão o montante do capital inicial, integralizando-o, já que este é declarado necessário, pelos fundadores, à consecução dos objetivos empresariais.

---

81 Ascarelli, *Problemas*, cit., p. 144 e s.

82 Miranda Valverde, *Sociedades por ações*, cit., v. 1, p. 242.

83 Sobre a matéria, Anne Petitpierre Sauvain, *Inchieste di diritto comparato*, v. 5-I, p. 83. Art. 2.329 do Código Civil italiano; art. 2ª da Lei Societária alemã de 1965; e art. 75 da Lei Societária francesa de 1966.

84 *V.* comentários ao art. 170.

CONSEQUÊNCIA DA SUBSCRIÇÃO PARCIAL

A insuficiência da subscrição acarreta a ineficácia, de pleno direito, da constituição. A sociedade, nesse caso, não pode constituir--se nos termos do negócio jurídico estabelecido. Se, porventura, houver unanimidade dos interessados em aproveitar o valor, a menor, do capital subscrito, outro negócio jurídico de constituição deverá ser formulado, embora versando sobre o mesmo objeto[85].

Admitir a constituição com capital inferior seria reconhecer a insinceridade dos fundadores e a sua incapacidade de projetar o empreendimento adequadamente.

Do ponto de vista jurídico, a subscrição parcial será o inadimplemento do contrato plurilateral de constituição da companhia[86]. Consequentemente, a assembleia geral de constituição (art. 87), ao ser verificada a falta de subscrição plena, não poderá deliberar reduzir o valor do capital inicial ao montante efetivamente subscrito.

A subscrição inferior ao total das ações não vincula os subscritores, já que a solicitação feita pelos fundadores constitui negócio jurídico submetido a condição suspensiva, no que diz respeito ao número e ao valor das ações.

SUBSCRIÇÃO NO SISTEMA DE CAPITAL AUTORIZADO

Consoante os arts. 45 e s. da Lei de Mercado de Capitais, de 1965, a sociedade anônima poderia constituir-se com capital autorizado. O texto do artigo foi mal traduzido, acabando por gerar confusão: "As sociedades anônimas, cujas ações sejam nominativas e endossáveis, poderão ser constituídas com capital subscrito inferior ao autorizado pelo estatuto social".

Tal regra, copiada do sistema norte-americano, não logrou derrogar o art. 38, I, do Decreto-Lei n. 2.627, de 1940[87]. A lei de 1965 simplesmente acrescentou um novo regime de capital, fazendo nítida separação entre capital fixo e capital autorizado. O valor fixo deveria ser inteiramente subscrito na constituição, possibilitando-se, no entanto, que, no limite do capital autorizado, novas chamadas fossem feitas, sem necessidade de modificação do estatuto social.

---

85 A respeito, Ripert-Roblot, *Traité*, cit., v. 1, p. 672.

86 *V.* comentários ao art. 170.

87 Sobre a matéria, a análise de Fran Martins, *Comentários*, cit., v. 1, p. 483 e s.

Esse sistema permanece na Lei Societária vigente. Muito se discute se poderá a sociedade constituir-se sob o regime de capital autorizado ou se, apenas após constituída, poderia adotar tal regime[88].

É plena a possibilidade de constituição da companhia sob o regime de capital autorizado, mesmo porque tal faculdade está explícita no inciso I do art. 84, quando se fala em informação sobre "a existência ou não de autorização para aumento futuro".

Os fundadores, nos documentos da constituição, deverão declarar o valor das ações que serão subscritas na ocasião e o valor do capital autorizado a ser subscrito, após a constituição, independentemente de modificação do estatuto social.

A nossa sistemática, portanto, ainda que inspirada no regime de capital autorizado norte-americano, diverge dele nesse aspecto. Naquele país, não existem regras uniformes quanto ao valor de subscrição inicial do capital, já que se declara, apenas, na constituição da companhia, o valor autorizado deste. Por isso, utiliza-se mais frequentemente o sistema de *preincorporation subscriptions*, que é a forma de assegurar que um montante inicial do capital autorizado será efetivamente realizado. Trata-se de um acordo entre os fundadores e subscritores, celebrado previamente aos atos constitutivos da companhia e que, assim, assegura a viabilidade não só jurídica mas também econômica da empresa[89].

Em nosso sistema, o estatuto social aprovado na assembleia de constituição (art. 87) poderá, desde logo, declarar o montante do capital autorizado, para futuros aumentos, após cumpridas as formalidades complementares da constituição (arts. 94 e s.)[90].

A Lei Societária brasileira, portanto, permite que se estabeleça maior agilidade de mobilização de capitais, desde a constituição, consoante regra expressa no estatuto social.

A respeito, lembra Anne Petitpierre Sauvain: "Trata-se de vantagem tradicionalmente atribuída ao capital autorizado. Este permite limitar a

---

88 A matéria foi tratada por Fran Martins (*Comentários*, cit., v. 1, p. 483 e s.) com base na análise sistemática dos arts. 166 e 168 da lei e dos que tratam propriamente da constituição (arts. 80 a 89).

89 Sobre a matéria de *preincorporation subscriptions*, v. Lattin, *The law of corporations*, cit., p. 118 e s.

90 Sobre o assunto, conclui Fran Martins (*Comentários*, cit., v. 1, p. 486): "As sociedades de capital autorizado terão que realizar o seu capital inicial nos moldes das sociedades comuns, apenas podendo aumentá-lo, sem reforma estatutária, se o estatuto autorizar esse procedimento".

primeira emissão de ações ao volume de capital estritamente necessário à fundação da companhia e aumentá-lo, sucessivamente, com uma simples e rápida emissão de novas ações, no momento em que se apresenta a necessidade da companhia e, sobretudo, no momento em que as circunstâncias pareçam particularmente favoráveis. A administração, encarregada de promover tais emissões, pode agir mais rapidamente que a assembleia geral e com um melhor conhecimento do mercado"[91].

CAPACIDADE

A companhia, por seu caráter exclusivamente de associação de capitais, permite que de seu colégio acionário façam parte indivíduos cuja participação é vedada nas sociedades de pessoas (p. ex., cônjuges casados no regime de comunhão universal ou separação obrigatória)[92]. É, com efeito, nessa distinção — sociedades de pessoas e de capital — que se encontra a divergência, quanto ao acesso ao quadro social. Não é propriamente no sentido institucional da sociedade anônima em contraposição ao caráter contratual das demais sociedades comerciais que se deve buscar a base para as restrições à participação[93].

O fundamento da inexistência de impedimentos normais, v. g., para menores, interditos e cônjuges, é lembrado por Ripert: "As interdições legais de participar duma sociedade comercial não se aplicam aos acionistas, que não são considerados como verdadeiros associados, porque eles não têm nenhuma relação entre si"[94].

Assim, são habilitados os plenamente capazes, bem como as pessoas jurídicas, as quais já se constituem com plena capacidade. Também são admissíveis os menores cuja subscrição, em dinheiro, feita pelo pai, mãe ou tutor, permite sejam as ações emitidas em nome deles. Se, no entanto, a subscrição de capital feita pelo menor for em bens imóveis, tal negócio dependerá de autorização judicial[95]. Fora desse caso de conferência de bens (art. 8º), a subscrição de ações pelo menor, sob o poder familiar, independe de autorização judicial[96].

---

91   Anne Petitpierre Sauvain, *Inchieste*, cit., v. 5-I, p. 62, nota 6.

92   *V.* art. 977 do Código Civil.

93   Cf. leciona Fran Martins, *Comentários*, cit., v. 1, p. 479.

94   Ripert-Roblot, *Traité*, cit., v. 1, p. 667.

95   Cunha Peixoto, *Sociedades por ações*, cit., v. 2, p. 8.

96   Sobre a matéria de alienação de ações de menor, *v.* comentários ao art. 31.

Não há impedimento para que a mulher casada faça subscrição em dinheiro. Em se tratando de subscrição em bens imóveis (art. 8º), pode depender da assinatura do marido, conforme o regime matrimonial[97].

No que concerne à subscrição pelos cônjuges, restrita no caso das sociedades limitadas, prevalece a lição de Ripert: "A proibição de sociedades entre cônjuges jamais se referiu à sociedade por ações: os esposos podem deter, um e outro, a título próprio, ações da mesma sociedade"[98]. Não há qualquer relação entre o patrimônio dos subscritores cônjuges e o da companhia. O fato de o patrimônio conjugal ser comum ou separado pouco importa, já que a responsabilidade dos acionistas pelas dívidas sociais inexiste. Infere-se daí a insubsistência de qualquer discussão sobre a possibilidade de formação de uma sociedade anônima apenas com os cônjuges.

PREÇO DE EMISSÃO

Muito se discutiu, na vigência do Decreto-Lei n. 2.627, de 1940, sobre a possibilidade de emissão de ações com ágio, na constituição do capital social. Na lei vigente, essa dúvida doutrinária desapareceu[99]. É permitida a emissão de ações com ágio na constituição da companhia.

Não estabelece a lei critério para a fixação do preço de emissão com ágio das ações com valor nominal na constituição da sociedade. Não obstante, esse valor não pode ultrapassar uma proporção rigorosa entre as necessidades de consecução do objeto social e as previsões de aplicação das reservas de capital enumeradas no art. 200 da lei[100].

Relativamente às ações sem valor nominal, o preço de emissão será fixado, na constituição da companhia, pelos fundadores (art. 14)[101]. Não há nenhum critério limitativo a ser observado na determinação desse preço de emissão. O valor de emissão, não obstante, deve observar a regra da *equitable contribution*, ou seja, deve adequar-se às necessidades patrimoniais da companhia. Portanto, a emissão deve ser convenientemente dimensionada, quanto ao seu valor total, e equilibrada, quanto à sua destinação.

---

97 Sobre a matéria de alienação de ações de mulher casada, *v.* comentários ao art. 31.

98 Ripert-Roblot, *Traité*, cit., v. 1, p. 667.

99 *V.* bibliografia citada nas notas dos comentários ao art. 13.

100 *V.* comentários ao art. 13.

101 *V.* comentários ao art. 14.

A estrita observância da *rule of equitable contribution* é irrecusável, devendo os fundadores (art. 92), nos documentos referentes à constituição da companhia, tanto na subscrição pública como na particular (arts. 82 e 88), claramente justificar o valor de emissão e, expressamente, declinar qual o montante que irá constituir o capital social e aquele que será levado à conta de reserva de capital (art. 200).

RELAÇÃO ENTRE CAPITAL E NÚMERO DE AÇÕES SEM VALOR NOMINAL EMITIDAS

Haverá sempre uma relação entre capital e número de ações sem valor nominal emitidas[102]. Isto porque caberá ao estatuto determinar o valor subscrito do capital social e o número de ações em que este está dividido (arts. 5º e 11). Portanto, dividindo-se o capital pelo número de ações, ter-se-á a parcela de cada ação que irá para o capital, destinando-se a diferença para a conta de reserva de capital (art. 200).

Em consequência, na constituição da companhia, não há limite para a fixação do valor de emissão das ações sem valor nominal, mas há um piso com relação ao capital estatutariamente declarado, pois a soma das subscrições não pode ser inferior a ele.

Por tudo isso, conclui-se que a lei vigente aumentou o encargo dos subscritores quanto à soma da subscrição, independentemente do fato de tal valor ser ou não totalmente levado à conta de capital e na medida em que parte dele poderá ser destinada à formação de reserva (art. 200).

INTEGRALIZAÇÃO MÍNIMA

A entrada será de 10% do preço de emissão e não mais do valor nominal da ação, consoante explicitava o art. 38, § 2º, do Decreto-Lei n. 2.627, de 1940[103].

Por outro lado, não há qualquer possibilidade de referência, a não ser ao preço de emissão, para as ações sem valor nominal[104].

---

102 *V.* comentários ao art. 14.

103 *V.* comentários aos arts. 13 e 14.

104 Na França, o desembolso mínimo é de 25%: art. 75, 2, da lei de 1966; na Itália, de 30%: art. 2.339 do Código Civil italiano; na Espanha, de 25%: art. 8º da Lei Societária espanhola (Garrigues-Uría, *Comentario a la Ley de Sociedades Anónimas*, 3. ed., Madrid, 1976, v. 1, p. 214).

Pela Lei n. 4.728, de 1965 (art. 45, § 5º), as sociedades de capital autorizado teriam o limite mínimo de integralização fixado pelo Conselho Monetário Nacional, que o estabelecera em 15%. A lei vigente não indica percentuais para a subscrição inicial nas sociedades sob o regime de capital autorizado.

Para as sociedades fechadas, o depósito desse limite mínimo de integralização será feito no Banco do Brasil S.A. Para as companhias abertas, a Comissão de Valores Mobiliários, consoante o Ato Declaratório n. 2, de 1978, referido, autoriza todos os bancos comerciais a receberem o referido depósito. Essa discriminação decorre da competência administrativa da Comissão de Valores Mobiliários, que está limitada às companhias abertas[105].

O depósito será feito em nome dos subscritores. Os fundadores não poderão utilizar essas quantias para outros fins. O recibo de depósito será lido na assembleia de constituição (art. 82) e arquivado no Registro do Comércio (art. 95), ou simplesmente transcrito na escritura pública (art. 88), se esta for a forma de constituição escolhida[106].

Também as sociedades constituídas sob o regime de capital autorizado deverão efetuar o depósito da integralização inicial, estando revogada a exceção estabelecida no art. 45, § 5º, da Lei n. 4.728, de 1965.

Na hipótese de não haver estabelecimento bancário autorizado no Município onde será sediada a companhia — hipótese hoje remotíssima — cabe aos fundadores fazer o depósito em agência bancária de outra localidade. A lei, com efeito, não vincula o local de depósito com aquele da futura sede da companhia[107].

Existem companhias sujeitas a autorização, cuja realização inicial do capital é maior, conforme lei especial. É o caso das instituições financeiras, as quais, consoante o art. 27 da Lei n. 4.595, de 1964, deverão integralizar, no mínimo, 50% do capital subscrito. Por outro lado, deve ser apontado que a norma refere-se apenas à subscrição em dinheiro[108].

---

105 Arts. 8ª e 9ª da Lei n. 6.385, de 1976. Sobre a matéria, *v.* art. 19 da Lei n. 4.595, de 1964.

106 Na França, o depósito é feito em banco ou em tabelião (art. 75, 2, da Lei Societária de 1966); na Itália, é obrigatório o depósito em *istituto di credito* (art. 2.329 do CC italiano).

107 A respeito, Fran Martins, *Comentários*, cit., v. 1, p. 487.

108 O revogado Decreto-Lei n. 2.627, de 1940, em seu art. 23, § 2ª, fazia expressa referência às ações subscritas em bens, nestes termos: "As ações cujas entradas não consistirem em dinheiro, só depois de integralizadas poderão ser emitidas" (Miranda Valverde, *Sociedades por ações*, cit., v. 1, p. 176).

VÍCIOS NA CONSTITUIÇÃO

Consoante o art. 285, prescreve em um ano a ação para anular a constituição por vício ou defeito, contado da publicação dos atos constitutivos. E o parágrafo único desse mesmo artigo estabelece que, ainda depois de proposta a ação, é lícito à companhia, por deliberação da assembleia geral, providenciar para que seja sanado o vício ou defeito.

O referido art. 285, ao estabelecer a prescrição extintiva a partir da publicação dos atos constitutivos (art. 289), pressupõe necessariamente a existência legal da companhia, ou seja, que esta efetivamente se tornou pessoa jurídica, mediante o cumprimento dos atos complementares ao negócio de constituição (arts. 94 e s.)[109]. São, em consequência, insanáveis os vícios decorrentes da falta de arquivamento e publicação (art. 289), na medida em que o regime jurídico brasileiro não admite a *de facto corporation*, como já se salientou. A ausência de arquivamento acarreta a ineficácia plena do negócio jurídico de constituição. Não se trata nem de discutir matéria de prescrição a respeito, porque o objeto da discussão, ou seja, a sociedade simplesmente não existe.

Por outro lado, os atos constitutivos contrários à lei são nulos e, portanto, a ação respectiva é imprescritível. Estarão nessa condição, p. ex., a sociedade constituída com um único sócio ou a sociedade cujo objeto seja contrário à lei (art. 2º). Encontram-se na mesma situação a sociedade constituída em que, no estatuto, suprimiram-se órgãos essenciais, como, v. g., a assembleia geral, o Conselho de Administração ou o Conselho Fiscal, e aquela que, por força estatutária, veda o exercício do direito de recesso (arts. 45 e 137)[110].

Nesses casos, a arguição de nulidade é imprescritível, por se tratar de hipóteses contrárias à lei. A parte legítima poderá arguir, a qualquer tempo, a nulidade da constituição, enquanto tais vícios de natureza legal não forem sanados pela companhia[111].

Também são imprescritíveis as ações relativas aos vícios surgidos, desde logo, na constituição da companhia, e aos que também, no curso de sua existência, são suscetíveis de pedido judicial de dissolução (art. 206). Será o caso

---

109 Sobre distinção entre vícios do contrato e vícios de publicidade, *v.* Ascarelli, *Problemas*, cit., p. 381 e s.

110 *V.* comentários ao art. 137.

111 A respeito, Halperin, *Sociedades anónimas*, cit., p. 145 e s.

da companhia constituída de modo a não poder preencher o seu fim. A arguição de nulidade também, neste caso, não prescreve em um ano, podendo ser arguida a qualquer tempo.

Será reconhecida, portanto, a prescrição extintiva prevista no art. 285 citado apenas nos casos de vícios de consentimento dos sócios, na constituição da companhia ou nos casos em que tenha havido alguma discriminação patrimonial de caráter pessoal e não estatutário, como, v. g., a cobrança de ágio, além do valor de subscrição. Haverá, outrossim, a prescrição para todos os casos de vício de vontade dos subscritores previstos no Código Civil.

Temos, portanto, que, no capítulo de vícios de constituição, o não atendimento às formalidades complementares de arquivamento e de publicação (art. 289) torna o negócio jurídico da constituição inválido e ineficaz, sendo a sociedade inexistente, não podendo, portanto, figurar no polo passivo da ação de anulação. Não tem a companhia, no caso, nem personalidade jurídica, nem judicial, por não se reconhecer, em nosso sistema, sociedade anônima de fato, como reiterado.

Em se tratando de atos constitutivos contrários à lei, o direito de ação é imprescritível, por se tratar de nulidade absoluta, como será o caso, por exemplo, de subscrição incompleta do capital social.

Por outro lado, caberá a prescrição extintiva do art. 285 quando se tratar de vício sanável, decorrente de deliberação não estatutária dos fundadores e dos primeiros administradores que afetem a esfera do interesse patrimonial dos subscritores, como, v. g., a emissão irregular das ações subscritas, e também quando se tratar de vício do consentimento[112].

DEPÓSITO DA ENTRADA

Art. 81. O depósito referido no n. III do art. 80 deverá ser feito pelo fundador no prazo de 5 (cinco) dias contados do recebimento das quantias, em nome do subscritor e a favor da sociedade em organização, que só poderá levantá-lo após haver adquirido personalidade jurídica.

Parágrafo único. Caso a companhia não se constitua dentro de 6 (seis) meses da data do depósito, o banco restituirá as quantias depositadas diretamente aos subscritores.

---

112 A respeito, Carlo Vanetti, Costituzione della società, in *Inchieste di diritto comparato*, v. 5-I, p. 243; Ripert-Roblot, *Traité*, cit., v. 1, p. 696. Sobre negócio indireto e simulação na constituição, Ascarelli, *Problemas*, cit., p. 139 e s.; Halperin, *Sociedades anónimas*, cit., p. 160 e s.

LEI DE 1940

O Decreto-Lei n. 2.627, de 1940, em seu art. 39, não fazia exigências acerca do depósito. Diante dos abusos que, desde logo, foram verificados, surgiu o Decreto-Lei n. 5.956, de 1º de novembro de 1943, que determinou, em seu art. 1º, que as importâncias recebidas dos subscritores deveriam ser depositadas em banco, em nome da sociedade em organização, pelos fundadores, no prazo de cinco dias, contados do recebimento.

Não se fixava o prazo para a efetiva constituição da companhia, determinando-se apenas que, caso ela não se constituísse, o próprio banco faria a restituição aos subscritores das quantias depositadas.

CÓDIGO PENAL

A subtração, pelos fundadores, dos valores depositados constitui crime de apropriação indébita, previsto no art. 168 do Código Penal vigente. Trata-se de delito qualificado, consoante o § 1º do mesmo artigo, pois praticado em razão de ofício. Não resta dúvida de que, para os efeitos penais, o fundador exerce, ainda que temporariamente, um ofício, cujos estritos limites de atuação estão previstos em lei.

LEI N. 6.404, DE 1976

A lei vigente de 1976 revogou o Decreto-Lei n. 5.956, de 1943, além de introduzir critério diverso. Agora, o depósito será feito em nome do subscritor, enquanto, no diploma de 1943, o mesmo deveria ser feito em nome da sociedade em organização. Além disso, a lei vigente estabelece o prazo de seis meses para a devolução das quantias se a sociedade não se constituir, ao passo que, na lei anterior, de 1943, esse prazo era indefinido. Ali se falava que, "caso a sociedade não se constitua, o próprio banco fará a restituição aos subscritores das quantias por estes pagas"[113].

---

113 Sobre a matéria, o Parecer CVM/SJU n. 058/79: "A Lei n. 6.404/76 fixou em 6 meses o prazo para homologação de aumento de capital, a contar da data em que se iniciou a subscrição das ações (§ 6º do art. 170 c/c § único do art. 81). Não tem a CVM competência para, uma vez subscrito aumento de capital, fixar o prazo para a realização da AGE homologatória do aumento, o que importaria, ainda, em alteração indireta do prazo de 6 meses estabelecido no § único do art 81 da Lei n. 6.404/76".

RESPONSABILIDADE DO DEPOSITANTE

Para a aplicação da lei civil e do art. 168 do Código Penal, há que se deslindar a questão do depósito das quantias integralizadas pelos subscritores. Quando o fundador faz o depósito regular das importâncias recebidas, cessa a sua responsabilidade penal, na medida em que a relação de crédito passa a existir entre o banco e os subscritores.

Assim, a responsabilidade penal do fundador existirá, no caso de proceder a depósito ilícito, como, v. g., em seu próprio nome ou de terceiro, que não seja subscritor. A retenção, pelo fundador, das importâncias integralizadas, sem depositá-las, dentro de cinco dias, obviamente, também configura o delito.

DIREITO NORTE-AMERICANO

No Direito norte-americano, o fundador tem relação fiduciária com os subscritores[114]. Durante o período de constituição da companhia os fundadores mantêm-se, outrossim, nessa relação fiduciária entre si, à semelhança de uma *joint venture*. Após a constituição, essa relação fiduciária cessa, sendo, a partir daí, substituída pela relação societária propriamente dita. Esses deveres fiduciários dos *promoters* traduzem-se pela boa-fé, comutatividade e plena divulgação dos atos constitutivos.

Os fundadores são responsáveis por fraudes cometidas contra os subscritores, os quais poderão acioná-los, quer individualmente, quer por meio de *class action*[115], mas não possuem legitimidade para a proposição de ação derivativa, ou seja, para substituírem a própria companhia processualmente[116].

A FIGURA DO FUNDADOR

Campos Batalha lembra que "fundadores são aqueles que subscrevem os prospectos, que promovem a organização da sociedade, que recebem as entradas dos subscritores, efetuam o respectivo depósito

---

114 Henn, *Handbook*, cit., p. 171 e s.
115 Lattin, *The law of corporations*, cit., p. 161 e s.
116 Killeen *vs*. Parente, 23 Wis. 2d 244, 127 N.W. 2d, 34 (1964).

bancário, convocam a assembleia de constituição, quer figurem como sócios da sociedade, quer não"[117].

Para Ripert, "o fundador é a pessoa que, tomando a iniciativa de criar a sociedade, encarrega-se de reunir os sócios e os capitais e que preenche as formalidades legais necessárias para chegar à constituição da sociedade"[118].

Invocando a jurisprudência, Ripert lembra que a caracterização do fundador é necessária para a averiguação das responsabilidades: "Diante da possibilidade de testas de ferro envolvidos, é mais conveniente considerar como fundador, independentemente de seu nome, ou de sua assinatura, ou mesmo das pessoas que se apresentam ostensivamente como tais, aquele que tem a iniciativa de atos que visam à criação da empresa"[119].

No sistema argentino, consoante o art. 166 da Lei Societária de 1972, fundadores são aqueles que constituem a sociedade por ato próprio[120].

Embora se trate de figura necessária na constituição da companhia, seja por subscrição pública, seja por subscrição particular, não há, entre nós, conceito legal de fundador. Para Valverde, "fundadores de companhia ou sociedade anônima são pessoas que promovem a sua constituição para a exploração lucrativa de uma ou mais empresas que idearam ou, se já existentes, pretendem desenvolver"[121].

J. X. Carvalho de Mendonça, por seu turno, cita acórdão da Câmara Cível da Corte de Apelação, de 21 de maio de 1890, que define fundadores como "aqueles que ideiam a sua constituição, redigem os estatutos e, nessa qualidade de incorporadores, se apresentam ao público, assinam e publicam os prospectos, abrem a subscrição, depositam os documentos necessários, recebem as primeiras entradas dos subscritores, convocam a assembleia geral, praticam todos os demais atos preliminares e constitutivos da sociedade, honrando a responsabilidade dela"[122].

Vê-se, pois, que o conceito, geralmente acolhido, é descritivo das funções ou daquilo que preferimos chamar de ofício temporário do fundador.

A qualidade de fundador, ainda segundo Valverde, "resulta dos atos praticados pela pessoa no processo legal de constituição das sociedades

---

117 Campos Batalha, *Comentários*, cit., v. 1, p. 420.

118 Ripert-Roblot, *Traité*, cit., v. 1, p. 661.

119 Ripert-Roblot, *Traité*, cit., v. 1, p. 661.

120 Halperin, *Sociedades anónimas*, cit., p. 112.

121 Miranda Valverde, *Sociedades por ações*, cit., v. 1, p. 250.

122 J. X. Carvalho de Mendonça, *Tratado*, cit., v. 3, p. 307.

anônimas"[123]. Não se confunde, portanto, com terceiros que prestem serviços, ainda que indispensáveis à configuração do negócio jurídico de constituição, tais como os advogados, economistas etc.

SIMULAÇÃO

Embora a aparência seja a principal característica configuradora do fundador, não há como rejeitar a possibilidade da existência de fundador oculto[124]. Muito se discute, na doutrina, sobre a figura. Não obstante, a teoria da aparência prevalece, entre nós, conforme ensina Cunha Peixoto, para quem será "considerado sempre fundador aquele que firmou o prospecto e o estatuto. Ele é responsável perante terceiros"[125].

Outra interminável discussão trava-se em torno da natureza do fundador. No entender de Valverde, não são gestores de negócios, nem representantes da sociedade em formação, nem podem ser considerados "órgãos prematuros"[126].

Outras teorias são as do mandato, da gestão de negócios e da estipulação a favor de terceiros[127].

Nenhuma dessas figuras pode explicar a posição jurídica do fundador. Isto porque os direitos e obrigações dos fundadores não têm origem contratual. Esta a razão por que exerce o fundador um ofício, de caráter temporário, cujas funções, deveres, direitos, responsabilidades e termo de duração são regulados por lei.

Pode-se mesmo dizer que se trata de um ofício de natureza legal e não contratual.

No magistério de Ripert, o fundador age no seu interesse pessoal e não no dos futuros acionistas e tem situação jurídica de um empreendedor[128]. A figura do *entrepreneur*, ainda que possa ter significado jurídico próprio no direito francês, não logra, entre nós, configurar juridicamente o exercício de uma atividade.

---

123 Miranda Valverde, *Sociedades por ações*, cit., v. 1, p. 254.

124 Sobre a matéria, Cunha Peixoto, *Sociedades por ações*, cit., v. 2, p. 21 e s.

125 Cunha Peixoto, *Sociedades por ações*, cit., v. 2, p. 23.

126 Miranda Valverde, *Sociedades por ações*, cit., v. 1, p. 256.

127 Críticas a essas teorias, *v*. Cunha Peixoto, *Sociedades por ações*, cit., v. 2, p. 22 e s.

128 Ripert-Roblot, *Traité*, cit., v. 1, p. 662.

Entre nós, a atividade decorre ou de um ofício, ou de um emprego, ou de uma profissão. Esta última, amplíssima, abrange toda atividade liberal ou decorrente de cargo (eletivo) na administração privada. Já a atividade de empregado é de caráter eminentemente contratual, sendo que o ofício, no plano jurídico, não se confunde com profissão, pois aquele é, sobretudo, um encargo que alguém assume, visando a determinado objetivo previsto em contrato ou em lei. Pode ser o ofício tanto assumido espontaneamente, como é o caso do fundador, quanto obrigatoriamente, como o de mesário eleitoral. Em ambos os exemplos, o ofício tem caráter temporário.

A matéria, no entanto, não é pacífica, tendo Halperin, a respeito, catalogado as diversas teorias[129]. Há as teorias civilistas do mandato; do representante da pessoa por nascer; da gestão de negócios; da estipulação em favor de terceiros; de representante de todos os subscritores[130]; de sociedade provisional; de mediador; da instituição *sui generis*; de órgão da sociedade em formação; e, finalmente, a do exercício de ato jurídico unilateral.

Em nosso direito, os fundadores não são, necessariamente, subscritores[131].

Não obstante, na hipótese de constituição por subscrição particular, mediante escritura pública (art. 88), como ressalta Cunha Peixoto, "a figura do fundador se confunde com os participantes do ato, isto é, sendo incorporadores todos os sócios que assinam a escritura de constituição da sociedade"[132].

Várias pessoas podem associar-se para constituir a companhia. Tal ocorrendo, existirá, expressa ou tacitamente, uma convenção entre os fundadores. Não obstante, o negócio jurídico, que entre os fundadores existir com o fim de constituir a companhia, não vincula a companhia constituenda nem os subscritores do seu capital. As funções de fundador são exercidas individualmente, não alcançando a constituição os vícios que, eventualmente, possam afetar o contrato existente entre os fundadores. Entretanto, se tal contrato entre os fundadores for do interesse da futura companhia, deve constar do prospecto que instrui a constituição por subscrição pública (art. 84, V). Mesmo nessa hipótese de divulgação da avença entre os fundadores,

---

129 Halperin, *Sociedades anónimas*, cit., p. 106 e s.

130 Ascarelli, *Studi*, p. 333.

131 No sistema italiano, fundadores são sócios e promotores não (CC italiano, art. 2.329). A respeito, a lei francesa de 1966, art. 83.

132 Cunha Peixoto, que adota a lição de Vivante (*Sociedades por ações*, cit., v. 2, p. 26).

ela prevalece somente entre as partes, sendo que, em relação aos subscritores e a terceiros, são os fundadores solidariamente responsáveis[133].

A capacidade para ser fundador é a geral do Código Civil. Podem ser pessoas físicas ou jurídicas, o que, conforme Valverde, somente interessa quando se tem de apurar responsabilidade criminal[134]. Sendo inimputável a pessoa jurídica, serão responsáveis os seus administradores, na medida em que estes, como órgãos sociais, incorporam a própria vontade social e, portanto, a condução dos negócios de constituição.

A função do fundador é redigir o projeto de estatuto e o prospecto. Essa função é a mais importante juridicamente, por isso que a sua vontade irá prevalecer, quanto ao estatuto, não podendo os subscritores, a não ser por unanimidade, modificar o projeto constitutivo. E, quanto ao prospecto, nele reside a configuração da responsabilidade do fundador. Será o fundador responsável pelas omissões e falsidades contidas nas declarações do prospecto.

Outra função é tomar as providências necessárias ao registro junto à Comissão de Valores Mobiliários, bem como receber as entradas e proceder, no prazo estrito de cinco dias, ao seu depósito e, ainda, convocar a assembleia geral de constituição (art. 86).

Como já se referiu, a sociedade irá constituir-se conforme o plano traçado pelos fundadores, não tendo a maioria da assembleia constituinte poderes para alterar o projeto de constituição (art. 87, § 2º).

Os fundadores, obviamente, praticam atos indispensáveis à constituição da sociedade, no pressuposto de que esta logrará, efetivamente, ser constituída. São atos que beneficiam a companhia constituenda e seus subscritores, e não os fundadores.

Se a sociedade vier a ser constituída, os fundadores devem ser reembolsados das despesas correspondentes a tais negócios preliminares. Já no caso de a sociedade malograr, as despesas ficarão por conta exclusiva dos fundadores. Isto porque exerceram um ofício por conta própria, que não tem o efeito de vincular os subscritores e, muito menos, por impossibilidade jurídica, a sociedade constituenda.

A partir do citado Decreto-Lei n. 5.956, de 1943, cuja orientação foi seguida pela lei vigente, o depósito inicial dos subscritores, sem qualquer

---

133 Cunha Peixoto, *Sociedades por ações*, cit., v. 2, p. 29. A respeito de sindicato de subscrição, Miranda Valverde, *Sociedades por ações*, cit., v. 1, p. 252. Sobre sindicatos bancários de emissão, Ripert-Roblot, *Traité*, cit., v. 1, p. 663.

134 Miranda Valverde, *Sociedades por ações*, cit., v. 1, p. 250.

dedução ou direito de retenção, deve ser devolvido a eles. Não podem os fundadores descontar ou fazer qualquer rateio das despesas[135].

As dívidas contraídas em nome dos fundadores, depois de constituída a companhia, serão cobradas da sociedade ou daqueles, indiferentemente[136].

Sobre a matéria, o decreto francês de 1967, em seu art. 67, estabelece um procedimento de ratificação, através do qual os atos assumidos por conta da companhia constituenda são submetidos à assembleia geral de constituição pelos fundadores, os quais enumerarão cada um desses atos e indicarão as obrigações que deles resultam para a sociedade.

No direito norte-americano, o princípio é de que, durante a constituição, os fundadores estabelecem entre eles uma relação fiduciária, que tem a natureza de uma *joint venture*. Se a constituição lograr êxito, essa relação fiduciária cessa e é substituída pelas relações próprias do direito societário, ou seja, entre a companhia e os seus acionistas[137]. Assim, antes de constituída, cada fundador tem responsabilidade para com os demais fundadores.

Em nosso direito, prevê-se, além da responsabilidade pelas despesas a cargo dos fundadores, em caso de fracasso, também a hipótese de solidariedade, se, na constituição por subscrição pública, houver prejuízo decorrente de culpa ou dolo em atos ou operações anteriores a ela (art. 92).

E, na esfera criminal, a responsabilidade dos fundadores é configurada no art. 177 do Código Penal, como fraude e abuso na fundação da sociedade por ações. Tipifica-se o delito se o fundador "promover a fundação de sociedade por ações, fazendo, em prospecto ou em comunicação ao público ou à assembleia, afirmação falsa sobre a constituição da sociedade, ou ocultando fraudulentamente fato a ela relativo".

É o fundador a pessoa que promove as medidas de natureza legal e administrativa, visando à constituição da companhia. Não se trata apenas de pessoa que toma parte na sua fundação[138]. Essa figura, no direito brasileiro, afina-se mais com a do subscritor, antes da constituição definitiva da companhia.

---

135 Cunha Peixoto, *Sociedades por ações*, cit., v. 2, p. 26 e s.

136 Halperin divide a questão da responsabilidade em duas hipóteses: se a sociedade tem êxito; se a sociedade não o tem. Neste último caso, cabe aos fundadores arcar com as obrigações referentes aos atos tendentes à constituição e não aos subscritores.

137 Henn, *Handbook*, cit., p. 173 e s.

138 Bonfim Viana, A remuneração dos promotores no direito societário comparado, *Revista Brasileira de Direito Comercial*, 3:5 e s., dez. 1967.

Já o fundador é o que concebe o próprio negócio jurídico da constituição, formula o estatuto, firma os eventuais contratos de colocação das ações com os agentes do sistema de distribuição do mercado de capitais, alicia subscritores e promove os atos de publicidade e informação relativos à constituição da companhia[139].

As funções do fundador são de caráter personalíssimo, abrangendo tanto as suas obrigações como a sua responsabilidade. Ainda que delegue a terceiros, como a advogados e economistas, a formulação de certos documentos, como, v. g., o prospecto (art. 84) e a formulação do projeto de estatuto (art. 83), a responsabilidade pela veracidade e pela legalidade de tais documentos não se transfere a esses profissionais.

Conforme Halperin, fundador é quem concebeu o projeto de constituir a sociedade anônima, tomando a iniciativa de sua criação e tendo a seu cargo os atos que conduzem à sua constituição definitiva, assumindo a responsabilidade legal por atos e contratos, sem outros direitos como a remuneração e a compensação, na forma da lei[140].

E Brunetti considera fundadores aqueles que se empenham na atividade de promoção das operações indispensáveis à constituição da companhia[141]. E lembra o mesmo autor que os fundadores, perante a sociedade, são responsáveis pela verificação da integral subscrição do capital e pela veracidade das informações dadas ao público[142].

No regime norte-americano, a função do fundador está, desde logo, ligada à atividade empresarial e não apenas à constituição da pessoa jurídica.

Ballantine coleta da *common law* os seguintes conceitos: "Os *promoters* de uma companhia são incorporadores de um negócio. Se não existem negócios para serem realizados, não haverá razão para constituir uma companhia"[143]. Ou, então: "O mero fato de uma pessoa tornar-se um *incorporator* e formular projeto de estatuto de uma companhia constituenda não

---

139 Bonfim Viana, *Revista*, cit., p. 6.

140 Halperin, *Sociedades anónimas*, cit., p. 105.

141 Brunetti, *Tratado*, cit., v. 2, p. 212.

142 Brunetti, *Tratado*, cit., v. 2, p. 219, com base no art. 2.339 do Código Civil italiano.

143 Ballantine, *Ballantine*, cit., p. 101 e s.

o caracteriza como *promoter*"[144]. "A formação (jurídica) de uma companhia é apenas uma pequena parte da promoção"[145].

É nesse sentido que a *Securities and Exchange Commission* formulou o seu conceito de *promoter*, através da *Rule* 405, fundada na lei de 1933: "O termo *promoter* inclui qualquer pessoa que, agindo sozinha ou em conjunto com outras, direta ou indiretamente, toma a iniciativa de fundar e organizar os negócios ou a empresa de um emissor de *securities*..."[146].

O fundador presta serviços de natureza profissional, por conta própria. Reveste-se o seu trabalho de caráter técnico, notadamente quando se trata de companhia constituída por subscrição pública (art. 82). Acrescente-se também o aspecto de confiabilidade junto aos eventuais subscritores e à comunidade de negócios.

Por tudo isso, a remuneração do fundador há de corresponder aos serviços de um profissional liberal da área de economia ou de direito. Tal remuneração será paga pela companhia constituída. Além da remuneração, cabe à companhia reembolsar os fundadores das despesas realizadas em prol da constituição.

A remuneração propriamente dita poderá ser feita em moeda corrente ou pela participação nos lucros eventuais da companhia, por meio da emissão de partes beneficiárias (arts. 46 e s.)[147].

Essa remuneração não pode corresponder ao valor usual de corretagem, pois a natureza dos serviços prestados pelo fundador é outra. Não se trata de um serviço de intermediação entre eventuais partes no contrato, mas de serviços profissionais de promoção de negócio, por conta e risco próprios. Por outro lado, a remuneração não poderá ser indiretamente auferida. Ela deve ser explicitamente assumida pela companhia, de maneira direta, em

---

144 Wheeler & Mother Mercantile Co. *vs.* Lamerton, 8 F. (2d) 957, 44 A.L. R. 769.

145 Hupp *vs.* Lawler, 106 Cal. app. 121, 288 Pac. 801.

146 Sobre as funções do fundador, no direito norte-americano, *v.* Lattin, *The law of corporations*, cit., p. 107 e s., 142 e s., e 161 e s. Sobre as teorias referentes à responsabilidade dos fundadores na *common law*, *v.* Ballantine, *Ballantine*, cit., p. 108 e s.; Henn, *Handbook*, cit., p. 171 e s. Aplicam-se o art. 10-b da Lei de 1934 e a *Rule* 10-b-5, no caso de fraudes cometidas pelos *promoters*. A partir dos clássicos processos, envolvendo os *promoters* Bigelow e Lewishon, na constituição da *Old Dominio Copper Company*, admite-se a *class action*, para o efeito de obter a reparação dos danos causados pelos *promoters* à frente dos subscritores do capital.

147 *V.* comentários ao art. 84 — "Vantagens dos fundadores".

dinheiro ou em participação nos lucros da sociedade, por intermédio de partes beneficiárias[148].

Assim, diferentemente do direito inglês, que admite a corretagem como forma de remuneração, bem como a própria revenda com lucro de bens que irão integrar o capital inicial da companhia, no direito brasileiro, tais formas de remuneração seriam inadmissíveis[149].

Nem seria possível, em nosso direito, atribuir, como remuneração aos fundadores, bônus de subscrição, outorgados como vantagem adicional, ao subscreverem eles o capital inicial da companhia (art. 77). Isto porque, nesse caso, todos os subscritores deveriam receber, *pro rata*, tal vantagem, não podendo ser excluídos aqueles que não revestiram a função de fundadores.

Obviamente, a atribuição de ações gratuitas também seria ilegal, pois devem estas ser representativas do capital, não se admitindo seja o fundador remunerado, como se fora um sócio de indústria. Para isso, há as partes beneficiárias. Essa forma de remuneração está adstrita às companhias fechadas, *ex vi* do parágrafo único do art. 47.

Nos quatro dias que antecedem o prazo de depósito, os fundadores são responsáveis pelas importâncias recebidas dos subscritores. Juntamente com o valor das subscrições devem os fundadores depositar os frutos das operações financeiras, eventualmente feitas com tais somas. Seria inconcebível a apropriação de tais rendimentos pelos fundadores, seja a qualquer título, mesmo sob a alegação de retenção para futura prestação de contas e eventual compensação com despesas ou remuneração que lhes fossem devidas pela companhia[150].

O depósito deve ser integral, ou seja, de toda a quantia recebida dos subscritores, que poderá ser maior do que o mínimo de 10% previsto na lei (art. 80).

O depósito deverá ser feito pelo fundador em nome do subscritor, na qualidade de seu mandatário legal, a favor da sociedade em organização. Disso resulta que o mandato legal cessa com o depósito. A partir daí o subscritor terá disponibilidade futura do valor depositado, caso não venha a companhia a ser constituída. O subscritor não poderá dispor livremente do

---

148 *V.* comentários ao art. 47.

149 *Palmer's Company Law*, v. 1, p. 171.

150 A matéria, na lei francesa de 1966, é tratada no art. 77, que determina não poder o fundador reter, por mais de oito dias, as importâncias recebidas dos subscritores.

depósito até que se defina a constituição da companhia, dentro do prazo de seis meses. Se esta não lograr êxito, a relação jurídica, que se estabelecera entre o subscritor e o banco depositário, resolve-se pelo levantamento do depósito diretamente pelo subscritor. Não pode o estabelecimento bancário devolver tais importâncias aos fundadores, pois o mandato legal destes, como já se referiu, cessa com o próprio negócio de depósito.

Temos, assim, que o contrato de depósito feito pelo subscritor, por intermédio de seu mandatário legal — o fundador —, dá como beneficiária a futura sociedade, se esta vier a existir. Caso não se constitua, no prazo máximo previsto em lei, o depósito reverte em favor do subscritor[151].

Aperfeiçoou-se a matéria, na lei vigente, uma vez que, no diploma de 1943, o depósito era feito em nome da sociedade em organização[152]. Este é o sistema que persiste no regime societário francês, mercê do art. 62 do decreto de 1967, que determina ser o depósito feito em nome da sociedade em formação.

O prazo de seis meses também é consagrado no direito norte-americano. O princípio é de que, nesse período, a subscrição de ações de uma companhia em constituição é irrevogável, salvo se outra disposição venha a constar dos termos do contrato de subscrição ou, então, se a unanimidade dos subscritores deliberar revogá-la. É o que formula o *Model Business Corporation Act*, em seu art. 17[153].

O prazo de seis meses também é determinado pelo decreto francês de 1967, em seu art. 76, que estabelece que todo subscritor pode exigir a restituição do montante por ele pago, seis meses após o depósito, se até essa data não vier a constituir-se a sociedade.

O recibo deverá ser lido e transcrito na ata da assembleia geral de constituição (art. 87). Da mesma forma, a escritura pública de constituição, se esta foi a forma escolhida, deverá conter a transcrição do recibo (art. 88).

Para o efeito de os subscritores levantarem o depósito, no caso de insucesso, receberão do fundador comprovante do depósito fornecido pelo banco. Esse comprovante será individual[154].

---

151 Fran Martins, *Comentários*, cit., v. 1, p. 489.

152 Miranda Valverde, *Sociedades por ações*, cit., v. 1, p. 248.

153 Sobre a matéria, Lattin, *The law of corporations*, cit., p. 123 e s.

154 Sobre questões relativas ao momento da constituição e a imprecisão legal, Fran Martins, *Comentários*, cit., v. 1, p. 491 e s.

Seção II
CONSTITUIÇÃO POR SUBSCRIÇÃO PÚBLICA

REGISTRO DA EMISSÃO

Art. 82. A constituição de companhia por subscrição pública depende do prévio registro da emissão na Comissão de Valores Mobiliários, e a subscrição somente poderá ser efetuada com a intermediação de instituição financeira.

§ 1º O pedido de registro de emissão obedecerá às normas expedidas pela Comissão de Valores Mobiliários e será instruído com:

a) o estudo de viabilidade econômica e financeira do empreendimento;

b) o projeto do estatuto social;

c) o prospecto, organizado e assinado pelos fundadores e pela instituição financeira intermediária.

§ 2º A Comissão de Valores Mobiliários poderá condicionar o registro a modificações no estatuto ou no prospecto e denegá-lo por inviabilidade ou temeridade do empreendimento, ou inidoneidade dos fundadores.

LEI DE 1940

No Decreto-Lei n. 2.627, de 1940, a matéria era tratada nos arts. 39 e 40. Este último versava sobre os elementos que deveriam constar do prospecto.

A constituição por subscrição pública fundava-se na viabilidade do empreendimento, vale dizer, da empresa, como requisito fundamental da constituição da companhia com apelo à poupança.

Dispensava-se a chancela administrativa, para a constituição por subscrição pública, no diploma de 1940. O prospecto e o projeto de estatuto eram publicados sem necessidade de registro em órgão regulador de mercado. Não se cogitava também da intermediação de instituição financeira. Este último requisito, transformado em exigência, decorreu do art. 16 da Lei n. 4.728, de 1965, o qual determinava que a emissão pública de valores mobiliários fosse feita através do sistema de distribuição. E a oferta de subscrição do capital inicial da companhia enquadrava-se nessa exigência de intermediação das instituições do mercado de capitais.

145

Passou-se do regime de 1940, de nenhuma tutela administrativa, para o de indireta supervisão administrativa, por parte do Banco Central, sob a égide da Lei n. 4.728, de 1965.

LEI N. 6.404, DE 1976

A lei de 1976 explicita melhor a tutela administrativa sobre a constituição por subscrição pública, inaugurada com a Lei n. 4.728, de 1965. E o faz não só por força da norma ora comentada, mas também pelo que, a respeito e abrangentemente, dispõem os arts. 8º, 15 e 16 da Lei n. 6.385, de 1976.

Essa tutela administrativa decorre, necessariamente, da divisão das companhias em abertas e fechadas (art. 4º)[155], sendo que aquelas dependem do registro, na Comissão de Valores Mobiliários, para ter distribuídos, no Mercado de capitais, os valores mobiliários de sua emissão (art. 4º, §§ 1º e 2º).

Em contrapartida à competência administrativa da Comissão de Valores Mobiliários, a lei vigente dispensa a publicação do projeto de estatuto e do prospecto, invertendo, dessa forma, a sistemática do decreto-lei de 1940, que se fundava no princípio da publicação.

A lei de 1976 estabelece que os originais do prospecto e do projeto de estatuto, com os documentos a que fizerem menção, serão depositados em instituição financeira para exame de qualquer interessado (art. 84, XII). Assim, o diploma legal vigente restringe os meios de informação, que ficarão adstritos aos interessados e não ao público em geral.

Institui, portanto, o diploma de 1976 a tutela da Comissão de Valores Mobiliários, na constituição por subscrição pública. E essa jurisdição administrativa tem como fundamento a proteção da poupança pública.

A competência da Comissão de Valores Mobiliários está prevista esparsamente na lei societária e no diploma que criou essa agência, a Lei n. 6.385, de 1976, especialmente nos seus arts. 8º, 15 e 16.

E essa jurisdição administrativa da Comissão de Valores Mobiliários não é apenas formal, mas também de mérito, no que toca ao exame da viabilidade da empresa que se deseja promover.

O que já se mencionava na lei de 1940 é reiterado pela lei de 1976. Ocorre que, na vigência daquela, não havia órgão administrativo encarrega-

---

155 *V.* comentários ao art. 4ª, § 3ª.

do de examinar tal requisito econômico-financeiro do empreendimento. Nesse aspecto reside a novidade substancial da Lei n. 6.404, de 1976[156].

LEI N. 10.303, DE 2001 – DESINTERMEDIAÇÃO

A Lei n. 10.303, de 2001, em seu art. 4º, alterou o art. 2º da Lei n. 6.385, de 1976, investindo a Comissão de Valores Mobiliários da competência regulamentar para dispensar, na "distribuição pública dos valores mobiliários referidos neste artigo, a participação de sociedade integrante do sistema previsto no art. 15 desta Lei".

Esse dispositivo segue a tendência norte-americana, que é a fonte de direito da Comissão de Valores Mobiliários, de promover a desintermediação obrigatória das instituições financeiras de distribuição de valores mobiliários, deslocando tal intermediário para a esfera contratual, em que livremente pode a companhia convencionar a participação de terceiros no lançamento de seus valores mobiliários. No caso da constituição por subscrição pública, cabe à Comissão de Valores Mobiliários, por força do dispositivo citado, proceder a essa desintermediação, fazendo prevalecer o art. 2º da Lei n. 6.385, de 1976, com a redação dada pela Lei n. 10.303, de 2001, sob o fundamento que a lei posterior revoga os critérios legais no que respeita à mesma matéria[157].

SUBSCRIÇÃO SIMULTÂNEA E SUCESSIVA

Simultânea ou sucessiva[158] são os dois modos de constituição da companhia. Em ambos os processos, a constituição da companhia está sujeita aos mesmos requisitos. A diferença dos modos de constituição

---

156 Sobre a matéria a CVM editou inúmeras Instruções, sendo a vigente a de n. 400, de 2003, alterada pelas Instruções CVM n. 429, de 2006, e n. 442 do mesmo ano, que, por sua vez, também foram alteradas pelas Instruções CVM n. 482 e 488, ambas de 2010. Outrossim, a CVM editou a Instrução n. 315, de 1999, que estabelece o procedimento de análise *preliminary confidential* de pedidos de registro de emissão e distribuição pública de valores mobiliários. Também deve-se anotar a Instrução CVM n. 202, de 1993.

157 Anteriormente à vigência da Lei n. 10.303, de 2001, o Parecer CVM/SJU n. 25, de 1982, que entende extensivo as sociedades distribuidoras a intermediação das subscrições públicas.

158 Terminologia usada em algumas leis, como, v. g., a espanhola, arts. 9º e 10º. *Simultangrundung* e *Stufengrundung* do Direito alemão.

não afeta a natureza jurídica dos atos constitutivos da sociedade[159].

Em ambas, será necessária a prévia subscrição, por inteiro, das ações; o depósito do valor inicial da subscrição em dinheiro ou a avaliação dos bens (art. 8º); o ato constitutivo propriamente dito, seja por assembleia de constituição, seja por escritura pública (arts. 87 e 88); e o arquivamento desses atos, bem como a sua publicação.

A diferença encontra-se no crivo administrativo que existe, na constituição por subscrição pública, a cargo da Comissão de Valores Mobiliários. Na constituição simultânea, não há convocação do público, na medida em que o contrato societário ou ato constitutivo forma-se entre presentes, mediante o concurso das declarações de todos os subscritores[160]. Nesse modo, a companhia somente aparece, perante os registros e terceiros, depois de constituída, ao passo que, na constituição pública, como referido, o projeto de constituição, embora não seja objeto de publicação, submete-se à aprovação da Comissão de Valores Mobiliários e ao conhecimento dos interessados e virtuais subscritores, com base em dois documentos fundamentais: o projeto de estatuto e o prospecto. Estes indicam as características fundamentais da companhia constituenda.

Trata-se de um processo com diversas etapas que tornam o negócio jurídico sujeito a condição resolutiva.

Já na constituição simultânea, como lembra Corapi[161], os atos respectivos encontram-se no mesmo contexto. A redação do ato constitutivo, a sua aceitação e a subscrição das ações formam um único negócio jurídico.

COMMON LAW

Nos países da *common law*, o apelo de subscrição ao público faz-se depois de constituída a sociedade.

O fundamento jurídico-econômico de tal prática é de que, sendo as sociedades formadas no regime de capital autorizado, não é necessário que, desde logo, o capital declarado seja subscrito. Consequentemente, a organização da companhia e o reconhecimento de sua personalidade jurídica vinculam-se não à subscrição do capital, mas ao objeto social[162].

---

159 Brunetti, *Tratado*, cit., v. 2, p. 205 e s.

160 Brunetti, *Tratado*, cit., v. 2, p. 206.

161 *Inchieste*, cit., v. 5-I, p. 19.

162 Corapi, *Inchieste*, cit., v. 5-I, p. 23.

Não há, portanto, como referido, nenhuma vinculação entre o capital social, que, nesse regime, é sinônimo de capital autorizado, e a constituição propriamente dita[163].

No regime norte-americano, a constituição da companhia tem como requisito os *articles of incorporation*, em que se declaram o objeto social, a denominação, a sede social, as ações e suas diversas classes e o capital autorizado da companhia. Cabe aos administradores, na medida do interesse social, emitir as ações, no limite do valor autorizado do capital. Esse sistema prevalece tanto para as *private companies* como para aquelas *going public*.

Na hipótese de apelo à subscrição pública, as leis e regulamentos da União e dos Estados concernentes à disciplina do mercado de capitais — a partir, notadamente, das leis de 1933 e 1934 — estabelecem o amplo e rigoroso regime de *disclosure* e da veracidade das informações prestadas pelos *promoters*. Toda a legislação, com efeito, especialmente a lei de 1933, visa a coibir as *fraudulent promotions*, com o fito de proteger os investidores[164].

CONSTITUIÇÃO SUCESSIVA — CARACTERÍSTICAS DA OFERTA PÚBLICA

Em nosso Direito, a constituição sucessiva caracteriza-se pela subscrição pública do capital.

A iniciativa da formação da companhia cabe a um grupo que vem a público, com um projeto, convidando-o a aderir à sua proposta. Posteriormente, os subscritores reúnem-se, em assembleia geral (art. 87), para procederem à constituição da companhia.

A característica fundamental é a oferta pública de subscrição[165]. Trata-se de proposta irrevogável dirigida a um número indeterminado de investidores. Visando à realização de um negócio jurídico, o contrato que se oferece tem por objeto a constituição da companhia[166]. Caracteriza-se essa proposta por uma declaração unilateral dos fundadores, tendo efeitos vinculativos, por si mesma. Cria obrigações e responsabilidades para os fundadores-ofertantes, mesmo que o contrato de constituição, cuja realização é almejada, não venha a efetivar-se.

---

163 Fran Martins, *Comentários*, cit., v. 2, t. 2, p. 462 e s.

164 Sobre a matéria, Ballantine, *Ballantine*, cit., p. 825 e s.

165 Sobre o assunto, Garrigues-Uría, *Comentario*, cit., v. 1, p. 281 e s.

166 Cf. nosso estudo *Oferta pública de aquisição de ações*, Rio de Janeiro, IBMEC, 1979, p. 19 e s.

Sendo uma proposta dirigida a um número indeterminado de pessoas, a oferta pública dá origem a tantos contratos quantas forem as pessoas que venham a subscrever o capital inicial da companhia. Constitui, portanto, a oferta pública de subscrição um ato jurídico autônomo, sendo elemento necessário à formação da companhia. É uma declaração que, invariavelmente, precede outra: a de aceitação. Esta se traduz pela subscrição do capital.

A oferta pública de subscrição de ações, como uma declaração unilateral de vontade, obriga os fundadores-proponentes, nos termos do art. 427 do Código Civil. Trata-se de proposta feita a pessoas determináveis: os eventuais subscritores. Essas pessoas determináveis são indeterminadas, no momento da proposta pública, já que as qualidades pessoais dos aceitantes-subscritores não interessam para a constituição da companhia.

Trata-se essa oferta pública de subscrição de uma proposta vinculante, porque encerra os requisitos essenciais do contrato de constituição[167].

A oferta pública de subscrição de ações da companhia constituenda tem como primeira característica a indefinição do destinatário da proposta. Trata-se de declaração *in incertam personam.*

A outra particularidade está no modo como é formulada a oferta, ou seja, mediante a deposição, junto à instituição financeira e à disposição do público (qualquer interessado): de cópias do prospecto e do projeto de estatuto, com os documentos anexos (art. 84, XII).

A publicação da oferta não é requisito necessário. Basta que a proposta seja feita por avisos afixados no local, onde possam ser encontradas as pessoas que o ofertante quer atingir.

Cabe à instituição financeira intermediária da subscrição promover tais anúncios, colocando-os em suas agências, para o efeito de anunciar que se encontram à disposição dos interessados o prospecto, o projeto de estatuto e respectivos documentos ali mencionados (art. 84, XII).

Presume-se que, com tais anúncios, teve o público acesso aos documentos que encerram os requisitos essenciais do contrato de constituição.

A oferta de subscrição contém os pontos essenciais à conclusão do respectivo negócio jurídico, tendo força obrigatória para os fundadores-ofertantes.

---

167 Cf. o *caput* do art. 429 do Código Civil de 2002, que diz: "A oferta ao público equivale a proposta quando encerra os requisitos essenciais ao contrato, salvo se o contrário resultar das circunstâncias ou dos usos". No mesmo sentido, o Código Civil italiano, em seu art. 1.336, primeira parte: "A oferta ao público, quando contém os requisitos essenciais do contrato a cuja realização visa, vale como proposta, salvo se o contrário resultar das circunstâncias ou dos usos".

A proposta de subscrição é elemento da formação do contrato de constituição, sendo uma declaração unilateral de vontade, cercada, desde logo, de força vinculativa em relação aos fundadores que a fizeram, como referido. Por outro lado, trata-se de uma declaração de índole receptiva, produzindo efeitos a partir do momento em que revela ao público a instituição financeira intermediária. É a partir dessa notícia que se presume o seu conhecimento por parte dos destinatários.

A oferta pública de subscrição de ações de companhia em constituição, por seu notório interesse coletivo, importa, necessariamente, a fixação de um prazo de validade. Dentro desse prazo não pode haver retratação dos fundadores-ofertantes, estando eles obrigados a mantê-la. Aplica-se à oferta de subscrição, na espécie, o princípio geral de irrevogabilidade da proposta, que é determinado no art. 427 do Código Civil. O relevante interesse coletivo, a determinação de prazo e a sua própria natureza de oferta *in incertam personam* eliminam a possibilidade de ocorrência daquelas exceções e circunstâncias que o Código Civil admite ao princípio da vinculação do proponente.

INEFICÁCIA DA RETRATAÇÃO

O efeito da oferta pública de subscrição é o de colocar todos os destinatários em idêntica situação receptiva. Por seu lado, os fundadores-ofertantes, ao formularem a proposta, vinculam-se aos termos da oferta, como obrigação irrevogável de fazer, ou seja, de promover os atos necessários à subscrição das ações da companhia, por quem se apresentar, no prazo assinalado, para tanto. Têm, portanto, os fundadores-ofertantes o dever de promover os atos de recepção dessas subscrições, por meio da instituição financeira intermediária.

No caso de os fundadores retirarem poderes à instituição financeira encarregada de receber as subscrições, ou em qualquer outra hipótese de manifestarem sua retratação, serão tais atos inoperantes. A vontade dos fundadores-ofertantes será considerada sempre subsistente, podendo qualquer interessado promover a subscrição das ações junto à instituição financeira intermediária. Se esta abusivamente recusar, caberá ao oblato utilizar-se da via judicial, para consignar a subscrição, sendo sujeito passivo da relação processual a instituição financeira intermediária.

O fundamento da ineficácia da retratação é a ofensa ao princípio da vinculação, como explica Pontes de Miranda: "Se, *in casu*, não é revogável a manifestação de vontade que se inseriu no suporte fáctico do ato jurídico, e o manifestante tenta 'revogá-la', a manifestação de vontade fica incólume a essa investida. É o ato jurídico ineficaz porque ofende o princípio da vinculação, isto é, da intangibilidade dos atos jurídicos perfeitos, dos direitos adquiridos e da coisa julgada formal, pelo arbítrio de cada um"[168].

EFEITOS DA SUBSCRIÇÃO APÓS A RETRATAÇÃO

Tendo-se manifestado os fundadores pela desistência ou ocorrendo o abandono de suas obrigações, caberá aos interessados, após subscreverem o capital, junto à instituição financeira ou pelos meios judiciais cabíveis, promover as demais formalidades preliminares de constituição, notadamente no que diz respeito ao depósito da entrada (art. 85), e providenciar a convocação da assembleia geral de constituição, instalá-la e presidi-la, por subscritor que, no conclave, for indicado em substituição aos fundadores (art. 87).

Os subscritores, dessa forma, substituem os fundadores em suas funções, obrigações e responsabilidades junto à instituição financeira intermediária, bem como perante a agência reguladora — Comissão de Valores Mobiliários — e terceiros, no que tange aos contratos assinados, no interesse da futura companhia (art. 84).

Por outro lado, poderão os subscritores que tomaram a iniciativa de promover, substitutivamente, as formalidades preliminares de constituição da companhia, demandar os fundadores para o ressarcimento de perdas e danos.

TUTELA DA COMISSÃO DE VALORES MOBILIÁRIOS

A tutela da Agência Reguladora na constituição por subscrição pública visa a resguardar o sistema de mercado de valores mobiliários. Essa jurisdição administrativa abrange não só o cumprimento das formalidades documentais previstas no dispositivo ora comentado, como o próprio comportamento dos fundadores e da instituição intermediária no que concerne aos procedimentos da constituição e à efetiva prestação dos serviços a que se propuseram.

Essa tutela traduz-se, na Lei n. 6.385, de 1976, pela competência outorgada à Comissão de Valores Mobiliários, em seus arts. 8º, 15 e 16, que lhe

---

168 Pontes de Miranda, *Tratado de direito privado*, Rio de Janeiro, Borsoi, 1955, v. 5, p. 9.

possibilita regulamentar as atividades dos agentes do Sistema de Distribuição do mercado de valores mobiliários, bem como a distribuição desses valores, mediante a exigência prévia de registro. A matéria é regulamentada na Instrução CVM n. 400, de 29-12-2003, alterada pelas Instruções CVM n. 429 e 442, ambas de 2006, e ainda pelas Instruções CVM n. 482 e 488, de 2010.

Tal sistema de tutela, na constituição da companhia, é diverso da sistemática norte-americana, como já se viu, porque, naquele país, a constituição precede a distribuição de ações no mercado. É somente no momento da oferta das ações ao público que prevalecem os dispositivos das leis de 1933 e 1934 e os respectivos regulamentos da *Securities and Exchange Commission*.

Entretanto, a criação de tais agências reguladoras do mercado de capitais, em países de direito continental, trouxe a necessidade de adaptação com a exigência do registro da emissão, antes mesmo que se constitua a companhia. É o caso da Argentina, cuja Lei Societária de 1972 determina que a constituição por subscrição pública deve obedecer às normas da *Comisión Nacional de Valores* — COB. No mesmo sentido, o Direito francês submete tais atos à *Commission des Opérations de Bourse*. Também na Itália, por força da reforma de 1975, a lei submete a constituição ao crivo da *Commissione Nazionale per la Società e la Borsa* — CONSOB.

DESUSO

Apesar de toda a tutela administrativa de que se revestiu, ultimamente, a constituição por subscrição pública, essa modalidade está em franco desuso[169].

A razão do desuso reside na complexidade e na lentidão dos procedimentos preliminares à constituição. Não obstante, trata-se de modalidade útil para empreendimentos de grande porte, bem como para a democratização do capital das companhias[170]. É por esse motivo que os principais sistemas societários de tradição continental mantêm o regime de constituição por subscrição pública, apesar da pouca aplicação em todos eles. É o caso, v. g., da lei alemã de 1975, que prevê o regime, em seus arts. 53 e s.; da lei francesa de 1965, em seus arts. 74 e s.; do Código Civil italiano, em seu art. 2.333; da lei espanhola, em seus arts. 16 e s.; e da lei argentina de 1972, em seu art. 168.

---

169 Sobre o histórico do sistema, Miranda Valverde, *Sociedades por ações*, cit., v. 1, p. 259, e Cunha Peixoto, *Sociedades por ações*, cit., v. 2, p. 32.

170 Halperin, *Sociedades anónimas*, cit., p. 90 e 91.

A tendência é a convocação do público, para subscrição, somente após constituída a companhia, sempre por meio de oferta pública, as célebres OPAs (IPOs).

A constituição efetiva da sociedade e, com isso, a atuação de órgãos da administração facilitam sobremaneira os procedimentos administrativos junto às agências reguladoras e também aumentam a confiabilidade junto ao público.

CONCEITO DE SUBSCRIÇÃO PÚBLICA (ART. 3º DA INSTRUÇÃO CVM N. 400/2003)

O conceito regulamentar de subscrição pública, cabível tanto na formação da companhia como nos posteriores aumentos de capital por chamada, encontra-se no art. 3º da Instrução n. 400/2003, da Comissão de Valores Mobiliários. Configura-se como pública a subscrição de ações ofertadas, mediante a utilização de listas ou boletins de subscrição, folhetos, prospectos ou anúncios destinados ao público por qualquer meio ou forma; a procura de novos subscritores indeterminados, por meio de empregados, representantes, agentes administradores ou pessoas físicas ou jurídicas integrantes ou não do sistema de distribuição de valores mobiliários; a consulta sobre a mobilidade da oferta ou coleta de intenções de investimento, a negociação feita em loja, escritório ou estabelecimento aberto ao público, ou com a utilização de material publicitário, divulgado nos meios de comunicação de massa ou eletrônicos, sempre com o fim de promover a subscrição dos valores mobiliários ofertados por pessoas indeterminadas.

Esse conceito regulamentar, meramente descritivo, que já havia sido adotado pela revogada Instrução CVM n. 13/80, não leva em consideração a principal característica jurídica da subscrição pública, qual seja, a oferta pública. A subscrição pública constitui uma proposta irrevogável, dirigida ao público, visando à realização de um negócio jurídico, ou seja, de um contrato que tem por objeto a constituição da companhia[171].

A oferta de subscrição configura-se como uma declaração unilateral de vontade dos proponentes, tendo efeitos vinculativos, por si mesma, e cria obrigações para os ofertantes, mesmo que o contrato de constituição, cuja realização é almejada, não venha a efetivar-se como referido. Sendo a proposta de subscrição pública dirigida a pessoas indeterminadas, dará origem

---

171 Cf. nosso estudo *Oferta pública*, cit., p. 19 e s., a cuja bibliografia nos reportamos.

a tantos negócios de subscrição quantas forem as pessoas que aceitarem a oferta.

Constitui a oferta pública de subscrição de ações um ato jurídico autônomo. Sendo a proposta pública de subscrição firme e irrevogável, não está exposta às alterações de vontade do proponente. Como ato negocial que é, fica o ofertante vinculado por seu comportamento e não pela sua intenção, no sentido de que sua conduta sucessiva não pode desenvolver-se senão em conformidade com o vínculo assumido, em virtude da proposta. Trata-se a oferta de subscrição, na espécie, de uma declaração pública, pela qual os fundadores propõem ao público a celebração de um contrato de constituição da companhia.

Nesses termos, a oferta constitui elemento necessário à formação desse contrato. É, assim, uma declaração unilateral do fundador que, invariavelmente, precede outra declaração — a do subscritor —, a qual, por sua vez, propicia a formação do negócio constitutivo.

A oferta pública de subscrição de ações, como referido, por ser uma declaração unilateral de vontade dos fundadores, obriga-os nos termos do art. 427 do Código Civil.

Sobre a intermediação obrigatória de instituição financeira já se falou no verbete "Lei n. 10.303, de 2001 — Desintermediação".

Tendo em vista a derrogação dessa obrigatoriedade, por força do art. 2º, § 3º, III, da Lei n. 6.385, de 1976, parágrafo este acrescentado pelo art. 4º da Lei n. 10.303, de 2001, os comentários que são feitos a seguir devem levar em conta a competência da Comissão de Valores Mobiliários para regulamentar essa derrogação. Em consequência, as funções das instituições intermediadoras serão exercidas sob a forma contratual e não institucional. Esta última somente prevalecerá se a Comissão não incluir a desintermediação na constituição por subscrição pública de que trata o presente art. 82.

INSTITUIÇÃO FINANCEIRA INTERMEDIÁRIA — LEI N. 10.303, DE 2001, E INSTRUÇÃO CVM N. 400/2003

A instituição financeira intermediária da oferta de subscrição pública reveste não apenas o papel de agente dos fundadores mas também de depositária dos documentos que informam essa subscrição (art. 84, XII).

Ademais, cabe à instituição financeira intermediária, em conjunto com a companhia ofertante, redigir o prospecto tanto na sua eventual forma preliminar como na definitiva[172].

Para assumir a qualidade de agente dos fundadores, a instituição intermediária celebrará com estes um contrato de prestação de serviços, isoladamente ou como líder de consórcio de intermediários. Essa avença terá como objeto a divulgação dos documentos de constituição, os serviços de reserva e subscrição das ações, os serviços de depósitos das entradas recebidas e a prestação de informações ao público interessado.

Outro contrato poderá ser celebrado entre os fundadores e a instituição intermediária, ou seja, o de garantia de subscrição para revenda. Nessa avença, constarão os termos da garantia, isto é, se referente apenas ao déficit de subscrição ou à tomada total ou parcial da subscrição, para revenda ao público.

Na sua função de corredatora do prospecto, tem a instituição financeira intermediária responsabilidade conjunta com os fundadores pela veracidade das informações nele contidas.

Formulará a instituição intermediária, juntamente com os fundadores, o prospecto preliminar, ou seja, aquele apresentado na fase anterior ao registro da oferta de subscrição pública à Comissão de Valores Mobiliários, e também o definitivo, ou seja, o que resultar do exame feito pela Comissão, com os esclarecimentos de forma e de fundo que a agência governamental, eventualmente, mandar que nele constem.

Cabe, ainda, à instituição intermediária, na fase de oferta de subscrição, "(...) tomar todas as cautelas e agir com elevados padrões de diligência, respondendo pela falta de diligência ou omissão, para assegurar que: I — as informações prestadas pelo ofertante são verdadeiras, consistentes, corretas e suficientes, permitindo aos investidores uma tomada de decisão fundamentada a respeito da oferta; e II — as informações fornecidas ao mercado durante todo o prazo de distribuição, inclusive aquelas eventuais ou periódicas constantes da atualização do registro da companhia e as constantes do estudo de viabilidade econômico-financeira do empreendimento, se aplicável, que venham a integrar o Prospecto, são suficientes, permitindo aos investidores a tomada de decisão fundamentada a respeito da oferta"[173].

Ademais, é a instituição financeira intermediária, seja quando contrata seus serviços isoladamente, seja quando o faz como líder de consórcio de distribuição, responsável, juntamente com os fundadores, pelo pedido de

---

172 *V.*, a respeito, os arts. 38 e s. da Instrução CVM n. 400/2003.

173 Art. 56, § 1ª, da Instrução CVM n. 400/2003.

registro da oferta de subscrição pública[174] e pela veracidade, consistência, qualidade e suficiência das informações prestadas ao mercado consoante dispõe o art. 56, *caput*, da Instrução n. 400, de 2003, da Comissão de Valores Mobiliários. Na análise, inclui-se o estudo de viabilidade econômico-financeira, o qual, ainda que não elaborado pela própria instituição intermediária, deverá ser por ela avaliado, já que este integra as declarações mais importantes do prospecto.

Será igualmente responsável a instituição financeira pela viabilidade da distribuição, conforme previsto no art. 37, I, da Instrução CVM n. 400/2003.

Pelas informações inverídicas prestadas aos interessados, na fase preliminar de constituição da companhia, a instituição financeira intermediária, juntamente com os fundadores, responderá civilmente e perante a Comissão de Valores Mobiliários, por infração administrativa, nos termos do art. 11 da Lei n. 6.385, de 1976.

Tais sanções — civis e administrativas — completam-se com a de natureza penal, prevista no art. 177 do Código Penal, que comina a pena de reclusão aos infratores, ou seja: "o diretor, o gerente ou o fiscal de sociedades por ações que, em prospectos, relatório, parecer, balanço ou comunicações ao público ou à assembleia geral, faz afirmação falsa sobre as condições econômicas da sociedade, ou oculta fraudulentamente, no todo ou em parte, fato a elas relativo".

A tipificação do delito é inquestionável, no seu aspecto objetivo, ao mencionar o prospecto no contexto dos documentos que podem conter falsidade. No aspecto de autoria, assimila-se, necessariamente, a figura do fundador à do diretor, mesmo porque cabe aos fundadores e não aos diretores, que ainda não existem, a apresentação do prospecto. E sobre a instituição financeira intermediária incide a coautoria, já que a ela cabe formular o prospecto. Assim, serão réus, no caso de falsidade do prospecto, os fundadores e os administradores da instituição financeira intermediária.

REGRAS DA CVM — PRINCÍPIO DA VERACIDADE DAS INFORMAÇÕES

Os critérios administrativos, para a constituição por subscrição, anteriormente estavam contidos na Resolução n. 88 do Conselho Monetário Nacional, de 30 de janeiro de 1968.

---

174 Art. 37, II, da Instrução CVM n. 400/2003.

Tal resolução foi revogada pela Instrução n. 13, de 1980, da Comissão de Valores Mobiliários, que, até 2 de fevereiro de 2004, data de entrada em vigor da Instrução CVM n. 400/2003 na esteira do que dispõem os arts. 19 e 20 da Lei n. 6.385, de 1976, regulamentava o registro de distribuição de ações, mediante subscrição pública, não só na constituição como nos aumentos de capital (art. 170). Por sua vez, como referido, a Instrução CVM n. 400, de 2003, foi alterada pelas Instruções CVM n. 429 e 442, ambas de 2006, e, ainda, alterada pelas Instruções CVM n. 482 e 488, ambas de 2010.

Tais normas fundamentam-se no princípio da veracidade das informações[175]. Os fundadores e a instituição financeira intermediária contratada devem fornecer ao público e aos subscritores informações sobre a estrutura legal e econômica da companhia constituenda, de modo acurado, verdadeiro e amplo, a fim de permitir que tais pessoas alcancem, com a leitura do projeto de estatuto e do prospecto, uma posição de autoproteção decorrente do pleno conhecimento de todos os elementos que comporão a futura sociedade. Havendo a revelação plena da estrutura socioeconômica da sociedade constituenda, estará o público capacitado para avaliar a oportunidade, o preço e as condições do negócio de subscrição das ações.

Uma vez plenamente revelados tais atos pelos fundadores, a responsabilidade pela tomada de decisão cabe ao próprio subscritor. A veracidade das informações opera a desvinculação dos fundadores e da instituição financeira intermediária contratada pelos prejuízos (em seu sentido econômico) eventualmente sofridos pelos subscritores, no que diz respeito às atividades da companhia já constituída.

O princípio da veracidade constitui elemento de proteção aos fundadores e à instituição financeira intermediária contra eventuais arguições dos subscritores, no que concerne à responsabilidade pelo subsequente insucesso da empresa.

SUSPENSÃO DA SUBSCRIÇÃO

Consoante os arts. 20 da Lei n. 6.385, de 1976, e 16 da Instrução n. 400, de 2003, da Comissão de Valores Mobiliários, poderá ela suspender a subscrição que esteja processando-se em desacordo com as regras estabelecidas no art. 19 do mesmo diploma, quando a emissão tenha

---

175 Art. 14 da revogada Instrução CVM n. 13, de 1980, e art. 56 da Instrução CVM n. 400/2003.

sido considerada fraudulenta ou ilegal. Idêntica medida administrativa caberá quando a oferta, ou o lançamento, ou a promoção, ou o anúncio de subscrição estiver sendo feito em condições diversas das constantes do registro ou contrárias à própria instrução, ou quando o anúncio contiver informações falsas, dolosas ou substancialmente imprecisas. Neste caso, trata-se da quebra do princípio da veracidade das informações.

Interessante notar que o art. 16 da citada Instrução n. 400, de 2003, da Comissão de Valores Mobiliários, não menciona a quebra do princípio da veracidade das informações como motivo para a suspensão administrativa da subscrição de capital da companhia constituenda.

Essa ausência de reiteração do que consta no texto legal não pode ser invocada, por isso que a regra contida no art. 20 da mesma instrução obviamente prevalece.

Por outro lado, esse mesmo art. 16 da Instrução n. 400, de 2003, da Comissão de Valores Mobiliários, estabelece que o registro poderá ser denegado por inviabilidade ou temeridade do empreendimento ou inidoneidade dos fundadores. Essa inidoneidade há de ser específica. No que diz respeito aos documentos formulados, cabe a regra da veracidade das informações que, se não for observada, caracterizará essa inidoneidade. No plano da conduta pregressa dos fundadores, cabe a regra de impedimento para os administradores, prevista nos §§ 1º e 2º do art. 147 da Lei Societária[176], que resulta de falta grave, consoante o previsto no art. 11 da Lei n. 6.385, de 1976[177].

PROJETO DE ESTATUTO

Art. 83. O projeto de estatuto deverá satisfazer a todos os requisitos exigidos para os contratos das sociedades mercantis em geral e aos peculiares às companhias, e conterá as normas pelas quais se regerá a companhia.

---

176 V. comentários ao art. 147.

177 A idoneidade dos fundadores já estava prevista, no caso de sociedade que dependia de autorização para funcionar, e deveria ser verificada como requisito, podendo o Governo recusar a concessão a quem não oferecesse as provas necessárias (Dec. n. 24.503, de 20-6-1934). No Direito francês, a regra é expressa — art. 74 da Lei Societária de 1966: "As pessoas impedidas para o exercício do direito de administrar e aqueles para os quais essas funções são proibidas não podem ser fundadores".

LEI DE 1940

O art. 40, II, do Decreto-Lei n. 2.627, de 1940, dispunha sobre a matéria nos seguintes termos: "Além dos elementos exigidos para as sociedades mercantis em geral, como denominação, objeto, sede, duração, capital e o modo de sua realização, o projeto dos estatutos satisfará os requisitos peculiares às sociedades anônimas ou companhias, e conterá as normas pelas quais se regerá a sociedade".

LEI N. 6.404, DE 1976

A lei vigente de 1976 procura sintetizar o texto anterior, reiterando o seu sentido, na medida em que contém idênticas regras.

A única diferença formal está em que presentemente o dispositivo consta de artigo destacado e não como item da norma que antes tratava, de forma global, da constituição da sociedade por subscrição pública.

Remanesceu, com a reiteração da norma anterior, a velha questão em torno da distinção entre estatuto e ato constitutivo.

DIREITO ESTRANGEIRO

É universal a exigência de que se contenham, no negócio jurídico da constituição da companhia, as regras referentes ao nome, duração, objeto social, capital, número de ações, com a discriminação de espécies e classes, órgãos da administração, exercício social, balanço, distribuição de resultados etc.

No Direito norte-americano, tais declarações constituem os *articles of incorporation*, cujos requisitos são alinhados no art. 54 do *Model Business Corporation Act*.

Tais regras também integram o ato constitutivo, no Direito italiano, consoante o art. 2.328 do Código Civil. No Direito francês, a matéria é prevista no art. 74 da Lei Societária de 1966, que determina que o projeto de estatuto será formulado e firmado por um ou vários fundadores, que depositam um exemplar dele junto ao Tribunal do Comércio existente no lugar da sede social[178]. As regras obrigatórias que deverão ser contidas no estatu-

---

178 Idêntico princípio está contido no art. 53 do *Model Business Corporation Act*, ou seja, uma ou mais pessoas, ou uma sociedade norte-americana ou estrangeira, poderão

to são previstas no art. 55 do decreto de 1967.

O mesmo princípio é previsto no art. 11 da lei espanhola e nos arts. 11 e 170, § 2º, da Lei Societária argentina.

ATO CONSTITUTIVO E ESTATUTO

Dedicou-se, sempre, a doutrina à diferença entre ato constitutivo e estatuto[179]. O melhor destaque é fornecido por Garrigues, com fundamento no então anteprojeto de reforma legislativa da Espanha. Para ele, o contrato, vale dizer, o ato constitutivo, é o gérmen da sociedade, enquanto o estatuto é a norma de vida da sociedade em funcionamento[180].

No mesmo sentido, aponta Valverde, para quem a companhia constitui--se por um contrato, mas sua vida é regulada por uma lei especial, o estatuto[181]. Lembra, ainda, que essa diferença entre ato constitutivo (contrato) e estatuto começou a apagar-se com o Código Comercial de 1850, o qual, utilizando terminologia equivocada, gerou a confusão entre estatuto e contrato social. Afirma o autor do anteprojeto do diploma de 1940: "Os estatutos, conseguintemente, se destacam dos atos constitutivos da sociedade anônima, não apresentam caráter contratual". Isto porque, arquivados e publicados os atos constitutivos, o estatuto adquire autonomia, podendo ser alterado, ao passo que os atos constitutivos, a partir daí, não podem sofrer alterações[182].

Outra corrente nega a autonomia do estatuto, ressaltando a sua integração nos atos constitutivos. Para Halperin — com base na lição de Mossa —, estatuto e atos constitutivos integram-se reciprocamente, na medida em que se pressupõe, ao ponto de um não poder existir sem o outro. Aponta o autor, por outro lado, que se pode fazer uma distinção formal, para separar as cláusulas permanentes que regem a atividade da companhia e as que regu-

---

agir como fundadores de uma companhia, mediante a assinatura e entrega em duplicata ao Secretário de Estado dos respectivos *articles of incorporation*.

179 A respeito, Miranda Valverde, *Comentários*, cit., v. 1, p. 240 e s.; Brunetti, *Tratado*, cit., v. 2, p. 238; Halperin, *Sociedades anónimas*, cit., p. 119; Garrigues-Uría, *Comentario*, cit., v. 1, p. 234.

180 Garrigues-Uría, *Comentario*, cit., v. 1, p. 234.

181 Miranda Valverde, *Comentários*, cit., v. 1, p. 240 e s.

182 Miranda Valverde, *Comentários*, cit., v. 1, p. 242.

lam exclusivamente a sua constituição[183]. Em seu entender, a separação verifica-se em razão do seu fim e não por sua origem ou formação[184].

Essa teoria foi adotada no art. 2.328 do Código Civil italiano: "O estatuto que contém as normas relativas ao funcionamento da sociedade, ainda que seja objeto de ato separado, considera-se parte integrante do ato constitutivo, devendo ser juntado ao mesmo".

O fundamento doutrinário dessa expressão legal encontra-se em texto de Vivante, para quem o ato constitutivo e o estatuto "são partes integrantes do mesmo ato, pois, sendo o ato constitutivo um contrato, o estatuto constitui o seu objeto. O estatuto há de estar necessariamente redigido e votado antes do ato constitutivo, porque não se pode concluir um contrato, se não se estabelece, anteriormente, o objeto sobre o qual deve convergir o consentimento dos contratantes. Um não tem eficácia jurídica quando o outro não o completa: o ato constitutivo, porque não indica o futuro ordenamento da sociedade; o estatuto, porque não contém o contrato e, principalmente, a indicação dos acionistas contratantes e o valor de suas subscrições. Precisamente por sua unidade orgânica, a lei exige que os dois documentos apresentem-se juntos, seja perante o magistrado que irá verificar a regularidade da constituição da companhia, seja em todas as publicações"[185].

Transmudando a lição integrativa e unitária de Vivante para a moderna teoria do contrato plurilateral, Brunetti leciona que, "do ponto de vista jurídico, o estatuto consta de um conjunto de cláusulas que integram o contrato plurilateral da sociedade; do ponto de vista técnico, é o ordenamento orgânico da sociedade para as relações não reguladas por lei"[186].

DIREITO NORTE-AMERICANO

No sistema norte-americano, a distinção entre os *articles of incorporation* e *by-laws* é mais clara. Lá, somente os *articles of incorporation* são submetidos à aprovação da autoridade administrativa e sujeitos a publicidade.

Ballantine leciona que o *charter contract*, vale dizer, os *articles of incorporation*, é o conjunto dos atos constitutivos originados dos documentos

---

183 Halperin, *Sociedades anónimas*, cit., p. 119.

184 Halperin, *Sociedades anónimas*, cit., p. 120.

185 Vivante, *Trattato di diritto commerciale*, Milano, Ed. Francesco Vallardi, 1912, v. 2, p. 242.

186 Brunetti, *Tratado*, cit., v. 2, p. 238 e s.

relativos à constituição e às leis a ela aplicáveis[187]. Constitui um contrato entre a companhia e os seus acionistas. Já o *by-laws*, segundo o mesmo autor, é o documento que regula os diversos assuntos internos da companhia, estabelecendo as regras para sua administração. Aponta, ainda, Ballantine a autonomia do *by-laws*, ao lembrar que está ele subordinado tanto à lei como ao *charter*.

No sistema norte-americano, a competência para alterar o *by-laws* é, originariamente, dos acionistas, podendo, no entanto, ser, concorrentemente, delegada aos administradores, seja em decorrência do próprio *charter*, seja por disposição do próprio *by-laws*.

Segundo Henn, os *articles* constituem o instrumento básico para a criação de uma companhia e deverão conter todos os requisitos exigidos pela lei estadual e, em seguida, aprovados pela Secretaria de Estado[188]. Quanto ao *by-laws*, Henn afirma que são regras e normas particulares promulgadas pela companhia, para regular e dirigir os seus negócios, as relações entre os acionistas e a sua administração[189].

Efetivamente ocorre, no sistema norte-americano, que os *articles of incorporation* constituem, segundo observa Chambouville, um verdadeiro contrato entre a companhia e o Estado, ao passo que o *by-laws* pode ser estabelecido tanto pela assembleia geral como pelo próprio *board*, formando um corpo de regras internas que estabelecem pormenores sobre a administração[190]. Assim, no regime norte-americano, o *by-laws* completa os *articles of incorporation*, como, v. g., fixando a data da assembleia geral anual, o modo de convocação e os procedimentos internos do conclave e das reuniões do *board*, a formação de comitês no seio do mesmo, bem como a determinação das funções dos *officers* e a sua remuneração, e demais matérias de interesse interno da companhia. Tais matérias não estão sujeitas a publicidade.

Por seu turno, os *articles of incorporation*, como enunciado pelo *Model Business Corporation Act*, em seu art. 54, versam propriamente sobre matérias constitutivas da companhia e, por isso, como já se referiu, submetidas à aprovação administrativa e à publicidade. Assim, nos *articles of incorporation*,

---

187 Ballantine, *Ballantine*, cit., p. 61 e s.

188 Henn, *Handbook*, cit., p. 197 e s.

189 Henn, *Handbook*, cit., p. 223. A respeito do conteúdo dos *articles of incorporation* e *by-laws*, inclusive *in emergency*, v. *Model Business Corporation Act*, arts. 27, 27-A e 54.

190 Chambouville, *La direction des sociétés par actions aux Etats-Unis d'Amerique*, Paris, Sirey, 1964, p. 19 e s.

os fundadores devem estabelecer: a denominação da companhia; o seu período de duração, o qual poderá ser indeterminado; o objeto social; o número de ações que a companhia está autorizada a emitir; as espécies ou classes de ações; eventuais direitos de preempção e eventuais restrições à transferência das ações.

Outros requisitos de caráter temporário devem constar dos *articles of incorporation*, tais como o número de administradores que comporão o primeiro *board*, os nomes e endereços dos *incorporators* etc.

PROJETO DE ESTATUTO

Na constituição por subscrição pública, o projeto de estatuto tem grande importância, pois é obra exclusiva dos fundadores, não sendo o seu texto discutido pelos subscritores, que se limitam a aceitá-lo (art. 87)[191].

O projeto de estatuto constitui um documento que vincula não apenas os fundadores como também os subscritores. Trata-se de documento a que aderem os subscritores, antes da assembleia geral de constituição, e que não poderá ser modificado pela maioria (art. 87) nesse conclave. Tem o projeto eficácia jurídica autônoma, pois é elemento do próprio contrato e na medida em que constitui a base do pacto societário a que o subscritor adere. Se for ele aprovado, na assembleia geral de constituição, automaticamente, defere-se à companhia o valor das subscrições.

O projeto de estatuto de companhia constituída por subscrição pública tem eficácia e, portanto, efeito no mundo jurídico, anteriormente à própria constituição da pessoa jurídica e mesmo que ela não venha a constituir-se. Diferente será o efeito de projeto de companhia constituída por subscrição particular.

ESTATUTO

Em nosso Direito, o estatuto contém as regras essenciais (organizacionais) da companhia, além daquelas que eventualmente regulam as relações entre os sócios, ou seja, os pactos parassociais (arts. 36, 109 e

---

191 No Direito francês, art. 75 da Lei Societária de 1966; Ripert-Roblot, *Traité*, cit., v. 1, p. 664.

118)[192]. As regras estatutárias são fundamentais, por definirem a organização da pessoa jurídica, por meio das declarações de nome, sede e duração, bem como a representação formal de seu patrimônio, pelo capital e pelas espécies e classes de ações em que ele se divide, além da conformação de seus órgãos sociais de deliberação, de representação e de fiscalização, estabelecendo, ainda, as relações entre os sócios, no que concerne à partição dos lucros e às hipóteses de liquidação da companhia.

Assim, o estatuto contém as normas organizacionais que regem a companhia a partir de sua constituição.

NATUREZA

No magistério de Valverde, o estatuto não reveste o caráter contratual[193], mas Ripert vai mais longe, quando afirma que o direito estatutário opõe-se ao direito contratual[194].

Para dirimir a questão, Brunetti entende que, do ponto de vista jurídico, o estatuto consta de um conjunto de cláusulas que integram o contrato plurilateral da sociedade e, do ponto de vista técnico, é o ordenamento orgânico da associação para as relações não reguladas por lei[195].

Retornando ao sentido clássico do contrato, Garrigues entende que, no negócio de constituição, há uma parte puramente contratual, que se esgota quando ocorre o cruzamento de consentimentos dos contratantes, e outra, propriamente corporativa, que perdura ao longo da vida da sociedade[196]. Sob o aspecto do conteúdo, lembra o autor que o contrato diz respeito às pessoas envolvidas e às suas obrigações, ao passo que o estatuto refere-se à sociedade, enquanto pessoa jurídica, ao seu capital e à sua estrutura organizacional.

Não obstante essas respeitáveis opiniões, não há como negar que o estatuto constitui elemento substancial do próprio contrato plurilateral de constituição da companhia. O negócio jurídico da constituição da companhia verifica-se pelos atos de subscrição de seu capital e aprovação do estatuto, os quais encerram o conteúdo do contrato plurilateral de sociedade.

---

192 *V.* comentários aos arts. 109 e 118.

193 Miranda Valverde, *Sociedades por ações*, cit., v. 1, p. 241.

194 Ripert-Roblot, *Traité*, cit., v. 1, p. 691.

195 Brunetti, *Tratado*, cit., v. 2, p. 238.

196 Garrigues-Uría, *Comentario*, cit., v. 1, p. 234 e s.

CONTEÚDO

A lei determina as matérias que, obrigatória e facultativamente, deverão constar do estatuto, podendo, ainda, os sócios estabelecer cláusulas potestativas relativas de natureza parassocial que não contrariem o direito aplicável[197].

Deve o estatuto conter todas as regras exigidas pela Lei societária para a organização da companhia, as quais incluem normas comuns a todos os contratos de sociedades mercantis personalizadas[198] e as específicas da sociedade anônima. Além dessas, conter eventualmente normas facultativas ou parassociais, como referido, cujo conteúdo não seja vedado por lei, ou que altere os seus dispositivos. Essas cláusulas potestativas[199] estão extremamente confinadas pelo caráter cada vez mais institucional da sociedade anônima. Atualmente, até a alocação dos lucros está limitada pelas disposições legais, que impõem sua distribuição obrigatória (art. 202).

NORMAS OBRIGATÓRIAS E FACULTATIVAS

São normas comuns a todas as sociedades mercantis personalizadas a denominação, o objeto, a sede, o prazo de duração, o capital e o modo de realização e a partição de resultados entre os sócios.

Quanto ao objeto, pode ser ele definido como atividade econômica em razão da qual se constitui a sociedade e em torno do que a vida social se desenvolve. Refere-se o objeto à exploração empresarial, que é o conteúdo da atividade societária, ou seja, os objetivos mercantis que, especificamente, formarão a estrutura operacional da companhia.

Por outro lado, o objeto social é o limite da atividade societária. Essa limitação possibilita configurar a responsabilidade dos administradores (arts. 158 e 159) e controladores (art. 117) por atos que desviem o escopo social, sem embargo da responsabilidade plena da própria companhia perante

---

197 Sobre a matéria, no Direito norte-americano, Henn, *Handbook*, cit., p. 199; Garrigues-Uría, *Comentario*, cit., v. 1, p. 233 e s.; Corapi, *Inchieste*, cit., v. 5-I, p. 42 e s. A matéria também é tratada, p. ex., no art. 59 do decreto francês de 1967 e no art. 11 da Lei Societária espanhola.

198 Com fundamento no art. 302 do Código Comercial, anterior ao reconhecimento da personalidade jurídica das sociedades introduzido pelo Código Civil.

199 Garrigues-Uría, *Comentario*, cit., v. 1, p. 236.

terceiros nesse caso. A propósito cabe lembrar que a teoria dos atos *ultra vires* não se aplica ao Direito Societário brasileiro.

Esse aspecto é o que mais interessa aos acionistas, aos credores, aos concorrentes e à coletividade, na medida em que impede os administradores, em sua atividade, de extravasarem os precisos termos contidos no estatuto (art. 154)[200]. A definição precisa e completa do objeto possibilita a caracterização das modalidades de abuso de poder e desvio de atividade. Quando a sociedade exerce atividades não previstas no seu objeto social, os administradores serão responsáveis perante acionistas e a companhia será responsável perante os terceiros de boa-fé que sofreram os respectivos danos, seja no aspecto constitutivo, seja condenatório.

No que tange ao objeto, diversos artigos da Lei Societária tratam da matéria. Dessa forma, pelo art. 82, a Comissão de Valores Mobiliários deverá condicionar o registro da constituição da companhia por subscrição pública à viabilidade econômica do objeto, o que transcende os aspectos formais de sua licitude e legalidade[201].

O projeto de estatuto deve explicitar o objeto de forma exaustiva, bem como justificar o prospecto a sua exequibilidade e viabilidade econômicas.

No plano administrativo, o Registro do Comércio verificará o rigoroso cumprimento dos arts. 2º e 97 da lei, negando o arquivamento dos atos constitutivos se o objeto for definido de modo impreciso e incompleto, ou se contrariar a lei, a ordem pública e os bons costumes, ou se, ainda, mostrar-se irrealizável, inexequível

A denominação deve individualizar a companhia. A lei vigente de 1976 suprimiu a exigência de constarem os fins na denominação (art. 3º), mas não impediu que eles, por prudência e visando à proteção da sociedade, pudessem ser incluídos. Ademais, é de notar que o Código Civil, em seu art. 1.160, revogou tacitamente o art. 3º[202], ao exigir que se indique na denominação o objeto social.

A sede será o local onde a sociedade terá o seu domicílio. Prevalece, na espécie, a regra contida no art. 75, IV, do Código Civil.

A duração poderá ser por prazo determinado ou indeterminado, sendo que o esgotamento do prazo fixado acarreta a liquidação de pleno direito (art. 206).

---

200 Sobre a matéria, Corapi, *Inchieste*, cit., v. 5-I, p. 42 e s.

201 A propósito, *v.* arts. 32 e s. da Instrução CVM n. 400/2003.

202 *V.* comentários ao art. 3ª, bem como a obra de nossa autoria denominada *Comentários ao Código Civil: parte especial: do direito de empresa (arts. 1.052 a 1.195)*, v. 13, 2. ed., coord. Antônio Junqueira de Azevedo, São Paulo, Saraiva, 2005, p. 722 e s.

Não há exigência legal de capital mínimo. Deverá o estatuto estabelecer o regime de capital (fixo ou autorizado), a nominatividade das ações, suas espécies, classes e formas, e os respectivos direitos patrimoniais e políticos dos acionistas. Neste particular, já se adentra no capítulo das normas peculiares à sociedade anônima.

Na lei interna da companhia também se incluem as regras sobre a administração. A rigidez da lei sobre a matéria não deixa ao estatuto grandes alternativas, cabendo a este tão somente estabelecer critérios numéricos, quanto aos seus membros, e de especificação de funções, quanto à diretoria.

A competência de cada órgão da administração (arts. 138 e s.) e os deveres e responsabilidades dos administradores (arts. 153 e s.) constituem matéria legal, que não poderá ser alterada pelo estatuto. Não obstante, pode a lei interna, facultativamente: estabelecer critérios próprios, quanto à composição da mesa em assembleia geral (art. 128); exigir ou não caução para a gestão dos administradores (art. 148); e, ainda, instituir órgãos técnicos ou consultivos (art. 160)[203]. A propósito, convém lembrar que a Lei n. 12.431, de 2011, dispensou a obrigatoriedade de residência no país dos membros do conselho de administração.

NORMAS VEDADAS E ALTERAÇÕES DO PROJETO PELA CVM

O estatuto não pode privar os acionistas dos direitos que lhes são legalmente atribuídos (art. 109)[204]. Também não pode o estatuto modificar dispositivos cogentes da lei, como, v. g., competências dos administradores, delegação de atribuições de órgãos da administração (art. 139). Tais disposições serão nulas[205].

Finalmente, sobre a matéria, convém notar que, apesar de os subscritores não poderem alterar o projeto de estatuto, salvo por unanimidade, a Comissão de Valores Mobiliários poderá condicionar a sua aprovação e o registro da emissão a determinadas alterações que estabelecer, consoante os procedimentos previstos na Instrução n. 400, de 2003.

---

203 Sobre a matéria, Cunha Peixoto, *Sociedades por ações*, cit., v. 2, p. 37 e s.; Ballantine, *Ballantine*, cit., p. 55 e s.

204 *V.* comentários ao art. 109.

205 A respeito, Fábio Comparato, *Revista de Direito Mercantil*, 27:89 e s.

PROSPECTO

Art. 84. O prospecto deverá mencionar, com precisão e clareza, as bases da companhia e os motivos que justifiquem a expectativa de bom êxito do empreendimento, e em especial:

I — o valor do capital social a ser subscrito, o modo de sua realização e a existência ou não de autorização para aumento futuro;

II — a parte do capital a ser formada com bens, a discriminação desses bens e o valor a eles atribuído pelos fundadores;

III — o número, as espécies e classes de ações em que se dividirá o capital; o valor nominal das ações, e o preço da emissão das ações;

IV — a importância da entrada a ser realizada no ato da subscrição;

V — as obrigações assumidas pelos fundadores, os contratos assinados no interesse da futura companhia e as quantias já despendidas e por despender;

VI — as vantagens particulares, a que terão direito os fundadores ou terceiros, e o dispositivo do projeto do estatuto que as regula;

VII — a autorização governamental para constituir-se a companhia, se necessária;

VIII — as datas de início e término da subscrição e as instituições autorizadas a receber as entradas;

IX — a solução prevista para o caso de excesso de subscrição;

X — o prazo dentro do qual deverá realizar-se a assembleia de constituição da companhia, ou a preliminar para avaliação dos bens, se for o caso;

XI — o nome, nacionalidade, estado civil, profissão e residência dos fundadores, ou, se pessoa jurídica, a firma ou denominação, nacionalidade e sede, bem como o número e espécie de ações que cada um houver subscrito;

XII — a instituição financeira intermediária do lançamento, em cujo poder ficarão depositados os originais do prospecto e do projeto de estatuto, com os documentos a que fizerem menção, para exame de qualquer interessado.

LEI DE 1940

A exigência de prospecto já se encontrava na legislação anterior, que inclusive definia o documento como "exposição clara e precisa das bases da sociedade e dos motivos ou razões que têm os fundadores para esperar êxito do empreendimento"[206]. E o inciso IV do art. 40 do diploma de 1940 estabelecia as declarações que deveriam os fundadores fazer no prospecto. A essas menções o art. 2º do Decreto-Lei n. 5.956, de 1943, acrescentou a exigência de constar o valor atribuído aos bens conferidos ao capital e o banco em que seria depositada a quantia recebida dos subscritores.

Ademais, o art. 41 do Decreto-Lei n. 2.627, de 1940, determinava que os originais do prospecto deveriam ser depositados no escritório de um dos fundadores, para exame de qualquer interessado. E, ainda, o art. 51 do mesmo diploma determinava que o prospecto deveria ser, juntamente com os demais documentos constitutivos, arquivado no Registro do Comércio.

Tal sistemática filiava-se à escola continental, segundo a qual esse documento constitui o projeto jurídico da fundação da sociedade, razão por que deve conter todos os dados que possam interessar aos possíveis subscritores das ações[207].

O caráter documental dessas declarações e, consequentemente, a responsabilidade pela veracidade das informações prestadas no prospecto têm, inclusive, conotações penais. O Código Penal tipifica, em seu art. 177, como fraude e abuso, na fundação da sociedade por ações, fazer em prospecto afirmação falsa sobre a constituição da sociedade, ou ocultar fraudulentamente fato a ela relativo.

LEI N. 6.404, DE 1976

A lei vigente de 1976 reitera o sentido e o próprio texto do diploma anterior, no que diz respeito ao prospecto de fundação da companhia.

Tal documento constitui um programa de fundação ou, na lição de Fran Martins, "o manifesto dos fundadores ao público em geral, mostrando-lhe as razões pelas quais acreditam eles no êxito da sociedade que desejam criar e informando as principais características dessa sociedade, bem como os dados necessários à orientação daqueles que desejem tornar-se acionistas"[208].

A Lei n. 6.404, de 1976, repete, com poucas alterações, não só a natureza como a própria letra do diploma de 1940, em que se ressalta o formalismo das informações que deverão ser prestadas.

---

206 Art. 40, III, do Decreto-Lei n. 2.627, de 1940.

207 Garrigues-Uría, *Comentario*, cit., v. 1, p. 288.

208 Fran Martins, *Comentários*, cit., v. 1, p. 499.

Esse documento é, com efeito, a declaração dirigida aos acionistas futuros sobre os dados que dizem respeito ao processo de fundação da sociedade e também sobre os dados referentes aos fundadores, direitos e vantagens que estes se reservam, além das cláusulas relativas à subscrição das ações.

O prospecto de fundação da companhia tem natureza e consequências diversas daquele que os administradores formulam por ocasião da subscrição de capital de sociedade já constituída.

Na constituição da companhia, o prospecto é, como referido, o memorial formulado pelos fundadores com relação à futura sociedade. Nas emissões de capital por subscrição pública, no entanto, o prospecto constitui um *disclosure document*[209], pelo qual os administradores revelam não um projeto, mas a real situação patrimonial da companhia, dos valores mobiliários por ela emitidos e as projeções econômicas resultantes da nova emissão.

Na constituição, o prospecto não revela situação alguma da companhia, mesmo porque esta não existe. O documento apenas discorre sobre a futura empresa e a sua viabilidade, do que decorre a responsabilidade dos fundadores.

Na constituição, portanto, o prospecto está voltado, especificamente, para a estrutura jurídica da companhia constituenda, ao passo que no aumento de capital de companhia aberta (art. 170) as declarações dos administradores voltam-se, com exclusividade, para essa emissão e para a análise econômica da própria companhia.

Neste caso, o prospecto filia-se ao regime do *disclosure*, ou seja, da revelação ao público de informações relevantes[210].

Em se tratando de companhia em funcionamento, o prospecto deve conter as características básicas da emissão; a cotação em Bolsa das ações da companhia, nos últimos doze meses; a justificativa do preço de emissão das ações a serem distribuídas (art. 170, § 1º); a destinação dos recursos; e o estudo de viabilidade econômica, quando a emissão representar parcela substancial de recursos em relação ao patrimônio líquido da companhia, as

---

209 Carl W. Schneider e Joseph M. Mando, *Going public — Practice, procedure and consequences*, Filadélfia, 1974, p. 12 e s.

210 Cabe à Comissão de Valores Mobiliários regulamentar o prospecto para a oferta pública de valores mobiliários de emissão da companhia aberta. Trata da matéria a Instrução CVM n. 400, de 2003, nos seus arts. 38 e s., que destacam a sua obrigatoriedade nas ofertas públicas de valores mobiliários, bem como a exigência de que contenha informações "completas, precisas, verdadeiras, atuais, claras, objetivas e necessárias" sobre a oferta, em linguagem acessível.

características da oferta, os fatores de risco envolvendo a companhia emissora e a operação etc.[211].

LEI N. 10.303, DE 2001 — PARTES BENEFICIÁRIAS PROIBIDAS NAS COMPANHIAS ABERTAS

A redação do parágrafo único do art. 47, introduzida pela Lei n. 10.303, de 2001, *proíbe as companhias abertas de emitirem partes beneficiárias*. Essa proibição tornou as partes beneficiárias restritas às companhias fechadas, além de derrogar o § 1º do art. 48, impedindo, assim, que sejam tais partes beneficiárias gratuitamente atribuídas às sociedades ou fundações beneficentes dos empregados, já que a emissão gratuita era reservada às companhias abertas que não mais podem criar ou emitir tais títulos[212].

Em consequência também da vedação às companhias abertas de emitirem partes beneficiárias (parágrafo único do art. 47), fica revogado o inciso VI deste art. 84, que trata da eventual inclusão no prospecto de constituição de companhia por subscrição pública (art. 82) de vantagens particulares a que terão direito os fundadores ou terceiros.

A propósito, convém lembrar que as companhias fechadas do mesmo grupo econômico (de fato ou de direito), contratadas pela companhia aberta, poderão livremente emitir partes beneficiárias, como comentado nos arts. 46 e 47.

LEGISLAÇÃO ESTRANGEIRA

No direito continental, a maioria das legislações adota o prospecto como programa de fundação da companhia, entre as quais, v. g., a argentina, a espanhola e a francesa[213].

Na legislação norte-americana, entretanto, o prospecto constitui requisito para a oferta de subscrição de capital, após a constituição da companhia.

Como *disclosure document*, o prospecto é previsto nos arts. 2 (10) e 10 do *Securities Act*, de 1933, e no art. 37 do *Companies Act* inglês.

A legislação francesa também adota o prospecto na subscrição de aumento de capital *ex vi* do art. 6º da *Ordonnance* 833, de 1967, que criou a

---

211 Anexo III da Instrução n. 400, de 2003, da Comissão de Valores Mobiliários.
212 *V.* comentários ao art. 47.
213 Art. 60 do decreto de 1967; Ripert-Roblot, *Traité*, cit., v. 1, p. 665.

Commission des Opérations de Bourse — COB.

Consoante o art. 2 (10) do *Securities Act*, de 1933, o termo *prospectus* significa qualquer prospecto, aviso, circular, propaganda, carta ou comunicação, escrita ou transmitida pelo rádio ou televisão, que ofereça qualquer valor mobiliário (*security*) para venda ou que confirme essa mesma venda. O art. 10 do mesmo diploma determina os elementos informativos que devem constar do prospecto. E segundo a *Form S-1* da *Securities and Exchange Commission*, a finalidade do prospecto é informar os investidores, devendo as declarações nele contidas ser claras, concisas e compreensíveis[214].

FUNÇÃO DO PROSPECTO

O prospecto de fundação tem como função informar os eventuais subscritores do capital da companhia constituenda sobre todos os dados que dizem respeito ao próprio processo de constituição e também os referentes aos fundadores e os direitos e vantagens que estes se reservam, além dos elementos relativos à subscrição de ações propriamente dita.

Os informes constantes desse memorial de fundação são taxativamente estabelecidos na lei, tendo a Comissão de Valores Mobiliários competência administrativa para determinar outras informações que deverão ser prestadas pelos fundadores, com base no disposto nos arts. 4º, VI, 8º, I, e 19, § 5º, da Lei n. 6.385, de 1976[215].

Diferentemente do que se imagina, em geral, o prospecto não tem a função de convencer o público a subscrever ações. Trata-se de um conjunto neutro de declarações formuladas pelos fundadores, sem qualquer outro intuito senão o de esclarecer tecnicamente sobre a fundação da sociedade e a viabilidade da empresa. Constituem, com efeito, um conjunto de declarações de natureza legal, as quais devem ser prestadas com precisão e clareza, respondendo os fundadores pela veracidade das suas afirmações.

NATUREZA JURÍDICA

Na sua qualidade de memorial de fundação, o prospecto é, geralmente, entendido pela doutrina como uma oferta pública *in incertam personam*. Esse o entendimento de Messineo, com base no art. 1.989 do

---

214 Loss, *Securities regulation*, Boston, Little, Brown and Co., 1961, p. 232 e s.

215 *V.* Anexo III à Instrução CVM n. 400/2003.

Código Civil italiano. Para ele, o prospecto seria a oferta e a subscrição, a aceitação, subordinada à *conditio juris* do concurso de outros subscritores e da validade e eficácia de outras subscrições[216].

No mesmo sentido, Campos Batalha leciona que "o prospecto é oferta de contrato, *in incertam personam*, subordinada à condição de serem preenchidos todos os requisitos indispensáveis à constituição da sociedade"[217].

Garrigues, por seu turno, entende que o "programa" constitui uma verdadeira oferta de contrato, já que contém todos os dados essenciais sobre o objeto do consentimento dos futuros acionistas, não podendo os seus elementos ser revogados ou modificados, sem o consentimento daqueles que os aceitaram, vale dizer, dos subscritores. Enfatiza o autor que, de outra parte, o subscritor compromete-se a concorrer para a constituição da sociedade, com base precisamente nos elementos indicados no "programa"[218].

Sem discordar dos fundamentos dessa doutrina, deve-se, no entanto, entender que o prospecto constitui um dos elementos da oferta pública, sendo requisito necessário, porém não suficiente, para que esta se configure. A oferta pública *in incertam personam*, em nossa sistemática, é constituída do projeto de estatuto (art. 83) e do prospecto.

O prospecto e o projeto de estatuto, com base no art. 427 do Código Civil, por incorporarem a oferta pública de subscrição de ações, obrigam os fundadores pela declaração unilateral que, mediante tais documentos, fazem. Têm efeitos vinculativos por si mesmos, ainda que os atos constitutivos, cuja realização, por meio deles, se almeja, não venham a concretizar-se.

Sendo uma proposta dirigida a pessoas indeterminadas, dará origem a tantos contratos de subscrição quantos forem aqueles que aceitarem a oferta. Sendo firme e irrevogável, não está a oferta pública de subscrição exposta às alterações da vontade dos fundadores.

Por meio da oferta, os fundadores manifestam, por determinado prazo, seu compromisso de permitir a subscrição de quem preencher os requisitos previstos no art. 85, segundo as cláusulas e condições declaradas no prospecto e no projeto de estatuto.

---

216 Messineo, *Manuale*, cit., v. 3, p. 362.

217 Campos Batalha, *Comentários*, cit., v. 1, p. 433.

218 Garrigues-Uría, *Comentario*, cit., v. 1, p. 287 e s.

CAPITAL — INCISO I

O prospecto deve explicitar todos os elementos referentes à constituição do capital, tais como o seu valor, a sua subscrição em dinheiro ou em bens e também a especificação destes e a sua avaliação prévia e, ainda, a forma de integralização.

No caso de companhia com regime de capital autorizado[219], deve ser destacado o valor inicial da subscrição e o autorizado. Neste caso, também deve ser explicitado qual o órgão competente para deliberar sobre as futuras emissões. Embora se trate de matéria tipicamente estatutária, será necessário especificar tais elementos no prospecto.

O documento deve, outrossim, especificar as hipóteses em que poderão ser emitidas ações, dentro do limite autorizado do capital, como, v. g., necessidade de capital de giro, ou, ainda, determinar prazo mínimo entre uma e outra emissão. Tais regras de necessidade e de tempo são fundamentais para a adesão do subscritor que, por sua declaração no prospecto, terá segurança quanto aos aumentos sucessivos por subscrição.

Tais condições, explicitadas no prospecto, vinculam a companhia, assegurando aos futuros acionistas moderação nas solicitações de novos capitais, notadamente quando a competência estatutária couber ao Conselho de Administração.

BENS — INCISO II

A contribuição em bens deverá ser combinada antes da subscrição pública, já que o prospecto deverá conter a descrição e a avaliação desses mesmos bens. O valor dos bens será atribuído provisoriamente pelos fundadores, se forem eles próprios os subscritores. Tais valores não são definitivos[220].

A redação da lei dá margem a dúvidas quanto a terceiros, que não os fundadores, poderem subscrever o capital inicial em bens. Endossa-se a opinião de Cunha Peixoto, no sentido de que qualquer um pode contribuir com bens, desde que o prospecto assim o faculte, especificando a espécie de bens que serão admitidos[221]. Neste caso, o subscritor atribuirá um valor

---

219 *V.* comentários ao art. 168.

220 Fran Martins, *Comentários*, cit., v. 1, p. 501.

221 Cunha Peixoto, *Sociedades por ações*, cit., v. 2, p. 39.

provisório aos bens, juntando uma justificativa ou, se for o caso, um laudo de avaliação destes[222].

Será com base nesse valor provisório que se verificará a subscrição do capital social (art. 86) e se estabelecerá o *quorum* necessário à instalação da assembleia preliminar que irá nomear os peritos e aprovar os laudos de avaliação[223]. O problema surge quando o laudo aprovado pela assembleia atribui ao bem valor inferior ao que lhe foi dado pelo subscritor. Nesse caso, poderá ele recusar ou aceitar a avaliação. Recusando-se, ficará sem efeito o projeto de constituição. Pode, no entanto, o subscritor aceitar o laudo com valor inferior, pagando a diferença em dinheiro. A cobertura da diferença é necessária, porque este já subscrevera determinado número de ações correspondente ao valor provisório atribuído ao bem. Sendo a subscrição irretratável, a não ser nos casos de arrependimento eficaz[224], a falta de pagamento acarretaria o malogro da sociedade. Isto porque não tem a maioria poderes para modificar o projeto de estatuto (art. 87).

Comprovado erro, dolo, fraude, coação ou simulação, na avaliação dos bens, poderá ser pleiteada a anulação dos atos daí decorrentes. Trata-se, no caso, de hipótese diversa da subscrição em dinheiro, pois, nesta, a nulidade da subscrição respectiva não torna ineficaz a constituição, convolando-se em responsabilidade por perdas e danos.

Já na subscrição em bens, os vícios apontados ensejam ação para anular a constituição da companhia, a qual prescreve em um ano, contado da publicação dos atos constitutivos (art. 285).

Têm legitimidade para propor tal anulação os demais acionistas que se sintam lesados com os vícios contidos na conferência dos bens ao capital.

AÇÕES E VALOR DAS ENTRADAS — INCISOS III E IV

O prospecto deve descrever o número, a espécie, a classe, o valor nominal (se houver) e o preço de emissão das ações. A omissão de quaisquer desses elementos torna o prospecto ineficaz. Não cabe a interpretação de que, na omissão, v. g., das espécies e classes de ações, serão elas

---

222 Sobre conflito de interesses, na avaliação dos bens, *v.* Sampaio de Lacerda, *Da emissão de ações com ágio no direito brasileiro*, Rio de Janeiro, 1949, p. 99.

223 *V.* comentários ao art. 8º.

224 *V.* comentários ao art. 85.

consideradas ordinárias[225]. Tal entendimento contraria o próprio fundamento do prospecto, que é o de explicitar todos os elementos do contrato de constituição da companhia, vinculando os fundadores a tais declarações.

O preço da emissão estabelece o valor das entradas. O prospecto pode aumentar o mínimo legal de 10% do preço de emissão. Ademais, a entrada poderá variar de acordo com a espécie ou a classe de ações a serem emitidas. Vale, para a hipótese, o que se disse anteriormente. Não pode ser omisso o documento, como já se entendeu, ou seja, se nada constar a respeito, no prospecto, os fundadores só poderão exigir o mínimo legal[226].

O valor de emissão das ações sem valor nominal não apresenta maiores dificuldades, devendo, no entanto, os fundadores, no prospecto, justificar tecnicamente esse valor.

No que diz respeito às ações com valor nominal, muito se discutiu, na vigência do Diploma anterior, sobre a possibilidade de emissão de ações com ágio, na constituição da companhia[227].

Na lei vigente de 1976 não existe mais dúvida a respeito. É permitida a emissão com ágio no momento da constituição da companhia. Tal faculdade é consequência do duplo regime de ações com e sem valor nominal (arts. 13 e 14) e, ainda, da possibilidade de a companhia negociar com suas próprias ações (art. 30)[228].

OBRIGAÇÕES E ENCARGOS — INCISO V

Os fundadores assumem obrigações e encargos relacionados com a constituição da sociedade. A explicitação de tais ônus é elemento fundamental do prospecto. O montante desses compromissos pode determinar a adesão ou não do público à subscrição.

Valverde acha que os fundadores podem estabelecer, no prospecto, que, se a companhia não se constituir, as despesas explicitadas, no documento, serão rateadas entre os subscritores e deduzidas das entradas[229].

Tal entendimento, no entanto, como lembra Cunha Peixoto, somente poderia ser considerado antes da vigência do Decreto-Lei n. 5.956, de 1943,

---

225 Campos Batalha, *Comentários*, cit., v. 1, p. 434.
226 Cunha Peixoto, *Sociedades por ações*, cit., v. 2, p. 40.
227 V. comentários ao art. 13.
228 V. comentários ao art. 30.
229 Miranda Valverde, *Sociedades por ações*, cit., v. 1, p. 268.

que procurou moralizar os negócios de constituição de companhia[230]. Por força de tal diploma, o depósito das entradas deveria ser feito, automaticamente, pelos fundadores, no banco, o qual caberia restituí-los integralmente aos subscritores. Os fundadores não têm nenhum direito de retenção sobre tais depósitos por eles efetuados junto ao banco e, muito menos, de compensação.

É bastante claro que tais despesas constantes do prospecto constituirão encargo da companhia. Consequentemente, se esta não vier vingar, tais ônus serão dos próprios fundadores. A estes cabe arcar com as despesas de sua aventura.

A respeito, convém notar que as despesas de constituição são regulamentadas em lei, visando à tutela dos subscritores. Assim sendo, as despesas apenas podem gravar a sociedade, nos limites previstos no prospecto. Aquelas que excederem as explicitadas, no documento, correrão por conta dos fundadores, não podendo a assembleia geral de constituição absorvê-las, nem que delibere por unanimidade, pois tal repasse ofenderia o próprio capital social, que é a garantia de terceiros credores[231].

VANTAGENS DOS FUNDADORES — INCISO VI

Como referido, a Lei n. 10.303, de 2001, revogou, por força do novo dispositivo contido no parágrafo único do art. 47. Via de consequência, derrogou o inciso VI deste art. 84, que trata da eventual inclusão no prospecto da constituição de companhia por subscrição pública das vantagens particulares, que terão direito os seus fundadores.

Tem-se, portanto, que as vantagens dos fundadores devem ser todas elas consideradas revogadas, pois a finalidade da lei de 2001 foi principalmente a de cassar essas vantagens, que são, via de regra, representadas por partes beneficiárias. Entende-se, portanto, que a revogação do inciso VI do presente art. 84 é preclusiva, não mais podendo o prospecto conter qualquer benefício aos fundadores de companhia aberta.

AUTORIZAÇÃO PARA CONSTITUIÇÃO — INCISO VII

As companhias, em geral, independem de autorização governamental para se constituírem. Quando a lei fala em autorização para

---

230 Cunha Peixoto, *Sociedades por ações*, cit., v. 2, p. 41.

231 Ascarelli, *Problemas*, cit., p. 507 e s.

constituir-se, pressupõe-se que a autorização é condição suspensiva do próprio negócio jurídico. Não se trata de condição resolutiva, pois o surgimento da pessoa jurídica demanda o *placet* administrativo, que constitui título necessário ao próprio arquivamento no Registro do Comércio[232]. Como condição, a autorização governamental precede os demais atos[233]. A constituição será ineficaz se a autorização não se produzir, sendo também ineficazes a subscrição e o depósito.

A autorização administrativa é requisito para a constituição de sociedades estrangeiras, consoante os arts. 1.123, 1.124 e 1.125 do Código Civil. Da mesma forma, demandam autorização as sociedades com objetos determinados, como as instituições financeiras, as dedicadas ao ramo de seguros, de pesquisa e lavra, de radiodifusão e prestação de serviços públicos.

Note-se que, mesmo nos casos em que é exigida autorização, esta não se confunde com a concessão. A autorização é um ato de controle do Poder Público e insere-se dentro do procedimento complexo do próprio negócio jurídico de constituição. A respeito, aplica-se a parte final do art. 46 do Código Civil.

A concessão, por outro lado, cria e disciplina a própria companhia, quanto ao seu objeto, fim (lucros) e operacionalidade[234], as denominadas SPEs (sociedades de propósitos específicos). A concessão depende do requisito prévio de autorização, além das demais regras regulamentadoras e fiscalizadoras daquele regime de atividade empresarial.

INÍCIO E TÉRMINO DA SUBSCRIÇÃO — INCISO VIII

Deve o prospecto explicitar as datas, inicial e final, da subscrição. A lei não estabelece tais termos. Deve ser inferior a cento e oitenta dias, que é o tempo máximo previsto para a constituição da companhia, a contar do primeiro depósito junto ao banco, ou seja, de cinco dias da primeira subscrição (art. 81).

---

232 Brunetti, *Tratado*, cit., v. 1, p. 234.

233 O art. 2.329, 3, do Código Civil italiano determina ser a autorização uma das condições para a constituição, além da subscrição e do depósito.

234 Corapi, *Inchieste*, cit., v. 5-I, p. 12.

O compromisso do subscritor equivale à obrigação contratada sob condição resolutiva. Esgotado o prazo de constituição, o subscritor poderá pedir a devolução das entradas[235].

O prazo final de subscrição, no entanto, não é de decadência, pois não se trata de um direito legalmente instituído, mas, sim, de uma manifestação de vontade no contrato plurilateral de constituição da sociedade. Desde que dentro do prazo fatal de seis meses, previsto no art. 81, parágrafo único, poderão os fundadores aceitar as subscrições necessárias para completar o valor do capital inicial. Tal transigência dos fundadores não trará qualquer lesão aos subscritores anteriores, mas benefício à própria consecução do empreendimento empresarial a que estes aderiram.

Não obstante, além do prazo estabelecido no prospecto, os fundadores somente poderão aceitar subscrições no estrito limite do número de ações previsto no projeto de estatuto. Não poderão receber nenhum excesso de subscrição, pois tal fato poderia afetar os direitos dos subscritores oportunos, se o critério de devolução de sobras for o de rateio entre os subscritores. Neste caso, a aceitação de subscrições extemporâneas em excesso poderá servir de manobra dos fundadores, para alijar parcialmente alguns subscritores, em favor de arrivistas, em uma eventual disputa de grupos, na luta pelo controle da companhia (arts. 116 e 118), ou poderá servir para qualquer outra manobra discriminatória, de todo incompatível com a constituição por subscrição pública.

EXCESSO DE SUBSCRIÇÃO — INCISO IX

A subscrição, dentro do prazo previsto no prospecto, pode ser superior ao número de ações oferecidas. A solução para tal hipótese deve estar explícita e, pormenorizadamente, prevista no prospecto. Tal critério visa a assegurar tratamento equitativo a todos os subscritores, impedindo, como referido, que os fundadores ou a própria assembleia geral de constituição discriminem o direito de uns em detrimento de outros, quanto ao percentual de participação no colégio acionário da companhia constituenda. Os critérios usuais são o cronológico ou o de rateio entre todos os subscritores.

Outra questão importante sobre a matéria ocorre quando houver excesso de subscrição, pois será a própria companhia que restituirá aos subscri-

---

235 Cunha Peixoto, *Sociedades por ações*, cit., v. 2, p. 43.

tores o valor excessivo[236]. A competência para a devolução pelo banco depositário somente existe se a companhia não for constituída. No caso de vir a ser constituída, o valor total das subscrições será entregue aos seus administradores, os quais promoverão a devolução do excesso de capital aos subscritores.

PRAZO PARA A ASSEMBLEIA — INCISO X

Os subscritores não poderão ficar na expectativa da constituição ou não da sociedade. Embora a lei estabeleça prazo máximo para a constituição da companhia (art. 81), deve o prospecto estabelecer prazo para a realização dos conclaves pertinentes à mesma.

Não há necessidade de fixar dia exato, pois diversas contingências poderão adiar, ou mesmo antecipar, a convocação e a realização de tais reuniões. No entanto, a falta de sua realização, dentro do prazo estabelecido no prospecto, não outorga direito imediato aos subscritores, para que estes requeiram a restituição de seus depósitos iniciais (art. 81).

O tempo para o exercício de tal direito é o legal, previsto no art. 81. Assim, a eventual dilação poderá acarretar o pedido de ressarcimento de perdas e danos pelos subscritores se o motivo do adiamento não for relevante. O mesmo poderá ocorrer se houver antecipação do conclave preliminar de avaliação dos bens dados em subscrição. Tal antecipação poderá frustrar a presença de subscritores que poderiam opor-se aos valores atribuídos aos bens ou ao próprio laudo de avaliação. A antecipação, no entanto, será incensurável, ao se tratar de subscrição em dinheiro, pois nenhum prejuízo poderá ocorrer aos subscritores. Isto porque não poderá a maioria modificar os prazos de integralização e nenhuma outra cláusula do contrato de constituição estabelecidos no projeto de estatuto e no prospecto.

QUALIFICAÇÃO DOS FUNDADORES E DA INSTITUIÇÃO FINANCEIRA — INCISOS XI E XII

A qualificação dos fundadores deverá ser explicitada no prospecto, tendo em vista a eventualidade de ser necessário alcançá-los, para quaisquer providências amigáveis, ou para notificá-los ou citá-los, em medidas extrajudiciais e judiciais que possam ocorrer.

---

236 Fran Martins, *Comentários*, cit., v. 1, p. 510.

O esclarecimento sobre a eventual participação dos fundadores na subs-crição também é imprescindível, na medida em que importa em informação relevante aos demais subscritores, no que diz respeito ao perfil acionário de controle da companhia.

Uma vez que a lei vigente de 1976 dispensa a publicação do prospecto, cabe a inteira responsabilidade à instituição financeira intermediária pelo livre e pleno acesso dos interessados aos documentos referentes à constitui-ção, notadamente o prospecto e o projeto de estatuto.

Para tanto, o prospecto deve explicitar todos os dados relativos aos locais onde tais documentos poderão ser consultados, constando, outrossim, os horários respectivos, a fim de que não seja sonegada qualquer informação, inclusive complementar, que deverá ser prestada pela instituição financeira intermediária[237].

LISTA, BOLETIM DE ENTRADA

Art. 85. No ato da subscrição das ações a serem realizadas em dinhei-ro, o subscritor pagará entrada e assinará a lista ou o boletim individual autenticados pela instituição autorizada a receber as entradas, qualifi-cando-se pelo nome, nacionalidade, residência, estado civil, profissão e documento de identidade, ou, se pessoa jurídica, pela firma ou denomi-nação, nacionalidade e sede, devendo especificar o número das ações subscritas, a sua espécie e classe, se houver mais de uma, e o total da en-trada.

Parágrafo único. A subscrição poderá ser feita, nas condições previstas no prospecto, por carta à instituição, com as declarações prescritas neste artigo e o pagamento da entrada.

LEI DE 1940

A matéria estava contida no art. 42 do Decreto-Lei n. 2.627, de 1940, com a seguinte redação: "Os subscritores, no ato de paga-mento da entrada inicial, assinarão a lista ou boletim de subscrição, auten-ticados pelos fundadores ou pela pessoa autorizada a receber as entradas, mencionando a sua nacionalidade, estado civil, profissão, residência, núme-

---

237 *V.* comentários ao art. 82 no que respeita à desintermediação de instituições finan-ceiras.

ro de ações subscritas e o total da entrada. O recibo será dado ao subscritor pelos fundadores ou pessoa autorizada. Parágrafo único. A subscrição poderá fazer-se também mediante carta a qualquer dos fundadores, na qual o subscritor fará as declarações exigidas neste artigo".

Entendia autorizada doutrina que o pagamento deveria ser feito antes da subscrição[238]. Tal entendimento, no entanto, não prevaleceu, mas, sim, o de que o pagamento poderia ser feito concomitantemente à assinatura do boletim, como se inferia do texto legal, ou anteriormente a ela. De qualquer maneira, a validade da subscrição dependia, como continua dependendo, do depósito de seu valor inicial[239].

Waldemar Ferreira, com fundamento no revogado art. 126 do Código Comercial, insurgiu-se contra essa opinião do Supremo Tribunal Federal, que entendia não ser válida a subscrição daquele que, embora assinando o boletim de subscrição, não tivesse pago a entrada. Consequentemente, não poderia uma pessoa, nessas condições, ser considerada acionista, para efeito de lhe serem exigidas as prestações seguintes[240].

Contrapôs-se Cunha Peixoto, na esteira da decisão do Supremo, ao afirmar que se aplicava ao art. 124 do diploma de 1940 o mesmo princípio contido no Código Civil, ou seja, invalidade e ineficácia de ato praticado sem a observância das formalidades estabelecidas em lei. E a integralização mínima é formalidade indispensável[241].

Note-se que, na vigência do Diploma anterior, os 10% de integralização mínima referiam-se ao *valor nominal* da ação.

LEI N. 6.404, DE 1976

A lei vigente de 1976 preservou o alcance do antigo texto, determinando a concomitância ou anterioridade do pagamento, no que diz respeito ao boletim respectivo.

Apenas inova ao estabelecer, na subscrição pública, a intermediação de instituição financeira, para recebimento das quantias e das eventuais cartas de subscrição.

---

238 Cunha Peixoto, *Sociedades por ações*, cit., v. 2, p. 54.

239 Cf. acórdão do Supremo Tribunal Federal, *Revista de Direito Mercantil*, 2:13, 1952.

240 Waldemar Ferreira, *Tratado de direito comercial*, São Paulo, Saraiva, 1961, v. 4, p. 82 e s.

241 Cunha Peixoto, *Sociedades por ações*, cit., v. 2, p. 55.

Por outro lado, o valor da subscrição e, portanto, da entrada e demais prestações corresponde ao preço de emissão das ações.

A lei vigente de 1976 estabelece responsabilidade do subscritor, tendo por base, portanto, o *preço* de emissão e não o valor nominal. Isto, por duas razões. A primeira, pela possibilidade de emissão de ações sem valor nominal (art. 14). A segunda, pela faculdade de emissão com ágio, na própria constituição, das ações com valor nominal.

Em nosso Direito anterior de 1940, a emissão de ações com valor nominal acima do par somente era admitida por ocasião dos aumentos do capital social e não no momento da constituição[242].

A Lei n. 6.404, de 1976, não estabelece um critério para fixação do preço de emissão de ações com ágio, na constituição da companhia. Esse valor, porém, não poderá ultrapassar uma proporção rigorosa entre as necessidades de consecução do objeto social da companhia e as previsões de aplicação de suas reservas de capital (art. 200).

No que concerne ao preço de emissão das ações sem valor nominal na constituição da companhia, será ele fixado pelos fundadores. Não há nenhum critério legal limitativo a ser observado na determinação do preço de emissão. Prevalece como critério a regra da *equitable contribution*[243].

Ainda que o valor da subscrição refira-se ao preço de emissão, e não ao valor nominal, mesmo quando este exista, a lei vigente de 1976 estabelece uma relação entre capital e número de ações emitidas, na constituição da companhia.

No estatuto, determinar-se-ão o valor do capital social e o número de ações em que o mesmo será dividido (arts. 5º e 11). Portanto, dividindo-se o capital pelo número de ações, ter-se-á a parcela de cada ação que irá para o capital, destinando-se a diferença para a reserva de capital (art. 200).

Em consequência, na constituição da companhia, não há limite para a fixação do valor de emissão das ações, mas há um piso com relação ao capital, estatutariamente declarado, pois a soma das subscrições não pode ser inferior a ele[244].

Finalmente, a norma em vigor refere-se apenas à subscrição em dinheiro, já que a subscrição em bens será feita conforme o procedimento previsto no art. 8º.

---

242 A respeito, a monografia de Sampaio de Lacerda, *Da emissão*, cit.

243 Sobre a matéria, *v.* comentários ao art. 14.

244 *V.* comentários ao art. 14.

QUALIFICAÇÃO E CAPACIDADE

A exigência de qualificar o subscritor tem como objetivo evitar subscrição fictícia. A identificação completa dele torna possível a sua responsabilização para os efeitos de obrigá-lo a integralizar as ações subscritas.

A constituição da companhia é ato jurídico complexo que requer agentes capazes, objeto lícito e forma prescrita na lei reguladora[245]. Esta a razão da impossibilidade de os absoluta e relativamente incapazes subscreverem o capital, salvo se houver integralização no mesmo ato. Nesse caso, não assumem qualquer obrigação, porque se trata de simples ato de administração[246].

O requisito capacidade é, com efeito, dispensável, no caso de integralizar-se no ato o capital subscrito, por se entender que, na hipótese, trata-se de simples aplicação de capital, não alcançando as implicações contratuais que ocorrem no caso de subscrição para realizar posteriormente[247].

REPRESENTAÇÃO

A representação, para o negócio jurídico de subscrever ações de companhia constituenda, obedece às regras do Direito comum. Será eficaz e legítima a representação de pessoa jurídica de Direito Privado por diretor autorizado pelo estatuto para a prática de tais atos.

Em se tratando de pessoa de Direito Público, prevalece a mesma regra, ou seja, de autorização estatutária, a qual por sua vez é, necessariamente, fruto da lei que a criou. O mesmo vale para a sociedade de economia mista.

A representação, em ambos os casos, será orgânica, dispensando a apresentação de qualquer instrumento específico de mandato. Bastam as publicações do estatuto da companhia, da ata de eleição do administrador ou do ato de sua nomeação.

Em se tratando de procurador, deve ele apresentar, perante a instituição financeira, o instrumento respectivo de mandato, com poderes específicos para assumir, consoante o art. 657 do Código Civil, obrigação em nome do mandante.

---

245 Miranda Valverde, *Sociedades por ações*, cit., v. 1, p. 273.
246 Miranda Valverde, *Sociedades por ações*, cit., v. 1, p. 274.
247 Fran Martins, *Comentários*, cit., v. 2, p. 508.

O mandato não pode ser em branco. Devem, inclusive, constar dele o número, espécies e classes de ações que pode o mandatário subscrever[248].

O procurador responde, pessoalmente, pelos atos praticados com excesso de poderes, salvo se ratificado pelo mandante, conforme os arts. 662 e 665 do Código Civil. Se não houver ratificação, o mandatário será considerado subscritor. Na mesma situação encontra-se o mandatário que omitiu essa qualidade e assinou o boletim, sem referência expressa de que o fazia em nome de outrem.

Ademais, somente se responsabiliza quem assinou o boletim. Se não houve assinatura, mas apenas foi lançado um nome, não há responsabilidade[249].

CONCEITO E NATUREZA

A subscrição de ações, para Ripert, é o ato jurídico pelo qual uma pessoa compromete-se a fazer parte de uma companhia, contribuindo com uma soma, em princípio, igual ao valor nominal das ações; essa adesão à sociedade em formação deve ser dada nas condições e formas determinadas por lei[250].

Garrigues ensina que a subscrição é um ato pelo qual uma pessoa declara sua vontade de ser sócio de uma sociedade anônima, mediante a aquisição de uma ou várias ações[251].

Trata-se a subscrição da integração das vontades dos fundadores e do subscritor. É uma declaração de índole receptiva de vontade, pela qual o subscritor exerce o direito de formar o contrato que lhe foi proposto pelos fundadores. Ao depositar a entrada e firmar o boletim, o subscritor vincula-se aos termos da oferta pública de subscrição, obrigando-se, contratualmente, a partir daí.

Consequentemente, a subscrição, enquanto negócio jurídico de aceitação, é irrestrita e incondicional, traduzindo-se na adesão, sem qualquer reserva, à proposta consubstanciada no projeto de estatuto e no prospecto.

---

248 Miranda Valverde, *Sociedades por ações*, cit., v. 1, p. 273. Contrariamente à opinião de Cunha Peixoto, *Sociedades por ações*, cit., v. 2, p. 58, para quem não é necessário fixar, no mandato, o número de ações a serem subscritas.

249 Cunha Peixoto, *Sociedades por ações*, cit., v. 2, p. 59.

250 Ripert-Roblot, *Traité*, cit., v. 1, p. 666.

251 Garrigues-Uría, *Comentario*, cit., v. 1, p. 205 e s.

Reduz-se, assim, o negócio jurídico de subscrição a uma simples declaração afirmativa (aceitação) quanto aos termos da proposta formulada pelos fundadores (arts. 83 e 84).

No ato de subscrição, cabe ao interessado tão somente declinar a quantidade, espécies e classes de ações que vai subscrever. Não há subscrição tácita ou sob condição. Se feita com modificação da proposta ou condicional, será ela ineficaz. Isto porque a proposta de constituição formulada pelos fundadores deverá colocar em igualdade de direitos todos os subscritores, seja na hipótese de vingar a constituição da sociedade, seja quando esta malograr (art. 81).

A subscrição condicional deve ser considerada como não escrita[252], caso contrário, poderia impedir a formação do capital. Serão consideradas também cláusulas não escritas ou ineficazes, mesmo quando consentidas pelos fundadores, as que facultam ao subscritor pagar sua parte com futuros lucros da sociedade, ou que assegurem ao mesmo um cargo na administração da futura companhia, ou que dilatem os prazos das prestações[253].

RETRATAÇÃO

Da subscrição depende a existência da sociedade, cujo capital, em princípio, não pode ficar subordinado à retratação dos subscritores. A regra geral é a irrevogabilidade. O subscritor fica devendo à futura sociedade a parte que faltar do valor subscrito[254]. Entretanto, as regras de retratação previstas no Código Civil prevalecem.

Estabelece o art. 434 do Código Civil o regime de expedição, pelo qual se considera concluído o negócio jurídico no momento em que o aceitante (subscritor) transmite a sua resposta afirmativa ao ofertante (fundador) e emprega a diligência ordinária para que esta chegue ao conhecimento do proponente. Isto posto, admite a lei civil a retratação, se esta chegar às mãos da instituição financeira intermediária, antes da declaração do aceite ou simultaneamente com ela.

Admite, pois, a lei que haja aceitação entre presentes e ausentes. Sendo entre presentes, ou seja, comparecendo o subscritor à instituição financeira

---

252 Garrigues-Uría, *Comentario*, cit., v. 1, p. 211.

253 Cunha Peixoto, *Sociedades por ações*, cit., v. 2, p. 53. A respeito, Ripert-Roblot, *Traité*, cit., v. 1, p. 669 e s.

254 Fran Martins, *Comentários*, cit., v. 1, p. 503.

e, ali, pagando a entrada e firmando o boletim, a sua aceitação é irretratável. Em se tratando, no entanto, de subscrição por correspondência, poderá haver retratação tempestiva, perdendo a aceitação sua força vinculante.

Nesse caso, a regra aplicável é a seguinte: se a retratação chega às mãos da instituição intermediária depois que ela já recebeu a declaração de subscrição e o depósito da entrada, o arrependimento será ineficaz, estando, assim, o remetente vinculado à subscrição.

Chegando às mãos da instituição financeira intermediária a aceitação, simultaneamente com a retratação ou após esta, será a subscrição considerada declaração de vontade já retratada[255]. Deixa, nessa hipótese, a aceitação de existir, pois o arrependimento é levado a efeito, antes que os fundadores possam considerar concluído o negócio jurídico da subscrição.

O negócio de subscrição constitui declaração de vontade *in incertam personam*. Isto posto, não há como negar a aplicação, a favor do destinatário da oferta, do benefício do arrependimento eficaz, previsto no art. 433 do Código Civil, em se tratando de ausentes, ou seja, manifestação por carta. Mesmo que, no prospecto, os fundadores declarem que a aceitação será irrevogável, prevalecerá a regra geral do Código Civil, que faculta a retratação do aceitante, desde que o faça eficazmente.

Somente lei especial poderia derrogar o preceito do Código Civil. E a Lei n. 6.404, de 1976, não o faz para a hipótese específica de subscrição, como é o caso da oferta pública de aquisição de ações de controle, para a qual o art. 261 declara: "...os aceitantes deverão firmar ordens irrevogáveis de venda ou permuta, nas condições ofertadas...".

Em suma, não tendo o subscritor se retratado tempestivamente, a declaração receptiva por ele emitida vincula-o contratualmente. Se tempestivo o arrependimento, inexiste, no mundo jurídico, a subscrição.

NATUREZA JURÍDICA

Embora a subscrição seja insuficiente para configurar a existência da pessoa jurídica, é, contudo, requisito necessário para que se constitua a companhia[256].

Dessa forma, o negócio jurídico de subscrição não representa, em si mesmo, um contrato plurilateral, mas uma das cláusulas da avença. Não

---

255 *V.* nosso estudo *Oferta pública*, cit., p. 45 e s.

256 *V.* comentários ao art. 106.

constitui também a subscrição um contrato preliminar ao de sociedade, condicionado à constituição desta[257]. Trata-se, isto sim, de requisito essencial à constituição da companhia, sendo parte integrante do contrato de sociedade. A lei, ao falar, no seu Capítulo VII (arts. 80 a 93), em requisitos *prejudiciais*, determinou aqueles elementos que não podem faltar ao conjunto das deliberações plurilaterais, consubstanciadas no respectivo contrato de constituição da companhia e sem as quais a vontade confluente dos signatários não alcançará eficácia.

Não obstante a persistência do dissídio doutrinário, como se verá a seguir, o negócio de subscrição constitui uma das cláusulas impostas pela lei, que integra o contrato plurilateral de constituição da companhia.

Mesmo os que aceitam a natureza contratual do negócio de subscrição dão-lhe versões diversas. Garrigues entende que o contrato de subscrição tem como partes, de um lado, os fundadores e, de outro, os subscritores. Lastreia-se o autor em sentença do Supremo Tribunal espanhol, de 1945, que o reveste de sentido bilateral: "A subscrição de ações constitui um verdadeiro contrato, pois requer coincidência de vontades, oferta e aceitação"[258].

Ao invocar a bilateralidade, Garrigues afirma que o contrato de subscrição não pode ser confundido com o de sociedade, sendo preparatório daquele. Para ele, a sociedade não se constitui pela subscrição de ações, mas mediante a escritura pública de constituição, vale dizer, entre nós, também pela realização da assembleia geral, lembrando que a constituição não pode efetivar-se sem que haja subscrição integral. Consequentemente, no seu modo de entender, a subscrição é uma *conditio sine qua non* do contrato social.

Essa teoria não pode prevalecer, pela simples razão de que o objeto do negócio de subscrição, como leciona o próprio Garrigues, "é o ato pelo qual uma pessoa declara sua vontade de ser sócio de uma sociedade anônima, mediante a aquisição de uma ou várias ações".

Se assim é, não há contraprestação da parte do fundador, pois este é mero agente da constituição e não parte. Quando muito, poder-se-ia considerá-lo como parte formal. Partes, para o cumprimento desse objeto negocial, são os demais subscritores, que colimam o mesmo fim.

---

257 Como entende Sampaio de Lacerda, *Da emissão*, cit., p. 34.

258 Garrigues-Uría, *Comentario*, cit., v. 1, p. 294.

Adotando-se a teoria contratual, a única espécie que se ajusta é a do negócio plurilateral, em que as partes são os subscritores, sendo o fundador mero agente desse mesmo contrato.

Contra a teoria contratual insurge-se Ripert, para quem a subscrição pode ser a prova do consentimento de uma pessoa a um contrato, mas não é um contrato. Ressalta que a natureza desse negócio é discutível, não se podendo defini-lo como mandato, venda de direitos ou promessa de venda. Lembra, ainda, que não se pode determinar quem seria a outra parte, perguntando se os fundadores ou a sociedade em formação. Esta a razão por que o Autor julga mais plausível considerar o negócio de subscrição um contrato futuro, que se configuraria depois de constituída a sociedade e não no momento de sua formação. Conclui que não é contrato, no momento de sua celebração, mas manifestação unilateral de vontade de caráter irrevogável.

Na companhia de Renaud, Gierke e Lehmann, Ripert estabelece, assim, a teoria do ato unilateral dirigido à aquisição da qualidade de sócio em companhia futura, com as consequentes obrigações e direitos[259].

Para essa escola, a subscrição pode ser a prova do consentimento de uma pessoa a um contrato, o qual ainda não se efetivou, o que somente ocorrerá mais tarde, quando o capital vier a ser inteiramente subscrito e o estatuto aprovado[260].

Em que pese essa teoria, a natureza contratual é consagrada na Lei Societária francesa de 1966, que, em seu art. 190, diz: "O contrato de subscrição é verificado por um boletim de subscrição, formado consoante as regras estabelecidas por decreto".

No mesmo sentido, a lei argentina de 1972 que, em seu art. 172, reza: "O contrato de subscrição deve ser preparado em duas vias pelo banco e deve conter o 'programa' (prospecto) que o subscritor declarará conhecer e aceitar...".

Essa norma do Direito Societário argentino reforça, ainda mais, tratar-se o negócio de subscrição de uma cláusula do contrato plurilateral de constituição da sociedade. Este, com efeito, não é formado apenas de um documento nem firmado, necessariamente, entre presentes. Constitui o boletim uma cláusula, consubstanciada em um documento apartado. É uma cláusula-documento do contrato de constituição[261].

---

259 Ripert-Roblot, *Traité*, cit., v. 1, p. 670.
260 Garrigues-Uría, *Comentario*, cit., v. 1, p. 205.
261 Sobre o caráter contratual, no direito norte-americano, *v.* Lattin, *The law of corpora-*

AUTENTICAÇÃO E EFICÁCIA DO BOLETIM

Caberá à instituição financeira autorizada receber as entradas e autenticar o boletim de subscrição. Tal chancela reveste o documento de veracidade e eficácia. A falta de autenticação retira do boletim o caráter probatório pleno contra os subscritores, tornando-o elemento relativo de prova, sujeito a contradição[262].

Nesse sentido, é exemplar o acórdão do Tribunal de Justiça do antigo Distrito Federal, em Apelação n. 4.967, de 1952, ao declarar que "a norma legal, na hipótese, o artigo 42 do Decreto-Lei n. 2.627, de 1940, visa assegurar o direito da sociedade, ou seja, o de autenticar as listas ou prospectos, de molde a defender-se de fraudes de terceiro". Infere-se daí a importância probatória da autenticação.

Formalizado o negócio de subscrição, mediante pagamento da entrada e assinatura em boletim autenticado pela instituição financeira autorizada a receber as entradas, os seus efeitos são irreversíveis, no que diz respeito à constituição da companhia.

Será eficaz, no entanto, no que se refere à constituição, v. g., o comparecimento do subscritor à assembleia geral para votar contra a formação da sociedade (art. 87, § 3º)[263]. Seu voto, se vencido, não terá nenhuma repercussão no contrato social, por isso que a sociedade constituir-se-á, sendo ele, subscritor, a partir desse momento, considerado acionista.

Não há hipótese de arrependimento eficaz no momento da realização da assembleia ou mesmo antes dela[264].

A vontade manifestada, no momento da subscrição, é suficiente para levar o subscritor à condição de acionista, uma vez constituída a companhia. Não há necessidade de nova manifestação sua, no sentido de ratificar a primeira. Esta a razão por que o subscritor não é obrigado a comparecer à assembleia de constituição, cuja eficácia prescinde da presença de todos os subscritores.

---

tions, cit., p. 119 e s.; *v.* também Marcheroni, *El vínculo*, p. 116 e 117; Barros Leães, *Comentários à Lei das S.A.*, São Paulo, Saraiva, 1980, v. 2, p. 139; Brunetti, *Tratado*, cit., p. 216 e 221.

262 Fran Martins, *Comentários*, cit., v. 1, p. 505.

263 *V.* comentários ao art. 87.

264 O único arrependimento eficaz é o previsto no art. 433 do Código Civil, no caso de subscrição entre ausentes, e o deliberado em assembleia de constituição, conforme o art. 87, § 3ª.

A mudança do projeto de estatuto por deliberação da maioria dos subscritores presentes à assembleia de constituição representa a nulidade da deliberação e não a desoneração do subscritor ausente ou inconformado. A sua vocação de acionista não se altera por força da ilegalidade praticada pelos demais. Nem serão suspensos os seus encargos de integralização se o convalescimento da irregularidade for feito anteriormente ao primeiro vencimento. No entanto, enquanto não se realizar nova assembleia para retificar a irregularidade, as obrigações de integralização ficarão suspensas[265].

INTEGRALIZAÇÃO MÍNIMA É DEPÓSITO

O depósito na instituição financeira autorizada a receber as entradas é parte integrante do negócio de subscrição, convolando-se em pagamento inicial uma vez constituída a companhia. Se esta malograr, o depositário (art. 81), ou seja, o banco, restituirá as quantias diretamente aos subscritores.

A quantia inicial versada pelo subscritor não se trata, portanto, de um pagamento parcial do valor subscrito, mas de um depósito em dinheiro junto aos fundadores que, por sua vez, procedem ao depósito irregular junto a um banco (art. 81).

No ato de subscrição não há integralização parcial, mas depósito que poderá, ou não, tornar-se integralização. Tal depósito constitui elemento integrante do negócio de subscrição, embora possam ser separados, no que diz respeito aos seus efeitos.

A obrigação de cada subscritor de depositar a quantia inicial mínima de 10% do valor da subscrição é pessoal e nada tem em comum com a dos outros subscritores[266].

O depósito será simultâneo ao negócio da subscrição[267] e, uma vez con-

---

265 Sobre a matéria, *v.* acórdão do Tribunal de Justiça do Rio Grande do Sul, n. 9.005, de 1975: "Aperfeiçoa-se esse negócio jurídico (subscrição de ações) com a assinatura do 'boletim de subscrição' e, a partir desse momento, assume o subscritor o *status* de acionista. Dando-se o subscritor por ciente, de forma expressa e inequívoca, das consequências jurídicas do ato, não lhe é dado retratar depois de seu consentimento, ou pretender a anulação do negócio, a partir da alegação de lhe haverem sido prometidos por intermediários lucros e vantagens que não se realizaram".

266 Carvalho de Mendonça, *Tratado,* cit., v. 3, p. 953.

267 Garrigues-Uría, *Comentario,* cit., v. 1, p. 303.

volado em integralização, corresponderá a 10% de cada ação subscrita, no mínimo[268].

Sendo o valor inicial da subscrição um depósito em dinheiro, não tem o subscritor direito real sobre ele, mas, sim, de mero credor quirografário. Trata-se, com efeito, de depósito irregular, idêntico a todos os demais depósitos em dinheiro, junto aos bancos. No caso de intervenção ou liquidação extrajudicial, caberá ao subscritor habilitar-se no seu crédito, na forma da Lei n. 6.024, de 1974.

O negócio de subscrição por carta depende, para sua eficácia, de que a correspondência contenha todos os elementos de qualificação e venha acompanhada da quantia correspondente ao valor mínimo legal das ações subscritas.

SUBSCRIÇÃO POR CORRESPONDÊNCIA

A correspondência será destinada à instituição financeira autorizada a receber as entradas.

O boletim de subscrição, na hipótese, será consubstanciado pelo conjunto de correspondências eficazmente aceitas pela instituição financeira, as quais deverão ser arquivadas no Registro do Comércio, juntamente com os demais atos constitutivos[269].

ANULAÇÃO DA SUBSCRIÇÃO

A anulação do negócio de subscrição inviabiliza a constituição da companhia, se intentada antes da assembleia geral que a constituirá. Esta será ineficaz. Isto porque o negócio de subscrição é cláusula do contrato plurilateral de constituição.

Uma vez constituída a companhia, não há mais que falar em anulação da subscrição e, muito menos, em anulação da constituição. Esta representaria a própria dissolução da sociedade. Consequentemente, o capital versado na subscrição pertencerá definitivamente à companhia, cabendo a esta

---

268 Sobre integralização e seus diversos efeitos, *v.* comentários ao art. 106.

269 Fran Martins, *Comentários,* cit., v. 1, p. 507. Outras leis, como a espanhola (art. 10), são extremamente formalistas quanto ao negócio de subscrição, não admitindo, em consequência, a subscrição por carta.

ressarcir os danos provenientes do defeito da subscrição. Ao subscritor prejudicado cabe reclamar perdas e danos e não a devolução da entrada, já que a hipótese não enseja redução do capital social[270].

RECIBO

Depositando o subscritor o valor da entrada e assinando o boletim, recebe ele um comprovante que servirá para legitimá-lo a participar da assembleia de constituição. Caso não se constitua a companhia, o comprovante servirá, como título, para reaver diretamente do banco a quantia depositada (art. 80), em seu nome, pelos fundadores.

O subscritor, para adquirir a qualidade de sócio, deve aguardar a constituição da companhia[271]. Não há acionista sem sociedade, pois não pode haver relação jurídica entre um sujeito de direitos (subscritor) e uma entidade ainda não juridicamente personalizada (companhia em constituição).

MORA NA CONSTITUIÇÃO E ARQUIVAMENTO

Os subscritores não podem, originariamente, convocar assembleia geral de constituição. Somente poderão fazê-lo, substitutivamente, no caso de os fundadores abandonarem as suas funções.

A lei vigente de 1976 resolve a questão de retardamento, na constituição, estabelecendo que, após seis meses da data do depósito (art. 81), o banco devolverá a respectiva quantia ao subscritor.

Essa solução legal, para a mora, não exime os fundadores da responsabilidade pelos prejuízos causados aos subscritores[272].

Sendo a sociedade constituída, deverá fazer parte do conjunto de documentos levado a arquivamento, no Registro do Comércio, também a relação completa dos subscritores do capital social, com qualificação, número de ações e o total da entrada de cada um (art. 95, II). Essa relação deverá ser autenticada pelos fundadores ou pelo presidente da assembleia de constituição.

---

270 Garrigues-Uría, *Comentario,* cit., v. 1, p. 299.

271 *V.* comentários ao art. 106.

272 *V.* comentários ao art. 81.

CONVOCAÇÃO DE ASSEMBLEIA

Art. 86. Encerrada a subscrição e havendo sido subscrito todo o capital social, os fundadores convocarão a assembleia geral, que deverá:
I — promover a avaliação dos bens, se for o caso (art. 8º);
II — deliberar sobre a constituição da companhia.
Parágrafo único. Os anúncios de convocação mencionarão hora, dia e local da reunião e serão inseridos nos jornais em que houver sido feita a publicidade da oferta de subscrição.

LEI DE 1940 E LEI N. 4.728, DE 1965

O Decreto-Lei n. 2.627, de 1940, tratava da matéria em seu art. 43: "Encerrada a subscrição, e verificando os fundadores ter sido o capital integralmente subscrito, procederão ao depósito de sua décima parte, conforme preceitua o n. 3 do art. 38, e convocarão a assembleia geral que deverá resolver sobre a constituição da sociedade. Os anúncios de convocação mencionarão hora, dia e local da reunião e serão publicados nos jornais que houverem inserido o prospecto e o projeto de estatutos".

Tal dispositivo é anterior à instauração do regime de capital autorizado que foi introduzido, entre nós, pela Lei n. 4.728, de 1965, a qual, em seu art. 45, *caput*, dispunha: "As sociedades anônimas cujas ações sejam nominativas, ou endossáveis, poderão ser constituídas com capital subscrito inferior ao autorizado pelo estatuto social".

A característica principal do sistema inaugurado pela referida Lei do Mercado de Capitais (1965) era de que poderia o estatuto autorizar um limite, dentro do qual o capital da sociedade fosse subscrito parceladamente, possibilitando que a companhia se constituísse com a subscrição de todo o capital fixado no estatuto ou de apenas parte do capital autorizado[273].

Temos, assim, que, a partir da lei de 1965, permitiu-se a constituição da companhia com valor subscrito inferior ao valor do capital subscrito.

LEI N. 6.404, DE 1976

A Lei n. 6.404, de 1976, não se refere explicitamente à possibilidade de constituição da companhia com capital autorizado, como o

---

273 V. comentários ao art. 168.

fazia o diploma de 1965. Em face desse silêncio, entendem alguns autores que, estando revogado o disposto no art. 45 daquela Lei do Mercado de Capitais, as companhias de capital autorizado não mais seguem o modelo norte-americano, nesse particular, devendo ser obrigatoriamente constituídas com capital fixo.

Não se pode compartilhar dessa interpretação, pois não se encontra na lei nada que impeça a constituição da companhia com autorização de aumento, independentemente de reforma estatutária[274].

Na lei vigente de 1976, permanece o clássico princípio de que, se as ações forem subscritas parcialmente, a subscrição inicial do capital ficará sem efeito, malograda, portanto, a constituição da companhia, devolvendo-se aos subscritores o valor de suas entradas (art. 81).

ENCERRAMENTO DA SUBSCRIÇÃO

O prazo de encerramento da subscrição será fixado no prospecto (art. 84, VIII), não podendo ser ultrapassados os seis meses, previstos no art. 81, parágrafo único.

Como já se comentou, nada impede que os fundadores recebam subscrições, após o término do prazo de subscrição, desde que nos estritos limites do número e valor das ações[275]. Não se tratará de prorrogação de prazo, pois isto importaria em modificação das cláusulas do prospecto. Constitui apenas uma tolerância, a qual virá em benefício dos subscritores tempestivos, na medida em que a subscrição do valor faltante pelos subscritores extemporâneos permitirá que seja constituída a companhia.

Terminado o prazo, dentro do qual deverá realizar-se a assembleia, o qual será explicitado no prospecto (art. 84, X), três hipóteses podem ocorrer: o capital foi integralmente subscrito; o capital foi parcialmente subscrito; ou houve excesso de subscrição.

Na primeira e na última hipótese, têm os fundadores a obrigação de convocar a assembleia geral preliminar, ou definitiva, de constituição.

---

274 V. comentários ao art. 168.

275 V. comentários ao art. 84.

Não tendo havido subscrição integral, será seu dever informar o banco depositário do malogro, para que este devolva aos subscritores o valor dos depósitos feitos a título de entrada.

SUBSCRIÇÃO INTEGRAL

O princípio de subscrição integral tem como fundamento a garantia dos credores e dos subscritores. Trata-se de regra básica, adotada pelas legislações[276].

Nas sociedades de capital fixo, tal valor integral constará do projeto de estatuto, ao passo que, nas sociedades sob o regime de capital autorizado, apenas o prospecto é que mencionará o número de ações, que deverá ser inicialmente subscrito, dentro da autorização.

Valor menor de subscrição importaria a constituição de sociedade diversa da prevista nos documentos que compõem a oferta pública[277].

O princípio é de origem contratual. O subscritor atende à oferta, na certeza jurídica de que os demais subscreverão a cifra inicial indicada na sua integralidade, já que, no prospecto, esta é declarada necessária. A subscrição a menor não satisfaria a demanda de recursos próprios declarados naqueles documentos de acordo com as necessidades da empresa.

Admitir uma subscrição inicial inferior à declarada seria passar um atestado da insinceridade da oferta de subscrição feita ao público ou, ainda, da incapacidade dos fundadores em projetar adequadamente os recursos iniciais necessários.

A subscrição a menor significa o inadimplemento do contrato plurilateral de constituição. Consequentemente, não poderá a assembleia geral de constituição, ou a preliminar de avaliação, sequer ser convocada pelos fundadores, mesmo porque faltariam à assembleia geral de constituição poderes para modificar o valor da subscrição previsto no prospecto e, no caso de capital fixo, também no projeto de estatuto. A subscrição inferior ao valor determinado pelos fundadores não vincula os subscritores, já que a demanda inicial de capital próprio representa condição

---

276 Como, v. g., o art. 29 da AKTG; o art. 8ª da lei espanhola; o art. 75 da lei francesa; e o art. 2.329 do Código Civil italiano.

277 A respeito, Fran Martins, *Comentários*, cit., v.1, p. 503.

suspensiva da própria constituição da companhia[278].

EFEITOS DA SUBSCRIÇÃO PARCIAL

No caso de verificar-se subscrição parcial das ações determinadas pelos fundadores, não haverá convocação da assembleia geral. A sociedade não se constituirá e o banco depositário devolverá as quantias depositadas aos subscritores (art. 81).

Não poderão os fundadores sequer aproveitar o ensejo para convocar reunião daqueles que subscreveram o capital, ainda que insuficientemente, para determinar qualquer outro destino dos recursos já depositados[279]. Tal expediente é inteiramente incompatível com a constituição por subscrição pública. Na hipótese, impõe-se a devolução.

Será, por outro lado, nula a cláusula do prospecto que preveja a eventualidade de a assembleia geral de constituição reduzir as ações ao montante efetivamente subscrito[280].

Será, outrossim, nulo o projeto de estatuto que fixe valor mínimo e máximo de subscrição[281]. Ainda que a margem entre um e outro limite seja reduzida, tal expediente fere frontalmente o princípio da subscrição integral das ações, criando um critério de sobras ao inverso, o que a lei não prevê ou autoriza.

Consequentemente, a constituição da companhia, sem que tenha sido verificada a subscrição integral das ações determinadas pelos fundadores, no prospecto, é nula de pleno direito, além de acarretar a responsabilidade destes pelas perdas e danos causados aos subscritores, cujo direito à restituição dos seus depósitos é líquido e certo (art. 81)[282].

---

278 *V*. comentários ao art. 170.

279 Sobre a matéria, Miranda Valverde, *Sociedades por ações*, cit., v. 1, p. 281; Fran Martins, *Comentários*, cit., v. 2, p. 511.

280 Contrariamente à decisão do Tribunal de Justiça do antigo Distrito Federal, *Revista de Direito Mercantil*, São Paulo, 3:809, 1953.

281 Valverde não vê inconveniente nessa hipótese (*Sociedades por ações*, cit., v. 1, p. 282).

282 O Direito francês anterior a 1966 determinava expressamente a nulidade da companhia em que o capital não fosse inteiramente subscrito. A lei francesa vigente silencia a respeito. Há, inclusive, a dúvida sobre a persistência do princípio anterior, já que a nulidade deve sempre resultar de dispositivo expresso de lei. *V*. Ripert-Roblot, *Traité*, cit., v. 1, p. 698.

REGIME DE CAPITAL AUTORIZADO

O art. 45 da Lei n. 4.728, de 1965, como já se referiu, permitia, nas sociedades que adotassem o regime de capital autorizado, que apenas parte do capital estatutariamente declarado fosse emitida, ou, conforme o próprio texto legal, que tais sociedades poderiam "ser constituídas com o capital subscrito inferior ao autorizado pelo estatuto social"[283].

Tal sistema, que continua em vigor, fundamenta-se no Direito norte-americano, em que é sempre previsto nos *articles* um capital autorizado, dentro do qual os administradores podem emitir ações, quando lhes aprouver, desde que observem os interesses da companhia.

Há, portanto, a possibilidade de a companhia iniciar a sua existência legal com parcela mínima do capital, apenas com o necessário para o início dos seus negócios[284]. Tal regra de liberdade e flexibilidade para os administradores, no que diz respeito à obtenção de recursos, é típica da *common law*. Decorre, ademais, do fato de que a cifra do capital, no Direito norte-americano, não tem a mesma importância que lhe costumavam dar no direito continental.

Na esteira desse sistema, a lei vigente de 1976 não mais adota a consonância do capital declarado com o valor da emissão das ações, seja pela inexistência de valor nominal, seja pela emissão de ações com ágio, inclusive na constituição. Seguiu o nosso Direito Societário vigente o sistema norte-americano.

Como já se ressaltou[285], o valor do ágio de ações com valor nominal e uma parcela do valor de emissão de ações sem valor nominal poderão ter destinação diversa, não integrando o capital declarado. Em decorrência, o capital social não mais reflete, obrigatoriamente, o valor de todas as entradas de capital, inclusive daquelas provenientes da subscrição em companhia constituenda.

---

283 Sobre a matéria, Fran Martins, *Comentários*, cit., v. 2, t. 2, p. 459 e s.; Cunha Peixoto, *Sociedades por ações*, cit., v. 2, p. 62.

284 Ballantine, *Ballantine*, cit., p. 83. *V.* comentários ao art. 168. Não obstante, entende-se que é necessária a subscrição de um capital mínimo que possibilite a consecução do objeto. *V.* o exemplo de Gower, citado por Anne Petitpierre Sauvin (*Inchieste*, cit., v. 5-I, p. 85): "Seria iníquo obrigar um subscritor que aceitou uma oferta de participar de uma emissão com a finalidade de adquirir o Estádio de Wembley a manter seu dinheiro em uma sociedade que obteve apenas o suficiente para adquirir uma casa no subúrbio".

285 Sobre a matéria, *v.* comentários ao art. 5º.

À semelhança do sistema norte-americano, o capital social não expressa toda a massa patrimonial própria, posta em função dos negócios da companhia, por não mais corresponder ao valor total das ações e, portanto, à soma de todas as contribuições em dinheiro ou em bens feitas pelos subscritores.

Não só pela adoção do regime de capital autorizado, como também pelo caráter relativo do patrimônio nesse regime, mantém-se, entre nós, o sistema inaugurado pela Lei do Mercado de Capitais de 1965, ou seja, a companhia pode constituir-se sob o regime de capital autorizado. O art. 80, I, da Lei Societária vigente, ao falar em "capital fixado no estatuto", evidentemente refere-se ao regime de capital fixo. Não se pode daí concluir que é vedado à companhia constituir-se com capital autorizado. Poderá constar do estatuto (art. 83) que o capital autorizado será de tanto, podendo ser aumentado até esse limite, independentemente de reforma estatutária[286].

PRAZOS E PUBLICAÇÃO

Prevalece, no que concerne aos prazos de convocação, o estabelecido no § 1º do art. 124, seja quanto ao prazo inicial, seja quanto ao interstício entre a primeira e a segunda convocação, portanto, com quinze dias de antecedência[287].

Ademais, deverão ser rigorosamente atendidas as exigências de publicação oficial e em jornal de grande circulação, contidas no art. 289.

A convocação com quinze dias de antecedência deverá explicitar se a assembleia irá promover a avaliação dos bens, ou se versará, desde logo, sobre a constituição da companhia (art. 124, § 1º, II).

Em se tratando de assembleia preliminar de avaliação, os elementos informativos sobre o valor da subscrição, a que se referem, devem constar dos anúncios, bem como a existência de laudo e de seus autores, se já formulados, em conformidade com o § 3º do art. 135[288].

---

286 *V.* comentários ao art. 168. Para Fran Martins (*Comentários*, cit., v. 2, t. 2, p. 469 e s.), a lei vigente mudou a anterior (Lei n. 4.728, de 1965), pois não fez nenhuma referência à constituição, mas apenas ao aumento de capital. Conclui o autor que não pode mais constituir-se a companhia, sem que a totalidade do capital declarado esteja subscrita.

287 *V.* comentários ao art. 124.

288 *V.* comentários ao art. 135.

ASSEMBLEIA DE CONSTITUIÇÃO

Art. 87. A assembleia de constituição instalar-se-á, em primeira convocação, com a presença de subscritores que representem, no mínimo, metade do capital social, e, em segunda convocação, com qualquer número.

§ 1º Na assembleia, presidida por um dos fundadores e secretariada por subscritor, será lido o recibo de depósito de que trata o n. III do art. 80, bem como discutido e votado o projeto de estatuto.

§ 2º Cada ação, independentemente de sua espécie ou classe, dá direito a um voto; a maioria não tem poder para alterar o projeto de estatuto.

§ 3º Verificando-se que foram observadas as formalidades legais e não havendo oposição de subscritores que representem mais da metade do capital social, o presidente declarará constituída a companhia, procedendo-se, a seguir, à eleição dos administradores e fiscais.

§ 4º A ata da reunião, lavrada em duplicata, depois de lida e aprovada pela assembleia, será assinada por todos os subscritores presentes, ou por quantos bastem à validade das deliberações; um exemplar ficará em poder da companhia e o outro será destinado ao registro do comércio.

LEI DE 1940

O diploma de 1940 tratava da matéria em seu art. 44, divergindo do dispositivo atual, significativamente, quanto ao quórum de instalação, pois exigia três convocações: a primeira e a segunda com 2/3, no mínimo, do capital e, a terceira, com qualquer número. No mais, já consagrava o princípio da imutabilidade do projeto de estatuto, admitindo-a somente pela deliberação unânime dos subscritores.

Não era, no entanto, explícita a lei anterior 1940 quanto ao direito de os subscritores de ações preferenciais votarem na constituição, sendo que o entendimento afirmativo acabou se impondo[289].

LEI N. 6.404, DE 1976

Reduziram-se, na Lei n. 6.404, de 1976, o quórum de instalação da assembleia de constituição e o número de convocações, da

---

289 Miranda Valverde, *Sociedades por ações,* cit., v. 1, p. 285 e s.

mesma forma que se fez para os demais conclaves previstos no vigente diploma. Não se exige a assinatura de todos os presentes, na ata, dentro também da sistemática geral da lei. No mais, mantém-se o sistema da lei anterior, sendo o conclave presidido por um dos fundadores e secretariado por um dos subscritores, a fim de que este, não tendo participado da organização, exerça funções de fiscal, durante a reunião[290], Esta, além de constitutiva da pessoa jurídica, é também homologatória dos atos praticados pelos fundadores.

Prevaleceu, outrossim, em matéria de convocação, o previsto no art. 124, § 1º, da lei anterior, no que diz respeito à dilação mínima da primeira para a segunda convocação.

LEI N. 10.303, DE 2001

A Lei n. 10.303, de 2001, com o objetivo de dar maior transparência aos acionistas a respeito das atividades e operações, ordinárias e extraordinárias da sociedade, trouxe várias alterações no que se refere aos *prazos para convocação das assembleias gerais das companhias abertas* e à divulgação das informações a respeito das deliberações a serem nelas tomadas.

LEI N. 12.431, DE 2011

A Lei n. 12.431, de 2011, faculta que nas companhias abertas o livro de Atas das Assembleias Gerais, bem como do livro de Presença dos Acionistas sejam substituídos por registros mecanizados ou eletrônicos, consoante as normas que, a respeito, cabem à Comissão de Valores Mobiliários expedir.

Esse dispositivo também se aplica aos atos referentes à assembleia de constituição por subscrição pública.

Ademais, o mesmo diploma de 2011 acrescenta um parágrafo ao art. 121 e também ao art. 127, para facultar, nas companhias abertas, que os acionistas possam participar e votar a distância em assembleia geral (art. 126, § único), nos termos da regulamentação da Comissão de Valores Mobiliários. E, assim, a lei de 2011 (art. 127, § único) considera presente em assembleia geral, para todos os efeitos, o acionista que registrar a

---

290 Cunha Peixoto, *Sociedades por ações*, cit., v. 2, p. 70.

distância sua presença, sempre nos termos da regulamentação expedida pela CVM[291].

Esses dois dispositivos aplicam-se aos atos formais de constituição de companhia por subscrição pública, na medida em que visam, precipuamente, facilitar a presença do maior número de subscritores/acionistas no conclave.

Temos, assim, que tanto os livros referidos nos incisos IV e V do art. 100, como o alargamento do conceito presencial previsto nos parágrafos únicos dos arts. 126 e 127, são de inteira aplicabilidade no procedimento de instalação, realização e registro das assembleias gerais de constituição de companhia por subscrição pública.

PRESENÇA DOS SUBSCRITORES

Realiza-se a assembleia constitutiva com a presença dos subscritores em geral, que se identificarão com o recibo firmado pela instituição financeira intermediária. Poderá a mesa encarregada da instalação dos trabalhos solicitar documento para identificação e anotação no boletim de presenças.

Todos os procedimentos referentes à assembleia geral de constituição devem ser conciliados com o regulamento que a respeito emitira a CVM para o efeito de aplicação no disposto na Lei n. 12.431, de 2011, como referido.

Por outro lado, o subscritor poderá fazer-se representar, na assembleia de constituição, por procurador (art. 90)[292].

Mesmo tendo ocorrido sobras na subscrição, todo subscritor, pessoalmente ou por procuração, pode comparecer e votar na assembleia de constituição, a não ser que o critério previsto, no prospecto, seja o de exclusão dos últimos subscritores e que estes tenham sido avisados de sua exclusão e devidamente creditados da respectiva importância. No caso de ter sido adotado o critério de rateio, os votos, na assembleia constitutiva, serão igualmente *pro rata*, conforme o percentual previsto no prospecto[293].

---

291 V. comentários aos arts. 100, 126 e 127.

292 V. comentários ao art. 90.

293 Fran Martins, *Comentários*, cit., v. 1, p. 511.

NATUREZA DA ASSEMBLEIA DE CONSTITUIÇÃO

A assembleia de constituição tem natureza diversa da dos conclaves ordinário e extraordinário. Constitui uma terceira espécie[294]. Não se trata de reunião de acionistas, mas de subscritores do capital, aos quais cabe decidir sobre a constituição ou não da companhia. Além disso, é de sua competência o exame dos atos preliminares realizados pelos fundadores.

A assembleia constitutiva tem natureza especial. Primeiro, porque não é órgão da companhia, já que esta ainda não existe[295]. Segundo, por seu objeto e competência, que é o de decidir sobre a formação de uma pessoa jurídica. Esta a razão por que o seu quórum deliberativo é qualificado[296].

A assembleia de constituição é, dessa forma, a reunião das pessoas que aderiram ao projeto de formação da companhia, cabendo a essa comunidade de interesses, por maioria absoluta, deliberar constituí-la ou não; ou, por unanimidade, modificar a sua lei interna.

Em consequência, o conclave constitutivo delibera no interesse da comunhão dos subscritores e não no interesse de uma pessoa jurídica, ou seja, da sociedade constituenda[297].

RETRATAÇÃO NA CONSTITUIÇÃO

Ainda que a subscrição seja irretratável, o subscritor poderá, no momento da assembleia constitutiva, manifestar vontade contrária à própria constituição. Sobre a matéria, vigora o critério da maioria absoluta dos subscritores, devendo os em minoria submeter-se à deliberação que, a respeito, tomar o colégio majoritário.

Prevalece, nessa votação, o voto de capital, correspondente ao número total de ações subscritas — ordinárias e preferenciais —, não contando o valor das referidas subscrições, se diversas para uma ou outra espécie[298 e 299].

---

294 Cunha Peixoto, *Sociedades por ações,* cit., v. 2, p. 67.

295 Garrigues-Uría, *Comentario,* cit., v. 1, p. 307.

296 Messineo, *Manuale,* cit., v. 3, p. 422.

297 Messineo, *Manuale,* cit., v. 3, p. 422.

298 *V.* comentários ao art. 15 da Lei n. 6.404/76 c/c o art. 8º da Lei n. 10.303/2001.

299 O Código Civil italiano (art. 2.335) é expresso estabelecendo que cada subscritor tem direito a apenas um voto, qualquer que seja o número de ações subscritas. A lei francesa (art. 82) determina que cada subscritor dispõe de um número de votos igual ao

A retratação decorre da característica própria do contrato de constituição, ou seja, do requisito de dupla manifestação de vontade dos subscritores: a primeira, na subscrição e adesão ao projeto de estatuto; e a segunda, na reunião constitutiva dos subscritores[300].

Embora haja essa dupla manifestação de vontade, não significa que existem dois contratos: o preliminar de subscrição e o definitivo de constituição[301]. Trata-se de um único contrato, o de constituição, o qual é formado, não simultaneamente, mas em momentos diversos, e que, desse modo, completam-se: o de adesão ao projeto e subscrição, em um primeiro momento, e o de ratificação de tais atos e, ainda, daqueles praticados pelos fundadores, num segundo momento, ou seja, no conclave constitutivo.

Não se trata, outrossim, de um contrato com condição suspensiva, pois, na hipótese, existe condição potestativa. Haveria condição suspensiva se o contrato constitutivo nascesse no momento da subscrição e se os seus efeitos estivessem subordinados à verificação de uma condição alheia à vontade dos próprios contratantes, ou seja, dos subscritores. Mas, nesse contrato, ocorre exatamente o contrário. A lei determina que o contrato de constituição, que nasce com a subscrição e adesão ao projeto constitutivo — estatuto e prospecto —, terá sua eficácia condicionada à ratificação da assembleia geral constitutiva. Esse ato de ratificar será mera reiteração da própria vontade dos subscritores, agora coletivamente manifestada, e não mais individualmente, prevalecendo a vontade majoritária dos subscritores.

Por isso, não se pode falar, na hipótese, de acontecimento futuro e incerto, independentemente da vontade dos subscritores, que pudesse configurar condição suspensiva da constituição da companhia. O que existe, na espécie, como já se aventou, são dois momentos de manifestação da vontade de contratar: um primeiro momento, em que cada subscritor, individualmente, declara sua vontade de constituir a companhia; e um

---

das ações subscritas, sem que tal número possa exceder dez. Tal norma baseia-se na ideia de que ainda não há pessoa jurídica para que possa deliberar com votos em que prepondere o capital e não as pessoas. Deve, pois, prevalecer o elemento pessoal. A lei francesa também impõe o impedimento de voto ao subscritor em bens (art. 82, 2, da lei de 1966).

300 Brunetti, *Tratado*, cit., v. 2, p. 215, citando Auletta.

301 Contrariamente, leciona Cunha Peixoto, *Sociedades por ações*, cit., v. 2, p. 72: "Realmente, embora a subscrição seja uma aceitação do programa estabelecido pelo prospecto, não constitui, por si só, a sociedade. É um contrato preliminar, cuja formação definitiva depende de outro ato, e, portanto, esse último deveria, em rigor, contar com a totalidade dos subscritores...".

segundo, em que tal vontade é ratificada não mais individualmente, mas coletivamente, através de deliberação eficaz da maioria absoluta dos acionistas que representem mais da metade da titularidade do capital social.

Trata-se, pois, o contrato de constituição, de uma avença sujeita a condição potestativa da comunidade dos contratantes e não mais destes individualmente considerados. Se a maioria absoluta dos subscritores delibera pela constituição, estão os demais subscritores vinculados aos efeitos constitutivos.

Essa diferença qualitativa entre a vontade individualmente manifestada de contratar a constituição e sua ratificação coletiva, por meio do princípio majoritário, é que não permite falar em contrato preliminar de subscrição, seguido do definitivo de constituição. Isto porque a livre manifestação da vontade individual é requisito da eficácia do contrato.

Levando-se em conta tais ponderações e sabendo-se que o contrato preliminar, em geral, tem como objeto celebrar um outro contrato, não seria imaginável que a vontade individualmente manifestada neste pudesse ser substituída, no contrato definitivo, pela vontade coletiva majoritária, a qual poderá ser contrária à manifestação da vontade do pré-contratante.

Essa substituição qualitativa que importa, em princípio, a derrogação da vontade de contratar leva à conclusão de que existe um único contrato, em que todas as partes submetem-se ao princípio legal de ratificação ou retratação deliberada pela maioria dos subscritores. Deliberando-se a constituição, haverá plena eficácia do próprio contrato constitutivo para todos os subscritores. Se houver retratação, pela vontade coletiva majoritária, o contrato constitutivo não terá eficácia e não surtirá, portanto, efeitos. Voltam as partes ao estado patrimonial anterior, devolvendo-se-lhes as importâncias pagas a título de entrada, desvinculando-se todas das demais obrigações decorrentes da própria constituição.

Questões podem surgir quanto ao quórum de deliberação. Se houver empate, prevalecerá a regra contida no § 2º do art. 129.

Outro problema poderá ocorrer se, por maioria, votar-se pela não constituição, quando houver, na assembleia, presença de número menor do que a metade do capital subscrito. Neste caso, nova assembleia de constituição deverá ser convocada ou tantas quantas bastem para se obter o quórum suficiente para a deliberação majoritária prevista em lei[302].

---

302 Nesse caso, como lembra Miranda Valverde, se mais da metade representativa do capital opuser-se, desde logo, à constituição, a sociedade estará fadada ao fracasso (*Sociedades por ações*, cit., v. 1, p. 286).

CONTROLE DE LEGITIMIDADE

Além de deliberar a própria constituição, a assembleia tem a função de controlar a legitimidade, oportunidade e conveniência das operações e negócios praticados pelos fundadores. Tem, portanto, o conclave função integrativa dos atos realizados pelos fundadores[303]. E tal consentimento exonera os fundadores da responsabilidade sobre tais atos.

Prevalece, no caso, o que a lei preceitua nos seus arts. 92, 97 e 134, ou seja, que a aprovação, sem reserva, dos atos praticados pelos fundadores exonera-os da responsabilidade, salvo erro, dolo, fraude ou simulação (art. 287)[304].

CONFERÊNCIA DE BENS

Em regra, os bens conferidos ao capital inicial da companhia devem ser postos à sua disposição, no momento em que se constitui, operando-se, nessa ocasião, a transferência deles, sejam bens móveis, sejam imóveis, materiais ou imateriais. Nestes últimos incluem-se, portanto, os direitos de crédito, estabelecimentos, propriedade industrial etc.[305].

As legislações estabelecem sistemas diversos para garantir que se avaliem, na constituição, os bens, com vistas sempre a prevenir uma supervalorização, que acarretaria prejuízos aos acionistas e credores futuros.

Na Lei societária francesa de 1966, a matéria é tratada nos arts. 75, 82 e 86, estabelecendo que a aprovação de tais avaliações pela assembleia geral deverá obedecer às informações de um *commissaire aux apports*. E o art. 278 da mesma lei proíbe, outrossim, negociação com as respectivas ações pelo prazo de dois anos. A função dos *commissaires aux apports* é a de promover a avaliação dos bens, de forma a garantir o seu exato preço. São eles designados pelo presidente do Tribunal do Comércio, por solicitação dos fundadores, estabelecendo a própria lei inúmeras incompatibilidades e, portanto, impedimentos nessa indicação, a fim de garantir isenção e imparcialidade no julgamento dos *commissaires aux apports*. As sanções penais respectivas são previstas no art. 433 da mesma lei.

---

303 Brunetti, *Tratado,* cit., v. 2, p. 228 e s.

304 *V.* comentários ao art. 287.

305 Garrigues-Uría, *Comentario,* cit., v. 1, p. 342 e s.

Consoante a lei italiana — art. 2.343 do Código Civil —, quem contribuir com bens para a constituição da companhia deve apresentar relatório de perito designado pelo presidente do Tribunal. Estabelece, ainda, um princípio salutar, ou seja, de que, depois de constituída a companhia, poderá haver reavaliação de tais bens, sendo que, enquanto tal reavaliação não esteja concluída, as ações correspondentes permanecerão inalienáveis e depositadas na própria companhia.

Esse princípio de revisão é obrigatório, na lei espanhola, tanto no caso de constituição simultânea como no de sucessiva. Dentro de quatro meses, a contar da constituição da sociedade, serão reavaliados os bens conferidos ao seu capital.

O princípio de ampla publicidade também prevalece nas várias legislações, devendo, como ocorre entre nós (art. 84, II), constar do prospecto a descrição do bem e o valor a ele atribuído. Também é universal o princípio da responsabilidade solidária dos fundadores pela existência dos bens e sua correta avaliação[306].

ALTERAÇÃO DO PROJETO DE ESTATUTO

O projeto de estatuto somente poderá ser alterado com a aprovação da unanimidade dos subscritores, independentemente da espécie ou classe das ações subscritas. Não prevalece, na espécie, a regra da unanimidade dos presentes. Ainda que votada por unanimidade dos presentes ao conclave, tal alteração será nula.

O princípio é de que o subscritor, individualmente, aderiu àquele específico projeto societário, presumindo a lei serem lesivas aos seus interesses, como futuro acionista, as modificações que, sem o seu voto, viessem a ocorrer.

Esse princípio de unanimidade dos subscritores foi adotado pela lei francesa de 1966, após grandes discussões, chegando-se à conclusão de que, no momento de sua constituição, a companhia deve nascer tal qual foi projetada, salvo acordo unânime dos subscritores. Concluiu-se, ainda, nessas discussões, que o princípio majoritário que vigora, depois de constituída a companhia, tem por objeto a continuidade da vida social, mas que não deve prevalecer por ocasião da constituição da sociedade[307].

---

306 A respeito, art. 2.339 do Código Civil italiano.

307 Ripert-Roblot, *Traité*, cit., v. 1, p. 689.

Esse rigorismo de todo louvável, adotado também na lei brasileira, não prevalece, no entanto, em todas as legislações, como, v. g., na espanhola, em que a existência legal depende da unanimidade dos presentes ao conclave constitutivo, já que, conforme leciona Garrigues[308], a ausência do subscritor, na assembleia de subscrição, implica uma aprovação tácita aos acordos adotados unanimemente por aqueles que estejam presentes.

RETIFICAÇÃO DE IRREGULARIDADES NO PROJETO DE ESTATUTO

O rigoroso princípio da unanimidade dos subscritores não impede que a assembleia geral constitutiva proceda a alterações ou a emendas no projeto de estatuto que visem a corrigir falhas ou irregularidades detectadas no curso do processo de formação da companhia[309].

Será de mínima prudência que os fundadores proponham tais alterações de caráter legal ou mesmo regulamentar, no que diz respeito à orientação formulada pelo Registro do Comércio, pois a antecipação a eventuais exigências da Junta Comercial virá de encontro aos interesses da companhia e de seus acionistas, abreviando o início do seu regular funcionamento.

Tais alterações necessárias evitarão que prevaleça o desgastante procedimento previsto no § 1º do art. 97 da lei.

Os limites da retificação aprovada no projeto de estatuto estão no próprio art. 97 citado, ainda que possam envolver matérias substanciais, como a própria redação do objeto social, a declaração do capital social e a estrutura da administração.

Insista-se, no entanto, que essas retificações somente serão eficazes quando situadas nos limites formais da lei ou dos regulamentos administrativos, não podendo modificar ou distorcer, ainda que a pretexto de aperfeiçoar o projeto, a substância do estatuto, afetando, em consequência, a própria estrutura da companhia ou a vida social, no futuro, e os direitos dos subscritores.

FRAUDE À REGRA DA UNANIMIDADE

O rigorismo da regra pode predispor os interessados — fundadores convertidos em controladores — a fraudar o princípio legal

---

308 Garrigues-Uría, *Comentario*, cit., v. 1, p. 321 e s.

309 Miranda Valverde, *Sociedades anônimas*, cit., v. 1, p. 285.

da unanimidade, convocando, logo após a constituição, assembleia geral extraordinária, para modificar o estatuto (art. 135)[310].

Tal expediente, formalmente lesivo à disposição legal em tela, não pode prevalecer, por constituir, da parte dos administradores da companhia, desvio de poder (art. 154), da parte dos acionistas majoritários, na assembleia, abuso do direito de voto (art. 115), e da parte dos controladores, abuso de poder, incidindo especificamente na proibição prevista no art. 117, § 1º, c, ou seja, promover alteração estatutária que visa a causar prejuízo a acionistas minoritários.

Em consequência, qualquer deliberação de assembleia geral extraordinária convocada, após a constituição da sociedade, visando a alterar o seu estatuto, que foi aprovado no conclave constitutivo, será nula. Somente será admissível tal alteração se ficar evidenciado, na própria proposta dos administradores, que a modificação do estatuto decorre da continuidade da vida social. Isto somente ocorrerá após um período razoável de implantação das atividades da companhia.

É mesmo inadmissível, v. g., que, no próprio exercício inicial da companhia, fossem operadas estas alterações. Somente após a verificação dos resultados desse exercício é que se poderia, razoavelmente, cogitar de tais modificações. O princípio da inalterabilidade, no primeiro exercício, prevalece, inclusive, no que diz respeito à alteração do capital por subscrição, o qual, se aumentado logo após a constituição, poderá representar forma lesiva aos interesses dos minoritários ou mesmo dos acionistas que partilham do controle (art. 118).

CONSTITUIÇÃO DEFINITIVA

Com a aprovação e, portanto, ratificação dos atos constitutivos da sociedade deliberados em assembleia, indaga-se se a companhia estará definitivamente constituída, como expressamente ocorre no Direito francês[311], ou se tal *status* demandará, ainda, o registro.

Deve-se entender que, com a deliberação constitutiva, tomada na assembleia geral, a companhia adquire personalidade jurídica, passando, em consequência, a ser um ente considerado sujeito de direito. Tanto assim é

---

310 Adverte para essa modalidade de fraude à lei Campos Batalha (*Comentários*, cit., v. 1, p. 448, nota 7).

311 Art. 71 do decreto de 1967.

que os administradores procederão ao arquivamento dos atos constitutivos, em nome da própria companhia. Não obstante, o registro é imprescindível para que, perante terceiros, os atos praticados pela companhia surtam efeitos.

A personalidade jurídica da sociedade existe, portanto, a partir da sua constituição por assembleia ou escritura pública. O seu funcionamento é que dependerá do respectivo registro. Não é outro o sentido do art. 93 da lei.

ELEIÇÃO DOS ADMINISTRADORES

Cumpridas as formalidades legais, votado o projeto de estatuto, não havendo oposição eficaz, será a sociedade considerada constituída, devendo-se proceder imediatamente à eleição dos primeiros administradores. Todos os subscritores, já agora na condição de acionistas, têm direito de voto para eleger os administradores, independentemente das limitações estatutárias que pesem sobre determinadas espécies ou classes de ações.

Essas limitações ou restrições de direito somente prevalecerão nas assembleias ordinárias e extraordinárias da companhia, pois estas terão por objeto a continuidade da vida social e não a própria constituição e representação da sociedade. Por isso, não prevalecem ainda as regras estatutárias, mas, sim, a determinação legal. Seria, outrossim, inconcebível que se pudesse dividir a assembleia constitutiva em colégios diversos, conforme fosse votada, sucessivamente, a ordem do dia. Por isso tudo e dada a natureza especial do conclave inicial da companhia, em todos os assuntos da assembleia de constituição, cada ação, independentemente de sua espécie ou classe, terá direito a um voto.

Os membros do Conselho Fiscal serão eleitos, se assim o solicitarem os acionistas, na forma do art. 161 da lei (art. 88, § 2º, f)[312].

Na eleição dos administradores e fiscais serão observadas as normas legais relativas aos requisitos e impedimentos a eles concernentes (arts. 146, 147 e 162)[313].

As funções e responsabilidades dos fundadores cessam, não com a eleição dos administradores, mas com a efetiva aceitação dos respectivos cargos.

---

312 *V.* comentários aos arts. 146 e 147.

313 *V.* comentários ao art. 161.

Na hipótese de recusa da parte daqueles que tenham a representação da companhia, os fundadores continuarão a exercer suas funções. Prossegue-se com a assembleia constitutiva já instalada, que será concluída com a efetiva declaração positiva daqueles administradores necessários ao exercício da representação social.

Em se tratando de sociedade constituída por subscrição pública, impõe-se, desde logo, a administração bipartida, consoante o art. 138 da lei. Isto posto, o projeto de estatuto deverá prever a existência dos dois órgãos, e a reunião constitutiva deverá eleger os membros do Conselho de Administração, cabendo a estes, *incontinenti*, eleger os diretores da companhia, na forma do art. 142[314].

Dos trabalhos será lavrada ata em duplicata, uma para a companhia e outra para arquivamento no Registro do Comércio (art. 95, V). Não é necessário, diferentemente do que previa a lei de 1940, que a ata seja assinada por todos os presentes, mas apenas por quantos bastem para constituir a maioria exigida para as deliberações tomadas na assembleia, consoante o previsto no art. 130[315]. Deve-se anotar sobre a matéria o disposto no § 2º do art. 100, com a redação dada pela Lei n. 12.431, de 2011, no tocante às companhias constituídas por subscrição pública.

Seção III
CONSTITUIÇÃO POR SUBSCRIÇÃO PARTICULAR

> **Art. 88.** *A constituição da companhia por subscrição particular do capital pode fazer-se por deliberação dos subscritores em assembleia geral ou por escritura pública, considerando-se fundadores todos os subscritores.*
>
> *§ 1º Se a forma escolhida for a de assembleia geral, observar-se-á o disposto nos arts. 86 e 87, devendo ser entregues à assembleia o projeto do estatuto, assinado em duplicata por todos os subscritores do capital, e as listas ou boletins de subscrição de todas as ações.*
>
> *§ 2º Preferida a escritura pública, será ela assinada por todos os subscritores, e conterá:*

---

314 V. comentários ao art. 142.

315 Miranda Valverde, *Sociedades por ações*, cit., v. 1, p. 287.

a) a qualificação dos subscritores, nos termos do art. 85;

b) o estatuto da companhia;

c) a relação das ações tomadas pelos subscritores e a importância das entradas pagas;

d) a transcrição do recibo do depósito referido no n. III do art. 80;

e) a transcrição do laudo de avaliação dos peritos, caso tenha havido subscrição do capital social em bens (art. 8º);

f) a nomeação dos primeiros administradores e, quando for o caso, dos fiscais.

LEI DE 1940 E LEI 6.404, DE 1976

O procedimento de constituição por subscrição particular estava prescrito no art. 45 do Decreto-Lei n. 2.627, de 1940, em termos praticamente idênticos aos do dispositivo vigente, adotando-se, desde então, a faculdade de constituição por escritura pública ou por assembleia constitutiva[316].

A inovação fundamental constante do diploma em vigor é a de explicitar a condição de fundadores de todos os subscritores. Essa presunção absoluta torna, em nossa lei, responsáveis pelos atos preliminares à constituição todos aqueles que subscreveram o capital da sociedade constituenda, sejam pessoas físicas, sejam jurídicas. Assim, fundadores, em companhia constituída por subscrição particular, serão todos os que subscreverem o seu capital.

RESPONSABILIDADES E FUNÇÕES DO FUNDADOR

Esse conceito legal de fundador refere-se unicamente às responsabilidades previstas no art. 92 da lei, independentemente do efetivo exercício de tais funções.

Prevalece, entre nós, portanto, o princípio adotado pelo art. 2.341 do Código Civil italiano, pelo qual todos aqueles que intervêm na estipulação do ato constitutivo são considerados fundadores.

---

316 O art. 23 da Lei Societária alemã determina que a constituição deve ser feita por escritura pública ou por ato judicial. Na França (art. 78 da lei), exige-se a intervenção de tabelião, para o recebimento da declaração dos fundadores, quanto à subscrição e integralização do capital inicial. Na Itália, o art. 2.328 do Código Civil determina que a sociedade anônima deve constituir-se por ato público. Nos países da *common law*, os documentos necessários para a constituição da sociedade são formados por um *deed*, isto é, por um ato privado munido de sigilo e dotado de particular eficácia, com a firma dos fundadores reconhecida por um *public notary*.

Não obstante, é impossível não distinguir, quanto ao exercício de tais funções, entre os subscritores-fundadores, que efetivamente se dedicam ao cumprimento das operações indispensáveis à constituição da sociedade, e aqueles que passivamente subscrevem o seu capital, sem nenhuma interferência nos procedimentos preliminares[317].

A qualificação de fundador depende, como lembra Brunetti, de dois requisitos: que haja cooperado de maneira ativa e eficaz na constituição da sociedade; que sua intervenção seja movida pelo interesse individual na realização do projeto constitutivo e, de maneira especial, nos destinos da companhia[318].

Isto posto, em face da presunção legal, existirão fundadores que exercem tais funções e fundadores que apenas respondem solidariamente com aqueles pelos prejuízos resultantes da inobservância de preceitos legais, decorrentes de culpa ou dolo, em atos ou operações anteriores à constituição (art. 92). A estes últimos cabe exercer vigilância e diligência, na verificação da legalidade e legitimidade (interesse social) dos atos praticados pelos fundadores ativos. Caso não exerçam tal controle, a sua responsabilidade decorrerá de negligência.

CONSTITUIÇÃO POR ASSEMBLEIA

Sendo constituída a companhia por assembleia, prevalecem as mesmas normas previstas para a subscrição pública. Exige-se que o projeto de estatuto venha assinado por todos os fundadores-subscritores. As demais formalidades são as mesmas, não precisando estar presentes todos os subscritores.

Por outro lado, não será necessário atendimento às normas de publicidade na convocação do conclave, se a ele comparecerem todos os subscritores, prevalecendo, na hipótese, o previsto no § 4º do art. 124[319].

A assinatura do projeto de estatuto por todos os subscritores-fundadores, embora seja requisito para a realização da assembleia, não impede que o mesmo seja modificado, por deliberação unânime (art. 87), no decorrer do conclave. Não haveria justificativa para que não se pudesse fazê-lo, tanto mais em companhia constituída por meio de captação particular, onde se presume que todos os subscritores são conhecidos e têm plena ciência do

---

317 Brunetti, *Tratado*, cit., v. 2, p. 212.
318 Brunetti, *Tratado*, cit., v. 2, p. 212.
319 *V.* comentários ao art. 124.

empreendimento. Com efeito, dificuldades de última hora podem surgir em tais constituições, como, v. g., na composição dos quadros da administração.

CONSTITUIÇÃO POR ESCRITURA PÚBLICA

Além das menções expressas no § 2º, deverá constar da escritura a declaração de que a sociedade fica definitivamente constituída.

Deverão constar também as referências à representação dos subscritores por procuradores ou representantes e o arquivamento dos respectivos instrumentos de mandato. Também deverão ser transcritas as atas das assembleias preliminares de avaliação de bens. A escritura, diferentemente da ata da assembleia geral de constituição, deverá ser firmada por todos os subscritores.

Na escritura de constituição existe uma parte contratual e outra corporativa — o estatuto —, que não se exaure no próprio ato, permanecendo os seus efeitos durante toda a vida da sociedade[320]. Em consequência, as declarações contidas na parte contratual e na corporativa são diversas, como diversos são os seus objetos. Assim, a parte convencional estabelece relações entre os subscritores do capital, ao passo que a parte referente ao estatuto diz respeito não propriamente às pessoas convenentes, mas à própria companhia, como pessoa jurídica que, por força da própria escritura, começa a existir.

SUBSCRIÇÃO EM BENS

Nas constituições por escritura pública em que haja subscrição em bens, deve ser obedecido o disposto no art. 8º da lei: realização de duas assembleias preliminares, anteriores à escritura; uma, para nomeação de peritos, e outra, para deliberação sobre o laudo. Tal procedimento, conforme a natureza dos bens, poderá ser abreviado pela realização de uma única assembleia, em que se nomeiam os peritos, suspendendo-se os trabalhos para a feitura do laudo.

Outro procedimento foi entrevisto pela doutrina, na vigência da lei de 1940. Cunha Peixoto defendia a possibilidade de nomeação de peritos em escritura preliminar e aprovação do laudo na escritura de constituição da sociedade[321]. Tal procedimento foi aventado por Oscar Saraiva, sob a alega-

---

320 Garrigues-Uría, *Comentario*, cit., v. 1, p. 235.
321 Cunha Peixoto, *Sociedades por ações*, cit., v. 2, p. 82.

ção de que se tratava de sociedade com aspecto nitidamente privado e, portanto, constituída sem apelo à economia popular, não se impondo a tutela do Poder Público. Concluía que, sendo a sociedade constituída por escritura e havendo assentimento de todos os subscritores, poderia a vontade das partes prevalecer, sanando-se, pois, a nulidade arguida pela falta de atendimento à norma[322].

Manifestou-se contrariamente a tais procedimentos Valverde, e com razão, pois os prescritos na lei são formais e de ordem pública, não podendo ser derrogados ou modificados, uma vez que levam em conta não só os interesses dos subscritores mas também os dos credores, quando se trata de subscrição em bens, na efetividade do capital social[323].

ESTATUTO E ARQUIVAMENTO

Na constituição por escritura pública, não há falar em projeto de estatuto. Ainda que este exista, não tem nenhuma eficácia, como necessariamente tem na constituição por assembleia geral. Serviria ele, na hipótese, unicamente como minuta para o tabelião. Com efeito, devendo comparecer ao cartório e firmar a escritura todos os subscritores-fundadores, é no próprio ato público que se redige o estatuto, podendo as partes, portanto, modificar a minuta que servirá de roteiro. A assinatura de todos os subscritores faz presumir, absolutamente, que todos estavam de acordo com a redação constante do instrumento público.

A transcrição da escritura pública será arquivada no Registro do Comércio, bem como as retificações, se houver. Nesta hipótese, prevalece a regra estabelecida no art. 97, muito embora, ali, mencione-se a modalidade de assembleia constitutiva.

Seção IV
DISPOSIÇÕES GERAIS

Art. 89. A incorporação de imóveis para formação do capital social não exige escritura pública.

---

322 Oscar Saraiva, *RF*, *605*:48, 1946.

323 Miranda Valverde, *Sociedades por ações*, cit., v. 1, p. 100 e s., nota 20.

LEI DE 1940 E LEI N. 6.404, DE 1976

Sobre a matéria prescrevia o art. 46 do Decreto-Lei n. 2.627, de 1940: "Ainda que se trate de bens imóveis de valor superior a Cr$ 1.000,00, a sua incorporação na sociedade, para a constituição de todo o capital ou parte dele, não impõe a forma de escritura pública".

A Lei n. 6.404, de 1976, repetindo o preceito, apenas suprimiu a menção à quantia, por estar superada.

Trata-se de norma imprescindível, pois torna, na espécie — conferência de bens imóveis —, inaplicável o disposto no art. 108 do Código Civil, que determina que a escritura pública é da substância do ato, nos contratos constitutivos ou translativos de direitos reais sobre imóveis. E no caso presente a Lei Societária dispõe o contrário, como se vê do presente art. 89.

A Lei Societária, dessa forma, faz exceção à regra geral, estabelecendo procedimento próprio no art. 98, que diz ser a certidão dos atos constitutivos, passada pelo Registro do Comércio, o documento hábil para a transferência dos bens, por transcrição.

Tal certidão, acompanhada da ata da assembleia geral que aprovar a incorporação e dos demais elementos mencionados no citado art. 98, § 3º, constitui título suficiente à aquisição do domínio e posse dos bens conferidos à sociedade.

Evidentemente que, sendo a constituição feita por escritura pública (art. 88, § 2º), a exceção à regra do direito comum não prevalece, pois estará obedecido o preceito contido no citado art. 108 do Código Civil[324].

FUNDAMENTO DA EXCEÇÃO

Conforme leciona Cunha Peixoto, "a lei reveste a organização da sociedade anônima por subscrição pública de requisitos e formalidades tais que, na verdade, equipara este documento a uma escritura pública, cercando destas mesmas garantias aqueles que dele participam"[325].

Com efeito, sendo a assembleia geral um ato formal e necessário, os rigorosos procedimentos de convocação, quórum de instalação e de delibe-

---

324 Sobre a matéria, o Colegiado da CVM no PAS RJ 2005/0305, Rel. Presidente Marcelo Trindade, j. em 24-10-2006. Também as decisões judiciais do STJ, REsp 73.597/MG, Rel. Min. Waldemar Zveiter, *DJU*, 22-9-1997; TJSC, 4ª Câm., Ac. 40.387, Rel. Des. Alcides Aguiar, j. em 22-6-1995, in Lazzareschi, ob. cit., p. 169 e s.

325 Cunha Peixoto, *Sociedades por ações*, cit., v. 2, p. 86.

ração, direção e registro dos trabalhos tornam o conclave equiparado, por lei, à escritura pública, mesmo porque também a ata dos respectivos trabalhos está sujeita ao regime de publicidade.

NATUREZA DA CONFERÊNCIA

A conferência de bens ao capital social é forma de pagamento das ações subscritas[326]. Faz-se esse pagamento mediante a entrega, a título de propriedade, de bens que correspondam ao valor da subscrição. Assim, a transmissão da propriedade dos bens conferidos dá-se a título de pagamento da dívida contraída pela subscrição de ações.

Se nos atos constitutivos referentes à conferência de bens não houver declaração expressa de que eles são transmitidos a título, v. g., de usufruto, presume-se que houve transferência de propriedade. Trata-se de presunção *juris et de jure*, excluída qualquer discussão sobre a matéria. Nesse sentido, é expresso o art. 9º da lei, cujo teor dá absoluta segurança à companhia, aos demais acionistas e aos credores, sobre a transferência mansa e pacífica da propriedade dos bens do acionista para a sociedade, sempre que não se fizer expressa ressalva, no próprio ato constitutivo, da diferente natureza do direito transmitido.

Trata-se, portanto, a conferência de bens, em princípio, de alienação, embora não caracterize, como já se viu, uma compra e venda ou uma permuta, mas, sim, transmissão a título de pagamento de dívida contraída pela subscrição de ações. A incorporação de imóveis é, dessa forma, modalidade especial de alienação, que não fica sujeita às regras do direito comum, regendo-se pelas disposições especiais contidas na Lei Societária[327].

TRANSCRIÇÃO E RESPONSABILIDADE

A certidão passada pelo Registro do Comércio constitui o título de transferência dos bens, mas somente com a sua transcrição, no respectivo Registro de Imóveis, a companhia adquire legalmente a sua propriedade[328 e 329].

---

326 V. comentários ao art. 9º.

327 Fran Martins, *Comentários*, cit., v. 1, p. 521.

328 Miranda Valverde, *Sociedades por ações*, cit., v. 1, p. 291. A respeito, *v.* Lei dos Registros Públicos (Lei n. 6.015, de 1973), alterada pela Lei n. 6.216, de 1975, arts. 291, II, e 236.

329 V. jurisprudência do STJ, REsp 73.597-MG, Rel. Min. Waldemar Zveiter, *DJU*, 22-9-1997.

As providências para a transcrição do título, no Registro de Imóveis, competem aos primeiros administradores, sob pena de serem responsabilizados civilmente (art. 99)[330].

Art. 90. O subscritor pode fazer-se representar na assembleia geral ou na escritura pública por procurador com poderes especiais.

LEI DE 1940

O art. 47 do Decreto-Lei n. 2.627, de 1940, rezava que "os subscritores podem fazer-se representar na assembleia geral ou no ato da escritura pública por procuradores investidos de poderes especiais".

Embora o Diploma anterior vedasse a representação por não acionista, já se interpretava que não havia necessidade de o procurador ser subscritor, por entender-se que, no momento da constituição, não havia acionista, não se aplicando a regra do art. 91 da lei de 1940. Mesmo porque as razões que justificavam a proibição de procurador não acionista, ou seja, o fato de pessoa estranha ter conhecimento de atos que somente interessavam aos sócios, não existiam na constituição, não havendo inconvenientes na participação de mandatários não subscritores.

LEI N. 6.404, DE 1976

O diploma vigente, de 1976, admite, expressamente, representante não acionista, com algumas restrições. Porém, as restrições impostas pelo § 1º do art. 126 da lei não se aplicam à representação do subscritor, nos atos relativos à constituição da sociedade, mas apenas em relação à sociedade e seus acionistas, os quais, obviamente, não existem naquele momento.

Assim, tanto o diploma anterior como o vigente seguem o princípio geral de que é eficaz a aquisição de direitos por intermédio de outrem (como expressamente previa o art. 74 do revogado CC de 1916).

Consequentemente, a explicitação contida na Lei Societária vigente apenas reitera a regra anterior, a qual, esta sim, impunha-se diante do proibitivo contido no art. 91 do Decreto-Lei n. 2.627, de 1940.

---

330 Sobre as incidências e imunidades tributárias em tais transmissões, *v.* comentários ao art. 9º.

PODERES ESPECIAIS

Aplicam-se ao mandato, na espécie, as regras previstas no art. 126 da Lei Societária e as regras do direito comum[331].

O mandato deve ser expresso, manifestado por instrumento particular, já que não há exigência, no caso, de que ele seja público. Por outro lado, não será reconhecido mandato tácito, nem verbal. A procuração particular deve conter todos os requisitos próprios do negócio jurídico de constituição da companhia.

Os poderes serão sempre especiais, na conformidade com o art. 654 do Código Civil. No instrumento de outorga, deve ser declarado se terá o mandatário poderes para intervir em todos os assuntos da ordem do dia, devendo ser expresso o poder para que ele se oponha à constituição, na forma prevista no § 3º do art. 87. Deve, ainda, ser expresso se poderá o mandatário propor ou concordar com a alteração do projeto de estatuto (art. 87, § 2º).

Se não constarem, expressamente, tais poderes, não poderá o mandatário manifestar-se a respeito, deixando, portanto, nesse caso, de compor a vontade dos subscritores na assembleia de constituição[332].

Devem, outrossim, ser especificados os poderes para participar da eleição dos administradores e fiscais.

Se não houver essas menções, o mandatário apenas terá poderes para votar favoravelmente à constituição da companhia, nos termos constantes do projeto de estatuto e demais atos preliminares de subscrição. Com relação aos demais assuntos da ordem do dia, para os quais o subscritor-mandante não autorizou, expressamente, a intervenção do mandatário — v. g., retratação na constituição e alteração do estatuto —, considera-se que houve abstenção do voto. Também na ausência dessas outorgas específicas, não terá o mandatário poderes para debater, intervir ou apresentar protestos e representações[333].

INSTRUMENTO DE MANDATO

O instrumento de procuração, em regra, é particular. Se o instrumento é passado em outro país, a procuração terá os mesmos pro-

---

331 Arts. 653 e s. do Código Civil.

332 Cunha Peixoto, *Sociedades por ações*, cit., v. 2, p. 89 e s.

333 Sobre a matéria, Parecer CVM/SJU n. 049/78, tratando especificamente da representação de incapazes, in Lazzareschi, ob. cit., p. 170.

cedimentos cabíveis em tais casos, ou seja, lavrado perante tabelião, traduzido por oficial juramentado e seguido dos demais atos de reconhecimento[334].

O instrumento de procuração deverá, sempre, ser exibido. Se a constituição for por assembleia geral, deve ser o instrumento entregue aos fundadores e arquivado entre os documentos da companhia constituenda. Se por escritura pública, o instrumento ficará arquivado no cartório de notas.

EXCESSO DE MANDATO

O procurador responde, pessoalmente, pelos atos praticados com excesso de poderes, salvo se ratificados pelo mandante[335].

A configuração da responsabilidade do mandatário pelo abuso é inquestionável, na hipótese, pois exercerá ele os poderes outorgados perante os demais subscritores, reunidos em assembleia. Estes, por intermédio da mesa, têm o dever de cingir os atos praticados pelo mandatário aos estritos termos do mandato.

Em consequência, qualquer excesso não poderá ser imputado ao subscritor-mandante, a não ser que este o ratifique. Será, outrossim, anulável qualquer deliberação tomada pela assembleia, se na formação do *quorum* tiver sido contado, prevalecentemente, o voto do mandatário abusivo, como será o caso, v. g., de alteração do projeto de estatuto (unanimidade) ou de retratação da constituição (maioria absoluta).

Art. 91. Nos atos e publicações referentes à companhia em constituição, sua denominação deverá ser aditada da cláusula "em organização".

LEI DE 1940 E LEI N. 6.404, DE 1976

O diploma de 1940 silenciava a respeito da matéria. Trata-se de inovação salutar da lei vigente de 1976, pois não existe, ainda, a sociedade. Não há, portanto, a pessoa jurídica, respondendo os fundadores pessoal e ilimitadamente pelos atos que praticarem (art. 92). A cláusula "em organização" torna pública a inexistência, no interregno, da pessoa jurídica, de forma que terceiros tenham pleno conhecimento do estado latente da companhia.

---

334 Lei n. 6.015, de 31 de dezembro de 1973, art. 129, inciso VI.

335 Arts. 662 e 665 do Código Civil.

A regra, portanto, encontra a mesma razão daquela que é contida no art. 212, a qual determina o aditivo "em liquidação".

Por outro lado, a cláusula "em organização" permite que terceiros tenham conhecimento de que a sociedade poderá não vir a constituir-se.

CONDIÇÃO JURÍDICA DA SOCIEDADE CONSTITUENDA

É notório que os fundadores praticam, na fase constitutiva da companhia, atos já em nome dela, e que extrapolam os aspectos meramente organizacionais, vinculando a futura sociedade em negócios relacionados com o seu futuro objeto social, tais como compra de terrenos, contratos de fornecimento, encomendas de equipamentos, aliciamento de pessoal etc.

A cláusula "em organização" tem como efeito evitar que os contratantes com a futura sociedade aleguem que o fazem com ela. Já que a companhia não existe, todos os contratos são feitos com os fundadores. Tais direitos e obrigações contratuais poderão vir a ser, eventualmente, transferidos para a futura companhia se esta for constituída e se os subscritores, na assembleia constitutiva, ratificarem, sem ressalvas, os atos dos fundadores.

Sendo a fundação o conjunto de atos materiais e legais necessários à criação do organismo jurídico[336], a sociedade constituenda caracteriza-se como *objeto* e não como *sujeito* de direito. Os atos praticados pelos fundadores têm, com efeito, por objeto a constituição de uma pessoa jurídica. Todos os negócios praticados em nome da companhia não passam de obrigações assumidas por eles, em seu próprio nome. E a razão da cláusula "em organização" é exatamente a de declarar essa condição de objeto das atividades pessoais dos fundadores e da responsabilidade plena destes por todas as obrigações por eles assumidas com tal intento.

Não há falar, no Direito brasileiro, em sociedade irregular na fase constitutiva da companhia. A regra de que nenhuma companhia poderá funcionar sem que sejam arquivados e publicados os seus atos constitutivos (art. 94), bem como a proibição de levantamento das subscrições iniciais, antes de a companhia ter adquirido personalidade jurídica (art. 81), elimina completamente a hipótese de caracterizar-se a companhia constituenda como uma sociedade irregular ou outro tipo de sociedade. A propósito, o art. 986 do Código Civil.

---

336 Ripert-Roblot, *Traité*, cit., v. 1, p. 658.

DIREITO ESTRANGEIRO

A doutrina, a jurisprudência e a própria legislação de outros países têm evidenciado divergências sobre a qualificação da sociedade anônima em formação e, consequentemente, sobre a responsabilidade pelos atos praticados em seu nome[337].

Para Thaller, a sociedade em formação tem uma personalidade interna que se completará com a personalidade externa, após sua definitiva constituição[338]. Também a Corte de Cassação francesa, em julgado de 1957, comparou a sociedade constituenda à criança concebida, concluindo que os vínculos assumidos pelos fundadores, durante o período de fundação, são reputados, em certas condições, como assumidos pela sociedade[339]. Invoca esse julgado, na sustentação da tese, o art. 5º, alínea 2, da Lei Societária de 1966, o qual, com efeito, em sua última parte, diz que os vínculos assumidos pelos fundadores que a futura sociedade venha a reconhecer são considerados assumidos originariamente por ela. Esse preceito levou o Tribunal a considerar a sociedade apta a tornar-se retroativamente sujeito de direito antes da sua constituição definitiva.

Outras teorias, mencionadas por Ripert, fundam-se no Direito das Obrigações, para explicar que os atos de constituição seriam um pré-contrato[340]. Outras, ainda, conforme estudo de Vanetti, admitem que, antes do arquivamento, existe uma sociedade irregular, invocando, para tanto, a distinção entre constituição da companhia e sua inscrição no Registro do Comércio[341].

Há, ainda, o reconhecimento da companhia constituenda como uma sociedade de tipo diverso da anônima. Seria uma sociedade de responsabilidade ilimitada à frente de terceiros[342]. É o caso da Lei societária alemã, que, em seu art. 29, declara constituída a sociedade pelo simples fato de subscrição do seu capital, embora o art. 41 da mesma lei determine que, antes do registro, a sociedade anônima não tem existência própria. Dessa contradição, passou-se a admitir uma espécie de "sociedade preliminar", cuja natureza é

---

337 A respeito, Ripert-Roblot, *Traité,* cit., v. 1, p. 660 e s.; Vanetti, *Inchieste,* cit., v. 5-I, p. 195 e s.

338 Ripert-Roblot, *Traité,* cit., v. 1, p. 660.

339 Bull. cass. 1957, 3.47, citado por Ripert-Roblot, *Traité,* cit., v. 1, p. 660.

340 Ripert-Roblot, *Traité,* cit., v. 1, p. 660.

341 Vanetti, *Inchieste,* cit., v. 5-I, p. 197.

342 Vanetti, *Inchieste,* cit., v. 5-I, p. 202.

controvertida, perguntando-se se seria sociedade civil, associação sem personalidade jurídica etc.

Nos Estados Unidos, como já se viu[343], admite-se, explicitamente, a existência de uma *partnership*, nos casos em que não se caracteriza uma *de facto corporation* ou uma *corporation by stoppel*[344].

Já o Direito italiano é claro, no sentido de que a sociedade somente surge com personalidade jurídica depois que todos os atos e formalidades previstas em lei foram cumpridos. Esta a razão por que o art. 2.331 do Código Civil italiano sempre tem sido interpretado pela doutrina e jurisprudência com o entendimento de que o registro tem efeito constitutivo, não havendo, antes da inscrição, qualquer vínculo de natureza social entre os subscritores.

OPERAÇÕES NO PERÍODO DE FORMAÇÃO E DIREITO ESTRANGEIRO

Prevalecem, com relação às operações concluídas no período de formação da companhia, as regras estabelecidas nos arts. 81 e 92, sendo que este último diz respeito à responsabilidade dos fundadores.

No direito estrangeiro, a lei alemã, em seu art. 41, determina que aquele que age em nome da sociedade, antes de sua inscrição, é pessoalmente responsável pelas operações concluídas, estabelecendo, ainda, a solidariedade no caso de coparticipação em tais atos. Vanetti faz importante referência à interpretação jurisprudencial dessa regra, ou seja, não se leva em conta, na espécie, a boa-fé, não se distinguindo, outrossim, para a configuração da responsabilidade, se a pessoa agiu em nome da sociedade como já existente; ou se a designou, expressamente, como sociedade futura; ou se agiu como seu fundador[345].

O Direito Societário francês trata da matéria no art. 5º, alínea 2, primeira parte, que diz: "Aqueles que tenham praticado atos em nome da sociedade em formação, antes que esta tenha adquirido personalidade jurídica, respondem solidária e ilimitadamente pelos mesmos".

---

343 *V.* comentários ao art. 80.

344 Art. 145 do *Model Business Corporation Act*. Esse reconhecimento da existência de um tipo diverso de sociedade vem consagrar, na prática norte-americana, o entendimento de que, antes de terminado o processo de constituição, existe uma *de facto corporation* ou uma *corporation by stoppel*. Cf. comentários ao art. 80.

345 Vanetti, *Inchieste*, cit., v. 5-I, p. 216 e s.

No Direito espanhol, o art. 7º, alínea *1*, da lei de 1951, estabelece que aqueles que hajam praticado atos, antes da inscrição, serão responsáveis solidariamente junto àqueles com quem tenham contratado em nome da sociedade, salvo ratificação pela companhia, após o registro.

O Código suíço das Obrigações, em seu art. 645, § 1º, dispõe que os atos praticados em nome da sociedade, antes de sua inscrição, implicam a responsabilidade pessoal e solidária de seus autores. Segundo a coleta de Vanetti, entende-se como fundadores, na jurisprudência suíça, todas as pessoas que, mesmo sem agirem externamente, tenham promovido os negócios em questão, ou seja, que deles tenham conhecimento ou consentido que tais atos fossem praticados[346].

No sistema norte-americano admite-se a responsabilidade ilimitada das pessoas que tenham agido em nome da companhia antes da *incorporation*[347], salvo nos casos em que seja judicialmente reconhecida a existência de uma sociedade por ações *de facto* ou *by stoppel*.

> **Art. 92. Os fundadores e as instituições financeiras que participarem da constituição por subscrição pública responderão, no âmbito das respectivas atribuições, pelos prejuízos resultantes da inobservância de preceitos legais.**
>
> **Parágrafo único. Os fundadores responderão, solidariamente, pelo prejuízo decorrente de culpa ou dolo em atos ou operações anteriores à constituição.**

LEI DE 1940 E CÓDIGO PENAL

O diploma de 1940 estabelecia, em seu art. 49, um preceito genérico, que dizia: "Os fundadores, no caso de culpa ou dolo, respondem solidariamente pelos prejuízos resultantes da inobservância dos preceitos legais relativos à constituição da sociedade, bem como pelos que se originarem de atos ou operações anteriores".

Foi a Lei Penal de 1940, em vigor, que melhor definiu tais responsabilidades, no âmbito da subscrição pública, ao prever, em seu art. 177, pena de reclusão de um a quatro anos para quem "promover a fundação de sociedade por ações, fazendo em prospecto ou em comunicação ao público ou à assembleia afirmação falsa sobre a constituição da sociedade, ou ocultando fraudulentamente fato a ela relativo".

---

346 Vanetti, *Inchieste*, cit., v. 5-I, p. 222.

347 Vanetti, *Inchieste*, cit., v. 5-I, p. 225 e s.; *v.* comentários ao art. 80.

Por sua vez, o Decreto-Lei n. 5.956, de 1943, que tornou obrigatório o depósito das entradas de capital das sociedades anônimas em organização, estabeleceu a responsabilidade solidária e criminal dos fundadores pela falta do depósito. Ao fazer remissão à Lei da Economia Popular, pela ausência do depósito, cominando a fraude com as penas previstas no art. 2º do Decreto-Lei n. 869, de 1938, correspondente ao art. 3º da Lei n. 1.521, de 1951[348], evidenciaram-se quais os destinatários de tais preceitos: os fundadores de sociedade constituída por subscrição pública.

LEI N. 6.404, DE 1976

O diploma de 1976 foi explícito ao distinguir a responsabilidade dos fundadores na constituição por subscrição pública, na medida em que, nesse caso, são figuras distintas das dos subscritores. Já na constituição por subscrição particular, confundem-se.

Ademais, ao instituir a intermediação de instituição financeira, nas constituições por subscrição pública (art. 82), distinguiu a lei vigente as responsabilidades dos fundadores, de um lado, e das instituições financeiras, de outro. Fez, assim, presumir essa separação que, na realidade, inexiste; notadamente na questão do prospecto e do estudo de viabilidade, em que fundadores e instituição financeira contratada têm desempenhos complementares nas respectivas formulações[349].

Outra explicitação importante da lei de 1976 está na distinção entre responsabilidade individual dos fundadores e da instituição financeira, por violação da lei, e responsabilidade solidária dos fundadores por operações de natureza contratual, que vinculem a futura companhia. Neste ponto seguiu-se a mesma orientação do art. 158, que trata da responsabilidade dos administradores[350].

A responsabilidade, em ambas as hipóteses, beneficia os subscritores e terceiros, bem como a sociedade já constituída e seus acionistas.

No Direito estrangeiro, a lei espanhola, em seu art. 28, determina que os promotores responderão solidariamente, perante terceiros, pelas obriga-

---

348 Cesare Pedrazzi e Paulo José da Costa Jr., *Direito penal das sociedades anônimas*, São Paulo, Revista dos Tribunais, 1973, p. 127.

349 *V.* Instrução n. 400, de 2003, da Comissão de Valores Mobiliários, e comentários ao art. 84.

350 *V.* comentários ao art. 158.

ções assumidas com a finalidade de constituir a companhia e, diante desta, pelos gastos de constituição.

Também o Código Civil italiano, em seu art. 2.331, prevê que, pelas obrigações efetivadas em nome da sociedade, antes de seu arquivamento, são ilimitada e solidariamente responsáveis, perante terceiros, todos aqueles que tenham praticado tais atos.

No mesmo sentido, dispõe a Lei Societária francesa de 1966, em seu art. 5º, ressalvando, explicitamente, a hipótese de ratificação de tais negócios pela sociedade já constituída.

SUBSCRIÇÃO PARTICULAR

O preceito ora comentado não se aplica às constituições por subscrição particular, na medida em que, consoante o art. 88 da lei vigente de 1976, nesse caso, consideram-se fundadores todos os subscritores[351].

Essa presunção absoluta torna responsáveis, pelos atos praticados preliminarmente à constituição, todos aqueles que subscreveram o capital da sociedade constituenda, sejam pessoas físicas, sejam pessoas jurídicas.

Essa regra torna irrelevante, se houve, da parte de cada um dos fundadores-subscritores, a efetiva prática de atos preliminares à própria constituição, prevalecendo o princípio de que todos os que intervenham na estipulação do ato constitutivo são considerados fundadores, para todos os efeitos[352].

Em consequência, mesmo para aqueles que não hajam cooperado de maneira ativa na constituição da sociedade cabe a responsabilidade solidária, por negligência na verificação da legalidade e da legitimidade (interesse social) dos negócios jurídicos realizados pelos fundadores ativos.

FUNDAMENTOS DA RESPONSABILIDADE

O fundamento da responsabilidade é o dever, dos fundadores e das instituições financeiras participantes, de zelar para que se constitua a companhia sem vício legal, diligenciando para que se cumpram

---

351 V. comentários aos arts. 81 e 88 quanto à distinção das funções e responsabilidades de fundadores nas constituições pública e particular.

352 Art. 2.341 do Código Civil italiano.

todas as formalidades e os respectivos procedimentos constitutivos[353]. Essa responsabilidade subsistirá, mesmo na hipótese de a constituição da sociedade estar eivada de vício e que esta venha a convalescer, mediante as retificações que possam evitar a anulação do negócio constitutivo.

Consequentemente, a responsabilidade não advém da anulabilidade da constituição, a qual, portanto, não representa pressuposto processual. Se assim não se entendesse, não teria, como efetivamente tem, legitimidade a própria sociedade constituída. O pressuposto é o dano causado aos subscritores, a terceiros e à própria companhia[354]. Não há, com efeito, nenhuma conexão entre anulabilidade da constituição e responsabilidade dos fundadores e das instituições financeiras intermediárias.

A violação da lei ou os atos praticados com culpa ou dolo, nos negócios jurídicos celebrados, enseja o direito de ação de responsabilidade a qualquer sujeito diretamente prejudicado por tais atos dos fundadores ou da instituição financeira.

CONFIGURAÇÃO DA RESPONSABILIDADE DOS FUNDADORES

A norma ora estudada distingue a responsabilidade por inobservância de preceitos legais daquela por obrigações assumidas antes da constituição da companhia. Abrange a culpa aquiliana (atos) e a contratual (operações).

A propósito, cumpre fazer algumas observações a respeito da natureza das funções dos fundadores e das instituições financeiras vinculadas ao empreendimento jurídico da constituição por subscrição pública.

É hoje pacífica a distinção entre *obrigação de meio* e *obrigação de resultado*. Assim, há certas obrigações cujo conteúdo consiste na atividade ou no comportamento ou conduta do agente, dirigido a determinado fim, mas cujo resultado não está compreendido no vínculo obrigacional: são as chamadas *obrigações de meio*. Distinguem-se das obrigações de resultado, cuja prestação consiste em um resultado certo e determinado a ser produzido pelo agente.

Assim, a inexecução de *obrigações de meio* caracteriza-se pelo desvio de certa conduta ou pela omissão do exercício de determinadas obrigações de

---

353 Garrigues-Uría, *Comentario*, cit., v. 1, p. 267 e s.
354 Garrigues-Uría, *Comentario*, cit., v. 1, p. 268.

natureza legal ou contratual ou de certa atividade à qual alguém se comprometeu. É o caso típico da função do fundador e das instituições financeiras vinculadas à fundação da companhia. Diferentemente, portanto, das obrigações de resultado quando a responsabilidade decorre da não produção do resultado final prometido, que seria a constituição da companhia. A ausência ou fracasso, no caso, caracterizaria o inadimplemento. De pronto verifica-se que o exercício das funções de fundador não pode enquadrar-se nesta última espécie de obrigação. Essa distinção é fundamental, como tem, inclusive, sido reconhecido pelos nossos tribunais[355].

A responsabilidade, portanto, dos agentes decorre restritamente de uma obrigação de meio. E, com efeito, os fundadores, por força das atribuições legais, comprometem-se tão somente a envidar esforços, visando à constituição por subscrição pública. Assim, o cumprimento dessas funções está na conduta dos agentes no sentido de fazerem o possível para a efetiva constituição da companhia.

Com tal comportamento, os fundadores e instituições financeiras vinculadas liberam-se independentemente da realização do objetivo final, que é a efetivação da constituição. Daí por que os agentes da constituição da companhia somente podem ser responsabilizados na medida em que se prove a ausência do comportamento previsto na lei. E é exatamente o que prescreve o art. 92 ora comentado. Aqui se configura uma *obrigação de meio*, que tem em vista um comportamento ou conduta dos agentes.

CULPA OBJETIVADA

Como referido, o presente art. 92 contempla tanto a culpa aquiliana como a contratual. Serão os agentes (fundador e instituição financeira) responsáveis extracontratualmente pela falta voluntária do cuidado necessário para evitar a lesão de um direito de outrem, no caso os subscritores e terceiros. Por outro lado, a culpa contratual decorre da inadimplência das obrigações convencionais assumidas junto à outra parte contratante.

355 Decisão do Tribunal de Justiça de São Paulo: "A obrigação que o advogado assume para com o cliente é uma obrigação de meios e não uma obrigação de resultado. Se agiu corretamente, com diligência normal, na demanda, tem direito a honorários, ainda que não obtenha êxito" (AC 148-419, 5ª Câm. Civ., Rel. Des. Rodrigues de Alckmin).

Por isso, a presente norma distingue a responsabilidade por inobservância de preceitos legais daquela por obrigações, de natureza contratual (parágrafo único).

Aqui cabe situar a questão no âmbito da teoria subjetiva da responsabilidade. E não se pode definir a responsabilidade senão à luz das modernas teorias que conciliam o elemento moral subjetivo — a imputabilidade moral — com a teoria do risco assumido pela conduta desidiosa, negligente e imprudente no exercício das funções próprias dos fundadores e das instituições financeiras vinculadas a esse empreendimento jurídico.

Há a considerar que a teoria da culpa funda-se no pressuposto da igualdade de situação jurídica entre o autor do dano e a vítima. Esse pressuposto deixou de existir nas modernas relações sociais. A sofisticação e complexidade dos negócios jurídicos e a ciclópica utilização de meios e instrumentos fora do alcance e de possibilidade de resguardo por parte dos prejudicados invalidam aquele pressuposto. Vive-se em uma sociedade de massa, em que as oportunidades de acesso ao conhecimento e controle dos atos e fatos entre sujeitos de direito idealmente justapostos no contexto convencional ou extraconvencional simplesmente inexiste.

É o caso típico da posição dos fundadores e das instituições financeiras envolvidas na constituição da companhia por subscrição pública, de um lado, e os subscritores e terceiros que aderem ou se vinculam ao empreendimento. Assim, os fundadores no caso de subscrição pública e as instituições financeiras nela envolvidas são os detentores de todos os dados, recursos, informações e documentos e ainda da capacidade de contratar com terceiros em nome da companhia constituenda. Dessa forma, os fundadores e as instituições financeiras devem operar com toda a diligência (cf. art. 153).

Na observância de preceitos legais aplicáveis, e na assunção de obrigações de natureza contratual, devem utilizar de toda a prudência do *vir probus et diligentissimus* (cf. art. 153).

A situação dos fundadores e das instituições financeiras é de *poder jurídico* exclusivo sobre o destino e os efeitos da constituição que promovem. É desse poder jurídico (não compartilhado com os subscritores) que advém a responsabilidade. E é na análise objetiva do desempenho em face desse *poder jurídico* que se deve aferir o nível e a intensidade da responsabilidade por inobservância da lei ou imprudência e desídia nas obrigações assumidas.

Evidentemente que nessa análise não se despreza o elemento moral da conduta do agente. Apenas não mais prevalece esse fator nas relações jurídicas, pois falta o pressuposto de igualdade que ancestralmente inspirou a teoria clássica da subjetividade[356].

Daí prevalecer, na análise subjetiva da conduta, a desídia, a imperícia, a imprudência, enquanto dados objetivos, visando à justa reparação dos danos sofridos pelos subscritores, colocados em posição de sujeição à frente daqueles agentes.

Assim, o dano moral não é mais o fundamento da responsabilidade civil, embora componha o quadro de sua configuração, como um *ultimum subsidium,* como ensina Ripert. Prevalece o critério da *culpa objetivada.* Seria, com efeito, impossível buscar a responsabilidade subjetiva fundada na conduta moral, quando se pode perfeitamente configurá-la pelos critérios bastante objetivos da negligência, da desídia, da imprudência e da imperícia. Ao negligenciar ou ao agir com imprudência ou com imperícia profissional, os fundadores e as instituições financeiras assumem o risco de sua danosa ação ou omissão, sendo irrelevante a imputabilidade moral da sua conduta.

Prevalece na hipótese de conduta ilícita a relação de causalidade entre o dano jurídico ou material sofrido pelos subscritores e terceiros e a omissão ou ação dos agentes da constituição societária. Desse nexo objetivo surge o dever desses agentes de indenizar os subscritores e terceiros, por *culpa presumida.*

ATOS ANTERIORES À CONSTITUIÇÃO — RESPONSABILIDADE SUBJETIVA

Os atos anteriores à constituição, relativos às obrigações e compromissos assumidos pelos fundadores no interesse da sociedade, como comenta Barros Leães, "são os praticados em relação à futura sociedade, como, por exemplo, os contratos assinados no interesse da companhia, as obrigações assumidas por conta da sociedade, ou as quantias desembolsadas pelos fundadores para que a sociedade se constituísse"[357].

Entre esses atos, ressaltam os negócios que são assumidos pelos fundadores em relação ao objeto social da sociedade constituenda, visando, desde logo, a implementar ou viabilizar as suas atividades empresariais. Nesses

---

356 Digesto 3, 24, 5; 13, 6, 18; 18, 1, 68; 26, 7, 33.
357 Barros Leães, *Comentários,* cit., v. 2, p. 156.

casos, como destaca Vanetti, é universal a tendência de se atribuir responsabilidade a todas as pessoas que assim agiram, à frente de terceiros, revestidas da posição de fundadores[358].

Nessas hipóteses, presume-se a responsabilidade dos fundadores, perante a companhia já constituída, seus acionistas e terceiros, quando agirem, dentro de suas atribuições ou poderes, com culpa ou dolo[359].

A presunção configura-se na ação ou na omissão voluntária do fundador. A responsabilidade surge como resultante do ato ilícito, que acarreta o encargo de reparar o dano causado à companhia já constituída, a terceiros e aos acionistas diretamente prejudicados.

São partes legítimas a sociedade, se constituída, e seus acionistas diretamente prejudicados; os subscritores, se ela não vingar, e, sempre, os terceiros que contrataram com os fundadores, tendo em vista a existência futura da sociedade. Há inversão do ônus da prova[360].

NULIDADE E RESPONSABILIDADE

Não há, conforme já se comentou, conexão entre a nulidade ou a anulabilidade da constituição e a responsabilidade dos fundadores e da instituição financeira. São distintos os pressupostos de uma e de outra, podendo a sociedade subsistir, mediante saneamento das irregularidades praticadas e, mesmo assim, ter-se produzido um dano jurídico ou material, por ação ou por omissão dos agentes da constituição. Neste caso, também cabe reparação[361].

Convalescida a constituição, e tendo havido prejuízo material ou jurídico para a companhia constituída, persiste a responsabilidade dos fundadores e da instituição financeira. Isto porque as irregularidades cometidas constituem ofensa ao direito da companhia e, como tal, são atos ilícitos.

O termo "prejuízo" de que fala a presente norma é sinônimo de ofensa ou lesão, que pode ou não materializar-se em perdas patrimoniais[362]. Com

---

358 Vanetti, *Inchieste,* cit., v. 5-I, p. 226.

359 *V.* comentários ao art. 158.

360 Sobre a hipótese de simulação, na constituição da companhia, Garrigues-Uría, *Comentario,* cit., v. 1, p. 274.

361 Garrigues-Uría, *Comentario,* cit., v. 1, p. 268 e s.

362 *V.* comentários ao art. 158.

efeito, a presunção é de que a inobservância da lei sempre acarreta lesão, ainda que não se possa medi-la no plano material. Mas tal fato não descaracteriza nem elimina a responsabilidade dos agentes, pois estes acarretaram risco para a companhia, o que os torna responsáveis, dentro da teoria da culpa objetivada (culpa presumida).

IRREGULARIDADES E NULIDADE

São hipóteses diversas a irregularidade e a nulidade, no que se refere à constituição da companhia.

As irregularidades poderão ser sanáveis ou insanáveis. No primeiro caso, serão sanadas por determinação do Registro do Comércio, visando exatamente ao registro e arquivamento dos atos constitutivos. O procedimento respectivo está previsto no art. 97 da lei. Já as irregularidades insanáveis são aquelas que tornam ineficazes os atos constitutivos, por serem insuscetíveis de registro e arquivamento na Junta Comercial. Assim, verificam-se tais irregularidades antes do registro da companhia.

A anulabilidade, por seu turno, embora se origine de vícios na própria formação da companhia, somente poderá ser arguida após a sua definitiva constituição. Trata-se de procedimento que pressupõe a existência da pessoa jurídica, como parte no respectivo processo, consoante se verifica do art. 285.

ISENÇÃO DE RESPONSABILIDADE

A companhia não pode isentar os fundadores e a instituição financeira de responsabilidade. Trata-se de preceito de ordem pública, não podendo a sociedade responder, substitutivamente, por atos irregulares ou abusivos dos fundadores, nem exonerá-los[363].

Esse preceito não veda, em absoluto, que a companhia, depois de constituída, subrogue-se nas obrigações assumidas pelos fundadores, desde que lícitas e em conformidade com o objeto social[364].

---

363 Miranda Valverde, *Sociedades por ações*, cit., v. 1, p. 298.

364 Sobre a matéria, no Direito francês, arts. 67 e 74 do decreto de 1967; no Direito espanhol, art. 7ª da Lei Societária; Vanetti, *Inchieste*, cit., v. 5-I, p. 237.

No caso de a sociedade vir a constituir-se, caberá a ela, por deliberação da assembleia geral, promover ação de responsabilidade contra os fundadores e a instituição financeira intermediária. Tal direito não suprime a legitimidade dos acionistas diretamente prejudicados e dos terceiros que contrataram com os fundadores, tendo em vista a fundação da companhia[365].

Nesse sentido, a lei espanhola, em seu art. 13, é expressa ao determinar que os fundadores são responsáveis perante a companhia e perante terceiros (subscritor, acionista e credor), ou seja, perante todos os interessados em que a sociedade seja constituída. Há, no caso, unicidade de ação e pluralidade de titulares. Assim, se a finalidade da ação é a mesma e se já tiver sido alcançada por qualquer um que legitimamente a pleiteou, estará trancado o seu exercício por outro titular, já que o objetivo do litígio já foi atingido[366].

Art. 93. Os fundadores entregarão aos primeiros administradores eleitos todos os documentos, livros ou papéis relativos à constituição da companhia ou a esta pertencentes.

LEI DE 1940

O Decreto-Lei n. 2.627, de 1940, dispunha de forma quase idêntica sobre a matéria, em seu art. 48: "Os fundadores entregarão aos primeiros diretores todos os documentos, livros ou papéis relativos à constituição da sociedade, ou a esta pertencentes".

TÉRMINO DE FUNÇÕES

Constituída a sociedade anônima, terminam as funções dos fundadores, pois, no ato de constituição da companhia, são nomeados os primeiros administradores, aos quais competirão todas as demais formalidades complementares (arts. 94 e s.). Para que possam os administradores praticar os demais atos, será necessário que os fundadores lhes entreguem os papéis, livros e documentos pertencentes à sociedade.

---

365 Contrariamente a Miranda Valverde, *Sociedades por ações,* cit., v. 1, p. 296.

366 Garrigues-Uría, *Comentario,* cit., v. 1, p. 266.

ENTREGA IMEDIATA

Os documentos deverão ser entregues de imediato, independentemente de qualquer formalidade ou condição.

Dúvida poderia surgir na hipótese remotíssima de o estatuto exigir a prestação de caução para a investidura dos administradores. No entanto, tal fato não poderia servir de justificativa para a recusa ou o retardamento na entrega dos documentos, diante da própria impossibilidade jurídica da prestação imediata da caução, que depende do cumprimento das formalidades complementares da constituição da companhia, do que resultará a abertura dos seus livros sociais[367].

RECUSA DOS FUNDADORES

Na hipótese de os fundadores recusarem-se a cumprir seu dever legal de entregar os livros e documentos aos administradores eleitos, compete à sociedade constituída a proposição de uma medida cautelar de busca e apreensão[368], com fundamento nos arts. 839 e s. do Código de Processo Civil.

Tal medida poderá evitar, no caso, maiores riscos e prejuízos à companhia, posto que se dá o seu deferimento, em regra, *inaudita altera parte*, com expedição imediata da ordem judicial, à luz das informações e dados apresentados pelos requerentes[369].

AÇÃO DE IMISSÃO DE POSSE

Alguns autores sustentam, na hipótese que se aventou acima, o cabimento da propositura de uma ação de imissão de posse, de iniciativa dos novos administradores[370].

Não resta dúvida de que, apesar de o vigente Código de Processo Civil não ter incluído tal ação no Livro IV, permanece a possibilidade da propositura desta, com o objetivo de imissão de posse, tendo sido apenas suprimido

---

367 A respeito, Cunha Peixoto, *Sociedades por ações,* cit., v. 2, p. 94.

368 Nesse sentido, Valverde, *Sociedades por ações,* cit., v. 1, p. 294, e Fran Martins, *Comentários,* cit., v. 1, p. 532.

369 Humberto Teodoro Júnior, *Processo cautelar,* São Paulo, EUD, 1976, p. 278.

370 Cunha Peixoto, *Sociedades por ações,* cit., v. 2, p. 93.

o seu procedimento especial[371]. Com efeito, o direito à posse dos bens das pessoas jurídicas, por parte dos administradores, é pretensão de direito material, que o Código de Processo Civil não poderia suprimir[372].

No entanto, nessa espécie de ação, é inadmissível mandado de imissão *in limine litis*, o que frustra a possibilidade de restauração pronta da ordem, na vida administrativa da sociedade constituída[373]. Assim sendo, tal medida, embora cabível, não é conveniente no caso, especialmente em razão da morosidade do rito ordinário.

AÇÃO SOCIAL

A própria sociedade é titular do domínio e posse dos livros e documentos, tendo, *in casu*, legitimidade para agir contra quem lesar esse último direito. Embora não tendo sido cumpridas as formalidades complementares para a sua constituição (art. 94), a personalidade social configura-se com a realização dos atos constitutivos, tendo a companhia, a partir daí, capacidade processual.

Com efeito, a personalidade da companhia preexiste ao seu arquivamento no Registro do Comércio[374]. Isto porque a personalidade jurídica da sociedade anônima nasce retroativamente, tendo o ato administrativo do arquivamento efeitos, a partir do momento da constituição. Em consequência, a companhia adquire personalidade jurídica, no momento de sua constituição, sob a condição legal do seu registro.

O arquivamento não é requisito para o ingresso em juízo, porque se trata de condição resolutiva da personificação da sociedade. Se a condição legal do arquivamento é satisfeita, a pessoa jurídica continuará reconhecida e a sua posição processual intocada. Por outro lado, se a *conditio juris* do arquivamento não se efetiva, perderá a companhia sua capacidade processual, no curso da lide. Aplica-se à hipótese o art. 265, I, do Código de Processo Civil.

---

371 Cf. acórdão da 3ª Câmara Cível do Tribunal de Justiça de São Paulo, *RT, 477*:101.

372 Ovídio A. Baptista da Silva, *A ação de imissão de posse*, São Paulo, Saraiva, 1981, p. 174.

373 Hernani Estrella, Sociedade anônima — Ação possessória contra administradores destituídos, *Revista de Direito Mercantil, 13*:29 e s.

374 *V.* comentários ao art. 94.

Caberá, ainda, à sociedade a propositura da ação de responsabilidade civil contra os fundadores, na hipótese de o retardamento ou mesmo a recusa da entrega dos documentos ter sido prejudicial à companhia. Nesse caso, os fundadores responderão solidariamente, nos termos do parágrafo único do art. 92.

Tal ação prescreverá em três anos, a contar da data da publicação dos atos constitutivos (art. 287)[375].

---

375 V. comentários ao art. 287.

CAPÍTULO VIII
FORMALIDADES COMPLEMENTARES DA CONSTITUIÇÃO

ARQUIVAMENTO E PUBLICAÇÃO

> *Art. 94. Nenhuma companhia poderá funcionar sem que sejam arquivados e publicados seus atos constitutivos.*

LEI DE 1940

A matéria era regulada no art. 50 do Decreto-Lei n. 2.627, de 1940, com dizeres praticamente idênticos aos da lei vigente: "Nenhuma sociedade anônima ou companhia poderá funcionar sem que sejam arquivados e publicados os seus atos constitutivos".

Estabelecia a lei não apenas o arquivamento, mas também a publicação para que se completassem as formalidades decorrentes da constituição. A publicidade era um dos efeitos que resultavam da inscrição, tornando acessíveis a terceiros todos os atos constitutivos.

LEI N. 6.404, DE 1976

Sem nenhuma alteração, o diploma vigente prescreve que o arquivamento constitui *conditio juris* para a produção de efeitos que a lei atribui à pessoa jurídica de direito privado[1].

---

1   Miranda Valverde, *Sociedades por ações*, 2. ed., Forense, 1953, v. 1, p. 302.

É com esse alcance que se deve aplicar a regra contida no art. 45 do Código Civil: "Começa a existência legal das pessoas jurídicas de direito privado com a inscrição dos seus contratos, atos constitutivos, estatutos ou compromissos no seu registro peculiar, regulado por lei especial, ou com a autorização do Governo, quando precisa"[2].

Na esfera do Registro do Comércio, a matéria é regulamentada pela Lei n. 8.934, de 1994, que prescreve o rito do arquivamento do estatuto e demais atos constitutivos da sociedade anônima, estabelecendo o prazo de trinta dias, contados da realização de tais atos, a cuja data retroagirão os efeitos do arquivamento.

A matéria, outrossim, é tratada nos arts. 1.150 a 1.154 do Código Civil, ao regular o registro e a publicação oficial dos atos praticados pela sociedade empresaria.

DIREITO ESTRANGEIRO

A legislação estrangeira, em geral, empresta ao registro função constitutiva. Assim, o Código Civil italiano, em seus arts. 2.331 e 2.475, estabelece que a sociedade adquire personalidade jurídica com o registro e que, antes da inscrição, aqueles que praticarem atos são ilimitada e solidariamente responsáveis perante terceiros.

No mesmo sentido, dispõe o art. 41 da Lei Societária alemã de 1965: "Antes da inscrição, perante o Registro do Comércio, a sociedade por ações não tem existência própria. Toda a pessoa que aja em nome da sociedade, antes do registro da mesma, é pessoalmente responsável pelos respectivos atos; se forem diversas as pessoas que assim agem, elas serão solidariamente responsáveis".

Também a Lei Societária francesa de 1966, em seu art. 5º, diz que as sociedades comerciais gozam de personalidade, a partir de sua matrícula no Registro do Comércio.

A lei espanhola, por seu turno, dispõe, em seu art. 5º, que a sociedade constituir-se-á mediante escritura pública, que deverá ser inscrita no Registro Comercial. Desde esse momento, a sociedade terá personalidade jurídica.

Tem a mesma orientação a Lei Societária argentina de 1972, estabelecendo que a sociedade adquire personalidade jurídica com a inscrição no registro público[3].

---

2 Art. 44, II, do Código Civil.

3 Arts. 2ª e 7ª da Lei Societária argentina de 1972; Halperin, *Sociedades anónimas*, Buenos Aires, Depalma, 1975, p. 68.

O caráter constitutivo do registro é ainda mais nítido no regime norte--americano, em suas diversas leis estaduais, como bem retrata o *Model Business Corporation Act*, em seu art. 56, ao declarar que a existência da companhia se inicia com o certificado do registro emitido pela Secretaria de Estado, sendo tal documento o título constitutivo da sociedade.

No Direito inglês, a existência da sociedade, como pessoa jurídica, começa da data de sua inscrição indicada no respectivo certificado[4].

O caráter constitutivo, e ao mesmo tempo saneador, é encontrado no art. 643 do Código das Obrigações suíço, ao prever que a sociedade adquire a personalidade com a inscrição, mesmo se os seus requisitos não estejam cumpridos. Essa regra faz com que os efeitos da personificação fiquem suspensos com a formulação de exigências sanáveis, respondendo a companhia pelos seus negócios, a partir dessa inscrição provisória[5].

PUBLICAÇÃO OFICIAL DOS ATOS CONSTITUTIVOS

Um dos princípios fundamentais das sociedades anônimas é o da publicação oficial, cuja função é levar à presunção legal do conhecimento de todos os atos societários relevantes, seja pelos acionistas, que legalmente se presumem dispersos, seja por terceiros.

E a Lei n. 10.303, de 2001, na esteira das leis anteriores, determina a publicação de todos os atos societários relevantes nos *Diários Oficiais* do Estado onde se situa a sede da companhia, exatamente para que se estabeleça a presunção legal de conhecimento dos acionistas e de terceiros desses mesmos atos. O mesmo dispositivo se contém quanto ao registro e publicação no art. l.152 do Código Civil.

Seria inteiramente inconcebível que o regime da publicidade oficial pudesse ser substituído pela publicação dos atos societários em outros veículos da imprensa ou da mídia eletrônica.

Seria o mesmo que prescindir da publicação das leis e dos atos administrativos no *Diário Oficial*, contanto que tais publicações fossem feitas em jornais de grande circulação ou pela Internet.

Como o próprio nome indica, o *Diário Oficial* é o órgão que tem precipuamente como função proceder às publicações oficiais dos atos societários,

---

4   Anne Petitpierre Sauvin, *Inchieste di Diritto Comparato*, v. 5-I, p. 144 e s.

5   Anne Petitpierre Sauvin, *Inchieste,* cit., v. 5-I, p. 148 e s.

para, assim, configurar-se a presunção legal de conhecimento dos acionistas e de terceiros.

Os efeitos da publicação oficial são absolutamente relevantes no ordenamento jurídico[6].

Nesse passo, aplicam-se os arts. 1º e 3º da LINDB: "Art. 1º Salvo disposição contrária, a lei começa a vigorar em todo o País 45 (quarenta e cinco) dias depois de oficialmente publicada".

E o princípio da presunção legal está estabelecido no art. 3º da lei comum: "Ninguém se escusa de cumprir a lei, alegando que não a conhece".

Esses dois princípios aplicam-se ao regime de publicidade oficial dos atos relevantes das sociedades anônimas, conforme previsto no art. 289 da Lei Societária e no referido art. 1.152 do Código Civil. Uma vez oficialmente publicados os atos societários, ninguém pode escusar-se dos seus efeitos, isto é, do início da prescrição e da aquisição de direitos, seja dos titulares de valores mobiliários emitidos pela companhia, seja dos acionistas, seja de terceiros, como os contratantes, os credores, ou o Fisco e os demais órgãos estatais que com ela se relacionam.

Dessa forma, a publicação oficial é imprescindível para a segurança dos direitos subjetivos, públicos e privados, e, portanto, para a efetividade da Ordem Jurídica.

INSCRIÇÃO E ARQUIVAMENTO

A lei segue a nomenclatura adotada pelo Registro do Comércio, que reserva, como espécie de inscrição para os atos constitutivos e demais da sociedade anônima, o termo arquivamento. Do ponto de vista do procedimento administrativo, inscrição ou registro seriam as anotações que o funcionário do ofício toma, em livro próprio, dos documentos que lhe são exibidos, devolvendo-os, após, ao interessado[7]. Arquivamento seria o depósito, no registro público competente, dos documentos ou instrumentos probatórios de um ato jurídico.

O procedimento de registro dos atos constitutivos abrange ambos os processos acima referidos, na medida em que a Junta Comercial anota e deposita algumas cópias autênticas dos documentos respectivos, devolvendo as demais aos requerentes.

---

6   V. comentários ao art. 289.

7   Miranda Valverde, *Sociedades por ações*, cit., v. 1, p. 300.

FUNÇÃO CONSTITUTIVA E DECLARATÓRIA DO ARQUIVAMENTO

Existem divergências sobre a função constitutiva ou declaratória do arquivamento. Seria o ato administrativo elemento essencial à criação da pessoa jurídica? Ou o arquivamento seria ato complementar necessário ao reconhecimento de certos efeitos jurídicos com função meramente declaratória?

Sustenta, entre nós, o caráter constitutivo, Cunha Peixoto, opinando pela inexistência da pessoa jurídica até o arquivamento dos atos constitutivos[8]. Lembra o insigne autor que a sociedade anônima tem natureza diversa da de sociedade de pessoas, nas quais o registro é declaratório, apenas conferindo determinadas vantagens aos sócios, como limitação de responsabilidade. Ressalta ele que, antes do arquivamento, não há sociedade, nem solidariedade dos sócios, mas responsabilidade apenas de quem praticou os atos[9].

No mesmo sentido, opina Halperin, para quem a inscrição é constitutiva, não existindo sociedade antes dela[10].

Valverde entende que o arquivamento e o registro constituem formalidades complementares, ou condição para aquisição de direitos. Na interpretação do Autor, a sociedade já existe, como pessoa, antes do arquivamento, não podendo funcionar com plena eficácia, enquanto não for procedido o registro[11].

Tem o mesmo entendimento Barros Leães, para quem o registro é declaratório, pois imprescindível apenas à formação de certos efeitos jurídicos, consoante o ora revogado art. 301 do Código Comercial[12].

Não obstante essa discussão, é evidente que o arquivamento tem as duas funções — declaratórias e constitutivas.

Na sustentação da teoria constitutiva há, com efeito, a nítida distinção entre sociedade de pessoas e sociedade anônima. Naquela, reconhece o art. 45 do Código Civil a existência da sociedade irregular, bem como a responsabilidade solidária dos seus sócios, que era prevista no art. 301 do Código

---

8   Cunha Peixoto fala em registro e não em arquivamento (*Sociedades por ações,* São Paulo, Saraiva, 1972, v. 2, p. 128).

9   Conforme prevê, para as sociedades de pessoas, o ora revogado art. 301 do Código Comercial. Art. 12 do Código Civil italiano; Brunetti, *Tratado del derecho de las sociedades,* v. 2, p. 294 e s.; *Casi e materiali,* p. 117 e s.

10   Halperin, *Sociedades anónimas,* cit., p. 125.

11   Miranda Valverde, *Sociedades por ações,* cit., v. 1, p. 300 e s.

12   Barros Leães, *Comentários à Lei das S.A.,* São Paulo, Saraiva, 1980, p. 162.

Comercial. Em nosso sistema jurídico, não se pode falar em companhia irregular, pois não poderá ser acionada por seus atos, antes do seu registro. A Lei Societária é expressa ao dispor que a companhia não responde pelos atos ou operações praticados pelos primeiros administradores, antes de cumpridas as formalidades de constituição (art. 99). E, por outro lado, é inadmissível, na espécie, a responsabilidade solidária dos acionistas na *vacatio*.

MOMENTO DA AQUISIÇÃO DA PERSONALIDADE JURÍDICA

Por força do citado art. 73 do Regulamento do Registro do Comércio[13], a personalidade da companhia preexiste ao seu arquivamento, uma vez que, procedido este, os efeitos do registro retroagirão à data da realização dos atos constitutivos[14].

Assim, a personalidade jurídica da sociedade anônima nasce retroativamente[15], na medida em que o ato administrativo do arquivamento tem efeitos, a partir do momento da constituição. Adquire a companhia personalidade jurídica, desde a sua constituição, sob a condição de seu registro.

A personalidade jurídica decorre de dois fatos: a vontade dos subscritores, consubstanciada nos atos constitutivos, e a observância dos requisitos legais de registro e publicação oficial (arts. 98, § 1º, e 289). Este último procedimento também constitui condição legal da personificação. A condição é uma circunstância específica do ato negocial constitutivo, no sentido de que os seus efeitos vinculam-se a determinado fato de natureza legal, ou seja, o registro e a publicação oficial (arts. 98, § 1º, e 289). Esse fato é futuro, dele dependendo a eficácia da personificação. O requisito do arquivamento e da publicação oficial (arts. 98, § 1º, e 289) torna incertos, antes de cumpridos, os efeitos típicos dessa personificação. Por outro lado, estabelece a lei que, se cumprida a condição (arquivamento e publicação oficial), a sua eficácia conta a partir da própria constituição.

Tendo essa condição legal efeito resolutivo, a personalidade nasce no momento em que se manifesta a vontade dos subscritores. Esses efeitos, no entanto, estão subordinados à verificação do arquivamento e da publicação

---

13 Decreto n. 1.800, de 30 de janeiro de 1996, art. 33.

14 Fran Martins, *Comentários à Lei das Sociedades Anônimas,* Rio de Janeiro, Forense, 1977, v. 1, p. 533.

15 Champaud, *Revue Trimestrielle de Droit Commercial,* 1966, p. 992.

oficial (arts. 98, § 1º, e 289). Se a condição legal é satisfeita, a pessoa jurídica permanece e as obrigações que a companhia assumiu são reputadas puras e simples do dia em que se realizaram os atos constitutivos.

Se a *conditio juris* do arquivamento e da publicação oficial (arts. 98, § 1º, e 289) não se realiza, extingue-se a personalidade jurídica, por ineficaz a própria constituição[16].

PERSONALIDADE JURÍDICA

A capacidade jurídica das sociedades, como construção doutrinária do século XIX[17], ensejou o aparecimento de duas escolas, que encontram respaldo no direito positivo: a teoria da ficção (Direito inglês) e a teoria da realidade (Direito alemão).

No Direito inglês, a personalidade jurídica é uma abstração, em virtude da qual se considera que subsiste uma entidade metafísica, distinta da dos seus membros, mas com uma mera existência ideal, em consequência de uma ficção jurídica que lhe atribui direitos e obrigações. Tal fenômeno decorre da necessidade de se conseguir certo resultado jurídico, unificando um patrimônio e isolando-o do patrimônio daqueles que o formaram.

O meio técnico para se conseguir tais resultados jurídicos é a *incorporation*. A capacidade jurídica não é plena, como a da pessoa física, mas limitada. Tal limitação expressa-se na teoria do *ultra vires*, segundo a qual qualquer ato realizado em nome da sociedade será nulo se não se encontra dentro do objeto indicado no ato constitutivo[18].

Já para a doutrina da realidade, com origem no Direito germânico, a sociedade não é um ente fictício admitido por lei, mas é dotada de uma existência real. Do ponto de vista jurídico, ela existe como organização que se propõe assegurar a realização de certos interesses comuns a várias pessoas. As pessoas físicas legitimadas a agir em nome da sociedade são consi-

16 Para Mossa, antes do registro existe um contrato preliminar de sociedade, mas não de sociedade anônima. Halperin, *Sociedades anónimas,* cit., p. 123 e s. e 142. A respeito, Hemard et al., *Sociétés commerciales,* Paris, Dalloz, 1974, v. 2, p. 135 e s.; Brunetti, *Tratado,* cit., v. 1, p. 201 e s. No regime norte-americano, Ballantine, *Ballantine on Corporations,* Chicago, Callaghan & Co., 1946, p. 2, 3 e 287 e s.

17 A respeito, Vanetti, Costituzione della società, in *Inchieste di diritto comparato,* v. 5-I, p. 163 e s.

18 Vanetti, *Inchieste,* cit., v. 5-I, p. 166 e s. Sobre a doutrina do *ultra vires, v.* comentários ao art. 144.

deradas como seus órgãos. A doutrina da realidade considera plena a capacidade jurídica da companhia, como ente real que é. Situa-se no mesmo plano da capacidade da pessoa física, não havendo restrições aos poderes de seus representantes (administradores).

A maioria dos países aderiu à teoria da realidade, sendo que o sistema brasileiro não foge à regra, notadamente ao adotar a doutrina da representação orgânica para os administradores da companhia[19].

VACATIO

No período em que a sociedade está legalmente constituída, mas ainda dependente do arquivamento e da publicação oficial (arts. 98, § 1º, e 289)[20], devem os administradores abster-se de proceder às atividades empresariais previstas no objeto social. Trata-se de período em que a personalidade jurídica está dependente da *conditio legis* do arquivamento e da publicação oficial (arts. 98, § 1º, e 289).

A companhia, na *vacatio*, não reveste a feição de sociedade de fato ou de sociedade irregular, mas a sua constituição pode ser resolvida[21]. Nesse

---

19 Não obstante, não se pode deixar de vislumbrar limites à capacidade jurídica da sociedade, na medida em que a separação patrimonial, que é a base de sua personificação, visa à realização do objeto social e cuja definição constitui requisito fundamental ao reconhecimento de sua identidade. A respeito, Comparato, ao proceder à análise e revisão crítica do conceito de pessoa jurídica, lembra que "não se pode perder de vista o fato de ser a personalização uma técnica jurídica utilizada para se atingirem determinados objetivos práticos — autonomia patrimonial, limitação ou supressão de responsabilidades individuais —, não recobrindo toda a esfera de subjetividade, em direito...". E conclui que a manutenção da personalidade jurídica "só se justifica pela permanência desse escopo, de sua utilidade e da possibilidade de sua realização" (Fábio Comparato, *O poder de controle na sociedade anônima*, 2. ed., São Paulo, Revista dos Tribunais, 1977, p. 123 e s., 268 e 270). Sobre a matéria de representação orgânica, *v.* comentários ao art. 144. Sobre a matéria de personalidade jurídica, Halperin, *Sociedades por ações*, cit., p. 123 e s.; Ascarelli, *Problemas das sociedades anônimas e direito comparado*, São Paulo, Saraiva, 1945, p. 236 e s.; Henry Taylor, La venerabile persona giuridica, *Rivista delle Società*, 1960, p. 1172 e s.; *v.* comentários aos arts. 2º, 144 e 158; Rubens Requião, *Aspectos modernos do direito comercial*, São Paulo, Saraiva, 1977, v. 1, p. 67 e s.; Garrigues, *Hacía un nuevo derecho mercantil*, Madrid, Technos, 1971, p. 164 e s.; Piero Verrucoli, *Il superamento della personalità giuridica delle società di capitali*, Milano, Giuffrè, 1964; Rolf Serick, *Forma e realtà della persona giuridica*, Milano, Giuffrè, 1966; Sergio Le Pera, *Cuestiones de derecho comercial moderno*, Buenos Aires, Ed. Astrea, 1974, p. 133 e s.; Ballantine, *Ballantine*, cit., p. 291 e s.; Noyes, *Cases and materials on corporations*, 2. ed., Ed. Little Brown and Company, 1977, p. 49-77.

20 Decreto n. 1.800, de 30 de janeiro de 1996, arts. 33 e 73.

21 Sobre a matéria de sociedades de fato, Fran Martins, *Comentários*, cit., v. 1, p. 535;

período, os órgãos deliberativos e de representação já estão instalados. Entretanto, consoante o art. 99 da lei, a companhia não responde, no interstício, pelos atos ou operações praticados pelos primeiros administradores, sendo destes a responsabilidade, perante terceiros, até que se verifique o arquivamento[22].

Devem os administradores ater-se à prática dos atos e atividades de natureza jurídica e de organização social[23]. Não obstante, poderão os administradores, sob sua responsabilidade pessoal (art. 99) e na expectativa de ratificação pela assembleia geral, praticar atos de natureza econômica no período. Se tal ocorrer, os efeitos da ratificação são, obviamente, retroativos, exonerando os administradores e passando a responsabilidade a ser exclusivamente da companhia[24].

Cabe, portanto, aos administradores, uma vez celebrados os atos constitutivos, praticar os que visem ao arquivamento destes no Registro do Comércio[25] e no *Diário Oficial* (arts. 98, § 1º, e 289). Somente após é que praticarão atos próprios da atividade regular da sociedade, que são tendentes à realização do objeto social. Assim, até o arquivamento não se pode falar em funcionamento regular da companhia, muito embora a sociedade, por meio de seus administradores, possa praticar atos, inclusive contratos, que ficam sujeitos à ratificação da assembleia geral.

COMPANHIA CONSTITUÍDA POR ASSEMBLEIA

> *Art. 95. Se a companhia houver sido constituída por deliberação em assembleia geral, deverão ser arquivados no Registro do Comércio do lugar da sede:*

Garrigues-Uría, *Comentario a la Ley de Sociedades Anónimas,* Madrid, 1976, v. 1, p. 157; Ballantine, *Ballantine,* cit., p. 78 e s.; Lattin, *The law of corporations,* 2. ed., Mineola, New York, The Foundation Press, 1971, p. 191 e s.; Vanetti, *Inchieste,* cit., v. 5-I, p. 189 e s.

22 Fran Martins, *Comentários,* cit., v. 1, p. 537.

23 Vanetti, *Inchieste,* cit., v. 5-I, p. 193 e s.

24 V. comentários ao art. 99. Cunha Peixoto, *Sociedades por ações,* cit., v. 2, p. 131; contra, Ruy Carneiro Guimarães, *RF,* 153:260. Sobre a distinção entre atos para constituir a sociedade e demais atos celebrados por fundadores e administradores, Guglielmetti, *Rivista delle Società,* 1957, p. 475; Anne Petitpierre Sauvin, *Inchieste,* cit., v. 5-I, p. 118 e s.

25 Fran Martins, *Comentários,* cit., v. 1, p. 534.

I — um exemplar do estatuto social, assinado por todos os subscrito-res (art. 88, § 1º) ou, se a subscrição houver sido pública, os originais do estatuto e do prospecto, assinados pelos fundadores, bem como do jornal em que tiverem sido publicados;

II — a relação completa, autenticada pelos fundadores ou pelo presidente da assembleia, dos subscritores do capital social, com a qualificação, número das ações e o total da entrada de cada subscritor (art. 85);

III — o recibo do depósito a que se refere o n. III do art. 80;

IV — duplicata das atas das assembleias realizadas para a avaliação de bens, quando for o caso (art. 8º);

V — duplicata da ata da assembleia geral dos subscritores que houver deliberado a constituição da companhia (art. 87).

LEI DE 1940 E LEI N. 6.404, DE 1976

O Decreto-Lei n. 2.627, de 1940, estabelecia as mesmas exigências quanto aos documentos objeto do pedido de arquivamento.

A lei de 1976 também dispõe que, além de os documentos estarem transcritos nos atos de constituição (art. 87), deverão ser arquivados os seus originais.

A disciplina do registro está consubstanciada na Lei n. 8.934, de 18 de novembro de 1994, e em seu regulamento (Dec. n. 1.800, de 30-1-1996). A Lei n. 8.934, de 1994, revogou a Lei n. 4.726, de 1965, que uniformizou a organização, em todo o território nacional, do processo de arquivamento, deixando aos Estados apenas a competência para a organização administrativa das respectivas Juntas Comerciais. A lei registrária vigente mantém a competência recursal do Ministério da Indústria e Comércio sobre as decisões das Juntas, no tocante aos registros de sua competência originária. Como referido a matéria também é tratada nos arts. 1.150 e 1.154 do Código Civil que reitera para as sociedades empresárias todos os princípios referentes ao registro e publicação oficial dos seus atos sociais.

A exigência legal de arquivamento dos originais do prospecto e do estatuto assinado pelos fundadores, na constituição por subscrição pública, tem por finalidade permitir o confronto desses originais com a respectiva publicação oficial (arts. 98, § 1º, e 289), no interesse dos subscritores[26]. No tocante ao boletim de subscrição, exige-se apenas a relação completa dos subscri-

---

26 Miranda Valverde, *Sociedades por ações,* cit., v. 1, p. 313.

tores autenticada pelos fundadores, porque o original do boletim deve permanecer arquivado na sociedade.

O arquivamento deverá ser requerido pelos primeiros administradores à Junta Comercial, dentro do prazo de trinta dias, contados da lavratura dos atos constitutivos. Essa regra consta do art. 36 da Lei n. 8.934, de 1994: "Os documentos referidos no inciso II do art. 32 deverão ser apresentados a arquivamento na Junta, dentro de 30 (trinta) dias contados de sua assinatura, a cuja data retroagirão os efeitos do arquivamento; fora desse prazo, o arquivamento só terá eficácia a partir do despacho que o conceder"[27].Por sua vez, o art. 1.151 do Código Civil determina que o registro dos atos deve ser requerido pelos administradores da sociedade, sendo que no caso de omissão, cabe ao sócio ou qualquer interessado fazê-lo.

A inobservância desse prazo legal de trinta dias não acarreta resolução desses atos constitutivos, já que o registro e a publicação oficial (arts. 98, § 1º, e 289) constituem formalidades complementares à constituição. Ao contrário do disposto na parte final do art. 36 da referida Lei n. 8.934, de 1994.

Ademais, a sanção de irretroatividade, aventada nesse mesmo parágrafo do art. 36 da Lei n. 8.934, de 1994, é de duvidosa aplicação, no que diz respeito aos atos constitutivos da companhia, ainda que fosse, eventualmente, aplicável em outras espécies de registro.

Isto porque será impossível negar a retroatividade dos atos constitutivos, uma vez que a personalidade jurídica nasce com a celebração de tais atos, sujeita a sua eficácia apenas à *conditio juris* do arquivamento e da publicação oficial (arts. 98, § 1º, e 289). Não seria, pois, possível imaginar que, no caso de mora, a personalidade somente surgisse a partir do ato administrativo que concedeu o arquivamento. Como seriam, então, considerados os atos praticados pelos administradores na *vacatio*?

No caso de mora, a sanção aplicável, na espécie, é a prevista no *caput* do art. 99 da Lei societária, ou seja, serão os primeiros administradores solidariamente responsáveis, perante a companhia, pelos prejuízos causados, no cumprimento das formalidades do arquivamento e da publicação oficial (arts. 98, § 1º, e 289).

A propósito, a mora no pedido do arquivamento não exonera os acionistas das obrigações de integralizar as ações subscritas[28], nem enseja ação de

---

27   Sobre a matéria, Garrigues-Uría, *Comentario,* cit., v. 1, p. 330 e s.

28   Cf. decisão do Tribunal de Justiça da Guanabara, citado por Cunha Peixoto, *Sociedades por ações,* cit., v. 2, p. 130.

anulação da constituição da companhia (art. 285). Esta medida judicial somente cabe, em caso de vício ou defeito intrínseco do próprio negócio de constituição, e não por dilação nos procedimentos de registro. Não prevalece, outrossim, na espécie, o prazo do art. 81 da Lei societária, pois essa norma se refere aos atos constitutivos propriamente ditos, e não às formalidades complementares do arquivamento e publicação oficial (arts. 98, § 1º, e 289).

COMPANHIA CONSTITUÍDA POR ESCRITURA PÚBLICA

Art. 96. Se a companhia tiver sido constituída por escritura pública, bastará o arquivamento de certidão do instrumento.

LEI DE 1940

A matéria era tratada da mesma forma na lei anterior à de 1976, embora as palavras estivessem em disposição diversa, de resto, mais elegantemente apresentadas. O art. 53 do Decreto-Lei n. 2.627, de 1940, dispunha: "Bastará o arquivamento da certidão da escritura pública, se a companhia ou a sociedade anônima por meio de tal instrumento se houver constituído".

ARQUIVAMENTO DO TRASLADO E SUA PUBLICAÇÃO OFICIAL

Tendo o tabelião fé pública, dispensa-se a apresentação dos documentos levados à sua presença por ocasião da lavratura da escritura. Assim, todos os requisitos referentes à constituição da companhia devem constar da escritura. Esta, por sua vez, deverá ser publicada na forma prevista no art. 289, para os efeitos previstos no art. 98, § 1º.

No caso de subscrição em bens, deverão constar da escritura as atas das respectivas assembleias gerais e dos laudos nelas aprovados[29]. Em princípio, serão duas as assembleias gerais: uma, para nomeação dos peritos, e outra, para aprovação do laudo. Poderá haver, no entanto, uma única assembleia, que, após a indicação do perito, será suspensa para que estes apresentem o seu parecer.

---

29   Miranda Valverde, *Sociedades por ações*, cit., v. 1, p. 315.

Na vigência da lei anterior, de 1940, havia divergências sobre a possibilidade de, em vez da realização de uma assembleia geral, para nomeação de peritos, e de outra, para aprovação do laudo, tais procedimentos serem realizados na própria escritura pública[30].

Na lei em vigor, de 1976, tal dúvida desapareceu, ao ser admitida a assembleia totalitária (art. 124, § 4º). Consequentemente, passam a ser eficazes a nomeação e a avaliação, na própria escritura pública, na medida em que os participantes da companhia constituenda concordem com as conclusões do laudo, sem isenção, obviamente, da responsabilidade dos avaliadores por eventuais danos (art. 8º)[31]. Os fundadores, na hipótese, correm o risco de, não sendo aprovada a avaliação ou aceita pelo subscritor a avaliação aprovada, ficar sem efeito a escritura de constituição.

EXAME DOS DOCUMENTOS

O Registro do Comércio deverá fazer as verificações, para saber se os dispositivos de lei foram cumpridos, inclusive o previsto no § 1º do art. 98. Isto porque não cabe ao tabelião responsabilidade pelo não cumprimento de requisitos específicos da Lei Societária, já que é seu dever observar o procedimento da Lei dos Registros Públicos[32], tomando por termo o que as partes declaram, atestando a veracidade dessas informações. Não é da competência do oficial público, com efeito, verificar a legalidade intrínseca dessas declarações[33].

PRAZO

O arquivamento da certidão da escritura, com a observância do previsto no § 1º do art. 98, deverá ser requerido pelos primeiros administradores à Junta Comercial, dentro do prazo de trinta dias, contados da sua lavratura em Cartório de Notas[34].

---

30 Cunha Peixoto, *Sociedades por ações,* cit., v. 2, p. 140; Miranda Valverde, *Sociedades por ações,* cit., v. 1, p. 315.

31 Fran Martins, *Comentários,* cit., v. 2, p. 543.

32 Lei n. 6.015, de 1973, e suas alterações.

33 Fran Martins, *Comentários,* cit., v. 2, p. 541.

34 Decreto n. 1.800, de 30 de janeiro de 1996, art. 33.

A inobservância desse prazo não acarreta a ineficácia da escritura de constituição, já que o registro e a publicação oficial (art. 289) constituem formalidade complementar da constituição[35], como reiterado. Nesse caso, a sanção aplicável é a prevista no *caput* do art. 99 da Lei Societária, contra os primeiros administradores, que serão solidariamente responsáveis, perante a companhia constituída, pelos prejuízos que advierem do cumprimento tardio dessa formalidade.

REGISTRO DO COMÉRCIO

Art. 97. Cumpre ao Registro do Comércio examinar se as prescrições legais foram observadas na constituição da companhia, bem como se no estatuto existem cláusulas contrárias à lei, à ordem pública e aos bons costumes.

§ 1º Se o arquivamento for negado, por inobservância de prescrição ou exigência legal ou por irregularidade verificada na constituição da companhia, os primeiros administradores deverão convocar imediatamente a assembleia geral para sanar a falta ou irregularidade, ou autorizar as providências que se fizerem necessárias. A instalação e funcionamento da assembleia obedecerão ao disposto no art. 87, devendo a deliberação ser tomada por acionistas que representem, no mínimo, metade do capital social. Se a falta for do estatuto, poderá ser sanada na mesma assembleia, a qual deliberará, ainda, sobre se a companhia deve promover a responsabilidade civil dos fundadores (art. 92).

§ 2º Com a segunda via da ata da assembleia e a prova de ter sido sanada a falta ou irregularidade, o Registro do Comércio procederá o arquivamento dos atos constitutivos da companhia.

§ 3º A criação de sucursais, filiais ou agências, observado o disposto no estatuto, será arquivada no Registro do Comércio.

LEI DE 1940 E LEI N. 6.404, DE 1976

O Diploma de 1940 tratava da matéria nos mesmos termos da lei de 1976, fazendo-o no art. 53, que dava eficácia ao preceito contido no seu art. 2º.

---

35 Sobre os efeitos da mora, previstos na Lei do Registro do Comércio, *v.* comentários ao art. 95.

A inovação trazida pela lei vigente de 1976 é colhida no § 2º do art. 3º, que trata da semelhança de denominação, que, uma vez verificada, permitirá ao interessado requerer junto ao Registro do Comércio, ou em juízo, perdas e danos. Trata-se de preceito que procurou suprir lacuna do anterior Código de Propriedade Industrial (Lei n. 5.772, de 1971), que retirou do respectivo registro tal competência; lacuna essa que permanece na vigente Lei de Propriedade Industrial (Lei n. 9.279, de 1996)[36].

Segue, assim, a lei de 1976 o sistema do Diploma anterior de 1940, de controle administrativo da legalidade dos atos constitutivos, sem embargo da competência judicial para a sua revisão.

Ademais, a legislação vigente introduziu, quanto às companhias constituídas por subscrição pública (arts. 4º, 82 e s.), o controle administrativo da Comissão de Valores Mobiliários, instituída pela Lei n. 6.385, de 1976, aplicando-se à espécie diversos dispositivos da lei societária.

Visa este último controle à defesa dos subscritores, e o mesmo é feito anteriormente à própria constituição, especialmente por meio do prospecto e do projeto de estatuto, bem como das informações que serão levadas ao público[37].

SISTEMAS DE CONTROLE

A Lei n. 8.934, de 1994, alterou a denominação do Registro do Comércio para Registro Público de Empresas Mercantis, a qual também foi empregada pelo art. 1.150 do Código Civil, ao ressaltar que a competência registrária é das juntas comerciais.

Há dois sistemas de controle de legalidade, no que diz respeito aos órgãos competentes: o judiciário e o administrativo.

Consoante a lei italiana, cabe ao tribunal verificar a consonância dos atos constitutivos com a lei, ouvido o Ministério Público, ordenando a respectiva inscrição no Registro das Empresas[38]. Trata-se de um controle preventivo e, ao mesmo tempo, homologatório dos atos constitutivos. Tem efeitos especialmente perante terceiros[39].

36   V. comentários ao art. 3º.

37   V. Instrução n. 400, de 2004, da Comissão de Valores Mobiliários.

38   Art. 2.328 do Código Civil italiano. Os prospectos devem ser depositados perante um notário. A respeito, Messineo, *Manuale di diritto civile e commerciale*, v. III-1, p. 368.

39   Anne Petitpierre Sauvin, *Inchieste*, cit., v. 5-I, p. 113 e s.

Em grande parte dos países, o controle é administrativo através do registro próprio do comércio. Tal sistema originou-se da separação das funções dos antigos Tribunais do Comércio. Estes, em alguns países, acabaram exercendo apenas as funções jurisdicionais, deixando ao Poder Executivo o registro e o controle da legalidade dos atos constitutivos e os demais relativos às sociedades comerciais. É o caso do Direito brasileiro que, com a extinção dos Tribunais do Comércio, deles destacou os serviços de registro que passaram às Juntas Comerciais dos Estados, depois organizadas sob a supervisão do Departamento Nacional do Registro do Comércio, com jurisdição administrativa federal.

Quanto ao objeto, existem também dois sistemas: o controle administrativo e o judiciário, do tipo europeu continental, que tendem a garantir a observância das normas legais; e o sistema de superposição administrativa de controle, por meio de órgãos de defesa do público investidor, efetuado pelas agências governamentais criadas especialmente para tal fim, como, v. g., a *Securities and Exchange Commission*, nos Estados Unidos, a *Commission des Opérations de Bourse*, na França, e a Comissão de Valores Mobiliários, no Brasil.

Esse segundo controle administrativo diferencia-se especificamente daquele do Registro do Comércio, porque se realiza anteriormente à constituição da companhia, tendo por objeto, em especial, o nível de informações que devem ser prestadas ao público, exercendo a fiscalização sobre a oportunidade, propriedade e legalidade das declarações contidas em tais informações.

COMPETÊNCIA DO REGISTRO DO COMÉRCIO

A competência das Juntas Comerciais está consubstanciada na Lei n. 8.934, de 1994, art. 1º, e no Decreto n. 1.800, de 1996, que a regulamentou em seu art. 7º.

A função precípua do Registro do Comércio é a de fiscalizar a legalidade dos atos constitutivos, para evitar que se constituam companhias com vícios dessa natureza[40]. Têm, portanto, as Juntas ampla competência[41]. Nessa função de controle da legalidade da constituição, a Junta tem como

---

40 Cunha Peixoto, *Sociedades por ações*, cit., v. 2, p. 142.

41 Sobre as reclamações relativas à amplitude dessa competência, Miranda Valverde, *Sociedades por ações*, cit., v. 1, p. 319.

objetivo verificar, de um lado, se houve obediência às prescrições e formalidades determinadas por lei, e, de outro, se houve o atendimento a princípios mais amplos, ou seja, os referentes à ordem pública.

Têm, outrossim, as Juntas Comerciais competência para examinar a observância de outras normas especiais, como, v. g., as restrições impostas à admissão de estrangeiros em determinadas sociedades.

Também deve a Junta, ainda, exigir a observância de procedimentos prévios, como a autorização governamental para funcionar, nos casos previstos em lei[42].

Na esteira da regra constitucional, a Lei n. 8.934, de 1994, e o Decreto n. 1.800, de 1996, em seu art. 69, prescrevem que das decisões em caráter definitivo do Plenário das Juntas cabe recurso, no prazo de dez dias, ao Ministro de Estado a quem esteja afeta a matéria objeto do mesmo.

Essa instância recursal administrativa não impede que, desde logo, o interessado recorra ao Poder Judiciário, visando à sustação ou à revogação de decisões das Juntas. O mandado de segurança, as medidas cautelares e demais remédios processuais de eficácia substancial são utilizáveis, sem qualquer restrição[43].

Tais iniciativas são especialmente cabíveis, no caso de negativa do arquivamento dos atos constitutivos, quando a recusa extrapolar aspectos de natureza formal, quanto à legalidade desses atos[44].

Também cabe recurso ao Judiciário, inclusive precedido de medida cautelar, quando os atos praticados, ou por praticar, pela Junta possam ferir direitos individuais dos subscritores, ou acionistas, e da própria companhia. Prevenir o arquivamento, em tais casos, é da estrita competência do Poder Judiciário. Ademais, não é da competência do Registro do Comércio cancelar o arquivamento de companhia. Qualquer medida nesse sentido somente poderá ter eficácia se originada de sentença judicial.

VÍCIOS NA CONSTITUIÇÃO E NULIDADE

O Departamento Nacional do Registro do Comércio e as Juntas Comerciais têm competência para examinar os requisitos formais da

---

42 Miranda Valverde, *Sociedades por ações*, cit., v. 1, p. 320. Sobre a matéria, Campos Batalha, *Comentários à Lei de Sociedades Anônimas*, Rio de Janeiro, Forense, 1977, v. 1, p. 466 e s.

43 Cunha Peixoto, *Sociedades por ações*, cit., v. 2, p. 148; Waldemar Ferreira, *Revista de Direito Mercantil*, 5:553, 1955.

44 Waldemar Ferreira, *Revista de Direito Mercantil*, 5:553, 1955.

constituição das companhias. Tais vícios abrangem, notadamente, os aspectos de capacidade e do objeto social, além das formalidades próprias da subscrição, de emissão das ações, depósitos de entradas, publicidade dos atos preliminares à constituição por subscrição pública[45], publicação oficial (arts. 98, § 1º, e 289) etc.

Não cabe, no entanto, à Junta conhecer de pedidos que envolvam as causas da constituição da companhia, ou a impossibilidade de atingir ou não o seu fim, ou qualquer outra matéria de mérito.

Seguindo a consagrada orientação do Direito Societário, já adotada na vigência do Decreto-Lei n. 2.627, de 1940, não mais se sanciona a violação de normas legais com a nulidade da constituição[46].

Conforme lembra Valverde, "poderá haver sociedade anônima anulável, porém não sociedade anônima nula ou inexistente, já que foram arquivados no Registro do Comércio seus atos constitutivos"[47].

Nesse sentido, é expressa a Lei Societária francesa ao admitir que qualquer interessado pode pedir que sejam sanadas as lacunas, cabendo ao juiz determinar prazo para que seja convalescida a constituição[48].

ORDEM PÚBLICA E BONS COSTUMES

O convalescimento das irregularidades não cabe no caso de exploração de objeto ilícito ou exercício de atividades contrárias à ordem pública e aos bons costumes. Nesse caso, a constituição é nula, não sendo tais vícios sanáveis[49]. Com efeito, não pode exercer a companhia atividade empresarial proibida por lei[50].

Se for constituída com objeto ilegal, cabe ao Registro do Comércio denegar o arquivamento dos atos constitutivos. Se, de qualquer forma, lograr a companhia o seu registro, deverá ser dissolvida por decisão judicial, por

---

45 Vanetti, *Inchieste*, cit., v. 5-I, p. 248 e s.

46 Tese aprovada no Congresso Jurídico das Sociedades por Ações, em 1889, em Paris.

47 Miranda Valverde, *Sociedades por ações*, cit., v. 1, p. 318. Para Garrigues, a inscrição no Registro do Comércio não sana os defeitos ou vícios da constituição e, portanto, sempre permanece a possibilidade de os interessados pedirem declaração de anulação de sociedade anônima constituída ilegalmente (*Comentario*, cit., v. 1, p. 176).

48 Arts. 4ª, 363 e 365 da lei societária francesa de 1966.

49 Miranda Valverde, *Sociedades por ações*, cit., v. 1, p. 321 e s.

50 V. comentários ao art. 2ª.

256

meio de ação proposta por qualquer legítimo interessado, inclusive o Poder Público e qualquer acionista.

Além de rigorosa legalidade, o objeto também deve ser possível, exequível, realizável. Demonstrada a impossibilidade da realização do objeto estatutariamente estabelecido, deve o Registro do Comércio denegar o registro.

Os casos de contrariedade à ordem pública e aos bons costumes somente podem existir a partir de sua tipificação ou previsão legal[51].

ASSEMBLEIA PARA SANAR IRREGULARIDADES

A assembleia geral com vistas a sanar irregularidades é competente para determinar as providências necessárias ao convalescimento da constituição da companhia, inclusive emendando ou corrigindo o estatuto.

A retificação do estatuto, no entanto, restringir-se-á ao cumprimento das exigências legais formuladas pela Junta, devendo, em consequência, ser rigorosamente observado o proibitivo de a maioria alterar a lei interna da companhia, nessa oportunidade, consoante prescreve o art. 87, § 2º, da lei[52]. As deliberações terão por objeto, portanto, a mera correção das falhas de natureza legal, sendo vedada a alteração da substância organizativa do estatuto. O quórum há de ser o estabelecido no art. 87, não podendo a assembleia de retificação e ratificação alterar, acrescentar ou suprimir artigos do estatuto, a não ser aqueles que apresentem defeitos formais arguidos pelo Registro do Comércio.

Também compete à assembleia geral a deliberação sobre ação de responsabilidade contra os fundadores. Essa ação será proposta pela companhia[53].

A norma não faz distinção entre constituição por escritura pública ou por assembleia ao estabelecer o procedimento de assembleia geral para a retificação. Impõe-se, assim, o conclave, mesmo nos casos de escritura pública constitutiva[54]. Essa exigência legal é procedente, pois a deliberação, na

---

51 Sobre a noção de ordem pública e bons costumes, Serpa Lopes, *Comentários à Lei de Introdução ao Código Civil*, Rio de Janeiro, Freitas Bastos, 1959, p. 277 e s.

52 Cunha Peixoto, *Sociedades por ações*, cit., v. 2, p. 144.

53 *V.* comentários ao art. 99.

54 Cunha Peixoto, *Sociedades por ações*, cit., v. 2, p. 84.

espécie, será tomada por maioria absoluta e não por unanimidade, como seria da natureza da escritura pública.

NOVAS EXIGÊNCIAS

O Registro do Comércio, após ter aceito as retificações procedidas, em conformidade com suas exigências, deverá arquivar os atos constitutivos, não podendo fazer novas solicitações. A renovação de exigências subsequentes eternizaria a solução final do processo administrativo, criando insegurança nas relações jurídicas envolvidas na constituição da companhia[55]. O trancamento do exame dos atos constitutivos não impede que o Registro do Comércio, nos sucessivos pedidos de arquivamento que forem feitos pela companhia, no decorrer de sua existência, aponte irregularidades que vier a constatar posteriormente, inclusive nos atos constitutivos da sociedade, em especial, no seu estatuto. Tal exigência, ainda que tardia, é legítima, devendo ser cumprida pela companhia, e, conforme o caso, enseja ação contra o Estado, por perdas e danos oriundos da negligência do funcionário que, na *vacatio* da constituição, deixou de, oportunamente, apontar tais irregularidades[56].

PUBLICAÇÃO E TRANSFERÊNCIA DE BENS

Art. 98. Arquivados os documentos relativos à constituição da companhia, os seus administradores providenciarão, nos 30 (trinta) dias subsequentes, a publicação deles, bem como a de certidão do arquivamento, em órgão oficial do local de sua sede.

§ 1º Um exemplar do órgão oficial deverá ser arquivado no Registro do Comércio.

§ 2º A certidão dos atos constitutivos da companhia, passada pelo Registro do Comércio em que foram arquivados, será o documento hábil para a transferência, por transcrição no registro público competente, dos bens com que o subscritor tiver contribuído para a formação do capital social (art. 8º, § 2º).

§ 3º A ata da assembleia geral que aprovar a incorporação deverá identificar o bem com precisão, mas poderá descrevê-lo sumariamente,

---

55   Miranda Valverde, *Sociedades por ações*, cit., v. 1, p. 323.

56   Cunha Peixoto, *Sociedades por ações*, cit., v. 2, p. 146.

desde que seja suplementada por declaração, assinada pelo subscritor, contendo todos os elementos necessários para a transcrição no registro público.

LEI DE 1940 E LEI N. 6.404, DE 1976

A matéria estava regulada no art. 54 do Decreto-Lei n. 2.627, de 1940, em termos equivalentes ao da Lei n. 6.404, de 1976.

Não previa, no entanto, o Diploma de 1940 a possibilidade de descrição sumária dos bens conferidos, se acompanhados de descrição apartada, conforme previsto na presente norma em seu § 3º.

ARQUIVAMENTO DA PUBLICAÇÃO OFICIAL

Um dos princípios fundamentais das sociedades anônimas é o da publicidade oficial, cuja função é levar à presunção legal do conhecimento universal de todos os atos societários relevantes, seja pelos acionistas, que legalmente se presumem dispersos, seja por terceiros.

E a Lei n. 6.404, de 1976, na esteira de todas as anteriores, determina a publicação de todos os atos societários relevantes nos *Diários Oficiais* do Estado onde se situa a sede da companhia exatamente para que se estabeleça a presunção legal de conhecimento dos acionistas e de terceiros desses mesmos atos[57].

Seria inteiramente inconcebível que o regime da publicidade oficial pudesse ser substituído pela publicação dos atos societários em outros veículos da imprensa ou através da mídia eletrônica (internet)

Seria o mesmo que prescindir da publicação das leis e dos atos administrativos no *Diário Oficial*, contanto que tais publicações fossem feitas em jornais de grande circulação ou pela internet.

Como o próprio nome indica, o *Diário Oficial* é o órgão que tem precipuamente como função proceder às publicações oficiais dos atos societários, para, assim, configurar-se a *presunção legal* de conhecimento dos acionistas e de terceiros.

Os *efeitos* da publicação oficial são absolutamente relevantes no Ordenamento Jurídico.

---

57   *V.* jurisprudência do STJ, REsp 96.610/SP, Rel. Milton Luiz Pereira, *RSTJ, 104*:135.

Nesse passo, aplicam-se os arts. 1º e 3º da LINDB: "Art. 1º Salvo disposição contrária, a lei começa a vigorar em todo o País 45 (quarenta e cinco) dias depois de oficialmente publicada".

E o princípio da *presunção legal* está estabelecido no art. 3º da lei comum: "Ninguém se escusa de cumprir a lei, alegando que não a conhece".

Esses dois princípios aplicam-se ao regime de publicação oficial dos atos relevantes das sociedades anônimas, conforme estabelecido no art. 289. Uma vez oficialmente publicados os atos societários, ninguém pode escusar-se dos seus efeitos, ou seja, do início da prescrição e da aquisição de direitos, seja dos titulares de valores mobiliários emitidos pela companhia, seja dos acionistas, seja de terceiros, como os contratantes, os credores, ou o Fisco e os demais órgãos estatais que se relacionam com a companhia.

Dessa forma, a publicação oficial é imprescindível para a *segurança dos direitos subjetivos*, públicos e privados, e, portanto, para a efetividade da ordem jurídica.

Assim, além da publicidade legal, representada pelo arquivamento no Registro do Comércio, ao qual poderá qualquer interessado requerer certidão dos atos constitutivos[58], a lei exige a publicação oficial, nos termos do art. 289, dos documentos arquivados e da respectiva certidão de arquivamento.

Como referido, a publicação oficial traz para a companhia a presunção de que os atos constitutivos são do conhecimento do público e, portanto, oponíveis a terceiros. Para os terceiros, a publicidade leva a presunção relativa da legalidade dos atos constitutivos[59]. A publicação oficial, sobretudo, estabelece o termo de aquisição, prescrição e decadência de direitos da sociedade, de seus acionistas e de terceiros.

PRAZO

O prazo de trinta dias não é fatal, como reiterado, na medida em que a lei não estabelece sanções para o caso de ser ele ultrapassado. Consequentemente, o Registro do Comércio não pode recusar o arquivamento de exemplar do órgão oficial, em que houver a publicação, ainda que fora do prazo.

---

58 Lei n. 8.934, de 1994, art. 29.
59 Anne Petitpierre Sauvin, *Inchieste,* cit., v. 5-I, p. 135.

Como lembra Valverde, "o prazo tem por objetivo precisar a data em que, após o seu decurso, começa a definir-se a responsabilidade civil dos primeiros diretores"[60 e 61].

ALIENAÇÃO E TRANSFERÊNCIA

O Registro do Comércio não deve arquivar os atos constitutivos em que houve subscrição em bens imóveis, antes da respectiva transcrição no Registro de Imóveis[62 e 63].

A propósito, discute-se se a subscrição do capital em bens já caracteriza a alienação ou se esta apenas ocorre no momento da constituição. É claro que a alienação somente se opera no momento da constituição. Isto porque, por ocasião da subscrição, a sociedade ainda não foi constituída, inexistindo, portanto, a figura do adquirente.

Sendo a conferência de bens forma de pagamento da subscrição das ações, mediante a transferência da propriedade dos mesmos, tal transferência, como em qualquer forma de alienação, se imóveis, demanda sua transcrição no Registro Público[64].

A transferência dos bens imóveis resolve-se nos termos da legislação aplicável[65]. Não cabe ao Registro do Comércio o exame dos documentos relativos aos bens, sendo função dos fundadores e primeiros administradores verificar a filiação e demais requisitos de domínio e posse que envolvam os bens oferecidos a título de subscrição. Se a constituição é feita por escritura pública, deve ser apresentado ao Registro de Imóveis o traslado da escritura de constituição, na forma dos arts. 167, I, n. 32, e 221, I, da Lei n. 6.015, de 1973. Se por assembleia geral constitutiva, deve ser depositada cópia da ata devidamente arquivada e publicada, conforme o art. 221, II, da citada Lei n. 6.015, de 1973. A ata pode ser sumária, desde que o subscritor assine declaração autenticada, que deverá também ser arquivada.

---

60 Miranda Valverde, *Sociedades por ações*, cit., v. 1, p. 327.

61 Sobre a matéria, decisão do STJ, REsp 4.757/RO, Rel. Min. Dias Trindade, *DJU* 2-9-1991, in Lazzareschi, ob. cit., p. 173.

62 Cunha Peixoto, *Sociedades por ações*, cit., v. 2, p. 98 e 155.

63 V. jurisprudência do STJ, REsp 81.521/MG, Rel. Min. Eduardo Ribeiro, *DJU*, 6-4-1998.

64 V. comentários ao art. 9º.

65 Sobre a matéria, Lei n. 6.015, de 1973, e posteriores alterações, notadamente as Leis n. 6.140, de 1974, e 6.216, de 1975.

A transferência de bens móveis e de direitos faz-se na forma do direito comum e especial, como, v. g., as patentes de invenção, as quais são transferidas mediante a averbação no Instituto Nacional de Propriedade Industrial.

A transferência dos bens deverá ser, desde logo, efetuada para que a companhia, como proprietária, passe a ter livre disposição deles[66]. Tal poder não necessita ser absoluto, mas relativo, como o de qualquer propriedade, nos termos do Código Civil, o que, p. ex., será o caso de conferência de imóvel hipotecado[67].

A omissão do registro dessa transferência acarreta a responsabilidade solidária dos administradores, que podem, inclusive, ficar obrigados a completar o respectivo valor conferido ao capital social pelos subscritores (art. 99)[68].

RESPONSABILIDADE DOS PRIMEIROS ADMINISTRADORES

Art. 99. Os primeiros administradores são solidariamente responsáveis perante a companhia pelos prejuízos causados pela demora no cumprimento das formalidades complementares à sua constituição.

Parágrafo único. A companhia não responde pelos atos ou operações praticados pelos primeiros administradores antes de cumpridas as formalidades de constituição, mas a assembleia geral poderá deliberar em contrário.

LEI DE 1940 E LEI N. 6.404, DE 1976

O Decreto-Lei n. 2.627, de 1940, dispunha sobre a matéria, em seu art. 55, de forma equivalente ao Diploma vigente, de 1976.

---

66 A respeito, o art. 633 do Código das Obrigações suíço: "Les apport en nature ne valent comme couverture que si la société, dès son inscription sur le registre du commerce, peut en disposer directement comme propriétaire ou a le droit d'en requérir l'inscription sans condition sur le registre foncier".

67 Sobre a matéria, *v.* comentários ao art. 9ª.

68 Sobre a matéria, Decisão do STJ, REsp 73.597/MG, Rel. Min. Waldemar Zveiter, *DJU* 22-9-1997; Decisão do STJ, REsp 96.713/MG, Rel. Min. Eduardo Ribeiro, *DJU,* 29-5-2000; Decisão STJ, RMS 18.698/RS, Rel. Min. Eliana Calmon, *DJU,* 18-4-2005; Decisão STJ REsp 68.246/MG, Rel. Min. Sálvio de Figueiredo Teixeira, *DJU,* 6-4-1998; Decisão STJ, REsp 81.512/MG, Rel. Min. Eduardo Ribeiro, *DJU,* 6-4-1998, RSTJ 106/241; Decisão STJ, REsp 96.713/MG, Rel. Min. Ruy Rosado de Aguiar, *DJU,* 17-9-2001. Também o Colegiado da CVM, PAS RJ 2005/0305, Rel. Presidente Marcelo Trindade, j. 24-10-2006, in Lazzareschi, ob. cit., p. 173 e s.

O pressuposto da regra é de que qualquer dos administradores pode tomar medidas para a regularização da sociedade. Esta a razão por que se estabelece a solidariedade. E, com efeito, é dever de todos os diretores, mesmo que o estatuto cometa a um deles promover as formalidades complementares da companhia. Portanto, o descumprimento de tais deveres caracteriza a negligência de todos. A responsabilidade dos primeiros administradores não é diversa daquela prevista no art. 158, à exceção da solidariedade.

A sua responsabilidade se configura perante a companhia, sem embargo da aplicação da regra prevista no § 7º do art. 159, ou seja, de que a ação social não exclui a que couber ao acionista, ou terceiro diretamente prejudicado, por ato dos primeiros administradores.

FASE INTERMEDIÁRIA

Não será demais repisar que a personalidade da companhia preexiste ao seu arquivamento[69], uma vez que, feito este, consoante o art. 73 do Regulamento do Registro do Comércio[70], os efeitos do registro retroagirão à data da realização dos atos constitutivos.

E, como reiterado, a personalidade jurídica da sociedade anônima nasce retroativamente, na medida em que o ato administrativo do arquivamento tem efeitos a partir da constituição. Em outras palavras: a personalidade é adquirida, a partir de sua constituição, sob a *conditio juris* de seu registro.

Assim, a personalidade jurídica decorre de dois fatos: a vontade dos subscritores, consubstanciada nos atos constitutivos, e a observância dos requisitos legais de registro e publicação oficial (arts. 98, § 1º, e 289). Do arquivamento e publicação oficial (art. 289) decorrem não a personificação, mas a sua eficácia. A exigência desse arquivamento e publicação oficial (art. 289), como condição legal, torna certos os efeitos típicos dessa personificação. Se cumprida a condição, é confirmada essa eficácia, que começa a partir da própria constituição.

Se a condição legal do arquivamento e da publicação oficial (art. 289) é satisfeita, a constituição da pessoa jurídica aperfeiçoa-se, com efeito retroativo, e as obrigações que a companhia assumiu são reputadas puras e simples do dia em que os atos constitutivos realizaram-se. Tanto é assim que a norma

---

69 V. comentários ao art. 94.

70 Decreto n. 1.800, de 30 de janeiro de 1996.

ora comentada fala em responsabilidade *perante a companhia*.

Nessa fase resolutiva, entre o surgimento da personalidade jurídica e sua eficácia confirmada pelos atos registrários e de publicação oficial (art. 289), os primeiros administradores agem como órgãos da pessoa jurídica e não em nome próprio. Nesse período, como se colhe em respeitável doutrina, não há *negotiorum gestio*, ou contrato a favor de terceiro, ou representação, ou, ainda, transferência *ope legis* do contrato etc.[71].

Podendo-se, no entanto, resolver essa personificação pelo descumprimento da *conditio legis*, não devem os administradores proceder a atividades de natureza econômica, previstas no objeto social. É a respeito desse negócio de natureza contratual que a lei estabelece a irresponsabilidade da companhia.

Como referido[72], na *vacatio*, os órgãos deliberativos e de representação já estão instalados. Não obstante, a companhia não está, em princípio, vinculada ao cumprimento de tais negócios contratuais, salvo se os assumir.

A finalidade do preceito é no sentido de que os administradores devem, no período resolutivo, abster-se da prática de negócios de natureza empresarial, atendo-se tão somente à prática dos atos relativos à organização da companhia e ao seu registro e publicação oficial.

A regra, no entanto, não veda aos primeiros administradores a prática de tais atividades econômicas, desde que o façam sob sua responsabilidade pessoal, na expectativa de sua assunção pela companhia, por meio da assembleia geral. Ocorrendo essa assunção, os seus efeitos, obviamente, retroagem, exonerando os primeiros administradores de tais vínculos obrigacionais, que passam, por força de lei, à própria companhia.

RATIFICAÇÃO

Tais atos de natureza econômica não são nulos, nem anuláveis, sendo, pelo contrário, válidos e eficazes, sempre no tocante aos primeiros administradores, que por eles respondem. Não são passíveis, portanto, de ratificação.

Não há, com efeito, ratificação, mas substituição obrigacional, por força de lei. Os que contratam com os administradores, ainda que em nome da

---

71 Garrigues compara os primeiros administradores a gestores de nascituro, com base na lei espanhola (art. 7ª), que fala em gestores (*Comentario,* cit., v. 1, p. 188).

72 *V.* comentários ao art. 94.

companhia, na *vacatio*, sabem dos efeitos dessas avenças, ou seja, correm o risco da substituição do obrigado. Isto porque são obrigados os primeiros administradores, mas poderão vir a ser substituídos pela companhia.

Não se trata, portanto, de ratificação, pois o ato não é, como já se falou, anulável. Por isso que não se aplicam à hipótese os arts. 172 e 173 do Código Civil. Trata-se de substituição da parte contratante, por força de lei.

Essa substituição contratual não necessita ser expressa. Basta que a assembleia aprove genericamente os atos e negócios praticados pelos primeiros administradores, na *vacatio*, para tornar-se a companhia, substitutivamente, obrigada[73].

O fato de ser desnecessária a substituição contratual expressa, no entanto, não pode levar à conclusão de que a aprovação de atos posteriores ao registro e publicação oficial (art. 289), praticados pelos administradores, importa a aprovação dos anteriores e, portanto, a substituição obrigacional também nestes últimos[74].

ENCARGOS DE CONSTITUIÇÃO

Os atos de natureza econômico-empresarial praticados pelos primeiros administradores, na *vacatio*, são de responsabilidade pessoal destes. Se aprovados tais atos pela assembleia geral, a companhia substituirá os administradores nas obrigações contraídas nesse período.

Não se incluem, porém, nesse procedimento restritivo, os gastos necessários às formalidades que completam a constituição da companhia, os quais, salvo expressa e fundamentada recusa pela assembleia geral, são sempre da responsabilidade da sociedade. A recusa da sociedade em assumir tais encargos pode ensejar ação de cobrança por parte dos administradores[75].

---

73 Cunha Peixoto, *Sociedades por ações*, cit., v. 2, p. 149.

74 Contrariamente à douta opinião de Fran Martins, *Comentários*, cit., v. 1, p. 553. A jurisprudência espanhola é no sentido de que a responsabilidade é da sociedade, se preenchidas duas exigências: que se inscreva a sociedade no Registro do Comércio e que esta aceite o contrato, no prazo de três meses.

75 Sobre os efeitos da mora no arquivamento, *v.* comentários ao art. 95. *V.*, ainda, comentários aos arts. 158 e 159. Cf. também art. 287, II, *b.*

CAPÍTULO IX
LIVROS SOCIAIS

Art. 100. A companhia deve ter, além dos livros obrigatórios para qualquer comerciante, os seguintes, revestidos das mesmas formalidades legais:

I — o livro de "Registro de Ações Nominativas", para inscrição, anotação ou averbação:

- *Inciso com redação dada pela Lei n. 9.457, de 5 de maio de 1997.*

a) do nome do acionista e do número das suas ações;

b) das entradas ou prestações de capital realizado;

c) das conversões de ações, de uma em outra espécie ou classe;

- *Alínea com redação dada pela Lei n. 9.457, de 5 de maio de 1997.*

d) do resgate, reembolso e amortização das ações, ou de sua aquisição pela companhia;

e) das mutações operadas pela alienação ou transferência de ações;

f) do penhor, usufruto, fideicomisso, da alienação fiduciária em garantia ou de qualquer ônus que grave as ações ou obste sua negociação;

II — o livro de "Transferência de Ações Nominativas", para lançamento dos termos de transferência, que deverão ser assinados pelo cedente e pelo cessionário ou seus legítimos representantes;

III — o livro de "Registro de Partes Beneficiárias Nominativas" e o de "Transferência de Partes Beneficiárias Nominativas", se tiverem sido emitidos, observando-se, em ambos, no que couber, o disposto nos n. I e II deste artigo;

IV — o livro de "Atas das Assembleias Gerais";

V — o livro de "Presença dos Acionistas";

VI — os livros de "Atas das Reuniões do Conselho de Administração", se houver, e de "Atas das Reuniões de Diretoria";

VII — o livro de "Atas e Pareceres do Conselho Fiscal".

• O antigo inciso IV foi suprimido pela Lei n. 9.457, de 5 de maio de 1997, sendo renumerados os subsequentes.

§ 1º A qualquer pessoa, desde que se destinem a defesa de direitos e esclarecimento de situações de interesse pessoal ou dos acionistas ou do mercado de valores mobiliários, serão dadas certidões dos assentamentos constantes dos livros mencionados nos incisos I a III, e por elas a companhia poderá cobrar o custo do serviço, cabendo, do indeferimento do pedido por parte da companhia, recurso à Comissão de Valores Mobiliários.

• Parágrafo com redação dada pela Lei n. 9.457, de 5 de maio de 1997.

§ 2º Nas companhias abertas, os livros referidos nos incisos I a V do caput deste artigo poderão ser substituídos, observadas as normas expedidas pela Comissão de Valores Mobiliários, por registros mecanizados ou eletrônicos.

• Parágrafo com redação dada pela Lei n. 12.431, de 24 de junho de 2011.

LEI DE 1940

O Decreto-Lei n. 2.627, de 1940, no seu art. 56, estabelecia, basicamente, as mesmas exigências, embora não fizesse referência às ações endossáveis[1].

LEI N. 6.404, DE 1976, E A RESTRIÇÃO DE DIREITOS DA LEI KANDIR

A Lei n. 6.404, de 1976, por sua vez, manteve os mesmos livros que exigiam o Decreto-Lei n. 2.627, de 1940. Por sua vez, a Lei n. 4.728, de 1965, acrescenta os livros sociais destinados aos novos títulos por ela criados[2].

Por sua vez a lei vigente originária, de 1976, sofreu várias alterações no que respeita a este art. 100, como veremos em seguida.

---

1   As ações endossáveis foram criadas pela Lei n. 4.728, de 1965, na qual se estabeleceu a exigência de livro próprio também para essa forma de ações.

2   Além dos arts. 100 e 105, vários artigos da lei societária fazem referência a tais livros: art. 31 (ações nominativas), art. 50 (partes beneficiárias), art. 63 (debêntures), art. 78 (bônus de subscrição), art. 130 (ata de assembleia geral), art. 127 (presença em assembleia geral), art. 142 (ata do Conselho de Administração).

O mais relevante, e que afeta os direitos de informação certificada dos acionistas e terceiros, está contida na Lei n. 9.457, de 1997 — a Lei Kandir — que determinou a exigência de justificativa para o "deferimento" do pedido de certidão dos assentamentos constantes dos Livros enumerados nos incisos I a III da presente norma.

Essa alteração restritiva da Lei Kandir, nitidamente inconstitucional, contraria todos os cânones da função pública de natureza registrária outorgada às companhias pela Lei n. 6.404, de 1976. Isto porque deve o requerente, acionista ou terceiro, declinar a causa do seu pedido, o que enseja desde logo o abuso de poder dos administradores e dos controladores em, invariavelmente, negá-la, revestidos que se julgam do poder discricionário de "julgar a procedência ou a improcedência do pedido". Isto tudo em posição de nítido conflito de interesses.

Daí resulta, na prática, no infalível "indeferimento" do pedido de certidão. Isso tem ocorrido em praticamente todos os pedidos que se fazem com base no § 1º, a partir da vigência da Lei Kandir, de 1997.

E essa arbitrariedade uníssona dos administradores das companhias abertas, com reflexo também nas fechadas, é, cada vez mais, justificada na "jurisprudência" emanada da CVM, que reveste os administradores e controladores das companhias abertas da função de julgadores da "procedência ou não" do pedido dos interessados, como se não fossem eles próprios – administradores e controladores — parte essencialmente interessada na sonegação dessas informações.

Desse modo, o órgão regulador do mercado de valores mobiliários (CVM) contraria o movimento, de importância histórica hoje prevalecente em todos os países ocidentais, de exigir a transparência, ou seja, a revelação pública permanente dos registros, assentamentos, documentos e arquivos, tanto do setor público, como do setor privado.

Coloca-se, dessa forma, a Comissão de Valores Mobiliários numa posição fundamentalmente contraditória, na medida em que, de um lado, determina e exige — com absoluta razão — a transparência dos atos e negócios das companhias, por todos os meios, seja pela publicação de fato relevante, seja pela publicação trimestral dos ITRs, seja ainda pelas demais medidas por ela exigidas. De outro lado, refreia, inibe e outorga poderes de "discricionariedade", ou seja, de arbitrariedade, à parte interessada (administradores e controladores) para, em consequência, sempre negar o exercício desse direito fundamental de informação certificada sobre os assentamentos constantes dos Livros sociais enumerados nos incisos I, II e III da presente norma.

A inconstitucionalidade, a ilegalidade, a ilegitimidade e a imoralidade desse "poder judicante", não obstante o absoluto conflito de interesses, devem ser revistas pela CVM. Por outro lado, os Tribunais têm reafirmado a função pública e, portanto, universal de certificação outorgada pela Lei Societária, às companhias[3].

CÓDIGO CIVIL

O art. 1.180 do Código Civil reitera a obrigatoriedade, para qualquer empresário individual ou para as sociedades empresárias em geral, do uso do Diário, além dos demais livros exigidos por lei e aqueles que forem de interesse do empresário ou sociedade empresária (§ 1º do art. 1.179 do CC).

---

3 Sobre a matéria, o Parecer de Orientação CVM n. 30, de 1996; a Decisão do Colegiado da CVM, Procs. RJ2003/13119 e RJ2003/7260, Reg. 4270, Relª. Diretora Norma Jonssen Parente, j. 23-11-2004, com voto do Presidente Marcelo Fernandez Trindade; Colegiado da CVM, Proc. SP2006/0162, Reg. 5532/07, Rel. Diretor Pedro Oliva Marcilio de Souza, j. 3-7-2007; Colegiado da CVM, Proc. RJ2006/8588, Reg. 5367/2006, j. 19-12-2006. Rebatendo a tese absolutamente restritiva da CVM. Em sentido restritivo, decisão constante do RT 766/231 e JTJ 231/196. No sentido de pleno acesso a qualquer interessado, que apenas deve declinar o motivo (causa) do seu pedido, Decisão do TJDF, 1ª T. Ac. 2001.01.1.075348-7, Rel. Des. Nivio Goncalves, j. 18-8-2003. No mesmo sentido assecuratório do pleno exercício do direito certificatório, por qualquer interessado, Decisão de TJRJ, 12ª Câmara, Emb. Infr. 200800500089, Rel. Des. Binato de Castro, j. 12-8-2008. Por outro lado, outorgando à administração o "julgamento do mérito" do pedido e não apenas o seu aspecto formal, o Colegiado da CVM, Proc. RJ/2007/1488, Reg. 5466/2007, Voto do Presidente Marcelo Fernandez Trindade, a favor da restrição absoluta, sob pena de a alteração da Lei Kandir tornar-se letra morta. Voto vencido da Diretora Maria Helena Santana, contra a restrição, ao levar em consideração que os livros de registro tem nítida função pública. Pela restrição absoluta, Decisão do Colegiado da CVM Proc. RJ2005/0134, Rel. Diretor Sergio Weguelin, j. 29-8-2006. Também em sentido absolutamente restritivo, Proc. CVM RJ2009/5356, Reg. 6669/09, Rel. Diretor Eli Loria, j. 8-12-2009. Sobre a diferença das funções de informar e certificar constantes do § 1º deste artigo e o constante do § 3º do art. 126, o Colegiado da CVM reafirma o caráter absolutamente restritivo do fornecimento de certidões dos Livros instituídos nos incisos I, II e III do presente artigo: Colegiado CVM Proc. RJ2003/1919 e RJ2003/7260, Reg. 4270/03, Voto do Presidente Marcelo Fernandez Trindade, j. 23-11-2004; Colegiado da CVM, Proc. RJ2010/6865, Reg. 7189/10, Rel. Diretor Eli Loria, j. 21-9-2010. Sempre em sentido absolutamente restritivo, o Proc. CMV RJ2007/1322, Reg. 5905/2008, Rel. Diretor Sergio Weguelin. No mesmo sentido restritivo, o Proc. CVM RJ2010/0620, Reg. 6941/10, Rel. Diretor Otavio Yasbek, j. 23-2-2010. In Lazzareschi, ob. cit., p. 176 e s.

LEI N. 8.021, DE 1990 — REVOGAÇÃO PARCIAL DO ART. 100

O Diploma de 1990 extinguiu os títulos ao portador e endossáveis, negociáveis no mercado financeiro e de capitais, como já referido em diversas passagens destes comentários. Tal revogação importa na compulsoriedade das formas nominativas registrada (art. 31) e escritural (art. 34), com efeitos derrogatórios sobre os procedimentos que direta ou indiretamente regulavam os títulos societários ao portador e endossáveis.

Dentre tais normas inclui-se o art. 100 ora comentado, na medida em que, em seu inciso IV, prescrevia a criação dos Livros de Registro de Ações Endossáveis, Registro de Partes Beneficiárias Endossáveis, Registro de Debêntures Endossáveis e Registro de Bônus de Subscrição Endossáveis. Ademais, previa o art. 100, em seu inciso I, c, a averbação no Livro de Registro de Ações Endossáveis das conversões de ações, de uma em outra forma. Fazia o artigo, outrossim, remissão, nos seus §§ 1º e 2º, ao referido inciso IV, que tratava dos livros de registro dos títulos societários endossáveis.

Todos esses dispositivos contidos no art. 100 da Lei n. 6.404/76 foram tacitamente revogados por incompatíveis com a lei geral de 1990.

O legislador de 1997, atento à revogação tácita ocorrida com diversas disposições contidas no art. 100, em virtude da nominatividade compulsória trazida pela Lei n. 8.021, de 1990, alterou a redação do dispositivo para adequá-lo à forma nominativa dos títulos registráveis nos livros sociais. Para tanto, suprimiu o antigo inciso IV, que relacionava os livros de registro de títulos societários endossáveis. Em consequência, foram renumerados os demais incisos, que tratam de livros relativos à administração da companhia.

FORNECIMENTO OBRIGATÓRIO DA CERTIDÃO JUSTIFICADAMENTE REQUERIDA — LEI N. 9.457, DE 1997

Como referido, o legislador de 1997 inovou a matéria de certidões dos livros agora mencionados nos incisos I a III, para determinar que o requerente decline a causa do seu pedido. Essa matéria é relevante, na medida em que pode levar a equívocos, manipulações ou desobediência, geralmente imbuídos de má-fé, do dispositivo por parte da administração da companhia.

Assim, o § 1º, ao determinar que o requerente decline a *causa* do seu pedido, não outorga à administração da companhia o direito de perquirir a respeito, nem de examiná-la ou julgá-la, para o efeito de denegar ou sonegar a certidão. Em hipótese alguma será admissível tal conduta da administração da companhia.

O que o dispositivo dispõe é que ao declinar a *causa* o requerente responsabiliza-se pelo uso da certidão para os fins que declarou. Procura-se, dessa forma, evitar o mau uso de informações da companhia, para fins de concorrência desleal, publicidade tendenciosa ou qualquer outro fim que não aquele motivo (causa) declarado pelo requerente[4].

A impossibilidade de a administração da companhia perquirir a respeito da causa do requerimento de certidão tem sido reconhecida por nossa jurisprudência, tendo a 6ª Câmara de Direito Privado do TJSP, no julgamento da AC 79.466/SP, em 1º-6-2000, decidido no sentido de que "a atual exigência de declinação dos motivos no pedido de certidão, imposta pela Lei n. 9.457/97, serve exclusivamente para o controle do uso que o requerente fará das informações, de modo algum conferindo à sociedade anônima qualquer discricionariedade para analisar a existência ou não de causa". No mesmo sentido de que a lei não restringiu a natureza dos interesses pessoais, como direito a ser exercido por qualquer pessoa, decidiu a TJRJ, 12ª Câmara, Emb. Infr. 200800500089, Rel. Des. Binato de Castro, j. 12-8-2008.

Responde, pois, o requerente por falsidade ideológica se provado que utilizou as certidões para outros fins. O dolo no caso de falsa declaração da *causa* (falsidade ideológica) é formal, independentemente, portanto, da utilização dos dados constantes da certidão.

Daí decorre que qualquer requerimento de certidão que contenha declaração da *causa* de requerer dentro das hipóteses previstas no presente dispositivo (interesse pessoal ou dos acionistas ou do mercado de valores mobiliários) não pode ser negado pela administração.

A negativa da administração, erigindo-se em juiz em interesse próprio (conflito de interesses), ou juiz da intenção do requerente, enseja ação de responsabilidade dos administradores, e reparação por perdas e danos, por infringência de direito legítimo de qualquer pessoa, justificadamente, solicitar as certidões dos livros mencionados nos incisos I a III da norma vigente. A conduta negativa dos administradores, no caso, presume-se imbuída de má-fé. Enseja, ademais, o suprimento judicial do pedido diante da recusa expressa ou da omissão de entrega oportuna das certidões fundamentadamente solicitadas; competente a Vara dos Registros Públicos (art. 103).

Deve ficar bem claro que não será necessário ao requerente descrever ou pormenorizar a *causa* do seu pedido. A eventual exigência da parte da

---

4   V. comentários ao art. 147, com as alterações da Lei n. 10.303, de 2001.

administração da companhia nesses casos vale recusa, para os fins de suprimento judicial e de responsabilização judicial e perdas e danos, sempre na presunção de má-fé.

Basta que o requerente decline a *causa* nos estritos termos da lei. Assim, v. g., "defesa de direitos", ou "esclarecimento de situações de interesse pessoal", ou "dos acionistas" ou do "mercado de valores mobiliários". Pode, com efeito, o requerente ater-se aos termos literais da lei, não lhe sendo exigível qualquer suplementação de informações ou esclarecimentos sobre o caso concreto. Tal exigência, por parte da administração da companhia, caracterizará grave abuso de poder, ensejando sempre os remédios judiciais[5].

Não pode, ademais, haver negativa com base em qualquer elemento de informação ou convicção fora do requerimento, como, v. g., a notícia de uma oferta agressiva por parte do requerente; o fato de ser ele concorrente; de estar a matéria *sub judice*; ou qualquer outro de caráter objetivo ou subjetivo que pudesse impedir o permanente o pleno exercício, por qualquer pessoa, do direito justificado de requerer certidões dos livros da companhia, nos sumários termos previstos no § 1º desta norma, para essa mesma justificativa.

ESCRITURAÇÃO POR PROCESSO MECANIZADO — LEI N. 9.457, DE 1997

A lei autoriza às companhias abertas a substituição dos livros de registro e transferência dos títulos societários por processos mecanizados ou eletrônicos. Tal autorização justifica-se plenamente, tendo em vista a grande massa de valores mobiliários negociados e a necessidade de facilitar tais negociações, com economia de tempo e trabalho, mediante a adoção de sistemas informacionais adequados[6].

A escrituração efetuada por esses processos computadorizados terá o mesmo valor probante daquela efetuada pelos sistemas tradicionais.

LEI N. 10.303, DE 2001

A *parte final* do *caput* do art. 31, conforme a redação dada pela Lei n. 10.303, de 2001, prevê que o extrato fornecido pela instituição

---

5   Acerca da interpretação restritiva da exigência legal de indicação da causa do pedido de certidão, *v.* recente decisão do TJDF, no julgamento da AC 2001.01.1.075348-7, Rel. Des. Nívio Gonçalves, j. em 18-8-2003.

6   Fran Martins, *Comentários à Lei das Sociedades Anônimas*, Rio de Janeiro, Forense, 1977, v. 1, p. 562.

custodiante, na qualidade de proprietária fiduciária das ações, é documento hábil para caracterizar a presunção de propriedade da ação nominativa registrada, bem como dos ônus reais que incidem sobre essas ações, consoante o art. 39[7].

A partir da entrada em vigor da Lei n. 10.303, de 2001, a inscrição do nome do acionista no livro próprio e o *extrato* fornecido pela instituição custodiante acarretam a *presunção relativa ("juris tantum") de propriedade da ação nominativa registrada*, admitindo-se, no entanto, *prova em contrário*. O mesmo ocorre com o penhor ou caução que oneram as ações registradas, para efeitos dos arts. 39 e 40.

Presume-se, assim, que a pessoa cujo nome consta do livro de registro de ações ou do *extrato* emitido pela instituição custodiante é *legítima proprietária*; presunção esta que somente se destruirá após decisão judicial que declare a nulidade do registro ou do extrato.

A *parte final* do *caput* do art. 31, trazida pela Lei n. 10.303, de 2001, incluiu o *extrato* fornecido pela instituição custodiante como documento capaz de fazer presumir a propriedade das ações nominativas registradas, consolidando em lei mecanismo já adotado administrativamente pela Instrução CVM n. 115, de 11 de abril de 1990.

Nos termos do art. 6º dessa Instrução, o acionista pode exercer seus direitos em assembleia geral simplesmente apresentando um *comprovante* emitido pela instituição prestadora dos serviços de custódia. No art. 7º, por sua vez, há a previsão de que a instituição custodiante, "por ocasião do exercício do direito de voto, exercício de direito de preferência, distribuição de dividendos ou bonificações e, em qualquer caso, no último dia útil de cada trimestre civil", deverá fornecer à companhia *a lista* dos titulares de ações em custódia, a qual servirá para a companhia conhecer seus próprios acionistas. A presunção de propriedade do *extrato* fornecido pela instituição custodiante, portanto, já era contemplada por essa Instrução CVM n. 115/90.

A nova redação da *parte final* do *caput* do art. 31, além dessa presunção de propriedade para os acionistas cujo nome conste do *extrato* emitido pela instituição custodiante, trouxe outra novidade: a qualidade de *proprietária fiduciária dada à instituição custodiante*[8].

Todavia, vale mencionar que a propriedade fiduciária das ações custodiadas atribuída à instituição custodiante, de que tratam os arts. 31 e 41,

---

7   V. comentários ao art. 39.

8   V. comentários ao art. 41.

surgiu precipuamente para instrumentalizar as *transferências de ações dentro dos sistemas computadorizados das instituições financeiras*.

A Lei n. 10.303, de 2001, ademais, incorporando os usos e costumes comerciais, reformulou o instituto da *custódia*, que passou a basear-se na transferência da *propriedade fiduciária* dos valores mobiliários à instituição custodiante.

Essa inovação relevante inclui no art. 31[9] a custódia prestada por instituição autorizada, como modalidade de presunção da propriedade de ações nominativas registradas (art. 31), mediante extrato fornecido pela entidade custodiante.

Tal dispositivo repercute nos arts. 39 e 40, e, neste art. 100, no que respeita aos seus aspectos registrários[10].

Trata-se de uma *propriedade limitada*, pois a ação é transferida ao fiduciário com o escopo único de guarda, administração e viabilização das operações com valores mobiliários no âmbito dos sistemas de negociação de liquidação, e *resolúvel*, pois pode ser extinta a qualquer tempo, mediante a rescisão do contrato de custódia pelo depositante, retornando, assim, ao patrimônio deste. Por essa razão, os valores mobiliários objeto de custódia não integram o patrimônio do custodiante para quaisquer fins durante o prazo em que vigorar o contrato de custódia.

Assim, o custodiante, a despeito de receber a *propriedade fiduciária* dos valores custodiados, terá as mesmas obrigações que o *depositário*, especialmente aquelas dos arts. 629, 633, 638, 640 e 642 do Código Civil, respondendo, nos termos do § 5º do art. 41, em face do depositante e de terceiros pelo seu descumprimento.

Tendo a Lei n. 10.303, de 2001, mantido a característica de *depósito* da custódia, vale ressaltar que, da mesma forma como ocorre no sistema da Lei n. 6.404/76, não alterada neste particular pela lei de 2001, trata-se aqui de *depósito regular*.

E, com efeito, não se pode admitir que a custódia de valores mobiliários reformulada pela Lei n. 10.303, de 2001, tenha características de *depósito irregular* de coisas fungíveis. Se assim fosse, aplicar-se-iam à custódia de valores mobiliários as disposições referentes ao mútuo, nos termos do art. 645 do Código Civil, daí decorrendo a transferência da propriedade ilimitada do bem depositado ao custodiante, que teria a livre disposição sobre ele durante o prazo de duração da custódia, o que não ocorre.

---

9   *V.* comentários ao art. 31.

10   *V.* comentários aos arts. 39 e 40.

A custódia de valores mobiliários implica o dever do custodiante de guarda e de administração da coisa depositada, que inclui a viabilização das negociações autorizadas pelo depositante. E esse *dever de administração* só pode existir no *depósito regular*, pois pressupõe que o titular do direito de propriedade sobre o bem depositado seja o depositante. Com efeito, se tivesse o depositário a propriedade irrestrita da coisa durante o prazo da custódia, como ocorre no depósito irregular e no mútuo, não se poderia falar em *administração dos valores mobiliários depositados* em favor do depositante, pois o uso que este faria deles seria em proveito próprio. Ademais, seria livre a disposição desses valores pelo custodiante durante o prazo da custódia, já que a única restrição a essa propriedade seria a sua resolubilidade quando da extinção do depósito.

A Lei n. 10.303, de 2001, no entanto, a despeito de dispor que haverá a transferência da *propriedade fiduciária* dos valores mobiliários depositados ao custodiante, não lhe permite usar desses bens, nem deles livremente dispor, salvo expressa autorização do depositante, conforme a redação do § 1º do art. 41 da Lei n. 6.404, de 1976, e do parágrafo único do art. 24 da Lei n. 6.385, de 1976, mantidos após o advento da Lei n. 10.303, de 2001.

Nesse sentido, a *propriedade fiduciária* transmitida ao custodiante, desde que expressamente autorizada pelo depositante, serve apenas ao fim de permitir a negociação dos valores depositados, *sem a necessidade de alteração dos registros da companhia a cada transferência autorizada. Assim, a propriedade ilimitada dos valores mobiliários depositados somente será transferida de volta ao depositante, nos registros da companhia, quando extinta a custódia, pelo equivalente ao saldo remanescente na sua conta de depósito.*

Note-se, ainda, que a transferência da propriedade fiduciária à instituição custodiante não outorgará a esta o direito de votar com as ações custodiadas, pois os arts. 42 e 205, § 2º, da Lei Societária não foram alterados pela Lei n. 10.303, de 2001. Por outro lado, permanece o custodiante como representante dos titulares das ações custodiadas perante a companhia para efeitos de recebimento de dividendos (art. 42 e § 2º do art. 205) e de ações bonificadas, e, ainda, de exercício de direito de preferência para subscrição de ações.

Versando sobre outra matéria, o parágrafo único do art. 47, conforme alterado pela Lei n. 10.303, de 2001, proíbe "às companhias abertas emitir partes beneficiárias". Com essa proibição, as partes beneficiárias ficaram restritas às companhias fechadas. Essa proibição (parágrafo único do art. 47) derrogou o § 1º do presente art. 48, impedindo, assim, que sejam as partes beneficiárias gratuitamente atribuídas às sociedades ou fundações beneficentes dos empregados, na medida em que tal emissão gratuita era reservada às companhias abertas que não mais podem criar ou emitir tais títulos por força do referido parágrafo único do art. 47, a partir da vigência da Lei n. 10.303, de 2001[11].

Em consequência da vedação às companhias abertas de emitir partes beneficiárias (parágrafo único do art. 47), continua em vigor o inciso III deste art. 100 unicamente para registro e transferência das partes beneficiárias emitidas pelas companhias fechadas a partir da vigência da Lei n. 10.303, de 2001. Nas companhias abertas esses livros serão mantidos até a extinção das partes beneficiárias emitidas anteriormente à vigência do diploma de 2001.

A propósito, ainda deve ser lembrado que a proibição de emissão de partes beneficiárias pelas companhias abertas não impede que as companhias fechadas integrantes de um grupo de fato ou de direito comandadas pela *holding* aberta emitam partes beneficiárias em transações do interesse social, como será o caso de negociação de dívidas ou de realocação de participações de antigos acionistas etc.

ART. 126 E INSTRUÇÃO CVM N. 481, DE 2009

Semelhantemente ao disposto no § 1º do presente artigo, o § 3º do art. 126, com a redação dada pela Lei n. 9.457, de 1994, faculta a qualquer acionista, detentor de 0,5%, no mínimo, do capital social, solicitar a relação de endereços dos acionistas para o fim de obter procurações de acionistas para comparecimento em assembleias gerais ou especiais da companhia. Trata-se do sistema de *proxy fight* ou de *proxy contest* da prática norte-americana[12].

Essa faculdade legal de solicitação de endereços dos acionistas foi objeto da Instrução CVM n. 481, de 2009, que em face do disposto no § 2º desse mesmo art. 126, "dispõe sobre informações e pedidos públicos de procuração para exercício do direito de voto em assembleias gerais".

Isto posto, cabe esclarecer que o objeto do pedido do art. 126 é diverso do facultado pelo presente art. 100. Isto porque o primeiro trata da lista de endereços e não da posição acionária dos componentes do colégio de sócios

---

11   V. comentários ao art. 47.

12   V. comentários ao art. 126.

da companhia. A finalidade do dispositivo contido no art. 126 é o de servir à mobilização dos acionistas, com vistas a discutir temas ligados à companhia e a participar de assembleias gerais e especiais, mediante o mecanismo das procurações, conforme facultado na referida norma e na Instrução CVM n. 481, de 2009. O interesse do requerente é, com efeito, o de aglutinação dos votos dos minoritários para o efeito de congregar o maior número deles nas assembleias gerais e especiais. Nada tem a ver, portanto, a finalidade do art. 100 com a do art. 126, pois, no primeiro, o requerente solicita a lista dos acionistas para ter elementos para a defesa de direitos pessoais do acionista e para esclarecimento dos acionistas em geral e do mercado de valores mobiliários, como literalmente expresso na regra contida no § 1º do presente artigo.

E para a legitimação do pedido do interessado, na forma e para os efeitos do art. 126, há necessidade de quórum mínimo, ao passo que na hipótese do art. 100 essa exigência inexiste[13].

LEI N. 12.431, DE 2011

O Diploma de 2011 versa sobre diferentes matérias, revisando, sobretudo, procedimentos da emissão e de recompra de debêntures, visando, com tais alterações, consolidar o mercado secundário de negociação de títulos de dívida, representado pelo Sistema Nacional de Debêntures, instituído em 1988.

Dentre as diversas matérias, encontra-se a instituição de presença *on line* de acionistas, ao adaptar o requisito presencial às novas tecnologias de comunicação eletrônica, via rede mundial de computadores (internet e teleconferência) (art. 127, parágrafo único).

Para dar efetividade a esse sistema de participação *on line*, os lançamentos nos livros de Presença de Acionistas e de Atas das Assembleias Gerais e especiais, de que tratam os incisos IV e V do presente artigo, podem ser

---

13 Sobre as diferentes funções certificatórias contidas, de um lado, no art. 100 e, de outro, no art. 126, por sua vez regulado pela Resolução CVM 481, de 2009, as já citadas decisões do Colegiado da CVM, Procs. RJ 2003/1900 e RJ 2003/7260, Ref. 4270/, voto do Presidente Marcelo Fernandez Trindade; Colegiado da CVM, Proc. RJ 2010/6865, Reg. 7189/10, Rel. Diretor Eli Loria, j. 21-9-2010; Proc. RJ 2007/13822, Reg. 5905/2008, Rel. Diretor Sergio Weguelin, j. 25-3-2008; Proc. RJ 2003/13119, Rel. Presidente Marcelo Trindade, j. 23-11-2004; Proc. RJ 2010/0620, Reg. 6941/10, Rel. Diretor Otavio Yazbek, j. 23-2-2010; Procs. RJ 2003/1319 e RJ 2003/7260, Reg. 4270/03, Rel. Diretora Norma Jonssen Parente, j. 23-11-2004. In Lazzareschi, ob. cit., p. 184 e s.

substituídos por registros mecanizados ou eletrônicos, consoante as normas expedidas pela Comissão de Valores Mobiliários.

Esses registros eletrônicos, substitutivos dos livros sociais instituídos nos incisos IV e V, já eram permitidos pela Lei Societária quanto aos livros de Registro e o de Transferência de Ações Nominativas, bem como o do livro de Registro e o Transferência de Partes Beneficiárias Nominativas (art. 47, parágrafo único).

A função dessas adaptações dos livros de Presença e de Atas ao sistema informatizado integra, como referido, a outra providência da Lei n. 12.431, de 2011, qual seja, a de, por força da introdução de um parágrafo ao art. 127, considerar presente em assembleias gerais ou especiais o acionista que registrar a distância sua presença, na forma prevista em regulamento expedido pela Comissão de Valores Mobiliários.

Assim, as duas medidas têm caráter diverso: a constante do art. 100 (registros mecanizados ou eletrônicos) é facultativa, ao passo que a prevista no parágrafo único do art. 127 (participação a distância nas assembleias da companhia) é cogente, de ordem pública, portanto.

De qualquer forma, o sistema eletrônico para assinalar a presença no conclave dos acionistas que o fazem a distância, bem como a lavratura da ata respectiva, visa integrar o regime presencial a distância (art. 127), permitindo que estes conheçam *on line* o colégio de presenças e as deliberações e votos tomados na assembleia geral ou especial respectiva.

A propósito, convém anotar que a ata produzida *on line* deve conter o inteiro teor das manifestações, protestos e votos por escrito de todos os acionistas, bem como das discussões havidas no conclave.

Daí ser incompatível com o sistema de registro *on line* a adoção da ata sumária, pois a participação a distância deve ser plena, com o completo conhecimento dos trabalhos, tanto em termos de discursão e de manifestação dos acionistas física e eletronicamente presentes, no decorrer dos trabalhos, como no seu registro em ata *on line*.

APLICAÇÃO DO REGIME DE PUBLICIDADE E DE CERTIFICAÇÃO DO § 1º À ENTIDADE CUSTODIANTE

À adoção do sistema de lançamento das ações pela instituição custodiante de que trata a parte final do *caput* do art. 31 cabe o exercício do direito instituído no § 1º deste art. 100. Em consequência, a entidade custodiante estará obrigada a fornecer certidão dos lançamentos por ela feitos, em substituição ao sistema de livros estabelecidos neste art. 100[14].

Dessa forma, a qualquer pessoa, desde que se destine à defesa de direitos e esclarecimentos de situações de interesse pessoal dos acionistas ou do mercado de valores mobiliários, a instituição custodiante dará certidão dos lançamentos das ações nominativas e respectivas averbações. Fornecerá, outrossim, a entidade custodiante certidão dos lançamentos correspondentes à transferência de ações nominativas, bem como dos lançamentos de partes beneficiárias[15] nominativas e suas transferências emitidas pelas companhias fechadas (art. 47, parágrafo único).

A obrigação legal da instituição custodiante é autônoma, não lhe cabendo consultar a administração ou o controlador da companhia emitente sobre a "procedência ou não" do pedido. A recusa, sob qualquer pretexto da instituição custodiante, enseja as medidas judiciais cabíveis, de natureza constitutiva (execução específica) como condenatória (perdas e danos). Prevalece para as instituições custodiantes o princípio de ordem pública, de natureza registrária e certificatória, que dá o inconteste direito de qualquer interessado, acionista ou não, requerer (legitimidade) justificadamente nos exatos termos expressos no § 1º e obter a certidão respectiva, das mãos da instituição custodiante.

LIVROS SOCIAIS

Os livros sociais podem ser classificados em duas categorias[16]: 1) livros referentes aos títulos de emissão da sociedade, relacionados nos incisos I a III[17]; 2) livros relativos à administração da companhia, relacionados nos incisos IV a VII[18].

Os livros da primeira categoria, referentes aos títulos, têm a natureza de registro público e, assim sendo, qualquer pessoa pode justificadamente pedir certidão de seus assentamentos, na conformidade com o § 1º deste art. 100, com a redação dada pela Lei n. 9.457, de 1997.

---

14 V. comentários ao art. 31.

15 V. comentários ao art. 47.

16 Cunha Peixoto, *Sociedades por ações*, cit., v. 2, p. 180; Miranda Valverde, *Sociedades por ações*, 2. ed., Forense, 1953, v. 1, p. 338.

17 V. comentários ao art. 47.

18 Barros Leães divide os livros em: 1) livros de registros de propriedade; e 2) livros de registros de fatos (*Comentários à Lei das S.A.*, São Paulo, Saraiva, 1980, p. 184).

Dessa forma, também o pedido de exibição desses livros não pode ser negado aos acionistas, independentemente do percentual de sua participação no capital da companhia. Não estão, portanto, sujeitos às exigências do art. 105[19]. Com efeito, o caráter público de tais livros está expresso no art. 103, que determina a competência do juiz dos Registros Públicos, para dirimir questões a eles relativas.

Os livros da segunda categoria referem-se a assuntos internos da sociedade, não tendo, portanto, caráter público. Destarte, somente terão acesso a eles a administração e os acionistas, na hipótese prevista no referido art. 105.

EFEITOS DOS LANÇAMENTOS — INSCRIÇÃO, ANOTAÇÃO E AVERBAÇÃO

Os lançamentos nos livros sociais têm efeitos diversos, conforme se trate de acontecimentos relativos à administração da sociedade ou aos títulos de sua emissão.

Os livros da administração (incisos IV a VII) têm valor de declaração de conhecimento, conforme salienta Messineo: são anotações de situações de fato, com valor de confissão extrajudicial, mas não constituem declarações de vontade negocial[20].

Já nos livros relativos aos títulos societários (incisos I a III), seus registros e averbações têm efeitos constitutivos de direito, representando declarações de vontade negocial[21].

O inciso I faz referência a três atos juridicamente distintos: inscrição, anotação e averbação.

A inscrição refere-se ao assentamento, no livro, do nome do acionista, dela decorrendo a propriedade das ações.

A averbação constitui uma nota aposta ao lado da inscrição, acusando as mutações ocorridas com relação às ações, tais como resgate, conversão, penhor, usufruto etc. Tais ônus ou direitos que recaem sobre as ações somente serão oponíveis a terceiros, se averbados no livro próprio. Essas averbações relacionam-se com a titularidade secundária, representada por

---

19 Nesse sentido, já decidiu o Conselho de Justiça do Distrito Federal, salientando o caráter público de tais livros (Cunha Peixoto, *Sociedades por ações*, cit., v. 2, p. 180).

20 Para Messineo, trata-se de *dichiarazioni di scienza* (*Manuale di diritto civile e commerciale*, v. 3-I, p. 488).

21 Campos Batalha, *Comentários à Lei de Sociedades Anônimas*, Rio de Janeiro, Forense, 1977, v. 1, p. 495.

um direito real, em oposição à titularidade primária, objeto da inscrição, representada pelo direito de propriedade.

Por sua vez, a anotação inscreve fato novo em assentamento de ato anterior[22]. Por exemplo, na hipótese de transferência, em que alienante e adquirente são acionistas, não há necessidade de nova inscrição, mas de mera anotação ao lado da inscrição anterior, apontando a operação[23].

LIVROS DE REGISTRO DE TÍTULOS NOMINATIVOS

Os títulos nominativos, por sua própria natureza, exigem o registro no livro próprio[24]. Com efeito, tais títulos existem somente com o assentamento do nome de seu titular, sendo o certificado totalmente dispensável, por inútil.

Além disso, o livro de registro dos títulos nominativos faz prova de propriedade, seguindo os mesmos princípios aplicáveis aos registros públicos de direitos reais[25].

As transferências se efetivam com a alteração no livro de registro. O termo de transferência, lavrado no livro próprio, representa uma medida preliminar para a anotação da mudança de propriedade dos títulos no livro de registro[26].

OBRIGATORIEDADE DOS LIVROS

Diferentemente da lei anterior, de 1940[27], a companhia deverá ter, obrigatoriamente, livro de registro de ações nominativas registradas (art. 31). Há somente uma hipótese em que a sociedade não terá livro de registro de ações nominativas: a companhia que tiver, previstas no estatuto, apenas ações escriturais[28].

---

22 Cunha Peixoto, *Sociedades por ações,* cit., v. 2, p. 182.

23 Miranda Valverde, *Sociedades por ações,* cit., v. 1, p. 341.

24 *V.* comentários ao art. 31.

25 Cunha Peixoto, *Sociedades por ações,* cit., v. 2, p. 180.

26 *V.* comentários ao art. 31.

27 Cunha Peixoto, na vigência da lei anterior, deduzia que as ações já poderiam surgir com a forma ao portador, desde que o seu pagamento fosse integral por ocasião da subscrição. Portanto, a sociedade poderia ter apenas ações ao portador, não havendo necessidade de livro de registro de títulos nominativos (*Sociedades por ações,* cit., v. 2, p. 183).

28 Art. 34 da Lei n. 6.404, de 1976.

Mesmo sociedade cuja escrituração esteja a cargo de agente emissor ou de entidade custodiante (arts. 31 e 41) deverá manter livro de registro, já que tal escrituração decorre de contrato com tempo limitado.

Os livros de assentamento de valores mobiliários emitidos pela companhia[29], como reiterado, têm caráter público[30]. Daí ser permitida sua divulgação a qualquer interessado, acionista ou não, desde que decline a causa de pedir expressa no § 1º e efetue o pagamento do custo do serviço, preço este que deverá ser irrisório.

Os atos lançados nos livros de registro e de transferência de valores mobiliários têm efeitos constitutivos de direitos, no que diz respeito a acionistas e a terceiros[31]. Assim, qualquer prejuízo causado por irregularidades na escrituração deverá ser indenizado pela própria sociedade, conforme expressamente dispõe o art. 104.

ESCRITURAÇÃO DO AGENTE EMISSOR

Art. 101. O agente emissor de certificados (art. 27) poderá substituir os livros referidos nos incisos I a III do art. 100 pela sua escrituração e manter, mediante sistemas adequados, aprovados pela Comissão de Valores Mobiliários, os registros de propriedade das ações, partes beneficiárias, debêntures e bônus de subscrição, devendo uma vez por ano preparar lista dos seus titulares, com o número dos títulos de cada um, a qual será encadernada, autenticada no registro do comércio e arquivada na companhia.

• Caput *com redação dada pela Lei n. 9.457, de 5 de maio de 1997.*

§ 1º Os termos de transferência de ações nominativas perante o agente emissor poderão ser lavrados em folhas soltas, à vista do certificado da

---

29 Livros relacionados nos incisos I a III do artigo que ora se comenta.

30 O caráter público dos livros de registro e de transferência de ações normativas vem sendo reconhecido por nossa jurisprudência, como se crê do acórdão publicado pela 2ª Câmara de Direito Privado do TJSP, no julgamento da AC 075.101-4/0, Rel. Des. Enio Zuliani, j. em 16-3-1999. No mesmo sentido, os acórdãos da 6ª Câmara de Direito Privado do TJSP, no julgamento da AC 79.466-4/SP, em 1º-6-2000. O colegiado da CVM posicionou-se no mesmo sentido no julgamento do Processo Administrativo n. 6.440/2003, j. em 31-3-2004

31 Imagine-se, por exemplo, a falta de averbação de ônus reais constituídos sobre ações nominativas e a aquisição dessas mesmas ações por terceiros que desconhecem o vínculo.

ação, no qual serão averbados a transferência e o nome e qualificação do adquirente.

§ 2º Os termos de transferência em folhas soltas serão encadernados em ordem cronológica, em livros autenticados no Registro do Comércio e arquivados no agente emissor.

LEI DE 1940

O Decreto-Lei n. 2.627, de 1940, não previa a figura do agente emissor de certificados[32], mas a prática de lavratura de termos de transferência de ações nominativas em folhas soltas, para ser autenticada pelo Registro do Comércio, já era adotada, entre nós, por algumas empresas de grande porte, como, por exemplo, o Banco do Brasil S.A.[33].

LEI N. 6.404, DE 1976, E LEI N. 8.021, DE 1990

A figura do agente emissor de certificados foi instituída pela Lei n. 6.404/76. Trata-se de instituição financeira que, autorizada pela Comissão de Valores Mobiliários, poderá ser contratada pela sociedade para a prestação de determinados serviços.

Tais serviços poderão ter por objeto a escrituração e a guarda dos livros sociais[34], e antes do advento da Lei n. 8.021, de 1990, também a de títulos ao portador e endossáveis[35].

LEI N. 9.457, DE 1997

O Diploma de 1997 não alterou expressamente as disposições que constavam da Lei n. 6.404, de 1976. Simplesmente conciliou o art. 101 com o precedente, que suprimiu o antigo inciso IV (que tratava de títulos endossáveis, extintos por força da Lei n. 8.021/90). Assim, tendo sido renumerados os incisos do art. 100, também o foi a remissão feita pelo art. 101.

Não obstante, cabe anotar que a lei de 1997 introduziu o § 2º ao art. 100, permitindo que, nas companhias abertas, os livros de Registro e de Transfe-

---

32   Criado pelo art. 27 da Lei n. 6.404, de 1976.

33   André Martins de Andrade, *Anotações à Lei das S.A.*, São Paulo, Atlas, 1977, p. 111.

34   *V.* comentários ao art. 100.

35   *V.* comentários aos arts. 43 e 78. Cf. também os arts. 50 e 63.

rência de Ações Nominativas poderão ser substituídos por registros mecanizados ou eletrônicos.

Evidentemente que tal faculdade legal, que será exercida os termos de regulamentação respectiva da Comissão de Valores Mobiliários, aplica-se inteiramente e com especial importância funcional aos livros próprios de escrituração do agente emissor e da instituição custodiante. São, com efeito, tais entidades as que mais demandam a atualização permanente dos sistemas de emissão e custódia, por via eletrônica.

Desse modo, ainda que a lei de 1997 não se refira especificamente à substituição dos livros dessas instituições por registros mecanizados ou eletrônicos, nelas se aplica a efetiva alteração dos sistemas de escrituração própria dos valores mobiliários, sobretudo, pela adoção do regime *on line* das transações efetuadas no mercado com tais títulos.

LEI N. 10.303, DE 2001

A *parte final* do *caput* do art. 31, com redação introduzida pela Lei n. 10.303, de 2001, prevê que o extrato fornecido pela instituição custodiante, na qualidade de proprietária fiduciária das ações, é documento hábil para caracterizar a presunção de propriedade da ação nominativa registrada, bem como dos ônus reais que incidem sobre essas ações, consoante o art. 39[36].

A partir do advento da Lei n. 10.303, de 2001, a inscrição do nome do acionista no livro próprio e o *extrato* fornecido pela instituição custodiante acarretam a *presunção relativa ("juris tantum") de propriedade da ação nominativa registrada*, admitindo-se, no entanto, *prova em contrário*. O mesmo ocorre com o penhor ou caução que oneram as ações registradas, para efeitos dos arts. 39 e 40.

Presume-se, assim, que a pessoa cujo nome consta do livro de registro de ações ou do *extrato* emitido pela instituição custodiante é *legítima proprietária*, presunção esta que somente se destruirá após decisão judicial que declare a nulidade do registro ou do extrato.

A redação da *parte final* do *caput* do art. 31, introduzida pela Lei n. 10.303, de 2001, que incluiu o *extrato* fornecido pela instituição custodiante como documento capaz de fazer presumir a propriedade das ações nominativas registradas, consolidou em lei mecanismo já adotado administrativamente pela Instrução CVM n. 115, de 11 de abril de 1990.

---

36   V. comentários ao art. 39.

Nos termos do art. 6º dessa Instrução, o acionista pode exercer seus direitos em assembleia geral simplesmente apresentando um *comprovante* emitido pela instituição prestadora dos serviços de custódia. No art. 7º da Instrução, por sua vez, há a previsão de que a instituição custodiante, "por ocasião do exercício do direito de voto, exercício de direito de preferência, distribuição de dividendos ou bonificações e, em qualquer caso, no último dia útil de cada trimestre civil", deverá fornecer à companhia *a lista* dos titulares de ações em custódia, a qual servirá para a companhia conhecer seus próprios acionistas. A presunção de propriedade do *extrato* fornecido pela instituição custodiante, portanto, já era contemplada por essa mesma Instrução CVM.

A *parte final* do *caput* do art. 31, além dessa presunção de propriedade para os acionistas cujo nome conste do *extrato* emitido pela instituição custodiante, trouxe outra novidade: a qualidade de *proprietária fiduciária dada à instituição custodiante*[37].

Todavia, vale desde logo mencionar que a propriedade fiduciária das ações custodiadas atribuída à instituição custodiante, de que tratam os arts. 31 e 41, com a redação dada pela Lei n. 10.303, de 2001, surgiu precipuamente para instrumentalizar as *transferências de ações dentro dos sistemas computadorizados das instituições financeiras*.

A Lei n. 10.303, de 2001, incorporando os usos e costumes comerciais, reformulou o instituto da *custódia*, que agora passa a basear-se na transferência da *propriedade fiduciária* dos valores mobiliários à instituição custodiante.

Inovação relevante foi trazida pela Lei n. 10.303, de 2001, ao incluir no art. 31[38] a custódia prestada por instituição autorizada, como modalidade de presunção da propriedade de ações nominativas registradas (art. 31), mediante extrato fornecido pela entidade custodiante.

Esse novo dispositivo repercute nos arts. 39 e 40, e neste art. 101, no que respeita aos seus aspectos registrários[39].

Trata-se de uma *propriedade limitada*, pois a ação é transferida ao fiduciário com o escopo único de guarda, administração e viabilização das operações com valores mobiliários no âmbito dos sistemas de negociação de liquidação, e *resolúvel*, pois pode ser extinta a qualquer tempo, mediante a

---

37 V. comentários ao art. 41.

38 V. comentários ao art. 31.

39 V. comentários aos arts. 39 e 40.

rescisão do contrato de custódia pelo depositante, retornando, assim, ao patrimônio deste. Por essa razão, os valores mobiliários objeto de custódia não integram o patrimônio do custodiante para quaisquer fins, durante o prazo em que vigorar o contrato de custódia.

Assim, o custodiante, a despeito de receber a *propriedade fiduciária* dos valores custodiados, terá as mesmas obrigações que o *depositário*, especialmente aquelas dos arts. 629, 633, 638, 640 e 642 do Código Civil, respondendo, nos termos do § 5º do art. 41, em face do depositante e de terceiros pelo seu descumprimento.

Tendo a Lei n. 10.303, de 2001, mantido a característica de *depósito* da custódia, vale ressaltar que, da mesma forma como ocorre no sistema da Lei n. 6.404/76, não alterada neste particular pela lei de 2001, trata-se aqui de *depósito regular*.

E, com efeito, não se pode admitir que a custódia de valores mobiliários reformulada na Lei n. 10.303, de 2001, tenha características de *depósito irregular* de coisas fungíveis. Se assim fosse, aplicar-se-iam à custódia de valores mobiliários as disposições referentes ao mútuo, nos termos do art. 645 do Código Civil, daí decorrendo a transferência da propriedade ilimitada do bem depositado ao custodiante, que teria a livre disposição sobre ele durante o prazo de duração da custódia, o que não ocorre.

A custódia de valores mobiliários implica o dever do custodiante de guarda e de administração da coisa depositada, que inclui a viabilização das negociações autorizadas pelo depositante. E esse *dever de administração* só pode existir no *depósito regular*, pois pressupõe que o titular do direito de propriedade sobre o bem depositado seja o depositante.

Com efeito, se tivesse o depositário a propriedade irrestrita da coisa durante o prazo da custódia, como ocorre no depósito irregular e no mútuo, não se poderia falar em *administração dos valores mobiliários depositados* em favor do depositante, pois o uso que este faria deles seria em proveito próprio. Ademais, seria livre a disposição desses valores pelo custodiante durante o prazo da custódia, já que a única restrição a essa propriedade seria a sua resolubilidade quando da extinção do depósito.

A Lei n. 6.404/76, com as alterações do Diploma de 2001, no entanto, a despeito de dispor que haverá a transferência da *propriedade fiduciária* dos valores mobiliários depositados ao custodiante, não lhe permite usar desses bens, nem deles livremente dispor, salvo expressa autorização do depositante, conforme a redação do § 1º do art. 41 da Lei n. 6.404/76 e do parágrafo único do art. 24 da Lei n. 6.385/76, mantidos pela Lei n. 10.303, de 2001.

Nesse sentido, a *propriedade fiduciária* transmitida ao custodiante, desde que expressamente autorizada pelo depositante, serve apenas ao fim de permitir a negociação dos valores depositados, *sem a necessidade de alteração dos registros da companhia a cada transferência autorizada. Assim, a propriedade ilimitada dos valores mobiliários depositados somente será transferida de volta ao depositante, nos registros da companhia, quando extinta a custódia, pelo equivalente ao saldo remanescente na sua conta de depósito.*

Note-se, ainda, que a transferência da propriedade fiduciária à instituição custodiante não outorgará a esta o direito de votar com as ações custodiadas, já que os arts. 42 e 205, § 2º, da lei societária não foram alterados pela Lei n. 10.303, de 2001. Por outro lado, permanece o custodiante como representante dos titulares das ações custodiadas perante a companhia para efeitos de recebimento de dividendos (art. 42 e § 2º do art. 205) e de ações bonificadas, e, ainda, de exercício de direito de preferência para subscrição de ações.

Por sua vez, o parágrafo único do art. 47, com a redação trazida pela Lei n. 10.303, de 2001, proíbe "às companhias abertas emitir partes beneficiárias". Com essa proibição, as partes beneficiárias ficaram restritas às companhias fechadas. Essa proibição (parágrafo único do art. 47) derrogou o § 1º do art. 48, impedindo, assim, que sejam as partes beneficiárias gratuitamente atribuídas às sociedades ou fundações beneficentes dos empregados, na medida em que tal emissão gratuita era reservada às companhias abertas que não mais podem criar ou emitir tais títulos por força da redação do referido parágrafo único do art. 47, a partir da vigência da Lei n. 10.303, de 2001[40].

Em consequência da vedação às companhias abertas de emitir partes beneficiárias (parágrafo único do art. 47), continua em vigor o inciso III do art. 100 unicamente para registro e transferência das partes beneficiárias emitidas pelas companhias fechadas a partir da vigência da Lei n. 10.303, de 2001. Nas companhias abertas esses livros serão mantidos até a extinção das partes beneficiárias anteriormente à vigência do diploma de 2001.

FACULTATIVIDADE E SUBSTITUIÇÃO DOS LIVROS

A contratação dos serviços de instituição financeira é inteiramente facultativa. No entanto, depois de contratado o agente emissor, apenas ele poderá executar os serviços de registro[41].

---

40   *V.* comentários ao art. 47.

41   *V.* comentários ao art. 27.

No sentido de facilitar os serviços do agente emissor, a lei possibilita que os livros de registro e de transferência dos valores mobiliários emitidos pela companhia sejam substituídos pela própria escrituração da instituição financeira contratada[42 e 43].

Para beneficiar-se de tal possibilidade, o agente financeiro deverá obedecer às exigências legais de manter, a todo o tempo, registros de propriedade dos títulos, mediante sistemas aprovados pela Comissão de Valores Mobiliários, os quais servirão de prova de propriedade[44 e 45].

O agente emissor deverá, uma vez por ano, preparar lista com o nome dos titulares dos valores e o número de títulos de cada um. Para os fins legais de prova, a lista deverá ser encadernada, autenticada no Registro do Comércio e arquivada na companhia.

TERMOS DE TRANSFERÊNCIA EM FOLHAS SOLTAS

Sendo substituídos os Livros de Transferência das Ações Nominativas pela escrituração do agente emissor, os termos de transferência dessas ações serão lavrados em folhas soltas e assinados pelo cedente e pelo cessionário.

Além disso, para que produzam os mesmos efeitos dos livros, é necessário que tais termos de transferência, lavrados em folhas soltas, sejam encadernados em ordem cronológica, autenticados no Registro do Comércio e arquivados no agente emissor.

AÇÕES ESCRITURAIS

Art. 102. A instituição financeira depositária de ações escriturais deverá fornecer à companhia, ao menos uma vez por ano, cópia dos extratos das contas de depósito das ações e a lista dos acionistas com a quantidade das respectivas ações, que serão encadernadas em livros autenticados no Registro do Comércio e arquivados na instituição financeira.

---

42 V. comentários aos arts. 31 e 41.

43 Fran Martins, *Comentários*, cit., v. 1, p. 563.

44 V. comentários ao art. 47.

45 A lei deixa claro que os livros da administração não poderão ser confiados ao agente emissor, apenas os livros relativos aos valores mobiliários de sua emissão.

LEI DE 1940 E LEI N. 6.404, DE 1976

O Decreto-Lei n. 2.627, de 1940, não previa a criação de ações escriturais.

Diante da criação de ações escriturais (art. 34), a lei vigente teria, necessariamente, de estabelecer a forma e a competência de sua escrituração.

Passou, assim, a lei de 1976 a admitir métodos de escrituração mais simples, baseados unicamente em registros dos extratos das contas correntes das ações, simplificando e inovando os sistemas de escrituração[46].

LEI N. 10.303, DE 2001

A Lei n. 10.303, de 2001, incorporando os usos e costumes comerciais, reformulou o instituto da *custódia*, que agora passa a basear-se na transferência da *propriedade fiduciária* dos valores mobiliários à instituição custodiante.

Inovação relevante foi trazida pela Lei n. 10.303, de 2001, que incluiu no art. 31[47] a custódia prestada por instituição autorizada, como modalidade de presunção da propriedade de ações nominativas registradas (art. 31), mediante extrato fornecido pela entidade custodiante.

Esse dispositivo repercute nos arts. 39 e 40 e neste art. 102 no que respeita aos seus aspectos registrários[48].

Trata-se de uma *propriedade limitada*, pois a ação é transferida ao fiduciário com o escopo único de guarda, administração e viabilização das operações com valores mobiliários no âmbito dos sistemas de negociação de liquidação, e *resolúvel*, pois pode ser extinta a qualquer tempo, mediante a rescisão do contrato de custódia pelo depositante, retornando, assim, ao patrimônio deste. Por essa razão, os valores mobiliários objeto de custódia não integram o patrimônio do custodiante para quaisquer fins, durante o prazo em que vigorar o contrato de custódia.

Assim, o custodiante, a despeito de receber a *propriedade fiduciária* dos valores custodiados, terá as mesmas obrigações que o *depositário*, especial-

---

46 É o que dispõe a Exposição de Motivos da lei: "Os artigos 101 e 102 dispõem sobre registros de valores mobiliários mantidos pelo agente emissor de certificados e pela instituição financeira depositária de ações escriturais, simplificando formalidades e autorizando a adoção de métodos de escrituração mais econômicos".

47 *V.* comentários ao art. 31.

48 *V.* comentários aos arts. 39 e 40.

mente aquelas dos arts. 629, 633, 638, 640 e 642 do Código Civil, respondendo, nos termos do § 5º do art. 41, em face do depositante e de terceiros pelo seu descumprimento.

Tendo a Lei n. 10.303, de 2001, mantido a característica de *depósito* da custódia, vale ressaltar que, da mesma forma como ocorre no sistema da Lei n. 6.404/76, não alterada neste particular pela lei de 2001, trata-se aqui de *depósito regular*.

E, com efeito, não se pode admitir que a custódia de valores mobiliários reformulada na Lei n. 10.303, de 2001, tenha características de *depósito irregular* de coisas fungíveis. Se assim fosse, aplicar-se-iam à custódia de valores mobiliários as disposições referentes ao mútuo, nos termos do art. 645 do Código Civil, daí decorrendo a transferência da propriedade ilimitada do bem depositado ao custodiante, que teria a livre disposição sobre ele durante o prazo de duração da custódia, o que não ocorre.

A custódia de valores mobiliários implica o dever do custodiante de guarda e de administração da coisa depositada, que inclui a viabilização das negociações autorizadas pelo depositante. E esse *dever de administração* só pode existir no *depósito regular*, pois pressupõe que o titular do direito de propriedade sobre o bem depositado seja o depositante. Com efeito, se tivesse o depositário a propriedade irrestrita da coisa durante o prazo da custódia, como ocorre no depósito irregular e no mútuo, não se poderia falar em *administração dos valores mobiliários depositados* em favor do depositante, pois o uso que este faria deles seria em proveito próprio. Ademais, seria livre a disposição desses valores pelo custodiante durante o prazo da custódia, já que a única restrição a essa propriedade seria a sua resolubilidade quando da extinção do depósito.

A Lei n. 10.303, de 2001, no entanto, a despeito de dispor que haverá a transferência da *propriedade fiduciária* dos valores mobiliários depositados ao custodiante, não lhe permite usar desses bens, nem deles livremente dispor, salvo expressa autorização do depositante, conforme a redação do § 1º do art. 41 da Lei n. 6.404/76 e do parágrafo único do art. 24 da Lei n. 6.385/76, mantidos pelo diploma de 2001.

Nesse sentido, a *propriedade fiduciária* transmitida ao custodiante, desde que expressamente autorizada pelo depositante, serve apenas ao fim de permitir a negociação dos valores depositados, *sem a necessidade de alteração dos registros da companhia a cada transferência autorizada. Assim, a propriedade ilimitada dos valores mobiliários depositados somente será transferida de volta ao depositante, nos registros da companhia, quando extinta a custódia, pelo equivalente ao saldo remanescente na sua conta de depósito.*

Note-se, ainda, que a transferência da propriedade fiduciária à instituição custodiante não outorgará a esta o direito de votar com as ações custodiadas, uma vez que os arts. 42 e 205, § 2º da lei societária não foram alterados pela Lei n. 10.303, de 2001. Por outro lado, permanece o custodiante como representante dos titulares das ações custodiadas perante a companhia para efeitos de recebimento de dividendos (arts. 42 e 205, § 2º) e de ações bonificadas, e, ainda, de exercício de direito de preferência para subscrição de ações.

SISTEMA DE AÇÕES ESCRITURAIS

Pela sua própria característica de valor patrimonial incorpóreo, as ações escriturais sujeitam-se a sistemática própria. A ação escritural nasce da escrituração, e não do depósito de qualquer valor mobiliário corpóreo, já que se pressupõe a inexistência de certificado. Não há, portanto, lançamento de depósito, nos livros da instituição administradora, mas, sim, lançamento da própria ação.

Da mesma forma, a sua transferência processa-se escrituralmente, mediante assentamentos próprios na instituição encarregada de sua administração, a débito da conta corrente de ações do cedente e a crédito da conta corrente de ações do cessionário[49].

A instituição administradora da conta de ações escriturais deverá, outrossim, fornecer ao acionista extrato da conta corrente dessas ações, ao menos uma vez por ano, mesmo que não haja movimentação, e ao término de cada mês em que for movimentada[50].

INFORMAÇÃO À COMPANHIA E SUA PERIODICIDADE

Para que a sociedade possa tomar conhecimento da situação das suas ações, a instituição financeira administradora deverá enviar à companhia cópia dos extratos das contas correntes e lista dos acionistas.

O fundamento legal da exigência de prestação de informações à sociedade está em que a responsabilidade por erros ou irregularidades na escrituração é da própria companhia (art. 34). Deverá, portanto, ter acesso aos documentos relativos a tais ações, já que não possui livros de registro de tais

---

49 V. comentários ao art. 34.
50 V. comentários ao art. 35.

títulos, cabendo-lhe, inclusive, com base na escrituração irregular, propor ação regressiva contra a instituição financeira.

A lei não estabelece o momento em que a instituição financeira administradora deverá apresentar cópias desses documentos à sociedade. No entanto, diante da exigência do art. 176, § 5º, da lei, a sociedade deverá ter acesso a tais documentos no momento da elaboração de suas demonstrações financeiras, já que delas deverão constar o número, a espécie e a classe das ações em que se divide o capital social.

Além disso, também no momento da realização de assembleias gerais, será necessário que a companhia disponha de lista atualizada, fornecida pela instituição administradora, a fim de evitar qualquer problema eventual que possa surgir, com relação à legitimação dos acionistas para o exercício do direito de voto[51].

De qualquer forma, pode a companhia, a qualquer tempo, exigir do agente emissor o fornecimento de cópias da lista de acionistas. Não pode, portanto, a instituição financeira arguir a obrigatoriedade apenas anual para que cumpra esse procedimento. O prazo anual consignado pela lei é de obrigação necessária, porém não suficiente, em face das continuas demandas da administração, próprias da dinâmica societária.

FISCALIZAÇÃO E DÚVIDAS NO REGISTRO

> *Art. 103. Cabe à companhia verificar a regularidade das transferências e da constituição de direitos ou ônus sobre os valores mobiliários de sua emissão; nos casos dos arts. 27 e 34, essa atribuição compete, respectivamente, ao agente emissor de certificados e à instituição financeira depositária das ações escriturais.*
>
> *Parágrafo único. As dúvidas suscitadas entre o acionista, ou qualquer interessado, e a companhia, o agente emissor de certificados ou a instituição financeira depositária das ações escriturais, a respeito das averbações ordenadas por esta Lei, ou sobre anotações, lançamentos ou transferência de ações, partes beneficiárias, debêntures, ou bônus de subscrição, nos livros de registro ou transferência, serão dirimidas pelo juiz competente para solucionar as dúvidas levantadas pelos oficiais dos registros públicos, excetuadas as questões atinentes à substância do direito.*

---

51 Fran Martins, *Comentários*, cit., v. 1, p. 566 e 567.

LEI DE 1940 E LEI N. 6.404, DE 1976

Tanto o art. 30 do Decreto-Lei n. 2.627, de 1940, como o art. 36 da Lei n. 4.728, de 1965[52], já estabeleciam a competência da Vara dos Registros Públicos, para dirimir as dúvidas relacionadas com a anotação nos livros de registros de valores mobiliários.

A Lei n. 6.404, de 1976, completou o preceito contido nos referidos diplomas, fixando a responsabilidade da sociedade na verificação de irregularidades nas transferências e na constituição de direitos ou ônus sobre valores mobiliários de sua emissão, bem como estendeu tal atribuição de fiscalização ao agente emissor e à instituição financeira depositária, nas hipóteses dos arts. 27 e 34, respectivamente.

LEI N. 10.303, DE 2001

A parte final do caput do art. 31, conforme a redação dada pela Lei n. 10.303, de 2001, prevê que o extrato fornecido pela instituição custodiante, na qualidade de proprietária fiduciária das ações, é documento hábil para caracterizar a presunção de propriedade da ação nominativa registrada, bem como dos ônus reais que incidem sobre essas ações, consoante o art. 39[53].

A partir do advento da Lei n. 10.303, de 2001, a inscrição do nome do acionista no livro próprio e o extrato fornecido pela instituição custodiante acarretam a presunção relativa ("juris tantum") de propriedade da ação nominativa registrada, admitindo-se, no entanto, prova em contrário. O mesmo ocorre com o penhor ou caução que oneram as ações registradas, para efeitos dos arts. 39 e 40.

Presume-se, assim, que a pessoa cujo nome consta do livro de registro de ações ou do extrato emitido pela instituição custodiante é legítima proprietária, presunção esta que somente se destruirá após decisão judicial que declare a nulidade do registro ou do extrato.

Essa redação da parte final do caput do art. 31, trazida pela Lei n. 10.303, de 2001, que inclui o extrato fornecido pela instituição custodiante como documento capaz de fazer presumir a propriedade das ações nominativas registradas, veio consolidar em lei mecanismo já adotado administrativamente pela Instrução CVM n. 115, de 11 de abril de 1990.

---

52 Na seção VI, que cria e disciplina as ações endossáveis.

53 V. comentários ao art. 39.

Nos termos do art. 6º dessa Instrução CVM, o acionista pode exercer seus direitos em assembleia geral simplesmente apresentando um *comprovante* emitido pela instituição prestadora dos serviços de custódia. No art. 7º da Instrução, por sua vez, há a previsão de que a instituição custodiante, "por ocasião do exercício do direito de voto, exercício de direito de preferência, distribuição de dividendos ou bonificações e, em qualquer caso, no último dia útil de cada trimestre civil", deverá fornecer à companhia *a lista* dos titulares de ações em custódia, a qual servirá para a companhia conhecer seus próprios acionistas. A presunção de propriedade do *extrato* fornecido pela instituição custodiante, portanto, já era contemplada por essa referida Instrução CVM n. 115/90.

Por sua vez, *parte final* do *caput* do art. 31 da Lei Societária, além dessa presunção de propriedade para os acionistas cujo nome conste do *extrato* emitido pela instituição custodiante, trouxe outra novidade: a qualidade de *proprietária fiduciária dada à instituição custodiante*[54].

Todavia, vale reiterar que a propriedade fiduciária das ações custodiadas atribuída à instituição custodiante, de que tratam os arts. 31 e 41, conforme alterados pela Lei n. 10.303, de 2001, surgiu precipuamente para instrumentalizar as *transferências de ações dentro dos sistemas computadorizados das instituições financeiras.*

A Lei n. 10.303, de 2001, incorporando os usos e costumes comerciais, reformulou o instituto da *custódia*, que agora passa a basear-se na transferência da *propriedade fiduciária* dos valores mobiliários à instituição custodiante.

Inovação relevante, com efeito, foi trazida pela Lei n. 10.303, de 2001, ao incluir no art. 31[55] a custódia prestada por instituição autorizada, como modalidade de presunção da propriedade de ações nominativas registradas (art. 31), mediante extrato fornecido pela entidade custodiante.

Esse novo dispositivo repercute nos arts. 39 e 40, e neste art. 103, no que respeita aos seus aspectos registrários[56].

Trata-se de uma *propriedade limitada*, pois a ação é transferida ao fiduciário com o escopo único de guarda, administração e viabilização das operações com valores mobiliários no âmbito dos sistemas de negociação de liquidação, e *resolúvel*, pois pode ser extinta a qualquer tempo, mediante a

---

54   *V.* comentários ao art. 41.

55   *V.* comentários ao art. 31.

56   *V.* comentários aos arts. 39 e 40.

rescisão do contrato de custódia pelo depositante, retornando, assim, ao patrimônio deste. Por essa razão, os valores mobiliários objeto de custódia não integram o patrimônio do custodiante para quaisquer fins, durante o prazo em que vigorar o contrato de custódia.

Assim, o custodiante, a despeito de receber a *propriedade fiduciária* dos valores custodiados, terá as mesmas obrigações que o *depositário*, especialmente aquelas dos arts. 629, 633, 638, 640 e 642 do Código Civil, respondendo, nos termos do § 5º do art. 41, em face do depositante e de terceiros pelo seu descumprimento.

Tendo a Lei n. 10.303, de 2001, mantido a característica de *depósito* da custódia, vale ressaltar que, da mesma forma como ocorre no sistema da Lei n. 6.404/76, não alterada neste particular pela lei de 2001, trata-se aqui de *depósito regular*.

E, com efeito, não se pode admitir que a custódia de valores mobiliários reformulada após o advento da Lei n. 10.303, de 2001, tenha características de *depósito irregular* de coisas fungíveis. Se assim fosse, aplicar-se-iam à custódia de valores mobiliários as disposições referentes ao mútuo, nos termos do art. 645 do Código Civil, daí decorrendo a transferência da propriedade ilimitada do bem depositado ao custodiante, que teria a livre disposição sobre ele durante o prazo de duração da custódia, o que não ocorre.

A custódia de valores mobiliários implica o dever do custodiante de guarda e de administração da coisa depositada, que inclui a viabilização das negociações autorizadas pelo depositante. E esse *dever de administração* só pode existir no *depósito regular*, pois pressupõe que o titular do direito de propriedade sobre o bem depositado seja o depositante. Com efeito, se tivesse o depositário a propriedade irrestrita da coisa durante o prazo da custódia, como ocorre no depósito irregular e no mútuo, não se poderia falar em *administração dos valores mobiliários depositados* em favor do depositante, pois o uso que este faria deles seria em proveito próprio. Ademais, seria livre a disposição desses valores pelo custodiante durante o prazo da custódia, já que a única restrição a essa propriedade seria a sua resolubilidade quando da extinção do depósito.

A Lei n. 10.303, de 2001, no entanto, a despeito de dispor que haverá a transferência da *propriedade fiduciária* dos valores mobiliários depositados ao custodiante, não lhe permite usar desses bens, nem deles livremente dispor, salvo expressa autorização do depositante, conforme a redação do § 1º do art. 41 da Lei n. 6.404/76 e do parágrafo único do art. 24 da Lei n. 6.385/76, mantidos pela Lei n. 10.303, de 2001.

Nesse sentido, a *propriedade fiduciária* transmitida ao custodiante, desde que expressamente autorizada pelo depositante, serve apenas ao fim de permitir a negociação dos valores depositados, *sem a necessidade de alteração dos registros da companhia a cada transferência autorizada. Assim, a propriedade ilimitada dos valores mobiliários depositados somente será transferida de volta ao depositante, nos registros da companhia, quando extinta a custódia, pelo equivalente ao saldo remanescente na sua conta de depósito.*

Note-se, ainda, que a transferência da propriedade fiduciária à instituição custodiante não outorgará a esta o direito de votar com as ações custodiadas, já que os arts. 42 e 205, § 2º, da lei societária não foram alterados pela Lei n. 10.303, de 2001. Por outro lado, permanece o custodiante como representante dos titulares das ações custodiadas perante a companhia para efeitos de recebimento de dividendos (art. 42 e § 2º do art. 205) e de ações bonificadas, e, ainda, de exercício de direito de preferência para subscrição de ações.

Por sua vez, o parágrafo único do art. 47, com a redação introduzida pela Lei n. 10.303, de 2001, proíbe "às companhias abertas emitir partes beneficiárias". Com essa proibição, as partes beneficiárias ficaram restritas às companhias fechadas. Essa proibição (parágrafo único do art. 47) derrogou o § 1º do presente art. 48, impedindo, assim, que sejam as partes beneficiárias gratuitamente atribuídas às sociedades ou fundações beneficentes dos empregados, na medida em que tal emissão gratuita era reservada às companhias abertas que não mais podem criar ou emitir tais títulos por força da redação do referido parágrafo único do art. 47, a partir da vigência da Lei n. 10.303, de 2001[57].

Em consequência da vedação às companhias abertas de emitir partes beneficiárias (parágrafo único do art. 47), continua em vigor o inciso III deste art. 100 unicamente para registro e transferência das partes beneficiárias emitidas pelas companhias fechadas a partir da vigência da Lei n. 10.303, de 2001. Nas companhias abertas esses livros serão mantidos até a extinção das partes beneficiárias emitidas anteriormente à vigência do diploma de 2001.

FISCALIZAÇÃO PELA COMPANHIA

Cabe à companhia a verificação da regularidade dos assentamentos nos livros sociais referentes aos valores mobiliários por ela

---

57 *V.* comentários ao art. 47.

emitidos, de grande importância para os acionistas, já que representam prova de propriedade ou constituição de gravames[58].

Mesmo delegando poderes para a prática de tais atos, será sempre a própria companhia a responsável perante terceiros[59].

Muitas vezes, a companhia utiliza-se de auditoria interna para examinar a regularidade dos serviços, mas não há, a respeito, nenhuma exigência legal específica[60].

Lembre-se, ainda, de que compete ao Conselho de Administração examinar, a qualquer tempo, os livros e papéis da companhia (art. 142, III).

RESPONSABILIDADE DA COMPANHIA

Como visto, a responsabilidade perante terceiros é da companhia no caso de irregularidades apuradas nas transferências ou na constituição de direitos ou ônus sobre os valores mobiliários de sua emissão[61].

Tanto na hipótese de valores mobiliários emitidos por agente emissor (art. 27) como na de ações escriturais administradas (art. 34) por instituição financeira autorizada[62], a fiscalização da escrituração competirá às instituições financeiras[63].

No entanto, a responsabilidade, perante os acionistas e terceiros, por eventuais irregularidades, será sempre da própria companhia, tendo esta ação regressiva contra a instituição financeira.

Tais instituições financeiras, contratualmente, respondem apenas perante a companhia, não extravasando o nível dos titulares dos valores mobiliários, uma vez que os acionistas não são partes no contrato anteriormente celebrado[64 e 65].

58   Arts. 31, 34, 39 e 40 da Lei n. 6.404, de 1976.

59   Art. 75 do Código Comercial (revogado pelo vigente Código Civil).

60   Fran Martins, *Comentários*, cit., v. 1, p. 568.

61   *V.* comentários ao art. 34.

62   A instituição financeira é administradora e não depositária dessas ações, conforme redação do art. 34 da lei. A respeito, *v.* comentários ao artigo citado.

63   *V.* STJ, REsp 70.608/SP, Rel. Min. Ruy Rosado de Aguiar, *DJU*, 8-12-1995.

64   *V.* comentários aos arts. 27 e 34.

65   Em sentido contrário, *v.* decisão do TJRJ, 7ª Câmara, AC 2004.001.06600, Rel. Des. Maurício Caldas Lopes, j. em 27-4-2004.

NATUREZA PÚBLICA DOS LIVROS DE REGISTRO — VARA DOS REGISTROS PÚBLICOS

Tradicionalmente, o Direito brasileiro tem considerado como de natureza pública tais livros sociais de registro das sociedades anônimas[66]. Dessa forma, há possibilidade de qualquer interessado pedir justificadamente certidão dos assentamentos (art. 100, § 1º) contidos tanto nos livros sociais da própria sociedade como nos livros das instituições financeiras, destinados à escrituração dos valores mobiliários[67].

E em razão do caráter público desses assentamentos, situados no âmbito do Direito registrário, as questões relativas às anotações irregulares serão dirimidas pelo juiz competente para intervir nos atos do registro público. A competência, portanto, será da Vara dos Registros Públicos[68], com possibilidade de recurso para o Conselho Superior da Magistratura.

Se a questão for relativa à substância do direito, ou seja, sobre o mérito, será competente o juiz da Vara Cível, em processo contencioso normal.

A competência do juiz privativo cinge-se à apreciação formal do documento apresentado, inclusive no que se refere à capacidade das partes. Trata-se, portanto, de processo de jurisdição voluntária, de natureza administrativa, cuja decisão não tem força de coisa julgada, podendo ser reexaminada a matéria em processo contencioso[69 e 70].

RESPONSABILIDADE DA COMPANHIA

Art. 104. A companhia é responsável pelos prejuízos que causar aos interessados por vícios ou irregularidades verificadas nos livros de que tratam os incisos I a III do art. 100.

• Caput *com redação dada pela Lei n. 9.457, de 5 de maio de 1997.*

---

66   Desde o Decreto n. 434, de 1891.

67   *V.* comentários ao art. 141.

68   Lei n. 6.015, de 1973.

69   Cunha Peixoto, *Sociedades por ações,* cit., v. 1, p. 334.

70   Sobre a matéria, Parecer CVM/PJU n. 018/2002; Parecer CVM/PJU n. 004/2003; Parecer PFE/CVM n. 020/2005; Decisão do TAMG, 4ª Câmara, AC 488.332-9, Rel. Juiz Nilo Nivio Lacerda, j. 11-8-2004; Decisão do TJRJ 7ª Câmara, Ac. 2004.001.06600, Rel. Des. Mauricio Caldas Lopes, j. 27-4-2004; Decisão STJ, REsp 70608/SP, Rel. Min. Ruy Rosado de Aguiar, *DJU,* 8-12-1995. In Lazzareschi, ob. cit., p. 189 e s.

Parágrafo único. A companhia deverá diligenciar para que os atos de emissão e substituição de certificados, e de transferências e averbações nos livros sociais, sejam praticados no menor prazo possível, não excedente do fixado pela Comissão de Valores Mobiliários, respondendo perante acionistas e terceiros pelos prejuízos decorrentes de atrasos culposos.

LEI DE 1940 E LEI N. 6.404, DE 1976

O art. 58 do Decreto-Lei n. 2.627, de 1940, transpunha para a sociedade anônima o princípio geral do Direito Civil, pelo qual aquele que causa dano a outrem fica obrigado a indenizá-lo[71]. Dessa forma, se a sociedade causar prejuízos a terceiros, em razão de escrituração viciada ou irregular, será responsável por tais danos, cabendo-lhe indenizar aqueles que sofreram os prejuízos.

A Lei n. 6.404, de 1976, acrescentou o parágrafo único, que dispõe sobre culpa da companhia, em decorrência de mora nos serviços de emissão e substituição de certificados, bem como nos de transferência e averbações nos livros sociais.

LEI N. 8.021, DE 1990

Como reiterado, a Lei n. 8.021, de 1990, extinguiu os títulos societários ao portador e endossáveis, do que decorreu a revogação tácita de diversas regras e remissões contidas esparsamente na Lei n. 6.404, de 1976. Ademais, essa extinção importou na ab-rogação, por desuso, dos certificados representativos dos títulos societários, cujo caráter constitutivo restringia-se àqueles ao portador e endossáveis. E com efeito, como também reiterado, os certificados de títulos nominativos registrados (art. 100) não têm nenhuma eficácia constitutiva, daí sua absoluta inutilidade no mundo jurídico. Por isso a derrogação por incompatibilidade com o ordenamento. Temos, assim, que houve também uma derrogação tácita de alguns dispositivos contidos no presente art. 104.

LEI N. 9.457, DE 1997

O Diploma de 1997 não alterou as disposições que constavam da Lei n. 6.404, de 1976. Simplesmente conciliou o art. 104 com o art.

---

71   Art. 927 do Código Civil.

100, pois suprimiu deste último o antigo inciso IV, que tratava de títulos endossáveis, extintos por força da Lei n. 8.021, de 1990. Assim, tendo sido renumerados os incisos do art. 100, também o foi a remissão feita pelo presente art. 104.

Por outro lado, a lei de 1997 manteve integralmente o parágrafo único do art. 104, deixando de suprimir a menção a "atos de emissão e substituição de certificados". Assim procedeu o legislador no falso pressuposto da validade e eficácia dos certificados nominativos, conforme se pode ver de inúmeros dispositivos que versam sobre a matéria e que foram "adaptados" para os títulos nominativos.

Essa desavisada opção do legislador contraria a interpretação sistemática do Ordenamento e a Teoria Geral dos Títulos de Crédito, como referido[72].

Por isso, prevalece a derrogação por desuso da parte do parágrafo único referente aos certificados, em face da extinção da forma endossável, representada por documento (cártula) pelo qual se exercia o respectivo direito autônomo, anteriormente à Lei n. 8.021, de 1990.

Por outro lado, o Diploma de 1997 estabeleceu a faculdade de as companhias abertas substituírem os livros sociais instituídos nos incisos I e II do art. 100, por registros mecanizados ou eletrônicos, consoante regulamentação da Comissão de Valores Mobiliários a respeito.

Essa faculdade de adaptação dos assentamentos referentes à propriedade e transferência ao sistema informatizado atende à demanda do mercado de valores mobiliários, que, a partir dos anos 90, opera *on line* em todos os seus segmentos.

Essa faculdade/necessidade de lançamento *on line* dos registros e transações com os títulos societários não altera, de forma alguma, a aplicação da norma cogente instituída neste art. 104.

Assim, a responsabilidade objetiva da companhia pelos vícios ou irregularidades do próprio sistema *on line* e sua operação são inquestionáveis, devendo se entender como livros sociais (art. 100, I e II) tanto os tradicionais repositórios físicos de propriedade e transferência de ações, como também o sistema ou os sistemas *on line* que substituem aqueles.

O mesmo se diga do preceito constante do parágrafo único da presente norma, que se aplicam inteiramente ao sistema eletrônico de lançamentos de transferência e averbações dos títulos societários, sendo a companhia

---

72   V. comentários ao art. 64.

responsável objetivamente (culpa objetiva) perante acionistas e terceiros pelos prejuízos decorrentes dos atrasos nesses lançamentos *on line*[73].

LEI N. 10.303, DE 2001

A *parte final* do *caput* do art. 31, com a redação introduzida pela Lei n. 10.303, de 2001, prevê que o extrato fornecido pela instituição custodiante, na qualidade de proprietária fiduciária das ações, é documento hábil para caracterizar a presunção de propriedade da ação nominativa registrada, bem como dos ônus reais que incidem sobre essas ações, consoante o art. 39[74].

A partir da entrada em vigor da Lei n. 10.303, de 2001, a inscrição do nome do acionista no livro próprio e o *extrato* fornecido pela instituição custodiante passaram a acarretar a *presunção relativa ("juris tantum") de propriedade da ação nominativa registrada*, admitindo-se, no entanto, *prova em contrário*. O mesmo ocorre com o penhor ou caução que oneram as ações registradas, para efeitos dos arts. 39 e 40.

Presume-se, assim, que a pessoa cujo nome consta do livro de registro de ações ou do *extrato* emitido pela instituição custodiante é *legítima proprietária*, presunção esta que somente se destruirá após decisão judicial que declare a nulidade do registro ou do extrato.

Essa redação da *parte final* do *caput* do art. 31, introduzida pela Lei n. 10.303, de 2001, que incluiu o *extrato* fornecido pela instituição custodiante como documento capaz de fazer presumir a propriedade das ações nominativas registradas, veio consolidar em lei mecanismo já adotado administrativamente pela Instrução CVM n. 115, de 11 de abril de 1990.

Nos termos do art. 6º dessa Instrução, o acionista pode exercer seus direitos em assembleia geral simplesmente apresentando um *comprovante* emitido pela instituição prestadora dos serviços de custódia. No art. 7º da Instrução, por sua vez, há a previsão de que a instituição custodiante, "por ocasião do exercício do direito de voto, exercício de direito de preferência, distribuição de dividendos ou bonificações e, em qualquer caso, no último dia útil de cada trimestre civil", deverá fornecer à companhia *a lista* dos titulares de ações em custódia, a qual servirá para a companhia conhecer seus próprios acionistas. A presunção de propriedade do *extrato* fornecido pela

---

73 *V.* comentários ao art. 100.

74 *V.* comentários ao art. 39.

instituição custodiante, portanto, já era contemplada por essa mesma Instrução CVM n. 115/90.

A *parte final* do *caput* do art. 31, com a redação dada pela lei de 2001, além dessa presunção de propriedade para os acionistas cujo nome conste do *extrato* emitido pela instituição custodiante, trouxe outra novidade: a qualidade de *proprietária fiduciária dada à instituição custodiante*[75].

Todavia, vale desde logo mencionar que a propriedade fiduciária das ações custodiadas atribuída à instituição custodiante, de que tratam os arts. 31 e 41, com a redação dada pela Lei n. 10.303, de 2001, surgiu precipuamente para instrumentalizar as *transferências de ações dentro dos sistemas computadorizados das instituições financeiras.*

A Lei n. 10.303, de 2001, incorporando os usos e costumes comerciais, reformulou o instituto da *custódia*, que agora passa a basear-se na transferência da *propriedade fiduciária* dos valores mobiliários à instituição custodiante.

Inovação relevante foi trazida pela Lei n. 10.303, de 2001, ao incluir no art. 31[76] a custódia prestada por instituição autorizada, como modalidade de presunção da propriedade de ações nominativas registradas, mediante extrato fornecido pela entidade custodiante.

Esse dispositivo repercute nos arts. 39 e 40, e neste art. 104, no que respeita aos seus aspectos registrários[77].

Trata-se de uma *propriedade limitada*, pois a ação é transferida ao fiduciário com o escopo único de guarda, administração e viabilização das operações com valores mobiliários no âmbito dos sistemas de negociação de liquidação, e *resolúvel*, pois pode ser extinta a qualquer tempo, mediante a rescisão do contrato de custódia pelo depositante, retornando, assim, ao patrimônio deste. Por essa razão, os valores mobiliários objeto de custódia não integram o patrimônio do custodiante para quaisquer fins, durante o prazo em que vigorar o contrato de custódia.

Assim, o custodiante, a despeito de receber a *propriedade fiduciária* dos valores custodiados, terá as mesmas obrigações que o *depositário*, especialmente aquelas dos arts. 629, 633, 638, 640 e 642 do Código Civil, respondendo, nos termos do § 5º do art. 41, em face do depositante e de terceiros pelo seu descumprimento.

---

75   *V.* comentários ao art. 41.

76   *V.* comentários ao art. 31.

77   *V.* comentários aos arts. 39 e 40.

Tendo a Lei n. 10.303, de 2001, mantido a característica de *depósito* da custódia, vale ressaltar que, da mesma forma como ocorre no sistema da Lei n. 6.404/76, não alterada neste particular pela lei de 2001, trata-se aqui de *depósito regular*.

E, com efeito, não se pode admitir que a custódia de valores mobiliários reformulada na Lei n. 10.303, de 2001, tenha características de *depósito irregular* de coisas fungíveis. Se assim fosse, aplicar-se-iam à custódia de valores mobiliários as disposições referentes ao mútuo, nos termos do art. 645 do Código Civil, daí decorrendo a transferência da propriedade ilimitada do bem depositado ao custodiante, que teria a livre disposição sobre ele durante o prazo de duração da custódia, o que não ocorre.

A custódia de valores mobiliários implica o dever do custodiante de guarda e de administração da coisa depositada, que inclui a viabilização das negociações autorizadas pelo depositante. E esse *dever de administração* só pode existir no *depósito regular*, pois pressupõe que o titular do direito de propriedade sobre o bem depositado seja o depositante. Com efeito, se tivesse o depositário a propriedade irrestrita da coisa durante o prazo da custódia, como ocorre no depósito irregular e no mútuo, não se poderia falar em *administração dos valores mobiliários depositados* em favor do depositante, pois o uso que este faria deles seria em proveito próprio. Ademais, seria livre a disposição desses valores pelo custodiante durante o prazo da custódia, já que a única restrição a essa propriedade seria a sua resolubilidade quando da extinção do depósito.

A Lei n. 10.303, de 2001, no entanto, a despeito de dispor que haverá a transferência da *propriedade fiduciária* dos valores mobiliários depositados ao custodiante, não lhe permite usar desses bens, nem deles livremente dispor, salvo expressa autorização do depositante, conforme a redação do § 1º do art. 41 da Lei n. 6.404/76 e do parágrafo único do art. 24 da Lei n. 6.385/76; dispositivos mantidos pela Lei n. 10.303, de 2001.

Nesse sentido, a *propriedade fiduciária* transmitida ao custodiante, desde que expressamente autorizada pelo depositante, serve apenas ao fim de permitir a negociação dos valores depositados, *sem a necessidade de alteração dos registros da companhia a cada transferência autorizada. Assim, a propriedade ilimitada dos valores mobiliários depositados somente será transferida de volta ao depositante, nos registros da companhia, quando extinta a custódia, pelo equivalente ao saldo remanescente na sua conta de depósito.*

Note-se, ainda, que a transferência da propriedade fiduciária à instituição custodiante não outorgará a esta o direito de votar com as ações custodiadas, pois os arts. 42 e 205, § 2º, da Lei Societária não foram alterados pela Lei n.

10.303, de 2001. Por outro lado, permanece o custodiante como representante dos titulares das ações custodiadas perante a companhia para efeitos de recebimento de dividendos (art. 42 e § 2º do art. 205) e de ações bonificadas, e, ainda, de exercício de direito de preferência para subscrição de ações.

Por outro lado, o parágrafo único do art. 47, com a redação introduzida pela Lei n. 10.303, de 2001, proíbe "às companhias abertas emitir partes beneficiárias". Com essa proibição, as partes beneficiárias ficaram restritas às companhias fechadas.

Essa proibição (parágrafo único do art. 47) derrogou o § 1º do art. 48, impedindo, assim, que sejam as partes beneficiárias gratuitamente atribuídas às sociedades ou fundações beneficentes dos empregados, na medida em que tal emissão gratuita era reservada às companhias abertas que não mais podem criar ou emitir tais títulos por força do disposto no referido parágrafo único do art. 47, a partir da vigência da Lei n. 10.303, de 2001[78].

Em consequência da vedação às companhias abertas de emitir partes beneficiárias (parágrafo único do art. 47), continua em vigor o inciso III do art. 100 unicamente para registro e transferência das partes beneficiárias emitidas pelas companhias fechadas a partir da vigência da Lei n. 10.303, de 2001. Nas companhias abertas esses livros serão mantidos até a extinção das partes beneficiárias emitidas anteriormente à vigência do diploma de 2001.

RESPONSABILIDADE OBJETIVA DA COMPANHIA

Tendo sido verificados prejuízos, decorrentes de escrituração viciada ou irregular nos livros de registro e de transferência de títulos de emissão da sociedade, seja física, seja *on line*, a companhia será responsabilizada.

Trata-se, no caso, de responsabilidade objetiva, decorrente de violação da lei, em que não se exige a prova da culpa ou dolo do agente (administrador), mas o simples nexo entre o prejuízo causado e o ato infringente de obrigações legalmente estabelecidas.

Perante o acionista ou terceiros prejudicados pelos vícios ou irregularidades verificadas na escrituração, apenas a companhia responde. Cabe, no entanto, à sociedade a propositura de ação regressiva contra administradores

---

78 *V.* comentários ao art. 47.

diretamente responsáveis, sejam eles diretores ou conselheiros. Nesse passo a responsabilidade será subjetiva.

RESPONSABILIDADE SUBJETIVA

A presente norma estende a responsabilidade também às hipóteses de atrasos nas transferências e averbações nos livros sociais. Nesse caso exige-se a prova da culpa da companhia, conforme expressamente estabelece o parágrafo único do artigo ora comentado.

Tal exigência dificulta a responsabilização da sociedade, já que não é fácil a prova da culpa por atrasos, podendo-se, para justificá-los, alegar inúmeras ocorrências que os provocaram[79].

O fato de a Lei Societária facultar à Comissão de Valores Mobiliários a fixação de prazos para a efetivação desses serviços não elide a exigência da prova de desídia da companhia, cujo ônus caberá ao acionista prejudicado[80].

RESPONSABILIDADE EXTENSIVA A OUTRAS HIPÓTESES

Apesar da redação do presente artigo, a responsabilidade da companhia não se limita às irregularidades verificadas nos livros físicos ou nos lançamentos *on line* de que tratam os incisos I a III do art. 100. Responde a sociedade por danos decorrentes de escrituração irregular em quaisquer livros ou documentos.

Com efeito, de acordo com os princípios gerais do Direito Civil, e com as normas que regem a escrituração do comerciante (art. 75 do Código Comercial, revogado pelo vigente Código Civil), a sociedade é responsável por prejuízos causados a terceiros, não podendo tal responsabilidade ficar adstrita a danos ocorridos por vícios apenas nos livros referidos no presente artigo.

---

79 Fran Martins, *Comentários*, cit., v. 1, p. 575.

80 Silvio Rodrigues lembra que: "Ordinariamente, para que a vítima obtenha a indenização, deverá provar entre outras coisas que o agente causador do dano agiu culposamente. O encargo de provar a culpa, imposto à vítima, às vezes se apresenta tão difícil, que a pretensão daquela, de ser indenizada, na prática se torna inatingível" (*Direito civil*; responsabilidade civil, São Paulo, Saraiva, 1975, p. 17).

AÇÕES ESCRITURAIS

A lei estabelece a responsabilidade da companhia pelos erros nos lançamentos das ações escriturais (art. 34), executados por instituição financeira autorizada a prestar tais serviços pela Comissão de Valores Mobiliários.

Sendo o contrato celebrado entre a companhia e a instituição, não participam os acionistas da escolha desta, nada tendo que ver com a boa ou má execução dos serviços que a instituição financeira presta. A responsabilidade recairá sempre sobre a companhia[81].

A ação deverá ser proposta, necessariamente, contra a sociedade, mesmo que os culpados diretos pelos vícios sejam os administradores, ou empregados, ou, ainda, a instituição financeira contratada para executar os serviços.

É evidente, porém, que a sociedade terá ação regressiva contra aqueles que são culpados diretos pelos vícios[82].

EXIBIÇÃO DOS LIVROS

Art. 105. A exibição por inteiro dos livros da companhia pode ser ordenada judicialmente sempre que, a requerimento de acionistas que representem, pelo menos, 5% (cinco por cento) do capital social, sejam apontados atos violadores da lei ou do estatuto, ou haja fundada suspeita de graves irregularidades praticadas por qualquer dos órgãos da companhia.

LEI DE 1940

O Decreto-Lei n. 2.627, de 1940, no seu art. 57, dispunha, de maneira quase idêntica, sobre a matéria, nos seguintes termos: "A exibição integral dos livros de escrituração da sociedade, inclusive os mencionados em os ns. VI e VII do art. 56, pode ser ordenada pelo juiz ou tribunal competente sempre que, a requerimento de acionista, representando pelo menos 1/20 de capital social, sejam apontados atos violadores da lei ou es-

---

81   *V.* comentários ao art. 34.

82   Sobre a matéria, Parecer CVM/SJU n. 042/95; Parecer PFE/CVM n. 020/2005.

tatutos, ou haja fundada suspeita de graves irregularidades, praticadas por qualquer dos órgãos da sociedade".

Os arts. 17, 18 e 19 do Código Comercial (revogados pelo vigente Código Civil) estabelecem normas sobre o sigilo da escrituração mercantil, bem como de hipóteses de sua exibição por inteiro ou parcial. O art. 290 do antigo Código Comercial (também revogado pelo Código Civil), por sua vez, facultava o exame de livros a sócios de associação mercantil.

REVOGAÇÃO DO ART. 290 DO CÓDIGO COMERCIAL

Até o advento do Decreto-Lei n. 2.627 então vigente, de 1940, a questão da aplicabilidade do art. 290 do Código Comercial às sociedades anônimas foi objeto de larga controvérsia, uma vez que não havia regra expressa a respeito. A maioria dos doutrinadores, no entanto, entendia não ser possível aplicar o princípio do livre acesso dos sócios aos livros sociais[83]. Também na jurisprudência, a questão não era pacífica, acolhendo-se, muitas vezes, o pedido do exame dos livros pelo acionista, com fundamento no referido artigo do Código Comercial, então vigente[84].

A questão foi definitivamente resolvida com o art. 57 do Decreto-Lei n. 2.627, de 1940, que revogou expressamente o art. 290 do Código Comercial, no que se refere às sociedades anônimas, exigindo do acionista não apenas a prova do legítimo interesse e suspeita de irregularidades, mas também a titularidade de um percentual mínimo de 1/20 do capital social.

SEGREDO DE ESCRITURAÇÃO E SOCIEDADE ANÔNIMA

Essa regra do revogado art. 290 do Código Comercial não se aplicava às sociedades anônimas em razão do presumido grande número de sócios. A possibilidade legal de qualquer acionista, a qualquer tempo, ter completo acesso aos livros da companhia poderia causar-lhe graves danos[85].

A regra geral, nas sociedades anônimas, é a da fiscalização por um órgão, o Conselho Fiscal (art. 163), que substitui a fiscalização direta pelos acionistas e, ainda, a fiscalização por meio de auditores independentes[86].

---

83 Nesse sentido, J. X. Carvalho de Mendonça, *Tratado de direito comercial brasileiro*, Rio de Janeiro, Freitas Bastos, v. 2, p. 248.

84 Conforme decisão do Supremo Tribunal Federal, *RF*, *86*:581, 1941.

85 Miranda Valverde, *Sociedades por ações*, cit., v. 1, p. 344.

86 *V.* comentários aos arts. 161, 163, 164 e 165.

Essa é a orientação que vigora, na maioria dos países de direito continental[87]: a própria lei estabelece mecanismos de controle, evitando-se que se perturbe o funcionamento da sociedade, expondo-a a graves riscos.

No entanto, se, por um lado, é irrecusável o direito da sociedade de manter o segredo de sua escrituração, por outro, fiscalizar a companhia é direito intangível dos acionistas, nos termos do art. 109 da Lei[88].

PRINCÍPIO DO SEGREDO DA ESCRITURAÇÃO MERCANTIL

O princípio geral é o do segredo da escrituração mercantil, de forma que os negócios do comerciante não sejam prejudicados.

Tal princípio da inviolabilidade dos livros comerciais tem, tradicionalmente, vigorado entre nós. Veja-se, por exemplo, o revogado art. 17 do Código Comercial, que determinava que nenhuma autoridade, juízo ou Tribunal, debaixo de pretexto algum, pode ordenar diligências para examinar os livros de escrituração mercantil.

Note-se, no entanto, que esse princípio foi parcialmente revogado para fins tributários[89], e também no que se refere a livros sociais, conforme já previa o referido art. 290 do Código Comercial, que facultava aos sócios o seu exame.

EXIBIÇÃO DE LIVROS NO DIREITO NORTE-AMERICANO

A legislação norte-americana é aquela que oferece maiores garantias, quanto ao direito de exame dos livros[90], coerentemente com o princípio de *full disclosure*, que norteia todo o sistema.

A doutrina dominante é no sentido de que o acionista tem direito de examinar os livros da sociedade, para um fim legítimo, seja pessoalmente, seja por meio de seu advogado ou contador. Isto porque o acionista é considerado um dos donos da sociedade, mas, como existem outros proprietários, seu propósito deverá ser legítimo, impedindo-se que se dê margem a abusos, como, por exemplo, favorecendo ilicitamente a concorrência[91].

---

87   Cunha Peixoto, *Sociedades por ações*, cit., v. 2, p. 193.

88   *V.* comentários ao art. 109.

89   Art. 195 do Código Tributário Nacional (Lei n. 5.172, de 1966).

90   Lelio Barbiera, *I grandi problemi della società per azioni*, Padova, CEDAM, 1976, v. 2, p. 909.

91   Lattin, *The law of corporations*, cit., p. 344.

De qualquer forma, costuma-se também exigir uma porcentagem de titularidade mínima de 5% das ações em circulação para o exercício desse direito[92].

EXIBIÇÃO DE LIVROS E DIREITO DE FISCALIZAR

O direito de exigir a exibição de livros inclui-se no direito inderrogável de fiscalizar a gestão da sociedade[93]. Funda-se na verificação da legalidade dos atos praticados pelos órgãos da companhia, administradores e controladores.

Trata-se, no caso, não de um direito individual, mas de um direito da minoria, pressupondo a titularidade de um percentual mínimo do capital social. Visa à satisfação não do acionista individualmente, mas da minoria, contrapondo-se ao controlador e aos administradores da sociedade[94].

Dessa forma, o direito de fiscalizar e de inspecionar a gestão dos negócios não tem, na sociedade anônima, a mesma amplitude que existe nas demais sociedades mercantis (art. 290 do CCom, revogado pelo vigente Código Civil), sendo exigido, como requisito para a propositura da medida, a titularidade de, pelo menos, 5% do capital social.

Tal exigência, vedando ao acionista percentualmente irrelevante o direito de investigar a contabilidade e os livros sociais, tem por finalidade evitar que tais livros fiquem à mercê de pessoas que adquiririam ações com a única finalidade de aproveitar-se delas para conhecimento dos negócios sigilosos[95].

Não se confunde, assim, o direito à exibição dos livros com o direito de qualquer pessoa, acionista ou terceiro, de solicitar certidões dos assenta-

---

92 *Model Business Corporation Act*, art. 52, alínea 2: "Any person who shall have been a holder of record of shares or of voting trust certificates therefore at least six months immediately preceding his demand or shall be the holder of record of, or the holder of record of voting trust certificates for, at least five per cent of all the outstanding shares of the corporation, upon written demand stating the purpose thereof, shall have the right to examine, in person, or by agent or attorney, at any reasonable time or times, for any proper purpose its relevant books and records of accounts, minutes, and record of shareholders and to make extracts therefrom".

93 O direito de fiscalizar vem, ainda, disciplinado na lei societária, nos arts. 109, 122, 124, 133 e 161.

94 *V.* comentários ao art. 109.

95 *V.* comentários ao art. 147.

mentos constantes dos livros referentes a valores mobiliários de emissão da sociedade (art. 100, § 1º)[96].

FUNDAMENTO DO DIREITO À EXIBIÇÃO

A possibilidade de exibição por inteiro dos livros da sociedade representa um instrumento adequado ao exercício do direito à fiscalização, que é instituído no art. 109, III, da lei.

Com efeito, o direito à fiscalização não teria nenhuma eficácia se não fosse garantida ao acionista a possibilidade de exigir a exibição dos livros[97], posto que os minoritários, no exercício de seus direitos, não podem ficar submetidos à maioria.

No entanto, apesar de poder constituir-se instrumento eficaz de proteção ao minoritário, tal medida deverá revestir-se do caráter de excepcionalidade, visto que a regra geral deverá ser, sempre, a da proteção ao sigilo negocial[98].

EXIBIÇÃO DOS LIVROS NO CÓDIGO DE PROCESSO CIVIL

O Código de Processo Civil prevê duas espécies de medidas, visando à exibição de livros: a) exibição incidental de documento ou coisa, determinada no curso do processo, como medida de instrução, prevista nos arts. 355 a 363 e 381 e 382; b) ação *cautelar* de exibição, proposta como medida preparatória da ação principal, tendo por finalidade o levantamento e a comprovação de dados que irão instruir a ação principal, prevista nos arts. 796 e 844 e s.[99].

---

96 V. comentários ao art. 100.

97 Miranda Valverde, *Sociedades por ações*, cit., v. 1, p. 344.

98 Conforme Waldirio Bulgarelli, "a possibilidade de pedir a exibição judicial dos livros da companhia por inteiro pode, contudo, transformar-se em meio de pressão para certos acordos ou formas de companhia concorrente assenhorear-se das técnicas utilizadas por outra companhia. Temos, para nós, portanto, que essa possibilidade de exigir a exibição judicial dos livros por inteiro é hoje totalmente descabida no âmbito das sociedades anônimas, tanto mais que basta uma porcentagem ínfima de ações (5% do capital social), o que não será difícil adquirir" (Exibição judicial de livros das sociedades anônimas, in *Estudos e pareceres de direito empresarial*, São Paulo, Revista dos Tribunais, p. 165).

99 Sobre a natureza cautelar da ação de exibição de livros, o acórdão proferido pelo Tribunal de Justiça de São Paulo, na Apelação Cível n. 94.089-1 (col. Nelson Eizirik, *Sociedades anônimas — Jurisprudência*, Rio de Janeiro, Renovar, 1996, p. 166): "Essa matéria, por sinal, restou magistralmente colocada em julgado do Egrégio Primeiro

O processo de exibição não constitui um fim em si mesmo, mas é um processo acessório que supõe, necessariamente, um processo principal em que serão apreciadas as provas colhidas por meio da exibição[100].

Isto porque a exibição de livros tem uma função eminentemente probatória e não informativa. A lei societária contém inúmeros dispositivos regulamentando as informações que devem ser prestadas aos acionistas e a terceiros. Além disso, a própria exigência legal de fundar a ação em suspeita de atos violadores da lei ou do estatuto, ou em graves irregularidades, demonstra, com efeito, a função probatória da exibição; a prova colhida será utilizada em processo diverso do de exibição.

Dessa forma, a ação de exibição não poderá constituir-se em ação autônoma ou principal[101]. No entanto, não é necessária a menção do objeto da lide principal e as razões aptas a determiná-la, que dependerão do resultado da própria exibição de livros[102].

Está legitimado a propor a ação qualquer acionista que detenha, pelo menos, 5% do capital social, independentemente de forma, classe ou espécie de ações[103].

Tribunal de Alçada Civil, de que foi relator o Eminente Juiz e depois Desembargador Carlos Antonini. Assinalou Sua Excelência, na oportunidade, que a 'exibição integral dos livros da sociedade, não havendo lide pendente, sempre foi estruturada como ação cautelar, pois visa facultar o exame da escrituração para, verificada a violação, ensejar o aforamento de uma demanda principal que a repare'. (...) Não se nega o caráter instrumental da exibição, próprio de todas as ações cautelares, visto que o exame dos livros não tem outro escopo que não o de apurar irregularidades para fundamento de futura ação principal, e de natureza variada" (*RJTJSP*, *112*:276).

100 Antônio Carlos de Araújo Cintra, *Atuação por via processual dos direitos decorrentes da nova Lei das Sociedades Anônimas*, publicação da AASP, 1978, p. 67.

101 Contrariamente, Pontes de Miranda, que admite a propositura da ação de exibição como ação autônoma (*Comentários ao Código de Processo Civil*, Rio de Janeiro, Forense, 1976, t. 12, p. 229).

102 "A exibição de livros pode ser requerida por sócio contra a sociedade comercial de que participe, sem que seja necessário apontar o fim a que se propõe com a medida e declarar qual a ação que irá intentar" (1ª TACSP, AI 208.886, *RT*, *481*:137. Nesse sentido, também, *RT*, *86*:175 e *95*:135). "A exibição de livros pode ser requerida por sócio contra a sociedade comercial de que participe, sem que seja necessário apontar o fim a que se propõe com a medida e declarar qual a ação que irá intentar" (1ª TACSP, AI 208.886, *RT*, *481*:137). "O fato de não fazer o autor do pedido de exibição menção à propositura de uma futura demanda está, destarte, na própria natureza da medida cautelar, dado que o ajuizamento da ação principal fica na dependência do resultado da exibição, como acentuam Lopes da Costa e Waldemar Ferreira, citados no mesmo aresto ('JTACSP', ed. LEX, vol. 41/67)" (TJSP, AC 94.089-1, *RJTJSP*, *112*:276 e *108*:338). Nesse sentido, também, *RT*, *86*:175 e *95*:135.

103 *V.* AC 2001.001.11973, Rel. Des. Nametala Machado Jorge, da 13ª Câmara Cível do

LIMITES DA JURISDIÇÃO

A jurisdição, no caso de pedido de exibição de livros, deve levar em conta o princípio da inviolabilidade dos livros e documentos da companhia, razão pela qual será prudente acatar, sempre, o pedido de segredo de justiça, afim de evitar a revelação de negócios e de direitos próprios, em face de terceiros, notadamente, de concorrentes[104].

Outra questão é o da legitimidade de minoritários com percentual menor do que 5% requererem a exibição de documentos. Será acolhível o processamento do pedido se a causa de pedir for de pré-constituir prova em ação futura contra a sociedade. O pedido deve restringir-se a específicos e determinados documentos e não a exibição parcial dos livros[105].

No caso das medidas cautelares, julga-se incompatível a sua concessão em processo de exibição de livros e documentos, face ao caráter satisfativo e, portanto, irreversível que tal medida acarretaria. E, com efeito, sendo a ação exibitória no caso, medida processual preparatória àquela de conhecimento (constitutiva ou condenatória) ela em si já traz o caráter de sumariedade que é incompatível com o remédio acautelatório *inaudita altera pars*[106].

Outro limite jurisdicional diz respeito à retirada dos livros da sede da companhia. Tal medida não pode ser deferida. Não obstante, poderá o juiz determinar que os livros e documentos sejam exibidos em cartório da respectiva vara, sob a custódia cartorária, portanto[107].

Outra questão refere-se à sonegação dos livros e dos documentos por parte da companhia requerida. Nessa hipótese, cabe busca e apreensão e não imposição de multa diária. Essa sanção judiciária, com efeito, não preenche o fim preparatório do processo de exibição. Nele o que se quer é a constituição de provas e não compensações indenizatórias. Sobre a matéria,

---

TJRJ, j. em 11-10-2001, no sentido de que o pedido de exibição de determinados documentos, que não os livros sociais, por acionista detentor de menos de 5% do capital social é possível, desde que comprovados o seu interesse e a necessidade na exibição para instrução de futuro processo.

104 TJRJ, 13ª Câmara, AC 20011001.11973, Rel. Des. Nametala Machado Jorge, j. em 11-10-200l; TJRS, 19ª Câmara, AC 70009243718, Rel. Des. Leoberto Narciso Brancher, j. em 17-8-2004. In Lazzareschi, ob. cit., p. 192 e s.

105 Acordão do TJRJ, 13ª Câmara, AC. 2001.001.11973, Rel. Des. Nametala Machado Jorge, j. em 11-10-2001.

106 JTJ 242/235, in Lazzareschi, ob. cit., p. 193.

107 TJMG, 1ª Câm. Agr. Instr. 37869/2005, Rel. Des. Licinio Carpinelli Stefani, j. em 6-3-2006. In Lazzareschi, ob. cit., p. 193.

a Súmula do STJ: "Na ação de exibição de documentos não cabe a aplicação de multa cominatória". Essa Corte Superior lembra que não ser pertinente nas obrigações de fazer (exibir os livros e documentos) a multa cominatória, prevalecendo, sempre, a medida de busca e apreensão[108].

Como referido, a exibição não se limita aos livros contábeis e sociais da companhia, estendendo-se aos documentos ali arquivados, notadamente os contratos firmados de caráter social e parassocial (acordos de acionistas, consórcios e *joint ventures*) e os demais firmados com terceiros de natureza comercial ou civil[109].

Em princípio, a exibição deve ser parcial, não obstante a lei falar em exibição por inteiro dos livros.

Com efeito, não se trata de direito irrestrito do requerente, devendo a exibição referir-se a uma questão determinada, não se confundindo com uma devassa na vida empresarial da companhia[110].

Quanto ao foro, necessariamente a ação deve ser proposta no da sede da companhia, desprezando-se, no caso, o foro de eleição. Isto porque o da sede é o foro natural para o qual devem convergir todas as ações intentadas contra a sociedade. E, sobretudo, por se tratar de livros e documentos que não devem ser retirados da sede da companhia, ou então devem ser exibidos em cartório da Comarca onde ela se situa[111].

De se ressaltar, outrossim, que os membros do conselho de administração da companhia tem legitimidade para propor ação de exibição de livros e de documentos, seja da própria sociedade, seja daquelas controladas e que, sempre no plano processual, são eles considerados conselheiros indiretos. Essa legitimidade advém do art. 142 e não do presente art. 105, reservada esta aos acionistas diretos da companhia ou indiretos das por ela controladas, como referido[112].

---

108 TJRJ, 8ª Câmara, AC 200700145195, Rel. Des. Ana Maria Pereira de Oliveira, j. em 23-10-2007; STJ – Agr. Reg. no REsp 1021690/RS, Rel. Min. Sidnei Beneti, j. em 15-4-2008; TJSP, 3ª Câm. Dir. Priv. AC 275233-4/0-00, Rel. Des. Jesus Lofrano, j. em 15-12-2009. in Lazzareschi, ob. cit., p.194 e s.

109 TJSC, 3ª Câmara, Ac 2003029087-7, Rel. Des. Hilton Cunha Junior, j. em 28-8-2008. In Lazzareschi, ob. cit., p. 194.

110 TJSP, 7ª Câm. Agr. Instr. 219.801-4/2, Rel. Des. Souza Lima. In Lazzareschi, ob. cit., p. 194.

111 TJSP, 5ª Câm. Agr. Instr. 399.273-4/6-00, Rel. Des. Silverio Ribeiro, j. em 14-9-2005. In Lazzareschi, ob. cit., p. 194.

112 JTJ 258/314. In Lazzareschi, ob. cit., p. 195 e s.

Não é necessário que o requerente indique a lide principal, bastando que descreva os atos ilegais ou irregulares ou os indícios de graves irregularidades praticadas[113].

Quanto à matéria de decadência e prescrição mantém-se a discussão jurisprudencial, consoante farta literatura dos tribunais[114].

LEGITIMAÇÃO ATIVA INCLUSIVE NAS SOCIEDADES CONTROLADAS DOS ACIONISTAS DA CONTROLADORA

Lembre-se, ainda, de que a lei societária, no seu art. 291, prevê a possibilidade de ser reduzida tal exigência de participação mínima, no caso de companhias abertas, por iniciativa da Comissão de Valores Mobiliários[115].

Existe também a possibilidade de tal percentual mínimo ser alcançado por uma conjugação de acionistas, formando-se um litisconsórcio ativo, nos termos do art. 46 do Código de Processo Civil[116].

No caso de ações em usufruto, é o usufrutuário que, tendo o gozo da ação, terá, consequentemente, todas as ações necessárias para garantir-lhe esse direito[117].

Evidentemente, não poderia ser solicitada a exibição de livros de terceiro que não seja parte na operação discutida entre os litigantes[118].

Esse preceito sumarizado pelo STF tem um sentido positivo em se tratando de grupos de sociedades. Isto porque, em grupo societário, em que há consolidação de balanço, os acionistas da *holding* controladora do grupo têm plena legitimidade para requerer judicialmente a exibição dos livros de

---

113 JTJ 193/138. In Lazzareschi, ob. cit., p. 198 e s.

114 TJSP, 3ª Câmara de Férias B, AC 265.071-1, Rel. Des. Alfredo Migliore, j. em 30-7-1996; TJSP, 11ª Câm., Rel. Des. Mohamed Amaro, AC 226.895-2, j. em 4-8-1994; TJSP, 8ª Câmara, Agr. Instr. 400.563.4/0-00, Rel. Des. Alvares Lobo: STJ, REsp 822.914/RS, Rel. Min. Humberto Gomes de Barros, j. em 1º-6-2006; STJ, REsp 830614, Rel. Min. Nancy Andrighi, j. em 1ª-6-2006. In Lazzareschi, ob. cit., p. 199 e s.

115 V. comentários ao art. 291.

116 Conforme Antônio Carlos de Araújo Cintra, trata-se de litisconsórcio não necessário, mas indispensável, já que a falta ou desistência de qualquer dos acionistas torna as demais partes ilegítimas, impedindo a continuação da exibição (*Atuação*, cit., p. 68).

117 Nesse sentido, v. AI 283.641-415-00, Rel. Des. Natan Zelinschi de Arruda, da 4ª Câmara Cível do TJSP, j. em 4-9-2003.

118 Súmula 260 do Supremo Tribunal Federal: "O exame de livros comerciais em ação judicial fica limitado às transações entre os litigantes".

qualquer companhia operacional controlada por aquela, sobre cujas operações haja fundada suspeita de graves irregularidades praticadas pelos seus administradores, a mando dos controladores da *holding* e dos administradores desta.

Essa legitimidade funda-se no princípio da utilidade do processo. Com efeito, seria inteiramente inútil pedir a exibição de livros da *holding* controladora, que apenas consolida os resultados de suas controladas, quando é nestas, ou em uma ou mais delas, que ocorrem atos violadores da lei e do estatuto ou haja fundada suspeita de graves irregularidades praticadas pelos seus administradores, ou pelo controlador da própria *holding*.

E, com efeito, o grupo de sociedades se caracteriza pela consolidação nas demonstrações financeiras na *holding* controladora, dos resultados das atividades operacionais das suas controladas. Portanto, há legitimidade para se requerer a exibição dos livros daquela controlada operacional onde efetivamente se pressupõe terem ocorrido atos violadores da lei e do estatuto, ou haja fundada suspeita de graves irregularidades praticadas pelos administradores desta.

Ademais, o direito do acionista de pedir a exibição de livros pode permanecer mesmo depois que se retira da sociedade. Com efeito, não se pode negar ao antigo acionista o legítimo interesse em verificar os livros sociais, na parte relativa ao tempo em que ainda pertencia à sociedade, como, v. g., para obter provas necessárias no sentido de intentar uma ação de perdas e danos. Nessa hipótese, os acionistas, necessariamente, deverão somar a titularidade de, pelo menos, 5% das ações, no momento do lançamento dos escritos que pretendem sejam exibidos[119].

FUNDAMENTO DO PEDIDO

Não basta que o requerente seja acionista titular de mais de 5% do capital social. É, ainda, necessário que o pedido venha nitidamente justificado para que possa ser deferido o processamento.

A lei, ao estabelecer os fundamentos do pedido, visa uma solução equilibrada. Por um lado, não dispensa o acionista da fundamentada causa de pedir, cuja inconsistência, traduzida em alegações genéricas, certamente

---

119 Acórdão do TJSC, AI 1.617: "Sócio que é afastado ou se retira da sociedade comercial pode pedir a exibição de livros referentes ao tempo em que dela fez parte" (*RT*, 546:196).

ensejaria abusos. Por outro lado, não exige prova completa e cabal, o que inviabilizaria a medida[120].

Assim, o requerente não necessita provar de forma irretorquível os atos ou as irregularidades apontadas; basta que sejam apontadas com clareza as suspeitas, que só poderão ficar definitivamente provadas após a exibição dos livros solicitados. Ficará a critério do livre convencimento do juiz o deferimento da medida[121].

Nesse sentido, manifestou-se o Tribunal de Justiça de São Paulo: "Para acolhimento do pedido de exibição integral de livros de sociedade por ações, feito por acionistas com base no art. 57 do Decreto-Lei n. 2.627, de 1940, não pode o juiz exigir prova cabal da existência de violação da lei ou dos estatutos, ou de graves irregularidades, sendo suficiente a demonstração do fundamento da verossimilhança, da possibilidade e probabilidade dessas faltas"[122].

No mesmo sentido, o Tribunal de Justiça do Espírito Santo: "Agravo. Exibição de documentos formulados por acionista de S/A. Indícios de irregularidade na administração. Presença de 'fumus boni iuris' e 'periculum in mora'. Recurso improvido. Há de ser mantida decisão que deferiu pedido liminar de exibição de documentos formulado por acionista de sociedade anônima quando demonstrada a presença do 'fumus boni iuris' e do 'periculum in mora' ante a existência de indícios de irregularidades na gestão da sociedade. Recurso improvido"[123].

A ação poderá ser proposta contra qualquer sociedade anônima, inclusive as de economia mista[124].

No caso de existência de grupo de sociedades, caracterizado pela consolidação dos balanços na *holding* controladora, como referido, o acionista desta tem legitimidade para propor a ação de exibição de livros diretamente da sociedade controlada, onde se presume tenha havido irregularidades relevantes.

Quanto às instituições financeiras, tendo-se em vista o segredo de suas operações[125], a ação de exibição deverá processar-se no sistema de segredo

---

120 Cunha Peixoto, *Sociedades por ações*, cit., v. 2, p. 198.

121 Fran Martins, *Comentários*, cit., v. 1, p. 578.

122 3ª Câm. Cív. do TJSP, AI 63.937, de 10-9-1953.

123 AI 012019009591, Rel. Des. Frederico Guilherme Pimentel, da 4ª Câmara Cível do TJES, j. em 18-3-2002.

124 *V.* comentários ao art. 242.

125 Art. 38, § 1º, da Lei n. 4.595, de 31 de dezembro de 1964: "As informações e esclare-

de justiça, para resguardar-se o interesse público, nos termos do art. 155, I, do Código de Processo Civil.

OBJETO DA EXIBIÇÃO — AINDA A LEGITIMIDADE DE ACIONAR DIRETAMENTE AS CONTROLADAS

Muito embora a redação do artigo ora estudado se limite a prever a exibição por inteiro apenas dos livros, poderá a medida compreender também os documentos do arquivo da sociedade, já que são estes que servem de base à sua escrituração.

No entanto, a exibição dos livros e dos documentos, em princípio, deverá ser parcial, isto é, referir-se apenas a uma questão determinada, ou seja, apenas aos pontos que tenham relação com a questão ventilada. Isto porque se deve ter em conta o princípio da utilidade da prova: se com a exibição de apenas parte dos livros produzir-se a prova, não há necessidade de exibir-se os demais. Assim, a exibição deverá ser apenas potencialmente integral, isto é, integral na medida das necessidades da prova a ser produzida[126].

A exibição integral dos livros, por constituir-se elemento que poderá acarretar danos à sociedade, somente deve ser concedida excepcionalmente e dentro de certos limites[127]. Nesse caso de exibição integral cabe a concessão do pedido de segredo de justiça.

Por outro lado, a aprovação das contas e das demonstrações financeiras da companhia objeto da ação ou do balanço consolidado não impede a propositura da ação de exibição. O mesmo ocorre na aprovação de contas na *holding* de controle em face da companhia operacional controlada. Isto porque a causa de pedir funda-se na ilegalidade e na irregularidade praticada pelos administradores e pelos controladores naquela específica sociedade operacional do grupo. Nesse caso o acionista da *holding* de controle tem

---

cimentos ordenados pelo Poder Judiciário, prestados pelo Banco Central da República do Brasil ou pelas instituições financeiras, e a exibição de livros e documentos em juízo, se revestirão sempre do mesmo caráter sigiloso, só podendo a eles ter acesso as partes legítimas na causa, que deles não poderão servir-se para fins estranhos à mesma".

126 Antônio Carlos de Araújo Cintra, *Atuação*, cit., p. 68.

127 Waldirio Bulgarelli considera a exibição integral uma "verdadeira violência contra o comerciante" (*Estudos*, cit., p. 171). A propósito, exibição apenas parcial e não total dos livros sociais, *v.* AI 219.801-4/2, Rel. Des. Sousa Lima, da 7ª Câmara Cível do TJSP, j. em 20-2-2002.

legítimo interesse em conhecer e examinar as operações registradas e documentadas desta última.

A propósito e como referido, para os efeitos do presente art. 105, o conceito de acionista tem caráter processual na medida em que, fundado no princípio da utilidade do processo e do legítimo interesse, deve ser considerada a figura do acionista indireto.

Assim, o acionista da *holding* controladora é, no plano processual, acionista indireto das sociedades controladas por aquela. É nestas que se produzem as atividades empresariais e, portanto, nelas que podem ocorrer atos violadores da lei e do estatuto e, principalmente, graves irregularidades por parte dos seus administradores. Não será na *holding* de controle que tais fatos ocorrem, na medida em que esta não exerce atividade empresarial alguma, restando geralmente como receptora e distribuidora (dividendos) dos dividendos aos seus acionistas diretos em decorrência da consolidação das demonstrações financeiras de todas as companhias operacionais do grupo sob seu controle.

E, com efeito, a *holding* de controle geralmente é a única acionista das suas controladas operacionais, o que, processualmente, reforça a posição de acionista indireto de seus minoritários no que respeita às companhias empresariais do grupo.

Lembre-se, ainda, de que, na hipótese de cautelar preparatória da sentença que determinar a exibição, caberá apelação, a qual só tem efeito devolutivo. Dessa forma, mesmo que a sentença recorrida seja reformada, o segredo da empresa já teria sido violado e os prejuízos efetivados.

CAPÍTULO X
ACIONISTAS

Seção I
OBRIGAÇÃO DE REALIZAR O CAPITAL

CONDIÇÕES E MORA

Art. 106. *O acionista é obrigado a realizar, nas condições previstas no estatuto ou no boletim de subscrição, a prestação correspondente às ações subscritas ou adquiridas.*

§ 1º Se o estatuto e o boletim forem omissos quanto ao montante da prestação e ao prazo ou data do pagamento, caberá aos órgãos da administração efetuar chamada, mediante avisos publicados na imprensa, por 3 (três) vezes, no mínimo, fixando prazo, não inferior a 30 (trinta) dias, para o pagamento.

§ 2º O acionista que não fizer o pagamento nas condições previstas no estatuto ou boletim, ou na chamada, ficará de pleno direito constituído em mora, sujeitando-se ao pagamento dos juros, da correção monetária e da multa que o estatuto determinar, esta não superior a 10% (dez por cento) do valor da prestação.

LEI DE 1940

O Decreto-Lei n. 2.627, de 1940, continha preceito idêntico, em seu art. 74, consubstanciado no dever do acionista de realizar o capital correspondente às ações que subscrevera, na forma e prazos convencionados, ou de acordo com as chamadas realizadas pela diretoria. No antigo diploma de 1940, utilizavam-se sinonimamente os termos "entradas" e "prestações", para designar as *parcelas* que os acionistas passavam a dever à companhia após o pagamento inicial feito no momento da subscrição[1].

LEI N. 6.404, DE 1976

A Lei n. 6.404, de 1976, reitera o mesmo princípio da irretratabilidade da obrigação do acionista de realizar a parcela do capital que subscreveu.

A norma procura melhor explicar as condições de integralização, dizendo que tanto podem estar previstas no estatuto como no *boletim de subscrição*. Essa distinção não logra, porém, esclarecer o procedimento. Isto porque, se o estatuto prevê condições de pagamento, essas mesmas condições têm de, necessariamente, ser reproduzidas no boletim de subscrição. O boletim de subscrição é o instrumento contratual que vincula irretratavelmente o seu signatário — subscritor ou acionista — ao pagamento das parcelas restantes. Infeliz, portanto, a tentativa de explicitação. O que a norma tentou esclarecer é que o acionista se obriga quando da *constituição* da companhia por meio do respectivo boletim de subscrição (arts. 85 e 88) e, *após constituída*, nas condições previstas no *estatuto*, se este contiver disposição a respeito.

Por outro lado, a presente norma fala em ações subscritas ou *adquiridas*. Aqui, a lei de 1976 quis explicitar a irretratabilidade da obrigação do *adquirente* das ações compradas em leilão especial na Bolsa de Valores (art. 107), bem como do comprador de ações não integralizadas (arts. 21 e 108).

Com efeito, são diversas as figuras do subscritor que contrata a integralização diretamente com os fundadores ou com a sociedade daqueles que adquirem essa mesma ação não integralizada do próprio acionista *in bonis* (art. 108) ou em mora (art. 107). Oportuna, pois, a explicitação.

Outra inovação: diferentemente do preceito contido no diploma anterior, de 1940, a norma vigente, de 1976 não menciona os órgãos de imprensa em que deverão ser publicadas as chamadas para integralização. Cabe, portanto, na espécie e obviamente, o regime da publicação oficial disposto no art. 289, onde estão estabelecidas as regras gerais a respeito.

---

1   Cunha Peixoto, *Sociedades por ações*, São Paulo, Saraiva, 1972, v. 2, p. 284.

Um dos princípios fundamentais das sociedades anônimas, com efeito, é o da publicação oficial, cuja função é levar à presunção legal do conhecimento de todos os atos societários relevantes, seja pelos acionistas, que legalmente se presumem dispersos, seja por terceiros.

E a Lei n. 10.303, de 2001, na esteira das leis anteriores, determina a publicação dos atos societários relevantes nos *Diários Oficiais do Estado* onde se situa a sede da companhia, exatamente para que se estabeleça a presunção legal de conhecimento dos acionistas e de terceiros desses mesmos atos.

Seria inteiramente inconcebível que o regime da publicação oficial pudesse ser substituído pela publicação dos atos societários em outros veículos da imprensa ou da mídia eletrônica.

Seria o mesmo que prescindir da publicação das leis e dos atos administrativos no *Diário Oficial*, contanto que tais publicações fossem feitas em jornais de grande circulação ou pela Internet.

Como o próprio nome indica, o *Diário Oficial* é o órgão que tem precipuamente como função proceder às publicações oficiais dos atos societários, para, assim, configurar a presunção legal de conhecimento dos acionistas e de terceiros.

Os efeitos da publicidade oficial são absolutamente relevantes no ordenamento jurídico.

Nesse passo, aplicam-se os arts. 1º e 3º da Lei de Introdução às Normas do Direito Brasileiro: "Art. 1º Salvo disposição contrária, a lei começa a vigorar em todo o País 45 (quarenta e cinco) dias depois de oficialmente publicada".

E o princípio da presunção legal está estabelecido no art. 3º dessa lei comum: "Ninguém se escusa de cumprir a lei, alegando que não a conhece".

Esses dois princípios aplicam-se ao regime de publicação oficial dos atos relevantes das sociedades anônimas, conforme previsto no art. 289 da lei societária.

Uma vez oficialmente publicados os atos societários, ninguém pode escusar-se dos seus efeitos, ou seja, do início da prescrição e da aquisição de direitos, seja da sociedade perante os subscritores do seu capitão, seja dos titulares de valores mobiliários emitidos pela companhia, seja dos acionistas, seja ainda de terceiros, como os contratantes, os credores, ou o Fisco e os demais órgãos estatais que se relacionam com a companhia.

Dessa forma, a publicação oficial é imprescindível para a segurança dos direitos subjetivos, públicos e privados, e, portanto, para a efetividade da ordem jurídica[2].

O preceito legal ora em estudo, ademais, introduz inovação de grande oportunidade, quanto à multa estatutária, aumentando o limite de 5% para 10%.

FUNDAMENTO

A presente norma tem como fundamento a garantia dos demais acionistas e de terceiros que venham a relacionar-se com a sociedade, no sentido de que o capital subscrito será efetivamente integralizado.

A parcela do capital ainda não integralizada constitui um crédito da sociedade e responde igualmente pelas obrigações sociais, da mesma forma que a parte já paga[3].

Não pode, portanto, o acionista subtrair-se a essa obrigação, tampouco poderá a companhia liberá-lo do encargo, por isso que o capital social é, sobretudo, garantia dos credores. Não poderá, assim, o acionista arrepender-se da obrigação, nem a companhia com ele transacionar, sendo inaplicável na espécie o art. 840 do Código Civil, sob qualquer pretexto, nem mesmo a alegação de desnecessidade ou de prosperidade[4].

Ademais, o limite do encargo irretratavelmente contraído pelo subscritor ou acionista corresponde ao preço de *emissão* das ações (art. 1º)[5]. Tratando-se de ações de valor nominal, a obrigação poderá, assim, corresponder à nominatividade ou a esta, acrescida do preço do ágio[6].

Em se tratando de ações sem valor nominal, a obrigação corresponderá ao preço de subscrição estabelecido pelos fundadores, na constituição, e pela assembleia geral ou pelo Conselho de Administração, nos aumentos de capital.

---

2   A propósito, *v.* comentários ao art. 289.

3   Halperin, *Sociedades anónimas*, Buenos Aires, Depalma, 1975, p. 332.

4   A respeito, Ripert-Roblot, *Traité élémentaire de droit commercial*, Paris, LGDJ, 1977, v. 2, p. 316.

5   *V.* comentários ao art. 21.

6   Contrariamente ao conceito clássico do direito continental de que a obrigação de realizar o aporte de capital não pode exceder o valor nominal das ações subscritas. Brunetti, *Tratado del derecho de las sociedades*, v. 2, p. 540-1.

DESPESAS DE COLOCAÇÃO NÃO SE INCLUEM NO VALOR DA SUBSCRIÇÃO

A responsabilidade do subscritor ou do acionista será sobre o preço efetivo da emissão, sendo irrelevante o valor nominal constante da ação, se houver.

Por outro lado, o fundador, ou a companhia, não pode exigir qualquer importância a título de suplementação do valor subscrito. Se o subscritor ou acionista houver de pagar qualquer importância para cobertura de despesas de colocação, não poderá ser incluída no valor da subscrição do capital.

A questão é relevante na medida em que não se admite o pagamento de comissões a expensas do capital social[7].

Se houver despesas de colocação ou na emissão do capital, inclusive na subscrição para revenda (*underwriting*), caberá o ônus desse pagamento ao subscritor da ação. Essas despesas, porém, não se incorporam ao valor da subscrição e não podem, portanto, ser objeto da execução ou venda previstas no art. 107. Trata-se de uma obrigação apartada que, como tal, deve ser exigida pelos fundadores ou pela companhia, mas por outros meios.

INTEGRALIZAÇÃO COMO ÚNICA OBRIGAÇÃO DO ACIONISTA

A única obrigação imposta pela lei ao acionista é a de integralizar a parcela do capital que subscreveu, de acordo com as condições previstas[8].

Até o integral pagamento do preço de emissão das ações subscritas o acionista terá, perante a sociedade, a posição de devedor por quantia certa. Poderá, portanto, a companhia, como credora, constituir o acionista em mora e obrigá-lo ao pagamento por qualquer dos meios previstos no art. 107.

Cumprida a obrigação de integralizar a quantia subscrita a título de capital, não responde o acionista por nenhuma outra obrigação[9].

Evidente que a lei especifica outras responsabilidades dos acionistas, notadamente quando se revestem da qualidade de controladores (art. 117) ou exercem o direito de voto (art. 115). Tais responsabilidades, no entanto, não têm o caráter de obrigação, por isso que defluem de direitos — de con-

---

7   V. comentários ao art. 13.

8   V. comentários ao art. 21.

9   Ripert-Roblot, *Traité*, cit., v. 2, p. 315.

trole (art. 116) e de voto minoritário (art. 115) — que devem ser exercidos sem abuso e desvio de poder (art. 117) e abuso do direito (art. 115), respectivamente[10].

Ademais, a lei não impõe ao acionista a obrigação de exercer direitos, a ponto de admitir — contrariamente com relação às sociedades de pessoas — que menores sejam acionistas, contanto que integralizadas desde logo suas ações[11].

Pode, todavia, o estatuto especificar outras restrições aos acionistas, desde que se conciliem com a natureza da sociedade anônima[12], como é o caso, v. g., de limitação à circulação das ações nas companhias fechadas (art. 36)[13], a que o acionista deve voluntariamente aderir, como pacto parassocial que é (parágrafo único do art. 36), não prevalecendo o mesmo para os acionistas que expressamente não o fizerem.

Porém, a obrigação fundamental e irretratável do acionista, que lhe impõe a lei, é a de pagar integralmente o preço de emissão das ações que subscreveu ou adquiriu (art. 1º)[14].

OBRIGAÇÃO DE INTEGRALIZAR

A obrigação de cada acionista que subscreveu ações é direta e pessoal; independe, portanto, das obrigações, no mesmo sentido, assumidas pelos demais[15].

Consideram-se o pagamento de cada subscritor e o número de suas ações, sem se levarem em conta as contribuições dos demais.

Assim, a obrigação de pagar as parcelas restantes decorre da subscrição, válida e eficaz, ou seja, daquela feita por pessoa capaz, através de meio

---

10 Diversos autores reconhecem outras obrigações além daquela de integralizar o capital subscrito. Assim, Halperin (*Sociedades anónimas*, cit., p. 342) e Brunetti (*Tratado*, cit., v. 2, p. 539-40), que falam na obrigação do acionista de ser correto e, ainda, de realizar as prestações acessórias eventualmente convencionadas; Messineo (*Manuale di diritto civile e commerciale*, Milano, Giuffrè, 1954, v. 4, p. 486) fala na obrigação de colaborar, talvez influenciado pelo corporativismo fascista que inspirou as relações empresariais no Código Civil italiano de 1942; essa obrigação é expressamente negada por Brunetti (*Tratado*, cit.).

11 Miranda Valverde, *Sociedades por ações*, 2. ed., Rio de Janeiro, Forense, 1953, v. 2, p. 11.

12 Valverde, *Sociedades por ações*, cit., v. 2, p. 10.

13 *V.* comentários ao art. 36.

14 Valverde, *Sociedades por ações*, cit., v. 2, p. 10.

15 Cunha Peixoto, *Sociedades por ações*, cit., v. 2, p. 308.

hábil, mediante o pagamento da entrada mínima de 10% do preço da emissão (art. 80, II).

Isto posto, cabe indagar qual a natureza jurídica da obrigação de integralizar. Ao fazê-lo, deve-se distinguir desde logo o ato de subscrição do ato de integralizar. Com efeito, diversa é a natureza jurídica de um e outro ato.

O ato de subscrição, sobre cuja natureza jurídica instaurou-se infindável dissídio doutrinário[16], pode ou não se desdobrar em outro ato, dependendo do fato de se realizar a integralização simultaneamente ou não à própria subscrição.

Quando ocorre essa coincidência no tempo, a subscrição e a integralização formam uma figura una. Nessa hipótese, prevalece unicamente a natureza jurídica da própria subscrição.

NATUREZA JURÍDICA DA SUBSCRIÇÃO

Isto posto cabe averiguar, primeiro, a natureza do ato de subscrição.

Filiamo-nos à teoria contratualista e nela à do contrato plurilateral, para explicar a natureza da subscrição. Esta, com efeito, é um dos elementos da própria constituição da sociedade. Embora insuficiente para configurar a existência da pessoa jurídica, é, contudo, requisito necessário para que ela se constitua.

Portanto, o ato de subscrição não representa em si mesmo um contrato plurilateral, mas uma das cláusulas da avença que inclui, ainda, a realização mínima e o depósito (art. 80), a assembleia de constituição ou escritura pública (arts. 87 e 88) e as demais formalidades complementares: arquivamento e publicação (art. 94).

Sem o cumprimento de todos esses procedimentos, o contrato plurilateral de constituição não logra trazer ao mundo jurídico a companhia.

O caráter plurilateral do contrato de constituição da sociedade, do qual faz parte o ato de subscrição, é inquestionável, já que se trata de avença

---

16 A respeito das inúmeras teorias, *v.* Batalha, *Comentários à Lei das Sociedades Anônimas*, Rio de Janeiro, Forense, 1977, v. 1, p. 434 e s.; Sampaio de Lacerda, *Manual das sociedades por ações*, Rio de Janeiro, Freitas Bastos, p. 31 e s.; Waldemar Ferreira, *Tratado de direito comercial*, Saraiva, v. 4, p. 91 e s.; Garrigues-Uría, *Comentario a la Ley de Sociedades Anónimas*, Madrid, 1976, p. 294.

entre duas ou mais pessoas, em que a prestação de cada uma é dirigida à consecução do fim ali propugnado[17].

Não se trata, pois, de um *contrato preliminar* ao de sociedade, condicionado à constituição desta[18]. Cuida-se de *requisito* essencial à constituição da companhia, que é parte integrante do próprio contrato de sociedade. A lei, ao falar em "requisitos preliminares" (art. 80), quis determinar os requisitos *prejudiciais*, ou seja, aqueles que não podem faltar ao conjunto das deliberações plurilaterais consubstanciadas no respectivo contrato de constituição da companhia e sem as quais a vontade confluente dos signatários não alcançará eficácia.

Concluindo: o ato de subscrição é uma das cláusulas impostas pela lei, que integra o contrato plurilateral de constituição da companhia ou da sua alteração, quando dos aumentos de capital por subscrição. Com efeito, também nas subscrições posteriores de capital de companhias já definitivamente constituídas, o caráter prejudicial ou preliminar da subscrição é idêntico. Também, neste caso, a alteração do contrato social (estatuto) depende do preenchimento dos requisitos prejudiciais (art. 170).

NATUREZA JURÍDICA DA INTEGRALIZAÇÃO

Quando a integralização não se completa no próprio ato de subscrição, sendo, nesta oportunidade, apenas parcial (art. 80), há que se cogitar da natureza da obrigação que assume o subscritor de completar posteriormente o valor subscrito.

A obrigação de integralizar decorre da subscrição. Porém, ao ser parcelada essa obrigação, destaca-se ela da própria subscrição, passando a caracterizar uma relação autônoma.

Tendo origem no contrato plurilateral de constituição, de que a subscrição é uma das cláusulas, o encargo irrevogável de pagar o restante do valor subscrito cria uma relação, de caráter unilateral, de devedor e de credor, entre o subscritor e a companhia.

Advém, com efeito, a obrigação de integralizar de um contrato de caráter unilateral, por isso que apenas o subscritor se obriga em face da socie-

---

17   Cf. art. 2.247 do Código Civil italiano, que fala em "contrato *com duas ou mais* pessoas".

18   Como entende Sampaio de Lacerda, *Manual*, cit., p. 34.

dade[19]. O encargo de integralizar em parcelas torna a companhia exclusivamente credora e o acionista exclusivamente devedor. Apenas o subscritor contrai a obrigação, não havendo em contrapartida nenhuma obrigação da companhia.

CREDORA É A COMPANHIA

A relação unilateral de credor e devedor se estabelece unicamente entre a companhia e o acionista subscritor.

A norma ora em estudo, com efeito, determina que é o *acionista* que se obriga ao pagamento das parcelas. Assim, se a companhia não logra constituir-se ou atrasa indefinidamente os procedimentos necessários à sua personalização, não há como executar o subscritor para realizar parcelas do capital faltante, ainda que ele tenha-se comprometido a fazê-lo em épocas anteriores ao definitivo arquivamento dos atos constitutivos no Registro do Comércio.

Pode o subscritor do capital *espontaneamente* integralizar parcelas antes da constituição. Não pode, no entanto, ser constituído em mora, se deixar de pagá-las, no caso de não ter a companhia se constituído. Isto porque somente a companhia, e não os fundadores, pode propor a execução judicial da dívida ou proceder à venda, em leilão, das ações do acionista em mora (art. 107).

DISTINÇÃO ENTRE SUBSCRITOR E ACIONISTA

Quando a lei fala da obrigação do *acionista* de integralizar, torna-se necessário distingui-lo nitidamente da figura do *subscritor*[20].

Subscritor é a pessoa natural ou jurídica que, tendo subscrito ações de uma companhia *em constituição*, adquirirá automaticamente a qualidade de acionista logo que esta se constituir. Por sua vez, *acionista* é a pessoa natural ou jurídica que subscreveu ações de uma companhia já constituída.

---

19 Washington de Barros Monteiro, *Curso de direito civil*; direito das obrigações, São Paulo, Saraiva, v. 2, p. 34.

20 Na doutrina, essa distinção nem sempre é nítida. A respeito, Aloysio L. Pontes, v. 2, p. 7; Messineo, *Manuale*, cit., v. 4, p. 364; Cunha Peixoto, *Sociedades por ações*, cit., v. 2, p. 306; Ascarelli, *Problemas das sociedades anônimas e direito comparado*, São Paulo, Saraiva, 1945, p. 363; Brunetti, *Tratado*, cit., v. 2, p. 525; Halperin, *Sociedades anónimas*, cit., p. 331.

Portanto, o subscritor, para adquirir a qualidade de sócio, deve aguardar a constituição efetiva da companhia.

Não há acionista sem sociedade, por isso que não pode haver relação jurídica, no caso, entre um sujeito de direitos (subscritor) e uma entidade ainda não juridicamente personalizada (companhia em constituição).

Numa sociedade constituenda, o subscritor faz uma promessa de integralização que lhe dá a vocação para se tornar sócio, a partir do momento em que a companhia se constitua[21]. Porém, é certo que essa promessa não lhe traz a qualidade de sócio, se a companhia não estiver constituída ou se, por qualquer motivo, não vier a se constituir.

Por outro lado, a promessa de integralizar a parcela de capital subscrito somente se torna válida e, pois, executável, uma vez constituída definitivamente a companhia que é a credora da obrigação assumida pelo subscritor. Este, ao assinar a promessa irrevogável de pagar em parcelas o saldo do valor subscrito, fa-lo à sociedade constituenda e não ao fundador. Este último não entra na relação credor-devedor, que caracteriza o contrato unilateral celebrado entre o subscritor e a futura sociedade.

Não há, portanto, um contrato preliminar entre o subscritor e o fundador, no tocante ao valor a integralizar. O fundador, com efeito, ao organizar a companhia e ao receber do subscritor a parcela inicial de que trata o art. 80, transfere ao banco a importância recebida, fazendo-o em nome do subscritor e a favor da sociedade em organização, que somente poderá levantá-la após haver adquirido personalidade jurídica (art. 81).

NÃO HÁ CONTRATO PRELIMINAR NA COMPANHIA CONSTITUENDA

Assim, na hipótese de a companhia não se constituir, caberá ao banco, e não ao fundador, restituir as quantias depositadas, fazendo-o diretamente aos subscritores, sem interferência dos fundadores (art. 81).

Nem no ato de subscrição há, portanto, contrato preliminar entre o fundador e o subscritor. E este, muito menos existe quanto à promessa de integralizar, que, como vimos, é feita diretamente à companhia, a qual, se não vier a se constituir, não tem de devolver nenhuma importância ao subs-

---

21 A respeito da teoria da promessa de integralização na doutrina e na jurisprudência francesas, Alain Viandier, *Recherches sur la notion d'associé en droit français des sociétés*, Tese de Doutorado de Estado, Universidade de Paris, 1976, p. 349 e s.

critor, uma vez que somente pode receber qualquer das parcelas, já pagas ou faltantes, após haver adquirido personalidade jurídica.

A PROMESSA É IRREVOGÁVEL POR SEIS MESES ATÉ A CONSTITUIÇÃO

De qualquer forma, a promessa de integralizar é irrevogável no caso de companhia constituenda. Essa irrevogabilidade, no entanto, cessa dentro de seis meses da data do depósito da parcela inicial de integralização no banco (art. 81).

Decorrido esse prazo, caberá ao banco devolver a importância inicial recebida, ficando sem efeito, em consequência, a promessa de integralizar as parcelas restantes.

O prazo é fatal. Mesmo que o banco, por infringência da lei (art. 81), não venha a devolver a importância inicial da subscrição ao acionista, entregando-a à companhia que se constituiu após aquele prazo, não tem o acionista obrigação de integralizar o restante do capital, pois sua promessa extinguiu-se com o decorrer daquele prazo legal. Tem, isto sim, o direito de exigir a devolução da entrada inicial que pagou na subscrição (art. 80).

Já a promessa de integralizar feita após a constituição da companhia é irrevogável, não se extinguindo a não ser pela prescrição, consoante o art. 205 do Código Civil.

COMPANHIA ACIONISTA DE SI MESMA

A companhia, ao adquirir suas próprias ações para mantê-las em tesouraria (art. 30), torna-se acionista de si mesma[22]. E, ao adquirir ações não integralizadas de terceiros (art. 108), aparentemente tornar-se-ia credora e devedora de si mesma.

Ocorre que a companhia somente poderá adquirir ações com saldos de lucros ou reservas (art. 30) que ficam, em consequência, absolutamente vinculados a essas transações no valor total respectivo.

Isto posto, cabe indagar se a companhia é obrigada a integralizar à vista o saldo das ações que adquiriu de terceiros, mesmo quando as condições previstas sejam de pagamento a prazo. Parece-nos que sim, mesmo porque esse pagamento seria representado pela simples operação contábil de transferência da conta de reservas ou saldos de lucros (art. 30) para a conta de

---

22   V. comentários ao art. 4º, c/c o art. 30.

capital e, eventualmente, parte para a de reserva de capital (art. 182).

Assim, após o pagamento ao acionista vendedor do valor de compra de suas ações, o saldo não integralizado deverá ser imediatamente coberto pela companhia, na forma escritural acima referida. Não existe, pois, pagamento a prazo de ações quando é a própria companhia que adquire ações de sua emissão.

Em consequência, a companhia, nessas hipóteses, não se torna credora e devedora de si mesma, nos termos do art. 381 do Código Civil.

INTEGRALIZAÇÃO EM SUBSIDIÁRIA INTEGRAL

Questão semelhante surge no que respeita à subsidiária integral (arts. 251 a 253). Pergunta-se: a companhia detentora de todo o capital, no caso dos aumentos de capital desta última, poderia ser constituída em mora e, consequentemente, ser executada ou ter as ações leiloadas em Bolsa?

A respeito, cabe lembrar que a companhia acionista pode subscrever capital na subsidiária integral mediante pagamento parcelado do saldo da integralização.

Diante dessa viabilidade e tratando-se de duas entidades jurídicas com patrimônios apartados, a questão torna-se pertinente. Entretanto, a separação de patrimônios e de personalidades jurídicas não logra configurar uma nítida posição de devedor e de credor entre a companhia acionista e a respectiva subsidiária integral. É, com efeito, inviável pensar que a própria companhia acionista vá acionar a si mesma e leiloar as ações, no caso de inadimplemento na integralização das parcelas faltantes.

Essa obrigação irretratável seria executável apenas no caso de ocorrer a falência da subsidiária integral. Nesta hipótese, competiria ao administrador judicial promover a execução para a integralização da parte do capital, pelo qual a companhia acionista responsabilizou-se.

Aliás, para os efeitos penais da falência, deve-se entender como devedores os administradores da companhia acionista, tanto quanto o são os diretores da subsidiária integral[23].

Em consequência, no curso do processo, deve o administrador judicial indicar se os administradores da companhia acionista concorreram com a

---

23 Arts. 179 e 186 da nova Lei de Falências e Recuperação de Empresas (Lei n. 11.101/2005).

falência da subsidiária integral. O crime falimentar, no caso, poderia configurar-se também na hipótese de a companhia acionista possuir fundos ou recursos suficientes para a integralização, nas épocas em que essa obrigação era devida. Nesta hipótese estará tipificado o crime prescrito no art. 173 da Lei de Falências e Recuperação de Empresas (Lei n. 11.101/2005), em decorrência da ocultação de parte do ativo da devedora.

Concluindo: não se pode falar em constituição em mora e executibilidade da obrigação enquanto a subsidiária integral estiver *in bonis*. Se, no entanto, ocorrer a quebra, a exigibilidade torna-se imediata, dentro da competência do administrador judicial da falência, que, outrossim, deverá cogitar da configuração de crime falimentar, na espécie.

AÇÃO NÃO INTEGRALIZADA E FALÊNCIA DA SOCIEDADE (LEI N. 11.101, DE 2005)

Na hipótese de falência da sociedade, os acionistas são obrigados a integralizar as ações que subscreveram para o capital. Tal prescrição era expressa na revogada Lei de Falências (art. 50 do Dec.-Lei n. 7.661, de 1945).

Tal obrigação ainda persiste, não obstante a vigente Lei de Falências e Recuperação de Empresas (Lei n. 11.101/2005) não contenha previsão expressa nesse sentido. Com efeito, trata-se de crédito líquido e certo da massa falida, não se admitindo que o administrador judicial ou o Comitê de Credores deixe de exigir o seu integral e tempestivo adimplemento[24].

Sendo assim, compete ao administrador judicial promover a execução da dívida contra os acionistas, podendo ser intentada individual ou coletivamente; circunstância em que os acionistas devedores tornar-se-ão litisconsortes[25].

FALÊNCIA DO ACIONISTA

Em caso de falência do acionista subscritor de ações não integralizadas, caberá à companhia diversas opções[26]. A primeira é a de declarar o crédito no concurso. A segunda, a de promover o leilão em Bolsa.

---

24 Art. 22, III, *l*, da Lei n. 11.101/2005.

25 Art. 46 do Código de Processo Civil.

26 Valverde, *Sociedades por ações*, cit., v. 2, p. 21; Pontes de Miranda, *Tratado de direito privado*, Rio de Janeiro, Borsoi, v. 50, p. 228-9.

A terceira, a de promover a execução contra os demais responsáveis pelo pagamento, se houver (art. 108).

Ademais, convém notar que não se vencem com a falência do acionista as prestações que faltam para a integralização das ações por ele subscritas[27]. Elas são arrecadadas e vendidas como qualquer outro bem da massa falida. O adquirente, entretanto, ficará responsável pelo pagamento tanto das parcelas vencidas, anteriormente ou no curso do processo falimentar, como das vincendas[28].

O administrador judicial poderá integralizar as parcelas faltantes da subscrição mediante autorização do Comitê de Credores, uma vez que tal providência irá evitar ou reduzir "o aumento do passivo da massa falida", sendo "necessário à manutenção e preservação de seus ativos"[29].

SUSPENSÃO DE DIREITOS E SEUS LIMITES

Poderá a assembleia geral suspender o exercício dos direitos do acionista constituído em mora (art. 120). Essa suspensão poderá atingir o direito de voto (art. 112) e o próprio direito de comparecimento às assembleias; o de recebimento de dividendos e de bonificações (arts. 201 e 205); o de preferência na subscrição de novas ações e valores mobiliários de emissão da companhia (arts. 170 e 171) e demais hipóteses previstas nos estatutos e na lei, inclusive a de exercício do direito de recesso (art. 45).

O direito de fiscalizar a gestão dos negócios sociais e o de utilizar os meios, processos ou ações que a lei confere aos acionistas para assegurar os seus direitos (art. 109) também podem ser suspensos pela assembleia geral, desde que expressamente mencione essas hipóteses (art. 120).

A respeito, convém ressaltar que essa suspensão não é automática, uma vez configurada a mora, como ocorre em outras legislações[30]. É necessário

---

27 Valverde, *Sociedades por ações*, cit., v. 2, p. 21.

28 Valverde, *Sociedades por ações*, cit., v. 2, p. 21.

29 Art. 117 da nova Lei de Falências e de Recuperação de Empresas (Lei n. 11.101/2005).

30 No direito italiano, o acionista em mora não pode votar, conforme o art. 2.344 do Código Civil. Na Argentina, a mora na integralização suspende automaticamente o exercício dos direitos inerentes às respectivas ações — art. 192 da lei das sociedades. Na França, para as ações em mora, cessam os direitos à admissão e ao voto nas assembleias gerais e são deduzidas do *quorum*; ficam também suspensos os direitos aos dividendos e à preferência na subscrição — art. 283 da lei de 1966.

que a assembleia geral expressamente declare a suspensão dos direitos inerentes às ações em mora.

Ademais, a assembleia geral deve declarar quais são os direitos que serão suspensos, não podendo fazê-lo genericamente.

A suspensão deve abranger a todos os acionistas em mora, não podendo, obviamente, ser discriminatória, alcançando determinados acionistas inadimplentes e excluindo, consequentemente, os demais que se encontram na mesma situação irregular.

A SUSPENSÃO ABRANGE APENAS AS AÇÕES EM ATRASO

E, por último, a suspensão dos direitos, na espécie, é objetiva, na medida em que atinge as ações em atraso e apenas estas. Se o acionista inadimplente possui outras ações da companhia, já integralizadas ou cuja integralização encontra-se em dia, não pode a suspensão abrangê-las também. A sanção societária deliberada pela assembleia geral não alcança subjetivamente o acionista, mas apenas as suas ações em atraso. O acionista, portanto, permanece no pleno exercício dos seus direitos patrimoniais e pessoais, inclusive de fiscalização e de ação no que respeita às demais ações não atingidas pela mora.

A SUSPENSÃO CESSA COM A PURGAÇÃO DA MORA

O caráter irretratável da obrigação de integralizar as ações subscritas torna, com efeito, ilegítima a pretensão de acionar a companhia, seus administradores e controladores, quando estiver em mora o acionista. No entanto, o interesse de agir judicial e extrajudicialmente, no caso, convalesce de maneira automática e simultaneamente à purgação da mora.

O mesmo princípio prevalece para os demais direitos suspensos pela assembleia geral.

Uma vez purgada a mora, por todos os meios admitidos em direito, inclusive consignação em juízo ou arrematação em leilão (art. 107), a suspensão cessa de modo automático, independentemente de qualquer deliberação a respeito da assembleia geral.

A prova de pagamento das parcelas em atraso é título hábil e suficiente para o exercício de todos os direitos do acionista, não podendo os administradores ou a assembleia geral da companhia exigir qualquer outro procedimento para protelar ou não reconhecer o pleno exercício das prerrogativas próprias do acionista. Se tal ocorrer, poderá o acionista propor as medidas de caráter civil e administrativo (CVM) cabíveis contra os administradores e, se for o caso, contra os controladores da companhia.

INTEGRALIZAÇÃO E ENTRADA MÍNIMA

Integralizar uma ação é pagar a dívida nascida do ato de subscrição[31].

Para que haja subscrição, são requisitos necessários a assinatura no boletim de subscrição ou na escritura de constituição e o depósito de um percentual mínimo do valor subscrito (art. 80).

Em regra, a lei exige apenas a entrada de 10% do valor subscrito (art. 80). As parcelas restantes constituem o saldo não integralizado. Essa integralização deve se efetuar relativamente a cada ação e não englobadamente. Ademais, a lei exige o pagamento da entrada inicial mínima de 10% de cada acionista, não podendo haver compensação de pagamento de um acionista a favor de outro[32].

Leis especiais, no entanto, estabelecem cifra maior do que 10% para determinadas sociedades, como ocorre para as instituições financeiras integrantes do sistema financeiro nacional. Para as primeiras, a Lei n. 4.595, de 1964, exige a realização, como entrada, de pelo menos 50% do montante subscrito.

ENTRADA MÍNIMA NAS SOCIEDADES DE CAPITAL AUTORIZADO

Como referido[33], a lei vigente de 1976 revogou o regime especial de integralização mínima nas subscrições das companhias de capital autorizado.

O art. 45 da Lei n. 4.728, de 1965, atribuía ao Conselho Monetário Nacional a competência para fixar o valor mínimo de integralização, que poderia ser recebido pela companhia independentemente de depósito bancário. Essa entrada mínima era de 15%, *ex vi* da então vigente Resolução n. 13 do Banco Central do Brasil.

---

31 Ripert-Roblot, *Traité*, cit., p. 274.

32 Campos Batalha, *Comentários*, cit., p. 441.

33 *V.* comentários ao art. 21.

A Lei n. 6.404, de 1976, uniformizou a exigência de entrada mínima, sendo que também nas sociedades de capital autorizado essa integralização inicial será de 10%, no mínimo, do preço de emissão. Passa, ainda, a ser obrigatório, na constituição da companhia, o depósito da entrada, realizada em dinheiro, no Banco do Brasil ou em outro estabelecimento de crédito autorizado pela Comissão de Valores Mobiliários (art. 80).

RAZÕES DA EXIGÊNCIA LEGAL DE ENTRADA MÍNIMA — ANTIGOS ACIONISTAS NA NOVA SUBSCRIÇÃO

No direito continental, diversas razões têm sido invocadas para justificar a exigência legal de uma integralização inicial mínima[34].

Com essa medida, evitam-se as subscrições fictícias ou, então, imprudentes. Por outro lado, ela permite à companhia ter desde logo quantias necessárias ao início do empreendimento. Impede, ademais, a especulação que os subscritores poderiam realizar sobre as ações subscritas, transacionando-as, sem haverem desembolsado quantia alguma[35].

Nos aumentos de capital, o acionista somente se torna promitente e, portanto, devedor das parcelas ainda não integralizadas, se cumprir todos os procedimentos da subscrição, vale dizer, após o pagamento da parcela inicial subscrita (art. 170).

Consequentemente, a companhia não pode invocar a qualidade de acionista do subscritor do aumento para constrangê-lo ao pagamento do novo capital se ele não pagou a entrada inicial exigida por lei. Se o antigo sócio não a efetuou, ainda que tenha assinado o boletim de subscrição, não pode ser considerado *acionista* para o efeito de ser constituído em mora pela companhia.

Portanto, nos aumentos de capital, não há qualquer distinção entre o antigo acionista e aquele que ingressa na companhia no momento da elevação do capital. Em ambos os casos, a obrigação irretratável de pagar o saldo

---

34   Ripert-Roblot, *Traité*, cit., p. 274.

35   Contrariamente à prática inglesa que dá direito de preferência de subscrição aos acionistas, os quais cedem não esse direito a terceiros, mas a própria ação subscrita, sem qualquer entrada inicial, podendo assim ganhar o ágio na transação. Esse sistema tem sido um dos fatores mais importantes na manutenção de um relativo interesse no mercado de ações naquele país, o que já não ocorre em outros, como, por exemplo, na França.

de integralização somente pode ser objeto de execução ou venda pela companhia se houver o pagamento da entrada mínima.

INTEGRALIZAÇÃO POR COMPENSAÇÃO — DIVIDENDOS

Não obstante dever o acionista integralizar o capital subscrito em dinheiro, é possível que tal pagamento se dê por compensação, caso tenha ele um crédito líquido e exigível contra a companhia[36]. É o que está previsto no Código Civil, em seus arts. 368 e s., não havendo qualquer norma extravagante que iniba a sua aplicação à espécie.

Entre as possibilidades de compensação de dívida de integralização, com crédito do acionista junto à companhia, encontra-se a de dividendos.

Com efeito, uma vez declarada pela assembleia geral a parcela do lucro cabível aos acionistas, nasce para estes um direito de crédito irrevogável, que deverá ser pago pela companhia dentro do prazo de sessenta dias da data em que for declarada e, em qualquer caso, dentro do exercício social (art. 205)[37].

Se, portanto, nesse prazo houver dividendos creditados, poderá a companhia compensá-los com seu crédito contra o acionista.

Evidentemente, não poderá haver compensação por dividendos futuros, oriundos dos resultados das demonstrações financeiras a serem ainda apurados nos exercícios seguintes.

Mesmo em se tratando de dividendo obrigatório, este somente se transforma num direito de crédito do acionista após ter a assembleia geral declarado a sua distribuição (art. 202)[38 e 39].

Portanto, a compensação de dívida do acionista, referente à integralização do saldo de subscrição, com crédito por dividendo junto à sociedade, somente poderá ocorrer se o mesmo houver sido creditado dentro do prazo legal (art. 205) e subsequentemente à respectiva deliberação pela assembleia geral.

---

36 Halperin, *Sociedades anónimas*, cit., p. 334; Mercadal e Janin, *Mémento pratique des sociétés commerciales*, Paris, Ed. Jur. Lefebvre, 1975, p. 614 e 747; Messineo, *Manuale*, cit., v. 4, p. 487. Contra essa opinião, Brunetti (*Tratado*, cit., v. 2, p. 540-1), que afirma não poder a obrigação de pagar ser compensada com eventual crédito do acionista contra a sociedade.

37 *V.* comentários ao art. 205.

38 *V.* comentários aos arts. 17 e 202.

39 *V.* comentários ao art. 202.

A compensação do valor da integralização pelos dividendos creditados deve ser prevista pela assembleia geral que deliberou o aumento do capital. Se essa compensação não foi expressamente declarada, não será permitida. Isto porque se criaria uma situação de privilégio para determinados acionistas com a óbvia comodidade que representaria essa compensação. Os demais, pelo desconhecimento dessa faculdade, ficariam obrigados a integralizar em dinheiro, com os inconvenientes próprios desse procedimento[40].

É evidente que a compensação de dívida por integralização por crédito de dividendos somente pode ser líquida, ou seja, após a dedução do Imposto de Renda devido pelo acionista, que em cada caso couber e se couber. Deverá, portanto, a companhia proceder ao recolhimento do tributo na fonte, se devido pelo acionista.

A reinversão automática dos dividendos creditados em integralização de ações novas subscritas constitui uma economia de serviços para a companhia e para o acionista e, pela inércia, facilita a subscrição e integralização em aumentos de capital das companhias.

INADMISSÍVEL A DAÇÃO EM PAGAMENTO

Não é admissível a dação em pagamento, em se tratando de subscrição em dinheiro. Essa medida representaria a transformação da natureza da subscrição, que passaria a ser feita em bens, sem as prescrições rigorosas de avaliação exigidas pela lei (art. 8º)[41]. Tal burla constitui irregularidade gravíssima que, ademais, fere o princípio de isonomia entre os acionistas subscritores.

Isto porque, enquanto alguns pagariam pontualmente as parcelas referentes à integralização, outros, constituídos em mora, purgariam-na em bens, em substituição às prestações devidas. Criar-se-ia, dessa forma, uma desigualdade patrimonial manifesta entre os devedores.

PAGAMENTO ANTECIPADO — DIVIDENDOS

A respeito da época do pagamento, vige o princípio segundo o qual os prazos para integralização são fixados em favor da sociedade e de acordo com suas conveniências[42].

---

40 Valverde, *Sociedades por ações*, cit., v. 2, p. 15.

41 Valverde, *Sociedades por ações*, cit., v. 2, p. 15; Cunha Peixoto, *Sociedades por ações*, cit., v. 2, p. 292.

42 Halperin, *Sociedades anónimas*, cit., p. 335-6.

Sendo a companhia credora da obrigação unilateral do acionista, prevalece a regra de que o credor não é obrigado a receber o pagamento antes do vencimento da dívida[43], da mesma forma como não pode cobrá-la antecipadamente, a não ser nos casos expressos em lei[44], como, v. g., no de falência do acionista subscritor[45].

Desses princípios decorre que a companhia não está obrigada a aceitar pagamento antecipado, salvo se previsto pelo estatuto ou pela assembleia geral que decidiu o aumento de capital[46].

Havendo essa autorização, o pagamento antecipado é considerado definitivo e não mero depósito, do qual o acionista pudesse ser considerado credor até o vencimento normal da obrigação[47].

Daí decorre que terá o acionista direito de receber os dividendos respectivos a partir desse aporte. Não seria justo que a sociedade recebesse antecipadamente parcela de integralização como pagamento e não remunerasse o acionista por esse investimento de capital a partir do momento de sua efetivação. Se assim não fosse, o direito essencial do acionista de participar dos lucros sociais estaria ferido (art. 109, I)[48].

DESVANTAGENS DA COMPANHIA NA ANTECIPAÇÃO — COMPENSAÇÃO

Não havendo autorização estatutária ou da assembleia geral, não tem o acionista, como vimos, a faculdade de pagar antecipadamente as suas prestações.

Com efeito, o pagamento antecipado poderia representar sobrecarga de capital nos cofres sociais[49]. Mas o risco estaria na obrigação de pagar antecipadamente dividendos, além das possibilidades de perdas em aplicações financeiras desastrosas ou não remunerativas, que poriam em perigo a consecução das projetadas atividades empresariais da companhia.

---

43 Código Comercial brasileiro, art. 431 (artigo revogado pelo CC de 2002).

44 Art. 333 do Código Civil.

45 Art. 77 da Lei de Falências — Lei n. 11.101, de 2005.

46 Valverde, *Sociedades por ações*, cit., v. 2, p. 13 e s.; Campos Batalha, *Comentários*, cit., v. 1, p. 446; Mercadal e Janin, *Mémento*, cit., p. 746.

47 Art. 645 do Código Civil de 2002.

48 V. comentários ao art. 109.

49 J. X. Carvalho de Mendonça apud Cunha Peixoto, *Sociedades por ações*, cit., v. 2, p. 295.

Por outro lado, pode ser autorizada a antecipação, tendo em vista o interesse do acionista. A companhia não pode exigir pagamento antecipado nem é obrigada a aceitá-lo. Essa faculdade, portanto, tem de estar prevista nos estatutos, como reiterado.

O pagamento de parcelas de integralização mediante compensação de créditos líquidos junto à companhia ou de dividendos creditados, pode constituir, em certos casos, forma indireta de antecipação. Também nesta hipótese, como já referido, é indispensável que haja previsão estatutária ou, então, sejam tais compensações previamente aprovadas pela assembleia geral.

PRAZO DE PAGAMENTO

O prazo para integralização pode ser fixado pelo estatuto ou pela assembleia geral. Tanto num caso como noutro não se pode estabelecer condições diferentes de integralização para acionistas da mesma espécie ou classe (art. 109).

O prazo, em ambos os casos, deve ser fixado por período, dentro do qual o acionista deverá resgatar a parcela respectiva. Assim, v. g., a primeira parcela até 30 de agosto; a segunda, até 30 de outubro e a última, até 31 de dezembro.

Não é possível, com efeito, exigir que o pagamento seja feito em um único dia ou em poucos dias. Essa exigência acarretaria um congestionamento de serviços para a companhia ou para a instituição financeira encarregada, criando obstáculos ao subscritor[50].

O prazo deve ser razoável, visando a atender os fluxos de disponibilidade necessários que forem previstos pela companhia e a possibilidade de integralização do acionista. A lei, com efeito, em face do particularismo das situações, não fixa prazos máximos[51].

PRAZO ESTATUTÁRIO NÃO PODE SER ALTERADO PELA ASSEMBLEIA GERAL

Divergem os autores sobre a possibilidade de o prazo de integralização previsto no estatuto ser alterado por decisão simples da assembleia geral[52].

---

50 Valverde, *Sociedades por ações*, cit., v. 2, p. 13.

51 No direito francês, a lei das sociedades, nos arts. 75 e 191, estabelece prazo máximo de cinco anos para integralização.

52 Cunha Peixoto, *Sociedades por ações*, cit., v. 2, p. 285; Valverde, *Sociedades por ações*, cit., v. 2, p. 12.

Os que admitem a hipótese argumentam que a modificação dos prazos pela assembleia geral será admissível desde que as novas condições não onerem o subscritor. Fundamentam essa possibilidade na soberania da assembleia para alterar os estatutos.

Já a corrente contrária argumenta que não pode haver modificação da cláusula estatutária, nem que haja diminuição do valor das prestações ou aumento dos prazos, porque essa alteração poderá não ser conveniente a todos os acionistas.

Ficamos com esta última corrente, não só pelo princípio da conveniência geral, que em si é irrefutável, mas também porque prevalece, na questão, a impossibilidade de a assembleia modificar o prazo sem alterar o estatuto. Não pode, com efeito, o conclave modificar regra estatutária por mera deliberação. Essa possibilidade criaria o precedente da derrogação permanente da lei interna da companhia, mesmo por um quórum mínimo em primeira convocação, o que seria inteiramente irregular (art. 135).

Somente se derroga ou se revoga uma lei por meio de outra lei. A mesma regra cabe, rigorosamente, na lei interna da companhia. O estatuto somente se revoga ou se derroga por outro estatuto, total ou parcialmente reformado dentro dos precisos procedimentos legais e estatutariamente previstos (art. 135).

Pode-se argumentar que os aumentos de capital importam em si mesmos na reforma estatutária, tendo, portanto, a assembleia geral competência para decidir de maneira simples a modificação dos prazos de integralização para a respectiva subscrição.

Se os acionistas, reunidos em assembleia geral com quórum legal (art. 135), decidirem alterar os prazos, devem modificar os estatutos para que as novas regras (estatutárias) prevaleçam, doravante, para todas as alterações de capital. Pode, outrossim, a assembleia geral regularmente instalada (art. 135) suprimir a regra estatutária que fixa prazos para integralização, deixando, portanto, a critério da assembleia geral estabelecer, em cada alteração do capital, as condições de pagamento das parcelas faltantes da subscrição.

HIERARQUIA DE COMPETÊNCIA

No silêncio do estatuto quanto aos prazos e condições de integralização, a competência transfere-se para a assembleia geral. Se a assembleia não determinar expressamente esses prazos e condições, caber-lhe-á declarar que as chamadas ficarão a critério da administração, observados os preceitos legais.

Verifica-se, assim, que a competência dos administradores deverá sempre, e em cada caso, ser delegada pelo estatuto ou pela assembleia geral[53].

Com efeito, o estatuto pode conferir essa atribuição diretamente aos órgãos da administração da companhia, retirando da assembleia geral a prerrogativa de decidir a respeito.

Portanto, a competência decisória da administração sobre a matéria advirá de regra estatutária ou de delegação da assembleia geral.

Se, no entanto, for inteiramente omisso o estatuto e não deliberar a respeito a assembleia geral, a lei determina que caberá aos órgãos da administração efetuar chamadas por avisos publicados na forma e para os efeitos previstos no art. 289. Nesse caso de competência delegada ou legal dos administradores, o prazo não poderá ser inferior a trinta dias e começa a contar da primeira publicação oficial (art. 289).

PAGAMENTO EM COMPANHIAS FECHADAS E NAS ABERTAS — CVM

A integralização das parcelas deve ser feita, em caso de companhia fechada, no local em que ela se situa.

Tal regra não impede que a assembleia da companhia fechada facilite o pagamento da subscrição, estabelecendo outros locais para pagamento, ou delegando à administração poderes para assim determinar.

Já nas companhias abertas, não só a subscrição, mas também a integralização das parcelas respectivas devem efetivar-se, além de no local da sede, também em todas as praças em que as ações sejam significativamente negociadas. Se cotadas em Bolsa, na entidade de *clearing* por ela mantida. Em se cuidando de ações cotadas no mercado de balcão, nos centros onde haja concentração de negócios com elas.

Compete à Comissão de Valores Mobiliários estabelecer as regras necessárias para que tenham os acionistas de companhias abertas todas as facilidades para subscrever e integralizar as ações em seus próprios domicílios, desde que neles exista a necessária densidade de acionistas e de negócios com ações da companhia emissora do capital (art. 8º da Lei n. 6.385, de 1976).

---

53 Valverde, *Sociedades por ações*, cit., v. 2, p. 12.

A mesma competência tem a Comissão de Valores Mobiliários para criar sistema de subscrição e de integralização de ações quando se tratar de constituição de companhias por subscrição pública (arts. 82 e s.).

ANOTAÇÃO DE PAGAMENTO E MORA

Caberá à companhia anotar, no livro de Registro de Ações Nominativas, as parcelas de subscrição integralizadas pelos acionistas (art. 100 e seu § 2º)[54].

O não pagamento na época estabelecida constitui o acionista em mora de pleno direito, independentemente de interpelação[55]. A companhia, por óbvio, não poderá exigir o pagamento fora do prazo[56]. Assim, a mora produz-se pelo vencimento do prazo fixado. Se este não foi estabelecido, não se presume que haja vencimento imediato da parcela faltante da subscrição[57]. É necessário que a administração faça os editais, com prazo mínimo, para pagamento, de trinta dias, contados da primeira publicação oficial (art. 289)

Ademais, como reiterado, a mora não suspende automaticamente o exercício dos direitos decorrentes das ações. Será necessário que a assembleia delibere a respeito dessa suspensão (art. 120).

TOLERÂNCIA NA CONSTITUIÇÃO EM MORA

A não constituição do acionista em mora, tão logo decorrido o prazo assinado para pagamento de parcela subscrita, deve ser considerada mera tolerância do ponto de vista das relações contratuais existentes entre a companhia credora e o acionista devedor.

Não obstante, do ponto de vista da responsabilidade da administração, a quem cabe constituir o acionista em mora, não pode ela conceder nem tolerar a demora, sob pena de incorrer em responsabilidade por não cumprimento do dever de diligência (arts. 153, 158 e 159).

Se a falta de diligência, no caso, referir-se a todos os acionistas em mora, presume-se culpa. Se, no entanto, apenas alguns acionistas deixarem de ser

---

54 V. comentários ao art. 100 c/c os arts. 31 e 41.

55 Arts. 394 e 397, *caput* e parágrafo único, do Código Civil.

56 Art. 939 do Código Civil.

57 Diferentemente do direito argentino — art. 192. Halperin, *Sociedades anónimas*, cit., p. 337.

constituídos em mora, sendo que os demais o foram, presume-se que os administradores agiram em benefício daqueles e em detrimento dos interesses da companhia, dos demais acionistas e dos credores.

JUROS E PENAS PECUNIÁRIAS

As penalidades pecuniárias a que estará sujeito o acionista constituído em mora dependem do que a respeito, previamente, determinar o estatuto. Não estão essas penalidades pecuniárias sujeitas à discricionariedade dos administradores.

É evidente que a previsão estatutária deve ser anterior ou contemporânea à subscrição do capital social. Não pode ser posterior a essa subscrição, mesmo que ainda não se tenha vencido nenhuma prestação.

Isto porque entende-se que a multa, os juros e a correção monetária fazem parte, desde logo, do contrato unilateral de integralização que o acionista celebrou com a companhia. Essas penalidades compõem o contrato no momento em que nasce, não podendo ser acrescidas a ele, por vontade da companhia, depois da subscrição.

O estatuto, ao estabelecer os juros, pode chegar ao limite convencional permitido, qual seja, 12%, não necessitando ater-se aos juros moratórios legais de 6%[58]. A multa também pode ser livremente estabelecida até o limite de 10% do valor da prestação. Portanto, as duas cominações são convencionais, por isso que integrantes do contrato unilateral, em decorrência de determinação estatutária que deve obedecer aos tetos estabelecidos em lei.

ACIONISTA REMISSO

Art. 107. Verificada a mora do acionista, a companhia pode, à sua escolha:

I — promover contra o acionista, e os que com ele forem solidariamente responsáveis (art. 108), processo de execução para cobrar as importâncias devidas, servindo o boletim de subscrição e o aviso de chamada como título extrajudicial nos termos do Código de Processo Civil; ou

II — mandar vender as ações em bolsa de valores, por conta e risco do acionista.

---

58   Art. 406 do Código Civil.

§ 1º Será havida como não escrita, relativamente à companhia, qualquer estipulação do estatuto ou do boletim de subscrição que exclua ou limite o exercício da opção prevista neste artigo, mas o subscritor de boa-fé terá ação, contra os responsáveis pela estipulação, para haver perdas e danos sofridos, sem prejuízo da responsabilidade penal que no caso couber.

§ 2º A venda será feita em leilão especial na bolsa de valores do lugar da sede social, ou, se não houver, na mais próxima, depois de publicado aviso, por três vezes, com antecedência mínima de 3 (três) dias. Do produto da venda serão deduzidos as despesas com a operação e, se previsto no estatuto, os juros, correção monetária e multa, ficando o saldo à disposição do ex-acionista, na sede da sociedade.

§ 3º É facultado à companhia, mesmo após iniciada a cobrança judicial, mandar vender a ação em bolsa de valores; a companhia poderá também promover a cobrança judicial se as ações oferecidas em bolsa não encontrarem tomador, ou se o preço apurado não bastar para pagar os débitos do acionista.

§ 4º Se a companhia não conseguir, por qualquer dos meios previstos neste artigo, a integralização das ações, poderá declará-las caducas e fazer suas as entradas realizadas, integralizando-as com lucros ou reservas, exceto a legal; se não tiver lucros e reservas suficientes, terá o prazo de 1 (um) ano para colocar as ações caídas em comisso, findo o qual, não tendo sido encontrado comprador, a assembleia geral deliberará sobre a redução do capital em importância correspondente.

LEI DE 1940

O Decreto-Lei n. 2.627, de 1940, disciplinava a matéria de maneira praticamente idêntica, em seus arts. 76 e 77. Ali já se contemplava a companhia credora com dupla opção: ação executiva, nos termos do antigo Código de Processo Civil, ou vendas das ações em Bolsa.

Explicitava, ainda, o art. 76 que "o adquirente das ações deve entrar com a prestação não paga pelo ex-acionista, ficando sub-rogado em todos os direitos e obrigações delas originário". Indicava também o citado artigo que "no Livro de Registro das Ações Nominativas far-se-ão as devidas anotações".

Essas explicitações foram suprimidas na lei vigente, quanto a esta última parte, em face do que já dispõe o art. 100.

Ademais, o art. 77 da antiga lei, com a alteração referente à possibilidade de a companhia adquirir as ações caídas em comisso, foi reproduzido como § 4º do artigo ora comentado.

LEI N. 6.404, DE 1976

A Lei n. 6.404, de 1976, adota os mesmos procedimentos para realização do valor das ações não pagas nos prazos contratados na subscrição.

Apenas algumas alterações de caráter técnico e de processo civil foram introduzidas quanto a esta matéria.

Assim, em primeiro lugar, a lei explicita o que constitui título extrajudicial para a execução judicial da dívida. Em seguida, no tocante à venda em Bolsa, ela especifica a forma de venda das ações em atraso, que será por leilão especial; permite, dessa forma, que tanto as companhias com ações ali cotadas, como também aquelas que não as têm, possam utilizar-se indistintamente desses serviços.

Ainda sobre a venda em Bolsa, a lei encurta o prazo de publicação dos avisos do leilão especial, cuja antecedência deve ser de apenas três dias, quando, na lei de 1940, os anúncios deviam ser publicados durante o espaço mínimo de trinta dias antes do leilão.

E sobre a venda em leilão, ademais, a presente norma dispõe sobre o procedimento de publicação oficial, em razão da regra contida no art. 289.

E sobre a venda em Bolsa, a Lei Societária suprimiu o conteúdo dos avisos do leilão especial, deixando a matéria, evidentemente, para a competência regulamentar da Comissão de Valores Mobiliários (art. 8º da Lei n. 6.385/76) e da autorregulação da BM&FBovespa.

Outra inovação trazida pela lei de 1976 verifica-se com a explicitação da faculdade que tem a companhia de sucessivamente acumular procedimento judicial de execução com a tentativa de venda, em leilão de Bolsas, das ações objeto da primeira medida. E, no sentido inverso, a lei também explicita que poderá a companhia, em face da tentativa frustrada ou da insuficiência do preço da venda das ações em Bolsa, proceder à execução judicial do débito respectivo.

Porém, a principal explicitação da presente norma, que consagrou as tendências doutrinárias e jurisprudenciais sobre a matéria, é representada pela declaração de injuridicidade da cláusula do contrato unilateral de subscrição que exclua ou diminua a possibilidade de a companhia usar os dois meios de realização das parcelas em atraso e sua reversão — execução judicial e venda em leilão.

A lei de 1976, no entanto, ressalva o direito de ação do acionista de boa--fé, que foi induzido contratualmente por essa vantagem, no caso de vir a companhia a estipular sucessiva ou excludentemente os procedimentos previstos na presente norma.

Ademais, o artigo ora em estudo faculta à companhia integralizar com lucros e reservas disponíveis as ações caídas em comisso. Essa possibilidade decorre da exceção legal da negociação da companhia com suas próprias ações (art. 30).

Ainda como última inovação técnica, a presente norma estabelece que caberá à assembleia geral *homologar* a redução do capital, em caso de não colocação de ações caídas em comisso.

Ao adotar o termo *deliberará*, no lugar de *homologará*, a lei não foi feliz, pois, com efeito, não cabe, na espécie, à assembleia geral, qualquer deliberação — que implica decidir entre duas ou mais opções. Cabe-lhe, apenas, formalizar a redução do capital que é obrigatória, por razões de ordem pública que não podem ser elididas pela assembleia geral.

FUNDAMENTO DA NORMA

O direito da companhia de vender as ações em atraso e também de constranger o acionista em mora ao cumprimento do contrato unilateral de integralização é universalmente aceito[59].

Funda-se essa determinação legal na obrigação que tem a companhia de preservar a integridade do capital social. Baseia-se, outrossim, no direito dos credores de realizar os seus créditos junto à companhia fundados na efetividade do capital social.

Também se alicerça a presente norma no princípio de que todos os acionistas subscritores do capital social estão irrevogavelmente vinculados ao empreendimento societário[60].

---

59 Assim no direito italiano, art. 2.344 do Código Civil. Se o acionista não paga as prestações, os administradores podem vender as respectivas ações. Se não houver comprador, caducam, e haverá redução do capital. O acionista em mora não pode exercer o direito de voto. Na França, a lei das sociedades (art. 281) dispõe que a companhia poderá vender as ações em bolsa ou em leilões públicos, se não forem cotadas, depois de um mês da constituição da mora. A lei francesa também prevê ação de cobrança e suspensão dos direitos de acionista do subscritor faltoso. Não prevê, no entanto, ação executiva, razão por que a via judicial é pouco utilizada. Mercadal e Janin, *Mémento*, cit., p. 266. Na Argentina, a lei das sociedades (arts. 166 e 193) prevê igualmente a hipótese de venda ou de exigência do cumprimento do contrato, com suspensão dos direitos de sócio.

60 Cunha Peixoto, *Sociedades por ações*, cit., v. 2, p. 306.

Trata-se, portanto, de encargo irrecusável dos administradores da companhia. Não cabe a estes, sob nenhuma hipótese ou pretexto, deixar de utilizar da prerrogativa legal para tentar obter a realização da parcela em atraso do capital social. Para tanto, a lei permite, de forma inusitada, que a companhia lance mão da via judicial e extrajudicial e vice-versa. Quando a providencia se dá no sentido de primeiro executar e, em seguida, tentar vender em leilão, a lei, inclusive, permite que esta última se faça sem prejuízo do prosseguimento da ação judicial.

Determina, ainda, a lei que, tentado sem êxito o caminho da execução judicial e da venda em Bolsa, deverá obrigatoriamente a companhia integralizar as ações em comisso com lucros e reservas disponíveis. Se não as tiver, deverá, como última tentativa, diligenciar a venda, no prazo de um ano, dessas ações. Frustrada esta última medida, deverá obrigatoriamente a companhia reduzir o capital social no exato montante da irrealização das ações subscritas, a fim de que se atenda, ainda que através dessa forma extrema, aos mesmos princípios da integridade do capital social e da proteção aos credores.

MEDIDAS SUCESSIVAMENTE OBRIGATÓRIAS

A lei prevê, com efeito, quatro medidas a que deve a companhia proceder para obter a integralização do capital subscrito. Duas delas — execução judicial e venda em leilão — encontram-se no âmbito das relações entre a companhia e o acionista remisso. Constituem formas de execução do contrato unilateral de integralização do capital firmado pelo acionista inadimplente.

Já as duas medidas restantes — integralização com lucros e reservas e venda das ações a terceiros — resultam da rescisão do contrato de subscrição, que a lei permite seja declarada unilateralmente pela companhia *sine ministerio judicis*. Deverá, com efeito, a companhia, se houver insucesso na execução forçada do contrato, declará-lo rescindido de pleno direito, apropriando-se do seu objeto — as ações subscritas, por isso que o pacto comissório, nesse especifico e único caso, é legalmente previsto.

DIREITO IRRENUNCIÁVEL DA COMPANHIA

Na esfera da execução forçada do contrato unilateral de integralização, não poderá a companhia renunciar ao uso efetivo de uma das duas medidas — execução ou venda em leilão — que a lei lhe faculta. Se houver renunciado a essa opção, quando do contrato unilateral de subscrição, mediante cláusula impeditiva constante de qualquer documento componente do contrato, será tal cláusula nula de pleno direito[61]. Fala a lei em estipulação não escrita quando ela for estabelecida no estatuto ou constar de cláusula do boletim de subscrição.

Essa enumeração deve ser considerada meramente exemplificativa, pois não apenas nesses dois documentos pode ocorrer a convenção de renúncia do direito opcional da companhia de lançar mão tanto da execução como da venda em leilão.

Podem, com efeito, os fundadores da companhia ou seus administradores, por documentos particulares, lançar mão de outros expedientes de renúncia direta ou indireta do direito de execução judicial das prestações em atraso, ou mesmo da venda em leilão.

Assim, podem os administradores em nome da companhia, v. g., firmar um contrato de promessa de recompra das ações, no caso de os subscritores desistirem, a qualquer tempo, de integralizar as ações, seja pela própria companhia, já que ela pode adquirir suas próprias ações com lucros e reservas disponíveis (art. 30), seja por companhia subsidiária ou coligada da companhia emissora.

Quando esse fato ocorrer, sob as mais diversas formas, a estipulação também deverá ser havida como írrita, relativamente à companhia. Não será válida, com efeito, a cláusula constante de qualquer documento editado pela companhia, suas coligadas e subsidiárias ou pelos respectivos fundadores ou administradores, que, direta ou indiretamente, ilidam a prerrogativa da companhia de executar judicialmente o débito da integralização ou de leiloar em Bolsa as ações do acionista em mora.

Não pode a companhia renunciar ao uso de ambas as medidas, nem de uma delas. Esses procedimentos não são, ademais, excludentes, permitindo-se a utilização de ambos, como já se viu. Daí a antijuridicidade, agora legalmente expressa, da cláusula que leve à diminuição da certeza da realização do capital e que possibilite ao acionista eximir-se do pagamento de prestações devidas[62].

---

61 A não aceitação pela doutrina e jurisprudência dessa renúncia já era assente na vigência do Decreto-Lei n. 2.627, de 1940, não obstante algumas vacilações. Cunha Peixoto, *Sociedades por ações*, cit., v. 2, p. 310 e s.; Valverde, *Sociedades por ações*, cit., v. 2, p. 25.

62 Cunha Peixoto, *Sociedades por ações*, cit., v. 2, p. 310 e s.

Portanto, verificada a mora do acionista, tem a companhia a prerrogativa plena de promover a execução judicial da dívida ou a venda em leilão das ações, em Bolsa.

INADMISSÍVEL A IMPOSIÇÃO DE ORDEM OU RESCISÃO CONTRATUAL

O direito de escolha da medida que primeiro deve ser tomada cabe à administração da companhia[63]. Não pode, por conseguinte, haver qualquer estipulação que, direta ou indiretamente, estabeleça preferência de ordem, como, v. g., primeiro leilão em Bolsa e somente depois a execução judicial. Também não pode haver cláusulas de renúncia ao uso simultâneo das medidas, como, v.g., a de que, uma vez escolhida a execução, deva ser aguardado o seu desfecho para somente após proceder-se ao leilão.

Também será írrita a estipulação que, direta ou indiretamente, declare que, em caso de ocorrer a mora, as ações cairão automaticamente em comisso, rescindindo-se, portanto, e desde logo, o contrato unilateral de integralização. Essa cláusula representaria a exclusão completa do acionista em atraso da obrigação de integralizar, mediante declaração antecipada de caducidade das ações subscritas.

Quaisquer desses expedientes são inoponíveis à companhia, que terá sempre a prerrogativa de exercitar ambas as medidas, sem preferência de ordem, podendo cumular ambas, na hipótese de haver primeiro optado pela execução. Inadmissível, ademais, a execução do pacto comissório, sem que antes a companhia tenha utilizado uma ou ambas as medidas de cobrança junto ao acionista devedor.

AÇÃO DO SUBSCRITOR DE BOA-FÉ

O subscritor que tenha sido induzido a subscrever ações sob promessa de inexecução das medidas de cobrança, que a lei determina para o caso de atraso na integralização, poderá propor ação contra os responsáveis pela estipulação.

Em primeiro lugar, cabe aqui ressaltar que, embora a companhia devesse ser responsabilizada pelo induzimento, na medida em que a sua causa encontra-se materializada no estatuto ou no boletim de subscrição

---

63 Cunha Peixoto, *Sociedades por ações*, cit., v. 2, p. 310 e s., e jurisprudência aí referida.

ou em qualquer documento dela emanado, a lei a exclui da responsabilidade. Esta será unicamente dos fundadores, administradores ou acionistas controladores.

Não poderá, portanto, o acionista de boa-fé acionar a própria companhia emissora das ações. Poderá, no entanto, fazê-lo contra companhia subsidiária (art. 251), controlada ou controladora e coligadas que hajam prometido ao subscritor, de forma direta ou indireta, a dispensa de execução da dívida.

CARACTERIZAÇÃO DA BOA-FÉ DO ACIONISTA

O acionista subscritor, para haver perdas e danos pela inexecução da promessa de dispensa de execução pela companhia, deve estar de boa-fé. Esse requisito, que será matéria de alegações e prova apresentada pelo acionista, visando o livre convencimento do juiz, deverá ser irretorquivelmente configurado. Para tanto, influem as circunstâncias em que se deu a subscrição e outros fatores, que devem ser examinados em cada caso particular e diante das características também particulares de subscrição, se, v. g., pública ou particular, de companhia fechada ou aberta, entre acionistas conhecidos ou desconhecidos etc.

Parece, no entanto, difícil configurar a boa-fé do acionista quando a promessa de inexecução for diretamente feita pela companhia, de forma expressa e clara, através de seu estatuto ou boletim de subscrição. Nessa hipótese, a abdicação cristalina do direito irrenunciável pela companhia não pode ser considerada induzimento. Isto porque seria mesmo inadmissível que o acionista devedor concordasse de boa-fé com a cláusula de inexecução de sua própria dívida.

Portanto, o requisito de boa-fé deve ser encontrado em outras circunstâncias. E estas são as mais comuns, como as já citadas, de promessa de compra das ações não integralizadas pela própria companhia, ou por sociedades interligadas, ou por acionistas controladores, a qualquer tempo, pela simples desistência do acionista subscritor. Outras formas semelhantes de induzimento podem, com efeito, ilaquear a boa-fé do subscritor, com o fito de convencê-lo, em face de vantagens excepcionais, e com aparência de legalidade, da subscrição das ações que lhe são oferecidas.

CARACTERIZAÇÃO DAS PERDAS E DANOS

O requisito material para acionar os responsáveis — pessoas físicas e jurídicas — é o da existência de perdas e danos. Trata-se de matéria probatória que pode tomar as mais diversas feições.

Não obstante, essa caracterização pode desde logo se verificar pelo método comparativo do investimento. Assim, v.g., é possível ao acionista de boa-fé provar que fora induzido a investir na subscrição de ações diante de vantagens excepcionais, cuja ilegalidade ignorava. Essas vantagens, uma vez inexistentes, transformaram o investimento em perda, se comparado com outros valores mobiliários que poderiam ter sido objeto da aplicação, na época, no próprio mercado de capitais.

Prevalece, na hipótese, o disposto no art. 402 do Código Civil, o qual estabelece que as perdas e danos devidos ao credor — no caso, o acionista — abrangem, além do que ele efetivamente perdeu, o que razoavelmente deixou de lucrar.

RESPONSABILIDADE PENAL

Reputa-se fraudulenta qualquer declaração feita por fundadores, administradores e acionistas controladores da companhia emissora ou de sociedades interligadas, no sentido de induzir direta ou indiretamente pessoas à subscrição de ações, com a promessa de inexecução da dívida, por exclusão de qualquer dos meios legalmente previstos.

Trata-se de típica ocultação fraudulenta ao subscritor de norma de ordem pública que não admite renúncia por parte da companhia[64].

PRESSUPOSTOS PARA A COBRANÇA

A lei outorga à companhia duas opções para cobrança das prestações devidas pelo acionista: judicial e extrajudicial. Essas duas medidas não se excluem, permitindo que a companhia as utilize sucessiva ou reservadamente. Estabeleceu, para tanto, dois pressupostos de legitimidade para a cobrança.

Em primeiro lugar, que o subscritor seja acionista e não apenas subscritor do capital[65]. A sociedade só pode agir contra o acionista ou quem

---

64 A tipificação dessa fraude encontra-se no art. 177 do Código Penal de 1940: "Fraudes e abusos na fundação ou administração de sociedades por ações — Promover a fundação de sociedade por ações, fazendo, em prospecto ou em comunicação ao público ou à assembleia, afirmação falsa sobre a constituição da sociedade, ou ocultando fraudulentamente fato a ela relativo".

65 *V.* comentários ao art. 106.

com ele for solidariamente responsável (art. 108). Portanto, é necessário que a companhia esteja definitivamente constituída, por isso que não será parte legítima a sociedade em constituição ou os seus fundadores[66]. Credora é tão somente a companhia.

Em segundo lugar, que esteja o acionista efetivamente em mora, nos termos do art. 106.

PROCESSO DE EXECUÇÃO

Escolhendo a via judicial, a companhia promoverá processo de execução nos termos do art. 566 do Código de Processo Civil, com fundamento em título executivo extrajudicial indicado na própria norma[67]. Esse título executivo (art. 585, VII, do CPC) é constituído do boletim de subscrição e do aviso de chamada.

A indicação, na Lei, dos documentos que constituem o título extrajudicial, além de atender às regras processuais, vem colocar fim a longo dissídio jurisprudencial sobre que documentos eram necessários à instrução da ação executiva, no antigo regime processual[68 e 69].

Ao indicar, no entanto, expressamente os documentos constitutivos do título executivo extrajudicial, não logrou a norma ser explicitante o suficiente.

Isto porque o dispositivo legal leva à conclusão de que será necessário instruir, em todos os casos, o pedido de execução com os dois documentos — boletim de subscrição e aviso de chamada por três vezes (art. 289)

Tal procedimento, no entanto, não se coaduna com as modalidades diversas de subscrição, cujas condições de pagamento podem estar estabelecidas no estatuto, ou ser determinadas por deliberação da assembleia ou por chamadas, a critério da diretoria.

Em qualquer dessas modalidades, é necessário haver boletim de subscrição, em que constam condições e prazos de pagamento ou a expressa menção de que ficarão a critério da diretoria as respectivas chamadas. O

---

66   *V.* comentários ao art. 106.

67   Art. 585, VII, do Código de Processo Civil.

68   A respeito, *v.* remissões e comentários de Cunha Peixoto, *Sociedades por ações,* cit., v. 2, p. 308 e s.

69   *V.* também AC 0694240-9, Rel. Juiz Álvaro Torres Júnior, do extinto 1º TACSP (*RT* 763/222), e AC 703.795-0, Rel. Juiz J. B. Franco de Godoi, da 4ª Câm. Cív. do extinto TACSP, j. em 26-8-1998.

número de parcelas, contudo, será, em qualquer hipótese, mencionado no boletim de subscrição.

Portanto, esse documento necessariamente constitui título extrajudicial propiciatório do pedido de execução contra o acionista.

O mesmo, porém, não se dá com o aviso de chamada. Esse documento somente se faz necessário quando se delega à administração da companhia o encargo de proceder às chamadas das parcelas faltantes da integralização. Esse aviso de chamada é a convocação publicada na forma e para os efeitos do art. 289, por três vezes, no mínimo, fixando prazo, não inferior a trinta dias, para o pagamento da respectiva parcela (art. 106).

DOCUMENTOS QUE CONSTITUEM TÍTULO EXTRAJUDICIAL

O aviso de chamada só constituirá título extrajudicial para instruir a execução judicial se o estatuto ou a assembleia geral delegou aos órgãos da administração a competência para efetuar a chamada.

Os prazos previstos no estatuto serão exigíveis a partir da publicação oficial do aviso de chamada (art. 289) que instruirá o pedido de execução. Isso feito, estará plenamente constituída a mora pela falta do pagamento oportuno, mediante os editais publicados.

Em suma: se as condições de integralização tiverem sido previstas no estatuto, bastará como título extrajudicial o respectivo boletim de subscrição e os editais de publicação (art. 289). Da mesma forma, se foi delegado aos órgãos da administração efetuar a chamada, além do boletim de subscrição, também será necessário instruir o pedido com o aviso de chamada, devidamente publicado na forma prevista nos arts. 106 e 289, valendo, portanto, como título extrajudicial os dois documentos: boletim de subscrição e aviso de chamada.

LIQUIDEZ E CERTEZA DA DÍVIDA E ASPECTOS RESCISÓRIOS DO TÍTULO EXTRAJUDICIAL

O título extrajudicial, em face das características especiais do processo de execução, equivale a uma sentença[70]. O acionista é, no caso, devedor por quantia certa. Na configuração do título que outorga essa certeza, basta que tenha existido a mora.

---

70   Cunha Peixoto, *Sociedades por ações*, cit., v. 2, p. 309.

É evidente que o título extrajudicial é passível de exame e sobre ele podem ser apresentadas as exceções rescisórias. A primeira delas é a confirmação de que não assinou o boletim de subscrição. A segunda é a de que a assinatura é falsa. A terceira, de que alguém por ele e sem sua autorização firmou o boletim. A quarta, de que, no aviso de chamada, não consta o nome do acionista devedor ou está ele ali inserido de maneira incorreta. A quinta é a de que, na publicação do aviso de chamada, não foram observados todos os procedimentos determinados pelos arts. 106 e 289 ou, ainda, o foram incorretamente.

Em todas essas hipóteses e outras admitidas em direito, poderá ser o título extrajudicial invalidado pelo acionista devedor.

EXECUÇÃO CONTRA TODOS OS DEVEDORES — JUIZ COMPETENTE

É princípio fundamental que a execução judicial deve ser proposta contra todos os devedores: acionistas e os que com eles forem solidariamente responsáveis (art. 108). Estabelece-se, no caso, um litisconsórcio passivo, fundado na comunhão de interesses[71].

Não deve, portanto, a companhia cogitar da solvabilidade ou da insolvabilidade dos acionistas devedores[72].

A obrigação de executar todos os acionistas em débito não implica, no entanto, a exigência de propositura de uma única ação contra todos. O entendimento contrário, entretanto, levaria a um outro erro, qual seja, o de que o juiz competente é necessariamente o da sede da companhia[73]. Ocorre que nem sempre a sede é o lugar convencionado para o pagamento. E é este que determina o foro competente para a execução judicial[74].

Ocorre, também, que podem ser estabelecidos, no estatuto ou no boletim de subscrição, diversos locais de pagamento das parcelas subscritas, notadamente quando se trata de companhias abertas. Nestes casos, a integralização de ações pode realizar-se em âmbito regional, ou até mesmo nacional, através de rede de instituições financeiras encarregadas do recebimento das parcelas.

---

71 Valverde, *Sociedades por ações*, cit., v. 2, p. 24.

72 Valverde, *Sociedades por ações*, cit., v. 2, p. 24.

73 Conforme entende Valverde, no regime da lei anterior, *Sociedades por ações*, cit., v. 2, p. 24.

74 Cunha Peixoto, *Sociedades por ações*, cit., v. 2, p. 316.

Tais cobranças em diversos locais são feitas por meio de listagem, abrangendo os acionistas subscritores de uma cidade, de um Estado ou região.

Assim, o foro não é determinado pelo domicílio do acionista devedor, tampouco pela sede da companhia. Será sempre o do local em que, conforme estabelecido no boletim de subscrição, estiver o acionista relacionado para pagar, seja diretamente junto a escritórios da própria companhia, seja através de agencias de instituições financeiras encarregadas de determinados serviços com ações (arts. 27, 34 e 41), ou especialmente contratadas para o recebimento de parcelas de integralização[75].

DEFESA DO ACIONISTA

Além das referidas exceções que podem ser apresentadas ao título extrajudicial, a defesa do acionista é muito restrita, no âmbito do processo de execução da dívida.

Na realidade, não pode o acionista eximir-se de pagar ações que subscreveu, com base em vícios na constituição ou no funcionamento da companhia. A declaração de vontade do subscritor, ao assinar o boletim de subscrição, é irretratável, não podendo furtar-se ao cumprimento dessa obrigação, em prejuízo dos credores[76].

Na execução, as únicas defesas cabíveis restringem-se a três casos: o não vencimento, o pagamento e a compensação.

Não pode, com efeito, a companhia demandar o acionista antes de vencida a respectiva parcela de integralização (art. 939 do CC).

Pode, por outro lado, na forma do art. 940 do Código Civil, o acionista executado provar que já pagou as parcelas judicialmente exigidas. Pode, ainda, opor-se ao cálculo da execução, por excesso, notadamente quanto aos juros, à correção monetária ou à multa. Pode também se defender quanto a estas últimas cominações, se não estavam elas estatutariamente previstas à época da subscrição[77].

Nessas hipóteses, não pode, no entanto, o executado eximir-se de pagar desde logo o valor da subscrição, cabendo ao juiz destacar as parcelas incontroversas daquelas contestadas, para o efeito de efetivar a execução.

---

75 V. comentários ao art. 41.

76 V. Cunha Peixoto (*Sociedades por ações*, cit., v. 2, p. 313 e s.), que levanta importante jurisprudência a respeito.

77 V. *RT*, 763/222.

Por outro lado, não cabe ao acionista executado reconvir sobre o que já pagou ou sobre o valor que lhe é excessivamente exigido, já que não se admite reconvenção em processos de execução[78].

Deve o acionista, portanto, propor ação própria para haver da companhia os ressarcimentos previstos no citado art. 940 do Código Civil.

Evidente que se estabelecerá a conexidade de causas na espécie, podendo o juiz reunir os dois processos para serem julgados na mesma sentença.

COMPENSAÇÃO COMO MATÉRIA DE DEFESA

Pode, outrossim, a compensação constituir matéria de defesa[79]. Para que prevaleça, será necessário que o acionista executado tenha um crédito líquido e exigível contra a companhia, inclusive dividendos já creditados a seu favor[80]. Ainda, para que seja admissível a compensação, devem ser rigorosamente observadas as regras contidas nos arts. 368 e s. do Código Civil.

Assim, não haverá compensação se no contrato unilateral de integralização o acionista e a companhia convencionaram a sua exclusão na espécie, ou se, a qualquer tempo, antes da execução, o acionista em débito renunciou a essa prerrogativa.

Sendo, por outro lado, líquido o crédito do acionista, vencido e, portanto, exigível, caberá ao juiz decretar a compensação, ainda que as importâncias compensadas cubram apenas parcialmente o valor da execução.

DEFESAS INADMISSÍVEIS

Não pode o acionista — dada a natureza especial do processo de execução — alegar em sua defesa qualquer matéria[81]. Não pode, por conseguinte, fundamentar sua defesa na constituição, no estado ou na

---

78 Frederico Marques, *Manual de direito processual civil*, São Paulo, Saraiva, 1974, v. 2, p. 94: "Nas ações executivas para cobrança de quantia certa, se o executado tiver crédito líquido e certo contra o exequente, ao invés de reconvir deverá embargar alegando compensação (Cód. Proc. Civ., arts. 741, inciso VI, e 745)".

79 Cunha Peixoto, *Sociedades por ações*, cit., v. 2, p. 315.

80 *V.* comentários ao art. 106.

81 Diferentemente da opinião de Valverde, *Sociedades por ações*, cit., v. 2, p. 25, e que foi cuidadosamente rebatida por Cunha Peixoto, *Sociedades por ações*, cit., v. 2, p. 312, fundado, inclusive, em análise da jurisprudência sobre a matéria.

administração da companhia. Não pode arguir a nulidade da constituição da companhia ou da deliberação social.

Também não pode alegar o não cumprimento por outros acionistas da obrigação de integralizar[82].

Assim, a defesa, na execução judicial, restringe-se aos direitos individuais do executado, nos quais não se inclui a sua qualidade de acionista[83].

As matérias societárias que o acionista possa questionar, inclusive a da referida nulidade da própria constituição ou de deliberação da assembleia geral, ou de responsabilidade dos controladores (arts. 116 e 117) e dos administradores e demais corresponsáveis (arts. 153 e s.), ou, ainda, do abuso do direito de voto (art. 115), somente podem ser objeto de ações próprias aludidas na lei (arts. 285, 286 e 287)[84].

SUBSISTÊNCIA DA OBRIGAÇÃO DE INTEGRALIZAR E DA SUA EXECUÇÃO JUDICIAL

A propositura de ação de nulidade de qualquer ato referente à constituição, estado e administração da companhia, inclusive por defeitos formais ou mesmo substanciais dos atos de capitalização e respectiva subscrição, não interrompe o processo de execução do débito originado do contrato de integralização.

Insiste-se aqui na diferença de natureza do processo de execução e da ação de nulidade. No primeiro, o título extrajudicial já constitui sentença definitiva, somente atacável pelo aspecto rescisório. Na ação de nulidade de atos societários, o reconhecimento do alegado defeito depende ainda de uma sentença, declarando-o. Enquanto não ocorre a sentença, subsiste o ato jurídico (da subscrição)[85].

Consequentemente, não pode ser alegada anterioridade da propositura de ação para anular atos societários, com o fito de trancar o processo executivo, por isso que este, pela sua natureza, já se considera julgado, através do título extrajudicial, ao passo que aquela medida ainda não foi apreciada no devido processo de conhecimento.

---

82   Halperin, *Sociedades anónimas*, cit., p. 340.

83   Cunha Peixoto, *Sociedades por ações*, cit., v. 2, p. 313.

84   *V.* comentários ao art. 287.

85   Cf. acórdão da 5ª Câmara do antigo Distrito Federal, reportado por Cunha Peixoto, *Sociedades por ações*, cit., v. 2, p. 313.

Mesmo que possa haver anterioridade no tempo, quanto à propositura da ação de nulidade, os prazos sempre contam a favor do processo de execução, já que este, ao ser proposto em termos, traz em si uma sentença definitiva.

Somente quando a ação de nulidade dos atos referentes à subscrição e integralização já está definitivamente julgada, é que pode ser oposta pelo acionista executado a insubsistência da cobrança judicial.

Enquanto a companhia permanecer com sua personalidade jurídica e os atos de subscrição e integralização não forem declarados, por decisão judicial, nulos, o subscritor em mora não poderá impedir que a companhia lhe exija executivamente o valor das ações subscritas. Prevalece sempre, na espécie, o caráter irretratável do contrato unilateral firmado pelo acionista e o interesse de ordem publica da integridade do capital social, representado, notadamente, pelo colégio de credores[86].

O fracasso do empreendimento societário, a notória malversação dos bens sociais pelos administradores ou qualquer fraude na condução dos negócios sociais não ilidem a exigibilidade executiva do pagamento da integralização, como reiterado.

Mesmo ocorrendo a falência ou a liquidação extrajudicial da companhia, será exigível o pagamento, por iniciativa, respectivamente, do administrador judicial e do liquidante, consoante determinação do art. 22, III, *l*, c/c o art. 117 da Lei de Falências e Recuperação de Empresas (Lei n. 11.101/2005), e da Lei n. 6.024, de 1974.

EXIGIBILIDADE NA LIQUIDAÇÃO CONVENCIONAL OU JUDICIAL

A liquidação da companhia pela ocorrência de qualquer das hipóteses previstas na lei (art. 206) acarreta a seguinte indagação: continua ou não devida a integralização das ações subscritas?

A exigibilidade somente subsistirá se o ativo não bastar para a solução do passivo. Nesta hipótese, caberá ao liquidante, como um de seus deveres expressamente previstos na lei (art. 210), exigir dos acionistas a integralização das ações subscritas.

Em consequência, poderá o acionista, como matéria de defesa no processo de execução, arguir a existência de ativo social suficiente para a cobertura do passivo. Poderá, ainda, apresentar em sua defesa a inexistência

---

86 Cunha Peixoto, *Sociedades por ações*, cit., v. 2, p. 314.

dos balanços patrimoniais e o descumprimento de outros deveres que cabem ao liquidante, para o efeito de verificação e declaração do ativo e do passivo (art. 210).

Assim, no caso de liquidação convencional ou judicial da companhia, o espectro de defesa é mais amplo no âmbito do processo de execução. Isto porque, além do título extrajudicial, deverá também ser evidenciada pelo liquidante a subsistência da dívida, que só ocorrerá se houver *deficit* na relação ativo/passivo da companhia em liquidação.

EXCLUSÃO DO ACIONISTA DEVEDOR

Em vez de optar pela manutenção do *status* de acionista do subscritor em débito, através da cobrança executiva das parcelas da integralização não tempestivamente pagas, poderá a companhia promover medidas que visem a privar o acionista de sua condição de sócio, mediante a venda de suas ações em leilão especial realizado na BM&FBovespa. Tal procedimento, que será decidido pela administração, acarreta a perda de participação acionária, em decorrência de uma forma de autoexecução, pela qual a companhia credora, por si mesma (*sine ministerio judicis*), está autorizada a proceder à expropriação do acionista devedor[87].

Trata-se de uma espécie de embargo e venda do título, sem a intervenção da justiça[88], autorizada pela lei.

Portanto, a companhia, por seus órgãos de administração, ao optar pela venda das ações através de leilão especial, promove a exclusão do acionista devedor de seus quadros e visa, com efeito, à sua substituição.

Essa venda extrajudicial das ações não pagas faz-se por meio da BM&FBovespa, como referido.

O procedimento já era consagrado no antigo diploma[89], em que, além de não haver distinção entre companhias abertas e fechadas (art. 4º), todas as sociedades eram obrigatoriamente registradas em Bolsa[90].

Ocorre que desde o advento da Resolução n. 39, do Banco Central, de 1966, que regulou o funcionamento das Bolsas de Valores e das companhias e valores mobiliários nelas listadas, desapareceu a obrigatoriedade de regis-

---

87   Brunetti, *Tratado*, cit., v. 2, p. 541.
88   Ripert-Roblot, *Traité*, cit., p. 320.
89   Art. 76 do Decreto-Lei n. 2.627, de 1940.
90   Decreto-Lei n. 9.783, de 6 de setembro de 1946.

tro de todas as sociedades anônimas e, consequentemente, passou-se a admitir negociações apenas com ações de companhias ali registradas.

COMPANHIAS NÃO LISTADAS NA BOLSA

Dessa fundamental transformação dos procedimentos de registro de negócios com ações em Bolsas de Valores surgiu, ainda na vigência do Decreto-Lei n. 2.627, a questão de saber se as companhias não registradas poderiam vender suas ações não pagas em leilão especial ali realizável.

Entendeu a doutrina mais abalizada que apenas as sociedades registradas e, portanto, listadas poderiam vender suas ações em atraso na Bolsa de Valores.

As demais deveriam proceder à alienação dessas ações por meio da própria diretoria, obedecendo às formalidades legais previstas para a espécie[91].

Acontece que esse entendimento não prevaleceu na prática, na medida em que o Banco Central considerou que cabia às Bolsas, em face do mandamento legal[92], continuar a desempenhar a função de vender em leilão especial as ações não pagas de todas as companhias que requeressem esse procedimento, independentemente de serem ou não registradas em Bolsa de Valores[93].

REITERAÇÃO DA FUNÇÃO LEGAL DAS BOLSAS

A Lei n. 6.404, de 1976, ao reproduzir o dispositivo de 1940 quanto à competência das Bolsas para proceder ao leilão especial das ações não pagas, reiterou a função especial conferida às Bolsas para organizar tais vendas, independentemente de estarem ou não as respectivas companhias ali registradas e listadas.

Trata-se, com efeito, de uma função especial que a lei outorga às Bolsas de Valores – hoje concentrada na BM&FBovespa – na medida em que são instituições auxiliares do Poder Público, não só para esse específico fim,

---

91 Cunha Peixoto, *Sociedades por ações*, cit., v. 2, p. 318.

92 Art. 76 do Decreto-Lei n. 2.627, de 1940.

93 A lei francesa — art. 281 da lei de 1966 — estabelece que a venda das ações cotadas será efetuada em Bolsa e a das não cotadas, em leilão público.

mas também para outros de maior importância, como nas liquidações extrajudiciais[94].

É o caso presente da BM&FBovespa, que é uma instituição privada prestadora do serviço público de realização das transações com valores mobiliários e, dentre eles, os susceptíveis de leilão, independentemente de serem ou não listados ou admitidos em suas negociações correntes.

PROCEDIMENTO PARA LEILÃO NA BM&FBOVESPA

Em face dos poderes, por outro lado, conferidos à Comissão de Valores Mobiliários (art. 8º da Lei n. 6.385/76), cabe a essa agência regular o procedimento a ser observado pela companhia e pela BM&FBovespa na realização dos leilões especiais, na forma e para os efeitos do disposto na lei.

Com base nos procedimentos até aqui assentes, na espécie, cabe à companhia requerer o leilão especial diretamente à BM&FBovespa, a qual, por sua vez, encaminhará o pedido, devidamente instruído, à Comissão de Valores Mobiliários, que deverá aprová-lo, comunicando-lhe o resultado. A BM&FBovespa deverá, em seguida, publicar por três vezes, no mínimo, a data e as características do leilão, em conformidade com o procedimento previsto no art. 289[95]. Também deverá a instituição publicar esses avisos por três vezes no *Boletim Diário da Bolsa*. Nesse edital, basta constarem as características das ações que serão leiloadas, não tendo sido, até agora, exigido que dele conste o nome dos acionistas devedores.

Por outro lado, deverá necessariamente constar dos avisos que podem os acionistas devedores purgar a mora.

VENDA DAS AÇÕES EM LEILÃO

As ações em comisso não poderão ser leiloadas por preço inferior ao que faltar para a integralização[96]. A razão desse requisito é óbvia. Se a ação pudesse ser leiloada por preço menor ao da subscrição, deduzidas as parcelas já pagas, haveria uma redução indireta do capital social.

---

94 Art. 52 da Lei n. 6.024, de 1974.

95 *V.* comentários ao art. 289.

96 Cunha Peixoto, *Sociedades por ações*, cit., v. 2, p. 318; Halperin, *Sociedades anónimas*, cit., p. 359.

Ademais, o adquirente da ação passaria a ser seu titular, por valor de aquisição inferior ao pago pelos outros acionistas, que pontualmente resgataram as parcelas de integralização.

Daí a razão de a venda em Bolsa obedecer ao rito de leilão, o qual possibilita a fixação de um lance mínimo, que será exatamente o valor que falta para a integralização.

Se a ação for arrematada, no leilão, por preço superior ao saldo em débito da subscrição, serão dele deduzidas as despesas da operação e as cominações previstas no estatuto, tais como juros e multa.

Restando ainda saldo, será este posto à disposição do ex-acionista.

EXECUÇÃO JUDICIAL DO SALDO DEVEDOR DO EX-ACIONISTA

Se, no leilão, não for apurada uma importância que dê para cobrir, além do valor devido da subscrição, também as despesas com o certame e respectivas cominações previstas no estatuto, caberá à companhia proceder à execução judicial desses débitos. Não obstante o leilão, fica, com efeito, o ex-acionista obrigado pelas despesas e ônus contratuais decorrentes de seu inadimplemento.

Essa responsabilidade do acionista, exigível pela via de execução, na forma do art. 566 do Código de Processo Civil, decorre da própria lei, que determina a venda em leilão especial, feita por conta e risco do próprio acionista devedor[97].

SITUAÇÃO JURÍDICA DO ADQUIRENTE DAS AÇÕES EM LEILÃO

O arrematante das ações em leilão torna-se automaticamente acionista da companhia, substituindo em todos os direitos e obrigações o antigo acionista devedor.

A importância da arrematação deverá ser paga à vista, dentro dos procedimentos próprios de compensação e pagamento da BM&FBovespa. Por isso o leilão é feito por intermédio de sociedade corretora, entrando a liquidação no giro normal de seus negócios realizados no pregão.

Pela sub-rogação de todos os direitos e obrigações originados das ações arrematadas, passa o novo titular a figurar nos livros próprios como novo titular delas.

---

97 Cunha Peixoto, *Sociedades por ações*, cit., v. 2, p. 319.

Fica, ademais, o novo acionista responsável pelas prestações ainda devidas, em virtude da integralização, nas épocas próprias, sub-rogado que estará em todas as obrigações constantes do contrato unilateral de integralização, inclusive com relação às penalidades que nele se incorporaram em razão de dispositivo estatutário (art. 106).

SUSTAÇÃO DO LEILÃO

Pode o devedor sobrestar a realização do leilão especial, se purgar a mora antes da arrematação, preservando, assim, sua condição de acionista[98].

A suspensão da venda em leilão somente será eficaz se o acionista em atraso pagar as parcelas em débito mais as despesas havidas com a realização do próprio leilão e, ainda, juros e multa previstos.

Se houver recusa de sobrestamento do leilão por parte da BM&FBovespa, da sociedade corretora ou da própria companhia, poderá o acionista depositar a quantia em juízo. Caberá, em consequência, ao juiz, em processo próprio, suspender ou não o leilão, ou, se este tiver sido realizado, suspender o seus efeitos, anulá-lo ou, então, declará-lo válido[99].

DECLARAÇÃO DE CADUCIDADE

Como referido, a lei determina que a companhia deve tentar obter a integralização das ações pelos dois meios nela previstos — execução judicial ou venda extrajudicial em leilão. Somente se não conseguir a integralização por meio de uma ou de outra, que não se excluem e podem, inclusive, ser revertidos – desde que se inicie pelo processo de execução – é que a companhia poderá apropriar-se das ações em débito, embolsando as parcelas de subscrição já realizadas.

A expropriação das ações é da competência dos órgãos da administração. Se existir Conselho de Administração, evidentemente que lhe competirá decidir a respeito.

---

98 Messineo, *Manuale*, cit., v. 4, p. 486.

99 Valverde, *Sociedades por ações*, cit., v. 2, p. 26; Messineo, *Manuale*, cit., v. 4, p. 486; Cunha Peixoto, *Sociedades por ações*, cit., v. 2, p. 319.

CADUCIDADE DOS DIREITOS E NÃO DAS AÇÕES

Aqui cabe uma explicação que seria desnecessária, não tivesse a lei de 1976, canhestramente, repetido a impropriedade técnica do diploma de 1940.

Trata-se da caducidade das ações. Estas, na realidade, não são declaradas caducas pela sociedade. A caducidade declarada é a dos direitos derivados do *status* de acionista do devedor. Cuida-se de caducidade de direitos e não das ações[100]. Estas são simplesmente expropriadas pela companhia, como determina a lei, para o efeito de mantê-las íntegras enquanto fração do capital e de serem adquiridas pela própria companhia com lucros e reservas disponíveis ou, então, vendidas a terceiros.

Não há, pois, caducidade e, portanto, extinção da parcela patrimonial, que será adquirida pela própria companhia ou por terceiros.

Portanto, nem como sinônimo de extinção pode ser utilizado o termo *caducidade*.

AQUISIÇÃO *IN EXTREMIS*

Somente se não tiver a companhia recursos disponíveis para adquirir as ações expropriadas, ou não for encontrado comprador, é que haverá *extinção* das ações enquanto parcela do capital social. Nem aqui o termo *caducidade* é próprio.

Enquanto não houver a redução do capital, este continuará íntegro e as ações que o representam também. São os acionistas em mora que perdem o direito a essas ações e às prestações já pagas, em virtude do pacto comissório legalmente instituído na espécie.

EFEITOS DA CADUCIDADE — INTREGRALIZAÇÃO PELA PRÓPRIA COMPANHIA

Uma vez expropriadas as ações e executado o pacto comissório, rompem-se definitivamente as relações jurídicas entre a companhia e o acionista em mora. A partir daí, não poderá a companhia declarar responsáveis esses acionistas por qualquer pagamento[101], inclusive por

---

100 Como melhor explicita a lei argentina das sociedades, art. 193.

101 Messineo, *Manuale*, cit., v. 4, p. 486.

cominações estatutárias, despesas etc., sem embargo de eventuais condenações de custas e honorários, que continuarão sempre executáveis.

Presume a lei que o pacto comissório por ela autorizado representa indenização suficiente pelo inadimplemento contratual.

Imposta a expropriação das ações não integralizadas com a perda das entradas e parcelas já realizadas pelo acionista remisso, caberá em primeiro lugar à própria companhia integralizá-las, completando as entradas já pagas pelo ex-acionista com lucros ou reservas, exceto a legal[102]. Consequentemente, se houver fundos disponíveis, que não afetem o capital, deverá ela própria absorver a integralização, mantendo as ações em tesouraria (art. 30) para, em seguida, vendê-las. Se não as vender, nem assim poderá reduzir o capital social, por isso que as ações já estão integralizadas. Deverá a companhia negociá-las quando conveniente ou possível.

A operação de integralização das ações pela própria companhia não se confunde com a de resgate, daí que não se pode proceder a esta última operação com ações não integralizadas[103].

COLOCAÇÃO DAS AÇÕES

Inexistindo lucros ou reservas disponíveis, terá a companhia o prazo fatal de um ano para colocar as ações caídas em comisso.

Aqui cabe a questão de saber se o adquirente deverá pagar o preço integral da ação ou o que faltar para a integralização. Entendemos que deve prevalecer a última hipótese. Isto porque não seria razoável exigir-se do adquirente um pagamento integral, quando a sociedade já embolsou as parcelas pagas pelo ex-acionista.

O fato de a lei declarar que em face do pacto comissório a companhia fará suas as entradas, não quer dizer que deverão tais importâncias ser colocadas em reserva, mas sim na conta do capital integralizado.

REDUÇÃO AUTOMÁTICA DO CAPITAL

Findo o prazo legal de um ano, se a companhia não conseguiu colocar as ações caídas em comisso, o capital social deverá ser obrigatoriamente reduzido, uma vez que tais ações são, neste momento,

---

102 *V.* comentários ao art. 30.
103 *V.* comentários ao art. 44.

declaradas caducas, não mais voltando à circulação e, portanto, jamais integralizadas. Se tiverem valor nominal, a redução se dará no montante da soma do valor nominal das ações não integralizadas.

Quanto às ações sem valor nominal, será computada apenas a parcela do preço de emissão destinada ao capital social. Em ambos os casos, será tomado em consideração apenas o preço de emissão, destinado à conta de capital, subtraído o valor a ser remetido à conta de reservas (arts. 182 e 200).

A redução do capital, na hipótese, dá-se por imposição legal, cabendo à assembleia geral simplesmente declarar essa redução. Com efeito, a redução se opera pelo simples decurso do prazo e não em virtude de decisão da assembleia geral. Esta apenas formaliza a redução, já que a mesma decorre da própria lei[104].

RESPONSABILIDADE DOS ALIENANTES

Art. 108. Ainda quando negociadas as ações, os alienantes continuarão responsáveis, solidariamente com os adquirentes, pelo pagamento das prestações que faltarem para integralizar as ações transferidas.

Parágrafo único. Tal responsabilidade cessará em relação a cada alienante, no fim de 2 (dois) anos a contar da data da transferência das ações.

LEI DE 1940

A matéria estava regulada no art. 75 do Decreto-Lei n. 2.627, de 1940, que rezava: "Ainda quando negociadas as ações, continuarão os cedentes responsáveis pelo pagamento das entradas ou prestações que faltarem para integralizar as ações cedidas ou transferidas. Parágrafo único. Tal responsabilidade cessa em relação a cada alienante no fim de 2 (dois) anos a contar da data da cessão ou da transferência das ações".

---

104 Sobre a matéria, decisão da 1ª TACSP, Ap. 0694240-9, Rel. Juiz Álvaro Torres Júnior, RT 763/222; da mesma Corte, 4ª Câm. AC 703.795-0, Rel. Juiz J.B. Franco de Godoi, j. em 26-8-1998; TJSP, 20ª Câm. AC 1245708-8, Rel. Des. Cunha Garcia, j. em 15-12-2008. Há julgados na *Revista dos Tribunais*. Assim: RT 763/222, sobre a questão dos juros; RT 641/69, sobre matéria de defesa do executado e leilão em Bolsa. A respeito, o Parecer CVM/SJU n. 042/79, sobre a emissão de notas promissórias representativas da integralização do capital subscrito e seu caráter *pro solvendo*. In Lazzareschi, ob. cit., p. 202 e s.

Quando se instituiu a ação endossável, sob os auspícios da Lei n. 4.728, de 1965, o art. 34, § 6º, desse diploma dispôs: "Aqueles que transferirem ação endossável antes de sua integralização responderão *subsidiariamente*[105] pelo pagamento devido à sociedade, se esta não conseguir receber o seu crédito em ação executiva contra o proprietário da ação, ou mediante a venda da ação".

Da análise desses dois dispositivos verifica-se que o primeiro (art. 75 do Dec.-Lei n. 2.627/40) regulava apenas a hipótese de ações nominativas e não estabelecia, no próprio artigo, a cláusula de solidariedade. Não obstante, os comentaristas do Decreto-Lei n. 2.627, de 1940, afirmavam tratar-se de obrigação solidária[106]. Para tanto, o mais autorizado desses comentaristas[107] encontrou a cláusula na alínea *a* do art. 76 daquele diploma, que dispunha: "Verificada a mora do acionista, a sociedade poderá: *a*) promover contra o acionista e os que com ele forem *solidariamente* responsáveis (art. 75) ação executiva para a cobrança das importâncias devidas".

A expressa remissão entre parêntesis autorizava, com efeito, que se entendesse existir a cláusula de solidariedade, julgando-se, portanto, perfeitamente enquadrada a hipótese nos requisitos dos antigos arts. 896 e seguintes do Código Civil de 1916 (arts. 264 e 265 do vigente Código Civil).

Por outro lado, a Lei n. 4.728, de 1965, além de estabelecer a cláusula de subsidiariedade, não consignou o prazo de caducidade da responsabilidade do cedente das ações endossáveis pelo pagamento devido à companhia.

LEI N. 6.404, DE 1976

Por tudo isso, a Lei n. 6.404, de 1976, ao revogar os dispositivos citados das duas leis anteriores que disciplinavam a matéria, unificou os critérios. Assim, a cláusula de solidariedade está expressa neste artigo.

A Lei de 1976 (art. 29)[108] não impede que as ações não integralizadas sejam livremente negociadas, sem qualquer percentual mínimo de integralização, além da entrada de 10%, nas companhias fechadas (art. 80) e depois

---

105 No direito italiano, art. 2.356 do Código Civil.

106 Valverde, *Sociedades por ações*, cit., v. 2, p. 18 e s.; Cunha Peixoto, *Sociedades por ações*, cit., v. 2, p. 299 e s.

107 Cunha Peixoto, *Sociedades por ações*, cit., v. 2, p. 299 e s.

108 *V.* comentários ao art. 29.

de realizados 30% do preço de emissão, nas companhias abertas (art. 29).

Visa o preceito ora comentado a assegurar a integralização do capital social, tanto para garantir os interesses dos credores como para possibilitar a consecução do objetivo social.

FUNDAMENTO DA NORMA

O fundamento desse preceito legal é a efetividade e a integridade do capital social.

A responsabilidade solidária do alienante de ação não integralizada com o adquirente visa a garantir a completa realização do capital social.

Para tanto, a lei mantém a responsabilidade do cedente, mesmo depois de transferida a ação. Não se leva em conta apenas o caráter contratual da subscrição, na medida em que nela o devedor principal é apenas o subscritor e não os seus sucessores.

A lei, ao fazer transcender a obrigação dos que celebraram o contrato unilateral de subscrição, evidencia que a dívida é inerente às ações e se transfere junto com elas. Por outro lado, faz com que a cessão não libere o cedente[109].

A eficácia desse preceito impõe que sejam conhecidos e, portanto, registrados os nomes dos titulares sucessivos, até o integral pagamento do preço de emissão das ações.

NORMA DE ORDEM PÚBLICA

A responsabilidade solidária dos titulares sucessivos de ações não integralizadas constitui norma de ordem pública. Não pode o estatuto dispor diferentemente[110]. Nenhuma cláusula estatutária, decisão de assembleia ou ato da administração pode restringir, suavizar, exonerar ou contrariar a norma legal, quer direta, quer indiretamente.

Por outro lado, nada impede que o estatuto explicite a regra legal. Não é, no entanto, admissível que o estatuto da sociedade, mesmo quando fechada, imponha aos acionistas instituidores ou aderentes limitações estatutárias parassociais à circulação das ações não integralizadas, submetendo, v. g., a transferência dessas ações ao oferecimento de garantias (reais

---

109 Ripert, *Derecho comercial*, v. 2, p. 317.

110 Valverde, *Sociedades por ações*, cit., v. 2, p. 19.

ou fidejussórias) ou, então, à aprovação do nome do cessionário ou a quaisquer outras[111 e 112].

SOLIDARIEDADE PASSIVA

A presente norma institui a solidariedade passiva dos sucessivos titulares das ações não integralizadas[113]. Cabe, em consequência, à companhia a faculdade de exigir de qualquer dos cedentes ou alienantes das ações o pagamento total das prestações devidas.

Assim, durante o prazo de dois anos a contar do registro da transferência nos livros próprios, o pagamento de qualquer das parcelas faltantes poderá ser cobrado indiferentemente do proprietário atual (cessionário), do acionista subscritor ou dos cessionários sucessivos.

A responsabilidade, na hipótese, é ilimitada e solidária e não subsidiária. Todos os sucessivos titulares das ações são codevedores no que respeita à companhia, sem preferência de ordem[114].

RELAÇÃO ENTRE OS SOLIDARIAMENTE RESPONSÁVEIS

Aquele que paga à companhia tem ação regressiva apenas contra os adquirentes posteriores e não contra os anteriores ou o subscritor.

Há, com efeito, uma inversão na ordem de regresso, no caso de pagamento de ação não integralizada[115]. Diferentemente do curso de regresso no endosso cambial[116], em que esse direito se opera contra os coobrigados anteriores, impõe-se a inversão no caso das ações. O cessionário que pagou

---

111 V. comentários ao art. 36.

112 Halperin, *Sociedades anónimas*, cit., p. 333, nota 6, que se reporta à opinião contrária a essa competência estatutária.

113 Art. 275 do Código Civil. Assim a lei argentina das sociedades, art. 210. Também a lei francesa de 1966, art. 282. Mercadal e Janin, *Mémento*, cit., p. 747.

114 Halperin, *Sociedades anónimas*, cit., p. 333.

115 A respeito, expresso o Código Comercial português em seu art. 170, § 1º. Valverde, *Sociedades por ações*, cit., v. 2, p. 19; Cunha Peixoto, *Sociedades por ações*, cit., v. 2, p. 301.

116 Ascarelli, *Teoria geral dos títulos de crédito*, São Paulo, Saraiva, 1969, p. 220.

à companhia somente pode reclamar reposição do valor pago dos cessionários posteriores e não dos que lhe antecederam[117].

HIPÓTESES DE NÃO RESPONSABILIDADE DO ALIENANTE

Quando a cobrança das ações não integralizadas é feita extrajudicialmente, ou seja, através de leilão especial na BM&FBovespa, o adquirente assume todos os direitos e deveres inerentes às ações arrematadas, exonerando inteiramente o ex-acionista e seus eventuais antecessores no domínio dessas mesmas ações (art. 107).

Há, nessa hipótese, interrupção da série entre o adquirente em leilão e os anteriores proprietários das ações[118]. Assim, ocorrendo novamente a mora, não pode a companhia incluir estes últimos na série de devedores solidariamente responsáveis. Estão, portanto, o subscritor originário e os demais cessionários, anteriores ao leilão, totalmente excluídos da responsabilidade pelo pagamento das ações.

ALIENANTE QUE PAGA NÃO SE TORNA SÓCIO

Se o cessionário não paga as parcelas em atraso, fazendo-o o cedente, cabe indagar qual seria a contrapartida que teria este último perante a sociedade.

Poderia ele sub-rogar-se nos direitos de acionista, passando a ação para a sua titularidade?

Certo dissídio doutrinário formou-se em torno do tema, notadamente em decorrência da legislação estrangeira[119]. Entende uma corrente que o cessionário que pagasse se tornava condômino na proporção da parcela que lhe foi cobrada, devendo ser inscrito nos livros da companhia. Consequentemente, caber-lhe-ia exercer todos os direitos inerentes à ação.

---

117 Valverde, *Sociedades por ações*, cit., v. 2, p. 19.

118 Cunha Peixoto, *Sociedades por ações*, cit., v. 2, p. 300.

119 João Vicente Campos, apud Cunha Peixoto, *Sociedades por ações*, cit., v. 2, p. 301.

O Código Comercial português, art. 170, § 2º, dispõe: "aquele que, por virtude da obrigação imposta neste artigo, houver de realizar algum pagamento por conta de uma ação de que já não seja proprietário, ficará tendo copropriedade nela pela importância que houver satisfeito". No mesmo sentido, dispõe a vigente lei das sociedades argentina, art. 210: "O cedente que realize algum pagamento, será coproprietário das ações cedidas em proporção do que pagou".

O fundamento para essa interpretação seria o de que o cedente deve ser reembolsado pelo último cessionário e atual titular, sendo a instituição do condomínio uma garantia para que tal ressarcimento afinal viesse a se efetivar[120].

Ocorre que a instituição desse condomínio somente pode ser fruto de dispositivo legal. Em consequência, não havendo na lei brasileira qualquer disposição a respeito, não pode ser adotado esse ponto de vista entre nós.

Não fica, assim, o alienante sub-rogado nos direitos do adquirente faltoso. A lei não cria qualquer relação jurídica entre o cedente que paga e a companhia, por força desse mesmo pagamento. A lei torna os cedentes garantes da integralização plena das ações por eles cedidas, mas não os associa a essas ações, que continuam a pertencer exclusivamente àquele que tem o seu nome inscrito no livro próprio de ações nominativas[121] ou nos lançamentos da entidade custodiante (arts. 31 e 41)[122].

Não pode, outrossim, o estatuto ou qualquer outro dispositivo convencional dispor que o cedente fica sub-rogado nos direitos sobre as ações[123].

PRAZO EXTINTIVO DE RESPONSABILIDADE

O prazo de dois anos, extintivo de responsabilidade, é contado a partir da data em que for lavrado o termo de cessão no Livro de Transferência de Ações Nominativas (art. 100) ou lançada a transferência nos registros eletrônicos da entidade custodiante (arts. 31, 41 e 100, § 2º).

Por se tratar de prazo extintivo de obrigação e não constitutivo, portanto, não é suscetível de ser interrompido ou suspenso[124].

Findo o prazo, o cedente não terá mais nenhuma responsabilidade solidária[125]. A instituição de um termo de caducidade para a garantia dos cedentes tem, segundo a doutrina, sua justificativa na própria dificuldade de se encontrar um fundamento para essa corresponsabilidade dos possuidores sucessivos[126].

---

120 Halperin, *Sociedades anónimas*, cit., p. 334.

121 Cunha Peixoto, *Sociedades por ações*, cit., p. 301.

122 *V.* comentários aos arts. 31 e 41.

123 Valverde, *Sociedades por ações*, cit., v. 2, p. 20.

124 Cunha Peixoto, *Sociedades por ações*, cit., v. 2, p. 302.

125 No direito italiano, o prazo de caducidade é de três anos (art. 2.356 do Código Civil).

126 Ripert, *Derecho comercial*, cit., v. 2, p. 318.

CASOS ESPECIAIS DE RESPONSABILIDADE

Resta saber de quem poderá a companhia cobrar as parcelas em débito, em casos especiais verificados na série de responsáveis solidários[127].

Assim, na hipótese de comunhão ou de condomínio, a prestação poderá ser exigida de qualquer comunheiro ou condômino, respectivamente. No caso de usufruto de ações devem ser cobradas as parcelas do proprietário. No fideicomisso, a companhia deve exigir a integralização do fiduciário. No penhor, a prestação deve ser reclamada do proprietário, não obstante o direito que tem o credor pignoratício de pagar as parcelas[128].

HIPÓTESES DE FALÊNCIA DO SUBSCRITOR OU COOBRIGADO

Ocorrendo a falência do acionista ou do corresponsável, a companhia não precisa declarar o seu crédito no concurso. Poderá promover a venda das ações, na forma do art. 107, mediante leilão especial na BM&FBovespa[129].

Por outro lado, poderá o administrador judicial efetuar o pagamento das parcelas faltantes, seja antes da venda extrajudicial, seja sobrestando o leilão.

Obviamente, a falência não impede que a companhia promova a execução da dívida junto aos demais corresponsáveis.

Ademais, não há antecipação do vencimento das parcelas de subscrição não pagas em caso de falência do acionista. As ações são arrecadadas e vendidas, como qualquer outro bem da massa falida, ficando o arrematante responsável pelo pagamento das prestações devidas[130].

Seção II
DIREITOS ESSENCIAIS

Art. 109. Nem o estatuto social nem a assembleia geral poderão privar o acionista dos direitos de:

---

127 Cf. Valverde, *Sociedades por ações*, cit., v. 2, p. 20. Quanto ao direito italiano, na espécie, Messineo, *Manuale*, cit., v. 4, p. 487.

128 *V.* comentários ao art. 39.

129 Valverde, *Sociedades por ações*, cit., v. 2, p. 21.

130 Valverde, *Sociedades por ações*, cit., v. 2, p. 21.

I — participar dos lucros sociais;

II — participar do acervo da companhia, em caso de liquidação;

III — fiscalizar, na forma prevista nesta Lei, a gestão dos negócios sociais;

IV — preferência para subscrição de ações, partes beneficiárias conversíveis em ações, debêntures conversíveis em ações e bônus de subscrição, observado o disposto nos arts. 171 e 172;

V — retirar-se da sociedade nos casos previstos nesta Lei.

§ 1º As ações de cada classe conferirão iguais direitos aos seus titulares.

§ 2º Os meios, processos ou ações que a lei confere ao acionista para assegurar os seus direitos não podem ser elididos pelo estatuto ou pela assembleia geral.

§ 3º O estatuto da sociedade pode estabelecer que as divergências entre os acionistas e a companhia, ou entre os acionistas controladores e os acionistas minoritários, poderão ser solucionadas mediante arbitragem, nos termos em que especificar.

• *Parágrafo acrescentado pela Lei n. 10.303, de 31 de outubro de 2001.*

LEI DE 1940

O art. 78 do Decreto-Lei n. 2.627, de 1940, estabelecia de forma praticamente idêntica os direitos essenciais do acionista e suas garantias, bem como o meio de efetivá-los. Inspirava-se – segundo os doutrinadores – o elenco desses direitos e garantias individuais no sistema político-constitucional[131].

LEI N. 6.404, DE 1976

A Lei n. 6.404, de 1976, ao reproduzir quase literalmente o dispositivo do diploma de 1940, fez pequenas modificações, explicitando e adaptando o preceito à sua estrutura.

Assim, desvinculou o preceito de igualdade de tratamento para todos os acionistas da mesma classe ou categoria da declaração da prerrogativa de participar dos lucros sociais, para colocá-lo em parágrafo que aproveita a todos os direitos ali enumerados e não apenas ao primeiro. Trata-se de aperfeiçoamento de técnica jurídica.

---

131 Valverde, *Sociedades por ações*, cit., v. 2, p. 33.

Por outro lado, faz remissão expressa às hipóteses de exclusão do direito de preferência, no regime de capital autorizado (art. 172)[132]. Em seguida, ampliou a declaração do direito de preferência também para os demais valores mobiliários emitidos pela companhia.

Trata-se de uma ampliação do direito, na medida em que essa extensão a outros valores mobiliários visa a impedir a diluição dos benefícios patrimoniais dos minoritários, que poderia ocorrer mediante a criação de outros títulos pela companhia de cuja subscrição estes não tivessem a preferencia[133].

Além disso, a expressa declaração do direito de preferência dos acionistas (art. 171) nas subscrições de aumento de capital, mesmo quando realizadas mediante incorporação de bens ou aproveitamento de créditos, veio modificar o entendimento consagrado, no regime da Lei anterior, de que somente nos aumentos em dinheiro a preempção do acionista prevalecia.

Outrossim, a lei vigente explicita que os meios de defesa do acionista também não podem ser elididos pela assembleia geral. Trata-se de preceito reiterativo, porque, se nem o estatuto pode derrogar qualquer direito individual do acionista, muito menos poderia fazê-lo uma deliberação da assembleia geral.

Da mesma forma que a de 1940, a lei de 1976 não inclui o voto no elenco dos direitos individuais dos acionistas, inderrogáveis pelo estatuto. Muito ao contrário, cerceou esse direito às ações ao portador (art. 112), preceito iníquo que acabou ab-rogado pela Lei n. 8.021, de 1990.

Finalmente, ampliou o vigente diploma de 1976 o procedimento judicial de responsabilização dos administradores (art. 159), outorgando à minoria institucional — com 5% ou mais do capital — competência subsidiária para representar a companhia.

LEI N. 8.021, DE 1990

O diploma de 1990 extinguiu os títulos ao portador e os endossáveis. A supressão das ações ordinárias sem voto (art. 112) fez com que os acionistas titulares dessas ações passassem a integrar o colégio deliberativo da companhia[134]. Os efeitos da Lei n. 8.021, de 1990, se fazem sentir de qualquer maneira, como é o caso do aumento do contingente de

---

132 V. comentários ao art. 172.

133 Exposição de Motivos do Projeto do Executivo.

134 V. comentários ao art. 15.

acionistas ordinários aptos a pedir o voto múltiplo (art. 1410). Também engrossou a massa daqueles acionistas que podem assegurar o direito à eleição em separado de um dos membros do Conselho de Administração nas companhias abertas, nos termos do § 4º e seguintes do mesmo art. 141[135].

Enfim, o colégio deliberativo da assembleia geral foi acrescido pela impossibilidade legal de existirem ações ordinárias ao portador. Ademais, a Lei n. 8.021, de 1990, suprimiu o direito à conversibilidade da forma das ações (art. 22), já que todas devem ostentar nominatividade.

LEI LOBÃO

Como já analisado nos comentários ao art. 45, a que fazemos remissão, a famigerada "Lei Lobão", Lei n. 7.958, de 1989, de caráter grotescamente casuístico — porque fruto da demanda de uma única companhia de grande porte que desejava incorporar controlada, sem o questionamento eventual do recesso dos minoritários —, não logrou o seu intento supressivo de vários direitos de retirada, garantidos como essenciais. Esse triste episódio legislativo recebeu a repulsa unânime da opinião pública e dos meios jurídicos, pois constituiu verdadeiro estelionato legislativo. Ocorre que, pela ausência de técnica, tornou-se o indigitado "diploma" totalmente ineficaz. Por esse execrável monumento do casuísmo legislativo, pretendia-se suprimir o direito de retirada nos casos de fusão, cisão e incorporação. Para tanto, "alterava" o *caput* do art. 137 da Lei Societária, para dele "excluir" aquelas operações de reorganização societária[136].

PROJETO DE LEI KANDIR — N. 1.564, DE 1996

Na esteira das diversas tentativas de supressão dos direitos essenciais dos acionistas, contidos em anteriores projetos frustrados, o Poder Executivo, pela mão do Deputado Antônio Kandir, apresentou, em 28 de fevereiro de 1996, ao Congresso Nacional, projeto que eliminava o direito de recesso no caso de cisão e condicionava o exercício do direito de retirada no caso de fusão e incorporação à inexistência de cotação das ações respectivas em Bolsa ou no mercado de balcão organizado[137].

---

135 V. comentários ao art. 141.

136 V. comentários ao art. 45.

137 V. comentários ao art. 45.

Esse projeto lesivo aos interesses dos minoritários, não obstante lançado em termos técnico-legislativos apropriados, chegou ao ponto de declarar que, não tendo a "Lei Lobão" logrado eficácia, ele (projeto) vinha definitivamente "reconhecer" (*sic*) tais direitos. Na realidade o projeto de 1996 suprimia esse direito essencial, pois somente nos casos de inexistência de "cotação" seria ele exercitável. Foi mais longe esse falacioso projeto: cassou o direito de oferta pública na alienação de controle.

Inscreve-se, portanto, esse projeto no processo de contínuo solapamento dos direitos essenciais dos acionistas, a duras penas incluídos na Lei n. 6.404, de 1976, por força das emendas aprovadas pelo Congresso Nacional, em 1976.

LEI N. 9.457, DE 1997 — LEI KANDIR

O Diploma de 1997, originado do Projeto Kandir e da Emenda Hauly, revogou expressamente a "Lei Lobão", em seu art. 6º.

Ademais, a fim de permitir a desestatização das empresas de economia mista, retirou e fragilizou diversos direitos dos acionistas, notadamente o de recesso. Suprimiu, outrossim, a oferta pública obrigatória aos minoritários, no caso de transferência de controle, para assim, mais uma vez, facilitar a privatização das sociedades de economia mista. A supressão das hipóteses de recesso continha-se nos arts. 136 e 137 da Lei n. 9.457, de 1997.

PROER — LEI N. 9.710, DE 1998

Ainda na sistemática supressão dos direitos essenciais dos acionistas, a Medida Provisória n. 1.179, de 3 de novembro de 1995 (MP n. 1.604-38, de 22-10-1998, convertida na Lei n. 9.710, de 19-11-1998), cassou o direito de retirada dos acionistas de instituições financeiras beneficiadas com o Proer, nos casos de cisão, fusão, incorporação e formação de grupo societário. Aboliu, outrossim, a oferta pública em transferência de controle de instituições financeiras.

Para se ter a ideia do confisco de direitos que o Governo Federal promoveu com essa Medida Provisória, expressamente se revogam os arts. 230, 254, 255, 256, § 2º, 164, § 3º e 270 da Lei Societária. Essa revogação exaustiva e expressa é fruto da "síndrome Lobão".

E, com efeito, a redação grotesca daquela "lei" deixara escapar os artigos da lei societária que tratavam do direito substantivo de retirada, tendo apenas, bisonhamente, "revogado" um artigo de procedimento.

Agora, mais atento, o Governo Federal, para sanear o sistema bancário, confiscou os direitos dos minoritários que ingenuamente ali investiram suas poupanças. Revogou todos os artigos que direta ou indiretamente poderiam ser invocados para o exercício de direitos essenciais dos acionistas.

Num assomo de arrogância típica das sociedades políticas ainda na fase patrimonialista, como é a nossa, o governo chegou ao ponto de revogar o poder da Comissão de Valores Mobiliários de zelar para que seja assegurado tratamento equitativo aos acionistas minoritários, por ocasião da alienação do controle de bancos ou venda de seus ativos rentáveis (art. 254, § 1º).

Foi mais longe o Executivo na ousadia de suprimir direitos patrimoniais: os direitos cassados dos minoritários dos bancos abrangiam não apenas os das instituições financeiras insolventes ("em dificuldades"), mas também os acionistas dos bancos prósperos, que recebiam, via Proer, os recursos públicos para "absorver" os primeiros.

A imoralidade, o casuísmo e a ilegitimidade dessa Medida Provisória que criou o Proer, em nada se compatibiliza com um governo supostamente constitucional e democrático. Aliás, a inconstitucionalidade desse confisco de direitos é flagrante[138].

LEI N. 10.303, DE 2001 — JUÍZO ARBITRAL COMO DIREITO ESSENCIAL DO ACIONISTA — § 3º

De acordo com o § 3º acrescentado a este art. 109 pela Lei n. 10.303, de 2001, inclue-se dentre os direitos essenciais dos acionistas o de prevalecer-se da arbitragem, mediante *adesão* ao pacto compromissório estatutário, para dirimir suas divergências com a companhia, ou, na condição de acionista, nos conflitos que se estabeleçam tendo em vista a respectiva condição de controladores e de minoritários.

Trata-se de um *direito subjetivo* que todo e qualquer acionista passa a ter, uma vez instituída a cláusula compromissória no estatuto social.

A propósito, cabe reiterar que a instituição da arbitragem no âmbito das relações da sociedade com seus acionistas e entre eles, na qualidade de controladores e de minoritários, constitui *direito essencial* do acionista, de *natureza subjetiva* e *potestativa*. Não se trata evidentemente de "dever" do acionista de vincular-se ao juízo arbitral estatutário, como desavisadamente

---

138 Nelson Eizirik, O Proer e os acionistas minoritários — "Lei Teresoca dos Bancos", *Revista Monitor Público*, n. 9, Rio de Janeiro, 1996.

procuram propugnar alguns leigos ou mesmo certos operadores do direito sem maior preparo jurídico.

Tanto assim que, além das razões de natureza constitucional e legal (Lei n. 9.307, de 1996), a matéria está expressamente inserida no presente art. 109, que trata dos *direitos subjetivos especiais dos acionistas*, não se podendo transmudá-lo em "obrigação" dos acionistas.

A propósito, o § 2º do presente artigo reproduz o direito individual instituído como cláusula pétrea (art. 60, § 4º, IV, da CF) no inciso XXXV do art. 5º da Constituição Federal. Trata-se, portanto, o procedimento arbitral estatutariamente instituído de uma *prerrogativa* do acionista de *aderir* a todo tempo, conforme a sua manifestação de concordância, ao pacto compromissório.

Disso resulta que qualquer acionista poderá aderir ao pacto compromissório-estatutário, a qualquer tempo, para estabelecer o seu vínculo em conformidade com o § 2º do art. 4º da Lei de Arbitragem – Lei n. 9.367, de 1996.

Interpretar o § 3º deste art. 109 como "direito" da sociedade "imponível" aos acionistas constitui flagrante aberração. Essa afirmação contraria o direito individual irremovível do acionista de submeter à apreciação do Poder Judiciário qualquer lesão ou ameaça a direito seu (arts. 5º, XXXV, e 60, § 4º, IV, da CF), a não ser que expressamente adira ao procedimento arbitral, de resto consignado no estatuto da companhia, uma vez que se trata de direitos e interesses disponíveis.

O INSTITUTO DA ARBITRAGEM NO DIREITO BRASILEIRO

O instituto da arbitragem vem sendo construído no Direito brasileiro desde a Constituição de 1824, passando pela Constituição de 1934, pela lei de 1937, e, como norma de *excepcional procedimento*, foi contemplado no Código Civil de 1916 e no Código de Processo Civil.

Dispunha o Código de Processo Civil, em seu art. 1.097, que o laudo arbitral deveria ser homologado pelo juízo competente para produzir efeitos entre as partes e seus sucessores. Ocorrendo tal homologação, a decisão arbitral teria eficácia de título executivo no caso de conter condenação. Era a homologação judicial, portanto, requisito necessário à efetividade da sentença arbitral, conforme os ora revogados arts. 1.078 a 1.097 do CPC.

O instituto da arbitragem foi finalmente contemplado por diploma específico, a Lei n. 9.307, de 1996, que outorga ao juízo arbitral *competência substitutiva* da jurisdição estatal no que respeita aos direitos e interesses disponíveis das partes que contratualmente o instituem.

Em consequência, foram revogados os arts. 1.037 a 1.048 do Código Civil de 1916 e os arts. 101 e 1.072 a 1.102 do Código de Processo Civil.

A matéria, no entanto, voltou a ser tratada no Código Civil de 2002, nos arts. 851, 852 e 853, remetendo este último à lei especial, ou seja, à Lei n. 9.307, de 1996.

Essa substituição de competências do Poder Judiciário pelo juízo arbitral foi acolhido pelo Supremo Tribunal Federal, no incidente de inconstitucionalidade da Lei de Arbitragem (STF – SEC n. 5.206, pleno j. em 12-12-2001), que consagrou o instituto, não vendo nele inconstitucionalidade diante do art. 5º, XXXV, da Constituição Federal, que estabelece que "a lei não excluirá da apreciação do Poder Judiciário lesão ou ameaça a direito"[139].

Funda-se o instituto da arbitragem na autonomia da vontade ou na autonomia privada, que constitui, no plano dos direitos subjetivos, o poder de autorregulamentação ou autodisciplina dos interesses patrimoniais.

E, no plano sociológico, a *ratio* do instituto é a de promover melhor distribuição da justiça em decorrência da presteza e aprofundamento técnico que a sentença arbitral pode trazer às partes que a convencionaram.

Assim, por força da Lei n. 9.307, de 1996, a sentença arbitral é irrevogável pela vontade das partes e autônoma no sentido de que não mais depende de homologação judicial para a sua eficácia entre elas, não obstante possa conhecer o Judiciário sobre as nulidades do processo arbitral ou sua ineficácia com respeito aos procedimentos adotados e às partes envolvidas.

PACTO PERSONALÍSSIMO

Cabe ressaltar que fundamentalmente o juízo arbitral advém de renúncia a direito essencial do pactuante, pelo que se trata de *pacto personalíssimo* que deve ser inquestionavelmente declarado em seu aspecto formal, e que não se transmite por sucessão ou cessão à pessoa do sucessor ou cessionário.

Constitui, assim, a arbitragem, sob a égide da Lei n. 9.307, de 1996, *meio eficaz e irrevogável* de composição de litígios, independentemente e, portan-

---

139 Conforme o voto proferido pelo Min. Nelson Jobim no Agravo Regimental em Sentença Estrangeira n. 5.206-7, são constitucionais o parágrafo único do art. 6º, os arts. 7º e 41 a 44 da Lei n. 9.307, de 1996. Em sentido contrário, o voto do Min. Sepúlveda Pertence entendeu inconstitucionais os referidos dispositivos (*Revista de Direito Bancário do Mercado de Capitais e da Arbitragem*, ano 4, n. 2, jan./mar. 2001). Votaram ainda pela constitucionalidade os Mins. Ilmar Galvão, Ellen Gracie, Maurício Corrêa, Marco Aurélio e Celso Mello (*Informativo do STF*, n. 226, 30 abr. a 4 maio 2001, disponível em *http://gemini.stf.gov.br/cgi-bin/nph-rs?d = INFO&s1 = arbitragem&u = /info. html&Sect1 = IMA*).

to, fora da jurisdição estatal. O árbitro ou o colégio arbitral, embora não investidos em nenhum momento de funções de execução de sentença, próprias do Poder Judiciário, tem suas decisões absolutamente reconhecidas como impositivas para as partes. Vale a sentença arbitral, irrecorrível, como título judicial para execução[140], no caso de condenação, e demais efeitos próprios das decisões constitutivas e condenatórias envolvendo os direitos patrimoniais privados.

Trata-se de jurisdição privada com *força obrigatória* para as partes que a convencionaram, devendo ser cumprida direta e suficientemente, sem qualquer interferência da jurisdição estatal, como referido.

Em nosso ordenamento, o poder privado de decidir atribuído aos árbitros deriva da referida Lei n. 9.307, de 1996, que trata de matéria processual aplicável a esse instituto e dos seus pressupostos de 1) autonomia de vontade, de 2) sua expressa manifestação, tendo por objeto 3) litígios que versem sobre direitos patrimoniais disponíveis.

Essa característica de *obrigatoriedade* da sentença arbitral, de natureza eminentemente privada, confere-lhe função jurisdicional e não contratual, no sentido de que, embora fundada na obrigatoriedade da *cláusula compromissória* e do *compromisso* que definitivamente o instituem, transcende em seus efeitos a mera noção da obrigatoriedade dos contratos para institucionalizar-se como elemento social capaz de dirimir conflitos entre as partes de acordo com as normas processuais instituídas na Lei n. 9.307, de 1996.

Não se trata, portanto, de um juízo de exceção, pois fundado rigorosamente nos procedimentos legais que o contemplam e disciplinam. Como substituto da jurisdição estatal, o processo arbitral constitui uma jurisdição também contenciosa, cujos efeitos transcendem a vontade das partes que a instituíram, sobrepondo-se portanto à mera vontade contratual destas.

Trata-se, portanto, o juízo arbitral de um serviço público e institucional, embora não possam os árbitros ser equiparados aos agentes públicos no exercício de seu mister de julgar[141].

---

140 Cf. o art. 475-N, IV, do Código de Processo Civil, alterado pela Lei n. 11.232, de 22 de dezembro de 2005.

141 Nesse sentido, Tavares Guerreiro: "Não existe oposição entre a origem contratual da arbitragem e sua função jurisdicional" (*Fundamentos da arbitragem do comércio internacional*, São Paulo, Saraiva, 1993, p. 37).

PRESSUPOSTOS DA FORMAÇÃO DO JUÍZO ARBITRAL

Diversos são os pressupostos para a validade e eficácia da constituição do juízo arbitral. O *primeiro* deles é a *capacidade de contratar* das partes que, por meio da *cláusula compromissória* ou *compromisso arbitral*, vinculam-se ao juízo arbitral. O *segundo* é a referida *autonomia da vontade* no plano do Direito Privado, que reveste as partes contratantes do poder de prevenir futuros litígios decorrentes do contrato, mediante a adoção do juízo arbitral, estabelecido na Lei n. 9.307, de 1996. O *terceiro* pressuposto é o da absoluta *imparcialidade dos árbitros*, já que, como visto, se revestem estes de funções jurisdicionais. O *quarto* pressuposto é o da existência de *interesses de natureza patrimonial que sejam disponíveis*, em contraste com os indisponíveis, que são de ordem pública.

Essa *disponibilidade* caracteriza-se pela suficiência da vontade do titular sobre seu patrimônio para dele dispor com exclusividade, na medida em que nele não se mesclam outros interesses que não os dele próprios. Trata-se, portanto, de direito subjetivo em cuja esfera operam livremente os interesses daquele que renuncia à jurisdição do Estado. Igualmente, compõe-se de um núcleo de interesses de natureza patrimonial a que não se opõem outros interesses de ordem pública capazes de intervir na sua livre aquisição e disposição, dentro das regras do ordenamento jurídico.

CAPACIDADE DE AUTORREGULAÇÃO DOS INTERESSES DISPONÍVEIS

Desse quadro surge a capacidade plena, dentro do Direito Privado, da pessoa física ou jurídica de autorregular os seus próprios interesses e as relações que daí decorrem com os titulares de outros interesses privados disponíveis que contrastam ou que confluem dos contratos associativos (plurilateralidade).

Essa autonomia de vontade individual é recebida pelo ordenamento, que cria institutos legitimadores do seu exercício por parte dos titulares desses direitos patrimoniais disponíveis. É o caso do instituto da arbitragem.

EVOLUÇÃO DA ARBITRAGEM

Originalmente concebido em nosso Direito como verdadeiro *laudo* sujeito à homologação judicial, acabou por ser consagrado o juízo arbitral como entidade judicante cujas decisões irrecorríveis são imponíveis e obrigatórias para as partes que o instituíram em convenção (contrato) unilateral, bilateral ou plurilateral.

Temos, assim, a liberdade de contratar a arbitragem pelas partes que celebram um contrato de natureza patrimonial.

Convém, a propósito lembrar que a disponibilidade de direitos tem caráter objetivo, ou seja, advém da relação contratual e não do sujeito que contrata. Assim, as sociedades de economia mista e as empresas públicas, ao contratarem com terceiros no âmbito do Direito Privado, podem instituir a cláusula compromissória em torno dos interesses comerciais formados nessas convenções.

Evoluindo das práticas de informalidade para a disciplina normativa, o instituto da arbitragem traz na lei que o regula resquícios de sua origem, ao permitir que em vez do julgamento arbitral baseado no ordenamento jurídico estatal possa a sentença arbitral fazê-lo com base na equidade.

Cabe às partes compromissadas com o juízo arbitral escolher livremente as regras de direito nacional ou estrangeiro, ou de tratados internacionais, que serão aplicadas na arbitragem, ou, ainda, fundar o juízo decisório nos princípios gerais de direito, nos usos e costumes ou nas regras internacionais de comércio[142].

A propósito, a convenção da arbitragem origina-se tanto na forma de cláusula compromissória como de compromisso arbitral. Tanto uma como outra são espécies do gênero convenção de arbitragem. Assim, a Lei de Arbitragem (Lei n. 9.307, de 1996), abre um leque de formas vinculantes na instituição da convenção arbitral. Podem elas ser completas com a indicação, desde logo, da Câmara de Arbitragem onde se instalará o Tribunal Arbitral (cláusula cheia). Também podem as partes eleger uma cláusula de convenção de arbitragem de forma simplificada, sem indicar a Câmara Arbitral e a modalidade de indicação dos árbitros. Essa fórmula, também absolutamente vinculante, de cláusula compromissória denomina-se cláusula aberta, branca ou vazia (art. 6º da Lei n. 9,307, de 1996). Essa cláusula vazia é plenamente vinculante, tanto quanto a cláusula cheia[143].

Deve-se, ainda, anotar que a cláusula compromissória da arbitragem pode se inserir tanto num contrato, como em documentos apartados. Dessa forma, uma troca de correspondência eletrônica (e-mail) entre as partes

---

142 Art. 2º e seus parágrafos da Lei n. 9.307, de 1966.

143 In Carmona, Carlos A. e Lemes, Selma M.F., *Considerações sobre os Novos Mecanismos Instituidores do Juízo Arbitral*, Rio de Janeiro, Forense, 1999, p. 35 e s.

propondo e aceitando a instituição da arbitragem, tem o efeito de constituir plena e vinculativamente uma cláusula compromissória, na forma e para os efeitos do § 1º do art. 4º da Lei de Arbitragem (Lei n. 9.307, de 1996).

Acentua-se, dessa forma, o poder da vontade individual e da autodeterminação na esfera dos contratos de natureza patrimonial, cujos conflitos podem ser dirimidos conforme as regras formais ou informais mais próprias ao objeto da lide trazida ao juízo arbitral, o qual visa a heterocomposição (*ex aequo et bono*) das partes, valendo-se de regras que podem convencionalmente transcender aquelas do próprio ordenamento estatal.

PRESSUPOSTOS PARA A EFICÁCIA DA CLÁUSULA COMPROMISSÓRIA ESTATUTÁRIA — § 3º

O pressuposto de validade e eficácia da decisão arbitral depende de declaração de vontade das partes envolvidas, tanto na *cláusula compromissória*, como no *compromisso* propriamente dito.

Há, com efeito, um requisito para a *validade* e *eficácia* da cláusula compromissória estatutária, ou seja, depende de específica e formal adoção dessa cláusula por parte de todos os compromissados. Sem essa expressa aprovação, a cláusula compromissória considera-se não escrita, por ferir o direito essencial do acionista de socorrer-se do Poder Judiciário[144].

Assim, a aprovação da cláusula compromissória vincula os *fundadores* na constituição[145] e aqueles acionistas que nas alterações estatutárias posteriores votaram pela aprovação inclusiva desse *pacto parassocial* de arbitragem no estatuto.

A aplicação da *cláusula compromissória* aos que a tenham subscrito mediante aprovação do estatuto original ou alterado, atende ao princípio fundamental de que na companhia não pode ocorrer qualquer restrição à disponibilidade dos direitos essenciais dos sócios, no caso, o de socorrer-se do Poder Judiciário para a declaração ou a imposição dos seus interesses

---

144 Nesse sentido, pela necessidade de manifestação por escrito da vontade das partes para que possam validamente comprometer-se à solução arbitral dos conflitos decorrentes do contrato, em razão da derrogação da competência da autoridade judiciária ordinária, que constitui uma garantia constitucional, a decisão judicial da Corte de Cassação Civil italiana, de 25 de janeiro de 1997, n. 781, *Giurisprudenzia Italiana*, 1998, p. 250.

145 Na constituição da sociedade, o consenso deve existir sempre quanto a todos os elementos que compõem o ato constitutivo, inclusive a cláusula arbitral.

(§ 2º)[146]. Trata-se de cláusula pétrea da Constituição Federal, *ex vi* do § 4º, IV, do art. 60.

Assim, a cláusula compromissória vincula os acionistas atuais que subscreveram esse *pacto parassocial estatutário*, mediante sua aprovação. Não vincula essa cláusula estatutária os acionistas que posteriormente adentram a sociedade sem expressamente aderir a ele[147].

Não há presunção de renúncia de direito essencial de qualquer acionista, tanto mais em se tratando de *pacto parassocial*, de cuja natureza é a cláusula compromissória estatutária. Não se pode presumir que alguém haja atribuído a solução de controvérsia a um colégio arbitral pelo simples fato de estar ele previsto no estatuto. Não há renúncia implícita a direito essencial do acionista. Não pode, assim, a sociedade ou a maioria dos acionistas impor a cláusula compromissória estatutária a quem não a tenha constituído ou a ela não tenha aderido expressamente, por documento[148].

OBSTRUÇÃO À LIVRE TRANSFERÊNCIA DAS AÇÕES — § 2º

Não pode, por outro lado, a companhia, diante do disposto nos §§ 1º e 2º do art. 4º da Lei n. 9.307, de 1996, impedir ou condicionar a livre transferência de ações em seus livros à adesão do novo acionista ao pacto compromissório. Tal exigência constitui grave *abuso de poder* contra direito essencial do novo acionista; sua nulidade é manifesta, sem embargo das perdas e danos que cabem no caso, exigíveis tanto da própria companhia, como das sociedades corretoras e instituições custodiantes que assim agirem.

---

146 Nesse sentido, a decisão arbitral do *Collegio Arbitrale di Padova*, de 19 de junho de 1996 (*Rivista di Arbitragio*, 1998, p. 112), que afirma não poder a derrogação da competência do juízo estatal operar em oposição a um sujeito que não é parte do compromisso, não podendo o terceiro participar legitimamente do procedimento arbitral, ativa ou passivamente.

147 Pela decisão citada da Corte de Cassação italiana, de 25 de janeiro de 1997, julgou-se competente o juízo estatal para declarar a nulidade do laudo arbitral por ter se revelado insubsistente a vontade contratual das partes na instituição do juízo arbitral, que é o fundamento do poder decisório dos árbitros.

148 Nesse sentido, as decisões judiciais da Corte de Cassação Civil italiana, de 9 de abril de 1993, n. 4.351, e de 24 de setembro de 1996, n. 8.407, enfatizam que, sendo a cláusula compromissória uma cláusula vexatória, nos termos do art. 1.341 do Código Civil italiano, caso se insira nas condições gerais de um contrato, predispostas por um dos contraentes, será eficaz contra o outro se este dela tiver expressamente tomado conhecimento, no momento da conclusão do contrato.

O novo acionista não será parte na cláusula compromissória estatutária pelo simples fato de ter passado a integrar o colégio acionário, a não ser que, por escrito, em documento apartado revestido de todas as formalidades, tenha aderido ao pacto, em conformidade com o disposto no § 2º do art. 4º da Lei n. 9.307, de 1996[149].

Como ensina Alessandro Nigro: "a exigência de prévio conhecimento e a consciente aceitação do aderente a respeito da pactuação que a lei presume merecedora de especial atenção garantem e criam a relação entre a vontade do sujeito que adere e o conteúdo da cláusula para cuja formação ele não concorreu. Portanto, a cláusula compromissória inserida no ato constitutivo ou no estatuto da sociedade deve ser especificamente aprovada por escrito pelos sócios que nela posteriormente ingressam e, assim, juntam-se ou substituem os acionistas anteriores, sob pena de sua invalidade"[150].

Esse requisito de adesão expressa e formalizada do novo acionista faz lembrar outro elemento fundamental, qual seja, o de que o *contrato de compra e venda de ações* dá-se entre acionistas, sem nenhuma interferência da companhia, que não é parte nessa transação. Com efeito, o negócio entre os acionistas tendo por objeto as ações de uma sociedade é estranho à companhia emitente, como também é estranho aos demais acionistas.

Daí a exigência legal (§ 2º do art. 4º da Lei n. 9.307, de 1996) de adesão expressa dos novos acionistas, exigência esta que atende ao princípio segundo o qual deve haver absoluta *identidade* entre os que estipulam a cláusula compromissória e aqueles em face dos quais surgem as controvérsias cuja solução é atribuída aos árbitros[151].

ELEMENTOS DE COMPOSIÇÃO DO JUÍZO ARBITRAL — § 3º

Duas são as etapas que levam à instalação do juízo arbitral: a *cláusula compromissória* estabelecida no estatuto e o *compromisso*

---

149 Conforme Giorgio Bianchi, essas cautelas são necessárias para a certeza de que um ato tão importante como a renúncia à jurisdição ordinária seja realmente desejado por cada uma das partes.

150 Alessandro Nigro, Questioni vecchie e nuove in materia di clausola compromissoria negli Statuti di Società, *Rivista delle Società*, fasc. 1, genn./febb. 1968, p. 192.

151 Cf. Alessandro Nigro (*Rivista delle Società*, cit., p. 189), a adesão formal dá a garantia do conhecimento de todos os contraentes, tendo em vista a gravidade da pactuação, pela qual se opera a mudança do juízo ordinário para aquele nomeado pelas partes, e do processo ordinário para aquele especial.

arbitral, que é firmado visando a composição da lide ou da controvérsia já instituída.

O primeiro requisito — *cláusula compromissória* — deve expressamente constar do estatuto da companhia.

Deve a companhia, *antecipadamente* a qualquer litígio, instituir a *cláusula compromissória estatutária*, que é o compromisso assumido pelas partes contratantes de adotar o procedimento de arbitragem para dirimir futuros litígios ou divergências que se originem das relações entre os acionistas e a companhia ou entre os acionistas controladores e os acionistas minoritários.

Na cláusula compromissória estatutária não haverá menção ao *objeto* do litígio, mas apenas à adoção do juízo arbitral em eventuais contendas futuras, que decorram das relações entre os acionistas e destes com a sociedade.

Essa solução alternativa das divergências, de que fala o § 3º do art. 109, decorre da liberdade das partes que lhes permite vincular-se a um foro de natureza privada, ou seja, ao juízo arbitral, substitutivamente ao juízo estatal.

Deve-se, assim, entender a *cláusula compromissória* aplicável a divergências que não poderão ser universais, restrita que está à esfera dos *direitos patrimoniais disponíveis* decorrentes dessas relações de natureza societária.

A essa *cláusula compromissória* instituída no *estatuto* da sociedade, derrogatória da jurisdição estatal na solução de divergências, sucederá o *compromisso* propriamente dito, que forma o juízo arbitral tendo em conta um litígio agora instalado. No *compromisso* estará identificado o objeto dessa lide e, portanto, *a causa de pedir*, o *pedido* e os *valores* que estejam nele envolvidos, quando condenatório, ou a *declaração dos direitos* requeridos pela parte, quando constitutivos e declaratórios.

Portanto, só existe *compromisso* quando a divergência ou o litígio já estão instaurados. E esse *compromisso* deve ater-se à Lei n. 9.307, de 1996, e especificamente aos termos da *cláusula compromissória* de que se origina, estabelecida no estatuto social.

CARACTERÍSTICAS DA CLÁUSULA COMPROMISSÓRIA ESTATUTÁRIA — § 3º

A *cláusula compromissória* constante do estatuto social deve ser explícita quanto às *partes* e às relações societárias entre elas e quanto aos limites da competência arbitral[152].

---

152 Nesse sentido, não há obrigatoriedade da arbitragem quando o litígio não envolver o

Mais do que isso, visando dar concreção e viabilidade à etapa seguinte, a do *compromisso* que instituirá o juízo arbitral *in concreto*, é prudente que a *entidade arbitral (foro arbitral)* seja desde logo indicada na respectiva cláusula estatutária para o efeito de tornar indiscutível a sua competência, na conformidade preestabelecida das suas regras e regulamentos, que regerão, portanto, o processamento da arbitragem[153].

Desse modo, exemplificativamente, a cláusula compromissória estatutária poderia ter, em linhas gerais, a seguinte redação: "As divergências que poderão surgir entre as partes, assim entendidas a sociedade e seus acionistas, ou entre acionistas controladores e minoritários em relação a interesses legais e estatutariamente reconhecidos, e as divergências de interpretação, aplicação e exercício dos direitos e obrigações decorrentes da atividade social ou da situação jurídica de acionistas, serão dirimidas pela *Câmara de Arbitragem X*, segundo as regras e os regulamentos arbitrais dessa mesma entidade, e nos estritos termos da Lei n. 9.307, de 1996".

Essa *cláusula compromissória cheia* facilita imensamente a posterior instituição do *compromisso*, na medida em que não será necessário apontar árbitros no momento da controvérsia ou da lide. Do contrário, a discussão sobre os nomes e o número de árbitros em cada caso tornará difícil a celebração do sucessivo *compromisso*, prejudicando, por conseguinte, os objetivos da adoção do juízo arbitral prevista no estatuto.

O ESTATUTO COMO INSTRUMENTO DA CLÁUSULA COMPROMISSÓRIA — § 3º

O estatuto social é formado por um conjunto de cláusulas que integram o contrato plurilateral da sociedade, vindo a constituir o ordenamento orgânico do contrato associativo para as relações entre a sociedade, seus sócios e terceiros[154].

Embora o ato constitutivo seja o gérmen da sociedade, e o estatuto a norma da vida de sociedade em funcionamento[155], esses dois atos integram-

---

contrato no qual está prevista a cláusula compromissória, conforme o AI 244.960.4/5, Rel. Des. Boris Kauffmann, do TJSP, j. em 11-9-2002.

153 Nesse sentido, Giorgio Bianchi afirma que essa cláusula estatutária compromissória poderá ser *per relationem*, ou seja, indicar determinado tribunal arbitral, que deve ser bem identificado.

154 Cf. Brunetti, *Tratado*, v. 3, p. 238.

155 Guarrigues-Uría, *Comentario*, v. 1, p. 234.

-se reciprocamente, na medida em que um não pode existir sem o outro[156]. E o melhor conceito está em Vivante[157], ao lecionar que o ato constitutivo e o estatuto "são partes integrantes do mesmo ato, pois, sendo o ato constitutivo um contrato, o estatuto constitui o seu objeto. O estatuto há de estar necessariamente redigido e votado antes do ato constitutivo, porque não se pode concluir um contrato, se não se estabelece, anteriormente, o objeto sobre o qual deve convergir o consentimento dos contratantes".

No mesmo sentido leciona Brunetti[158], para quem, "do ponto de vista jurídico, o estatuto consta de um conjunto de cláusulas que integram o contrato plurilateral da sociedade".

Verifica-se, desse modo, que, segundo a melhor doutrina, o *estatuto social*, como parte integrante do contrato constitutivo, é instrumento apto para a instituição da arbitragem como modalidade de solução de divergências e litígios de natureza societária entre a sociedade e os acionistas que expressamente a instituíram ou a ela expressamente aderiram.

A CLÁUSULA COMPROMISSÓRIA É ESTATUTÁRIA FACULTATIVA QUE NÃO VINCULA TODOS OS ACIONISTAS — §§ 2º E 3º

A *cláusula compromissória* constitui matéria facultativa e, portanto, potestativa do estatuto social. Não se confunde com as matérias que obrigatoriamente deverão dele constar, que são específicas da Sociedade Anônima, ditadas pela lei. Distingue-se, dessa forma, a *cláusula estatutária potestativa*, que consubstancia o pacto compromissório, daquelas cláusulas mandatórias. Na primeira, o conteúdo é livre, desde que não seja vedado por lei ou que não altere os dispositivos obrigatórios da lei e do próprio estatuto.

De qualquer forma, o estatuto não pode privar os acionistas que não aprovaram ou aderirem à cláusula compromissória estatutária do direito que lhes é constitucionalmente assegurado como cláusula pétrea (arts. 5º, XXXV,

---

156 Cf. Halperin, *Sociedades anónimas*, Buenos Aires, Depalma, 1975, p. 119 e s. Essa concepção está inserida no Código Civil italiano, art. 2.328, que dispõe que o estatuto que contém as normas relativas ao funcionamento da sociedade, ainda que seja objeto de ato separado, considera-se parte integrante do ato constitutivo, devendo ser considerado em conjunto com ele.

157 Cf. Vivante, *Trattato di diritto commerciale*, Milano, Vallardi, 1912, v. 2, p. 242.

158 Cf. Brunetti, *Tratado del Derecho de las Sociedades*, Buenos Aires, Unión Tipográfica Editorial Hispano-Americana, 1960, v. 2, p. 238 e s.

e 60, § 4º, da CF) e reafirmado como direito essencial neste mesmo art. 109 da Lei n. 6.404, de 1976, cujo § 2º dispõe que os meios, processos ou ações que a lei confere ao acionista para assegurar os seus direitos não podem ser elididos pelo estatuto ou pela assembleia geral.

Refere-se o § 2º do art. 109, obviamente, ao preceito constitucional. Em consequência, a supressão da instância judicial e sua substituição pelo juízo arbitral estatutário devem ser consideradas como uma *faculdade para os acionistas* e uma *obrigação contratual para a sociedade*. Somente para aqueles acionistas que se vincularam expressamente a tal alteração do exercício de direito subjetivo seu, nos diversos momentos da existência da sociedade, é o juízo arbitral oponível.

Não se impõe, portanto, *erga omnes*, a cláusula estatutária instituidora da arbitragem. Ela não vincula os acionistas que não a tenham inequívoca, livre e expressamente contratado, mediante sua aprovação estatutária, ou a ela expressamente aderido, nos termos do § 2º do art. 4º da Lei n. 9.307, de 1996, que reza: "Nos contratos de adesão, a cláusula compromissória só terá eficácia se o aderente tomar a iniciativa de instituir a arbitragem ou concordar, expressamente, com a sua instituição, desde que por escrito em documento anexo ou em negrito, com a assinatura ou visto especialmente para essa cláusula".

A REGRA DE NÃO PRIVAÇÃO DE DIREITOS ESSENCIAIS DOS ACIONISTAS — § 2º

Como referido, sendo o complemento ou a transposição das regras contidas na Lei Societária, o estatuto social não poderá contrariar, de forma alguma, dispositivos contidos na Constituição (arts. 5º, XXXV, e 60, § 4º, IV), nas leis ordinárias e nela própria. Não poderá, assim, o estatuto privar os acionistas dos direitos essenciais previstos no presente art. 109, que, em seu § 2º, reza: "Os meios, processos ou ações que a lei confere ao acionista para assegurar os seus direitos não podem ser elididos pelo estatuto ou pela assembleia geral".

Posto isso, não pode a *cláusula compromissória estatutária* negar o direito de ingresso em juízo de qualquer acionista que não tenha expressamente aderido a essa mesma cláusula, na forma prescrita no § 2º do art. 4º da Lei n. 9.307, de 1996.

Tal ato abusivo significaria ferir a cláusula pétrea da Constituição Federal (art. 60, § 4º, IV), que trata dos direitos e garantias individuais previstas no seu art. 5º, XXXV[159].

CONCEITO DE PARTES PARA O EFEITO DA CLÁUSULA COMPROMISSÓRIA ESTATUTÁRIA — § 3º

São *partes*, para os efeitos de celebração da cláusula compromissória estatutária, a própria sociedade e os acionistas que expressamente concordaram com essa substituição do juizo estatal pelo arbitral.

Assim, no momento da *constituição* da sociedade (arts. 80 e s.) estarão vinculados à cláusula compromissória todos os fundadores que subscreveram o capital social.

São eles que constituem a sociedade e aprovam o seu estatuto. Pode-se dizer, portanto, que os *fundadores-subscritores* da sociedade não aderem ao estatuto, mas originariamente o aprovam. Importante a distinção. No caso, os atos constitutivos e, entre eles, a aprovação do estatuto são *tractatus* entre os fundadores e não *dictatus*.

O caráter de *dictatus* do estatuto social somente se dá no caso de aquisição de ações posteriormente aos atos constitutivos. Ressalte-se esse ponto. No momento da constituição da sociedade a relação contratual é direta entre a sociedade constituída e seus fundadores-subscritores de capital.

Por outro lado, nas aquisições sucessivas de ações, a cláusula compromissória estatutária tem a natureza de *dictatus* e não de *tractatus*. Em consequência, impõe-se a adesão expressa desses *acionistas derivados* à cláusula compromissória estatutária, por força do que dispõe o referido § 2º do art. 4º da Lei n. 9.307, de 1996.

---

159 Dispõe a Constituição Federal: "Art. 5º Todos são iguais perante a lei, sem distinção de qualquer natureza, garantindo-se aos brasileiros e aos estrangeiros residentes no País a inviolabilidade do direito à vida, à liberdade, à igualdade, à segurança e à propriedade, nos termos seguintes: (...) XXXV — a lei não excluirá da apreciação do Poder Judiciário lesão ou ameaça a direito".

"Art. 60. A Constituição poderá ser emendada mediante proposta: I — de um terço, no mínimo, dos membros da Câmara dos Deputados ou do Senado Federal; II — do Presidente da República; III — de mais da metade das Assembleias Legislativas das unidades da Federação, manifestando-se, cada uma delas, pela maioria relativa de seus membros. (...) § 4º Não será objeto de deliberação a proposta de emenda tendente a abolir: (...) IV — os direitos e garantias individuais".

A CLÁUSULA COMPROMISSÓRIA NO CONTRATO PLURILATERAL DE SOCIEDADE — § 3º

Questiona-se sobre a validade e eficácia da cláusula compromissória nos *contratos plurilaterais*, já que o juízo arbitral tem sua manifesta aplicação nos contratos de justaposição, em que a bilateralidade vai acompanhada da reciprocidade de prestações.

E, com efeito, a Lei n. 9.307, de 1996, destina-se claramente a esse tipo contratual, como se pode ver dos seus arts. 1º, 3º e 4º, inclusive do § 1º deste último, ao determinar que "a cláusula compromissória deve ser estipulada por escrito, podendo estar inserta no próprio contrato ou em documento apartado que a ele se refira".

E, de fato, o juízo arbitral, em sua longa formação no campo dos usos e costumes e na legislação aplicável, atém-se à teoria contratual clássica, em que não se prescinde do *sinalagma*, ou seja: contrato entre duas únicas *partes* de que emana uma relação recíproca de dependência entre as prestações, tendo como fundamento interesses contrastantes e que na avença encontram sua composição.

Transpor o instituto do juízo arbitral para os *contratos plurilaterais* demanda a construção de conceitos diferenciais encontráveis no seio dessa espécie convencional. A propósito, falta aos *contratos plurilaterais associativos* a exceção de não cumprimento e, via de consequência, a resolução da avença.

Assim, o *contrato plurilateral associativo* não se resolve pelo descumprimento daqueles que o convencionaram, na medida em que dele resulta uma *pessoa jurídica* que se destaca de seus fundadores para se tornar autônoma com respeito à convenção que a instituiu.

Tem assim o *contrato plurilateral associativo* natureza especial, na medida em que há entre os contratantes *un lien sympathique*, ou seja, um interesse comum, e não um interesse contrastante[160].

Com efeito, nos contratos associativos e dentre eles no da sociedade anônima, todos os fundadores constituem uma pluralidade de partes que se congregam em torno de interesses idênticos, voltados para um mesmo fim. Neles as prestações dessa pluralidade de partes são qualitativamente idênticas. Falta, portanto, os requisitos da reciprocidade e da contraposição de interesses, típicos dos contratos de troca celebrados entre duas partes com

---

160 Aurelio Candian, Per la qualificazione del contratto di società commerciale, *Rivista delle Società*, 1963, p. 233 e s.

interesses opostos (um quer vender e receber o preço; outro quer comprar e receber a coisa).

Ocorre que, não obstante o diverso direcionamento obrigacional confluente dos contratos associativos, os seus vários signatários têm muitas vezes interesses contrastantes[161]. A propósito, a lição de Nigro a respeito da *cláusula compromissória estatutária* e sua eficácia[162]: "Não parece exata a tese segundo a qual o contrato de sociedade (contrato com comunhão de escopo) pressupõe sempre a inexistência de um conflito de interesses entre os contraentes (os sócios). Tal afirmação, de fato, funda-se em uma grande confusão conceitual entre comunhão de escopo e identidade de interesses: o fato de que os interesses de cada um dos sócios sejam destinados a confluir, a convergir para a persecução de um objetivo comum não pode obviamente significar que os interesses devam ser idênticos ou, mesmo, não contrastantes. Na realidade, conflito e contraposição de interesses entre sócios podem ocorrer em qualquer momento, seja no ato constitutivo, seja durante a vida da sociedade".

Há, sem dúvida, entre os acionistas um *sinalagma funcional*, na célebre lição de Ascarelli[163].

Nessa diferenciação entre *objetivo comum* da pluralidade das partes e *interesse individual* de cada uma delas na realização desse mesmo objetivo é que reside a inclusão válida e eficaz da cláusula compromissória no contrato plurilateral constitutivo da sociedade anônima, consubstanciado no seu estatuto.

E esse conflito tanto existe que a própria Lei Societária pressupõe a sua existência ao disciplinar, em diversas normas, os diferentes interesses dos acionistas entre si (controladores e minoritários, ordinaristas e preferencialistas) e da própria sociedade em confronto com a multiplicidade de interesses do seu colégio acionário[164].

AS PARTES DA CLÁUSULA COMPROMISSÓRIA SOCIETÁRIA — § 3º

Questão fundamental gira em torno da *identificação* das pessoas que se vinculam à cláusula compromissória estatutária, ou seja, quais são *as partes* que a instituem e se submetem aos seus efeitos.

---

161 Ascarelli, *Problemas*, p. 276 e s.

162 Alessandro Nigro, *Rivista delle Società,* cit., p. 175 e s.

163 Ascarelli, La liceità dei sindacati azionari, *Rivista delle Diritto Commerciale*, 1931, 29:256 e s.

164 A respeito, Ascarelli, *Tema di contratti*, Milano, 1952, p. 100 e s.

Em primeiro lugar, a sociedade é *parte* vinculada à cláusula compromissória, ao declarar no seu estatuto que as controvérsias surgidas entre a sociedade e seus acionistas serão deferidas à decisão do juízo arbitral. Dessa forma, a norma estatutária constitui em si mesma a *cláusula compromissória* que vincula, de um lado, a sociedade e, de outro, aqueles acionistas que manifestaram duplamente essa vontade, pela sociedade e por si mesmos.

Assim os acionistas, ao mesmo tempo, exprimem coletivamente a *vontade compromissória* da sociedade e individualmente a sua própria vontade compromissória.

Surge, então, uma absoluta identidade entre os acionistas que estipulam a *cláusula compromissória (tractatus)* e aqueles que individualmente venham a aderi-la (*dictatus*) expressamente no futuro para dirimir as controvérsias entre eles no âmbito da sociedade e com ela própria[165].

Essa *cláusula compromissória estatutária* vincula, portanto, a sociedade e individualmente aqueles acionistas que a instituíram nos atos de sua constituição ou em alteração estatutária, seja para dirimir divergências e litígios entre eles, acionistas compromissados, e a sociedade, seja para resolver pendências que entre eles, acionistas compromissados, surgirem no futuro.

A CLÁUSULA COMPROMISSÓRIA ESTATUTÁRIA É PACTO PARASSOCIAL — § 3º

Cabe ressaltar que a cláusula compromissória não é norma organizativa da sociedade, não vinculando, portanto, todos os seus acionistas. A sociedade aí não aparece como centro de imputação de interesses, mas como *parte* num pacto arbitral.

A sociedade despe-se, por conseguinte, do seu poder de impor a todos os acionistas a cláusula compromissória estatutária, na medida em que se coloca como *parte* no pacto compromissório diante de outras partes, ou seja, os acionistas que individualmente aceitarem essa convenção arbitral para dirimir seus conflitos.

A *cláusula compromissória estatutária* não adquire caráter associativo, não sendo, por isso, imponível aos acionistas que não votaram favoravelmente à sua adoção no estatuto e que, posteriormente, não aderiram expres-

---

165 Alessandro Nigro, *Rivista*, cit., p. 189.

samente a seus termos, na estrita conformidade com o disposto no referido § 2º do art. 4º da Lei n. 9.307, de 1996.

A cláusula compromissória estatutária constitui, portanto, um *pacto parassocial* entre a sociedade e os seus fundadores e acionistas que aprovaram a sua inclusão ou que expressamente aderiram a seus termos.

Essa cláusula tem a mesma natureza dos acordos de acionistas (art. 118) e da cláusula preferencial na circulação das ações, de que trata o art. 36.

Trata-se, a *cláusula compromissória estatutária,* de uma *convenção* entre a sociedade e determinados acionistas que manifestaram sua vontade, individualmente e a da própria sociedade. Cuida-se de um *pacto parassocial* entre a sociedade e esses acionistas individuais.

Não se confunda a cláusula compromissória estatutária com as normas estatutárias impostas a todos os acionistas, coletiva e individualmente. Há, como lembra Oppo, com apoio em Vivante[166], clara distinção entre a livre declaração de vontade dos acionistas e a obrigação destes como membros da sociedade.

Ao desconsiderar a jurisdição estatal, para adotar o juízo arbitral, o acionista e a sociedade estão *renunciando* a um *direito essencial*, que tem caráter personalíssimo, como referido, não se transmitindo aos acionistas que não renunciaram expressamente a esse direito constitucionalmente assegurado (art. 5º, XXXV, da CF) e societariamente reiterado (§ 2º do art. 109, ora comentado).

Em consequência, o *pacto parassocial* que instituiu a cláusula compromissória estatutária restringe seus efeitos e sua exigibilidade à sociedade e, individualmente, aos acionistas estipulantes, na medida em que aprovaram a cláusula estatutária respectiva.

Trata-se de *convenção* que não se impõe às *relações sociais*, que se mantêm fundadas no juízo estatal[167]. Não logra, com efeito, a *cláusula compromissória estatutária* estabelecer uma *relação de subordinação* aos seus termos com respeito aos acionistas que individualmente não a subscreveram. E quanto aos seus efeitos prevalece o procedimento imposto pelo parágrafo único do art. 36, que demanda a concordância expressa dos acionistas aos termos da respectiva alteração estatutária.

---

166 Giorgio Oppo, *I contratti parassociali*, Milano, Vallardi, 1942, p. 3 e s.

167 Giorgio Oppo, *I contratti parassociali*, cit., p. 7 e s.

É, portanto, a cláusula compromissória estatutária, uma *convenção entre partes*, oponível à sociedade e aos acionistas individualmente comprometidos[168].

Assim, a *cláusula compromissória* prevista no § 3º deste art. 109 tem a mesma natureza institucional dos *acordos de acionistas* previstos no art. 118. Tanto aquela como estes não constituem *normas estatutárias organizacionais* da sociedade, mas pactos parassociais que a lei prevê como válidos e eficazes[169]. O mesmo ocorre com a cláusula estatutária que limita a circulação das ações (art. 36)[170]. Aqui também se trata de pacto parassocial. A propósito, prevê o parágrafo único do art. 36 que a alteração estatutária parassocial somente se aplicará às ações cujos titulares com ela expressamente concordarem, mediante pedidos de averbação no "Livro de Registro de Ações Nominativas".

No *acordo de acionistas* a sociedade está vinculada à sua observância formal — desde que seja ele arquivado na sede da companhia —, e os acionistas pactuantes, nos seus aspectos propriamente contratuais e obrigacionais. Já na *cláusula compromissória estatutária* a sociedade é parte na avença, tanto quanto os acionistas que individualmente a subscreveram.

Essa cláusula compromissória, como *pacto parassocial* que é, visa alcançar vantagens individuais de eficiência para a sociedade e para os acionistas convenentes, nas divergências que, no futuro, possam ocorrer entre eles.

E a cláusula compromissória, com efeito, visa dar maior eficiência na proteção dos interesses dos *pactuantes*, que assim encontram no juízo arbitral uma via judicante alternativa para dirimir seus litígios.

Trata-se, portanto, de cláusula que atende ao *critério de conveniência* dos convenentes e resulta da livre manifestação de vontade das partes de renunciar ao juízo estatal, que é garantia constitucional e societária (§ 2º deste art. 109).

Temos assim que a *função* do *pacto parassocial* consubstanciado na *cláusula compromissória estatutária* é a de implementar, no âmbito da companhia, interesses da própria sociedade e daqueles sócios pactuantes.

---

168 Cf. Antonio Pedrol, *La anónima actual y la sindications de acciones*, Madrid, Ed. Revista de Derecho Privado, 1969, p. 17 e s.

169 Conforme Giorgio Bianchi, a cláusula compromissória é um pacto acessório com a função de obrigar as partes a remeter à decisão de árbitros as controvérsias decorrentes do contrato principal, tendo ela individualidade própria e autonomia, destacando-se do contrato ao qual acede.

170 *V.* comentários ao art. 36.

Nessa implementação não podem os *interesses* dos pactuantes sobrepor--se ao direito essencial dos demais acionistas não pactuantes previsto no presente art. 109, § 2º, como referido.

INOPONIBILIDADE AOS ACIONISTAS NÃO PACTUANTES — § 3º

A *cláusula compromissória estatutária* é um *negócio jurídico autônomo* (art. 8º da Lei n. 9.307, de 1996) e que não se confunde com as *cláusulas organizativas* constantes do mesmo estatuto social, como reiterado. Não tem aquela cláusula o condão de cassar o acesso dos acionistas não pactuantes ao Poder Judiciário.

Tal cassação feriria frontalmente a cláusula pétrea (art. 60, § 4º, IV, da CF), que assegura a perpetuidade do direito individual de acesso ao Poder Judiciário (art. 5º, XXXV), a não ser que a ele renuncie expressamente.

E se nem a Constituição pode alterar, mediante emenda, esse direito pétreo, muito menos poderá fazê-lo a lei, o estatuto social ou a vontade da companhia ou de seus controladores.

Não há, com efeito, uma *unidade jurídica* entre a cláusula compromissória e as *normas organizativas* constantes do estatuto social. A cláusula compromissória não afeta o direito dos acionistas não pactuantes. Não há oponibilidade dessa cláusula aos direitos essenciais dos acionistas que não estão vinculados aos seus termos mediante expressa manifestação individual de vontade.

A cláusula compromissória não é oponível fora das relações estabelecidas nesse sentido entre as *partes*, que são a sociedade e os acionistas convenentes, ou seja, não é oponível aos demais acionistas nem a terceiros. Não é, outrossim, oponível aos administradores e fiscais da sociedade o *pacto compromissório estatutário*, nos eventuais conflitos e litígios destes com a sociedade e com seus acionistas

MODALIDADES DE VINCULAÇÃO AO PACTO COMPROMISSÓRIO ESTATUTÁRIO — § 3º

As *partes* do pacto compromissório estatutário vinculam--se de diversas maneiras. Assim, a sociedade vincula-se pela manifestação de vontade que em seu nome fazem os fundadores-subscritores e os acionistas majoritários em alteração do estatuto social. Essa inserção da cláusula compromissória na constituição da sociedade, ou posteriormente, inclui--se na categoria dos contratos *trattati*, ou seja, a manifestação de vontade dos convenentes é instituidora do juízo arbitral, vinculando desde logo a *sociedade* e todos os *fundadores* e os *acionistas* que, individualmente, votaram favoravelmente à criação dessa cláusula em assembleia geral instalada para a respectiva inserção estatutária.

Para os demais acionistas aderentes, a *cláusula compromissória estatutária* constitui pacto *ditatti*, formulado com *conteúdo já predisposto*, em que falta, portanto, a liberdade de fixação dos seus termos, como ocorre na sua aprovação pelos fundadores ou, posteriormente, pelos acionistas majoritários.

A forma de expressar a adesão é determinada pelo referido § 2º do art. 4º da Lei n. 9.307, de 1996: "Nos contratos de adesão, a cláusula compromissória só terá eficácia se o aderente tomar a iniciativa de instituir a arbitragem ou concordar, expressamente, com a sua instituição, desde que por escrito em documento anexo ou em negrito, com a assinatura ou visto especialmente para essa cláusula".

A propósito, a lição de Nigro[171]: "O novo acionista tem diante de si um contrato de conteúdo já determinado por outros, ao qual deve ele limitar-se a aderir, sem possibilidade de promover alteração alguma. Daí a necessidade que sua atenção seja redobrada sobre os termos da cláusula compromissória, a qual, em consequência, deve ser expressamente aprovada por escrito". A *forma escrita* é exigência da Lei de Arbitragem para que a adesão seja válida e eficaz perante a sociedade e os demais acionistas.

Aplica-se inteiramente à hipótese o parágrafo único do art. 36, que cuida da adesão ao pacto parassocial de limitação à circulação de ações[172].

Trata-se de um requisito *ad solemnitatem*, em que a validade da adesão à convenção compromissória depende não só de sua forma escrita, mas também da formalidade registrária, ou seja, do seu arquivamento na sede social da companhia. Esse arquivamento tem efeito de *publicidade,* permitindo a oponibilidade do pacto.

Cabe, assim, cumprir esse procedimento de manifestação individual expressa do *acionista aderente* à respectiva cláusula compromissória estatutária, cujo documento declaratório deverá ficar arquivado na sede social. O cumprimento dessas formalidades vinculará os acionistas aderentes a partir do referido arquivamento. Insista-se que sem esse procedimento não será válida e eficaz a cláusula compromissória estatutária, ainda que tenha o acionista, sob outra forma, manifestado a intenção de aceitar o pacto com-

---

171 Alessandro Nigro, *Rivista delle Società*, cit., p. 191.

172 *V.* comentários ao art. 36.

promissório. O documento determinado pelo § 2º do art. 4º da Lei n. 9.307, de 1996, arquivado na sede social, é *requisito necessário e suficiente* para a eficácia dessa adesão.

Essa *declaração documentada e arquivada de adesão* ao pacto compromissório estatutário não pode conter qualquer ressalva ou alteração, o que o tornaria ineficaz e não oponível à sociedade e aos demais acionistas convenentes.

PACTO COMPROMISSÓRIO EM ABERTO E SUCESSÃO — § 3º

Convém notar que a razão de o *pacto parassocial compromissório* estar inserido no estatuto social é a sua natureza plurilateral que permite a adesão permanente de acionistas a essa cláusula. Trata-se, com efeito, de uma *convenção em aberto*, que, por adesão, pode integrar, a todo o tempo, outros acionistas interessados. Trata-se de um único e mesmo pacto aberto à adesão individual.

Por outro lado, a instituição da cláusula compromissória estatutária ou a adesão não se transmite aos sucessores *causa mortis* ou aos adquirentes das ações a qualquer título, sejam estes pessoas físicas ou jurídicas. Não estarão vinculados, outrossim, os novos acionistas subscritores de aumentos de capital ou originados de conversão de debêntures (art. 57), ou de opções.

CARÁTER PERSONALÍSSIMO DO PACTO COMPROMISSÓRIO — § 3º

Reitere-se que a *renúncia* ao direito essencial de valer-se do Poder Judiciário para dirimir divergências e litígios de natureza societária (arts. 5º, XXXV, e 60, § 4º, IV, da CF e § 2º deste art. 109) é *personalíssima*, não se podendo, sob nenhum pretexto, ainda que contratual, convencionar a sucessão. Em hipótese alguma a cláusula compromissória pode impor-se aos novos sócios, ainda que herdeiros ou sucessores por aquisição ou a qualquer título. O juízo arbitral constitui uma alternativa à jurisdição estatal, a quem o ordenamento atribui a competência para dirimir as controvérsias *inter cives*.

Por se tratar de típico *pacto parassocial* — tal como a cláusula estatutária de limitação à circulação de ações (art. 36) e o acordo de acionistas (art. 118) —, não se confundindo com as normas organizativas da sociedade, é absolutamente irrelevante que tenha a cláusula compromissória estatutária sido instituída no momento da constituição da sociedade, por seus fundadores, por unanimidade, portanto. Essa unanimidade necessária não transforma o pacto parassocial de arbitragem em regra organizativa da sociedade. Esta, por sua natureza, sujeita-se à mobilidade constante de seu colégio acionário. E, ainda que seja aprovada a cláusula compromissória *por unanimidade* em *alteração estatutária*, o pacto compromissório não vinculará os futuros acionistas, a qualquer título.

A propósito, o novo acionista não sucede ao antigo em um contrato, mas sim na *propriedade* de uma ação, que é um título.

Recebe, assim, o novo titular desse título uma *coisa*, e não uma obrigação contratual. Não se transmite o pacto com a venda do *título* (ação), já que não é o pacto compromissório estatutário uma cláusula organizativa da sociedade, mas *convenção parassocial*, ao qual deve o adquirente das ações, *mortis causa* ou *inter vivos,* expressamente aderir na forma supra referida. Se não o fizer, a cláusula compromissória não lhe será oponível.

PACTO PARASSOCIAL E CLÁUSULAS ORGANIZATIVAS ESTATUTÁRIAS — § 3º

Cabe ainda reiterar que as *cláusulas organizativas* do estatuto social são aplicáveis indistintamente a todos os acionistas. Já a *cláusula compromissória* constitui verdadeiro pacto parassocial inserido no estatuto, e não cláusula organizativa, não sendo oponível aos que não a pactuaram.

O *princípio de igualdade de tratamento* para todos os acionistas aplica-se no que tange às *cláusulas organizativas* do estatuto. Já a cláusula compromissória tem a mesma natureza e produz os mesmos efeitos da cláusula estatutária limitativa da circulação das ações (art. 36) e do acordo de acionistas (art. 118), como referido.

O pacto compromissório não rege a organização da sociedade, da mesma forma como o acordo de acionistas (art. 118) e a cláusula limitativa de circulação (art. 36) também não o fazem, pois constituem, os três, pactos parassociais.

Por sua vez, estará a sociedade sempre vinculada à cláusula compromissória estatutária, já que originada da vontade por ela manifestada através da maioria dos acionistas votantes, *uti soci.*

Em consequência da *natureza parassocial* da cláusula compromissória estão estabelecidos os pressupostos da plena aplicação do referido § 2º do art. 4º da Lei n. 9.307, de 1996.

ADMINISTRADORES E CLÁUSULA COMPROMISSÓRIA ESTATUTÁRIA — § 3º

Os administradores da sociedade não são *partes* na cláusula compromissória *estatutária*, adstrita que está à sociedade e àqueles acionistas que a instituíram ou a ela aderiram. Em consequência, quando forem *litisconsortes* a sociedade e seus administradores, de um lado, e acionistas pactuantes, de outro, não cabe a aplicação da cláusula compromissória estatutária, pois não estão vinculados os administradores[173].

E, ainda quanto às *partes vinculadas* pela cláusula compromissória estatutária, será a companhia necessariamente *parte* em todas as lides submetidas ao juízo arbitral, uma vez que as controvérsias entre os acionistas controladores e minoritários envolvem sempre a sociedade. Esta, se não for citada no juízo arbitral, tornará ineficaz a respectiva decisão, visto que tem ela interesse nato na contenda arbitrada, envolvendo as posições societárias dos minoritários diante dos controladores e vice-versa[174].

OBJETO E PARTES DA CLÁUSULA COMPROMISSÓRIA ESTATUTÁRIA — § 3º

Os litígios arbitráveis devem ter por *objeto* direitos de que as partes possam dispor e, consequentemente, possam ser objeto de transação. Como referido, constitucionalmente é atribuído ao Estado o poder exclusivo de assegurar coativamente o exercício de direitos e sua reparação. A propósito, vale também reiterar que o juízo arbitral é uma *alternativa* com respeito à prerrogativa constitucional das *partes* de recorrer ao Poder Judiciário, ao qual o ordenamento jurídico atribui as decisões das controvérsias entre elas[175].

Em consequência, há um *limite* para a adoção do juízo arbitral no que respeita à *causa petendi*.

No que respeita à *cláusula compromissória estatutária*, esta é eficaz unicamente para dirimir controvérsias originadas da aplicação da Lei Societária e do estatuto social. Não pode haver extensão do *objeto* e das *partes* nas lides submetidas ao juízo arbitral.

Assim, como referido, as controvérsias e as lides em que, além dos acionistas e da sociedade, haja o envolvimento de administradores, fiscais ou terceiros estão excluídas daquele juízo arbitral instituído pela *cláusula compromissória estatutária*.

---

173 V. AI 244.960.4/5, Rel. Des. Boris Kauffmann, do TJSP, j. em 11-9-2002.

174 Sobre a matéria, decisão do TJSP, AI 244.960.4/5, Rel. Des. Boris Kauffmann, j. em ll-9-2002. *In* Lazzareschi, ob. cit., p. 215 e s.

175 A respeito, M. Rubino Sanmartiano, *Il diritto del'arbitrato*, Padova, 1994, p. 121 e s.

Ademais, não pode ser *objeto* do compromisso arbitral a discussão sobre as *cláusulas organizativas* da sociedade, pois estas interessam à coletividade dos acionistas como um todo e não podem, assim, ser objeto de decisão arbitral[176].

As *cláusulas organizativas* da sociedade originam-se de normas imperativas do ordenamento e, por isso, são indisponíveis por parte de alguns acionistas compromissados ou mesmo pela totalidade deles, por se tratar de matéria de ordem pública.

Com efeito, as *cláusulas estatutárias organizativas* não têm natureza puramente contratual, mas, sobretudo, institucional. Cabe, portanto, ao Poder Judiciário decidir sobre a adequação dessas normas organizativas estatutárias à lei de regência ou ao próprio ordenamento jurídico[177].

AINDA AS PARTES DA CLÁUSULA COMPROMISSÓRIA ESTATUTÁRIA — § 3º

Quanto às *partes*, estão excluídos das lides submetidas ao juízo arbitral previsto no estatuto os peritos, os credores, os liquidantes, os administradores e os fiscais. As sociedades de comando dos grupos de sociedades devem subscrever o pacto para que o juízo arbitral estatutário lhes seja imponível e oponível.

Igualmente não podem compor a lide arbitral estatutária os titulares de outros títulos emitidos pela sociedade, ou seja, os que detêm *opções* de ações e de ADR. Na mesma exclusão estão os *debenturistas enquanto tais*, mesmo que sejam eles também acionistas. Excluído está ainda o *agente fiduciário*, bem como *terceiros*, mesmo que tenham praticado atos contra a sociedade e seus acionistas, como será o caso de violação do dever de sigilo, ou, ainda mais genericamente, quaisquer terceiros que, agindo isoladamente como associados a acionistas ou à própria sociedade, tenham praticado atos culposos ou dolosos, e com violação da lei societária.

Temos, assim, uma limitação da *causa petendi* no juízo arbitral estatutário e uma limitação das partes, que devem ser a sociedade, necessariamente, e aqueles acionistas pactuantes, enquanto acionistas, e não na dupla qualidade de administradores, fiscais ou titulares de outros títulos e direitos emitidos e outorgados pela sociedade.

Convém reiterar que a sociedade será sempre *parte* em todas as demandas arbitrais estatutárias envolvendo seus acionistas. Não deve, portanto,

---

176 Cf. Tetti, *L'arbitrato nelle società*, p. 301.

177 Cf. P. Spada, *La tipicità delle società*, Padova, 1974, p. 52 e s.

ser considerada mero centro de imputação de direitos dos acionistas, ou seja, apenas a esfera onde operam seus direitos e de onde se originam as relações e os conflitos entre eles.

Assim, por exemplo, podem ser objeto do juízo arbitral estatutariamente compromissado as questões envolvendo deliberações da assembleia geral. Serão, no entanto, as que envolverem deliberações do Conselho de Administração, enquanto órgão deliberativo da companhia[178]. Essas deliberações estão, portanto, incluídas na cognição do juízo arbitral de origem estatutária.

O mesmo ocorre com as deliberações e os votos dos conselheiros fiscais, pois se trata de órgão da companhia.

NEGÓCIOS NULOS E ANULÁVEIS — COMPETÊNCIA DO JUÍZO ARBITRAL — § 3º

A propósito, discute-se a questão momentosa da oponibilidade do juízo arbitral em questões envolvendo negócios jurídicos *nulos* e não apenas *anuláveis*. Isso porque a nulidade do negócio ou da deliberação implica infringência de matéria de ordem pública, não sendo por isso disponível para decisão arbitral[179].

Essa questão de nulidade e anulabilidade, no entanto, não pode ser definida desde logo no *compromisso arbitral*. Com efeito, será difícil, desde logo, dirimir os efeitos anulatórios do negócio jurídico, notadamente quando referentes à deliberação da assembleia geral. Em consequência, a *causa petendi,* no caso, pode levar à declaração de *nulidade* ou de *anulabilidade*. Se a conclusão for de nulidade, esta, pelas razões de ordem pública envolvidas, não será passível de transação sobre o respectivo direito subjetivo envolvido. Em consequência, a decisão arbitral não terá *eficácia*, quando configurada a nulidade.

A ideia, portanto, é de submeter ao juízo arbitral as questões surgidas das controvérsias entre os sócios e destes com a sociedade, independentemente, portanto, da colocação apriorística acerca dos efeitos da nulidade ou da anulabilidade da deliberação assemblear ou do negócio jurídico entre acionistas.

E, ainda quanto ao *objeto*, são suscetíveis de *compromisso* de origem estatutária as questões controversas versando sobre o exercício do direito de

---

178 *V.* comentários ao art. 146.

179 Alessandro Nigro, *Rivista delle Società*, cit., p. 175.

recesso, resgate de ações, *preço* de emissão das ações em aumentos de capital e todos os *abusos* no exercício do direito de voto dos acionistas (art. 115) e abuso e desvio do poder de controle (art. 117).

Também são suscetíveis de decisão arbitral as questões envolvendo os *direitos dos preferencialistas*, desde que tenham aderido expressamente à cláusula compromissória, ou que de sua instituição tenham participado no momento da constituição da sociedade.

Enfim, são da *competência* do juízo arbitral estatutário todas as questões envolvendo o *exercício* de direitos por parte da sociedade e dos seus acionistas em geral, perante ela e entre si.

DUPLICIDADE DE COMPETÊNCIAS — § 3º

Cabe, ainda, levantar a questão relacionada a qualquer negócio jurídico que interessa à coletividade ou a determinados grupos de acionistas, *uns compromissados* e *outros não compromissados.*

Nesse caso, a *competência* do juízo arbitral não estará excluída em razão de o mesmo pedido e a mesma *causa de pedir* estar sendo trazida ao Poder Judiciário pelos acionistas que não subscreveram ou não aderiram à cláusula compromissória.

Devem, com efeito, os acionistas compromissados sujeitar a controvérsia ao juízo arbitral sobre uma mesma questão submetida ao juízo estatal pelos demais acionistas não compromissados. Ainda que as decisões de um e de outro juízo (estatal e arbitral) sejam diversas, estarão os *acionistas compromissados* vinculados ao *decisório arbitral* e respectivos efeitos.

Já os acionistas não compromissados estarão, por sua vez, vinculados à decisão judicial sobre a mesma matéria, não podendo escusar-se de seus efeitos sob a alegação de que maior benefício ou menor condenação, ou mesmo procedência ou improcedência, adviriam da decisão arbitral simétrica. Assim, vale para a mesma *matéria , o mesmo pedido* e a mesma *causa de pedir* o juízo estatal para os acionistas não compromissados e para a sociedade, já que necessariamente citada.

E vale o juízo arbitral nesse mesmo caso para os acionistas compromissados e a sociedade, não obstante a discrepância eventual entre as decisões de um e de outro juízo[180].

---

180 A propósito é expresso o art. 11 da Lei italiana n. 25, de 5 de janeiro de 1994.

CISÃO DA *CAUSA PETENDI* — § 3º

Outra questão refere-se à possibilidade de a *mesma matéria* poder ser objeto de *dois ou mais processos arbitrais*. Não se vê dificuldade maior para que isso ocorra, desde que no *compromisso* os pactuantes se coloquem de acordo. Com efeito, a mesma matéria poderá trazer questão típica de *direito*, de um lado, e probatória e *de fato*, de outro, como será, *v.g.*, matéria envolvendo aumentos de capital, em que se pode discutir, de um lado, a validade formal das convocações ou das deliberações sobre a matéria e, sobre o mesmo aumento de capital, discutir-se a apuração do valor de emissão das novas ações, o que demandará perícia para a verificação do valor da ação em face do critério contábil de avaliação adotado no caso. Nessa hipótese, como em tantas outras, poderá haver cisão da *causa petendi*, para que um mesmo ou outro colégio arbitral decida em processos *separados* sobre a matéria do aumento de capital questionado: um sobre *matéria de direito*, outro sobre *matéria de fato*.

NOMEAÇÃO DE ÁRBITROS — § 3º

Como sugerido inicialmente, a *entidade arbitral* deve ser indicada desde logo na *cláusula compromissória estatutária (cláusula cheia)*, a fim de que, posteriormente, não tropece o *compromisso* com arguições em juízo sobre foro arbitral (câmara arbitral ou arbitragem *ad hoc*).

Se tal medida de mínima prudência não ocorrer, estando, portanto, a cláusula compromissória estatutária *in albis (cláusula vazia)*, fica afastada a competência da assembleia geral para nomear os árbitros, pois não se trata de matéria deliberativa que envolva os interesses de todos os acionistas, votantes e não votantes. Sendo *pacto parassocial* a *cláusula compromissória estatutária*, cabe às partes compromissadas, em *documento apartado*, ou *em juízo*, conforme o procedimento do art. 7º da Lei n. 9.307, de 1996, instituir o *compromisso arbitral* com a indicação dos árbitros, tendo em conta a demanda já suscitada. Não será, portanto, oponível às partes — sociedade e acionistas compromissados — qualquer deliberação da assembleia geral a respeito, sendo ela inválida e ineficaz.

Será, portanto, igualmente inválida e ineficaz a *cláusula compromissória estatutária* que prever a *competência* da assembleia geral para nomeação de árbitros, pois, como reiterado, não se trata do foro apropriado para instituição de compromisso em favor da sociedade e daqueles acionistas compromissados.

Mesmo se tal deliberação alcançar a unanimidade, persistem a invalidade e a ineficácia, pois se trata de implementação do *compromisso* entre os pactuantes e não de matéria decorrente das normas organizativas da sociedade.

DIREITO ESTRANGEIRO SOBRE DIREITOS ESSENCIAIS DOS ACIONISTAS — *CAPUT*

Em regra, as legislações estrangeiras sobre sociedades por ações não reúnem em um único artigo os direitos dos acionistas, inderrogáveis pelo estatuto.

Não obstante, a doutrina costuma sistematizar as normas de ordem pública com caráter de inderrogabilidade, encontráveis esparsamente na lei respectiva, para erigi-las em direitos individuais dos acionistas[181].

Constitui exceção, v. g., a *lei espanhola*, ao estabelecer que a ação confere a seu titular legítimo a condição de sócio, atribuindo-lhe, no mínimo, os direitos de participar dos lucros e dos resultados da liquidação da companhia, e o direito de preferência na subscrição de ações novas e também o de voto, se possuir número mínimo de ações exigido pelo estatuto[182].

Embora a lei espanhola enumere dessa forma os direitos individuais, não o faz, no entanto, exaustivamente, devendo ser incluídos no elenco os que constam de normas esparsas como: o direito à informação, à obtenção de certidões dos acordos sociais, de impugnar esses mesmos acordos em determinadas hipóteses, de negociar e transferir as ações nos prazos e com as restrições legais, de retirar-se da sociedade nos casos previstos em lei, de impugnar o balanço final de liquidação e de receber os certificados correspondentes às ações[183].

No *Direito francês*, as prerrogativas individuais dos acionistas são catalogadas pela doutrina, tais como: direito de fazer parte da sociedade, direito de voto, direito ao dividendo e às reservas, e o de negociar suas ações[184].

No *Direito argentino*, as prerrogativas inderrogáveis pelo estatuto encontram na doutrina quatro categorias principais colhidas de inúmeros artigos da Parte Geral e da específica da Lei das Sociedades. Tais categorias são:

---

181 Ripert-Roblot, *Traité*, cit., v. 1, p. 749 e s.; Brunetti, *Tratado*, cit., v. 2, p. 527 e s.; Halperin, *Sociedades anónimas*, cit., p. 343 e s.

182 Art. 39 da lei espanhola de 1951.

183 Garrigues-Uría, *Comentario*, cit., v. 1, p. 446 e s.

184 Ripert-Roblot, *Traité*, cit., p. 751 e s.

negociabilidade das ações; intervenção na administração e na política da companhia; percepção de dividendo e conservação das bases fundamentais da companhia, tais como o direito de recesso, impugnação das resoluções da assembleia e certas deliberações da administração e, finalmente, responsabilidade dos administradores e dos acionistas por atos e decisões violadores das leis e do estatuto. Neste grupo, a doutrina ainda alinha os direitos específicos de determinadas categorias de ações, como as preferenciais[185].

Os direitos individuais, na *doutrina alemã*, fundam-se na clássica teoria do *Sonderrecht*, consubstanciada no art. 35 do Código Civil, que prescreve: "Uma decisão da assembleia dos membros (de uma sociedade) não pode atentar contra os direitos particulares de um membro, sem o consentimento deste"[186].

No *Direito italiano*, visualiza-se a existência de prerrogativas individuais inderrogáveis, consubstanciadas no direito à conservação do *status* de acionista até a extinção da companhia; direito à limitação da responsabilidade, até o valor da subscrição; direito de obter da companhia documento que comprove a participação acionária; direito ao exercício do voto nas assembleias; direito de recesso; direito ao dividendo convencionado; direito à impugnação dos acordos ilegais; direito de preempção nos aumentos de capital; direito à participação no acervo líquido, em caso de liquidação[187].

No *Direito norte-americano*, sempre que as cortes declaram que certas prerrogativas dos acionistas não podem ser derrogadas, caracterizam-se esses direitos como inderrogáveis (*vested rights*)[188].

BASE IDEOLÓGICA DOS DIREITOS INDIVIDUAIS DOS ACIONISTAS

Os direitos individuais dos acionistas, reconhecidos pela legislação específica das sociedades anônimas dos diversos países, têm nítido contorno ideológico, refletindo evidentemente a concepção política do constitucionalismo.

---

185 Lei das Sociedades argentina, de 1972, arts. 67, 70, 194, 197, 207, 214, 236, 245, 251, 262, 263, 280, 284 e 294; Halperin, *Sociedades anónimas*, cit., p. 348 e s.

186 Valverde, *Sociedades por ações*, cit., v. 2, p. 31; Batalha, *Comentários*, cit., v. 1, p. 495; Meyssan, *Les droits des actionnaires*, p. 82 e s.; Brunetti, *Tratado*, cit., v. 2, p. 526, nota 2.

187 Brunetti, *Tratado*, cit., v. 2, p. 527.

188 McNulty *vs.* W. & J. Sloane, 184 Misc. 835, N.Y. S2d 253 (Sup. Ct. 1945), *in* Lattin, Norman D., *The law of Corporations*, Mineola, New York, The Foundation Press Inc., 1971, p. 577.

Essa declaração unitária ou esparsa das prerrogativas inderrogáveis dos sócios nas legislações ocidentais, sofrem matizes diversos, sempre a refletir a visão da sociedade política de cada país em determinados períodos.

Assim, v. g., os direitos próprios (individuais) dos acionistas (*Sonderrecht*) do Direito alemão, consagrados no seu Código Civil, desde a sua entrada em vigor sofreu nítida reação da lei alemã de 1937, que passou a não os reconhecer no período nazista[189].

Por outro lado, nos países eminentemente democráticos, como a França e a Suíça, o direito de voto do acionista é erigido em prerrogativa fundamental e inderrogável.

No Brasil, onde o direito de voto político não era respeitado no Estado Novo, o Decreto-Lei n. 2.627, de 1940, deixava de incluí-lo no elenco de prerrogativas do seu art. 78.

A lei vigente de 1976, na sua versão original, seguindo a esteira da anterior, refletia o sistema político do momento (regime militar). Não só deixava de incluir o direito de voto entre as prerrogativas essenciais dos acionistas, como negava praticamente esse direito aos não controladores, ao retirar o seu exercício às ações ordinárias ao portador (art. 112), discriminação odiosa que, por razões diversas, acabou sendo revogada pela Lei n. 8.021, de 1990.

INVOLUÇÃO POLÍTICA REFLETIDA NA LEI N. 6.404, DE 1976

Temos, assim, que as Leis n. 6.404, de 1976, e 9.457, de 1997, não somente deixaram de evoluir com referência ao Decreto-Lei de 1940, como involuíram profundamente no que respeita ao principal direito do acionista, qual seja, o de participar das deliberações sociais em assembleia geral.

A Lei n. 6.404, de 1976, não pode, com efeito, ser alinhada na concepção democrática da sociedade anônima, fundada no contrato social, em que o voto é o principal instrumento de participação e de representação social[190].

ADOÇÃO DO INSTITUCIONALISMO PELA LEI DE 1976 E PELA LEI N. 10.303, DE 2001

Caracteriza-se a Lei n. 6.404, de 1976, como eminente-

---

189 Antonio Pedrol, *La anónima actual y la sindicación de acciones*, Madrid, Ed. Revista de Derecho Privado, 1969, p. 70, 113 e 119.

190 A respeito do direito fundamental de voto, Lelio Barbiera, Diritti individuali amministrativi degli azionisti, *in* I *grandi problemi della società per azioni nelle legislazioni vigenti*, Padova, Cedam, 1976, p. 931 e s.

mente oligárquica, com predomínio dos grandes acionistas e, consequentemente, com a privação dos direitos de participação e deliberação dos acionistas minoritários[191].

Adotou-se, com efeito, no Direito Societário de 1976, o institucionalismo germânico da *empresa em si* (*Unternehmen an sich*), segundo o qual os controladores e seus administradores deveriam administrar a companhia sob sua própria responsabilidade, para o bem da *empresa* e de seus empregados e no interesse comum do povo e do Estado[192].

Na Lei de 1976, o acionista controlador é guindado à posição de mando permanente (art. 116) da companhia. Consequentemente, torna-se responsável pelo destino da sociedade e pelo cumprimento de seu papel institucional.

Com efeito, dispõe a lei que o acionista controlador deve usar o poder com o fim de fazer a companhia realizar o seu objetivo e cumprir sua função social e tem deveres e responsabilidades para com os demais acionistas da empresa, os que nela trabalham e para com a comunidade em que atua, cujos direitos e interesses deve lealmente respeitar e atender (art. 116, parágrafo único).

Trata-se da transposição para o nosso direito da *unternehmen an sich* da doutrina alemã. Entre nós, hegemonia, privilégios e responsabilidades são totalmente atribuídos aos controladores[193] e tinham por base o dispositivo que determinava que somente os titulares de ações nominativas, endossáveis e escriturais poderiam exercer o direito de voto (art. 112). A Lei n. 8.021, de 1990, acabou sendo, como referido, o involuntário veículo de democratização das ações ordinárias, ao torná-las todas, a partir de 1992, nominativas, registradas ou escriturais.

A hegemonia dos controladores permanece[194], no entanto, pelo contingente de preferenciais sem voto (2/3 do capital) mantido inalterado para as companhias abertas e fechadas constituídas antes da vigência da Lei n.

---

191 Cf. observou Garrigues (*Curso de derecho mercantil*, 5. ed., Madrid, 1968, p. 338 e s.) quanto à evolução democrática das sociedades anônimas e sua posterior involução atual para um caráter aristocrático. *V.* Leães, *Comentários à Lei das S.A.*, São Paulo, Saraiva, 1978, p. 256 e s., 286 e s., e 302 e s.

192 *V.* comentários aos arts. 115 e 116.

193 Parecer da Ordem dos Advogados do Brasil, Secção de São Paulo, publicado em 27 de maio de 1976, sobre o projeto de que resultou a Lei n. 6.404, de 1976. *V.* comentários ao art. 116.

194 *V.* comentários ao art. 118.

10.303, de 2001 (art. 15, c/c o art. 8º da Lei n. 10.303, de 2001)[195], pelos acordos de acionistas e, ainda, pela criação de classes de ordinárias, nas companhias fechadas. Tem-se como consequência o esvaziamento do poder real da assembleia de acionistas, que, ademais, por força do art. 118, com a redação da Lei n. 10.303, de 2001, passa a ser exercido pela reunião prévia dos controladores.

LEI N. 9.457, DE 1997 — EMENDA HAULY

A Lei n. 9.457, de 1997, originada da iniciativa governamental, conhecida como "Projeto Kandir", como referido, recebeu, na Câmara dos Deputados, emendas do Relator, Deputado Luiz Carlos Hauly, que procuravam neutralizar as supressões diretas e indiretas de direitos dos minoritários. Também outras emendas tornaram a lei de 1997 mais equilibrada no que respeita ao exercício do direito de recesso.

Não obstante, a Lei n. 9.457, de 1997, suprimiu direitos fundamentais outros, como o da oferta pública aos minoritários no caso de venda de controle.

Por outro lado, aproveitou também o Congresso da oportunidade para adaptar a redação de diversos artigos da Lei Societária de 1976 que se tornaram incompatíveis com o ordenamento a partir da vigência da Lei n. 8.021, de 12 de abril de 1990. Nesse particular, a lei de 1997 não traz nenhuma inovação normativa, pois, desde quando entrou em vigor o diploma de 1990, estavam tacitamente revogadas dezenas de dispositivos, por desuso, referentes todos aos títulos ao portador e endossáveis, que não mais foram admitidos no ordenamento a partir da data da sua vigência.

Portanto, deve-se, obviamente, interpretar que a função da Lei Kandir, de 1997, nesse particular, foi de apenas trazer para a Lei Societária as alterações dos dispositivos anteriormente revogados pela Lei n. 8.021, de 1990 (lei geral). Propiciou, assim, o Congresso uma consolidação da Lei n. 6.404, com as alterações que lhe foram introduzidas a partir de sua promulgação, em 1976. Cabe, a propósito, lembrar que esse difícil trabalho de remissão à Lei n. 8.021, de 1990, foi de iniciativa do relator, Deputado Luiz Carlos Hauly. O governo, em seu projeto, no afã de suprimir direitos dos minoritários, não mostrou nenhuma preocupação com esse relevante aspecto formal da legislação societária.

---

195 *V.* comentários ao art. 15.

Não obstante, a principal inovação da Lei n. 9.457, de 1997, e que visou a compensar as supressões de direitos dos minoritários originados do projeto Kandir, é a que estabelece materialmente as vantagens comparativas das ações preferenciais. Dispunha a lei de 1997 que os dividendos das ações preferenciais seriam 10% maiores que os atribuídos às ordinárias. Essa norma — de iniciativa do Congresso, pois nada constava, a respeito, na redação original do Projeto Kandir — veio dar concreção à ambígua redação do originário art. 17 da Lei n. 6.404, de 1976.

Com efeito, a Lei Societária de 1976, ao admitir (art. 17), como uma das vantagens das ações preferenciais, a prioridade na distribuição de dividendos, obviamente pretendeu assegurar a estas ações que tais dividendos lhes seriam pagos ainda que os lucros da sociedade não fossem suficientes para os dividendos estatutariamente previstos para as ações ordinárias. E essa vantagem estatutária excluía, por si mesma, a possibilidade de todos os acionistas ordinários e preferenciais concorrerem em igualdade de condições na distribuição de lucros. Ocorre que tais princípios não foram respeitados, estabelecendo-se, no decorrer dos anos, uma iníqua prática de não diferenciação entre dividendos pagos aos acionistas ordinários e aos preferencialistas.

Pouco ou nada fez a Comissão de Valores Mobiliários para restabelecer o regime de privilégio patrimonial. Além disso, alguns juristas também se prestaram a respaldar essa prática, dentro do conhecido panorama patrimonialista que persiste no País. A propósito, o projeto governamental (Projeto Kandir) nada apresentava a respeito, a denotar o seu intuito especificamente supressivo de direitos, visando a promover a desestatização das empresas de economia mista.

O Relator da Lei n. 9.457, de 1997, ademais, alterou substancialmente o art. 45 do projeto governamental, que escamoteava o direito de recesso mediante alternativas de valor de cotação em Bolsa ou em futuro mercado de balcão organizado.

Numa solução de compromisso, extremamente feliz, o legislador de 1997 criou a possibilidade de o estatuto fixar o critério de *valor econômico*, substitutivamente ao de patrimônio líquido que continua previsto, na omissão da lei interna da companhia. Tal alternativa pode, inclusive, trazer vantagens aos minoritários no caso de modificações institucionais em companhia próspera. Criou o Relator Hauly, para tanto, procedimentos democratizantes, admitindo o voto, também, dos preferencialistas.

Por outro lado, a Lei n. 9.457, de 1997, manteve o principal objetivo do projeto governamental, que era o de suprimir o direito de recesso nos casos de cisão. Tratava-se, mais uma vez, do perverso uso institucional da lei societária para implementação de políticas conjunturais de privatizações em setores estratégicos.

E no plano das iniquidades a Lei n. 9.457, de 1997, acolheu a supressão dos arts. 254 e 255 da Lei n. 6.404, de 1976, que tratavam da oferta pública em caso de alienação de controle. Tal retrocesso demonstrava mais uma vez a persistência e o aprofundamento do perfil institucional da Lei Societária, sempre a serviço das macropolíticas governamentais do momento.

No caso legislativo presente, o governo estava voltado a atender à implantação de um Estado neoliberal, nos termos do Consenso de Washington. Some-se a esse *tatcherismo* tropical a tendência sempre demonstrada pelos controladores e suas entidades de classe, contrários ao procedimento de equidade representado pela oferta pública no caso de alienação de controle.

Continuava vigendo no Brasil a célebre declaração do Barão de Furstenberg feita numa assembleia do *Deutsche Bank*, realizada nos fins do século passado: "Os acionistas são uns tolos e uns arrogantes; tolos porque nos dão o seu dinheiro e arrogantes porque querem receber dividendos".

Acrescente-se que essa supressão de um direito fundamental dos acionistas recebeu, inclusive, o apoio explícito da Comissão de Valores Mobiliários, embora fosse encarregada por lei de promover a defesa dos investidores no mercado de ações.

LEI N. 10.303, DE 2001

A Lei n. 10.303, de 2001, diante da supressão de direitos dos minoritários que decorreram da promulgação da Lei Kandir (Lei n. 9.457, de 1997), foi projetada para concluir o processo de privatização das sociedades de economia mista e, ao mesmo tempo, introduzir padrões de governança corporativa que permitiriam o convalescimento do mercado de capitais.

Assim, o art. 4º daquele diploma de 2001 estabelece a obrigatoriedade de Oferta Pública Obrigatória — OPA de fechamento de capital.

Por sua vez, o seu art. 15 determina que as companhias constituídas após a vigência da Lei n. 10.303, de 2001, obedeçam ao regime de paridade entre ações preferenciais e ordinárias. Desse festejado avanço estão isentas as companhias preexistentes, que poderão *ad aeternum* manter a disparidade 1/3 — 2/3 de ordinárias e preferenciais (art. 8º da Lei n. 10.303, de 2001).

O art. 17 daquela lei estabelece a favor dos preferencialistas uma série de possibilidades de dividendo preferencial, que deverão ser, no entanto, escolhidos pela companhia, em alteração estatutária.

Não obstante regeneradora de direitos, a confusão de critérios de dividendos preferenciais trazida pela Lei n. 10.303, de 2001, constitui desserviço à "causa" de redenção dos preferencialistas, na medida em que permite todo o tipo de escamoteação por parte da companhia (art. 17).

Nesse passo, outrossim, lamentável verificar que a única medida salutar trazida pela Lei n. 9.457, de 1997, obrigando as companhias a pagar dividendos de 10% a maior para os preferencialistas, a par do critério de dividendo fixo ou mínimo, foi revogada pela Lei n. 10.303, de 2001.

Por outro lado, a lei de 2001 restabelece o direito dos preferencialistas com dividendo fixo de participação dos aumentos de capital por incorporação de lucros ou reservas (art. 17).

Ademais, estabelece no resgate de ações o direito de os acionistas atingidos aceitarem ou não esse negócio (art. 44). Trata-se de uma evolução relevante dos direitos dos acionistas minoritários.

Cria as debêntures imobiliárias (art. 54) e preconceituosamente proíbe a emissão de partes beneficiárias pelas companhias abertas (art. 47)[196].

Faculta, ademais, a Lei n. 10.303, de 2001, a inclusão de cláusula compromissória no estatuto da companhia, incorporado como § 3º do presente art. 109, como visto.

E, em seguida, institucionaliza os acordos de controle em blocos (*pooling agreements*), instaurando o regime de autotutela em sua execução (art. 118).

Amplia, ainda, a Lei n. 10.303, de 2001, os prazos de convocação às assembleias gerais, estabelecendo o regime de franquia dos documentos que serão aí discutidos aos acionistas (arts. 124, 133 e 135).

E ainda a Lei n. 10.303, de 2001, define melhor as execuções do exercício do direito de recesso em caso de fusão e incorporação e restaura timidamente esse direito no caso de cisão (art. 137).

Faculta ainda o diploma de 2001 que o estatuto estabeleça quórum qualificado para determinadas deliberações no Conselho de Administração (art. 140).

E, como ponto culminante da adoção entre nós dos princípios de governança corporativa, impõe a eleição de um representante dos ordinaristas minoritários e um representante dos preferencialistas no Conselho de Administração (art. 141).

No capítulo do Conselho Fiscal, a Lei de 2001 definiu melhor os poderes individuais dos conselheiros fiscais, poderes estes que já teriam sido consa-

---

196 *V.* comentários ao art. 47.

grados, mas nunca obedecidos e sempre escamoteados, na redação original da Lei n. 6.404, de 1976 (art. 161 e s.)

Por outro lado, a Lei n. 10.303, de 2001, acentuou as exceções no que respeita ao exercício do direito de preferência (art. 172).

E quanto à incorporação de companhias controladas, estende a lei de 2001 o regime do art. 264 também às ações objeto de incorporação e fusão (art. 264).

Ademais, a Lei n. 10.303, de 2001, restaura parcialmente o direito dos minoritários votantes de participar em 80% do valor pago pela compra do controle da companhia (art. 254-A). Trata-se de convalescimento parcial de direito dos acionistas votantes, instituído na Lei n. 6.404, de 1976, que estendia esse direito pelo valor total pago pelo novo controlador.

Adota-se, em nossa legislação, de forma decisiva e franca, a corrente institucionalista[197]. Esta se manifesta pela superposição do interesse público sobre o interesse societário, atribuindo-se aos controladores a missão de perseguir preferentemente os objetivos que beneficiem a comunidade e o próprio Estado[198].

O CARÁTER INSTITUCIONAL DA SOCIEDADE ANÔNIMA BRASILEIRA

Adota-se, no Direito Societário brasileiro vigente, o sistema de diferentes categorias de acionistas, com interesses diversos, aos quais cabem meios próprios de proteção, diante do pressuposto de que não têm iguais direitos nem idênticas obrigações[199].

É nítida a filosofia de nossa lei, nesse aspecto, ao estabelecer duas linhas de acionistas: os que têm o poder-dever de comando da companhia — os controladores — e os que têm interesse apenas no retorno do capital. Estes eram notadamente representados pelos então possuidores de ações ordinárias ao portador[200], e ainda o são pelos detentores de preferenciais. Quanto à última categoria, estabeleceu-se a possibilidade de maior participação no capital social na forma prevista na Lei n. 10.303, de 2001[201].

---

197 Antonio Pavone La Rosa, Profili della tutela degli azionisti, Rivista delle Società, jan./ fev. 1965, p. 88 e s.

198 Halperin, *Sociedades anónimas*, cit., p. 345.

199 Jean Paillusseau, *La société anonyme — technique d'organisation de l'entreprise*, Paris, Sirey, 199, p. 254.

200 A Lei n. 8.021/90 extinguiu as ações ao portador.

201 *V.* comentários ao art. 15, c/c o art. 8º.

Considera-se o colégio de acionistas preferencialistas como investidores e não propriamente como acionistas interessados na gestão da companhia. Nesse sentido a lei lhes dá proteção, notadamente ao instituir o dividendo obrigatório (art. 202)[202] e os novos direitos contidos no art. 17, alterado pela Lei n. 10.303, de 2001.

FUNÇÃO INSTITUCIONAL DO CONTROLADOR

O acionista controlador, na lei brasileira, é instituído como detentor permanente do comando da companhia. O requisito para tal atribuição encontra-se no vocábulo 'permanente' (art. 116). Daí decorre que o controlador é assim considerado na medida em que isoladamente ou em conjunto (art. 118) detém a maioria absoluta do capital votante (50% mais uma das ações ordinárias)[203]. Daí o caráter autárquico da atuação do controlador que, tendo a maioria absoluta das ações votantes, não pode ser turbado no exercício do seu poder-dever de comandar a companhia. E esse poder--dever de caráter permanente do controlador reveste-o de responsabilidades específicas enunciadas no art. 117.

A lei societária, por outro lado, declara determinados direitos individuais dos acionistas que não podem ser derrogados pela decisão dos controladores. Trata-se de limites impostos aos poderes destes, não elimináveis pelo estatuto e muito menos por deliberação da assembleia geral.

O elenco desses direitos, contido na norma ora comentada, não esgota outras prerrogativas inderrogáveis encontradas esparsamente na própria lei, como veremos mais adiante.

Todos esses direitos declarados de forma expressa procuram contrabalançar o caráter predominantemente institucional da sociedade anônima brasileira[204].

REMINISCÊNCIA CONTRATUALISTA E CONSTITUCIONALISTA

Essas prerrogativas inderrogáveis dos acionistas constituem evidente reminiscência contratualista da sociedade anônima, e, ou-

---

202 V. comentários ao art. 202.

203 Dominique Schmidt, *Les droits de la minorité dans la société anonyme*, Paris, Sirey, 1970, p. 36.

204 Como também se verifica na realidade italiana atual (*Casi e materiali di diritto commerciale*; società per azioni, Milano, Giuffrè, 1974, v. 2, p. 1148 e s.).

trossim, uma versão dos direitos individuais constitucionalmente reconhecidos[205].

Não têm razão aqueles que não os consideram comparáveis, alegando que os direitos individuais dos acionistas são eminentemente pecuniários. Primeiro porque as constituições também incluem, entre os direitos e garantias individuais, prerrogativas de caráter patrimonial.

Nossa Constituição de 1988 — art. 170 — assegura, v. g., o direito de propriedade, e veda o privilégio sobre inventos e a titularidade sobre marcas, além de dispor sobre a aquisição da propriedade rural, e também sobre o livre ingresso e circulação de bens no território nacional[206].

Em segundo lugar, os direitos inderrogáveis dos acionistas não são apenas pecuniários ou propriamente patrimoniais; há dentre eles prerrogativas pessoais como, v. g., a de fiscalizar o desempenho da administração. Ou, então, seguindo classificação doutrinária mais recente, há os direitos individuais administrativos, de um lado, e os patrimoniais propriamente ditos, de outro[207 e 208].

FUNDAMENTO DO PRECEITO

Têm, por conseguinte, os direitos individuais dos acionistas caráter eminentemente político, no sentido amplo do termo[209].

Ainda que prevaleça o princípio da maioria na sociedade anônima, a soberania dessa vontade do controlador não é absoluta, no sentido de que não pode ele modificar as regras que protegem determinados direitos dos acionistas, em geral, e dos minoritários, em especial[210].

Aqui se estabelece a diferença fundamental entre a soberania da Nação e os poderes dos controladores, em nossa sociedade anônima. No Estado democrático, a representação da maioria pode modificar os direitos, inclusive constitucionais, da minoria, por meio de uma Constituinte ou de emendas constitucionais.

Na sociedade anônima, contudo, os controladores (art. 116) estão submetidos a certas restrições legais com referência à imutabilidade de deter-

---

205 Ripert, Droit commercial, cit., p. 750; Leães, Comentários, cit., p. 261 e s.
206 Emenda Constitucional n. 6, de 15 de agosto de 1995.
207 V. comentários aos arts. 141 e 8º dessa mesma lei.
208 Barbiera, *I grandi problemi*, cit., p. 895 e s.
209 Ripert, Droit commercial, cit., p. 749 e s.
210 Ripert, Droit commercial, cit., p. 749 e s.

minados direitos dos acionistas que não podem ser modificados pela lei interna da companhia. Foge, portanto, da competência dos acionistas detentores do controle a modificação desses direitos. Compara-se à cláusula pétrea da Constituição de 1988 (art. 60, § 4º).

Essa alteração dos direitos essenciais dos acionistas somente pode ocorrer por força de outra lei ordinária.

Dessa forma, a base da organização da sociedade anônima é a do governo dos controladores e da sua possibilidade de modificar o estatuto, com exceção daqueles direitos fundamentais dos acionistas assegurados por lei. Estes se alicerçam nos princípios da boa-fé e da manutenção das bases fundamentais da companhia[211]. Esteiam-se mais na proteção dos acionistas contra a atuação arbitrária do grupo controlador, caracterizada pelo desvio e abuso do poder (art. 117).

Em consequência, os direitos individuais dos acionistas, estabelecidos neste art. 109, não estão sujeitos a modificações pela lei interna da companhia e muito menos submetidos ao arbítrio do controlador ou dos órgãos da sociedade[212]. Trata-se, portanto, de limite imposto aos poderes permanentes e autárquicos dos controladores.

PRERROGATIVAS DOS ACIONISTAS NO DIREITO BRASILEIRO

A Lei Societária vigente, da mesma forma que a de 1940, funda-se no sistema constitucional (arts. 5º e 60, § 4º, IV, da Carta de 1988) e, por outro lado, parte do pressuposto de que a sociedade anônima é uma organização que tem como fim precípuo o lucro. Daí decorrem dois princípios básicos: participação dos sócios nos resultados econômicos e participação na gestão da companhia[213].

Em face dos fins e da base da organização da companhia, podem ser apontadas cinco categorias de direitos dos acionistas.

Em primeiro lugar, estão os *direitos individuais* e respectivas garantias, comuns a todos os acionistas, aos quais não podem os sócios renunciar e tampouco o estatuto ou a assembleia geral derrogar. São direitos imutáveis que resultam da lei[214]. São exercitáveis individual e independentemente

---

211 Halperin, *Sociedades anónimas*, cit., p. 343.

212 Halperin, *Sociedades anónimas*, cit., p. 348.

213 Valverde, *Sociedades por ações*, cit., v. 2, p. 29, 33 e s.

214 Meyssan, *Les droits*, cit., p. 82.

do número de ações possuídas pelo acionista, no capital social[215]. São inerentes à própria essência do contrato de sociedade e, portanto, intangíveis[216].

Em segundo lugar, vêm os *direitos da minoria*, que pressupõem antes de tudo a titularidade de um número mínimo de ações, conforme a matéria do interesse dos minoritários. Pressupõem mais que o acionista não faça parte do grupo controlador, ou seja, isoladamente, controlador. São prerrogativas que, da mesma forma, têm caráter de inderrogabilidade e intangibilidade, não podendo, portanto, ser alteradas, senão pela lei. Também não podem ser objeto de renúncia ou disponibilidade dos acionistas.

Em terceiro lugar, encontram-se os *direitos próprios de classes de acionistas*, reservados aos titulares de ações preferenciais ou de classes diversas de ações ordinárias nas companhias fechadas. Nesta categoria, a diversidade de direitos não pode ultrapassar os limites que a lei autoriza para o tratamento diferenciado da respectiva classe.

Esses direitos específicos não podem, ademais, ser modificados a não ser com o assentimento dos titulares dos respectivos direitos (arts. 16, 44, 136 e 137)[217].

Em quarto lugar, há os *direitos gerais de dissidência*[218]. Nestes se incluem os resultantes da criação de ações preferenciais ou alteração no regime destas (art. 137); alteração no dividendo obrigatório (art. 137); mudança do objeto da companhia (art. 137, III, *b*); incorporação da companhia em outra, sua fusão ou cisão (arts. 137 e 230); incorporação da companhia controlada ou sua fusão (art. 264); dissolução voluntária da companhia (art. 206) ou cessação do estado de liquidação (art. 137); participação da companhia em grupo de sociedades (arts. 137 e 270); transformação da companhia (arts. 221 e 298, III); e aquisição, por companhia aberta, do controle de sociedade

---

215 Campos Batalha, *Comentários*, cit., v. 1, p. 495.

216 Cf. a teoria do *Sonderrecht*. Art. 35 do Código Civil alemão. Também art. 646 do Código das Obrigações suíço. A respeito, Ascarelli, *Problemas*, cit., p. 408, nota 35.

217 *V.* comentários ao art. 44.

218 A famigerada "Lei Lobão" tentou derrogar alguns dos direitos de dissidência, não tendo logrado o lesivo intento do legislador em face da sua grosseira e apressada redação, como reconheceram os tribunais, a doutrina e a Comissão de Valores Mobiliários. Essa "lei" condenada pela doutrina, verdadeiro estelionato legislativo, é inteiramente inaplicável. Por sua vez, o "Projeto Kandir" (Projeto de Lei n. 1.564, de 28-2-1996) procurou também escamotear e assim derrogar o direito de dissidência em inúmeros casos. *V.* comentários ao art. 45.

mercantil, nos termos do art. 256, § 2º. Acrescente-se o previsto no § 3º do art. 264[219].

Em quinto lugar, acham-se os *direitos coletivos*, em que prevalece a vontade permanente e autárquica dos controladores. Tais direitos podem ser alterados pela manifestação dos acionistas em assembleia geral e com a modificação da lei interna da sociedade. O limite do exercício dessa prerrogativa encontra-se na licitude dos fins societários e do exercício regular das atividades sociais[220].

CARACTERÍSTICAS E LIMITES DOS DIREITOS INDIVIDUAIS

Os *direitos individuais* propriamente ditos, situados na primeira categoria, são, como referido, inderrogáveis, intangíveis e imutáveis. Cabe reiterar que nem o estatuto nem a assembleia geral podem privar o acionista desses direitos.

Porém, a lei ordinária pode modificá-los, quando não se trate de direitos declarados constitucionalmente (§ 2º). Ademais, deve-se entender o caráter relativo de alguns desses direitos, quando a própria lei estabelece limites e exceções ao seu exercício, como é o caso, v. g., do direito de preferência (art. 172)[221], que foi restringido pela redação dada ao art. 172[222] pelo § 2º do art. 8º da Lei n. 10.303/2001.

Por outro lado, como também referido, os direitos individuais são irrenunciáveis[223] e indisponíveis. Cuida-se de normas de ordem pública cuja derrogação não pode ocorrer em virtude de consentimento do acionista. A privação desses direitos, portanto, é impossível, seja pela vontade dos con-

---

219 *V.* comentários aos arts. 137 e 264.

220 Inúmeras outras classificações são encontradas na doutrina. Assim, as teorias subjetivistas e objetivistas dos direitos individuais: Brunetti, *Trattato*, cit., v. 2, p. 526 e s.; Leães, *Comentários*, cit., p. 264. A teoria dos direitos próprios e direitos sociais: Dominique Schmidt, *Les droits de la minorité*, cit., p. 37; Messineo, *Manuale*, cit., v. 4, p. 484. Teoria dos direitos de controle e administração, de propriedade e os instrumentais (*remedial*): Henry Winthrop Ballantine, *Ballantine on corporations,* Chicago, Callaghan and Company, 1946, p. 158. Teoria dos direitos corporativos individuais e direitos minoritários qualificados: Schmitthoff, *O papel das maiorias*, cit., p. 15 e 20.

221 Mauro Brandão Lopes, *Revista de Direito Mercantil*, *19*:38.

222 *V.* comentários ao art. 172.

223 Ascarelli (*Studi in tema di società*, Milano, Giuffrè, 1952, p. 110) divide os direitos inderrogáveis em renunciáveis e irrenunciáveis.

troladores em assembleia geral ou por meio do estatuto, seja por vontade do próprio titular da prerrogativa.

Cabe aqui fazer uma distinção entre renúncia e não exercício do direito, cuja confusão, às vezes, é encontrada na interpretação da matéria.

Com efeito, não pode o acionista dispor e renunciar em abstrato e *a priori* os direitos essenciais declarados na lei. Pode, no entanto, deixar, em determinados momentos, de concretamente exercê-los, como é o caso, v. g., do direito de preferência (art. 171). O fato de não haver a exercitação da prerrogativa, no entanto, não implica renúncia ou disposição, nem pode ser entendido como um consentimento tácito à derrogação do direito, que permanecerá sempre intangível.

Assim, os *direitos individuais* dos acionistas não podem, de modo geral e definitivo, ser objeto de disponibilidade ou de renúncia, expressa ou tácita. Podem, no entanto, ser desprezados em determinadas ocasiões pelo seu titular ou simplesmente não ser exercitados. Por evidente que estão enquadradas, na espécie, apenas as prerrogativas consideradas ativas, como, v. g., a de fiscalizar a gestão dos negócios sociais e a preferência para subscrição de ações[224].

Os direitos de caráter *passivo*, como o de participar dos lucros sociais e do acervo da companhia, quando da sua liquidação, independem, para a sua concretização, da própria vontade do acionista. São, além de irrenunciáveis e indisponíveis, automaticamente atribuíveis ao acionista, não havendo como fugir ao seu exercício.

Visa a norma a tutelar o interesse público. Qualquer deliberação em contrário é nula, seja a simples decisão da assembleia, seja a modificação estatutária. Também será nula a convenção de renúncia ou disposição. E mais, a ação de nulidade, em todas essas hipóteses, é imprescritível[225].

ELENCO DOS DIREITOS INDIVIDUAIS

É evidente que a lista dos direitos individuais de caráter essencial, intangível, inderrogável, indisponível e irrenunciável não se esgota no enunciado do artigo ora comentado. Os cinco direitos aqui referidos

---

224 Halperin, *Sociedades anónimas*, cit., p. 345, invocando o art. 250 da lei das sociedades argentina.

225 Ascarelli, *Problemas*, cit., p. 407 e s.

(incisos I a V) não são, com efeito, exaustivos. Temos outros artigos da Lei n. 6.404, de 1976, que asseguram ao acionista prerrogativas individuais. Por serem mais específicos, não estão enunciados no dispositivo ora estudado. Temos, assim, também os seguintes direitos individuais:

— direito de tratamento quase igualitário na alienação de controle da companhia, mediante oferta pública simultânea na forma prevista no art. 254-A, acrescentado pela Lei n. 10.303, de 2001[226];

— direito do acionista de livremente negociar suas ações, não podendo as eventuais limitações estatutárias da companhia fechada impedir o exercício de tal direito (art. 36)[227];

— prerrogativa do acionista de negociar direitos patrimoniais isolados, tais como os de subscrição preferencial (art. 171);

— direito de participar das assembleias e nelas discutir os assuntos da pauta (art. 125);

— direito de exigir a autenticação de cópia ou exemplar das propostas, proposições, protestos e declarações de voto oferecidos em assembleia geral cuja ata seja lavrada de forma sumária (art. 130);

— direito de requerer a redução a escrito dos esclarecimentos prestados pelos administradores e de exigir o fornecimento pela mesa da assembleia da respectiva cópia na forma prevista no art. 157[228];

— direito de convocar assembleia geral quando os administradores retardarem por mais de sessenta dias a convocação prevista em lei ou no estatuto (art. 123);

— direito de propor ação de responsabilidade contra administradores, em nome próprio (art. 159 — com a redação dada pela Lei n. 9.457/97);

— direito de propor ação de responsabilidade contra os administradores, por substituição processual da companhia (art. 159)[229];

— direito de propor ação de anulação dos atos constitutivos da companhia (art. 206).

Todos esses direitos dizem respeito a qualquer acionista, independentemente do percentual de ações que possua. Podem ser exercitados pelos acionistas controladores (art. 116) e não controladores.

---

226 V. comentários ao art. 254-A.

227 V. comentários ao art. 36.

228 V. comentários ao art. 157.

229 Art. 6º do Código de Processo Civil.

Visam a garantir o exercício de prerrogativas patrimoniais do acionista e a verificação da legalidade dos atos praticados pelos órgãos da companhia e das deliberações da assembleia[230].

ELENCO DOS DIREITOS DOS ACIONISTAS MINORITÁRIOS

Os direitos que cabem aos acionistas minoritários, como vimos, não se confundem com os direitos individuais, não obstante serem igualmente intangíveis e inderrogáveis pelo estatuto e pela assembleia geral. Pressupõem a existência de um número significativo de ações do capital social, possuído por um ou mais acionistas que não fazem parte do grupo controlador da companhia.

Ainda que os direitos da minoria não pressuponham necessariamente o estabelecimento de uma dissidência, de qualquer forma o seu exercício visa à verificação da legalidade e legitimidade (interesse social) dos atos praticados pelos órgãos da companhia e pelos controladores (abuso e desvio de poder).

Conforme o exercício de tais direitos possa interferir na atividade normal da companhia, a lei estabelece uma graduação de percentual mínimo de participação no capital social.

Dentro desses critérios, são os seguintes os principais direitos inderrogáveis, irrenunciáveis e indisponíveis que cabem aos acionistas minoritários:

— faculdade de requerer aos administradores a relação de endereços dos acionistas aos quais a companhia enviou solicitação de mandato, para o fim de remeter-lhes pedido com o mesmo objetivo (art. 126). Para tanto, deverá o acionista interessado deter 0,5% ou mais do capital social (Instrução CVM n. 481, de 2009).

Para os acionistas titulares de ações representativas de 5% ou mais do capital social, a lei reserva os seguintes direitos:

— requerer em juízo exibição de livros (art. 105);

— requerer por correspondência a convocação de assembleia geral da companhia fechada (art. 124)[231];

— requerer cópia dos documentos que se acham à disposição dos acionistas, na sede social, para a realização da assembleia geral (art. 133);

— solicitar informações aos administradores de companhia aberta sobre os interesses patrimoniais deles, representados por valores mobiliários de

---

230 Ascarelli, *Problemas*, cit., p. 405.

231 *V.* comentários ao art. 124.

emissão da companhia, bem como benefícios ou vantagens recebidas (*fringe benefits*) e condições dos contratos de trabalho e, ainda, quaisquer atos ou fatos relevantes nas atividades da companhia (art. 157, com a redação dada pela Lei n. 10.303, de 2001);

— propor ação de responsabilidade contra os administradores (art. 124).

Para os acionistas titulares de ações, que representam 5% ou mais do *capital* social ou preferencial, cabe o direito de convocar a assembleia geral, quando os administradores não atenderem, no prazo de oito dias, a pedido de convocação que nesse sentido lhes for apresentado (art. 123).

Para os acionistas que representam 5% ou mais de ações sem direito a voto, a lei outorga o direito de requerer o funcionamento do Conselho Fiscal (art. 16)[232].

Para os acionistas que representam 1/10 do capital votante, a lei dá o direito de requerer o funcionamento do Conselho Fiscal e de eleger um membro desse órgão (art. 161); de requerer a adoção do voto múltiplo para eleição de membros do Conselho de Administração e de eleger, os preferencialistas e os ordinaristas minoritários, um membro cada para o Conselho de Administração (art. 141)[233].

DIREITO DE PARTICIPAR DOS LUCROS SOCIAIS

O direito do acionista de participar dos lucros sociais insere-se expressamente dentre aqueles de caráter *individual*, cabível a todos os acionistas, respeitados os diferentes regimes de distribuição de dividendos previstos no estatuto para cada espécie ou classe de ações (arts. 17, 197 e 202)[234 e 235].

Trata-se de direito nitidamente patrimonial, ou seja, prerrogativa legal que o acionista pode fazer valer junto à companhia em face dos bens que compõem o patrimônio desta[236].

---

232 *V.* comentários ao art. 161.

233 *V.* comentários ao art. 141 c/c o art. 8º, § 4º.

234 *V.* comentários aos arts. 17, 197 e 202.

235 Sobre a matéria, Parecer CVM/SJU n. 038/87; Proc. CVM RJ2001/3270, Reg. 3202/2001, voto da Diretora Norma Jonssen Parente, j. em 9-7-2002; Decisão JTJ 274/222. *In* Lazzareschi, ob. cit., p. 207 e s.

236 Bernard Glansdorff, Diritti individuali patrimoniali degli azionisti, *Grandi problemi della società per azioni nelle legislazioni vigenti*, p. 992.

Não se cuida, no entanto, de direito real do acionista diante do patrimônio da companhia.

Sendo, com efeito, a companhia, pessoa jurídica distinta dos seus membros, é ela a proprietária dos bens que compõem o seu patrimônio. Não é a sociedade uma coisa que possa ser objeto do direito de propriedade do acionista. As noções, portanto, de sociedade anônima e patrimônio que a compõem são irredutíveis[237].

Não pode, pois, o acionista arguir direito de propriedade sobre o patrimônio social. Tem ele um direito de caráter obrigacional, fruto da própria estrutura legal do contrato de sociedade, oponível à companhia e incindível sobre o patrimônio desta.

NÃO SE TRATA DE DIREITO DE CRÉDITO

O direito do acionista de participar dos lucros sociais constitui uma prerrogativa pessoal sua, decorrente da própria natureza contratual da companhia[238], que antecede e não se confunde com o direito de crédito que advém da decisão do órgão da administração (art. 202) e da assembleia geral de distribuí-lo.

O direito aos lucros sociais decorre da própria lei (arts. 17 e 202). O seu exercício regular e periódico pressupõe, no entanto, a existência desse mesmo lucro social regularmente apurado no respectivo período (art. 201).

Há, pois, que distinguir o *direito* ao dividendo do seu *exercício*. A prerrogativa é imutável, indisponível, intangível e irrenunciável[239]. O seu exercício, todavia, depende de um fato jurídico que pode não ocorrer em determinadas épocas, qual seja, a apuração regular e, portanto, real de um lucro societário (art. 201).

O direito a esse mesmo lucro, no entanto, não depende da prática de um ato de declaração dos órgãos da sociedade. Se existir o *fato gerador*, o direito individual do acionista passa automaticamente a ser exercitável e, em consequência, a obrigação da companhia de distribuí-lo.

Já o direito de crédito a dividendos decorre da prática de um ato de declaração dos órgãos da sociedade, no sentido de distribuir lucros do exercício.

---

237 Cf. análise de direito comparado que faz Glansdorff, *Grandi problemi*, cit., p. 993 e s.

238 *V.* comentários ao art. 202. Leães, *Comentários*, cit., p. 309 e s.

239 Contrariamente à teoria subjetivista, que considera o direito ao dividendo renunciável, Leães, *Comentários*, cit., p. 307.

O DIREITO AO LUCRO NÃO É CONDICIONAL

Não obstante o exercício do direito ao dividendo depender, em cada período, da ocorrência do fato de serem regularmente apurados resultados positivos pela companhia (art. 201), não se pode confundi-lo com direitos condicionais ou eventuais[240]. Isto porque o direito eventual ou condicional não se adquire senão quando o evento ou a condição se verificar[241]. Nesses casos, não implementado o evento ou a condição, o direito simplesmente se extingue, ainda que o seu titular tenha promovido atos destinados a conservá-lo[242].

Já o direito ao lucro não se enquadra nessa categoria. Isso porque não se esgota ou se extingue, mesmo que num determinado período a condição factual do seu exercício não se realize. O direito ao dividendo, ainda assim, permanece intangível, prevalecendo nos exercícios seguintes em que o evento ocorrer.

Inexistindo lucro líquido, não haverá a pretensão ao seu exercício suspenso naquele período, permanecendo, no entanto, íntegro esse direito quanto aos resultados positivos da companhia que vierem a ocorrer nos anos seguintes.

Trata-se, com efeito, de um direito de participação e por isso de caráter permanente, de que não decai o acionista pela falta de ocorrência de evento que impeça a sua efetivação, em determinados exercícios.

NATUREZA JURÍDICA DO DIREITO DE PARTICIPAÇÃO NOS LUCROS

A prerrogativa do acionista de participar dos lucros sociais é, portanto, direito *sui generis*. Equivale, no plano contratual, a uma declaração unilateral da companhia a favor do acionista. Tem, com efeito, esse direito o caráter de um contrato unilateral.

Erigido em prerrogativa individual do acionista, modificável quanto ao seu conteúdo apenas pela lei e não pelo contrato societário, trata-se de um direito certo. Para configurá-lo, há que distinguir o direito, que é permanente e certo, do seu exercício, cuja pretensão se estabelece a cada exercício (art. 201).

---

240 Sobre a discussão do tema: Leães, *Comentários*, cit., p. 309 e s.; Pontes de Miranda, *Tratado*, cit., v. 5, p. 282 e s.; Glansdorff, *Grandi problemi*, cit., p. 1007 e s.

241 Art. 125 do Código Civil de 2002.

242 Art. 130 do Código Civil de 2002.

FUNDAMENTO DO DIREITO AO DIVIDENDO

Encontra-se o fundamento do direito do acionista de participar dos lucros sociais no próprio fim legal da companhia, isto é, o de obter lucros (art. 2º). A aquisição de lucros por parte da companhia corresponde à obrigação também legal de distribuí-los aos seus membros.

Assim, por um lado, é o fim indeclinável da companhia proporcionar lucros. Porém, não pode deles apropriar-se, por isso que a lei determina a sua relativa apropriação pelos acionistas. Disso decorre a obrigação da companhia de distribuir parte dos lucros aos sócios e o direito destes de se apropriar deles (arts. 17 e 202).

RELATIVIDADE DO DIREITO — DISTRIBUIÇÃO *PRO RATA*

O direito de participação nos resultados sociais deve ser exercido conforme as regras de tratamento diferenciado estabelecidas pela lei e pelo estatuto.

Assim, o princípio que prevalece, na espécie, é o de igualdade de tratamento para posições jurídicas iguais.

Aqui deparamos com a infindável discussão em torno da distribuição de dividendos *pro rata*.

Funda-se o critério *pro rata* no princípio de que a distribuição deve ser proporcional à participação efetiva do acionista no capital social[243].

Muito embora pertençam à mesma espécie (arts. 15 a 19)[244], não podem as ações não integralizadas conferir a seus titulares os mesmos direitos que são outorgados às integralizadas. Prevalece a *diferença das obrigações* perante a companhia entre titulares de uma e de outra classe de ações.

Estando as ações integralizadas, inexiste qualquer obrigação dos seus titulares perante a sociedade. Não estando integralizadas, importam um débito de seus titulares perante a companhia, uma vez que não pagaram totalmente o valor subscrito.

Seria, portanto, injusto que, existindo categorias distintas (integralizadas e não integralizadas) dentro da mesma espécie de ação, os titulares de uma e de outra tivessem direito à percepção de igual dividendo.

---

243 Valverde, *Sociedades por ações*, cit., v. 2, p. 38; Cunha Peixoto, *Sociedades por ações*, cit., v. 2, p. 328.

244 *V.* comentários aos arts. 15 e 17.

Não há, no caso, identidade de situação jurídica. Uma categoria não deve nada à sociedade; outra deve a ela parte do capital que subscreveu (arts. 106, 107 e 108). Em consequência, os titulares de ações ainda não integralizadas não têm o direito de perceber os mesmos dividendos cabíveis às ações já integralizadas.

Na hipótese, cabe à companhia distribuir de maneira diversa os dividendos.

As ações integralizadas recebem dividendos integrais do exercício; as ações não integralizadas recebem dividendos proporcionais ao montante das entradas efetuadas.

Há, no entanto, respeitável corrente que contesta o critério *pro rata*[245]. Entendem os seus propugnadores que não há diferença alguma entre as classes de ações integralizadas e não integralizadas, tendo em vista que o débito dos acionistas devedores integra o balanço patrimonial da companhia, no seu ativo[246].

Essa corrente, todavia, não tem prevalecido, pois a companhia, no exercício em que ainda não houve a integralização plena, não pode contar com disponibilidade própria para o giro dos seus negócios.

Essa disponibilidade, com efeito, advém das entradas em dinheiro efetuadas pelos acionistas subscritores. Enquanto não ocorrerem tais ingressos, não haverá recursos próprios da companhia que justifiquem o pagamento respectivo de dividendos.

Ademais, a execução dessas dívidas dos acionistas está restrita ao campo obrigacional, cuja relatividade e incerteza de efetivação fazem com que a lei preveja, *in extremis*, a respectiva diminuição do capital social no caso de insucesso na cobrança (art. 107). Diante dessa hipótese de redução do capital no montante correspondente à parcela não integralizada pelos acionistas, não se pode, com efeito, pagar dividendos sobre ela.

É forçoso reconhecer, assim, que os dividendos devem recair apenas sobre o valor das parcelas já integralizadas. Isto porque estas pertencem efetivamente à companhia, mesmo se o acionista não vier a completar o pagamento da subscrição, por força do comisso estabelecido na lei (art. 107).

Em consequência, se não for o acionista declarado em mora (art. 106), deve a companhia pagar dividendos proporcionalmente às entradas realizadas e tão somente sobre a parcela já paga.

---

245 João Vicente Campos, A vocação dos acionistas de uma sociedade anônima aos dividendos, pela regra da igualdade de tratamento, *RF*, *141*:58 e s.

246 Cf. a clássica lição de Palmer, *Company law*, p. 205.

INSTRUMENTOS DE PROTEÇÃO AO DIREITO DE PARTICIPAÇÃO NOS LUCROS

O direito de participação nos lucros encontra seus instrumentos de defesa na lei e na atuação dos tribunais. O primeiro deles é representado pelo *dividendo obrigatório*, que não pode ser negado a não ser nos estritos casos legalmente previstos (art. 202)[247].

Ademais, prevê a lei restrição à participação dos administradores no lucro da companhia quando não houver a distribuição do dividendo obrigatório (arts. 152, 202 e 295)[248].

Ainda, o art. 17 garante dividendo diferencial aos acionistas não votantes, conforme dispuser o estatuto[249].

No capítulo das reservas e saldo de resultados, temos que a destinação dos lucros para constituição das reservas estatutárias (art. 194) e a retenção dos lucros do exercício (art. 196) não poderão ser aprovadas pela assembleia geral em prejuízo da distribuição do dividendo obrigatório (art. 198)[250].

Por outro lado, o saldo das reservas de lucros, exceto aquelas para contingências e de lucros a realizar, não poderá ultrapassar o capital social. Neste caso, o excesso será distribuído como dividendos ou aplicado na integralização ou no aumento de capital social (art. 199).

No tocante à proteção jurisdicional, têm os tribunais determinado a dissolução da companhia, uma vez constatada a não distribuição de dividendos durante vários exercícios[251 e 252].

E, no tocante a *dividendos fixos* (art. 17), os tribunais têm entendido que cabe ação de cobrança diretamente, uma vez demonstrado o desvio de poder dos órgãos da administração da companhia[253].

E quanto ao direito ao dividendo propriamente dito, qualquer deliberação da assembleia, com ou sem modificação estatutária que, direta ou indiretamente, o lese, enseja ação de nulidade (art. 286), sem embargo da ação

---

247 *V.* comentários ao art. 287.

248 Sobre a relatividade desse mandamento quanto a companhias pré-constituídas à Lei n. 6.404, de 1976, *v.* comentários ao art. 202.

249 *V.* comentários ao art. 202.

250 *V.* comentários ao art. 17.

251 TJPR e TJSP, *RT, 265*:454.

252 *V.* jurisprudência do STJ, REsp 111.294-PR, Rel. para acórdão Min. César Asfor Rocha. Em sentido contrário, *v.* REsp 247.002-RJ, Rel. Min. Nancy Andrighi.

253 TJSP, *RT, 368*:129.

de responsabilidade penal e civil dos responsáveis (art. 287, com a equivocada redação dada à alínea g do inciso II pela Lei n. 10.303, de 2001)[254].

TITULARIDADE DO DIREITO À PARTICIPAÇÃO NOS LUCROS

A titularidade do direito à participação nos lucros é, em princípio, do acionista proprietário da ação (titularidade primária). No caso de usufruto, o titular será o usufrutuário (titularidade derivada)[255].

No caso de ações em tesouraria, não há titular, posto que o direito ao dividendo está automaticamente suspenso (art. 30)[256].

COMPANHIA COM FINS NÃO LUCRATIVOS

Ainda que se admita, em alguns países, a possibilidade de o estatuto excluir a distribuição de dividendos durante toda a existência da companhia[257], não é admissível entre nós tal hipótese, não obstante aventada pela doutrina[258].

Não se pode conceber, diante da Lei Societária vigente, seguindo a tradição de nosso Direito de 1940, que não tenha a companhia por finalidade o exercício de atividades lucrativas.

A perseguição de fins ideais, altruístas e não econômicos iria, com efeito, contra a natureza capitalista das sociedades anônimas[259].

DISCUSSÃO SOBRE A DIFERENÇA ENTRE DIREITO AO LUCRO E DIREITO AO DIVIDENDO

Discute-se, em doutrina, sobre a eventual diferença entre o direito ao lucro e o direito ao dividendo. Há autores que emprestam ao primeiro um caráter abstrato e ao segundo uma feição concreta. Em consequência, o direito de participar dos lucros constituiria uma declaração programática de um princípio abstrato que iria projetar-se sobre lucros con-

---

254 V. comentários ao art. 287.

255 Leães, *Comentários*, cit., p. 315.

256 V. comentários ao art. 3º, sobretudo o § 4º.

257 Cf. remissão de Glansdorff, *Grandi problemi*, cit., p. 1006.

258 Pontes de Miranda, *Tratado*, cit., v. 50, p. 230.

259 Garrigues-Uría, *Comentario*, cit., p. 447.

cretos e determinados. E o direito ao dividendo teria um conteúdo mais concreto e definido, colocando o acionista na posição de credor perante a companhia, muito embora esse direito não saísse por inteiro da órbita societária, a ponto de converter-se em puro direito de terceiro.

O dividendo seria essencialmente um direito de crédito, derivado do direito de lucro, do qual nasceria para o acionista um crédito concreto sobre uma parte dos lucros que, originados do balanço, seriam finalmente repartidos pela assembleia geral.

Ainda que respeitável, não se pode encontrar a apontada diversidade entre uma e outra prerrogativa, sendo equivalentes. Isso porque dividendo é a parte dos lucros líquidos fracionada de maneira uniforme entre todas as ações. Dividendo é o lucro distribuído aos acionistas, calculado sobre as parcelas que cada um possui no capital social. Daí ser o dividendo considerado igual ao quociente do lucro distribuído pelo número de ações[260].

Forçoso é concluir, com efeito, que não há direito ao lucro distinto do direito ao dividendo, "pois, o que existe é direito ao lucro por dividir, ou direito ao dividendo por deliberar, contraposto ao conceito de direito ao dividendo deliberado"[261].

DIREITO DE PARTICIPAR DO ACERVO DA COMPANHIA EM CASO DE LIQUIDAÇÃO — INCISO II

Todo acionista tem direito, ao final da liquidação da companhia, a uma fração do patrimônio social correspondente à quota com que participa no seu capital[262].

Manda a lei, com efeito, que o acervo social seja repartido entre todos os sócios, se o balanço da liquidação da companhia acusar saldo positivo.

Tal direito individual que cabe a todos os acionistas não é, no entanto, prioritário em face dos direitos de terceiros. Primeiro, paga-se aos credores, depois, aos titulares de partes beneficiárias[263]. A estes cabe, solvido o passivo exigível, o direito de receber o que resta do ativo, até a importância da reserva para resgate ou conversão.

Dessa forma, apenas o remanescente do produto da liquidação, se positivo, pertence aos sócios.

---

260 Valverde, *Sociedades por ações*, cit., v. 2, p. 381.

261 Leães, *Comentários*, cit., p. 309 e s.

262 Glansdorff, *Grandi problemi*, cit., p. 1012.

263 *V.* comentários ao art. 47.

Por outro lado, havendo o saldo final positivo, a exclusão de um ou de alguns desses sócios do pagamento respectivo retrataria uma evidente expropriação[264].

IGUALDADE RELATIVA

Essa igualdade, no entanto, é relativa, ou seja, será exercitada conforme dispõe a lei e, eventualmente, o estatuto.

Assim, se o estatuto cria ações preferenciais com prioridade no reembolso do capital (art. 171), cabe aos titulares destas uma vantagem de ordem na repartição do acervo líquido final da companhia correspondente ao valor por ele subscrito e não sobre a totalidade do acervo residual disponível.

NEGÓCIO DIVERSO DA AMORTIZAÇÃO

O direito de participar do acervo da companhia, em caso de liquidação, é inteiramente diverso do negócio de amortização de ações (art. 44)[265].

A amortização constitui um dividendo extraordinário ou uma bonificação especial com base no valor do capital social. Não chega a ser uma liquidação antecipada da companhia. Não existe sequer a redução do capital social, no caso da amortização.

Ademais, a amortização decorre de deliberação coletiva dos acionistas ou do próprio estatuto. Não constitui jamais direito individual do acionista, oponível à companhia, com caráter inderrogável, indisponível e irrenunciável.

Como referido, a amortização é uma remuneração que mantém íntegros os demais direitos patrimoniais e pessoais do acionista[266].

CARACTERÍSTICAS DO DIREITO DE PARTICIPAR DO ACERVO NA LIQUIDAÇÃO

O direito de partilhar o produto líquido do patrimônio da companhia acarreta uma série de consequências e responsabilidades do acionista diante dos credores (art. 218).

---

264 Cunha Peixoto, *Sociedades por ações*, cit., v. 2, p. 329.

265 *V.* comentários ao art. 44.

266 *V.* comentários ao art. 44.

O pagamento aos sócios, na espécie, entende-se como feito de uma só vez, ainda que a partilha do ativo possa ser realizada por antecipação, na forma da lei e da decisão da assembleia geral (art. 215).

Esse pagamento representa o término da relação de acionista, ainda que a companhia mantenha sua personalidade jurídica até a sua extinção (art. 207).

Trata-se, portanto, de pagamento extintivo da relação de sócio, de que decorre para este o direito a um pagamento nos limites do resíduo patrimonial apurado.

Esse pagamento não é constituído de lucros sociais, nem se confunde, portanto, com um dividendo extraordinário. Resulta do saldo ativo patrimonial, nele incluídos, ou não, os resultados econômicos da atividade social, ou simplesmente o valor final do patrimônio fixo ou realizável.

NATUREZA DO DIREITO

Por todas essas características, o direito de participar do acervo da companhia, em caso de liquidação, distingue-se também nitidamente do direito à participação nos lucros ou dividendos sociais. Este último é um direito permanente e certo, como vimos.

Já o direito de participar do acervo final da companhia é *eventual* ou *condicional*. Isso porque, se não for realizada a condição — liquidação da companhia —, ele jamais se efetivará, sendo inoponível à companhia.

Por outro lado, se não for apurado um saldo residual cabível aos acionistas — após pagos os credores e titulares de partes beneficiárias[267] —, o direito igualmente não se exercitará, sendo também inoponível à companhia a eventual pretensão do acionista.

Assim, para que esse direito individual torne-se certo, há necessidade das duas implementações — a instauração do estado de liquidação da companhia e a apuração de saldo patrimonial positivo final, atribuível aos acionistas.

DIREITO DE FISCALIZAR A GESTÃO DOS NEGÓCIOS SOCIAIS — INCISO III

Essa prerrogativa foi ampliada na Lei n. 10.303, de 2001. Deveria, porém, ser melhorado o seu enunciado para "direito de fiscalizar e de ser informado dos negócios sociais".

---

267 *V.* comentários ao art. 44.

Com efeito, a dinâmica desse direito pessoal do acionista modificou-se de modo considerável na Lei n. 10.303, de 2001. O direito de fiscalizar corresponde a um dever da companhia de, espontaneamente, informar os acionistas, como veremos adiante.

A iniciativa de manter o acionista informado constitui encargo da companhia, através de seus órgãos de administração, notadamente quando se trata de companhia aberta.

Assim, deve o administrador de companhia aberta declarar os valores mobiliários de que é titular, quer de emissão da companhia, quer de emissão de sociedades controladas ou do mesmo grupo (art. 157)[268].

Também devem os acionistas ser informados, em relatório circunstanciado, das razões da não distribuição dos dividendos (art. 202)[269].

Por outro lado, cabe aos administradores de companhia aberta revelar prontamente a existência de atos e de fatos que possam influir na cotação e no curso dos valores mobiliários de emissão da companhia (art. 157).

Devem, outrossim, os acionistas ser informados pelo Conselho Fiscal sobre erros, fraudes ou crimes que os membros deste órgão descobrirem, bem como das providências que a respeito sugerirem (art. 163)[270]. A propósito, a Lei n. 10.303, de 2001, explicitou melhor os poderes individuais dos conselheiros fiscais, na alteração feita nos arts. 161, 163, 164, 165 e 165-A.

INICIATIVA DO ACIONISTA INDIVIDUAL

O direito de fiscalizar e de inspecionar a gestão dos negócios sociais não tem, nas sociedades anônimas, a mesma amplitude que existe nas demais sociedades mercantis.

O caráter eminentemente capitalista da companhia pressupõe, na maioria dos casos, que o exercício desses direitos deve originar-se de um efetivo interesse patrimonial, na melhor condução dos negócios sociais, no interesse do próprio acionista e no comum a todos[271].

O interesse pessoal não prevalece no caso, seja no que respeita ao agente, seja no que se refere aos membros dos órgãos da companhia atingidos pelas medidas propostas de fiscalização e de inspeção.

---

268 V. comentários ao art. 157.

269 V. comentários ao art. 202.

270 V. comentários aos arts. 161, 163, 164, 165 e 165-A.

271 Valverde, *Sociedades por ações*, cit., v. 2, p. 40.

Dessa forma, a lei exige, quase sempre, que esses direitos sejam exercidos pelos acionistas possuidores de um número mínimo de ações. Daí serem tais prerrogativas atribuídas aos acionistas minoritários e não aos acionistas em geral, levando-se em conta a distinção referida entre *direitos individuais* e *direitos da minoria*.

Assim, inclui-se entre os direitos individuais de fiscalizar e inspecionar a companhia o de participar das assembleias e, nelas, discutir o assunto em pauta (art. 125) e, ainda, o de exigir os procedimentos daí decorrentes, capitulados nos arts. 130 e 157 da lei, já referidos[272]. Também lhes cabe requerer a liquidação judicial da companhia (art. 206).

Pode, outrossim, o acionista individual convocar a assembleia geral, na forma prevista no art. 123, bem como propor ação de responsabilidade contra administradores por direito próprio ou por substituição processual (art. 159). A lei também confere ao acionista o direito de propor ação de anulação dos atos constitutivos da companhia (art. 206) e contra o liquidante, além de lhe caber o pedido judicial de sustação da partilha antecipada (art. 215).

Ao acionista minoritário, dentro dos pressupostos já comentados, cabe exercer, nessa qualidade, o direito de fiscalização e de inspeção dos negócios sociais, além dos respectivos direitos de ação.

Esses direitos já foram acima mencionados, estando inseridos nos arts. 105, 123, 124, 126, 133, 141, 157 e 161, com a redação dada pela Lei n. 10.303, de 2001, com exceção dos arts. 105, 123 e 126, que não foram alterados por esta lei[273].

FUNDAMENTO DO DIREITO DE INFORMAÇÃO E DE FISCALIZAÇÃO

Os direitos de informação, de fiscalização e de inspeção, e correspondentes direitos de ação, exercidos pelos acionistas individualmente ou na qualidade de minoritários, fundam-se no princípio da verificação da legalidade e da legitimidade (abuso e desvio de poder) dos atos praticados pelos órgãos da companhia e pelos controladores, como já vimos anteriormente[274].

---

272 *V.* comentários ao art. 157.

273 *V.* comentários aos arts. 124, 133, 141, 157 e 161.

274 Apelação Cível n. 175.507-1, Campinas, j. em 15-12-1992 (Nelson Eizirik, *Sociedades anônimas — Jurisprudência*, Rio de Janeiro, Renovar, 1996, p. 170): "E tanto o é que, de certo modo, já foi declarado noutras causas. Do venerando acórdão proferido no Mandado de Segurança n. 99.472-1, consta a declaração de que 'O direito de fiscalizar

Qualquer cerceamento ou impedimento, por ação ou omissão do exercício desses direitos, poderá ser objeto de medida judicial ou arbitral de anulação do ato ilegal ou ilegítimo praticado, e de reparação por perdas e danos cabíveis[275].

A lei reserva àqueles que já são acionistas o direito de subscrever, com preferência de ordem, os valores mobiliários emitidos pela companhia, na proporção de sua participação anterior no capital social, na forma prevista no disposto no art. 172, em sua redação dada pela Lei n. 10.303, de 2001, e no art. 8º, § 2º, dessa mesma lei[276].

ENTENDIMENTO E CONTRIBUIÇÃO DA JURISPRUDÊNCIA E DA CVM

Na escassa literatura judiciária sobre o Direito Societário, faz exceção a matéria de fiscalização da gestão dos negócios sociais, instituída neste inciso III.

Além de relativamente copiosa, há divergência jurisprudencial sobre a legitimidade de os acionistas questionarem em juízo os negócios realizados pela companhia com terceiros e tomarem outras providências que afetam e questionam diretamente a gestão da companhia.

Também sobre a matéria debruçou-se a Comissão de Valores Mobiliários, mercê de pareceres e julgados, cujos votos denotam uma posição mais conservadora *vis-à-vis* com a adotada predominantemente pelos tribunais, pró-acionista.

Assim, começando pela CVM, no Proc. SP2009/002, Reg. 6516/09, Rel. Diretor Eliseu Martins, j. em 17-11-2009, a Autarquia entende que a fiscalização do acionista é exercida por meio da instalação do Conselho Fiscal.

Também no Parecer CVM/SJU n. 037/81 a Agência opina que "A companhia não é legalmente obrigada a exibir, sempre e a qualquer momento, os seus livros aos acionistas, nem tem a CVM competência para ordenar tal exibição, que, entretanto, pode ser reivindicada judicialmente, nos termos do art. 105 da Lei n. 6.404/76".

---

se restringe ao de pedir informações e documentos relativos aos atos de administração; não podem ser ampliados a ponto de se instituir uma administração paralela encarregada de conferir, fisicamente, os atos da administração normal' (cf. fl. 409). Idêntica declaração está no Agravo de Instrumento n. 122.939-1 (cf. fls. 431-432)".

275 Valverde, *Sociedades por ações*, cit., v. 2, p. 40.

276 *V.* comentários ao art. 172 e o art. 8º, § 2º.

Também no Proc. RJ2010/6865, Reg. 7189/10, Rel. Diretor Eli Loria, j. em 21-9-2010, o Colegiado da CVM decidiu que "O conteúdo do direito fundamental do acionista minoritário de fiscalização consiste na possibilidade de este receber informações e atuar diretamente em Assembleia Geral, bem como na proteção da livre atuação do Conselho Fiscal".

E também no acima referido Proc. 6516/09, a CVM manifestou que "a lei não prevê a prerrogativa da CVM de exigir que contratos com partes relacionadas sejam apresentados aos acionistas".

Por sua vez, os tribunais, como referido, divergem sobretudo quanto à também mencionada questão da legitimade dos acionistas de questionarem contratos celebrados pela companhia com terceiros. Prevalece por seus sólidos fundamentos e reiteração, a corrente jurisprudencial que acolhe essa legitimidade de arguição direta dos acionistas sobre a legalidade e legitimidade (interesse social) dos negócios firmados pela administração com terceiros e também sobre outras matérias afins.

Na corrente negativista, o julgado do TJPR, Agr. Instr. 32.048-2, Rel. Des. Renato Naves Bardellos, j. em 29-3-2006, que entende limitado o direito de fiscalizar a propositura da ação de exibição de livros, instituída no art. 105 da lei.

Outro acórdão conservador, agora do TJRS, decidiu que, em regra, o direito de fiscalização dos acionistas deve ser exercido nas assembleias gerais ordinárias. TJRS, 6ª Câm. Agr.Instr. 70007539-406, Rel. Des. Ney Widemann Neto, j. em 10-3-2004

Já na questão concreta da legitimidade para questionar os atos, negócios e contratos em curso na companhia, a cargo da sua administração, decidiu contrariamente ao pleito o STJ, ao declarar que o acionista não pode invocar o direito de fiscalizar a gestão dos negócios sociais para ajuizar, em nome próprio, demanda a respeito de direito pertencente à sociedade. STJ, REsp 87919/PE, Rel. Min. Eduardo Ribeiro, *DJU* 24-5-1999, p. 160.

No mesmo sentido, decisão do TJCE, 2ª Câm. AC 2004.0001.5011-1, Rel. Desa. Gizela Nunes da Costa, j. em 17-11-2004. Também decisão reportada na RT 662/170 contrária ao exercício direto da fiscalização dos negócios sociais; também outra decisão reportada no JTJ 103/239.

A negação de legitimidade também se estende ao instituto processual da assistência em causa proposta pela companhia em face de terceiros. *RT* 589/140 e *RT* 586/124.

Outra corrente acolhe a legitimidade do acionista para promover ações com base em interesse direto da companhia em face de terceiros, havendo relevante decisão do STF admitindo que "o acionista que se opõe à ordem de liquidação extrajudicial de sociedade seguradora em defesa de seus interesses pessoais, não pleiteia em nome próprio direito alheio, mas direito próprio, não ocorrendo a hipótese de substituição processual não prevista em lei...." STF, RMS 32960/DF, Rel. p/ acórdão Min. Maurício Corrêa, j. em 12-9-1995. *RTJ* 158/107.

Outra decisão favorável ao acionista é do TRPR, entendendo que qualquer acionista pode pedir a anulação de atos praticados pela diretoria em violação do disposto na lei ou no estatuto social. TJPR, 5ª Câm., AC 075594800, Rel. Des. Fleury Fernandes, j. em 15-6-1999. Há outra decisão, no mesmo sentido, sobre a legitimidade do acionista para anular negócios praticados pela administração da companhia, também do TJPR, na mesma Câmara e do mesmo Relator: Agr. Instr. 093089000, Rel. Des. Fleury Fernandes, j. em 29-8-2000.

No mesmo sentido, favorável ao exercício judicial do direito de fiscalizar os negócios sociais, decisão do TJRJ: "Se o agravado, na sociedade, participava, por direito próprio e como sócio no condomínio acionário, basta a primeira condição, sócio em nome próprio, para legitimá-lo para o manejo de ação que, em última análise, visa proteger o seu capital aplicado na sociedade, a teor do que dispõe o art. 109 da Lei n. 6.404, o que não se confunde com ação social prevista no art 159 da referida lei. Direito Processual Civil". TJRJ, 11ª Câm. Agr. Instr. 2002.002.20159, Rel. Des. Maurílio Passos Braga, j. em 19-11-2003.

Também há um julgado admitindo, dentro do âmbito do direito de fiscalização dos negócios sociais, a possibilidade de o acionista requerer a nomeação judicial de perito auditor para verificar a exatidão das demonstrações financeiras da companhia. TJPR, 5ª Câm. AC.102386500, Rel. Des. Bonejos Demchuk, j. em 8-5-2001.

E no sentido bastante extensivo do exercício do direito de fiscalizar os negócios sociais, decisão do TJSP: "Sócio. Pretensão à tutela antecipada, objetivando poder de gerência e exercício do direito de acesso às dependências da companhia. Decisão que indeferiu, provisoriamente, a tutela. Necessidade, todavia, de que a mesma seja concedida, a fim de que o acionista tenha acesso ao estabelecimento, exercendo o poder de fiscalização nos termos da lei". TJSP, 10ª Câm. Agr. Instr. 345.867-4/7-00, Rel. Des. Marcio Marconces Machado, j. em 6-4-2004[277].

---

277 Os julgados e decisões administrativas acima reportados e alguns verbetes transcritos literalmente advêm da excelente obra de Lazzareschi, cit., p. 209 e s.

DIREITO DE PREFERÊNCIA DE SUBSCRIÇÃO — INCISO IV

Trata-se de direito individual. Sua caracterização, no entanto, quanto à inderrogabilidade, indisponibilidade e intangibilidade, é bastante difícil.

Constitui um direito relativo por excelência, na medida em que a lei estabelece diversas limitações e exceções ao princípio (arts. 171 e 172 da Lei n. 6.404, de 1976, e art. 8º, § 2º, da Lei n. 10.303, de 2001)[278].

É dentro desse quadro mutável a cada reforma da Lei Societária que se pode considerar o direito de preferência inderrogável, intangível e irrenunciável.

FUNDAMENTO DO DIREITO DE SUBSCRIÇÃO

A norma contida no inciso IV traduz o princípio de manutenção dos direitos de participação societária que deve caber igualmente a todos os acionistas.

Visa a norma, portanto, a manter o *status quo* patrimonial dos sócios, que se traduz pela conservação do percentual do capital social que inicialmente subscreveram na companhia.

A conservação dessa proporcionalidade não tem apenas sentido patrimonial; repercute nos direitos de natureza pessoal do acionista[279], notadamente porque a lei exige porcentagem mínima de ações para o exercício dos direitos da minoria.

Esse princípio legal de isonomia patrimonial impede que ocorra a diluição das participações dos não controladores a favor dos controladores, que têm poderes para propor o aumento sucessivo do capital social[280].

Embora o direito de preferência não se confunda com o que assegura ao acionista o dividendo ou a sua participação no acervo final da companhia, é ele diretamente propiciatório de tais direitos, na medida em que permite ao acionista manter a proporção inicial de participação no capital[281].

---

278 Sobre a exclusão do direito de preferência, Parecer CVM/SJU n. 089/83.

279 Garrigues-Uría, *Comentario*, cit., p. 453.

280 *V.* comentários ao art. 17, sobretudo ao seu § 5º.

281 Glansdorff, *Grandi problemi*, cit., p. 1015.

AMPLIAÇÃO E EXTENSÃO DO DIREITO DE PREFERÊNCIA A OUTROS VALORES

A Lei n. 6.404, de 1976, estendeu esse direito à subscrição de bônus, partes beneficiárias[282] e debêntures conversíveis em ações. E o fez com o mesmo fundamento de proteção aos acionistas em geral contra a diluição do capital social. Isso porque a emissão desses valores mobiliários também pode ser utilizada pelos controladores como instrumento de diluição do percentual dos acionistas minoritários no capital social[283].

A vigente Lei Societária ampliou o direito de preempção para os aumentos mediante conferência de bens ou de capitalização de créditos (art. 171).

Ainda que o Decreto-Lei n. 2.627, de 1940, em seu art. 111, não explicitasse a restrição dessa prerrogativa apenas aos aumentos de capital em dinheiro, a doutrina entendia cabível o direito apenas nesta última hipótese.

Com efeito, praticamente todos os tratadistas, os tribunais e o próprio Registro do Comércio na vigência do diploma de 1940 sempre interpretaram restritivamente o direito de preferência, dele excluindo as hipóteses de subscrição em bens ou em créditos[284].

A consagração do entendimento restritivo fez com que a lei de 1976 explicitasse a matéria, ampliando a prerrogativa para todas as hipóteses de aumento de capital (art. 171).

O caráter inovador do preceito consta da Exposição de Motivos do Projeto do Executivo, de 1976, nos seguintes termos: "O § 2º do art. 172 (171 da lei) evita as interpretações que, no passado, permitiram a utilização do aumento mediante a capitalização de créditos ou subscrição em bens para excluir o direito de preferência da minoria".

EXCEÇÕES AO PRINCÍPIO LEGAL NA LEI N. 4.728, DE 1965, E NA LEI N. 6.404, DE 1976

Ao sentido restritivo que se emprestava à matéria, na vigência do Decreto-Lei n. 2.627, de 1940, acrescentava-se a exceção expres-

---

282 V. comentários ao art. 47.

283 Exposição de Motivos do Projeto do Executivo.

284 Valverde, *Sociedades por ações*, cit., v. 2, p. 247; Aloysio Lopes Pontes, *Revista de Direito Administrativo*, 75:339; Egberto Lacerda Teixeira, *RF*, 152:501; Waldemar Ferreira, *Tratado*, cit., v. 4, p. 164; Ascarelli, *Problemas*, cit., p. 469, nota 14; Ruy Carneiro Guimarães, *Sociedades por ações*, 1960, v. 2, p. 860; Eduardo de Carvalho, *Teoria e prática das sociedades por ações*, São Paulo, 1960, p. 420.

samente aberta à sua aplicação, por força da Lei n. 4.728, de 1965. Esta, em seu art. 46, III, ao regular as sociedades anônimas de capital autorizado, estabelecia a possibilidade de o estatuto prever a emissão e colocação de ações sem preferência para os acionistas da sociedade.

Outrossim, a mesma lei de 1965, regulando idêntica matéria em seu art. 48, facultou que os estatutos das sociedades de capital autorizado outorgassem opções para a subscrição futura de ações. Também nesta hipótese, essa lei derrogada retirava dos acionistas o direito de preferência.

Por sua vez, a Lei n. 6.404, de 1976, reiterou as exceções contidas na Lei n. 4.728, de 1965. Apenas levou em conta a dicotomia entre as companhias abertas e fechadas, para estabelecer os casos em que a exceção é estatutariamente permitida.

Assim, apenas as *companhias abertas* que adotarem o regime de capital autorizado podem excluir estatutariamente o direito de preferência (art. 172)[285].

Esse mesmo dispositivo (art. 172), por outro lado, permite a exclusão estatutária para os demais valores mobiliários emitidos pela companhia, a que o artigo precedente (art. 171) estende o direito de preferência.

Em todo o caso, para que essa exclusão estatutariamente prevista tenha eficácia, a lei de 1976 exige que a colocação dos valores mobiliários seja feita em bolsa ou por subscrição pública, ou então sejam tais valores objeto de permuta por ações, em oferta pública de aquisição de controle (arts. 257 a 263).

Já as companhias fechadas, tanto quanto as abertas, poderão prever em seus estatutos a exclusão do direito de preferência para subscrição de ações nos termos de lei especial sobre incentivos fiscais (art. 172).

Por outro lado, a Lei Societária exclui o direito de preferência do acionista quando tiver o estatuto instituído a opção de compra de ações aos administradores (art. 168).

Também não há na Lei 6.404 direito de preempção no momento da conversão dos bônus, partes beneficiárias e debêntures (art. 171).

DIMINUIÇÃO DO PRAZO DECADENCIAL

O *caput* do art. 172, com a redação introduzida pela Lei n. 10.303, de 2001, confirmando as exceções já previstas na Lei n . 6.404, de

---

285 *V.* comentários ao art. 172.

1976, acrescentou, ao lado da exclusão do direito de preferência, a faculdade de o estatuto da *companhia aberta de capital autorizado* prever a *diminuição do prazo decadencial de 30 dias*, previsto no § 4º do art. 171, para o exercício do direito de preferência. Com essa alteração normativa, o estatuto da companhia pode prever tanto a exclusão do direito de preferência como a *redução* do prazo para o exercício desse direito, nos casos previstos no referido art. 172.

Salvo na hipótese de incentivos fiscais[286], de acordo com o *caput* do art. 172, para que ocorra a exclusão do direito de preferência ou a redução de seu prazo, é necessário que: (i) a companhia seja *aberta* e tenha adotado o regime de capital autorizado; (ii) a *exclusão* do direito ou a *redução* do prazo para seu exercício sejam *estatutariamente* previstos; e (iii) a colocação dos valores mobiliários seja feita mediante *venda em bolsa de valores*, *subscrição pública* ou *permuta por ações*, em oferta pública de aquisição de controle.

A exclusão do direito de preferência ou *redução do prazo* para seu exercício *somente se aplica dentro do limite do capital autorizado*. É, portanto, pleno e inquestionável o direito de preferência nas emissões decorrentes do aumento de capital autorizado se forem *coincidentes*, ou seja, se na deliberação da elevação do valor do capital autorizado houver outra deliberação no sentido de emitir, desde logo, ações novas.

O "fundamento" da *exclusão* ou da *redução* de prazo para o exercício do direito de preferência é o reconhecimento da *prevalência do interesse social sobre o interesse individual de cada um dos acionistas*. Essa exceção denegatória tem o efeito de tornar o direito de preempção uma regra relativa. É dentro dessa relatividade que se pode considerar a preferência direito essencial e, portanto, inderrogável e intangível. Assim, embora nem o estatuto nem a assembleia geral possam privar o acionista do direito de preferência, pode-o a lei, que é a única fonte legítima para restringi-lo.

Por fim, a *supressão* do direito de preferência, quando não constar do estatuto de constituição da companhia (art. 87), pode decorrer de alteração estatutária, desde que observado o *quorum* qualificado de instalação estabelecido no art. 135. A aprovação da alteração também deve ser feita por *quorum* qualificado, conforme previsto no art. 136, não ensejando direito de

---

286 De acordo com os Decretos-Leis n. 1.376, de 1974, 1.419, de 1975, e 1.478, de 1976, qualquer companhia, aberta ou fechada, de capital fixo ou autorizado, pode prever estatutariamente o aumento de capital sem direito de preferência, para receber recursos provenientes de incentivos fiscais.

recesso. Isso porque não faculta a lei a retirada para tais casos, mas apenas para aqueles previstos no art. 137[287].

CESSÃO DO DIREITO DE PREFERÊNCIA

A cessão dos direitos de subscrição preferencial constitui direito individual do acionista, que não pode ser impedido pelo estatuto ou pela assembleia geral (art. 171). Trata-se de direito ligado à própria ação, adquirindo, no entanto, autonomia, ao qual não se pode negar o caráter de prerrogativa intangível (art. 171, § 6º).

Não obstante, se, na companhia fechada, o estatuto adotar o pacto parassocial limitando a circulação das ações nominativas (art. 36), há necessidade de conciliar o direito de cessão da preferência com as restrições estatutárias[288]. Essa restrição, no entanto, não afeta as ações cujos titulares não tenham expressamente concordado com esse pacto parassocial estatutário *ex vi* do parágrafo único desse mesmo art. 36.

DIREITO DE RETIRADA E SEU FUNDAMENTO — INCISO V

O direito de recesso[289] tem seu fundamento no interesse do acionista individual que decide não permanecer vinculado a uma sociedade cujas transformações institucionais operadas por decisão coletiva não logram alcançar a sua concordância[290].

Cuida-se, com efeito, de um remédio à regra geral da decisão majoritária, no tocante às modificações institucionais da companhia[291].

A lei societária prevê exaustivamente as hipóteses em que ditas transformações na estrutura ou na própria existência da sociedade podem ensejar a opção do acionista de retirar-se[292].

---

287 *V.* comentários aos arts. 135, 136 e 137.

288 *V.* comentários ao art. 36.

289 *V.* comentários ao art. 45.

290 Barbiera, *I grandi problemi*, cit., p. 983.

291 *V.* comentários aos arts. 15, 17, 136, 137, 264 e 8º, *caput*.

292 Sobre o caráter exaustivo das hipóteses previstas na Lei Societária para o exercício do direito de retirada, REsp 197.329/SP, 3ª Turma, Rel. Min. Eduardo Ribeiro, j. em 2-2-1999; TJMG, 17ª Câm. AC 1.0702.05.299034-0/001, Rel. Des. Márcia de Paoli Balbino, j. em 3-8-2006; TJSP, AC 150.494-l, Rel. Des. Renan Lotufo, j. em 9-6-1992; *RT* 689/140: *JTJ* 214/168. In Lazzareschi, ob. cit., p. 214 e s.

A Lei protege os interesses patrimoniais do acionista individual que se sinta patrimonialmente atingido pela modificação operada por vontade da maioria qualificada de acionistas[293].

Possibilita-se ao acionista o direito de liquidar a sua participação na companhia com as exceções previstas no art. 137 sem precisar procurar um eventual comprador de suas ações no mercado acionário, se companhia aberta[294], ou diretamente entre particulares, se fechada.

Permite a Lei Societária, dessa forma, que o acionista, por sua vontade manifestada oportunamente, deixe de arcar com determinados efeitos patrimoniais decorrentes da decisão majoritária, sobre matérias específicas[295].

O acionista, portanto, retira-se não da sociedade a cuja estrutura jurídica aderiu; afasta-se, isto sim, por antecipação, da companhia modificada[296].

LEI N. 10.303, DE 2001

A Lei n. 10.303, de 2001, objetivou fortalecer o direito de recesso, com vistas a melhor tutelar os interesses dos acionistas minoritários, dentre os quais o próprio governo, que passou a deter posições minoritárias em várias companhias, após a privatização delas.

Nos casos de fusão, incorporação ou participação em grupo de sociedades, não se alterou o princípio introduzido pela Lei n. 9.457, de 1997, de negar o direito de recesso aos titulares de ações dotadas de liquidez ou emitidas por companhias com capital disperso no mercado. Promoveu a Lei n. 10.303, de 2001, porém, uma alteração substancial nos critérios para que se possa aferir os parâmetros de dispersão e liquidez, visando a reduzir as hipóteses em que pode ser negado o direito de recesso aos acionistas dissidentes.

Desde a vigência da Lei n. 10.303, de 2001, somente pode ser negado o recesso nos casos acima mencionados ao titular de ação de espécie ou classe que apresente liquidez (art. 137, II, *a*) e dispersão (art. 137, II, *b*) no mercado.

---

293 Barbiera, *I grandi problemi*, cit., p. 983. *V.* a profunda relativização deste direito nos comentários aos arts. 45, 136 e 137.

294 *V.* comentários ao art. 137.

295 Barbiera, *I grandi problemi*, cit., p. 983.

296 Barbiera, *I grandi problemi*, cit., p. 984. Sobre a diminuição dos direitos individuais dos acionistas, *v.* os comentários aos arts. 45, 136 e 137.

No regime da Lei n. 9.457, de 1997, os critérios de liquidez e dispersão eram alternativos, mas com a reforma na Lei Societária, de 2001, passaram tais requisitos a ser cumulativos.

Assim, somente se em determinada espécie ou classe de ação verificar--se conjuntamente a ocorrência dos dois parâmetros – liquidez e dispersão – poderá ser negado o direito de recesso ao acionista dissidente; presume-se, em tal situação, que o acionista atingido tem condições de vender no mercado suas ações.

Ademais, modifica-se a forma de se apurar a ocorrência de liquidez e dispersão das ações. Nos termos do art. 137 da Lei Societária, com a redação dada pelo diploma de 2001, presume-se haver: *liquidez*, quando a espécie ou classe de ação, ou certificado que a represente (como o ADR), integre índice geral representativo de carteira de valores mobiliários admitido à negociação no mercado de valores mobiliários, no Brasil ou no exterior, definido pela Comissão de Valores Mobiliários; e *dispersão*, quando a companhia se configure como de capital disperso, na medida em que desaparece o acionista controlador.

Desse modo, a dispersão somente se caracteriza nas companhias com capital disperso, em que os antigos controladores perderam o seu direito--dever de comandar autarquicamente a companhia, pois não mais possuem maioria absoluta do capital votante que lhes permitia exercer em caráter permanente tal atribuição (art. 116).

A propósito, ainda que de maneira canhestra, a letra *b* do inciso II do art. 137 fala em perda da maioria absoluta do capital votante, por parte daqueles que a detinham, e que, por isso mesmo, deixam de ser controladores no estrito sentido da Lei Societária (art. 116), ou seja: perda da capacidade de comando autárquico e permanente da companhia.

O dispositivo, com efeito, é canhestramente redigido, na medida em que o controlador o é quando detém a maioria absoluta do capital votante. Se, por acaso, possui ele ações preferenciais, em geral, ou de classe 'a' ou 'b', a sua condição de controlador não se altera nem se reflete nessa posição de preferencialista.

Assim, se o controlador passa a possuir menos de 50%, mais uma, das ações preferenciais, porque as vendeu no mercado, continuará controlador da mesma forma. Mesmo porque a respeito dispõe o § 2º do art. 4º -A que "Consideram-se ações em circulação no mercado todas as ações do capital da companhia aberta menos as de propriedade do acionista controlador ...". Vale dizer, não estão no mercado as ações do controlador, ou seja, as representativas da maioria absoluta do capital votante.

Portanto, se o controlador coloca no mercado ações que compunham essa maioria absoluta do capital votante, que lhes dava o atributo legal do controle permanente e, portanto, autárquico da companhia (art. 116), deixa simplesmente de sê-lo, na conjugação que decorre do disposto na referida letra *b* do inciso II do art. 137 com o disposto no § 2º do art. 4º-A.

Posto isso, poderemos ter situações em que, numa incorporação, fusão ou deliberação de participação em grupo de sociedades, determinadas ações de uma companhia conferirão o direito de recesso aos seus titulares, e outras não. Por exemplo: se na companhia X as ações preferenciais classe A atendem aos requisitos de dispersão (mais de 50% no mercado) e liquidez, não conferem elas aos seus titulares o direito de recesso; se, na mesma companhia, as ações ordinárias e as preferenciais classe B apresentam liquidez, mas não dispersão (menos de 50% no mercado), os seus titulares têm o direito de exercer o recesso.

A Lei n. 10.303, de 2001, também introduziu mudanças importantes no que se refere ao direito de recesso na cisão.

Em 1997, com a promulgação da Lei n. 9.457, negou-se o direito de recesso na cisão.

No regime da lei de 2001, a cisão propicia ao acionista dissidente o direito de retirar-se da companhia se houver mudança do objeto social, salvo se o patrimônio for vertido para sociedade cuja atividade preponderante coincida com aquela desenvolvida pela sociedade cindida; se ocorrer redução do dividendo obrigatório ou se a sociedade cindida vier a integrar um grupo de sociedades de direito.

Foram ainda alterados o inciso I dos arts. 136 e 137, passando a constituir causa do recesso a criação de ações preferenciais e o aumento de classe de ações preferenciais existentes, sem guardar proporção com as demais classes de ações preferenciais, salvo se já previsto no estatuto social.

O inciso I do art. 136 confere direito de retirada tanto aos titulares de ações preferenciais como aos titulares de ações ordinárias, desde que possam objetivamente demonstrar efetiva diminuição em seus direitos patrimoniais decorrente da deliberação da assembleia geral.

PRECEITO DE ORDEM PÚBLICA

O direito de retirada constitui preceito de ordem pública, inscrito pelo legislador entre os direitos individuais do acionista. Daí decorre constituir o recesso prerrogativa intangível e inderrogável pelo estatuto ou pela assembleia geral, sendo, outrossim, irrenunciável e indisponível[297].

A renúncia pelo acionista a esse direito, ainda que só para um determinado caso, é nula, como também será qualquer cláusula estatutária ou deliberação da assembleia geral que exclua, dificulte ou protele o seu exercício[298].

A RENÚNCIA NÃO SE APLICA ÀS SOCIEDADES ANÔNIMAS

O caráter de irrenunciabilidade do direito é absoluto. A Lei Societária (art. 221), quando, no *contrato social,* fala que os sócios podem renunciar ao direito de retirada no caso de transformação em companhia, está se referindo aos sócios de *sociedades mercantis de pessoas.* Somente estes podem previamente renunciar ao direito de retirada por meio de cláusula constante do contrato social respectivo, facilitando, dessa forma, a transformação da sociedade de pessoas em sociedade anônima.

Em nenhuma hipótese pode haver disposição, renúncia ou derrogação, ainda que indireta, parcial, ou casuística, do direito de recesso no âmbito da companhia.

PRESSUPOSTOS OBJETIVOS DO EXERCÍCIO DO DIREITO DE RECESSO

O primeiro pressuposto para o exercício do direito de recesso é o de haver ocorrido modificação institucional na companhia, incluída entre as hipóteses exaustivamente tipificadas na lei[299].

Trata-se de um requisito objetivo sem o qual não haverá exercício da prerrogativa. Não pode, com efeito, o estatuto ou a assembleia geral estender, ampliar ou criar outras hipóteses que objetivamente deem ensejo ao exercício do direito ao reembolso.

---

297 Sobre a natureza do direito de recesso, duas correntes estabeleceram-se. A teoria da lei, que proclama o direito como institucionalização de ordem pública, notadamente com fundamento no art. 2.437 do Código Civil italiano. Assim: Vivante, Brunetti, De Gregorio, Salandra e Ascarelli. A outra corrente visualiza o direito na teoria do contrato, sendo a lei meramente supletiva na espécie, admitindo-se, portanto, a renúncia da prerrogativa. Nesta corrente encontra-se Donadio apud A. Velasco (*La separación del accionista*, Madrid, Ed. de Derecho Reunidas, 1976, p. 45 e s.).

298 Art. 245 da Lei das Sociedades argentina; art. 2.437 do Código Civil italiano.

299 *V.* arts. 137, 206, 221, 230, 236, 252, 256, 264, 270, 296 e 298 da Lei n. 6.404, de 1976.

O segundo pressuposto é o de não ter o acionista consentido com a deliberação tomada pela maioria a respeito[300]. Se ocorreu a concordância, não poderá o acionista arrepender-se dela para, em seguida, exercitar o direito de retirada.

Na redação dada pela Lei n. 9.457, de 1997, ao § 2º do art. 137, explicitou-se a matéria. E na redação trazida ao mesmo § 2º do art. 137 pela Lei n. 10.303, de 2001, reitera-se esse requisito[301].

O pressuposto é que a alteração tenha afetado direito patrimonial do acionista, em termos de diminuição decorrente dessa alteração. Sem a demonstração objetiva dessa diminuição o direito de recesso não poderá ser exercido.

IGUALDADE DE DIREITOS DE AÇÕES DA MESMA CLASSE — § 1º

O princípio de absoluta igualdade de direitos de todos os acionistas de uma companhia, declarado no século XIX, sob a influência das ideias políticas sedimentadas na Revolução Francesa[302], acabou por tornar-se relativo, na medida em que se passou a reconhecer a existência de classes e espécies diversas de ações.

A relatividade do princípio igualitário é fruto, portanto, das mudanças legislativas dos vários países, que passaram a admitir que o estatuto criasse diferentes categorias de prerrogativas, originadas em emissões diversas de ações[303].

Essa alteração da técnica de emissão de capital fez com que o princípio de igualdade de direitos levasse em conta a posição jurídica do titular da ação em face do estatuto social.

Assim, os acionistas em igualdade de posição jurídica devem ser igualmente tratados. Portanto, a lei passa a reconhecer a igualdade de posição jurídica em relação ao objeto da deliberação[304]. Essa igualdade não é apenas

---

300 Seguindo o princípio *nemo potest venire contra factum proprium*, expressamente exclui do direito os acionistas que houverem votado a favor da matéria a lei espanhola, arts. 135 e 144. Garrigues-Uría, *Comentario*, cit., v. 2, p. 701 e s. e 765 e s. Também o art. 2.437 do Código Civil italiano.

301 *V.* comentários ao art. 137.

302 Código de Comércio francês de 1807, art. 34.

303 Lei francesa de 1903, art. 34; Código de Comércio italiano, art. 164; Garrigues-Uría, *Comentario*, cit., v. 1, p. 424 e s.

304 Valverde, *Sociedades por ações*, cit., v. 2, p. 66.

formal ou estática, nem meramente objetiva. O posicionamento de cada acionista deve ser idêntico diante de cada deliberação e não apenas em princípio[305].

Dessa forma, numa deliberação qualquer, poderão todos os acionistas encontrar-se em posição idêntica. Noutras deliberações, os mesmos acionistas, com as mesmas ações, perante o mesmo estatuto, poderão encontrar-se em posições antagônicas, notadamente quando se instaura o conflito formal de interesses (arts. 115, 117 e 134).

A igualdade formal também não prevalece quando o acionista usa abusivamente seu direito de voto (arts. 115 e 117).

NOÇÃO DE CLASSE DE AÇÕES

Classe é o elemento que distingue o direito de uma e outra ação, ou melhor, é o conjunto de elementos que forma a identidade de direito, numa mesma emissão de capital. Dessa identidade decorre estrita igualdade, dentro de cada classe de ações[306].

A noção de *classe*, na Lei n. 6.404, de 1976, é fundamental, à medida que também as ordinárias de companhias fechadas (art. 16) poderão ser de classes diversas.

Em consequência, o que distingue as ações ordinárias das preferenciais, fundamentalmente, é que as primeiras são de emissão obrigatória.

A criação de classes de ações é sempre estatutária. Visa a conferir vantagens a um grupo de titulares de ações, mediante a diferenciação de direitos com as demais classes, observados os limites legais.

Assim, o estatuto, ao criar uma classe de ações, pode excluir direitos, desde que não fira as prerrogativas essenciais declaradas na lei, sejam as de caráter individual, sejam as outorgadas aos minoritários ou às demais classes de ações.

Pode-se, v. g., excluir o direito de voto de uma determinada classe, porém o direito ao dividendo não poderá ser estatutariamente negado, muito embora possa ser calculado de forma diferente com respeito às

---

305 Sobre a matéria, decisão do colegiado da CVM, Proc. RJ2009/11977, reg. 6883/10, voto do Rel. Dir. Eli Loria, j. em 6-7-2010. *In* Lazzareschi, ob. cit. p. 215.

306 *V.* comentários aos arts. 16 e 17, Halperin, *Sociedades anónimas*, cit., p. 344; Ascarelli, *Problemas*, cit., p. 407; Champaude, *Le pouvoir de concentration de la société par actions*, Paris, Sirey, 1962, p. 27.

diversas classes, sem embargo do obrigatoriamente devido, igualmente, a todas elas (arts. 202 e 203)[307].

MODIFICAÇÃO DOS DIREITOS RESERVADOS A DETERMINADA CLASSE

Estando estabelecidos, no estatuto, os direitos de cada classe, a alteração dessas prerrogativas dependerá da anuência dos respectivos titulares. Tratando-se de classe de ações ordinárias (companhias fechadas), a alteração do estatuto não previamente prevista requererá a concordância de todos os titulares das ações atingidas (art. 16).

Em se cuidando de ações preferenciais, a criação de novas classes e as modificações respectivas dependerão da prévia aprovação ou da ratificação por titulares de mais de metade da classe atingida, tomada em assembleia especial (art. 136). Mesmo que haja essa aprovação ou ratificação majoritária, caberá ao acionista dissidente o direito de retirada (art. 137)[308].

DIREITOS DE CLASSE NÃO SE CONFUNDEM COM OS DIREITOS INDIVIDUAIS

Os direitos inerentes à *classe* de ações diferem dos direitos individuais. Em primeiro lugar, porque tais prerrogativas já são especificadas por classe e não individualmente. Ademais, o exercício do direito de cada acionista depende da classe de ações que possua e não apenas de sua condição individual de acionista.

Por outro lado, não se podem excluir os direitos de um acionista pertencente a determinada classe, mantendo o privilégio para os demais, como igualmente não se pode favorecê-lo sem estender estatutariamente o privilégio para os demais acionistas da mesma classe.

MEIOS, PROCESSOS E AÇÕES ASSECURATÓRIOS DE DIREITOS

A integridade dos direitos substantivos somente pode ser assegurada pelos instrumentos legais que os viabilizam. É o princípio consagrado no Código Civil de 1916, ao declarar, em seu art. 75, que a todo o direito corresponde uma ação que o assegura.

---

307 *V.* comentários aos arts. 17, 202 e 203.

308 *V.* comentários aos arts. 136 e 137.

Em sentido mais amplo, determina também a Constituição Federal que a lei não poderá excluir da apreciação do Poder Judiciário qualquer lesão de direito individual[309]. Trata-se de preceito universal que se explicita no âmbito da sociedade anônima. Nesta, com efeito, os direitos individuais não seriam intangíveis se pudesse o estatuto ou a assembleia geral cercear ou suprimir os meios e as ações capazes de tornar efetivos esses mesmos direitos[310]. Essa regra *petrea* se aplica ao § 3º do presente art. 109, introduzido pela Lei n. 10.303, de 2001 (arts. 5º, XXXV, e 60, § 4º, IV, da CF), sem embargto do meio alternativo de heterocomposição, a arbitragem (§ 3º).

MEIOS DIRETOS DO INVESTIDOR

O princípio da instrumentalidade do Direito, no que tange à sociedade anônima, tem um sentido especial, qual seja, o de assegurar os procedimentos não só judiciais, arbitrais, extrajudiciais e administrativos (CVM), mas também aqueles que se exercem no próprio âmbito interno da companhia[311].

É por isso que a lei fala em *processos* ou *ações*, e também em *meios* asseguratórios dos direitos substantivos dos acionistas.

Os *meios* devem ser entendidos como os procedimentos que pode o acionista exercitar de *pleno direito, sine ministerio judicis*. Assim, por exemplo, o exercício do direito de comparecer e opinar nas assembleias gerais (art. 125), e o de perceber dividendos e partilhar do acervo da liquidação e, também, o exercício da preempção. Ainda podem ser incluídas nesses procedimentos diretos do acionista certas formas de fiscalização como, v. g., as previstas no art. 133[312].

Todos os demais direitos patrimoniais inerentes às ações, bem como os requerimentos referentes a assembleias gerais incluem-se entre os meios diretamente exercitáveis pelo acionista (arts. 123, 130 e 157).

Incluem-se também, nesse exercício direto junto à companhia, diversas prerrogativas asseguradas pela lei aos *acionistas minoritários*, tais como as

---

309 Art. 5º, XXXV, da Constituição de 1988.

310 Cunha Peixoto, *Sociedades por ações*, cit., v. 2, p. 337.

311 Valverde, *Sociedades por ações*, cit., v. 2, p. 44; Ascarelli, *Rivista delle Società*, 1956, p. 93 e s. e 114; Pontes de Miranda, *Tratado*, cit., v. 50, p. 235.

312 V. comentários ao art. 133.

previstas nos arts. 123, 124, 126, 133, 141, 157 e 161[313].

Compreendem-se nessa categoria, da mesma forma, os direitos próprios de classes de acionistas, previstos nos arts. 16, 136 e 137[314].

Os direitos gerais de dissidência são exercitáveis pelo acionista também sem necessidade de qualquer procedimento judicial, extrajudicial ou administrativo (arts. 137, 206, 230, 252, 256, 264 e 270)[315], ai prevalecendo o regime de autotutela.

DIREITO DE REPRESENTAÇÃO JUNTO À COMISSÃO DE VALORES MOBILIÁRIOS

Tem o acionista de companhia aberta direito de representação junto à Comissão de Valores Mobiliários.

Objetivará o requerimento a abertura de inquérito administrativo contra os administradores, acionistas controladores (art. 117) e acionistas em geral dessas sociedades anônimas (art. 115) e demais instituições e participantes do mercado (art. 9º, V, da Lei n. 6.385/76, com as alterações da Lei n. 9.457/97 e do Dec. n. 3.995, de 31-10-2001).

Deverá a Comissão de Valores Mobiliários, em decorrência desse inquérito, se comprovadas as fraudes, aplicar as sanções administrativas previstas em lei contra os administradores, controladores e acionistas em geral (arts. 4º, IV, 11 e 12 da Lei n. 6.385/76, com as alterações da Lei n. 9.457/97)[316].

AÇÃO INDIVIDUAL E AÇÃO SOCIAL

No tocante à proteção jurisdicional dos direitos dos acionistas, devem ser distinguidas as várias espécies de ações, conforme objetivem elas a satisfação de interesses individuais ou da própria companhia e do conjunto dos seus acionistas[317].

Na primeira espécie, está a *ação individual*. Nela, a pretensão judicial (§ 2º) ou arbitral (§ 3º), embora pautada no interesse social, é estranha aos interesses da coletividade societária. Com a medida, o acionista não preten-

---

313 V. comentários aos arts. 124, 133, 141, 157 e 161.

314 V. comentários aos arts. 136 e 137.

315 V. comentários ao art. 264.

316 V. comentários ao art. 11, com as alterações dadas pelo inconstitucional Decreto n. 3.995, de 2001.

317 V. comentários ao art. 287.

de restabelecer a ordem geral da companhia, que se presume não ter sido afetada. Tem o pedido judicial ou arbitral o objetivo apenas de obter a reparação de um prejuízo que o acionista sofreu pessoalmente.

Não obstante fundada na reparação de um dano particular, pode a ação individual interessar a mais de um acionista, pessoalmente, ou mesmo a todos eles, porém de uma forma particular que não se confunde com os interesses coletivos propriamente ditos[318].

Consequentemente, a ação individual visa a reparar toda a lesão a um direito próprio do acionista e tem por objeto a reparação do prejuízo causado diretamente ao acionista por ato imputável aos administradores ou aos controladores (arts. 17 e 155 a 160)[319 e 320].

Assim, o acionista, ao propor a ação individual, tem em vista o próprio interesse, embora o resultado de seu procedimento judicial possa coincidir com os interesses de outros acionistas[321].

AÇÃO INDIVIDUAL NA LEI SOCIETÁRIA JUDICIAL (§ 2º) OU ARBITRAL (§ 3º)

A ação individual de responsabilidade pertence privativamente ao acionista. A medida está regulada no art. 159, em seu § 7º, que preceitua: "A ação prevista neste artigo (ação social) não exclui a que couber ao acionista ou terceiro diretamente prejudicado por ato de administrador".

Por sua vez, tem a ação social por fundamento o dano causado à companhia e à coletividade acionária. A pretensão, na espécie, interessa a todos os acionistas[322].

Visa o remédio a restabelecer o equilíbrio das relações no seio da sociedade e à reparação civil dos prejuízos causados ao patrimônio social pelos administradores e controladores[323 e 324].

---

318 Dominique Schmidt, *Les droits de la minorité*, cit., p. 198 e s.

319 *V.* comentários aos arts. 17, 155 e 157.

320 Escarra e Rault apud Dominique Schmidt, *Les droits de la minorité*, cit., p. 200. *V.* comentários ao art. 117.

321 Valverde (*Sociedades por ações*, cit., v. 2, p. 51), que fala na possibilidade de o procedimento judicial aproveitar ou prejudicar outros acionistas. Não cremos, no entanto, que a ação possa prejudicar interesses *legítimos* de outros acionistas.

322 Escarra e Rault apud Dominique Schmidt, *Les droits de la minorité*, cit., p. 200.

323 A ação contra os administradores não pode ser objeto de cláusula compromissória estatutária.

324 A propósito, *v.* TJSP, AI 244.960.415, Rel. Des. Bóris Kauffmann, j. em 11-9-2002.

Tem a medida por objeto reconstituir o patrimônio social[325], seja para o efeito de perseverar na consecução do seu objetivo, seja para proceder à liquidação da companhia. Interessa patrimonialmente sua propositura não só à companhia, mas também ao conjunto de acionistas coletivamente considerados[326].

Ademais, a *ação social* é o remédio eficaz para garantir o reconhecimento das prerrogativas do acionista junto à companhia, notadamente quanto à sua participação na formação da vontade social e na verificação do exercício legítimo — e não abusivo — da vontade dos controladores (art. 117)[327].

Seu fundamento teleológico é o interesse criado pelo próprio contrato societário, de resto declarado pela lei, qual seja, o interesse de lucro resultante da prosperidade social e da sua eficiente e regular administração e controle (arts. 2º, 116 e 154)[328].

A ação social, portanto, tem por objeto as atividades dos controladores e dos órgãos sociais e o exercício das respectivas funções. Por meio dela se inquinam os atos violadores da lei ou do estatuto praticados por culpa ou dolo pelos controladores e pelos membros dos órgãos de administração, consultoria e fiscalização, no exercício de suas funções (arts. 117, 159 e 160)[329].

LEGITIMAÇÃO CONTRA OS ADMINISTRADORES — CLÁUSULA COMPROMISSÓRIA ESTATUTÁRIA

A ação social contra os administradores, enquanto pessoas físicas, não pode ser objeto de cláusula compromissória estatutária, como estudado (*v.* comentários ao § 3º). Poderá ser judicialmente proposta, em primeiro lugar e com preferência de ordem, pela própria companhia. É o que dispõe o art. 159 em seu *caput*: "Compete à companhia, mediante prévia deliberação da assembleia geral, a ação de responsabilidade civil contra o administrador, pelos prejuízos causados ao seu patrimônio".

Se, embora deliberada pela assembleia geral a propositura da ação, não for esta efetivamente ingressada no prazo de três meses da deliberação respectiva, caberá a qualquer acionista, substitutivamente, promovê-la (art. 159).

---

325 Hamel e Lagarde apud Dominique Schmidt, *Les droits de la minorité*, cit., p. 199.

326 Dominique Schmidt, *Les droits de la minorité*, cit., p. 199.

327 Dominique Schmidt, *Les droits de la minorité*, cit., p. 201.

328 Dominique Schmidt, *Les droits de la minorité*, cit., p. 200.

329 Tavares Paes, *Enciclopédia Saraiva do Direito*, v. 3, p. 565. *V.* comentários ao art. 117.

Por outro lado, se a medida for rejeitada pela assembleia geral, é reconhecida legitimação para propô-la aos acionistas que representem, no mínimo, 5% do capital social.

Temos, pois, três hipóteses legais. Ação social promovida pela própria companhia, mediante deliberação de sua assembleia geral. Trata-se, no caso, de uma ação social *ut universi*.

Na segunda, a ação social é promovida por qualquer acionista por *substituição processual*, na forma prevista no art. 6º do Código de Processo Civil.

Na terceira hipótese, a ação social é proposta pelos acionistas que detêm um percentual mínimo legal, contrariamente, portanto, ao que a respeito deliberou a assembleia geral. Trata-se da ação social *ut singuli*[330].

AÇÃO SOCIAL *UT UNIVERSI*

Quando a companhia faz valer em juízo o seu direito a ser indenizada por danos causados pelo administrador faltoso, para constrangê-lo a cumprir a lei ou o estatuto, cuida-se de ação social *ut universi*.

Essa ação depende de autorização da assembleia geral (art. 159). Cabe à própria diretoria representar a companhia na propositura da ação[331].

Exigindo a nossa Lei Societária a aprovação da assembleia geral para a propositura da ação social, poderá, no entanto, o órgão da administração deixar de cumprir a determinação da assembleia, protelando a entrada da medida em juízo.

Nesta hipótese, a lei prevê, em seu art. 159, § 3º, que "qualquer acionista poderá promover a ação, se não for proposta no prazo de três meses da assembleia geral".

Caberá ao acionista, portanto, e independentemente do percentual que detenha no capital social, propor em nome próprio a medida que caberia à companhia, nos termos do art. 6º do Código de Processo Civil.

---

330 A propósito da distinção entre os direitos da sociedade e de seus acionistas, bem como da necessidade de prova de prejuízo do autor acionista, *v.* STJ, REsp 87.919/PE, Rel. Min. Eduardo Ribeiro, *DJU* 24-5-1999, e TJCE, 2ª Câm. Cív., AC 2004.0001.5011-1, Rel. Des. Gisela Nunes da Costa, j. em 17-11-2004.

331 Diferentemente da lei francesa de 1966, que, em seu art. 245, declara não escrita toda a cláusula estatutária que subordine o exercício da ação social ao parecer prévio ou autorização da assembleia geral.

Trata-se de típica substituição processual[332], também denominada pela doutrina como legitimação anômala[333].

Na substituição processual, portanto, temos a situação em que a parte admitida ao processo não é a titular do direito material objeto da ação. No caso, a parte no processo é o acionista individual e o titular da pretensão é a companhia.

Assim, por definição legal, o acionista, ao ser admitido no processo em decorrência do disposto no § 3º do art. 159, declara não ser titular do direito material, já que este cabe à companhia. Não pode, ademais, o acionista, ao assumir essa figura no processo, sobrepor direito material próprio ao direito material da companhia, sob pena de desfigurar-se a sua legitimação.

A dissociação entre o direito de ação e o direito substantivo é elemento fundamental para configurar o interesse de agir do acionista, na espécie.

No campo do Direito Processual, o titular é o acionista e, no campo do Direito Privado, o titular é a companhia[334]. Em consequência, a sentença produz efeito, revestida da autoridade de coisa julgada, para quem não foi parte no processo. Atinge, portanto, a decisão judicial alguém que processualmente ficou estranho ao processo, ou seja, a companhia[335].

A Lei n. 6.404, de 1976, explicita a hipótese, no seu referido art. 159, § 3º, ao declarar que "os resultados da ação promovida por acionista deferem-se à companhia".

Mas, indiretamente, os efeitos da sentença também alcançam o acionista substituto, não só quanto à preclusão, como também, especificamente, no que respeita à indenização dos ônus processuais com que arcou, na qualidade de substituto processual.

É o que também preceitua o referido art. 159, no seu § 5º, ao dizer que a companhia deverá indenizar o acionista, até o limite dos resultados da ação, de todas as despesas em que tiver incorrido, inclusive correção monetária e juros dos dispêndios realizados.

---

332 *Substituição processual* é termo adotado a partir de Chiovenda, na doutrina processual, para configurar essa legitimação *sui generis*, conforme nos dá notícia Celso Agrícola Barbi, *Comentários ao Código de Processo Civil*, Rio de Janeiro, Forense, 1975, v. 1, p. 116 e s.

333 Lopes da Costa apud Celso Agrícola Barbi, *Comentários*, cit., v. 1, p. 116 e s.

334 Arruda Alvim, *Código de Processo Civil comentado*, São Paulo, Revista dos Tribunais, 1975, v. 1, p. 426 e s.

335 Arruda Alvim, *Código*, cit., p. 428.

AÇÃO SOCIAL *UT SINGULI*

A ação social *ut singuli* tem fundamento idêntico ao da ação social *ut universi*, qual seja: o dano causado à companhia e ao conjunto dos acionistas, coletivamente considerados.

Não obstante, pressupõe a lei, na espécie, que todo o prejuízo causado à companhia repercute no patrimônio dos sócios[336]. Daí ensejar o direito aos acionistas que reúnam um percentual mínimo do capital social (5%) de propor, em nome da companhia, ação indenizatória contra os membros dos órgãos de sua administração, tendo como fundamento direto o dano causado à companhia, e indireto, aos acionistas, coletivamente considerados.

O princípio da ação social *ut singuli* está bastante explícito na lei francesa de 1966, art. 245, que reza: "Além da ação de reparação de prejuízos sofridos pessoalmente, os acionistas podem, seja individualmente, seja mediante a formação de grupos, nas condições legalmente fixadas, propor ação social de responsabilidade contra os administradores. Os demandantes estão legitimados a prosseguir nas medidas de reparação de todo o prejuízo sofrido pela companhia; sendo procedente o pedido, as indenizações respectivas lhes serão atribuídas".

PRESSUPOSTOS DA AÇÃO SOCIAL *UT SINGULI*

Na Lei n. 6.404, de 1976, a ação social *ut singuli* está prevista no art. 159, § 4º: "Se a assembleia deliberar não promover a ação, poderá ela ser proposta por acionistas que representem 5%, pelo menos, do capital social".

Tem como pressuposto a decisão contrária da assembleia geral à proposta de ingresso de ação contra os membros dos órgãos da companhia, por responsabilidade civil.

Esse pressuposto é fundamental e dele decorre a diferença entre a ação social *ut universi* intentada por substituição processual e ação social *ut singuli*.

Na primeira — substituição processual — o acionista põe-se no lugar da companhia na relação processual, como parte. Na ação social *ut singuli*, o acionista, ou grupo de acionistas, ingressa em juízo em nome da companhia, como acionista minoritário — já que é exigido percentual mínimo de

---

336 Tavares Paes, *Enciclopédia*, cit., p. 565.

ações —, na defesa do patrimônio da sociedade e do restabelecimento de relações internas consoantes com a lei e o estatuto.

A lei, ao admitir a ação social *ut singuli*, pressupõe que a defesa dos interesses patrimoniais e institucionais da companhia pode também caber aos minoritários, se estes não se conformarem com a decisão em contrário dos controladores, na espécie, tomada em assembleia geral.

Não se trata aqui, portanto, de substituição processual prevista no art. 6º do Código de Processo.

Na ação social *ut singuli*, a lei outorga à minoria representação da companhia para intentar a ação contra os administradores.

A MINORIA ACIONÁRIA CONSTITUI ÓRGÃO DA COMPANHIA

Constituem os minoritários, com efeito, um órgão subsidiário da companhia[337], com poderes de representá-la legitimamente para propor medida judicial.

A minoria, na Lei n. 6.404, de 1976, na Lei n. 9.457, de 1997, e na Lei n. 10.303, de 2001, é institucionalizada como um agrupamento de capital social significativo, a quem se outorga, sobretudo, as funções de *controle da legalidade*, (abuso e desvio de poder) e *regularidade* (*interesse social*) dos atos praticados pelos membros dos órgãos da companhia e pelos acionistas controladores[338].

Nessas funções, a minoria age como *representante* dos interesses da coletividade de acionistas.

A lei, com efeito, outorga ao agrupamento mínimo, porém significativo do capital social (5%), um poder de defender a companhia contra o presumível abuso do direito de voto dos controladores (arts. 115 e 117), inclusive visando ao favorecimento pessoal dos administradores em atos reputados lesivos ao patrimônio e ao funcionamento regular da companhia (*v.* comentários ao art. 117, com a alteração feita pela Lei n. 9.457, de 1997).

O CARÁTER INSTITUCIONAL DA MINORIA

A lei institucionalizou a minoria como organismo de defesa dos interesses da companhia. Em primeiro lugar, distinguiu o acio-

---

337 Dominique Schmidt (*Les droits de la minorité*, cit., p. 216 e s.) desenvolve profundamente a tese da institucionalização da minoria como órgão subsidiário da companhia e sua legitimidade como representante dela nas ações sociais *ut singuli*.

338 Dominique Schmidt, *Les droits de la minorité*, cit., p. 217.

nista individual, cujos direitos podem ser exercidos independentemente do percentual de sua participação social, do acionista cujo exercício de determinados direitos exige que possua um percentual mínimo de participação capitalista.

Pressupõe, neste último caso, um agrupamento de capital, que pode ser representado por um ou mais acionistas. Isso implica que a lei considera esse agrupamento representativo não apenas do interesse minoritário, mas também do social. E esse interesse societário é exatamente o de verificação da legalidade (abuso e desvio de poder), legitimidade (interesse social) e regularidade dos atos sociais, como referido.

Outorga a lei aos acionistas que detenham a qualidade de minoritários, por força de percentual mínimo, a prerrogativa de participação nos órgãos da companhia e de representação em juízo da própria companhia, na hipótese de os demais órgãos recusarem-se a fazê-lo.

Diferente, portanto, a posição dada pela lei à minoria — que é institucional — daquela do acionista não controlador. Este se caracteriza por não integrar o grupo de controle (art. 116), independentemente de percentual do capital social. Já a minoria acionária, além dessa condição, forma um *grupo de capital* que lhe dá direito de representação interna e externa da companhia.

Assim, o acionista singularmente não pode representar a companhia. Mas a minoria acionária, detentora de um percentual mínimo, pode representar a sociedade na ação *ut singuli*.

A MINORIA É ÓRGÃO SUBSIDIÁRIO DE REPRESENTAÇÃO

No tocante à verificação da legalidade (abuso e desvio de poder) e legitimidade (interesse social) dos atos dos administradores, o órgão de administração é que tem poderes para representar a companhia (art. 159, *caput*).

No entanto, se for negada essa representação em assembleia geral, cabe à minoria institucional representar a companhia, na defesa de seu patrimônio, prejudicado em decorrência de atos lesivos praticados pelos administradores. Em consequência, a minoria age sempre em segundo lugar, a título subsidiário[339]. Não tem legitimidade para se antecipar à decisão da assembleia geral (art. 159, § 1º).

---

339 Dominique Schmidt, *Les droits de la minorité*, cit., p. 215.

Respeitada essa preferência de ordem, a lei designa a minoria para representar ativamente em juízo a companhia, nas ações sociais *ut singuli*. Trata-se, com efeito, de hipótese de representação judicial, criada pela Lei n. 6.404, de 1976, não prevista na lei processual de 1973[340].

Seção III
DIREITO DE VOTO

DISPOSIÇÕES GERAIS

Art. 110. A cada ação ordinária corresponde 1 (um) voto nas deliberações da assembleia geral.

§ 1º O estatuto pode estabelecer limitação ao número de votos de cada acionista.

§ 2º É vedado atribuir voto plural a qualquer classe de ações.

LEI DE 1940

O Decreto-Lei n. 2.627, de 1940, em seu art. 80, continha dispositivo idêntico.

Constituiu o preceito inovação, na época, na medida em que, seguindo as legislações modernas de então, conferiu a cada ação ordinária um voto, assegurando dessa forma à minoria o exercício de seus direitos de participação nas deliberações coletivas da companhia[341].

Consistiu, com efeito, em modificação substancial de filosofia e tratamento jurídicos, em face do que, a respeito, dispunha o Decreto n. 434, de 1891. Este diploma estabelecia o regime de voto a partir de um número mínimo de ações, cabendo ao estatuto da companhia dispor a respeito desse *quantum* de capital que cada acionista deveria possuir para votar. Dessa forma, o art. 141 do decreto de 1891, ao vincular o direito de voto aos lotes de ações possuídos, consagrava o domínio oligárquico da sociedade anônima,

---

340 Art. 12 do Código de Processo Civil.

341 Valverde, *Sociedades por ações*, cit., v. 2, p. 54.

na qual somente os grandes detentores do capital poderiam votar[342].

Já o Decreto-Lei n. 2.627, de 1940, filiou-se à teoria da igualdade de direitos de todos os acionistas, com respeito ao voto, ainda que admitisse a existência de espécie de ações (preferenciais) sem essa prerrogativa.

O direito de voto passou a ser garantido pela lei a determinada espécie de ações (ordinárias), sendo inderrogável pelo estatuto ou pela assembleia geral.

Por outro lado, o Decreto-Lei n. 2.627, de 1940, somente admitia o exercício do voto pelo próprio acionista, por considerá-lo inseparável da propriedade da ação e, portanto, dos interesses patrimoniais que esta representava. Consagrava, portanto, a lei derrogada que o exercício do direito de voto por representação requeria a qualidade de acionista do procurador. Nesse requisito para a representação residia o princípio de que o exercício do direito de voto era inerente à propriedade da ação[343], não sendo possível sua prática desacompanhada da titularidade, a não ser nos casos de usufruto em que prevalecia a convenção.

Daí decorria, pois, a absoluta inadmissibilidade da cessão do direito de voto[344].

Ademais, o voto, no regime anterior de 1940, caracterizava-se como direito de espécie, cabendo por lei às ordinárias, não podendo nem o estatuto nem a assembleia geral derrogar, suprimir ou cercear o respectivo exercício.

Quanto às preferenciais, cabia ao estatuto disciplinar a matéria, inclusive para suprimir ou restringir o direito de voto. Além disso, o voto, no antigo diploma, estava inserido no regime de absoluta igualdade de direitos entre todas as ações ordinárias, por isso que não se admitia a existência de diferentes classes.

Consequentemente, a ação ordinária, no sistema legal anterior de 1940, concedia a todos os seus titulares as mesmas vantagens, sem qualquer distinção ou graduação.

A lei de 1940, ademais, não admitia qualquer distinção quanto à *forma* das ações ordinárias, no tocante ao exercício do direito de voto[345].

E, finalmente, o Decreto-Lei n. 2.627, de 1940, limitava a emissão das ações preferenciais, sem direito a voto, à metade do capital da companhia.

---

342 Valverde, *Sociedades por ações*, cit., v. 2, p. 54.

343 Cunha Peixoto, *Sociedades por ações*, cit., v. 2, p. 352 e s.

344 Valverde, *Sociedades por ações*, cit., v. 2, p. 62 e s.; Cunha Peixoto, *Sociedades por ações*, cit., v. 2, p. 352 e s.

345 *V.* comentários aos arts. 15 e 16.

Conferia, em consequência, o pleno e intangível direito de voto a, pelo menos, metade das ações representativas do capital social[346].

LEI N. 6.404, DE 1976, E DIREITO NORTE-AMERICANO

Apesar de a redação da norma ora comentada ser idêntica à do art. 80 do Decreto-Lei n. 2.627, de 1940, modificou-se substancialmente o instituto do voto na lei de 1976.

A lei vigente passou a seguir, em matéria de voto, a escola *contratual* da *common law*.

Com efeito, no sistema jurídico anglo-americano, o direito de voto, como as demais prerrogativas inerentes à qualidade de acionista, tem origem contratual.

Daí resulta poder o titular da ação *dispor* do direito de voto[347]. Essa disponibilidade traduz-se, no direito norte-americano, pela faculdade de representação dos acionistas por administradores, nas assembleias, bem como pelo instituto do *trust*.

Por meio do contrato de fidúcia (*trust*), os acionistas cedem suas ações aos fiduciários (*trustees*), os quais, após registrá-las em seu nome, passam a exercer o direito irrevogável de voto pelo período de tempo pactuado, fazendo-o com discricionariedade, cujo limite é a licitude[348].

LEI N. 8.021, DE 1990

O diploma de 1990 teve o efeito de alterar — sem que essa fosse a intenção do legislador — os direitos referentes ao voto nas companhias. E o fez ao revogar os títulos ao portador e endossáveis, instituindo a obrigatoriedade da emissão, apenas, das ações nominativas, sem exceção.

Daí decorre que o direito de voto já não pode ser cerceado tendo em conta a *forma* das ações, como ocorria na vigência do art. 112 ora derrogado. Disso resultou que o direito de voto está franqueado aos titulares de todas as ações ordinárias, sem embargo, no caso de companhias fechadas,

---

346 *V.* comentários ao art. 15, c/c o art. 8ª da Lei n. 10.303, de 2001.

347 Barbiera, *I grandi problemi*, cit., p. 931 e s.

348 As legislações estaduais, com exceção das de Missouri, Wisconsin e Massachusetts, impõem limite de tempo para o contrato de fidúcia (*trust*), que, em geral, é de dez anos. Barbiera, *I grandi problemi*, cit., p. 952.

do uso das disposições do art. 16 naquilo que não foi ab-rogado pela Lei n. 8.021[349].

Ampliou-se dessa forma o colégio votante das companhias, contrariando o regime que norteou o projeto de 1975 que reduzia o colégio votante apenas aos titulares de ações ordinárias nominativas (art. 112)[350].

CESSÃO DO DIREITO DE VOTO

Em consequência da adoção, neste especifico tema do direito de voto, do regime contratual, a Lei n. 6.404, de 1976, abandonou o princípio de que o direito de voto é inerente à propriedade da ação.

Assim sendo, podem os não acionistas votar, na qualidade de procuradores dos proprietários das ações.

Atribui a lei de 1976 essa faculdade de voto apartado da titularidade acionária aos administradores da companhia e a advogados. Nas companhias abertas, estende-se a prerrogativa às instituições financeiras e a outros acionistas (art. 126, § 2º e Instrução CVM n. 481, de 2009).

Ademais, a Lei n. 6.404, de 1976, induz essa cessão do direito de voto a favor das instituições financeiras, ao atribuir-lhes os serviços de agente emissor de certificados, de administradores de ações escriturais, de custódia de ações fungíveis e de emissão de certificados de depósito de ações (arts. 27, 31, 39, 41 e 43).

Desse modo, a cessão do direito de voto às instituições financeiras poderá ser objeto de contrato específico ou de mera cláusula-mandato de um contrato, objetivando principalmente a administração de carteira ou o depósito de ações[351].

Além disso, a Lei n. 6.404, de 1976, ainda no que respeita à cessão do direito de voto, admite, como referido, que os administradores da companhia sejam representantes dos acionistas na assembleia geral. Trata-se também de adaptação do regime norte-americano, na espécie, inclusive quanto aos limites estritos das respectivas procurações e competências de regulamentação da matéria pela Comissão de Valores Mobiliários (art. 126 e Instrução CVM n. 48l, de 2009).

---

349 V. comentários ao art. 16.

350 V. comentários ao art. 109.

351 Art. 25 da Lei n. 6.385, de 1976.

Parte desses mecanismos prevalecem, a despeito da nominatividade compulsória advinda da Lei n. 8.021, de 1990. Assim decorre das funções de administração de ações facultadas às instituições financeiras (art. 27)[352]. O mesmo ocorre com o penhor ou caução de ações e outros direitos reais e ônus constituídos com ações (art. 39). Também a custódia de ações fungíveis prevista no art. 41[353], com redação dada pela Lei n. 10.303, de 2001.

DIREITO DE FORMA E NÃO MAIS DE CLASSE

A Lei n. 6.404, de 1976, deixava, anteriormente à Lei n. 8.021, de 1990, de reconhecer o voto como direito de espécie, ao introduzir diferenças de direitos entre as ordinárias quanto à *forma* (art. 112). Ademais, a lei passou a admitir a emissão de classes diversas de ordinárias, nas companhias fechadas (art. 16). Daí resulta, em principio, que as ações ordinárias não mais se caracterizam como aquelas que outorgam absoluta igualdade de direitos aos seus titulares[354].

Assim, no regime da lei de 1967, estavam excluídas do exercício do direito de voto as ordinárias *ao portador* (art. 112), o que já não ocorre em face da Lei n. 8.021, de 1990. Podia, ademais, o estatuto criar, nas companhias fechadas, classe de ações ordinárias ao portador inconversíveis em qualquer forma votante (art. 22).

Tais preceitos levavam e ainda em parte levam ao cerceamento do direito de voto para grande parte dos acionistas, vale dizer, para os minoritários.

CONCEPÇÃO DO DIREITO DE VOTO NA LEI SOCIETÁRIA

Temos, assim, que a possibilidade da cessão do exercício do voto a instituições financeiras e a administradores provém da concepção *contratualista* desse direito, como referido, que permite ao acionista cedê-lo, sem se desfazer da titularidade da ação.

Por outro lado, a revogada proibição do voto às ordinárias ao portador e a vigente criação de classes de ordinárias inconversíveis em formas votantes,

---

352 *V.* comentários ao art. 27.

353 *V.* comentários ao art. 41. Somente está derrogado o serviço de depósito de ações (art. 43), já que, pela lei vigente, era autorizado apenas para ações ao portador e endossáveis. Está portanto derrogado o art. 43, por força da Lei n. 8.021, de 1990.

354 *V.* comentários ao art. 22.

nas companhias fechadas, advêm da adoção da teoria germânica institucionalista da empresa em si (*unternehmen an sich*), que empresta ao controlador o poder-dever e a responsabilidade de conduzir a companhia, estritamente de acordo com o interesse social e daqueles da comunidade (art. 116)[355].

VOCAÇÃO AO ABSENTEÍSMO

A Lei n. 6.404, de 1976, ao adotar o regime de cessão de voto e ao cercear o seu exercício através da *forma* e da *classe*, legalizou o fenômeno do absenteísmo dos acionistas nas assembleias gerais.

Ao assim proceder, o legislador de 1976 acentuou a tendência não associativa do acionista moderno. A lei de 1976 deixou de ser educativa, portanto, no que diz respeito à reversão dessa tendência de não participação dos acionistas na condução e na elaboração da política da companhia.

Ao construir hipótese que leva ao não exercício do direito de voto pelos acionistas não controladores, a Lei n. 6.404/76 negou à sociedade anônima o caráter de instrumento de democratização do capitalismo no País; a não ser que se entenda por capitalismo democrático a reserva do exercício do voto, de preferência, para o controlador, outorgando-se ao acionista minoritário, como compensação, a realização unicamente de seu interesse patrimonial, representado pelo dividendo obrigatório (art. 202)[356].

Deixava o voto, na lei de 1976, anteriormente à vigência da Lei n. 8.021, de 1990, de ser um direito próprio de todos os titulares de ações ordinárias, destinado a formar a vontade do grupo e a servir ao interesse social, qualitativamente originado do interesse particular de cada um[357].

O instituto do direito de voto, na versão original da Lei n. 6.404, de 1976, não se configurava como o instrumento fundamental de participação da comunidade de sócios na vida e no comportamento das empresas revestidas da forma anônima.

LEI N. 10.303, DE 2001

A Lei n. 10.303, de 31 de outubro de 2001, trouxe alterações significativas com relação à estrutura do capital social das sociedades

---

355 *V.* comentários aos arts. 115 e 116.

356 *V.* comentários aos arts. 17 e 202, com as alterações da Lei n. 10.303, de 2001.

357 Dominique Schmidt, *Les droits de la minorité*, cit., p. 39.

anônimas, obrigando as companhias — constituídas a partir do início da sua vigência, bem como as que ainda não tinham ações preferenciais emitidas, mas que vieram a fazê-lo a partir de então — a observar o novo limite de, no máximo, 50% de ações preferenciais.

Criaram-se, assim, duas categorias: (i) a das companhias que adotam o *regime de paridade*, cujo capital é formado por, no máximo, 50% de ações preferenciais; e (ii) a das companhias que permanecem no *regime de disparidade*, mantendo até 2/3 de ações preferenciais, inclusive nos futuros aumentos de capital.

Devem adotar obrigatoriamente a *paridade* do capital social: (i) as companhias, abertas ou fechadas, constituídas a partir do início da vigência da lei de 2001, ou seja, a partir de 1º de março de 2001; (ii) as companhias fechadas existentes no momento em que decidirem abrir seu capital; e (iii) as companhias abertas existentes sem ações preferenciais emitidas e que venham a emiti-las na vigência da lei.

Por outro lado, gozam do privilégio de manter a proporção de até 2/3 de ações preferenciais as companhias, abertas ou fechadas, que já as tinham emitidas antes da vigência da Lei n. 10.303, de 2001. As companhias fechadas, no entanto, perdem o privilégio da *disparidade* no momento em que abrem seu capital, como referido.

É importante notar que somente podem adotar o regime de disparidade as companhias abertas ou fechadas que possuem ações preferenciais efetivamente emitidas em data anterior à vigência da Lei n. 10.303, de 2001.

Por outro lado, mesmo essas companhias que não estão obrigadas à adoção da paridade do capital social podem optar por fazê-lo, voluntariamente. Nesse caso, conforme dispõe o § 2º do art. 8º da lei n. 10.303, de 2001, estão desobrigadas da observância do direito de preferência dos preferencialistas na subscrição das novas ações ordinárias, emitidas para alcançar a paridade. Dessa maneira, a lei de 2001 permite a manutenção do controle da companhia nas mãos dos atuais controladores à custa da diluição legalmente justificada da participação dos preferencialistas.

Ademais, o § 7º do art. 17, *ex vi*, acrescentado que foi pela Lei n. 10.303, introduziu na Lei Societária a *golden share*, sob a denominação "ação preferencial de classe especial"[358].

---

358 *V.* comentários ao art. 17.

LEI N. 12.431, DE 2011 — COMBATE AO ABSENTEÍSMO

A Lei n. 12.431, de 2011, dentre outras providências referentes, sobretudo, às debentures, instituiu a participação à distância dos acionistas em assembleias gerais e especiais. Para tanto, acrescentou um parágrafo ao art 127, para dispor que "considera-se presente em assembleia geral, para todos os efeitos desta Lei, o acionista que registrar à distância sua presença, na forma prevista em regulamento da Comissão de Valores Mobiliários".

Esse festejado dispositivo volta-se, evidentemente, às companhias abertas, e visa a combater o absenteísmo, incentivando, mediante a utilização da rede mundial de computadores (internet) a participação plena do acionista minoritário nos conclaves.

Matricula-se, dessa forma, a lei de 2011 no esforço empreendido pelo legislador de 2001, de trazer mais acionistas para as assembleias gerais. Na Lei 10.303, de 2001 esse movimento se dá através da diminuição do colégio dos preferencialistas, como referido, ao passo que neste diploma de 2011, alarga-se o conceito presencial da participação, que pode ser física ou eletrônica.

De se notar que a lei de 2011 não desnatura o requisito presencial, que é o fundamento da validade e eficácia das deliberações.

Isso porque é atribuído ao acionista participante via internet todos os direitos inerentes ao seu exercício, quais sejam, o de discutir, apresentar moções e protestos e conhecer os que forem formulados por outros, arguir a administração, os membros do conselho fiscal, os auditores etc., votar e, ainda, subscrever eletronicamente a ata dos respectivos trabalhos.

Para que sua participação seja cabal, desde sua inscrição até a discussão e assinatura (ou não) da ata, a lei de 2011 alterou o § 2º do art. 100, facultando que, nas companhias abertas, o Livro de Presenças e o de Atas das Assembleias Gerais possam ser formuladas e assinadas *on line*. Cabe à CVM regular a matéria.

Dessa forma, o legislador procurou, com propriedade e oportunidade, ampliar o exercício do direito de voto dos ordinaristas minoritários. Essa lei, com efeito, elimina diversos entraves que inibiam a presença dos acionistas nas assembleias gerais e especiais.

Dentre elas, destacam-se a simultaneidade de conclaves no mesmo dia e em locais e municípios diversos, quando se trata de assembleias gerais ordinárias. De qualquer maneira, o dispositivo elimina os custos e o tempo que demanda a presença física do acionista.

De se assinalar, ainda, que a presença *on line* não pode ficar restrita às assembleias gerais, mas também se aplica àquelas especiais, em que a presença dos acionistas atingidos é fundamental para a deliberação a respeito.

ESPÉCIES DE AÇÕES — *GOLDEN SHARE*

Quando se fala em *espécies* de ações, está-se referindo à natureza dos direitos ou vantagens que elas conferem a seus titulares.

A Lei Societária não admite outras espécies de ações que não ordinárias, preferenciais, de fruição e de classe especial (*golden share* — § 7º do art. 17, introduzido pela Lei n. 10.303, de 2001).

Não é, portanto, permitida a criação, v.g., de ações de trabalho ou gratuitas.

Ademais, a lei não faz diferença — como no Direito francês (e no italiano) — entre ações originadas de subscrição em dinheiro (*actions de numeraire*) e ações resultantes de subscrição em bens (*actions d'apport*).

O § 7º acrescentado ao art. 17 pela Lei n. 10.303, de 2001, introduziu na Lei Societária as chamadas *golden shares*, ou *ações de classe especial*, que conferem aos entes públicos desestatizantes o direito de veto sobre determinadas deliberações tomadas no Conselho de Administração e na assembleia geral das companhias privatizadas.

A criação dessas ações já era prevista em nossa legislação, na Lei n. 8.031, de 12 de abril de 1990, que instituiu o Programa Nacional de Desestatização das empresas controladas pela União e no Decreto n. 99.463, de 16 de agosto de 1990, que a regulamentava. Essa lei de 1990 foi posteriormente revogada pela Lei n. 9.491, de 9 de setembro de 1997, que foi regulamentada pelo Decreto n. 2.594, de 15 de maio de 1998.

A inovação trazida pela Lei n. 10.303, de 2001, visa primordialmente a estender a aplicação do instituto da *golden share* também às empresas privatizadas pelos Estados e Municípios, já que as leis de privatização mencionadas limitavam-se às empresas desestatizadas pela União.

Nessa lei de 2001, as *golden shares* passam a ter as seguintes características:

(i) Podem ser utilizadas não apenas nas empresas privatizadas pela União, como dispunha a Lei n. 8.031/90 e dispõe a Lei n. 9.491/97, mas também nas sociedades privatizadas por entes públicos municipais e estaduais.

(ii) São necessariamente *ações preferenciais* de classe especial, não sendo mais possível a criação de *golden share* de espécie ordinária.

(iii) Podem conferir ao ente desestatizante não apenas o direito de veto, mas outros direitos que venham a ser especificados no estatuto, conforme a redação do § 7º do art. 17 da Lei Societária.

(iv) São de propriedade exclusiva do ente desestatizante. Isso quer dizer que tais ações, a exemplo do que dispunha o § 1º do art. 40 do Decreto n. 99.463/90, que regulamentava a referida Lei n. 8.031/90, somente podem ser adquiridas pelo ente desestatizante por aquisição direta da companhia (subscrição). E não pode o ente desestatizante transferir suas *golden shares* a terceiros particulares ou a outros entes públicos.

DIREITO INGLÊS E NORTE-AMERICANO

No sistema da *common law*, como referido, o direito de voto tem origem contratual. Daí a sua característica de disponibilidade, que se traduz na faculdade de sua cessão a terceiros não acionistas.

Outrossim, no Direito anglo-americano, prevalece, na espécie, o princípio consuetudinário da igualdade, por meio do qual cada ação confere ao seu titular iguais direitos, sem embargo de poder o estatuto criar diferentes classes de ações com direitos diversos, no que respeita ao voto[359].

Especificamente no *Direito norte-americano*, o regime de voto é bastante fluido e, ao mesmo tempo, mais fortemente reconhecido. Assim, pode-se dizer que o voto é considerado direito fundamental do acionista, a menos que haja restrições previstas no *charter*, para determinadas classes de ações. Não havendo restrições no certificado de incorporação, o direito de voto não pode ser derrogado[360].

E, no tocante à relação entre voto e capital, cada ação dá direito a um voto, em princípio, salvo se houver disposições em contrário. Trata-se do *unlimited voting rights*.

O direito de voto com conteúdo especial pode ser de diversas espécies, como *straight, cumulative, class, contingent, disproportionate*[361].

---

359 Barbiera, *I grandi problemi*, cit., p. 931 e s.; *Model Business Corporation Act*, art. 33: "toda ação tem direito de voto, salvo se o estatuto dispuser diferentemente".

360 *Financial Handbook*, 4. ed., New York, The Ronald Press Company, n. 13-13.

361 Henn, *Handbook of the law of corporations*, St. Paul, West Publishing Co., 1970, p. 210, 325 e 363.

Na *straight voting* (votação direta), cada ação dá direito a um voto em cada deliberação, inclusive para a eleição de cada diretor.

O voto múltiplo (*cumulative voting*) confere a cada ação o direito a tantos votos quantos forem os diretores a serem eleitos. Nesse tipo de votação, o acionista poderá distribuir seus votos entre os candidatos, a seu critério. Trata-se de uma forma de votação proporcional, que visa a assegurar à minoria participação no Conselho de Administração da companhia[362].

A votação de classe ou série (*class or series voting*) permite o exercício desse direito em separado, por classes ou séries de ações, para eleição de administradores ou para deliberar sobre outros assuntos específicos, previstos em lei ou nos estatutos[363].

O direito aleatório de voto (*contingent voting rights*) somente é exercitável se ocorrer o fato previsto. Geralmente, tal fato futuro e incerto diz respeito à falta de pagamento de dividendos em determinado exercício, prevendo-se a restauração do direito de voto uma vez superada a causa que lhe deu origem[364].

Os direitos não proporcionais de voto (*disproportionate voting rights*) geralmente se traduzem por votos fracionados ou múltiplos correspondentes a cada ação de determinada classe ou série. Na primeira hipótese, correspondem às *fractional shares* ou *fractions of shares*[365].

As ações sem direito de voto (*no voting shares*) são admissíveis, na maioria dos Estados, desde que pelo menos uma ou as demais classes de ações tenham essa prerrogativa. Mesmo as ações que não conferem o direito de voto podem ter assegurada essa prerrogativa, com relação à deliberação que possa afetá-las especialmente.

Por outro lado, no mercado de capitais, geralmente não são aceitas ações de companhias que possuam classes de ações sem direito de voto.

Assim, para que as ações de uma companhia sejam incluídas na lista da cotação da Bolsa de Nova York, todas as ordinárias devem ter direito de voto e as preferenciais devem ter determinados direitos aleatórios de voto

---

362 Corresponde ao voto múltiplo previsto no art. 141 da Lei n. 6.404, de 1976.

363 Corresponderia, por semelhança, ao disposto no art. 18 da Lei n. 6.404, de 1976. *V.* comentários ao citado artigo.

364 Corresponde, em nossa lei, ao art. 111, reservado às ações preferenciais.

365 Henn, *Handbook*, cit., p. 298 e s.; *Financial Handbook*, p. 13, 30 e 31. No direito brasileiro, há preceito impeditivo (art. 28 da Lei n. 6.404/76). *V.* comentários ao citado artigo.

(*contingent voting rights*)[366], além de outras prerrogativas de eleição de administradores (*class voting*).

DIREITO CONTINENTAL

No direito continental, o voto é assegurado pela lei. Em certas legislações, permite-se que o estatuto disponha sobre a emissão de ações sem voto ou com voto restrito.

Em todo o caso, o voto é atributo essencial da ação e o seu exercício inseparável da propriedade.

Daí não haver cessão de voto.

Há diversas graduações quanto à inderrogabilidade do voto pelo estatuto.

Assim, as legislações *francesa* e *espanhola* revestem o voto de direito fundamental do acionista, que dele não pode ser privado, salvo nos casos estritamente previstos na lei[367].

O *Direito espanhol* proíbe terminantemente ações sem voto[368]. No *Direito francês*, desconhece-se ação preferencial sem direito de voto, apesar das tentativas de sua introdução na reforma de 1966[369]. Vige, em consequência, o princípio de que todo acionista tem direito de votar nas assembleias, sendo nula toda cláusula estatutária que contrarie ou impeça o exercício de tal prerrogativa. O preceito vale tanto para as ações de *capital*, de *jouissance*[370], *ordinaires* ou de *priorité*[371].

Já no Direito *italiano* e no *alemão*, o princípio de inderrogabilidade é atenuado.

Assim, a *lei italiana*[372] admite o voto limitado para as ações preferenciais. Essa restrição, porém, não pode ser total, conservando as preferenciais direito de voto para determinadas deliberações.

---

366 *NYSE Company Manual*, § 115; Henn, *Handbook*, cit., p. 211.

367 Art. 174 da lei francesa de 1966. Art. 39 da lei espanhola, que coloca o direito de voto entre os direitos essenciais do acionista.

368 Garrigues-Uría, *Comentario*, cit., p. 445, 462 e 465.

369 Cf. o citado art. 174 da lei francesa de 1966, c/c o art. 269. Truillat, *Le droit nouveau des sociétés commerciales*, Paris, 1967, p. 498 e s.

370 Art. 209 da lei francesa de 1966.

371 Art. 269 da lei francesa de 1966.

372 Art. 2.351 do Código Civil italiano.

A *lei alemã*[373] admite a criação estatutária de preferenciais sem direito de voto.

E, quanto à vinculação do voto à propriedade da ação, o Direito *alemão* e o *italiano* são diametralmente opostos. A lei italiana, de 1974, introduziu no Código Civil modificações substanciais com relação à matéria, procurando eliminar toda forma ou modalidade indireta de cessão de direito de voto[374]. A lei alemã, de 1965, seguindo longa tradição, admite a cessão do direito de voto, embora regule de forma minuciosa a matéria, quando a cessão é feita a instituições financeiras[375]. Nesse caso, trata-se da cessão legitimadora (*legitimationsubertragung*).

DIREITO DE CLASSE SUBORDINADO À FORMA

No Direito brasileiro, o voto não está enumerado entre as prerrogativas essenciais do acionista. Vale dizer que não se inclui entre os direitos individuais cabíveis a todos os sócios (art. 109)[376].

Trata-se de um direito de espécie a que a lei de 1976 estabelecia, anteriormente à Lei n. 8.021, de 1990, uma nova restrição, qual seja, a da *forma* respectiva.

Já nas companhias fechadas, a lei assegura o direito de voto a pelo menos uma classe de ações ordinárias. As demais classes de ações ordinárias poderão ser *inconversíveis* em *formas* votantes (art. 16).

Quanto às preferenciais, a lei não lhes assegura o direito de voto, cabendo ao estatuto regular a matéria (art. 19), seja negando a prerrogativa a classes dessas ações, seja admitindo o voto apenas para algumas deliberações exercitáveis na própria assembleia geral, ou em separado, ou ainda em assembleia especial (arts. 4º, 17, 18, 44, 111, 141 e 161)[377].

---

373 Art. 139 da lei alemã de 1965.

374 Art. 2.372 do Código Civil italiano, com a redação da lei de 7 de junho de 1974.

375 Art. 135 da lei alemã de 1965, que, de resto, reproduz certas restrições que já se continham na lei de 1937. Esta, pela primeira vez, procurou atenuar os abusos que eram cometidos pelos bancos com ações de seus clientes.

376 A propósito, decisão do colegiado da CVM, IA RJ2002/2405, Rel. Diretora Norma Jonssen Parente, j. em 9-10-2003; STJ, REsp 49960/RS, Rel. Min Sálvio de Figueiredo Teixeira, *DJU* 23-6-2003. *In* Lazzareschi, ob. cit., p 217 e s.

377 *V.* comentários aos arts. 4º, 17, 44, 141 e 161.

O DIREITO DE VOTO É IRRENUNCIÁVEL

Embora direito relativo, o voto é *irrenunciável* por parte do acionista cujas ações possuam legal ou estatutariamente tal prerrogativa[378].

Além disso, é *inderrogável* o direito de voto por parte da maioria. Temos, portanto, que o direito de voto pode inexistir para determinada espécie ou classe de ação, mas não para um determinado acionista[379].

Uma exceção é a prevista no art. 120 da lei.

Outra exceção é disposta no § 8º do art. 118, nos seguintes termos: "O presidente da assembleia ou do órgão colegiado de deliberação da companhia não computara o voto proferido com infração de acordo de acionistas, devidamente arquivado"[380].

Dessarte, no sistema legal vigente após a Lei n. 8.021, de 1990, o direito de voto é por lei outorgado, tanto nas companhias abertas como nas fechadas, às ações ordinárias, cabendo nas fechadas as restrições estatutárias previstas no art. 16.

O direito de voto, legal ou estatutariamente conferido, não pode ser posteriormente revogado por reforma estatutária. Muito menos podem os órgãos de administração ou a assembleia geral, sob qualquer forma ou pretexto, negá-lo ou impedir o seu exercício. A exceção, quanto à eficácia do voto proferido contra disposição do acordo de acionistas é, como referido, previsto no citado § 8º.

SUBSTITUIÇÃO DO VOTO — AUTOTUTELA — ACORDO DE ACIONISTAS — ART. 118, § 9º

Dispõe o § 9º do art. 118 que "o não comparecimento à assembleia (...), bem como as abstenções de voto de qualquer parte de acordo de acionistas (...) assegura à parte prejudicada o direito de votar com as ações pertencentes ao acionista ausente ou omisso (...)"

Trata-se de cessão involuntária do voto por infringência do acordo de controle, na forma e para os efeitos do art. 118. Constitui essa substituição involuntária de uma modalidade de autotutela instituída pela Lei Societária, ao outorgar o direito da maioria dos membros do acordo de acionistas de

---

378 Ascarelli (*Problemas*, cit., p. 407) fala em direito renunciável, embora inderrogável pela maioria.

379 Ascarelli, *Problemas*, cit., p. 407.

380 V. comentários ao art. 118.

constituir o exercício de voto a seu favor, consoante o que deliberou a maioria na reunião prévia dos controladores.

E, com efeito, a *ratio* dessa norma é a de preservar a integridade e a segurança no exercício do controle e, consequentemente, a estabilidade no comando da companhia pela comunhão dos controladores, que, no caso, é a parte prejudicada.

Dai não caber essa modalidade de autotutela nos acordos celebrados entre os minoritários, pois não lhes cabe a direção da companhia[381].

NATUREZA DO DIREITO DE VOTO

Desse regime legal, após a vigência da Lei n. 8.021, de 1990, confirma-se que se inclui o voto na categoria dos direitos próprios ou reservados aos titulares de determinadas espécies e classes de ações[382], e não a certos acionistas.

Isso porque o direito de voto, embora tenha caráter pessoal, origina-se da parcela patrimonial possuída pelo acionista no capital da companhia.

A propriedade da ação implica o direito irrenunciável ao voto respectivo, por isso que os votos se contam em função da parcela do capital possuído e não das pessoas que detêm as respectivas ações, sem embargo, é óbvio, do aspecto da legitimidade para o exercício da prerrogativa[383].

VOTO COMO DIREITO E COMO OBRIGAÇÃO

O voto como um direito, com encargo ou ônus, está bastante relativizado em nosso Diploma Societário, ao introduzir a Lei n. 10.303, de 2001, no art. 118 da lei de 1976, o acordo visando ao exercício do poder de controle, vale dizer, o acordo de voto em bloco (*pooling agreement*).

Nessa espécie de acordo de controle há uma renúncia de natureza contratual ao exercício individual de voto, a favor da comunhão dos controladores que votam nas assembleias com todas as suas ações vinculadas ao

---

381 *V.* comentários ao art. 118

382 Valverde, *Sociedades por ações*, cit., v. 2, p. 55.

383 AC 43/93-RJ, j. em 5-10-1993 (col. Nelson Eizirik, *Sociedades anônimas*, cit., p. 259): "O direito de voto nas sociedades anônimas decorre, como óbvio, simples e unicamente da titularidade de ações, calcado no princípio básico: uma ação, um voto".

acordo em um único sentido determinado pela maioria dos convenentes em reunião prévia (art. 118)[384].

Assim, o voto individual deixa de existir nos acordos de voto em bloco visando ao exercício do poder-dever de controle.

E tal fenômeno, estabelecido pela lei, não tem caráter institucional, mas nitidamente contratual, fruto que é da convenção livremente instituída entre os controladores comuns da companhia.

Nesse caso de exercício de controle, portanto, o voto não é mais um direito, mas uma declinável obrigação que se soma a outros da mesma natureza, daí resultando a comunhão de votos, que se exprime em um único sentido previamente determinado em reunião prévia.

Essa uniformidade do dever de votar em bloco, visando à estabilidade e à segurança do exercício do poder-dever de controle, a lei ampara, instituindo o referido regime de autotutela, consoante os citados §§ 8º e 9º do art. 118[385].

Esse sistema de exercício de controle coletivo é consagrado no Direito norte-americano há mais de cem anos, não havendo por que duvidar de sua legitimidade como uso agora consagrado em nossa lei (art. 118).

Nesse caso de acordo de voto em bloco para o exercício do poder-dever de controle, o direito de voto integra o conjunto dos demais votos contratualmente vinculados, com eles formando uma única vontade em face do interesse social que cabe aos controladores implementar.

Trata-se assim de um direito-função — o exercício conjunto do controle e não de um direito-prerrogativa, já que será de qualquer forma exercido pela comunhão de controle, mesmo se contrário à vontade de seu titular (§§ 8º e 9º do art. 118).

Fora desse voto-função vinculado à consecução do acordo de controle em bloco (art. 118), o voto dos acionistas não vinculados ao mesmo deve ser entendido como um direito de liberdade, sem qualquer dos aspectos de obrigatoriedade que caracterizam as normas reguladoras das eleições de natureza política[386], em alguns países.

Há, ainda, doutrinadores — adeptos da teoria institucionalista — que

---

384 V. comentários ao art. 118.

385 V. comentários ao art. 118

386 Barbiera, *I grandi problemi*, cit., p. 945.

sustentam, a propósito, constituir o voto, ao mesmo tempo, uma *prerrogativa* e uma *função*[387].

Nessa concepção, o voto seria um direito individual do sócio que lhe é conferido, no entanto, com uma específica função, qual seja, a de defesa do interesse pessoal harmonizado com o interesse social, dentro dos estritos princípios da boa-fé.

E vai mais longe a corrente institucionalista, coincidentemente com o regime de voto em bloco, ao entender o voto como *faculdade* imposta por razões superiores, que deve ser exercitado no interesse alheio e não no próprio.

DIREITO EXERCIDO NO INTERESSE SOCIAL

De qualquer forma, o voto é uma *prerrogativa* de caráter individual[388] ou coletivo (art. 118), exercitável no interesse da sociedade[389].

Trata-se, pois, de um direito próprio com profunda conotação social ou coletiva, na medida em que, instrumentalmente, é destinado a formar a vontade do grupo[390] de controle ou dos minoritários, e de cujo exercício coletivo resulta formada a vontade social[391].

Constitui, portanto, uma manifestação de vontade que integra a decisão do colégio de acionistas, traduzida nas declarações coincidentes da maioria[392], ou seja, via de regra, dos controladores.

DECLARAÇÃO DE VERDADE E DE VONTADE

Para alguns, o direito de voto é uma declaração de verdade[393]. É, para outros, uma declaração, ao mesmo tempo, de verdade e de vontade[394]. Para outros, ainda, trata-se tão só de uma declaração de vontade[395].

---

387 Sena, *Rivista delle Società*, 1959, p. 443 e s.

388 Ripert-Roblot, *Traité*, cit., p. 356; Garrigues-Uría, *Comentario*, cit., p. 463.

389 Brunetti, *Tratado*, cit., v. 2, p. 530.

390 Dominique Schmidt, *Les droits de la minorité*, cit., p. 39.

391 Messineo, *Manuale*, cit., v. 4, p. 430.

392 Halperin, *Sociedades anónimas*, cit., p. 588.

393 Candian e Segré apud Halperin, *Sociedades anónimas*, cit., p. 588, em nota de rodapé.

394 Messineo, *Manuale*, cit., v. 4, p. 431.

395 Ramoni-Pavoni apud Halperin, *Sociedades anónimas*, cit., p. 588, em nota de rodapé.

Evidentemente que a natureza de declaração de vontade ou de verdade depende do *objeto do voto*[396].

Assim, será o voto um ato de vontade na medida em que o acionista deve deliberar, v. g., sobre o aumento do capital social ou qualquer outra alteração estatutária. Ou, ainda, quando deve decidir sobre a eleição e/ou destituição de um administrador, ou sobre a fusão ou a cisão da companhia, ou qualquer outra forma de modificação institucional dela.

Será, por outro lado, um ato de verdade, quando o objeto do voto for, v.g., a aprovação do relatório das contas e do balanço apresentado ordinariamente pelos órgãos da administração (art. 132).

Ainda será ato de verdade a ratificação do dividendo obrigatório declarado pelos órgãos da administração (art. 202)[397].

DIREITO EXERCIDO CONFORME A LEI

O direito de voto, como ato de vontade ou de verdade, para que seja juridicamente reconhecido, deve ser exercido dentro dos limites aos quais estão subordinados os atos de autonomia privada[398].

Trata-se de um direito potestativo que encontra seus contornos no sistema normativo, em geral, e na Lei Societária, em especial, bem como no estatuto da companhia e nos acordos de voto para o exercício do controle ou dos direitos de minoria (art. 118).

Deve, outrossim, ser exercido dentro do princípio da boa-fé, tanto individualmente, quanto em bloco (art. 118).

Importa, por outro lado, o dever de abstenção, quando ocorre conflito formal entre o interesse patrimonial do acionista e o da companhia. O exercício abusivo do voto não só é vedado dentro dos Princípios Gerais de Direito, como especificamente no âmbito societário, seja para os acionistas controladores, seja para os minoritários (arts. 115 e 117).

O voto constitui, pois, ato unilateral de vontade ou de verdade, destinado à formação da deliberação coletiva, obedecidos estritamente os preceitos legais, os estatutários e os constantes dos acordos de voto (art. 118).

---

396 Sena apud Halperin, *Sociedades anónimas*, cit., p. 588, em nota de rodapé.

397 *V.* comentários ao art. 202.

398 Mengoni, *Rivista delle Società*, 1956, p. 461.

PROPORCIONALIDADE ENTRE CAPITAL E VOTO

O princípio de proporcionalidade entre o risco patrimonial assumido pelo acionista e o poder de que desfruta na companhia, notadamente o de voto, perdeu gradativamente sua vigência no Direito Societário brasileiro[399].

Se fosse rigorosamente observado esse princípio, o direito de voto outorgado às ações representativas do capital social deveria sempre ser proporcional à quantidade de contribuição (subscrição) para a formação desse mesmo capital.

A derrogação do princípio dá-se, em primeiro lugar, pela faculdade de emissão de ações preferenciais sem direito de voto ou com voto limitado. Em nossa lei, podem tais ações de segunda classe representar até 2/3 das ações emitidas por companhias abertas e fechadas constituídas anteriormente à vigência da Lei n. 10.303, de 2001[400].

É, com efeito, a existência de ações preferenciais uma efetiva ruptura do princípio de proporcionalidade entre capital e voto[401].

Ademais, a possibilidade de emissão de classes de ações ordinárias, como ocorre em nossa legislação, quanto às companhias fechadas (art. 16), acentuou a derrogação do princípio.

E ainda entre nós, a negação do voto às ordinárias ao portador (art. 112) completava esse quadro de restrição negativa ao princípio da proporcionalidade, anteriormente à vigência da Lei n. 8.021, de 1990.

Porém, vai mais longe a nossa legislação, ao instituir as ações sem valor nominal (art. 14), que não exprimem a parcela que constitui a contribuição do acionista na formação ou no aumento do capital.

Em consequência, a participação do acionista, no capital da companhia, medir-se-á em razão do número de ações de que é titular proporcionalmente ao número total de ações emitidas. Se, v. g., numa emissão do capital, a subscrição foi de R$ 50,00 (cinquenta reais) por ação e, no aumento subsequente, a subscrição foi de R$ 150,00 (cento e cinquenta reais), em ambos os casos, contar-se-ão o mesmo número de ações, independentemente, portanto, da diferença de contribuição do acionista ao capital, numa e noutra oportunidade.

---

399 Antonio Pedrol, *La anónima actual*, cit., p. 14 e s. e 175 e s.

400 *V.* comentários ao art. 15, c/c o art. 8º da Lei n. 10.303, de 2001.

401 Mengoni, *Rivista*, cit., p. 19.

Além disso, determinou a lei vigente de 1976 que o valor do ágio das ações *com* valor nominal e bem assim, facultativamente, uma parcela do valor de emissão das ações *sem* valor nominal integrem as reservas de capital (art. 182). No entanto, tal alocação não importará necessariamente a posterior capitalização, por isso que as reservas de capital não integram obrigatoriamente o capital social (art. 200).

Disso tudo decorre que o capital social não mais reflete, necessariamente, o valor de todas as entradas de capital[402].

Abandonou-se, pois, o clássico conceito de ação como uma das partes iguais em que se divide o capital social. E as ações deixam, na lei vigente de 1976, de representar uma ideia rígida do valor do capital, para caracterizarem-se apenas como instrumento por meio do qual os sócios exercitam os seus direitos assegurados na lei, no estatuto e no acordo de voto (art. 118).

Temos, assim, que o direito de voto, na Lei n. 6.404, de 1976, exerce-se proporcionalmente ao *valor nominal* das ações dessa categoria[403]. E, quanto às ações *sem* valor nominal, exercita-se em razão do número de ações de que é titular, em proporção ao número total de ações emitidas, independentemente, pois, do respectivo valor de subscrição.

Em ambos os casos (ações *com* e *sem* valor nominal), o voto corresponde à divisão numérica do capital em ações, sem correlação necessária com o valor das entradas que foram efetuadas pelos acionistas para o capital.

VOTO E AÇÕES NÃO INTEGRALIZADAS

As ações não integralizadas têm entre nós igual direito de voto, salvo se houver limitação ou ressalva estatutária[404].

O fundamento dessa igualdade encontra-se no fato de que as parcelas a se integralizarem constituem créditos líquidos e certos da companhia, sendo, portanto, executáveis. Daí representarem o capital da companhia, embora não inteiramente realizado.

Não obstante, pode o estatuto estabelecer, antes ou contemporaneamente à emissão de determinada classe de ações, diversas restrições a esse princípio geral. Pode, v. g., determinar que o direito de voto somente pode-

---

402 V. comentários aos arts. 5º e 14.

403 Assim, v. g., a lei alemã de 1965, art. 134: "O direito de voto se exerce proporcionalmente ao valor nominal das ações".

404 Campos Batalha, *Comentários*, cit., p. 558.

rá ser exercido após a realização de parcela mínima da subscrição. Nessa hipótese, o direito de voto será proporcional ao montante das entradas realizadas, isto é, à parcela de capital com que efetivamente contribuiu para o capital[405].

É evidente que o regime de ações sem valor nominal (art. 14) e o sistema de reserva de capital (art. 200), adotados em nossa lei, dificultam sobremaneira a adoção desse critério, por isso que não há obrigatoriamente proporção entre o número de ações e o valor efetivo de subscrição de cada uma delas.

Sérias objeções fazem-se à admissibilidade de voto às ações não integralizadas[406]. Isso porque o voto concedido em tais circunstâncias representa uma maneira disfarçada de voto plural, o que é expressamente vedado pela nossa lei.

VOTO E AÇÕES EM MORA

Diferentemente de sistemas legais estrangeiros[407] que preveem a suspensão automática do direito de voto das ações em mora, a Lei n. 6.404, de 1976, estabelece que o exercício do direito de voto *poderá* ser suspenso pela assembleia geral (art. 120).

Essa suspensão não poderá ser casuística, ou seja, não poderá atingir determinados acionistas em mora, com a exclusão de outros nas mesmas condições.

Além do mais, não pode atingir ações integralizadas eventualmente possuídas pelo acionista em mora. Consequentemente, este poderá votar com estas ações[408].

Observadas essas restrições, é lícito à assembleia geral suspender o exercício do direito de voto, isoladamente, ou no conjunto de outras penalidades (art. 107).

Uma vez purgada a mora, o direito de voto será automaticamente devolvido ao acionista, sem qualquer outra formalidade, sendo absolutamente irregular a existência de outro requisito para tanto, a não ser a prova do pagamento ou da consignação (art. 107).

---

405 Cf. a lei alemã de 1965, art. 134.

406 Halperin, *Sociedades anónimas*, cit., p. 592.

407 Lei argentina, art. 192; lei francesa, art. 289; Código Civil italiano, art. 2.344, e lei espanhola, art. 39.

408 V. comentários ao art. 106.

VOTO E AÇÕES DE FRUIÇÃO

O direito de voto cabe às ações de fruição, por isso que não pode ele ser suprimido, se tal prerrogativa anteriormente cabia à ação amortizada.

Assim, se as ações amortizadas eram ordinárias, não pode o estatuto, ou a assembleia geral, negar às de fruição direito de voto[409].

Esse princípio, anteriormente à Lei n. 8.021, de 1990, adquiria excepcional importância, em face da restrição ao direito de voto pela *forma*, previsto no revogado art. 112 da lei.

VOTO DE AÇÕES EM TESOURARIA

As ações em tesouraria estão submetidas a regime diverso daquelas em circulação. Ações em circulação (*outstanding shares*) são aquelas em poder dos acionistas. Ações em tesouraria (*treasury shares*) são as em poder da própria sociedade emissora. As ações em tesouraria têm suspensos os direitos a elas inerentes, inclusive o de voto (art. 30)[410].

Somente quando voltarem à circulação é que as ações em tesouraria readquirirão o direito de voto[411].

Encontra-se o fundamento dessa proibição na confusão entre acionista e sociedade. O voto, como direito dos acionistas que é, não pode prevalecer ao deixar de existir a relação sociedade-acionistas[412].

INDIVISIBILIDADE DO VOTO

O voto não pode ser dividido. Ele é sempre único, qualquer que seja o número de ações. Assim, a cada ação corresponde um voto, mesmo no caso de condomínio[413]. Cabe, nessa hipótese, ao representante do condomínio o voto, pois este não pode ser exercido em comum[414].

---

409 Valverde, *Sociedades por ações*, cit., v. 1, p. 161; Cunha Peixoto, *Sociedades por ações*, cit., v. 1, p. 200. Contrariamente, Garrigues-Uría, *Comentario*, cit., p. 469.

410 *V.* comentários ao art. 4º, c/c o art. 30.

411 A proibição do direito de voto às ações em tesouraria já era prevista na Lei n. 4.728, de 1965.

412 *V.* comentários ao art. 30.

413 Halperin, *Sociedades anónimas*, cit., p. 589.

414 *V.* comentários ao art. 28.

O direito de voto do representante do condomínio obedece às regras especiais do mandato, contidas no art. 126.

Há que distinguir, na espécie, o condomínio de uma ação do condomínio de um lote de ações.

No primeiro caso, a indivisibilidade do voto é evidente; no segundo, no entanto, cabe indagar se o representante em comum dos titulares do lote de ações pode votar de uma maneira com algumas das ações e de outra com o restante.

Parece-nos que não, pois o representante deve refletir de forma coerente a vontade dos condôminos, votando univocamente com todas as ações do condomínio.

A mesma exigência de indivisibilidade do voto cabe às instituições financeiras administradoras de fundos de investimento.

VOTO E TITULARIDADE DAS AÇÕES

Em regra, os titulares do direito de voto são os proprietários da ação. Tal pressuposto, todavia, pode tornar-se convencionalmente relativo, quando sobre as ações são constituídos direitos reais e outros ônus.

Expressamente reconhece a lei que o *penhor* da ação não impede o acionista de exercer o direito de voto. É, no entanto, lícito que, por convenção entre credor e devedor, não possa o acionista devedor ou garantidor votar sobre determinadas matérias sem o consentimento do credor pignoratício (art. 113).

Portanto, no silêncio da convenção, o direito de voto é exercido plenamente pelo acionista devedor pignoratício.

A reserva legal do voto pleno ou com restrições convencionais ao seu exercício por parte do acionista devedor pignoratício leva em conta o princípio de que o voto se inspira no interesse social e o seu exercício é, portanto, inseparável da qualidade de acionista[415].

No *usufruto* constituído sobre ações nominativas registradas (art. 31) e escriturais (art. 34), o direito de voto será exercido conforme o convencionado no ato de constituição do gravame. Se, na convenção, nada for estipulado a respeito, será o voto exercido mediante prévio acordo entre o proprietário e o usufrutuário (art. 114).

---

415 *V.* comentários aos arts. 39, 113 e 114.

No *fideicomisso*, o direito de voto compete ao fiduciário e não ao fideicomissário, porque aquele assume as vestes de proprietário, durante a vigência da fidúcia[416].

Na *alienação fiduciária em garantia*, o credor também não poderá exercer o direito de voto, cabendo ao devedor fazê-lo, dentro dos estritos termos do contrato (art. 113). Neste, com efeito, será possível estabelecer que é vedado ao acionista devedor, sem consentimento do credor, votar em certas deliberações.

No *condomínio* de uma ação ou de um lote de ações, como referido, o voto é exercido pelo representante do condomínio – condômino ou não – obedecendo, nesse mister, às regras especiais do mandato (art. 126).

VOTING TRUST

O *voting trust* é uma instituição consagrada nos Estados Unidos[417], após ter sido ali considerada ilícita durante determinado período.

Pela cessão fiduciária da propriedade das ações, o *trustee* assume obrigações para com o acionista, o qual, em contrapartida, recebe deste os *trust certificates*, que são títulos negociáveis.

Ainda que, no Brasil, seja de difícil aceitação o complicado instituto do *voting trust*[418], nada impede que se estabeleça um negócio fiduciário simples, em que constará como proprietário o fiduciário[419], registrando-se devidamente o contrato junto à companhia[420].

Evidentemente que tal convenção terá prazo determinado, devendo, ademais, o fiduciário exercer o direito de voto com estrita observância do interesse social.

Além disso, é de seu estrito dever votar consoante a posição das ações no colégio acionário, por se tratar de ações minoritárias, não pertencentes, portanto, ao grupo controlador. Todas as prerrogativas do voto minoritário, neste caso, devem ser exercitadas.

---

416 Campos Batalha, *Comentários*, cit., v. 1, p. 249; Cunha Peixoto, *Sociedades por ações*, cit., v. 1, p. 329. *V.* comentários ao art. 40.

417 Art. 34 do *Model Business Corporation Act*; Henn, *Handbook*, cit., p. 389 e s.; *Financial Handbook*, cit., p. 13-17; Pedrol, *La anónima actual*, cit., p. 213.

418 *V.* Eduardo Salomão Neto, *O trust e o direito brasileiro*, São Paulo, LTr, 1996, p. 95 e s.

419 Campos Batalha, *Comentários*, cit., p. 561; Comparato, *O poder de controle*, cit., p. 177.

420 *V.* comentários ao art. 41.

CESSÃO DO DIREITO DE VOTO

A Lei n. 6.404, de 1976, como referido, passou a admitir a cessão do direito de voto, que era expressamente vedada no direito anterior – Decreto-Lei n. 2.627, de 1940, art. 91.

Para melhor se configurar a cessão do direito de voto, será necessário lembrar o princípio vedatório que informava o Dec.-Lei n. 2.627, de 1940. Entendia-se que o direito de voto era indisponível, por estar essencialmente ligado à própria ação, sendo dela inseparável[421]. Daí, somente o proprietário da ação, ou seu representante que fosse também acionista poderia exercer a prerrogativa de voto. Portanto, a qualidade de sócio constituía requisito básico para o voto. Razão por que consistia — sempre no Direito anterior de 1940 — a cessão do voto numa impossibilidade jurídica.

Fundamentava-se a proibição no princípio de que o voto estava estritamente ligado à propriedade da ação. Por isso que não podia o acionista ceder a outro esse direito, mediante a entrega precária de suas ações.

A escola mais radical afirma que caberia mesmo ao acionista, no seu próprio interesse e no dos demais, e à companhia, por seu turno, em defesa de seus interesses, impedir todas as modalidades de cessão, tais como os acordos de votos em bloco e de sindicalização de ações[422]. Essa doutrina está definitivamente superada entre nós diante das alterações promovidas no art. 118 pela Lei n. 10.303, de 2001, que instituíram o acordo de voto em bloco[423].

CONCEITO DE CESSÃO DE VOTO — ACORDO DE VOTO EM BLOCO (ART. 118)

Entende-se por cessão de voto a transmissão do seu exercício, operada separadamente da própria ação e em virtude da qual se produz uma cisão entre o voto e os demais direitos correspondentes à qualidade de sócio[424].

Origina-se a cessão do voto, como referido, da concepção contratual dos direitos decorrentes da propriedade da ação. Aí se encontra o fundamento

---

421 Cf. a lição de Valverde (*Sociedades por ações*, cit., v. 2, p. 59) e a de Cunha Peixoto (*Sociedades por ações*, cit., v. 2, p. 352 e s.).

422 Halperin, *Sociedades anónimas*, cit., p. 588.

423 *V.* comentários ao art. 118.

424 Pedrol, *La anónima actual*, cit., p. 172 e s.

da disponibilidade desses mesmos direitos, que é própria de todo regime contratual[425].

Originada da *common law*, a concepção contratualista da disponibilidade do direito de voto mereceu longo dissídio na doutrina continental[426].

Os argumentos favoráveis são no sentido de que os Princípios Gerais de Direito tendem a admitir que os direitos são sempre divisíveis[427].

Outro argumento, mais radical, é aquele que considera o voto como um direito que se encontra no comércio; por isso que de natureza patrimonial, suscetível de avaliação econômica. Em consequência, não se poderia considerar impossível a sua cessão[428].

E, ainda, há o argumento de que as sociedades anônimas são abstrações capitalistas constituídas independentemente de qualquer consideração pessoal, devendo daí se concluir que, nas assembleias gerais, não são os acionistas que votam, mas as ações, pouco importando, por conseguinte, quem irá apresentar-se com essas ações para o efeito de voto[429].

A CESSÃO DO VOTO NA LEI N. 6.404, DE 1976

A Lei n. 6.404, de 1976, adotou duas posições até certo ponto antagônicas em relação à transferência do voto.

De um lado, não admitiu a cessão do voto, em se tratando de constituição de ônus sobre as ações, representados pelo penhor e alienação fiduciária (arts. 39 e 113)[430]. Nesses casos, o voto é intransferível, ainda que possam os credores convencionalmente ser consultados sobre a votação de determinadas matérias[431].

---

425 Barbiera, *I grandi problemi*, cit., p. 931 e s.

426 Pedrol (*La anónima actual*, cit., p. 172 e s.), que relata as principais correntes prós e contra a cessão.

427 Copper Royer apud Pedrol, *La anónima actual*, cit., p. 172 e s.

428 Michel, *Recueil juridique des sociétés*, 1962, p. 80.

429 Copper Royer apud Pedrol, *La anónima actual*, cit., p. 172 e s.

430 Garrigues-Uría (*Comentario*, cit., p. 467), que admite, excepcionalmente, a cessão do voto nessas hipóteses.

431 Em se tratando de fideicomisso, pela própria natureza desse instituto, o voto será do que exerce a função de proprietário, qual seja, do fiduciário. Nenhuma cessão, portanto, existe na hipótese. No usufruto, também pela própria natureza de propriedade dividida, cabe aos respectivos titulares convencionarem a respeito do exercício (art. 114), não se podendo falar, pois, em cessão de voto.

De outro lado, admitiu plenamente a cessão do voto. Aqui, no entanto, bifurcou-se o regime de transferibilidade.

No tocante à cessão de voto a administradores e a mandatários não acionistas, adotou a nossa lei a tradição contratualista da *common law*, inclusive no que, a respeito, dispõe restritivamente a legislação norte-americana disciplinadora do mercado de capitais (art. 126)[432].

Já com referência à representação dos acionistas por instituições financeiras, a Lei n. 6.404, de 1976, adotou o regime de cessão legitimadora do direito alemão (*Legitimationsubertragung*), regulada pelo art. 135 da lei germânica de 1965.

Temos, pois, três direções na lei brasileira. Na primeira, nega a cessão do voto aos credores reais. Na segunda, admite a cessão a administradores da companhia e a mandatários não acionistas, de acordo com o regime normativo norte-americano. Numa terceira, admite a cessão do voto a instituições financeiras, inspirando-se na cessão legitimadora do Direito alemão.

A CESSÃO DE VOTO NA LEI N. 10.303, DE 2001

A Lei n. 10.303, de 2001, ao dar nova redação ao art. 118 para nele introduzir como objeto do acordo de acionistas o exercício do *poder de controle*, institucionalizou a cessão do voto dos participantes da convenção à própria comunhão dos controladores.

Trata-se de uma das formas de *Legitimationsubertragung* do Direito alemão, adotada desde os fins do século XIX também no Direito norte-americano[433].

A configuração dessa cessão de exercício do voto nos acordos de voto em bloco encontra-se nos §§ 7º, 8º e 9º do art. 118, introduzidos pela Lei n. 10.303, de 2001, criando o regime de representação (§ 7º), de coercibilidade *interna corporis* (§ 8º) e de autotutela (§ 9º)[434].

Em razão desses dispositivos nos acordos de voto em bloco para o exercício do controle, é a comunhão que vota as matérias objeto da convocação, passando as ações dos participantes a valer conjuntamente[435].

---

432 *V.* comentários ao art. 126.

433 *V.* comentários ao art. 118.

434 *V.* comentários ao art. 118.

435 Henn e Alexander, *The law of corporations*, West Group, 2000.

Assim, as ações objeto do acordo passam a votar como um todo[436] (*unit*).

Consequentemente, os acordantes mantêm todos os direitos de propriedade inerentes às suas ações, exceto o poder de voto, que passa para a comunhão dos controladores, cuja vontade se forma majoritariamente em *reunião prévia* à assembleia geral[437].

CONCEITO DE CESSÃO LEGITIMADORA

Trata-se de um instituto consagrado do Direito alemão, pelo qual os acionistas transferem suas ações aos bancos para que estes se legitimem perante a companhia, para o exercício do voto[438].

Tem características de fidúcia, própria do acordo de voto e da representação indireta, conforme o art. 135 da lei alemã de 1965[439].

TRÁFICO DE VOTOS

Há uma diferença substancial entre cessão de voto (art. 118) e tráfico de votos.

Pela cessão de votos, mediante uma convenção ou vantagem, direta ou indireta, presumida ou efetiva, o acionista cede à comunhão de controle ou a terceiros o exercício dessa prerrogativa, mantendo as demais inerentes à ação (art. 118).

Já pelo tráfico de votos, o próprio acionista vota na assembleia geral, mediante vantagem direta ou indiretamente recebida, para atender a interesses de outros acionistas, dos administradores ou dos controladores. Trata-se de um ilícito condenado pelas legislações dos diversos países e também pela doutrina e jurisprudência[440].

A nossa antiga lei — Decreto-Lei n. 2.627, de 1940 — expressamente dispunha em seu art. 171: "Incorrem na pena de seis a dois anos de prisão

---

436 Hamilton, *The law of corporations*, cit.

437 *V.* comentários ao art. 118.

438 Pedrol, *La anónima actual*, cit., p. 179.

439 Pedrol, *La anónima actual*, cit., p. 182.

440 Lei alemã de 1965, art. 45; lei francesa de 1966, art. 440. Valverde, *Sociedades por ações*, cit., v. 2, p. 62, que, inclusive, cita decisão do Tribunal de Justiça de São Paulo. Cesare Pedrazzi e Paulo José da Costa Jr., *Direito penal das sociedades anónimas*, São Paulo, Revista dos Tribunais, 1973, p. 222.

celular os acionistas que, para obter vantagem para si ou para outrem, negociarem o voto nas deliberações da assembleia geral".

Não obstante ter a Lei n. 6.404, de 1976, suprimido o dispositivo e, de resto, todo o capítulo das disposições penais, vige plenamente igual tipificação e sanção contidas no Código Penal, art. 177, § 2º.

Trata-se, portanto, de um crime cuja punibilidade atinge tanto o subornador como o subornado, ou seja, os sujeitos ativo e passivo do delito.

LIMITAÇÃO AO NÚMERO DE VOTOS

Questão controversa é a limitação ao número de votos de cada acionista que a lei reitera.

Desde logo deve-se entender que o preceito não pode prejudicar o direito dos acionistas minoritários[441]. O que pode, pois, o estatuto estabelecer é o número máximo de votos de cada acionista, e não o número mínimo que cada acionista deve possuir para poder exercer o direito de voto.

Com efeito, a lei expressamente estabelece que a cada ação ordinária corresponde um voto nas deliberações da assembleia geral, o que não poderá ser suprimido pelo estatuto, uma vez que se trata de preceito de ordem pública.

Permite, entretanto, que os acionistas convencionem, no estatuto, que cada um deles terá um número máximo de votos nas deliberações sociais.

A LIMITAÇÃO DEVE ATINGIR TODOS OS ACIONISTAS

Somente se admite a restrição estatutária se ela alcançar todos os acionistas, sem exceção[442].

E, ao fazê-lo, o estatuto deve obedecer à regra do voto mínimo que cabe a cada ação, independentemente de situar-se abaixo do lote estabelecido. Deve, pois, o estatuto limitar apenas o número máximo de votos; não pode exigir titularidade de um número mínimo de ações para o exercício do voto, como referido. Assim, v. g., pode-se estabelecer que a cada lote de dez ações corresponde um voto a partir de cem ações.

Tal regra, no entanto, não pode impedir que se contem os 99 votos de

---

441 Contrariamente, portanto, ao preceituado no antigo Decreto n. 434.

442 Garrigues-Uría, *Comentario*, cit., p. 442.

qualquer acionista e muito menos que se conte por inteiro o número quebrado que possua além de cem ações[443].

Dessa forma, v. g., se o acionista tiver 99 ações, serão 99 os votos. Se tiver 53 ações, serão 53 os votos. Se possuir 150 ações, serão 105 os votos. Se tiver 147 ações, também serão 105 os votos.

ILEGALIDADE DE AÇÕES DE VOTO PLURAL E *GOLDEN SHARE*

A lei de 1976 expressamente proíbe a atribuição de voto plural a qualquer classe de ações. Essa proibição foi em parte derrogada pela criação da *golden share* (art. 17, § 7º)[444].

O fundamento dessa proibição está em que o voto plural cria uma desproporção entre ação e capital, constituindo, portanto, um meio de concentração da vontade social em mãos de um único ou de um pequeno grupo de acionistas. É o caso típico da ação preferencial de classe especial (*golden share*), instituída no § 7º do art. 17.

Assim, o voto plural asseguraria o direito de voto na sociedade por acionistas independentemente do valor com que tivessem contribuído para a formação do capital social. No caso da *golden share* não existe qualquer valor de contribuição.

Em consequência, o voto plural será ilegal, à exceção do regime de *golden share,* na restrita forma e efeitos constantes do referido § 7º do art. 17.

CONCEITO E ORIGEM DO VOTO PLURAL

Voto plural é o privilégio atribuído a determinadas ações, representado por um maior número de votos em relação às demais ações emitidas pela companhia[445], como é o caso típico da *golden share* (§ 7º do art. 17).

Criada com a finalidade de assegurar o controle de companhias pelos capitais nacionais (*Ueberfremdung*), na Alemanha, após a Primeira Guerra Mundial, desvirtuou-se o seu uso, superados os motivos econômicos que levaram à sua criação.

---

443 Cunha Peixoto, *Sociedades por ações*, cit., v. 2, p. 349; Campos Batalha, *Comentários*, cit., p. 553.

444 *V.* comentários ao § 7º do art. 17.

445 Villegas, *Acciones de voto plural*, Buenos Aires, Depalma, 1973, p. 35; Cunha Peixoto, *Sociedades por ações*, cit., v. 2, p. 355.

Na França, onde o voto plural também foi criado para evitar a dominação estrangeira das indústrias no pós-guerra (1918), foi, no período de Leon Blumm, considerado instrumento do *fascismo acionário*. Daí ter sido suprimido a partir de 1933[446].

Por outros motivos, ou até por razões políticas inteiramente opostas, a Alemanha, em sua reforma societária de 1937, extinguiu o voto plural, ao mesmo tempo em que restringiu a *Legitimationsubertragung (cessão* legitimadora de voto). Procurou-se com essas duas medidas minimizar o domínio dos bancos sobre a economia alemã.

Não obstante, na Argentina, a Lei Societária de 1972 autoriza expressamente o voto plural, muito embora faça algumas restrições ao seu exercício[447]. Entretanto, divide-se a doutrina argentina sobre a oportunidade dessa permissão legal[448].

VOTO PLURAL INDIRETO

Além de o voto pleno para ações não integralizadas ser considerado uma forma indireta de voto plural, outros procedimentos caracterizam essa prática, no direito estrangeiro. Ainda que pouco ou não viáveis entre nós, os mais conhecidos são[449]: concessão de igual direito de voto a ações de diferente valor nominal, como permitido, v. g., na Suíça, cujo Código das Obrigações, no art. 693, determina que toda ação tem um voto, ainda que seja de valor nominal diferente[450]; concessão de um voto por ação ordinária e de um voto por grupos de ações especiais do mesmo valor nominal que as ordinárias, como, por exemplo, classe de preferenciais com voto; imposição de limites ao número de votos exclusivamente para os titulares de determinadas ações.

---

446 Não se deve confundir, no Direito francês, o suprimido *voto plural* com o *voto duplo*, que é privilégio criado pela lei francesa de 1966, art. 175, outorgado a qualquer acionista e vinculado a certas condições (nominatividade e titularidade por 2 anos, no mínimo).

447 Art. 216 da lei argentina das sociedades, de 1972.

448 A favor, Halperin, *Sociedades anónimas*, cit., p. 596, em nota de rodapé. Sobre a discussão doutrinária, Villegas, *Acciones*, cit., p. 41 e s.; Pontes de Miranda, *Tratado*, v. 50, p. 242; Garrigues-Uría, *Comentario*, cit., p. 435.

449 Garrigues-Uría, *Comentario*, cit., p. 439; Villegas, *Acciones*, cit., p. 37.

450 Pedrol, *La anónima actual*, cit., p. 81.

DIFERENÇA ENTRE VOTO PLURAL E VOTO MÚLTIPLO

O regime de voto plural é inteiramente diverso daquele do voto múltiplo. Igualmente diversos são os conceitos de um e de outro. Assim, voto plural é o privilégio de voto outorgado a determinadas ações. Já o voto múltiplo é simplesmente um sistema de votação. Por esse sistema, cada acionista dispõe de um total de votos correspondentes ao número de suas ações votantes, multiplicado pelo número de cargos que se objetiva preencher num mesmo pleito[451]. Trata-se do *cumulative voting* do Direito norte-americano[452] e que é prescrito em nossa lei, no art. 141[453].

AÇÕES PREFERENCIAIS

Art. 111. O estatuto poderá deixar de conferir às ações preferenciais algum ou alguns dos direitos reconhecidos às ações ordinárias, inclusive o de voto, ou conferi-lo com restrições, observado o disposto no art. 109.

§ 1º As ações preferenciais sem direito de voto adquirirão o exercício desse direito se a companhia, pelo prazo previsto no estatuto, não superior a 3 (três) exercícios consecutivos, deixar de pagar os dividendos fixos ou mínimos a que fizerem jus, direito que conservarão até o pagamento, se tais dividendos não forem cumulativos, ou até que sejam pagos os cumulativos em atraso.

§ 2º Na mesma hipótese e sob a mesma condição do § 1º, as ações preferenciais com direito de voto restrito terão suspensas as limitações ao exercício desse direito.

§ 3º O estatuto poderá estipular que o disposto nos §§ 1º e 2º vigorará a partir do término da implantação do empreendimento inicial da companhia.

LEI DE 1940

O art. 81 do Decreto-Lei n. 2.627, de 1940, continha preceito idêntico ao constante do *caput* e do § 1º do artigo ora comentado.

---

451 Márcio Correia Vianna, *O processo de eleição por voto múltiplo na nova Lei das S. A.*, publicação do Sindicato dos Bancos do Estado da Guanabara, Caderno Especial n. 62, Rio de Janeiro, 1975.

452 *Model Business Corporation Act*, art. 33, § 4º; Henn, *Handbook*, cit., p. 211, 364 e s.; *Financial Handbook*, cit., p. 13-14; Ballantine, *Ballantine*, cit., p. 404.

453 V. comentários ao art. 141.

Silenciava, no entanto, a respeito da aquisição do direito de voto das ações preferenciais com voto restrito, em caso de mora de dividendos, muito embora a doutrina incluísse essa categoria de ações no benefício expressamente dado às preferenciais sem voto.

Ademais, a norma revogada de 1940 não contemplava a suspensão da mora de dividendos até o efetivo início da atividade empresarial, sendo que a doutrina negava a validade dessa suspensão[454].

LEI N. 6.404, DE 1976, E LEI N. 9.457, DE 1997

A Lei n. 6.404, de 1976, e a Lei n. 9.457, de 1997, reiteram os preceitos do diploma de 1940, fundadas no mesmo princípio segundo o qual a restrição ao direito de voto só poderá ser mantida se o acionista gozar efetivamente de vantagens patrimoniais, reveladas pelo efetivo pagamento de dividendos mínimos ou fixos, cumulativos ou não, instituídos no estatuto social.

Explicita ainda a lei vigente que tal preceito é aplicável não só às preferenciais sem voto, como também às com voto restrito.

Por outro lado, estabelece a lei a suspensão da mora no pagamento de dividendos, durante o período de implantação do empreendimento inicial da companhia. Essa suspensão deverá estar prevista no estatuto social e se referirá apenas ao empreendimento inicial da sociedade e não aos subsequentes, decorrentes dos planos de expansão.

Ainda que na Exposição de Motivos de 1976 se justifique o preceito contido no § 3º como visando a eliminar "dúvidas ou omissões evidenciadas na prática", a faculdade estatutária de suspensão da mora prevista na lei de 1976 é nebulosa, pois não fixa prazos, nem leva em conta a realidade econômica do País, onde os grandes projetos industriais estão sempre atrelados a cronogramas do BNDES, cuja obediência foge à vontade do empresário.

Cabe, portanto, interpretar restritivamente essa regra de exceção mal formulada, a fim de que não fiquem os acionistas preferenciais eternamente sem dividendos prioritários.

LEI N. 10.303, DE 2001

A Lei n. 10.303, de 2001, alterou profundamente o regime de preferências e vantagens patrimoniais concedidas aos titulares de ações

---

454 Philomeno J. da Costa, Sociedade anônima — direito de acionista preferencial, *RT*, *478*:37 e s.

preferenciais sem direito a voto, ou com voto restrito, criando uma distinção de tratamento para as ações preferenciais negociadas no mercado de valores mobiliários e para as ações preferenciais ali não transacionadas.

Assim, para as ações preferenciais *não* negociadas no mercado foram mantidos três dos privilégios mínimos previstos pela lei: (i) recebimento prioritário de dividendos fixos; (ii) recebimento prioritário de dividendos mínimos, os quais, individualmente, podem ser ou não cumulados com (iii) a prioridade no reembolso do capital em caso de liquidação da companhia, com ou sem prêmio.

A novidade para essas ações foi a extinção da garantia legal instituída na Lei n. 9.457, de 1997, de recebimento de um dividendo pelo menos 10% maior do que o pago às ações ordinárias, quando o estatuto não atribuísse às preferenciais dividendos fixos ou mínimos.

Por outro lado, a Lei n. 10.303, de 2001, criou *privilégios mínimos* a ser estatutariamente conferidos às ações *preferenciais negociadas* no mercado de valores mobiliários.

Assim, essas ações preferenciais podem ter ou não prioridade no reembolso do capital em caso de liquidação, mas, independentemente disso, devem conferir a seus titulares, alternativamente, uma das seguintes vantagens: (i) direito a participar de parcela de no mínimo 25% do lucro líquido do exercício (art. 202), da qual lhes será garantido um dividendo prioritário de pelo menos 3% do valor do patrimônio líquido da ação; ou (ii) direito ao recebimento de um dividendo ao menos 10% maior que o pago às ações ordinárias; ou (iii) direito de receber dividendos iguais aos das ordinárias e de participação em eventual oferta pública de alienação do controle, nas mesmas condições ofertadas às ordinárias não integrantes do bloco de controle, inclusive com direito ao prêmio para a permanência na sociedade, se este for oferecido às ordinárias, na forma prevista no art. 254-A e seu § 4º.

A primeira das vantagens alternativas — dividendos prioritários de pelo menos 3% do valor do patrimônio líquido — somente será efetiva se a companhia possuir patrimônio líquido alto, sendo praticamente inexistente nas empresas onde o valor for baixo.

A segunda vantagem eventualmente adotada pelo estatuto — dividendo ao menos 10% maior do que o pago às ações ordinárias — é a única efetiva, pois confere dividendos sempre maiores que os pagos aos ordinaristas.

O terceiro privilégio alternativo — dividendo ao menos igual ao dos ordinaristas e mais a inclusão em eventual oferta pública de alienação de controle —, além de não representar qualquer vantagem com relação aos dividendos pagos aos ordinaristas, confere um direito de participar do evento futuro e incerto, que poderá jamais vir a concretizar-se. Trata-se de mera expectativa de direito.

Ressalte-se que todos os privilégios acima referidos para ações preferenciais negociadas e não negociadas no mercado de valores mobiliários são privilégios estatutários mínimos, já que a lei faculta a atribuição de vantagens adicionais, desde que claramente especificadas no estatuto.

Outra inovação foi a de permitir que o estatuto restrinja ou suprima das ações com dividendo fixo o direito de participar nas bonificações, ou seja, nos aumentos de capital com a capitalização de reservas ou lucros. Essa possibilidade somente atinge as ações não negociadas no mercado de valores mobiliários, pois nenhuma das alternativas de vantagens mínimas que a lei permite conferir às ações negociadas nesse mercado é compatível com a atribuição de dividendos fixos.

CONCEITO DE AÇÃO PREFERENCIAL

Ações preferenciais são aquelas às quais o estatuto outorga determinados privilégios patrimoniais, em relação às ações ordinárias, podendo, em contrapartida, deixar de conferir-lhes o direito de voto, ou restringi-lo[455].

Ainda que a Lei n. 6.404, de 1976, tenha repetido o texto da norma anterior, de 1940, no sentido de que o estatuto pode deixar de conferir às preferenciais *algum ou alguns dos direitos* reconhecidos às ações ordinárias, na realidade apenas o direito de voto pode ser objeto de restrição ou supressão. Todos os demais direitos pessoais e patrimoniais outorgados às ordinárias não podem ser negados aos titulares das ações preferenciais, por esbarrar no preceito contido no mencionado art. 109[456].

A amortização ou o resgate, mencionados pela doutrina[457]como passíveis de restrição estatutária, não se compadecem com a natureza das ações preferenciais. Isso porque a elas se devem atribuir privilégios patrimoniais em troca de restrição ou supressão de direito político. Ora, a amortização ou o resgate (art. 44) constituem matérias nitidamente patrimoniais, que não podem ser negadas com a retirada ou diminuição do direito de voto.

---

455 *V.* comentários ao art. 15.

456 *V.* comentários ao art. 109.

457 Valverde, no entanto, menciona a possibilidade de supressão de outros direitos, além do voto, tais como direito à amortização ou ao resgate. *Sociedades por ações*, cit., v. 2, p. 65.

Seria, com efeito, ilegal a sobreposição de restrições, em vez de sua compensação[458].

OBJETIVO DO REGIME DE AÇÕES PREFERENCIAIS

As ações preferenciais representam a suprema cisão entre ações de controle e ações de mera participação.

Com efeito, a sua criação entre nós[459] permitiu a instituição, também aceita por outras legislações, das *Herrschaftenaktion* — ações de controle[460], representadas pelas ordinárias. Estas são instrumento de consolidação de um comando permanente e autárquico da companhia em mãos de titulares de 50% mais uma das ações votantes. (art. 116)[461].

A emissão de preferenciais assegura, com efeito, o controle da sociedade pelo acionista ou grupo deles que possuam a maioria absoluta das ações ordinárias. Em nossa lei, a faculdade de até 2/3 das ações emitidas serem preferenciais (art. 15) nas companhias abertas constituídas anteriormente à vigência da Lei n. 10.303, de 2001, acentua, sobremaneira, o controle da política e da administração da companhia por um grupo que possua a maioria absoluta de um terço das ações emitidas, ou seja, das ordinárias[462].

A respeito dessa política legislativa, é explícita a Exposição de Motivos de 1976, *in verbis*: "O projeto adota posição intermediária[463] aumentando para 2/3 do capital o limite de emissão de ações preferenciais, mas nele incluindo ações sem direito a voto e com voto restrito. Recomendam esse aumento de limite: *a*) a orientação geral do projeto de ampliar a liberdade do empresário privado nacional na organização da estrutura de capitalização de sua empresa (...)".

Dessa forma, cabe aos acionistas preferenciais suprir a companhia de capital próprio numa quantidade muito maior do que deverão fazê-lo os controladores das companhias abertas constituídas anteriormente à vigência da Lei n. 10.303, de 2001.

---

458 *V.* comentários ao art. 44.

459 Decreto n. 21.536, de 15 de junho de 1932.

460 Valverde, *Sociedades por ações*, cit., v. 2, p. 56.

461 *V.* comentários ao art. 116.

462 *V.* comentários ao art. 15 c/c o art. 8º da Lei n. 10.303, de 2001.

463 Referindo-se ao Decreto n. 21.536, de 1932, que não falava em limite de emissão, ao passo que o Decreto-Lei n. 2.627, de 1940, limitava a emissão de preferenciais a 50% do capital social.

Daí a emissão de ações preferenciais facilitar o exercício do controle permanente e autárquico da companhia (art. 116) por acionista ou grupo com apenas metade mais uma das ações ordinárias, que na sua totalidade representam apenas um terço das ações emitidas.

A justificativa encontrada para a criação de preferenciais sem voto repousa no fenômeno do progressivo absenteísmo dos acionistas nas assembleias gerais.

Para essa categoria de acionistas, atribuem-se, portanto, ações cuja propriedade tem características passivas[464], por isso a titularidade do direito existe sem possibilidade de participação política, como minoritários, na companhia[465 e 466].

Assim, sob o argumento de que o fenômeno do absenteísmo é irreversível, algumas legislações adotam essa fórmula, outorgando vantagens de caráter patrimonial em troca da renúncia do voto por parte daqueles que não se interessam pelo controle da companhia.

Encontrar-se-ia, dessa maneira, uma forma de participação financeira adequada por parte de acionistas somente interessados no seu investimento[467], sem ferir os interesses do núcleo controlador (art. 116).

Outros argumentos, diametralmente opostos, são apresentados. Assim, outorgar direito de voto aos acionistas preferenciais representaria o falseamento de uma suposta vontade majoritária, permitindo que esses votos dispersos se concentrassem em favor de determinados administradores ou, sobretudo, a favor de bancos depositários. Daí ser preferível que a vontade social seja formada por quem realmente se interesse pelos destinos da companhia[468]. Essa argumentação surgiu principalmente na Alemanha, quando da reforma de 1937, em face do fenômeno do controle indireto dos bancos sobre as empresas, mediante o voto por procuração.

DIREITO ESTRANGEIRO

No *Direito norte-americano* existe a faculdade de emissão de ações sem voto, tanto ordinárias como preferenciais[469]. Nota-se aí, ademais,

---

464 Garrigues, *Curso*, cit., p. 192.

465 Philomeno J. da Costa, *RT*, *478*:38.

466 Garrigues, *Curso*, cit., p. 192.

467 Garrigues, *Curso*, cit., p. 27.

468 Pedrol, *La anónima actual*, cit., p. 88.

469 *Financial Handbook*, cit., p. 13-15 e 13-21; Lattin, *The law of corporations*, cit., p. 402 e s.; Henn, *Handbook*, cit., p. 369.

que a emissão dessas ações não corresponde necessariamente a vantagens patrimoniais.

Prevalece o critério de que a regulamentação do direito de voto não é matéria de ordem pública, sendo, portanto, insubsistente querer aplicar às companhias o princípio de democracia política[470].

Não há obrigatoriedade (legal) de que tais ações adquiram direito de voto se não houver pagamento de dividendos, embora seja comum a previsão estatutária a respeito[471].

Não obstante, a emissão de ações sem direito a voto, nos Estados Unidos, tem decrescido enormemente, diante das restrições que as companhias que as emitem encontram no sistema de autorregulação do mercado de capitais.

A Bolsa de Nova York, v. g., como referido[472], não admite a cotação de títulos de companhias que tenham emitido ações sem voto.

O *Direito alemão* foi o primeiro a criar ações sem voto, no sistema continental, coincidindo com a proibição do voto plural[473]. É preceito da lei que ditas ações adquiram o direito de voto se houver atraso no pagamento de dividendos, no prazo de um ano.

No *Direito francês*, como no *Direito belga*, a prerrogativa de voto insere-se entre os princípios de ordem pública, não se admitindo ações sem essa prerrogativa fundamental[474].

No *Direito suíço*, somente se conhecem ações com direito de voto. Mas, na discussão sobre a reforma da legislação pertinente, propõe-se a criação dos *bônus de participação*, que representam uma espécie de ação sem voto[475].

No *Direito italiano*, a restrição do voto, e não a sua supressão, é admitida. Tal restrição dá-se apenas para as preferenciais, no tocante às matérias próprias das assembleias gerais ordinárias, cabendo-lhes, no entanto, pleno direito de voto para todas as matérias objeto das assembleias extraordinárias[476].

É na Itália, porém, que a questão atingiu nível mais polêmico de discussão. As *azioni di risparmio* surgiram em vários projetos de reforma da legis-

---

470 Pedrol, *La anónima actual*, cit., p. 87.

471 Pedrol, *La anónima actual*, cit., p. 87.

472 V. comentários ao art. 15.

473 Na lei de 1965, a matéria é objeto dos arts. 139, 140 e 141.

474 V. comentários ao art. 15; Champaud, *Le pouvoir*, cit., p. 59.

475 V. comentários ao art. 15.

476 V. comentários ao art. 15.

lação societária. Essas ações aparecem em substituição às com voto restrito, negando-se-lhes totalmente o voto[477].

No *Direito argentino*, conhece-se o voto limitado atribuível a determinada classe de ações. Essa limitação é feita em razão da matéria[478].

PREVISÃO ESTATUTÁRIA COMO REQUISITO PARA A RESTRIÇÃO DE VOTO

O princípio geral é o de que toda a ação tem direito a voto, salvo disposição expressa da lei. Pressupõe-se que o voto está integrado na própria ação, devendo as respectivas exceções ser expressas, em lei ou no estatuto.

Por esse princípio, a Lei Societária não nega o direito de voto às preferenciais. Somente com referência às ações ordinárias ao portador é que a Lei n. 6.404, de 1976, suprimia o direito de voto (art. 112, revogado), anteriormente à Lei n. 8.021, de 1990.

Já com referência às preferenciais, a lei de 1976 apenas declara lícita essa restrição desde que estatutariamente declarada.

O princípio geral é, pois, o de que às preferenciais também cabe o voto. Este só poderá ser negado pelo estatuto, desde que o faça de modo expresso[479]. Sendo omisso o estatuto, as preferenciais gozarão integralmente do direito de voto, em igualdade de condições com as ordinárias.

A negação do direito de voto ou a sua restrição, portanto, devem ser exaustivamente explicitadas no estatuto social, não podendo ser atribuída à assembleia geral qualquer competência para suprir ou declarar essa matéria. O mesmo deve ocorrer quanto às vantagens e privilégios. A supressão do voto somente se admite quando houver efetiva vantagem patrimonial em termos de dividendos distribuídos[480].

DISTINÇÃO FUNDADA NA NEGOCIABILIDADE — INCISOS I, II E III E § 5º DO ART. 17

Como referido, a Lei n. 10.303/2001 criou uma nítida distinção entre o regime de privilégios a ser adotado para as ações preferenciais

---

477 Pedrol, *La anónima actual*, cit., p. 89 e s.; La Rosa, *Rivista*, cit., p. 72 e s.

478 Art. 217 da Lei das Sociedades de 1972.

479 Cunha Peixoto, *Sociedades por ações*, cit., v. 2, p. 358 e s.

480 *V*. comentários ao art. 17.

sem direito a voto ou com voto restrito *negociadas no mercado de valores mobiliários* e aquele a ser adotado pelas ações preferenciais ali *não* negociadas[481].

Assim, para as *ações preferenciais não negociadas no mercado de valores mobiliários*, emitidas por companhias fechadas ou abertas (art. 4º, § 3º), poderá o estatuto estabelecer a prioridade no reembolso do capital com ou sem prêmio, e ainda, cumulativa ou alternativamente, livremente determinar dividendo prioritário fixo ou mínimo, nos termos do art. 17.

Por outro lado, para que as ações preferenciais emitidas por companhias abertas possam ser colocadas em negociação no *mercado de valores mobiliários*, deverá o estatuto estabelecer pelo menos um dos três tipos de privilégio previstos no § 1º do art. 17. Dentre essas alternativas legais, não se encontra a possibilidade de estabelecimento de dividendos fixos, que ficam abolidos para as *ações preferenciais negociadas no mercado de valores mobiliários*.

O art. 17 da Lei n. 6.404/76, com a redação original dada pela Lei n. 9.457/97, previa quatro modalidades de vantagens ou preferências que poderiam ser atribuídas às ações preferenciais, tanto de *companhias abertas* como de *companhias fechadas*:

a) prioridade na distribuição de *dividendo fixo*;

b) prioridade na distribuição de *dividendo mínimo*;

c) *prioridade no reembolso* do capital, com prêmio ou sem ele;

d) *dividendos 10% maiores* que os atribuídos às ações ordinárias.

Cada um dos privilégios *a* e *b*, ou seja, prioridade no recebimento de dividendos fixos ou prioridade no recebimento de dividendos mínimos, poderia cumular-se com a vantagem *c*, ou seja, prioridade no reembolso de capital, com prêmio ou sem ele. Os privilégios *a* e *b*, no entanto, não eram acumuláveis entre si.

Se o estatuto não estabelecesse dividendo fixo ou mínimo para as ações preferenciais, estas gozariam necessariamente do privilégio *d*, ou seja, de dividendos 10% maiores que os atribuídos às ações ordinárias.

---

481 Doravante, nos comentários a este art. 111, adotaremos as seguintes abreviações: (i) "MVM", para mercado de valores mobiliários; (ii) "ações preferenciais sem voto", para significar tanto ações preferenciais com voto restrito quanto as sem direito a voto; (iii) "ações preferenciais não negociadas no MVM", para significar ações preferenciais sem direito a voto ou com voto restrito não admitidas à negociação no mercado de valores mobiliários; e (iv) "ações preferenciais negociadas no MVM", para significar ações preferenciais sem direito a voto ou com voto restrito admitidas à negociação no mercado de valores mobiliários.

CONCEITO DE DIVIDENDOS FIXOS E DE DIVIDENDOS MÍNIMOS

Para que se tenha uma melhor compreensão das alterações introduzidas pela Lei n. 10.303, de 2001, no que se refere às vantagens que podem ser conferidas às ações preferenciais, é importante que sejam analisados os conceitos de dividendo fixo e de dividendo mínimo.

Dividendo fixo é a quantia do lucro determinada no estatuto social que deve ser atribuída a cada ação preferencial com base em (i) um valor certo em reais por ação preferencial ou (ii) determinado percentual sobre o valor nominal da ação preferencial, ou, caso as ações não tenham valor nominal, sobre o próprio capital social correspondente à classe de ações preferenciais em questão. Os *dividendos fixos*, conforme já dispunha a redação original do § 2º do art. 17 da Lei n. 6.404/76 – cuja disposição foi mantida idêntica no § 4º desse mesmo artigo pela Lei n. 10.303, de 2001 – não participam dos lucros remanescentes, salvo disposição em contrário do estatuto. Isso quer dizer que, uma vez calculados os dividendos fixos atribuídos às ações preferenciais de determinada classe, o saldo remanescente dos lucros será integralmente distribuído às ações preferenciais de outras classes eventualmente existentes e às ações ordinárias. Esses dividendos fixos, portanto, assemelham-se a um juro prefixado que é garantido aos acionistas sobre o capital por eles investido.

Já as ações preferenciais com *dividendo mínimo* também têm o direito de receber *prioritariamente* uma parcela do lucro que poderá ser determinada estatutariamente. E, salvo disposição estatutária em contrário, somente após a atribuição do dividendo mínimo às ações preferenciais de determinada classe, igual valor deverá sê-lo para as ações ordinárias. Somente então o remanescente do lucro a ser distribuído, se houver, será *partilhado* entre as ações ordinárias e preferenciais, em igualdade de condições.

O traço comum entre as ações preferenciais com dividendos *fixos* e aquelas com dividendos *mínimos* é que ambas têm direito à *prioridade* no recebimento desses dividendos. Ou seja, ambas têm a garantia de que somente depois de lhes serem assegurados os dividendos mínimos ou fixos é que o eventual saldo remanescente, após a atribuição dos dividendos prioritários devidos a todas as classes de ações preferenciais, será destinado ao pagamento dos dividendos das ações ordinárias.

VOTO RESTRITO E VOTO LIMITADO

O voto restrito que a lei faculta seja estabelecido pelo estatuto às preferenciais não se confunde com a limitação ao número de votos, de que fala o art. 110 da lei. Trata-se aqui de restrição *ratione materiae*, ao passo que no art. 110 a restrição prevista é *ratione personae*, ou seja, relativa ao acionista titular de um número elevado de ações da companhia. Por isso que não se pode confundir uma e outra espécie de restrição estatutária[482].

Assim, o estatuto, ao conferir o direito de voto com restrições às preferenciais, somente pode fazê-lo quanto a determinadas matérias objeto de deliberação da assembleia geral. Teríamos, v. g., que os acionistas titulares de preferenciais tão só poderiam votar as contas e o relatório da administração; ou que lhes caberia votar apenas sobre a eventual emissão de debêntures, criação de partes beneficiárias (art. 47) etc.[483]

Em outras legislações, o voto restrito é a única forma de diminuição de direitos admitida para as preferenciais em compensação a efetivos privilégios patrimoniais. Não se aceita a supressão pura e simples do voto.

Temos, assim, a lei argentina de 1972[484], que preceitua terem as preferenciais voto limitado, uma vez que podem votar nas deliberações da assembleia geral extraordinária, como referido. No mesmo sentido, também o Direito italiano, que só admite a limitação do voto para certas deliberações e não a supressão total[485].

OS DIREITOS DE VOTO PREVISTOS NA LEI PREVALECEM

Não pode a supressão ou a restrição estatutária de voto ilidir direitos fundamentais de classe garantidos pela lei às ações preferenciais, bem como a competência para a convocação da assembleia geral, inclusive para instalação do Conselho Fiscal (Lei n. 9.457/97, na nova redação dada ao art. 123)[486] e para a eleição de um membro do Conselho de Administração (art. 141)[487].

Assim, a recusa ou a restrição de voto não podem impedir o acionista preferencial de eleger, em separado, um membro do Conselho Fiscal (arts. 161 e 240). Também, se houver previsão estatutária, caberá às preferenciais

---

482 Contrariamente, portanto, ao entendimento de Valverde, que, entre os exemplos de voto restrito, inclui a votação por grupo (*Sociedades por ações,* cit., v. 2, p. 65), *in verbis*: "cada grupo de 20 ações dará direito a um voto nas deliberações da assembleia geral".

483 Valverde, *Sociedades por ações,* cit., v. 2, p. 65.

484 Art. 217 da Lei das Sociedades de 1972.

485 Código Civil italiano, art. 2.351; Asquini, *Rivista delle Società,* 1961, p. 929 e s.

486 Cunha Peixoto, *Sociedades por ações,* cit., v. 2, p. 358.

487 *V.* comentários ao art. 141 c/c o art. 8º, § 4º, da Lei n. 10.303, de 2001.

o direito de eleger, em separado, um ou mais membros dos órgãos de administração (art. 18)[488].

Igualmente, não pode ser cerceado o direito de manifestação pelo voto dos acionistas preferenciais em assembleia especial, quando houver proposta ou deliberação dos acionistas ordinários envolvendo interesses patrimoniais específicos dos primeiros (art. 136)[489].

Nenhum direito essencial do acionista, tanto individualmente (art. 109), quanto os próprios das minorias[490], pode ser trancado pelas disposições estatutárias que criaram ações preferenciais com voto restrito ou sem voto[491].

O DIREITO DE VETO DO ART. 18

Deve ser lembrado que, contrariamente à tendência de supressão do direito de voto às preferenciais, a Lei n. 6.404, de 1976, criou a figura estatutária de classe dessas ações com direito de *veto* sobre determinadas deliberações sociais. Assim, o art. 18 estabelece que o estatuto pode subordinar as alterações estatutárias que especificar à aprovação, em assembleia especial, dos titulares de uma ou mais classes de ações preferenciais[492].

Trata-se, no entanto, de classe especial que não se confunde com as preferenciais com voto restrito. Isso porque o seu direito de *veto* é tomado em assembleia especial e não na assembleia geral. Portanto, não se somam esses votos em separado com aqueles tomados em assembleia geral.

A faculdade estabelecida no parágrafo único do art. 18 tem como característica a completa segregação do voto atribuído a essa classe de preferenciais, que, dessa forma, não tem nenhuma influência numérica sobre a decisão da assembleia geral.

QUÓRUM E AÇÕES PREFERENCIAIS

As preferenciais sem direito a voto não formam quórum nas assembleias gerais.

As *com voto restrito* formarão quórum se as matérias constantes da ordem do dia forem aquelas estatutariamente previstas como suscetíveis de deli-

---

488 *V.* comentários ao § 4º, II, do art. 141.

489 *V.* comentários ao art. 136.

490 Arts. 105, 124, 126, 133, 157, 159, 161 e 215 da Lei n. 6.404, de 1976.

491 *V.* comentários ao art. 109.

492 *V.* comentários ao art. 18.

beração pelas preferenciais. Se, no entanto, na ordem do dia constarem matérias em que as preferenciais terão direito de voto e outras em que não o terão, o quórum será contado separadamente por matéria votada.

Por exemplo, para determinados assuntos, que contam com o voto das preferenciais, poderá haver quórum necessário. Para outros, em que as preferenciais não contam, poderá ser declarada a falta de número de ações para deliberação.

DIREITO DE VOTO POR FALTA DE DIVIDENDOS — § 1º DO ART. 17

A lei estabelece as garantias necessárias aos acionistas no tocante à equidade entre privilégio patrimonial, de um lado, e supressão de direito político, de outro.

A norma ora estudada fala em dividendo fixo ou mínimo. E como o art. 17, conforme alterado pela Lei n. 10.303, de 2001, atribui às ações preferenciais negociadas no mercado um dividendo mínimo (§ 1º do art. 17), todas elas terão direito a voto no caso de mora prevista no § 1º deste art. 111. No que respeita às ações preferenciais não negociadas no mercado, o art. 17 prevê a faculdade estatutária de estabelecer um dividendo fixo ou mínimo, ou ainda a cumulação de ambas.

Temos, assim, que, *ex vi* desse art. 17, todas as ações preferenciais emitidas são incluídas na hipótese prevista no § 1º deste art. 111, já que todas elas terão a dividendo fixo ou mínimo, não prevendo o art. 17 outra modalidade de dividendos fora dessas duas categorias obrigatórias.

Assim, se a companhia deixar de pagar os dividendos, estará deixando de pagar, necessariamente, dividendos fixos ou mínimos, não podendo, dessa forma, ser excluídas de aquisição do direito de voto quaisquer ações preferenciais emitidas, pois não há outra categoria de dividendos.

Desse modo, se a promessa estatutária de dividendo preferencial não se cumprir, surge o direito de voto do acionista preferencial.

O fundamento desse preceito legal é o de que, na espécie, terá o acionista preferencial acesso às decisões políticas da empresa e ao questionamento eficaz (voto) da administração, visando a remover os obstáculos à realização do objetivo econômico da companhia, que é o de produzir lucros e distribuí-los aos acionistas (art. 109).

O preceito legal de estabelecimento do voto para o acionista preferencial na ausência de lucros ou de sua distribuição evita uma das formas mais iníquas de abuso dos controladores (art. 117). Se essa regra não existisse, romper-se-ia o princípio de equidade e de isonomia que deve prevalecer na relação privilégio patrimonial *versus* cerceamento ou supressão de direitos políticos (voto).

Ademais, essa possibilidade de rompimento do equilíbrio pelo arbítrio dos controladores desestimularia em definitivo a subscrição de ações preferenciais[493].

A Lei n. 6.404, de 1976, determina o prazo máximo aquisitivo do direito de voto por ausência de dividendos[494] em três exercícios consecutivos e não salteados que podem, afinal, somar-se[495].

Dessa forma, o pagamento de dividendos inferiores ao mínimo ou fixo estatutariamente estabelecidos enseja a aquisição do direito de voto[496].

Outrossim, diante do princípio de que todas as ações da mesma classe gozarão de iguais direitos, todas as preferenciais da respectiva classe adquirirão direito de voto, que persistirá até que as demais ações recebam os proventos estatutariamente devidos[497].

PRAZO DA AQUISIÇÃO DO VOTO — § 1º

É prudente que se estabeleça no estatuto o prazo de três anos para a aquisição do direito de voto por ausência de dividendos, ou meramente explicitar o prazo máximo previsto na lei.

O estatuto deve ser expresso a respeito, por isso que o direito de voto, na espécie, faz parte das prerrogativas legais dos titulares de ações preferenciais.

Se o estatuto for omisso, o acionista adquire o direito de voto de imediato, ou seja, no próprio exercício que aprovou as demonstrações financeiras em que não consta essa distribuição às ações preferenciais.

Não há, com efeito, nenhum fundamento para que se entenda o preceito supletivo da lei como de tolerância[498]. Dessa forma, o prazo de três anos

---

493 Philomeno J. da Costa, *RT*, v. 478.

494 A lei alemã de 1965, v. g., determina o prazo de apenas um exercício para que se estabeleça o direito de voto do acionista preferencial que não receber o respectivo dividendo.

495 Arnoldo Wald, *Estudos e pareceres de direito comercial*, São Paulo, Revista dos Tribunais, 1979, p. 168.

496 *V.* comentários ao art. 17.

497 Darcy de Arruda Miranda Jr., *Breves comentários à Lei das Sociedades por Ações*, São Paulo, Saraiva, 1977, p. 164.

498 Philomeno J. da Costa, *RT*, v. 478.

aventado no diploma legal é o máximo que o estatuto poderá estabelecer para a aquisição do direito. Se não o fizer nesse prazo ou em prazo menor, entende-se que o preferencialista adquire o direito de voto a partir do seu fato gerador, no próprio exercício em que se verificou essa não distribuição, como referido[499].

FATO GERADOR DO DIREITO DE VOTO

Cabe indagar quando se verifica o fato gerador do direito ao voto, seja para computá-lo em exercício futuro, seja para exercê-lo desde logo, no próprio exercício, na omissão do estatuto[500].

Seria a verificação, no balanço, da inexistência de lucros distribuíveis, ou a declaração do não pagamento de dividendos às ações preferenciais na assembleia geral?

Cremos que uma hipótese não exclui a outra, instaurando-se o direito a partir do primeiro fato gerador. Assim, se o balanço e as demonstrações financeiras publicados apresentarem prejuízo ou lucros insuficientes para distribuição aos acionistas, começa-se a contar daí o prazo aquisitivo do direito de voto, seja para exercício imediato, se omisso o estatuto, seja para exercício futuro, na forma prevista estatutariamente, não excedente a três exercícios.

Se, no entanto, o balanço apresentar lucro distribuível e a assembleia geral negar a distribuição dos dividendos preferenciais devidos, é a partir desse ato declaratório que começa a contar o termo aquisitivo do direito.

Outra hipótese é a falta de convocação e de realização de assembleia geral (art. 123) para aprovação das demonstrações financeiras e dos atos da administração, bem como para deliberar sobre a destinação do lucro líquido do exercício e distribuição dos dividendos (arts. 132 e 192). Nessa hipótese, o prazo aquisitivo contar-se-á a partir do dia seguinte ao término do quadrimestre, consoante o art. 132.

---

499 Esse entendimento é acolhido pela melhor doutrina, como se pode ver dos pareceres de Rubens Requião e Fran Martins, reproduzidos no *Boletim JUCESP*, da Junta Comercial do Estado de São Paulo, 19 maio 1994, sob o título "Interpretação do § 1º do artigo III da Lei das Sociedades por Ações". No mesmo sentido do MM. Juiz da 28ª Vara Cível da Capital (SP), no Processo n. 942/85, cuja sentença foi transcrita no seu inteiro teor na referida edição do *Boletim JUCESP*.

500 No direito argentino (Lei das Sociedades de 1972, art. 217), instaura-se o direito a partir da verificação da inexistência de lucros distribuíveis.

Ademais, se a companhia, por força de lei ou do estatuto, levantar balanços semestrais ou em menor prazo, distribuindo dividendos à conta dos lucros apurados no balanço, inclusive mensais (art. 204), o prazo aquisitivo do direito de voto será contado a partir da não distribuição dos dividendos *intercalares* e *intermediários*.

Estes, com efeito, não são provisórios e tampouco de adiantamento. São distribuídos em definitivo, para todos os efeitos[501]. Por isso que sua não distribuição estatutariamente prevista gera o fato suficiente para a aquisição do direito de voto.

DIREITO TEMPORÁRIO DE VOTO

Explicita a Lei n. 6.404, de 1976, que o direito de voto por ausência de pagamento de dividendos fixos ou mínimos será temporário, prevalecendo, portanto, até o pagamento daqueles dividendos. Esqueceu-se de prever na norma a hipótese de dividendos cumulativos.

Posto isso, temos que cessará *automaticamente* o direito de voto das preferenciais respectivas, sem qualquer outra formalidade, se houver o pagamento de dividendos fixos e mínimos devidos estatutariamente no respectivo exercício (art. 17, com a redação dada pela Lei n. 10.303, de 2001)[502].

Se, no entanto, cuidar-se de dividendos cumulativos, não bastará o pagamento do correspondente ao exercício. Neste caso, a companhia deverá pagar também os atrasados.

A lei obedece ao princípio da equidade, ou seja, de que o direito de voto substitui, durante o período, a ausência de dividendos mínimos ou fixos (não cumulativos).

DIREITO EXCLUÍDO POR LEIS ESPECIAIS

Por outro lado, o acionista não se torna credor da companhia, com base naqueles dividendos fixos ou mínimos não pagos em exercícios anteriores, sempre com a ressalva de que não revistam a qualidade de cumulativos.

O direito de voto, no caso de ausência de pagamento de dividendos fixos e mínimos, é preceito de ordem pública. Por isso Valverde leciona ser ele

---

501 *V.* comentários ao art. 204.
502 *V.* comentários ao art. 17.

aplicável mesmo àqueles casos em que, por força de lei, as ações preferenciais não gozam do direito de voto, por pertencerem a estrangeiros[503]. O fundamento para esse prevalecimento da norma sobre as demais leis é de que se trata de defesa de legítimos interesses patrimoniais do acionista, deferidos pela quebra da equidade entre privilégio de dividendos, de um lado, e supressão de direitos políticos, de outro.

Difícil será defender, na prática, esse justo entendimento. Outros princípios de ordem pública, tais como o de interesse nacional, no caso da Petrobras, ou da estabilidade do controle das instituições integrantes do Sistema Financeiro Nacional, podem ser apresentados para contrabalançar o caráter privatista daquele lançado por Valverde[504].

Em consequência, é forçoso admitir que o preceito de instauração do direito de voto por ausência de pagamento de dividendos não se aplica às preferenciais emitidas por companhias sujeitas à legislação especial sobre a matéria.

Isso ocorre com as preferenciais emitidas pelas instituições financeiras — Lei n. 5.710, de 1971. Também com as emitidas pela Petrobras — *ex vi* do que, a respeito, dispõe o Decreto-Lei n. 688, de 1969. Também se excluem as emitidas por companhias seguradoras, transportadoras e empresas de serviços aéreos especializados.

DIREITO DE VOTO SOMENTE A PARTIR DO TÉRMINO DO EMPREENDIMENTO

A Lei n. 6.404, de 1976, procurou dirimir o dissídio doutrinário sobre a possibilidade de não ser reconhecido o direito de voto por ausência de dividendos durante o período inicial de implantação do empreendimento da companhia[505]. Ao procurar deslindar a questão[506], o preceito, no entanto, suscitou outras dúvidas, além de tomar um partido inteiramente contrário aos interesses dos acionistas preferenciais.

Isso porque deveria ter estabelecido que os acionistas preferenciais teriam direito de voto, ainda que restrito, durante a fase de implantação inicial da companhia. Poderia, mais, dizer que o voto, no caso, restringir-se-

---

503 Valverde, *Sociedades por ações*, cit., v. 2, p. 65.

504 *V.* comentários ao art. 15.

505 Philomeno J. da Costa, *RT*, *478*:37 e s.

506 Conforme sugere a Exposição de Motivos.

-ia à aprovação das contas e dos atos da administração no período (art. 132) e, eventualmente, a outras matérias, com exclusão da eleição dos administradores e aumentos de capital.

Negar o direito de voto e, ao mesmo tempo, transferir a remuneração para período posterior à implantação inicial foge inteiramente aos princípios de equidade e de isonomia, que devem prevalecer na espécie.

NOÇÃO DE EMPREENDIMENTO INICIAL — CVM

A lei não dá a noção do que seja implantação do empreendimento inicial. Essa omissão é extremamente grave, porque enseja toda uma série de abusos e procrastinações por parte dos controladores e dos administradores, em detrimento dos interesses patrimoniais dos acionistas preferenciais.

Cabe, portanto, à Comissão de Valores Mobiliários, no âmbito de suas atribuições[507], regulamentar a questão. Para tanto, seria imprescindível que a agência reguladora estabelecesse um critério de prazo fixo e inadiável, de acordo com a natureza e o vulto do empreendimento, a partir do qual seria ele considerado implantado para o efeito de pagamento de dividendos preferenciais.

Assim, de acordo com o cronograma de implantação, o estatuto da companhia deveria declarar que os dividendos referentes às preferenciais seriam devidos a partir, v. g., do terceiro exercício seguinte à constituição.

Deveria, por outro lado, ser proibido qualquer adiamento, ainda que fatos supervenientes interferissem no cronograma de implantação.

CRITÉRIOS CORRENTES

Há diversos critérios de configuração do que seja empreendimento inicial. Assim, o empreendimento tem uma fase de ajustamento e implantação cujo término se caracteriza pelo *início das operações comerciais* da companhia. Esse sistema, no entanto, oferece uma série de dificuldades, em cada caso.

Como referido, há projetos que são implementados em etapas, ocorrendo a fase de operações comerciais também em etapas. Outros projetos são empreendidos mediante *operação piloto*, em que os setores industrial e co-

---

507 Art. 8º da Lei n. 6.385, de 1976.

mercial desde logo se conjugam, sem que se possa dizer, porém, que o empreendimento inicial esteja concluído. Ainda há outros empreendimentos concluídos com capital inteiramente de empréstimos, que comprometem, de maneira definitiva, os lucros auferidos, impedindo a distribuição de dividendos até a amortização do capital de terceiros aplicado.

Vê-se, por tudo isso, que a faculdade que a lei trouxe não levou em conta nem o perfil de cada setor de desenvolvimento industrial, nem a complexidade casuística de cada projeto.

Essa protelação do início do pagamento dos dividendos mínimos ou fixos às ações preferenciais (art. 17) deve ser prevista expressamente pelo estatuto. Não existindo tal previsão, não haverá suspensão do pagamento, não podendo a companhia alegar o critério de término do empreendimento inicial como justificativa para protelar o cumprimento da obrigação assumida.

Insiste-se em que o estatuto, tanto nas companhias abertas como nas fechadas, deve fixar uma data determinada ou um exercício preciso, não podendo declarar o próprio fato do término do empreendimento como o momento do início do exercício do privilégio patrimonial das ações preferenciais[508].

NÃO EXERCÍCIO DE VOTO PELAS AÇÕES AO PORTADOR

> *Art. 112. Somente os titulares de ações nominativas, endossáveis e escriturais poderão exercer o direito de voto.*
>
> *Parágrafo único. Os titulares de ações preferenciais ao portador que adquirirem direito de voto de acordo com o disposto nos §§ 1º e 2º do art.*

---

508 A matéria sobre direito de voto dos preferencialistas em virtude da não distribuição de dividendos, tem sido objeto de importantes decisões administrativas (CVM) e judiciais. Temos, assim, o Parecer CVM/SJU n. 005/83; Colegiado da CVM Proc. RJ2002/2941, Reg. 3771/02, Rel. Diretora Norma Jonssen Parente, j. em 21-10-2002; Colegiado da CVM, Proc. RJ2003/7844, Reg. 4207/03, Rel. Diretora Norma Jonssen Parente, j. em 13-1-2004; Colegiado da CVM, Proc. RJ2005/7329/05, Reg. 4879/05, Rel. Presidente Marcelo Fernandez Trindade, j. em 31-1-2006; Colegiado da CVM, Proc. RJ2002/4819, Reg. 3735/2003, Rel. Diretor Luiz Antonio de Sampaio Campos, j. em 4-8-2004; Colegiado da CVM, MEMO/SEP n. 055/98, Rel. Diretor Luiz Antonio de Sampaio Campos, j. em 8-1-2003; Colegiado da CVM RJ2002/7152, Reg. 4749/05, voto da Diretora Norma Jonssen Parente, j. em 30-8-2005. No plano judiciário, TRF 4ª Região, 3ª T. AC 2004.72.00.01120-7, Rel. Carlos Eduardo Thompson Flores, j. em 12-6-2006; JTJ249/188; TJRJ, 7ª Câm. Agr. Instr. 2000.002.00384, Rel. Des. Luiz Roldão F. Gomes, j. em 25-10-2000; TJSP, 3ª Câm. AC 242.840-4/3-00, Rel. Des. Alfredo Migliori, j. em 31-8-2004; TJES, 3ª Câm. Emb. Decl. em Agr. Instr. 051919000010, Rel. Des. Romulo Taddei, j. em 5-3-2002.

111, e enquanto dele gozarem, poderão converter as ações em nominativas ou endossáveis, independentemente de autorização estatutária.

LEI N. 8.021, DE 1990

Por razões inteiramente outras, a Lei n. 8.021, de 1990, extinguiu o sistema de títulos ao portador e endossáveis, em face dos efeitos que esse sistema produzia na evasão fiscal e na formação de patrimônios fantasmas junto às instituições financeiras.

Por essa razão transcendente de ordem pública e no interesse do próprio Estado, acabou a Lei n. 8.021 alforriando os acionistas titulares de ações ordinárias ao portador, que no regime da Lei n. 6.404, de 1976, eram chamados de "especuladores", dentro da teoria, em voga nos anos 1970, do "voto responsável". Essa "teoria" nada mais era do que a de reduzir o colégio votante.

Assim, a Lei n. 8.021, de 1990, ao impor a identificação dos que operam com títulos nos mercados financeiro e de capitais, aboliu as ações ao portador e as endossáveis, ab-rogando, consequentemente, o art. 112, que estabelecia o "não exercício do voto pelas ações ao portador".

Essa iniquidade deixou, portanto, de existir no mundo jurídico, estando o art. 112 derrogado por incompatível com o ordenamento. O desuso se impôs, assim, não pela revogação expressa, que não ocorreu, mas pela inaplicabilidade de alguns dispositivos da lei especial (Lei n. 6.404, de 1976), em face da lei geral (Lei n. 8.021, de 1990). Esta, pela sua finalidade, prevalece sobre a primeira, sem qualquer exceção ou reserva.

Inútil por isso mesmo o primeiro enunciado do art. 112, que dispõe somente poderem exercer o direito de voto as ações nominativas. Isso porque apenas essa forma é admitida no ordenamento vigente, sob as subformas registrada e escritural.

Nada resta, pois, do presente artigo que possa ser recebido pelo ordenamento vigente.

Em consequência, o estudo que ora se faz do presente artigo tem sentido doutrinário e de direito comparado, não logrando outro efeito que não estes, diante da sua inutilidade manifesta.

LEI DE 1940

O Decreto-Lei n. 2.627, de 1940, filiava-se aos princípios democráticos, no tocante ao direito de voto. Projetava no campo econômico aquilo que se chamou de *democracia capitalista*, em que o poder deveria decorrer do capital possuído[509], representado pelas ações, a que se atribuía unitariamente, em princípio, um voto nas deliberações sociais.

Consagrava, portanto, o antigo diploma, ainda que de modo relativo, o princípio da igualdade de direitos de todos os acionistas com respeito ao voto.

A relatividade desse princípio estava em que a lei de 1940 admitia espécie de ações sem ou com voto restrito, qual seja, as preferenciais.

Assim é que o voto constituía direito de espécie de ações. Daí resultava que às ordinárias cabia, por lei, votar, não podendo nem o estatuto nem a assembleia geral derrogar, suprimir ou cercear o respectivo exercício. Já quanto às preferenciais, poderia o estatuto suprimir ou restringir o exercício do voto[510].

Não admitia, pois, o Decreto-Lei n. 2.627, de 1940, qualquer distinção no tocante ao voto, em virtude da *forma* das ações ordinárias. Pelo contrário, a privação do direito de voto às ações ordinárias ao portador era vedada.

LEI N. 6.404, DE 1976

A Lei n. 6.404, de 1976, sob o pretexto de que deveria ser preservada a tradição das ações ao portador, retirou-lhes, em seguida, o direito de voto que lhes cabia, sob a alegação de que esse direito devia ser exercido com responsabilidade. Via de consequência, somente os titulares de ações nominativas registradas (art. 31), escriturais (art. 34) e endossáveis eram considerados responsáveis.

Tratava-se da transposição para o campo das sociedades anônimas do princípio da "liberdade com responsabilidade".

A respeito é explícita a Exposição de Motivos do Projeto do Executivo de 1976: "Entre a solução de extinguir essa forma de ação (...) e a de mantê-las como são, pelo grande atrativo que sua fácil circulabilidade apresenta para o mercado, o Projeto opta por excluí-las do exercício do direito de voto (...); mas *a responsabilidade no exercício do voto (básica para a defesa da minoria)* é incompatível com ações que trocam de mão sem deixar sinal. Como as ações ao portador podem ser convertidas em nominativas ou endossáveis (art. 22, parágrafo único), não há risco de excluírem-se os seus detentores

---

509 Pedrol, *La anónima actual*, cit., p. 55.

510 *V.* comentários ao art. 110.

do direito de voto nas companhias; mas, para exercê-lo, terão de identificar--se, mediante a conversão das ações, credenciando-se para a *participação responsável* nas assembleias gerais" (grifo nosso).

Vê-se nessa justificativa oficial da época (1976) o retorno ao princípio oligárquico da sociedade anônima, em que caberia apenas a um pequeno grupo de acionistas decidir sobre a política e sobre a administração da companhia, em volta de controlador (art. 116)

Nesse passo, a Exposição de Motivos de 1976 contém uma inverdade jurídica, ao proclamar a plena conversibilidade das ações ao portador em formas votantes. Isso porque o art. 22, parágrafo único, da lei, ora revogado, permitia que, nas companhias fechadas, determinadas classes de ações ordinárias ao portador fossem inconversíveis, sendo inalcançável, portanto, para os titulares destas o exercício do direito de voto[511].

Em consequência, temos que a Lei n. 6.404, de 1976, vedava o exercício do direito de voto em *razão da forma* das ações, seja das ordinárias, seja das preferenciais. Assim, as ações ordinárias deixavam de se caracterizar como aquelas que outorgavam absoluta igualdade de direitos aos seus titulares[512].

A FASE DA HEGEMONIA DO ESTADO

O direito de voto passou por diversas etapas que demonstram a sua evolução e a sua involução. Assim, nos séculos XVII e XVIII, segundo a análise acadêmica[513], houve, em primeiro lugar, a fase aristocrática, que coincidia com o caráter eminentemente institucional, para não dizer estatal, da sociedade anônima.

Sendo as companhias entidades a serviço da política exterior das Casas Reais, evidentemente o interesse de conquistas comerciais e territoriais sobrepujava os interesses particulares dos sócios. Entre estes havia os que administravam a companhia, visando à consecução dos fins do Estado, e os demais, que apenas contribuíam com meios econômicos para a capitalização do empreendimento. Numa reiteração das sociedades em comandita, os sócios não administradores já sabiam que não teriam qualquer participação na gestão e na política da companhia[514].

---

511   *V.* comentários ao art. 22.

512   *V.* comentários ao art. 110.

513   Pedrol, *La anónima actual*, cit., p. 55 e s.

514   Pedrol, *La anónima actual*, cit., p. 57.

FASE DA HEGEMONIA DA ASSEMBLEIA GERAL

No século XIX, a sociedade anônima, refletindo o pensamento político da época, erigiu a assembleia geral como órgão máximo de deliberação. Nessa fase, o princípio do predomínio da maioria do capital social era indiscutível.

Dessarte, o princípio político do sufrágio universal se impôs na sociedade anônima, dando aos votos majoritários o direito de decisão e de representação.

Não se pode, no entanto, fazer um paralelo perfeito entre a democracia política e a democracia capitalista, como alguns autores admitem[515]; por isso que não se outorgava às minorias acionárias qualquer participação institucional nas decisões das assembleias e na condução da política da companhia.

COMANDO DOS ADMINISTRADORES — DISPERSÃO DO CAPITAL

Os clássicos estudos de Berle e Means demonstraram existir, a partir do fim do século XIX e no século XX, uma completa modificação na estrutura do poder das sociedades anônimas americanas negociadas em Bolsa. Os administradores passam a comandar as companhias de mercado (*managment control*) e a se perpetuar nas suas administrações, alijando os acionistas – face à grande dispersão do capital – do centro de decisões. Daí a clássica teoria da cisão entre a propriedade da companhia e a sua gestão, sempre com base empírica no ocorrido nas companhias com ações negociadas no mercado a partir do fim do século retrasado, como referido.

Por outro lado, e no mesmo período, surge o domínio dos bancos sobre as grandes companhias, sobretudo na Alemanha, mediante o voto por procuração outorgado pelos acionistas em face da condição de depositários das ações da massa de acionistas (*legitimationsubertragung*)[516].

Além desses dois fenômenos, prevalece o *Fuhrerprinzip*, na Alemanha nazista. Por meio da lei de 1937, atribui-se aos administradores o comando absoluto das companhias e, em consequência, a responsabilidade também absoluta sobre os seus destinos e o pleno preenchimento de suas funções empresariais, a servido do *Reich*.

---

515 Pedrol, *La anónima actual*, cit., p. 57.

516 Art. 135 da lei alemã de 1937.

Novos fatos surgem ao lago da hegemonia dos administradores nas companhias com capital disperso

Surge a cisão entre as sociedades anônimas familiares ou fechadas, de um lado, e as companhias abertas ao investimento do público, de outro. Nestas últimas, a difusão do capital por um grande público cria um perfil diferenciado de acionistas. Estes passam a ser divididos em três grupos: o dos *controladores*, o dos *especuladores* e o dos *rendeiros*[517].

A legislação francesa, inclusive, leva em conta essa divisão, a ponto de a lei de 1966 ter incentivado a permanência dos acionistas especuladores, por meio da outorga do voto duplo a qualquer acionista que preenchesse certos requisitos[518].

O CONTROLADOR É SEMPRE O ACIONISTA COM MAIORIA ABSOLUTA DO CAPITAL VOTANTE

Surge, assim, a figura do acionista *controlador*, que não se confunde com a do acionista simplesmente *majoritário*. A hegemonia daquele, que é exercida na assembleia geral, pressupõe a titularidade da maioria absoluta das ações votantes. O exercício do controle depende da proporção entre o capital possuído (mais da metade do capital votante). Um bloco com maioria relativa de ações, ou seja, menos de cinquenta por cento mais uma, não pode comandar, de forma permanente e autárquica, a companhia. Mesmo havendo maioria relativa (menos da metade mais uma das ações votantes), dá-se a transferência, de fato, do comando da companhia para os seus administradores, na medida em que se instala a situação de dispersão do capital.

O controle da companhia passa a depender da organização de um grupo homogêneo, que se torna, assim, capaz de empolgar o poder na companhia. Para tanto, deve aglutinar, como reiterado, mais de cinquenta por cento do capital votante, o que reveste esse mesmo grupo da permanência e, portanto, do regime de autarquia no comando da sociedade. Essa maioria absoluta

---

517 Nessa divisão, aproveita-se a classificação antiga de José de La Vega, que os dividia em príncipes, de renda, mercadores e jogadores. Garrigues, *Curso*, cit., p. 142 e s. A transposição é feita por Dominique Schmidt, *Les droits de la minorité*, cit., p. 12 e s. Entre nós, Rubens Requião, *Revista de Direito Mercantil*, n. 15/16, p. 28.

518 Art. 175 da lei francesa de 1966.

está infensa da tomada hostil do comando da companhia, por outros grupos relativamente majoritários[519 e 520].

Prevalece, na atual fase do Direito Societário brasileiro o conceito de controlador e de sua hegemonia na sociedade anônima (arts. 116, 117 e 118).

Reconhece-se, com efeito, a existência das diferentes espécies de acionistas, a partir da diversificação de interesses. Para compensar, por outro lado, a perda da importância do voto amplia-se de forma substancial o sistema de informações e de revelação da situação da companhia.

Ademais, a limitação do voto, praticamente circunscrito aos controladores, pelo absenteísmo das outras duas categorias (especuladores e rendeiros), leva à difusão e consagração do regime de acordos de voto[521], que permite a agregação de grupos e, em consequência, a composição de interesses, seja para a formação do bloco controlador, seja para sua ampliação[522].

O fator capital passa, em alguns casos, a ser secundário. Daí o maior interesse empresarial, em certos setores, pela participação que se traduz em serviços, conhecimentos técnicos e abertura de novas linhas industriais, comerciais e financeiras, do que propriamente pela participação significativa no capital social.

Pode, v. g., interessar a um banco nacional passar a partilhar o controle da instituição com um grupo japonês, que apenas participe com 5% do capital (*joint venture*), do que dividi-lo com um grupo nacional que possa aumentar o capital próprio em até 45%. O acionista estrangeiro, no exemplo dado, poderá trazer maiores vantagens, comparativamente, do que o simples *apport* de recursos próprios para a sociedade.

Daí a importância do acordo de acionistas, notadamente o de controle (art. 118) que, na realidade, retira do voto o seu principal fundamento, qual seja, o da liberdade plena de decisão nas assembleias gerais, notadamente em se tratando de acordo de voto em bloco para o exercício do controle comum, cuja deliberação se apura em reunião prévia[523].

---

519 Pedrol, *La anónima actual*, cit., p. 65.

520 V. comentários ao art. 116.

521 Garrigues, *Curso*, cit., p. 33, 51, 64 e 137.

522 V. comentários ao art. 118.

523 V. comentários ao art. 118.

DIREITO ESTRANGEIRO

Numa rápida apreciação, pode-se dizer que a perda da importância do voto na sociedade anônima atual não é encarada no direito estrangeiro como um fato apreciável, mas, sim, como um fenômeno que deve ser combatido mediante a reversão do absenteísmo que hoje se tornou praticamente universal.

Assim é que há legislações, como a francesa, que incentivam o voto para os acionistas rendeiros, como referido.

Outras, como a norte-americana e a inglesa, que, embora admitam ações ordinárias sem voto, desestimulam a sua adoção por companhias que desejam negociar ações no mercado de capitais[524].

No Direito inglês, tínhamos o fato de diversas companhias emitirem ações ordinárias destituídas do direito de voto. O objetivo dessas emissões era permitir às referidas companhias levantar fundos e, ao mesmo tempo, assegurar a permanência dos majoritários na posição de comando. Entretanto, visando à proteção do público investidor, o Conselho de Administração da Bolsa de Londres declarou-se contrário, em princípio, à emissão de ações sem direito de voto. No mesmo sentido, a Federação de Bolsas de Valores exige que ações sem direito de voto sejam expressamente designadas como tais.

Ademais, o *relatório Jenkins* recomenda que os detentores de ações sem direito de voto devem receber avisos de convocação das assembleias gerais, bem como uma cópia dos relatórios dos diretores, que deverão ser remetidos com as contas e demonstrações financeiras do exercício social[525].

Na prática norte-americana, temos que a Bolsa de Valores de Nova York (NYSE), desde 1926, não admite a listagem de ações ordinárias sem direito de voto. Desde 1940, a corporação aumentou o grau de proibição, não admitindo que companhias listadas distribuam junto ao público ações sem direito de voto[526].

ORIGINALIDADE DO DIREITO BRASILEIRO REVOGADO

Nessa matéria, portanto, a Lei n. 6.404, de 1976, foi inteiramente original, deixando de inspirar-se no modelo anglo-saxão. Isso

---

524 No direito americano, *Financial Handbook*, cit., p. 13-23; *Model Business Corporation Act Annoted*, cit., v. 1, p. 531 e s.

525 T. E. Cain, *Charlesworth and Cain Company Law*, Londres, Stevens & Sons, 1972, cit., p. 180.

526 Henn, *Handbook*, cit., p. 369.

porque, em primeiro lugar, cassou através da própria lei o direito de voto, em vez de incentivar o seu reconhecimento, como o fazem as legislações e autorregulamentos de outros países.

E, em segundo lugar, foi igualmente criativa a lei de 1976, revogada pela Lei n. 8.021, de 1990, nesse particular, ao trancar o direito de voto a partir da *forma* das ações, o que era, sem dúvida, inusitado. De fato, não há precedentes de negativa do direito de voto em virtude da forma. Em outros países, conhece-se (e combate-se) esse cerceamento em razão da espécie ou classe, não sendo concebível que o trancamento se faça pela forma.

Tínhamos, assim, anteriormente à Lei n. 8.021, de 1990, um regime inteiramente criado pela lei brasileira, ou seja, a *cassação do voto pela forma*, independentemente da espécie ou classe das ações.

Na vigência deste revogado art. 112, o motivo alegado para o cerceamento do voto aos acionistas titulares de ações ordinárias ao portador era o de que, como referido, o voto deveria ser responsável, como explicita a Exposição de Motivos, já transcrita nesse trecho. Por isso, dever-se-ia excluir do colégio votante os acionistas rendeiros ou especulativos[527].

INSTABILIDADE DO COLÉGIO ACIONÁRIO

Também o exercício dos direitos de acionistas minoritários tornava-se de difícil configuração. Isso porque a conversibilidade, a qualquer tempo, das ações ao portador em formas votantes e vice-versa podia estabelecer uma permanente oscilação do colégio acionário com direito a voto. Podia o capital votante modificar-se a cada momento, notadamente em datas próximas às assembleias gerais.

Em consequência, o acionista que desejasse exercer qualquer direito para o qual necessitasse possuir uma porcentagem mínima de ações ordinárias (v. g., arts. 123 e 161) precisaria pedir a contagem deste oscilante capital votante.

Colocava-se mais uma difícil questão: em que momento essa contagem deveria ser feita? Na oportunidade do fato gerador da medida? No momento da efetivação da providência jurídica? Nesse caso, porém, o capital votante

---

527 Murillo de Souza Telles, *O direito de voto no Projeto de Lei das S. A.*, Rio de Janeiro, 1976, que sugere poder essa identificação ser alcançada por meio, v. g., de uma declaração de propriedade, que seria apresentada pelas companhias à Comissão de Valores Mobiliários e aos próprios acionistas.

poderia ter-se alterado. Por aí se veem as dificuldades que esse preceito atentatório ao direito de voto, ora revogado, trazia.

Essa insegurança jurídica trazida pelo legislador de 1976, ao suprimir direitos, exige que se entenda como *capital votante* ou *com direito a voto*, de que fala alternativamente a lei para o exercício de diversos direitos minoritários (arts. 123, 141, 161 e 215), todo o capital representado por ações ordinárias, no momento do fato gerador. Se houver ações preferenciais com direito a voto, também deverão ser consideradas todas elas. Se houver preferenciais com direito a voto restrito, também estas deverão ser plenamente consideradas, por ocasião do evento, para o efeito de formação do percentual. Isso porque a lei, nos diversos artigos em que trata dos direitos minoritários, fala sempre em percentual de ações *com direito a voto* e percentual de ações *sem direito a voto*[528].

Em nenhuma oportunidade fala o diploma de 1976 de percentual minoritário de ações preferenciais *com voto restrito*. Em virtude dessa omissão, deve-se entender como ações votantes, para o exercício de direitos minoritários, a totalidade das ações preferenciais com voto restrito.

VOTO DAS AÇÕES EMPENHADAS E ALIENADAS FIDUCIARIAMENTE

> **Art. 113.** *O penhor da ação não impede o acionista de exercer o direito de voto; será lícito, todavia, estabelecer, no contrato, que o acionista não poderá, sem consentimento do credor pignoratício, votar em certas deliberações.*
>
> *Parágrafo único. O credor garantido por alienação fiduciária da ação não poderá exercer o direito de voto; o devedor somente poderá exercê-lo nos termos do contrato.*

LEI DE 1940

A matéria recebia o mesmo tratamento na Lei anterior, *ex vi* do disposto no art. 83, que apenas apresentava uma redação mais explícita quanto à sinonímia entre caução e penhor de ações, certamente para

---

528 *V.* comentários aos arts. 123, 141 e 161.

reiterar a equivalência de um e outro, como o fazia o Código Civil de 1916, em seu art. 789[529].

Não tratava, no entanto, o antigo diploma de 1940 do voto das ações alienadas fiduciariamente, já que não havia ainda essa figura em nosso direito.

LEI N. 6.404, DE 1976

O artigo ora comentado mantém o mesmo preceito do diploma de 1940, acrescentando apenas o regime de voto das ações alienadas fiduciariamente (art. 40).

Não obstante a reprodução formal do preceito, sempre consagrado em nosso Direito Societário[530], o contexto em que se insere esse artigo é inteiramente outro. Isto porque, antes, a reserva do voto ao devedor pignoratício fundava-se na absoluta inadmissibilidade da cessão do direito de voto[531].

Já a Lei n. 6.404, de 1976, abandonou o princípio de que o direito de voto é inerente à propriedade da ação[532].

Entretanto, pode-se ainda distinguir o voto exercido pelo não acionista na qualidade de procurador do proprietário da ação — o que constitui cessão do direito de voto (art. 126) — daquele que pudesse vir a ser exercido pelo credor pignoratício. Este, com efeito, tem uma situação jurídica de conflito de interesses em face do proprietário do bem empenhado[533]. Daí não poder representar o proprietário, mesmo no regime da lei de 1976.

Por essa razão, deve-se colocar a ênfase do preceito na absoluta dissociação entre propriedade e garantia e não mais na proibição da cessão de voto, que era a base do impedimento do seu exercício pelo credor, no regime da lei de 1940.

Por outro lado, ao regular o voto das ações alienadas fiduciariamente, a lei vigente de 1976 perdeu-se por inteiro. Isso porque submete o direito de voto do acionista devedor aos termos do contrato de alienação em garantia.

---

529 Do Código Civil de 1916.

530 Art. 38 do Decreto n. 434, de 1891.

531 Valverde, *Sociedades por ações*, cit., v. 2, p. 62 e s. e 70 e s.; Cunha Peixoto, *Sociedades por ações*, cit., v. 2, p. 352 e s. e 365 e s.

532 *V.* comentários ao art. 118.

533 Cunha Peixoto, *Sociedades por ações*, cit., v. 2, p. 368.

Esse preceito cria uma dificuldade de interpretação, notadamente quanto aos efeitos do eventual silêncio da avença sobre o voto.

DIREITO ESTRANGEIRO

Em regra, as legislações estrangeiras consagram a ideia de que o exercício do voto cabe ao sócio e, assim sendo, preceituam que o credor deve facilitar o exercício do direito de voto por parte do proprietário das ações, mediante depósito destas ações ou por outros procedimentos. Nesse sentido, temos, v. g., a lei argentina[534], a francesa[535], a espanhola[536] e o modelo legislativo americano[537].

Em geral, também se entende reservado ao acionista o voto, mesmo no caso de sequestro, de arresto e de penhora.

Em sentido oposto, o Direito italiano, que, no art. 2.352 do Código Civil, preceitua que o direito de voto, salvo convenção em contrário, compete ao credor pignoratício[538].

AS TRÊS CORRENTES

Verificam-se, do estudo das diversas leis, três correntes[539]. A primeira é a que atribui o voto exclusivamente ao sócio, mesmo no caso de penhora, arresto e sequestro. A segunda considera que o voto compete ao proprietário devedor, admitindo-se, no entanto, convenção modificativa. A terceira admite que o voto caiba ao credor, como acessão da garantia.

A Lei n. 6.404, de 1976, filia-se à segunda corrente, no que respeita ao penhor, em cuja constituição o credor e o devedor podem convencionar sobre o exercício do direito de voto por parte deste último. É, no entanto, sui generis a lei vigente, ao exigir na alienação fiduciária de ações que o

---

534 Art. 219 da Lei das Sociedades de 1972.

535 Art. 163 da lei francesa de 1966.

536 Art. 42 da lei de 1951. Garrigues-Uría, *Comentario*, cit., v. 1, p. 492 e s.

537 *Model Business Corporation Act*, § 33, 8ª; *Model Business Corporation Act Annotated*, cit., v. 1, p. 721 e s.; Henn, *Handbook*, cit., p. 360 e s.; *Financial Handbook*, cit., p. 14-22.

538 Messineo, *Manuale*, cit., v. 4, p. 433. No Código Comercial italiano, o art. 164 preceituava exatamente o contrário. Sobre o dissídio jurisprudencial e doutrinário a respeito, Ascarelli, *Studi*, cit., p. 191 e s.

539 Cunha Peixoto, *Sociedades por ações*, cit., v. 2, p. 366.

exercício do direito de voto seja exercido pelo devedor nos estritos termos de uma convenção.

Temos, assim, que, no silêncio da convenção, o voto das *ações empenhadas* é plenamente exercitado pelo acionista devedor. No caso da *alienação fiduciária*, se não houver expressa menção ao exercício do voto no contrato respectivo, resta saber se o acionista devedor poderá ou não exercer o direito de voto.

DIFERENTES FUNDAMENTOS DA LEI DE 1940 E DA LEI DE 1976

Como referido, na lei anterior, de 1940, o voto era direito inseparável da qualidade de acionista[540]. O voto exprimia a vontade da sociedade que se considerava coincidente com a vontade dos sócios[541]. Não se admitia voto de estranhos ao quadro social.

Não reconheceu nunca o Direito Societário brasileiro — anterior e atual —, como o faz o Direito italiano, representar o penhor de ações uma alienação, embora instrumental, suscetível de transmitir ao credor pignoratício a qualidade de sócio[542]. Razão por que tem sido consagrado, entre nós, o princípio de que o devedor continua acionista, a ele cabendo o direito de voto, não permitindo a lei, em consequência, que o proprietário da ação transfira ao credor com direito de penhor a prerrogativa do voto[543].

Estabelecia o Decreto-Lei n. 2.627, de 1940, em seu art. 91, que somente o acionista — vale dizer o proprietário — tinha direito de votar, mesmo como procurador.

Já a lei vigente, de 1976, estabelece a dissociação entre titularidade da ação e legitimidade do voto (arts. 118 e 126). Não é mais essencial ser acionista para o exercício dessa prerrogativa[544].

Em consequência, há que se encontrar outro fundamento para a proibição legal do voto pelo credor pignoratício ou do proprietário em garantia.

Como referido, não existe propriamente um novo fundamento. Isso porque, mesmo no regime vigente, que admite a cessão do exercício do voto (arts. 118 e 126), não se pode estender aos credores a prerrogativa de

---

540 Valverde, *Sociedades por ações*, cit., v. 2, p. 71.

541 Halperin, *Sociedades anónimas*, cit., p. 325.

542 Pontes de Miranda, *Tratado*, cit., v. 50, p. 244.

543 Pontes de Miranda, *Tratado*, cit., v. 50, p. 245.

544 *V.* comentários ao art. 118.

representante do proprietário. A proibição do pacto comissório cria para o credor pignoratício uma posição completamente antagônica com a propriedade da coisa.

Na mesma situação de dualidade encontra-se o proprietário fiduciário, que recebe o bem a título de propriedade em garantia. Aí a propriedade é também meramente instrumental e resolúvel, não se confundindo com o domínio pleno das ações. Os interesses do titular devedor são conflitantes com os do proprietário fiduciário.

A respeito, convém recordar que as ações representativas do capital de uma companhia não se confundem com os títulos de crédito[545], por isso que atribuem ao seu titular a qualidade de sócio e, assim, as prerrogativas de participação, que só a ele, proprietário, ou a seu representante, cabe exercer, em especial no tocante aos direitos corporativos de caráter não patrimonial[546], como é o caso específico do voto.

Em conclusão, embora a lei já não considere essencial ser acionista para o exercício do voto (arts. 118 e 126), mesmo assim não se pode confundir o proprietário da ação, ou o seu representante, com o credor pignoratício ou com o proprietário fiduciário.

NÃO PODE O CREDOR SER PROCURADOR DO ACIONISTA

Não pode o credor pignoratício ou o proprietário fiduciário votar em nome do acionista devedor, na qualidade de procurador deste. O impedimento é absoluto, em face do manifesto conflito de interesses entre credor e devedor. Não pode, portanto, o credor contornar o preceito proibitivo de voto *de jure proprio*, mediante o expediente da obtenção de mandato do acionista devedor, para votar em nome deste.

Aqui, prevalece o mencionado pressuposto do conflito fundamental de interesses (*Hauptkonflict*) entre o acionista devedor e o credor garantido com ações daquele. Não pode o segundo representar o primeiro, nas deliberações sociais. Tal voto seria contrário não só aos interesses do acionista, como aos da própria companhia, já que o voto deve ser exercido no interesse social (art. 115).

---

545 V. comentários ao art. 11.

546 Valverde, *Sociedades por ações*, cit., v. 2, p. 69 e s.

OBTENÇÃO DO CONTROLE DA COMPANHIA PELO CREDOR

O fundamento clássico da proibição de o credor votar com as ações do devedor toma nova força diante da atual estrutura da companhia, fundada precipuamente na figura do controlador (arts. 116, 117 e 118). Deve-se evitar que o controle da sociedade possa ser empolgado pelos credores dos acionistas controladores. Se, com efeito, o credor pudesse votar, seja diretamente, seja mediante procuração do controlador-devedor, haveria uma evidente distorção nas relações decorrentes dos contratos de financiamento e empréstimo[547].

Ocorreria, certamente, uma série de concessões de empréstimos visando não à remuneração do capital mutuado, mas, sim, à obtenção, de fato, do controle das companhias nas quais o devedor fosse detentor da maioria absoluta do capital votante (art. 116)[548].

Imagine-se a hipótese dos bancos de investimento e de desenvolvimento concedendo empréstimos de longo prazo à companhia, mediante caução de ações de seus controladores (art. 116), acompanhadas de procurações de voto. Neste caso, configurar-se-ia o *controle externo* da companhia, por meio da simples atribuição ao banco mutuante do penhor das ações constitutivas do controle[549].

PROIBIÇÃO DO VOTO POR PROCURAÇÃO AO CREDOR ACIONISTA

Já se viu que a concessão do voto ao credor não acionista mediante procuração possibilitaria o *controle externo* da companhia. Se, no entanto, o credor for também acionista, a procuração de voto das ações dadas em garantia poderia levar à transferência, de fato, do controle interno da sociedade (art. 116). Tratar-se-ia de um negócio indireto[550] ilícito, na medida em que permitiria o controle da companhia com ações alheias, no caso as do acionista devedor ou garantidor[551].

---

547 André Martins de Andrade, *Anotações à Lei das S. A.*, cit., p. 124.

548 V. comentários ao art. 116.

549 V. comentários ao art. 116.

550 Contrariamente à configuração do negócio indireto, a nosso ver sem razão, Pedrol, *La anónima actual*, cit., p. 407 e s.

551 V. comentários ao art. 116.

POSSIBILIDADE DE VERIFICAÇÃO DA EVENTUAL BURLA

Se há um ponto em que poderia ser útil o cerceamento de voto às extintas ações ao portador (art. 112, ora revogado), esse era o de permitir a fiscalização efetiva da burla a preceito proibitivo de voto pelo credor garantido com ações de emissão da companhia.

Podendo exercer o voto apenas os titulares de ações nominativas, registradas (art. 31) e escriturais (art. 34), tem-se que a constituição do penhor ou da alienação fiduciária, bem como dos demais direitos reais e ônus, serão necessariamente averbados nos livros próprios da companhia (arts. 39 e 40)[552], ou lançados pela entidade custodiante (arts. 31 e 41)[553].

Tinha a companhia possibilidade plena de identificar o acionista e distingui-lo do credor, impedindo que este votasse em nome próprio, ou por procuração (art. 126), com ações dadas em garantia pelo acionista devedor.

PROIBIÇÃO DE VOTO AO CREDOR EM ACORDO DE ACIONISTAS

Não pode o acordo de acionistas resultar da entrega de ações em garantia do acionista devedor ao acionista credor. Poderia, com efeito, o acordo de acionistas (art. 118) servir para a transferência, de fato, do exercício do voto ao acionista credor, ou então ao acionista síndico do acordo[554 e 555]. O acordo de acionistas deve originar-se da composição de interesses entre acionistas ou grupos de acionistas. Não pode, pois, esse instituto ser utilizado pelo credor para estabelecer procedimentos de voto por parte do acionista devedor que lhe favoreça.

UTILIZAÇÃO LÍCITA DO ACORDO DE ACIONISTAS PELO CREDOR EXTERNO

Não obstante, poderá o credor externo, v. g., um banco de investimento ou de desenvolvimento (BNDES), fazer com que, no acordo de acionistas de que participe o acionista devedor, constem ou passem a

---

552 V. comentários aos arts. 39 e 40.

553 V. comentários aos arts. 31 e 41.

554 V. comentários ao art. 118.

555 A questão foi levantada por Pedrol, *La anónima actual*, cit., p. 406 e s., sob o ângulo do art. 42 da lei espanhola de 1951.

constar as cláusulas de consentimento prévio do credor, no que respeita a certas deliberações. Tais cláusulas são as convencionadas no contrato respectivo de financiamento de que resultou o penhor ou a alienação fiduciária de ações também objeto do acordo de acionistas.

ALCANCE RESTRITO DAS CLÁUSULAS DE CONSENTIMENTO PRÉVIO DE VOTO PELO CREDOR

A lei de 1976, como referido, permite convencionar-se, no instrumento de penhor, que o acionista não poderá votar em determinadas deliberações sem o consentimento do credor. Portanto, mesmo que o credor, *de jure proprio* ou como procurador, não possa se imitir no direito de voto, poderia eventualmente estabelecer a exigência de prévio consentimento para matérias que poderiam induzir ao controle externo da companhia, como, p. ex., mudança de objeto social etc.

Conclui-se, portanto, que, conforme as matérias objeto da prévia concordância do credor, poderá ele chegar a um controle, de fato, da companhia, externo ou interno, reiterando-se, a respeito, que eventualmente o crédito tenha sido propositadamente concedido com tal objetivo.

Posto isso, as matérias de voto convencionalmente submetidas ao prévio consentimento do credor, seja pignoratício, seja proprietário fiduciário, não podem ter por objeto atos ordinários de administração e de gestão da companhia, nem os relativos à sua expansão.

Não pode, assim, o contrato de financiamento incluir cláusula de prévio consentimento de voto, no que respeita, v. g., à eleição dos administradores, ao aumento de capital social, à criação de ações preferenciais, à eleição do Conselho Fiscal. Outrossim, seria írrita a cláusula que vedasse ao acionista votar na assembleia geral de aprovação de contas (art. 132) sem o consentimento do credor. Também nula seria a cláusula que obrigasse o acionista a votar num determinado sentido em assembleias futuras[556].

O prévio consentimento do credor não pode ter por objeto matéria de interesse social ordinário.

Dessarte, as convenções de prévio consentimento devem restringir-se unicamente aos interesses diretos do credor; interesses esses, no entanto, que devem sempre se coadunar com os da sociedade (interesse social) e

---

556 Valverde, *Sociedades por ações*, cit., v. 2, p. 71.

não ofender as prerrogativas individuais asseguradas ao próprio acionista devedor[557].

MATÉRIAS OBJETO DE CONSENTIMENTO DO CREDOR

Apenas as matérias que possam modificar o estado patrimonial ou institucional da companhia é que podem ser passíveis de sujeição ao consentimento do credor para o exercício do voto pelo acionista devedor ou garantidor.

Entre elas, algumas que exigem quórum qualificado (art. 136), notadamente as que impliquem a alteração do dividendo obrigatório, mudança do objeto da companhia, sua incorporação, fusão, cisão ou dissolução convencional ou, ainda, cessação do estado de liquidação[558].

Também podem ser submetidas a esse consentimento as matérias referentes à venda ou oneração de bens do patrimônio social especificados ou a partir de valor constante da avença, bem como a aquisição de determinados bens ou a realização de investimento com recursos de terceiros, cujo valor possa pôr em risco a capacidade da companhia em pagá-los.

Não pode, no entanto, ser exigido contratualmente o consentimento do credor para aumento do capital, sob qualquer forma, inclusive mediante a emissão de ações preferenciais. Será lícito, porém, convencionar-se a audiência do credor, no caso de qualquer alteração no regime de ações preferenciais já anteriormente emitidas. Também podem ser admitidas como matéria de consentimento do credor as deliberações sobre incorporação de companhia controlada ou sua fusão (art. 264), participação da companhia em grupo de sociedades (art. 270), transformação da companhia (arts. 221 e 298) e aquisição de controle de outra sociedade mercantil (art. 256)[559].

A EFICÁCIA DA CLÁUSULA DEPENDE DO ARQUIVAMENTO DO CONTRATO NA COMPANHIA

A eficácia das cláusulas de consentimento de voto objeto do contrato celebrado entre o credor e o acionista devedor ou garantidor depende do arquivamento do respectivo instrumento na socieda-

---

557 Cunha Peixoto, *Sociedades por ações*, cit., v. 2, p. 367.

558 *V.* comentários ao art. 136.

559 *V.* comentários ao art. 264.

de, dentro do mesmo regime estabelecido para a eficácia do acordo de acionistas (art. 118)[560].

Outrossim, a administração da companhia e a mesa da assembleia geral deverão exigir do acionista presente que exiba, em cada conclave, a autorização por escrito do credor para a deliberação válida sobre as matérias da ordem do dia que estão sujeitas ao consentimento prévio.

Se o acionista deixar de exibir o instrumento de assentimento, poderá ser impedido de votar sobre os assuntos mencionados no contrato, salvo se protestar pela exibição do documento em prazo razoável. Nesse caso, o sufrágio será nulo se o credor manifestar sua contrariedade ao voto dado.

RATIFICAÇÃO DO VOTO

Poderá o acionista que, por qualquer motivo material, não obtiver previamente o consentimento avençado do seu credor, votar na assembleia geral, com a ressalva de prontamente arquivar, na companhia, o instrumento específico de assentimento do credor para o voto dado, na forma prevista na convenção.

Seria, com efeito, iníquo que o acionista não pudesse votar em deliberações de importância para ele próprio e para a companhia (interesse social), diante da impossibilidade de se encontrar o credor antes do conclave. Ainda que se trate de hipótese rara, deve ser prevista.

O NÃO CONSENTIMENTO DEVE SER FUNDAMENTADO

Ainda que as matérias passíveis de assentimento sejam restritas à modificação do estado patrimonial ou institucional da companhia, deve sempre a sua recusa ser minuciosamente fundamentada. Se não o for ou se o fundamento for falso, resultante de mera emulação, poderá a companhia ou o acionista devedor exigir reparação por danos que o veto injustificado do credor causou a um deles ou a ambos.

Trata-se de questão da maior importância, na medida em que adentra o campo do abuso de direito por parte do credor pignoratício ou do proprietário fiduciário. Cabe a estes, portanto, sopesar profundamente as razões quando decidirem negar o assentimento solicitado pelo acionista devedor,

---

560 V. comentários ao art. 118.

notadamente quando o seu voto (v.g. maioria qualificada) for fundamental para o prevalecimento de decisões que interessem à companhia.

RECUSA DE CLÁUSULAS DE CONSENTIMENTO PELA COMPANHIA

Deverá indeclinavelmente a companhia recusar o arquivamento das cláusulas de consentimento constantes do contrato celebrado entre credor e acionista devedor ou garantidor que versem sobre matérias que tragam prejuízo substancial ao interesse da própria companhia ou aos direitos impostergáveis dos seus acionistas[561].

Não se tratando, pois, de matéria que objetive a conservação patrimonial e institucional da companhia, as demais, em princípio, podem ser recusadas pela administração da mesma.

VOTO COM AÇÕES ALIENADAS FIDUCIARIAMENTE

A redação oblíqua do parágrafo único do artigo ora comentado poderá induzir ao entendimento de que, ao contrário do penhor, no silêncio do contrato de alienação fiduciária, não poderá o voto ser exercido pelo acionista devedor.

Em todo o caso, fica expresso que, em nenhuma hipótese, poderá o credor garantido exercer o voto. Valem, a respeito, as referencias feitas sobre a impossibilidade desse exercício *de jure proprio* ou por procuração.

De outro lado, diante da confusa redação do presente artigo, cabe indagar se, havendo omissão no contrato de alienação fiduciária em garantia a respeito do exercício do direito de voto, estaria o acionista devedor impedido de votar. Concluir nesse sentido seria totalmente absurdo. Isso porque a suspensão do direito de voto somente é admitida na lei diante do descumprimento de obrigação imposta ao acionista e desde que assim entenda, em cada caso, a assembleia geral (art. 120).

Impedir o pleno exercício do voto pelo acionista por ter a matéria permanecido *in albis* no contrato de alienação fiduciária não teria qualquer procedência.

Portanto, se o contrato de alienação fiduciária silenciar a respeito, entende-se que o proprietário fiduciário não reservou qualquer matéria objeto

---

561 Cunha Peixoto, *Sociedades por ações*, cit., v. 2, p. 368.

de voto ao seu prévio consentimento. Daí poder o acionista exercer o voto plenamente.

REQUISITO DE ARQUIVAMENTO

Em todo o caso, cabe ao acionista devedor arquivar, em qualquer hipótese, o contrato de alienação fiduciária respectivo na companhia, dentro dos mesmos procedimentos e para os mesmos efeitos do penhor de ações, anteriormente mencionados.

Cabe à administração e à mesa da assembleia geral proceder, assim como o faria para o contrato de penhor. Se o contrato de alienação fiduciária for omisso quanto ao voto, nenhuma restrição poderá ser feita ao seu exercício.

PENHORA, SEQUESTRO E ARRESTO

No caso de penhora, sequestro e arresto de ações, até sua venda em juízo, o proprietário em débito continua acionista e, pois, permanece com o direito pleno de voto[562].

Mesmo em face dessas medidas judiciais, pode o acionista continuar a participar dos atos sociais que lhe são próprios, notadamente nas deliberações das assembleias gerais e ali votar livremente, sem qualquer restrição[563].

VOTO DAS AÇÕES GRAVADAS COM USUFRUTO

Art. 114. O direito de voto da ação gravada com usufruto, se não for regulado no ato de constituição do gravame, somente poderá ser exercido mediante prévio acordo entre o proprietário e o usufrutuário.

LEI DE 1940 E LEI N. 6.404, DE 1976

A matéria era regulada no art. 84 do Decreto-Lei n. 2.627, de 1940, que rezava: "No usufruto de ações, o direito de voto somente poderá ser exercido mediante prévio acordo entre o proprietário e o usufrutuário".

---

562 Valverde, *Sociedades por ações,* cit., v. 2, p. 70.

563 Cunha Peixoto, *Sociedades por ações*, cit., v. 2, p. 369; Ascarelli, *Studi*, cit., p. 199 e s.

Vê-se que, embora com redação diversa, o sentido do preceito revogado de 1940 era o mesmo da lei vigente, de 1976.

A Lei n. 6.404, de 1976, não modificou a substância da norma anterior correspondente (1940), isso porque o prévio acordo poderá estar fixado tanto no instrumento de constituição do gravame como ser posteriormente estipulado ou modificado[564].

A lei vigente, de 1976, reiterou, nesse particular, o partido tomado pelo Decreto-Lei n. 2.627, de 1940, que negava o seu exercício tanto ao nu-proprietário quanto ao usufrutuário na ausência de acordo sobre o sufrágio[565].

INCONVENIENTES DESSA ORIENTAÇÃO

Os inconvenientes dessa orientação são óbvios. Em primeiro lugar, porque nega o exercício do voto por razões formais, confundindo uma questão de procedimento com a atribuição material e, portanto, substantiva do voto[566].

Inúmeros transtornos resultam dessa opção cerceadora da prerrogativa do acionista. Aponta-se, exemplificativamente, a possibilidade de grande parte ou a maioria ou, ainda, a totalidade das ações votantes estarem gravada com usufruto[567]. Nesses casos, se houver questionamento entre o nu-proprietário e o usufrutuário sobre o direito de voto, ficaria a sociedade desfalcada de votos substanciais ou mesmo haveria impossibilidade de deliberação, diante do impasse convencional.

Ademais, foge à competência judicial, na espécie, decidir a quem se atribuiria o voto, no caso de silêncio convencional. Caberia ao Judiciário, num dissídio entre o nu-proprietário e o usufrutuário, apenas decretar a validade ou não da convenção preexistente que se questionasse.

QUEM PODE REVOGAR?

A respeito, cabe indagar se o acordo celebrado entre o nu-proprietário e o usufrutuário seria revogável ou não.

---

564 A propósito, v. TJSP, 4ª Câm., AC 53.836-4, Rel. Des. Cunha Cintra, j. em 6-8-1998.

565 Cunha Peixoto, *Sociedades por ações*, cit., v. 2, p. 373.

566 Sanches Torres apud Cunha Peixoto, *Sociedades por ações*, cit., p. 373.

567 Cunha Peixoto, *Sociedades por ações*, cit., v. 2, p. 373.

Parece-nos que seria perfeitamente rescindível. Mas por quem? Teria o proprietário qualidade para cassar o exercício do voto pelo usufrutuário? Por outro lado, seria legítimo ao usufrutuário denunciar a convenção que houvesse atribuído o voto ao proprietário?

Todas essas questões momentosas foram desconhecidas pelo legislador de 1976.

AS CORRENTES DOUTRINÁRIAS

O dissídio doutrinário sobre o tema é manifesto. A favor da outorga do direito ao usufrutuário apresenta-se o argumento de que as decisões da assembleia geral não são outra coisa senão atos de administração da companhia. Daí caber ao usufrutuário participar delas[568].

Os que defendem a atribuição do voto ao nu-proprietário fundamentam a sua atitude negando o caráter meramente administrativo ou de conservação de direitos das decisões da assembleia geral. Lembram que esta pode deliberar sobre questões de maior alcance, inclusive modificando o estado patrimonial ou estrutural da companhia[569].

Há uma terceira corrente conciliatória que entende dever o usufrutuário exercer o voto nas assembleias ordinárias e o nu-proprietário nas assembleias extraordinárias[570]. O fundamento dessa orientação, portanto, é *ratione materiae*.

DIREITO ESTRANGEIRO

A lei espanhola adota a segunda corrente, atribuindo ao nu-proprietário o exercício do voto, podendo, no entanto, haver acordo modificativo entre as partes, desde que o estatuto da companhia acolha essa hipótese. No silêncio do estatuto, prevalece o voto do nu-proprietário, ainda que haja convenção[571].

Também na lei argentina todos os direitos de conteúdo não patrimonial pertencem ao nu-proprietário[572].

---

568 Dalmas apud Pedrol, *La anónima actual*, cit., p. 375.

569 Garrigues-Uría, *Comentario*, cit., v. 1, p. 668.

570 Sanches Torres apud Pedrol, *La anónima actual*, cit., p. 376.

571 Art. 41 da lei de 1951; Garrigues-Uría, *Comentario*, cit., v. 1, p. 479.

572 Art. 218 da lei de 1972; Halperin, *Sociedades anónimas*, cit., p. 593.

Na lei italiana, salvo convenção em contrário, o direito de voto é atribuído ao usufrutuário[573].

Já a lei francesa segue a doutrina intermediária, ao determinar que o direito de voto pertence ao usufrutuário nas assembleias ordinárias e ao nu-proprietário, nas assembleias extraordinárias[574].

FUNDAMENTO DO PRECEITO

A nossa lei de 1976, ao optar pelo impedimento do exercício do voto, na ausência de convenção, levou em conta o irrecusável conflito de interesses que existe entre o nu-proprietário e o usufrutuário.

Visualiza-se diferentemente, no entanto, o conflito de interesses entre o acionista devedor ou garantidor e o credor (art. 113) e aquele próprio das relações entre o nu-proprietário e o usufrutuário.

No caso de usufruto, o contraste se dá num plano que não afeta a vida social. Esse conflito, entretanto, alcança os interesses particulares do acionista nu-proprietário e do usufrutuário. É natural a tendência do usufrutuário em querer a distribuição da maior parcela possível do lucro em forma de dividendos. Já o nu-proprietário da ação terá interesse contrário, ou seja, em reter esse lucro para efeito de valorizá-la, pela acumulação do patrimônio líquido[575].

Ambas as opções são legítimas e não podem ser arguidas como contrárias à companhia ao serem exercitadas através do voto.

Não obstante, para a segurança das deliberações tomadas na assembleia e sua estabilidade, será imprescindível que as companhias saibam qual dos dois titulares tem o direito pleno do voto, já que a lei presume a não coincidência de interesses entre ambos.

VOTO DE AÇÕES DE MENORES

No usufruto legal dos bens pertencentes aos filhos menores compete ao titular do poder familiar, como representante legal deles, exercer o direito de voto.

---

573 Art. 2.352 do Código Civil italiano de 1942.

574 Art. 163 da lei de 1966. Sobre a *ratione materiae* do dispositivo, Pedrol, *La anónima actual*, cit., p. 376.

575 Cunha Peixoto, *Sociedades por ações*, cit., v. 2, p. 373.

ACORDO FORMAL E ARQUIVADO NA SEDE SOCIAL

O acordo entre o nu-proprietário e o usufrutuário, com respeito ao exercício do direito de voto, deve ser convencionado formalmente.

O respectivo instrumento deve ser apresentado pelo titular convencional do voto à companhia para que nela fique arquivado.

Diferentemente do voto do acionista devedor, não pode a mesa do conclave admitir que o acionista vote na assembleia, sem a apresentação do instrumento do acordo, a não ser que proteste por oportuno arquivamento.

A APRESENTAÇÃO DO ACORDO É REQUISITO

A impossibilidade do voto sem apresentação do acordo decorre da questão de identidade do titular do direito. Ou ele é o nu-proprietário ou é o usufrutuário.

Já na questão de ações gravadas com penhor ou alienação fiduciária, não há esse problema de identidade. O titular somente pode ser o acionista devedor ou garantidor e nunca o credor (art. 113).

Logo, no caso de usufruto, não pode a companhia reconhecer o titular do direito sem que este apresente o título bastante que o credencie a tanto. Se não o fizer, quem se apresentar na assembleia para votar deverá ser impedido do exercício da prerrogativa, a não ser que, como referido, proteste o interessado pelo oportuno arquivamento, ou seja, em prazo imediato, anterior às providências de arquivamento junto ao Registro do Comércio.

O ACORDO PODE SER AVERBADO NO LIVRO

Não obstante não prever a lei a averbação da convenção de voto, nos livros próprios de registro de propriedade das ações (art. 40), nada impede, ao contrário, tudo recomenda que essa averbação seja feita. Tal procedimento facilitará, sobremaneira, a identificação do titular do direito por ocasião da realização da assembleia geral[576].

LEGITIMAÇÃO DO USUFRUTUÁRIO

Se o voto for exercido pelo usufrutuário, consoante a convenção, resta saber qual a posição dele perante a companhia. Não se

---

576 V. comentários aos arts. 31 e 41.

trata, com efeito, do acionista, nem do seu representante ou mandatário (art. 126). O mandatário quando vota, sendo ou não acionista, presume-se que o faça de acordo com a vontade do proprietário das ações. Não se dá o mesmo com relação ao usufrutuário. A lei, ao exigir a convenção prévia para o voto, fundamenta-se exatamente no conflito de interesses entre o nu-proprietário e o usufrutuário. Logo, não exerce ele mandato a favor do nu-proprietário.

Sua posição jurídica é *sui generis*. Com o fracionamento da propriedade que se opera com a instituição do usufruto, o usufrutuário deve ser considerado *pessoa legitimada* pela lei para o exercício do direito de voto.

Com efeito, num conclave societário, acionista é aquele que tem *legitimidade* para nele exercer os direitos inerentes às ações declaradas no livro próprio[577]. Na relação jurídica que envolve os atos próprios de uma assembleia geral, tem o usufrutuário, portanto, legitimidade para o exercício dos direitos inerentes às ações gravadas.

Em sentido geral, têm essa legitimidade para o exercício do voto tanto os proprietários plenos das ações e seus representantes e procuradores (art. 126), como os usufrutuários e os fiduciários, no fideicomisso. Estes últimos assumem as vestes de proprietários durante a vigência da fidúcia[578].

CONTEÚDO DA CONVENÇÃO DE VOTO

Seja no ato de constituição do usufruto, seja no acordo celebrado posteriormente entre o nu-proprietário e o usufrutuário, a matéria do exercício do voto será livremente pactuável.

Assim, podem os convenentes acordar que o voto será, sem restrições, exercido pelo usufrutuário ou pelo nu-proprietário.

Poderão igualmente os convenentes distinguir a titularidade do direito de um e de outro *ratione materiae*. Assim, v. g., será convencionado que nas matérias objeto de assembleia ordinária votará o usufrutuário e, nas matérias próprias das assembleias extraordinárias, votará o proprietário. A convenção de voto *ratione materiae* pode ser também mais específica. Exemplificativamente, caberia o voto ao usufrutuário em todos os assuntos, exceto naqueles referentes à venda ou à oneração de bens do patrimônio social. Ou, então,

---

577 Ascarelli, *Ensaios e pareceres*, p. 94.

578 Campos Batalha, *Comentários*, cit., v. 1, p. 249; Cunha Peixoto, *Sociedades por ações*, cit., v. 1, p. 329.

v.g., seriam reservadas ao nu-proprietário apenas as matérias referentes à mudança estrutural da companhia ou as de participação em grupos de sociedades etc.

Vê-se assim que podem ser encontradas inúmeras fórmulas para compor o conflito de interesses que a lei presume existir entre o nu-proprietário e o usufrutuário, no tocante ao exercício do voto[579].

ABUSO DO DIREITO DE VOTO E CONFLITO DE INTERESSES

Art. 115. O acionista deve exercer o direito a voto no interesse da companhia; considerar-se-á abusivo o voto exercido com o fim de causar dano à companhia ou a outros acionistas, ou de obter, para si ou para outrem, vantagem a que não faz jus e de que resulte, ou possa resultar, prejuízo para a companhia ou para outros acionistas.

§ 1º O acionista não poderá votar nas deliberações da assembleia geral relativas ao laudo de avaliação de bens com que concorrer para a formação do capital social e à aprovação de suas contas como administrador, nem em quaisquer outras que puderem beneficiá-lo de modo particular, ou em que tiver interesse conflitante com o da companhia.

§ 2º Se todos os subscritores forem condôminos de bem com que concorreram para a formação do capital social, poderão aprovar o laudo, sem prejuízo da responsabilidade de que trata o § 6º do art. 8º.

§ 3º O acionista responde pelos danos causados pelo exercício abusivo do direito de voto, ainda que seu voto não haja prevalecido.

§ 4º A deliberação tomada em decorrência do voto de acionista que tem interesse conflitante com o da companhia é anulável; o acionista responderá pelos danos causados e será obrigado a transferir para a companhia as vantagens que tiver auferido.

LEI DE 1940

O Decreto-Lei n. 2.627, de 1940, regulava a matéria de forma menos ampla. Preceituava o art. 82 do diploma revogado que o acio-

---

579 Sobre a matéria, TJSP, 4ª Câm. AC 58.836-4, Rel. Des. Cunha Cintra, j. em 6-8-1998; TJSP, 2ª Câm. Agr. Instr. 275.405-4/5-00, Rel. Des. Paulo Hungria, j. em 11-2-2003; *JTJ* 277/370; TJMG, 10ª Câm. AC 1.0024.05.827925-8/001, Rel. Des. Alberto Aluizio Pacheco de Andrade, j. em 14-3-2006, com voto vencido do Des. Alberto Vilas Boas, Presidente; Parecer CVM/AJU, n. 005/80. In Lazzareschi, ob. cit., p. 225 e s.

nista não poderia votar nas deliberações da assembleia geral relativas ao laudo de avaliação de bens com que concorresse para a formação do capital social, nem nas que viessem a beneficiá-lo de modo particular.

E o art. 95 da lei societária de 1940 preceituava que responderia por perdas e danos o acionista que, tendo em uma operação interesses contrários aos da sociedade, votasse em deliberação que determinasse com seu voto a maioria necessária.

Já quanto aos diretores e conselheiros fiscais da companhia, o antigo diploma continha dispositivo vedatório da votação que pudesse conflitar com os interesses da companhia. Assim, o art. 100 da antiga lei determinava que não poderiam tomar parte na votação referente às contas da diretoria, balanço e parecer do Conselho Fiscal os membros desses órgãos.

Vê-se, pois, que o Decreto-Lei n. 2.627, de 1940, proibia o acionista de votar nas deliberações da assembleia geral relativas ao laudo de avaliação dos bens com que concorresse para a formação do capital social e nas decisões que viessem a beneficiá-lo de modo particular ou, ainda, enquanto diretor, na aprovação das suas contas.

Não havia impedimento expresso ao acionista com interesse formalmente contrário ao da companhia, de votar. Responderia, no entanto, por perdas e danos, se a deliberação fosse influenciada pelo voto substancialmente conflitante, a ponto de com ele formar-se a maioria necessária[580].

Por outro lado, o Decreto-Lei n. 2.627, de 1940, já dispensava a avaliação dos bens pertencentes em comum a todos os subscritores do capital inicial, ou a todos os acionistas nos aumentos subsequentes, *ex vi* do art. 6º daquele diploma.

LEI N. 6.404, DE 1976

A Lei n. 6.404, de 1976, cria a figura do abuso do direito de voto e a conceitua no *caput* do presente artigo.

Por outro lado, o § 1º desta norma tipifica as quatro hipóteses de impedimento do exercício do direito de voto. Essas tipificações do impedimento do exercício do direito de voto não admitem construção administrativa, jurisdicional ou arbitral sobre essa matéria restritiva de direito subjetivo essencial.

No caso de abuso do voto (*caput*), caberá à jurisdição competente enquadrar a conduta na definição contida no *caput* do artigo.

---

580 Valverde, *Sociedades por ações*, cit., v. 2, p. 116.

E no que respeita ao impedimento do voto do § 1º, deve a dicção judicial, administrativa (CVM) ou arbitral cingir-se objetivamente ao descumprimento de uma das quatro hipóteses aí tipificadas. Não cabe aqui nenhuma construção interpretativa ou extensiva a respeito, já que se trata de restrição do exercício de direito subjetivo essencial do acionista, o de votar.

Deve-se, a propósito, anotar que as normas que restringem direitos legítimos não podem ser extensivamente interpretadas, como se fossem padrões normativos (*standards*), vocacionados a uma construção jurisdicional ou administrativa.

Essas condutas do abuso do direito (*caput*), de um lado, e do impedimento (§ 1º), de outro, alcançam a generalidade dos acionistas, como sejam os (i) controladores (art. 116), os (ii) minoritários e os (iii) acionistas comuns nas companhias com capital disperso (art. 137, II, *b*)

Com efeito, o artigo ora estudado não trata especificamente da antijuridicidade do abuso do voto (*caput*) dos controladores (art. 117), mas, sim, do abuso por parte da generalidade dos acionistas, como resta evidenciado no preceito contido no § 3º, ao determinar que "o acionista responde pelos danos causados pelo exercício abusivo do direito de voto, ainda que seu voto não haja prevalecido".

Fundamental reiterar que a norma ora estudada trata separadamente a matéria de (i) abuso de direito de voto e aquela do (ii) impedimento do seu exercício.

O abuso de direito de voto é tratado no *caput*, que preceitua o dever de votar a favor do interesse social e, em seguida, define os contornos da conduta ilícita.

E no § 3º comina o abuso no exercício do direito de voto, ainda que este não haja prevalecido.

Já o impedimento do exercício do direito de voto é destacadamente tratado no § 1º, que tipifica os quatro casos que o restringem, com a exceção admitida no § 2º.

Assim, o § 1º estabelece a nulidade do voto que infrinja o ali disposto, na forma e para os efeitos do art. 166, VII, do Código Civil, que reza: "É nulo o negócio jurídico quando: (...) VII — a lei taxativamente o declarar nulo, ou proibir-lhe a prática, sem cominar sanção".

Desse modo, o § 1º taxativamente proíbe a prática do voto nas quatro circunstâncias que exaustivamente elenca. E o faz sem nenhuma sanção, na medida em que descarta o ilícito para declarar a nulidade.

Assim, pode o laudo estar correto, podem as contas estar absolutamente em ordem, pode o benefício particular não se efetivar, pode o contrato unilateral ou bilateral ser equitativo. Mesmo assim, a proibição da prática do voto se impõe. A nulidade é sempre formal e, portanto, apriorística e independe de o seu efeito ser lícito ou ilícito.

A eventual ilicitude se opera em outra esfera da invalidade do negócio jurídico, prescrita no art. 186 do Código Civil: "Aquele que, por ação ou omissão voluntária, negligência ou imprudência, violar direito e causar dano a outrem, ainda que exclusivamente moral, comete ato ilícito".

Assim, o ato ilícito pode ser o efeito tanto do ato ou negócio jurídico nulo como do anulável, constituindo título próprio do Código Civil (Título III — arts. 186 a 188), exatamente para abranger todos os casos de invalidade do negócio jurídico previstos no Capítulo V da lei comum.

Posto isso, o § 4º trata particularmente da anulação da assembleia que deliberou com base no voto nulo do acionista interessado. Comina, ainda, o § 4º, para o acionista interessado, a responsabilidade de ressarcimento de danos causados no caso de votar na matéria referente a interesse conflitante com o da companhia, vale dizer, quando contrata com a companhia, formando a vontade desta, o que é nulo. E, sendo nulo, "não é suscetível de confirmação, nem convalesce pelo decurso do tempo" (art. 169 do Código Civil).

Por sua vez, a anulação da deliberação da assembleia geral se dá em virtude da nulidade plena do voto irregular exercido pelo acionista interessado que contrata com a sociedade e ao mesmo tempo forma a vontade dela. Nesse preceito do § 4º estão prescritos os efeitos da nulidade do voto exercido pelo acionista interessado: a nulidade de pleno direito do exercício do voto impedido (art. 166, VII, do Código Civil), que acarreta, por sua vez, a anulabilidade da deliberação tomada com esse vício formal, além de produzir outro efeito, qual seja, o de responsabilização do acionista interessado pela prática de ato ilícito se o negócio jurídico de compra e venda com a própria sociedade causar danos a esta última (art. 186 do Código Civil).

São duas sanções que decorrem da nulidade de pleno direito do voto impedido (art. 169 do Código Civil), exercido pelo acionista interessado. Este não pode compor o quórum deliberativo no caso, em nenhuma hipótese. Assim, a inclusão do voto nulo do acionista interessado no quórum deliberativo que irá decidir a matéria tem como efeito a anulação dessa mesma deliberação, se for prevalecente.

Por sua vez, demonstrada a lesividade do contrato deliberado por essa assembleia viciada com a predominância do voto nulo, responderá o acionista interessado por ato ilícito (art. 186 do Código Civil), cabendo-lhe repor os bens e direitos ilicitamente obtidos em favor da sociedade.

Convém reiterar que a nulidade do voto impedido é de pleno direito e não se confunde com a anulabilidade subsequente da deliberação obtida com esse mesmo voto nulo e pela responsabilização por ato ilícito. Uma coisa é a nulidade do voto impedido (art. 166, VII, do Código Civil), outra, a anulação da assembleia que acolheu o voto nulo para deliberar (art. 171 do Código Civil); ainda outra, a responsabilização do acionista interessado por ato ilícito (art. 186 do Código Civil).

O preceito fala em anulação da deliberação tomada pela assembleia geral e não de anulação do voto impedido, pois se trata de atos diversos. Assim, a nulidade de pleno direito do voto impedido (art. 166, VII, do Código Civil) contamina a deliberação da assembleia geral que contou prevalecentemente com esse voto impedido e, portanto, nulo, exercido pelo acionista interessado. E a terceira cominação, de reparação de danos e de reposição de vantagens pela prática de ato ilícito (art. 186 do Código Civil), submete-se ao regime de causação, ou seja, aplica-se no caso de o negócio jurídico respectivo causar prejuízo efetivo e atual à companhia.

O § 4º, portanto, contém três diferentes sanções: (i) a nulidade de pleno direito do voto impedido (art 166, VII, do Código Civil); a consequente (ii) anulação da deliberação da assembleia geral obtida com o voto nulo (art. 171 do Código Civil), e a (iii) reparação, pela prática de ato ilícito, de danos efetivos e atuais causados à companhia (art. 186 do Código Civil).

Fundamental ressaltar que anulação da deliberação da assembleia geral viciada com o voto nulo do acionista interessado independe da verificação efetiva do dano e deve, por isso, sempre ocorrer por existir vício insanável (art. 169) na composição prevalecente do quórum deliberativo.

Não obstante, pode a assembleia geral posterior revogar a deliberação viciada e ainda deliberar sobre a mesma matéria de interesse conflitante (contrastante), desde que o faça com exclusão do voto impedido do acionista interessado. Estará sanada, desse modo, a causa da anulabilidade da deliberação, consoante o prescrito nos arts. 172 e 173 do Código Civil.

Posto isso, temos as prescrições sobre o abuso de direito no *caput* e no § 3º deste artigo.

E o impedimento do exercício do direito de voto prescrito nos §§ 1º, 2º; os seus efeitos, no § 4º.

A Lei Societária vigente, a par da norma ora estudada – que trata do (i) abuso do direito de voto e do (ii) impedimento do seu exercício – contém uma série de outros preceitos que tratam do abuso de poder do controlador e da sociedade controladora (arts. 117, 238 e 246), como também do desvio de poder do administrador (art. 154) e do conflito de interesses do administrador com a companhia (art. 156).

Assim, a presente norma, como referido, trata de duas questões diversas, quais sejam, o (i) abuso do direito de voto e o (ii) impedimento do seu exercício. Essas matérias não se confundem, na medida em que, na primeira, "o acionista responde pelos danos causados pelo exercício abusivo do direito de voto (*caput*), ainda que seu voto não haja prevalecido" (§ 3º). Trata-se de ilícito aplicável a todos os acionistas.

Já o impedimento de voto restringe-se apenas ao acionista interessado (§ 1º). O impedimento do voto é formal, por ser nulo de pleno direito o seu ilegal exercício. Assim, reitere-se que o laudo pode estar correto, ou as contas em ordem, ou o contrato a ser firmado com a sociedade (interesse conflitante) equitativo. Mesmo assim, a nulidade do voto do acionista impedido se dá *ex lege*, independentemente de sanção (art. 166, VII, do Código Civil). O ato de votar com suas ações impedidas constitui infringência de texto expresso de lei, que não pode ser sanada (art. 169 do Código Civil).

Portanto, diferentemente do (i) abuso do voto, que demanda para sua caracterização a finalidade objetiva de causar prejuízo material ou moral (art. 186 do Código Civil), o (ii) impedimento do voto independe da existência ou não de dano real ou moral para sua plena nulidade, e que, por isso, é de natureza formal e apriorística, e independe de sanção (art. 166, VII, do Código Civil).

IMPEDIMENTO DO EXERCÍCIO DO VOTO

Como referido, a matéria de impedimento do exercício do voto é tratada no § 1º desta norma, qual seja, o seu impedimento formal em determinadas matérias.

Essa tipificação dos assuntos cuidou o legislador de fazê-la, por se tratar de restrição a um direito fundamental do acionista, que, por isso mesmo, não pode permitir interpretação extensiva ou ampla, sob pena de o abuso voltar-se contra o acionista e não dele para com a companhia e os demais sócios.

A tipificação legal, com efeito, impõe-se em todos os casos de restrição ao exercício de direito, não se podendo falar, portanto, em padrões ou *standards* aplicáveis ao impedimento, o que levaria ao arbítrio casuístico da própria assembleia, do presidente da mesa, ou à discricionariedade do aplicador da norma, seja judicial, arbitral ou administrativo-sancionador (Comissão de Valores Mobiliários – CVM).

Somente pode haver impedimento ao livre exercício do direito de voto quando ocorrerem as referidas quatro situações tipificadas no § 1º do presente artigo, que são: (i) aprovação de laudo de avaliação de bens com que concorrer para a formação do capital social; (ii) aprovação de suas contas como administrador; (iii) aprovação de negócio que possa beneficiá-lo de modo particular; (iv) aprovação de matéria em que tiver interesse conflitante, ou seja, contrastante com o da companhia (contratos unilaterais ou bilaterais).

A terceira tipificação — benefício particular — reporta-se ao direito penal, em seu art. 177, § 2º, do CP, ao declarar como delituosa a conduta do "acionista que, a fim de obter vantagem para si ou para outrem, negocia o voto nas deliberações de assembleia geral".

O voto dado para alcançar benefício particular é, como nos demais três casos, absolutamente nulo, em face do princípio de igualdade de direitos dos acionistas e da prevalência do interesse social.

Diferentemente, no entanto, dos dois primeiros tipos (laudo e contas) e do quarto tipo (interesse conflitante), cuja nulidade não necessariamente pressupõe o ilícito, pois, podem, o laudo e as contas, estar corretos e o contrato equitativo. Não obstante, nos quatro casos, o impedimento é formal e apriorístico, para os fins e efeitos do referido art. 166, VII, do Código Civil, que declara nulo o negócio jurídico quando a lei proibir-lhe a prática, sem cominar sanção.

A quarta tipificação — "interesse conflitante com o da companhia" — trata especificamente da celebração de negócio jurídico em que é parte o acionista interessado, de um lado, e a sociedade, de outro. A tipificação, assim, é de natureza contratual, ou seja: ocorre a nulidade do voto no caso de celebração de contrato com a companhia, de natureza bilateral ou unilateral, por estar o acionista interessado legalmente impedido de formar, ao mesmo tempo, a vontade da companhia e a dele próprio, nas posições contrastantes de alienante e comprador, ou vice-versa.

Aí o termo tipificador: "interesse conflitante", que se destaca inteiramente do uso generalizado da expressão "conflito de interesses", que consta apenas do preâmbulo do presente artigo.

Interesse conflitante de que fala a norma é restrito aos negócios jurídicos de natureza obrigacional constantes do Código Civil (contratos unilaterais ou bilaterais) que serão celebrados entre o acionista interessado e a companhia. Já "conflito de interesses" é expressão abrangente que não se confunde com o interesse conflitante ou contrastante, adotado pelo § 1º e cujos efeitos são previstos no § 4º.

Conclui-se, portanto, quanto ao § 1º do presente artigo, que ali se contêm os quatro tipos de matérias que impedem o voto do acionista interessado e, em consequência, ensejam a sua nulidade de pleno direito, quando exercido. Essa tipificação é exaustiva, mesmo porque se trata, como reiterado, de restrição do exercício do direito de voto, ou seja, restrição ao exercício legítimo de um direito subjetivo essencial, que somente pode prevalecer se a norma de exceção for suficiente na descrição das hipóteses supressivas do exercício dessa prerrogativa.

Não pode haver restrição ao exercício de um direito legítimo e essencial que não seja claramente configurado e limitado em norma expressa e bastante, não permitindo, portanto, interpretações extensivas e genéricas.

Erra, portanto, a CVM, ao entender que os quatro tipos constantes do § 1º do presente artigo constituem meros *standards* ou padrões de orientação para o livre e discricionário julgamento nos casos concretos[581].

Posto isso, com respeito ao *caput* da presente norma e no que tange às companhias abertas, cabe à CVM, no âmbito de suas atribuições regulamentares, de orientação e sancionatórias, declarar os atos, práticas e condutas abusivas do acionista no exercício do voto, tal como definido suficientemente no § 1º deste artigo.

Neste capítulo, portanto, é competente a CVM para administrativamente sancionar a desobediência ao preceito legal que estabelece, em regime de excepcionalidade, o impedimento do voto por parte do acionista interessado, independentemente de examinar os efeitos de anulabilidade da respectiva deliberação ou de ilicitude do negócio envolvido (art. 166, VII, do Código Civil), como reiterado.

Em face da sua natureza eminentemente formal de infringência a dispositivo legal, não se confunde o voto impedido com o abuso do direito de voto estabelecido no *caput* do artigo para todos os acionistas, indiscriminadamente.

Na restrição legal ao voto do acionista interessado, no âmbito dos quatro casos tipificados no § 1º deste artigo, a nulidade é de pleno direito e, por isso, independe de qualquer sanção (art. 166, VII, do Código Civil) e de qualquer efeito, seja de dano real ou moral, ou da finalidade de prejudicar

---

581 Tal equívoco consta do Proc. CVM RJ 2004/5494, Reg. n. 4.483/2004, j. em 16-12-2004, em que a Autarquia entende que o rol do § 1º é meramente exemplificativo, admitindo outras hipóteses (Rel. Diretor Wladimir Castelo Branco Castro, com declaração de voto da Diretora Norma Jonssen Parente).

a companhia, tal como ocorre, por outro lado, na definição de abuso contido no *caput*.

Desse modo, o § 1º não trata de voto abusivo, mas sim de voto legalmente impedido que será nulo de plano, sem cominar sanção, excluídas quaisquer outras considerações a respeito.

ABUSO DE DIREITO NO REGIME JURÍDICO BRASILEIRO — ART. 187 DO CÓDIGO CIVIL

Preceitua o art. 187 do Código Civil que "também comete ato ilícito o titular de um direito que, ao exercê-lo, excede manifestamente os limites impostos pelo seu fim econômico ou social, pela boa-fé ou pelos bons costumes".

O conceito não acolhe elementos de subjetividade na conduta ilícita do seu autor; afasta-se dos elementos culpa, dolo e fraude, concentrando-se no critério da objetividade. A propósito, o Enunciado 37 do Centro de Estudos Judiciários (CEJ): "A responsabilidade civil decorrente do abuso do direito independe de culpa e fundamenta-se somente no critério objetivo-finalístico".

Desse modo, o regime de causação ato/dano é o adotado: sem lesão não se pode falar em abuso de direito, para os efeitos de responsabilização e ressarcimento por perdas e danos no plano civil e multa no âmbito do direito administrativo sancionatório (CVM).

O abuso de direito tem como efeito a causação de dano a outrem. A causa encontra como critério de aferição o princípio da boa-fé objetiva, dos arts. 113 e 422 do Código Civil, ou seja, o parâmetro de comparatividade do ato abusivo com as condutas geralmente adotadas nas mesmas transações e nas mesmas circunstâncias.

Assim, o abuso de direito se caracteriza pelo seu anormal exercício, ou seja, aquele que se afasta ou desconsidera a finalidade social e econômica do Direito, praticado sem motivo legítimo, de que resulta dano a alguém[582].

Constitui, assim, o abuso de direito um ato ilícito que se dá no exercício de prerrogativa constituída por lei ou por contrato, sendo, portanto, ao mesmo tempo, um ato autorizado, porém praticado ilegitimamente pelo seu titular. Usa-se de um direito legal ou contratualmente instituído a seu favor para a prática de uma ilicitude que acarreta dano a outrem. Trata-se da ins-

---

582 *RF, 379*:329.

trumentalização de um direito subjetivo constituído não para exercê-lo regularmente, mas para beneficiar sem causa o seu titular e, em consequência, prejudicar alguém.

Não obstante, o titular de uma prerrogativa legal ou contratual que dela abusa não perde o seu direito. Porém, terá anulado determinado ato ou negócio que praticar no exercício desse mesmo direito, isolada ou continuadamente.

A responsabilidade pelas perdas e danos não tem o efeito de suprimir o direito constituído, mas sim o ato ilícito praticado no seu abusivo exercício. Reparado ou anulado o ato abusivo, restaura-se o exercício regular do direito constituído, podendo o seu titular voltar a exercê-lo desde que o faça regularmente e, portanto, licitamente.

Assim, não perece o direito subjetivo, legal ou contratual, em consequência do ato abusivo. O ato abusivo é que deve ser anulado, reparado e administrativamente sancionado (CVM), e não o direito subjetivo que permitiu a sua consecução.

Essa diferença é fundamental dentro da teoria da relatividade dos direitos subjetivos, ou seja, de que o direito legal ou contratual encontra seu limite no direito de outrem e no interesse público e coletivo. O direito, seja ele de origem legal ou obrigacional, deve sempre ser usado com moderação para satisfazer legítimo interesse próprio e não com a finalidade de obter vantagem indevida ou de prejudicar outrem[583].

Desse modo, o abuso de direito diferencia-se do ato ilícito puro e simples (art. 186 do Código Civil), porque, neste último, a conduta é desconforme com o direito, contrariando-o diretamente, faltando-lhe qualquer amparo de juridicidade.

O ato ilícito afronta o Direito. Não existe, nesta hipótese, qualquer direito subjetivo constituído a favor daquele que prática a ilicitude.

Já no abuso do direito, como referido, a conduta ilícita tem origem no exercício exorbitante de um direito subjetivo — legal ou contratual — que é utilizado para a prática ilícita. O direito subjetivo não perece em virtude de seu exercício abusivo. A conduta abusiva é isoladamente sancionada, pela anulabilidade, pela reparação dos danos e pelas sanções administrativas (CVM). O direito permanece, apesar do ato ilícito praticado no seu exercício. O ato ilícito não suprime o direito subjetivo que lhe serviu de

---

583 Rui Stoco, Abuso de direito e má-fé processual n. 3.02, p. 59, apud Humberto Theodoro Júnior, *Comentários ao Novo Código Civil*, Rio de Janeiro, Forense, 2003, v. 3, t. 2, p. 113.

base. Este se restaura sempre, uma vez configurado, reparado e sancionado o abuso praticado no seu exercício. Assim, v. g., o acionista que abusa do seu direito de voto nem por isso perde esse direito, não obstante deva responder pela imoderação lesiva do seu exercício, em determinada ocasião ou circunstância.

São, portanto, requisitos para a configuração do abuso de direito, como ato ilícito (art. 187 do Código Civil), (i) a conduta do titular de um direito subjetivo — legal ou contratual, (ii) o exercício desse direito de forma emulativa, em desacordo com o fim social ou econômico do direito subjetivo constituído, (iii) visando a proveito próprio a que não faz jus, notadamente de enriquecimento ilícito, e o (iv) efeito lesivo material e atual da prática abusiva[584].

CONCEITO OBJETIVO DO VOTO ABUSIVO — PROVA DO DANO

A literalidade da presente norma declara abusivo o voto exercitado com (i) o *fim* de causar dano à companhia ou a outros acionistas; ou, ainda, com (ii) o *fim* de obter para si ou para outrem vantagem sem justa causa ou de que resulte ou possa resultar prejuízo para a companhia ou para outros acionistas.

A Lei Societária leva em conta a *finalidade econômica* do acionista no exercício do direito de voto. Tal como acolhida essa antijuridicidade no Código Civil (art. 187), a Lei Societária adota o critério objetivo de conduta, não devendo ser considerada a intenção, no seu aspecto psicológico, doloso ou fraudulento.

O voto abusivo, acolhido pelo nosso Código Civil e pela Lei Societária, origina-se da figura, no Direito francês, do abuso do direito (*abus du droit*), que, em meio a grande discussão doutrinária[585], tem servido como paradigma normativo e de decisões jurisprudenciais. Insere-se a figura nos Princípios Gerais de Direito.

Assim, o abuso do exercício do direito de voto configura-se quando o acionista não o exerce com moderação, isto é, contrariamente ao interesse da companhia e dos demais acionistas e com o objetivo de causar-lhes danos,

---

584 Humberto Theodoro Júnior, *Comentários*, cit., v. 3, t. 2, p. 110 e s.

585 Pontes de Miranda, *Comentários ao Código de Processo Civil*, Rio de Janeiro, Forense, 1974, v. 1, p. 382 e s.; Rubens Requião, Abuso de direito e fraude da personalidade jurídica, *RT, 410*:12 e s.; Berr, *L'exercice du pouvoir*, cit., p. 272 e s.; Dominique Schmidt, *Les droits de la minorité*, cit., p. 176 e s.

seja cerceando-lhes direitos patrimoniais ou políticos, seja tentando alcançar enriquecimento ou obter vantagem sem justa causa[586].

A intenção subjetiva (psicológica) de causar dano não é inerente à figura do voto abusivo. Configurar-se-á, portanto, o abuso do direito de voto se o seu exercício, objetivamente, causar uma lesão patrimonial à companhia e/ou aos demais acionistas[587, 588 e 589].

A intenção de lesar a companhia ou os outros acionistas mediante o exercício do voto não deve ser subjetivamente perquirida, na medida em que dificilmente se pode distinguir, no capítulo da prova, o dolo do simples erro.

Se assim fosse, poderia alegar, o acionista inquinado de exercício abusivo, que simplesmente errou na apreciação da matéria, não tendo intenção alguma de lesar a companhia ou os outros acionistas.

O caráter subjetivo da conduta tem sido posto de lado pela jurisprudência. Esta tem afirmado que o abuso deve reputar-se configurado mesmo que a intenção fraudulenta não esteja provada, bastando que a deliberação vise a alcançar fins que repugnam o sentimento jurídico[590].

O exame objetivo do ato de votar contrariamente ao interesse social é, pois, suficiente à configuração de um ilícito no exercício da prerrogativa, devendo o acionista responder pelos danos causados[591].

---

586 Dominique Schmidt, *Les droits de la minorité*, cit., p. 32.

587 *V*. comentários ao art. 118.

588 Maisano, *Rivista*, cit., p. 32.

589 Para configurar o abuso de poder, necessária será a prova do dano, conforme STJ, REsp 10.836/SP, Rel. Min. Cláudio Santos, *DJU*, 23-3-1992, e TJRJ, Emb. na AC 6.809/97, Rel. Des. Mauro Nogueira.

590 Berr, *L'exercice du pouvoir*, cit., p. 274.

591 "Ficando indemonstrado que o aumento do capital social visou tão somente prejudicar acionista minoritária, não pode prevalecer à decisão que anulou a assembleia geral" (TJRJ, VII Grupo de Câmaras Cíveis, Emb. na AP 6.809/97-Capital, Rel. Des. Mauro Fonseca Pinto Nogueira, *ADCOAS*, 8171279, *in* Lazzareschi, *Lei das Sociedades por Ações comentada*, 3. ed., São Paulo, Saraiva, 2010, p. 166). "Direito societário. Assembleia. Ratificação de atos praticados em reunião anterior. Possibilidade. Abuso de poder. Falta de prova do dano. Não contraria os arts. 145 e 148 do Cód. Civil decisão assembleial de ratificação de deliberação anterior de assembleia realizada com irregularidades. Para a caracterização de abuso de poder de que tratam os arts. 115 e 117 da lei das sociedades por ações indispensável a prova do dano" (STJ, REsp 10.836/SP, Rel. Min. Claudio Santos, *DJU*, 23-3-1992, *in* Lazzareschi, *Lei*, cit., p. 166).

ABUSO QUALIFICADO DOS CONTROLADORES — ARTS. 116 E 117

O artigo ora em estudo institui universalmente o abuso do direito de voto, atribuível tanto aos controladores como aos minoritários, sempre fundado no dano. Ao assim fazê-lo, a norma abrange tanto o voto prevalecente como o não prevalecente (§ 3º), vale dizer, neste último caso, o sufrágio abusivo dos minoritários. Pressupõe que este também causa dano à companhia e, indiretamente, aos demais acionistas, o que é absolutamente verdadeiro, como no caso do voto contrário de minoritários *strikers* que visam a tumultuar a vida social e prejudicar a imagem da empresa, com o fim de alcançar enriquecimento ilícito.

Procuram, com efeito, os *strikers* constranger a sociedade e seus controladores a adquirir suas ações por valor maior do que patrimonial ou mercadologicamente valem. Assim, ainda que não prevalecentes tais condutas dos minoritários na assembleia geral ou especial, causam danos de natureza moral (art. 186 do Código Civil), como, v. g., abalo da imagem da companhia, e patrimonial pela frustração dos seus projetos de investimentos, e demais consequências.

Com referência ao voto prevalecente dos controladores, o abuso é qualificado, na medida em que têm eles deveres fiduciários de conduzir a companhia para a consecução de seu objeto social e garantir a prevalência do interesse social, consoante o determinado no § 1º do art. 116[592].

Esse dever fiduciário (§ 1º do art. 116) qualifica o abuso do direito de voto do controlador na medida em que o dano que daí resulta afeta diretamente a sociedade e os demais acionistas, de maneira direta e atual, constituindo falta grave no plano administrativo sancionatório e lesão da mesma natureza no âmbito civil. Em consequência, o abuso no exercício do direito de voto do controlador constitui uma das modalidades de abuso de poder de controle (art. 117), que se manifesta no âmbito da assembleia geral da companhia[593].

Desse modo, o abuso de voto do controlador deve ser cominado e sancionado nos termos do art. 117, por ser uma das formas de quebra do seu dever fiduciário instituído no § 1º do art. 116. Constitui igualmente falta grave (CVM) o exercício de voto impedido (§ 1º) e, portanto, nulo, por parte do controlador, que é o que ocorre as mais das vezes.

---

592 *V.* comentários ao art. 116.

593 *V.* comentários ao art. 117.

No plano civil (art. 166, VII), a nulidade desse voto impedido do controlador tem como efeito a anulação da respectiva assembleia que o acolheu e a composição de perdas e danos, consoante o disposto no § 4º.

A propósito, diferentemente do que ocorre com os acionistas minoritários, ao controlador a lei não atribui apenas o direito de votar, mas o dever indeclinável de exercê-lo, no cumprimento de seu dever fiduciário de fazer a companhia realizar o seu objeto e cumprir sua função social (art. 116, § 1º). E no desempenho desse dever fiduciário deve conduzir-se com lealdade, respondendo pela sua quebra perante a própria companhia e seus acionistas minoritários, seja no capítulo do abuso (*caput*), seja no de impedimento formal de exercício (§§ 1º e 4º).

Aí a razão de serem distintos o dever de votar do controlador e o direito de votar dos minoritários. O dever de votar do controlador remete-o às obrigações próprias de seu poder-dever institucional (art. 116) de comandar a companhia e às responsabilidades também próprias de seu exercício abusivo.

Trata-se, no caso, não apenas de abuso do direito de voto, mas de abuso do dever institucional de voto por parte do controlador. E, com efeito, a Seção IV da Lei Societária fala em "deveres" no art. 116 e de "responsabilidades" no art. 117. Não trata de "direitos" do controlador[594].

Por outro lado, ao acionista comum o art. 115 estabelece que o direito de voto deve ser exercido no interesse da companhia, sendo esse acionista responsável pelos danos causados quando "exercido com o fim de causar dano à companhia ou a outros acionistas, ou de obter, para si ou para outrem, vantagem a que não faz jus e de que resulte, ou possa resultar, prejuízo para a companhia ou para outros acionistas" (art. 115, *caput* e § 3º).

Isso permite que, ausente a finalidade de causar dano ou a intenção de obter, para si ou para outrem, vantagem a que não faz jus e de que resulte, ou possa resultar, prejuízo para a companhia ou para outros acionistas, o acionista possa votar pensando em seus interesses e não no de outros acionistas, desde que observe, sempre, o interesse social.

Para o acionista controlador, o regime é diferente, em virtude do seu poder de nortear a atuação da companhia. Por isso, a Lei n. 6.404/76 aban-

---

594 O acionista controlador, no entanto, está sujeito a uma disciplina especial, pois, além da regra geral do art. 115, aplicável a todos os acionistas, está sujeito aos deveres estipulados no art. 116, § único" (Colegiado da CVM, PAS CVM RJ 12/01, Rel. Diretor Pedro Oliva Marcilio de Souza, j. em 12-1-2006, *in* Lazzareschi, *Lei*, cit., p. 167).

donou o regime contratual da relação entre acionistas e instituiu deveres ao acionista controlador; deveres esses que não são impostos aos demais[595].

ABUSO DO DIREITO DE VOTO DO MINORITÁRIO — DANO MATERIAL E DANO MORAL

Diferentemente do controlador, que tem o dever institucional de votar (art. 116), o acionista minoritário tem o direito de fazê-lo, não podendo ser cominado pela omissão no seu exercício, como ocorre com o primeiro.

Trata-se, tipicamente, de uma faculdade legal, em se tratando de minoritários. Isso porque o acionista minoritário não tem deveres fiduciários decorrentes do exercício do controle da companhia (arts. 116, § 1º). O minoritário não tem o dever de voto, mas o direito de voto. Trata-se de direito puro e simples, sem nenhum efeito de reparação pela omissão no seu exercício.

Não obstante, responde o acionista minoritário pelo exercício abusivo do voto. Essa responsabilidade, no entanto, é de outra natureza, na medida em que deve arcar com os efeitos danosos do seu abuso, na forma prevista no presente artigo. E esses efeitos decorrentes do abuso do direito de voto dos minoritários traduzem-se tanto em danos materiais como em danos morais causados à pessoa jurídica da companhia, a seus controladores, ad-

---

595 Proc. CVM RJ 2005/4069, Reg. n. 4.788/2005, Rel. Pedro Marcilio, j. em 11-3-2006, *in* Lazzareschi, *Lei*, cit. p. 167.

"Manifestação do acionista controlador quanto à legalidade de decisão. Abuso do direito de voto. Conflito de interesses. Determinação da CVM de não aprovar itens deliberados na AGO/E. Competências, possibilidades de anulação, desconstituições. Aspectos legais. Abuso do poder de controle. Aplicação de multa" (Parecer CVM/PJU n. 010/2000, *in* Lazzareschi, *Lei*, cit., p. 167).

"Nesses casos, se a questão tratar de direitos dos acionistas sem impacto nas atividades da companhia, é lícito ao acionista votar no interesse de sua espécie ou classe, sem levar em consideração o interesse de outra espécie ou classe (desde que não vise causar dano para outros acionistas ou obter vantagem a que não faz jus com prejuízo para a companhia ou para acionistas). Dentro de uma mesma espécie ou classe de ações, o acionista pode votar, observadas essas mesmas limitações, de acordo com seu interesse individual. O acionista controlador, no entanto, está sujeito a uma disciplina especial, pois, além da regra geral do art. 115, aplicável a todos os acionistas, está sujeito aos deveres estipulados no art. 116, § único, e não deve votar nas hipóteses elencadas no art. 117, § 1º. Observados esses limitadores, o acionista controlador pode votar visando interesse próprio" (Colegiado da CVM, PAS CVM 12/01, Rel. Diretor Pedro Oliva Marcilio de Souza, j. em 12-l-2006, *in* Lazzareschi, *Lei*, cit., p. 166).

ministradores, fiscais e aos demais acionistas, consoante o disposto no art. 186 do Código Civil.

Assim, de um lado temos os danos materiais que decorrem do abuso por parte dos minoritários. Desse modo, v. g., quando, por emulação, o minoritário ou um grupo deles (*strikers*) manifestam voto contrário à aprovação das contas da administração, os danos poderão ser materiais, na medida em que, v. g. o financiamento das atividades seja suspenso por parte do financiador, ou, ainda, v. g., pela não conclusão de uma *joint venture* com negociação em curso. Ou ainda, v. g., pela repercussão negativa nas cotações em bolsa, fruto da nota atribuída pelos analistas financeiros que, a cada evento ou período, qualificam o risco das companhias ou sua posição no mercado e suas perspectivas.

Por outro lado, haverá dano moral à sociedade e a seus controladores, administradores, fiscais e demais acionistas quando evidenciada a ausência de causa para a recusa da aprovação de contas, ou seja, ausência de justificativa plena, em sentido técnico-financeiro ou jurídico.

Esse o duplo alcance do abuso no exercício do direito de voto por parte dos minoritários — dano material ou moral, ou ambos —, alcançando a companhia como pessoa jurídica e, também, os controladores, administradores e fiscais (conselho fiscal) e demais acionistas[596].

---

596 O Código Civil é expresso ao equiparar as pessoas jurídicas e as pessoas físicas, quanto à proteção aos direitos da personalidade. Literalmente:

"Art. 52. Aplica-se às pessoas jurídicas, no que couber, a proteção aos direitos da personalidade".

Essa regra do nosso direito comum foi objeto da Súmula 227 do STJ, com o seguinte enunciado: "A pessoa jurídica pode sofrer dano moral".

Precedentes: "(...) a evolução do pensamento jurídico, no qual convergiram jurisprudência e doutrina, veio a afirmar, inclusive nesta Corte, onde o entendimento tem sido unânime, que a pessoa jurídica pode ser vítima também de danos morais, considerando esses como violadores de sua honra objetiva" (REsp 134.993/MA, 4ª Turma, Rel. Min. Sálvio de Figueiredo Teixeira, v. u., *DJ*, 16-3-1998); "(...) bem é verdade que a pessoa jurídica não sente, não sofre com a ofensa à sua honra subjetiva, à sua imagem, ao seu caráter, atributos do direito de personalidade, inerente somente à pessoa física. Mas não se pode negar a possibilidade de ocorrer ofensa ao nome da empresa, à sua reputação, que, nas relações comerciais, alcançam acentuadas proporções em razão da influência que o conceito da empresa exerce (...) No mesmo sentido, embora informando a inexistência, à época, de exemplos de danos morais à pessoa jurídica no País, assinalou Aguiar Dias: 'A pessoa jurídica pública ou privada, os sindicatos, as autarquias, podem propor ação de responsabilidade, tanto de vista, esposado pela generalidade dos autores, é sufragado hoje pacificamente pela jurisprudência estrangeira. A nossa carece de exemplos, ao menos de nós conhecidos. Não há razão para

Ressalte-se que a cumulação desses danos — moral e material — é inerente à prática do abuso de voto por parte dos minoritários. Com efeito, a conduta ilícita do minoritário *striker* na assembleia geral afeta a companhia e os seus administradores, fiscais, controlador e demais acionistas, tanto no plano material como no moral. Não há, porém, necessidade de apurar o dano material para se configurar o dano moral. Este pode ser, desde logo, arguido pelos sujeitos passivos do ato ilícito dos minoritários *strikers* que agiram na assembleia por mera emulação, ainda que daí não resulte atual e materialmente nenhum dano traduzível em ressarcimento de perdas e danos. O dano pode ser exclusivamente moral, consoante o art. 186 do Código Civil[597].

---

supor que não adote, ocorrida a hipótese, igual orientação' (*Da Responsabilidade Civil*, v. II, 7ª ed., Forense, 1983). (...) de grande valia, ainda, as considerações trazidas pelo Ministro Ruy Rosado de Aguiar, ao relatar o paradigma colacionado pela recorrente, *verbis*: 'quando se trata de pessoa jurídica, o tema ofensa à honra propõe uma distinção inicial: a honra subjetiva, inerente à pessoa física, que está no psiquismo de cada um e pode ser ofendida com atos que atinjam a sua dignidade, respeito próprio, autoestima etc., causadores de dor, humilhação, vexame; a honra objetiva, externa ao sujeito, que consiste no respeito, admiração, apreço, consideração que os outros dispensam à pessoa. Por isso se diz ser a injúria um ataque à honra subjetiva, à dignidade da pessoa, enquanto que a difamação é ofensa à reputação que o ofendido goza no âmbito social onde vive. A pessoa jurídica, criação da ordem legal, não tem capacidade de sentir emoção e dor, estando por isso desprovida de honra subjetiva e imune à injúria. Pode padecer, porém, de ataque à honra objetiva, pois goza de uma reputação junto a terceiros, passível de ficar abalada por atos que afetam o seu bom nome no mundo civil ou comercial onde atua (...)" (REsp 134.993/MA, (...) voto do Rel. Min. Sálvio de Figueiredo Texeira); "(...) a pessoa jurídica pode sofrer dano moral" (REsp 129.428/RJ, 4ª Turma, Rel. Min. Ruy Rosado de Aguiar, v. u., *DJ*, 22-6-1998); "(...) a ofensa à honra objetiva da pessoa jurídica pode resultar de protesto indevido de título cambial, cabendo indenização pelo dano patrimonial daí decorrente" (REsp 161.739/PB, 3ª Turma, Rel. Min. Waldemar Zveiter, v. u., *DJ*, 19-10-1998); "(...) a pessoa jurídica pode ser sujeito passivo de danos morais, considerados estes como violadores de sua honra objetiva" (REsp 177.995/SP, 4ª Turma, Rel. Min. Barros Monteiro, v. u., *DJ*, 9-11-1998); "(...) tem direito a pessoa jurídica de postular indenização por danos morais ocasionados por ofensa à sua honra" (REsp 161.913/MG, 3ª Turma, Rel. Min. Carlos Alberto Menezes Direito, v. u., *DJ*, 18-12-1998).

Reconhece assim o Superior Tribunal de Justiça, pela reiteração de seus julgados, que a pessoa jurídica pode sofrer danos a sua imagem e a sua reputação. Trata-se nesse caso de um dano imaterial cuja configuração e temporalidade não podem ser modeladas nem medidas. Esse efeito imaterial e idimensionável é que caracteriza o dano moral. O dano moral, por isso mesmo, não pode ser objetivamente apurado, faltando nele o caráter de materialidade e atualidade, que são próprios dos danos materiais ressarcíveis por perdas e danos.

597 "De outra forma, surgiria a figura do abuso do direito de voto, que se aplica a todos os acionistas, controladores e minoritários. Por isso, não é novidade para ninguém que a posição ou o interesse individual do acionista não deve e não pode sobrepor-se ao

NAS COMPANHIAS COM CAPITAL DISPERSO OS VOTOS DOS ACIONISTAS SÃO COMUNS

Com o surgimento das companhias com capital disperso (art. 137, II, *b*) na prática societária brasileira, a partir de 2006, notadamente no Novo Mercado da BM&FBovespa[598], o instituto do acionista controlador, de um lado (art. 116 e 117), e a do acionista minoritário, de outro, desaparecem, na medida em que, pela dispersão de capital, não mais se logra configurar um acionista (art. 116) ou um grupo deles (art. 118) que alcance, permanentemente, a maioria absoluta de ações votantes, que é requisito necessário para o exercício do poder de controle[599].

Nas companhias com capital disperso, restam descaracterizadas essas duas figuras (controlador e minoritário) e respectivas situações e respectivos direitos, deveres e responsabilidades de cada uma delas, que, como referido, são nitidamente diversas nas companhias com controlador (art. 116).

Assim, pela ausência do controlador (art. 116), todos os acionistas da companhia com capital disperso passam a equivaler-se ante a companhia e entre eles próprios, ao exercerem e ao responderem como titulares do direito de voto.

Passam todos à mesma situação jurídica. E, por isso, são denominados acionistas comuns e não mais controladores e minoritários. Isso porque os seus direitos e as suas responsabilidades são comuns. Todos respondem pelo exercício abusivo do direito de voto e nenhum pelo dever de voto (controlador).

POSIÇÃO DA CVM SOBRE O DIREITO E A RESPONSABILIDADE COMUM DOS ACIONISTAS NAS COMPANHIAS COM CAPITAL DISPERSO

Nas companhias com capital disperso (art. 137, II, *b*) todos os acionistas formam uma comunidade quanto aos seus interesses e

---

interesse social. O voto do acionista que sobrepõe o seu interesse ao interesse social padece de desvio, punível na forma da lei, ainda que a deliberação não prevaleça" (Colegiado da CVM, Proc. CVM RJ 2001/11663, Reg. Col. n. 3.520/2002, Rel. Diretor Luiz Antonio de Sampaio Campos, j. em 15-1-2002, *in* Lazzareschi, *Lei*, cit., p. 164).

"A responsabilidade por voto abusivo é, nos termos da lei, imputável a qualquer acionista, independentemente de sua participação no capital social" (Colegiado da CVM, PAS CVM 23/99, Rel. Diretor Jouber Rovai, j. em 26-10-2000).

598 V. comentários aos art. 116 e 117.

599 V. comentários aos arts. 116, 117 e 118.

direitos. Os acionistas dessas sociedades com ações dispersas são precipuamente responsáveis pelo abuso no exercício do direito de voto, já não se podendo cogitar de abuso qualificado do dever de voto, próprio do controle (art. 117).

O controlador não mais existe, na medida em que nenhum acionista ou grupo deles congrega, de maneira permanente, a maioria absoluta do capital votante que lhe outorgaria o poder-dever de comandar a companhia *vis-à-vis* aos acionistas minoritários. Nenhum acionista, nas companhias com capital disperso, está investido do dever fiduciário de conduzir a companhia para os seus fins, conforme instituído no § 1º do art. 116[600].

Em consequência, a comunidade dos acionistas das companhias com capital disperso sujeita-se, sem nenhuma qualificação ou distinção entre eles, ao regime do abuso no exercício do direito de voto, prescrito neste artigo.

Assim, todos os acionistas das companhias com capital disperso estão sujeitos a responder, em absoluta igualdade jurídica, pelos danos eventualmente causados à companhia pelo exercício abusivo do voto em assembleia geral, ainda que seu voto não haja prevalecido (§ 3º).

Sobre a aplicação da presente norma para os acionistas de companhia com capital disperso, em face do inerente desaparecimento do acionista controlador, pronunciou-se a CVM, em julgamento de 11 de abril de 2006, consoante o voto do relator, Diretor Pedro Marcilio: "Outro ponto importante desse primeiro requisito é a necessidade de permanência do poder. Em razão dele, vencer uma eleição ou preponderar em uma decisão não é suficiente. É necessário que esse acionista possa, juridicamente, fazer prevalecer sua vontade sempre que desejar (...). Por esse motivo, em uma companhia com ampla dispersão, ou que tenha um acionista titular de mais de 50% das ações, que seja omisso nas votações e orientações da companhia, aleatório acionista que consiga preponderar sempre, não está sujeito aos deveres e responsabilidades do acionista controlador, uma vez que prepondera por questões fáticas das assembleias não preenchendo o requisito da alínea 'a' do art. 116, embora preencha o da alínea 'b'. Esse acionista seria considerado, para determinação de sua responsabilidade, como um acionista normal, sujeito, portanto, ao regime do art. 115"[601].

---

600 *V.* comentários ao art. 116.

601 Proc. CVM RJ 2005/4.069, Reg. n. 4.788/2005, Rel. Pedro Marcilio, j. em 11-4-2006, *in* Alfredo Lazzareschi Neto, *Lei*, cit., p. 164.

Em consequência, os acionistas das companhias com capital disperso (art. 137, II, *b*) respondem pelo abuso do direito de voto, na medida em que todos eles devem, no seu exercício, observar o interesse da companhia e o da coletividade de acionistas. Com efeito, embora nenhum acionista da companhia com capital disperso tenha dever fiduciário (art. 116, parágrafo único) perante ela e demais acionistas, o direito de voto dado aos integrantes da comunidade de acionistas das companhias com capital disperso deve ser exercitado no interesse desta.

Daí o dever de todo acionista das companhias de capital disperso de exercitar o seu voto em favor dos interesses da sociedade, sendo responsáveis pelos danos materiais e morais (art. 186 do Código Civil) causados à companhia no seu exercício abusivo.

OS ADMINISTRADORES COMANDAM AUTONOMAMENTE A COMPANHIA COM AÇÕES DISPERSAS

Nas companhias com capital disperso (art. 137, II, *b*) o dever fiduciário de voto do controlador desaparece do exercício, na medida em que o comando da companhia passa a ser exercido direta e exclusivamente pelos administradores (*incumbent management*).

Nessas sociedades com ações dispersas os administradores têm o dever fiduciário de administrar a companhia e implementar o seu objeto, assegurando a prevalência do interesse social. Para tanto, prevalecem os deveres fiduciários contidos nos arts. 153 a 158.

Há, dessa forma, nas companhias com capital disperso uma nítida distinção de responsabilidades entre os acionistas comuns que formam toda a comunidade votante e aquela dos administradores que a comandam. Não se comunicam essas responsabilidades nem se apuram os danos com o mesmo critério.

Já não se fala de acionistas minoritários, porque têm, todos, interesses idênticos na boa conduta dos que comandam a companhia, qual seja, a de seus administradores.

Nesse ponto o interesse social nas companhias com capital disperso se confunde com o interesse comum de todos os sócios, que assim formam uma comunhão de interesses.

AINDA O ABUSO DO DIREITO DE VOTO NAS COMPANHIAS COM AÇÕES DISPERSAS

Como vimos, e na forma e para os efeitos do preceituado no *caput* do presente artigo, todo e qualquer acionista da companhia com capital disperso (art. 137, II, *b*) deve exercer o seu voto de modo a, precipuamente, atender ao interesse social.

Nas companhias com capital disperso o quórum prevalecente de deliberação se forma pela maioria simples, ou seja, pelo voto de um grupo de acionistas ou mesmo de um deles que logrem aglutinar, em cada assembleia, aleatoriamente, portanto, um número de votos superior ao dos demais acionistas comuns.

Em consequência, ter-se-ão, de um lado, os votos aleatoriamente prevalecentes na deliberação respectiva e, de outro, os votos não prevalecentes, que, por isso mesmo, não formam a vontade social naquela determinada assembleia, não obstante possam formá-la, sempre aleatoriamente, em outro conclave.

Daí decorre que os votos abusivos que forem dados por qualquer acionista presente, traduzem-se em danos para a companhia, seus acionistas e para os próprios administradores que passaram a, autonomamente, comandá-la.

Esse abuso do voto, aleatoriamente prevalecente ou não, poderá visar à desestabilização do comando da companhia exercido pelos atuais administradores, ou, ainda, à obtenção de vantagens indevidas para si próprio ou para terceiros. Terá o voto abusivo, prevalecente ou não, que visa à desestabilização do *incumbent management*, um caráter de *strike*, seja quando procura, sem causa ou manifestamente contra o interesse social, substituir os atuais administradores, seja quando, por emulação, procura obter vantagem numa venda de suas ações por valor não justificado (enriquecimento ilícito).

E, com efeito, não há, no caso de companhias com ações dispersas, uma nítida distinção entre os votos prevalecentes e não prevalecentes. Essa prevalência é aleatória, manifestada, portanto, em cada assembleia, podendo a conduta do acionista, em determinado conclave, visar à desestabilização do comando da sociedade, a favor de si próprio ou de terceiros. O mesmo pode ocorrer com os acionistas cujos votos, também aleatoriamente, não prevalecem, ao visarem à obtenção de vantagens a que não fazem jus.

Assim, nas companhias com capital disperso poderão ser *strikers* tanto os acionistas cujos votos prevaleceram como aqueles que não o lograram. Cabe a ambas as situações (prevalecentes e não prevalecentes) responder pelos danos materiais e morais (art. 186 do Código Civil) decorrentes de sua conduta abusiva causados à companhia, a seus administradores, aos fiscais e aos demais acionistas.

Não obstante o desaparecimento, nas companhias com capital disperso, da distinção entre voto prevalecente e não prevalecente em caso de *striking*, será o acionista, cujo voto abusivo aleatoriamente prevaleceu, responsabilizado não apenas quando a companhia sofrer uma perda imediata com efeitos futuros, mas também quando deixar de obter vantagem lícita, ou então quando do voto abusivo lhe advier um resultado menor do que seria obtido se outra fosse a deliberação da assembleia geral.

Será, dessa forma, responsabilizado o acionista de companhia de capital disperso quando, prevalecentemente, o seu voto abusivo causar dano "a outros acionistas", consoante o *caput* desta norma. Será o caso, v. g., de lesão, por força do voto abusivo aleatoriamente prevalecente, ao direito a uma distribuição justa de dividendos à comunhão dos acionistas, além daqueles obrigatórios ou mínimos.

Desse modo, nas companhias com capital disperso o exercício abusivo do voto assume especial gravidade, na medida em que determinados grupos podem assumir aleatoriamente a maioria simples necessária para prevalecer em diferentes assembleias, em decorrência de menor soma de votos de outros grupos ou da endêmica ausência dos acionistas desinteressados[602].

Já não havendo a instituição do controlador nessas companhias com capital disperso, que faria prevalecer, permanentemente (art. 116, *a*) a maioria absoluta dos seus votos nos conclaves, a preponderância aleatória de votos é recorrente, dando, assim, oportunidade efetiva para o exercício abusivo do voto, na falta do contraponto permanente das ações majoritárias de controle, que nelas não mais existe.

INTERESSE SOCIAL E INTERESSE INDIVIDUAL DOS ACIONISTAS — *CAPUT*

Seja nas companhias com controlador (art. 116), seja naquelas com capital disperso (art. 137, II, *b*), o voto deve ser exercido *ex causa societatis*. O voto não deverá ser um mecanismo de mera realização dos interesses pessoais do acionista, mas, sobretudo, o exercício em favor da comunidade de seus pares, a fim de que cada um contribua, individualmente ou em bloco, para a formação da vontade social[603].

O acionista, portanto, deve votar em estreita obediência à própria condição de *membro da comunidade acionária*, pois que somente assim será

---

602 V. comentários ao art. 121, com o acréscimo do parágrafo único pela Lei n. 12.431, de 2011.

603 Giorgio Bevilacqua, Conflito d'interessi ed exclusione dal voto in assembleia, *Rivista delle Società*, 1965, p. 704.

possível proteger o interesse comum acima dos interesses individuais dos sócios, muitas vezes conflitantes[604].

O interesse social não é, pois, a somatória dos interesses individuais de cada acionista, mas a *transcendência* desses mesmos interesses por um interesse comum a todos, definido no objetivo empresarial da companhia e nos seus fins sociais, qual seja, a sua prosperidade, representada pela contínua criação de valor.

Daí não ser a noção de interesse social de caráter psicológico, mas objetivo[605], pois explicitado no objeto da companhia e nos seus fins lícitos de lucratividade e de utilidade social e coletiva.

Em consequência, o interesse individual não se soma ao interesse social, porém, qualitativamente, reflete os interesses comunitários dos acionistas. O voto deve ser exercido *uti socii* e não *ut singuli*[606].

AINDA A RESPONSABILIDADE PELO VOTO NÃO PREVALECENTE

Convém reiterar que o artigo ora comentado trata do abuso do direito de voto do acionista em geral e não especificamente do voto dos controladores (arts. 117 e 118)[607].

Assim, mesmo o voto abusivo do minoritário que não venha a prevalecer na decisão da assembleia geral é passível de sanções previstas na lei, como

---

604 Giorgio Bevilacqua, *Rivista*, cit., p. 705.

605 Halperin, *Sociedades anónimas*, cit., p. 184.

606 O Colegiado da CVM, embora ressaltando sempre a prevalência do interesse social no voto do acionista, entende que os não controladores podem perseguir interesses individuais no exercício do voto, sem que tal conduta possa ser considerada abusiva: "Se o voto não puder violar interesse da companhia, é lícito ao acionista exercê-lo no seu próprio interesse (*omissis*) enquanto os administradores representam os interesses da companhia, sem poder privilegiar um acionista, um grupo ou uma espécie de acionistas (art. 154, *caput*, e, especialmente, seu § 1º), os acionistas defendem interesse próprio, que muitas vezes são contrapostos aos dos demais acionistas. Nesses casos, se a questão tratar de direitos dos acionistas sem impacto nas atividades da companhia, é lícito ao acionista votar no interesse de sua espécie ou classe, sem levar em consideração o interesse de outra espécie ou classe (desde que não vise causar dano para outros acionistas ou obter vantagem a que não faz jus com prejuízo para a companhia ou para acionistas). Dentro de uma mesma espécie ou classe de ações, o acionista pode votar, observadas essas mesmas limitações, de acordo com seu interesse individual" (Colegiado da CVM, PAS CVM RJ 12/01, Rel. Diretor Pedro Oliva Marcilio de Sousa, j. em 12-1-2006, *in* Lazzareschi, *Lei*, cit., p. 168.

607 *V.* comentários ao art. 118.

seja o ressarcimento por perdas e danos e, ainda, exclusiva ou cumulativamente, por danos morais (art. 186 do Código Civil).

Esse preceito contido no *caput* e no § 3º do presente artigo, como referido, procura evitar a prática do *striking* nas companhias, ou seja, o uso abusivo do exercício do direito de voto por parte dos minoritários visando a obter vantagens patrimoniais, geralmente traduzidas na procura de venda de suas ações por preço maior do que realmente valem. Tem a norma, portanto, caráter inibitório da conduta dos *strikers*, que, individualmente, via fundos de ações ou ainda mediante acordo de voto (art. 118), procuram alcançar enriquecimento ilícito à custa da desestabilização patrimonial ou moral da companhia.

Essa norma, contida no *caput* e no § 3º supera, com sua feliz redação, a clássica doutrina que entende dever a sanção ao acionista pelo voto abusivo estar condicionada a que seja determinante na assembleia geral[608].

Dessa forma, dispensada a parte subjetiva do ato, estabelece a presente norma que haja cominação ao respectivo acionista, que com seus votos majoritários (controlador), minoritários, ou então comuns (companhia com capital disperso – art. 137, II, *b*), tenha causado dano à companhia e/ou aos demais acionistas[609]. Assim, ainda que o voto abusivo não haja prevalecido, o acionista é responsável, no plano civil e administrativo (CVM).

Os danos podem ser morais ou materiais (art. 184 do Código Civil), como referido.

Haverá dano moral quando o voto vencido abusivo é exercido por mera emulação para difamar outros acionistas — controladores ou não — ou para prejudicar o bom nome da companhia ou causar artificialmente dissídio entre os sócios.

Por outro lado, o dano será material quando, v. g., o acionista negar, por emulação, quórum *deliberativo* mínimo para obstruir o exercício regular do controle na deliberação da assembleia geral com voto qualificado, obstruindo, dessa forma, medida de interesse da sociedade[610].

Seria, ainda, o caso do acionista, no interesse próprio ou de algum fundo de ações ou de sociedade concorrente, arguir em assembleia, abusivamente, atos da administração para, assim, votar de forma contrária à condução da política empresarial adotada pelos controladores (art. 116). Essas

---

608 Giorgio Bevilacqua, *Rivista*, cit., p. 707.

609 Maisano, *L'eccesso di potere*, cit., p. 44.

610 *V.* comentários aos arts. 118 e 135.

manifestações, ainda que sejam apenas sumariamente referidas na ata (art. 130), podem trazer prejuízos morais e materiais à companhia, repercutindo no seu crédito, nas suas operações comerciais ou na sua imagem e credibilidade.

Conduta abusiva típica dos *strikers* é o voto contrário à aprovação das contas, sem causa, objetivando apenas que na ata conste que elas foram aprovadas por maioria absoluta de votos e não pela unanimidade dos acionistas presentes. Essa modalidade de voto emulativo causa danos de natureza moral, em qualquer circunstância, e material quando dele resultarem, v. g., frustrados os negócios jurídicos em andamento com terceiros, a restrição de linhas de financiamento ou crédito ou a perda de valor de mercado de suas ações etc.

Ademais, poderá o acionista, com o intuito de especular com as ações da companhia, apresentar objeção ou proposição na assembleia geral, com o fito de provocar a alta ou a queda da cotação das ações no mercado.

Por sua vez, como referido, o *voto não prevalecente* abusivo pode visar a induzir a compra das ações de propriedade do *striker* pela companhia (art. 30) ou pelo controlador (art. 116). Esse é o objetivo ilícito mais comum na prática do *striking*.

FUNDAMENTOS DA SANÇÃO AO VOTO ABUSIVO NÃO PREVALECENTE — *CAPUT*

Em todas as hipóteses acima apontadas e nas demais em que se configurar a emulação do voto não prevalecente e, por isso mesmo, abusivo, a lei não o distingue do abuso do direito de voto majoritário, ou seja, prevalecente.

O fundamento desse idêntico tratamento legal está em que a norma sanciona, objetivamente, o exercício abusivo do direito de voto, e não apenas o exercício abusivo do voto do controlador[611] (arts. 117 e 118). E sanciona da mesma forma o voto abusivo aleatório nas companhias com capital disperso (art. 137, II, *b*), prevalecente ou não.

Visa o *caput* da presente norma a coibir a conduta lesiva resultante do voto abusivo em todas as situações: do controlador, de membros da minoria ou do acionista comum nas companhias com capital disperso. Este disposi-

---

611 Dominique Schmidt, *Les droits de la minorité*, cit., p. 180.

tivo trata de forma idêntica o abuso da maioria e o da minoria[612] e o dos acionistas comuns nas companhias com capital disperso.

A respeito, as considerações de Dominique Schmidt[613]: "É evidente que o abuso da minoria não pode ser penalizado senão através da responsabilidade civil, porque, sem dúvida, o abuso da minoria é em tudo semelhante ao abuso da maioria, na medida em que pressupõe, ao mesmo tempo, um prejuízo aos demais acionistas e uma idêntica consciência desse prejuízo. Por isso, tanto um como o outro abuso originam-se da violação de uma mesma obrigação de se conduzir em sociedade e, portanto, do mesmo desconhecimento da *affectio societatis*".

INTERESSE CONFLITANTE — QUARTA TIPIFICAÇÃO DO § 1º

Como referido, o interesse conflitante constitui a quarta tipificação constante do § 1º. Trata-se de nulidade do exercício do voto dado nessa circunstância, sem cominar sanção (art. 166, VII, do Código Civil).

Impossível tratar a questão casuisticamente[614]. Tão somente se pode configurar, na espécie, o interesse conflitante no sentido formal e no pressuposto da própria licitude do negócio jurídico.

Dessa forma, o interesse conflitante das partes, de que fala a presente norma e que existe em todo o contrato bilateral ou unilateral, é a razão formal para a suspensão do exercício do voto do acionista pré-contratante ou contratante com a sociedade. A nulidade decorre da situação em que o acionista — que é ou será parte contratual — não pode formar a vontade da outra parte, que é ou será a companhia.

Portanto, quando a norma de exceção (§ 1º) ao exercício do direito de voto fala em "deliberação em que tiver interesse conflitante com o da companhia", não pressupõe que o acionista estará contratando com ela contra o interesse social ou obtendo benefício patrimonial desmesurado para si. E muito menos quer a norma restritiva do exercício do voto pressupor o ilícito. Vedação legal sem cominar sanção, consoante o referido art. 166, VII, do Código Civil.

O interesse conflitante das partes — no caso entre o acionista e a companhia — é da própria natureza do negócio jurídico. Esse conflito se impõe,

---

612 Dominique Schmidt, *Les droits de la minorité*, cit., p. 181.

613 Dominique Schmidt, *Les droits de la minorité*, cit., p. 181.

614 Contrariamente à douta opinião de Valverde, *Sociedades por ações*, cit., v. 2, p. 116.

pois necessário ao estabelecimento das relações contratuais válidas. Isto porque a formação da vontade não admite confusão das pessoas que serão partes no contrato.

Mesmo quando existam benefícios equitativos para ambas as partes no negócio jurídico contratual que vai se celebrar, que é aquilo que se deve pressupor, haverá sempre interesse conflitante e não convergência de interesses.

É esse mesmo critério formal que suspende o exercício do voto do acionista administrador no exame de suas contas ou do acionista na aprovação do laudo referente aos bens com que se propõe a subscrever o capital da companhia.

O administrador se abstém de votar, no pressuposto de que suas contas estão corretas. O conflito de interesses é formal, e não substancial. Da mesma forma, o laudo de avaliação dos bens que o acionista pretende conferir ao capital não tem apenas o pressuposto de licitude, como também a própria chancela e responsabilidade profissional de seus elaboradores (art. 8º).

Da mesma forma, desejando contratar com a companhia mediante a assunção de obrigações bilaterais ou unilaterais, deverá o acionista interessado se abster de votar a matéria respectiva, submetida à assembleia geral. Caberá aos acionistas desimpedidos deliberar a respeito.

A FALÁCIA DO CONFLITO SUBSTANCIAL

Não existe a propalada diferença entre o chamado conflito formal *versus* conflito fundamental. Essa falsa questão tem sido invocada para derrogar a proibição de voto no caso de interesse conflitante, que é a quarta tipificação do § 1º.

A norma ora estudada, quando restringe o exercício do voto do acionista interessado, nessa quarta tipificação do § 1º, define-a como "interesse conflitante" para, assim, configurar a impossibilidade jurídica de uma parte formar a vontade da outra.

Desse modo, a restrição legal do voto do acionista interessado tem como fundamento o interesse conflitante, encontrável em qualquer relação contratual de natureza unilateral ou bilateral, sendo, portanto, de caráter formal e apriorístico.

Posto isso, não existe essa dialética sofismaticamente criada, sem nenhuma base normativa, entre o chamado "conflito formal" *versus* "conflito fundamental", a não ser que se traduza essa figura artificialmente criada — "conflito substancial" — como sinônimo de conduta ilícita de que fala o art. 186 do Código Civil.

Na esfera do Direito Societário, existe tipificadamente o interesse conflitante que se dá na esfera obrigacional, ou seja, na impossibilidade legal (art. 166, VII, do Código Civil) de o acionista formar a vontade da companhia com quem vai contratar.

De outro lado, existe a conduta ilícita própria do abuso no exercício do direito de voto, configurado no *caput* deste artigo, em que a satisfação do interesse próprio do acionista se faz com o sacrifício do interesse social[615].

Assim, na sistemática da presente norma, o voto abusivo de que fala o *caput* conduz diretamente à questão do ilícito.

Por outro lado, a restrição ao exercício do voto do acionista interessado encontra-se no § 1º em razão de interesse conflitante com a companhia, de cuja manifestação de vontade não pode ele participar.

Não há nenhuma base normativa ou principiológica para sustentar a existência no § 1º de um "conflito substancial" que se substitui ao interesse conflitante do voto do acionista interessado em contratar com a sociedade. Trata-se de uma construção sofismática inteiramente incompatível com o nosso sistema jurídico, fundado no Código Civil.

A norma ora estudada em nenhum momento fala em conflito formal de interesses e em conflito substancial de interesses. Fala unicamente em interesse conflitante, que é uma das quatro espécies de impedimento do exercício do direito de voto, *ex vi* do § 1º.

QUANDO SE INSTAURA O ABUSO DO VOTO — *CAPUT*

Se a manifestação do voto não traduzir o interesse da comunhão dos sócios, instaura-se o abuso no exercício do direito de voto (*caput* e § 3º). Haverá dano à sociedade não apenas quando ela sofre uma perda imediata ou com efeito futuro, mas também quando deixa de obter uma vantagem lícita ou, então, quando do voto abusivo lhe advém um resultado menor do que se ria obtido se outra fosse a manifestação decisória do acionista[616].

Haverá lesão ao interesse dos demais acionistas sempre que se tente, com o voto abusivo, tolher-lhes direitos patrimoniais, como, v. g., uma distribuição equitativa de dividendos além dos obrigatórios ou mínimos ou, então, o cerceamento do direito de subscrição preferencial de valores mo-

---

615 Halperin, *Sociedades anónimas*, cit., p. 188 e s.; Mengoni, *Rivista*, cit., p. 440 e s.
616 Halperin, *Sociedades anónimas*, cit., p. 184.

biliários de emissão da companhia; ou, ainda, o direito político de voto ou de eleição de representantes dos minoritários nos órgãos de administração e fiscalização, assegurados pela lei ou pelo estatuto[617].

Assim, haverá abuso no exercício do direito de voto (*caput* e § 3º) sempre que utilizado para obtenção de vantagem política ou patrimonial, para si ou para terceiros.

Reitere-se que essas vantagens ilicitamente perseguidas por meio do voto abusivo podem não ser meramente patrimoniais. Também as vantagens políticas com que se obtém o controle mediante a utilização abusiva de formas legais (art. 118), como, v. g., a acessão de ações de outra companhia pela constituição de subsidiária integral (art. 252), constituem lesão aos interesses dos demais acionistas.

DIFERENÇA ENTRE BENEFÍCIO PARTICULAR E INTERESSE CONFLITANTE — TERCEIRA E QUARTA TIPIFICAÇÕES DO § 1º

Como referido, o § 1º do presente artigo elenca quatro diferentes situações jurídicas que levam a impedimento do voto do acionista interessado. São elas (i) a aprovação de laudo de avaliação (art. 8º), (ii) a aprovação de contas do acionista administrador, (iii) operações que puderem beneficiar de modo particular o acionista interessado e (iv) negócios que importem em interesses conflitantes (contratação com a sociedade).

Como referido, as quatro hipóteses são tipificadas por constituírem restrição ao exercício de um direito legítimo, no caso, o exercício do direito de voto.

Posto isso, deve ser delineado um critério diferencial entre operações que podem beneficiar o acionista interessado, que é a terceira tipificação, e o interesse conflitante inscrito, que é a quarta e última tipificação.

No terceiro tipo — benefício particular — o impedimento se instaura pelo critério comparativo de vantagens que, numa mesma operação abrangendo os demais acionistas, terá ou teria o acionista interessado. Assim, o que caracteriza o benefício particular é a comparação do resultado ou dos efeitos de uma mesma operação, de um lado favorável ao acionista interessado e, de outro, prejudicial aos demais acionistas. Assim, nas operações que trazem benefício particular a determinado acionista, todos os demais acionistas, ou pelo menos da mesma classe, participam.

---

617 *V.* comentários ao art. 141 c/c o art. 8º da Lei n. 10.303, de 2010.

Daí resultam benefícios para um e prejuízos para os demais acionistas. O negócio jurídico respectivo é o mesmo e único, como, v. g., na incorporação de sociedades (art. 223) ou na incorporação de ações (art. 252), na cisão e na fusão.

Insista-se que o benefício particular decorre de um único negócio jurídico, abrangendo todos os acionistas.

A respeito, o Parecer de Orientação CVM n. 34/2006 oferece critério para a configuração do benefício particular, *in verbis*: "O impedimento do voto, portanto, se dá pela (i) especificidade do benefício, pela (ii) particularidade dos seus efeitos em relação a um acionista, comparado com os demais".

Desse modo, o que caracteriza a diferença entre benefício particular (terceira tipificação) e o interesse conflitante (quarta tipificação) é que, naquele, os prejudicados serão sempre os demais acionistas, e não, necessariamente, a companhia, na medida, v. g., em que a relação desequilibrada de troca de ações (arts. 223 e 252) não afeta o patrimônio da incorporadora, não lhe causando dano, portanto, o benefício particular do acionista interessado, ilicitamente obtido.

Trata-se, com efeito, de um dano direto aos demais acionistas, mesmo que dele possa não resultar qualquer prejuízo à companhia, ainda que indiretamente.

Por outro lado, no que respeita ao interesse conflitante (quarta tipificação), a relação se estabelece diretamente entre a companhia e o acionista interessado. Trata-se do contraste entre o interesse da companhia, de um lado, e o do acionista interessado, do outro. E isso ocorre em todo e qualquer contrato bilateral ou unilateral.

Não há, portanto, nesse quarto impedimento, o pressuposto de que qualquer negócio entre o acionista interessado e a sociedade seja lesivo a esta última. A razão para suspensão do exercício do voto, nessa hipótese, é que não pode uma parte — o acionista interessado — formar a vontade da outra parte — a companhia. Por isso fala o § 1º em "deliberação em que tiver interesse conflitante com o da companhia".

Assim, o interesse conflitante se configura formal e aprioristicamente quando vai o acionista celebrar um contrato bilateral ou unilateral com a sociedade, excluídos desse contrato todos os demais acionistas. Diferentemente, portanto, do benefício particular (terceira tipificação), em que todos os acionistas estão envolvidos numa mesma operação (incorporação, fusão, cisão, incorporação de ações etc.).

O interesse conflitante se instala apriorística e formalmente, independentemente de o contrato ser equitativo ou lesivo à companhia e, via de consequência, aos demais acionistas. Se for lesivo, aplicam-se os remédios previstos no § 4º.

Assim, o benefício particular (terceira tipificação) surge no bojo de um único negócio jurídico envolvendo todos os acionistas. Já o interesse conflitante (quarta tipificação) decorre de um negócio jurídico em que somente ele, acionista interessado, e a companhia celebram, com a não participação, portanto, dos demais acionistas.

AS TRÊS ETAPAS DO ENTENDIMENTO DA CVM — CONFLITO FORMAL, *FAIRNESS TEST* E VOLTA AO RECONHECIMENTO DO CONFLITO FORMAL

O § 1º do presente artigo sofreu enorme agravo por parte da Comissão de Valores Mobiliários, corroborada pelo próprio Conselho de Recursos do Sistema Financeiro Nacional (CRSFN). Durante longo período, que vai de novembro de 2002 a agosto de 2010, a Autarquia suspendeu a vigência do dispositivo para, assim, franquear o voto do acionista impedido em se tratando de interesse conflitante, ou seja, da última tipificação do § 1º, que expressamente veda que aquele forme, concomitantemente, a vontade da companhia com quem vai contratar.

São três as etapas na condução do assunto pela Autarquia. A primeira, que vai até dezembro de 2001, de acatamento ao dispositivo expresso na quarta tipificação do § 1º.

A segunda etapa — de novembro de 2002 a agosto de 2010 —, em que a CVM declarou em desuso o referido dispositivo no que se refere ao último impedimento, ou seja, do acionista interessado em contratar com a sociedade e, ao mesmo tempo, formar a vontade desta na deliberação sobre a matéria.

E, finalmente, o retorno à aplicação do impedimento expresso em lei, em histórico julgamento realizado em 9 de setembro de 2010. Essa decisão restaura no seio da Autarquia a vigência do regime jurídico brasileiro nesse particular, com o concomitante abandono do regime do *fairness test* do direito norte-americano, que prevaleceu durante longos oito anos.

O último julgamento do Colegiado no sentido da observância dessa norma foi realizado em 19 de dezembro de 2001, tendo sido relatora a Diretora Norma Parente (Colegiado, IA CVM RJ 2001/4.977).

Como referido, a partir de novembro de 2002, a CVM declarou em desuso o § 1º desta norma no que respeita ao interesse conflitante (quarta tipificação) para acolher diretamente da prática norte-americana o voto pleno do acionista interessado. Com efeito, naquele país não se admite nenhum impedimento para o exercício do direito de voto do acionista.

Também criou a Autarquia, no período, certa ambiguidade no que se refere ao impedimento por benefício particular, que é a terceira tipificação constante do § 1º. Não bastasse, o CRSFN, por sua vez, homologou a construção interpretativa da Autarquia, para decidir que cabia ao próprio acionista interessado decidir se deveria ou não votar em matéria de interesse conflitante (Processo CVM n. 04/99).

Essa aberração, em face da lei, foi, finalmente, espancada ao responder a CVM a consulta formulada por companhia aberta (Proc. RJ 2009/13.179), em setembro de 2010. Por meio dela a Autarquia voltou a reconhecer a vigência da nossa Lei Societária em que o conflito é formal, o que impede o exercício do voto pelo acionista interessado.

Cabe um breve histórico sobre essas três diferentes etapas da conduta da CVM.

Nesse segundo período, para a CVM não mais deveria ser atendido o regime apriorístico (formal) estabelecido como quarta tipificação do § 1º, ou seja, na hipótese de interesse conflitante.

Nesse sentido, a decisão do Colegiado CVM, IA CVM RJ 2002/1.153 (j. em 6-11-2002). Conforme o voto do relator, o Diretor Luiz Antonio de Sampaio Campos, para quem o interesse conflitante "deve ser substancial (e não apenas formal), efetivo e inconciliável. Seria aquele conflito de interesse que não permitiria a convergência ou a conciliação, mas que, para o atendimento do interesse de uma das partes, necessariamente se exigiria o sacrifício da outra parte. Para se alcançar um interesse, ter-se-ia invariavelmente que prejudicar o outro. Em outras palavras, não basta que haja uma duplicidade de interesses no voto do acionista. Para que se caracterize o conflito de interesses ter-se-ia invariavelmente que prejudicar o outro. Em outras palavras, não basta que haja uma duplicidade de interesses do voto do acionista. Para que se caracterize o conflito de interesses mencionado na lei, tal duplicidade deve implicar obrigatoriamente um choque de interesses, uma colisão entre interesse social e o do acionista, de modo que um não poderia prevalecer sem o sacrifício do outro[618]".

Esse entendimento da CVM fundado em direito alienígena — hoje superado por força da referida decisão do Colegiado de 9 de setembro de 2010 — no sentido de franquear o exercício do voto do acionista interessado em

---

618 Lazzareschi, *Lei*, cit., p. 168.

matéria de interesse conflitante, última tipificação do § 1º, consolidou-se no Proc. CVM RJ 2004/5.494, Reg. n. 4.483/2004, Rel. Diretor Wladimir Castelo Branco Castro, j. em 16-12-2004, nos seguintes termos: "Ora, quando o § 1º do art. 115 dispõe que o acionista não pode votar nas deliberações da assembleia geral concernentes ao laudo de avaliação de bens com que concorrer para a formação do capital social, à aprovação de suas contas como administrador ou à concessão de vantagens pessoais, está taxativamente proibindo o exercício do direito de voto pelo acionista que se encontrar em uma dessas situações. Nesses casos, a existência de interesses conflitantes é verificada por meio de critérios puramente formais, sem que se proceda, casuisticamente, a uma análise do efetivo desacordo do interesse da companhia com aquele do acionista. Diferente é a situação prevista na parte final do § 1º do art. 115 da Lei das S/A, que restringe o exercício do direito de voto pelo acionista, nas deliberações da assembleia geral em que tiver interesse conflitante com o da companhia. Com efeito, nesse caso, a lei societária está se referindo a um conflito substancial, que exige um controle *ex post* do 'exercício do direito de voto pelo acionista, por meio da análise do conteúdo da deliberação'"[619].

Ficou, nesse particular, derrogado pela Autarquia, no longo período de 2002 a 2010, o regime jurídico brasileiro, fundado na lei escrita, conforme os Princípios Gerais de Direito, inclusive os positivados pelo Código Civil.

Abandonou por oito anos a CVM, nesse capítulo, o nosso regime jurídico que somente admite a supressão ou restrição do exercício de um direito legítimo estabelecido em lei, por força de regra de exceção legal que a tipifique, para declarar nula a sua infringência, sem cominar sanção, na forma do art. 166, VII, do Código Civil.

A adoção derrogatória de nosso regime jurídico pela CVM nesse fundamental assunto consubstanciado no § 1º do presente artigo, deu-se em novembro de 2002, na véspera de importantes operações de incorporação de ações que se deram no apagar das luzes daquele ano.

Foi, nessa época, mais longe a Autarquia, ao também arguir a questão do impedimento formal em se tratando da terceira tipificação do § 1º, ou seja, a de interesse ou benefício particular. A propósito, o julgado CVM RJ 2007/11.592; Reg. n. 5.631/2007, j. em 28-9-2007, *in verbis*: "Qualquer conclusão quanto a eventual conflito de interesses ou benefício particular do

---

619 Lazzareschi, *Lei*, cit., p. 169.

acionista controlador, assim como quanto ao exercício abusivo do poder de controle, somente poderá se dar a *posteriori* à deliberação"[620].

Essas decisões derrogatórias do § 1º deste artigo, constantes dos julgados da Autarquia, acabaram por se refletir nas considerações contidas no Parecer de Orientação CVM n. 34, de 18 de agosto de 2006[621], que acen-

---

620 Lazzareschi, *Lei*, cit., p. 169.

621 PARECER DE ORIENTAÇÃO CVM N. 34, DE 18 DE AGOSTO DE 2006.

Impedimento de voto em casos de benefício particular em operações de incorporação e incorporação de ações em que sejam atribuídos diferentes valores para as ações de emissão de companhia envolvida na operação, conforme sua espécie, classe ou titularidade. Interpretação do § 1º do art. 115 da Lei n. 6.404/76.

Objeto deste Parecer de Orientação

Frequentemente, a Comissão de Valores Mobiliários — CVM tem sido chamada a pronunciar-se sobre os temas do conflito de interesses e do impedimento de voto em deliberações societárias. Tais temas vêm tratados no art. 115 (no tocante aos acionistas) e 156 (quanto aos administradores) da Lei n. 6.404/76. Assim, ao longo dos anos, esse assunto, por si só já complexo, e objeto de polêmica na doutrina jurídica, tem sido objeto de intensas discussões, variando as interpretações predominantes de acordo com a composição do Colegiado da CVM. A principal discussão diz respeito à existência, ou não, de uma proibição, que impeça o acionista de votar em questões em que possa existir conflito de interesses.

A polêmica não alcançou, contudo, a vedação ao voto na aprovação do laudo de avaliação de bens com que concorrer para a formação do capital social e aprovação de suas próprias contas como administrador. Essas hipóteses estão expressamente previstas no art. 115, § 1º, da Lei n. 6.404/76. Nesses casos, não há dúvida, seja na doutrina jurídica, seja nas decisões da CVM, de que o acionista (que integralizará o capital ou que seja administrador, conforme o caso) está previamente impedido de votar.

Também não há maior polêmica quanto à existência de uma terceira hipótese de impedimento de voto, qual seja, aquela relativa às deliberações que puderem beneficiar o acionista "de modo particular".

A polêmica ocorre na análise dos casos concretos, pois não há um critério objetivo unânime que distinga hipóteses "que puderem beneficiar [o acionista] de modo particular" e hipóteses em que o "interesse [do acionista seja] conflitante com o da companhia" (§ 1º do art. 115).

Parcela da doutrina jurídica entende que, nesta última hipótese, é possível que o voto seja dado e, posteriormente, seja analisada a sua validade.

Em resumo: é razoavelmente pacífico que a hipótese de benefício particular é diferente da hipótese de conflito de interesses, no texto do art. 115, § 1º, da Lei n. 6.404/76. Também é razoavelmente pacífico que em caso de benefício particular o acionista está previamente impedido de votar. Mas é normalmente difícil distinguir as hipóteses de benefício particular das hipóteses de conflito de interesses.

Recentemente, começaram a ocorrer no mercado brasileiro operações visando à unificação das espécies de ações de companhias e, também, à migração de companhias listadas em segmentos tradicionais de negociação na Bolsa de Valores de São Paulo

— Bovespa para o segmento especial denominado Novo Mercado (e potencialmente também para aquele denominado de Nível 2). Esses movimentos são salutares, porque reduzem as hipóteses em que os interesses dos acionistas podem se contrapor e porque tais segmentos especiais de listagem baseiam-se em critérios mais estritos que os da Lei n. 6.404/76 e têm por finalidade uma melhor governança corporativa das companhias abertas neles listadas.

Nesse sentido, a CVM entende que sua atuação, inclusive do ponto de vista da regulamentação legal que lhe cabe, deve facilitar tais procedimentos de unificação e de migração, especialmente no que se refere à revisão de normas desenhadas para outras situações, e outra realidade de mercado, que possam restringir a ocorrência das operações de migração sem benefícios palpáveis para os acionistas das companhias abertas brasileiras.

Contudo, os mecanismos aventados pelo mercado para a realização de tais operações de migração devem sempre obedecer à legislação, e assegurar, na medida prevista na lei e na regulamentação, uma adequada oportunidade de participação dos acionistas não controladores no processo decisório, especialmente quando importarem em tratamento diferenciado entre acionistas titulares de ações de mesma espécie e classe, ou tomarem por base avaliações que considerem não apenas os direitos econômicos ou políticos atribuídos às ações, mas também suposições de sobrevalorização de ações detidas por certos acionistas não comprovadas por efetivas negociações entre partes independentes.

Por esses motivos, este Parecer de Orientação tem por objetivo divulgar a interpretação da CVM sobre a incidência do impedimento prévio de voto de que trata o § 1º do art. 115 da Lei n. 6.404/76 em certas deliberações que possam beneficiar de modo particular os acionistas controladores ou proponentes de operações de incorporação ou de incorporação de ações.

Impedimento de Voto

Diz o § 1º do art. 115 da Lei n. 6.404/76:

"Art. 115. (...) *Omissis*

§ 1º O acionista não poderá votar nas deliberações da assembleia geral relativas ao laudo de avaliação de bens com que concorrer para a formação do capital social e à aprovação de suas contas como administrador, nem em quaisquer outras que puderem beneficiá-lo de modo particular, ou em que tiver interesse conflitante com o da companhia".

A constatação do impedimento de voto não envolve um julgamento sobre a licitude da deliberação a ser tomada. O acionista potencialmente favorecido estará impedido de votar mesmo que se trate, como se espera, de deliberar sobre benefícios perfeitamente lícitos, e que possam coincidir com o interesse da companhia.

Com efeito, a aprovação das contas dos administradores, ou o aumento de capital em bens, também podem (e, aliás, devem) beneficiar a companhia, mas a lei expressamente veda o voto do interessado, nesses casos. Do mesmo modo, a emissão de partes beneficiárias (hoje proibidas para as companhias abertas) sempre foi vista pela doutrina como hipótese de benefício particular que impedia o voto, sem prejuízo de que, evidentemente, a emissão de tais títulos esteja prevista em lei no pressuposto de que incentivaria os fundadores a atuarem no interesse da companhia.

O impedimento de voto, portanto, se dá pela especificidade do benefício, pela particularidade de seus efeitos em relação a um acionista, comparado com os demais. E mesmo em tais casos, se falhar a proibição cautelar de voto, e o acionista impedido de votar, a deliberação somente será anulável se o voto do acionista potencialmente beneficiado tiver sido determinante para a formação do *quorum* ou da maioria assemblear.

Operações societárias de incorporação e incorporação de ações com relações de troca desproporcionais

Propostas de incorporação (art. 223 da Lei n. 6.404/76) ou de incorporação de ações (art. 252 da Lei n. 6.404/76) têm sido submetidas a assembleias de acionistas de companhias abertas (aqui referidas simplesmente como Companhia ou Companhias) em que, normalmente com base em laudo de avaliação, se submete à assembleia geral uma relação de troca que atribui valor diferente (e maior) às ações de emissão da Companhia que sejam de propriedade da sociedade incorporadora (ou incorporada, em caso de incorporação reversa), mesmo quando o único ativo, ou único ativo relevante, de tal sociedade (aqui referida como Sociedade *Holding*), sejam essas mesmas ações de emissão da Companhia.

A avaliação das ações, para efeito de relação de troca, tem sido feita do seguinte modo: em primeiro lugar, define-se o valor da Companhia, normalmente por valor econômico baseado em fluxo de caixa descontado. Em um segundo momento, atribui-se um valor para as ações de titularidade dos acionistas da Companhia (por cotação de mercado ou outro critério, e por vezes com valores diversos para espécies diversas de ações), sem considerar as ações de titularidade da Sociedade *Holding*, apurando-se o valor do conjunto de tais ações. Por fim, atribui-se às ações remanescentes, de titularidade da Sociedade *Holding*, valor equivalente à diferença entre o valor do conjunto das ações dos demais acionistas, apurado na forma antes descrita, e o valor de avaliação total da Companhia, apurado em primeiro lugar.

Alternativamente, o mesmo resultado final pode ser alcançado se a relação de troca desproporcional decorre, total ou parcialmente, do fato de que o número de ações de emissão da Sociedade *Holding* antes da operação de incorporação é proporcionalmente maior que o número de ações de emissão da Companhia por ela detidas antes da operação, emitindo-se as ações da Sociedade *Holding*, no aumento de capital decorrente da incorporação, ou da incorporação de ações sem ajustar tal desproporção.

É esta relação de troca mais favorecida para a Sociedade *Holding*, sem que ela tenha ativos outros que justifiquem essa diferenciação de tratamento, que pode ser considerada como o benefício particular de que trata o § 1º do art. 115 da Lei n. 6.404/76. O fundamento utilizado para justificar a relação mais vantajosa tem sido o reconhecimento, pelo art. 254-A da Lei n. 6.404/76, de que as ações detidas pelo acionista controlador têm valor maior que as ações não integrantes do bloco de controle, na medida em que a alienação de controle não obriga a realização de uma oferta pública de aquisição para os titulares de ações da espécie preferencial sem voto, e obriga uma oferta pública de aquisição para os acionistas titulares de ações com direito a voto com desconto de 20% em relação ao preço pago ao acionista controlador.

A CVM entende que tal justificativa é válida no âmbito de uma OPA por alienação de controle, porque a lei assim o determina, mas não é suficiente para afastar o impedimento de voto por benefício particular quando, ao invés de uma parte independente (como é o terceiro adquirente do controle), quem confirma o sobrepreço às ações de titularidade da Sociedade *Holding* é o próprio acionista beneficiado, ao votar na assembleia de incorporação.

Têm sido adotados mecanismos visando a permitir que uma parcela expressiva dos acionistas não controladores da Companhia, mesmo titulares de ações sem direito a voto, tenham a possibilidade de vetar a operação, desde que compareçam à assembleia em número expressivo (normalmente 50% mais uma ação emitida, excluídas as ações da Sociedade *Holding*), e votem contra a incorporação.

A CVM entende, entretanto, que tais mecanismos somente seriam eficazes para afastar a discussão sobre o impedimento de voto da Sociedade *Holding* nas operações descritas caso a incorporação, ou a incorporação de ações, somente fosse aprovada pelo voto afirmativo de acionistas não beneficiados que completassem isoladamente o *quorum* legal, pois nessa hipótese o voto do acionista beneficiado de maneira particular seria irrelevante, e um terceiro (o conjunto dos demais acionistas) teria confirmado o sobrepreço concedido às ações de titularidade da Sociedade *Holding*.

A CVM entende, também, que, caso a proposta de incorporação (ou incorporação reversa) da Companhia, ou de suas ações, contemple diferentes relações de troca considerando as diferentes espécies de ações detidas pelos acionistas que não sejam acionistas da Sociedade *Holding*, atribuindo, assim, por exemplo, diferentes valores para as demais ações com voto e as ações sem voto, os acionistas titulares de ações com voto, ainda que não sejam acionistas da Sociedade *Holding*, também estarão impedidos de votar, salvo se a diferença de relação de troca basear-se em critérios objetivamente verificáveis (como o fluxo futuro de caixa descontado, ou as diversas cotações em mercados organizados) e não apenas no eventual direito a alienarem suas ações em ofertas públicas por alienação de controle.

Conclusão

Em situações em que se vise à unificação das espécies de ações da companhia ou à migração para segmentos especiais de listagem em que as ações do acionista controlador, ou do proponente da operação, sejam detidas por sociedade cujo único ativo, ou único ativo relevante, sejam essas mesmas ações (Sociedade *Holding*), e seja submetida à aprovação da assembleia a deliberação de incorporação (ou incorporação reversa) da Companhia, ou de suas ações, na Sociedade *Holding*, a Sociedade *Holding* e os seus acionistas (caso detenham participação direta na Companhia) estarão impedidos de votar, na forma do art. 115, § 1º, da Lei n. 6.404/76, caso a proposta de incorporação (ou incorporação reversa) da Companhia, ou de suas ações, considere uma relação de troca que atribua valor diferente às ações de emissão da Companhia que sejam de propriedade da Sociedade *Holding*, e às demais ações da mesma espécie e classe de emissão da Companhia.

Da mesma forma, a Sociedade *Holding* e os seus acionistas (caso detenham participação direta na Companhia) estarão impedidos de votar, na forma do art. 115, § 1º, da Lei n. 6.404/76, caso a proposta de incorporação (ou incorporação reversa) da Companhia, ou de suas ações, considere uma relação de troca que atribua valor diferente às ações de emissão da Companhia que sejam de propriedade da Sociedade *Holding*, e às demais ações de emissão da Companhia, ainda que de espécie ou classe diversas, caso a diferença de valor não se baseie em laudo que considere os diferentes valores econômicos de cada uma das ações com base em critérios objetivamente verificáveis (como o fluxo futuro de dividendos descontado, ou as diversas cotações em mercados organizados).

O mesmo impedimento de voto deve incidir se a operação for realizada de modo a conferir o mesmo número de ações da Sociedade *Holding* a todas as espécies e classes de ações de emissão da Companhia, mas o número de ações emitidas pela Sociedade *Holding* antes da operação for proporcionalmente superior ao número de ações da tuaram a ambiguidade e a perplexidade sobre esses temas, em algumas de suas passagens.

Assim, esse polêmico Parecer de Orientação questiona a linha divisória entre benefício particular e o interesse conflitante, não obstante a clara tipificação de uma e outra, contida no § 1º. *In verbis*: "A polêmica ocorre na análise dos casos concretos, pois não há um critério objetivo unânime que distinga hipóteses 'que puderem beneficiar (o acionista) de modo particular' e hipóteses em que 'o interesse (do acionista seja) conflitante com o da companhia (§ 1º do art. 115)'. Parcela da doutrina jurídica entende que, nesta última hipótese, é possível que o voto seja dado e, posteriormente, seja analisada a sua validade".

E continua o questionado Parecer de Orientação: "Em resumo, é razoavelmente pacífico que a hipótese de benefício particular é diferente da hipótese de conflito de interesses, no texto do art. 115, § 1º, da Lei n. 6.404/76. Também é razoavelmente pacífico que em caso de benefício particular o acionista está previamente impedido de votar. Mas é normalmente difícil distinguir as hipóteses de benefício particular das hipóteses de conflito de interesses".

Companhia de que ela seja titular antes do negócio, resultando, na prática, na mesma desproporção que determina a existência do benefício particular para a Sociedade *Holding* e seus acionistas de que trata este Parecer de Orientação.

Adicionalmente, caso a proposta de incorporação (ou incorporação reversa) da Companhia, ou de suas ações, contemple diferentes relações de troca considerando as diferentes espécies de ações detidas pelos acionistas que não sejam acionistas da Sociedade *Holding*, atribuindo, assim, por exemplo, diferentes valores para as demais ações com voto e as ações sem voto, os acionistas titulares de ações com voto, ainda que não sejam acionistas da Sociedade *Holding*, também estarão impedidos de votar, salvo se a diferença de relação de troca basear-se em critérios objetivamente verificáveis.

A CVM, embora considere que a OPA de permuta seria o meio mais adequado para a realização de operações de migração como as descritas neste Parecer de Orientação, não atuará para reprimir operações de incorporação (ou incorporação reversa) de Companhias, ou de suas ações, caso seja previsto, inclusive no edital de convocação da assembleia, que a aprovação dependerá do voto afirmativo dos demais acionistas, inclusive para a formação do *quorum* legal, observado tanto o impedimento de voto da Sociedade *Holding* e de seus acionistas (caso detenham diretamente ações da Companhia) quanto, se for o caso, o impedimento de voto dos demais acionistas titulares de ações com voto, referido no parágrafo anterior.

Aprovado pelo Colegiado em reunião do dia 18 de agosto de 2006.

Original assinado por

MARCELO FERNANDEZ TRINDADE

Presidente

Não bastasse a CVM, no seu afã derrogatório, também o Conselho de Recursos do Sistema Financeiro Nacional (CRSFN) adotou o regime norte--americano, decorando, por sua vez, em desuso o § 1º deste artigo no tocante ao impedimento de o acionista interessado formar a vontade da companhia na deliberação sobre os contratos entre ambos. Assim estendeu aquele Conselho a liberação do voto do acionista interessado em se tratando de benefício particular, ou seja, no que respeita à terceira tipificação do § 1º, *in verbis*: "A interpretação mais adequada para a parte final do dispositivo em tela — que trata de benefício particular ou interesse conflitante — deve ser a que conclui que o voto do acionista que se considerar em conflito é vedado *a priori*, mas apenas no caso de esse acionista votante, em seu juízo de valor, se verificar na situação de conflito. Vale frisar: o acionista é quem deve julgar se está ou não na condição de conflito de interesse. Entretanto, adotou-se entendimento segundo o qual verificação da existência do conflito possa também se dar *a posteriori*. Na hipótese de não ter o acionista se visto na situação de conflito, até o momento do exercício de seu direito de voto, a seu talante deve votar na assembleia para que, em fase ulterior, seja apurada ocorrência ou não do conflito. Suscitada situação de conflito por outro acionista, deve o acionista questionado votar se, arguida sua situação de conflito, não vier a mudar sua posição anterior. Na hipótese de o acionista decidir por votar na assembleia em que foi arguida sua situação de conflito, ficará sujeito, além do posterior controle da situação de conflito, às cominações legais (imputação de responsabilidade e penalidades, inclusive pela Comissão de Valores Mobiliários)".

Vê-se, assim, que, de 2002 a agosto de 2010, no que respeita ao interesse conflitante, que é o quarto impedimento constante do § 1º, rejeitou a Autarquia a aplicação da lei brasileira, para acolher a prática norte-americana, em que não há dever de abstenção do acionista de votar em matérias conflitantes.

O fundamento encontrado naquele país é que o voto constitui um direito próprio, que não pode ser negado ao acionista, mesmo com a possibilidade de ele não fazer bom uso da prerrogativa. Em consequência, o acionista pode votar na assembleia geral ainda que tenha interesses contrários aos da companhia. Nesse caso — sempre na prática norte-americana — prevalece a presunção da boa-fé no exercício do voto do acionista interessado. Aí reside o limite do seu voto, apurado no *fairness test*, que deverá dizer se o voto prejudicou ou não os demais acionistas. Se, através do *fairness test*, ficar evidenciado que o conflito de interesses não causou dano à coletividade acionária, o voto do acionista interessado prevalece e a respectiva deliberação da assembleia geral será eficaz[622].

Assim, a CVM, fora dos casos tipificados de (i) laudo e (ii) de contas, e, ainda, com certa ambiguidade, a (iii) concessão de vantagens pessoais (Parecer n. 34/2006), em que aceita o impedimento apriorístico, entendia, até setembro de 2010, que o (iv) interesse conflitante não impedia o exercício do voto do acionista interessado.

Abandonou, nessa etapa, a Autarquia o critério de conflito formal de interesses nos negócios bilaterais ou unilaterais com a sociedade, quando o acionista interessado deveria abster-se de votar a matéria respectiva, em face da vedação expressa de o contratante manifestar a sua vontade e, ao mesmo tempo, a da outra parte no negócio bilateral ou unilateral.

Adotou, desse modo, a CVM, entre 2002 e agosto de 2010, o regime norte-americano de verificação *a posteriori*, caso a caso, da existência, ou não, de interesse conflitante no voto exercido pelo acionista interessado, ou seja, se o voto se mostra ou não contrário ao interesse da companhia e/ou dos demais acionistas.

Tínhamos, dessa forma, que, segundo a CVM, no caso de interesse conflitante (contratos bilaterais ou unilaterais), o voto era franqueado ao acionista interessado, não mais sendo nulo, mas apenas anulável quando, *a posteriori*, fosse comprovada a ilicitude do negócio realizado com a sociedade, de que lhe decorriam danos.

Tratava-se, com efeito, de critério de verificação *a posteriori* ao voto dado pelo acionista interessado no caso de interesse conflitante (quarta tipificação do § 1º — contratos bilaterais ou unilaterais).

Segundo a CVM, nesse longo interregno, a validade e eficácia do voto dado pelo acionista que iria contratar com a própria sociedade dependeria do referido *fairness test*, que, entre nós, dispensa o requisito da boa-fé, para fixar-se na verificação de prejuízo efetivo e atual para a companhia e, via de consequência, para os demais acionistas.

Mas não estava isolada a Autarquia nessa interpretação contrária ao texto expresso da lei. Antecipando-se à CVM, o Superior Tribunal de Justiça — STJ, já em 2000, em longo acórdão, acolheu o critério americano do *fairness test*, ou seja, de que sempre o acionista tem o direito de votar, não podendo jamais ser impedido de exercitá-lo, e que o interesse conflitante somente é verificável *a posteriori*, sendo o voto prevalecente do acionista

---

622 *V.* referência mais adiante, no verbete "Abuso de voto e conflito de interesses no direito estrangeiro".

interessado anulável somente quando o negócio acarreta danos à companhia e aos demais acionistas.

São os seguintes os trechos principais desse julgado, manifestamente *contra legem*: "Na quarta hipótese prevista nesse parágrafo (nas deliberações da assembleia geral 'em que tiver interesse conflitante com o da companhia'), a contraposição de interesses há de ser substancial, efetiva e inconciliável; o controle da legalidade do voto nesse último caso é feito *ex post,* caso a caso, a fim de apurar se há incompatibilidade entre os interesses do acionista e os da companhia. Com efeito, ao dispor que 'a deliberação tomada em decorrência do voto de acionista que tem interesse conflitante com o da companhia é anulável, o § 4º do art. 115 deixa claro que a proibição não é formal, mas substancial; se a lei proibisse o exercício do voto pelo acionista em situação de conflito de interesses, a norma prescreveria a nulidade do voto, não a sua anulabilidade. Diante do conflito de interesses com a sociedade, cabe exclusivamente ao próprio acionista decidir se deve ou não se abster de votar, não podendo os demais acionistas ou o presidente da mesa excluir *a priori* o voto, mas apenas impugnar a deliberação *a posteriori* e desde que presente conflito substancial. É que a existência ou não de interesse conflitante é questão eminentemente de fato, a ser decidida em cada caso. Além disso, é indispensável demonstrar que o objetivo perseguido pelo acionista em conflito é incompatível com a realização do interesse social e que o interesse pessoal perseguido pelo acionista em conflito é incompatível com a realização do interesse social e que o interesse individual perseguido pode causar dano à companhia (*omissis*). Assim, na hipótese de 'interesse conflitante com o da companhia', o conflito há de ser 'estridente', não podendo o acionista ser afastado *a priori* da votação. Esse conflito de interesses de determinados acionistas e a empresa têm que ser absolutamente estridente, porque uma pessoa jurídica tem por objetivo o lucro, e o dono da empresa é exatamente quem detém a maioria do capital. É claro que a lei traça alguma proteção para os acionistas minoritários (*omissis*). Não existindo um interesse estritamente colidente de um acionista em relação à própria empresa, não há razão para se afastar da votação acionista, porque a todo momento se poderia interpretar que tal ou qual atitude deste acionista estaria ou não colidindo com o interesse daquela, quando é ele, por ter a maioria do capital, quem toma as decisões" (STJ, REsp 131.300/RS, Rel. Min. Cesar Asfor Rocha, *DJU*, 20-11-2000).

Isto posto, para a Agência Reguladora, não havia (2002 a agosto de 2010) impedimento de voto do acionista interessado e este somente seria passível de sanção se o negócio, efetivamente, causasse dano à sociedade e a seus demais acionistas.

O *fairness text*, então adotado pela CVM, levava à conclusão de que, se não houvesse prejuízo, o negócio bilateral ou unilateral entre a companhia e o acionista interessado era válido e eficaz, podendo contar com o voto prevalecente deste.

Sempre de acordo com o entendimento derrogatório da CVM — ora por ela própria repelido — se houvesse dano à companhia e, via de consequência, para os demais sócios, o acionista interessado e os administradores da sociedade lesada responderiam pelo dano causado.

Em síntese, a CVM, nesse longo período, somente reconhecia o impedimento formal, *a priori*, do voto do acionista interessado nos negócios tipificados no § 1º deste artigo, de (i) aprovação de laudo, (ii) aprovação de contas e ainda que lhe tragam (iii) benefício particular. Em contrapartida, admitia o voto do acionista interessado nas deliberações da assembleia geral sobre os contratos que ele iria firmar com a sociedade, de natureza bilateral ou unilateral. Nesse caso, entendia a CVM (2002 a agosto de 2010) que devia ser verificada, *a posteriori*, a *fairness* dessa transação, pelo critério da lesão e da prevalência do voto do acionista interessado.

Essa longa noite de trevas jurídicas foi dissipada por força do referido julgado de 9 de setembro de 2010, ao responder a Autarquia a "consulta sobre o impedimento de voto do acionista controlador na assembleia que deliberar sobre transação com parte relacionada à companhia" (Proc. RJ 2009/13.179, j. em 9-9-2010).

O resumo da Consulta de que resultou esse histórico julgado, que redime a Autarquia de um errático entendimento sobre a matéria, tem o seguinte teor: "Reg. n. 7.190/10; Relator: DAB — Trata-se de consulta formulada por Tractebel Energia S.A. ('Companhia') para confirmar o entendimento de que a acionista controladora da Companhia não estaria impedida, nos termos do § 1º do art. 115 da Lei n. 6.404/76, de exercer o direito de voto na assembleia que deliberar sobre a celebração de transação com a Companhia, cujos termos tenham sido negociados, no âmbito desta, por comitê especial independente criado nos mesmos moldes daqueles sugeridos pelo Parecer de Orientação n. 35, de 2008. Nos termos da Consulta, o comitê seria criado pelo Conselho de Administração, sendo composto exclusivamente por administradores da Companhia, em sua maioria independentes, incluindo membros do Conselho e da Diretoria, assegurada a participação de pessoas com especialização e conhecimento operacional do setor elétrico. Teria amplos poderes para analisar e negociar a transação, inclusive a sua estrutura jurídica, competindo-lhe, ao final, submeter as suas recomendações ao Conselho de Administração. Em vista disso, a Companhia solicita que se reconheça que, nessas condições, o acionista controlador não estaria incurso em situação de conflito de interesses, que o impedisse de votar, na medida em que a negociação da operação pelo comitê independente já asseguraria que suas condições teriam sido estabelecidas nas melhores condições para a Companhia".

Os Diretores Marcos Pinto e Otavio Yazbek, além da Presidente Maria Helena Santana, apresentaram voto acompanhando as conclusões do Diretor Relator Alexsandro Broedel. Dessa forma, o Colegiado deliberou, por maioria, responder à consulta formulada nos seguintes termos:

(i) Por força do disposto no § 1º do art. 115 da Lei n. 6.404/76, a acionista controladora da Tractebel Energia S.A. estaria impedida de exercer o direito de voto na assembleia que deliberasse sobre a celebração de contrato bilateral em que ela, ou sociedade por ela controlada, figurasse como contraparte;

(ii) Nessa hipótese, mesmo com a criação de comitê especial independente, constituído nos termos descritos na Consulta, a acionista controladora da Tractebel Energia S.A. estaria impedida de exercer o direito de voto, em virtude do disposto no § 1º do art. 115 da Lei n. 6.404/76.

Restou vencido o Diretor Eli Loria, que, em seu voto, sustentou que, "nos termos do § 1º do art. 115 da Lei n. 6.404/76, a acionista controladora da Tractebel Energia S.A. não estaria impedida de votar na assembleia que deliberar sobre a celebração de contrato bilateral em que ela, ou sociedade por ela controlada, figure como contraparte, uma vez que o conflito de interesses só pode ser verificado posteriormente à realização da assembleia, ante a prova do prejuízo ocasionado à companhia. O Diretor destacou, ainda, a responsabilidade dos administradores na operação e ressaltou que o acionista controlador pode votar desde que se atenha aos deveres do art. 115, *caput*, e do art. 116, § único, cabendo ser verificado se o preço está fixado em condições idênticas àquelas que a sociedade contrataria com parte não relacionada".

O relator desse Processo Administrativo n. RJ 2009-13.179 — j. em 9-9-2010, Diretor Alexsandro Broedel Lopes, em seu elaborado voto, traça um preciso histórico da involução do entendimento da Autarquia sobre a matéria para concluir pelo restabelecimento do regime do conflito formal, apriorístico, conforme expresso na norma ora estudada (§ 1º, quarta tipificação)[623].

---

623 **PRECEDENTES**
   Caso TIM
   No Processo Administrativo Sancionador CVM n. TA/RJ 2001/4.977, julgado em 19

de dezembro de 2001, analisou-se a possibilidade de voto, pela Tele Celular Sul Participações S.A. ("TCS"), controladora da CTMR Celular S.A. ("CTMR"), em assembleia para deliberar sobre contrato firmado entre a CTMR e a Telecom Italia Mobile ("TIM"), controlada indiretamente pela "TCS".

Na ocasião, a Diretora Norma Parente entendeu que o fato de a TCS figurar, simultaneamente, em posições contratuais opostas, ainda que indiretamente, configuraria, necessariamente, o conflito de interesses.

De acordo com o voto vencedor, da Diretora Norma, não se mostrava necessária, sequer, a apuração do voto da TCS, em contraposição à análise dos interesses da companhia. Não era necessário, da mesma forma, verificar se o contrato era negociado a preços equitativos, ou seja, sem que houvesse favorecimento indevido para qualquer uma das partes [1].

O Diretor Marcelo Trindade também proferiu voto, concordando com a Diretora Norma, no sentido de que "a regra do impedimento de voto deve ser posta em prática previamente à deliberação da companhia". Acrescentou, no entanto, que, "tratando-se de contrato entre o acionista e a companhia, a hipótese é de benefício particular, e não conflito de interesses genericamente considerado — dado também entender que tal conflito deva ser apreciado *ex post*".

Com isso, firmou-se na CVM o entendimento de que o conflito de interesses, previsto no parágrafo 1º do artigo 115, seria verificável *a priori*, objetivamente, quando, por exemplo, o acionista estivesse contratando com a companhia (o conflito de interesses seria, então, "formal", conforme conceituação doutrinária, que se verá adiante).

Todavia, naquele mesmo julgamento, o Diretor Luiz Antonio de Sampaio Campos manifestou-se em sentido oposto, para defender que o conflito de interesses só poderia ser verificado no caso concreto, *a posteriori* ("conflito material", conforme a doutrina).

Para o Diretor Luiz Antonio, "o acionista é quem deve julgar, a princípio, se está em conflito de interesse, no sentido de que somente o acionista pode, de antemão, saber se irá privilegiar algum interesse (i. e. o interesse que não é da sociedade)". Nessa linha de pensamento, concluiu que:

"A presunção *a priori* é algo, a meu ver, muito violento e assistemático dentro do regime do anonimato, pois afasta a presunção de boa-fé, que me parece ser a presunção geral, e mais, tolhe um direito fundamental do acionista ordinário, que é o direito de voto, no pressuposto de que ele não teria como resistir à tentação. Dito de outra forma, estar-se-ia a expropriar o direito de voto do acionista no pressuposto de que ele poderia vir a prejudicar a companhia mediante o seu exercício, em virtude de um aparente conflito de interesse. Haveria a presunção de que o acionista perpetraria uma ilegalidade acaso fosse lícito que proferisse o seu voto, numa espécie de consagração da fraqueza humana. Prefiro, em situações genéricas, entender que as pessoas cumprem a lei, que não se deixam trair por seus sentimentos egoísticos, porque, como disse, a boa-fé é a regra, igualmente o cumprimento da lei e a inocência. Ora, se isto não fosse verdade, talvez fosse melhor não haver sociedade, pois a confiança é algo fundamental nas relações societárias, até mesmo nas companhias abertas, pois ninguém, em sã consciência, gostaria de ser sócio de alguém em que não confia, principalmente se este alguém for o acionista controlador. Parece-me, assim, evidente a distorção, pois a presunção de hoje e sempre é que as pessoas cumprem a lei".

Caso Previ

No Processo Administrativo Sancionador CVM n. TA/RJ 2002/1.153, julgado em 6 de novembro de 2002, verificou-se a possibilidade de a Previ e a Sistel, na qualidade de acionistas da Tele Norte Leste Participações S.A. ("TNLP"), votarem na assembleia geral da TNLP, que aprovou a celebração de um contrato entre a Telemar, controladora da TNLP, e as concessionárias controladas pela TNLP.

Em resumo, a Previ e a Sistel possuíam tanto participação direta na controlada TNLP, quanto indireta na controladora, Telemar, o que configuraria o interesse conflitante para votar sobre o contrato entre aquelas empresas (TNLP e Telemar).

A Diretora-Relatora Norma Parente firmou, novamente, o entendimento de que o conflito de interesse é de ordem formal. Na oportunidade, a relatora diferenciou, inicialmente, o voto abusivo e o conflituoso. Explanou a Diretora que, na primeira hipótese, prevista no *caput* do artigo 115 da Lei n. 6.404/76, há, necessariamente, uma avaliação substancial do voto, *a posteriori*, a fim de se verificar o eventual abuso do acionista, na sua manifestação de voto. Na outra situação, de conflito, prevista no parágrafo 1º do citado artigo 115, a lei teria proibido o acionista de votar, sendo essa uma "proibição cautelar do exercício do poder de voto".

A Diretora Norma acrescentou, ainda, que:

"O acionista não é o juiz soberano para decidir sobre a existência ou não do conflito, sabido que o mesmo é puramente formal. Do contrário, fosse um comando moral, efeito inerente da corrente que defende as considerações substanciais e *ex post* do conflito, a decisão do acionista seria soberana e incontrastável frente até ao Judiciário, já que a análise do *animus* daquele seria praticamente impossível.

(...)

Permitir o voto, para depois questionar-se sobre a existência de dano ou mesmo se havia ou não conflito de interesses, só tumultuaria a vida da sociedade, com as incertezas que podem advir de discussões judiciais, que dependem de provas complexas e que terminam gerando incertezas quanto aos seus rumos. Portanto, a preservação da harmonia e segurança da atividade empresarial, também, impunha a medida preventiva".

O voto da Diretora Norma, no entanto, restou vencido, pois o Colegiado acompanhou o voto do Diretor Wladimir Castelo Branco, no qual se afirmou que "o acionista, controlador ou não, deve exercer seu direito de voto no interesse da companhia. Se houver, por conseguinte, uma desobediência a esse princípio, estará caracterizado o abuso do direito de voto e, no caso específico, o conflito de interesses".

O Diretor Luiz Antonio de Sampaio Campos também apresentou sua declaração de voto, para reafirmar a posição de que o conflito de interesses, na sua acepção técnica, deve ser substancial, efetivo e inconciliável. Levou-se em consideração, no caso, o princípio da presunção de boa-fé, no sentido de que não seria possível, antecipadamente, concluir-se pela intenção de um acionista votar, em situação de aparente conflito, contra os interesses da companhia.

Por fim, o Diretor Luiz Leonardo Cantidiano, em seu voto, concluiu que a norma em análise deve ser interpretada da seguinte forma:

"Olhando a parte final do parágrafo final 1º pelo outro lado, verifica-se que se a deliberação não puder beneficiar o acionista de modo particular e/ou se o seu interesse estiver sintonizado com o interesse da companhia ele estará admitido a votar. Ele poderá votar".

Caso Ambev

Em 16 de dezembro de 2004, no julgamento do Processo n. RJ 2004/5.494, relativo a recurso contra a decisão da Superintendência de Relações com Empresas ("SEP"), o Colegiado da CVM apreciou a alienação do controle da Companhia de Bebidas da América ("Ambev") via permuta de ações com a Interbrew S.A. ("Interbrew").

No caso, alguns acionistas argumentaram que os controladores da Ambev não poderiam ter participado da deliberação para aprovar a incorporação da Labatt Brewing Canada *Holding* Ltd. ("Labatt"), pois persistiria obrigação da Ambev, perante a Interbrew, de votar favoravelmente na referida deliberação.

O relator do processo, Diretor Wladimir Castelo Branco Castro, consignou que o conflito de interesses, previsto no parágrafo 1º do artigo 115 da Lei n. 6.404/76, seria substancial e, portanto, comportaria um controle *ex post* do exercício do direito de voto pelo acionista.

No entanto, na fundamentação do voto, prevaleceu o entendimento de que o conflito de interesses, na forma prevista no artigo 115, parágrafo 1º, não seria aplicável, por tratar-se de incorporação de empresa sob controle comum, aplicando-se o disposto no artigo 264, *caput* e parágrafo 4º, da Lei n. 6.404/76.

Já a Diretora Norma Parente, em seu voto, registrou, novamente, que o conflito de interesses seria formal e, portanto, os acionistas controladores da Ambev não poderiam votar na assembleia que aprovou a incorporação da Labatt. Em seu voto, a Diretora ponderou que o caso não poderia ser analisado considerando-se, apenas, a operação de incorporação de sociedade sob controle comum, já que a incorporação da Labatt estaria atrelada à permuta de ações entre os controladores da Ambev e a Interbrew, de forma que a incorporação deveria ser apreciada com foco nesta operação de permuta de ações. Dessa ótica, persistiria o conflito de interesses dos controladores da Ambev, que teriam incorrido no "ilícito tipificado no artigo 115, parágrafo 1º, da LSA".

Ao final, quanto ao conflito de interesses dos controladores, prevaleceu o voto do Diretor Wladimir Castelo Branco, vencida a Diretora Norma neste ponto.

CONFLITO DE INTERESSES FORMAL X MATERIAL

Conforme indicam os precedentes acima mencionados, discutiu-se, no tempo, qual seria a correta interpretação do "conflito de interesses" previsto no parágrafo 1º do artigo 115 da Lei n. 6.404/76. O debate, na maioria dos casos, voltou-se ao enquadramento de tal conflito como sendo de ordem substancial/material ou formal [2].

Na doutrina jurídica, o debate se desenvolveu no mesmo sentido. A diferença é que, nas discussões acadêmicas, é feita também uma avaliação do que seria o próprio "interesse social" da companhia, como premissa lógica para a avaliação das situações de conflito.

Com efeito, é interessante notar que, na fundamentação de suas opiniões, os doutrinadores, em grande medida, concordam com alguns conceitos atinentes ao que seria o "interesse" a que alude a Lei. Refiro-me aqui à análise do "interesse social" da companhia. Vejamos:

"O interesse social não é, pois, a somatória dos interesses de cada acionista, mas a transcendência desses mesmos interesses por interesse comum a todos, definido no objeto empresarial específico da companhia nos fins sociais que são comuns a todas elas, qual seja, a realização do lucro" [3].

"O que, porém, singulariza a sociedade é que, como contrato plurilateral, conquanto motivadas por interesses conflitantes, as partes tendem juntas a um escopo comum. (...) A esse interesse comum dos sócios, dá-se o nome de interesse social" [4].

"Ao falar em 'interesse da companhia', a lei se refere ao interesse comum dos acionistas, igual para todos, pois que corresponde ao modelo jurídico sobre o qual se elaborou o instituto" [5].

Bem verdade que o interesse da companhia, como decorrente do estudo da própria teoria da sociedade, é tema largamente estudado pelos comercialistas do mundo todo, há décadas. Nesse aspecto, após diversas transformações dos pensamentos, oriundas dos amplos debates e, especialmente, de constatações empíricas, é natural que a doutrina tenha se aperfeiçoado, para atingir um mínimo consenso com relação ao que se entende por "interesse social" [6].

Mas o curioso é que, como se verá a seguir, ao colocar em prática esses conceitos sobre o "interesse social", para, então, definir quando se dão as situações de conflito de interesses, os doutrinadores acabam por divergir, formando, como mencionado, duas grandes correntes de pensamento.

A seguir, serão avaliadas pontualmente as principais vertentes para o assunto, tanto sob o ponto de vista jurídico quanto econômico (notadamente com uma visão a respeito da formação contratual da firma). Não há, nesse sentido, pretensão de se exaurirem os argumentos existentes no âmbito acadêmico. O objetivo será, apenas, colher embasamento para a conclusão deste voto.

Conflito material — aspectos jurídicos

De um lado, estão aqueles que entendem que o "conflito de interesses" seria de ordem material, ou seja, deve ser avaliado conforme as circunstâncias, *a posteriori*.

Erasmo Valladão [7], por seu trabalho seminal sobre o tema, é bastante citado nas discussões existentes. Em linhas muito resumidas, seus principais argumentos consistem no seguinte:

(i) Todo o arcabouço que compõe a legislação societária coíbe o "abuso de poder" e, também, o "ato emulativo". Nesse sentido, o "conflito de interesses", da maneira como o legislador dispôs na Lei das S.A. interliga-se com aqueles conceitos, especialmente com o de "abuso de poder" — que, no caso, está incluído no próprio *caput* do artigo 115 da Lei das S.A. Por essa razão, a interpretação do conceito de "conflito de interesses" deve-se dar de uma maneira ampla, substancial (e não formal);

(ii) a própria Lei das S.A. prevê, expressamente, a relação entre as sociedades coligadas, controladoras e controladas, bem como de grupos societários. Nesse contexto, não é crível que o legislador tenha estabelecido um sistema formal de proibição de voto, "o que praticamente eliminaria a possibilidade da sociedade controladora votar nas assembleias da controlada".

Em pensamento semelhante, Luiz Gastão Paes de Barros Leães defende o seguinte:

"Aliás, como adverte Luigi Mengoni em magistral estudo sobre a matéria, a 'proibição de voto' como sistema de tutela do interesse social vem sendo restringida gradativamente a hipóteses excepcionais, em face das necessidades do mundo econômico moderno, caracterizado pela concentração empresarial. Nas relações entre sociedades controladoras e controladas, estas perdem grande parte de sua autonomia empresarial. (...) Daí a tendência a adotar um sistema de controle *ex post* do exercício de voto; fulminando-o quando, do conflito de interesse, resulte ele objetivamente idôneo a acarretar dano à sociedade ou a outros acionistas, ou perseguir vantagens indevidas, para si ou para outrem" [8].

Indo além, os defensores da corrente materialista afirmam que:

"Até mesmo por uma questão jurídica a proibição do voto *a priori*, diante da ocorrência de conflito de interesses meramente formal, enseja riscos irremediáveis, diferentemente dos riscos aos quais se submeteriam as companhias com a aplicação dinâmica do critério substancial, através da qual se permitiria que fossem desconstituídos os votos viciados, e anulada a deliberação" [9].

Dessa forma, como se vê, no desenvolvimento da corrente doutrinária, os defensores do conflito material afirmam que os acionistas, quando em conflito de interesses, podem votar. Mais do que isso, alguns sugerem que o acionista em conflito deva votar, pois, do contrário, não haveria voto anulável e, portanto, não seria possível emanar conclusão sobre o verdadeiro resultado da deliberação, em eventual litígio para discutir a ocorrência ou não do conflito de interesses.

Com o devido respeito aos ilustres defensores da corrente materialista, tenho algumas reservas sobre as suas conclusões.

Primeiro, de uma análise do texto da lei em estudo, noto que o parágrafo 1º do artigo 115 da Lei 6.404/76 diz, expressamente, que "o acionista não poderá votar" em quatro situações, sendo uma delas quando "tiver interesse conflitante com o da companhia" [10]. Dessa leitura, e com a devida vênia, não entendo que a melhor interpretação do texto referido seja aquela que exclui a negativa da lei, para concluir que o acionista "poderá votar", em situação de conflito.

Além disso, não me parece que a previsão legal das relações entre as sociedades coligadas, controladoras e controladas, bem como de grupos societários, seja contraditória com a proibição do voto. Entendo que a lei dá tratamento distinto para situações também distintas. O fato de a lei permitir que a Companhia contrate com um de seus acionistas não é contraditório com a proibição de voto nos casos de conflitos de interesses, oriundos, por exemplo, do próprio contrato a ser firmado. Ainda que não persista o voto do acionista contratante, o contrato poderá ser proposto e firmado pela Companhia, conquanto haja a aprovação dos demais acionistas.

Por outro lado, mostra-se coerente o argumento de que até o advento da Lei n. 6.404/76 não estava explícito o conflito de interesses como uma das hipóteses de proibição de voto. Assim, entendo que a sua inclusão seria um ótimo indicativo da intenção do legislador de proibir, efetivamente, o voto do acionista, nessa hipótese [11].

Essas conclusões são corroboradas por uma análise econômica do assunto, conforme comentários que tecerei a seguir.

Conflito material — aspectos econômicos

O conjunto de contratos que caracteriza a companhia moderna se materializa em situações de assimetria informacional. Isto é, as partes possuem conjuntos informacionais diversos acerca da realidade econômica das companhias. Situações de assimetria de informação podem gerar dois problemas clássicos já bem explorados pela literatura econômica: seleção adversa e risco moral. Se mecanismos não forem criados para alinhar interesses e mitigar a assimetria, surgirão problemas de seleção adversa anteriores à formação dos contratos (*ex ante*) ou de risco moral posteriores ao vínculo contratual (*ex post*).

O caso que será aqui analisado ilustra bem a situação de conflito de interesses (pelo menos potencial) surgido em uma situação na qual as partes possuem conjuntos informacionais diferentes. Claramente, acionistas controladores e minoritários estão imersos em uma situação de assimetria principalmente em relação à empresa com a qual a companhia está contratando. Obviamente o controlador possui informações mais precisas e mais amplas acerca da transação que está sendo realizada do que o acionista minoritário.

Sendo assim, pode-se pensar na solução ótima para o problema em questão. Como alinhar interesses e como garantir que os supracitados problemas informacionais não inviabilizem o contrato? Podemos inicialmente avaliar os incentivos.

O acionista controlador possui interesses conflitantes (pelo menos potencialmente) em relação aos acionistas minoritários, em função de sua participação societária em ambas as companhias: compradora e vendedora. Esse acionista controlador poderá então propor uma transação que terá um efeito em sua riqueza pessoal diferente do efeito para o acionista minoritário — isso decorre, obviamente, de suas participações em ambas as contratantes. É claro que o controlador poderá agir de forma proba no caso concreto e não se deixar contaminar pelo conflito de interesse. No entanto, o que o controlador fará no caso concreto não é o mais relevante. O importante é que o conflito potencial existe *ex ante*. Ou seja, não há como o minoritário saber qual será a postura do controlador. Sempre haverá a possibilidade de que o controlador se comporte de forma inadequada. É o que ocorre no contrato de seguros — de veículos, por exemplo. É impossível que a seguradora saiba exatamente *ex ante* qual será o comportamento do segurado. Por isso ela estabelece incentivos para que ele se comporte de forma a minimizar os riscos do sinistro — estabelecendo uma franquia, por exemplo.

Ou seja, independentemente do comportamento do controlador *ex post*, existe o risco *ex ante* de que ele não se comporte segundo os interesses dos minoritários. Sendo assim, cabe perguntar: qual o efeito desse risco no comportamento do minoritário se nenhuma medida for tomada para alinhar interesses?

No extremo, o minoritário deixará de contratar com a companhia. Ou seja, o mercado, pelos títulos da companhia, não será interessante ao minoritário, que se absterá de negociar, uma vez que sua riqueza poderá ser transferida para outra empresa do controlador. Em casos mais prováveis, do ponto de vista prático, nos quais algum nível de quebra de assimetria ocorra (devido à reputação do controlador ou seu histórico de comportamentos passados, por exemplo), os minoritários levarão ao preço dos títulos esse risco de expropriação. Ou seja, eles estarão dispostos a pagar um preço inferior ao que pagariam caso os interesses estivessem alinhados.

Como alinhar esses interesses? Como resolver o problema do conflito? Parece-me que o legislador foi sábio ao afirmar que controladores que possuem interesses conflitantes não devem votar nas assembleias. Qual o efeito prático dessa medida? O controlador é obrigado (uma vez que não terá poder integral de aprovar a transação) a elaborar uma proposta que atenda minimamente os interesses dos minoritários. Caso contrário, ela não será aceita e o negócio não será concretizado. Nessa situação, ele não terá incentivos para elaborar uma proposta que não atenda aos interesses dos minoritários. Existe um alinhamento natural [12].

Quem perde com a abstenção do controlador? Somente os interesses particulares desse mesmo controlador. A abstenção do controlador reduz *ex ante* o risco de que se

583

materialize uma transferência de riqueza entre as empresas com prejuízos para o minoritário.

Poder-se-ia argumentar que tal restrição de voto teria efeitos deletérios na dinâmica empresarial e na formação de contratos entre as partes interessadas — elemento essencial da autonomia privada. Não vejo comprovação empírica deste argumento, nem embasamento teórico. Mecanismos de mitigação de conflitos de interesse existem em todos os ramos da economia que envolvem assimetria informacional. Na realidade, creio que as evidências nos levam a prever o contrário. No contexto do mercado de capitais, a quebra eficiente de assimetria informacional e o alinhamento dos contratos são elementos essenciais para que o mercado possa funcionar. Se a assimetria não for quebrada e os interesses alinhados, os investidores — na melhor das hipóteses — elevarão o desconto dos títulos, o que levará à redução da riqueza de todos os *stakeholders* da companhia. Ora, entendo que é exatamente isso que se quer evitar no mercado de capitais.

Outro argumento é que tal mecanismo resultaria em custos maiores. Sem dúvida, a redução de assimetria e o alinhamento de interesses resultam em custos para as empresas. É claro que a auditoria externa independente tem custos, por exemplo. É claro que programas de remuneração variável possuem custos, por exemplo. Entendo que mecanismos de quebra de assimetria e alinhamento de incentivos devem ser valorizados no contexto do mercado de capitais, especialmente quando envolvem a proteção de acionistas minoritários.

Esse tipo de mecanismo de restrição do voto dos acionistas controladores é proposto por Djankov *et al.* [13] associado a mecanismos eficientes de evidenciação. No que tange ao *disclosure*, essa é exatamente a postura adotada por esta Comissão, que aprovou, por intermédio da Deliberação CVM 560/2008, o Pronunciamento Técnico 5 do Comitê de Pronunciamentos Contábeis (CPC) — Divulgação sobre Partes Relacionadas. Esse pronunciamento estabelece exatamente as informações que devem ser levadas ao mercado no que tange a transações que sejam realizadas entre partes relacionadas e que, naturalmente, possuem interesses potencialmente conflitantes.

(...)

O CASO EM ANÁLISE

Resumindo tudo que foi dito até o momento, o conflito de interesses, em maior ou menor grau, será inerente a uma situação que envolva contrato bilateral entre a companhia e o acionista. Portanto, nessas situações, presume-se que os acionistas contratantes não podem votar na assembleia geral que vá deliberar sobre o contrato de que são parte.

Por outro lado, eventuais soluções que visem à solução do problema do conflito não devem ser rechaçadas de plano. Admito, ao menos em tese, que é possível o desenvolvimento de mecanismos estruturais que mitiguem ou resolvam, na prática, o conflito de interesses. Em outras palavras, não acredito ser impossível a solução do problema do conflito, por meio de mecanismos de controle e alinhamento de incentivos.

Sobre esse último ponto, valho-me da clara definição de Calixto Salomão, acerca das soluções organizativas:

"Por solução orgânica ou estrutural quer-se significar a tentativa de resolver nos órgãos societários o problema do conflito, seja através da incorporação no órgão de todos os agentes que têm interesse ou sofrem as consequências, ou através da criação de órgãos independentes, não passíveis de ser influenciados pelos interesses conflitantes" [14].

É exatamente o que ocorre no presente caso. A Tractebel propõe que seja criado, pelo Conselho de Administração da companhia, um Comitê Especial Independente para Transações com Partes Relacionadas ("Comitê"), composto exclusivamente por administradores, em sua maioria independentes, incluindo membros do Conselho de Administração e da Diretoria da Companhia.

Porém, como visto, o conflito de interesses que gera maior preocupação é aquele entre o controlador e o minoritário [15]. E a proposta da companhia, da maneira como foi feita, não prevê a mitigação direta desse conflito, sendo que só a presença para membros da administração da companhia, ainda que independentes, não assegurará a proteção aos minoritários, com relação à negociação dos termos do contrato a ser firmado com o controlador [16].

A solução proposta pode, potencialmente, mitigar o conflito de interesses. Deve ser considerada, ainda, um ato de governança válido, até porque em linha com o que dispõe o Parecer CVM n. 35.

Deve-se frisar, porém, que o próprio Parecer CVM n. 35 deixa expresso que a sua aplicação é direcionada, especificamente, para a hipótese do artigo 264 da Lei n. 6.404, de 1976, que "criou um regime especial para as operações de fusão, incorporação e incorporação de ações envolvendo a sociedade controladora e suas controladas ou sociedades sob controle comum", caso em que o controlador pode, via de regra, exercer seu direito de voto. Portanto, a situação prevista no Parecer não excepciona, em absoluto, a previsão do parágrafo 1º do artigo 115, ora em análise [17].

Assim, não obstante os esforços empreendidos, entendo que o Comitê proposto pela Tractebel não elimina, de maneira efetiva, o problema do conflito de interesses, razão pela qual não vejo a medida como suficiente para superar a proibição de voto prevista no parágrafo 1º do artigo 115 da Lei n. 6.404/76.

Nesse sentido, é preciso que as propostas visem, em casos como o presente, à efetiva proteção dos acionistas minoritários, incluindo, por exemplo, a participação ativa destes na negociação das condições dos contratos que gerem as situações de conflito.

Essa sugestão, aliás, coaduna-se com algumas experiências obtidas em países com mercado de capitais mais desenvolvido, como os Estados Unidos da América:

"(...) the UK shares with the U.S. a judicial tradition of accepting minority shareholder approval as the most reliable method of screening conflicted transactions with controlling shareholders" [18].

Outras sugestões poderão, evidentemente, surgir. Quando finalmente for possível afirmar que um mecanismo resolva o conflito existente, será possível que o acionista que contrata com a companhia vote, pois terá a prova de que a sua manifestação se deu em consonância com os interesses sociais.

CONCLUSÃO

No caso em análise, a solução proposta pela Tractebel não soluciona o problema do conflito de interesses. O mecanismo por eles proposto (eleição de um Comitê Especial Independente para Transações com Partes Relacionadas) claramente não elimina o risco de conflito *ex ante*. Entendo, portanto, na análise deste caso concreto, que o tratamento adequado, tendo em vista nossa legislação societária e o alinhamento de interesses entre minoritários e controladores, é a abstenção do voto.

Rio de Janeiro, 9 de setembro de 2010.

Alexsandro Broedel Lopes

Diretor-relator

[1] Para a Diretora Norma, "o benefício do controlador decorre do próprio contrato por figurar ele nos dois lados, razão pela qual deveria abster-se de votar independentemente de o contrato ser ou não equitativo. Trata-se de negociação consigo próprio".

[2] Na análise do Recurso Voluntário n. 4.236, oriundo do Processo CVM n. 4/99 (Caso "Bombril"), o relator analisou a questão do conflito de interesses de maneira incidental (pois o processo não tratava diretamente do assunto), fixando o seu entendimento de que tal conflito seria de ordem "material". Abaixo, a passagem a que me refiro: "Este Conselho de Recursos já examinou a matéria, em janeiro de 2004, tendo prevalecido, por unanimidade, uma terceira vertente que propugna pela necessidade de reflexão, *a priori*, pelo acionista controlador, acerca da possibilidade de haver conflito e a verificação, *a posteriori*, da legalidade e das consequências do voto. Estando eu ausente daquela sessão, não pude, na ocasião, debater o tema e não considero apropriado fazê-lo agora. Não obstante, julgo prudente tangenciar a questão, à luz da situação de fato ora sob exame. A este respeito, deve ser considerado que compete ao acionista controlador determinar os destinos da sociedade, cabendo a este a responsabilidade no caso de omissão. Abster-se de votar é assumir o risco de permitir que os acionistas minoritários — cujo comprometimento com a sociedade é necessariamente menor — assumam a responsabilidade que é sua, de controlar a sociedade. Votar, por outro lado, é um direito que tem que ser exercido com responsabilidade, no interesse da companhia e dentro dos limites da legalidade. E a lei não foi omissa e previu os casos em que o acionista estará privado deste direito, como exemplifica o parágrafo primeiro do artigo 115 da Lei n. 6.404, que proíbe o voto do acionista nas deliberações da Assembleia Geral relativas ao laudo de avaliação de bens com que concorrer para a formação do capital social. Esta norma é complementada pelo parágrafo quarto, do mesmo artigo (o parágrafo segundo do artigo 156 é no mesmo sentido), que diz que a deliberação em que haja conflito é anulável (e não nula, destaco), devendo o acionista responder por perdas e danos e transferir para a Companhia as vantagens que tiver obtido. O fato de a decisão ser anulável confirma que o voto do acionista que seja proferido no interesse da sociedade deve prevalecer, ainda que o acionista tenha outros interesses e mesmo que tais interesses sejam conflitantes com os da Companhia. Mais que um direito, o acionista controlador tem o dever de votar. Sempre, contudo, no interesse da companhia; mesmo que em detrimento do seu próprio interesse, naquelas situações em que haja conflito. Uma vez exercido o voto, cabe controle posterior para verificar se houve vantagem particular para o acionista controlador. Em não havendo, válido o voto; havendo, o voto é anulável e, nesta condição, caberá à sociedade, representada pelos demais sócios, julgar o interesse, a oportunidade e a conveniência de exercer o direito derivado do ato jurídico anulável. Aqui, também, há que se preservar o interesse da Companhia, sem prejuízo das eventuais medidas que possam ser tomadas individualmente, pelos acionistas minoritários, para reparação das perdas e danos a que o ato do acionista controlador possa ter dado causa. Exigir que o acionista se abstenha de votar é ir além do razoável em um estado democrático de direito, em uma sociedade organizada onde há mecanismos próprios para que cada um responda por seus atos e exija os seus direitos. É, acima de tudo, ir além da própria Lei".

[3] Modesto Carvalhosa, *Comentários à Lei de Sociedades Anônimas*, 3. ed., São Paulo: Saraiva, 2003, p. 457.

[4] Luiz Gastão Paes de Barros Leães, *Comentários à Lei das Sociedades Anônimas*, São Paulo: Saraiva, 1980, p. 245.

[5] Fábio Konder Comparato, *Controle conjunto, abuso no exercício do voto acionário e alienação indireta de controle empresarial*, São Paulo: Saraiva, 1990.

[6] Modesto Carvalhosa, na obra citada, analisa a evolução no tempo das teorias atinentes ao interesse da sociedade, com foco, principalmente, nas teorias institucionalistas e contratualistas da empresa.

Sobre esse assunto, não se pode deixar de citar, aqui, a clássica obra *Dalla Strutura alla funzione*, de Norberto Bobbio.

[7] Erasmo Valladão Azevedo e Novaes França, *Conflito de Interesses*, São Paulo: Malheiros, 1993, p. 92 a 97.

[8] Luiz Gastão Paes de Barros Leães, *Pareceres*, São Paulo: Singular, v. I, 2004, p. 181.

[9] João Pedro Barroso do Nascimento, Conflito de Interesses no Exercício do Direito de Voto nas Sociedades Anônimas (2ª parte), *Revista de Direito Bancário e de Mercado de Capitais*, v. 7, n. 25, São Paulo, julho/setembro, 2004.

[10] A negativa contida no texto, que se resume a um parágrafo, chega a se repetir, com os termos "não" e "nem". E, a despeito das críticas dessa suposta leitura simplista e literal da lei, entendo que não se pode descartar a análise sintática e semântica do texto legislativo. Em outras palavras, parece-me que nenhum método de interpretação pode subverter o "não" pelo "sim".

[11] No Decreto-Lei n. 2.627, de 1940, eram previstas hipóteses para proibir o acionista de votar nas deliberações da assembleia geral relativas ao laudo de avaliação dos bens, com que concorresse para a formação do capital social, e nas decisões que viessem a beneficiá-lo de modo particular, ou, ainda, como diretor, na aprovação de suas contas. Não era prevista expressamente a proibição de voto "por conflito de interesses".

No entanto, já se previa que o acionista responderia, por perdas e danos, se a deliberação fosse influenciada por voto substancialmente conflitante, a ponto de com ele formar-se a maioria necessária. Sobre o assunto, Modesto Carvalhosa, em seus *Comentários à Lei de Sociedades Anônimas* (cit., p. 462), afirma que: "A melhor doutrina sempre se insurgiu contra o voto em caso de conflito formal de interesses. Já se entendia que, positivada na operação a incompatibilidade entre o interesse do acionista e o da companhia, não poderia a mesa permitir ao acionista interessado tomar parte nas deliberações da assembleia geral". Em sentido diametralmente oposto, Erasmo Valladão, na sua obra *Conflito de interesses*, assevera que: "Por interesses contrários ao da sociedade, o legislador queria significar um conflito meramente formal de interesse? Não. Segundo sustentava a mais autorizada doutrina da época, 'o interesse contrário é uma questão de fato, a ser, pois, apreciada em cada caso', sendo 'impossível encontrar uma regra geral e rígida'".

[12] Tome-se, por exemplo, a negociação de um terreno onde haja conflito devido à participação do controlador no lado no comprador e no vendedor. Para simplificar, pode-se assumir que o único fator de discussão seja o preço (P) de um terreno — as suas outras características são de interesse do controlador e do minoritário, como localização, por exemplo. Suponha-se que o preço justo do terreno seja de $ 100 e que para o controlador seja mais interessante aumentar esse valor (sua participação acio-

Por sua vez, nesse mesmo relevante processo administrativo, que restaura a aplicação da Lei Societária brasileira, o Diretor Otavio Yazbek também apresentou elaborado voto, em que ressalta, *in verbis*: "Mas, mesmo com essas ressalvas, não me parece possível tomar o comando do § 1º do art. 115, no que tange aos conflitos de interesses, como uma mera recomendação ao acionista ou, ainda, como uma 'vedação cautelar', de alguma

---

nária é maior no vendedor do que no comprador). O que aconteceria se ele propusesse a negociação ao preço de $ 200 à assembleia? Se o controlador não puder votar, o efeito será claro: os minoritários rejeitarão a proposta devido ao efeito assimétrico dela na riqueza pessoal do controlador e dos minoritários. No entanto, o controlador, sabendo disso, proporia uma transação tão absurda? Claro que não. Ele sabe que, se assim o fizer, os minoritários rejeitarão a proposta e o controlador perderá o valor presente líquido (VPL) do investimento que poderia estar em operação na empresa. O que o controlador deve fazer? O controlador deve buscar o preço que maximize suas chances de que a transação seja aceita pelos minoritários (pressupondo, é claro, um preço superior a $ 100). Se isso não ocorrer, o negócio não será realizado e o controlador perderá mais que o minoritário (sua participação é maior no valor presente líquido do projeto realizado). Ou seja, a não participação do controlador no voto de aprovação do projeto é um importante instrumento de alinhamento de interesses. O controlador buscará um preço ótimo que maximize a chance de a transação ser completada, visando não perder os benefícios do emprego do bem respectivo, neste exemplo, na atividade operacional da empresa.

[13] Djankov, S.; La Porta, R.; Lopez-De-Silanez, F., et al. The Law and Economics of Self-Dealing, *Journal of Financial Economics*, n. 88, p. 430, 2008.

[14] Calixto Salomão Filho, op. cit.

[15] Obviamente, não se quer dizer aqui que o único conflito a que se refere o parágrafo 1º do art. 115 seja aquele entre o controlador e o minoritário. Até porque o texto legal incide para qualquer acionista que se encontre em situação de conflito.

[16] Nesse sentido, anoto lição sobre os custos de agência entre controladores e a administração: "The principal costs of a board approval requirement are just the inverse of its virtues. Independent directors may not be disinterested trustees that the law contemplates. For the most part, they are selected with the (interested) consent of top executive officers, controlling shareholders, or both. If they are unlikely to intervene to derail fair transactions, they may also be unlikely or unable to object to unfair ones, especially at the margins" — *The Anatomy of Corporate Law*. Second edition, New York: Oxford, 2009, p. 162.

[17] No próprio parecer, ressalta-se ser pacífico nesta autarquia o entendimento de que o regime especial previsto no art. 264 não afasta a aplicação das demais previsões da Lei n. 6.404/76, fazendo-se referência, no caso, aos deveres de diligência e lealdade dos administradores.

[18] *The Anatomy of Corporate Law*. Second edition, cit., p. 168.

maneira distinta de uma efetiva proibição — é questão gramatical em parte, mas também de ordem lógica. Mesmo deixando-se de lado uma postura mais valorativa, não me parece haver como sustentar aquilo que o Professor Calixto Salomão Filho caracteriza como uma verdadeira *capitis diminutio* da regra de conflito".

E, em outro trecho do seu voto, o Diretor Otavio Yazbek ressalta: "Isto porque, ainda que se siga a linha de que conflitos apenas podem ser identificados ao produzirem efeitos (quando do reconhecimento da ilicitude dos seus resultados, portanto), isso não autorizaria dizer que um conflito só existe quando aquele efeito danoso tenha se produzido. O conflito já existia antes, os interesses contrapostos já existiam — difícil era a sua identificação".

E continua o elaborado voto: "Tanto assim que, para mim, o que a Lei cria, ao lidar com os conflitos de interesses, é um regime potestivo da integridade da formação da vontade da sociedade. Ilicitude, reitero, decorreria apenas de abusividade do voto propriamente dito da obtenção daqueles efeitos vedados por lei, estes sim muito provavelmente apenas apuráveis em momento posterior. Nesse sentido, e apenas para fazer uma síntese, entendo que o benefício particular e conflito de interesses distinguem-se porque, no primeiro caso, se está tratando de vantagens que diferenciam os acionistas exclusivamente na qualidade de acionistas. Já no segundo, os envolvidos podem figurar sob outro manto, como partes contratantes".

Por sua vez, o Diretor Marcos Pinto, nesse mesmo Processo RJ 2009/19.179, apresentou um também elaborado voto, em que ressaltam os seguintes trechos conclusivos: "Na minha opinião, mesmo que a celebração de contrato com a companhia não pudesse ser considerada como um benefício particular, ainda assim o acionista estaria impedido de votar, pois, nessa situação, ele tem um interesse claramente conflitante com o da companhia". E em outro trecho: "Quando se diz que alguém está numa situação de conflito de interesses, ou 'tem um interesse conflitante', queremos ressaltar o fato de que essa pessoa não está na melhor posição para tomar uma decisão de maneira imparcial ou em benefício das pessoas que representa, pois tem outros interesses em jogo".

Também ressalta o elaborado voto da presidente da Autarquia, Dra. Maria Helena Santana, que corrobora, com argumentos relevantes, a recondução da Autarquia à aplicação da lei brasileira nessa matéria de impedimento de voto do acionista interessado que contrata com a companhia. *In verbis*, alguns trechos do seu voto:

"Nesse ponto, a controvérsia diz respeito ao que seja 'interesse conflitante com o da companhia' e a discussão está polarizada em torno de duas posições: de um lado, os defensores do chamado conflito formal e, de outro lado, os que creem que o conflito é substancial. Em última análise, a questão está em saber se é caso de impedimento de voto que se verifica antes da deliberação, quando o acionista nela tiver um interesse conflitante com o dos demais acionistas, por ser particular a ele, ou de modalidade ilícita de exercício do direito de voto, cujo exame só pode ser feito posteriormente à deliberação, já que só se configura quando o acionista tiver, por força de interesse irreconciliável com o da companhia, ocasionado prejuízos a ela. Essa última posição parece-me, contudo, pouco convincente, por duas razões, pelo menos. Em primeiro lugar, ao exigir para sua configuração a verificação do prejuízo à companhia, ela faz do conflito de interesses um conceito jurídico ocioso, dispensável frente à proibição geral ao abuso de direito de voto, prevista no *caput* do art. 115. Com efeito, se o voto exercido com o fim de causar dano à companhia já é sancionado pela lei em razão do seu caráter abusivo, seria totalmente supérflua a previsão, no § 1º desse dispositivo, de um conflito de interesses que, do mesmo modo, só se configuraria quando identificado o prejuízo ao interesse social. Se assim fosse, a lei teria consagrado unicamente a proibição do abuso de direito de voto. Por essa razão, uma tal interpretação, que atribui ao legislador palavras inúteis, me parece pouco coerente. A outra fragilidade da visão vinculada ao chamado conflito substancial diz respeito à incongruência que introduz na interpretação do disposto no § 1º do art. 115. Isto porque, a se adotar essa posição, seria necessário admitir a heterogeneidade do comando contido nesse preceito legal, que teria, por assim dizer, enunciado sucessivamente três hipóteses de proibição de voto — laudo de avaliação dos bens com que concorrer o acionista para a formação do capital social, aprovação das contas do acionista como administrador, qualquer outra que possa beneficiar o acionista de modo particular — para, ao final, introduzir regra de natureza totalmente diversa, pela qual não mais se impediria o acionista de votar, mas, ao contrário, estaria estabelecida a sanção posterior ao voto exercido em contradição com o interesse da companhia. Mais do que a incongruência textual, o que me incomoda na tese do conflito substancial é a incoerência que daí resultaria, pois, a se admitir tal orientação, deve-se admitir também que o legislador teria proibido o acionista de votar na deliberação que aprovar o laudo de avaliação dos bens com que concorrer para a formação do capital social e, ao mesmo tempo, autorizado o seu voto, por exemplo, na deliberação que aprovar contrato celebrado entre ele e a companhia, porque, nesse caso, teria entendido que o conflito só poderia ser passível de verificação posterior. Para mim, é flagrante a analogia entre os casos, pois, tanto em um como no outro, o fato de o acionista ser a contraparte da companhia legitima que se questione a sua isenção para avaliar, à luz do interesse comum dos acionistas, se a transação, ao preço e nos demais termos submetidos à assembleia, deve ser aprovada. Desse modo, se a lei proibiu, de maneira inquestionável, o acionista de votar deliberação que aprovar o laudo de avaliação dos bens, parece-me necessário concluir da mesma maneira que ele não pode votar na deliberação que aprovar contrato celebrado entre ele e a companhia. É por essa razão, inclusive, que me parece pouco expressivo o argumento de que a lei não teve a intenção de proibir o acionista em conflito de exercer o direito de voto, uma vez que esse acionista poderia votar no interesse da companhia. Afinal, se assim fosse, o legislador não teria proibido o acionista de votar na deliberação que aprovar o laudo de avaliação de seus bens, porque é evidente que nesses casos também é possível que, não obstante os incentivos contrários, o acionista vote no interesse da companhia. Enfim, por todo o exposto, fica claro que, na minha opinião, o art. 115, § 1º, ao determinar que o acionista fica impedido de votar nas deliberações em que tiver interesse conflitante com o da companhia, estabeleceu verdadeira hipótese de impedimento de voto, que pode ser controlada antes da deliberação, se houver evidência de que está em jogo algum interesse particular do acionista, que não é comum aos demais. O conflito se configura a partir da identificação desse interesse particular, independentemente da comprovação de prejuízo à companhia".

AINDA O BENEFÍCIO PARTICULAR E A VANTAGEM INDEVIDA

Sobre a matéria, a CVM tem orientado acerca dos contornos da antijuridicidade da vantagem indevida de que fala o *caput* do presente artigo e do benefício particular, expresso no § 1º, notadamente em seu referido Parecer CVM n. 34, de 2006.

Ambos (vantagem indevida e benefício particular) são sinônimos, em razão dos efeitos lesivos que causam aos demais acionistas no negócio de que todos participam, como é o caso dos atos de reorganização, sobretudo de incorporação de ações e de sociedades, fusão e cisão.

O *caput* do presente artigo, ao falar em "obter, para si ou para outrem, vantagem a que não faz jus", não está admitindo vantagem a que faria jus. Pelo contrário, não pode a Lei Societária admitir que um acionista alcance vantagem em face dos demais acionistas e perante a própria sociedade. O regime jurídico é o de absoluta igualdade de direitos entre todos os acionistas em geral, com as especificações próprias da classe respectiva.

A propósito, assim decidiu o Colegiado da CVM: "De uma maneira geral, 'interesse particular' vem sendo entendido como um benefício a determinado acionista, nesta qualidade (ou seja, não se trata de outros benefícios que um acionista pode receber como contraparte em contrato com a companhia ou como administrador, dela ou por qualquer outra forma que não em decorrência de sua qualidade de acionista" (Proc. CVM RJ 2006/6.785, Reg. n. 5.264, 2006, Rel. Diretor Pedro Oliva Marcilio de Souza, j. em 25-9-2006).

No Judiciário a matéria tem sido esclarecida, conforme se pode ver do acórdão do Tribunal de Justiça de São Paulo, *in verbis*: "Agravo de Instrumento. Ação anulatória de assembleia de acionistas. A rigor houve interpretação adequada, pelo juízo do art. 115 e parágrafos da Lei das S.A., porquanto o § 1º é expresso ao determinar que o acionista não poderá votar nas deliberações da assembleia geral em questões que possam beneficiá-lo de modo particular, ou em que tiver interesse conflitante com o da companhia, o que é o caso (*omissis*). Neste aspecto bem ponderou o magistrado considerando que a matéria em discussão envolvia vantagens pessoais do Sr. L. A. M. na condição de Diretor Comercial da empresa; penso que estava ele verdadeiramente impedido de votar e, via de consequência, o capital votante restringia-se ao outro acionista, B. A., único habilitado a votar. Via de consequência, entendo que não é despropositada a menção contida na ata da assembleia segundo a qual aquela deliberação foi aprovada pela maioria absoluta de votos. Como é evidente, se B. A. era o único habilitado a votar, segue-se que seus votos correspondiam à maioria absoluta, por aplicação do disposto no art. 115, § 1º" (TJSP, 9ª Câm., AI 416.635.4/000, Rel. Des. Sergio Gomes, j. em 7-2-2006)[624].

Por outro lado, a CVM entende que somente quando o benefício é direto estará o acionista interessado impedido. Se o benefício for indireto, ou seja, resultar de uma deliberação que não afeta os interesses dos demais acionistas, mas cujo efeito aproveita ao acionista interessado, não há impedimento de voto deste.

Nesse sentido a decisão do Colegiado da CVM: "A vantagem indireta que um acionista obtenha de uma certa deliberação não deve impedi-lo de votar, apenas os benefícios diretos, como das duas primeiras hipóteses do § 1º do art. 115 da Lei das S.A. e os do Parecer de Orientação n. 34. Exemplifique-se com o acionista que, endividado, vota a favor da distribuição de

624 Lazzareschi, *Lei*, cit., p. 172.

dividendos, contando com os recursos para saldar sua dívida. Ou do acionista que vota no mesmo sentido sabendo que deve o preço de subscrição de outras ações emitidas pela mesma companhia, e precisa dos recursos para quitá-lo" (Proc. CVM RJ 2006/6.785, Reg. n. 5.264/2006, Rel. Diretor Pedro Oliva Marcilio de Sousa, trecho do voto do Presidente Marcelo Trindade, j. em 25-9-2006)[625].

Por outro lado, a CVM, na primeira etapa (até 2001), quando aplicava o regime jurídico brasileiro, ou seja, o impedimento formal de voto para o interesse conflitante (§ 1º), trouxe um caso interessante a julgamento, que se referia à imposição pelo controlador do pagamento de *royalties* a favor do controlador comum. Trata-se, no caso, de um conflito que beneficiaria outro, ou seja, o controlador comum. *In verbis*: "O acionista controlador, por força do disposto no § 1º do art. 115 da Lei n. 6.404/76, está impedido de votar em decisão assemblear em que tenha interesse, no caso o pagamento de *royalties* pelo uso de marca pertencente ao controlador indireto" (PAS CVM RJ 2001/4.977, j. em 19-12-2001)[626].

ABUSO DO VOTO PREVALECENTE DE MINORITÁRIOS EM VIRTUDE DO IMPEDIMENTO DOS ACIONISTAS INTERESSADOS

O impedimento do voto deixa, muitas vezes, em mãos dos minoritários o voto prevalecente sobre a matéria. A doutrina coloca a questão em termos dramáticos, vislumbrando nesse fato a possibilidade de surgir uma minoria hostil, numericamente insignificante, que tenderia a ser árbitro da sociedade, mesmo em negócios de excepcional importância para a vida social. Nessas ocasiões, prevaleceria muito mais sua aversão pela maioria do que a observância do interesse social em jogo[627].

Essa visão psicológica do comportamento dos minoritários, na espécie, não parece encontrar fundamento na prática. Ademais, se configurado esse quadro, sobre tal conduta incidirão as cominações da lei por abuso no exercício do direito de voto. A configuração do ilícito, no caso, é flagrante. Não pode, com efeito, a minoria, a quem se atribui o encargo de votar as contas dos acionistas administradores e dos acionistas conferentes de bens ao capital, abusar da prerrogativa de voto ao formar o colégio decisório da

---

625 Lazzareschi, *Lei*, cit., p. 173.

626 Lazzareschi, *Lei*, cit., p. 174.

627 Garrigues apud Pedrol, *La anónima actual*, cit., p. 149.

assembleia geral, deliberando contrariamente ao interesse social e dos demais acionistas, por mera emulação ou para obter vantagens pessoais (*striking*).

DERROGAÇÃO PELA CVM DO § 1º EM MATÉRIA DE INTERESSE CONFLITANTE NO PERÍODO DE 2002 A 2010

Nunca se aceitou a derrogação do sistema jurídico brasileiro por parte da CVM, a partir de 2002 até o histórico julgamento de setembro de 2010, que restaurou no âmbito daquela Autarquia a aplicação do § 1º no que respeita à matéria de interesse conflitante, que é a quarta tipificação dessa mesma norma.

Abandonou, assim, a partir de 2010, a CVM o regime do *fairness test* que importara do direito e da prática norte-americanos.

Assim, naquele longo período (2002 a 2010), mercê de suas decisões tomadas, a CVM, no caso de conflito de interesses, ou seja, nos negócios bilaterais ou unilaterais entre o acionista interessado e a companhia, passou a permitir que o acionista interessado votasse na assembleia geral, impondo ali a sua vontade se majoritários os seus votos. Insista-se sobre a absoluta ilegalidade dessa orientação agora eliminada, uma vez que a proibição de voto é expressa, como toda a restrição de direitos, no § 1º do presente artigo.

O superado entendimento da CVM, de que no caso de celebração de contratos unilaterais ou bilaterais entre acionista interessado e a companhia (interesse conflitante) o voto daquele era perfeitamente admissível, contraria o texto expresso da norma ora estudada[628], como reiterado.

A Lei veda o sufrágio do acionista interessado:

— no laudo de avaliação de bens com que concorrer para a formação do capital social;

— nas deliberações relativas à aprovação de suas contas como administrador;

— em deliberações que puderem beneficiá-lo de modo particular, vale dizer, com exclusão desses benefícios aos demais acionistas;

— nos contratos bilaterais ou unilaterais celebrados ou a celebrar com a companhia (interesse conflitante).

---

628 Halperin, *Sociedades anónimas*, cit., p. 180 e s.

Na antiga lei de 1940 não havia impedimento expresso a que o acionista com interesse conflitante com o da companhia votasse. Porém, respondia por perdas e danos se a deliberação fosse lesiva e desde que o seu voto tivesse concorrido para a obtenção da maioria necessária[629].

A melhor doutrina sempre se insurgiu contra o voto em caso de interesse conflitante. Já se entendia que não poderia a mesa permitir ao acionista interessado tomar parte nas deliberações da assembleia geral, em negócios jurídicos em que se coloca como parte confrontante com o da companhia. É, com efeito, nulo (art. 166, VII, do Código Civil) o ato de formar o acionista interessado em contratar com a sociedade a vontade desta última.

Agiu bem, portanto, o legislador de 1976 ao tipificar, na lei vigente, a proibição do exercício do voto nos quatro casos elencados: laudo de avaliação, aprovação de contas, benefício particular e contratos celebrados com a companhia (interesse conflitante).

QUANDO O IMPEDIMENTO ABRANGE PARTE OU TODAS AS AÇÕES

A matéria é relevante, pois envolve aspectos de subjetividade e de objetividade do voto. Deve-se, em princípio, pressupor que o impedimento abranja todas as ações do acionista interessado, quando se trate de deliberação que impeça benefícios pessoais ao acionista, ou na matéria de interesse conflitante, ou seja, quando o acionista interessado vai contratar com a própria companhia.

Haverá casos, porém, em que os interesses se concentram em determinada classe de ações, envolvendo apenas os acionistas que a integram, não afetando a decisão os titulares de ações de outra classe, e muito menos a própria companhia. Nesses casos o impedimento não será subjetivo, mas objetivo, no sentido que afeta o voto do acionista interessado apenas quanto a essa específica categoria.

A respeito se pronunciou a CVM, *in verbis:* "Assim, quando o impedimento de voto decorrer de um benefício que seria obtido por força de uma situação subjetiva, isto é, ligada à pessoa do acionista, o impedimento será dessa pessoa, quaisquer que sejam as ações de sua titularidade, e com todas elas. Dessa natureza são as duas primeiras hipóteses mencionadas

---

629 Valverde, *Sociedades por ações*, cit., v. 2, p. 116.

pelo § 1º do art. 115 da Lei das S.A. De outro lado, quando o impedimento de voto decorrer de um benefício que objetivamente atinja a toda uma classe ou espécie de ações, isto é, a toda uma categoria de acionistas, como ocorre nas hipóteses do Parecer de Orientação n. 34, o impedimento não alcançará a pessoa do acionista, com as demais ações de que seja titular, de outra classe ou espécie não impedida de votar" (Proc. CVM RJ 2006/6.785, Reg. n. 5.264/2006, Rel. Diretor Pedro Oliva Marcilio de Sousa, j. em 25-9-2006)[630].

DECLARAÇÃO DE IMPEDIMENTO PELO PRÓPRIO ACIONISTA, PELA MESA OU PELA ASSEMBLEIA GERAL

Cabe espontaneamente ao acionista interessado declarar-se impedido de votar. Se não o fizer, caberá à mesa emitir juízo de valor a respeito.

Convencida da incompatibilidade formal do exercício do voto com a matéria submetida à deliberação da assembleia geral, a mesa do conclave deve invocar o preceito contido no art. 120 da lei, submetendo a decisão sobre a suspensão do exercício do voto à assembleia geral[631]. Esta é o órgão competente para tanto, na medida em que é o único intérprete do interesse social, cabendo-lhe evitar abusos[632].

Nessa deliberação preliminar da assembleia geral também estará impedido o acionista interessado. A omissão do presidente da mesa de submeter à assembleia a matéria constitui falta grave.

A mesa fundamentará a sua proposta no sentido de que o acionista é renitente na declaração de seu próprio impedimento de cumprir obrigação imposta pela lei, qual seja a de declarar-se formalmente impedido de votar naquela determinada matéria.

A proposta de votação do impedimento — sempre no caso de omissão ou de oposição do acionista interessado — poderá, outrossim, ser feita por qualquer acionista, mesmo por aqueles sem direito a voto, mediante formulação de protesto ou representação à mesa dirigente dos trabalhos.

---

630 Lazzareschi, *Lei*, cit., p. 167.

631 Halperin, *Sociedades anónimas*, cit., p. 591. Contrariamente, alguns autores entendem que a decisão cabe ao presidente da mesa, discricionariamente. *V.* Giorgio Bevilacqua, *Rivista*, cit., p. 708; Petitti, *Rivista delle Società*, 1963, p. 497.

632 Giorgio Bevilacqua, *Rivista*, cit., p. 715.

Nessa questão a CVM se pronunciou no sentido de que a responsabilidade cabe inteira e isoladamente ao presidente da mesa, no caso de admitir o voto do acionista impedido. Insista-se que a responsabilidade, no caso, cabe à assembleia geral, que deverá declarar esse impedimento, não contados os votos do acionista interessado. De qualquer forma, não poderá o presidente da mesa omitir-se na declaração fundamentada do impedimento de voto. Sobre a posição da CVM, *in verbis*: "Se existir impedimento de voto e, ainda assim, o acionista votar, devem responder o próprio acionista impedido e o presidente da assembleia" (Colegiado da CVM, PAS CVM 06/05, Rel. Presidente Marcelo Trindade, j. em 24-4-2007)[633].

NÃO HÁ CONFLITO PARA ELEIÇÃO DO PRÓPRIO ACIONISTA

Não se considera benefício particular que dê ensejo ao impedimento do exercício do voto a eleição de acionista para cargos da administração ou fiscalização da companhia. Nesse caso, é perfeitamente lícito que o acionista vote em si mesmo para o seu preenchimento. Entende-se que, nessa hipótese, não há benefício próprio, uma vez que a eleição e o desempenho das respectivas funções fazem-se a favor da sociedade e não do acionista investido[634].

Não obstante, sendo prevalecente o voto do acionista interessado, a remuneração para o exercício do cargo de administrador deve obedecer rigorosamente ao regime da razoabilidade. Se a remuneração aprovada com o voto majoritário do acionista interessado for superior aos padrões geralmente aceitos no mercado de trabalho dos executivos da mesma categoria, haverá evidente vantagem indevida e benefício pessoal que demanda a anulação do deliberado sobre a matéria de remuneração, por incidir nas proibições contidas no § 1º.

APROVAÇÃO DE CONTAS DO ADMINISTRADOR

Os administradores não poderão votar, como acionistas ou procuradores, as suas próprias contas, o relatório da administração e as

---

633 Lazzareschi, *Lei*, cit., p. 169.

634 Garrigues-Uría, *Comentário*, cit., v. 1, p. 660; Cunha Peixoto, *Sociedades por ações*, cit., v. 2, p. 362.

demonstrações financeiras do exercício (art. 134)[635 e 636].

A tipificação do impedimento, estabelecido no presente artigo, e a óbvia identidade dos interessados dispensam qualquer formalidade ou procedimento para justificar a inibição do voto. Se este for dado, será ele nulo e, consequentemente, anulada a deliberação que aprovou as contas, caso o voto dos acionistas administradores interessados prevaleça.

Há, no entanto, a possibilidade de ocorrer a aprovação dessas contas por interpostas pessoas. A Lei Penal tipifica essa interposição de pessoas e o conluio com acionistas por parte do administrador interessado na aprovação de suas contas[637]. É evidente que essa hipótese se encontra extremamente dificultada pela exigência de nominatividade (Lei n. 8.021/90).

LAUDO DE AVALIAÇÃO DE BENS

A lei presume que o acionista que entra com bens para a companhia não poderá julgar com imparcialidade o laudo de avaliação dos direitos que pretende conferir[638].

Na realidade, não se trata de julgamento, mas, sim, de interesse conflitante, na medida em que o acionista interessado, com a preliminar aprovação do laudo, visa a alienar a favor da companhia bens e direitos de sua propriedade ou titularidade.

O laudo constitui um negócio preliminar a um contrato bilateral de alienação, cujo preço a companhia adquirente pagará em ações. Realmente, a aprovação do laudo tem como efeito não uma subscrição de capital pura e simples, porém uma alienação de bens, de aspectos nitidamente bilaterais. O acionista subscritor, na hipótese, é parte contratante.

A propósito, o laudo aprovado pela assembleia geral poderá atribuir ao bem ou direito a ser alienado valor inferior ao que foi estimado pelo acionista subscritor.

Nesse caso, tem o acionista interessado a faculdade de recusar ou de aceitar a avaliação. Recusando-a, não haverá a conferência do bem ou direi-

---

635 O preceito constava do art. 100 do Decreto-Lei n. 2.627, de 1940.

636 V. TJSP, AC 39.796-4/6, Rel. Des. Leite Cintra, j. em 3-6-1998, e TJSP, 3ª Câm., AC 129.914, Rel. Des. Toledo César, j. em 4-12-1990.

637 Art. 177, § 2º, do Código Penal de 1940: "Incorre na pena de detenção de seis meses a dois anos, e multa, o acionista que, a fim de obter vantagem para si ou para outrem, negocia o voto nas deliberações de assembleia geral".

638 Valverde, *Sociedades por ações*, cit., v. 2, p. 66.

to e, portanto, a sua alienação à companhia, uma vez que não está o subscritor obrigado a aceitar o preço inferior aprovado pela assembleia geral.

De qualquer forma, o acionista subscritor alienante não pode, ao mesmo tempo, formar a vontade da companhia pré-adquirente, em matéria de valor dos bens ou direitos que pretende conferir ao capital. Na hipótese, há a preocupação de evitar o ilícito que poderia ocorrer com a participação na votação da outra parte no negócio jurídico que poderá resultar do laudo[639].

Assim, o acionista subscritor em bens ou direitos não terá isenção suficiente para votar nem na escolha dos peritos, nem no julgamento do laudo por eles apresentado[640]. Tal impedimento existe, mesmo se parte da subscrição for feita em dinheiro.

BENS EM CONDOMÍNIO

Dispõe o § 2º deste artigo que, sendo todos os acionistas da companhia ou todos os subscritores do seu capital inicial condôminos do bem com que concorreram para a formação do capital social, poderão eles aprovar o respectivo laudo de avaliação. Essa aprovação far-se-á sem prejuízo da responsabilidade *solidária* que lhes cabe perante terceiros pelos danos causados, por culpa ou dolo, nessa avaliação, e sem prejuízo, ademais, da responsabilidade penal (art. 8º).

A norma fala apenas em subscritores e não em acionistas. Repete, assim, a redação do Diploma de 1940[641]. Deve-se entender, no entanto, que se trata de subscritor do capital inicial ou do acionista subscritor em aumento de capital, não havendo nenhuma distinção entre um e outro.

O que importa explicitar é que a permissibilidade de aprovação de laudo pelos próprios acionistas interessados somente pode prevalecer quando *todos* os subscritores do capital inicial ou *todos* os acionistas da companhia, nos aumentos subsequentes, são condôminos. Impõe-se, nessa hipótese, o preceito liberatório da aprovação do laudo, porque, do contrário, não haveria acionista para fazê-lo[642].

---

639 Valverde, *Sociedades por ações*, cit., v. 2, p. 66.

640 Cunha Peixoto, *Sociedades por ações*, cit., v. 2, p. 361.

641 Art. 6º do Decreto-Lei n. 2.627, de 1940.

642 Aloysio Lopes Pontes, *Sociedades anônimas*, cit., v. 1, p. 132; Cunha Peixoto, *Sociedades por ações*, cit., v. 1, p. 84.

Esse o alcance da lei. Assim sendo, basta um só subscritor do capital inicial ou um só acionista, nos aumentos subsequentes, não ser condômino dos bens ou direitos a serem conferidos para que se imponha o impedimento do voto dos subscritores ou acionistas condôminos[643].

DIREITO DE COMPARECER À ASSEMBLEIA

O impedimento de votar não significa impedimento de comparecer à assembleia e discutir a matéria objeto do impedimento de voto[644].

É razoável esse entendimento, uma vez que as assembleias gerais possuem uma ordem do dia que contém, quase sempre, várias matérias, até mesmo algumas que não requisitam a supressão do voto do acionista impedido. Assim, ainda que determinada matéria impeça o sufrágio do acionista, a inscrição de "outros assuntos" na pauta seria motivo para o comparecimento e a participação do acionista nos trabalhos.

Vozes autorizadas divergem, no entanto, afirmando que a exclusão do voto se estende à participação na assembleia, porque o que se pretende é impedir que o acionista influa na decisão[645]. O fundamento dessa escola seria o de que o acionista só tem direito de participar da discussão da assembleia como instrumento do exercício do direito de voto[646].

Nada justifica esse raciocínio jurídico, tanto mais que se garante aos titulares de ações preferenciais sem direito a voto ou com voto restrito intervir, sem limitações, na assembleia geral.

O impedimento de voto, sendo *ratione materiae*, não pode implicar a proibição de comparecer e de participar o acionista interessado da assembleia geral.

QUÓRUM DELIBERATIVO E IMPEDIMENTO DE VOTO

Outra questão que se coloca é a de saber se no quórum deliberativo deveriam ser computados os acionistas impedidos de votar. A

---

643 Cunha Peixoto, *Sociedades por ações*, cit., v. 1, p. 85.

644 Cunha Peixoto, *Sociedades por ações*, cit., v. 2, p. 363.

645 Halperin, *Sociedades anónimas*, cit., p. 591.

646 Javicoli contra S.p.a. Liquigas, App. Milão, 26 de julho de 1957 (*Casi e materiali*, cit., p. 400 e s.). Na doutrina, as correntes pró e contra essa asserção, em *Casi e materiali*, cit., p. 402 e s.

questão adentra, inclusive, os tribunais[647].

É evidente que sim, pelas razões já expostas. O acionista impedido não é proibido de comparecer e de opinar na assembleia geral, como acima referido. Esse constrangimento, se houvesse, deveria ser expresso na lei, pois seria um cerceamento ao exercício de direito subjetivo do acionista.

Assim, para a instalação da assembleia, contam-se as ações do acionista impedido. Mesmo porque não se pode confundir quórum com voto.

Conclui-se, pois, que o acionista é impedido de votar *ratione materiae* e não impedido de comparecer às assembleias. E que suas ações compõem necessariamente o quórum de instalação e de deliberação sobre as demais matérias, mesmo porque, sem elas, muitas vezes, não poderia a própria assembleia instalar-se (art. 135) e deliberar.

VIOLAÇÃO DO IMPEDIMENTO

A deliberação tomada em decorrência do voto nulo (art. 166, VII, do Código Civil) do acionista impedido, em qualquer dos quatro tipos do § 1º (laudo, contas, favorecimento pessoal e conflito contratual), é, por sua vez, anulável, mesmo se não tiver havido dano para a companhia ou para seus acionistas. O vício, na espécie, é formal.

Evidentemente que a anulação ou a revogação da deliberação, nas hipóteses de laudo, contas, benefício pessoal e conflito contratual, somente ocorrerá se o voto nulo do acionista interessado for decisivo para a formação da maioria deliberativa[648]. Do contrário, não cabe anulação ou revogação da respectiva deliberação[649].

Assim, a anulação ou a revogação por assembleia posterior da deliberação originada de voto nulo está condicionada a que seja ele determinante no quórum de votação do laudo, das contas, da vantagem e do conflito contratual, ante o princípio do legítimo interesse.

Não se pode aceitar que, além de o requisito do voto nulo ser determinante, também deva a respectiva deliberação assemblear ser danosa para a sociedade[650].

---

647 Cortelezzi contra S.p.a. Pirelli, Trib. Milão, 14 de junho de 1971; Croci contra S.p.a. Farinelli, Trib. Milão, 26 de fevereiro de 1973.

648 Sobre a matéria, Ascarelli, *Studi*, cit., p. 166 e 171, e *Problemas*, cit., p. 409.

649 Giorgio Bevilacqua, *Rivista*, cit., p. 44.

650 Maisano, *Rivista*, cit., p. 44.

O impedimento de voto é formal, importando sempre em sua nulidade, independentemente de sanção (art. 166, VII, do Código Civil), o que torna desde logo inválida e ineficaz a deliberação da assembleia geral assim obtida.

Ademais, se houvesse necessidade de prova de dano para a revogação ou anulação da deliberação respectiva, todos os votos de acionistas impedidos nas quatro hipóteses da norma, de que não se provasse vício ou lesão, seriam válidos ou convalidados. Trata-se de contradição em termos.

INTERESSE SOCIAL NAS SOCIEDADES DE ECONOMIA MISTA

O problema da conciliação do interesse societário, de um lado, com o interesse do Estado, como empresário e, ao mesmo tempo, agente do interesse público, coloca-se de maneira extremamente concreta no caso das sociedades de economia mista (arts. 235 a 242)[651].

Dispõe a lei que a entidade estatal que controle a sociedade de economia mista poderá orientar-lhe as atividades de modo a atender ao interesse público que justificou a sua criação (art. 238). Sendo um dos fundamentos do interesse social a realização dos fins lucrativos da companhia, torna-se inegável que se instaurou, na hipótese, um conflito estrutural de interesse entre o Estado controlador e os acionistas minoritários, quando forem estes particulares e não outras entidades públicas.

Trata-se do emprego da sociedade anônima para fins públicos[652]. Com respeito a elas, retoma-se todo o tema do institucionalismo, que aí encontra um campo de justificativa pleno. Nelas, com efeito, há uma cisão entre objeto e fim.

O objeto, de caráter nitidamente empresarial, encontra possibilidade de plena realização, mesmo sendo o Estado o administrador.

Já os fins são completamente subvertidos. O objetivo de lucro que, nas demais companhias, compõe primordialmente o interesse social não tem a mesma conotação nas sociedades de economia mista. Estas, atendendo ao interesse coletivo (interesse público primário), descuram-se dos resultados positivos, sobretudo naquelas prestadoras de serviços públicos primários. Já em outras, o Estado acionista controlador, mercê dos preços administrados que pode impor à clientela, exacerba artificialmente os lu-

---

651 V. comentários ao art. 242.

652 Vittorio Ottaviano, tema de trabalho na *Rivista delle Società*, 1960, p. 1013 e s.

cros. Estes são obtidos não em função da operacionalidade do objeto social, mas como resultante da perseguição de outros fins.

Dificilmente se pode imaginar uma sociedade de economia mista em que o interesse social representado pelo lucro seja fruto da realização do seu objeto em termos de livre mercado. Os preços administrados, impostos no interesse público, levam a uma distorção positiva ou negativa do interesse econômico da própria sociedade de economia mista.

Daí o conflito estrutural entre interesse do sócio controlador, que é o Estado, e o dos sócios minoritários. Isso porque o interesse público do acionista controlador é extrassocietário, já que se coloca fora do círculo de interesses comuns dos acionistas particulares[653].

A PREVALÊNCIA DO INTERESSE PÚBLICO

Esse conflito, no entanto, não adentra a esfera do ilícito, por isso que é acolhido e mesmo declarado lícito pela própria lei (art. 238).

Ao fazê-lo, a Lei n. 6.404, de 1976, reconheceu que não compete ao Estado, com efeito, perseguir, por meio de companhias por ele controladas, objetivos lucrativos de índole nitidamente privatista.

A Constituição de 1946 era, a respeito, explícita, ao preceituar no seu art. 145 que "a União poderá, mediante lei especial, intervir no domínio econômico e monopolizar determinada indústria ou atividade. A intervenção terá por base o *interesse público* e por limite os *direitos fundamentais*".

Ainda que a Carta de 1969 não tenha reproduzido o preceito, obviamente o interesse público é o único a justificar a atuação do Estado no campo empresarial. Consoante o art. 170 da Carta anterior (1969), cabe ao Estado subsidiar as atividades empresariais privadas em setores de monopólio natural ou legal, visando ao desenvolvimento setorial ou regional, ou à segurança nacional.

E o limite a essa intervenção operativa, que se encontra nos direitos fundamentais, refere-se, evidentemente, àquelas prerrogativas garantidas pela vigente Constituição (art. 170 da Carta de 1988). Não podem, no entanto, estas ser confundidas com os direitos individuais dos acionistas, ora reiterados no art. 109 da Lei n. 6.404, de 1976[654].

---

653 Pedrol, *La anónima actual*, cit., p. 166.

654 *V.* comentários ao art. 109.

No caso, as prerrogativas constitucionais traduzem-se na justa indenização das ações desapropriadas, que é matéria também tratada na Lei Societária (art. 236).

No mesmo sentido andou a Constituição de 1988 em seu art. 173, ao determinar que a exploração direta de atividade econômica pelo Estado só será permitida havendo relevante interesse coletivo, conforme definido em lei. E no § 3º do art. 173 dispõe a Carta que a lei regulamentará as relações da empresa pública com o Estado e a sociedade.

ACIONISTAS MINORITÁRIOS EM EMPRESA DE ECONOMIA MISTA

A causa da intervenção operacional do Estado, prevista no art. 173 da Carta de 1988, não elide os direitos individuais dos acionistas minoritários, constantes do art. 109 e demais da Lei n. 6.404, de 1976. Assim, no caso de desapropriação de ações pelo Poder Público, haverá justa indenização aos seus titulares, consoante previsto na Lei Societária (art. 236).

E, com efeito, o citado dispositivo prevê, em seu parágrafo único, que as aquisições pelo Estado do controle de companhia privada por desapropriação enseja o pedido pelos antigos acionistas do reembolso de suas ações, salvo se a companhia já se encontre sob o controle direto ou indireto de outra pessoa jurídica de direito público, ou no caso de concessionário de serviço público (art. 236).

ABUSO DE VOTO E CONFLITO DE INTERESSES NO DIREITO ESTRANGEIRO

No *Direito italiano*, a matéria de conflito de interesses, no exercício do voto, está prevista no art. 2.373 do Código Civil, que determina não poder esse direito ser efetivado pelo sócio nas deliberações em que ele tenha, por interesse próprio ou de terceiros, conflito com o da sociedade. Se tal ocorrer, impõe-se o impedimento do exercício do voto. Entretanto, a deliberação da assembleia geral somente será impugnada se produzir danos à companhia e se o voto foi necessário para conseguir a maioria deliberativa. Não há sanção prevista para o sócio que infringe a proibição. A deliberação, todavia, será impugnável[655].

---

655 Brunetti, *Tratado*, cit., v. 2, p. 401; Messineo, *Manuale*, cit., v. 4, p. 431.

Na França, a lei não criou dever de abstenção de voto, no caso de conflito de interesses; apenas o fez em casos determinados, em se tratando de acionista administrador.

Não obstante, o impedimento decorre da teoria do abuso do direito (*abus du droit*), de especial acolhida naquele país. O direito de voto não pode ser exercido de maneira arbitrária, cabendo à jurisprudência medir a liberdade do voto pela aplicação da noção do abuso de direito.

Entendem os tribunais que há abuso do direito de voto se a decisão da assembleia foi tomada contrariamente ao interesse geral da companhia ou com a única finalidade de favorecer os membros da maioria, em detrimento da minoria.

O mesmo conceito de abuso de direito pode, outrossim, ser invocado em relação aos minoritários, como, v. g., em caso de oposição injustificada, tornando impossível uma modificação estatutária do interesse social[656].

No *Direito alemão*, temos um critério *sui generis*, ou seja, o de que, no caso de o voto trazer vantagens para um acionista em detrimento dos demais, não será cabível a anulação da decisão da assembleia, se essa mesma decisão previr uma compensação equitativa pelos prejuízos sofridos pelos demais acionistas.

A regra geral, no entanto, é a de que cabe ação de anulação da decisão da assembleia geral, em razão do fato de um acionista tentar obter, através do exercício do seu direito de voto, para si ou para outrem, vantagens particulares em detrimento da sociedade ou de outros acionistas, desde que a decisão da assembleia geral seja de molde a favorecer esse intento[657]. E numa herança clara da teoria da sociedade em si (*Person an sich*) se conhece a ação declaratória positiva, que significa o suprimento judicial para a obtenção da deliberação correta, ou seja, a que deveria ter sido legitimamente tomada pelos acionistas. Trata-se, evidentemente, de interferência do Poder Judiciário no mérito das deliberações da assembleia geral para emendá-las com o fim de, assim, atender ao interesse social. Trata-se de uma sobreposição judiciária aos poderes dos acionistas majoritários e às prerrogativas plenas de deliberação da assembleia geral sobre a política da companhia, ao se admitir o exame judicial do mérito delas[658].

---

656 Mercadal e Janin, *Memento*, cit., n. 1.892, p. 561.

657 Art. 243 da Lei de Sociedades Anônimas de 1965.

658 V. verbete Teoria da sociedade em si, in Karsten Schimidt, *Gesellschaftrecht*, 4. ed., 2002, p. 860, apud Lazzareschi, *Lei*, cit., p. 175.

No *Direito argentino*[659], o acionista ou seu representante que em uma operação determinada tenha, por conta própria ou alheia, um interesse contrário ao da sociedade tem obrigação de abster-se de votar sobre a respectiva matéria. Se o acionista desobedecer à proibição, será responsável pelos danos e prejuízos ocorridos com o concurso do seu voto.

No *Direito norte-americano*, não há dever de abstenção do acionista de votar, em caso de conflito de interesses. Isso porque lá se considera o voto como um direito próprio, que não pode ser negado ao acionista, mesmo com a possibilidade de ele não fazer bom uso da prerrogativa. Desse modo, o acionista pode votar na assembleia geral ainda que tenha interesses formalmente contrários aos da companhia.

Chegam algumas sentenças a admitir que o acionista, quando vota, procura unicamente o seu interesse pessoal[660]. Outras decisões judiciais, embora não cheguem a colocar como objeto do voto o interesse social, enfatizam o dever de boa-fé no exercício dos votos, que prevalecem sobre os interesses dos demais acionistas, notadamente dos minoritários[661].

Há, no entanto, decisões de caráter institucionalista, invocando o interesse da coletividade dos acionistas. Nelas coloca-se, em regra, a verificação da boa-fé (*fairness test*) no relacionamento do acionista com os demais, notadamente no caso de ele ser administrador ou controlador[662].

É, contudo, no conflito de interesses entre a companhia e os administradores que as leis estaduais e o modelo legislativo, bem como a *common law,* detêm-se e em que o *fairness test* vem sendo aplicado com mais frequência[663].

---

659 Art. 248 da Lei das Sociedades de 1972.

660 Pender *vs.* Lushington, Menier e outros, sentenças mencionadas por Pedrol, *La anónima actual,* cit., p. 135.

661 Lattin, *The law of corporation,* cit., p. 355; Cone's Executors *vs.* Russel, N. J. Eq. 204, 21A 847, sentença de 1891.

662 Henn, *Handbook,* cit., p. 465.

663 *Model Business Corporation Act,* art. 41, sendo de citar o mais notório caso: Fliegler *vs.* Lawrence, Delaware, 1976, 2d 361.218; *Model Business Corporation Act Annotated,* 1977, Suplemento, p. 312 e s.

TEORIAS EM TORNO DO INTERESSE SOCIAL E INTERESSE DOS ACIONISTAS

Estabelece o *caput* desta norma que o voto deve ser exercido no interesse da companhia. Essa asserção dá a entender que a lei distingue entre interesse da companhia e interesse dos acionistas.

Cabe indagar que partido terá tomado a nossa lei em face das doutrinas diversas a respeito do conceito de interesse social.

Assim, temos as teorias *institucionalistas*, que proclamam haver um interesse social independente ou, pelo menos, não totalmente identificado com o dos sócios. Dessa forma, diante do interesse do acionista, contrapõe-se outro, de ordem superior e de natureza autônoma.

A teoria institucionalista chega mesmo à superação da personalidade jurídica — a sociedade — para enfocar o interesse da *empresa,* que constitui o seu conteúdo, como se verá em seguida.

TEORIA DA "EMPRESA EM SI"

A teoria desenvolvida pelo empresário Walter Rathenau é fruto da ideologia imperialista germânica, que também se manifestou na Primeira Guerra Mundial, e sempre esteve ligada às doutrinas totalitárias ou autoritárias de que resultou inclusive o *Führerprinzip* da reforma legislativa de 1937.

Na teoria de Rathenau, há uma contraposição entre *fim* e *objeto social*[664]. Descurando-se dos próprios fundamentos da sociedade, a teoria rathenauniana proclama a prevalência do objeto sobre o fim social e, como consequência, o predomínio dos órgãos administrativos sobre as prerrogativas da assembleia geral. Os administradores passam a ser os depositários e os intérpretes do interesse social.

Assim, o poder já não está sujeito ao risco de capital investido. O lucro é desprezado como propulsor da atividade econômica. Impõe-se, em consequência, uma noção quase mística da *empresa.* Os administradores, dispensados do julgamento dos acionistas, são investidos de um poder carismático. Emancipada de seus acionistas, a sociedade por ações evolui rapidamente

---

[664] Conforme a exposição de Mignoli, L'interesse sociale, *Rivista delle Società*, 1958, p. 731 e s.; também conforme Mengoni, na série Conflito di interessi in matéria sociale, *Rivista delle Società*, 1956, p. 434 e s.; Aldo Maisano, L'eccesso di potere nelle deliberazioni assembleari di società per azioni, Milano, Giuffrè, 1968, p. 63 e s.

para uma tácita publicização. E, em consequência, atenuam-se os limites entre empresa privada e empresa pública.

TEORIA DA "SOCIEDADE EM SI"

Mais atenuadamente do que a teoria da empresa em si (*Unternehmen an sich*), o institucionalismo apresenta a teoria da *sociedade como pessoa em si* (*Person an sich*)[665]. Fundada na teoria de Gierke sobre a pessoa jurídica como entidade real, procura essa escola demonstrar que a sociedade tem um interesse próprio que não coincide com o interesse particular dos sócios, e que se lhes sobrepõe.

No exercício de seus direitos, o acionista não pode fazer prevalecer o seu interesse particular sobre o interesse social. Consequentemente, a sociedade é um ente autônomo que os sócios se limitam a criar e a instituir.

O acionista passa a ser considerado como um órgão da sociedade que, no exercício do direito de voto, deve perseguir não o próprio interesse, mas, sim, o da companhia, ou, então, os interesses da coletividade.

Os arautos da escola institucionalista da *Person an sich* colocam, outrossim, estritos limites ao poder da maioria, permitindo ao juiz entrar no mérito dos motivos do voto e, de conseguinte, no juízo de conveniência para a sociedade das deliberações da assembleia geral. Compete, portanto, ao juiz declarar invalidadas as deliberações que resultem inoportunas para a companhia.

DIFERENÇAS ENTRE AS DUAS ESCOLAS INSTITUCIONALISTAS

Enquanto a corrente da *empresa em si* (*Unternehmen an sich*) concede aos administradores ampla discricionariedade na condução da política societária, a teoria da *sociedade em si* (*Person an sich*), por sua vez, retira dos acionistas majoritários as prerrogativas plenas de deliberação sobre a política da companhia, admitindo o exame judicial do mérito das deliberações da assembleia geral.

FÜHRERPRINZIP

No autoritarismo alemão, prevaleceu na reforma legis-

---

665 Conforme relato de Maisano, *L'eccesso di potere*, cit., p. 24.

lativa nazista de 1937, a teoria do *Unternehmen an sich*, porém com significativas modificações[666].

Estabeleceu-se o *Führerprinzip*, que atribuía poderes muito amplos ao órgão de administração da companhia (*Vorstand*), do que resultou a simultânea redução da soberania da assembleia geral, até então reconhecida, na lei, como o órgão soberano da sociedade.

Os administradores tinham uma função política no nacional-socialismo.

Deveriam eles conduzir os negócios sociais para a realização do bem da empresa e dos que nela trabalhavam, atendendo sobretudo ao interesse do *Reich*[667].

A UNIVERSALIZAÇÃO DO INSTITUCIONALISMO

Simultaneamente surgem outras manifestações que reforçam a doutrina institucionalista. Assim, Keynes assinala a tendência da grande companhia de "se socializar por si mesma", na medida em que os chefes de empresa acabam reconhecendo-se como titulares de deveres para com ela e para com a comunidade em geral. Não mais se situam como simples gestores dos fundos sociais, por conta dos acionistas.

No mesmo sentido, manifesta-se Dodd, nos Estados Unidos, contrapondo-se às teorias de Berle.

Na França, o institucionalismo encontra seu arauto em Pailusseau[668]. Na Itália, no magistério de Mossa, como se pode ver do seguinte trecho: "A sociedade não é senão uma organização formal da empresa. De um lado, é a sua forma jurídica, porque a empresa nas sociedades comerciais reveste-se das formas particulares determinadas por elas. De outro lado, a sociedade é um aglomerado ou um complexo de pessoas, de órgãos, de modos jurídicos, nos quais se articula a grande empresa para o seu funcionamento e para a sua responsabilidade. Na verdade, pode conceber-se, sem esforço, a empresa de tal modo fundida e confundida com a sociedade, que não cabe mais fazer-se uma distinção entre elas"[669].

---

666 Conforme relato de Maisano, *L'eccesso di potere*, cit., p. 26 e s.

667 Art. 70 da lei de 1937.

668 *La société anonyme*, cit.

669 Mossa, *Società per azioni*, Padova, 1957, p. 68 e s.

Desse modo, a doutrina e também algumas legislações, como a alemã de 1937 e o Código Civil italiano de 1942, optaram pela institucionalização da sociedade anônima como técnica jurídica da organização da empresa[670].

CONTRIBUIÇÃO DA JURISPRUDÊNCIA À TEORIA INSTITUCIONALISTA

A jurisprudência também declarou, em muitos casos, a prevalência do interesse da empresa sobre os de seus acionistas. Assim, o célebre caso Fruehauf, em que a Corte de Apelação de Paris entendeu válida a decisão do Tribunal de Comércio de Corbeil-Essonnes de nomear um administrador judicial para gerir provisoriamente aquela companhia subsidiária americana, visando ao interesse da empresa, cujo equilíbrio financeiro e econômico, bem como o interesse de centenas de operários, estava ameaçado pela decisão da matriz americana de embargar as vendas feitas por ela à República da China[671].

Nos Estados Unidos, o movimento institucionalista também se consolidou, porém com fundamentos políticos diversos do proposto por Rathenau[672], uma vez que num contexto de liberdade política e de liberalismo acentuado. Naquele país, as empresas têm fundamental importância, a ponto de transcenderem uma visão meramente privatista em seu papel socioeconômico. Por conseguinte, devem elas ser submetidas ao interesse público. Dessa ideologia decorre a grande liberdade dos órgãos de administração das companhias, quanto ao problema da sua autocapitalização, cabendo-lhes determinar os dividendos que devem ser distribuídos[673].

Na Itália, em dois casos delinearam-se os contornos que orientariam a interpretação do art. 2.373 do Código Civil[674]. Neles discutiu-se a possibilidade de declaração de um conflito de interesses entre uma companhia e todos os seus sócios. No primeiro caso, a Corte foi taxativa ao interpretar o art. 2.373 do Código Civil no sentido de que, existindo um conflito de interesses entre a companhia, sócios e administradores, torna-se manifesta a existência de um interesse da sociedade que é superior e distinto da-

---

670 Arts. 2.082 a 2.095 do Código Civil italiano de 1942.

671 Faculdade Internacional da Universidade da Pensilvânia. Cases. Seminário Francês. Material n. 8. Houen — Paris, 1977; Dominique Schmidt, *Les droits de la minorité*, cit., p. 146; G. Ragusa Maggione, *Rivista delle Società*, n. 2., 1969.

672 Pedrol, *La anónima actual*, cit., p. 122 e s.

673 Pedrol, *La anónima actual*, cit., p. 125 e s.

674 *Casi e materiali*, cit., v. 1, p. 422 e s.

queles[675]. E, no outro caso, a Corte de Cassação, embora reconhecendo a delicadeza da questão, entendeu que não podia prescindir do princípio segundo o qual a sociedade organizada com base na estrutura capitalista e tendo, em consequência, nítida personalidade jurídica própria não se posiciona como mera comunhão de interesses de que os sócios sejam sujeitos[676]. Coloca-se a sociedade como a personificação de um interesse superior e distinto, nem sempre coincidente com aqueles dos sócios individualmente considerados. E, em consequência, sendo a sociedade objeto de uma autônoma tutela jurídica, é perfeitamente configurável a hipótese de um conflito de interesses dela, sociedade, até mesmo com a totalidade de seus sócios.

TEORIA DO VOTO EXERCIDO NO INTERESSE DA SOCIEDADE

Essas importantes decisões jurisprudenciais inserem-se na teoria que tem prevalecido na Itália após a Segunda Guerra, qual seja a do *exercício do voto no interesse alheio*. Esse entendimento doutrinário e jurisprudencial substitui a adoção literal da teoria da empresa em si (*Unternehmen an sich*) que havia sido consagrada pelo Código Civil, ao formular os diversos perfis de empresa[677].

A teoria que prevalece na Itália é a de que o direito de voto é um poder concedido ao sócio no interesse social, entendido este como alheio ao seu próprio interesse. Fundamenta-se essa escola na incapacidade da pessoa jurídica de manifestar sua vontade, o que se dá pela atuação das pessoas físicas que a compõem.

Por um expediente de técnica jurídica, decorrente da concessão da personalidade a um ente incorpóreo, presume-se que a vontade declarada das pessoas físicas componentes do seu órgão deliberativo — a assembleia geral — seja a própria vontade social[678].

A assembleia geral, portanto, é formada por várias pessoas que, por preceito legal, encontram-se autorizadas a manifestar a vontade da compa-

---

675 Banca di Roma contra Immobiliare Algipa, Cass. 20 de junho de 1958, n. 2.148.

676 Banca Commerciale Italiana contra Immobiliare Algipa, Cass. 25 de outubro de 1958, n. 3.471.

677 Arts. 2.135 e s., 2.188 e s. e 2.511 e s.

678 Pedrol, *La anónima actual*, cit., p. 124.

nhia e a desenvolver a atividade jurídica necessária para que ela, sociedade, alcance seu fim[679].

Essa concepção do direito de voto como poder exercido no interesse alheio — no caso, o da sociedade — acarreta inquestionavelmente o dever do acionista de abster-se do voto, no caso de conflito de interesses com a sociedade[680].

TEORIAS CONTRATUALISTAS

Como a teoria institucionalista, também a doutrina contratualista divide-se em várias escolas.

Uma corrente, mais próxima da institucionalista, considera que o interesse social é diverso da soma dos interesses dos sócios. Diferentemente, porém, do institucionalismo, não leva em consideração qualquer fator alheio ao âmbito da própria companhia, ou seja, estranho às relações originadas do contrato social.

Outra corrente contratualista, mais radical, é a do *interesse comum*, que proclama a prevalência da comunidade de interesses dos sócios[681]. Para que haja interesse social, deve haver uma zona de interesse comum dos acionistas, os quais devem manifestar-se em consonância com a realização do objetivo social. Alegam os seus defensores que o sócio, ao votar, não poderia desprender-se de seus interesses concretos e egoísticos, para atender apenas a um abstrato interesse social.

Os diversos interesses dos sócios produzem, em determinadas matérias, uma coincidência que caracteriza uma comunidade de interesses. Essa comunhão, se vier a manifestar-se de forma a respeitar o fim lucrativo da companhia e os meios empregados para consegui-lo, dá ensejo à efetiva consecução do objetivo social[682].

Assim, por interesse social deve entender-se o interesse comum dos sócios[683].

A respeito, a clássica lição de Ascarelli[684] que nega a existência de um *interesse social* que possa ser considerado superior ao *interesse comum* dos

---

679 Brunetti apud Pedrol, *La anónima actual,* cit., p. 124.

680 Pedrol, *La anónima actual,* cit., p. 125.

681 Conforme o relato de Pedrol, *La anónima actual,* cit., p. 128 e s.

682 Conforme o relato de Mignoli, *Rivista,* cit., p. 747.

683 Ascarelli, *Studi in tema di società,* Milano, Giuffrè, 1952, p. 163.

684 Ascarelli, *Studi,* cit., p. 46 e s. e 148 e s.

acionistas: "As companhias constituem não apenas a comunhão dos interesses, mas, pelo fato de serem voluntárias, também a comunhão dos fins. E é através da constituição contratual de um conjunto de objetivos que se constitui a comunhão de interesses da sociedade (...). O interesse social é entendido como o interesse comum dos sócios e com estes identificado".

Por outro lado, não se deve reduzir nem confundir o interesse social com qualquer interesse individual dos sócios, mas unicamente com os seus interesses comuns de realização do objetivo social. O interesse social consiste no interesse de realização de um objetivo comum dos sócios. Trata-se de comunhão voluntária de interesses[685].

CONFLITO DE INTERESSES NA ESCOLA CONTRATUALISTA

Na escola contratualista, o direito de voto é concedido ao sócio no seu interesse individual. Encontra, no entanto, sua justificativa e seu limite na comunhão de interesses[686].

O interesse legítimo dos sócios deve manifestar-se *uti socii*, ou seja, em função da comunidade de interesses representada pela consecução do objeto social. Se o voto não tem essa conotação comunitária, pode ocorrer o conflito de interesses, na medida em que o voto é utilizado para efetivar interesse incompatível com o objeto social.

Para o efeito de configurar o conflito de interesses, a escola contratualista entende que a vontade social é constituída por dois componentes: o fim social e o interesse coletivo dos sócios[687]. Esses elementos são interdependentes e se completam.

CONCEITO DE INTERESSE COLETIVO NA ESCOLA CONTRATUALISTA

Cabe, a respeito, enfatizar o componente *interesse coletivo* da escola contratualista. Deve ser representado pelos interesses comuns dos acionistas atuais da companhia, sem que, no entanto, tais interesses possam prejudicar os dos futuros acionistas.

Dessa forma, embora o voto seja livre, o acionista está juridicamente vinculado a perseguir, por meio dele, o interesse social. Entende-se este

---

685 V. comentários ao art. 118.

686 Ascarelli, *Studi*, cit., p. 164, e *Problemas*, cit., p. 376; também *Rivista delle Società*, 1956, p. 93 e s.

687 Dominique Schmidt, *Les droits de la minorité*, cit., p. 48 e s.

como transcendente ao interesse próprio dos sócios individualmente considerados, a ponto de abranger o seu exercício outros interesses, tais como os dos acionistas futuros e os da empresa, bem como os da economia nacional[688].

PREVALÊNCIA DESSE CONCEITO

A discricionariedade do acionista no exercício do voto tem nesses elementos configuradores do interesse social o limite normativo do conflito de interesses. Em matéria de voto, o conflito de interesses configura-se, portanto, no seu exercício abusivo que não leve em conta os interesses dos outros acionistas, presentes e futuros, os da companhia e os da coletividade; ou, então, que objetive, concretamente, causar-lhes dano.

Deve, pois, o voto ser exercido de boa-fé[689]. Por conseguinte, o sufrágio terá como *causa* a realização do fim comum perseguido pela sociedade. E perante todos os interesses envolvidos na companhia deve ser exercido com *lealdade*[690].

Em síntese, o conceito de interesse social apoia-se nas noções de interesse comum dos sócios, de lealdade e de boa-fé, que atuam necessariamente juntos[691].

Seção IV
ACIONISTA CONTROLADOR

DEVERES

> *Art. 116. Entende-se por acionista controlador a pessoa, natural ou jurídica, ou o grupo de pessoas vinculadas por acordo de voto, ou sob controle comum, que:*
>
> *a) é titular de direitos de sócio que lhe assegurem, de modo permanen-*

---

688   *Casi e Materiali*, cit., v. 1, p. 396 e s.; Sena, *Rivista*, cit., p. 43 e s.

689   Ascarelli, *Studi*, cit., p. 156 e s. e 163 e s.

690   Halperin, *Sociedades anónimas*, cit., p. 182 e s.

691   Halperin, *Sociedades anónimas*, cit., p. 192.

te, a maioria dos votos nas deliberações da assembleia geral e o poder de eleger a maioria dos administradores da companhia; e

b) usa efetivamente seu poder para dirigir as atividades sociais e orientar o funcionamento dos órgãos da companhia.

Parágrafo único. O acionista controlador deve usar o poder com o fim de fazer a companhia realizar o seu objeto e cumprir sua função social, e tem deveres e responsabilidades para com os demais acionistas da empresa, os que nela trabalham e para com a comunidade em que atua, cujos direitos e interesses deve lealmente respeitar e atender.

Art. 116-A. O acionista controlador da companhia aberta e os acionistas, ou grupo de acionistas, que elegerem membro do conselho de administração ou membro do conselho fiscal, deverão informar imediatamente as modificações em sua posição acionária na companhia à Comissão de Valores Mobiliários e às Bolsas de Valores ou entidades do mercado de balcão organizado nas quais os valores mobiliários de emissão da companhia estejam admitidos à negociação, nas condições e na forma determinadas pela Comissão de Valores Mobiliários.

• *Artigo acrescentado pela Lei n. 10.303, de 31 de outubro de 2001.*

DECRETO-LEI N. 2.627, DE 1940

O diploma de 1940 não instituiu a figura do acionista controlador. Fundava-se em critério diverso, qual seja o do *voto circunstancialmente majoritário* em cada assembleia. Os acionistas eram simplesmente divididos entre *ordinaristas* e *preferencialistas*. E para aqueles ordinaristas, cuja vontade prevalecia, não criava a lei de 1940 responsabilidade alguma. Não havia, com efeito, sequer a figura do acionista majoritário na lei revogada, na medida em que não era ele tratado de forma distinta no confronto com os acionistas em geral. Assim, para os acionistas que logravam eleger os diretores não criava o antigo diploma responsabilidades específicas. Estas eram previstas, apenas, para os administradores. Desse modo, os ordinaristas (todos) formavam uma comunidade, pura e simples, para todos os efeitos da Lei Societária de então. E os preferencialistas outra comunidade.

Em consequência, o comando da companhia era atribuído à sua administração, que respondia solidariamente pela má gestão (arts. 116 a 123 do Decreto-Lei n. 2.627, de 1940).

Mesmo quando a lei de 1940 tratava da participação da sociedade em outras, no seu art. 135, § 2º, ao determinar que os diretores, no seu relatório,

615

deveriam fornecer informações nos balanços[692] sobre o valor dessas participações, não faz alusão alguma a controle.

Assim, somente na prática societária, sem nenhum efeito legal, é que se fazia alusão à figura *do acionista majoritário*.

De qualquer forma, é totalmente diverso o conceito de acionista majoritário, usado na prática societária anterior, e o de acionista controlador consagrado no diploma vigente.

Isso porque o caráter majoritário é sempre aleatório, circunstancial e mutável, podendo, com efeito, alterar-se a cada assembleia, por não haver, em princípio, identificação alguma desses acionistas quanto a deveres, direitos ou responsabilidades, seja de voto, seja de comando da companhia.

E o caráter aleatório e circunstancial dos votos prevalecentes desses acionistas, que prevaleciam a cada específica ocasião, para o efeito de eleger os diretores, provinha do regime das ações ao portador, cujos detentores se identificavam apenas no momento da realização das assembleias gerais, retornando, ato contínuo, à situação de anonimato. E, assim, conforme as conveniências, inclusive de natureza tributária, apareciam ou não em uma ou outra assembleia, delegando a outro grupo, ainda que com pouco número de ações, para formar a vontade da companhia na ocasião.

Por outro lado, no antigo regime societário de 1940, os próprios acionistas com maior número de ações votantes ao portador é que se autoelegiam para a diretoria. Havia, assim, na prática societária, uma harmonia entre propriedade de ações votantes e comando da sociedade, atribuindo o diploma de 1940 o comando aos diretores eleitos, como tais, embora também fossem acionistas.

Era a época dos capitães de indústria e dos grupos acionários familiares, que dirigiam, eles mesmos, a companhia. Havia poucas exceções, como algumas grandes companhias, até com capital disperso, como era o caso, v. g., da Companhia Paulista de Estradas de Ferro. Por outro lado, os acionistas valiam-se, sempre, das ações ao portador para proteger-se de qualquer responsabilidade, seja perante os demais acionistas, seja ante a sociedade ou terceiros que com ela se relacionavam.

A *diretoria*, em consequência, era o *órgão de comando* da companhia no regime do diploma de 1940. A legitimidade desse governo dos diretores originava-se, como referido, do predomínio aleatório, ocasional e circuns-

---

692 O Colegiado da CVM tem reiteradamente apontado o atributo da *permanência* como o caracterizador do controle societário.

tancial do maior número relativo de ações votantes, em cada eleição, pela assembleia geral.

Os diretores, como referido, eram legalmente responsáveis pela condução da companhia. Somente eles tinham essa responsabilidade (arts. 116 a 123 do Dec.-Lei n. 2.627, de 1940).

Ademais, o diploma de 1940 não outorgava à minoria acionária nenhuma participação institucional nas decisões da assembleia geral, prevalecendo o quórum majoritário apurado em cada assembleia na eleição de todos os membros da administração da sociedade.

LEI N. 8.021, DE 1990

A Lei n. 8.021, de 12 de abril de 1990, extinguiu, em nosso Ordenamento, as formas ao portador e endossável, coibindo a circulabilidade em branco. O objetivo do referido diploma foi identificar os contribuintes que operam no mercado bancário, financeiro e de capitais, e, assim, todos os titulares, originários e derivados, na circulação dos respectivos títulos e valores.

Restando apenas a forma nominativa (art. 20), pela determinação legal, já não há falar, a partir de 1992, em diversidade de classes de ações em função da forma, bem como em conversibilidade de uma forma em outra.

LEI N. 6.404, DE 1976

O diploma vigente tem sua estrutura jurídica fundada na instituição do controle, que é o seu núcleo.

Criou o legislador de 1976, com efeito, a figura do controlador como o centro das decisões empresariais da companhia, fazendo-o mais como um dever do que propriamente como um direito. Isso no sentido do específico e, ao mesmo tempo, abrangente encargo legal de governar a companhia, ou seja, o dever de conduzir as suas políticas, seja as diretamente imprimidas em assembleia geral, seja por meio dos administradores cuja maioria lhe cabe eleger.

Nesse capítulo nuclear da nossa Lei Societária vigente, o legislador apartou-se das outras legislações que, em geral, fundam o comando da companhia em situação de fato, analisável em cada caso. Não se institui por lei, em outros regimes societários, a figura central do controlador como o ente que governa a companhia como um poder-dever instituído por lei.

Em consequência, nas outras práticas societárias, quando se fala em controle (*control*), está-se referindo, sempre, a uma situação de fato, como referido, geralmente identificada na atuação dos próprios administradores (*management control*), de natureza fiduciária, encontrável em todos os casos de administração de bens de terceiros, seja de natureza societária ou patrimonial, indiferentemente, portanto.

Temos assim que, nas legislações estrangeiras, fundada na situação de fato do comando temos, ainda, a mesma estrutura de governo que era adotada pelo nosso diploma de 1940. O comando, de fato, é exercido pelos administradores, na medida em que é deles a responsabilidade pela conduta leal e diligente dos negócios sociais e dos interesses dos acionistas.

Daí decorre que não se confunde a posição aleatória do acionista majoritário, sujeita à permanente mobilidade, com aquela do controlador, que é permanente.

Desse modo, na Lei Societária de 1976 não existe a figura do acionista majoritário *versus* acionista minoritário. O que ali se institui é a figura do controlador *versus* acionista minoritário.

Não atribui, com efeito, a lei de 1976, responsabilidade específica a acionista majoritário, mesmo porque não existe essa categoria. Em consequência, todo acionista que não seja o controlador é submetido às regras estabelecidas no art. 115, independentemente da quantidade de ações que possua.

Já o acionista controlador, como referido, tem responsabilidades específicas enunciadas no art. 117, que não se atenuam, mas apenas se agravam quando partilhadas com os administradores.

Temos assim, como referido, duas categorias de acionistas na lei de 1976: acionistas controladores, de um lado, e acionistas minoritários, de outro. Estes, por sua vez, dividem-se conforme o critério de espécie, em minoritários ordinaristas e preferencialistas.

A INSTITUIÇÃO DO CONTROLADOR NA LEI N. 6.404, DE 1976

O legislador de 1976 concebeu, construiu e institucionalizou, de maneira absolutamente própria, a figura do controlador, a quem atribui o comando autárquico da companhia; comando esse que não pode ser turbado ou mesmo ameaçado pela atuação dos minoritários votantes.

Para tanto a lei estabeleceu como requisito a permanência desse comando, ou seja, ele se configura quando os acionistas ou acionistas detêm mais de 50% do capital votante da companhia e não colocam suas ações no mercado. São ações segregadas e, portanto, não sujeitas à negociação em Bolsa, tendo em vista exatamente a estabilidade e, daí, a permanência do comando da companhia em mãos de seus titulares: essas mesmas ações de controle.

Nesse sentido, é expresso o § 2º do art. 4º-A da lei, ao tratar da companhia aberta: "Consideram-se ações em circulação no mercado todas as ações do capital da companhia aberta menos as de propriedade do controlador...".

RAZÕES DA INSTITUIÇÃO DAS AÇÕES DE CONTROLE

A instituição do controle, em torno do qual se opera a Lei Societária brasileira, como seu núcleo central, tem sua origem na conjuntura socioeconômica em que foi elaborada e sancionada.

Com efeito, em 1975, época do anteprojeto, procurava-se conciliar os interesses dos antigos capitães de indústria, banqueiros e seguradores com o objetivo precípuo de abrir o capital das suas companhias e, assim, criar efetivamente um mercado de ações, mediante o sistema de negociação em Bolsa.

Tratava-se de enfrentar a arraigada cultura oligárquica e hegemônica dos donos dessas companhias, que nela tinham um braço importante do seu patrimônio pessoal, se não quando eram o mais importante ativo da família ou dos grupos de famílias reunidas em torno delas.

Um estudo do perfil de propriedade das companhias no Brasil, nos meados dos anos 70, demonstraria não haver em nada evoluído a visão patrimonialista da propriedade empresarial, diferentemente de outros países que, notadamente a partir do século XIX, já se debruçavam sobre esse mercado de ações, voltado à de democratização do capital.

Daí a enorme dificuldade de alterar essa cultura arcaica e enraizada em nosso meio empresarial, tendo em vista criar um mercado efetivo de ações, para assim capitalizá-lo, com a democratização do seu quadro acionário mediante o direcionamento da poupança privada para esse investimento de risco (*equity*).

Os ilustres autores do anteprojeto experimentaram desafios fundamentais na consecução desse propósito de modernização tardia do capitalismo brasileiro, que girava em torno da atividade empresarial do Estado, de um lado, e do regime privado da empresa-fazenda que os empresários mantinham na condução dos seus negócios de produção e comercialização de bens e serviços.

O primeiro desafio foi o de induzir, mediante novos mecanismos legais, os empresários para a abertura do capital social de suas companhias.

O segundo, também por novos dispositivos de lei, foi o de atrair a poupança privada para o mercado de risco (*equity*) representado por ações provenientes da abertura de capital dessas sociedades.

E terceiro, instituir uma estrutura societária que assegurasse um governo das companhias que abrissem o seu capital, com a prevalência do interesse social; segurança do exercício dos direitos dos minoritários e, ainda, a realização dos interesses dos seus empregados e da comunidade, consoante o estatuído no parágrafo único do presente artigo.

Para tanto, o anteprojeto instituiu o poder de comando para os acionistas que detenham mais de 50% do capital votante, representado por ações fora de negociação em Bolsa, visando a permanência e, portanto, a continuidade desse mesmo comando (art. 4º-A , § 2º).

E, para alcançar o primeiro objetivo, os insignes autores do anteprojeto estenderam a emissão de ações preferenciais para até 2/3 (dois terços) do capital social. Ademais mantiveram a faculdade, para as ordinárias destinadas aos minoritários, a forma ao portador cuja condição lhes retirava o exercício do direito de voto.

Assim, a abertura do capital das companhias far-se-ia com a emissão de enorme quantidade de preferenciais sem direito a voto e de ordinárias ao portador (e endossáveis) também privadas do seu exercício, como tais. Esses dois esquemas legais permitiam (preferenciais) e induziam ordinárias ao portador, como tais, a não comporem o colégio votante da companhia, não obstante a abertura do seu capital.

Quanto ao segundo objetivo – criação de um mercado de *equity* no País, mediante negociação em Bolsa –, instituiu-se a prioridade na alocação dos lucros para o pagamento de dividendos, além de se criar o dividendo mínimo e outras providências de natureza patrimonial visando a efetiva participação dos minoritários nos resultados da companhia. Estabeleceu-se, ademais, uma série de direitos essenciais, de natureza política e patrimonial, dentre os quais, no entanto, não se inscreve o direito de voto (art. 109).

Faltava, no entanto, o principal: a estrutura de governo que garantisse a realização do objeto social, e assegurasse os direitos dos minoritários, e, ainda, inserisse a companhia no contexto dos interesses da comunidade interna (trabalhadores) e externa (coletividade).

Para tanto, instituiu-se a figura do controlador, cujas ações não podem ser negociadas em Bolsa, para os efeitos da permanência do comando, representado por 50% mais uma ação votante.

Essas ações revestiam-se, necessariamente, a forma nominativa, e, por estarem fora do mercado de Bolsa, constituem uma categoria à parte das demais (art. 4º-A, § 2º).

Criou-se, desse modo, ações de controle, fora do mercado de Bolsa, de um lado, e ações de Bolsa, tomadas pelos minoritários, ordinaristas e preferencialistas, considerados, em princípio, acionistas rendeiros.

Estava, assim, completo o quadro de medidas legislativas, na brilhante concepção dos notáveis autores do anteprojeto, para que se instalasse, tardiamente, no país um mercado de valores mobiliários.

Para tanto, ainda, criou-se no anteprojeto paralelo, a agência reguladora desse mercado de capitais, com funções regulamentares, orientadoras, fiscalizadoras e sancionatórias, a Comissão de Valores Mobiliários – CVM.

Os festejados autores do anteprojeto, assim, construíram e instituíram essa estrutura legal de comando para as companhias, fundado no princípio do poder-dever, voltado para os interesses dela e dos seus acionistas não controladores.

Em consequência, o controle não advém de uma situação de fato, mas sim de um poder-dever legalmente instituído, de que nos dá conta o presente art. 116 e seguintes.

DEFINIÇÃO LEGAL DE CONTROLE

O presente art. 116 define o controlador como aquele que é "titular de direitos de sócio que lhe assegurem, de modo permanente, a maioria dos votos nas deliberações da assembleia geral e o poder de eleger a maioria dos administradores da companhia".

A expressão "de modo permanente" contida no presente dispositivo quer significar que existe um acionista ou um grupo deles que, possuindo 50% mais uma das ações votantes, não poderá ser destituído do seu direito de eleger a maioria dos administradores por parte de qualquer outro grupo de acionistas e que, por isso mesmo, efetivamente exerce, sempre, esse direito de comando.

Essa maioria do capital votante outorga, outrossim, ao controlador o direito de, sempre, deliberar majoritariamente em matérias próprias das assembleias gerais. E reveste a maioria da administração, por ele eleita, do caráter de *estabilidade*, na medida em que a maioria dos seus membros somente poderá ser destituída por ele, controlador.

As ações de controle, portanto, têm qualidade diversa daquelas dos minoritários votantes e não votantes (preferencialistas), que outorgam aos primeiros direitos e deveres absolutamente próprios.

E, além disso, revestem-se as ações de controle de um ganho de valor em face das ações minoritárias. Nesse sentido, prevê a lei a obrigação dos adquirentes dessas mesmas ações de controle de ofertar aos minoritários votantes a aquisição de suas ações, por valor correspondente a 80% do respectivo valor da transação de transferência de controle efetivada (art. 254-A da Lei n. 6.404/76).

A lei, assim, reconhece (art. 254-A da Lei n. 6.404/76) que o poder de controle possui um valor intangível, que não é atribuído às ações minoritárias.

E, como referido, as ações de controle das companhias abertas, ademais, não compõem as ações circulantes (*free floating*), consoante o citado art. 4º-A, § 2º.

Nesse sentido, o voto do relator, Diretor Luiz Antonio de Sampaio Campos:

"Enfatiza-se que, nos termos da lei, para que se caracterize o acionista controlador, é necessário que o acionista reúna essas condições acima apontadas, cumulativamente, notadamente: (1) que seja titular de direitos de sócio que lhe assegure, de modo permanente, a maioria dos votos nas deliberações da assembleia geral; (II) detenha o poder de eleger a maioria dos administradores"[693].

O atributo de *autonomia*, próprio do controle, também é ressaltado pela CVM, no sentido de que o seu exercício somente se configura quando independe de qualquer outro grupo acionário para decidir sobre a política da companhia, sobre suas atividades e a capacidade de eleger a maioria dos membros da administração. Nesse sentido, o voto do Relator Pedro Marcilio, em julgamento de 11-4-2006:

"Outro ponto importante desse primeiro requisito é a necessidade de permanência do poder. Em razão dele, vencer uma eleição ou preponderar em uma decisão não é suficiente. É necessário que esse acionista possa, juridicamente, fazer prevalecer sua vontade sempre que desejar (excluídas, por óbvio, as votações especiais entre acionistas sem direito a voto ou de determinada classe ou espécie, ou mesmo a votação em conjunto de ações ordinárias e preferenciais, quando o estatuto estabelecer matérias específicas). Por esse motivo, em uma companhia com ampla dispersão, ou que tenha um acionista, titular de mais de 50% das ações, que seja omisso nas votações e orientações da companhia, aleatório acionista que consiga preponderar sempre, não está sujeito aos deveres e responsabilidades do acionista controlador, uma vez que prepondera por questões fáticas das assembleias não preenchendo o requisito da alínea 'a' do art. 116, embora preencha o da alínea 'b'. Esse acionista seria considerado, para determinação de sua

---

693 Colegiado da CVM, PAS CVM RJ 2001/9.686, Rel. Diretor Luiz Antonio de Sampaio Campos, j. em 12-8-2004, in Alfredo Lazzareschi Neto, *Lei das Sociedades por Ações anotada*, 3. ed., São Paulo, Saraiva, 2010, p. 180 e s.

responsabilidade, como um acionista normal (sujeito, portanto, ao regime do art. 115)"[694].

O requisito de permanência é reiterado no PAS RJ 28/03, Rel. Diretor Wladimir Castelo Branco Castro, j. em 24-10-2006, *in verbis*: "Desse dispositivo legal se extraem os elementos cuja presença é absolutamente necessária à caracterização do controle numa companhia aberta. São eles (i) a titularidade permanente dos votos suficientes para garantir a hegemonia nas deliberações da assembleia geral e a eleição da maioria dos administradores, ou seja, a posição social majoritária; e (ii) a efetiva direção das atividades sociais e a orientação do funcionamento dos órgãos da companhia".

A respeito da distinção entre controlador e os grupos de minoritários com ações aleatoriamente prevalecentes em companhias com capital disperso, novamente se manifestou a CVM: "...A lei exige permanência ('de modo permanente'), ou seja, estabilidade, continuidade no tempo do uso do poder deliberativo para dirigir as atividades sociais e orientar o funcionamento dos órgãos da companhia. Por conseguinte, a prevalência meramente aleatória em alguma deliberação social não configura controle. No mesmo sentido: 'O art. 116 da Lei n. 6.404/1976, ao caracterizar a figura do acionista controlador, remete não apenas à capacidade de influenciar de forma determinante a tomada de decisões na companhia, mas também a uma consciência temporal no exercício de tal capacidade. Não é por outro motivo que a alínea 'a' do citado artigo fala em direitos de sócios que assegurem 'de modo permanente', a maioria dos votos nas deliberações da assembleia geral e o poder de eleger a maioria dos administradores da companhia'" (Colegiado da CVM, Proc. RJ 2009/0471, Reg. n. 6.357/2009, Rel. Diretor Otavio Yazbek, j. em 3-3-2009, in Lazzareschi, op. cit., p. 180 e s.).

Também o STJ debruçou-se sobre o tema da permanência, conforme se pode ver no REsp 556.265/RJ, Rel. Min. Barros Monteiro, *DJU* 12-2-2006, p. 803, Acórdão: "Sobre a definição de sociedade controladora: *vide* art. 243, § 2º. Segundo o STJ, considera-se controladora a sociedade na qual a controladora, diretamente ou por meio de outras controladas, é titular de direitos de sócios que lhe assegurem, de modo permanente, preponderância nas deliberações sociais e o poder de eleger a maioria dos administradores (...) Para Egberto Lacerda Teixeira e José Alexandre Tavares Guerreiro, 'também o grupo sob controle comum identifica-se como acionista controlador. Com efeito, operando sob o influxo de uma só vontade, a diversidade de acionis-

---

694 Proc. CVM RJ 2005/4.069, Reg. n. 4.788/2005, Rel. Pedro Marcilio, j. em 11-4-2006, in Alfredo Lazzareschi Neto, *Lei*, cit., p. 180 e s.

tas na sociedade não elide a configuração do controle. Em relação à sociedade de que participam diversos acionistas submetidos a controle comum, o respectivo controlador exercerá, verdadeiramente, controle indireto, através de sociedades-meio, de caráter puramente instrumental. A propósito, cumpre observar que se considera controlada a sociedade na qual a controladora, diretamente ou através de outras controladas, é titular de direitos de sócios que lhe assegurem, de modo permanente, preponderância nas deliberações sociais e o poder de eleger a maioria dos administradores (art. 243, § 2º)' (Das Sociedades Anônimas no Direito Brasileiro, p. 295, ed. 1979...)" (In Lazzareschi, ob. cit., p. 180 e s.).

O CONTROLE SE ESTABELECE COM A PROPRIEDADE DA MAIORIA ABSOLUTA DO CAPITAL VOTANTE

Conforme o direito expresso, contido no presente artigo, funda-se o controle no requisito da *permanência*, que decorre da propriedade de 50% mais uma das ações votantes.

A expressão "de modo permanente" quer significar que existe um acionista ou um grupo deles que não poderá ser destituído do poder-dever do controle por parte de qualquer outro grupo de acionistas e que, assim, efetivamente o exerce.

Essa qualidade de *permanência* também outorga ao controlador o direito de eleger a maioria dos administradores e de sempre deliberar majoritariamente em matérias próprias das assembleias gerais. Ademais, reveste a administração da companhia do caráter de *estabilidade*, como referido, na medida em que a maioria dos seus membros somente poderá ser destituída pelo controlador. É o atributo de *permanência*, próprio do controlador, que reveste a administração do atributo da *estabilidade*.

DEFINIÇÃO DE CONTROLADOR

A definição do acionista controlador é de direito expresso, constante do *caput* e suas letras *a* e *b* do artigo ora comentado. Nada se deve acrescentar ao ali disposto ou dele suprimir[695].

O exercício desse poder-dever, de resto completado no parágrafo único deste mesmo art. 116, ao instituir o dever fiduciário, reveste o controlador

---

695 Como canhestramente faz o Regulamento do Novo Mercado, desconhecendo olimpicamente o disposto no § 2º do art. 4º-A.

da qualidade de árbitro do bem comum, consubstanciado no interesse social que lhe cabe promover.

Deve-se ainda anotar que o "modo permanente" definido no presente artigo não se refere à dimensão de tempo, mas de *status*[696].

Vale dizer que o controlador, pela sua situação de detentor da maioria absoluta das ações votantes, não pode ser turbado na condução da companhia, ou seja, no exercício do seu poder-dever (fiduciário) de levar a sociedade ao cumprimento de suas finalidades, na estrita conformidade com o que preceitua o parágrafo único do presente artigo, como referido.

O DEVER FIDUCIÁRIO DO CONTROLADOR INSTITUÍDO NO PARÁGRAFO ÚNICO

O parágrafo único do presente artigo institui o dever fiduciário do controlador, cujo poder de governar autonomamente a companhia corresponde ao dever de fazê-lo visando à realização do seu objeto social, atendida a sua função social. Esse dever se estende à preservação dos direitos políticos e patrimoniais dos demais acionistas (ordinaristas e preferencialistas), além de atender aos interesses do fator trabalho da empresa, aos dos seus *stakeholders* e aos da comunidade em que atua.

O dever fiduciário do controlador decorre da sua situação jurídica de poder dispor de bens alheios — os da companhia — como um proprietário. Tal posição jurídica decorre do seu poder de governar a sociedade autonomamente, sem o concurso, portanto, dos minoritários para a formação, a declaração e a consecução (implementação) da vontade social. Daí o caráter permanente do exercício do poder de controle[697 e 698].

A regra fundamental que decorre do parágrafo único é que não poderão os controladores buscar os seus interesses pessoais na condução da companhia em detrimento dos interesses desta e dos de seus acionistas minoritários.

---

696 Sobre o vocábulo "permanente", o *Dicionário Houaiss*: "constante, contínuo, definitivo, efetivo, estável, firme, fixo, imperturbável, irrevogável, perene, seguro".

697 Cf. Comparato e Calixto Salomão, *O poder de controle*, cit., p. 124: "O controle é, pois, o direito de dispor dos bens alheios como um proprietário. Controlar uma empresa significa poder dispor dos bens que lhe são destinados, de tal arte que o controlador se torna senhor de sua atividade econômica".

698 São exceções as deliberações que demandam quórum qualificado.

Trata-se do dever de lealdade, que constitui princípio positivado de ampla aplicação aos casos concretos e de fácil ajustamento às situações factuais de antijuridicidade, detectáveis, a todo o tempo, no exercício do poder-dever de controle societário.

Esse dever de lealdade do controlador mede-se, sobretudo, pelo princípio da boa-fé objetiva (arts. 113 e 422 do Código Civil), que, em si, embute o dever de diligência.

Assim, o princípio da boa-fé objetiva aplica-se sempre no exame da conduta do controlador. Consequentemente, não será o controlador responsável por desacertos na condução política da companhia (*policy maker*), desde que fique demonstrado ter agido com o devido cuidado e diligência.

Isto posto, a configuração ou não da responsabilidade do controlador verifica-se comparativamente, ou seja, se o controlador agiu com a mesma diligência que outro controlador prudente empregaria, em circunstâncias semelhantes[699].

CARACTERÍSTICAS DO CONTROLE SOCIETÁRIO

Controle societário pode ser entendido como o poder de dirigir as atividades sociais[700]. Essa noção tem um sentido material ou substancial e não apenas formal. Assim, o controle é o poder *efetivo* de direção dos negócios sociais[701]. Não se trata de um poder potencial, aleatório, ocasional, circunstancial, simbólico ou diferido[702].

É controlador aquele que exerce, efetivamente, o poder de comando da companhia, mediante o *prevalecimento permanente* dos votos nas assembleias gerais.

Controlar uma companhia, portanto, é o poder *autônomo* de impor *permanentemente* a vontade nos atos sociais e, via de consequência, de dirigir autarquicamente o processo empresarial, que é o seu objeto.

Há um sentido dinâmico nesse poder que transcende o caráter meramente patrimonial de disponibilidade dos bens, próprio do direito das coisas[703].

---

699 *Model Business Corporation* Act, cit., p. 254.

700 Champaud, *Le pouvoir*, cit., p. 105.

701 Champaud, *Le pouvoir*, cit., p. 107.

702 A. Petitpierre-Sauvain, *Droit de sociétés et groupes de sociétés*, Genève, Ed. Georg Genève, 1972, p. 66.

703 Como define Champaud, com base em noções do direito civil, ou seja: "Controlar uma

A noção de controle está evidentemente ligada aos negócios societários e ao procedimento empresarial que decorre da consecução do seu objeto. Ainda que o controlador não possa dispor dos bens como um proprietário, todas as decisões societárias e a atividade empresarial dependem de sua vontade, manifestada de forma permanente e autônoma e, portanto, autárquica.

Essa característica própria do exercício do controle ajusta-se, em parte, à corrente institucionalista da *empresa em si* (*Unternehmen an sich*), que entende ser a companhia a técnica que permite governar a empresa. E essa técnica determina o procedimento da nomeação das pessoas que governam a empresa. É ainda essa mesma técnica que exprime o encargo dos controladores de dirigir os negócios sociais[704]. E o faz permitindo que os órgãos sociais estejam a serviço do exercício desse mesmo controle[705]. É o caso da assembleia geral. Como explica Pailusseau, com base na experiência legislativa francesa:

"É mesmo permitido perguntar se a extensão dos poderes da assembleia geral não foi feita para facilitar a tarefa dos acionistas controladores. Eles podem impor, dessa forma, mais facilmente sua vontade".

Em relação aos demais acionistas, o controle apresenta-se como o *poder permanente* de decidir por outrem, produzindo efeitos na esfera patrimonial destes[706], decorrentes dos resultados da gestão societária. No aspecto patrimonial, portanto, o exercício do controle produz, quanto aos minoritários, efeitos indiretos, incidindo sobre o patrimônio acionário deles. Produz, obviamente, efeitos diretos sobre o patrimônio da companhia.

O controle não se traduz por atos isolados, mas, sim, por uma situação que se caracteriza pela *estabilidade*[707]. O controle existe e funciona como situação cujo determinante essencial é o poder permanente e concentrado em mãos de um ou de determinado grupo de acionistas (art. 118)[708].

---

sociedade e deter o controle dos bens sociais (direito de dispor como um proprietário) de tal maneira que seja o patrão da atividade econômica da empresa social".

704 Pailusseau, *La société anonyme*, cit., p. 247, que acrescenta, baseando-se em Champaud: "...sem prestar contas a ninguém".

705 *V.* comentários ao art. 118.

706 Fábio Comparato e Calixto Salomão, O poder de controle..., *Revista*, cit., p. 102.

707 Champaud, *Le pouvoir*, cit., p. 136.

708 José Augusto Pereira Zeka, Acionista controlador, *Revista da Faculdade de Direito da UFGO*, p. 17 e s.

CONTROLE INTERNO E EXTERNO

A Lei n. 6.404, de 1976, ao conceituar o acionista controlador, admite apenas a forma *interna* de comando, e não a *externa*, como o fazem algumas legislações.

Ao impor, como requisito da caracterização do controlador, a titularidade dos *direitos de sócio*, exclui a lei de 1976 o *controle externo*. Outro requisito é o de que o acionista tenha assegurado de *modo permanente* dois atributos de poder: a maioria das ações votantes nas deliberações da assembleia geral e o poder de eleger a maioria dos administradores.

Mas há um terceiro requisito, que, embora complementar dos outros dois, é fundamental para que se identifique o controle. Trata-se da *efetividade* na condução dos negócios sociais e, consequentemente, no funcionamento dos órgãos da companhia. É claro que o primeiro tipo de poder — condução permanente e autárquica dos negócios sociais — induz ao segundo, ou seja, orientação no desempenho dos órgãos da companhia.

Esse terceiro requisito foi consagrado pela Lei n. 10.303, de 2001, que introduziu no art. 118, §§ 8º e 9º, a ingerência direta da comunhão de controladores nas deliberações dos órgãos da administração da companhia em matérias relevantes e extraordinárias expressamente previstas no respectivo acordo de controle[709]. Nao obstante, estão completamente fora dessa vinculação as deliberações referentes à administração ordinária da sociedade, em que prevalece, de forma absoluta, o critério da independência dos conselheiros da administração e dos diretores.

CONCEITO FISCAL DE CONTROLE DIRETO E INDIRETO

Desde o Decreto-Lei n. 1.598, de 1977, o conceito fiscal de controle exige o requisito da *permanência*.

O Regulamento do Imposto de Renda[710], no parágrafo único do art. 466, estabelece:

"Para os efeitos deste artigo, sócio ou acionista controlador é a pessoa física ou jurídica que, diretamente ou através de sociedade ou sociedades sob seu controle, seja titular de direitos de sócio ou acionista que lhe assegurem, de *modo permanente*, a maioria de votos nas deliberações da sociedade".

---

709 *V.* comentários ao art. 118.

710 Decreto n. 3.000, de 26 de março de 1999.

628

A importância dessa norma está na definição legal da figura do *controle indireto*, exercido por meio de *holdings* ou de outras sociedades.

Essa conceituação do *controle indireto* é fundamental para evitar formas de evasão do encargo de produzir oferta pública no caso de alienação de controle, que assegura aos acionistas minoritários votantes tratamento quase igualitário (art. 254-A)[711].

NOÇÃO E CARACTERÍSTICA DO ACORDO DE CONTROLE, COM VOTO EM BLOCO — ART. 118

Os *acordos de controle* serão caracterizados como da espécie *acordo de voto em bloco* quando, na respectiva convenção, os seus signatários instituem uma comunhão representada por um *órgão deliberativo interno*, geralmente designado *reunião prévia*. Em outras palavras, contendo o *acordo de controle* o procedimento de *reunião prévia* para que os convenentes decidam antecipadamente sobre a maneira como irão votar as ações componentes da comunhão nas assembleias e como serão dados os votos dos representantes desse mesmo acordo em matérias extraordinárias ou relevantes previstas no próprio acordo, nas reuniões do Conselho de Administração ou da diretoria, conforme o caso, estará caracterizado o *acordo de controle com voto em bloco*.

Nessas *reuniões prévias* a deliberação de controladores será sempre tomada por *maioria absoluta* dos convenentes, na proporção do número de ações trazidas para o acordo.

Não pode, em nenhuma hipótese, prevalecer o requisito de unanimidade, mesmo porque tal quórum inviabilizaria o exercício do *poder-dever de controle* (§ 2º deste art. 118), na medida em que qualquer dos convenentes poderia obstruir a decisão desse *órgão interno* da comunhão dos controladores.

É, portanto, o acordo de voto em bloco *meio eficiente* para o exercício do *poder-dever de controle*, que é imprescindível para a consecução do interesse social, da realização do objeto e dos fins da companhia (§ 2º do art. 118)[712].

SOB CONTROLE COMUM

A lei prevê o exercício do controle quando as pessoas

---

711 *V.* comentários ao art. 254-A.

712 *V.* comentários ao art. 118.

estão *sob controle comum* e por meio dele preenchem os requisitos de exercício de poder-dever *permanente* de conduzir a companhia à consecução de seu objeto social e ao cumprimento de sua função social.

Diversas formas podem ser identificadas como susceptíveis de submeter as ações de determinado grupo de acionistas ao controle comum. A primeira é a da sociedade *holding*. Nesta, a propriedade das ações do grupo de determinada sociedade é transferida a uma sociedade constituída com o fim específico de aglutinar os referidos votos e com eles exercer o controle da primeira companhia[713].

ACORDO DE CONTROLE — ART. 118

Como referido, a lei expressamente *distingue o acordo de controle* originado de "ações sob controle comum" daquele decorrente de *acordo de voto*, vale dizer, proveniente de acordo de acionistas minoritários.

Esta última espécie — *acordo de voto* (art. 118) — não pode ter como objeto o exercício do poder de controle. Já o *acordo de controle* caracterizará a comunhão dos acionistas controladores, mencionados especificamente na lei. Trata-se do *control exercised through shareholders pooling agreements*, da prática norte-americana[714].

Já o *acordo de voto*[715] é aquele próprio dos acionistas minoritários, ao passo que o acordo de controle é reservado à formação da comunhão dos controladores[716]. Essa distinção entre acordo de controle e acordo de voto foi trazida pela Lei n. 10.303, de 2001.

CONTROLADOR E ADMINISTRADOR

O controlador poderá ou não ser administrador da companhia. Se este reunir ambas as funções, seus deveres e responsabilidades também serão cumulativos (arts. 116, 117, 153 a 159).

A acumulação dessas funções é mais do que comum, em face da tendência do grupo de controle de participar do Conselho de Administração,

---

713 *V.* a figura dos acordos de controle em bloco nos constantes do art. 118.

714 Lattin, *The law of corporation*, cit., p. 379; Henn, *Handbook*, cit., p. 394 e 527.

715 *V.* comentários aos arts. 118 e 141.

716 *V.* jurisprudência do STJ, REsp 784/RJ, Rel. Min. Barros Monteiro, *DJU*, 20-11-1989, *RSTJ*, 6:422.

que é o órgão deliberativo da administração no regime legal vigente.

CONTROLADOR PESSOA JURÍDICA PÚBLICA OU PRIVADA

Terá responsabilidade igual à que cabe ao controlador pessoa física a pessoa jurídica de direito público, da administração centralizada ou descentralizada, que controle sociedade de economia mista (art. 238).

Também será responsável e terá os mesmos deveres a pessoa jurídica de direito privado que revestir a figura de sociedade controladora (art. 246).

AINDA O CONTROLE INTERNO E O CONTROLE EXTERNO

A Lei n. 6.404, de 1976, como reiterado, apenas configura o controle interno, deixando de levar em consideração o fenômeno do chamado "controle externo".

Assim, pode-se dizer que a lei define apenas o *controle de direito*, que é o interno, omitindo-se quanto a eventual responsabilidade do *controle externo*, que é um *controle de fato*.

Pode-se conceituar o controle interno como aquele que se exerce pelo voto. Por evidente, esse conceito está ligado, necessariamente, à propriedade de percentual majoritário de ações votantes do capital social[717].

A Lei n. 6.404, de 1976, define o controle interno baseado no *poder decisório permanente* na assembleia geral, levando em conta, é claro, o percentual majoritário do capital votante (art. 15)[718].

Ademais, a lei de 1976 não trata do comando dos administradores nas companhias com ações dispersas, embora as conceitue no art. 137, II, *b* e ainda estabeleça no art. 126 regras a respeito[719].

Temos, pois, que, nas companhias com capital disperso, operar-se-á o clássico *incumbent management*, fundado no poder de comando empresarial exercido pelos administradores. Instaura-se, na espécie, a nítida dissociação entre propriedade acionária e poder de comando, teorizada por Berle e Means.

---

717 Sobre controle interno e externo, majoritário e minoritário: Champaud, *Le pouvoir*, cit., p. 114 e s.; Dominique Schmidt, *Les droits de la minorité*, cit., p. 144 e s.; Fábio Comparato, O poder de controle..., *Revista*, cit., p. 33, 55, 63, 69 e s.

718 *V.* comentários ao art. 15 c/c o art. 8ª trazido pela Lei n. 10.303, de 2001.

719 *V.* Resolução CVM n. 481, de 2009.

AINDA O CONCEITO DE "CONTROLE EXTERNO"

"Controle *externo*" é o exercido por outros meios que não o do voto. Assim, poderá o "controlador externo" ser até acionista da companhia; porém, o poder de efetivo comando que nela exerce não decorre do exercício do voto. O poder de domínio sobre a companhia se faz por outros fatores, sempre externos, notadamente de caráter contratual, decorrentes de endividamento da sociedade ou originados da intervenção do Estado no domínio econômico[720].

É o caso típico dos bancos de desenvolvimento (de fomento) e de investimento, inclusive fundos de pensão, que concedem às companhias privadas recursos para a implantação e expansão das suas atividades empresariais, como, v. g., é o caso recorrente do BNDES e da atuação de sua subsidiária BNDESPAR.

Esses recursos poderão ser concedidos na forma de financiamentos a longo prazo ou, então, mediante participação acionária minoritária não votante. Seja de uma forma ou de outra, o contrato e os acordos particulares entre a instituição financeira pública ou privada ou fundos de pensão, de um lado, e a companhia financiada, de outro, acabam por outorgar àqueles o "controle externo" da companhia.

O "CONTROLE EXTERNO" TAMBÉM SE UTILIZA DOS VOTOS E DOS ACORDOS DE ACIONISTAS

Este controle externo é, não obstante, exercido indiretamente também pelo voto, como referido e pelos acordos de voto. Ocorre que, no caso, o voto não é exercido no interesse próprio do acionista como tal. Trata-se, na espécie, de um controle externo que se utiliza dos votos dos controladores internos ou do comando dos administradores (*incumbent board*), para participar, por meio destes, do governo da companhia, ao partilhar ou vetar questões relevantes do âmbito do Conselho de Administração ou da assembleia geral, visando a garantir o crédito ou o investimento.

Não prevê a Lei n. 6.404, de 1976, nenhuma responsabilidade do controlador externo. Em consequência, caberá aos controladores internos arcar com essa responsabilidade (art. 117), quando se prestam a, formalmente,

---

720 Fábio Comparato e Calixto Salomão, O poder de controle ..., *Revista*, cit., p. 63 e s.

exprimir a vontade dos "controladores externos". O mesmo se diga dos administradores que comandam a companhia com capital disperso.

Os controladores externos são, pois, irresponsáveis perante a companhia, seus acionistas e terceiros em geral ao participar, de fato, da condução da sociedade.

DIREITO ESTRANGEIRO

Na legislação estrangeira, fundada na situação de fato, o critério para caracterização do controle leva, em geral, em conta também o controle externo e não apenas o interno.

Assim, no capítulo das responsabilidades, a lei alemã prevê a existência do fenômeno do controle externo, obrigando os titulares deste a reparar os danos causados à companhia, pelo uso abusivo de tal prerrogativa, em prejuízo dela ou de seus acionistas[721].

No Direito americano, também a definição e a responsabilidade abrangem tanto o controlador interno como o externo.

Dessa forma, a Regra 405 da *Securities Exchange Comission*, interpretando o *Securities Act* de 1933, explicita que o termo *controle* (inclusive as expressões "controlando", "controlado por" e "sob controle comum") significa detenção de poder para dirigir direta ou indiretamente a administração e as atividades de uma companhia, quer mediante a propriedade de ações com direito de voto, *quer por contrato, ou por qualquer outra forma*[722].

COMPANHIAS COM CAPITAL DISPERSO — AS CHAMADAS *POISON PILLS* NA PRÁTICA ESTATUTÁRIA BRASILEIRA[723]

Na análise da matéria, é indispensável levar em conta que as ações de controle não podem ser negociadas no mercado (Bolsa e

---

721 *V.* comentário ao art. 117.

722 Esse conceito de controle é evidentemente mais amplo do que o fiscal — art. 368 do *Internal Revenue Code*, que requisita, na espécie, a detenção de um mínimo de 80% das ações votantes. Também é mais abrangente do que o critério adotado pelo *Investment Company Act*, de 1940, que considera controlador aquele que detiver 25% ou mais de ações com direito de voto.

723 Érica Gorga, Changing the paradigm of stock ownership from concentrated towards dispersed ownership? Evidence from Brazil and consequences for emerging countries, *Northwestern Journal of International Law and Business*, 2008. Disponível em: Social Science Research Network <http://ssrn.com/abstract+1121037>.

mercado de balcão organizado), consoante o que determina o § 2º do art. 4º-A, *in verbis*: "Consideram-se ações em circulação no mercado todas as ações do capital da companhia aberta menos as de propriedade do acionista controlador (...)". Daí resulta que o dispositivo estatutário da *poison pill* somente se aplica às ações de companhias com capital disperso.

Isto posto, as denominadas *poison pills* da prática societária brasileira são diferentes das *poison pills* do Direito norte-americano[724].

Entre nós a chamada *poison pill* é modalidade diversa da oferta obrigatória de aquisição do controle, tipificada no art. 254-A da Lei das Sociedades Anônimas, própria das companhias com controlador (§ 2º do art. 4º-A).

Essa norma (art. 254-A) disciplina o *tag along* ao obrigar o adquirente das ações de controle a realizar uma oferta pública para adquirir as ações dos minoritários votantes, pagando-lhes 80% do valor pago pelas ações de controle.

Essa obrigação legal de realizar oferta pública é gerada toda vez que ocorre a *alienação* das ações majoritárias votantes que outorgam o exercício do poder de controle societário[725].

Já a denominada *poison pill,* na versão brasileira, exige que se produza a oferta de compra das ações negociadas no mercado.

Basta que seja adquirido no mercado (Bolsa ou de balcão organizado) um bloco minoritário (v. g. 15% ou 20%), para que surja a obrigação de oferta pública, na modalidade prevista no estatuto da companhia.

Assim, diferentemente do *tag along* legal (art. 254-A), o gatilho se dá com a *aquisição*, no mercado, de um percentual minoritário das ações cuja relevância poderá levar o grupo a ter votos prevalecentes nas assembleias gerais da companhia com capital disperso ou mesmo à restauração do controle (50% mais uma das ações votantes), como referido.

POISON PILLS ESTATUTÁRIAS — TIPO "A"

As *poison pills* estatutárias mais encontradas nas com-

---

724 Devem ser ações ordinárias, necessariamente, uma vez que o poder de controle na companhia é exercido precipuamente por meio do voto nas decisões assembleares e dos seus demais órgãos colegiados.

725 Art. 254-A. "A alienação, direta ou indireta, do controle de companhia aberta somente poderá ser contratada sob a condição, suspensiva ou resolutiva, de que o adquirente se obrigue a fazer oferta pública de aquisição das ações com direito a voto de propriedade dos demais acionistas da companhia, de modo a lhes assegurar o preço no mínimo igual a 80% (oitenta por cento) do valor pago por ação com direito a voto, integrante do bloco de controle".

panhias brasileiras com capital disperso referem-se aos tipos "A" e "B".

O tipo "A" de *poison pill* brasileira será disparado quando alguém adquirir, em Bolsa ou no mercado de balcão organizado, determinado percentual acionário minoritário do capital votante da companhia, que, na prática, varia entre 10% e 35% das ações. Se adquirido esse percentual, por meio de compras no mercado de ações, será necessária a realização de uma oferta pública direcionada à aquisição da *totalidade* das ações da companhia que estejam em circulação no mercado.

Importante observar que o nosso Direito Societário não obriga o adquirente do controle a promover oferta aos acionistas minoritários, caso tenha conseguido o controle da companhia por meio de *aquisições no mercado*. O *tag along* previsto no art. 254-A da Lei Societária apenas requer oferta pública no caso de *venda* das ações detidas pelo grupo controlador e, portanto, referentes ao poder de controle.

Ocorre que, ao surgirem as companhias com capital disperso, desaparece o controlador, na medida em que todas as ações passam a ser negociadas em Bolsa ou no mercado de balcão organizado. Não mais existem duas categorias de ações: as de controle, fora do mercado — art. 4º-A, § 2º — e as demais (minoritárias), que compõem o *free floating*.

Da mesma forma, ainda que as aquisições no mercado não atinjam a maioria absoluta das ações votantes que restaurariam o controle na medida em que fossem retiradas do mercado (art. 4º-A, § 2º), determinado grupo poderá adquirir um percentual de ações que, embora minoritário, pode tornar esse bloco de ações, mantido no *free floating*, prevalecente em alguma assembleia geral, embora o seja ocasional e circunstancialmente. Para evitar esse prevalecimento ocasional que evidentemente desestabiliza o comando dos atuais administradores (*management control*) é que se coloca no estatuto da companhia esse instrumento de defesa do *status quo*.

A razão dessa defesa é a seguinte, sempre no contexto das companhias com capital disperso: os antigos controladores vendem, no IPO, parte de suas ações que antes compunham o controle. Em seguida, os antigos controladores colocam no mercado de Bolsa e de balcão organizado suas ações remanescentes, v. g. 30% do capital social. Com isso negociam essas ações no mercado, mas sempre atentos para que detenham um percentual minoritário prevalecente nas assembleias gerais.

Desse modo como se trata de companhia com capital disperso, em que todas as ações compõem o *free floating*, a aquisição no mercado de bloco relevante de ações, pode abalar essa minoria prevalecente, formada pelas ações remanescentes do antigo controle. Para evitar que essa hegemonia, embora circunstancial, ocorra, é que os antigos acionistas, ao se despirem dessa qualidade, procuram manter os administradores que ora comandam a companhia (*management control*).

Assim, a *poison pill* estatutária (tipo "A") faz com que seja realizada uma oferta pública para aquisição da totalidade das ações emitidas pela companhia, promovida por aquele acionista que atingiu o percentual determinado na cláusula estatutária. Trata-se de condição resolutiva dessa mesma compra de um bloco relevante de ações no mercado (*free floating*). Ou seja, se o adquirente do percentual previsto no estatuto não realizar a oferta pública com o intuito de adquirir todas as ações de emissão da companhia, não leva nem uma coisa, nem outra. Para que o acionista adquirente passe a deter, v. g., 20% das ações ordinárias da companhia terá de realizar OPA para a aquisição das demais 80% das ações em circulação. Caso contrário, não terá, sequer, os 20%[726].

POISON PILLS ESTATUTÁRIAS — TIPO "B"

Por sua vez, a *poison pill* do tipo "B" é acionada quando um acionista que já adquiriu no mercado um percentual predeterminado de ações minoritárias desejar adquirir novas ações. Essa situação exigirá a necessidade de comunicação prévia da intenção de aquisição (i) ao diretor de relações com investidores da companhia, (ii) ao diretor de leilões da BM&FBovespa, que culminará com (iii) a realização da compra das ações por meio de leilão[727]. Desse leilão poderão participar terceiros, outros acio-

---

726 Modelo da cláusula tipo "A": "Qualquer acionista que adquira ações de emissão da companhia em quantidade igual ou superior a 20% (vinte por cento) do capital total deverá, no prazo máximo de 60 (sessenta) dias a contar da data de aquisição, realizar uma OPA da totalidade das ações de emissão da companhia".

727 O excelente estudo de Érica Gorga demonstra que o uso de *poison pills* "A" e "B" nas companhias brasileiras é bastante comum. De 84 companhias pesquisadas sem acionista controlador, 47 delas — ou aproximadamente 56% da amostra — incluem cláusulas de *poison pills* "A" ou "B" ou com elementos de ambas, nos seus estatutos. O estudo abaixo identifica os tipos de *poison pills* adotados por cada uma das companhias listadas nos segmentos especiais de listagem da Bovespa. Ele mostra que 36% das companhias adotam exclusivamente *poison pills* tipo "A". Aproximadamente 14,3% das companhias adotam cláusulas com regras comuns aos tipos "A" e "B". Apenas quatro companhias adotam exclusivamente cláusulas do tipo "B". O estudo também mostra os percentuais de ações a serem adquiridas que disparam as cláusulas "A" e "B". Aproximadamente 53,5% das companhias que têm cláusulas tipo "A" adotam o gatilho de 20%. Para as companhias de tipo "B", 43,75% adotam o gatilho de 10% (Érica Gorga, Changing the paradigm of stock ownership from concentrated towards dispersed

nistas da companhia, além da própria companhia. O percentual de aquisição que dispara a *poison pill* tipo "B" varia na prática estatutária brasileira entre 5% e 30% das ações da companhia[728].

PENALIDADES PELA INOBSERVÂNCIA DA *POISON PILL* ESTATUTÁRIA

Encontram-se no estatuto das companhias com capital disperso penalidades a serem aplicadas aos acionistas adquirentes de blocos de ações que deixarem de cumprir o conteúdo das *poison pills,* ou mesmo penalidades aos acionistas não adquirentes, mas que votem no sentido de remover ou alterar a cláusula de *poison pill* do estatuto social.

Existem dois tipos de sanções estatutárias previstas para a alteração da *poison pill* ou a sua exclusão: a sanção n. 1 e a sanção n. 2.

SANÇÃO N. 1

De acordo com a regra prevista pela sanção n. 1, se o adquirente das ações que disparou a *poison pill* não cumprir adequadamente as obrigações previstas na cláusula de oferta pública prevista no estatuto, o Conselho de Administração convocará uma assembleia geral extraordinária para decidir sobre a suspensão dos direitos relativos às ações adquiridas em desobediência à *poison pill*[729].

---

ownership? Evidence from Brazil and consequences for emerging countries, *Northwestern Journal of International Law and Business*, 2008. Disponível em: Social Science Research Network <http://ssrn.com/abstract+1121037>.

728 Modelo da cláusula tipo B: "Qualquer Acionista Adquirente que tenha subscrito e/ou adquirido ações de emissão da Companhia, em quantidade igual ou superior a 10% (dez por cento) do capital social da Companhia, e que deseje realizar uma nova aquisição de ações de emissão da Companhia em bolsa de valores, estará obrigado a, previamente a cada nova aquisição, comunicar por escrito à Companhia e ao diretor de pregão da Bovespa, por meio da sociedade corretora pela qual pretenda adquirir as ações, sua intenção de adquirir outras ações de emissão da Companhia, com antecedência mínima de 3 (três) dias úteis da data prevista para a realização da nova aquisição de ações, de tal modo que o diretor possa previamente convocar um leilão de compra a ser realizado em pregão da Bovespa do qual possam participar terceiros interferentes e/ou eventualmente a própria Companhia, observados sempre os termos da legislação vigente, da regulamentação da CVM e os regulamentos da Bovespa aplicáveis".

729 Todas as penalidades de *poison pills* mencionam o art. 120 da Lei das Sociedades Anônimas, transcrito a seguir: "A assembleia geral poderá suspender o exercício dos

Logo, o acionista terá seus direitos preservados no tocante às demais ações que já possuía antes da aquisição do bloco. De qualquer forma, o acionista adquirente que tenha desobedecido aos requisitos da cláusula de veneno não poderá votar nessa assembleia geral extraordinária de caráter sancionatório. Também se sujeita o adquirente ao pagamento de perdas e danos aos outros acionistas, caso seja comprovado, em juízo, o não cumprimento das regras estatutárias de *poison pills*[730].

SANÇÃO N. 2

A sanção n. 2 estabelece que quaisquer acionistas que votarem no sentido de promover alterações estatutárias referentes à oferta pública prevista na *poison pill* terão a obrigação de realizar uma oferta pública para a aquisição das ações dos demais acionistas[731].

Sobre a sanção n. 2, é importante observar a extrema ilegalidade desse tipo de disposição estatutária. Leva esse teratológico dispositivo estatutário a uma situação de imutabilidade da cláusula de *poison pill* estatutária, pois esta, uma vez alterada ou excluída do estatuto, causa efeitos devastadores no patrimônio dos acionistas que a excluíram, mesmo que não tenham participado de nenhuma transação que leva ao acionamento do gatilho.

A *poison pill*, com a sanção n. 2, tem feições de verdadeira *cláusula pétrea*. Esse caráter de imutabilidade da *poison pill* constitui uma aberração jurídica. Mesmo que a maioria dos acionistas da companhia delibere pela sua remoção ou alteração de seu conteúdo, haverá penalização àqueles que assim decidirem. Retira dos acionistas o direito essencial de votar nas deliberações sociais em conformidade com o interesse social.

---

direitos do acionista que deixar de cumprir obrigação imposta pela lei ou pelo estatuto, cessando a suspensão logo que cumprida a obrigação".

730 Modelo de sanção n. 1: "Na hipótese de o acionista adquirente descumprir as obrigações impostas por esta cláusula, inclusive no que concerne ao atendimento dos prazos, o conselho de administração da companhia convocará assembleia geral extraordinária, na qual o acionista adquirente não poderá votar, para deliberar sobre a suspensão do exercício dos seus direitos, conforme disposto no art. 120 da Lei de S/A, sem prejuízo da sua responsabilidade pelas perdas e danos causados aos demais acionistas e à companhia".

731 Modelo de sanção n. 2: "A alteração que limite o direito dos acionistas à realização da OPA prevista neste artigo ou a exclusão deste artigo obrigará o(s) acionista(s) que tiver(em) votado a favor de tal alteração ou exclusão na deliberação em Assembleia Geral a realizar a OPA prevista neste artigo".

REGULAÇÃO DAS *POISON PILLS* NA PRÁTICA NORTE-AMERICANA E NA PRÁTICA BRASILEIRA

As cláusulas estatutárias, hoje conhecidas como "pílulas de veneno" (do inglês, *poison pills*), têm sua origem relacionada com o surgimento de mecanismos jurídicos de defesa contra ofertas de aquisição hostis, criados por advogados norte-americanos, a partir da década de 1960.

O seu efetivo desenvolvimento se deu durante a década de 1980. Naquele momento, a economia norte-americana era marcada por forte processo de fusões e aquisições, sendo que grande parte dessas operações foi realizada por meio de ofertas hostis de aquisição do comando de companhias listadas em Bolsa[732].

Ocorre que as ditas *poison pills* brasileiras são diferentes do que se convencionou chamar de *poison pill* nos Estados Unidos. As americanas são os *shareholder rights plans*, ou seja, planos que atribuem aos acionistas direitos de aquisição de ações da companhia por preço significativamente inferior ao de mercado. Esses direitos poderão ser exercidos pelos acionistas dispersos somente se alguém adquirir no mercado determinado montante do capital da companhia (digamos 10% ou 15%). Como o adquirente do bloco de ações é automaticamente excluído do *plano de direitos de acionistas*, o efeito é que suas ações serão diluídas significativamente, impedindo-se, então, a tomada de controle por ele. Pode-se dizer que as *poison pills* americanas permitem a emissão de ações não com a finalidade, por exemplo, de aumentar o capital de giro ou para investimento, mas com o objetivo precípuo de barrar tomadas hostis de controle. As *poison pills* americanas (ou seja, os *shareholder rights plans*) têm como função desencorajar a compra de grandes blocos de ações sem autorização prévia do *incumbent board* da companhia-alvo.

Em suma, a única semelhança entre as *poison pills* brasileiras e as americanas é a existência *de gatilho* que delimita a porcentagem de aquisição de

---

732 Ronald Gilson, um dos grandes expoentes do direito societário norte-americano, faz valiosa análise acerca dos componentes econômicos que tiveram consequências jurídicas significativas durante essa onda de fusões e aquisições, a qual será de grande utilidade para a determinação dos elementos de governança corporativa que falharam no combate às ofertas hostis e possibilitaram o desenvolvimento das cláusulas de veneno (The poison pill in Japan: the missing infrastructure, *Working Paper n. 244/277 — Columbia Law School and Stanford Law School, 2004*. Disponível em: Social Science Research Network <http://ssrn.com/abstract=509522>, in Érica Gorga, As supostas *poison pills* do Brasil e as dos EUA, *Gazeta Mercantil*, 22 jul. 2008, p. 3).

ações que dispara as medidas de defesa. A norte-americana resulta em aumento de capital com direito de preferência distribuído a antigos acionistas. Já a brasileira determina a obrigação de compra, pelo adquirente do bloco, das ações dos atuais acionistas.

LICITUDE DAS *POISON PILLS*

As *poison pills* no Direito norte-americano têm sido usadas com o intuito de levar ao melhor acordo possível entre os interesses dos acionistas e os da administração que comanda a companhia. As *poison pills* são tidas, assim, como instrumentos que propiciam maior negociação do valor das ações da companhia durante a realização de uma oferta hostil. Não atuam pura e simplesmente como mecanismo jurídico disposto a *bloquear* todas as ofertas hostis que sejam feitas às companhias. Para serem consideradas legítimas, as *poison pills* naquele país não podem ter apenas o intuito de manutenção do atual comando da administração (*incumbent management*).

O que se pode verificar da experiência norte-americana[733] é que as *poison pills* na prática brasileira devem ser alvo de regulações mais abrangentes pelo ente regulador e de autorregulação do mercado. A regulação das *poison pills* brasileiras deverá ser guiada pelo equilíbrio entre os princípios que orientem a questão na jurisprudência norte-americana e também os previstos na regulamentação da União Europeia sobre *takeovers*.

A primeira tem por escopo examinar se os efeitos das *poison pills* são razoáveis em relação à ameaça oferecida pela oferta hostil. Contudo, na prática norte-americana, as *poison pills*, em grande parte, poderão ou não ser acionadas conforme a decisão final do *incumbent board*, por meio de uma deliberação que deverá ser calcada no princípio das *fiduciary duties* (dever de lealdade, diligência e boa-fé).

Já a Diretiva n. 25, de 21 de abril de 2004, da União Europeia tem por escopo a proteção dos interesses dos acionistas, conferindo aos membros do Conselho de Administração o papel secundário de orientar a decisão daqueles[734].

---

733 Érica Gorga, Changing the paradigm of stock ownership from concentrated towards dispersed ownership? Evidence from Brazil and consequences for emerging countries, *Northwestern Journal of International Law and Business*, 2008. Disponível em: Social Science Research Network <http://ssrn.com/abstract+1121037>.

734 Item 2 do Preâmbulo da Diretiva n. 25, de 21 de abril de 2004, da União Europeia.

A FUNÇÃO DAS *POISON PILLS* E A ABERRANTE CLÁUSULA PÉTREA

As cláusulas de *poison pills* podem ter por objetivo: (i) desestimular a compra em Bolsa de percentual relevante de participação minoritária, assegurando, com esse desestímulo, um número ideal de ações em circulação no mercado (*free floating*) e sua liquidez; (ii) preservar a manutenção do comando dos atuais administradores (*management control*), considerando que qualquer investidor estará impedido de adquirir bloco minoritário significativo no mercado.

O que se tem observado nos estatutos das companhias brasileiras com capital disperso é que a *poison pill* pretende revestir de imutabilidade o comando dos atuais administradores. A monstruosidade jurídica contida na "cláusula pétrea" escancara a questão. São exemplos desse tipo aberrante as cláusulas estatutárias que punem quaisquer acionistas que votarem em assembleia geral pela alteração ou exclusão das *poison pills*, obrigando-os a realizar a OPA de todas as ações de emissão da companhia. Percebe-se, nesse caso, a extrema ilegalidade e imoralidade desse tipo de cláusula penal de *poison pill*, pois constrange o exercício do direito de voto do acionista, o qual deverá ser exercido, sempre, de forma livre e em consonância com o interesse social, sem nenhum ônus patrimonial de caráter punitivo e de efeito inibitório e confiscatório.

Esse tipo teratológico de sanção estatutária, imposta ao acionista que votar pela alteração ou exclusão da *poison pill* do estatuto, evidencia o ilegítimo intuito de manutenção do comando societário em mãos de administradores ineficientes, ante a possibilidade de sua remoção por meio de uma possível oferta hostil. Se prevalecer a cláusula pétrea, a realização da oferta pública de ações abrangendo todas as ações de emissão da companhia deverá acontecer de uma forma ou de outra, ou seja, (i) pelo "disparo" da *poison pill* em virtude da aquisição de bloco acionário ou (ii) se os acionistas da companhia deliberarem pela alteração da *poison pill* do estatuto social. Portanto, fica evidente a falta de atendimento do interesse social, pela sobreposição dos interesses dos administradores atuais em detrimento dos acionistas e da própria companhia. Essa cláusula pétrea é absolutamente contrária à Ordem Jurídica.

Isto posto, é importante concluir que a *poison pill* estatutária, para que seja válida e eficaz, deve ostentar perfeita consonância entre os interesses da companhia e os dos acionistas. Caso essa consonância não se verifique, a cláusula de *poison pill* terá sua ilicitude e, portanto, ineficácia evidenciadas. Não é função dessa cláusula criar a imutabilidade e a sobreposição dos interesses dos atuais administradores que governam a companhia àqueles dos demais acionistas e dela própria.

A REJEIÇÃO DA CLÁUSULA PÉTREA PELA CVM — PARECER DE ORIENTAÇÃO N. 036/2010

A absoluta ilegalidade da cláusula pétrea (sanção n. 2) foi declarada pela CVM, nos limites de sua competência. É o que consta de seu Parecer de Orientação n. 036/2010, cujo teor é o seguinte:

"Disposições estatutárias que impõem ônus a acionistas que votarem favoravelmente à supressão de cláusula de proteção à dispersão acionária.

Nos últimos anos, os estatutos de diversas companhias passaram a conter cláusula de proteção à dispersão acionária que obriga o investidor que adquirir determinado percentual das ações em circulação a realizar uma oferta pública de compra das ações remanescentes.

Além disso, alguns estatutos incluem disposições acessórias a essas cláusulas, impondo um ônus substancial aos acionistas que votarem favoravelmente à supressão ou à alteração das cláusulas, qual seja, a obrigação de realizar a oferta pública anteriormente prevista no estatuto.

A CVM entende que a aplicação concreta dessas disposições acessórias não se compatibiliza com diversos princípios e normas da legislação societária em vigor, em especial os previstos nos arts. 115, 121,122, I, e 129 da Lei n. 6.404, de 15 de dezembro de 1976.

Por esse motivo, a CVM não aplicará penalidades, em processos administrativos sancionadores, aos acionistas que, nos termos da legislação em vigor, votarem pela supressão ou alteração da cláusula de proteção à dispersão acionária, ainda que não realizem a oferta prevista na disposição acessória"[735 e 736].

---

735 Aprovado pelo Colegiado em reunião do dia 23 de junho de 2009, sendo o original assinado por Maria Helena dos Santos Fernandes de Santana, presidente.

736 A BM&FBovespa elaborou, no primeiro semestre de 2010, uma proposta de alteração do Regulamento do Novo Mercado (Regulamento de Listagem) que, entre outras matérias, previa que as companhias ingressantes no Novo Mercado deveriam, obrigatoriamente, inserir em seu estatuto social cláusula de oferta pública de aquisição de ações na hipótese de atingimento de participação acionária de 30%. Por outro lado, a proposta proibia que aquelas companhias inserissem outras cláusulas de oferta pública obrigatória por atingimento de percentual inferior e em condições mais gravosas, ou seja, vedavam as *poison pills.*

Em audiência restrita encerrada em 8 de setembro de 2010, as companhias listadas no Novo Mercado aprovaram apenas parte da alteração do Regulamento de Listagem. Entre as matérias aprovadas está a proibição de adoção de cláusulas de *poison pills* por parte das companhias doravante ingressantes no Novo Mercado. Contudo, rejeitaram as atualmente listadas a proposta de oferta pública obrigatória por atingimento de participação acionária relevante de 30%.

Em razão dessa aprovação parcial das propostas de alteração do Regulamento do Novo Mercado (Regulamento de Listagem), a BM&FBovespa, em 5 de outubro de 2010, abriu nova audiência restrita para as companhias prestarem esclarecimentos sobre a interpretação dada às alterações das regras de listagem.

Isso porque entendeu a BM&FBovespa que "a combinação desses resultados pode levar à interpretação de que as companhias vetaram a OPA nos moldes previstos na Seção IX *[gatilho de 30%]*, e, ao mesmo tempo, aprovaram que novas cláusulas desse tipo, caso venham a ser adotadas, de maneira voluntária, por novas companhias que se listem no Novo Mercado, devem seguir os parâmetros e regras estabelecidas pela Bolsa".

A BM&FBovespa propôs, para essa audiência, que a restrição da utilização de *poison pills* fosse atenuada, de modo que as companhias ingressantes no Novo Mercado possam, voluntariamente, inserir em seu estatuto social cláusula de oferta pública obrigatória (gatilho de 30%), desde que nos moldes da Seção IX da proposta rejeitada do primeiro semestre de 2010.

Fundamental ressaltar que a BM&FBovespa, ao prestar esclarecimentos sobre sua proposta original (primeiro semestre de 2010) de alteração do Regulamento de Listagem, definiu com acentuada crítica e clara desaprovação a cláusula de *poison pill*, afirmando que se presta à perpetuação dos atuais administradores no comando da companhia.

Assim, para a BM&FBovespa, a cláusula de *poison pill* é entendida como aquela que "imponha uma obrigação que não tenha justificativa econômica, que represente um verdadeiro obstáculo à maior participação de acionistas nas decisões e à alteração na administração da empresa, assim como não seja aplicável a todos os acionistas da companhia".

A BM&FBovespa enfatizou a sua desaprovação, ao afirmar que as ofertas públicas previstas em tais cláusulas são feitas "a preços consideravelmente acima do valor das ações, com *prêmios* que tornam praticamente inviáveis mudanças relevantes no quadro acionário e, em consequência, dificultam alterações na forma de condução dos negócios dessa empresa".

Por outro lado, a BM&FBovespa defende a instituição, por meio do Regulamento de Listagem, de cláusula de oferta pública obrigatória por atingimento de participação acionária relevante que, em vez de funcionar como um mecanismo de manutenção do comando dos atuais administradores, visem "preencher uma *lacuna* existente na Lei de Sociedades por Ações para situações em que ocorre a aquisição de percentual relevante de ações exclusivamente em companhias *sem controlador definido*"[737].

COMPANHIA SEM CONTROLADOR — ART. 126 E RESOLUÇÃO CVM N. 481, DE 2009

Confirmando a modernidade da Lei Societária de 1976, ali já se previu a existência de companhias com capital disperso e, consequentemente, o desaparecimento aí do controlador e sua substituição, no comando delas, pelos seus administradores (*incumbent management*). Para tanto, o § 1º do art. 126 prevê o voto por procuração outorgado a administradores da companhia. E o § 2º estabelece as regras gerais de aplicação da *proxy machinery* a favor dos administradores e também da possibilidade de exercício do *proxy contest* pelos acionistas dissidentes.

Estabelece a norma do art. 126 — que pressupõe claramente o sistema de *corporation* que acabou surgindo na prática societária brasileira a partir dos anos 2000 — a competência da Comissão de Valores Mobiliários para regulamentá-la, o que, efetivamente, ocorreu com a edição da Resolução n. 481, de 2009.

Essa resolução regulamenta as regras que deverão ser obedecidas nas solicitações públicas de mandato por parte dos administradores e também nas solicitações das *proxies contests* pelos dissidentes, dando concretude ao preceituado no referido § 2º do art. 126[738].

---

737 Danilo Gregório, em matéria publicada na revista *Capital Aberto* de outubro de 2010, critica a rejeição pelas companhias listadas no Novo Mercado da proposta original (primeiro semestre de 2010) de regulamentação da matéria mediante alteração das regras atuais. Nesse sentido, pondera que "eliminar a possibilidade de qualquer mecanismo de defesa seria deixar as companhias vulneráveis a mudanças de controle repentinas, nem sempre agradáveis aos investidores. Nessas condições, qualquer investidor poderia comprar uma parcela relevante das ações de uma empresa de capital pulverizado e, de uma hora para a outra, mudar os rumos do negócio. O espírito da OPA obrigatória é justamente oferecer aos acionistas a chance de refletirem se querem ou não o novo controlador", e ao final pergunta a razão por que as companhias limitadas no Novo Mercado rejeitaram esse mecanismo: "se as OPAs obrigatórias dão certa tranquilidade às companhias, por que a seção IX da reforma, que previa uma defesa nos moldes europeus, teria sido barrada?".

738 *V.* comentários ao art. 126.

ART. 116-A, ACRESCENTADO PELA LEI N. 10.303, DE 2001 — DEVER DOS CONTROLADORES E DOS MINORITÁRIOS QUE ELEGEM CONSELHEIROS DE INFORMAR SOBRE ALTERAÇÕES EM SUAS POSIÇÕES ACIONÁRIAS

O art. 116-A, acrescentado pela Lei n. 10.303, de 31 de outubro de 2001, instituiu o dever do acionista controlador de companhia aberta, bem como dos acionistas ou grupo de acionistas que elegerem membro do Conselho de Administração ou do Conselho Fiscal, de informar à Comissão de Valores Mobiliários e à BM&FBovespa ou às entidades do mercado de balcão organizado, conforme o caso, sobre qualquer modificação de suas participações acionárias.

O diploma de 2001, nesse passo, consolidou em lei o princípio do dever de informar atribuído a determinados acionistas, anteriormente previsto na Instrução CVM n. 299, de 9 de fevereiro de 1999.

Essa instrução, revogada pela Instrução CVM n. 361/2002, estabelecia, em seu art. 6º, que a ocorrência de aumento, efetivo ou potencial (debêntures conversíveis, bônus de subscrição etc.), de 5% na participação de acionista controlador de companhia aberta deveria ser imediatamente comunicada, por ele, à Comissão de Valores Mobiliários e às Bolsas de Valores ou às entidades do mercado de balcão organizado nas quais os valores mobiliários de emissão da companhia estivessem admitidos à negociação. O art. 7º dessa instrução atribuía esse mesmo dever, também, aos administradores e aos membros do Conselho Fiscal, nos termos do mesmo art. 6º.

O dever de informar foi também incluído nas regras de autorregulamentação do Novo Mercado da BM&FBovespa. Os itens 9.1 e 9.1.1 do Regulamento de Listagem do Novo Mercado refletem a importância atribuída ao dever de informar: "9.1. *Dever de informar*. Os administradores, o Acionista Controlador e os membros do conselho fiscal da Companhia ficam obrigados a comunicar à BOVESPA a quantidade e as características dos valores mobiliários de emissão da companhia de que sejam titulares direta ou indiretamente, inclusive seus Derivativos. Tal comunicação deverá ser feita imediatamente após a investidura no cargo ou após a aquisição do Poder de Controle, conforme o caso. 9.1.1. *Quaisquer negociações que vierem a ser efetuadas*, relativas aos valores mobiliários e seus Derivativos de que trata este item, *deverão ser comunicadas em detalhe à BOVESPA*, informando-se inclusive o preço, no prazo de 10 (dez) dias após o término do mês em que se verificar a negociação".

A Lei n. 10.303, de 2001, consagrou, assim, o dever de informar, fazendo-o de modo semelhante ao disposto na revogada Instrução CVM n. 299, de

1999. Os sujeitos passivos do dever de informar também são os acionistas (art. 116-A), os administradores (§ 6º do art. 157) e os membros do Conselho Fiscal (art. 165-A). Os efeitos do dever de informar relativamente aos administradores e membros do Conselho Fiscal são analisados nos artigos correspondentes (arts. 157 e 165-A).

Com relação aos *acionistas*, a Lei n. 10.303, de 2001, *ampliou* as hipóteses do dever de informar então previstas na revogada Instrução CVM n. 299, de 1999. Com a introdução deste art. 116-A, *qualquer modificação na posição acionária* — e não apenas os aumentos superiores a 5%, conforme a mencionada Instrução — *deve ser imediatamente informada à Comissão de Valores Mobiliários e à Bolsa de Valores ou às entidades do mercado de balcão organizado*, nas quais os valores mobiliários de emissão da companhia estejam admitidos à negociação.

Outro ponto ampliado pela Lei n. 10.303, de 2001, foi o relativo ao *sujeito passivo do dever de informar*. Sob o regime dessa lei, têm o dever de informar sobre a modificação de suas posições acionárias *o acionista controlador da companhia aberta e os acionistas, ou grupo de acionistas, que elegerem membro do Conselho de Administração ou do Conselho Fiscal*, e não apenas o acionista controlador, conforme previa o *caput* do art. 6º da revogada Instrução CVM n. 299, de 1999.

DEVER DE INFORMAR E OS PRINCÍPIOS DE GOVERNANÇA CORPORATIVA

Com a introdução deste art. 116-A, do § 6º do art. 157 e ainda do art. 165-A, pela Lei n. 10.303, de 2001, procurou o legislador dar maior transparência e confiabilidade ao mercado de capitais, de conformidade com princípios de governança corporativa que, a partir dos anos 90, vêm influenciando a conduta das companhias abertas em face de seus acionistas minoritários, *stakeholders* e perante a comunidade na qual atuam.

Esses princípios refletem, sobretudo, a crescente preocupação com a conduta ética da administração e dos controladores das sociedades, preocupação esta que tem sido enfatizada pelos organismos internacionais, como se pode ver das regras de governança corporativa promulgadas em 1999 pela Organização para Cooperação e Desenvolvimento Econômico — OCDE.

Nesse contexto, a inclusão deste art. 116-A vem ao encontro de uma das preocupações da Lei n. 10.303, de 2001, ou seja, a de proporcionar maior transparência ao mercado de capitais, tornando-o mais seguro e atraente para os investidores nacionais e estrangeiros.

Serve, sobretudo, esse preceito declaratório para a verificação da ocorrência de aproveitamento de informação privilegiada por parte dos participantes dos órgãos da administração e de fiscalização da companhia. A importância dessa evidência no uso da informação privilegiada é inconteste no âmbito da competência sancionadora da Comissão de Valores Mobiliários.

Essas comunicações à Comissão de Valores Mobiliários e à BM&FBovespa, ou às entidades do mercado de balcão organizado, conforme o caso, de que trata o art. 116-A ora comentado, devem ser realizadas nas condições e na forma prevista na Instrução CVM n. 361/2002.

EXERCÍCIO DO CONTROLE EM BLOCO — LEI N. 10.303, DE 2001

A Lei n. 10.303, de 2001, alterou de forma significativa a disciplina do acordo de acionistas, com a redação dada ao *caput* do art. 118 e o acréscimo dos §§ 6º a 11 desse mesmo artigo. Estabeleceu a lei de 2001 a tipificação legal do *acordo de controle*. Essa qualificação leva à distinção entre acordo de controle e acordo de voto também constante daquela norma (art. 118).

A nova modalidade — *acordo de controle* — dá feição inédita ao Direito brasileiro, bastante assemelhada à dos acordos de voto em bloco, ou *pooling agreements*, consagrados, há mais de um século, pela doutrina e jurisprudência norte-americanas. Por meio do *acordo de controle* os signatários comprometem-se a instituir uma *comunhão* para, assim, exercer o controle societário. Para tanto, convencionam realizar uma *reunião prévia* a cada futura deliberação relevante dos órgãos sociais. Nessa reunião prévia, os acordantes, pelo critério de maioria absoluta, deliberam sobre o sentido dos votos a serem proferidos por eles na próxima assembleia geral e, ainda, o sentido dos votos dos conselheiros representantes da comunhão de controle nas matérias relevantes ou extraordinárias previstas no acordo, a serem proferidos nas reuniões seguintes do Conselho de Administração ou da diretoria, se não houver aquele primeiro órgão. Essa vinculação de voto de administradores também poderá servir para o exercício do direito de veto previsto no acordo de controle, no caso de estabelecimento de maioria qualificada a favor de determinado acionista estratégico signatário do acordo[739].

---

739 *V.* comentários ao art. 118.

A COMUNHÃO QUE RESULTA DO ACORDO DE CONTROLE. VOTO EM BLOCO — REUNIÃO PRÉVIA — FUNÇÃO DO VOTO EM BLOCO — DOS CONTROLADORES — ART. 118, § 2º

A *função* do *voto em bloco* do acordo de controle é impedir que eventuais dissidências ou interesses individuais dos convenentes acarretem a obstrução do *poder-dever* de controle (§ 2º do art. 118). A conturbação desses eventuais dissidentes no seio da assembleia geral ou por meio de representantes da comunhão nos órgãos colegiados em matérias previstas na mesma convenção (Conselho de Administração ou na diretoria) acarretaria dano ao interesse social, de que essa mesma comunhão é depositária.

Nesse sentido, são eficazes os procedimentos previstos no § 3º e nos §§ 8º e 9º do art. 118, que visam a impedir que o aleatório dissídio entre os controladores cause danos à companhia, no âmbito dos seus órgãos deliberativos, que não é o foro apropriado para essas disputas.

A obstrução do exercício regular do *poder-dever de controle comum* acarreta irreversíveis prejuízos à companhia e graves responsabilidades para os seus integrantes. Essa obstrução por qualquer participante do *acordo de controle em bloco* caracteriza desvio e abuso de poder (art. 117). Fere, dessa forma, os princípios que devem marcar a conduta dos participantes do controle comum (art. 116, *caput*)[740].

LEI N. 11.101, DE 2005 — ART. 51, VI, DA LEI DE FALÊNCIAS E RECUPERAÇÃO DE EMPRESAS

Determina a nova Lei de Falências e Recuperação de Empresas, em seu art. 51, VI, que a petição inicial de recuperação judicial será instruída com a relação dos bens particulares dos sócios controladores e dos administradores do devedor.

Esse preceito tem eficácia deferida, ou seja, somente a terá no curso do processo falimentar para o qual, eventualmente, for convolado a recuperação judicial. Com efeito, no âmbito da recuperação judicial, a declaração dos bens particulares dos sócios controladores constitui apenas medida acautelatória *diferida* do interesse dos credores da empresa. Isso porque essa medida acautelatória remete ao art. 82, § 2º, da Lei n. 11.101/2005[741]

---

740 *V.* comentários ao art. 118.

741 "Art. 82. (...)

e, assim, pode prestar-se no curso da falência, no caso de (i) desconsideração da personalidade jurídica para a extensão dos efeitos da quebra a outra sociedade, ou (ii) responsabilização civil de controladores ou administradores por danos causados à sociedade falida.

Em consequência, pergunta-se se os controladores e os administradores poderão dispor de seus bens no curso regular da recuperação judicial da empresa, já que referida medida acautelatória terá efeito diferido, ou seja, apenas durante o eventual processo falimentar.

A respeito, Julio Kahan Mandel[742] bem salienta que durante o procedimento de recuperação judicial não há exigência alguma de que os bens dos controladores e dos administradores estejam indisponíveis, nem de que a relação de tais bens seja periodicamente atualizada. Assim, se não forem avalistas ou não estiverem sendo acionados diretamente pelos credores da sociedade, os controladores e os administradores poderão dispor livremente de seu patrimônio.

Daí que tal declaração de bens servirá apenas para auxiliar o juízo a determinar os bens dos controladores e dos administradores a serem gravados de indisponibilidade no curso da falência, se esta vier a ocorrer.

Dessa forma, não há nenhuma segurança de que posteriormente, quando os controladores e os administradores forem eventualmente responsabilizados por eventuais danos causados à sociedade, ainda possuam os bens por eles declarados no período de recuperação, em grau suficiente para saldar o passivo da falência.

Por sua vez, Fábio Ulhoa Coelho, com percuciência, anota que a divulgação da relação de bens tem, por outro lado, a finalidade de dar ciência aos credores da situação patrimonial dos controladores e dos administradores da sociedade em recuperação judicial. Tais informações permitem que a sociedade negocie com seus controladores e administradores a outorga de garantias para obtenção de empréstimos bancários necessários à consecução do plano de recuperação judicial.

Cumpre esclarecer, contudo, que a outorga de tais garantias será um ato voluntário, não implicando nenhuma obrigação adicional aos contro-

---

(...)

§ 2º O juiz poderá, de ofício ou mediante requerimento das partes interessadas, *ordenar a indisponibilidade de bens particulares dos réus, em quantidade compatível com o dano provocado, até o julgamento da ação de responsabilização*" (grifamos).

742 *Nova Lei de Falências e Recuperação de Empresas (anotada)*: Lei n. 11.101, de 9 de fevereiro de 2005, São Paulo, Saraiva, 2005, p. 114-115.

ladores e aos administradores que se negarem a prestá-las[743].

De qualquer forma, é importante salientar que, embora seja obrigatória, a divulgação das informações patrimoniais dos controladores e administradores não serve para garantir a solvabilidade das dívidas da sociedade perante seus credores na fase da recuperação, mas é apenas um elemento informativo valioso para que seja aprovado o respectivo plano de recuperação.

LEI N. 6.404, DE 1976, E O DESAPARECIMENTO DO CONTROLADOR NAS COMPANHIAS COM AÇÕES DISPERSAS — ART. 127, II, *B*

A Lei n. 6.404, de 1976, fundamenta-se no instituto do controle no que respeita à estrutura do poder e às relações entre acionistas e a companhia, consoante os expressos termos do presente artigo.

A instituição do controle, no entanto, sofre, a partir de 2006, uma grave crise, em face do surgimento, sobretudo no Novo Mercado da BM&FBovespa, de inúmeras companhias que apresentam dispersão da propriedade acionária[744]. Nelas desaparece a figura institucional do controlador, tal como definida no presente artigo.

E a própria Lei Societária define em seu art. 137, II, *b* a companhia com ações dispersas, ou seja, aquela em que não mais existe acionista com mais de 50% do capital votante.

Assim, em 2007, das 92 companhias listadas no Novo Mercado da BM&FBovespa, 47 tinham controlador, ao passo que 42, ou seja, quase a metade delas, não mais o possuíam.

Em outubro de 2010, das 107 companhias listadas no Novo Mercado, 41 não possuíam controlador, ou seja, um acionista ou grupo de acionistas, detentor de mais de 50% do capital votante. Verifica-se, assim, que no Novo Mercado da BM&FBovespa o quadro de companhias sem controlador praticante não se alterou em comparação ao constatado em 2007, ao passo que as companhias com controlador, nesse segmento de elite, aumentaram no período 2007/2010[745].

---

743 *Comentários à nova Lei de Falências e de Recuperação de Empresas (Lei n. 11.101, de 9/2/2005)*, 6. ed., São Paulo, Saraiva, 2009, p. 148.

744 Érica Gorga, Changing the paradigm of stock ownership from concentrated towards dispersed owneship? Evidence from Brazil and consequences for emerging countries, *Northwestern Journal of International Law and Business*, 2008. Disponível em: Social Science Research Network <http://ssrn.com/abstract+1121037>.

745 BM&FBovespa — Gerência de Regulação e Orientação a Emissores; levantamento em 19-10-2010.

Esse novo contexto demanda a definição do instituto de controle, tal como estabelecido no presente artigo, e as consequências do seu desaparecimento nas companhias com capital disperso. Nestas, cabe apontar o órgão societário que, substitutivamente, passa a exercer o comando social.

A DISSOCIAÇÃO ENTRE PROPRIEDADE E PODER NAS COMPANHIAS COM CAPITAL DISPERSO

Sobre a matéria cabe, sempre, invocar a clássica proposição de Berle e Means, no sentido de que, em face da dispersão acionária ocorrida nas companhias que transacionavam no mercado de capitais norte-americano a partir do início do século XX, o que importa já não é quem detém a propriedade das ações, mas quem tem o poder de dirigir autonomamente essas *corporations*. Constataram, assim, os festejados autores que nas companhias com capital disperso o poder de comando passou às mãos dos administradores[746].

Há, em consequência, a ruptura do binômio poder-risco, considerado como um dos principais fundamentos do capitalismo empresarial. Isso na medida em que o gestor do capital não é mais o seu proprietário, mas, sim, os administradores da companhia, geralmente profissionais sem vínculo com o colégio acionário[747].

A conclusão desse fenômeno desassociativo nas companhias com ações dispersas é que a relação entre iniciativa e responsabilidade, base da disciplina normativa, mostra-se de fato inoperante[748].

Conforme a lição de Garrigues — no tocante às companhias com capital disperso —, "as exigências de especialização, burocratização e hierarquia que o crescimento das sociedades anônimas impõe, a complexidade do mundo empresarial e os problemas da moderna tecnologia têm levado os administradores, técnicos e profissionais ao cume do poder"[749].

---

746 A. A. Berle Jr. e G. Means, *The modern corporation and private property*, N. Y., Harcourt, Brace & World, 1967, p. 66 e s.

747 Mengoni, recenti mutamenti nella struttura e nella gerarchia dell'impresa, *Rivista delle Società*, 1958, p. 689. A respeito, também Claude Champaud, *Le pouvoir de concentration de la société par actions*, Paris, Sirey, 1962, p. 105 e s., 161 e s. Também Garrigues, *Hacia el nuevo derecho mercantil*, Madrid, Technos, 1971, p. 154 e s.

748 Ferri, Potere e responsabilità nell'evoluzione della società per azioni, *Rivista delle Società*, 1956, p. 34 e s.

749 Garrigues, *Comentario a la ley de sociedades anónimas*, Madrid, Aguirre, 1976, v. 2, p. 13 e s.

E, com efeito, não bastassem essa complexidade empresarial e a demanda de sofisticados métodos para a gestão de qualquer companhia de médio e grande porte, nas sociedades com capital disperso, em face do distanciamento dos acionistas, fragmentados em blocos dispersos ou pulverizados, a vontade da companhia é assumida pelos administradores. Nelas não cabe aos acionistas outro papel senão o de homologarem formalmente os atos de condução praticados pelos administradores.

O EQUIVOCADO ENTENDIMENTO SOBRE O PROPALADO CONTROLE GERENCIAL OU MINORITÁRIO NO DIREITO SOCIETÁRIO BRASILEIRO

Fruto de uma transposição semântica ou literal da língua inglesa (*control*), agravada pelo fascínio da prática norte-americana em nosso meio, com o consequente afastamento da aplicação do texto expresso do presente artigo, que institui e define o poder de controle e o dever fiduciário que dele decorre (parágrafo único), tem-se disseminado no ambiente do mercado de capitais o falso conceito do assim chamado "controle gerencial" e do não menos estranho "controle minoritário".

Essas configurações pseudojurídicas ("controle gerencial" e "controle minoritário") são também fruto do simplismo e da dedução meramente lógica dos fenômenos que ocorrem no mundo societário, sem nenhum embasamento no texto expresso na presente norma.

E, no que respeita ao aventado "controle minoritário", esse falso conceito visa a atender aos antigos controladores das companhias do Novo Mercado, que, tendo perdido a maioria absoluta das ações votantes, e, portanto, o controle na forma expressa da lei, apresentam-se como "controladores minoritários", para, assim, continuar no comando da companhia.

Isso tudo, não obstante a caracterização expressa de lei da companhia com capital disperso, constante do referido art. 137, II, *b*.

Explica-se: na configuração do vigente art. 15, as companhias anteriores à Lei n. 10.303, de 2001, poderiam ser controladas por acionistas que possuíssem apenas 16,67% do capital total, na medida em que o capital da companhia fosse dividido em um terço de ações ordinárias e dois terços de ações preferenciais. Após a vigência da Lei n. 10.303, de 2001, esse percentual subiu para 25% das ações mais uma do capital social nas companhias constituídas a partir daí, ou objeto de incorporação, fusão ou cisão. Nestas, as que tivessem paritariamente 50% de ordinárias e 50% de preferenciais, bastava um quarto mais uma ação do capital total para que se instituísse o controle na forma e para os efeitos da presente norma.

Ocorre que para o ingresso no Novo Mercado da BM&FBovespa todas as ações da companhia devem ser transformadas em ordinárias. Daí resulta que os antigos controladores perderam a maioria absoluta votante do capital social, agravada essa perda pela venda de grande parte de suas ações nas auspiciosas operações de oferta inicial de venda (IPOs). Reduzidos, assim, os antigos controladores a uma posição minoritária no capital social — todo ele votante —, criaram em torno deles próprios a imagem de "controladores minoritários", além de se protegerem estatutariamente com as chamadas *poison pills*.

Todo esse movimento, porém, não logra atender ao disposto no presente artigo, que institui o controle fundamentado na maioria absoluta do capital votante que outorga a permanente e autônoma competência dos seus detentores de exercer o poder de dirigir a companhia e o dever fiduciário (parágrafo único) de fazê-lo rigorosamente no interesse social. Por essa razão o exaltado "controle minoritário" inexiste no direito societário brasileiro.

Isto posto, os chamados "controle gerencial" e "controle minoritário" decorrem, com efeito, das impressões e interesses pessoais meramente dedutivos, decorrentes da crise do instituto do controle entre nós no tocante às companhias com capital disperso, tal como definida no referido art. 137, II, *b*.

Temos, assim, a dedução "lógica" seguinte: se nas companhias com capital disperso não existe mais controlador majoritário, o controlador passa a ser minoritário ou então "gerencial". Desse modo — simplisticamente —, se não existe controle nos expressos termos do presente artigo, outros controles surgem no seu lugar.

Como referido, esse raciocínio *contra legem*, por isso que passa ao largo da definição legal do controle contido na presente norma, advém, em primeiro lugar, da transposição *tout court* do Direito norte-americano. Assim, no referido aspecto semântico, o termo *control* na prática norte-americana significa, de fato, "dominação", ou seja, a assunção do comando da sociedade por um grupo minoritário de acionistas ou diretamente pelos administradores, que autonomamente o exercem[750].

---

750 A propósito Comparato e Calixto Salomão, invocando Berle e Means: "Ora, quando se fala em controle no sentido de dominação, na sociedade anônima, alude-se a um poder que transcende as prerrogativas legais da própria assembleia. Daí por que uma certa doutrina o aproxima, com razão da noção da soberania" (Fábio Konder Comparato e Calixto Salomão Filho, *O poder de controle na sociedade anônima*, 4. ed., Rio de Janeiro, Forense, p. 32; Berle e Means, *The modern corporation*, cit., p. 66).

Isto posto, comando não se confunde com controle entre nós, pois este é instituído na lei como atributo de acionista titular de maioria absoluta das ações votantes. Há, em nosso Direito, *ex vi* do artigo ora estudado, um princípio de governo da sociedade anônima, consubstanciado na instituição do controlador, ou seja, aquele que, por deter a maioria absoluta votante do capital social, tem permanentemente o poder de dirigi-la e o dever fiduciário de fazê-lo nos estritos termos do parágrafo único da norma.

Já nos Estados Unidos o chamado controle é, como referido, fundado na situação de fato: se alguém logra, mesmo minoritário, eleger administradores, ele é considerado controlador. É o chamado *working control*[751].

Por outro lado, se os administradores logram dominar autonomamente a companhia, desligados de grupos minoritários de acionistas, mediante manipulação aleatória dos votos dispersos nas assembleias, inclusive pela utilização da *proxy machinery*, dá-se o chamado controle gerencial (*management control*).

Essas conceituações factuais do Direito norte-americano nada têm que ver com a instituição do controle no Direito Societário brasileiro, reservado aos acionistas votantes majoritários que, por isso, exercem permanentemente o poder-dever de condução da companhia, ou seja, exercem o controle autonomamente, sem depender do concurso dos acionistas minoritários votantes. Daí a autonomia do exercício do controle em nosso sistema normativo, tal como expresso no presente artigo.

COMPANHIAS DE CAPITAL DISPERSO NÃO TÊM CONTROLADOR — ART. 137, II, *B*

As ações que formam aleatoriamente os blocos minoritários nas companhias com capital disperso pertencem todas ao *free floating*

---

751 Berle e Means, *The modern corporation*, cit., p. 75. Fábio Konder Comparato e Calixto Salomão Filho reportam a legislação americana sobre o "controle minoritário", invocando a sua incompatibilidade com o Direito escrito brasileiro: "Nada faz supor que, em tais hipóteses, o legislador brasileiro esteja presumindo a existência de um controle minoritário. Na legislação americana, ao revés, existem presunções legais da existência de um controle minoritário. O *Investment Company Act*, de 1940, admite a existência de controle com a detenção de mais de 25% do capital votante de uma companhia. O *Public Utility Holding Company Act*, de 1935, muito embora não falando expressamente em controle, presume que uma companhia é *holding* de outra (*subsidiary*) quando possui 10%, apenas, do capital votante desta última. No *Bank Holding Company Act*, a porcentagem de participação para o reconhecimento de uma *bank holding company* é de 25%. Trata-se, evidentemente, de presunções *juris tantum*, mas cuja prova contrária é dificilmente feita na prática" (*O poder de controle*, cit., p. 75).

da Bolsa. Daí a falta de estabilidade na condução da companhia, sujeita, a todo o tempo, à tentativa de tomada do comando por outros blocos minoritários.

Não se confundem, pois, com as ações de controle, que não participam do *free floating*, consoante o disposto no referido art. 4º-A, § 2º.

Assim, os blocos de ações minoritárias, todas negociadas no mercado, caracterizam-se pela *impermanência*, do que resulta a sua incapacidade de comandar a sociedade. E essa *impermanência* acarreta, necessariamente, uma *instabilidade* no exercício da administração, levando a uma interdependência precária entre os administradores que, efetivamente, nas companhias com capital disperso, comandam determinados grupos de acionistas minoritários. A qualquer momento, as investidas de outros blocos minoritários podem acarretar a mudança do governo da companhia, exercida pelos seus atuais administradores (*incumbent board*).

AINDA A INSTABILIDADE DO COMANDO DAS COMPANHIAS COM AÇÕES DISPERSAS

Quando os administradores logram obter número de votos suficientes para sua eleição nas companhias com capital disperso, o estado de *impermanência* e de *instabilidade* se instala, na medida em que tal quórum é aleatório. Os grupos de ações minoritárias que os elegeram não estão entre si vinculados por acordo de controle que logre somar mais de 50% das ações votantes, para, assim, assegurar a *estabilidade* desse comando da administração, na medida, inclusive, em que não estão sujeitas à negociação no mercado, *ex vi* do referido art. 4º-A , § 2º.

A QUESTÃO DO INTERESSE SOCIAL NAS COMPANHIAS COM CAPITAL DISPERSO — ART. 137, II, *B*

Diante desse quadro, pergunta-se: onde se situa o *interesse social* ante a necessidade dos administradores de defender-se, a todo o tempo, das investidas de grupos minoritários interessados em reverter o seu atual comando da sociedade? A primeira preocupação, portanto, dos administradores (*incumbent board*) nessas circunstâncias é a de defender a sua própria posição de comando da companhia, como demonstra a experiência americana e a europeia.

Para tanto, os estatutos sociais das companhias com capital disperso contêm dispositivos de defesa das posições dos administradores que governam a sociedade. Essas regras estatutárias nada têm que ver com o interesse social, pois estão voltadas, sempre, a assegurar a continuidade dos cargos (*career*) e da direção da companhia pelos atuais administradores.

NÃO EXISTE CONTROLE MINORITÁRIO

O poder de controle das companhias somente se configura, como reiterado, se for *permanente*, ou seja, sem nenhuma dependência de outros acionistas para que seja exercido. O poder de controle, portanto, é *autônomo e autárquico*. Daí a razão por que se estabelece o poder-dever de controle somente quando um ou mais acionistas ostentam, ou então congregam, via acordo de controle, a maioria absoluta do capital votante da companhia (art. 118).

Não há, pois, em nosso regime legal a figura do "controle minoritário", que, vez por outra, é referido nos ambientes leigos do mercado de capitais. Nem cabe invocar, para tanto, a classificação de controle trazida por Berle e Means, por se referir ao contexto legal norte-americano cuja sistemática é totalmente diversa do Direito expresso contido no art. 116 ora comentado.

NÃO EXISTE CONTROLE GERENCIAL

Ouve-se, também, no âmbito do mercado de capitais, a expressão leiga "controle gerencial", a significar que as companhias com ações dispersas continuam a ter controlador, que, no entanto, passa para a esfera dos administradores. Trata-se de um indevido e canhestro uso da figura institucional do controlador, que, como se viu, somente se configura no âmbito dos *acionistas* e, quando estes logram possuir, isolada ou em conjunto, a maioria absoluta do capital social votante, o que lhes dá permanente autonomia para estabelecer a política e eleger a maioria dos administradores, independentemente dos demais acionistas minoritários votantes[752].

---

752 A propósito, a palavra "gerencial", vulgarmente usada no caso, não existe mais no mundo jurídico, na medida em que o Código Civil, na Seção III (arts. 1.060 e s.), instituiu substitutivamente à figura do gerente a do administrador da sociedade limitada, estendendo essa função também aos não sócios, diferentemente do que ocorria na vigência do Decreto de 1919.

NAS COMPANHIAS COM CAPITAL DISPERSO O COMANDO É DOS ADMINISTRADORES

Os administradores que diretamente comandarão a companhia são eleitos ou pelo acionamento da *proxy machinery* (art. 126 e Instrução CVM n. 481/2009), ou pelos votos de um grupo minoritário de acionistas que consegue aleatoriamente aglutinar, em determinado momento, a *maioria simples* capaz de impor-se nas assembleias aos demais grupos, também minoritários.

Em ambas as hipóteses, a condução da sociedade passa, diretamente, para os seus órgãos administrativos, qual seja para o Conselho de Administração (*incumbent board*) e para os diretores estatutários (*incumbent management*). O governo societário será nessas companhias com capital disperso (art. 137, II, *b*) sempre dos administradores, independentemente de o percentual de dispersão do capital ser maior ou menor. Se a dispersão não for ainda tão significativa, como é o caso brasileiro, cabe a algum grupo de acionistas minoritários, circunstancialmente, eleger o *incumbent board* que irá governar a sociedade. Quando a dispersão vier a ser mais acentuada, entre nós caberá aos próprios administradores que comandam a companhia acionar a *proxy machinery*, diminuindo, assim, o papel de blocos minoritários na sua eleição ou recondução, a cada assembleia geral (art. 126 e Instrução CVM n. 481/2009).

ORIGEM HISTÓRICA DA SOCIEDADE DE CONTROLADORES

Conforme nos relata Mengoni[753], o institucionalismo da *empresa em si (Unternehmen an sich)* é fruto da *débâcle* monetária da Alemanha após a Primeira Guerra, de que decorreu uma verdadeira obsessão do empresariado local contra a invasão dos capitais estrangeiros no complexo industrial alemão. Daí a aceitação pela coletividade acionária germânica da hegemonia dos controladores e de seus administradores, naquela conjuntura, a fim de salvar o patrimônio empresarial do domínio estrangeiro (*Ueberfremdung*). Entretanto, somente seria possível alcançar esse objetivo com a temporária substituição dos fins genuinamente societários de maximização de lucros pelos fins imediatamente empresariais de produção a favor da recuperação da economia do país.

---

753 Mengoli, *Apunti per una revisione della teoria sul conflitto di interessi*, *Rivista delle Società*, 1956, p. 440 e s.

Houve, com efeito, naquele período, uma drástica institucionalização das companhias, mediante sua sujeição aos fins públicos, em detrimento das prerrogativas dos acionistas e da visão privativista da sociedade anônima. Esse o motivo da delegação de poderes aos administradores e de serem eles responsáveis perante o grupo de controladores.

CONSEQUÊNCIAS DESSA ESTRUTURA SOCIETÁRIA: O CONTROLE EXTERNO DO ESTADO

A adoção não conjuntural, mas estrutural, desse institucionalismo caracterizado pela hegemonia dos objetivos empresariais sobre os fins sociais leva, de fato, ao *controle externo* da companhia pelo Estado, como é tipicamente o caso brasileiro, em que as companhias estão atreladas aos créditos e às estratégias governamentais sobre setores e as regiões em que deve, prioritariamente, desenvolver-se a atividade empresarial. Basta estudar o papel hegemônico do BNDES e do BANESPAR no panorama empresarial brasileiro[754].

O ART. 126 E A INSTRUÇÃO CVM N. 481, DE 2009

Essa nova realidade — comando das companhias com capital disperso pelos seus administradores — é tratada no art. 126 desta lei, como referido.

A Comissão de Valores Mobiliários, regulamentando o referido dispositivo, leva em conta o desaparecimento do controlador nas sociedades com ações dispersas (art. 137, II, *b*) e sua substituição, no comando societário, pelos administradores, ao editar, em 17 de dezembro de 2009, a Instrução CVM n. 481. Nela fica reconhecido o regime do *incumbent management* na prática societária brasileira. Essa instrução CVM, entre outras providências, regula, no âmbito do mercado de capitais, os pedidos públicos de procuração, ou seja, regulamenta o processo da *proxy machinery* e da *proxy contest*, inspirado na prática norte-americana. Assim, as solicitações de mandato serão

---

754 Em 2010, 12 grupos empresariais concentravam 57% dos empréstimos do BNDES, todos associados aos projetos de interesse governamental, entre estatais (Petrobras, Eletrobras, Cemig), multinacionais (Alcoa, Gdf Suez, DOF, Mercedes-Benz) e grandes grupos privados nacionais. O financiamento do BNDES dessas 12 empresas, que em junho de 2010 somava R$ 95 bilhões, em um total de empréstimos do montante de R$ 168 bilhões, leva à participação acionária relevante do BNDESPAR nelas (*Folha de S.Paulo*, 8 ago. 2010).

endereçadas a todos os acionistas e podem ser feitas por qualquer pessoa que deseje obter votos para as deliberações das assembleias gerais das companhias abertas. O reconhecimento da prevalência do regime do *incumbent management* nas companhias com capital disperso é claro na referida Instrução CVM n. 481, ao dispor que os pedidos públicos de procuração promovidos pela administração poderão ser custeados pela própria companhia, sem embargo da obrigação desta última de também ressarcir, conforme o caso, os custos de publicação dos pedidos das *contest proxies*[755].

FORMAÇÃO DA VONTADE SOCIAL NAS COMPANHIAS COM CAPITAL DISPERSO — INSTRUMENTOS ESTATUTÁRIOS DE DEFESA DOS ADMINISTRADORES

Como referido, surge no âmbito do mercado de valores mobiliários o fenômeno da *instabilidade* da formação da vontade social nas companhias com ações dispersas (arts. 137, II, *b*). Essa vontade social deixa de ser estabelecida autonomamente por um grupo de acionistas com maioria absoluta de ações votantes. Por outro lado, os administradores, incumbidos de governar a sociedade com capital disperso, dependem, em cada deliberação assemblear que os elege, da coleta de procurações dos acionistas dispersos ou de formação de blocos aleatórios de minoritários.

Para tanto, surge nos estatutos dessas companhias com ações dispersas uma série de instrumentos de defesa dos administradores que comandam a companhia.

Surge aí a questão do interesse social. Como referido, o pressuposto legal do exercício do *poder de controle* acionário, individualmente ou por acordo, é de que ele coincide com o interesse social. Ocorre que esse pressuposto, constante de direito expresso, é, agora, posto à prova com o advento, em nosso mercado de capitais, da dispersão da propriedade acionária. Como reiterado, já não se pode presumir que o comando dos administradores dessas companhias sem controlador atenda aos interesses de todos os acionistas e coincida com o interesse social, tal como se dá com o controle, instituído no presente artigo. Não se pode mais falar de prevalência do interesse social quando o comando dos administradores é obtido mediante o acionamento da *proxy machinery* ou do ocasional voto prevalecente de acionistas minoritários, sempre em constante mutação no mercado acionário, em virtude do *free floating*.

---

755 *V.* comentários ao art. 126.

AINDA O COMANDO DOS ADMINISTRADORES NAS COMPANHIAS COM AÇÕES DISPERSAS

Volta-se, assim, à situação que existia sob a égide da Lei n. 2.627, de 1940, marcada pelo caráter aleatório, circunstancial e ocasional do comando social, pois completamente ausente, à época, o instituto do controle, trazido pela Lei n. 6.404, de 1976.

Acrescente-se à matéria a complexidade trazida pela dispersão na estrutura acionária e os conflitos que aí surgem, conforme se vê na experiência internacional, tais como as tentativas de tomada hostil de controle, de um lado, e, de outro, as distribuições de bônus de toda espécie a favor dos próprios administradores que governam a sociedade, em prejuízo dos interesses dos acionistas e da própria companhia.

Tal divergência de propósitos acarreta a necessidade de rever a hermenêutica construída a partir das normas vigentes da Lei das S/A, fundada no *poder de controle* e na consequente *estabilidade* da administração, como expresso no artigo ora comentado.

Por isso, o jurista deve investigar e compreender a nova realidade societária subjacente às normas vigentes. Não há como normatizar ou regular um fenômeno societário sem antes analisar e compreender os novos desafios por ele colocados. Assim, a natureza específica do comando da companhia com capital disperso (art. 137, II, *b*), exercida pelos seus administradores, deve ser o pressuposto da construção de uma nova doutrina, de uma nova normatização e de uma nova prática no direito societário brasileiro.

ACORDO DE VOTO NÃO SE CONFUNDE COM ACORDO DE CONTROLE

A dispersão da propriedade acionária aumentou significativamente no mercado brasileiro, no segmento denominado "Novo Mercado" da BM&FBovespa, como referido. Essa nova realidade (no Novo Mercado, 45 entre 92 companhias listadas não têm controlador) gera a necessidade de uma indagação sobre a *forma* como essas empresas têm sido governadas na prática, ou seja, sobre *como* é exercido o comando empresarial, uma vez que, nelas, já não existe o exercício do controle tal como instituído pela vigente Lei Societária.

Essa realidade de dispersão acionária, encontrada nas estruturas de propriedade em dezenas de companhias abertas, levou a um crescimento considerável do número de acordos de acionistas arquivados nas sedes sociais dessas companhias, com o intuito de regular o exercício do voto compartilhado entre acionistas minoritários com blocos significativos de ações votantes, mas que não logram, mesmo assim, alcançar maioria absoluta, que os possibilitaria de exercer o poder-dever de controle da companhia. Daí resulta o referido fenômeno, do comando dos administradores eleitos por esses grupos, que congregados em *acordo de voto* continuam minoritários.

Esse acordo de voto de grupos minoritários não se confunde com o acordo de controle individualizado no art. 118, e que forma uma comunhão de acionistas com mais de 50% das ações votantes[756].

SOMENTE O ACORDO DE CONTROLE VINCULA OS ADMINISTRADORES — §§ 8º E 9º DO ART. 118

A instituição do *acordo de controle*, pela Lei n. 10.303, de 2001, ao lado do acordo de voto, acarretou nítida distinção entre o primeiro e o segundo, o que não ocorria na redação original de 1976, da Lei Societária. Anteriormente, o *acordo de voto* se prestava tanto para regular os interesses minoritários como daqueles acionistas que se agregavam para exercer o controle, ou seja, para formar a comunhão de interesses resultante da somatória de mais de 50% do capital votante.

Essa tipificação legal do acordo de controle, apartado do acordo de voto, atende à clara distinção que se vê no § 2º do art. 118, ao determinar que os acordos não poderão ser invocados para eximir o acionista de responsabilidade no exercício do *direito de voto* (art. 115) ou do *poder de controle* (arts. 116 e 117).

E, ao instituir o *acordo de controle*, a Lei n. 10.303, de 2001, criou a vinculação da maioria dos administradores às deliberações tomadas pela *comunhão dos controladores*, em *reunião prévia*, nas matérias de relevância ou extraordinárias previstas no respectivo acordo.

A vinculação somente se justifica e é valida e eficaz quando se tratar de acordo de controle, na medida em que cabe aos controladores o exercício do poder-dever de conduzir a companhia no cumprimento do objetivo e do interesse social. Essa a razão de ter sido incluída no art. 118 essa vinculação, na forma dos §§ 8º e 9º do art. 118.

Por outro lado, não se aplica esse regime de vinculação de votos de conselheiros às companhias com ações dispersas (art. 137, II, *b*), que, por isso, não possuem controlador. Nelas prevalece o comando dos próprios administradores.

---

756 *V.* comentários ao art. 118.

Isso porque o regime de vinculação pressupõe a existência de um acordo de controle, cujo exercício *permanente (art. 4º-A, § 2º)* reveste os administradores respectivos do requisito de estabilidade.

Já os acordos de voto de grupos minoritários, que não logram somar a maioria absoluta do capital votante, não podem ser confundidos com o acordo de controle distintivamente previsto no art. 118, por faltar aos signatários daqueles a competência de fazer prevalecer sua vontade sobre os administradores, que passam a exercer automaticamente o comando da companhia.

Havendo dispersão de ações (art. 137, II, *b*), não há legitimidade da vinculação dos votos dos administradores às decisões tomadas em eventuais reuniões prévias da comunhão desses acionistas minoritários (acordo de voto), pois não têm eles o *status* de controladores e, por isso, não têm o poder-dever de conduzir a companhia.

Por não serem controladores, no expresso e restrito sentido legal instituído no presente artigo, não têm os minoritários com votos aleatória, circunstancial e ocasionalmente prevalecentes em assembleia geral as atribuições próprias do exercício da função de assegurar a estabilidade dos administradores.

Não podem esses grupos minoritários reunidos em *acordo de voto* e que, assim, elegem administradores, por maioria simples, ser equiparados aos controladores de que fala o artigo ora estudado.

O pressuposto dessa legitimidade de vinculação tratada nos §§ 8º e 9º do art. 118 é o da coincidência do interesse social com as decisões tomadas previamente pelos controladores, e somente por estes, e que tocam determinadas deliberações relevantes e extraordinárias da competência do Conselho de Administração, estabelecidas no texto do próprio acordo de controle.

Considera a lei que o controle, pelo seu caráter permanente, deve garantir determinadas e específicas decisões dos conselheiros eleitos na forma do respectivo acordo para, assim, atender ao interesse social, consubstanciado, v. g., nos planos de investimento, no orçamento anual, na política de dividendos, em reorganização societária etc.

Assim, havendo *acordo de controle*, que congrega, necessariamente, a maioria absoluta do capital votante, poderá ser estabelecida a vinculação ao deliberado nas reuniões prévias dos acordantes sobre matérias relevantes e extraordinárias, em face da presunção da coincidência da vontade dos acionistas controladores com o interesse social, como reiterado. Somente nessa circunstância se pode aplicar os §§ 8º e 9º do art. 118.

Já nas sociedades com ações dispersas (art. 137, II, *b*), o comando é dos próprios administradores, que, embora eleitos pelos votos prevalecentes obtidos pelas *proxies* ou de grupo de acionistas minoritários, assumem, eles administradores, desde logo, o comando da companhia, com todas as responsabilidades daí decorrentes.

A aleatória relação originária entre esse grupo de minoritários signatários do *acordo de voto* e a administração não pode levar à vinculação prevista nos citados §§ 8º e 9º do art. 118.

A eleição dos administradores nas companhias com capital disperso inverte as posições. São os minoritários aleatoriamente eleitores que se submetem à vontade dos administradores por eles eleitos, já que falta aos primeiros a qualidade de controladores, atributo que uma comunhão de minoritários não ostenta.

Não podem assim os minoritários reunidos em *acordo de voto* vincular os administradores à sua vontade assumida em reunião prévia. Pelo contrário, são esses minoritários que se submetem à vontade da administração, que, uma vez eleita, assume, isolada e diretamente, o comando da sociedade (*incumbent board* e *incumbent management*).

Conclui-se, portanto, que, por não serem controladores no sentido expresso no presente artigo, não têm os acionistas minoritários reunidos em *acordo de voto* às atribuições próprias do exercício dessa função societária, que é o de assegurar a estabilidade dos mandatos dos administradores por eles aleatoriamente eleitos.

Não podem esses grupos minoritários reunidos em acordo de voto e que, assim, elegem, em determinada assembleia, os administradores, ser equiparados aos controladores de que fala a norma ora estudada. O pressuposto dessa legitimidade de vinculação tratada nos §§ 8º e 9º do art. 118 pressupõe a coincidência do interesse social com as decisões tomadas previamente pelos controladores em matérias relevantes, como referido. Considera a Lei Societária que o controle, pelo seu caráter permanente, deve garantir determinadas decisões relevantes e extraordinárias dos seus conselheiros, na forma do respectivo acordo de controle, para, assim, atender ao interesse social[757].

---

757 Sobre a matéria de controle comum, *v.* Colegiado CVM, PAS RJ 2005/0098, Rel. Diretor Sergio Weguelin, j. em 18-12-2007; sobre o requisito de permanência *versus* capital disperso, *v.* ref. Proc. RJ 2009/0471/09, Rel. Diretor Otavio Yazbek, j. em 3-3-2009; sobre acordo de controle, *v.* Parecer CVM/SJU n. 79/79; sobre controlador indireto, *v.* Colegiado da CVM, PAS 23/99, Rel. Diretor Joubert Rovai,

RESPONSABILIDADE

> **Art. 117.** *O acionista controlador responde pelos danos causados por atos praticados com abuso de poder.*
>
> *§ 1º São modalidades de exercício abusivo de poder:*
>
> *a) orientar a companhia para fim estranho ao objeto social ou lesivo ao interesse nacional, ou levá-la a favorecer outra sociedade, brasileira ou estrangeira, em prejuízo da participação dos acionistas minoritários nos lucros ou no acervo da companhia, ou da economia nacional;*
>
> *b) promover a liquidação de companhia próspera, ou a transformação, incorporação, fusão ou cisão da companhia, com o fim de obter, para si ou para outrem, vantagem indevida, em prejuízo dos demais acionistas, dos que trabalham na empresa ou dos investidores em valores mobiliários emitidos pela companhia;*
>
> *c) promover alteração estatutária, emissão de valores mobiliários ou adoção de políticas ou decisões que não tenham por fim o interesse da companhia e visem a causar prejuízo a acionistas minoritários, aos que trabalham na empresa ou aos investidores em valores mobiliários emitidos pela companhia;*
>
> *d) eleger administrador ou fiscal que sabe inapto, moral ou tecnicamente;*
>
> *e) induzir, ou tentar induzir, administrador ou fiscal a praticar ato ilegal, ou, descumprindo seus deveres definidos nesta Lei e no estatuto, promover, contra o interesse da companhia, sua ratificação pela assembleia geral;*
>
> *f) contratar com a companhia, diretamente ou através de outrem, ou de sociedade na qual tenha interesse, em condições de favorecimento ou não equitativas;*
>
> *g) aprovar ou fazer aprovar contas irregulares de administradores, por favorecimento pessoal, ou deixar de apurar denúncia que saiba ou devesse saber procedente, ou que justifique fundada suspeita de irregularidade;*

---

j. em 26-10-2000; sobre minoritários no controle, *v.* Proc. CVM RJ 2001/7547, Rel. Diretor Wladimir Castelo Branco Castro, j. em 25-6-2002; sobre dever fiduciário do controlador – lealdade e diligência – CVM PAS RJ 2008/1815, Rel. Diretor Eli Loria, j. em 28-4-2009; Colegiado CVM PAS RJ 2005/1443, Rel. Diretor Pedro Oliva Marcilio de Souza, j. em 21-3-2006; Parecer CVM/SJU n. 34/79; Colegiado da CVM, Proc. RJ 2004/5494, voto da Diretora Norma Jonssen Parente j. em 16-12-2004; Colegiado CVM Proc. RJ 2004/5494, Rel. Diretor Wladimir Castelo Branco Castro, j. em 16-2-2004; *in* Lazzareschi, ob. cit., p. 248 e s.

h) subscrever ações, para os fins do disposto no art. 170, com a reali-zação em bens estranhos ao objeto social da companhia.

• *Alínea* h *acrescentada pela Lei n. 9.457, de 5 de maio de 1997.*

§ 2º No caso da alínea e do § 1º, o administrador ou fiscal que praticar o ato ilegal responde solidariamente com o acionista controlador.

§ 3º O acionista controlador que exerce cargo de administrador ou fiscal tem também os deveres e responsabilidades próprios do cargo.

LEI DE 1940

O Decreto-Lei n. 2.627, de 1940, fundado no princípio da igualdade de todos os acionistas[758], desconhecia a figura do controlador e a divisão dos sócios em duas categorias — controlador e minoritário — trazida pela lei vigente.

A antiga lei de 1940 era estruturada no sentido de que todo acionista titular de ações ordinárias poderia, aleatória, ocasional e circunstancialmen-te, formar o grupo prevalecente de votos capaz, a cada assembleia, de eleger os administradores que comandariam a sociedade (*incumbent management*). Com efeito, na vigência do diploma de 1940 eram somente os administra-dores que respondiam pelos danos causados por atos ilícitos no comando da companhia.

Adotava o decreto de 1940 o regime do voto aleatoriamente prevale-cente em cada assembleia. Os acionistas eram simplesmente divididos entre ordinaristas e preferencialistas. E, para aqueles ordinaristas, cuja vontade prevalecia aleatoriamente a cada assembleia geral, não criava aquele diploma nenhuma responsabilidade. Não havia, sequer, a figura do acionista majoritário na lei revogada, na medida em que não era ele trata-do de forma distinta no confronto com os acionistas em geral.

Assim, para os acionistas que logravam, aleatoriamente, eleger os diretores que iriam comandar a companhia (*incumbent management*), não criava aquele decreto-lei responsabilidades específicas. Não respondiam, assim, os acionistas aleatoriamente eleitores pela investidura de admi-nistradores que sabiam inaptos, moral ou tecnicamente, para o exercício do comando da sociedade. As responsabilidades, como referido, eram previstas apenas para os administradores que assumiam o comando da companhia.

---

758 Dominique Schmidt, *Les droits de la minorité*, cit., p. 141.

Essa completa ausência da responsabilidade dos acionistas guardava total coerência com a estrutura da sociedade anônima sob a égide do Decreto-Lei n. 2.627, na medida em que o governo da companhia era atribuído diretamente aos diretores (*incumbent management*).

Havia, no entanto, uma típica diferença da estrutura da *corporation* norte-americana em que se presume a dispersão das ações. Entre nós, não havia a dissociação entre capital e comando, pois não existiam companhias com ações dispersas, à exceção apenas da Companhia Paulista de Estradas de Ferro. Na prática brasileira de então, a associação entre capital e comando era evidente. Não obstante, o regime de anonimato decorrente do largo uso das ações ao portador revelava seus titulares apenas no momento das assembleias gerais, impedindo, assim, durante todo o período entre um e outro conclave, que se conhecesse o quadro de acionistas da companhia.

É totalmente diverso o conceito de acionista com voto prevalecente, da prática societária anterior, e o do acionista controlador, consagrado no diploma vigente. Isso porque o voto prevalecente é sempre aleatório, podendo alterar-se a cada assembleia, inclusive pela livre circulação das ações ao portador, não havendo, em princípio, identificação alguma desses acionistas. Daí excluir-se qualquer responsabilidade dos acionistas à época.

Em consequência, a responsabilidade pelo comando da companhia, como referido, era diretamente da diretoria. Somente os diretores a tinham, consoante dispunham os arts. 116 a 123 do Decreto-Lei n. 2.627, de 1940.

LEI N. 6.404, DE 1976

A Lei n. 6.404, de 1976, ao instituir a figura do controlador, faz desaparecer o princípio da igualdade de todos os acionistas, na medida em que são eles separados em duas categorias: controladores e minoritários. Institui a lei vigente, com efeito, o controle como um órgão da companhia.

Cria, em consequência, o diploma de 1976 a responsabilidade do controlador, a par daquela dos acionistas em geral (art. 115) e dos administradores (arts. 153 a 159).

Em consequência, são os controladores responsáveis pela estrita observância dos deveres de lealdade, de diligência e de transparência; são responsáveis por condutas que contrariem tais princípios, além de deverem abster-se de praticar atos e negócios com desvio de poder e em conflito de interesses com a companhia.

Essa responsabilidade específica dos controladores, a qual, por isso, não se confunde com a dos acionistas em geral (art. 115) e a dos administradores (arts. 153 a 159), advém da função, que lhes atribui a lei, de *policy makers*, ou seja, de estabelecerem, em caráter permanente, a política da companhia visando, a todo o tempo, ao interesse social.

O abuso de poder se verifica pela quebra do dever fiduciário instituído no parágrafo único do art. 116[759].

E o abuso no exercício do controle da companhia abrange tanto os controladores diretos como indiretos[760].

O controlador responde civilmente pelos danos causados por abuso de poder perante a companhia, e, quando se tratar de companhia aberta, também administrativamente perante a Comissão de Valores Mobiliários (CVM), que é o órgão regulatório e sancionador no âmbito desta última categoria. Ocorrendo dano efetivo resultante da conduta do controlador de companhia aberta, configura-se infração grave (Res. CVM n. 323, de 2000).

O dano, tanto no campo civil como administrativo sancionador, deve ser comprovado. Assim, o abuso no exercício do controle se configura pela existência do dano. Sem a evidência do dano, não se pode falar em abuso ou desvio de poder. Os danos podem ser materiais ou imateriais ou ainda morais, causando perdas ao patrimônio ou cessação de lucros ou ainda à imagem da companhia[761].

Por outro lado, para a configuração do abuso ou desvio de poder, não há necessidade do exercício do direito de voto, embora possa ele dar-se também nesse momento. Sendo o controle um órgão da companhia, a responsabilidade vai além do voto. Diferentemente dos acionistas minoritários, cuja conduta antissocial se configura como abuso de direito (art. 115) e não abuso de poder, exatamente por lhes faltar a prerrogativa legal de dirigir a companhia para a consecução de seu objetivo social. A posição dos minori-

---

759 V. comentários ao art. 116.

760 Sobre a matéria, Colegiado da CVM, PAS 07/05, Rel. Presidente Marcelo Trindade, j. em 24-4-2007. No mesmo sentido, IA CVM 30/98, Rel. Diretor Marcelo Trindade, j. em 5-7-2001, *in* Lazzareschi, ob. cit., p. 259.

761 Sobre a matéria, Colegiado da CVM, PAS 23/99, Rel. Diretor Joubert Rovai, j. em 26-10-2000; Parecer CVM/SJU n. 088/82. No campo do Poder Judiciário, a contribuição sobre a matéria é valiosa: STJ-REsp 798.264/SP, Rel. Min. Nancy Andrighi; TJRJ, 2ª Câm., AC 5740/92, Rel. Des. Lindberg Montenegro, j. em 18-5-1993; STJ, REsp 10836/SP, Rel. Min. Claudio Santos, *DJU* 23-3-1992; TJRJ, 14ª Câm., AC 2001.001.10.401, rel. Des. Mauro Fonseca Pinto Nogueira, j. em 28-8-2001; STJ, REsp 798.264/SP, Rel Min. Nancy Andrighi, j. em 6-2-2007. *In* Lazzareschi, ob. cit., p. 259 e s.

tários é de sujeição ao exercício regular do poder de controle que cabe aos acionistas[762].

Ademais, a configuração do abuso de poder por parte do controlador, que sempre decorre da quebra do dever fiduciário (parágrafo único do art. 116), é necessariamente vinculada à verificação do dano à companhia e a seus acionistas minoritários. Não obstante, não implica, necessariamente, a nulidade, anulabilidade, invalidade ou ineficácia dos atos que acarretaram o dano. Pode ocorrer o dano e, mesmo assim, os atos aproveitarem à sociedade, em determinadas circunstâncias. E, com efeito, dada a natureza da companhia, marcada pela sucessividade dos atos sociais, a anulação, v. g., de determinada assembleia realizada no passado pode acarretar danos suplementares que convém evitar, não obstante nesta se tenha dado o abuso do controlador.

Outrossim, as práticas abusivas elencadas no presente artigo são enunciativas e não exaustivas, cabendo à Comissão de Valores Mobiliários (Instrução CVM n. 323, de 2000), dentro de sua competência legal, identificar e cominar outras condutas que devem ser incluídas no rol das antijuridicidades identificadas no exercício do poder do controlador com quebra do seu dever fiduciário (art. 116, parágrafo único), embora não tenha esse elenco caráter exaustivo, podendo ser continuamente acrescido de novas condutas abusivas do controlador [763].

A sanção pelo abuso e desvio de poder do controlador é a de indenizar a sociedade pelas perdas e danos a ela causados. E no plano administrativo sancionatório (CVM) é de arcar com indenização calculada, conforme a Lei n. 6.385/76, sem embargo de outras sanções de natureza pessoal (impedimentos) aos controladores.

As práticas enunciadas no presente artigo são comissivas, não contemplando as omissivas. Estas devem ser identificadas com base no dever de

---

762 Sobre a matéria, Colegiado da CVM, PAS 04/1999, Rel. Diretor Luiz Antonio de Sampaio Campos, j. em 17-4-2002, item 38. No mesmo sentido, IA CVM – RJ 200/45-46, com o mesmo relator, Diretor Luiz Antonio de Sampaio Campos, j. em 12-2-2002; Colegiado da CVM, Proc. RJ 2005/4069, Reg. 4788/2005, rel. Pedro Marcilio, j. em 11-4-2006; PAS RJ 2005/1443, Rel. Diretor Pedro Oliva Marcilio de Souza, j. em 21-3-2006, item 18; PAS RJ 28/03, Rel. Diretor Wladimir Castelo Branco Castro, j. em 24-10-2006. *In* Lazzareschi, ob. cit., p. 260.

763 Sobre a matéria, além da Instrução CVM n. 323, de 2000, a Instrução CVM n. 319, de 1999; o Parecer CVM/SJU n. 012/82; o Parecer CVM n. 036/87; IA CVM 04/99, Rel. Diretora Norma Jonssen Parente, j. em 17-4-2002; PAS CVM RJ 2005/1443, Rel. Diretor Pedro Oliva Marcilio de Souza, j. em 21-3-2006. *In* Lazzareschi, ob. cit., p. 262 e s.

diligência, que é o próprio fundamento do exercício do poder-dever de controle (art. 153)[764].

LEI N. 9.457, DE 1997

O legislador de 1997 acrescentou ao rol das modalidades de exercício abusivo de poder do controlador a subscrição de aumento de capital com a realização em bens estranhos ao objeto social da companhia. Trata-se de medida saneadora que procura evitar a diluição do capital dos minoritários via aumento injustificado e, portanto, sem *causa*, promovido com a finalidade de ampliar a distância acionária entre ele, controlador, e aqueles. E, com efeito, essa manobra grosseira estava sendo praticada nas companhias fechadas e abertas, pelos grupos de dominação, contra os interesses patrimoniais e políticos dos minoritários. Dá notícia dessa atividade ilícita o acórdão da Primeira Câmara Civil do Tribunal de Justiça de São Paulo, nos autos da Apelação Cível n. 45.908-1, de 16 de outubro de 1984, com os doutos votos dos Desembargadores Octavio Stucchi (relator), Galvão Coelho (revisor, vencido) e Álvaro Lazzarini.

INSTITUIÇÃO DO ACORDO DE CONTROLE — LEI N. 10.303, DE 2001

O *caput* do art. 118, *ex vi* da Lei n. 10.303, nominou o exercício do poder de controle como matéria objeto de acordo de acionistas.

Assim, ficaram instituídos três negócios obrigacionais nominados no art. 118, nitidamente diversos quanto à sua função e a seus efeitos. O acordo de controle tem por objeto o seu exercício comum. Por outro lado, acordo de voto tem por objeto o exercício do direito de voto por parte dos minoritários. Já o acordo de bloqueio tem por objeto a compra e venda de ações e o direito de preferência para adquiri-las por parte dos seus signatários.

Passa-se a ter como mais relevante, entre essas três espécies, o acordo nominado de controle, ou como designa a norma do art. 118, "acordo de acionistas para o exercício do poder de controle".

Em consequência da instituição do acordo de controle, o acordo de voto, que, na redação original da lei, prestava-se a duas funções — de controle e de voto —, pela reforma de 2001 ficou reservado ao exercício comum dos direitos dos minoritários, seja como defesa de seus respectivos direitos, seja

---

764 A propósito, *v.* Lazzareschi, ob. cit., p. 264 e s.

para eleger administradores e fiscais em minoria, na conformidade com a lei e com o estatuto, seja, ainda, nas companhias com capital disperso (art. 136, II, *b*) , para aleatoriamente eleger, por maioria simples, os administradores que exercerão o seu comando (*incumbent board, incumbent management*).

E, por força do § 8º do art. 116, passou a haver o expresso reconhecimento de que os acordos de controle vinculam não apenas os seus subscritores, mas também os membros do Conselho de Administração e os diretores eleitos pela comunhão. Essa vinculação dos administradores tem como função manter a harmonia no exercício do controle comum, evitando que qualquer signatário dissidente imponha a algum administrador um voto contrário ao decidido pela comunhão em reunião prévia, conturbando, assim, no âmbito dos órgãos de administração, o exercício uniforme do controle comum.

Daí não caber vinculação decorrente dos acordos de voto (minoritários) com respeito aos administradores em minoria por eles eleitos para comporem os órgãos da administração. Isso porque os minoritários congregados no acordo de voto não têm responsabilidade de comando da companhia, que a lei atribui unicamente à comunhão de controle. Em consequência, os administradores em minoria, eleitos em virtude do acordo de voto (minoritários), têm o dever de manter absoluta independência na sua atuação nos órgãos da administração, consoante o art. 154.

Por outro lado, a vinculação dos administradores eleitos pela comunhão de controle se restringe às matérias relevantes e extraordinárias enumeradas exaustivamente no texto do acordo e, assim, deliberadas em reunião prévia.

A vinculação indiscriminada e genérica dos administradores às orientações da comunhão constitui nítido abuso de poder dos controladores. O vínculo, como referido, somente é válido para matérias fora da administração ordinária da companhia para cuja decisão os administradores são absolutamente independentes, entendida essa independência como dever, tendo em vista o referido preceito contido no art. 154 e a observância dos princípios contidos nos arts. 153 a 158. Por conseguinte, é nula a cláusula vazia que vincula os administradores a toda e qualquer deliberação tomada pelos controladores em reunião prévia.

DEVER DE INFORMAR — LEI N. 10.303, DE 2001

O art. 116-A, acrescentado pela Lei n. 10.303, de 2001, instituiu o dever dos acionistas controladores de companhia aberta, bem como dos acionistas ou grupo de acionistas que elegerem membro do Conselho de Administração ou do Conselho Fiscal, de informar a Comissão de Valores Mobiliários e a BM&FBovespa ou as entidades do mercado de balcão organizado sobre qualquer modificação de suas participações acionárias.

Esse novo artigo, introduzido pela reforma de 2001, é prospectivo e propiciatório do fenômeno de dispersão acionária (art. 137, II, *b*) que se produziu no mercado a partir de 2006, e que levou ao desaparecimento do controlador em quase metade das companhias cotadas no Novo Mercado da BM&FBovespa[765 e 766].

A Lei n. 10.303, de 2001, consagrou, assim, o dever dos controladores de informar sobre alterações em suas posições acionárias individuais, fazendo-o de modo semelhante ao disposto na revogada Instrução CVM n. 299, de 1999. Têm também o dever de informar sobre a modificação de suas posições acionárias os acionistas minoritários que elegerem membros do Conselho de Administração ou do Conselho Fiscal, e não apenas o controlador, conforme previa o *caput* do art. 6º daquela revogada instrução. O dever de informar cabe tanto ao controlador único como, individualmente, aos membros do controle comum (art. 118), seja nas alterações havidas no interior da comunhão (o que não altera o controle), seja nas suas aquisições no mercado.

INFLUÊNCIA DA TEORIA INSTITUCIONALISTA

A adesão à escola institucionalista da empresa em si (*Unternehmen an sich*)[767] é reiterada, explicitamente, nessa matéria de responsabilidades do controlador, embora não estejam excluídos dela também aspectos contratuais de específico interesse societário.

Dessa forma, nota-se a prevalência dos *objetivos empresariais* logo na primeira enunciação das modalidades do exercício abusivo do poder de controle, ou seja, quando a lei fala na antijuridicidade das práticas tendentes a orientar a companhia para fim estranho ao *objeto social* ou lesivo ao *interesse nacional*. Ou, ainda, quando fala em levar a companhia a favorecer

---

765 Érica Gorga, Changing the paradigm of stock ownership from concentrated towards dispersed ownership, *Northwestern Journal*, cit.

766 O dever de informar por parte dos controladores e outros foi também incluído nas regras de autorregulamentação do Novo Mercado da BM&FBovespa — itens 9.1 e 9.1.1.

767 *V.* comentários ao art. 116.

outra sociedade, brasileira ou *estrangeira*, em prejuízo da *economia nacional*. Nesse particular, ressuscita-se literalmente a ideia do *Überfremdung* que prevaleceu na Alemanha na década que sucedeu à Primeira Guerra, e que se constituiu na própria justificativa da doutrina institucionalista de Rathenau[768]. A mesma filiação institucionalista transparece quando, nas enunciações, fala-se de prejuízo aos *trabalhadores da empresa*[769].

---

768 Mengoni, *Rivista*, cit., p. 441 e s. *V.*, nos comentários ao art. 116, o tema "Origem histórica da sociedade de controladores".

769 Sobre a conduta jurídica dada pela legislação brasileira às atividades do acionista controlador, o Recurso Extraordinário n. 113-446, Rio de Janeiro, j. em 14-10-1988 (col. Nelson Eizirik, *Sociedades anônimas*, cit., p. 113 e s.):

"3. Ainda que possam ser criticadas, em certos aspectos, a disciplina e as limitações que o legislador brasileiro impôs à atividade do controlador das sociedades anônimas, têm elas de ser, como é óbvio, observadas pelo julgador como expressas em lei. Antes de mais nada terá ele em vista que 'controlador' é, como definido no art. 116 da Lei n. 6.404, de 1976, a pessoa física ou jurídica titular de direitos de sócio que lhe assegurem, de modo permanente, a maioria de votos na Assembleia Geral e o poder de eleger a maioria dos administradores ou que efetivamente lhe permitam usar de seu poder para dirigir as atividades sociais. E a suprema regra a reger a matéria é aquela que impõe ao controlador, sob pena de reparar os prejuízos que causar à companhia, usar de seu poder com o fim de fazer a empresa realizar seu objetivo e cumprir sua função social, atribuindo-lhe, assim, deveres, responsabilidades para com as demais acionistas, para com os que trabalham na empresa e para com a comunidade em que atua, a cujos direitos e interesses deve lealmente atender. E definiu o legislador, especificamente, no art. 117, § 1º, da Lei Especial as 'modalidades de exercício abusivo desse poder'. Estará incidindo em abuso ou desvio de poder de controlar o acionista que contribua, com seu voto preponderante, para que a companhia não cumpra seu objetivo e sua função social, como assim definida.

4. Sobretudo deve impor-se, precipuamente, a noção de que abuso maior, mais temível, é aquele que, com a nobre motivação de limitação aos excessos do poder econômico, leve à denegação do princípio da deliberação pela maioria votante — *majority rules* —, ou seja, pela maioria de votos, ainda que não de acionistas, pois é esse princípio base da concepção democrática em qualquer empreendimento.

Concepção a ser de todo modo observada, ainda que enseje a serem reprimidos, pois é essencial à preservação da livre empresa, ou seja, da liberdade de iniciativa, cujos exageros são detestáveis, mas ainda de todo modo preferíveis à única outra alternativa, que seria o comando de todos os empreendimentos pelo Estado, absorvente e muitas vezes totalitário.

5. Por isso mesmo o legislador sabiamente especificou, tipificou, nas várias alíneas do art. 117 da vigente Lei das Sociedades Anônimas, as diferentes modalidades de abuso de poder que podem resultar na responsabilidade do controlador pelos prejuízos à empresa e, em consequência, aos acionistas. E as considerações anteriores nos levam à convicção, exatamente pelo mencionado perigo, já aí a envolver interesse público, do risco à estabilidade do sistema econômico financeiro vigente, de que essas

ASPECTOS CONTRATUALISTAS DA RESPONSABILIDADE DO CONTROLADOR

Não obstante, a lei de 1976 não descura de aspectos contratuais da companhia, ou seja, da lesividade ao interesse social propriamente dito. Ao fazê-lo, a lei divide claramente as categorias de acionistas e reafirma o dualismo entre os controladores, de um lado (presente norma), e os acionistas minoritários, de outro (art. 115), quanto ao regime de responsabilidade.

Assim ocorre quando o presente dispositivo menciona comportamento prejudicial à participação dos *acionistas minoritários* nos lucros ou no acervo social, imprimindo-lhes, dessa forma, a característica de sócios de outra categoria, com outros direitos e deveres. A divisão também é manifesta quando a lei fala de "prejuízo aos demais acionistas" ou quando faz alusão a "investidores em valores mobiliários emitidos pela companhia".

Neste último caso, incluem-se obviamente os investidores em títulos de emissão da companhia (debêntures, conversíveis ou não).

DEFINIÇÃO LEGAL DE CONTROLE

A lei vigente traz uma expressa e clara definição de controlador, que dispensa os contorcionismos definitórios que com frequência se veem nos estudos acadêmicos. Assim, o art. 116 define controlador como aquele que é "titular de direitos de sócio que lhe assegurem, *de modo permanente*, a maioria dos votos nas deliberações da assembleia geral e o poder de eleger a maioria dos administradores da companhia".

A expressão "de modo permanente", contida na definição legal, quer significar que existe um acionista ou um grupo deles que, possuindo 50% mais uma das ações votantes, não poderão ser turbados ou destituídos do seu direito de eleger a maioria dos administradores e de conduzir a polí-

---

modalidades do poder, assim, tipificadas, hão de ser restritivamente interpretadas, para estrita aplicação da previsão legal. Mais ainda, temos como certo que só se deve considerar satisfeita, em cada caso, a conceituação de abuso de poder ante prova cabal, irrefutável, de exercício de atos, positivos, que nele importem, como definidos especificamente em lei, entre os quais não incluem aqueles que envolvem meras vantagens inerentes ao poder de direção de qualquer empresa. Sobretudo deve evitar-se que a repressão ao abuso de poder se torne, por sua vez, abusiva, resultando em inviabilidade do sistema econômico financeiro vigente, que não é o desejável, mas ainda é o preferível, com subversão de consequências imprevisíveis".

tica da companhia, por parte de qualquer outro grupo de acionistas. A permanência é, outrossim, assegurada nas companhias abertas, na medida em que não podem as ações de controle ser negociadas no mercado, ou seja, não podem incluir-se no *free floating* da Bolsa (art. 4º-A, § 2º).

E esse atributo de permanência do exercício do controle reveste a administração da companhia de estabilidade. Têm, assim, os controladores direitos e deveres permanentes absolutamente próprios, do que decorre assumirem os seus titulares responsabilidades também próprias, consoante estabelecido no presente artigo. O exercício desse poder-dever permanente reveste o controlador da qualidade de árbitro do bem comum, consubstanciado no interesse social que lhe cabe promover.

Desse modo, o controlador, pela sua situação de detentor da maioria absoluta das ações votantes, é o único responsável pela condução da companhia, devendo pautar o exercício do seu poder-dever de levar a sociedade ao cumprimento de suas finalidades, na estrita conformidade com o que preceitua o parágrafo único do art. 116, que institui o dever fiduciário.

DEVER FIDUCIÁRIO DO CONTROLADOR

O parágrafo único do art. 116 institui o dever fiduciário do controlador, cujo poder de governar autarquicamente a companhia corresponde ao dever de fazê-lo sempre visando à realização do seu objeto social, atendida a função social da empresa. Esse dever se estende à preservação dos direitos políticos e patrimoniais dos demais acionistas.

O dever fiduciário dos controladores, instituído no parágrafo único do art. 116, decorre da sua situação jurídica de poder dispor de bens alheios — os da companhia — como um proprietário. Tal posição jurídica decorre do poder de governar a sociedade autonomamente, sem o concurso, portanto, dos minoritários para a formação e a declaração da vontade social. Daí o caráter permanente do exercício do poder de controle[770].

A regra fundamental que decorre do parágrafo único do art. 116 é, portanto, que não poderão os controladores buscar os seus interesses pessoais na condução da companhia em detrimento dos interesses desta e de seus acionistas em geral.

---

770 Cf. Comparato e Calixto Salomão, *in verbis*: "O controle é, pois, o direito de dispor dos bens alheios como um proprietário. Controlar uma empresa significa poder dispor dos bens que lhe são destinados, de tal arte que o controlador se torna senhor de sua atividade econômica" (*O poder de controle na sociedade anônima*, 4. ed., Rio de Janeiro, Forense, p. 124).

Trata-se do dever de lealdade que constitui princípio normativo de ampla aplicação aos casos concretos e de fácil ajustamento às situações factuais de antijuridicidade, detectáveis, a todo o tempo, no exercício do controle societário.

E esse dever de lealdade, ínsito ao dever fiduciário do controlador, mede-se, sobretudo, pelo princípio da boa-fé objetiva (arts. 113 e 422 do Código Civil). E esse mesmo dever de lealdade embute o dever de diligência.

Assim, o princípio da boa-fé objetiva aplica-se sempre no exame da conduta do controlador. Consequentemente, não será o controlador responsável por erros na condução política da companhia (*policy maker*), desde que fique demonstrado ter agido com o devido cuidado e diligência.

Isto posto, a configuração ou não da responsabilidade do controlador verifica-se comparativamente, ou seja, se o controlador agiu com o mesmo cuidado e a mesma diligência que outro controlador prudente empregaria, em circunstâncias semelhantes[771 e 772].

COMPANHIAS COM CAPITAL DISPERSO NÃO TÊM CONTROLADOR

Como lembrado nos comentários ao art. 116, as companhias com ações dispersas (art. 137, II, *b*) não têm controlador, na medida em que os grupos de acionistas que logram eleger, por maioria simples, os administradores não suprem o requisito de permanência nessa sua capacidade eleitoral, que é caracteristicamente aleatória, circunstancial e episódica.

---

771 *Model Business Corporation Act*, cit., p. 254.

772 A CVM vem reiterando em suas decisões o requisito de permanência como caracterizador do controle societário.

Nesse sentido, o voto do relator, Diretor Luiz Antonio de Sampaio Campos: "Enfatiza-se que, nos termos da lei, para que se caracterize o acionista controlador, é necessário que o acionista reúna essas condições acima apontadas, cumulativamente, notadamente: (i) que seja titular de direitos de sócio que lhe assegurem, de modo permanente, a maioria dos votos nas deliberações da assembleia geral; (ii) detenha o poder de eleger a maioria dos administradores".

Colegiado da CVM, PAS CVM RJ 2001/9.686, Rel. Diretor Luiz Antonio de Sampaio Campos, j. em 12-8-2004, in Alfredo Lazzareschi Neto, *Lei das Sociedades por Ações anotada*, 3. ed., São Paulo, Saraiva, 2010, p. 180 e s. Ainda as decisões em idêntico sentido, Proc. CVM RJ 2005/4.069, Reg. n. 4.788/2005, Rel. Pedro Marcilio, j. em 11-4-2006, in Alfredo Lazzareschi Neto, *Lei*, cit., p. 180 e s. Ainda Colegiado da CVM, Proc. RJ 2009/0471, Reg. n. 6.357/2009, Rel. Diretor Otavio Yazbek, j. em 3-3-2009, in Alfredo Lazzareschi Neto, *Lei*, cit., p. 180 e s.

Não preenchem esses grupos minoritários, sujeitos à mobilidade característica do mercado, o requisito estabelecido na letra *a* do art. 116. Isso porque outros grupos minoritários poderão, a qualquer tempo, fazer prevalecer seu bloco para destituir os atuais administradores. Esse contínuo processo de instabilidade deve-se ao fato de que as ações que formam aleatoriamente os blocos minoritários nas companhias com capital disperso pertencem ao *free floating* da Bolsa, o que é vedado às ações de controle, consoante o referido art. 4º-A, § 2º.

Daí a falta de estabilidade na condução da companhia com capital disperso, sujeita, a todo o tempo, à tomada de comando por novos administradores eleitos por outros minoritários.

Assim, as companhias com capital disperso caracterizam-se pela impermanência de seu comando em decorrência da instabilidade de sua administração, a todo o tempo sujeita a ser substituída por iniciativa de outros grupos minoritários que se sobrepõem aos votos dos atuais, sucessivamente.

Do mesmo modo, quando os administradores logram obter número de votos suficientes para sua eleição nas companhias com capital disperso, o estado de impermanência e de instabilidade também se instala. Os grupos de acionistas minoritários que aleatoriamente os elegeram não estão entre si vinculados por acordo de controle que logre somar mais de 50% das ações votantes, para, assim, assegurar a estabilidade da administração (art. 116, *a*) no exercício de sua função de comando da companhia (*policy makers*).

NAS COMPANHIAS COM CAPITAL DISPERSO O COMANDO É DOS ADMINISTRADORES

Os administradores que diretamente comandarão a companhia com capital disperso (art. 137, II, *b*) são eleitos ou pelo acionamento da *proxy machinery* (art. 126 e Instrução CVM n. 481), ou pelos votos de um grupo minoritário de acionistas que consegue, aleatoriamente, aglutinar, em determinado momento, a maioria simples capaz de, circunstancialmente, impor-se em determinada assembleia aos demais grupos, também minoritários.

Diante de tal situação, o comando da sociedade passa, diretamente, para os seus órgãos administrativos, qual seja para o Conselho de Administração (*incumbent board*) e para os diretores estatutários (*incumbent management*).

O governo societário (*policy making*) nessas companhias com capital disperso será sempre dos administradores, independentemente de o percentual de dispersão do capital ser maior ou menor. Se a dispersão não for tão significativa, como ainda é o caso brasileiro, cabe a algum grupo de acionistas minoritários, aleatoriamente, eleger o *incumbent board* que irá governar a sociedade. Quando a dispersão vier a ser mais acentuada entre nós, caberá aos próprios administradores que comandam a companhia acionar a *proxy machinery*, diminuindo, assim, o papel de blocos minoritários na sua eleição ou recondução, a cada assembleia geral (art. 126 e Instrução CVM n. 481/2009). Em consequência, nas companhias com capital disperso a instituição do controle, tal como delineada pela Lei (art. 116).

NÃO EXISTE "CONTROLE MINORITÁRIO"

O poder de controle somente se configura, como referido, se for permanente (art. 116), ou seja, sem nenhuma dependência de outros acionistas para que seja exercido. O poder de controle é autônomo. Daí a razão por que se estabelece o poder-dever de controle somente quando um ou mais acionistas ostentam, ou então congregam, via acordo de controle (art. 118), a maioria absoluta do capital votante da companhia.

Não há, pois, em nosso regime legal a figura do chamado "controle minoritário", em face do direito expresso contido no art. 116.

NÃO EXISTE "CONTROLE GERENCIAL"

É absolutamente contrária à definição legal do controle (art. 116) a ideia de "controle gerencial", a significar que as companhias com ações dispersas continuariam a ter controlador que, no entanto, passaria para a esfera dos administradores. Trata-se de uma impropriedade jurídica manifesta, na medida em que a instituição do controlador (art. 116) somente se configura no âmbito dos acionistas e quando estes logram possuir, isoladamente ou em conjunto, a maioria absoluta do capital social votante, o que lhe dá permanente autonomia para estabelecer a política empresarial e eleger a maioria dos administradores, independentemente dos demais acionistas minoritários votantes.

Nas companhias com ações dispersas (art. 137, II, *b*) não existe a dualidade entre controlador e administrador, no sentido de que ao primeiro cabe direcionar a política da companhia (*policy maker*), seja na assembleia geral, seja nos órgãos da administração, inclusive com a utilização dos mecanismos propiciados pelos §§ 8º e 9º do art. 118 no caso de controle comum. Desaparece essa tensão e essa dialética entre o exercício do controle e a independência dos administradores.

Ademais, não se encontra nas companhias com capital disperso uma qualidade distinta de acionistas, uns controladores e outros minoritários. Inexiste essa dualidade. Formam todos uma comunidade de acionistas, sem nenhuma distinção entre eles.

ESTRUTURA DA *CORPORATION* DAS COMPANHIAS COM CAPITAL DISPERSO

Retorna-se, dessa forma, à estrutura de *corporation,* do diploma de 1940, fundada no princípio da igualdade de todos os acionistas e no exercício do governo da companhia pelos administradores. Desaparecem nas companhias com capital disperso (art. 137, II, *b*) a figura do controlador e a divisão dos acionistas em duas categorias: controladores e minoritários.

Restaura-se o conceito de interesse coletivo dos acionistas, típico das companhias com ações dispersas. Nelas há igualdade de todos os acionistas votantes e não votantes (preferencialistas) no tocante ao fundamental interesse de direção social, que passa a ser exercida autonomamente pelos administradores, com independência. Não mais existe uma categoria de acionistas que tem o domínio permanente dos órgãos de deliberação e de execução da companhia.

O comando da sociedade, que passa a ser atribuição dos administradores, origina-se da coletividade dos acionistas votantes, sem distinção alguma entre eles, na medida em que nenhum deles alcança agregar a maioria absoluta que lhe revestiria da qualidade e da responsabilidade de controladores. Quando há controlador, desfaz-se o regime de interesse coletivo.

NAS COMPANHIAS COM CAPITAL DISPERSO APLICA-SE O ART. 115

Nas companhias com capital disperso (art. 137, II, *b*) todos os acionistas votantes se encontram em posição de igualdade quanto às suas responsabilidades no caso de abuso do direito de voto (art. 115). Não há mais duas categorias de acionistas, próprias do regime de controle, marcado pelo conceito de interesses diferentes, conforme sejam controladores, de um lado, e minoritários, de outro. O interesse dos acionistas nas companhias com capital disperso é coletivo e idêntico para todos eles, que não mais buscam interesses próprios das suas respectivas categorias.

GOVERNO AUTÔNOMO DOS ADMINISTRADORES NAS COMPANHIAS COM CAPITAL DISPERSO

Prevalece inteiramente no caso das companhias com capital disperso (art. 137, II, *b*) o preceito de independência contido no art. 154, § 1º, na medida em que todos os administradores são eleitos por grupo ou grupos de acionistas minoritários e não mais por controladores, em maioria, e pelos minoritários, em minoria. O § 1º do art. 154 é expresso a respeito: "O administrador eleito por grupo de acionistas...". E nas companhias com capital disperso todos os administradores são eleitos por grupos de acionistas, todos eles igualmente minoritários. Donde a absoluta independência dos administradores, que comandam autonomamente a companhia (*policy makers*), cabendo-lhes toda a responsabilidade pela consecução do objeto estatutário e da preservação do interesse social, sem nenhuma referibilidade, vínculo e dependência jurídica com respeito aos grupos de acionistas que os conduziram a esse mesmo comando.

Em consequência, os administradores que comandam a companhia com ações dispersas (*incumbent board* e *incumbent management*) respondem pelos danos causados à companhia por atos praticados com a inobservância dos seus deveres fiduciários, de diligência, lealdade, ou quando agirem com desvio e abuso de poder e em conflito de interesse com a sociedade (arts. 153 a 158).

Não obstante, pelo regime de desdobramentos das responsabilidades, aplicam-se na configuração da conduta antissocial dos administradores que governam a sociedade com capital disperso os parâmetros enunciados neste art. 117.

Essa responsabilidade de comando autônomo dos administradores, com efeito, delineia-se claramente no preceito de abuso previsto no art. 245. Dessa forma, ao exercerem o comando da companhia, os administradores de companhias com capital disperso transcendem os deveres próprios do exercício da sua administração ao assumirem inteira e isoladamente a condução da política da companhia (*policy makers*) e, assim, o dever de fazer cumprir o seu objeto e salvaguardar o interesse social, bem como o da coletividade dos acionistas.

ABUSO DO DIREITO DE VOTO NAS COMPANHIAS COM CAPITAL DISPERSO — ART. 115

Formando uma comunidade uniforme quanto aos seus interesses e direitos no âmbito da companhia com ações dispersas (art. 137,

II, b), os seus acionistas são responsáveis pelo abuso do direito de voto, não se podendo mais cogitar, entre eles, de abuso do poder de controle. Este não mais existe, na medida em que desapareceu o acionista ou acionistas que possuam ou congreguem a maioria absoluta do capital votante, a qual lhes outorgaria o poder-dever permanente e, portanto, autônomo de controlar a companhia, vis-à-vis aos acionistas minoritários.

Em consequência, a comunidade dos acionistas das companhias com capital disperso sujeitam-se ao regime do abuso do direito de voto (art. 115), que é, obviamente, diverso daquele de abuso do poder de controle, reservado a esta específica categoria encontrada nas companhias com a maioria das ações votantes concentradas em mãos de um acionista ou de uma comunhão deles (art. 118).

Assim, todos os acionistas das companhias com capital disperso estão sujeitos a responder pelos danos eventualmente causados à companhia pelo exercício abusivo do voto em assembleia geral, ainda que seu voto não haja prevalecido (art. 115)[773].

ENTENDIMENTO DA CVM

Sobre a aplicação do art. 115 para os acionistas de companhia com capital disperso (art. 137, II, b), em face do inerente desaparecimento do acionista controlador, pronunciou-se a CVM, em julgamento de 11-4-2006, consoante o voto do Relator Pedro Marcilio: "Outro ponto importante desse primeiro requisito é a necessidade de permanência do poder. Em razão dele, vencer uma eleição ou preponderar em uma decisão não é suficiente. É necessário que esse acionista possa, juridicamente, fazer prevalecer sua vontade sempre que desejar (...). Por esse motivo, em uma companhia com ampla dispersão, ou que tenha um acionista titular de mais de 50% das ações, que seja omisso nas votações e orientações da companhia, aleatório acionista que consiga preponderar sempre, não está sujeito aos deveres e responsabilidades do acionista controlador, uma vez que prepondera por questões fáticas das assembleias não preenchendo o requisito da alínea a do art. 116, embora preencha o da alínea b. Esse acionista seria considerado, para determinação de sua responsabilidade, como um acionista normal, sujeito, portanto, ao regime do art. 115"[774].

---

773 V. comentários ao art. 115.

774 Proc. CVM RJ 2005/4.069, Reg. n. 4.788/2005, Rel. Pedro Marcilio, j. em 11-4-2006, in

Em consequência, os acionistas das companhias com capital disperso respondem pelo abuso do direito de voto, na medida em que todos eles, em igualdade, são responsáveis pelo seu exercício no interesse da companhia e da coletividade de acionistas. Assim, o exercício do direito de voto, dado aos integrantes da coletividade dos acionistas das companhias com capital disperso, deve sempre coincidir e atender ao interesse social.

Daí o dever de todo acionista das companhias de capital disperso de abster-se de votar em detrimento desse mesmo interesse social, causando danos à sociedade e aos demais participantes dessa coletividade igualitária de direitos e de deveres. Portanto, os acionistas das companhias com capital disperso são responsáveis pelos danos causados à companhia no exercício abusivo do voto no âmbito da assembleia geral. Aí se materializa a sua responsabilidade.

Aí também se restringe essa mesma responsabilidade, não respondendo em contra face com o disposto no § 1º do art. 154 — pela conduta e pelos atos contrários ao interesse social praticados pelos administradores que comandam a companhia (*policy makers*), ainda que estes tenham sido eleitos aleatoriamente com os seus votos em assembleia geral.

RESPONSABILIDADES DOS ACIONISTAS E DOS ADMINISTRADORES NAS COMPANHIAS COM CAPITAL DISPERSO

Há nas companhias com capital disperso (art. 137, II, *b*) nítida distinção de responsabilidades entre os acionistas que formam a sua coletividade votante e aquela dos administradores, que a comandam. Não se comunicam essas responsabilidades nem se apuram os danos com o mesmo critério.

Não se deve mais falar de acionistas minoritários, porque estes têm, todos, interesses idênticos na boa conduta dos que comandam a companhia, qual seja a de seus administradores. Nesse ponto, o interesse social nas companhias com capital disperso se confunde com o interesse comum dos sócios, que assim formam uma comunidade de interesses.

Em consequência, na forma e para os efeitos do preceituado no art. 115, todo e qualquer acionista da companhia com capital disperso deve exercer o seu voto de modo a respeitar o interesse social e a plena consecução do objetivo social. Por outro lado, quando o exercício do voto não

---

Alfredo Lazzareschi Neto, *Lei*, cit., p. 180 e s.

traduz o interesse da comunidade dos sócios nas companhias de capital disperso, configura-se o abuso do direito.

Será, no caso, o acionista responsabilizado não apenas quando a companhia com capital disperso sofre uma perda imediata ou continuada, mas também quando deixa de obter vantagem lícita, ou então quando do voto abusivo lhe advém um resultado menor do que seria obtido se outra fosse a manifestação deliberativa dos acionistas na assembleia geral.

Será igualmente responsabilizado o acionista de companhia de capital disperso quando o seu voto abusivo causar dano "a outros acionistas" na letra da lei (art. 115, *caput*). Será o caso, v. g., de lesão, por força do voto abusivo, ao direito a uma distribuição justa de dividendos à coletividade dos acionistas, além daqueles obrigatórios ou mínimos.

EFEITOS AGRAVADOS DO VOTO ABUSIVO NAS COMPANHIAS COM CAPITAL DISPERSO

Note-se, a propósito, que nas companhias com capital disperso (art. 137, II, *b*) o exercício abusivo do voto assume maior gravidade, na medida em que determinados grupos podem assumir aleatoriamente a maioria simples necessária para prevalecer em cada e em diferentes assembleias, em decorrência de eventual menor soma por parte de outros grupos ou da endêmica ausência dos acionistas desinteressados.

Não havendo mais a instituição do controlador (art. 116) nessas companhias, que faria prevalecer sempre a maioria absoluta dos seus votos no conclave, a preponderância, sempre aleatória, dos grupos nas sociedades com capital disperso é recorrente, dando, assim, oportunidade efetiva para o exercício abusivo do voto, na falta do contraponto das ações majoritárias dos controladores, que não mais existem.

NÍTIDA DISTINÇÃO DE RESPONSABILIDADES — ABUSO DE VOTO E ABUSO DE PODER DO CONTROLADOR

Divide-se a responsabilidade dos acionistas em duas esferas: (i) pelo exercício abusivo do voto dos acionistas minoritários nas companhias com controlador (art. 115) e dos acionistas em geral nas sociedades com capital disperso, portanto, sem controlador (também o art. 115); (ii) dos acionistas controladores pelo exercício abusivo do seu poder de controle, inclusive pelo voto (art. 116)[775].

---

775 José Augusto Pereira Zeka, *Revista*, cit., p. 16 e s.

A figura do abuso do poder engloba a do desvio de poder. Neles é que se insere o comportamento ilícito e o dano causado pelo controlador, na medida em que é ele titular de direito que lhe outorga poder, suscetível, por ato ilícito seu, de ser desviado ou abusivamente exercido.

O abuso de poder de controle resulta de decisões tomadas com a única finalidade de prejudicar a companhia, os demais acionistas ou uma categoria de acionistas para, assim, satisfazer os interesses pessoais[776].

Nesses casos, o controle é desviado de sua finalidade legítima, ou seja, a de regularmente procurar assegurar a acumulação do patrimônio social e a criação de valor da empresa. Em consequência, o abuso do poder de controle, que engloba a conduta de desvio de poder, caracteriza-se pela prática de uma infração no exercício da prerrogativa legal de controle[777].

ENUMERAÇÃO TAXATIVA OU EXEMPLIFICATIVA DO § 1º

Discute-se, desde o tempo do anteprojeto de 1975[778], se a enumeração constante do § 1º do artigo ora comentado é taxativa ou exemplificativa. É evidente que só se pode entendê-la como enunciativa[779].

A orientação da lei de 1976 foi sempre a de adotar padrões amplos (*standards*). Esse critério normativo permite ao juiz e às autoridades administrativas (CVM) incluir, nas enunciações que a lei traz, os atos lesivos efetivamente praticados pelos controladores.

Essa técnica, já adotada no *caput* do art. 115, que trata de abuso de direito de voto do minoritário, prevalece na interpretação do *caput*, § 1º e alíneas deste artigo, que trata do abuso do poder de controle[780].

Dessa forma, a conduta lesiva do controlador, v. g., na utilização de informações reservadas (*insider trading*) — art. 155 —, deve ser enqua-

---

776 Champaud, *Le pouvoir*, cit., p. 146.

777 A respeito do tema, Berr, *L'exercise du pouvoir*, cit., p. 272 e s.; Waldirio Bulgarelli, *A proteção das minorias na sociedade anônima*, São Paulo, Pioneira, 1977, p. 95 e s.

778 Fábio Comparato, Nem salvação nem desastre, *O Estado de S.Paulo*, 18 ago. 1976, e Conferência na ABRASCA; Darcy de Arruda Miranda Júnior, *Breves comentários*, cit., p. 171; André M. de Andrade, *Anotações à Lei das S.A.*, cit., p. 129.

779 Recurso Extraordinário n. 108.650-5, São Paulo, j. em 21-8-1987 (col. Nelson Eizirik, *Sociedades anônimas*, cit., p. 99): "A enumeração do § 1º do art. 117 é exemplificativa".

780 Os enunciados do art. 115 referem-se ao *caput* e não ao § 1º, que tipifica os quatro impedimentos. Estes, por se tratar de restrição ao exercício do direito de voto, são taxativos e não enunciativos, não podendo tal restrição legal, com efeito, ser interpretada extensivamente. *V.* comentários ao art. 115.

drada num dos enunciados contidos na presente norma[781].

Cabe à Comissão de Valores Mobiliários, no âmbito de suas atribuições regulamentares[782], permanentemente apontar os atos, práticas e condutas ilícitas dos controladores que se acrescentam às modalidades enunciadas na lei.

Assim, as antijuridicidades do § 1º deste artigo são *standards* que não logram, como tais, esgotar todas as práticas ilícitas, civis e administrativas, criadas pelos controladores no exercício abusivo do seu poder de controle.

Nesse sentido, pronunciou-se o Superior Tribunal de Justiça (REsp 798.264/SP, rel. para o acórdão a Min. Nancy Andrighi, j. em 6-2-2007): "O § 1º, do art. 227, da Lei das Sociedades Anônimas enumera as modalidades de exercício abusivo de poder pelo acionista controlador de forma apenas exemplificativa. Doutrina. A Lei das Sociedades Anônimas adotou padrões amplos no que tange aos atos caracterizadores de exercício abusivo de poder pelos acionistas controladores, porquanto esse critério normativo permite ao juiz e às autoridades administrativas, como à Comissão de Valores Mobiliários (CVM), incluir outros atos lesivos efetivamente praticados pelos controladores"[783].

Com o mesmo entendimento, manifestou-se o Colegiado da CVM, PAS CVN 27/99, Rel. Diretor Luiz Antonio de Sampaio Campos, j. em 12-8-2004: "Note-se que, apesar de o presente caso se enquadrar na hipótese prevista na alínea *f* do § 1º acima transcrito, todas as hipóteses tratadas são exemplificativas, sendo possível haver abuso de poder por parte do acionista controlador não elencado neste artigo"[784].

O caráter enunciativo e não taxativo (*numerus clausus*) das modalidades constantes do § 1º do presente artigo pode ser, desde logo, notado, pois todas elas são comissivas — nenhuma omissiva — não contemplando, assim, a observância do dever de diligência (art. 153), que é o próprio fundamento do exercício do poder de controle.

Nesse diapasão, há relevantes decisões do Colegiado da CVM, com base no art. 153. Assim, o Colegiado da CVM, Proc. RJ 2004/5.494, Reg. n. 4.483/2004, Rel. Diretor Wladimir Castelo Branco Castro, j. em 16-12-2004: "Diante disso, quando o controlador, em detrimento de tais interesses legalmente impostos, intencionalmente privilegia outros interesses, ou quando deliberadamente se omite em usar o seu poder no interesse da empresa e

---

781 V. comentários ao art. 155.

782 Art. 8º da Lei n. 6.385, de 1976.

783 Alfredo Lazzareschi Neto, *Lei*, cit., p. 192.

784 Alfredo Lazzareschi Neto, *Lei*, cit., p. 180 e s.

da comunidade, resta caracterizado o abuso de poder de controle, pelo que pode ele, nos termos do art. 117, *caput*, da Lei das S/A, ser responsabilizado". Também o PAS CVM n. RJ 2001/4.474, j. em 30-3-2005: "Caracterização do exercício abusivo de poder, conforme tipificado nas alíneas *a*, *c*, *f*, do parágrafo primeiro do art. 117, da Lei n. 6.404/76". Inobservância do dever de diligência, disposto no art. 153 da Lei n. 6.404/76: PAS CVM n. RJ 2001/4.474, j. em 30-3-2005, e o PAS CVM n. 03/96, j. em 8-7-2004[785].

ABUSO E DESVIO DE PODER

O fundamento da responsabilidade do controlador é a sua *conduta* na direção dos negócios sociais e empresariais.

Em primeiro lugar, deve o acionista, para incidir na responsabilidade, ser efetivamente o *controlador* da companhia, tal como definido no art. 116 da lei. Não se trata propriamente de matéria de prova, pois a posição do controlador da companhia torna-se evidente, ao se aplicarem os requisitos expressamente estabelecidos no art. 116.

Houvesse o diploma de 1976 incluído, no capítulo das responsabilidades do controlador, aquele que o exerce *externamente*, como o fez, v. g., a legislação alemã ou a regulamentação norte-americana, fundadas na situação de fato[786], aí, sim, a caracterização do controlador dependeria de prova, diante das inúmeras formas, não previsíveis em lei, que esse controle pode assumir.

Isto posto, estão excluídos da responsabilidade estabelecida no presente art. 117 os acionistas minoritários e os acionistas que formam a coletividade acionária nas companhias com capital disperso (art.137, II, *b*), que por não lograrem alcançar de maneira permanente a maioria absoluta do capital votante devem ser unicamente responsabilizados, na forma e para os efeitos do art. 115, por abuso do direito de voto[787].

ABUSO E DESVIO DE PODER — ABUSO DE DIREITO

O requisito necessário à configuração da responsabilidade do acionista que exerce o controle é o de que o ato tenha sido praticado com abuso de poder.

---

785 Alfredo Lazzareschi Neto, *Lei*, cit., p. 180 e s.

786 *V.* comentários ao art. 116.

787 *V.* decisão, a respeito, da CVM, in Proc. CVM RJ 2005/4.069, Reg. n. 4.788/2005, Rel. Pedro Marcilio, j. em 11-4-2006, in Alfredo Lazzareschi Neto, *Lei*, cit., p. 180 e s. *V.* comentários ao art. 115.

Trata-se evidentemente de matéria de constante caracterização legal, cabendo ao Judiciário e à CVM identificar e declarar as formas de abuso, tendo como referência os padrões enunciados no § 1º deste artigo.

Tanto o *abuso de poder* (*abus de pouvoir; fraud on the minority*) como o *desvio de poder* (*detournement de pouvoir*), bem como, ainda, o *abuso de direito (art. 115)* — *abus de droit* —, são conceitos mais recentes no campo do Direito Privado, não sendo, consequentemente, matéria pacífica na doutrina.

As três espécies de antijuridicidade, transpostas do direito público, têm como fundamento a *conduta* do agente.

O *abuso de direito (art. 115)* dar-se-á quando alguém, no exercício ou no uso de seus direitos subjetivos, desvirtue, sem um motivo legítimo ou com inobservância do princípio de boa-fé (arts. 113 e 422 do Código Civil), a finalidade econômica ou social do instituto jurídico de que deriva o seu direito[788]. Cabe ao agente indenizar os prejudicados, sejam pessoas, seja a própria comunidade[789].

O *desvio de poder,* abrangido pelo presente artigo, ocorrerá quando o agente, embora observando as formalidades e não cometendo violação alguma expressa em lei, exerce o seu poder com uma finalidade diversa daquela para a qual lhe foi conferida essa prerrogativa[790]. Trata-se, com efeito, de figura trazida do Direito Público[791].

Entende-se configurado o *abuso de poder* quando o agente não exerce com moderação a prerrogativa que lhe é legalmente atribuída, fazendo-o contrariamente ao interesse de terceiros e com o objetivo de causar-lhes danos, seja cerceando-lhes o exercício de seus direitos, seja visando a alcançar, com o abuso, enriquecimento ilícito ou vantagem sem justa causa[792].

---

788 A propósito, *v.* TJRJ, 2ª Câm. Cív., AC 5.704/92, Rel. Des. Lindberg Montenegro, j. em 18-5-1993. *V.*, também, a decisão do STJ no REsp 10.836/SP, Rel. Min. Claúdio Santos, *DJU*, 23 mar. 1992.

789 Definição de L. Rodriguez-Arias, *El abuso del derecho*, p. 175.

790 Dominique Schmidt, *Les droits de la minorité*, cit., p. 100 e 234.

791 Entre nós, a lei que regula a ação popular enumera como uma das formas de ilegalidade a lesividade suscetível daquele remédio judicial, o *desvio de finalidade*, que é sinônimo de *desvio de poder* (Lei n. 4.717/65, art. 2º, *e*).

792 RE 113.446-RJ, j. em 14-10-1988 (col. Nelson Eizirik, *Sociedades anônimas*, cit., p. 113): "O abuso de direito, conceito que sofreu severa crítica de Planiol, objeto de divergência na doutrina quanto a sua conceituação, sedimentou-se em duas modalidades: desvio de finalidade do direito no exercício do mesmo, que por isso seria anormal ou irregular (Saleilles e Josserand), ou então o denominado ato emulativo, isto é, exer-

CARACTERIZAÇÃO DO ABUSO DO PODER DE CONTROLE

A antijuridicidade do abuso do poder engloba o desvio de poder, sendo uma forma abrangente desta última conduta antijurídica. É no abuso do poder que se insere o comportamento ilícito e danoso do controlador. É ele titular de um poder suscetível, por ato ilícito seu, de ser desviado ou abusivamente exercido.

O abuso de poder de controle resulta da causa ilegítima de decisões tomadas com a única finalidade de prejudicar os acionistas minoritários ou para satisfazer os interesses exclusivamente pessoais dele controlador[793]. Nessa hipótese, o controle é desviado de sua finalidade legítima, ou seja, assegurar a acumulação do patrimônio social e a criação de valor empresarial. Em consequência, o abuso do poder de controle, que engloba o desvio de poder, caracteriza-se pela prática de uma infração no exercício da prerrogativa legal de controle[794].

O controlador, como categoria diferenciada de acionista, tem deveres legais de caráter institucional e contratual que deve prioritariamente satisfazer, como órgão social que é, encarregado da condução da política da sociedade para a consecução de seu fim e o atendimento do interesse social (arts. 116 e 118)[795].

---

cício do direito com a única ou principal finalidade de causar prejuízo a outrem, sem vantagem patrimonial ou com vantagem irrelevante para o titular (Capitant, De Ruggiero, Porcherot, Noto-sardegna). A jurisprudência entre nós se fixou de preferência no sentido emulativo, não se espraiando para o campo mais amplo do exercício irregular do direito. Mas a Lei das Sociedades Anônimas (Lei n. 6.404, de 1976) prevê as duas formas de abuso de direito. Todavia, ambas constituem ato ilícito, fonte de responsabilidade civil, que tem por pressuposto dano certo...".

793 Champaud, *Le pouvoir*, cit., p. 146.

794 A respeito do tema, Berr, *L'exercice du pouvoir*, cit., p. 272 e s.; Waldirio Bulgarelli, *A proteção das minorias na sociedade anônima*, São Paulo, Pioneira, 1977, p. 95 e s.

795 Sobre o conceito de abuso de poder de controle, o RE 13.446-RJ, j. em 14-10-1988 (col. Nelson Eizirik, *Sociedades anônimas*, cit., p. 113): "Que é abuso de poder de controle? A lei não o define. Seu conceito é um tanto difuso na doutrina. Modesto Carvalhosa, fundado em Champaud, assim se pronuncia: 'O abuso de poder de controle resulta da causa ilegítima de decisões tomadas com a única finalidade de prejudicar uma categoria de acionistas ou para satisfazer os interesses exclusivamente pessoais de alguns deles. Nessa hipótese, o controle é desviado de suas finalidades legítimas que são de assegurar a acumulação do patrimônio social e a prosperidade da empresa' (in *Comentários à Lei das Sociedades Anônimas*, 4º v., p. 134). Adotando-se esta opinião, bastante razoável, o abuso de poder se traduziria em uma causa ilegítima dos atos praticados, com algumas dessas finalidades: a) prejudicar uma categoria de acionistas; b) satisfazer exclusivamente interesses pessoais de alguns deles".

Assim, o uso regular do poder de controle não é questionável, mesmo que o seu resultado econômico seja a involuntária destruição de valor empresarial, em vista da condução ineficiente ou improdutiva dos negócios e atividades da companhia.

Assim, o uso de poder somente será abusivo se o controlador não atender ao interesse social, e sim ao seu próprio interesse[796], do que resulta dano atual, continuado ou permanente para a companhia e para os acionistas minoritários, bem como para as pessoas que com ela contratam (*stakeholders*) e, ainda, para a comunidade em que atua (art. 116).

Isto posto, três são os elementos caracterizadores da conduta abusiva do controlador, cominada pela Lei Societária: primeiro, o exercício efetivo do poder-dever de controle; segundo, a antijuridicidade (ilicitude desse exercício); terceiro, o prejuízo que daí decorre para a companhia, seus acionistas minoritários e demais pessoas, entidades e comunidade referidas[797 e 798].

Daí, para a configuração da conduta abusiva do controlador, deve ele acarretar prejuízo real, concreto e atual (causação de prejuízo) à sociedade e a seus acionistas minoritários. Sem verificação do dano não se caracteriza o abuso de poder indenizável e sancionável, no plano civil e no administrativo.

Assim, para a reparação e a sanção é necessária a certeza material do dano e o nexo causal entre a conduta abusiva e o prejuízo.

Portanto, para a configuração do abuso, deve ficar demonstrada a ocorrência do dano vinculado por relação causal a determinada conduta — isolada ou continuada — do controlador. Ou seja, é necessário que exista a conduta antijurídica e a relação causal entre essa mesma conduta e o dano causado[799].

Ademais, essa causalidade deve ser adequada, ou seja, representar o fator principal do dano e não apenas um componente paralelo ou não relevante deste[800].

---

796 Dominique Schmidt, *Les droits de la minorité*, cit., p. 149.

797 *Vide* nota de rodapé n. 795.

798 Sobre os deveres de fiduciário dos interesses sociais e individuais que cabem ao controlador, Henn, *Handbook*, cit., p. 475 e s., 537, 702 e 716.

799 René Demogue, *Traité des obligations en général*, Paris, 1924, v. IV, p. 366.

800 Viney Geneviève, *Traité de droit civil*: les obligations: la responsabilité, Paris, Dalloz, 1982, p. 420; Caio Mário da Silva Pereira, *Responsabilidade civil*, Rio de Janeiro, Forense, 1992, p. 75.

Assim, a causação do dano deve ser, preponderantemente, a conduta do controlador. Sem esse nexo principal, ou seja, quando ocorrem outros fatores que produzem o mesmo fato danoso, deve-se verificar se a conduta foi o principal fator a acarretar o dano. Ou, em outras palavras, o nexo somente existe quando o dano não não teria ocorrido se não tivesse havido a conduta abusiva do controlador. Essa conduta antijurídica deve ser a causa principal, embora possa não ser a única a causar o dano.

DESNECESSIDADE DE PROVA DA INTENÇÃO

Tal como no abuso de direito de voto (art. 115)[801], também o abuso de poder de controle não deve ser psicologicamente perquirido, na medida em que dificilmente se pode configurar, na espécie, a intenção subjetiva do agente. Trata-se, com efeito, de prova diabólica, cuja exigência, como requisito para configurar a infração, seria um obstáculo aos objetivos colimados pela lei.

O abuso do poder de controle inscreve-se nos atos ilícitos previstos no art. 187 do Código Civil: "Também comete ato ilícito o titular de um direito que, ao exercê-lo, excede manifestamente os limites impostos pelo seu fim econômico ou social, pela boa-fé ou pelos bons costumes".

Deve-se, em consequência, abandonar o requisito do intuito para deter-se no exame objetivo da conduta, indagando se é prejudicial ao interesse social, comparando-se com padrões de comportamento geralmente aceitos em situações semelhantes.

Desse modo, o ato abusivo constituir-se-á num ilícito, por não corresponder ao regular exercício dos deveres fiduciários atribuídos pela lei aos controladores (art. 116). Na análise objetiva do cumprimento desse dever não pode contar a intenção ou não do controlador de causar dano à companhia e a seus acionistas minoritários.

Não cabe saber o grau do interesse (comissivo) ou desinteresse (omissivo) que causou a conduta do controlador. Cabe, apenas, indagar se ela causou ou não dano. O que deve ser considerado é tão somente a relação direta da conduta antijurídica do controlador com o dano concreto e atual causado à companhia e aos demais acionistas. Agora, no capítulo da ética, não se pode levar em consideração se a conduta do controlador foi interessada ou desinteressada, ou seja, se agiu com boa-fé subjetiva ou não.

---

801 V. comentários ao art. 115.

A propósito, em matéria societária não se pode falar em conduta desinteressada, na medida em que os acionistas sempre agem interessadamente, no sentido de, legitimamente, obter o melhor resultado econômico para si das atividades da companhia.

Não cabe, por isso, confundir o dever fiduciário, próprio do controlador, com o desprendimento absoluto de seus interesses como acionista, na busca do retorno do seu investimento. O que se pode dele exigir é que a sua conduta beneficie igualmente a todos os acionistas e não a si próprio, em detrimento da companhia e dos minoritários.

Reitere-se, portanto, que está fora de cogitação o elemento psicológico da conduta (boa-fé subjetiva). O que pesa na configuração do abuso de poder de controle é o benefício material ou imaterial obtido pelo controlador como resultado do prejuízo que causa à companhia, em virtude de sua específica ou continuada conduta, afetando, consequentemente, os acionistas minoritários. A relação há de ser direta, objetiva, concreta, atual, material (patrimônio) ou imaterial (concorrência, uso de marcas e patentes, tecnologia, dano moral etc.).

Na constituição da prova do dano material efetivo, ainda que a intenção dolosa possa transparecer naturalmente, deverão o juiz e as autoridades administrativas ter, objetivamente, como critério sancionatório, o elemento comparativo (boa-fé objetiva)[802].

Trata-se, com efeito, de matéria de ordem pública, em que as considerações de ordem moral da conduta não devem prevalecer ou mesmo subsidiar no convencimento da existência do dano jurídico. A prova da intenção de lesar não se presta à reparação material do dano sofrido pela companhia e pelos acionistas minoritários, em decorrência dos atos irregulares praticados pelo controlador e consequente quebra do seu dever fiduciário.

Consequentemente, o elemento intencional do ato ou do fato atribuído ao controlador não pode sobrepor-se ao elemento objetivo, material, consistente no prejuízo efetivo sofrido, direta ou indiretamente, pela companhia e seus acionistas minoritários.

Por outro lado, o acionista sempre corre o risco de sofrer efeitos patrimoniais de uma errônea condução societária e de uma defeituosa política empresarial por parte do controlador. Nesse caso, não pode o acionista responsabilizar o controlador por uma decisão lícita que lhe acarrete um

---

802 V. comentários ao art. 158.

prejuízo econômico, senão demonstrar que lhe foi causada pela conduta ilícita ou prática de atos ilícitos[803].

Isto posto, o risco do acionista é econômico. Nunca pode ser jurídico. Não há risco jurídico. Este somente pode advir de ato ilícito do controlador.

A lei estabelece padrões objetivos que apontam para a caracterização da conduta lesiva do controlador. Para tanto, basta que seja caracterizada como ilícita a sua conduta.

Reitere-se. Se a configuração do abuso do poder dependesse da perquirição psicológica do juiz ou da autoridade administrativa sancionadora, com base nos Princípios Gerais de Direito ou de outras fontes de interpretação, a intenção dolosa seria elemento fundamental para a decretação do ressarcimento do dano. No caso do abuso do poder de controle, a prova do dolo não aproveita, não obstante fundamental para outras esferas de punição, como a penal.

AUTONOMIA DA DECISÃO EMPRESARIAL — *BUSINESS JUDGEMENT RULE*

A autoridade judiciária, arbitral ou administrativa (CVM) não pode reexaminar o mérito das decisões adotadas pelo acionista controlador e pelos seus administradores na condução dos negócios sociais. Trata-se da regra da autonomia da decisão empresarial (*business judgement rule*). Há, portanto, autonomia e liberdade quando se trata de decisão empresarial, a cargo de seus controladores. Essa autonomia encontra seu limite no exercício regular do controle. Não há liberdade para o uso irregular do atributo de mando e que cause dano à companhia e a seus acionistas minoritários.

Isto posto, o poder-dever de controle se exerce de acordo com a regra da livre decisão empresarial. Assim, será exercício regular do poder de controle levar a companhia a otimizar as perspectivas de resultados. Não se admite, em consequência, a intervenção dos tribunais e dos entes regulatórios para substituírem-se ao juízo de risco que cabe unicamente ao controlador. Daí o consagrado princípio do Direito norte-americano: *"A court will not substitute its own notions of what is or is not sound business judgment"*[804].

---

803 Dominique Schmidt, *Les droits de la minorité*, cit., p. 170.

804 Sinclair Oil Corp. V. Levn, 280 A 2d 717, 720. Aronson V. Leis, 473, a 2d, p. 805, 812.

A regra adotada pela Corte de Delaware, hoje universalmente acolhida, é que os entes judicantes não podem envolver-se no mérito de decisões de juízo de negócios *(business decisions)*, uma vez que tais decisões são consideradas matérias cuja competência para decidi-las cabe precisamente aos que legitimamente governam a companhia, tendo em vista sua capacitação e o conhecimento privilegiado do *business* empresarial[805].

Assim, as razões negociais legítimas e racionais tomadas pelo controlador na condução da política da companhia *(sound business judgment)* não podem ser objeto de juízo de valor, questionadas, reformadas, alteradas, suprimidas ou acrescentadas pelos entes judicantes, judiciais, arbitrais, ou administrativos (CVM).

O pressuposto é que, ao proceder ou decidir em determinado sentido empresarial, o controlador agiu no melhor interesse da companhia *(the honest belief that the action taken was in the best interests of the company)*. Não pode, assim, o poder judicante substituir-se na esfera decisória legítima que se reconhece ao controlador, dentro da regra de livre decisão empresarial *(business judgment rule)*.

Essa autonomia de decisão da política empresarial por parte do controlador somente pode ser arguida quando há quebra do seu dever fiduciário, que se desdobra na estrita observância do dever de lealdade, de diligência e de inexistência de conflito de interesses[806].

Assim, somente quando evidenciada a prevalência de outro direcionamento que não o do interesse da companhia e de seus acionistas minoritários, violando a lei, o estatuto, e de que resulte efetivo prejuízo para ambos, direta ou indiretamente, cabe adentrar no mérito dos atos ou da conduta do controlador.

O pressuposto é o da autonomia do juízo de negócios, que a lei atribui autonomamente ao controlador (art. 116, *caput*). Somente quando houver quebra do dever fiduciário (art. 116, parágrafo único) é que o Poder Judiciário, arbitral ou administrativo (CVM), pode adentrar no mérito *(intrinsic fairness)* da conduta do controlador.

---

805 Re The Walt Disney Company Derivative Litigation — 2005. WL 2056651. Del. Ch. 906, A.2d 755, 67.Também in Re The Walt Disney Company Derivative Litigation 825 A 2d 275, Del. Ch. 2003. In William T. Allen, Reinier Kraakman, Guhan Subramanian, *Commentaries and Cases on the Law of Business Organization*, 2d, Wolters Kluwer, 2007, p. 327 e s.

806 PAS CVM RJ 2005, Rel. Diretora Maria Helena de Santana, j. em 15-3-2007.

OBRIGAÇÃO LEGAL DE MEIO E NÃO DE FIM — DEVER DE DILIGÊNCIA

O poder-dever de controle, como referido, consiste na capacidade legal do seu titular de conduzir a política da companhia, visando ao cumprimento do seu objeto social (parágrafo único do art. 116). Para tanto, deve o controlador agir com diligência na condução da política por ele adotada para a companhia. E esse dever é enfocado como um padrão geral de conduta, um *standard of care* amplo e flexível, capaz de abranger variadas situações.

Tem o dever de diligência o sentido de cuidado ativo, zelo, aplicação aos misteres, no caso, próprios do exercício do controle. Representa, pois, conceito abstrato que não implica um comportamento determinado, mas um padrão de comportamento, que é referido no art. 153.

Desse modo, o dever de diligência expressa-se normativamente pela figura do controlador ativo e probo, que deve dispensar aos negócios societários o mesmo cuidado que dispensaria na condução dos próprios interesses. Daí o caráter fiduciário do poder-dever de diligência, próprio do exercício do controle (parágrafo único do art. 116).

Isto posto, deve ser ressaltado que a esse padrão de conduta diligente corresponde uma obrigação de meio e não de resultado. Assim, se o controlador agiu leal e diligentemente, sem abuso ou desvio de poder, cumprindo estritamente as obrigações legais e estatutárias, não lhe é imputável responsabilidade pelo fato de não ter logrado criar valor para a companhia.

O dever de diligência abrange a conduta comissiva e a omissiva do controlador, muito embora o presente artigo não enuncie padrões de omissividade. Esta se caracteriza pelo desinteresse do controlador em agir quando o objeto social e as condições da companhia determinam que assim o faça. Trata-se de típica conduta de meio que não foi diligenciada pelo controlador e, via de consequência, não foi executada pelos administradores (art. 153)

Posto isso, é pacífica em nosso Direito a distinção entre obrigação de meio e obrigação de resultado. Obrigação de meio é aquela cujo conteúdo consiste na atividade ou no comportamento (conduta) do devedor da obrigação, dirigido a determinado resultado almejado, resultado esse, no entanto, que não está compreendido no vínculo obrigacional, legal ou convencional.

Distingue-se (a obrigação de meio) da obrigação de resultado. Nesta a prestação consiste em um resultado certo e determinado, a ser produzido pelo devedor da obrigação.

Assim, a inexecução de obrigações de meio caracteriza-se pelo desvio de certa conduta ou na omissão do exercício de certa atividade a que o devedor da obrigação se comprometeu. Já nas obrigações de resultado, a inexecução está na falta de produção do resultado final prometido. Nesta, a ausência do resultado caracteriza o inadimplemento da obrigação[807].

Feita a distinção, é inconteste que o dever de diligência legalmente atribuído ao controlador (art. 116, parágrafo único) configura uma obrigação de meio. Esta é representada por conduta mantida dentro dos padrões razoáveis de diligência, independentemente dos resultados que possa vir a alcançar.

Não é o controlador responsável por erros de decisão ao definir e imprimir a política empresarial da companhia (*policy making*), ao ficar demonstrado ter agido com o devido cuidado e diligência. Daí por que os controladores não podem ser responsabilizados pelos insucessos da companhia, desde que sua conduta regular tenha seguido os padrões de negócios geralmente adotados no setor em que opera.

Desse modo, não responde o controlador pelo resultado de sua condução à frente da companhia quando regularmente exercitada. Essa questão é relevante, pois há uma tendência de arguir a responsabilidade dos controladores pelo insucesso econômico da companhia, decorrente da adoção de política de investimentos e de distribuição de resultado por ele adotada, ou ainda por erro de avaliação setorial, mercadológica, conjuntural.

Portanto, ainda que o controlador tenha, em virtude de regular conduta sua, destruído valor da companhia, em decorrência de determinada política negocial escolhida, não pode ser por ela responsabilizado. A responsabilização do controlador pressupõe a quebra de seu dever fiduciário (parágrafo único do art. 116), não podendo ser invocado o mérito ou o resultado das decisões de política empresarial regularmente adotadas para responsabilizá-lo.

---

807 Caio Mário da Silva Pereira: "Nas obrigações de resultado, a execução considera-se atingida quando o devedor cumpre o objetivo final, nas de meio, a inexecução caracteriza-se pelo desvio de certa conduta ou omissão de certas precauções, a que alguém se comprometeu sem se cogitar do resultado final" (*Instituições de direito civil*, Rio de Janeiro, Forense, 1966, p. 48). Essa distinção entre obrigação de meio e obrigação de resultado tem sido reconhecida pela nossa jurisprudência, como se vê da seguinte decisão do Tribunal de Justiça de São Paulo: "A obrigação que o advogado assume para com o cliente é uma obrigação de meio e não uma obrigação de resultado. Se agiu corretamente, com diligência normal, na demanda, tem direito a honorários, ainda que não obtenha êxito" (5ª Câm. Civ., AC 148-419, Rel. Des. Rodrigues de Alckmin).

DANO COMO REQUISITO PARA A RESPONSABILIZAÇÃO DO CONTROLADOR

Para a responsabilização do controlador por ato ilícito (arts. 186 e 187 do Código Civil) exige-se a prova do dano efetivo, patrimonialmente ressarcível, razão por que deve a lesão ser concreta e atual (art. 389 do Código Civil), e não eventual, possível, hipotética ou futura. Dessa forma, mesmo que o controlador tenha agido dentro de uma das modalidades, enunciadas ou assemelhadas, configuradoras do abuso de poder (art. 11 da Lei n. 3.865, de 1976) se não houve dano concreto, não será ele responsabilizado[808]. O dano, portanto, deve ser provado[809].

Aos interessados cabe a prova dos prejuízos resultantes dessa conduta abusiva do controlador. A prova deve ser objetiva e versar sobre a atualidade do dano e o nexo com o desvio do exercício do poder de controle. Quanto a este último requisito, os atos e negócios levados a efeito pelo controlador devem ajustar-se ou assemelhar-se a um dos padrões gerais de antijuridicidade enunciados na lei e nas instruções da CVM (art. 11 da Lei n. 6.385, de 1976).

Assim, para a caracterização do abuso do poder por parte do controlador, contam três requisitos indispensáveis: (i) o exercício efetivo do poder de controle; (ii) a antijuridicidade de determinada conduta ou de atos e negócios jurídicos praticados no curso desse exercício; e (iii) o prejuízo dele decorrente. A conjugação desses elementos é confirmada pelo Colegiado da CVM, PAS CVM 23/99, Rel. Diretor Joubert Rovai, j. em 26-10-2000[810].

A propósito, decidiu o STJ, como precedente, que a configuração do dano dispensa a prova da intenção subjetiva do acionista controlador em prejudicar a companhia ou os seus acionistas minoritários. Deve, contudo, ser provado o dano[811].

---

808 Nesse sentido, TJRJ, 14ª Câm. Cív., AC 2001.001-10-401, Rel. Des. Mauro Fonseca Pinto Nogueira, j. em 28-8-2001.

809 EI 29.481-1-SP, j. em 12-3-1985. "Nessa modalidade de responsabilidade, exige-se a prova do abuso de poder e da ocorrência do dano efetivo, concreto e atual, patrimonialmente ressarcível... O princípio essencial da responsabilidade civil, por sinal, funda-se na existência do prejuízo, que constitui o pressuposto indefectível da ação de indenização, na expressão do inolvidável Waldemar Ferreira"; e o REsp 10.836-SP, j. em 4-2-1992: "Para a caracterização do abuso de poder de que tratam os arts. 115 e 117 da lei das sociedades por ações é indispensável a prova do dano" (col. Nelson Eizirik, *Sociedades anônimas*, cit., p. 89 e 157).

810 In Alfredo Lazzareschi Neto, *Lei*, cit., p. 188.

811 STJ, REsp 798.264/SP, rel. para o acórdão Min. Nancy Andrighi, j. em 6-2-2007. No

O requisito da prova do dano é também ressaltado pelo Tribunal de Justiça do Rio de Janeiro: "Em se tratando de ação de perdas e danos, cabia ao autor provar que sofreu um prejuízo em razão do alegado abuso de poder que os réus teriam praticado, a teor do art. 117 da Lei n. 6.404/76"[812]. E ainda o Tribunal de Justiça do Rio de Janeiro aprofundou esse entendimento, no âmbito de sociedade controlada, em julgado de 2001: "Dano. Prova. Ausência. Se o negócio concretizado pelo acionista controlador não causou dano algum aos acionistas minoritários integrantes das sociedades controladas, não há o que indenizar, pois a prova da existência do dano efetivo constitui pressuposto ao acolhimento da ação indenizatória. Dessa forma, ainda que o controlador tenha agido com abuso de poder, se não houve dano concreto, não será ele responsabilizado. Sentença reformada"[813].

O dano é toda e qualquer perda ou diminuição ou subtração de um bem jurídico[814]. E na lição de Agostinho Alvim: "O termo dano, em sentido amplo, vem a ser a lesão de qualquer bem jurídico, e aí se inclui o dano moral; mas, em sentido estrito, dano é a lesão do patrimônio: e patrimônio é o conjunto das relações jurídicas de uma pessoa, apreciáveis em dinheiro"[815].

E essa diminuição há de ser efetiva e contemporânea à infração que a provocou, consistindo na diferença entre o valor atual do patrimônio do credor da obrigação e aquele que teria ou poderia vir a ter (lucros cessantes) se a obrigação fosse cumprida perante a companhia e seus acionistas minoritários (ressarcimento civil). Ou então na lesão ao bem jurídico representado pelas relações próprias do mercado de valores mobiliários (multa por lesão ao interesse coletivo)[816].

De qualquer forma, mesmo que o controlador tenha agido dentro de uma das modalidades previstas como abuso ou desvio de poder, se não houve dano concreto, atual, mensurável no plano da responsabilidade civil, não será ele responsabilizado, seja no plano privado, seja no público (mercado

---

mesmo sentido, STJ, REsp 10.836/SP, Rel. Min. Claudio Santos, *DJU*, 23-3-1992, in Alfredo Lazzareschi Neto, *Lei*, cit., p. 188.

812 TJRJ, 2ª Câm., Acórdão 5.740/92, Rel. Des. Lindberg Montenegro, j. em 18-5-1993.

813 TJRJ, 14ª Câm., AC 2001.001-10-401, Rel. Des. Mauro Fonseca Pinto Nogueira, j. em 28-8-2001, in Alfredo Lazzareschi Neto, *Lei*, cit., p. 188.

814 Magnífico estudo do Prof. Yussef Said Cahali, in *Enciclopédia Saraiva do Direito*, v. 22, p. 204 e s.

815 *Da inexecução das obrigações e suas consequências*, 3. ed., Rio de Janeiro, Ed. Jurídica e Universitária, 1975, p. 171.

816 Chironi, *Colpa contratuale*, cit., 3. ed., p. 249.

de capitais)[817]. A relação de causa e efeito é pressuposto da responsabilidade civil. O dano, portanto, deve ser provado[818].

Desse modo, o dano ou prejuízo resulta do abuso ou desvio de poder do controlador (arts. 117 e 187 do Código Civil), que é a sua causa. A responsabilização do controlador não pode, em nenhuma hipótese, prescindir do evento dano. Dessa maneira, o dano ou prejuízo é o efeito da lesão, de que resulta a responsabilidade pela reparação civil ou administrativa.

O dano acarreta um desequilíbrio nas relações privadas (companhia e acionistas minoritários) e coletivas (mercado de valores mobiliários) que demanda sua reparação. Esta se traduz na obrigação de indenizar pelas perdas e danos no âmbito privado e pelo pagamento da multa no setor público (CVM).

Assim, o dano é diretamente patrimonial no âmbito das relações societárias, e também dano social no que se refere ao mercado. No plano patrimonial, o dano é emergente quando se trata de perdas já ocorridas, projetando-se no futuro, quando se trata de lucros cessantes.

Cabe, a respeito, verificar que no regime societário o *lucrum cessans* não é apenas um lucro de que a companhia e os seus acionistas já foram privados. Não se trata de um valor apurado que ambos deixaram de lucrar, o que representa um dano atual já consumado. No campo societário, o lucro cessante projeta-se para o futuro. O acionista foi privado do lucro, tanto no presente como no futuro, dada a natureza dinâmica das relações societárias, que são sequentemente marcadas pela apuração de resultados a cada exercício social e, assim, formam uma cadeia de interesses que se acumulam no tempo.

A ilicitude da conduta do controlador projeta-se nos exercícios sociais futuros, notadamente quando se trata de perdas patrimoniais que afetam o resultado, ou seja, a lucratividade da companhia, e daí os dividendos, que seriam outros, não fosse a perda patrimonial ocorrida. A companhia e os acionistas não somente foram privados do lucro, mas continuarão sendo privados dele no futuro.

O conceito preciso da projeção futura dos lucros que não são apenas cessantes (presente) encontra-se no § 252, al. 2ª, do BGB, que declara frustrado "o lucro que certas possibilidades induzissem a esperar, atenden-

---

817 Nesse sentido, TJRJ, 14ª Câm. Cív., AC 2001.001-10-401, Rel. Des. Mauro Fonseca Pinto Nogueira, j. em 28-8-2001.

818 *Vide* nota de rodapé n. 809.

do ao curso normal dos acontecimentos ou às especiais circunstâncias do caso concreto e particularmente às providências e medidas postas em prática"[819].

Portanto, os lucros cessantes, representados pela diminuição dos resultados da companhia e da consequente distribuição de dividendos aos seus acionistas, não demandam o critério da certeza, pois outros fatores além do dano poderão afetá-los no futuro.

Como ensina Cahali, fundado em Aguiar Dias, a mera possibilidade não basta, mas também não se exige uma certeza absoluta: "o critério acertado está em condicionar o lucro cessante a uma probabilidade objetiva, resultante do desenvolvimento normal dos acontecimentos conjugados às circunstâncias peculiares ao caso concreto"[820]. É o caso típico do efeito danoso que se projeta no resultado financeiro da companhia e nos dividendos futuros dos acionistas.

Os lucros cessantes e sua distribuição (dividendos) enquadram-se, assim, na categoria clássica do dano, ao mesmo tempo atual e futuro. E ainda como leciona Giorgi, "non ancora verificato, ma certo nella sua esistenza futura, o di certezza assoluta, o di certezza relativa al fatto speciale e concreto"[821].

Dessa forma, o dano é positivo e emergente quando afeta o patrimônio social e presente e também futuro quando suprime ou diminui a oportunidade da apuração do lucro e de sua distribuição, em sequência anual, aos acionistas. O dano emergente advém do objeto destruído e corresponde ao prejuízo que o evento produziu. Já os lucros cessantes correspondem aos frutos que o objeto produziria para o futuro, caso não tivesse sido destruída ou reduzida a sua fonte produtora[822].

O dano patrimonial emergente pode — como quase sempre ocorre — desdobrar-se nos frutos. Pode, no entanto, ocorrer um sem o outro, o que não impede a plena configuração do dano.

Ademais, o dano deve ser individualizado e conflitante com um bem jurídico, ou seja, um direito ou interesse legítimo. No âmbito das relações societárias, a reparação do prejuízo será feita em dinheiro.

---

819 Apud Aguiar Dias, *Da responsabilidade civil*, cit., 4. ed., p. 764. Também citado por Yussef Said Cahali, *Enciclopédia*, cit., p. 297.

820 *Enciclopédia*, cit., p. 297.

821 Giorgio Giorgi, *Teoria delle obbligazioni*, 7. ed., Torino, UTET, 1930, p. 138.

822 José Cretella Júnior, Dano — direito administrativo, in *Enciclopédia Saraiva do Direito*, v. 22, p. 201 e s.

Já no plano do interesse coletivo, ou seja, no âmbito do mercado de valores mobiliários, cuja preservação cabe ao ente público sancionador (CVM), a correspondente lesão material ocorrida no âmbito privado pode não atingir, diretamente, direitos patrimoniais dessa coletividade, mas lesam o bem jurídico fundamental da relação entre os seus participantes e agentes. O dano nesse âmbito do mercado de capitais, portanto, pode ser considerado até imaterial, não captável patrimonialmente, podendo, portanto, o seu efeito coletivo ser extrapatrimonial.

De qualquer forma, seja o seu efeito patrimonial (âmbito privado — companhia e acionistas minoritários), seja até extrapatrimonial (âmbito coletivo — mercado de valores mobiliários), o dano é o pressuposto da responsabilidade, seja civil, seja administrativa.

Sem dano patrimonial, não há o que ser civilmente indenizado ou administrativamente punido. Não pode haver responsabilização do controlador por abuso ou desvio de poder (arts. 186 e 187 do Código Civil) sem a verificação material do dano. "Como regra geral, devemos ter presente que a inexistência do dano é óbice à pretensão de uma reparação, aliás sem o objeto"[823]. Ou, "resultando a responsabilidade civil em obrigação de ressarcir, logicamente não pode concretizar-se onde nada há que reparar"[824].

Assim, não se configura o abuso do poder de controle, se a conduta ou o ato do controlador não causa dano à companhia e a seus acionistas minoritários. Não existe ilícito sem dano, como reiterado[825].

O DANO NA ESFERA CIVIL E ADMINISTRATIVA

Como referido, o dano há de ser de natureza civil, ainda que os seus efeitos se deem também no plano do direito administrativo sancionatório (CVM). A diferença é que no plano civil o controlador abusivo responde por perdas e danos por lesão a um bem jurídico da esfera do interesse da companhia e de seus acionistas minoritários, de natureza econômica ou política. Assim, v. g., a perda pelos minoritários de percentual de ações votantes que permitem eleição de membros no Conselho de Administração

---

823 Agostinho Alvim, *Da inexecução das obrigações e suas consequências*, Rio de Janeiro, Ed. Jurídica e Universitária, 1965, p. 197.

824 J. Aguiar Dias, *Da responsabilidade civil*, cit., p. 53.

825 *Non v'e torto senza danno*, embora *puo essere danno senza torto*. Carnelutti, *Il danno e il reato*, Padova, 1930, p. 18.

ou Fiscal, decorrente de diluição injustificada. Nesse caso, haverá, na esfera civil, dupla violação de bem jurídico, de natureza patrimonial e política, afetando a sociedade e os minoritários, ambas decorrentes da diluição injustificada do capital social.

Já no âmbito administrativo sancionatório arca o controlador abusivo com as multas e demais sanções pessoais previstas em lei, por violação de bem jurídico coletivo (mercado de valores mobiliários), cuja segurança cabe ao Estado preservar.

Não obstante, na esfera sancionatória da CVM, a condenação não pode prescindir do evento danoso de natureza civil, com critério de valor patrimonial, portanto. Isto posto, o ilícito administrativo se configura na conduta antijurídica do controlador que fere bem jurídico do interesse coletivo, no campo específico das relações próprias do mercado de capitais. Assim, para a condenação administrativa (CVM) o ato abusivo do controlador operado na esfera civil produz, necessariamente, insegurança jurídica nas relações entre os agentes e participantes do mercado.

Assim, no plano civil, o dano afeta bem jurídico dos sujeitos submetidos, direta ou indiretamente, ao exercício abusivo do poder de controle. Já no plano administrativo sancionatório (CVM), a má conduta do controlador, embora materializada no dano de natureza civil, acarreta um desequilíbrio nas relações do mercado de capitais, como referido. Esse é o bem jurídico afetado. Aí reside a legitimidade sancionatória do ente regulatório (CVM), que, no exercício de seu poder de polícia, deve garantir a normalidade nas relações no âmbito do mercado de valores mobiliários.

O objetivo da sanção administrativa, portanto, é o de restaurar a segurança jurídica nas relações do mercado, coibindo as práticas abusivas mediante a imposição do gravame administrativo. Assim, o controlador abusivo tem no plano do direito público a obrigação legal de reparar o dano causado ao bem jurídico coletivo (mercado de valores mobiliários) afetado por sua conduta.

O ato ilícito do controlador consiste na quebra do dever de contribuir efetivamente para a segurança das relações no mercado, como seu agente ou participante. Exerce, com efeito, o controlador atividade que pode causar malefício ao mercado de capitais. Nessa esfera pública, há uma quebra do dever legal do controlador de observar conduta regular no exercício do controle da companhia. Trata-se de responsabilidade legal em esfera diversa, portanto, da responsabilidade contratual ou extracontratual do campo privado.

Assim, os deveres de conduta do controlador precedem ao evento ilícito, ao passo que os danos se contam a partir do momento em que se verifica esse mesmo evento lesivo. Trata-se de um prejuízo coletivo ao mercado de valores mobiliários, decorrente da violação praticada no plano civil à companhia e a seus acionistas minoritários. Assim, o dano privado tem efeitos na esfera coletiva, portanto, além dos sujeitos que diretamente sofreram a diminuição patrimonial daí decorrente (companhia e acionistas minoritários).

Não obstante o nexo causal entre a conduta e a lesão dela decorrente, o dano coletivo tutelado pelo ente público (CVM) se desfaz do seu aspecto patrimonial, para constituir-se, pela sua gravidade no âmbito do interesse público, uma sanção reparadora da lesão ao bem jurídico da segurança das relações no mercado de valores mobiliários, como reiterado.

Embora a sanção administrativa (multa) seja estimada conforme a lei (art. 11 da Lei n. 6.385, de 1976), o dano causado ao mercado de valores mobiliários é inestimável. Trata-se de ofensa à ordem pública nesse relevante setor. A causa da sanção administrativa, portanto, é outra, não se confundindo ou substituindo a reparação do dano na esfera privada.

Desse modo, a relação de causa com o ato danoso praticado pelo controlador acarreta efeitos sobre uma coletividade, no plano da segurança jurídica indispensável nesse setor. Assim, no plano administrativo, o ressarcimento é substituído pela indenização (multa), pois se trata de uma perda não identificável sofrida pelo mercado de valores mobiliários, bem jurídico que cabe ao Estado preservar, como reiterado.

Isto posto, no caso da companhia ou dos acionistas minoritários, direta ou indiretamente lesados patrimonial e/ou politicamente (v. g., diluição injustificada) pela ilicitude da conduta do controlador, o interesse é privado. No caso da autoridade sancionadora (CVM), o dano patrimonial e/ou político apurado passa a ser do interesse público. Tal dano ao bem jurídico na esfera do Direito Público é de natureza coletiva, na medida em que afeta o bem jurídico da segurança das relações do mercado, como referido.

O dimensionamento dessa lesão não pode ser efetivamente verificado, tal como ocorre na esfera do Direito Privado. Daí a multa aplicada, ainda que calculada nos rígidos parâmetros e critérios previstos na Lei n. 6.385/76, não tem por objetivo reparar os sujeitos civis que sofreram a lesão ao seu bem jurídico, mas o de coibir as práticas societárias que afetam o equilíbrio das relações no mercado de valores mobiliários.

Resumindo, no caso das companhias abertas, o abuso do poder de controle causa uma dupla lesão aos bens jurídicos: — na esfera individual e na esfera coletiva. Na primeira — âmbito individual — a sanção, a cargo do Judiciário ou do juízo arbitral, visa a reparar o dano civil, consubstanciado na perda ou nos lucros cessantes. Na segunda — esfera pública —, a sanção tem caráter punitivo e, sobretudo, repressivo.

O DEVIDO PROCESSO LEGAL ADMINISTRATIVO

No âmbito do mercado de valores mobiliários, a CVM, por força do que dispõem as Leis n. 6.385, de 1976, e 9.784, de 1999, exerce atividade administrativa sancionadora, inerente ao poder de polícia do Estado, como agente normativo e regulador desse mesmo mercado, consoante o art. 174 da Constituição de 1988: "Como agente normativo e regulador da atividade econômica, o Estado exercerá, na forma da lei, as funções de fiscalização, incentivo e planejamento, sendo este determinante para o setor público e indicativo para o setor privado"[826].

O poder sancionador da administração pública atribuído à CVM deve ser rigorosamente exercido dentro das regras do devido processo legal, garantido pela Constituição de 1988, art. 5º, LIV e LV. E o devido processo legal, na espécie, submete-se aos mesmos princípios aplicáveis ao direito processual, de forma a garantir plena defesa aos sujeitos submetidos ao poder de polícia do Estado[827].

A propósito, deve ser ressaltado que o devido processo legal administrativo, a cargo da CVM, não se equipara ao processo penal, pela razão de que este último é fundado na rigorosa tipificação do delito, exaustivamente definido no Código Penal e nas leis penais extravagantes que lhe seguiram. Ademais, o processo penal não aproveita ao procedimento administrativo sancionatório da CVM, pois a sanção criminal é fundada na verificação do dolo ou da culpa, adentrando nos aspectos da intenção do agente imputado.

Já no processo administrativo sancionatório a cargo da CVM, as irregularidades dos atos e das condutas dos agentes e participantes do mercado de valores mobiliários, entre os quais ressalta a figura institucional do controlador, são enunciadas no presente art. 117 e nas Instruções da CVM (art. 11 da Lei n. 6.385, de 1976). Essa enunciação não exaustiva é o oposto da tipificação penal, por isso que permite à autoridade administrativa san-

---

826 Nelson Eizirik, Ariadna B. Gall, Flavia Parente et al., *Mercado de capitais*: regime jurídico, Rio de Janeiro, Renovar, 2008, p. 265 e s.

827 Nelson Eizirik et al., *Mercado*, cit., p. 267 e s.

cionadora captar a irregularidade e a ilicitude de atos e das condutas assemelhadas ou assimiláveis aos padrões (*standards*) ilustrados na lei e nas instruções da CVM.

Por outro lado, os requisitos fundamentais para que se constitua o devido processo legal administrativo no âmbito da CVM são a autoria e a materialidade do fato considerado irregular. Daí, como referido, a impropriedade da denominação "direito administrativo penal", que às vezes é mencionado.

Isto posto, é fundamental reiterar o caráter jurisdicional do processo administrativo sancionador, que é garantia fundamental dos direitos subjetivos do administrado e da segurança jurídica própria do Estado Democrático de Direito.

Esse fundamental princípio de jurisdição (dizer o direito) é objeto da referida Lei n. 9.784, de 1999, que disciplina o processo administrativo. Ali se encontram as garantias do devido processo administrativo sancionatório[828]. A mais importante dessas garantias é a obrigatoriedade de a administração (CVM) motivar, com a indicação dos fatos e dos fundamentos jurídicos, a decisão administrativa sancionatória (art. 50, II).

E, no plano dos direitos processuais que cabem ao administrado, institui a lei de 1999 (i) o direito de ter ciência da tramitação do processo (art. 3º); (ii) o de arguir suspeição (art. 20); (iii) o de ser intimado dos atos do processo (arts. 28 e 39); (iv) o de, na fase instrutória, aduzir alegações e juntar documentos, bem como requerer todas as provas, depoimentos, laudos e juntar pareceres (art. 38).

E, sobretudo, deve o ente sancionador (CVM) rigorosamente observar os princípios próprios da Administração Pública, aplicáveis ao processo administrativo sancionador, seja no de rito ordinário, seja no de rito sumário, na forma da Lei n. 9.784/99.

Esses princípios são os da legalidade, irretroatividade, prescrição, finalidade, motivação, razoabilidade, proporcionalidade, contraditório, ampla defesa e publicidade; os quais atribuem a indispensável segurança jurídica aos jurisdicionados.

Assim, está a CVM sujeita ao princípio da reserva da lei (legalidade), pelo que somente poderá proceder quando e conforme autorizada pelo Ordenamento jurídico[829].

---

828 Nelson Eizirik et al., *Mercado*, cit., p. 269 e s.

829 CF/88, arts. 5º, II, e 37, e art. 11, *caput*, da Lei n. 6.385/76, in Nelson Eizirik et al., *Mercado*, cit., p. 279 e s.

Cabe, também, a rigorosa observância do princípio da irretroatividade no sentido de que o processo administrativo sancionatório funda-se na existência de lei que o autoriza, nos estritos termos nela determinados, não podendo o Poder Público agir sem que haja anterioridade legal para o exercício do poder administrativo sancionatório.

A prescrição constitui também princípio inarredável do processo administrativo sancionador, como principal fundamento que é da segurança jurídica, própria do Estado Democrático de Direito.

Assim, não pode o ente público sancionador manter arbitrariamente competência para instaurar, a qualquer tempo, o processo administrativo para sancionar ato irregular praticado além do prazo prescricional previsto nos arts. 285 a 288 da Lei Societária.

A prescrição atende ao princípio da contemporaneidade do ato lesivo. Esse princípio envolve dois outros: — o da continuidade (sequência) dos processos e o da sua celeridade. A demora no julgamento do processo administrativo caracteriza desvio no exercício do poder de polícia[830].

E a finalidade do processo administrativo sancionatório é a de assegurar o bem jurídico coletivo representado pelas relações regulares no mercado de valores mobiliários, como referido.

E as decisões sancionatórias da CVM devem, como mencionado, ser motivadas, estabelecendo com ampla justificativa o nexo entre os fatos irregulares e ilícitos e o direito aplicável. Esse princípio da motivação está determinado no referido art. 50, II, da Lei n. 9.784/99, quando prescreve a obrigatoriedade de a administração motivar, com a indicação dos fatos e dos fundamentos jurídicos, os atos administrativos que imponham sanções aos sujeitos administrados.

E o princípio da razoabilidade refere-se à sanção que não pode exceder a sua finalidade de preservar o bem jurídico representado pelas relações no mercado de valores mobiliários. A exacerbação da pena que vá além da sua finalidade constitui abuso do poder de polícia do Estado.

Daí decorre o outro princípio, o da proporcionalidade entre o ato ilícito praticado e o dano por ele causado. Desse modo, a sanção administrativa deve corresponder ao efeito patrimonial danoso causado à companhia e a seus acionistas minoritários. A sanção deve observar rigorosamente essa relação entre o dano e a sanção, muito embora a condenação administrativa,

---

830 Nelson Eizirik et al., *Mercado*, cit., p. 307 e s.

como reiterado, não seja reparatória da lesão na esfera privada (responsabilidade civil).

Cabe, outrossim, à autoridade administrativa sancionatória assegurar, na observância do devido processo legal, a regra do contraditório e ampla defesa.

Indispensável, também, a ampla publicidade do processo administrativo sancionatório (art. 289), que constitui elemento fundamental do devido processo legal e, consequentemente, da preservação da segurança jurídica.

NATUREZA DA MULTA ADMINISTRATIVA

A multa declarada pela CVM após o devido processo legal, no âmbito da sua jurisdição administrativa sancionatória, constitui-se *ex lege* e tem caráter pecuniário, revestindo-se, a partir de sua decretação, em uma dívida de valor junto ao Poder Público, inscrita na Dívida Pública. É imposta como obrigação principal (falta grave), podendo ser cumulada com penalidades de outra natureza, e alcançar os seus agentes (administradores) em se tratando de condenação de companhia controladora.

A causa que legitima a aplicação da multa administrativa e a justifica será o dano causado na esfera privada à companhia, a seus acionistas minoritários, em virtude de ato comissivo ou omissivo, isolado ou continuado, originário ou derivado, de efeito imediato ou futuro, como, v. g., o prejuízo financeiro injustificado ou manipulado no exercício e a falta de distribuição de dividendos daí decorrentes.

Desse modo, a exigibilidade da multa decretada pelo ente regulatório (CVM) provém da quebra do dever fiduciário por parte do controlador (art. 116, parágrafo único), desde que dele resulte dano às pessoas sujeitas ao poder de controle (art. 116). Nessa relação, é sujeito ativo o Estado (União) e passivo o controlador abusivo, na relação de crédito inscrito na dívida pública, a título de multa.

A multa, como referido, exerce função reparadora de bem jurídico coletivo cuja tutela cabe ao Poder Público. E também exerce função repressiva ante a conduta antijurídica do controlador, dentro do Poder de Polícia, que é monopólio do Estado. Assim, a multa imposta ao controlador por conduta abusiva é autuada com base no poder disciplinar da Administração Pública, no âmbito das relações subordinatícias.

Por isso, a multa previne e inibe a conduta antijurídica do controlador. Tem as características de ato imperativo, fundado na faculdade discricionária da Administração Pública.

A imposição da multa e demais sanções constitui ato solene, que deve atender aos requisitos essenciais de mérito e de forma. Sendo multa *ex lege*, é de natureza unilateral, ou seja, dentro da discricionariedade do ente regulatório (CVM), observado o devido processo legal, em processo administrativo de que resulta a penalidade.

A imposição da multa e demais penalidades deve seguir rigorosamente os princípios que regem a Administração Pública (legalidade, razoabilidade, proporcionalidade). Não pode, assim, a multa, pelo seu caráter reparatório do bem jurídico da coletividade do mercado de valores mobiliários, e ainda pelo seu viés repressivo e disciplinar, ter efeito confiscatório, contrariamente, portanto, aos princípios da razoabilidade e da proporcionalidade.

MEDIDAS JUDICIAIS PELO ABUSO DO PODER DE CONTROLE

O uso regular do poder de controle não é questionável, mesmo que o seu resultado econômico seja a não criação de valor para a companhia, em vista da condução ineficiente ou improdutiva das atividades da empresa.

Assim, o uso do poder somente será abusivo se o controlador não atender ao interesse social, mas, sim, ao seu próprio[831], do que resulta dano para a companhia, seus acionistas minoritários e para as pessoas e entidades a ela ligadas (art. 118)[832].

Temos três elementos caracterizadores da conduta abusiva do controlador, cominada pela lei. Primeiro, o efetivo exercício do direito de controle; segundo, a antijuridicidade desse exercício; terceiro, o prejuízo que daí decorre para as pessoas e para as entidades mencionadas na lei (art. 116 e o presente).

Deve ter havido um prejuízo efetivo para a companhia ou para os minoritários, votantes ou não votantes, ou ainda para as demais pessoas e entidades mencionadas na lei, que demanda uma reparação[833] a cargo do controlador que abusou de seu poder.

Dois procedimentos — que não se excluem — podem ser adotados para essa reparação. A (i) ação de anulação das decisões, atos e negócios realiza-

---

831 Dominique Schmidt, *Les droits de la minorité*, cit., p. 1749.

832 *V.* comentários ao art. 118.

833 Dominique Schmidt, *Les droits de la minorité*, cit., p. 183 e s.

dos contrariamente à Lei e aos interesses dos terceiros; a (ii) ação de indenização por perdas e danos sofridos por essas mesmas pessoas, podendo, ambas, ser cumuladas.

Na ação de responsabilidade civil, também poderá ocorrer a anulação do ato do controlador, desde que não fira legítimo direito ou interesse de terceiro de boa-fé.

Cabem, portanto, na espécie, a ação para anular deliberações tomadas pelos controladores em assembleia geral (art. 286) e a de responsabilidade civil (art. 287)[834].

Se o controlador for concomitantemente administrador, contra ele cabem os procedimentos previstos no art. 159, sem embargo das medidas individuais dos prejudicados.

Os acionistas ou terceiros que concorrerem para a prática dos atos abusivos do controlador-administrador responderão solidariamente com ele, desde que fique evidenciado que do conluio decorreu vantagem para si, para o controlador-administrador ou, ainda, para terceiros (art. 158).

A propósito, o acordo de controle (art. 118) não poderá ser utilizado para eximir o controlador da responsabilidade no exercício de suas prerrogativas. Se o controlador participante do acordo exercer as funções de administrador, aplicar-se-á, igualmente, a regra de responsabilidade solidária dos terceiros conluiados, prevista no art. 158[835].

SANÇÕES E RESPONSABILIDADE CIVIL E ADMINISTRATIVA

Além da responsabilidade civil, também cabe ao controlador de companhia aberta a responsabilidade administrativa junto ao órgão regulatório e sancionador, a Comissão de Valores Mobiliários — CVM, como referido.

A responsabilidade civil visa à reparação do prejuízo causado, que se traduz em perdas e danos. Tem, pois, alcance patrimonial.

Já a responsabilidade administrativa representa, na espécie, a sujeição do controlador ao Poder Público, no que respeita à competência deste de investigar, fiscalizar e punir os atos por ele praticados que firam o interesse público no exercício das suas funções de controle na companhia. A responsabilidade administrativa do administrador advém, portanto, de uma relação

---

834 V. comentários ao art. 278.
835 V. comentários ao art. 118.

de predomínio do ente público sobre o ente privado. Sobre ele poderá haver transação.

A responsabilidade administrativa cria, pois, vínculos próprios do Direito Público. Estabelece a sujeição do controlador de companhia aberta às normas sancionatórias próprias dessa esfera.

O controlador está, assim, sujeito, tanto quanto os administradores de companhia aberta, à autoridade e ao poder sancionatório da Comissão de Valores Mobiliários (art. 4º)[836].

E, independentemente dessa característica, o controlador de qualquer companhia é administrativamente responsável perante a Secretaria de Direito Econômico — SDE e o Conselho Administrativo de Defesa Econômica — CADE, consoante a Lei n. 12.529, de 2011, que versa sobre a repressão às infrações contra a Ordem Econômica.

Em qualquer destas hipóteses, a sanção contra o controlador será administrativa, podendo traduzir-se, pecuniariamente, por meio da instituição de multa, como referido.

RESPONSABILIDADE ADMINISTRATIVA PERANTE A CVM

A responsabilidade administrativa do controlador de companhia aberta perante a Comissão de Valores Mobiliários está regulada na Lei n. 6.385, de 1976.

É prerrogativa da referida agência reguladora do mercado de valores mobiliários apurar, mediante inquérito administrativo, atos ilegais e práticas não equitativas[837] de acionistas de companhias abertas, nos termos do que dispõe o art. 9º, V, e § 2º da referida Lei n. 6.385/76.

Dentro dessa competência sancionatória da CVM, ressalta a prática de abuso e desvio de poder por parte do acionista controlador.

Declarada a ilegalidade e ilicitude, representada, v. g., pelas práticas de *insider trading*, caberá à Comissão de Valores Mobiliários impor ao controlador as penalidades administrativas capituladas na referida lei[838],

---

836 *V.* comentários ao art. 4º.

837 A celebração de contratos entre sociedades coligadas ou sob controle comum, em condições estritamente comutativas ou com pagamento compensatório adequado, não configura dever de poder de controle à luz do disposto no art. 245. Nesse sentido, *v.* Processo Administrativo CVM n. 6.479/2000, j. em 5-6-2003; 31/2000, j. em 10-7-2003; 17/2001, j. em 16-10-2003; e 17/2000, j. em 15-4-2004.

838 Art. 11 da Lei n. 6.385, de 1976.

inclusive a de suspensão do exercício do cargo de administrador que eventualmente o controlador exerça. Poderá, ainda, a Comissão de Valores Mobiliários inabilitar o controlador para o exercício do cargo de administrador de companhia[839].

Ademais, quando o inquérito administrativo instaurado pela Comissão de Valores Mobiliários concluir pela ocorrência de crime de ação pública praticado pelo administrador, caber-lhe-á oficiar ao Ministério Público para a propositura de ação penal contra aquele[840].

SANÇÕES TRIBUTÁRIAS — CVM

A Lei Fiscal que regula a cobrança do Imposto de Renda das pessoas jurídicas estabelece nítida distinção entre responsabilidade do controlador pela apropriação disfarçada de lucros e aquela cabível aos não controladores[841].

Estabelece, outrossim, a Lei Fiscal o princípio da superação da pessoa do controlador. Presume-se que há distribuição disfarçada de lucros se a companhia celebrar contrato com o acionista controlador ou com seu parente até o terceiro grau, inclusive os afins.

Além das sanções tributárias que incidirão contra a própria companhia, mediante os mecanismos de adição ao lucro real, não dedutibilidade e de sua cobrança imediata no próprio exercício etc., caberá ao controlador responsabilidade tributária pela apropriação do lucro a ele disfarçadamente distribuído, sem embargo de igual incidência nas declarações de todas as demais pessoas físicas, ativa ou passivamente envolvidas no ilícito fiscal.

Uma vez que se configure a distribuição disfarçada de lucros, mediante regular e devido processo fiscal, caberá ao Ministério da Fazenda oficiar à Comissão de Valores Mobiliários, a fim de que esta, no âmbito de sua competência, tome as medidas administrativas cabíveis.

LEGITIMIDADE PROCESSUAL E ADMINISTRATIVA

Enunciando a lei diversas modalidades de exercício abusivo de poder do controlador de que podem advir prejuízos para o

---

839 A propósito, *v.* Proventos Administrativos CVM n. 03/96, j. em 8-7-2004; 10/2000, j. em 8-7-2004, e 27/99, j. em 12-8-2004.

840 Art. 12 da Lei n. 6.385, de 1976.

841 Arts. 60, 61 e 62 do Decreto-Lei n. 1.598, de 1977.

mercado de capitais, tem a União legitimidade para propor as medidas judiciais e administrativas contra os controladores, com fundamento nos padrões gerais de ilicitude ali previstos. A mesma legitimidade têm os Estados e os Municípios, quando a lesão atingir norma da esfera de sua competência.

Também têm legítimo interesse de agir, com o mesmo fundamento, os atuais ou antigos empregados da companhia. Da mesma forma, possuem-no os investidores que atual ou anteriormente adquiriram valores mobiliários emitidos pela companhia.

Obviamente, têm legitimidade a própria companhia e acionistas minoritários, lesados com a conduta abusiva do controlador.

DESVIO DE PODER — OBJETO SOCIAL — ALÍNEA *A* DO § 1º

As condutas enunciadas na alínea *a* caracterizam desvio de poder. Refletem elas, inclusive, a ideologia presente à época da elaboração do projeto de lei e de sua aprovação congressual e sanção, ocorridos nos anos de 1975 e 1976.

À época (governo Geisel), marcada por forte nacionalismo econômico (substituição de importações), consoante a doutrina da segurança nacional, foram incluídas na presente alínea questões estratégicas de natureza política que já não prevalecem na vigência da Constituição de 1988.

Em consequência caíram em desuso as referências ao interesse nacional, ao favorecimento de sociedade estrangeira, ou ao prejuízo da economia nacional. Tais concepções, de natureza nitidamente doutrinária e programática do regime autoritário então no comando do País, traduzem-se agora pelo desvio de poder do controlador de companhia aberta que afeta, no plano do Direito Público, o bem representado pela segurança jurídica no âmbito das relações próprias do mercado de valores mobiliários e a quebra da função social da empresa (art. 116, § 1º).

No mais, a presente alínea é plenamente adequada ao regime jurídico vigente, quando fala do favorecimento de outra sociedade, em prejuízo da participação dos acionistas minoritários nos lucros ou no acervo da companhia.

Convém ressaltar, no entanto, que a responsabilidade de natureza civil (perdas e danos) abrange não apenas os acionistas minoritários, mas a própria companhia. Esta, com efeito, é a que inicialmente sofre a lesão decorrente da conduta ilícita de favorecimento do seu controlador.

Trata-se, tipicamente, de quebra de dever fiduciário atribuído por lei a quem controla a companhia (parágrafo único do art. 116), que se traduz pelo poder-dever do controlador de levar a companhia a lograr os seus fins e, assim, promover o interesse social, devendo fazê-lo com lealdade, diligência e observância estrita do objeto social (*care, diligence and judgement*).

Assim, o desvio do poder de controle no presente enunciado abrange responsabilidade por ação e omissão.

De qualquer modo, o padrão normativo ora analisado é de ampla configuração. Nele estão enunciados os objetivos do exercício do poder-dever de controle, qual seja o de levar a companhia a cumprir, em perfeito equilíbrio, de um lado, os seus fins estatutários de maximização de lucros e, de outro, o seu papel institucional (art. 116, parágrafo único), notadamente no âmbito do mercado de valores mobiliários, em se tratando de companhia aberta.

Desse modo, a antijuridicidade ora levantada constitui desvio do dever do controlador de agir precipuamente no interesse da companhia e dos seus acionistas minoritários, na medida em que lhe cabe conduzir a política da sociedade (*policy maker*). Assim, a estrita observância do interesse social e, em decorrência, do interesse dos acionistas minoritários constitui pressuposto para que a companhia alcance os seus fins[842].

ABUSO DE PODER — LIQUIDAÇÃO PRECIPITADA OU REORGANIZAÇÃO SOCIETÁRIA SEM CAUSA — ALÍNEA *B* DO § 1º

Trata-se de responsabilidade por ação ilícita de suma gravidade, tanto no caso de liquidação precipitada como de reorganização exorbitante. A conduta do controlador que leve a essa precipitação ou exorbitância é a mais grave quebra do princípio de *vir probus*.

Isso porque não se trata de antijuridicidade praticada no curso do exercício do poder-dever do controle no interior da companhia. O ilícito enun-

---

842 Sobre a matéria enunciada na alínea *a* do § 1ª, PAS CVM RJ 2005/1.443, Rel. Diretor Pedro Oliva Marcilio de Sousa, j. em 21-2-2006; Deliberação CVM n. 560, de 11-12-2008; Colegiado CVM, PAS RJ 2001/4474, Rel. Presidente Marcelo Trindade, j. em 30-3-2005; PAS CVM n. 10/2002, j. em 8-9-2004; PAS CVM n. 03/96, j. em 8-7-2004; PAS CVM n. 31/2000, j. em 10-7-2003; PAS CVM n. TA-RJ 2000/6479, j. em 5-6-2003; PAS CVM n. 32/99, j. em 5-12-2001; PAS CVM 3098, j. em 5-7-2001; TJSP, 9ª Câm., AC 69.230-4, Rel. Des. Ruiter Oliva, j. em 23-6-1998; TJRJ, 11ª Câm., AC 2006.001.00205, Rel. Des. Claudio de Mello Tavares, j. em 16-8-2006. In Lazzareschi, ob. cit., p. 265 e s.

ciado na presente alínea traduz-se no desaparecimento e destruição de valor da atual sociedade, seja pela sua liquidação imotivada, seja pela irregular destinação do seu patrimônio em negócios de reorganização societária sem causa.

Causa deve ser entendida como a função econômico-social que o negócio é levado a desempenhar no mundo jurídico. A propósito, a lição de Santoro-Passarelli: "Essa função que o negócio deve desempenhar, olhada como razão determinante para que o sujeito o realize, aparece como a causa do mesmo negócio e toma esse nome"[843].

Discute-se, com efeito, nesta alínea *b* a questão da ausência de causa a justificar os negócios ilícitos aqui enunciados, cujo efeito é o próprio desaparecimento da sociedade (liquidação precipitada) ou operações de sua junção a patrimônio de outra companhia (fusão e incorporação), ou seu fracionamento patrimonial (cisão).

A ausência de causa lícita, oportuna e conveniente para a prática desses negócios jurídicos de absoluta transcendência é, por si só, configuradora do enorme abuso de conduta do controlador.

Não haverá nenhuma necessidade de indagar sobre o nível de vantagem obtida pelo controlador com tal ilicitude, ou dos benefícios de terceiros, para configurar esse supremo abuso. Essas vantagens, no entanto, prestam-se para o cálculo das perdas na esfera civil e, na administrativa, de imposição de multa; tais vantagens ilícitas formam o nexo necessário para as respectivas sanções[844].

ABUSO DE PODER — ALTERAÇÃO ESTATUTÁRIA — EMISSÃO DE VALORES MOBILIÁRIOS — POLÍTICAS CONTRA O INTERESSE SOCIAL — ALÍNEA *C* DO § 1º

A presente alínea contém três enunciados de práticas antissocietárias e antimercado de valores mobiliários, praticadas pelo controlador.

Esses enunciados não têm uma conexão e uma sequência entre si, sendo, com efeito, de natureza e de nível de materialidade bastante diver-

---

843 *Teoria geral do direito civil*, Coimbra, Biblioteca Jurídica Atlântida, 1967, p. 100.

844 Sobre a matéria, Acórdão TJSP, AC 228.832.4/7-00, Rel. Des. Joaquim Garcia, j. em 10-3-2003. In Lazzareschi, ob. cit., p. 267.

sos, atingindo, outrossim, sujeitos diversos. Assim sendo, seria conveniente que se pusesse uma ordem nessas antijuridicidades enunciadas.

A primeira, de enorme gravidade, é a adoção de políticas ou de decisões que não tenham por fim o interesse social. A segunda, igualmente grave, é a de promover alteração estatutária que não tenha por fim o interesse social. E a terceira, de grave efeito fora do âmbito da companhia, a emissão de valores mobiliários que visem a causar prejuízos aos investidores e aos próprios acionistas minoritários.

A primeira e a segunda condutas irregulares do controlador operam-se no plano interno da sociedade. A primeira tem caráter continuado, ou seja, o ilícito não se concretiza num específico ato, na medida em que se trata de adoção de uma política que, por atos contínuos e sucessivos, provoca uma destruição de valor da companhia e de seus acionistas[845].

Como reiterado, a lei introduziu conceito inovador em matéria de legislação societária ao instituir, no seu art. 116, a figura do acionista controlador. Ao definir o controlador, tratou a lei de lhe atribuir funções próprias e responsabilidades específicas, afastando-se de outras legislações em que não há previsão específica a respeito, uma vez que fundadas na situação de fato. "O acionista controlador passa a ser órgão da companhia e sua influência, conforme reconhece a lei, não se restringe ao voto na assembleia. Ao contrário, diversas disposições da lei deixam claro que o acionista controlador pode e deve orientar os negócios sociais e as atividades dos órgãos de administração sempre no interesse social"[846].

Já a segunda antijuridicidade prevista nesta alínea *c* tem característica de ato pontual (alteração estatutária), cujos efeitos, no entanto, estendem-se no tempo subsequente, causando dano presente e permanente para a sociedade e para seus acionistas minoritários.

Já o terceiro ilícito desta alínea *c* está voltado diretamente para o mercado de valores mobiliários, envolvendo, em consequência, terceiros investidores, que sofrerão diretamente os danos pelo abuso.

Por aí se vê a disparidade dos enunciados contidos nesta alínea *c*, todos relevantes, que foram colocados numa mesma norma, seja quanto à sua continuidade ou pontualidade, seja quanto aos diversos sujeitos passivos do abuso.

---

845 A propósito, a Decisão PAS 04/1999, Rel. Diretor Luiz Antonio de Sampaio Campos, j. em 17-4-2002.

846 V. PAS 04/1999, Rel. Diretor Luiz Antonio de Sampaio Campos, j. em 17-4-2002. V. também IA CVM RJ 2000/4.546, Rel. Diretor Luiz Antonio de Sampaio Campos, j. em 12-3-2002, item 38, in Alfredo Sérgio Lazzareschi Neto, *Lei*, cit., p.189.

As duas primeiras condutas abusivas envolvem tanto a companhia aberta como a fechada, sendo que, nesta última, reduz-se a reparação no plano civil (perdas e danos) a favor da companhia e dos seus acionistas minoritários.

Já a terceira atinge diretamente o próprio mercado de capitais, seus agentes e investidores, sendo de relevante interesse público a sua repressão.

Assim, o processo administrativo sancionatório (CVM) envolve os agentes encarregados do seu lançamento e distribuição, além do controlador, com imposição, para ambas as categorias, de multa e demais sanções de natureza pessoal, por ocorrência de falta grave (Resolução CVM n. 323)[847].

DEVER DE DILIGÊNCIA — ELEIÇÃO DE ADMINISTRADOR INABILITADO — ALÍNEA *D* DO § 1º

Trata-se de quebra do dever de diligência por parte do controlador. O enunciado presente nesta alínea *d* deve ser lido no contexto do art. 147, dele retirando, portanto, o aspecto subjetivo de escolha do administrador ou fiscal, por parte do controlador.

Não obstante serem os administradores eleitos, em maioria, pelo controlador (art. 116), não se pode prescindir do critério de objetividade quando se trata de responsabilização dos controladores que os indicaram (diretores) ou elegeram (conselheiros de administração e fiscais).

O requisito psicológico que se lê na presente alínea — "que sabe inapto, moral ou tecnicamente" — não deve contar na apreciação judicial, arbitral ou administrativa da conduta do administrador. Como se reiterou no curso dos estudos do presente art. 117, a objetividade é que prevalece sempre, dispensados os pressupostos de intenção (culpa ou dolo, boa-fé ou má-fé subjetivas) para configurar essa responsabilização.

Como referido, prevalece o fundamental princípio de que o controlador e, também, os administradores por ele eleitos têm obrigações de meio e não de fim, diante da companhia e a seus acionistas, razão pela qual a inaptidão do eleito para o Conselho de Administração ou para a diretoria não é, em si,

---

847 Sobre as matérias, Colegiado da CVM, IA RJ 2001/4635, Rel. Diretor Wladimir Castelo Branco Castro, j. em 16-12-2004; Colegiado da CVM, Proc. RJ 2007/4598, Reg. 5510/07, Rel. Diretor Marcos Barbosa Pinto, j. em 13-5-2008; Colegiado da CVM, Proc. RJ 2004/2684, 4460/04, Rel. Diretora Norma Jonssen Parente, j. em 31-1-2005; Parecer CVM/SJU n. 021/90; PAS CVM n. RJ 2001/4474, j. em 30-3-2005; TJSP, 9ª Câm., AC 69.230-4, Rel. Des. Ruiter Oliva, j. em 23-6-1998. In Lazzareschi, ob. cit., p. 267 e s.

elemento de configuração da responsabilidade do controlador. Reitere-se que a inaptidão em geral surge a partir do efetivo exercício do cargo de administrador, seja tecnicamente (profissionalmente), seja moralmente, neste último caso por conduta ilícita.

Isto posto, deve-se aplicar o presente preceito na estrita observância ao que determina o art. 147, em que a objetividade e a materialidade dos impedimentos é notória[848]. Ali os impedimentos são exaustivamente determinados, devendo o controlador pautar-se, na sua escolha, nas hipóteses enumeradas.

Fora desses impedimentos, todos objetivos e fundados na infringência da Lei Civil, Penal e Administrativa (CVM), terá o controlador livre escolha para eleger, direta e indiretamente, a maioria dos conselheiros e diretores, e bem assim os membros majoritários do Conselho Fiscal.

Em consequência, será o controlador responsabilizado por negligência no caso de, ao eleger representantes seus nos órgãos da companhia, deixar de objetivamente observar os impedimentos exaustivamente enumerados no referido art. 147.

Desse modo, os impedimentos ao exercício de cargos na administração da companhia são matéria de lei, não podendo a autoridade julgadora — judicial, arbitral ou administrativa (CVM) — inovar, suprimir, ampliar ou indiretamente derrogar os casos e hipóteses exaustivamente previstas no referido art. 147, para o efeito de responsabilizar o controlador.

Por representar exceção ao direito individual de livre acesso a trabalho remunerado, as normas que declaram as incompatibilidades ou os impedimentos ao exercício de cargo de administrador e fiscal da companhia são taxativas, como referido.

As hipóteses legalmente previstas são, portanto, exaustivas, não podendo ser extensivamente interpretadas. E essa incompatibilidade restrita para o exercício de cargos na companhia é determinada em razão do interesse público[849].

Ficam, portanto, afastados, para o efeito de responsabilização do controlador, tanto o elemento psicológico como o de interpretação extensiva dos impedimentos (art. 147). Assim, quando a presente alínea *d* utiliza o tempo presente do verbo — "sabe" —, quer significar que o administrador deve estritamente observar os impedimentos exaustiva e objetivamente prescritos

---

848 *V.* comentários ao art. 147.

849 Garrigues-Uría, *Comentario*, cit., v. 2, p. 202.

no referido art. 147. O controlador, portanto, sabe que deve observar rigorosamente as restrições legais na nomeação, direta e indireta, dos administradores e fiscais da sociedade (maioria dos conselheiros, diretores e maioria dos membros do Conselho Fiscal).

Com efeito, o controlador deve observar os impedimentos constantes do art. 147, tanto para os conselheiros de administração por ele diretamente eleitos, como para a eleição dos diretores, realizada por aquele conselho. Não pode o controlador alegar que não é responsável pela eleição dos membros da diretoria, pois coube aos conselheiros de administração fazê-lo. Evidentemente que, sempre nesse caso, é o controlador que escolhe, indica ou aprova os diretores que serão formalmente eleitos pelo Conselho de Administração.

INDUÇÃO DOS ADMINISTRADORES A PRÁTICAS ILEGAIS E ILÍCITAS — ALÍNEA *E* DO § 1º

A presente alínea *e* demanda uma elucidação em face do critério de abuso adotado pela lei, que requisita o nexo causal entre ato ilícito e dano. Assim, deve-se separar induzimento de tentativa de induzimento. No primeiro caso (indução), a materialidade da conduta antissocial do controlador é consumada, daí decorrendo dano à companhia e a seus acionistas minoritários, do que decorre a sua responsabilidade tanto civil como administrativa (CVM).

Já na questão da tentativa de induzimento, torna-se difícil essa configuração, na medida em que o dano não se consumou em razão da resistência dos administradores ou fiscais à conduta ilícita sugerida pelo controlador. Trata-se de ato ilícito frustrado, uma vez que não se consumou. E, se não se materializou, não ocorreu a lesão.

Adentra-se, em consequência, ao se falar em tentativa de induzimento, no campo da subjetividade da conduta, que não interessa à reparação civil nem à administrativa. Chega-se ao campo da ilicitude originada da intenção dolosa, própria do Direito Penal, que, como se viu, não se presta à verificação do abuso do controlador, de caráter nitidamente objetivo e material.

E, mesmo no Direito Penal, a configuração do delito de intenção não se aplica a toda tipificação delituosa, havendo delitos que somente são puníveis pela sua consumação e outros também pela tentativa. Em consequência, a tentativa de induzimento não leva à condenação de ressarcimento civil ou à imposição de multa por falta grave, por parte da autoridade sancionatória (CVM).

Quanto a promover o controlador a ratificação do ato ilícito pela assembleia geral, o presente enunciado da alínea *e* também esbarra com uma situação de direito, qual seja a de que a ratificação pela assembleia geral de ato ilícito será sempre realizada pelo próprio controlador, pois tem ele a maioria absoluta das ações votantes para, em caráter permanente (art. 116), impor a sua vontade nos conclaves da companhia.

A redação do presente enunciado dá a impressão de que o controlador não seria responsável pela aprovação de propostas ilícitas, ou irregulares, advindas da administração. A impressão é inteiramente errada. O controlador é inteiramente responsável por essa aprovação, residindo aí, portanto, a razão de impor a sua responsabilidade por prática de abuso no âmbito da assembleia geral (abuso de voto).

Por outro lado, poderá haver outra leitura, qual seja a de que em matéria conflitante, que leve ao impedimento do voto do controlador, este seria responsável pelo induzimento à aprovação de ato ilícito por parte dos acionistas desimpedidos, ou seja, dos minoritários. Essa hipótese pode, com efeito, ocorrer.

Em todas as matérias em que exista conflito de interesses que impeça o voto do controlador (§ 1º do art. 115), pode suceder que os administradores levem à assembleia propostas de deliberação e aprovação ilicitamente instruídas, para que os minoritários as aprovem, em favor, portanto, dele, controlador abusivo, e em detrimento do interesse da companhia e dos próprios minoritários que foram induzidos a erro na sua ratificação.

Essa a interpretação razoável do presente enunciado, que, de resto, uma vez consumado, configura falta gravíssima, a qual desborda do âmbito das sanções civis e administrativas, para chegar ao plano penal, pelo seu nítido caráter de falsidade ideológica.

DEVER DE LEALDADE — CONFLITO DE INTERESSE — ALÍNEA *F* DO § 1º

O enunciado desta alínea *f* é inteiramente compatível com os institutos da responsabilização civil e administrativa. Não se trata aqui de conflito formal de interesses, mesmo porque o enunciado leva a ilicitude para âmbito diverso da assembleia geral[850].

Trata-se, com efeito, de negócios jurídicos lesivos à companhia, fora da competência deliberativa da assembleia geral, praticados na alçada dos

---

850 *V.* comentários ao art. 156.

contratos correntes da companhia, de aquisição, alienação, incluindo serviços, bens tangíveis e intangíveis e todo o universo de transações que tragam lesão ao patrimônio da sociedade.

Não se trata, portanto, de matéria de impedimento, mas de ato ilícito praticado pelo controlador em qualquer esfera da companhia.

Na apuração da responsabilidade não é necessário medir o nível do interesse do controlador e que se traduz, necessariamente, na intensidade maior ou menor do dano acarretado à sociedade.

A conduta abusiva do controlador estará, de qualquer forma, configurada, seja relevante ou não o dano apurado. Apura-se a responsabilidade civil e administrativa, no caso, pelas condições de favorecimento obtidas pelo controlador abusivo.

O critério é de equidade, que deve ser rigorosamente observado. O negócio entre o controlador e a companhia deverá ser equitativo, na medida em que é indiferente para a companhia celebrar com o seu controlador ou com terceiro o contrato em questão. Assim, o negócio deve ser formado e concluído em condições de inquestionável comutatividade, o que se pode apurar objetivamente, tendo em vista a média das operações efetuadas entre terceiros no mesmo setor de atividade[851].

O mesmo critério comparativo deve ser utilizado nos negócios excepcionais, tendo por base os valores praticados no mercado para tais negócios.

E, quando o presente enunciado fala em condições de favorecimento, deve ele caracterizar-se como ilícito, e que, por isso, cause dano à companhia.

Evidentemente que o aproveitamento lícito de oportunidades por parte do controlador não é punível, civil ou administrativamente. Esse favorecimento lícito mede-se pelo critério da reciprocidade de vantagens do negócio privilegiado realizado intramuros entre a companhia e seu controlador.

Assim, será possível conceituar como equitativos os negócios excepcionais realizados entre o controlador e a companhia quando trouxerem, para esta última, vantagens patrimoniais equivalentes àquelas de que privilegiadamente irá beneficiar-se o primeiro.

É evidente que o controlador não faria o negócio com a companhia se não tivesse vantagem mercadológica em face de terceiros. Deve ele, pois, necessariamente, retribuir excepcionalmente a companhia por esse privilégio, ou seja, por esse favorecimento.

---

851 Ripert e Roblot, *Traité*, cit., v. 1, p. 780.

Havendo reciprocidade de vantagens, não se configura favorecimento ilícito, porém lícito. A propósito, convém diferenciar o que seja favorecimento em matéria civil e administrativa sancionatória, daquela conduta tipificada com o mesmo nome, no Direito Penal, no capítulo dos "Crimes contra a Administração Pública".

No Direito Civil e Administrativo, não há favorecimento sem dano, podendo haver favorecimento lícito, enquanto no Direito Penal o favorecimento é sempre crime, dispensando o nexo danoso para prevalecer a intenção dolosa, afetando a Administração Pública[852].

DEVER DE LEALDADE E DILIGÊNCIA — APROVAÇÃO DE CONTAS IRREGULARES E OMISSÃO NA APURAÇÃO DE ATO ILÍCITO DOS ADMINISTRADORES. ILÍCITOS PENAIS — ALÍNEA *G* DO § 1º

Como em alguns enunciados anteriores, este também aponta antijuridicidades bastante distintas, que se aglomeram. Essa junção de duas antijuridicidades (contas irregulares e omissão em apuração de fatos irregulares) deve-se à incidência, em ambas, de delitos tipificados no Código Penal de 1940 (arts. 177 e 348 do CP).

A primeira antijuridicidade é de suma gravidade, ao referir-se à aprovação de contas irregulares da administração da companhia, gravidade essa que leva a matéria, como referido, para a esfera do Direito Penal, consoante dispõe o apontado art. 177, § 1º, I a VII. Desse modo, responderá como coautor em ação penal o controlador que aprovar ou fizer aprovar contas irregulares dos administradores.

A aprovação de contas irregulares dos administradores, na redação enunciada na presente alínea *g*, está condicionada ao aproveitamento pessoal do controlador. Tal requisito, que facilita a apuração do nexo de causalidade entre o delito e o seu fruto, não é, no entanto, preclusivo na configuração da conduta delituosa do controlador. Assim, mesmo que não tire proveito da aprovação de contas irregulares, o ato de sua aprovação constitui

---

852 Sobre a matéria, Colegiado da CVM, IA RJ 2002/1173, voto do Diretor Luiz Antonio de Sampaio Campos, j. em 2-10-2003; PAS CVM RJ 2005/0097, Relatora Diretora Maria Helena de Santana, j. em 15-3-2007; PAS CVM RJ 2001/4474, j. em 30-3-2005; PAS CVM n. 27/99, j. em 12-8-2004; PAS CVM n. 10/2000, j. em 8-7-2004; PAS CVM n. 03/96, j. 8-7-2004; PAS CVM n. 17/2000, j. em 15-4-2004; PAS CVM n. 17/2001, j. em 16-10-2003; PAS CVM n. 31/2000, j. em 10-7-2003; PAS CVM n. TA-RJ 2000/6479, j. em 5-6-2003. In Lazzareschi, ob. cit., p. 268 e s.

falta grave, para não dizer talvez a mais grave de todas as irregularidades cometidas pelo controlador. Para a sua responsabilização basta apurar o dano causado à companhia e, aí, aos acionistas minoritários.

A ilicitude ora enunciada implica, necessariamente, um conluio entre o controlador e os administradores da companhia (art. 177, § 1º, I, do Código Penal). Em consequência, a responsabilidade será de todos (controladores e administradores), não só no plano penal, como no civil e no administrativo (CVM).

A propósito, deve ser incluída nesse enunciado a ausência de balanço e, consequentemente, da prestação de contas dos administradores, acobertados pelo controlador.

O presente enunciado, outrossim, considera ato ilícito fazer aprovar as contas irregulares por outros acionistas, vale dizer, pelos minoritários nas assembleias gerais de companhia em que os controladores estão impedidos por serem também administradores (art. 115, § 1º).

Essa conduta configura também o abuso do direito de voto (art. 115). Trata-se, outrossim, de ilícito penal, representado pela presunção de compra e venda de voto de acionistas para aprovação de contas irregulares. O delito está tipificado no § 2º do referido art. 177 do Código Penal.

Reitere-se que os atos ilícitos enunciados na primeira parte desta alínea g têm efeitos gravíssimos no plano do interesse privado, sobretudo dos acionistas minoritários, como também na esfera do interesse público, tutelado pelo processo administrativo sancionatório (CVM) e pelo processo penal, na forma e para os efeitos do citado art. 177 do Código Penal.

O outro enunciado de ilicitude contido nesta alínea g refere-se à conduta omissiva do controlador na hipótese de atos lesivos praticados pelos administradores que, em função de seu dever fiduciário, deveria saber.

Essa omissão também é imputável ao controlador na hipótese de surgirem fundadas suspeitas de irregularidades na administração da companhia. Essa quebra do dever de diligência constitui infração de natureza delituosa, de suma gravidade, tanto no plano do interesse privado da sociedade e de seus acionistas minoritários como na esfera do interesse público, em se tratando de companhia aberta.

E no plano penal responderá o controlador por crime de favorecimento pessoal, ao deixar de apurar denúncia de ilícito penal que saiba ou devesse saber procedente ou que justifique fundada suspeita de efetiva prática do delito. Trata-se de crime contra a administração da justiça, consoante o art. 348 do Código Penal de 1940 (crimes contra a administração da Justiça).

AUMENTO DE CAPITAL COM BENS ESTRANHOS AO OBJETO SOCIAL — ALÍNEA *H* DO § 1º

O pressuposto da antijuridicidade prevista na alínea *h* do § 1º deste artigo é o de que não pode haver aumento de capital sem *causa* que se compatibilize com as necessidades da companhia. A antijuridicidade no caso alcança qualquer deliberação do aumento, seja ele subscrito em moeda corrente, seja mediante a conferência de bens e direitos[853].

Isto posto, o sentido da antijuridicidade prevista na alínea *h* não pode ser literalmente considerado quando fala em "bens estranhos ao objeto social". Foi, também nesse caso, infeliz o legislador de 1997 (Lei n. 9.457/97). Deveria o dispositivo falar não em bens estranhos ao objeto, mas estranhos ao *interesse social*. Esse conceito de interesse social pressupõe a estrita observância do objeto social, mas não se esgota naquela declaração estatutária. A restrição deve ser mais específica, devendo a leitura da presente alínea *h* referir-se à adequação da conferência de bens ao *interesse social*, ou seja, à atividade da companhia que vem sendo concretamente exercida.

Isso porque, se o limite for genericamente o objeto social, como canhestramente colocou o legislador de 1997, estará provavelmente frustrada a função moralizadora da norma.

E, com efeito, é comum as companhias ostentarem em seu estatuto objeto social mais amplo e genérico do que aquelas operações empresariais que, de fato, desenvolvem. Assim, poderia, v. g., o controlador, de má-fé, conferir bens que não tenham no momento nenhuma relação com o *interesse social*, invocando o amplo e genérico objeto social declarado no estatuto, que prevê outras atividades jamais exercidas. Será, por exemplo, o caso de uma companhia construtora de edifícios comerciais que, não obstante prever o estatuto também a atividade de loteamentos, somente se tem envolvido, ao longo dos anos, com a primeira atividade. Nesse caso, não poderá o controlador invocar a previsão estatutária de loteamento para impor aos minoritários a conferência de terrenos que não interessam à atividade de incorporação de prédios. Tal conferência de bens, ainda que compatível com a amplitude do objeto social estatutariamente declarado, não atende ao interesse social.

A causa da conferência de bens deve ser o proveito que ela trará para a consecução do interesse social, ou seja, o desenvolvimento da companhia.

---

853 *V.* comentários ao art. 166.

Haverá casos, no entanto, em que efetivamente deseja a companhia explorar ou retomar outras atividades previstas no estatuto, até então esquecidas. Nessas hipóteses, somente se admitirá a conferência de bens por parte do controlador se previamente houver um plano de investimento especificamente para o setor novo, devidamente aprovado e já posto em prática pela administração e devida e previamente deliberado pela assembleia geral. Sua consistência deverá ser evidente e não aparente.

Fora dessa hipótese de efetiva mobilização do aparato empresarial e estratégico da companhia, na abertura ou reabertura de outras atividades estatutariamente previstas, estará configurada a antijuridicidade da conduta do controlador.

O *interesse social*, portanto, é o critério de julgamento que se impõe na configuração da juridicidade ou antijuridicidade da conferência de bens por parte do controlador.

Temos, assim, que o dispositivo constante da alínea *h* do presente art. 117 deve ser lido da seguinte maneira: "subscrever ações, para os fins do disposto no art. 170, com a realização em bens estranhos ao interesse social da companhia, ainda que conste do seu objeto social". Pela leitura da norma, não pode haver conferência de bens *sem causa*.

Desse modo, a *causa* da conferência de bens está absolutamente vinculada à função econômica que o negócio é levado a desempenhar no interesse da companhia.

A propósito, a lição de Santoro-Passarelli: "Essa função que o negócio deve desempenhar, olhada como razão determinante para que o sujeito o realize, aparece como a causa do mesmo negócio e toma esse nome"[854].

Por outro lado, o critério do *interesse social,* que deve sempre prevalecer, muitas vezes não se compraz com a função instrumental direta e física do bem conferido. Será a hipótese, v. g., de companhias que devam participar de licitações, certames ou leilões públicos, visando à contratação de obras públicas, concessões e permissões de serviços públicos, em que o interesse social será atendido mediante o aumento do capital da companhia para o patamar mínimo exigido pelo respectivo edital. Nesse caso, será compatível com o *interesse social* a conferência de bens com esse objetivo. Poderá haver, como no setor empresarial exemplificado, casos em que se atenderá melhor ao *interesse social* conferindo bens, embora não diretamente vinculados a atividades imediatas da companhia, mas que sirvam, v. g., como instrumen-

---

854 *Teoria*, cit., p. 100. Também, a respeito, Garrigues-Uría, *Comentario*, cit., v. 2, p. 262 e s.; Hemard, *Sociétés*, v. 2, p. 338 e s.

to para o cumprimento do capital mínimo exigido nos editais, para participação em concorrências[855].

RESPONSABILIDADE SOLIDÁRIA DO ADMINISTRADOR — § 2º

O pressuposto da solidariedade é que o administrador, ao praticar antijuridicidade no exercício de suas funções estatutárias (art. 158), visou favorecer ilicitamente o controlador, seja no plano patrimonial, seja no político. Não há solidariedade, portanto, quando da conduta antijurídica do administrador não resultar favorecimento ilícito ou sem causa do controlador.

Além da responsabilidade solidária do administrador ou fiscal com o controlador ilicitamente favorecido (§ 2º), há que perquirir sobre os efeitos desse conluio.

O efeito é o agravamento da responsabilidade no plano civil e administrativo, quando não penal, se cabível. Desse modo, o administrador ao responder pelos atos ilegais, irregulares ou ilícitos praticados em concerto com o controlador, para favorecê-lo ilicitamente, contraria relevantemente os seus deveres impostos nas normas contidas nos arts. 153 a 157.

Portanto, a declaração legal de solidariedade não basta como efeito da antijuridicidade praticada. A conduta do administrador no caso configura má-fé objetiva e manipulação para a prática da ilegalidade que causa o dano enorme para a companhia, seus acionistas e para a comunidade interna e externa (art. 116, § único), para favorecer ilicitamente o controlador.

No plano da reparação civil e da sanção administrativa, essa conduta danosa deverá ser objetivamente perquirida. No plano penal, a intenção dolosa precisa ser configurada.

CONTROLADOR-ADMINISTRADOR OU FISCAL — § 3º

No que respeita ao exercício do cargo de administrador ou de conselheiro fiscal por parte do controlador, cabe indagar se as sanções que incidem sobre a conduta ilícita surgida do exercício dessas funções devem ser cominadas pelo que se enuncia no presente artigo ou se aplica o disposto nos arts. 158 e 165, com remissão aos artigos anteriores — arts. 153 a 157.

---

855 Sobre a matéria, Parecer PFE/CVM n. 004/2004.

O deslinde está na análise da conduta, casuisticamente considerada. Desse modo, se o controlador-administrador ou fiscal agiu em proveito próprio, no sentido material ou patrimonial, fica a conduta irregular estabelecida nos arts. 158 e 165, acrescida das cominações enunciadas no § 1º do presente artigo. Responde ele, assim, duplamente, pelo abuso do poder de controle em proveito próprio e pela conduta ilícita como administrador ou fiscal (arts. 158, 159 e 165).

Se, no entanto, a ilicitude se configurar apenas no que prescrevem os arts. 158 e 165, por quebra dos deveres previstos nos arts. 153 a 157, sem que o ilícito traga proveito ilegal para ele, como controlador, prevalece o disposto a respeito no capítulo dos Deveres e Responsabilidades consubstanciados nos referidos arts. 153 e 159 e no art. 165[856].

SEÇÃO V
ACORDO DE ACIONISTAS

Art. 118. Os acordos de acionistas, sobre a compra e venda de suas ações, preferência para adquiri-las, exercício do direito a voto, ou do poder de controle deverão ser observados pela companhia quando arquivados na sua sede.

• Caput *com redação dada pela Lei n. 10.303, de 31 de outubro de 2001.*

§ 1º As obrigações ou ônus decorrentes desses acordos somente serão oponíveis a terceiros, depois de averbados nos livros de registro e nos certificados das ações, se emitidos.

§ 2º Esses acordos não poderão ser invocados para eximir o acionista de responsabilidade no exercício do direito de voto (art. 115) ou do poder de controle (arts. 116 e 117).

§ 3º Nas condições previstas no acordo, os acionistas podem promover a execução específica das obrigações assumidas.

§ 4º As ações averbadas nos termos deste artigo não poderão ser negociadas em bolsa ou no mercado de balcão.

---

856 Sobre a matéria, PAS CVM 12/01, Rel. Diretor Pedro Oliva Marcilio de Sousa, j. em 12-1-2006; PAS CVM RJ 2005/1443, Rel. Pedro Oliva Marcilio de Sousa, j. em 21-3-2006; PAS CVM 2005/0097, Rel. Diretora Maria Helena Santana, j. em 15-3-2007; PAS CVM 02/2004, voto do Diretor Pedro Oliva Marcilio de Sousa, j. em 7-12-2005. In Lazzareschi, ob. cit., p. 268 e s.

§ 5º *No relatório anual, os órgãos da administração da companhia aberta informarão à assembleia geral as disposições sobre política de reinvestimento de lucros e distribuição de dividendos, constantes de acordos de acionistas arquivados na companhia.*

§ 6º *O acordo de acionistas cujo prazo for fixado em função de termo ou condição resolutiva somente pode ser denunciado segundo suas estipulações.*

• *Parágrafo acrescentado pela Lei n. 10.303, de 31 de outubro de 2001.*

§ 7º *O mandato outorgado nos termos de acordo de acionistas para proferir, em assembleia geral ou especial, voto contra ou a favor de determinada deliberação, poderá prever prazo superior ao constante do § 1º do art. 126 desta Lei.*

• *Parágrafo acrescentado pela Lei n. 10.303, de 31 de outubro de 2001.*

§ 8º *O presidente da assembleia ou do órgão colegiado de deliberação da companhia não computará o voto proferido com infração de acordo de acionistas devidamente arquivado.*

• *Parágrafo acrescentado pela Lei n. 10.303, de 31 de outubro de 2001.*

§ 9º *O não comparecimento à assembleia ou às reuniões dos órgãos de administração da companhia, bem como as abstenções de voto de qualquer parte de acordo de acionistas ou de membros do conselho de administração eleitos nos termos de acordo de acionistas, assegura à parte prejudicada o direito de votar com as ações pertencentes ao acionista ausente ou omisso e, no caso de membro do conselho de administração, pelo conselheiro eleito com os votos da parte prejudicada.*

• *Parágrafo acrescentado pela Lei n. 10.303, de 31 de outubro de 2001.*

§ 10. *Os acionistas vinculados a acordo de acionistas deverão indicar, no ato de arquivamento, representante para comunicar-se com a companhia, para prestar ou receber informações, quando solicitadas.*

• *Parágrafo acrescentado pela Lei n. 10.303, de 31 de outubro de 2001.*

§ 11. *A companhia poderá solicitar aos membros do acordo esclarecimento sobre suas cláusulas.*

• *Parágrafo acrescentado pela Lei n. 10.303, de 31 de outubro de 2001.*

LEI DE 1940

O Decreto-Lei n. 2.627, de 1940, somente continha preceito quanto à negociabilidade das ações nominativas — art. 27 — cuja circulação poderia ser objeto de pacto parassocial estatutário limitativo, desde que não sujeitasse o acionista ao arbítrio da administração da sociedade ou da maioria dos acionistas.

Esse dispositivo, de resto, é reproduzido na lei vigente para as companhias fechadas (art. 36)[857].

Não previa o antigo diploma de 1940 convenção negocial sobre a preferência na compra e venda de ações fora do estatuto. Ainda que não fosse proibida, essa forma de convenção não vinculava companhia, mesmo em se tratando de ações nominativas.

E, quanto à convenção de voto, o Decreto-Lei n. 2.627, de 1940, não regulava ou previa a espécie.

Por outro lado, não havia nenhum dispositivo expresso que proibisse a avença de voto.

Temos, assim, que o antigo diploma, quanto ao aspecto negocial das ações já emitidas, continha permissivo estatutário restrito às nominativas.

CONVENÇÃO DE VOTO NA VIGÊNCIA DA LEI DE 1940

Em decorrência da omissão da antiga lei sobre a convenção de voto, instaurou-se dissídio doutrinário a respeito da validade de tais acordos.

Havia aqueles que, fundados no princípio *ubi voluit, dixit*, opinavam favoravelmente a essa validade, apoiando-se na falta de uma explícita proibição da lei. Nesse sentido, Valverde, que entendia válida a avença, desde que lícita a sua causa ou fim e uma vez que atendesse ao interesse social e fosse temporária.

Daí julgar o autor dever a questão ser resolvida casuisticamente pelos tribunais. Valverde enfatizava que o ilícito jurídico estaria no *comércio do voto* e não na convenção de voto. Porém, não aceitava, em face dos princípios que regulavam o antigo diploma, a convenção *permanente* sobre o voto, representada pela irrevogabilidade do mandato para votar. Em tal hipótese, entendia Valverde haver renúncia definitiva do respectivo direito[858].

Também no sentido de admissibilidade da convenção de voto, na vigência do Decreto-Lei n. 2.627, de 1940, manifestava-se Pontes de Miranda[859], que entendia poder o acionista, dentro do princípio do livre exercício do

---

857 V. nosso *Acordo de acionistas*, São Paulo, 1985. V. comentários ao art. 36.

858 Valverde, *Sociedades por ações*, cit., v. 2, p. 59 e s.

859 *Tratado*, cit., v. 50, p. 302 e s. e 395 e s.

voto, comprometer-se a votar de determinada maneira. Ressaltava o autor que, mesmo assim, poderia o acionista votar diferentemente do avençado, hipótese em que a sanção não seria outra que a reparação por perdas e danos ou a prevista na respectiva cláusula penal.

Dessa maneira, as convenções de voto seriam válidas e eficazes, no regime do Decreto-Lei n. 2.627, de 1940, não vinculando, porém, a sociedade, como referido.

Ambos os autores, ao admitirem a convenção de voto, levaram em conta o princípio da unidade entre propriedade das ações e respectivo exercício do voto e, ainda, o princípio da revogabilidade de qualquer mandato.

Em sentido contrário, manifestou-se Cunha Peixoto[860]. Negava o ilustre autor validade às convenções de voto, em face do Decreto-Lei n. 2.627, de 1940, pois representavam a derrogação do princípio de ordem pública, na espécie, pela prerrogativa do acionista de deliberar livremente em assembleia. Se admitida a convenção, a assembleia geral passaria a ser uma farsa, uma vez que os assuntos já estariam, prévia e inapelavelmente, solucionados antes de sua instalação. De nada serviriam o conclave e a discussão da matéria (*debattrecht*). Em consequência, o acionista convenente ficaria, muitas vezes, no dilema de votar com a sua consciência ou de acordo com o convênio; caso em que, se prevalecesse o primeiro motivo, ficaria o acionista sujeito à multa ou indenização.

AINDA A DISSIDÊNCIA DOUTRINÁRIA E A PRÁTICA SOCIETÁRIA NO REGIME DE 1940

Tanto a corrente favorável como a contrária à convenção de voto, no regime do Decreto-Lei n. 2.627, de 1940, levaram em conta os princípios da inacessibilidade do voto e da prevalência da decisão majoritária. Não obstante, a corrente contrária enfatizou a absoluta liberdade de voto, sem a qual seria impossível falar em democracia societária e em regime de assembleia geral.

A corrente favorável encarou a realidade e as mudanças que a estrutura das relações na sociedade anônima vinha sofrendo, em especial pela alteração da escala empresarial. Daí decorreu, com efeito, a necessidade de se organizarem grandes companhias, em que o domínio nas assembleias acabou sendo exercido por parcela minoritária do capital, diante do fracionamento e atomização do colégio acionário.

---

860 Cunha Peixoto, *Sociedade por ações*, cit., v. 2, p. 354 e s.

Dessa forma, ingressou nos costumes societários a convenção de acionistas, abrangendo, até mesmo, o exercício do voto, com vistas a aglutiná-los, seja para a obtenção do poder decisório, seja para fazer-lhe frente por parte dos minoritários.

O entendimento mais realístico e menos ortodoxo da doutrina veio dar respaldo a essa prática contratual largamente em uso no País, notadamente a partir dos anos 1960.

O fenômeno da celebração dos acordos acentuou-se principalmente a partir da atuação do Banco Nacional de Desenvolvimento Econômico — BNDE, no setor de investimentos das empresas privadas nacionais, quando se tornou requisito convencional para a sua participação e de suas então subsidiárias (EMBRAMEC, FIBASE, IBRASA) nos capitais delas.

Também nas *joint ventures* e demais formas de participação minoritária ou paritária de capital estrangeiro em companhias nacionais, os acordos de acionistas acabaram impondo-se para, geralmente, estabelecer uma partilha no poder decisório da companhia ou o direito de veto do acionista estrangeiro sobre assuntos institucionais e administrativos afetando a assembleia geral e a própria administração.

Não havendo determinação legal quanto à matéria que poderia ser objeto do acordo — como ocorre na lei vigente de 1976 — as convenções costumavam ser muito abrangentes na vigência do diploma de 1940.

Em geral, os acordos de acionistas versavam sobre proibição de operações de garantia em empréstimo com ações majoritárias, direito recíproco de preferência na aquisição de ações entre grupos de acionistas; direito de eleger administradores e fiscais por parte de grupo minoritário ou possuidor de determinadas classes de ações preferenciais, especialmente criadas para tanto. Ainda versavam sobre o direito de acompanhamento dos atos societários e das atividades empresariais por parte de minoritários. Por outro lado, estabeleciam obrigação de acionistas majoritários de promoverem reformas administrativas e mesmo estruturais na companhia.

Essas convenções declaravam, em geral, a sua eficácia perante terceiros e junto à própria companhia, na qual já eram, de fato, arquivadas para tal fim.

No capítulo das responsabilidades, comumente se estabelecia a solidariedade dos contratantes pertencentes a dado grupo e, ainda, a obrigação de ressarcimento por perdas e danos pelo descumprimento de cláusulas da avença. Em muitos casos, também se prefixavam multas que, às vezes, eram convencionadas num montante igual ao investimento minoritário do grupo estrangeiro ou do então BNDE, depois BNDES, e suas subsidiárias.

LEI N. 6.404, DE 1976

A Lei n. 6.404, de 1976, sensível a essas práticas de largo uso nas relações entre as empresas privadas nacionais e as estrangeiras e entre aquelas e as instituições oficiais de investimento e suas subsidiárias, passou a regular a matéria.

Ao disciplinar a espécie, o diploma vigente foi inovador, não quanto ao conteúdo de tais avenças, que obedecem à tradição hoje universalmente consagrada, mas pelo fato de ser praticamente uma das primeiras leis que de maneira direta tratam da matéria, antecipando-se, na época, ao projeto da sociedade anônima europeia. Por outro lado, concretiza o que, a respeito, propunham outros anteriores projetos de reforma, notadamente o de Ascarelli e o formulado por De Gregorio[861].

Consoante a Exposição de Motivos de 1976, visou a disciplina legal desse contrato, que se exerce no âmbito da companhia, a evitar os abusos que se praticavam por meio dele e, por outro lado, a evitar também os malefícios que se lhe atribuíam.

É ainda a Exposição de Motivos de 1976 que vê no acordo de acionistas o estabelecimento de um instituto que se situa entre a *holding* e o "acordo oculto". Esse alegado caráter oculto, entretanto, há muito não prevalecia na prática societária, já que tais avenças eram, cada vez mais, levadas a registro público, além de serem, quase sempre, arquivadas nas companhias, para terem validade junto a ela, consoante previsão estatutária.

PRINCIPAIS ALTERAÇÕES INTRODUZIDAS PELA LEI N. 10.303, DE 2001

A Lei n. 10.303, de 2001, alterou, de forma significativa, a disciplina do acordo de acionistas, com a nova redação do *caput* do art. 118 e com os novos §§ 6º a 11, acrescentados a esse artigo.

A primeira dessas alterações, decorrente da nova redação do *caput* do artigo, foi a inclusão, no rol das matérias reguladas por acordo de acionistas,

---

861 O Projeto De Gregorio apenas tratava da convenção de voto e não da convenção de disponibilidade preferencial das ações. O preceito sugerido era o seguinte: "Sindicato de voto — As convenções tendo por objeto o exercício do direito de voto devem ser estipuladas por escrito. A duração da convenção não pode exceder três anos. Se não tiver prazo determinado ou for previsto um período superior, a convenção será válida por três anos".

da referente ao exercício do poder de controle, com plena eficácia e oponibilidade à companhia, uma vez arquivado em sua sede.

Com isso, os acordos de acionistas adquiriram feição inédita no Direito brasileiro, bastante assemelhada à dos acordos de votação em bloco, ou *pooling agreements*, consagrados, há mais de um século, pela doutrina e jurisprudência norte-americanas.

Por meio dessa modalidade de acordo (controle), os acionistas signatários comprometem-se a instituir uma comunhão para, assim, exercer o controle societário, razão pela qual convencionam realizar uma *reunião prévia* a cada deliberação dos órgãos sociais, em que será decidido, pelo critério de maioria absoluta dos convenentes, o rumo dos votos a serem proferidos pelos acionistas em assembleia geral e, ainda, pelos conselheiros e diretores representantes dos acionistas signatários nas reuniões do Conselho de Administração e da diretoria, respectivamente (§§ 8º e 9º).

Assim, a Lei n. 10.303, de 2001, instituiu três negócios obrigacionais nominados, nitidamente diversos quanto à sua função e seus efeitos em face da companhia, seus acionistas e terceiros. Passa-se a ter, como mais relevante, o acordo nominado de controle, ou, como designa a norma, "acordo de acionistas para o exercício do poder de controle".

Em seguida, temos o contrato nominado de voto, designado no preceito como "acordo de acionistas para o exercício do direito de voto". E mantém a reforma de 2001, sem alterações, o acordo de compra e venda de ações e de títulos conversíveis em ações ou de preferência na sua aquisição, designado no dispositivo como acordo de acionistas "sobre a compra e venda de suas ações, preferência para adquiri-las".

A instituição expressa do acordo de controle, que o distingue inteiramente do acordo de voto, leva à introdução, pela reforma de 2001, dos §§ 8º e 9º, que determinam a vinculação dos controladores à vontade majoritariamente expressa pela comunhão, em reunião prévia.

Ademais, esses dois parágrafos vinculam os administradores eleitos pela comunhão de controladores às deliberações tomadas em regime majoritário por eles; vinculação essa que se opera nas reuniões dos órgãos a que pertencem (Conselho de Administração e diretoria).

Tal vinculação dos administradores às decisões da comunhão, tomadas em reunião prévia — deve ser desde logo ressaltado — refere-se apenas às matérias de natureza relevante e extraordinária, expressamente enumeradas no respectivo acordo de controle. Não pode essa vinculação abranger matérias da administração ordinária, ou seja, aquelas necessárias à condução da companhia, para as quais prevalece integralmente o poder-dever de independência dos administradores, previsto no art. 154.

E deve ser, outrossim, anotado que aos acordos de voto, que pela reforma de 2001 ficou reservado ao exercício comum de direitos políticos dos minoritários, não se aplica o disposto nos §§ 8º e 9º, no tocante aos administradores em minoria por eles eleitos. Isso porque os referidos §§ 8º e 9º são instrumentos do exercício harmônico e uniforme do poder de controle comum, que, presume a lei, visa ao cumprimento e à implementação do interesse social.

Assim, a Lei n. 10.303, de 2001, ao instituir nominadamente o acordo de controle, oferece os instrumentos para o seu exercício, que se faz não apenas na assembleia geral, mas também nos órgãos de administração (Conselho de Administração e diretoria). Daí a razão de estabelecer a reforma de 2001 o vínculo entre a comunhão de controle e seus representantes em maioria na administração da sociedade, nas matérias que transcendem a administração ordinária, ou seja, aquelas que se referem à execução da estratégia de condução política da empresa, prevista no texto do respectivo acordo.

Por sua vez, o § 6º do presente art. 118 estabelece que o acordo fixado em função da ocorrência de um acontecimento futuro, como a alteração das participações societárias dos signatários em certo percentual ou a perda do controle da companhia, pode ser denunciado em conformidade com suas especificações. Verifica-se, portanto, que não há necessidade de que o acordo possua prazo de duração determinado, bastando que seja determinável.

Já o § 7º instituiu a figura do *síndico do acordo de controle*, que é o representante da comunhão dos acionistas controladores e a quem cabe proferir os votos correspondentes às ações de propriedade destes, consoante o direcionamento dado na *reunião prévia* da comunhão.

Prevê-se, ainda, que o mandato outorgado pelos controladores ao *síndico*, para a prolação do *voto comum*, poderá ter prazo de duração superior ao previsto no art. 126 da lei (um ano). Em verdade, esse mandato é irrevogável, de acordo com o art. 685 do Código Civil, que prescreve essa irrevogabilidade quando constituir meio de cumprir uma obrigação contratada.

Em seguida, o § 8º estabelece que o acordo de controle passa a vincular não somente a companhia e os acionistas signatários quando reunidos em assembleia geral, mas também os *conselheiros* e os *diretores* indicados pela comunhão de controle, ao impor ao presidente do Conselho de Administração e ao diretor-presidente a obrigação de não computar o voto proferido, nesses órgãos da administração, que esteja em desacordo com o direcionamento dado pelos controladores na respectiva *reunião prévia*.

Em se tratando de acordo de voto, da esfera, portanto, dos minoritários, o preceito do § 8º somente vincula os acionistas signatários do acordo, mas nunca os administradores em minoria por eles indicados em decorrência desse mesmo acordo. Não pode essa vinculação abranger os administradores minoritários eleitos pelo acordo de voto porque ele não integra a cadeia de controle, que abrange os órgãos da administração e a assembleia geral, como referido.

O § 9º, por sua vez, estabelece mecanismo de *autoexecução específica* do acordo de controle, distinto da execução específica (judicial) também prevista na lei, e que se dá por meio do voto da parte signatária prejudicada, ou seja, da comunhão de controle em face da ausência ou da abstenção de voto de signatário dissidente.

Tal mecanismo funda-se no princípio da *autotutela*, por meio do qual se assegura aos particulares, em situações bastante singulares e previstas em lei (p. ex., direito de retenção, legítima defesa e estado de necessidade, entre outras), agir direta e suficientemente, ou seja, sem a intervenção estatal, exigindo ação ou omissão da outra parte contratante ou de terceiro para obter o integral cumprimento da avença celebrada ou do direito ameaçado.

Note-se que o disposto no § 9º não consubstancia violação do princípio da inafastabilidade da tutela jurisdicional (CF/88, art. 5º, XXXV). A norma em questão não afasta a matéria da apreciação do Poder Judiciário, não obstante provocar inversão de papéis na lide: a parte do acordo prejudicada pela ausência ou abstenção de voto, ou seja, a comunhão dos controladores, que deveria figurar como autora na execução específica judicial do acordo, agora passará a ser ré em eventual demanda proposta pela parte dissidente que se absteve de votar ou se ausentou.

Verifica-se que os §§ 8º e 9º constituem mecanismos que reforçam os *meios de coercibilidade* e, em consequência, a eficácia do acordo de controle, visando, como referido, ao seu exercício unitário e harmonioso em prol do interesse social.

Note-se que, não obstante a ausência de previsão legal até a reforma trazida pela Lei n. 10.303, de 2001, já se convencionava na prática societária tanto a vinculação dos administradores ao voto dos acionistas controladores, obtido por maioria em *reunião prévia*, quanto o mecanismo de autotutela para a plena execução do acordo de controle, mediante o não acolhimento, pelo presidente da assembleia geral, dos votos dos controladores dissidentes.

No mais, o § 10 estabelece a obrigatoriedade de nomeação de um dos signatários do acordo para representar a comunhão dos controladores perante a companhia, a quem incumbe solucionar as dúvidas eventualmente suscitadas acerca da interpretação e da execução de cláusulas do acordo, conforme faculta o § 11.

Sem embargo dessa relação direta entre o representante do acordo de controle e a companhia, poderão a administração e a assembleia geral solicitar esclarecimentos a qualquer outro participante do acordo, direta e individualmente, sobre tudo aquilo de que devam ser informadas, por força da lei e das normas regulamentares da Comissão de Valores Mobiliários, no caso de companhia aberta, e do estatuto social.

AS AÇÕES VINCULADAS AO ACORDO ESTÃO EXCLUÍDAS DE NEGOCIAÇÃO EM BOLSA — § 4º E ART. 4º-A, § 2º

A eficácia do acordo de acionistas, no que respeita à companhia, seja ele de controle, voto dos minoritários ou preferência na compra e venda de ações, demanda, além de seu depósito na sede social, também a averbação das respectivas ações vinculadas nos livros próprios (art. 100).

Esse depósito tem diversas funções, sendo a principal a de inibir a negociação das respectivas ações em Bolsa ou no mercado de balcão organizado.

A razão desse proibitivo é a de assegurar, por sua vez, a função respectiva de cada uma das espécies de acordo.

Assim, no que respeita aos acordos de controle, a inibição visa, precipuamente, assegurar a maioria acionária votante (50% mais uma ação) para o exercício permanente do poder-dever do controle (art. 116). Essa exclusão das respectivas ações de controle das negociações em Bolsa ou no mercado de balcão organizado está especificamente instituída no art. 4º-A, § 2º.

Por sua vez, no que respeita ao acordo de voto dos minoritários, a função é de manter o percentual do grupo congregado no acordo, para que, assim, exerça em bloco seus direitos de participação minoritária nos conclaves e, aí, na eleição de seus representantes nos órgãos de administração, na conformidade da lei e do estatuto.

Desse modo, no que respeita aos acordos de bloqueio, a restrição tem a função de garantir o exercício dos direitos de preferência e de opção regularmente exercitáveis, na forma prevista no próprio acordo. A obviedade dessa proibição é manifesta.

A propósito, diante dessas vedações previstas na lei (§ 4º e art. 4º-A, § 2º), é costume de se apartar do acordo aquelas ações que não serão necessárias para a formação do quórum mínimo para o exercício dos direitos respectivos.

Assim, nos acordos de controle, podem os convenentes vincular apenas as ações necessárias à composição da maioria absoluta do capital votante (50% mais uma), deixando as demais ações ordinárias, que eventualmente possuam, livres para negociação no mercado de valores mobiliários.

O mesmo pode ocorrer nos acordos de voto dos minoritários e, também, nas avenças de preferência na compra e venda de ações e exercício de opção.

É usual e perfeitamente lícito promover-se essa repartição entre as ações vinculadas ao acordo e aquelas livres, exatamente para poder o acionista convenente negociar estas no mercado.

Não obstante, não pode o acordante que assim proceda (ações vinculadas e não vinculadas ao acordo) votar em sentido diverso com umas e com as outras. Ou seja, não pode o acionista convenente ter conduta diversa, quanto ao voto, com suas ações vinculadas, de um lado, e ações livres, do outro.

Desse modo, todas as ações de titularidade dos signatários do acordo (vinculadas e livres) devem ser direcionadas para a consecução do objeto do próprio acordo. Deve ter o convenente que possua ambas as modalidades (vinculadas e livres) agir comissivamente, ou seja, levando também suas ações livres para a votação no sentido do acordo, tanto mais quando se trata de formação de quórum qualificado para deliberação de determinadas matérias.

INCLUSÃO DO PODER DE CONTROLE COMO OBJETO DO ACORDO DE ACIONISTAS — *CAPUT* DO ART. 118 E SEUS EFEITOS — §§ 3º E 6º A 11

Como referido, o *caput* do art. 118 introduziu expressamente o exercício do *poder de controle* como matéria que pode ser objeto de acordo de acionistas. É uma modificação importante, pois os acordos de acionistas somente podem versar sobre as matérias que a lei expressamente determina, para terem *plena eficácia perante a sociedade*, e, assim, vinculá-la à sua execução na esfera jurídica em que opera, ou seja, no seio da própria companhia.

E, por força do § 8º, o acordo de controle passa a vincular não apenas os signatários em assembleia geral, mas também os *administradores* indicados pela comunhão de controle, no que respeita às deliberações relevantes e extraordinárias do órgão de que participem.

Fica, assim, evidente que os acordos de controle vinculam, *ex vi* desse § 8º, não apenas os membros do Conselho de Administração eleitos pela respectiva comunhão, mas também os *diretores*, nas reuniões desse órgão, *tenha ou não a sociedade conselho de administração.* Essa vinculação também dos diretores, tanto nas sociedades unitárias como duais, resulta da competência originária da diretoria sobre todos os assuntos da administração, que são levados, com plena instrução técnica e jurídica, para a pauta do Conselho de Administração, para pleno conhecimento e deliberação desta.

Desse modo, nas companhias com Conselho de Administração, o acordo de controle vincula tanto os *conselheiros* eleitos pela comunhão como os diretores. E, nas companhias em que não houver Conselho de Administração, os *diretores* estarão desde logo vinculados ao acordo de controle nas reuniões que esse órgão único realizar.

É o que se verifica da redação do § 8º quando fala em "presidente da assembleia ou do órgão colegiado de deliberação da companhia". Ocorre que a diretoria também é um órgão colegiado, pois exerce *função deliberativa*, em reunião regular, além daquela competência que lhe é própria, de representação da companhia (art. 143, § 2º).

Dessa forma, a *diretoria*, na ausência do Conselho de Administração, exerce a dupla função de órgão deliberativo e representativo, razão pela qual o acordo de controle alcança o voto dos *diretores* por ele indicados, prolatados em reunião regular (art. 143, § 2º).

Ainda sobre a extensão do instituto do acordo de controle, trazido pela Lei n. 10.303, de 2001, os seus efeitos vinculativos ocorrem também nas *assembleias especiais*, além daquelas gerais. Nesse sentido, é expresso o § 7º deste artigo.

Convém notar, outrossim, que o acordo de controle, na conformidade do *caput* e de seus parágrafos, tem por objeto o exercício desse *poder-dever* e não apenas o direito de voto. E, em consequência, como esse *poder-dever de controle* é exercido *primeiro* nos órgãos da administração da companhia para depois exprimir-se na assembleia geral, estão vinculados ao acordo, no que respeita a seus votos, os membros do Conselho de Administração eleitos pela comunhão dos controladores e também os diretores, em reunião regular da diretoria (art. 143, § 2º).

Por sua vez, como referido, o § 6º deste artigo esclarece dúvidas anteriores ao determinar que o prazo do acordo de acionistas pode ser fixado em função do *termo* ou *condição resolutiva*, como referido.

Note-se ainda que termo ou condição subordinando a vigência do acordo de acionistas equivale a *prazo*. Nessa hipótese, embora não haja prazo *determinado*, existe o prazo de duração *determinável* pela ocorrência de um acontecimento previsto, tal qual alteração das participações acionárias das partes convenentes abaixo de certo percentual, a perda do controle etc.

Nesse sentido, a decisão do E. Tribunal de Justiça do Rio de Janeiro: "Caracterização do acordo como ajuste com prazo certo, quando seu termo final, embora não expressado em data certa, está vinculado a evento futuro, ou condição suspensiva, qual seja, o desaparecimento do controle acionário dos convenentes"[862].

E, ainda como referido, o § 7º deste artigo trata da questão do *síndico* no acordo de controle, o qual é um mandatário da comunhão, com poderes para votar. O prazo do mandato outorgado ao *síndico* poderá ser superior a um ano, inclusive igual ao prazo do respectivo acordo de controle. Não há mais, nesse caso, necessidade da renovação anual do mandato prevista no § 1º do art. 125.

Por sua vez, o § 8º deste artigo, ainda como referido, expressamente determina que o presidente da assembleia ou do Conselho de Administração e da diretoria *não poderá computar o voto* proferido em desconformidade com o convencionado na respectiva reunião prévia da comunhão. Trata-se de *norma impositiva* e, portanto, inescusável o seu cumprimento pelo presidente da assembleia geral ou especial. Já no que tange aos órgãos da administração, o presidente de respectivo órgão (Conselho de Administração e diretoria) somente está obrigado ao determinado no § 8º em se tratando de administradores eleitos pela comunhão dos controladores nas expressas matérias de natureza extraordinária ou relevante elencadas no próprio acordo de controle, como referido.

Lembre-se, a propósito, de que, anteriormente à Lei n. 10.303, de 2001, tal prerrogativa era reconhecida pela doutrina no âmbito da assembleia geral, ou seja, na esfera dos acionistas controladores convenentes, e nunca no que respeita aos administradores[863].

Essa expressa determinação do § 8º é fundamental para dar *eficácia imediata* ao acordo de controle no que respeita ao exercício do poder-dever daí decorrente. Os votos contrários à convenção de controle não serão computados, devendo ficar registrados na ata da assembleia, do conselho de administração e da diretoria tal decisão e seus fundamentos.

Esse § 8º objetiva proporcionar o mesmo efeito do § 3º, qual seja dar *autocoercibilidade* ao acordo de controle. Temos, assim, que o § 3º demanda o suprimento judicial em processo de conhecimento, e o § 8º determina que o voto contrário à deliberação colhida na reunião prévia dos controladores

862 EI na AC 34.167, j. em 13-11-1985.

863 Conforme relata o autor, *Acordo de acionistas*, cit., p. 245 e s.

não pode ser computado pelo presidente dos trabalhos, seja na assembleia geral quanto aos signatários do acordo de controle, seja no âmbito dos órgãos da administração da companhia.

E o § 9º permite a *autoexecução* do acordo de controle por iniciativa da comunhão dos controladores, prejudicada com a ausência ou com a abstenção de voto de *signatários dissidentes* na assembleia geral ou, então, ocorrendo a ausência ou omissão dos *administradores* eleitos por ela.

Cabe, no caso, aos demais conselheiros ou diretores também eleitos pela comunhão, presentes à reunião do respectivo órgão, votar pelo administrador ausente ou renitente (abstinente), na estrita conformidade com a direção do voto *majoritariamente* estabelecido na *reunião prévia* realizada pelos convenentes, naquelas matérias relevantes ou extraordinárias previstas no respectivo acordo.

Existem, portanto, por força do § 3º e do § 9º do presente artigo, duas modalidades de *execução*: (i) em processo de conhecimento por via *judicial* ou arbitral[864], ou (ii) pela *declaração de vontade* da comunhão dos controladores, nos casos de ausência do acordante ou de sua abstenção de voto.

A *declaração substitutiva de voto* prevista no § 9º será feita diretamente pelos representantes da comunhão de controle nas assembleias, ou por intermédio de conselheiro ou diretor que represente a vontade majoritária do acordo nas reuniões do respectivo órgão em que deverão ser implementados os votos correspondentes ao direcionamento dos convenentes.

Por sua vez, a *execução específica judicial* poderá ser substituída pela *execução específica arbitral estatutária*, prevista no § 3º do art. 109, desde que se trate de voto de acionista convenente e não de voto de administrador eleito pelo acordo de controle. Isso porque esse § 3º remete à solução judicial ou arbitral de conflitos entre acionistas e a companhia, ou entre acionistas controladores e acionistas minoritários.

Assim, a *cláusula compromissória estatutária* vincula apenas a sociedade e aqueles acionistas formalmente compromissados e envolvidos no conflito em torno da execução do acordo de acionistas respectivo[865].

Não obstante, nada impede que o conflito que envolve os administradores eleitos pelo acordo de controle possa ser dirimido por arbitragem instituída em cláusula compromissória *autônoma*. Somente não alcança

---

864 *V.* comentários ao art. 109.

865 *V.* comentários ao art. 109.

os administradores o compromisso arbitral *estatutário* (art. 109, § 3º)[866].

ACORDOS DE VOTAÇÃO EM BLOCO PARA O EXERCÍCIO COMUM DO CONTROLE — *POOLING AGREEMENTS* — *CAPUT*

Ao incluir expressamente como matéria do acordo de acionistas, vinculativa da sociedade, *o exercício comum do poder de controle*, a Lei n. 10.303, de 2001, instituiu o acordo de votação em bloco (*pooling agreement*), por meio do qual os acionistas convenentes deliberam *majoritariamente*, em *reunião prévia*, a direção dos votos que serão dados pelas *ações do bloco de controle* nas assembleias gerais ou especiais. E, também, a direção dos votos que serão dados, sobre as matérias relevantes e extraordinárias decididas na mesma *reunião prévia*, pelos administradores representantes do *pool de controle* nas reuniões dos órgãos de administração da sociedade.

O conceito de *acordo de votação em bloco* (*pooling agreement*), como a modalidade de acordo de acionistas voltada para o *exercício comum do controle societário*, foi tratado pela jurisprudência, pela primeira vez, em 1897, no *leading case* Smith *v.* San Francisco & N.P.Ry. Co.[867].

A partir desse célebre processo, construiu-se no Direito norte-americano o conceito de que o *acordo de votação em bloco* representa para as partes um *mandato recíproco*. Desse modo, os convenentes que logrem, em *reunião prévia*, alcançar *majoritariamente* o *direcionamento* da comunhão de controle ficam investidos do mandato de votar com todas as ações incluídas no bloco. Tal se dá ainda que do direcionamento obtido na *reunião prévia* dos convenentes tenha havido votos minoritários discordantes[868].

---

866 *V.* comentários ao art. 109.

867 *Lattin on Corporations*, 1971, p. 582. Comentando a decisão, Lattin observa que "é absolutamente legal os acionistas convencionarem o exercício do poder de controle. No caso reiteradamente citado (Smith *v.* San Francisco & N.P.Ry. Co.) três acionistas adquiriram ações e as submeteram a um *pooling agreement*, convencionando que, durante cinco anos, o bloco de ações formado por eles votaria nas assembleias gerais da companhia na estrita conformidade com o que a maioria, dentre esses três convenentes, decidisse. Um dos três tentou votar com suas ações incluídas no *pool* contrariamente ao acordo. Seu voto foi rejeitado prevalecendo o voto do bloco, como determinado pelo acordo firmado e manifestado pelos outros acionistas. A Corte decidiu que o acordo de voto em bloco de ações constitui um contrato inteiramente válido, sustentando ainda que o mesmo era irrevogável como poder jurídico instituído para a realização de um determinado interesse".

868 Lattin, *The law of corporations*, p. 380 e s.; Henn e Alexander, *Law of corporations*, 3. ed., West Group, 1983.

A respeito dos *acordos de votação em bloco* (*pooling agreements*) para o exercício conjunto do poder de controle, lembra Henn: "Em muitas jurisdições (estaduais) os acionistas podem convencionar que antecipadamente exercerão seus votos em determinadas direções. Através desses acordos de voto em bloco, os acionistas em geral convencionam que o bloco dessas ações é que votará determinadas matérias previstas no próprio acordo, passando, em consequência, as ações de cada um dos contratantes a valer conjuntamente para tal fim e não mais individualmente"[869].

Os *acordos de votação em bloco* são também comentados por Hamilton: "Os *pooling agreements*, como são usualmente chamados, resultam em que as ações dos participantes desse acordo passam a votar como um todo (*unit*) (...). Nesse acordo de voto em bloco (*pooling agreement*) os acionistas mantêm todos os requisitos de propriedade de suas ações, exceto o poder de voto. A propósito, o *pooling agreement* é mais vantajoso do que os *voting trust*, por ser menos formal, mais fácil de convencionar e não implicar a perda de outros atributos próprios da propriedade das ações"[870].

O entendimento consagrado no Direito norte-americano a respeito da validade e eficácia dadas pela maioria das ações submetidas a um acordo de votação em bloco (*pooling agreement*) para o exercício do controle é que se trata de um *mandato irrevogável* dado *à maioria* dos controladores, na medida em que esse acordo visa a alcançar um interesse comum.

A respeito, ainda, Hamilton: "Certos mandatos são irrevogáveis. A característica do mandato para determinar se ele é efetivamente irrevogável é se o mesmo está vinculado a um interesse. (...) E um dos tipos de mandato caracterizados como vinculados a um interesse (...) é o constituído como forma de executar as cláusulas de um *pooling agreement*"[871].

Ainda no mesmo sentido da secular adoção dos *acordos de voto em bloco* na prática norte-americana, Thomas Joyce: "Não há qualquer limitação legal no que respeita aos *pooling agreements*. Os acionistas podem convencionar que votarão de acordo com a decisão da maioria dos acionistas pertencentes ao acordo, ou mesmo na conformidade com o que um deles vier a decidir"[872].

---

869 Henn, *Law of corporations*, p. 518 e s.

870 Robert W. Hamilton, *The law of corporations*, 5. ed., West Group, 2000, p. 278 e s.

871 Hamilton, *The law of corporations*, cit., p. 275 e s.

872 Thomas Joyce, Shareholders agreements: A.U.S. perspective, in *Sindacati di voto e sindacati di blocco*, a cura di Franco Bonelli e Pier Giusto Jaeger, Giuffrè, 1993, p. 355 e s.

Na doutrina italiana, a partir de Ascarelli, também é consagrado o acordo de votação em bloco — *sindacato di blocco* — como espécie dos *sindacati di voto*. Assim, Cottino, dentro da concepção ascarelliana, observa que, com o *sindacato di blocco*, na sua configuração típica, vários acionistas se vinculam visando dar ao seu voto determinado direcionamento, no sentido decidido pela maioria ou pela unanimidade dos acionistas integrantes do *sindacato*[873].

Verifica-se, pois, que os *acordos de votação em bloco*, como modalidade de acordo aplicável especificamente ao exercício do controle comum, são consagrados na prática societária há mais de um século, respaldados na legislação, na jurisprudência e na doutrina.

NOÇÃO, CONCEITO E CARACTERÍSTICAS DO ACORDO DE VOTAÇÃO EM BLOCO

Pode-se conceituar o *acordo de votação em bloco* como modalidade de acordo de acionistas que visa, durante o prazo de sua duração, ao exercício do *controle comum*.

Para tanto, os convenentes formam uma comunhão que, em reunião prévia, estabelecerá o quórum majoritário que irá direcionar os votos que devem ser dados, *com todas as ações do bloco*, pelos *acionistas* convenentes, nas assembleias da companhia e, em matérias extraordinárias ou relevantes, pelos *administradores* eleitos em virtude do acordo, nas reuniões dos órgãos de administração de que participam.

Os acordos de controle são caracterizados como *acordo de votação em bloco* na medida em que na respectiva convenção os seus signatários instituem uma comunhão representada por um *órgão deliberativo*, geralmente designado por *reunião prévia*.

Em outras palavras, o acordo de controle elenca o procedimento de *reunião prévia* a fim de que os convenentes decidam, antecipadamente, como irão majoritariamente votar as ações componentes do controle comum nas assembleias e como serão dados os votos dos representantes desse mesmo acordo nas reuniões do conselho de administração e da diretoria. Esse procedimento caracteriza o *acordo de votação em bloco*.

Nessas *reuniões prévias,* a deliberação será sempre tomada por *maioria absoluta* dos controladores, contados os votos pelo respectivo número de ações com que ingressaram no acordo. Não pode, em nenhuma hipótese,

---

873 Cottino, *Le convenzioni di voto nelle società commerciali*, Giuffrè, 1958, p. 3 e s.

prevalecer o requisito de unanimidade, mesmo porque tal quórum inviabilizaria o exercício do *poder-dever de controle* (§ 2º deste art. 118), na medida em que qualquer convenente discordante poderia obstruir a decisão desse *órgão interno* da comunhão.

A propósito, deve ser reiterado que o *acordo de votação em bloco* é instrumento convencional do exercício do *controle comum* da sociedade.

É, portanto, o acordo de votação em bloco *meio eficiente* para o exercício do *poder-dever de controle*, que é instrumento imprescindível para a consecução do interesse social, e para a realização do objeto e dos fins da companhia (§ 2º).

O DEVER FIDUCIÁRIO DA COMUNHÃO DE CONTROLE — PARÁGRAFO ÚNICO DO ART. 116

O parágrafo único do art. 116 institui o dever fiduciário do controlador, singular ou comum (acordo de controle), cujo poder de governar autarquicamente a companhia corresponde ao dever de fazê-lo visando à realização do seu objeto social, atendida, outrossim, a função social.

Esse dever se estende à preservação dos direitos políticos e patrimoniais dos demais acionistas (ordinaristas e preferencialistas), além de atender aos interesses do fator trabalho, aos dos seus *stakeholders* e aos da comunidade em que atua.

O dever fiduciário dos controladores decorre da sua situação jurídica de poder dispor de bens alheios — os da companhia — como um proprietário. Em outras palavras, os controladores têm o poder de governar a sociedade autonomamente, sem o concurso dos minoritários para a formação, a declaração e a consecução e implementação da vontade social.

Daí o caráter permanente do exercício do poder de controle[874].

A regra fundamental que decorre do parágrafo único do art. 116 é que não poderão os controladores buscar os seus interesses pessoais na condução da companhia, em detrimento dos interesses desta e dos de seus acionistas minoritários.

---

874 Cf. Comparato e Calixto Salomão: "O controle é, pois, o direito de dispor dos bens alheios como um proprietário. Controlar uma empresa significa poder dispor dos bens que lhe são destinados, de tal arte que o controlador se torna senhor de sua atividade econômica" (*O poder de controle na sociedade anônima*, 4. ed., Rio de Janeiro, Forense, p. 124).

Trata-se do dever de lealdade, que constitui princípio de ampla aplicação aos casos concretos e de fácil ajustamento às situações factuais de antijuridicidade, detectáveis no exercício do controle societário.

Esse dever de lealdade dos controladores mede-se, sobretudo, pelo princípio da boa-fé objetiva (arts. 113 e 422 do Código Civil), que, outrossim, embute o dever de diligência.

Desse modo, o princípio da boa-fé objetiva aplica-se, sempre, no exame da conduta dos controladores. Consequentemente, não serão eles responsáveis por erros na escolha da condução política da companhia (*policy makers*), desde que fique demonstrado terem agido com o devido cuidado e diligência.

Isto posto, a configuração ou não da responsabilidade dos controladores verifica-se comparativamente, ou seja, se os controladores agiram com a mesma diligência que outro controlador prudente empregaria, em circunstâncias semelhantes[875 e 876].

A COMUNHÃO DE CONTROLE QUE RESULTA DO ACORDO DE VOTAÇÃO EM BLOCO — REUNIÃO PRÉVIA

Os subscritores do acordo de controle formam uma comunhão de interesses composta de um órgão interno — a *reunião prévia,* facultativamente representada por um síndico (§ 7º). A *reunião prévia*, como órgão da comunhão de controle formada em virtude do acordo de votação em bloco, tem como função manifestar válida e eficazmente a vontade majoritária de seus signatários.

Assim, a *reunião prévia* é o instrumento do exercício do poder-dever de controle comum, significando que todos os signatários do acordo de votação em bloco estão vinculados por um denominador comum, representado pela uniformidade do poder-dever de controle (art. 116, *caput*) da sociedade, abrangendo todos os signatários, sem nenhuma prerrogativa de exercício individual de voto.

A *reunião prévia* dos signatários do acordo de controle, com votação em bloco, tem como função formar a vontade da comunhão que daí resulta, a partir do confronto das vontades individuais traduzidas, eventualmente, em interesses ou posicionamentos contrastantes desses mesmos controladores.

---

875 *Model Business Corporation Act*, cit., p. 254.

876 Sobre a matéria, TJSP, 4ª Câm., AC 161.344.1/9, Rel. Des. Ney de Mello Almada, j. em 26-11-1992.

A partir dessas discussões, em que se manifestam os signatários do acordo de controle presentes, será a deliberação da *reunião prévia* tomada por maioria absoluta de votos presentes, contados pelo número de ações com que cada um dos signatários ingressou na convenção, e obedecido o regime de quórum de instalação pactuado.

A *reunião prévia* constitui um órgão interno soberano e indispensável da comunhão de controle. E é um órgão interno porque não tem poderes de representação. Suas deliberações majoritárias são manifestadas ou pelo síndico (§ 7º) ou pelos signatários representantes da vontade majoritária e, ainda, na esfera dos órgãos da administração (conselho e diretoria), pelos administradores eleitos pelo acordo de controle.

Esse órgão interno é formado pelo conjunto dos signatários do acordo de controle, a quem compete, mediante a adoção do regime majoritário das ações que o compõem, a observância dos procedimentos de convocação, instalação e deliberação estabelecidos no próprio pacto. Isto posto, cabe aos pactuantes o encargo de formar a vontade eficaz e irrecorrível da comunhão.

Trata-se a reunião prévia, como referido, de órgão interno da comunhão de controle cuja vontade manifestada é oponível a todos os signatários do acordo, e também oponível à companhia, por intermédio da representação do síndico (§ 7º) ou dos próprios signatários.

A deliberação tomada em *reunião prévia* será a vontade da comunhão dos controladores, formada em decorrência do acordo de votação em bloco. Assim, a *reunião prévia*, regularmente instalada, representa a universalidade dos signatários do acordo de controle.

VALIDADE FORMAL E EFEITOS DA REUNIÃO PRÉVIA

O requisito de validade da *reunião prévia* é que tenha sido convocada e instalada consoante as normas pactuadas no respectivo acordo de controle. No silêncio destas, prevalecerão, por analogia, os procedimentos previstos nos arts. 127, 128, 129 e 130. Sem o cumprimento dessas formalidades, a *reunião prévia* será ineficaz.

Trata-se de ineficácia que afeta a própria instalação da reunião e não apenas as deliberações nela tomadas. Assim, mesmo que as deliberações de mérito sejam conforme à lei e ao próprio acordo, o vício de convocação e de instalação torna ineficazes as deliberações respectivas. Se, no entanto, estiverem presentes signatários que representem a totalidade das ações objeto do acordo de controle, dispensam-se as formalidades da convocação e de instalação.

As deliberações tomadas na *reunião prévia* têm como primeiro efeito a indivisibilidade interna e externa da vontade da comunhão de controle, decorrente do acordo de votação em bloco.

É pela deliberação majoritária haurida na reunião prévia dos signatários do acordo que se exprime a vontade da comunhão de controle, oponível *erga omnes*. E, como referido, o interesse da comunhão prevalece sobre os interesses individuais dos signatários do acordo, em face da unicidade do exercício do controle da companhia, que é o seu objeto.

Assim, as deliberações majoritárias da *reunião prévia* constituem a declaração da vontade da comunhão dos controladores e, nesse sentido, entram na categoria de negócio jurídico plurilateral, formado pela coincidência de vontades individuais dos signatários do acordo, presentes, que se fundem para expressar, por maioria absoluta ou qualificada, a vontade dos acordantes.

Constitui, assim, essa vontade manifestada um negócio unitário, porque emana de um colégio também unitário. Por isso, a vontade individual de cada signatário do acordo presente à *reunião prévia* deve manifestar-se precipuamente no interesse da comunhão de controle e não no interesse particular de cada um deles, tendo em vista o dever fiduciário decorrente do exercício do poder de controle.

Na impossibilidade de alcançar a unanimidade, a vontade da maioria absoluta ou qualificada, conforme a matéria, dos signatários presentes prevalece, expressando eficazmente a vontade da comunhão de controle.

Dessa forma, a *reunião prévia* torna eficaz a vontade da comunhão de controle em todas as matérias objeto do respectivo acordo.

ABUSO DO DIREITO DE VOTO NA REUNIÃO PRÉVIA

Deve-se cogitar do abuso do direito de voto por parte de signatários do acordo de controle presentes à *reunião prévia*. Será caracterizado esse abuso quando ficar evidente que alguns signatários procuram defender os seus interesses individuais ou do grupo a que pertencem, em confronto com os interesses da comunhão, que deve exprimir, sempre, o interesse social e a realização do seu objeto, tendo em vista o dever fiduciário de que estão investindo.

A comunhão resultante do acordo de controle estabelece direitos e obrigações comuns, formados pela comunidade dos signatários, no exercício do poder-dever de controle da companhia. O poder-dever de controle comum forma, assim, a comunhão de interesses, cujo instrumento de manifestação eficaz de vontade é a *reunião prévia*. Nesta, os signatários têm a obrigação de deliberar na conformidade do acordo de votação em bloco, sempre visando ao efetivo e harmonioso exercício do controle da companhia.

Atende, assim, a comunhão ao princípio da unicidade do poder-dever de controle, não podendo prevalecer o interesse ou a vontade individual de qualquer signatário. O exercício do controle não cabe isoladamente a qualquer signatário do pacto, por maior número de ações que tenha ele trazido à comunhão. O poder de controle é necessariamente exercido pelo conjunto dos seus subscritores.

Trata-se, com efeito, de um grupo de acionistas vinculados por um acordo de controle com votação em bloco. Não pode, assim, a vontade individual de qualquer signatário do acordo prevalecer sobre aquela da comunhão dos controladores. E, como referido, a prevalência da vontade comum sobre a individual dos signatários garante a uniformidade do exercício do controle, que não pode ser obstruído pela vontade dissidente de nenhum dos participantes do grupo.

Assim, caberá sempre à maioria absoluta dos signatários, na conformidade com as suas participações acionárias no acordo de controle, a competência para manifestar a vontade da comunhão. Reitere-se que o negócio jurídico de controle comum é único, na medida em que é única a manifestação de vontade visando ao seu regular exercício. Não há, pois, pluralidade de vontades no exercício do controle comum instituído pelo acordo de votação em bloco, impondo-se, em razão do dever fiduciário (parágrafo único do art. 116), a unicidade do seu exercício.

É essa unidade de vontade para o exercício do poder-dever de controle que caracteriza o acordo de votação em bloco, estabelecendo um laço jurídico entre os seus signatários. E a manifestação de vontade dessa comunhão de controle é soberana, vinculando tanto os seus signatários presentes à reunião prévia como os ausentes e os dissidentes.

Poderão os signatários dissidentes das deliberações tomadas por maioria absoluta ou qualificada no órgão interno deliberativo do acordo, ou seja, na reunião prévia, manifestar e lavrar seus protestos por escrito e devidamente fundamentado. Poderá arguir o dissidente a ilegalidade e a ilegitimidade (interesse social), a ilicitude da matéria, ou qualquer outro vício jurídico que possa, judicial ou arbitralmente (art. 9º, § 3º), ser invocado, visando à declaração da nulidade ou à anulação das deliberações tomadas a respeito.

Por outro lado, o signatário dissidente não poderá pleitear a anulação de tais deliberações com fundamento apenas em sua discordância negocial ou convicção pessoal diante da deliberação majoritariamente tomada pelos convenentes.

A MANIFESTAÇÃO DA VONTADE DA COMUNHÃO

No quadro da prevalência do interesse comum dos controladores acordantes sobre os individuais, à medida que a comunhão constitui a forma de assegurar a regularidade do exercício comum do controle e da salvaguarda do interesse social, a sua representação poderá caber ao síndico, na forma e nos efeitos previstos no § 7º.

Na ausência de nomeação do síndico, caberá a representação aos convenentes que representem a vontade majoritária absoluta da comunhão de controle, estabelecida em cada reunião, *ratione materiae*.

A representação, portanto, da comunhão de controle, resultante do acordo de votação em bloco, far-se-á nas assembleias gerais ou pelo síndico (§ 7º) ou pelos convenentes que formaram a vontade majoritária na respectiva reunião prévia.

Por sua vez, essa representação de vontade da comunhão de controle será feita nos órgãos colegiados da companhia (conselho de administração e diretoria) pelos administradores eleitos pelo acordo. Estes, nas respectivas reuniões, deverão implementar essa mesma vontade haurida majoritariamente na reunião prévia.

É assim que o síndico (§ 7º) ou a maioria dos convenentes e ainda os administradores eleitos pelo acordo de controle devem agir no interesse geral da comunhão, evitando e rejeitando qualquer ato de signatário dissidente ou de administrador renitente que vise a obstruir essa manifestação majoritária.

Dessa forma, o síndico ou os convenentes majoritários e os administradores eleitos pelo acordo manifestam a vontade da comunhão de controle no seio dos órgãos da companhia (assembleia geral, Conselho de Administração e diretoria) (art. 143, § 2º).

Tem essa manifestação de vontade da comunhão de controle efeitos jurídicos externos, ao traduzir-se na própria manifestação de vontade da sociedade (assembleia geral) ou de seus órgãos de administração (conselho de administração e diretoria). Possuem, assim, o síndico do acordo (§ 7º) ou os convenentes majoritários e sempre os administradores eleitos pelo acordo de controle poderes de representação interna na companhia, à medida que manifestam a vontade da comunhão perante tais órgãos.

Essa competência dos representantes do acordo é orgânica, representando a comunhão de controle junto à companhia. Em consequência, não tem eficácia a vontade isolada de qualquer signatário dissidente do acordo de controle, direta ou indiretamente manifestada junto aos órgãos da sociedade.

É fundamental enfatizar que o representante da comunhão de controle deve exercer suas funções no interesse dessa mesma comunhão, em obediência a um dever e em razão de um poder próprio.

Esse dever de representação implica, necessariamente, a distinção entre o interesse da comunhão de controle e o interesse individual dos signatários do respectivo acordo.

O interesse da comunhão de controle transcende ao dos signatários do mesmo acordo, pois de ordem superior e de natureza autônoma. Revestido o representante do acordo dos poderes de representação dos interesses da comunhão de controle, cabe-lhe o dever-poder de agir na defesa e proteção desses mesmos interesses diante da companhia.

Tais deveres do representante da comunhão abrangem tanto os atos de conservação como os de implementação do poder-dever de controle, expressamente instituído no acordo.

FUNÇÃO DO ACORDO DE VOTAÇÃO EM BLOCO — § 2º

A *função* do *acordo de votação em bloco* é a de impedir que eventuais dissidências ou interesses individuais dos convenentes acarretem a obstrução do *poder-dever* de controle (§ 2º) mediante conturbação provocada no seio da assembleia geral ou por seus representantes nos órgãos da administração (conselho e diretoria), em prejuízo do interesse social.

Nesse sentido, são eficazes os procedimentos previstos nos §§ 8º e 9º, que visam a impedir, em regime de autotutela e de autoexecução, que o eventual dissídio entre os acordantes cause danos à companhia, que não é o foro apropriado para essas disputas.

A obstrução do exercício unitário, regular e harmônico do *poder-dever de controle comum* acarreta irreversíveis danos à companhia e graves responsabilidades para os seus titulares. Essa obstrução, por qualquer participante do *acordo de controle*, caracteriza abuso e desvio de poder (art. 117). Fere, com isso, o dever fiduciário próprio do controle, fundado nos princípios da lealdade, boa-fé e diligência, que devem marcar a conduta dos participantes do controle comum (parágrafo único do art. 116).

Quanto ao quórum de instalação e o deliberativo (maioria absoluta de votos) da reunião prévia, deve-se contar o número de ações matriculadas no acordo de controle pelos seus signatários. Assim, como referido, contam-se, para a instalação e para a deliberação, os votos correspondentes ao número de ações que colocam no acordo de controle cada um dos seus integrantes.

O voto por cabeça é inteiramente incompatível com a natureza da sociedade anônima e, assim, com o acordo de controle que tem o dever--poder de conduzi-la ao cumprimento de seu objeto social. A matéria é incontroversa.

EXECUÇÃO ESPECÍFICA — JUDICIAL OU ARBITRAL — § 3º[877]

O § 3º faz referência à "execução específica das obrigações assumidas". Nesse contexto, é importante salientar que a tutela específica é propiciada em processo de conhecimento por sentença final condenatória (transitada em julgado) portadora de um comando para que o sujeito *faça* ou *não faça*.

Modernamente, por influência das ideias publicistas inerentes ao mandado de segurança e ao processo de defesa do consumidor (CDC, art. 84), o art. 461 do Código de Processo Civil recebeu redação que oferece meios para a efetivação dessa tutela (redação dada pela Lei n. 8.952, de 13-12-1994).

A inovação ali contida foi ditada pela consciência, haurida da experiência comum, de que os deveres de abstenção em geral são particularmente expostos às vicissitudes da burla e do inadimplemento, sendo tradicionalmente falho o sistema no tocante aos meios destinados a vencer as resistências do renitente. À sentença transitada em julgado, em processo de conhecimento, proferida para cumprimento de obrigações de fazer, é atribuído um conteúdo de *mandamentalidade*, que a caracteriza *como um comando*. O juiz por sentença, observado o devido processo em rito ordinário, *manda* que *faça* ou que *se abstenha de fazer*. Agora, por força do art. 461 do Código de Processo Civil, dispõe o credor da obrigação de meios para impor a efetivação do comando emitido por sentença terminativa em processo de conhecimento, sem a necessidade de instauração do processo executivo.

Por outro lado, não cabe medida cautelar ou antecipação de tutela em processo de conhecimento visando execução específica, pois seria medida satisfativa e, portanto, incompatível com o devido processo legal,

---

877 O presente verbete e o próximo, sobre a impropriedade de técnica jurídica do § 3º, são da lavra de meu colega Prof. Paulo Henrique dos Santos Lucon, a quem agradeço a inestimável colaboração.

no caso, representada por processo de conhecimento, ou seja, com rito ordinário e decisão constitutiva com trânsito em julgado. A tutela somente pode ser acolhida se o pedido for de manutenção do *status quo*. Não pode a tutela ter efeito modificativo desse *status quo*, pelo seu referido caráter satisfativo.

IMPROPRIEDADE DE TÉCNICA JURÍDICA — § 3º

O § 3º empregou mal a expressão "execução específica" quando afirmou que podem os acionistas promovê-la para fazer cumprir as obrigações assumidas no acordo de acionistas.

Não há como propor uma execução obrigando o acionista a fazer ou deixar de fazer o que se comprometeu no acordo de acionistas. Não parece ter sido essa a intenção do legislador de 1976.

O dispositivo do § 3º do art. 118 afirma que a sentença *judicial* (ou a decisão proferida pelo juízo arbitral) substituirá a vontade do acionista que não proferir seu voto nos termos do acordo, valendo como tal, ou seja, produzindo "todos os efeitos do voto não proferido".

Não se trata de *execução* do acordo de acionistas e tampouco de sentença ou decisão *condenatória*. O que existirá é um *comando judicial ou arbitral em processo de conhecimento* substitutivo da vontade da parte (sentença ou decisão arbitral constitutiva transitada em julgado), o qual dispensará ulterior processo executivo.

Por outro lado, como referido, o processo de conhecimento, tendo por objeto execução específica no caso dos acordos de acionistas, seja de controle, de voto minoritário ou de bloqueio (preferência ou opção), não comporta antecipação de tutela por significar cautela satisfativa, inteiramente incompatível com o devido processo legal. No caso de acordo de bloqueio, não há nenhum *periculum*, na medida em que as ações que são objeto do acordo estão todas registradas nos livros da companhia, não podendo, portanto, o demandado devedor da obrigação delas dispor em favor de terceiros, na medida em que a companhia é depositária destas. Outrossim, na execução específica não se admite execução provisória, conforme leciona Araken de Assis: "Por outro lado, é inadmissível a execução provisória de sentença prevista no art. 641. A menção à sentença 'transitada em julgado' no art. 641 reproduz o § 894 da ZPO alemã"[878].

---

878 *Comentários ao Código de Processo Civil*, 2. ed., Rio de Janeiro, Forense, 2003, n. 198,

É comum entender como ato de execução as sentenças, transitadas em julgado, de substituição da vontade do sujeito obrigado a prestar declaração de vontade. O vocábulo "execução", nesse contexto, não designa o *processo de execução* nem as medidas que nele se realizam. Ele está empregado em sentido muito amplo, equivalente à *efetivação* ou *imposição do cumprimento por ato judicial terminativo*, ou seja, transitado em julgado, lavrado em processo ordinário de conhecimento. Nesse sentido legítimo, mas amplo, toda sentença constitutiva é *ato de execução*[879].

Não obstante, no que respeita aos acordos de bloqueio, a sentença transitada em julgado não tem como efeito a posse *ipso facto* das ações. A posse, no caso, dependerá de pedido autônomo. Na lição de Araken de Assis: "A obtenção da posse dependerá de pedido autônomo. Quanto ao desapossamento do alienante, impossível localizar no espectro eficacial, eficácia mediata capaz de ensejar o desapossamento do réu. Por óbvio, esclarece Barbosa Moreira, da sentença se irradiam, por vezes, novas obrigações, depois do trânsito em julgado, mas esta, por si só, não serve de título para que o credor possa desde logo reclamar, por via executiva, as prestações correspondentes, pois não contém a condenação do devedor"[880].

SUBSTITUIÇÃO DA VONTADE DAS PARTES NOS ACORDOS DE VOTO — AINDA O § 3º

A tutela jurisdicional constitutiva em processo de conhecimento (rito ordinário) resume-se na efetividade do direito da parte à modificação de uma situação jurídico-material a ela desfavorável e que pretende eliminá-la. É o que Chiovenda denominou *direitos potestativos*, distinguindo aqueles nos quais "um novo estado jurídico se produz automaticamente em virtude de mera declaração de vontade do titular; e outros nos

---

p. 437. No mesmo sentido, Carlyle Popp, *Execução de obrigação de fazer*, Curitiba, Juruá, p. 194; Amílcar de Castro, *Comentários ao Código de Processo Civil*, 2. ed., São Paulo, RT, 1976, n. 146, p. 189; Pontes de Miranda, *Comentários ao Código de Processo Civil*, Rio de Janeiro, Forense, 1974-1977, v. X, p. 141; Alcides de Mendonça Lima, *Comentários ao Código de Processo Civil*, 5. ed., Rio de Janeiro, Forense, 1987, n. 1759, p. 728; Theodoro Jr., *Comentários ao Código de Processo Civil*, Rio de Janeiro, Forense, 1978, n. 253, p. 332, trazidos por Araken de Assis.

879 Cândido Rangel Dinamarco, *Instrumento de direito processual civil*, São Paulo, Malheiros, 2001, v. 3, p. 254.

880 Araken de Assis, ob. cit., n. 199, p. 438, invoca diversos autores com o mesmo entendimento no rodapé n. 237.

quais a alteração somente se produz se o direito potestativo for declarado pelo juiz"[881].

No sistema italiano, os efeitos constitutivos da sentença em processo de conhecimento estão previstos no art. 2.908 do Código Civil: "nei casi previsti dalla legge, l'autorità giudiziaria può constituire, modificare o estinguere rapporti giuridici, con effetto tra le parti, i loro eredi o eventi causa".

Enquanto o dispositivo transcrito no Direito italiano determina o atributo típico da sentença constitutiva, o Código de Processo Civil brasileiro, em seu art. 466, contém uma disposição bastante ampla a esse propósito, oferecendo tal tutela jurisdicional mediante "sentença que produza o mesmo efeito do contrato a ser firmado".

Pelo *processo constitutivo* chega-se ao provimento jurisdicional de conhecimento (rito ordinarista), com o acréscimo da modificação, constituição ou desconstituição de uma situação anterior.

A modificação da situação jurídica criada pelo voto adverso do acionista convenente consistirá em reconstituir, por meio da tutela jurisdicional, em devido processo de conhecimento, uma situação que existiu e deixou de existir, em virtude dessa manifestação contrária do acionista que já se havia comprometido de outra forma no acordo.

Como se vê, essa crise da situação jurídica surge quando o sujeito, desejando uma prestação substancial, não a obtém porque a pessoa que poderia oferecer-lhe tal resultado não o faz.

Para isso, o legislador de 1976, por meio do § 3º do art. 118, previu a possibilidade de os acionistas promoverem a execução específica das obrigações assumidas.

Ocorre que, como referido, o legislador societário não foi técnico ao elaborar a redação do dispositivo contido no § 3º, uma vez que se está diante de uma sentença constitutiva em processo de conhecimento que: 1) reconhece o direito da parte à alteração pedida; e 2) realiza a própria alteração. Não se trata de uma sentença condenatória visando à coercibilidade do acionista em proferir o seu voto em consonância com o acordo dos acionistas.

Questiona-se, no caso do voto, o grande valor prático da sentença constitutiva que é a sua *eficácia própria*, capaz de outorgar ao beneficiário, por sentença transitada em julgado, a alteração jurídico-substancial desejada sem depender de uma prestação de quem quer que seja.

Assim, no caso de acionista da companhia que, havendo celebrado *acordo de controle ou de voto minoritário*, nega-se a votar em assembleia pelo modo

---

881 Giuseppe Chiovenda, *Principii di diritto processuale civile*, Napoli, Jovene, 1928, p. 181.

convencionado, está incorreto afirmar que haverá a "execução específica das obrigações assumidas", conforme está dito no presente § 3º. No caso, a sentença transitada em julgado valerá, por si própria, como um voto, produzindo os efeitos independentemente de qualquer ato de execução coercitiva do acionista renitente.

Como regra, a *sentença constitutiva* em processo de conhecimento tem sua eficácia a partir do presente e projetando-se para o futuro, não para o passado, ou seja, sua eficácia será *ex nunc*. "Excepcionalmente, porém, a eficácia pode retroagir a situações jurídicas pretéritas à formação da coisa julgada"[882].

Isto posto, a sentença constitutiva transitada em julgado que substitui o voto proferido em sentido contrário ao acordo de controle ou de voto minoritário foge à regra geral e produz os efeitos *ex tunc*, ou seja, retroage à data da ação ou da omissão de voto do acordante renitente. Segundo essa premissa maior, não haveria nenhuma prejudicialidade em relação às outras relações jurídicas e principalmente perante terceiros, tendo em vista a vinculação decorrente do acordo respectivo[883].

O PROCESSO DE EXECUÇÃO ESPECÍFICA DOS ACORDOS DE ACIONISTAS — § 3º

Constitui a execução específica um processo judicial ou arbitral de conhecimento, de preceito constitutivo. A sentença é proferida ao final do processo de conhecimento, não se confundindo com as medidas de execução de sentença previstas no CPC[884].

Ademais, não se confunde com o processo de natureza condenatória, na medida em que não tem como pressuposto o dano atual do ato questionado, ou seja, do voto dissidente, seja de signatário, seja de administrador vinculado (acordo de controle), ou da negativa de firmar contrato regular de compra e venda preferencial ou resultante de opção regularmente exercida[885].

---

882 Paulo Henrique dos Santos Lucon, *Eficácia das decisões e execução provisória*, São Paulo, Revista dos Tribunais, 2000, p. 157.

883 Sobre a matéria, TJRJ, 2ª Câm., AgI 2001.002.08885, Rel. Des. Elisabete Filizzola, j. em 27-2-2002; STJ, REsp 784267/RJ, Rel. Min. Nancy Andrighi, j. em 21-8-2007, *DJU* 17-9-2007.

884 Waldecy Lucena, *Das Sociedades Anônimas – Comentários à Lei*, Renovar, Rio de Janeiro, 2009, v. I, p. 1179 e s.

885 Luiz Gastão Paes de Barros Leães, in *Revista dos Tribunais*, v. 601, nov. de 1985, p. 131 e s.

A ação de preceito constitutivo funda-se no capítulo das nulidades e não da reparação de dano.

Assim, o caráter constitutivo da sentença transitada em julgado é o meio hábil de obtenção da efetividade do processo, mediante provimento substitutivo da declaração de vontade infringente do acordo de voto (de controle ou minoritário) ou da obrigação de firmar contrário ato regular de compra e venda nos acordos de bloqueio (preferência ou opção regulares)[886].

Trata-se, portanto, a execução específica do acordo de acionistas (de controle, de voto minoritário e de regular compra e venda de ações) de um procedimento judicial ou arbitral de cognição plena e exauriente, completamente diverso, portanto, da tutela sumária, antecipada, ou cautelar que é incompatível com a sua natureza[887].

Convém, desde logo, anotar que o acordo de acionistas, seja de voto (controle ou minoritário), seja de regular compra e venda de ações (opção ou preferência), não constitui título executivo extrajudicial.

Por isso, não pode ser objeto do capítulo de execução de uma sentença terminativamente proferida. Insista-se: o acordo de acionistas não é, de per si, título extrajudicial, pelo que não se pode cogitar, a não ser por absoluta aberração, que possa ser provisoriamente executado, vale dizer, objeto de tutela antecipada ou ação cautelar.

A propósito, Celso Barbi Filho: "Em face do disposto nos arts. 639 e 641 do CPC (atuais 466-A, 466-B e 466-C), que exigem sentença para o suprimento de vontade não manifestada e da absoluta ausência de liquidez das obrigações emergentes dos contratos sinalagmáticos, ou dos que dependam da aferição de fatos e interpretação de cláusulas, conclui-se que, mesmo com a nova redação do art. 585, inc. II, do CPC, os acordos de acionistas que tenham por objeto obrigação de contratar (comprar e vender ações, ou ter preferência para adquiri-las) ou emitir declaração de vontade (votar em assembleias) não constituem título executivo extrajudicial"[888].

Desse modo, a Lei n. 6.404, de 1976, houve por bem, a exemplo de algumas legislações estaduais norte-americanas, invocar expressamente a execução específica das obrigações pactuadas em acordos de acionistas, na forma deste § 3º.

---

886 Cavalcanti Abbud, ob. cit., p. 21.

887 Cavancanti Abbud, citando Proto Pisani, ob. cit., p. 32.

888 Os efeitos da reforma do Código de Processo Civil na execução específica do acordo de acionistas, in *Revista dos Tribunais*, n. 737, março de 1997, p. 56.

Por outro lado, não tendo estabelecido nenhum procedimento especial, na espécie, a norma societária ora estudada remete à lei processual, no que se refere à execução específica das obrigações de regularmente contratar (preferência e opção) e de prestar declaração de vontade conforme o também regularmente ajustado no acordo de voto.

Mesmo que não houvesse a expressa referência à execução específica na Lei Societária (como ocorre no presente § 3º), "os regulares acordos de acionistas sobre voto (de controle e minoritário) e de compra e venda de ações, que configura um pré-contrato, sempre poderão ser passíveis da medida judicial ou arbitral, nos termos dos arts. 466-A, 466-B e 466-C do Código de Processo Civil"[889].

Portanto, a função da norma contida neste § 3º é de posicionar-se positivamente em face da controvérsia que havia na doutrina continental e norte-americana (*specific performance*), sobre a execução específica dos acordos de voto. A Lei Societária brasileira de 1976, dessa forma, submeteu expressamente os acordos de acionistas, tanto de voto (de controle e minoritário), como de compra e venda (preferência ou opção) ao remédio processual instituído no ordenamento (arts. 466-A, 466-B e 466-C do CPC).

Confere-se, pois, ao credor de obrigações regularmente convencionadas em acordos de acionistas a possibilidade de exigir o seu cumprimento em espécie, de forma que veja constituída a situação jurídica também regularmente devida e pretendida. Assim, tanto na hipótese de adimplemento voluntário da obrigação, como na de sua execução específica, o mesmo resultado será alcançado[890].

Não se trata de equivalência indenizatória, ou seja, de sentença meramente condenatória, como lembra Guerreiro[891], "pode ser admitida, em tese,

---

889 Em sentido contrário, manifestava-se Pontes de Miranda no tocante ao acordo de voto, afirmando que não se aplicavam à espécie as regras gerais de execução das obrigações de fazer (arts. 1.000 a 1.006 do Código de Processo Civil anterior): "Ainda quando válida e eficaz a convenção de voto, não se pode pretender execução forçada em natura. A execução forçada é por perdas e danos, e pode ser atendida a cláusula penal que acaso se haja inserido" (*Tratado...*, ed. 1953, v. I, p. 305).

890 Conforme Salvatore Pugliatti: "In conclusione, mediante l'adempimento volontario o mediante l'esecuzione coattiva si ottiene lo stesso risultato: l'estizione dell'obbligazione. È diverso però il mezzo che conduce a questo fine. Ed è diverso anche perchè, mentre l'adepimento volontario viene effettuato mediante un atto giuridico (atto dovuto), l'esecuzione coattiva presuppone un processo che culmina con provvedimento, cioè con un altro atto giuridico di natura differente" (*Esecuzione Forzata e Diritto Sostanziale*, Milano, Dott. A. Giuffrè, Editore, 1935, p. 14 a 16).

891 José Alexandre Tavares Guerreiro, Execução específica..., in *Revista de Direito*

como meio de recompor o equilíbrio entre as partes. Mas, com ela, não se realiza a vontade contratual, não se atingindo o fim objetivado pelas partes, ao concluírem o acordo de acionistas"[892].

Com efeito, execução específica das obrigações de regularmente declarar a vontade ou de regularmente contratar insere-se no contexto processual das tutelas diferenciadas daquelas outras relações de direito material que se expressam pela compensação de caráter indenizatório.

Trata-se aqui de sentença proferida ao cabo do processo de conhecimento que se torna meio hábil, necessário e suficiente, para se alcançar a efetividade do processo[893].

Convém reiterar que os acordos de voto (de controle e minoritário) e de compra e venda (preferência e opção) não comportam tutela antecipada, que teria, em ambos, efeito satisfativo e, portanto, incompatível com o devido processo legal.

As medidas acautelatórias, como referido, somente cabem quando se requer a manutenção do *status quo* no que respeita ao acordo de acionistas e nunca alteração desse mesmo estado. Assim, conforme os arts. 273 e § 3º e 461 do CPC, pode ser garantida, junto à companhia, a manutenção das ações – cuja compra e venda (preferência e opção) está em litígio – na situação de propriedade atual, abstendo-se a sociedade de permitir a sua transferência a terceiros das ações inscritas em seus livros sociais (arts. 100 e 101), durante o curso do processo ordinário respectivo.

Nunca poderá a cautela alcançar as situações societárias propugnadas no mérito, seja de voto, seja as relacionadas com a propriedade das ações (preferência e opção). A respeito, a lição de Celso Barbi Filho: "Nos acordos de acionistas, as providências urgentes verificadas nos processos para execução específica de suas obrigações terão de ser asseguradas por medidas cautelares, as quais não deverão, dentro da própria concepção da tutela cautelar, acarretar modificação indevida do ônus do tempo no processo,

---

Mercantil, n. 41, p. 51.

892 A respeito, Francesco Carnelutti: "Ad esempio, sotto questo riflesso, è comune il pensiero che sia più debole un dovere quando non possa operare, nel caso del suo inadipimento, la restituzione forzata (comunemente detta esecuzione specidica), ma solo il rissarcimento dei danni" (*Teoria generale del diritto*, Roma, Sco. Ed. del "Foro Italiano", 1951, p. 149 e 150).

893 Cavalcanti Abbud, *Execução específica dos acordos de acionistas*, Quartier Latin, 1996, p. 21.

viabilizando a consolidação de situações societárias que só poderiam ser obtidas com o provimento final do pedido formulado na ação"[894].

A cautela, em matéria de acordo de voto (controle e minoritário) e também quanto aos votos dos administradores vinculados ao acordo de controle nos respectivos órgãos (conselho de administração e diretoria), não pode existir, pois representaria a modificação sastisfativa do próprio mérito da lide.

Já no que respeita à questão litigiosa sobre a propriedade das ações, decorrentes de preferência ou opção, a medida acautelatória, como referido, somente pode ser admitida em sentido conservativo da situação existente, sempre envolvendo a própria companhia, que deverá abster-se de modificar a propriedade de tais ações e títulos conversíveis em seus livros.

O *periculum*, portanto, é de natureza registrária, pois, diferentemente do que preveem os arts. 273 e § 3º e 461 do CPC, não podem as ações ou títulos conversíveis, por serem todos nominativos, subtraírem-se como objeto da demanda, dos seus efeitos terminativos, ou seja, da decisão que proverá ou rejeitará a modificação da situação jurídica pleiteada, em devido processo de conhecimento.

A respeito, Celso Barbi Filho: "Em matéria de acordo de acionistas, o campo efetivamente fecundo para a utilização dos novos institutos das tutelas específica e antecipada introduzidas na lei processual está junto à companhia que tenha arquivado e averbado o acordo. Com efeito, sendo ela parte necessária na ação para execução específica do acordo de acionistas nela arquivado, submeter-se-á a várias obrigações de fazer e não fazer que não são de contratar nem declarar vontade"[895].

Isto porque o processo de conhecimento, em se tratando de execução específica, demanda a verificação exaustiva da liquidez e certeza do direito obrigacional envolvido no acordo de acionistas. Sem a definitiva certeza dessa liquidez, seja quanto aos acordos de controle e de voto minoritário, seja quanto aos de compra e venda de ações (preferência e opção), não se pode, a título provisório, impulsionar o pedido que, como reiterado, teria caráter satisfativo, inteiramente incompatível com o devido processo legal, com o contraditório pleno e com a própria da crise de certeza que é o precípuo objeto do pedido de dirimência judicial ou arbitral.

---

894 Os efeitos da reforma do Código de Processo Civil na execução específica do acordo de acionistas, cit., p. 57.

895 Os efeitos da reforma do Código de Processo Civil na execução específica do acordo de acionistas., cit., p. 57.

Sobre a confusão terminológica aqui existente, que pode levar a equívocos, Celso Barbi Filho: "Em matéria de obrigações de contratar e emitir declaração de vontade em geral, não se tem ação DE execução específica, mas, sim, ação PARA execução específica dessas obrigações, pois dita ação é de conhecimento, visando a uma sentença de mérito que supre a manifestação de vontade contratada e não emitida"[896].

Insista-se neste ponto. O processo de execução específica não se confunde com execução que, pela sua natureza, acolhe aquela medida provisória. O processo de execução específica, por ser de natureza constitutiva, tem por objeto dirimir, em sede judicial ou arbitral, a controvérsia sobre o próprio objeto da demanda. Daí ser incompatível com a finalidade do processo respectivo dar, desde logo, efeito positivo ou negativo ao voto que se questiona, ou transferir, depositar ou decretar provisoriamente a alteração ou suspensão da propriedade das ações e dos direitos a elas inerentes, cuja preferência ou opção de compra é objeto da lide. Ainda a propósito, Celso Barbi Filho: "O sistema legal vigente na tutela específica das obrigações de contratar e emitir declaração de vontade é o do suprimento judicial e não da obtenção forçada do ato volitivo, pelo que os meios executivos introduzidos com a Lei 8.952/94 no art. 461 do CPC mostram-se inaplicáveis à tutela do conteúdo principal de tais obrigações"[897].

O efeito da sentença transitada em julgado é substantivo, no sentido de que decide o mérito objeto da lide, em seu sentido amplo para, assim, constituir o direito obrigacional de uma das partes, mediante a sentença terminativa de procedência ou improcedência da ação.

Por isso, além de não se confundir com o procedimento de execução de sentença, a execução específica dos acordos de acionistas dispensa essa mesma execução. A respeito, sempre a magistral lição de Celso Barbi Filho: "A sentença proferida na ação para execução específica das obrigações de contratar e emitir declaração de vontade é de natureza constitutiva, porquanto, a despeito da consequência puramente adjetiva de dispensar a fase executória do processo, supre o ato de vontade e tem o efeito substantivo de criar um estado jurídico novo para as partes decorrente do ato volitivo que supriu"[898].

---

896 Os efeitos da reforma do Código de Processo Civil na execução específica do acordo de acionistas, cit., p. 56.

897 Os efeitos da reforma do Código de Processo Civil na execução específica do acordo de acionistas, cit., p. 56.

898 Os efeitos da reforma do Código de Processo Civil na execução específica do acordo

Sobre a inadmissibilidade, nos acordos de acionistas, da tutela cautelar das obrigações de contratar a compra e venda em virtude da opção ou preferência ou, então, da declaração de vontade nos acordos de voto (controle e minoritário) sempre leciona Celso Barbi Filho: "Tratando-se de acordo de acionistas sobre a compra e venda de ações, preferência para adquiri-las ou exercício do direito de voto, a execução específica das obrigações de contratar e emitir declaração de vontade não poderá ser objeto da antecipação de tutela prevista nos arts. 273 e 461, § 3º, do CPC, pois, à luz dos arts. 639 e 641 (atuais 466-A, 466-B e 466-C) do mesmo Código, tal execução só pode operar-se por sentença, que tem natureza distinta do provimento dado em antecipação de tutela"[899].

Isto posto, a execução específica dos acordos de acionistas, como tutela jurisdicional, seja estatal, seja arbitral, deve rigorosamente observar a função social do processo, no sentido de que visa ele não apenas suprir o questionado direito obrigacional do seu titular, mas atender aos interesses coletivos e à construção permanente da segurança jurídica nas relações criadas pela sociedade humana, como um todo[900].

Em consequência, a devida tutela jurisdicional, na sua moderna função histórica, visa, primordialmente, contribuir para a segurança jurídica da coletividade, ao assegurar a regularidade e a legitimidade das relações entre as partes, conforme os Princípios Gerais de Direito.

Entende-se, na espécie, como legitimidade a estrita conformidade do negócio jurídico objeto da lide à sua função social. Assim, v. g., um contrato de compra e venda tem como função social regular a circulação das riquezas e não o enriquecimento ilícito de uma das partes. Outro exemplo: o exercício da preferência da compra de ações, objeto do acordo de acionistas, tem como função a preservação e o reforço do quadro social atual e não o enriquecimento ilícito dos titulares do direito de preempção, mediante cláusulas que constranjam o titular da obrigação de vender as suas ações por valor diverso daquele livremente prometido pelo terceiro.

Da mesma forma, no exercício da opção de compra de ações ou de títulos conversíveis, o preço deve rigorosamente refletir o valor atual pleno do patrimônio acionário que lhe é objeto, não podendo levar o titular do direi-

---

de acionistas, cit., p 56.

899 Os efeitos da reforma do Código de Processo Civil na execução específica do acordo de acionistas, cit., p. 57 (parênteses nossos).

900 A propósito, *v.* o precioso estudo de Cavalcanti Abbud, ob. cit., p. 39 e s.

to ao enriquecimento ilícito, por força de cláusula ou da sua interpretação lesiva ao obrigado.

Também, no que respeita ao voto, não pode a devida tutela jurisdicional suprir a vontade do acionista convenente se configurado o abuso ou desvio de direito (acordo de voto minoritário) (art. 115) ou o abuso ou desvio de poder no caso de acordo de controle (art. 117).

Assim, a execução específica dos acordos de acionistas, como espécie da devida tutela jurisdicional estatal ou arbitral, não visa apenas pontualmente restaurar os direitos obrigacionais infringidos com respeito ao voto ou à obrigação regular de contratar no caso concreto (preferência ou opção), mas, por meio dele, assegurar os valores sociais e reforçar a segurança jurídica nas relações de direito em geral, na estrita observância dos Princípios Gerais, universalmente consagrados em matéria obrigacional e acolhidos em nosso Ordenamento, no plano do Direito Constitucional, do Direito Administrativo, do Direito Civil, do Direito Processual e, especificamente no caso dos acordos de acionistas, no Direito Societário.

Foi-se o tempo em que a tutela jurisdicional fundava-se apenas e cegamente no cânone do *pactum sunt servanda*, deixando, portanto, de debruçar-se sobre a causa-finalidade do negócio jurídico, como, então, ocorria na visão meramente estrutural do processo civil, ou seja, de singularmente dirimir e suprir o direito dele constante: *quod non est in processum non est in mondo*.

Essa visão da tutela jurisdicional própria da ideologia liberal do século XIX foi inteiramente superada pelo Estado Social Democrático hoje predominante no Direito continental e irrestritamente acolhido em nosso regime jurídico, como se vê das regras constitucionais, da Lei Civil e do Código do Consumidor.

Com efeito, a tutela jurisdicional que se impõe nas sociais-democracias modernas tem como finalidade precípua e irrecusável afirmar e reafirmar, em cada caso concreto e em todos eles, sem exceção, a prevalência da função social das obrigações, em que se insere o princípio da finalidade, da causa, da boa-fé objetiva, do dever fiduciário, do dever de lealdade, do equilíbrio material das obrigações, do não abuso do direito, do não desvio do direito, do não abuso do poder, do não desvio do poder, para necessariamente prevalecer o regime da comutatividade, da equidade, da razoabilidade, da utilidade, do não enriquecimento ilícito (sem causa), da rejeição da cláusula leonina ou de sua abusiva interpretação como tal, para, assim, observar-se, sempre, o rigoroso equilíbrio econômico-financeiro dos contratos, o fator de imprevisão[901], o de não *venire* contra *factum proprium* na sua interpretação e execução e todos os demais princípios que, necessariamente, se impõem na aplicação do Direito.

A visão individualista da tutela jurisdicional está inteiramente superada, na medida em que o juiz ou o árbitro, a cada decisão e a cada sentença, deve reafirmar, para toda a sociedade, a prevalência dos Princípios Gerais de Direito no deslinde das relações obrigacionais entre as partes litigantes, superando, assim, o entendimento meramente individualista e privalista do avençado.

Na execução específica dos acordos de acionistas, ressaltam os referidos princípios do não abuso ou desvio de direito. Em se tratando de acordo de controle, institui a Lei Societária (art. 117) o abuso ou o desvio de poder, seja no que toca à questão do voto, seja no que respeita às obrigações de contratar a compra e venda (preferência e opção). Em todos esses casos, a tutela jurisdicional – estatal ou arbitral – deve observar o que consta dos arts. 115, 116, 117.

Ainda a propósito da execução específica dos acordos de acionistas, necessariamente devem prevalecer na tutela jurisdicional, estatal ou arbitral o princípio do interesse social e o da proteção aos acionistas minoritários. Estes não podem ser oprimidos pelos controladores (art. 117), seja no que respeita ao voto, seja no que respeita aos negócios de compra e venda de ações (preferência e opção).

A utilização dos acordos de acionistas para enriquecimento ilícito dos controladores, inclusive por meio de aumento de sua participação acionária, não é susceptível da tutela jurisdicional, não obstante a literalidade de cláusulas constantes do acordo respectivo ou de sua interpretação abusiva ou leonina.

A propósito, na interpretação judicial ou arbitral de cláusulas do acordo de acionistas, deve ser necessariamente analisado o seu efeito, e nunca a sua mera literalidade, ou seja, se a aplicação dessas cláusulas está rigorosamente de acordo com os Princípios Gerais que regem o Direito das Obrigações. Entre a literalidade da cláusula e os Princípios Gerais de Direito, prevalecem, sempre, estes últimos e nunca a primeira.

Daí se conclui que no Estado Social, que constitui a presente etapa histórica de concreção dos princípios republicanos, cada vez mais se impõe a função social (coletiva) da tutela jurisdicional, por meio da plena aplicação

---

901 Nelson Eizirik, *Temas de Direito Societário*, Renovar, 2005, p. 22 e s.

dos Princípios Gerais de Direito no deslinde de crise de certeza arguida em cada caso concreto surgido de acordos de acionistas e de sua execução.

Tais regras universais – positivadas em nosso regime jurídico – objetivam a contínua edificação da segurança jurídica, o aperfeiçoamento das relações sociais e a afirmação da cidadania e, por isso, permitem superar o mero suprimento do direito afetado, que se torna no moderno regime finalístico da tutela jurisdicional – estatal ou arbitral – instrumento da reafirmação do interesse da coletividade no caso concreto.

Isto posto, é da intrínseca natureza da tutela substitutiva da vontade infringente da vontade, o seu caráter de cognição plena, ao cabo de cujo processo exauriente das relações substantivas que lhe dão origem, ser finalmente decidida pela procedência ou improcedência do pedido de suprimento judicial ou arbitral da vontade ou da regular obrigação de contratar, mediante sentença transitada em julgado.

A propósito, leciona Cavalcanti Abbud: "Proto Pisani houve por bem distinguir entre, de um lado, aqueles procedimentos de cognição plena e exauriente, modelados de acordo com as particularidades de cada situação substancial controversa e, de outro, as formas típicas de tutela sumária, calcadas em cognição não exauriente, cujo objetivo é evitar os males que o tempo pode causar sobre o resultado do processo. A tutela jurisdicional específica (*specific performance*) emerge no primeiro grupo assinalado pelo Mestre florentino, na medida em que tem por objetivo a aproximação máxima da tutela jurisdicional à natureza mesma da obrigação de direito material"[902].

Nesse rigoroso sentido, deve ser aplicada a ação de execução específica, contemplada nos arts. 466-A, 466-B e 466-C quanto ao exercício do voto convencionado ou da regularidade do pré-contrato de que decorre a obrigação sucessiva de contratar (preferência ou opção).

No que respeita a esta última espécie de crise de certeza ou crise de execução (pré-contrato de preferência ou opção de compra e venda de ações e de títulos conversíveis), é expresso o art. 466-C do CPC: "Tratando-se de contrato que tenha por objeto a transferência de propriedade de coisa determinada, ou de outro direito, a ação não será acolhida se a parte que a intentou não cumprir a sua prestação, nem a oferecer, nos casos e formas legais, salvo se ainda não exigível".

Esse dispositivo ressalta a natureza obrigacional e não real dos contratos de compra e venda, reafirmando, expressamente, o princípio do equilíbrio

---

902 Ob. cit., p. 32.

material e seu caráter sinalagmático e de equidade, no sentido de que, v. g., o titular da opção ou da preferência na compra não pode pedir o suprimento judicial da vontade do titular da obrigação de contratar se e enquanto não pagar ou depositar regularmente o preço objeto da controvérsia.

Insista-se que a execução específica não tem por objeto transferir o bem, como se fosse um direito real, mas sim suprir a obrigação e, substitutivamente, declará-la existente no mundo jurídico, desde que o titular do direito de ver celebrado o contrato preferencial de compra e venda e de opção tenha regular e plenamente cumprido a sua correspondente obrigação de natureza contratual.

Daí o processo pleno de conhecimento, em que cabe o exame exauriente do direito e dos fatos envolvidos para, assim, decidir o juiz ou os árbitros, em sentença transitada em julgado, sobre as razões alegadas e provadas em torno da obrigação de contratar a compra e venda de ações ou de títulos conversíveis (preferência ou opção).

Nesse contexto processual de devido processo legal, devem ser prevalecentes as regras da interpretação sistemática e orgânica do acordo, para, assim, apurar-se o atendimento aos princípios da finalidade e da causa.

Nessa interpretação sistemática (sistêmica) e orgânica do acordo de acionistas, ressalta o princípio da utilidade, no sentido que não existe cláusula inútil. Assim, o juiz ou os árbitros devem reconhecer e dar efeito útil a toda e qualquer cláusula ou declaração (considerandos) inscritas no ajuste.

O princípio fundamental da utilidade insere-se no critério da organicidade da interpretação do acordo para, uma vez observado o conjunto das cláusulas e das declarações estipuladas pelos seus signatários, que não se ignore nenhuma delas individualmente consideradas, no rigoroso pressuposto que não podem os contratantes ter convencionado algum dispositivo inútil.

Todas as cláusulas e declarações tem, necessariamente, um efeito que se irradia para o conjunto das demais. Todas as cláusulas têm, portanto, uma causa e uma função. Não existem cláusulas inúteis num acordo de acionistas, como, de resto, não existem em qualquer negócio obrigacional.

Isto posto, a substituição da vontade não declarada em voto dissidente ou da obrigação de contratar (preferência e opção), típicas do processo de execução específica, devem levar em conta a regular determinação das prestações convencionadas ou pré-ajustadas e a sua rigorosa razoabilidade e equilíbrio material.

Insista-se nos princípios da finalidade, da causa, da utilidade, da razoabilidade, e do equilíbrio material, tanto em se tratando de voto como de compra e venda de ações (preferência ou opção).

O suprimento judicial ou arbitral da vontade de votar ou de contratar (preferência ou opção) deve fundar-se na regularidade e na licitude dos fins (função social) e da causa do acordo de acionistas, bem como sobre a regularidade e licitude da respectiva execução do ajuste de voto ou obrigacional de contratar preferencialmente ou por opção.

O desvio de finalidade, traduzido pela interpretação abusiva e ilícita dada pelo titular do direito de voto ou de contratar, deve ser arguido pelo titular da respectiva obrigação.

Outro fundamento da decisão judicial ou arbitral de conhecimento é o da prevalência no que respeita à declaração de voto. Se o voto dissidente não for decisivo na deliberação da assembleia ou, no caso de acordo de controle, também nos órgãos da administração, não há por que suprir o juízo a vontade irregular ou omissivamente manifestada. A infringência do acordo, em virtude de voto dissidente não decisivo na deliberação eficaz do órgão respectivo, pode ser arguida em processo de conhecimento condenatório e não constitutivo, na medida em que o voto judicial ou arbitralmente suprido seria inútil no que respeita ao interesse social.

Também deve ser levado em conta o princípio da prevalência do voto dissidente no caso de a companhia ter encontrado outros meios regulares e estatutários de deliberar sobre a matéria respectiva. Também, nessa hipótese, é inaplicável a execução específica.

Isto posto, impõe-se o processo pleno de conhecimento, cujo preceito constitutivo será objeto da sentença de mérito transitada em julgado. Não se pode, portanto, confundir com ação de execução, em que não há decisão de mérito, como reiterado.

Não foi por outro motivo que a reforma processual contida na Lei n. 11.232, de 2005, transferiu o instituto da execução específica do Livro II – Processo de Execução – para o Título VIII – Procedimento Ordinário. Com efeito, estava o processo de execução específica em capítulo incompatível com sua natureza e função, que demanda, necessariamente, o devido processo ordinário.

A propósito, também deve ser notada que a execução específica não se refere à obrigação de fazer de que trata o art. 461 do CPC, de que resulta a assim chamada ação cominatória. Esta espécie de processo de conhecimento, também com efeito constitutivo, tem por objeto o cumprimento pelo réu de obrigação de fazer ou de abster-se de fazer, abrangendo os bens tanto fungíveis, como os jurídica ou naturalmente infungíveis. A sentença constitutiva cominatória, nesses casos, é a de constranger o titular da obrigação condenado, de agir em determinado sentido. O cumprimento da sentença transitada em julgado, no caso, perfaz-se com a ação ou com a omissão por parte do réu condenado.

Já a execução específica tem natureza e função inteiramente diversa. O efeito da sentença é o do suprimento judicial ou arbitral da declaração da vontade irregularmente manifestada ou da obrigação pré-contratada e não cumprida pelo réu condenado.

O cumprimento da sentença de execução específica transitada em julgado dispensa inteiramente a ação ou a omissão do réu condenado. O juízo substitui o réu na consecução do ato de vontade (voto) ou ato obrigacional não cumprido. O titular da obrigação não necessita agir por força da decisão prolatada.

A ação substitutiva judicial ou arbitral produz efeito constitutivo do direito obrigacional objeto do pedido, sendo, por isso, necessário e suficiente ao cumprimento da sentença. A tutela jurisdicional ou arbitral constitutiva produz os mesmos efeitos obrigacionais do regular pacto prometido[903].

Isto posto, não cabe antecipação de tutela em se tratando de execução específica de declaração de voto ou de compra e venda de ações, como reiterado. O disposto nos arts. 273 e 461, § 3º, do CPC, não obstante aplicáveis aos processos de conhecimento, tanto condenatório, como constitutivo, não atende aos requisitos de *periculum* e de *fumus* no caso de acordo de acionistas, seja de voto (de controle e minoritário), seja de compra e venda de ações (preferência ou opção).

Como reiterado, a execução específica pode ter por objeto acordo de acionistas de compra e venda de ações (preferência e opção). Estas são necessariamente registradas nos livros próprios da companhia. Não há, portanto, nenhum *periculum* do desaparecimento dessas ações, por isso que todas são nominativas, registradas na companhia ou escriturais, depositadas em instituição financeira. Assim, a antecipação da tutela, que importe na transferência dessas ações ao autor do pedido judicial ou arbitral, resultaria numa tutela satisfativa, incompatível com o devido processo legal e com a natureza obrigacional e não real do negócio objeto da crise de certeza ou de cumprimento, que será deslindada em juízo estatal ou arbitral, com pleno conhecimento das razões e das provas apresentadas pelas partes.

Da mesma forma, a declaração de voto dissidente também é incompatível com a antecipação de tutela, também pelo seu efeito satisfativo. Nesse sentido, a lição de Celso Barbi Filho: "O sistema legal vigente na tutela es-

---

903 Cavalcanti Abbud, ob. cit., p. 128.

pecífica das obrigações de contratar e emitir declaração de vontade é o do cumprimento judicial e não da obtenção forçada do ato volitivo pelo que os meios executivos introduzidos com a Lei n. 8.952/94 no art. 461 do CPC mostram-se inaplicáveis à tutela do conteúdo principal de tais obrigações". E, mais especificamente, do mesmo autor: "Tratando-se de acordo de acionistas sobre a compra e venda de ações, preferência para adquiri-las ou exercício do direito de voto, a execução específica das obrigações de contratar e emitir declaração de vontade não poderá ser objeto de antecipação de tutela prevista nos arts. 273 e 461, § 3º, do CPC, pois, à luz dos arts. 639 e 641 (atuais 466-A, 466-B e 466-C) do mesmo Código, tal execução só pode operar-se por sentença, que tem natureza distinta do provimento dado em antecipação de tutela"[904].

Não cabe, desse modo, medida cautelar no processo de conhecimento, como reiterado, em se tratando de acordo de acionistas, tanto no que respeita ao voto como na obrigação de contratar a compra e venda de ações ou títulos conversíveis da companhia (preferência ou opção).

Nos acordos de voto, o objeto da lide será aquele já dado contrariamente ao convencionado (contra ou abstenção), o qual é objeto da crise de certeza quanto ao seu conteúdo, objetivamente falando. Trata-se de declaração de vontade pretérita, já consumada, cujo conteúdo origina a controvérsia que se invoca para a instauração da demanda.

A propósito, Celso Barbi Filho, em outro magnífico estudo publicado em 2001: "Analisei detidamente os efeitos da Reforma de 1994 no Código de Processo Civil quanto à execução específica do acordo de acionistas. Minhas conclusões não foram pessimistas, mas realistas. A Reforma não atingiu o texto dos arts. 639 e 641 (atuais 466-A, 466-B e 466-C) do Código de Processo Civil, evidenciando que o mecanismo de execução específica das obrigações de fazer consistentes em declaração de vontade que mais interessam ao acordo de acionistas continua a ser o suprimento judicial da declaração por sentença. Assim, os novos institutos de coerção da vontade previstos no art. 461 do Código de Processo Civil não se aplicam à execução específica do acordo de acionistas. Já, no que tange à antecipação de tutela, seu provimento tem natureza interlocutória, pelo que não se pode aplicá-la a um provimento substitutivo de vontade que exija expressamente sentença (arts. 639 e 641, atuais 466-A, 466-B e 466-C do CPC). A execução específica dos acordos societários continua, pois, sendo um procedimento cognitivo fun-

---

904 Ob. cit., p. 56 e s. (parênteses nossos).

dado naqueles dispositivos processuais, em que se busca suprimento de vontade por sentença"[905].

E, com efeito, o disposto nos arts. 273 e 461, § 3º, do CPC, ao alargarem a aplicação da antecipação da tutela no que respeita ao processo de conhecimento, funda-se, no entanto, e sempre, na prova pré-constituída inequívoca, capaz de fornecer ao julgador alto grau de probabilidade. Assim, a antecipação da tutela somente pode ser deferida quando houver fundado receio de dano irreparável ou de difícil reparação, desde que não haja perigo de irreversibilidade da decisão preambular proferida. Nesse sentido, é expresso o § 2º do mesmo art. 273 do CPC: "Não se concederá a antecipação da tutela quando houver perigo de irreversibilidade do provimento antecipado".

Trata-se do princípio processual da proporcionalidade, no sentido de que deve o juiz analisar detidamente se a antecipação de pedidos do autor não afetará o direito material do réu, em caso de ser julgada improcedente o pedido formulado pelo primeiro[906]. A respeito, Luiz Fux: "A irreversibilidade significa a impossibilidade de restabelecimento da situação anterior caso a decisão antecipada seja reformada. Em essência, é a contrapartida da regra que não permite ao juízo, para conjurar um perigo, criar outro de maior densidade. De toda sorte, mercê de ser casuística essa análise, deverá balizar-se o juízo à luz da urgência, da necessidade e da inexistência de dano irreparável para o demandado pela irreversibilidade do provimento" (*Tutela de segurança e tutela da evidência*, São Paulo, Saraiva, 1996, p. 350 e s.).

Isto posto, fica evidente que as ações versando sobre acordo de voto (controle e minoritário) ou de compra e venda de ações (preferência e opção), pelo seu caráter constitutivo, não comportam provimento antecipatório, tendo em vista a evidente irreversibilidade que tal medida teria nesses casos, como reiterado.

Prevalece, nesse passo, o princípio da provisoriedade da medida acautelatória, conforme a lição de Cruz e Tucci, ou seja, de que não pode a cautela, de modo algum, alterar o quadro fático-jurídico de modo irreversível,

---

905 Acordo de acionistas: panorama atual do Instituto no Direito Brasileiro e proposta para reforma de sua disciplina legal, in *Revista de Direito Mercantil*, n. 121, 2001, p. 50 (parênteses e atualizações nossos). No mesmo sentido, Daniel Moreira do Patrocínio, Autotutela e execução específica do acordo de acionistas, Faculdade de Direito Milton Campos, MG, 2007, p. 921.

906 Luiz Guilherme Marinoni, *A antecipação da tutela*, 7. ed., São Paulo, Malheiros, 2002, p. 224 e s. Tiago Asfor Rocha Lima, *Antecipação dos efeitos da tutela*, Salvador, JusPodivm, 2009, p. 122 e s.

pois, nessa hipótese, não mais haveria tutela provisória, mas concessão definitiva de fato do pedido, tornando o devido processo legal mera ficção[907].

Não obstante, o provimento cautelar pode ser admitido unicamente para assegurar o *status quo*, os direitos pré-constituídos das partes. Portanto, em caso de acordo de acionistas a cautela preliminar ou incidental, terá unicamente efeito declaratório, sem qualquer efeito modificativo do estado em que se encontram as partes previamente ao litígio. A cautela, nesses casos, apenas assegura o direito subjetivo das partes na véspera da instauração da lide. Jamais terá efeito antecipatório de qualquer pedido modificativo do *status quo*.

Nesse sentido, Kazuo Watanabe ao lecionar que o juiz deverá "limitar-se a antecipar alguns efeitos e não o próprio provimento. Por exemplo, na ação em que se peça a anulação de uma decisão assemblear de sociedade anônima de aumento de capital, em vez de antecipar desde logo o provimento desconstitutivo, deverá ater-se à antecipação de alguns efeitos do provimento postulado, como o exercício do direito de voto correspondente segundo a situação existente antes do aumento de capital objeto da demanda ou a distribuição de dividendos segundo a participação acionária anterior ao aumento de capital impugnado"[908].

Nenhuma tutela antecipada, no caso de acordo de acionistas, seja de voto (controle ou minoria), seja de compra e venda (preferência ou opção), poderá versar sobre o mérito dos pedidos, restringindo-se, apenas, à conservação de direitos convencionados quando tiver o juiz notícia de obstrução do seu exercício, no âmbito da companhia. Nessas hipóteses, de caráter sempre declaratório e conservativo e jamais pré-constitutivo, visa-se, única e precipuamente, a conservação do *status quo*, como reiterado, evitando assim o juízo estatal ou arbitral a efetivação de conduta de uma das partes que suprima o exercício do direito convencionado antes que a sua regularidade e legitimidade seja conhecida e dirimida no devido processo legal.

Daí poder essa tutela, de natureza conservadora de direitos *si et in quantum*, ser preambular ou incidental, em qualquer momento do processo de conhecimento. A propósito, decisão do TJSP, ao adotar rigorosamente o critério da ponderação (reversibilidade e dano maior), não obstante vislumbrar a possível procedência da versão apresentada pela parte, em sede de

---

907 Cassio Bueno, *Tutela antecipada*, Saraiva, 2004, p. 56 e s.

908 *Tutela antecipatória e tutela específica das obrigações de fazer e não fazer*, Ajuris — Revista da Associação dos Juízes do Rio Grande do Sul, n. 66, 1996, p. 181.

acordo de acionistas: "Parece inoportuno antecipar a tutela, considerando a venda das ações com capacidade de transferir o controle acionário da companhia. Os acordos de acionistas são exigíveis e prontos para execução *in natura*, desde que não causem profunda alteração na sociedade por ações. Embora possa se admitir que a não tutela imediata do direito pleiteado possa projetar eventual prejuízo, o deferimento da tutela é potencialmente apto a prejudicar um dano mais abrangente"[909].

No mesmo sentido reiterativo da não admissibilidade da medida cautelar em lide versando sobre acordo de acionistas, também pronunciou-se o TJSP em outro agravo de instrumento: "A tutela antecipada não foi concedida pela decisão hostilizada. A pretensão da agravante não merece guarida, porquanto ausentes os requisitos autorizadores da tutela antecipada. É que, sem dúvida alguma, os pedidos formulados exigem exame minucioso e discussão ampla sobre o mencionado acordo de acionistas e interpretação de cláusula especificada, não podendo ter como verdadeiro e correto o posicionamento da agravante a permitir desde logo que sejam tomadas as providências almejadas, mormente porque a demanda implica em complexa exegese de acordo de acionistas firmado entre as partes. Por ora, a hipótese não permite mesmo a antecipação da tutela jurisdicional, necessitando oitiva da parte contrária e discussão sobre os graves questionamentos a serem solucionados, devendo a decisão ser mantida pelos seus próprios fundamentos"[910].

Nesse sentido, também Celso Barbi Filho, ao lecionar que é impossível a antecipação de provimento judicial para o adimplemento de acordo de acionistas, "porquanto o provimento jurisdicional que as efetiva é sentença, final e irreversível, o que não se compatibiliza com a natureza da decisão proferida em antecipação de tutela"[911].

Consagra esse entendimento a Ministra Eliana Calmon, como relatora de decisão da 2ª Turma do Superior Tribunal de Justiça, in Medida Cautelar n. 13.304-PR, ao reconhecer ilegal a anulação de acordo de acionistas, por meio de antecipação de tutela: "Apenas o contraditório e por via judicial adequada é que se poderia obter a anulação do acordo de acionistas. Ação anulatória que ainda não foi julgada, mas açodadamente a tutela antecipada praticamente inutiliza em definitivo o acordo de acionistas".

---

909 TJSP, Agravo de Instrumento n. 382.957-4/9.

910 TJSP, Agravo de Instrumento n. 342.873.4/2-00.

911 Os efeitos da reforma do Código de Processo Civil na execução específica do acordo de acionistas, cit., p. 63.

Ainda a propósito, reitere-se que no caso de compra e venda de ações convencionadas como preferência ou opção no acordo de acionistas, não há nenhum *periculum* na medida em que estas não poderão desaparecer, pela razão que tais títulos de propriedade são todos nominativos e, como tais, registrados nos livros próprios da companhia, na forma e para os efeitos previstos nos arts. 100, 101 e 102 da Lei Societária.

Por outro lado, a concessão liminar do sentido do voto pleiteado pela comunhão dos controladores, em face da manifestação ou abstenção renitente de algum signatário ou de administradores eleitos por ela, teria evidente caráter satisfativo, como também reiterado. Os efeitos da decisão acautelatória refletiriam-se irreversivelmente no âmbito da companhia, cuja vontade, em suas diversas instâncias, contaria com o voto daquele que, em ação ordinária de conhecimento, pleiteia a justeza de sua recusa ou abstenção de voto, alegando o interesse social diante de eventuais abusos de poder e desvio de poder da comunhão de controle ou de abuso de direito dos demais convenentes, no caso de acordo de voto minoritário.

Desse modo, nenhuma decisão interlocutória, no caso de acordo de acionistas, deverá ser tomada pelo juízo, que venha a alterar o *status quo*, seja de voto dissidente ou abstenção, seja no caso de compra e venda de ações (preferência e opção), cuja controvérsia será dirimida sempre a final.

A propósito, Celso Barbi Filho: "Mas o ângulo da prestação, ou seja, a manifestação volitiva não emitida voluntariamente, só poderá ser obtida mediante suprimento judicial por sentença, na forma já preconizada na lei. Evidencia-se, pois, que o sistema legal vigente na tutela específica das obrigações de contratar e emitir declaração de vontade é o de suprimento judicial e não da obtenção forçada do ato volitivo, pelo que os meios executivos introduzidos com a Lei n. 8.952/94 no art. 461 do CPC mostram-se inaplicáveis à tutela do conteúdo principal de tais obrigações. (...) Não obstante a possibilidade da existência de acordos com outros objetos que não os enunciados no texto da lei societária, é inegável que o maior interesse prático e usual volta-se sobre aqueles acordos que tenham objetos típicos, ou seja, a compra e venda de ações, preferência para adquiri-las e o exercício do direito de voto. Tais ajustes implicam, em última análise, a pactuação de obrigações de contratar e de prestar declaração de vontade. Assim sendo, a execução específica dos acordos de acionistas com essas obrigações é a que mais interesse desperta no estudo do tema. Sua sede legal, como já visto, está nos arts. 639 e 641 (atuais 466-B e 466-C) do CPC. O art. 639 (atual 466-B) obriga quem se comprometeu a concluir contrato a cumprir tal promessa, sob pena de que a outra parte possa obter sentença que produza o mesmo efeito do contrato não firmado. Já o art. 641 (atual 466-A) preceitua que a sentença que condena o devedor da obrigação a emitir declaração de vontade, quando transitada em julgado, produz todos os efeitos da declaração não emitida". E em outro trecho: "No que se refere ao conteúdo dos vigentes arts. 639 e 641 (atuais 466-A, 466-B e 466-C), nota-se, como já visto, que o provimento judicial em ambos exigido para suprimento da vontade não manifestada é uma sentença. De fato, o art. 639 (atual 466-B) estabelece textualmente que a parte 'poderá obter uma sentença que produza o mesmo efeito do contrato a ser firmado'. E o art. 641 (atual 466-A) vai mais além, exigindo o trânsito em julgado da decisão para sua eficácia: 'Condenado o devedor a emitir declaração de vontade, a sentença, uma vez transitada em julgado, produzirá todos os efeitos da declaração não emitida'"[912].

Aqui cabe ressaltar os efeitos da sentença terminativa, ou seja, transitada em julgado. No caso dos votos dissidentes, ou abstenção, seja de pactuante, seja de administradores vinculados no caso de acordo de controle (§§ 8º e 9º), o decisório definitivo declara a vontade desconformemente manifestada ou omissa, se procedente o feito. Nesse caso, o voto dissidente ou renitente não declarado será desconsiderado pelo juízo, que proferirá o voto conforme o pedido ajuizado em sede estatal ou arbitral, consoante o art. 466-A do CPC.

Já no que respeita aos acordos de acionistas sobre compra e venda de ações e de títulos conversíveis (preferência e de opção) o efeito da sentença final não é a de transferir o bem, na medida em que o contrato de compra e venda preferencial ou de opção não tem eficácia real no sistema jurídico brasileiro, como referido.

E, com efeito, o pré-contrato, inserido no acordo, de preferência ou de opção, não possui eficácia real, como também não o têm os próprios contratos de alienação em geral. A compra e venda não opera, pó si mesma, a transferência da propriedade ou de qualquer outro direito de natureza real.

O Código Civil é expresso nesse sentido ao dispor, em seu art. 233, que um dos contratantes se obriga a transferir o domínio de certa coisa. Assim, o objeto da obrigação do vendedor é de transferir a coisa, enquanto a do comprador é a de pagar o preço.

O sentido obrigacional e não real da execução específica está expresso no referido art. 466-C do CPC: "Tratando-se de contrato que tenha por objeto a transferência da propriedade de coisa determinada, ou de outro direito,

---

912 Os efeitos da reforma do Código de Processo Civil na execução específica do acordo de acionistas, cit., p. 41 e s. (parênteses nossos).

a ação não será acolhida se a parte que a intentou não suprir a sua prestação, nem a oferecer, nos casos e formas legais, salvo se ainda não exigível". O caráter obrigacional e real desse dispositivo é claro, por isso que tais contratos de alienação são de natureza consensual.

Nesse mesmo sentido, é também expresso o presente § 3º: "Nas condições previstas no acordo, os acionistas podem promover a execução específica das obrigações assumidas".

Assim, como leciona Paulo Lôbo, o que caracteriza a compra e venda e, portanto, os pré-contratos que visam formar aquele, é que o vendedor se vincula a transmitir o bem, ao se constituir devedor, obrigando-se a fazê-lo em determinado momento[913]. Obrigar a comprar e obrigar a vender, portanto, como ensina o preclaro civilista, não significam vender e transferir imediatamente o bem. Nesse regime obrigacional, obviamente, adentram a promessa de vender preferencialmente e o exercício da opção regular estabelecidas no acordo de acionistas.

Isto posto, qual o efeito da sentença terminativa que julgou procedente o pedido de execução específica? Evidentemente que é de suprir a vontade não manifestada no sentido de contratar a compra e venda objeto dos pré-contratos constantes do respectivo acordo de acionistas (preferência e opção).

Trata-se, portanto, de tutela jurisdicional específica no sentido de contratar e não de transferir o bem objeto do contrato. Assim, a sentença limita-se a concluir o contrato definitivo de compra e venda, fazendo surgir para uma das partes (comprador ou vendedor das ações) a obrigação de transferir a propriedade de suas ações[914].

Não se pode, portanto, admitir que o efeito da sentença transitada em julgado seja a transferência das ações nos livros próprios da companhia (arts. 100 a 102 da Lei Societária), o que daria efeito real e não obrigacional ao decidido[915].

---

913 Paulo Lôbo, *Direito Civil — obrigações*, 2. ed., Saraiva, 2011, p. 28 e s.

914 Tavares Guerreiro, Execução específica do acordo de acionistas, in *RDM* 41/40.

915 Discordamos, assim, da posição do ilustre jurista Cavalcanti Abbud, expressa em sua magnífica obra sobre o tema, ao atribuir efeito real e não obrigacional à sentença que, a final, acolheu o pedido de execução específica: "os seguintes atos de execução imprópria devem ser levados a efeito. Tratando-se de ações nominativas, o vencedor levará a sentença a registro no livro de 'transferência de ações nominativas' da companhia (Lei das Sociedades Anônimas, art. 100, I e II), no caso de venda de ações escriturais, a averbação da sentença será feita nos livros da instituição financeira depositária. Em ambos os casos, o ato de registro será suficiente para a transferência da titularidade das ações objeto do acordo" (Lei das Sociedades Anônimas, arts. 31, § 2º, e 35, § 1º) (Execução específica dos acordos de acionistas, ob. loc. cit.; *Execução específica dos*

Por outro lado, o processo de conhecimento de execução específica não constrange o acionista renitente a votar conforme o acordo ou a reunião prévia (acordo de controle). A sentença terminativa, após o devido processo legal, em lide ordinária com plena observância do contraditório, tem como efeito a substituição dessa vontade, nos termos e nos limites do referido art. 466-A do Código de Processo Civil.

A propósito, ainda, no que se refere à convenção de voto (de controle ou de minoria), a execução específica tem como efeito o suprimento judicial ou arbitral da vontade já manifestada em voto declarado ou omissivo, contrariamente ao acordo respectivo. Não tem por objeto essa espécie de lide a conduta do acionista renitente. Essa conduta deverá ser objeto de outro processo de conhecimento que tenha efeito condenatório e não constitutivo. O pedido condenatório terá como causa de pedir a conduta do acionista dissidente do acordo e visará a composição de perdas e danos e ressarcimento mediante a imposição de multa eventualmente convencionada.

Deve ser enfrentada outra questão fundamental: a do polo passivo no processo de execução específica. Tenha ele por objeto o voto dissidente ou omissivo ou a obrigação de contratar a venda ou compra das ações, em virtude de cláusula regular de preferência ou de opção, necessariamente se terá a companhia no polo passivo da demanda, na medida em que é ela interveniente no acordo de acionistas em cujo âmbito o mesmo opera.

Convém, a propósito, lembrar que, em se tratando de acordo de controle, a companhia é parte substancial do mesmo acordo, como também o são os administradores eleitos, direta (conselho de administração) e indiretamente (diretoria), pela comunhão dos controladores.

Isto posto, qual a conduta processual que deverá ser assumida pela companhia ao compor o polo passivo do processo de execução específica?

A questão se impõe, pois, se a companhia alinhar-se, no mérito, com a comunhão dos controladores, estará infringindo o dever da absoluta neutralidade na questão controversa do voto dado contrariamente ao decidido na reunião prévia. Desse modo, nas disputas de voto entre os participantes da comunhão de controle a companhia – no polo passivo da demanda – deve simplesmente declarar os efeitos desse voto dissidente, no sentido de ter ele sido ou não obstáculo à deliberação sobre determinada matéria objeto do mesmo acordo. O mesmo deverá ocorrer em se tratando de voto de administrador vinculado, que é sempre parte substancial no acordo de controle.

---

acordos de acionistas, Quartier Latin, 1996, p. 132 e s.). Uma vez julgada procedente a demanda, com a emissão do provimento constitutivo produtor dos mesmos efeitos do contrato definitivo da compra e venda (CPC, art. 639 – atual 466-A).

Não poderá, portanto, a companhia alinhar-se, nessa crise de certeza, ou de cumprimento com os autores da demanda – no caso a comunhão de controle – no tocante ao mérito. O fato de ser a companhia parte substancial do acordo não lhe dá competência para deliberar sobre as matérias constantes das reuniões prévias, razão pela qual ela não pode discutir e, portanto, não pode pronunciar-se sobre as razões de determinada deliberação.

Desse modo, tanto nas execuções específicas que tenham por objeto o voto do acionista convenente (controle ou minoritário), mas também naquelas que tem por objeto a compra e venda de ações e de títulos conversíveis, por preferência ou opção, a conduta processual da companhia, no polo passivo, deve ser de natureza meramente formal, sendo inadmissível que se coloque alinhada com os autores da ação, tanto num caso (voto) como no outro (preferência ou opção). O mesmo se diga quanto ao mérito da resistência dos réus.

Temos assim que, em todos esses litígios próprios da execução específica dos acordos de acionistas, a companhia deve restringir a sua manifestação aos aspectos formais da questão, como reiterado, informando ao juízo estatal ou arbitral o estado dos votos nas questões envolvendo controladores ou minoritários acordantes, ou então o estado da propriedade das ações objeto de litígio a ser dirimida através do devido processo de execução específica.

Qualquer manifestação da companhia sobre a matéria controversa, ou seja, sobre a crise de certeza ou de cumprimento objeto da lide, constituirá infração ao seu precípuo dever de neutralidade, como referido, nas disputas entre seus acionistas convenentes e também com respeito aos administradores vinculados aos acordos de controle.

Conduta processual da sociedade que possa ser entendida como favorável às teses de qualquer das partes interessadas no mérito da questão, constituirá abuso grave, consubstanciado na tentativa de favorecimento de uma das partes. Cabe à parte prejudicada pelo favorecimento explícito ou implícito invocar as medidas processuais ou regulamentares (arbitragem) cabíveis, sem embargo das medidas de caráter condenatório contra a sociedade, por sua conduta tendenciosa e, portanto, abusiva e, por isso, ilícita.

Da mesma forma, não cabe à sociedade apresentar nenhuma questão preliminar ou incidental no processo referente ao mérito da controvérsia, reservando-se apenas àquelas de legitimidade e de representação no processo, em sede estatal ou em arbitragem.

A propósito da matéria, em seu sentido conceitual, leciona Celso Barbi Filho: "Assim, a companhia deve figurar no polo passivo da ação para execução específica do acordo de acionistas nela arquivado. Há prestações negativas e até positivas que lhe competem na "observância" desse acordo, e cujo cumprimento pode ser obtido por meio das medidas judiciais coativas, de tutela específica ou antecipada. Tais prestações são apenas acessórias daquelas a que se objetiva precipuamente na ação para execução específica do acordo, ou seja, as de contratar ou emitir vontade, exigíveis dos signatários e *só supríveis* por sentença"[916].

Os remédios processuais[917] abrangem tanto as promessas unilaterais (opção e preferência) art. 466-B, como as plurilaterais (voto de controle e minoritário), que são os objetos dos acordos de acionistas (art. 466-A)[918].

Para propor a ação, no caso de compra preferencial ou opção o convenente comprovará a existência de pré-contrato regular e, portanto, válido e eficaz; o que se aferirá, segundo o direito material[919].

O momento da configuração do pré-contrato será diverso, conforme se tratar de acordo de preferência ou de promessa de compra ou venda (opção). Como referido, os acordos de preferência caracterizam-se pela obrigação da parte de, regularmente, comunicar à outra a vontade de alienar ou de adquirir ações previstas no pacto. Essa obrigação, no momento em que é regularmente convencionada, gera para o titular do direito uma expectativa de exercício da opção. Ao ser feita a comunicação regular, já como cumprimento da avença, cria-se, para a parte credora, o direito adquirido de, preferencialmente, comprar tais ações. Isto porque a comunicação regular do devedor da obrigação equivale a uma promessa de contratar, tendo o credor da obrigação a prerrogativa de regularmente exigir a celebração desse contrato, pela simples manifestação de que se dispõe a fazê-lo.

Dessa mecânica convencional, verifica-se que o pré-contrato de preferência, em si, não pode ser objeto da execução específica, uma vez que, como referido, consubstancia uma obrigação condicional de fazer, cuja eficácia

---

916 Os efeitos da reforma do Código de Processo Civil, na execução específica do acordo de acionistas, cit., p. 57.

917 Art. 466-A do Código de Processo Civil: "Se aquele que se comprometeu a concluir um contrato não cumprir a obrigação, a outra parte, sendo isso possível e não excluído pelo título, poderá obter uma sentença que produza o mesmo efeito do contrato a ser firmado".

918 Para Antônio Carlos de Araujo Cintra, a inserção do § 3º no art. 118 é dispensável, pois, não introduziu nenhuma regra adjetiva diversa daquela prevista no art. 639, que, em si, é plenamente aplicável à espécie, por se tratar o acordo de bloqueio de típica obrigação de fazer ("Atuação por via processual dos direitos decorrentes da Nova Lei das Sociedades Anônimas", in *A Nova Lei das Sociedades Anônimas*, São Paulo, Associação dos Advogados de São Paulo, 1978, p. 63 e s.).

919 Sydney Sanches, *Execução específica*, São Paulo, Revista dos Tribunais, 1978, p. 29.

mantém-se suspensa, não adquirindo o beneficiário, no momento de sua celebração, direito de contratar a aquisição de ação. A legitimidade decorre do não cumprimento voluntário do ajuste regular, o qual é representado pela intenção da parte de opor-se à celebração do contrato definitivo, se desejar o beneficiário regularmente celebrá-lo. A comunicação regular da parte de quem exercerá a preferência, se houver resistência, enseja a execução específica da obrigação de contratar.

Por sua vez, a razão pela qual, nos acordos de preferência, a obrigação de contratar não produz efeitos a partir da celebração da avença, é que seu objeto não é diretamente o de contratar, como ocorre nos negócios regulares de opção, mas, sim, o de comunicar a intenção de alienar a terceiro.

Por isso, a comprovação da existência do pré-contrato, na espécie, demanda três elementos ou atos: o acordo de preferência, a comunicação da parte devedora da intenção de alienar a terceiros suas ações vinculadas ao acordo e a manifestação de vontade de adquirir do convenente titular desse direito.

No caso de inadimplemento da obrigação unilateral de comunicar ao beneficiário (titular do direito) a intenção de alienar suas ações a terceiros, também caberá a execução específica[920], comprovando o interessado o seu direito. Neste caso, estará evidenciada a intenção de dispor irregularmente de tais ações, contrariamente ao acordo. Caberá ao juiz anular a venda feita a terceiro, com inobservância do convencionado, valendo a sentença transitada em julgado como título necessário e suficiente para constituir o contrato definitivo de compra e venda.

Em se tratando de negócio jurídico *de opção*, regularmente constituído, o direito de adquirir nasce com a própria celebração da avença, pois já existe, no caso, promessa irrevogável de contratar. Trata-se, portanto, de um pré-contrato, puro e simples, pelo qual uma parte promete, unilateralmente, à outra dispor de suas ações ou títulos conversíveis, se esta vier a manifestar, tempestiva e regularmente, seu interesse de adquiri-las.

Como referido, configura a espécie um contrato preliminar unilateral, porque tem por objeto a obrigação de concluir outro contrato. Pode, consequentemente, o beneficiário exigir o seu cumprimento, bastando, para tanto, declarar, oportunamente, a vontade de exercer de forma regular o seu direito. A comprovação da existência do pré-contrato, no caso de opção, faz-se pela juntada do próprio ajuste e a declaração do beneficiário – sempre

---

920 Manifesta-se contrariamente à execução específica, na espécie, Arnoldo Wald, "A violação do direito de preferência para aquisição de ações", *Revista de Direito Civil*, n. 24, p. 23 e s.

tempestiva e regular – de que deseja exercitar o seu direito de adquirir as respectivas ações.

Discute-se, na doutrina, se deve ou não o contato preliminar, para efeito do seu reconhecimento, de sua validade e eficácia, conter todos os elementos do definitivo[921].

O rigorismo parece não prosperar na espécie, pois não se deve confundir a necessidade de o contrato preliminar preencher condições de validade[922] com o entendimento de que somente seria passível de execução específica se aquele ostentasse todas as cláusulas do definitivo.

A tendência é exatamente a contrária. Admite-se a independência formal do pré-contrato[923], não se exigindo que o mesmo contenha todos os elementos que a lei prevê para o negócio que é o seu objeto. A propósito, o entendimento de Alcides de Mendonça Lima: "Para que o adimplemento do contrato preliminar seja pleiteado, de modo a ser conseguida uma sentença que produza o mesmo efeito do contrato a ser formado, não é necessário que aquele compromisso tenha a forma do instrumento definitivo. Basta que ele tenha validade, eficácia e regularidade do que será lavrado como determina a lei, apenas contendo a sentença, em substituição à vontade do outro contratante, que se negou a concedê-la espontaneamente[924 e 925].

Aqui também entra outra questão fundamental na análise do princípio do equilíbrio material dos acordos de acionistas que objetivam a preferência ou a opção de compra e venda de ações ou títulos conversíveis.

Trata-se da posição de **prevalência**, de um lado, e de **sujeição** de outro, no tocante à formulação do texto dos acordos de acionistas e que, no caso de cláusulas de preferência ou de opção, afetam diretamente o princípio do equilíbrio material na sua execução.

Assim, como ensina Paulo Lobo, as cláusulas de preferência e de opção, quanto à formulação de seu conteúdo, podem ser qualificadas como de adesão, quando as condições gerais desses negócios jurídicos tiverem sido formulados por uma das partes, para adesão de uma pluralidade das demais.

---

921 Amílcar de Castro, *Comentários ao Código de Processo Civil* (de 1973), São Paulo, Revista dos Tribunais, 1974, v. III, p. 181.

922 Amílcar de Castro, *Comentários ao Código de Processo Civil* (de 1939), Rio de Janeiro, Forense, 1963, v. X, t. 2ª, p. 414 e s.

923 Sydney Sanches, ob. cit., p. 30.

924 Alcides de Mendonça Lima, *Comentários ao Código de Processo Civil*, Rio de Janeiro, Forense, 1974, v. VI, t. 2ª, p. 758 e s.

925 Conforme estudado em nosso *Acordo de Acionistas – Homenagem a Celso Barbi Filho*, Saraiva, 2011, p. 363 e s.

Assim, a formulação da minuta do acordo de acionistas predisposta por um determinado acionista ou acionistas hegemônicos no contexto, importa na posição de adesão *lato sensu* dos demais signatários que não o minutaram. A eventual aceitação pelos predisponentes hegemônicos do texto do acordo de acionistas, de alguma alteração ou explicitação na minuta do documento previamente formulada por algum outro signatário, não retira a natureza de adesão *lato sensu* ao acordo de acionista por parte daqueles que não o formularam como um todo.

A adesão não significa, em sentido abrangente, ausência de vontade, manifestada quanto ao texto. Porém, havendo uma estrutura contratual construída e minutada por um ou alguns signatários e não por todos eles, faz com que os demais que o firmaram tenham maior vulnerabilidade quanto aos efeitos do convencionado, razão pela qual devem ser considerados aderentes.

Com efeito, os formuladores do conteúdo fundamental do acordo tem posição dominante na avença, diferentemente dos demais signatários que o subscreverem sem o poder de alterar a sua estrutura fundamental. Ocorre, nesses casos, uma adesão *lato sensu*, como referido.

A posição dominante na formulação do texto do acordo de acionistas e de seus anexos, e as posteriores alterações em suas cláusulas, deve ser levada em conta pelo juízo estatal ou arbitral no deslinde das controvérsias, daí decorrentes.

Tanto maior é o sentido dessa adesão para aqueles que sucedem os signatários originais do acordo de acionistas. É o caso dos que ingressam pura e simplesmente na avença, seja porque adquiriram ações de algum acionista que dele se retira, seja por sucessão *causa mortis*, seja ainda por reorganização societária de que eventualmente resulte o ingresso de novos acordantes. Essa sucessão importa numa adesão *stricto sensu*, pura e simples, sendo muito comum em se tratando de acordo de controle, do qual, muitas vezes, constam, também, cláusulas de preferência e de opção envolvendo as respectivas ações.

Isto posto, em todo acordo de acionistas submetido à decisão judicial ou arbitral deve, necessariamente, ser considerada a situação de domínio, de um lado, e de sujeição, de outro, no que respeita à formulação de seu texto e anexos e de suas alterações, donde surge a posição mais vulnerável dos que se submeteram às minutas postas por um ou por alguns dos signatários, ainda que os demais tenham mesmo sugerido aperfeiçoamentos quanto a algumas de suas cláusulas.

Em todos esses casos de adesão originária ou por sucessão – adesão *lato sensu* e adesão *stricto sensu* – prevalece o disposto no art. 423 do Código

Civil: "Quando houver no contrato de adesão cláusulas ambíguas ou contraditórias, dever-se-á adotar a interpretação mais favorável ao aderente".

De qualquer forma, a crise de certeza ou de cumprimento resultante da ambiguidade ou da contradição são encontradas em acordos de acionistas, envolvendo tanto os que refletem posições dominantes de alguns dos signatários e de sujeição dos demais, como, também, naquelas avenças que resultam de uma formulação conjunta, o que é raro.

A propósito, entenda-se como cláusulas ambíguas de que fala a norma do art. 423 do Código Civil, aquelas que ensejam uma crise de certeza sobre a sua interpretação razoável, em face do conjunto das disposições constantes do mesmo acordo e a aplicação, sobre todas elas, dos princípios da boa-fé objetiva, da função social do contrato, da causa, do equilíbrio material da avença, da utilidade, da vedação ao enriquecimento ilícito, ao abuso de direito, ao abuso e desvio de poder (controle) e, relevantemente, ao desvio de finalidade na execução do acordo.

As cláusulas contraditórias invocadas são, obviamente, as que conflitam umas com as outras, tendo como efeito o impasse na execução do acordo de acionistas, a demandar a decisão judicial ou arbitral. No deslinde dessa crise de valor no tocante a cada uma das cláusulas e sua harmonização com o todo, deve prevalecer a **causa** do negócio jurídico e sua perfeita adequação aos princípios gerais e positivados.

Em ambas as situações do conflito – ambiguidade e contradição – deve ser analisada a **conduta** dos signatários, no que respeita ao estrito respeito ao princípio da lealdade, ou seja, a rigorosa observância da boa-fé na execução do acordo de acionistas tendo em vista, sempre, a sua causa, como referido.

Daí serem incompatíveis, a configurar deslealdade, as condutas contrárias à função social do acordo de acionistas, consubstanciadas no desequilíbrio material, no abuso ou desvio de poder (controle) ou no abuso de direito, como referido.

Daí prevalecerem, no deslinde da controvérsia objeto da execução específica, o princípio positivado no art. 113 do Código Civil, pelo qual "os negócios jurídicos devem ser interpretados conforme a boa-fé e os usos do lugar de sua celebração", bem como o constante do art. 422 da Lei comum, ao dispor que "os contratantes são obrigados a guardar, assim na conclusão do contrato, como em sua execução, os princípios da probidade e boa-fé".

A propósito, deve ser ressaltado que o princípio da função social do acordo de acionistas, é consubstanciado na sua **causa**, ou seja, na função que exerce no contexto da ordem jurídica como um todo.

Assim, a função do acordo de controle é, precipuamente, a de exercer o comando permanente da companhia, tendo em vista o interesse social, o dos demais acionistas, e os da comunidade em que atua (parágrafo único do art. 116).

Entenda-se aqui como "comunidade em que atua", de que fala o parágrafo único do art. 116, em sentido amplo, conforme a posição em que se encontra a companhia. Assim as companhias relevantes em determinado setor de produção de bens e serviços tem uma obrigação de caráter muito mais amplo, não se restringindo aos municípios em que opera. Pode a atuação de tais empresas ser do interesse do próprio país como um todo, em face da liderança econômica ou estratégica que possui. A dimensão também será sempre nacional com respeito às companhias abertas, cujos administradores, pela repercussão de sua conduta no mercado de capitais, afetam todo o sistema aí instituído, em termos de governança.

No que respeita aos acordos de voto minoritário a sua função social é, precipuamente, a de exigir a estrita observância do interesse social por parte da comunhão de controle. Não há outra função para tal acordo de acionistas. Por outro lado, a sua utilização para promover conturbação na companhia, visando obter vantagem na venda de ações minoritárias constitui (*striking*) desvio de finalidade, e evidente abuso de direito, cominados no art. 115.

Essa prática ilícita, de graves consequências para a integridade do interesse social, é encontrada nas companhias abertas, e também nas fechadas e familiares, a denotar a inobservância do princípio da função social do acordo de voto, que, como referido, é o de defender os interesses dos acionistas minoritários, mediante a preservação do interesse social.

Outro princípio fundamental que deve presidir o deslinde judicial ou arbitral das controvérsias em torno da interpretação das cláusulas do acordo de acionistas é o do **efeito útil** de toda e qualquer cláusula nele contida, como referido. O pressuposto é que os convenentes não inseriram disposições no acordo que não tenham uma precípua utilidade. Todas as cláusulas inseridas no pacto visam a algum fim no que respeita à sua execução. Desse modo, não pode o julgador entender que, em face do conjunto das cláusulas, uma delas seria imprestável ou sem função. Há que inserir todas e cada uma das cláusulas no seu conjunto interpretativo, não cabendo, portanto, desprezar uma ou algumas delas para fazer prevalecer outra ou outras em seu lugar. Não há cláusulas sem sentido ou inúteis num acordo de acionistas.

Pode haver cláusulas nulas, anuláveis, ilícitas, contrárias à lei, mas se trata aí de declará-las não escritas. Porém, as cláusulas que não possam ser invalidadas por defeitos de sua natureza, não podem ser desconsideradas. Sendo válidas, todas as cláusulas são eficazes, devendo o juiz ou o árbitro harmonizá-las com outra ou outras e com o todo. Para essa função conta sempre a **causa** do acordo e, portanto, a sua função social.

Todo esse conjunto de critérios principiológicos, muito próprios da análise judicial ou arbitral da crise de certeza sobre o conteúdo do acordo de acionistas e da conduta dos seus subscritores, na sua execução, levam em conta a função **finalística** do processo que se impôs no regime jurídico brasileiro, caracterizador de um Estado Social, no contexto do Estado Democrático de Direito instituído pela Constituição de 1988, como referido.

Essa indeclinável função finalística do processo judicial ou arbitral funda-se, portanto, no texto constitucional que consagrou o princípio da solidariedade (art. 3º, I) e da justiça social (art. 170), e nos referidos princípios positivados no Código Civil, dentre eles os dos arts. 112 e 113, como sejam: "Nas declarações de vontade se atenderá mais à intenção nelas consubstanciada do que ao sentido literal da linguagem e "Os negócios jurídicos devem ser interpretados conforme a boa-fé e os usos e costumes".

Reitere-se que o Código Civil, no seu art. 112, ao reproduzir o que a respeito constava da Lei de Introdução, ao se referir à "intenção" quer falar da **causa**, que é o conceito moderno[926] que se compraz com a função social do contrato[927].

E ao se falar em **função finalística** da tutela jurisdicional, em contraposição à sua concepção meramente individualista, própria do liberalismo, está se falando da moderna e consagrada concepção de que os efeitos da sentença não se restringem às partes, mas afetam a própria coletividade. Aí a função finalística do processo judicial ou arbitral, ao dirimir as questões de mérito envolvendo os acordos de acionistas.

Assim, os Princípios constitucionais e de Direito Civil constituem as matrizes dos julgamentos, traduzidos pelos reiterados cânones da solidariedade social, da função social da ordem econômica, da função social do contrato, da observância estrita da boa-fé, e aí, da lealdade na execução dos contratos, levando em conta, sempre, a sua **causa**, as posições de domínio e sujeição na formulação dos acordos, o equilíbrio material na execução dos negócios jurídicos e, consequentemente, na vedação ao enriquecimento ilícito, às cláusulas leoninas e puramente potestativas, ao abuso e desvio de poder (controle) e de direito, ao desvio de finalidade (desvio da causa).

Tais princípios são aplicáveis tanto ao texto dos acordos de acionistas, como também na sua execução, levando em conta a conduta dos seus signatários, nas suas relações internas e nas externas com respeito aos demais

---

926 Santoro-Passarelli, "Teoria geral do direito civil", Biblioteca Jurídica Atlântida, Coimbra, 1967, p. 100. E também "Douctrinas generales del derecho civil", *Revista de Derecho Privado*, Madrid, 1964, p. 202 e s.

927 Art. 421 do Código Civil.

acionistas e aos interesses da comunidade onde atua, em se tratando de acordo de controle.

LEGITIMIDADE DE AÇÃO CONTRA OS ADMINISTRADORES VINCULADOS

É inquestionável a legitimidade da comunhão dos controladores de proporem ação de execução específica contra os administradores por ela eleitos para a composição do conselho de administração, e, indiretamente, para a diretoria.

Isto porque tais administradores, majoritários naqueles órgãos da administração, constituem partes, em sentido substancial, do acordo de controle, como reiterado, por isso que são eles que viabilizam, nas instâncias próprias da gestão social, as propostas que serão submetidas à deliberação da assembleia geral.

Assim, o exercício do controle não se faz senão através dos órgãos da administração, mediante a atuação desses mesmos administradores vinculados, que formulam as propostas, seja no seu sentido técnico como também jurídico, e de cuja conformidade com a lei e os interesses sociais são responsáveis.

Por isso é que se submetem os administradores vinculados àquelas deliberações da comunhão de controladores, tomadas em reunião prévia, que direcionam as decisões relevantes e extraordinárias previstas no acordo, referentes à condução da política da companhia.

Daí serem os administradores vinculados parte substancial do acordo de controle, como reiterado, cujo cumprimento não podem eles prejudicar com a sua dissidência ou retinência, mediante o voto contrário ou abstenção **efetiva**, ou seja, que impeça a deliberação eficaz (majoritária) no respectivo órgão da administração.

E como partes, em sentido substancial, do acordo de controle têm os administradores vinculados legitimação passiva para responderem na lide instaurada pela comunhão. Nesse polo processual podem, no largo espectro do processo de conhecimento de execução específica, arguir a justeza de sua retinência ou dissidência, tendo em vista o interesse social e sua inobservância pela comunhão de controle, em termos de abuso de poder ou de desvio de finalidade na condução da política da companhia.

Pode-se pensar na impraticabilidade da execução específica judicial ou arbitral em face dos administradores, na medida em que a comunhão de controle tem em mãos os institutos da autotutela e da autoexecução, instituídos pelos §§ 8º e 9º.

Ocorre que pode a comunhão dispensar essa autotutela para valer-se do processo de execução específica, judicial ou arbitral, visando com tal medida configurar e dirimir definitivamente as dúvidas quanto ao mérito das deliberações tomadas na reunião prévia respectiva, ou, por outro lado, configurar, com trânsito em julgado, judicial ou arbitral, a responsabilidade dos administradores-réus quanto à recusa ou à abstenção de voto em face do deliberado pela comunhão a respeito.

Daí a legitimidade plena da comunhão de propor a ação de execução específica contra os administradores vinculados e a legitimidade passiva, também plena, destes, para responder ao processo, judicial ou arbitral, em que ambas as partes no litígio terão amplo direito de defesa e de produção de provas.

LEGITIMAÇÃO E EFEITOS DA SENTENÇA — ACORDOS DE COMPRA E VENDA DE AÇÕES — PREFERÊNCIA E OPÇÃO

A sentença favorável transitada em julgado produz os efeitos da declaração da vontade não prestada. A decisão, contudo, não substitui o contrato e nem tampouco a declaração de vontade do executado[928].

A conclusão definitiva do contrato, como prestação de cumprir cujo conteúdo é uma declaração de vontade decorrente dos negócios preliminares de preferência ou de opção, torna-se susceptível de ser alcançada através da sentença judicial ou arbitral. Esta, reconhecendo a obrigação do devedor convencional, produz os efeitos da declaração de vontade. Ao credor da obrigação não interessa a manifestação da declaração de vontade da outra parte inadimplente, mas a sua consequência, ou seja, a formação definitiva do contrato de compra e venda de ações[929].

Não há, portanto, condenação do executado a prestar uma declaração de vontade, como se podia deduzir dos termos do art. 1.006 do Código de

---

928 Importante estabelecer essa distinção, aventada por Luiz Eulálio Bueno Vidigal, na vigência do antigo Código de Processo Civil. Criticava o grande Mestre o art. 1.006 do antigo Código de Processo Civil, ao falar em suprimento da vontade do obrigado, pelo juiz ("Da execução direta de obrigação de prestar declaração de vontade", in *Direito processual civil*, São Paulo, Saraiva, 1940). No mesmo sentido, Silvio Rodrigues, *Direito civil*, São Paulo, Max Limonad, 1962, v. II, p. 51 e s.

929 A. Lopes da Costa, "Condenação a prestar em declaração de vontade especialmente em relação à promessa de contratar", in *Revista Forense*, 1952, v. 140, p. 32 e s.

Processo Civil de 1939, no qual havia um preceito cominatório com prazo assinado que, se não acatado, era suprido pelo título judicial[930].

De acordo com os arts. 466-A e 466-B do Código de Processo Civil vigente, essa vontade torna-se irrelevante. O Estado, portanto, não substitui a vontade da parte pela sua própria, para, dessa forma, tornar possível uma prestação de natureza jurídica[931], mas declara existente, no mundo jurídico, a relação contratual que aí decorreria se a vontade tivesse sido manifestada. Assim, é o próprio contrato definitivo que se forma com a decisão judicial.

A sentença transitada em julgado produz o efeito de constituir o contrato definitivo de compra e venda de ações, tornando partes dele as pessoas que se vincularam no momento da celebração da avença preliminar.

Por sua vez, em se tratando de acordo de acionistas visando a compra e venda de ações (preferência ou opção) na forma e para os efeitos do art. 466-C do CPC, a sentença desfavorável será de improcedência do remédio da execução específica, na medida em que o credor da obrigação não cumpriu a sua prestação. Trata-se da regra de equilíbrio material do acordo respectivo.

Essa norma de rejeição do remédio processual, em juízo estatal ou arbitral, abrange a questão da inexistência ou da iliquidez da contraprestação; da sua insuficiência e ausência do direito de exercitá-lo, traduzido na ausência de comutatividade plena e inquestionável. Institui, com efeito, a norma do art. 466-C do CPC, no bojo do referido princípio do equilíbrio material, o pré-requisito de cumprimento pleno e inquestionável, da parte presumivelmente credora da obrigação, de pagar o valor justo pela compra preferencial ou das ações objeto de opção.

Por outro lado, o acolhimento da ação de execução específica ou sua improcedência, declarada em foro estatal ou arbitral, não significa que o autor ou o réu estarão privados de outro pleito, para demandar reparação por perdas e danos[932]. E, com efeito, a ação de perdas e danos não é excluída pelo disposto neste § 3º. E nem poderia sê-lo, por tratar-se de faculdade que a Lei processual enseja.

---

930 A respeito do art. 1.006 do Código de Processo Civil, Pontes de Miranda assim se manifesta: "...o argumento de não poder a sentença substituir o consenso que não foi prestado é de todo sem pertinência..." (*Tratado...*, cit., v. XXII, p. 77).

931 A. Lopes da Costa, ob. cit., p. 33.

932 Alcides de Mendonça Lima, tem diversa interpretação: "O Código usa a expressão 'a ação não será acolhida'. Não se trata de improcedência, porque, nesse caso, o autor ficaria privado de mover outra ação de conhecimento, ainda que exibisse a prova do cumprimento de sua prestação" (*Comentários ao Código de Processo Civil*, cit., v. VI, t. 2º, p. 761).

Das hipóteses gerais de descabimento da execução específica, previstas no art. 466-A[933], destacam-se duas: quando, nos contratos de preferência ou de opção, expressamente se exclui o remédio; ou quando, no ajuste, insere-se cláusula de arrependimento. Pergunta-se: Nos dois casos, seriam tais avenças susceptíveis de arquivamento e de averbação?

No primeiro caso – exclusão convencional da execução específica –, o registro será cabível, na medida em que a estipulação não desnatura os efeitos que a preferência e a opção produzem, nem altera os efeitos do registro no que se refere ao dever da companhia de somente transferir as ações observando as restrições averbadas. Já com relação às avenças com cláusulas de arrependimento, não são susceptíveis de arquivamento e averbação, pois não consubstanciam restrição irrevogável de direito.

A propósito, mesmo sendo os acordos de preferência ou de opção devidamente registrados e, assim, susceptíveis do remédio previsto no art. 466-B do Código de Processo Civil, não constituem título hábil para a execução propriamente dita. Será necessário que o interessado proponha a ação de conhecimento para, assim, obter a sentença constitutiva, como reiterado.

LEGITIMAÇÃO E EFEITOS DA SENTENÇA — ACORDOS DE CONTROLE

Diferentemente do art. 466-B, que faculta a execução específica dos pré-contratos (os acordos de preferência e de opção), o art. 644-A trata da obrigação de prestar declaração de vontade, já definitivamente vinculada pelo acordo de controle ou de voto minoritário. Com a avença, o acionista obrigou-se a emitir declaração de vontade no sentido convencionado.

Isto posto, por força do arquivamento do acordo de controle, a companhia deverá verificar a conformidade desse ato de vontade destinado à formação da deliberação da assembleia geral, ao preestabelecido na reunião prévia da comunhão.

O voto dado contrariamente ao deliberado na reunião prévia acarreta a ineficácia da declaração da vontade do acionista convenente ou do administrador vinculado renitente, pelo descumprimento de sua obrigação de prestá-lo consoante o previamente decidido pela comunhão. Seria, v.g., como alguém que devesse dar quitação e viesse expressamente declarar que não o fará.

---

933 O artigo admite a medida, "sendo isso possível e não excluído pelo título".

Em consequência, o voto contrário ou o voto em branco será ineficaz, por contrariar o deliberado pela comunhão, constituindo, por outro lado, elemento de prova para o pedido de execução específica[934].

Isto posto, para propor ação constitutiva para execução específica, a comunhão comprovará a existência do acordo de controle; seu arquivamento na sede da sociedade; a declaração do voto dado, em assembleia ou em reunião do conselho de administração ou da diretoria, contrariamente ao deliberado em reunião prévia, ou o voto em branco; e a consequente declaração da suspensão da deliberação respectiva por falta de quórum deliberativo.

A ata da assembleia geral ou do respectivo órgão da administração será o documento que evidenciará a irregularidade dos votos e seu efeito, qual seja, a suspensão da deliberação na respectiva instância (na administração ou na assembleia geral). Isto porque a execução específica somente será conhecida, em juízo estatal ou arbitral, quando acarretar a suspensão da deliberação majoritária da assembleia ou do conselho de administração ou da diretoria; vale dizer, quando os votos contrários ao deliberado em reunião prévia da comunhão forem prevalecentes, a ponto de impedir a manifestação eficaz da assembleia ou do órgão da administração respectivo sobre a determinada matéria constante da ordem do dia.

No caso de os votos contrários ao deliberado na reunião prévia não terem prevalecido, a execução específica seria descabida, pois não lograriam modificar o conteúdo da deliberação já tomada eficazmente pela maioria dos votos consonantes com o decidido pela comunhão de controle, como referido.

Mais do que isso, a execução específica conturbaria a própria vida social, pois exigiria a revisão de atos perfeitos e consumados: — a deliberação majoritária, válida e eficaz da assembleia geral ou do conselho de administração ou ainda da diretoria e seu arquivamento no Registro do Comércio, em se tratando das duas primeiras.

Assim sendo, a legitimidade ativa, na espécie, advém da ineficácia que o voto dado ou omitido contrariamente ao determinado na reunião prévia da comunhão de controle acarretou ao deliberado pelos demais convenentes ou administradores vinculados.

Isto posto, a sentença judicial ou arbitral em ação de execução específica favorável transitada em julgado, produz todos os efeitos da declaração de

---

934 Erasmo Valladão Azevedo e Novaes França, "Invalidade das deliberações de assembleia das S/A", São Paulo, Malheiros, 1999, p. 117.

voto que deveria ter sido prestada em conformidade com a convenção. A sentença integrará o quórum deliberativo, formando a vontade social, nos órgãos da administração e da assembleia geral.

Para tanto, a sentença judicial ou arbitral tornará eficaz o ato unilateral do voto, conforme o sentido a que se vinculara o réu, no momento da celebração do acordo de controle, em sendo seu signatário ou quando eleito pela comunhão, em sendo administrador vinculado.

De posse da sentença judicial ou arbitral transitada em julgado, os exequentes registrá-la-ão na companhia, para os efeitos referidos. Em consequência, a sociedade declarará deliberada a matéria que fora suspensa, em razão da insuficiência de quórum deliberativo, seja na diretoria, seja no conselho de administração, seja na assembleia geral.

Não haverá, assim, necessidade de convocação e de realização de nova reunião dos órgãos da administração ou da assembleia geral, posto que a deliberação estava apenas suspensa, sendo definitivamente tomada com a sentença nas instâncias deliberativas da companhia.

A evidente defasagem entre a decisão constitutiva com trânsito em julgado, em processo de conhecimento e a premência das deliberações exigidas pela dinâmica do processo societário constitui fenômeno que, por si, não pode ser invocado para criticar o remédio processual previsto neste § 3º. Essa disfunção advém do lento andamento da prestação jurisdicional, e não propriamente do rito ordinário da demanda na esfera judicial. Daí a incontestável vantagem da arbitragem nesses casos. Daí, também, a reforma da lei societária de 2001, haver introduzido o regime de autotutela e autoexecução dos votos vinculados ao acordo de controle, consoante os §§ 8º e 9º.

Não se pode, com efeito, imputar ao processo de conhecimento toda a falha. Mesmo porque, tratando-se de matéria contratual, cabe discutir amplamente, no contraditório, o mérito e, portanto, a própria validade do acordo de controle, e seu exercício estritamente conforme o interesse social.

Temos, assim, que o remédio processual invocado neste § 3º é pertinente, na medida em que respeita o direito dos convenentes e dos administradores vinculados de amplamente arguirem, em juízo estatal ou arbitral, as razões e exceções quanto à validade e eficácia das deliberações tomadas pela comunhão, em reunião prévia.

EXECUÇÃO ESPECÍFICA E ARBITRAGEM — § 3º

Trata-se da questão de convívio das cláusulas de execução específica, de que trata este § 3º, e a cláusula de instituição de arbitragem, que estão, ambas, inseridas em quase todos os acordos de acionistas, tanto os que versam sobre controle ou voto dos minoritários, como aqueles de compra e venda preferencial de ações e opção.

Com efeito, em todos os acordos de acionistas celebrados nas companhias matriculadas no Novo Mercado da BM&FBovespa constam ambas as cláusulas (execução específica e arbitragem).

Isto posto, não há nenhuma contradição entre tais disposições constantes da avença. Têm elas diferentes funções, que se harmonizam perfeitamente.

Assim, a cláusula de execução específica, nesse caso, restringe-se a matéria incontroversa, ou seja, de infrações cometidas pelas partes sem qualquer arguição de mérito pelo signatário infrator. Trata-se, portanto, de acionar a execução específica em matéria incontroversa, em que, pela omissão da parte faltosa, surge a certeza da infração ou inadimplemento.

Por outro lado, a cláusula referente à arbitragem, seja ela desde logo compromisso (cláusula cheia) ou convenção de arbitragem (cláusula vazia) aplica-se a toda discussão de mérito surgido da execução do acordo de acionistas, arguida por qualquer de seus signatários.

Mais do que isso, a cláusula de execução específica, de que trata este § 3º, será acionada para a obtenção de uma ordem mandamental de cumprimento da decisão arbitral no caso de demandar tal providência a sentença constitutiva ou condenatória do tribunal arbitral.

Desse modo, havendo cláusula de instituição de arbitragem (cheia ou vazia), passa a execução específica, de que trata este § 3º, a ser aplicável tanto para os casos incontroversos de infração, sem discussão do mérito, ou de meio de execução da decisão arbitral.

Daí resulta que nos acordos de acionistas em que haja ambas as cláusulas (execução específica e arbitragem) prevalece esta última em qualquer matéria referente a crise de certeza, ao passo que a primeira se restringe a matéria de crise de execução ou meio de constrição da parte condenada pela sentença arbitral[935].

---

935 A propósito, STJ, REsp 944.917, Rel. Ministra Nancy Andrighi, j. em 18-9-2008: "Deve-se admitir que a cláusula compromissória possa conviver com a natureza executiva do título. Não se exige que todas as controvérsias oriundas de um contrato sejam submetidas à solução arbitral. Ademais, não é razoável exigir que o credor seja obrigado a iniciar uma arbitragem para obter juízo de certeza sobre uma confissão de dívida que, no seu entender, já consta do título executivo. Além disso, é certo que o árbitro não tem poder coercitivo direto, não podendo impor, contra a vontade do devedor, restrições a seu patrimônio, como a penhora, e nem excussão forçada de seus bens".

Pode-se, portanto, verificar que o convívio de ambas as cláusulas no acordo de acionistas, leva a que a arbitragem seja a medida estipulada para a solução das controvérsias, com abrangência geral e de amplo espectro, para os conflitos que surgirem com referência à interpretação e a regularidade ou não do exercício de direitos e obrigações convencionados.

Já a execução específica, prevista neste § 3º, aplica-se às infrações tidas como líquidas e certas (crise de execução), nas quais não há controvérsias, ou seja, crise de certeza.

OS §§ 8º E 9º

Os §§ 8º e 9º tratam de declaração da ineficácia dos atos de obstrução que os dissidentes do acordo de controle venham a produzir contrariamente ao decidido por maioria nas reuniões do órgão interno da comunhão, as denominadas *reuniões prévias*.

A propósito, tratando o § 9º de *matéria processual* no campo da *autoexecução*, produz efeitos imediatos sobre todos os acordos de controle a partir da vigência da Lei n. 10.303, de 2001, vinculando os procedimentos que estão em curso no cumprimento destes e também os celebrados anteriormente à vigência da Lei Societária de 2001.

Deve-se acrescentar que o dever legal contido no § 8º (autotutela) a respeito da obrigatoriedade da suspensão do voto contrário ao deliberado na reunião prévia dos controladores, a cargo do presidente da assembleia, torna imperativos esses procedimentos que, anteriormente à vigência da Lei n. 10.303, de 2001, vinham, no âmbito das assembleias gerais, sendo apenas convencionalmente adotados na prática das convenções com o objetivo do controle.

Assim, o *procedimento suspensivo* previsto no § 8º torna obrigatória a prática legítima já antes convencionalmente adotada na execução de acordos de controle com voto em bloco, arquivados na sociedade.

Como referido, o *acordo de votação em bloco* visa ao exercício do *poder-dever de controle comum* da companhia (art. 116, parágrafo único). Em consequência, o *direcionamento* dos votos para o exercício desse controle comum deve ser *majoritariamente* definido em reuniões da comunhão dos acionistas que compõem o bloco de controle. As graves responsabilidades desse *poder-dever de controle* demandam, com efeito, que o seu exercício pelo *bloco de ações* de controle seja uniformemente direcionado, não podendo ser fragmentado e, assim, prejudicado o regular, harmônico e unitário exercício do controle pela eventual dissidência de alguns dos participantes dessa comunhão de interesses.

E essa dissidência não poderá prevalecer nas deliberações que demandam os votos dos controladores acordantes nas assembleias da companhia e na deliberação dos conselheiros e diretores eleitos direta e indiretamente (diretores) pela comunhão.

Essa dissidência, portanto, não pode produzir efeitos diante da absoluta indispensabilidade do exercício uniforme e, assim, harmônico do *poder de controle*, tendo em vista o interesse social e o dever fiduciário (arts. 116, parágrafo único, e 117).

A companhia seria necessariamente prejudicada se tal dissidência pudesse conturbar o exercício dos graves encargos que advêm do exercício desse *poder-dever de controle* (§ 2º). A eventual dissidência de acionista integrante da comunhão de controle deve manifestar-se em juízo ou perante os árbitros (art. 109, § 3º), em cujo âmbito deve o dissidente arguir o seu conflito em face dos acionistas que majoritariamente integram o *acordo de voto em bloco*.

AINDA O INTERESSE SOCIAL E A VOTAÇÃO EM BLOCO DOS CONTROLADORES

Não existe dissonância entre a votação *em bloco* direcionada em *reunião prévia dos controladores* e o interesse social. Pelo contrário, não se pode imaginar que a comunhão que exerce o controle comum (art. 116, *caput*) possa fragmentar-se no momento da votação das matérias que demandam o exercício efetivo desse poder-dever, tanto nas assembleias da companhia como nos seus órgãos de administração (conselho de administração e da diretoria).

Se o controle é *comum* (art. 116, *caput*), deve ser exercido em *bloco* nas diferentes instâncias deliberativas da companhia. Permitir que o dissídio no seio da comunhão de controle traga conturbação na vida da companhia, com grave e irreversível prejuízo para o interesse social, como referido, é inadmissível (§ 2º).

A propósito, reitere-se que o *voto dado em bloco* pelos controladores comuns agregados no acordo (art. 116, *caput*) em nada é incompatível com o interesse social. A respeito, a clássica lição de Ascarelli[936], que nega a existência de um *interesse social* que possa ser considerado superior ao *interesse comum* dos acionistas: "As companhias constituem não apenas a

---

936 *Studi in tema di società*, cit., p. 46 e 148 e s.

comunhão dos interesses, mas, pelo fato de serem voluntárias, também a comunhão dos fins. E é através da constituição contratual de um conjunto de objetivos que se constitui a comunhão de interesses da sociedade (...). O interesse social é entendido como o interesse comum dos sócios e com estes identificado".

O preconceito de que o interesse social não pode ser confundido com aqueles comuns dos sócios é que leva ao equívoco de que o voto direcionado pelo *bloco de controle*, em *reunião prévia,* não atenderia ao primeiro.

Não há essa dicotomia. E, no caso do exercício do *poder-dever de controle*, não existe apenas o interesse no seu exercício por parte dos convenentes do acordo respectivo, mas a específica responsabilidade na condução do processo societário (§ 2º deste art. 118, e arts. 116 e 117), o que demanda uma *uniformidade de orientação* entre os participantes dessa comunhão de acionistas controladores.

Assim, a *votação em bloco* obtida *majoritariamente* na *reunião prévia* da comunhão dos controladores atende ao interesse comum dos que compõem esse mesmo controle e, sobretudo, ao interesse social, pois é na esfera da sociedade que esse interesse coletivo dos acionistas vai se produzir.

Por outro lado, no caso de *abuso*, não se pode falar em interesse dos acionistas, mas sim em *desvio desses interesses,* que se refletem prejudicialmente no interesse social. Nesse caso, haverá quebra do dever fiduciário instituído no parágrafo único do art. 116[937].

Assim, quando o interesse de controle é legitimamente exercido, por si só estará atendido o interesse social. Este não transcende aquele.

Da mesma forma, o interesse da comunhão de controle manifestado em *reunião prévia* produz-se, em seguida, nos órgãos administrativos da sociedade, na medida em que é nessas instâncias da gestão social que se tomam deliberações relevantes ou extraordinárias para a companhia, seja para sua decisão terminativa, seja para propor à assembleia geral a aprovação das determinadas matérias da mesma natureza previstas no respectivo acordo.

Com efeito, o *poder-dever de controle* (art. 116) exerce-se tanto no plano das deliberações do conselho de administração e da diretoria como nas assembleias gerais ou especiais da companhia. Imaginar que o *poder-dever de controle* se restringe à votação em bloco nas *assembleias* da companhia seria desconhecer inteiramente o *processo* de seu exercício, que se dá a todo o tempo, no âmbito da administração da sociedade, ou seja,

---

937 *V.* comentários ao art. 116.

primeiro na diretoria, depois no conselho de administração e, finalmente, na assembleia geral, como referido.

MANDATO NO EXERCÍCIO DO VOTO EM BLOCO DO CONTROLADOR — § 7º

O § 7º, ao dispor sobre a não aplicação das restrições de prazo constantes do § 1º do art. 126, estabelece a natureza de *mandato do síndico* representante da comunhão dos controladores nas assembleias gerais ou especiais da companhia. Esse *mandato é irrevogável* pelo prazo que for nele assinalado, o qual, pela prática, deve coincidir com o prazo do próprio acordo.

Assim, o *síndico* da comunhão dos controladores vota *com todas as ações do bloco de controle* nas assembleias gerais e especiais. Seu mandato não pode, dessa forma, ser revogado individualmente por qualquer dos signatários do acordo de controle.

O mesmo *mandato irrevogável* têm aqueles *titulares dos votos majoritários* obtidos na *reunião prévia* da comunhão dos controladores que direcionar o voto dos administradores eleitos pelo acordo nas reuniões de seus órgãos de gestão, inclusive para os efeitos previstos nestes §§ 8º e 9º.

Aplica-se a esse mandato irrevogável, tanto do *síndico* da comunhão dos controladores como da *maioria dos seus participantes*, os arts. 685 e 686, parágrafo único, do Código Civil, que prescreve essa irrevogabilidade quando o mandato constituir meio de cumprir uma obrigação contratada.

Desse modo, os *acordos de controle* demandam uma representação do síndico ou da maioria dos seus convenentes para exprimir o *direcionamento* obtido em determinada *reunião prévia desses mesmos controladores* e o respectivo voto consonante nas assembleias da companhia e, bem assim, dos seus representantes no conselho de administração e na diretoria[938].

REPRESENTANTE JUNTO À COMPANHIA — §§ 10 E 11

A obrigatoriedade de nomeação de um dos subscritores do acordo de controle ou de voto (minoritários) para representá-los perante a sociedade constitui providência fundamental, notadamente em se tratan-

---

938 Sobre a matéria, TJDF, 2ª T., AC 2001011047155-8, Rel. Des. Waldir Leôncio Junior, j. em 21-2-2005. In Lazzareschi, ob. cit., p. 284 e s.

do de *acordo* para o exercício de controle comum (§ 2º deste artigo e art. 116, *caput*). Neste caso caberá a esse representante a função de dirimir *dúvidas* da sociedade quanto ao alcance e à aplicação das cláusulas da convenção de controle.

Já o § 11 faculta à companhia suscitar *dúvidas* a respeito da interpretação e da execução de cláusulas de acordo de controle ou de voto nela arquivado[939]. A essa faculdade corresponde a obrigação do representante do acordo (§ 10) de prestar todos os esclarecimentos e informações requeridos pela sociedade, inclusive quanto à situação acionária de seus componentes e suas alterações.

Sem embargo dessa relação direta entre o representante do acordo e a sociedade (§ 10), esta poderá solicitar esclarecimentos de qualquer participante da convenção, seja de controle, seja de voto (minoritário), direta e individualmente, em tudo aquilo que, pela lei e pelo estatuto, deva ele informar (§ 11)[940].

VINCULAÇÃO DOS ADMINISTRADORES — ACORDO DE CONTROLE — AINDA OS §§ 8º E 9º

Como ressaltado, pela Lei n. 10.303, de 2001, passou a haver o expresso reconhecimento legal de que os *acordos de controle* vinculam não apenas os seus subscritores, mas também os *membros do conselho de administração* e os *diretores* eleitos, direta e indiretamente (diretores), pela comunhão. Essa vinculação se dá muito embora não tenham sido esses mesmos administradores partes signatárias dele em sentido formal, embora o sejam em sentido substancial.

É o que dispõe o § 8º, ao obrigar o presidente do Conselho de Administração ou o diretor-presidente da diretoria a não computar o voto proferido pelo conselheiro ou diretor em desacordo com o direcionamento de voto dado pela maioria absoluta dos controladores em *reunião prévia* da comunhão.

Essa vinculação consta também do § 9º, ao facultar que os conselheiros e os diretores eleitos em virtude do acordo de controle votem pelo conse-

---

939 Cabe salientar que o TJSP, no julgamento da AI 345.278.419-00, Rel. Des. Álvares Lobo, em 19-5-2004, manteve a decisão de primeiro grau que impediu deliberação acerca da substituição de administradores enquanto persistissem dúvidas quanto à interferência de cláusula respectiva do acordo de acionistas.

940 Sobre a matéria, TJRJ, 18ª Câm., AC 2004.001.05257, Rel. Des. Carlos Eduardo Passos, j. em 6-4-2004; TJSP, 8ª Câm., Agr. Instr. 345.287.4/9-00, Rel. Des. Álvares Lobo, j. em 19-5-2004. In Lazzareschi, ob. cit., p. 288 e s.

lheiro ou pelo diretor ausente ou que, estando presente, abstenha-se de votar, visando com tal conduta a obstruir o exercício regular do poder-dever de controle originado desse mesmo acordo (§ 2º).

Trata-se de mais um efeito da adoção do *pooling agreement* de controle, expresso no *caput* e nos §§ 6º a 11 deste art. 118 trazidos pela Lei n. 10.303, de 2001.

O disposto nestes §§ 8º e 9º suscita a regra de que os negócios jurídicos — no caso o acordo de controle — produzem efeitos não apenas perante as partes que formalmente os subscreveram — partes em sentido formal —, mas também perante as que são partes em sentido substancial. A respeito, Santoro Passarelli: "Em contraposição às partes dele que intervêm na conclusão do negócio e que se chamam partes em sentido formal, as que o são relativamente aos efeitos dizem-se partes em sentido substancial"[941].

Desse modo, o conceito de parte não diz respeito unicamente àquele que manifestou formalmente sua vontade no negócio jurídico, mas relaciona-se, basicamente, com o titular do interesse envolvido.

Assim, são partes no acordo de controle, por força dos mesmos §§ 8º e 9º, como titulares de direitos e deveres dele decorrentes, também os administradores. Estes, eleitos direta e indiretamente (diretores) pelos controladores, vinculam-se ao voto majoritário da comunhão naquelas matérias relevantes e extraordinárias expressas no respectivo acordo.

Isso porque os administradores são titulares do interesse envolvido no acordo de controle, de cujo exercício são partes substancialmente integrantes. Sem a intervenção dos administradores será impossível atender à causa-fim do exercício do controle, ou seja, à implementação do interesse social e ao cumprimento do dever fiduciário instituído no parágrafo único do art. 116.

FUNÇÃO DAS ALTERAÇÕES HAVIDAS — §§ 8º E 9º

A *função* desses dispositivos que foram introduzidos pela Lei n. 10.303, de 2001, é a de permitir o exercício harmônico do poder-dever de controle nas três instâncias em que ele se manifesta sucessivamente: na diretoria, no conselho de administração e na assembleia geral (ou especial).

Para dar concreção a essa finalidade, a reforma legislativa de 2001 criou *meios de coercibilidade* do acordo de controle, além daquela anteriormente instituída, ou seja, a *tutela judicial* (§ 3º deste artigo) ou *arbitral* (art. 109, § 3º).

---

941 *Teoria geral do direito civil*, Coimbra, Atlântica, 1967, p. 198.

Assim, a reforma de 2001 instituiu a *coercibilidade "interna corporis"*, exercida pelo presidente da mesa da assembleia geral ou especial, ou pelo presidente do conselho de administração e pelo diretor-presidente da diretoria (§ 8º). Também estabelecem os §§ 8º e 9º esse mesmo regime de *autotutela e autoexecução, respectivamente*, exercido pela comunhão dos controladores ou por seus representantes nos órgãos da administração, ao ser ela prejudicada pela ausência ou abstenção de voto de acionista convenente ou de administradores eleitos em decorrência do acordo de controle, por dissidência.

Criou, assim, o § 9º uma *legitimidade substitutiva* da parte dos acionistas majoritários da comunhão de controle e de seus representantes em maioria nos órgãos administrativos da sociedade. Essa *autoexecução criada pela lei* (§ 9º) constitui meio legítimo, visando ao cumprimento do acordo de controle caso haja algum signatário renitente ou administrador no conselho de administração e na diretoria que, por isso, procurem obstruir a respectiva deliberação ou sua eficácia majoritária alcançada na reunião prévia da comunhão.

Pode-se arguir que não poderia haver, na hipótese do § 9º, *legitimidade substitutiva* para implementar a vontade de uma parte que nem sequer foi manifestada, como seria o caso da ausência do acordante ou de seu representante, respectivamente, na assembleia dos acionistas e na reunião do conselho de administração e da diretoria.

Tal arguição não prevalece, na medida em que a vontade do acionista *já foi manifestada* quando firmou o acordo de controle, pelo qual se comprometeu a *votar em bloco*, diretamente na assembleia ou por representantes da comunhão nos órgãos de gestão da companhia.

Desse modo, a *legitimidade substitutiva* por *autoexecução*, prevista no § 9º deste art. 118, é perfeitamente acolhível pelo Ordenamento.

Com efeito, admite-se esse remédio quando alguém, *manifestando anteriormente sua vontade*, deixa de implementá-la, obstruindo, assim, o cumprimento e a execução do negócio jurídico e, consequentemente, prejudicando também as demais partes que plurilateralmente o firmaram.

E essa *legitimidade substitutiva* nos contratos plurilaterais impõe-se pela necessidade de alcançar o *fim comum* previsto no acordo, visando ao exercício harmônico do *poder-dever de controle* aí instituído (§ 2º), e que não pode ser abalado pela dissidência ou pela obstrução de um ou mais dos signatários do acordo de controle, ou de representantes da comunhão no conselho de administração e na diretoria, impedindo a consecução do dever fiduciário que cabe aos titulares do controle (parágrafo único do art. 116).

AINDA A VINCULAÇÃO NO ACORDO DE CONTROLE

Como reiterado, significativa alteração foi trazida pela Lei n. 10.303, de 2001, ao incluir na esfera do acordo de controle as deliberações tomadas pelos *representantes* da comunhão dos controladores no conselho de administração e na diretoria (art. 143, § 2º).

Na redação original da Lei n. 6.404, de 1976, os acordos *oponíveis à sociedade* poderiam versar apenas sobre o *exercício do direito de voto nas assembleias gerais*, consubstanciados, na prática societária, nos acordos de controle e de defesa (minoria). No entanto, não havia nenhum impedimento legal a que as partes também convencionassem sobre outras matérias referentes ao exercício do voto, notadamente nos acordos que tratavam do controle. Neles se podia expressamente convencionar o regime de orientação vinculativa de voto no conselho de administração. A única diferenciação estava em que tais cláusulas de acordo visando ao controle, validamente vinculativas das deliberações dos órgãos de administração da companhia e perfeitamente eficazes entre os signatários do pacto, não eram oponíveis à sociedade.

Assim, no regime original da Lei n. 6.404, de 1976, a vinculação das deliberações do conselho de administração e da diretoria ao acordo de controle era considerada *cláusula acessória* do próprio acordo, que, embora dele integrante, não vinculava a sociedade nesse particular. As sanções, portanto, para o descumprimento dessa *cláusula acessória* davam-se *inter partes*, fora da esfera da companhia.

E, com efeito, essa *cláusula acessória* sempre foi de certo uso nos acordos que tinham por objeto o controle de sociedades com conselho de administração.

Insista-se, por outro lado, que tal *cláusula acessória* nunca foi contestada quanto à sua legitimidade, legalidade, validade e eficácia *inter partes*. Apenas não vinculava a sociedade, como referido.

Agora, por força da Lei n. 10.303, de 2001, já não se considera essa cláusula vinculativa como acessória do ora nominado acordo de controle, sendo ela também *vinculativa para a sociedade*, que está *obrigada* a observá-la nas reuniões do conselho de administração, nas reuniões de diretoria e na assembleia geral ou na especial.

Essa *vinculação* é oponível à sociedade, que não apenas deve acatá-la como, também, exigir sua observância por parte dos administradores representantes dos convenentes nas reuniões dos respectivos órgãos da administração, em conformidade com o disposto no § 8º.

A VINCULAÇÃO E O DEVER DE INDEPENDÊNCIA DOS ADMINISTRADORES — §§ 2º, 8º E 9º E ART. 154, § 1º

Não há incompatibilidade entre o *dever de independência* do administrador eleito em virtude do acordo de controle e o acatamento das decisões majoritárias que a comunhão dos controladores adotou em *reunião prévia.*

Inexiste, com efeito, qualquer infringência ao § 1º do art. 154 em tal conduta.

Isso porque é o próprio acordo de controle que deve promover o *interesse social*, consoante o § 2º deste art. 118.

Em consequência, o *interesse social* deve ser absolutamente preservado nos termos do acordo de controle, no que respeita à sua execução e implementação.

E o *interesse social*, como reiterado, não é incompatível com o interesse comum dos acionistas controladores.

Em consequência, presume a lei que a orientação tomada pela comunhão dos controladores, majoritariamente, em *reunião prévia* e dirigida aos representantes dessa mesma comunhão nos órgãos de gestão da companhia está em consonância com o interesse social e compatível com o dever fiduciário, desde que se trate de matéria relevante e extraordinária, exaustivamente elencada no texto do próprio acordo.

Por outro lado, e como reiterado, estão fora dessa vinculação as deliberações e atos dos órgãos da administração e de seus membros referentes à administração ordinária da companhia. Nesse âmbito, o regime de independência e, portanto, de autonomia dos administradores é absoluto, dentro das competências legais e estatutárias atribuídas a esses órgãos e a seus ocupantes.

Essa independência, como também reiterado, constitui um poder-dever dos administradores, cuja inobservância lhes acarreta as responsabilidades previstas na lei (arts. 153 a 159).

Feita essa ressalva, o acatamento pelos administradores, indicados pelos acionistas convenentes, das diretrizes majoritariamente estabelecidas nas *reuniões prévias* da comunhão de controle, será legítimo e inteiramente compatível com os deveres do administrador.

Pelo contrário, a ilegitimidade ocorrerá se tal orientação de voto da comunhão de controle não for seguida por administrador dissidente indicado por ela.

Nesse caso, o *voto contrário* à diretriz tomada pela maioria dos acionistas controladores em *reunião prévia* da comunhão constitui não apenas *obstrução* ao cumprimento do acordo como também forma de lesão ao interesse social (§ 2º), ao criar o administrador renitente conturbação nas deliberações pelos convenentes tomadas no exercício do *poder-dever de controle*.

Haverá, no caso, *abuso de poder* do administrador vinculado ao acordo de controle se o seu voto for contrário à diretriz prévia e majoritariamente tomada pela comunhão. Haverá, aí, infringência do acordo de controle, de que o administrador é substancialmente parte. A obstrução requer a intervenção do presidente do órgão (Conselho de Administração) ou da diretoria, para, obrigatoriamente, suspender a eficácia desse voto contrário à diretriz majoritariamente dada em *reunião prévia* da comunhão de controle, *ex vi* do § 8º deste art. 118.

É aí que se aplica o prescrito no § 2º do presente artigo. Uma vez empossados, já não podem os administradores eleitos em virtude de acordo de controle representar os convenentes que originariamente os indicaram, mas *representar precipuamente* a comunhão dos controladores que os elegeu. Insista-se. O administrador é *eleito* pela comunhão e não por um determinado acionista que a integra.

Assim, não poderá o administrador representante do *acordo de controle* obstruir o exercício desse poder-dever estabelecido na respectiva convenção. Estará ele, ao desobedecer, por ação ou omissão, a diretriz dada majoritariamente pelo bloco de controle em *reunião prévia*, praticando abuso de poder, como referido, para o que a norma prevê o dever de *suspensão* da eficácia desse voto abusivo (§ 8º) ou a *autoexecução específica mediante autotutela* (§ 9º), como dever imposto aos outros administradores representantes da comunhão no conselho de administração e na diretoria.

A eficácia do acordo de controle reside, portanto, nessas salvaguardas legais (§§ 8º e 9º) que instrumentalizam a própria sociedade na sua obrigação de fazer observar a convenção arquivada em sua sede (§ 8º), ou, na execução específica por *autotutela, a cargo* dos convenentes prejudicados e de seus representantes nos órgãos de administração (§ 9º).

Assim, a infringência do acordo de controle, por ação ou omissão, por parte de qualquer administrador eleito em virtude dele, constitui conduta ilícita, contrária ao interesse social (§ 2º), não podendo em consequência prevalecer.

FUNDAMENTOS DO REGIME DE AUTOTUTELA — §§ 8º E 9º

O regime de *autotutela* insere-se no universo dos *direitos pessoais relativos*, que permitem ao *sujeito de direito* nos restritos casos previstos em lei exigir o cumprimento do dever legal ou o adimplemento do contrato.

Trata-se de um *direito subjetivo*, que outorga legitimidade jurídica para o sujeito *diretamente* exigir ação ou omissão de *pessoas certas e determinadas*[942].

No âmbito dos *direitos subjetivos pessoais relativos* encontram-se, com efeito, os de *proteção*, ou seja, os que permitem o efetivo e concreto exercício dos direitos do seu titular.

Entre eles está o *direito de defesa* contra atos ilícitos. E neles se inclui, além dos direitos de ação e de petição, o *direito de autotutela*. Este, no entanto, somente pode existir *nos estritos casos expressos em lei*.

Os *direitos pessoais relativos*, portanto, referem-se a atos praticados por pessoas determinadas (dever legal) ou pelas partes contratantes (dever contratual).

Isto posto, o § 9º do art. 118 introduziu no ordenamento jurídico pátrio mais um dos casos expressos excepcionais de *autotutela legítima* (*Selbsthilfe*).

A propósito, cabe lembrar que o Estado detém o monopólio do exercício do poder, de modo que, sempre, cabe-lhe equacionar as pretensões derivadas da resistência de outrem à satisfação voluntária de um direito, seja para declarar sua existência, seja para implementar, na prática, o direito declarado[943].

Não obstante, o direito processual moderno, sempre excepcionalmente, tem privilegiado *meios alternativos* de acesso à justiça, diante da morosidade da tutela jurisdicional do Estado perante situações ilícitas que, se concretizadas, causam danos de difícil ou inútil reversibilidade. Daí a criação de *soluções parajurisdicionais*, que podem ser mais aptas ao pleno atendimento dos escopos de pacificação social e do pleno acesso à ordem jurídica justa, como é o caso auspicioso da arbitragem, instituída pela Lei n. 9.307, de 1996.

Ademais, em situações precisas, desde que exaustivamente previstas em lei, a *autotutela* emerge como um desses meios alternativos excepcionais de pacificação social.

E, não obstante a excepcionalidade de sua utilização como modo de satisfação de pretensões, há previsão legal de algumas dessas exceções, tais

---

942 Em sentido diverso do direito absoluto, imponível *erga omnes*. Cf. as lições de Goffredo Telles Jr., Direito subjetivo, in *Enciclopédia Saraiva do Direito*, v. 28, p. 298 e s.

943 Cf. Cintra-Grinover-Dinamarco, *Teoria geral do processo*, 15. ed., São Paulo, Malheiros, 1999, p. 20: "A quase absoluta exclusividade estatal no exercício da função pacificadora de conflitos implica ser a autotutela definida como crime na legislação penal, praticada ela por particular (art. 345 do Código Penal), ou pelo próprio estado (art. 350 do Código Penal)".

como o *direito de retenção* (CC, arts. 578, 644 e 1.219); o *desforço imediato* nas possessórias (CC, art. 1.210, § 1º); o *penhor legal* (CC, art. 1.467); o direito de cortar raízes e ramos de árvores limítrofes que ultrapassem a extrema do prédio (CC, art. 1.283); a autoexecutoriedade das decisões administrativas; o poder de efetuar prisões em flagrante (CPC, art. 301) e, como contraponto, a legítima defesa ou o estado de necessidade (CPC, arts. 24 e 25; CC, arts. 188, 929 e 930); e, ainda, o fundamental direito de não cumprir obrigação, assumida em contrato bilateral, quando a outra parte não cumpre a sua (CC, arts. 476 e 477).

No *regime excepcional de autotutela* temos, na lição de Goffredo Telles Jr.: "O direito de retenção: a) do pagamento, enquanto a quitação regular não for dada ao devedor que paga (art. 329 do Código Civil); b) da coisa vendida à vista, enquanto o vendedor não receber o preço (arts. 491 e 495 do Código Civil; c) da coisa alugada, enquanto o locador não efetuar o pagamento das benfeitorias que o locatário tiver feito, tanto das necessárias como, quando expressamente consentidas pelo locador, das úteis (art. 578 do Código Civil); d) das benfeitorias necessárias e úteis, que o possuidor de boa-fé tiver feito, até que ele seja indenizado pelo seu valor (art. 1.219 do Código Civil); e) da coisa gerida, enquanto o gestor não for reembolsado das despesas necessárias ou úteis, por ele feitas (art. 869 do Código Civil); f) do objeto do mandato, até que o mandatário seja reembolsado do que despendeu, no desempenho do encargo (art. 681 do Código Civil); g) da coisa depositada, até que as despesas, feitas com ela, e os prejuízos, que do depósito provieram, sejam pagos ao depositário (art. 644 do Código Civil); h) da coisa dada em garantia por anticrese, enquanto a dívida não for paga (art. 1.423 do Código Civil); i) da coisa dada em penhor, até que o credor seja indenizado das despesas que não tenham sido ocasionadas por culpa sua, mas que foram pagas por ele (art. 772 do Código Civil anterior)"[944].

Inscreve-se agora, por força da reforma de 2001 da Lei Societária, nessa lista de *autotutela* exaustivamente admitida pelo nosso ordenamento, o direito da comunhão dos controladores prejudicados de votarem favoravelmente no lugar dos renitentes em assembleias da sociedade ou, por seus representantes, nos órgãos de administração, nas relevantes e extraordinárias matérias que foram majoritariamente decididas na respectiva *reunião prévia*.

Do mesmo modo, os administradores representantes da comunhão de controle nos órgãos de gestão não podem votar contra o decidido pela maio-

---

944 Goffredo Telles Jr., *Enciclopédia Saraiva do Direito*, cit., p. 298 e s.

ria dos integrantes do controle, em *reunião prévia* no que diz respeito às matérias relevantes e extraordinárias previstas no acordo. Insista-se neste ponto. Os administradores indicados em virtude do acordo de controle são *representantes* da comunhão e não dos seus integrantes individualmente, ainda que estes os tenham recomendado ou mesmo indicado no âmbito interno dessa mesma comunhão.

Fica, assim, claro ser da maior *razoabilidade* e *proporcionalidade* o disposto no § 9º deste art. 118, ao conferir à comunhão dos controladores, prejudicada por eventual omissão ou ausência de acionista que a integra ou de administrador relutante que a represente nos órgãos de gestão da companhia, a prerrogativa de votarem em seu nome.

Cabe ao acionista dissidente signatário do pacto de controle ou ao administrador renitente o ônus de recorrer ao Poder Judiciário em caso de eventual abuso no exercício dessa *autotutela* por parte dos representantes da comunhão.

Desse modo, e diante da *evidência do direito* da parte prejudicada pela omissão, e não cabendo ao omisso furtar-se, de forma alguma, ao cumprimento da obrigação, é medida de justiça a instituição dessa modalidade de *autotutela*.

Na presente autotutela, não há lesão alguma ao princípio da *inafastabilidade da tutela jurisdicional* (CF, art. 5º, XXXV). A norma em questão não retira a matéria da apreciação do Poder Judiciário ou do tribunal arbitral (art. 109, § 3º).

Como referido, há apenas uma inversão de papéis. A parte prejudicada pela omissão ou ausência de votos, constituída pelos membros majoritários da comunhão dos controladores, que deveria figurar como autora na execução específica do acordo de controle (§ 3º), agora passará a ser ré em eventual demanda proposta pela parte omissa ou ausente que se sinta eventualmente prejudicada pelo exercício da prerrogativa contida no § 9º deste art. 118.

Com efeito, diante do direito de produzir por meios próprios o resultado útil da obrigação de votar, conforme o majoritariamente decidido pelos acordantes em *reunião prévia,* carecerá a comunhão do interesse de agir para a propositura de qualquer demanda, com o fito de assegurar que a outra parte — signatária dissidente ou o administrador renitente — cumpra sua obrigação de fazer.

Isso porque, sendo possível a constituição do voto do signatário dissidente ou renitente ou do administrador omisso ou ausente por *meios* legalmente *próprios*, não há o interesse-necessidade de recorrer ao Poder Judiciário ou arbitral (art. 109, § 3º) por parte dos convenentes do acordo de controle prejudicados, que se *autotutelaram*.

AINDA O § 8º

Ademais, no caso de acordo de controle, desde que cumpridas as formalidades de arquivamento em sua sede, é dever legal da sociedade promover sua eficácia, na forma e para os efeitos do § 8º. Desse modo, deverá a *mesa da assembleia* proceder em conformidade com as cláusulas da convenção de controle, no tocante ao voto dos seus participantes, majoritariamente deliberado na reunião prévia.

Note-se, a propósito, que a vinculação do voto da totalidade dos participantes da comunhão ao deliberado na reunião prévia abrange toda a matéria ali tratada, seja ela de natureza ordinária, seja de caráter relevante ou extraordinário. Diferentemente, pois, da vinculação dos administradores ao deliberado na reunião prévia, que se restringem apenas às matérias relevantes e extraordinárias previstas no próprio acordo e ali decididas.

Assim, deve a assembleia geral, por proposta da mesa ou de qualquer acionista participante da comunhão de controle, declarar a ineficácia do voto dado em desconformidade com os termos do acordo e o deliberado na reunião prévia[945].

Sendo passível de anulação o voto desconforme com os termos do acordo de controle e com o deliberado na reunião prévia, não pode a sociedade levá-lo em consideração. Resta, assim, evidente a impossibilidade de as partes signatárias do acordo de controle esquivarem-se de seus termos ou do deliberado na reunião prévia, ao votar na assembleia da sociedade.

AS TRÊS CATEGORIAS DE ACORDO SÃO EXAUSTIVAS

A Lei Societária vigente de 1976 e sua reforma de 2001 (Lei n. 10.303), ao regularem a espécie, determinam exaustivamente que os acordos de acionistas poderão versar sobre a (I) disponibilidade patrimonial das ações — acordos de bloqueio — sobre o (II) exercício do direito de voto — entre acionistas minoritários — e sobre o (III) exercício do poder de controle — entre acionistas que congregam a maioria absoluta das ações votantes.

945 Cf. nosso *Acordo de acionistas*, cit., p. 245.

Pode o acordo de acionistas ter por conteúdo: 1) a compra e venda e a preferência na aquisição de ações; 2) o exercício do voto minoritário; e 3) o exercício comum do controle da companhia. A lei exclui a eficácia perante a sociedade e terceiros em geral dos acordos de acionistas que versem sobre outras questões, v. g., limitação de responsabilidade pessoal por dívidas da companhia etc.

Não obstante, os acordos de acionistas podem conter cláusulas que versem sobre outras matérias que não se incluem entre aquelas próprias das três tipificações legais acima apontadas. E, com efeito, muitos acordos de acionistas estão inseridos em negócios jurídicos de maior amplitude, como os chamados contratos de investimento, que abrangem todo o espectro da formação e de execução de um *joint venture*, v. g., vinculando os signatários à observância de cronogramas de colocação de recursos e sua alocação etc.

Essas cláusulas que extravasam o âmbito dos acordos de acionistas, tal como previsto na Lei Societária, não têm nenhuma eficácia perante a sociedade, como reiterado, restringindo-se ao âmbito das obrigações e das responsabilidades afetas aos signatários e cuja eventual execução judicial ou arbitral não deve trazer a sociedade para a respectiva lide. O direito a ser invocado, nesses casos, é o obrigacional, constante do Código Civil.

A COMPANHIA COMO PARTE SUBSTANCIAL DO ACORDO DE CONTROLE

O acordo de controle constitui o instrumento do exercício coletivo do poder-dever de levar a sociedade a cumprir o seu objeto e a sua função social. E, por isso, o controle, seja o individual ou coletivamente exercido, reveste a função de um órgão social, na medida em que seu exercício se dá no âmbito tanto dos órgãos da administração como no da assembleia geral.

Assim é que a vontade da comunhão dos controladores se manifesta diretamente na assembleia e indiretamente nos órgãos de gestão, através dos administradores que, majoritariamente, são por ela eleitos.

A qualidade de órgão social do controle foi, ademais, no Direito Societário brasileiro, reforçada pela inclusão, no presente art. 118, dos §§ 8º e 9º, que regulam a vinculação dos administradores ao deliberado em reunião prévia dos controladores, sobre matérias relevantes ou extraordinárias constantes do respectivo acordo, a par de instituir o regime de autotutela.

Isto posto, não se configura o acordo de controle como um contrato parassocial, que resta aplicável, tão somente, aos acordos de voto (minoritário) e de bloqueio.

Isso porque o acordo de controle, tal como instituído na reforma de 2001, com todo o aparato de vinculação dos administradores e de autotutela, torna a companhia parte integrante dele, em sentido substancial. As obrigações constantes do acordo de controle não vinculam apenas os acionistas signatários, que são partes em sentido formal.

O acordo, por constituir o órgão de controle, produz efeitos fundamentais e permanentes no âmbito da companhia, que passa a ser governada pela comunhão dos controladores. Assim, a companhia é parte do acordo de controle, em sentido substancial. Repita-se, a propósito, a lição de Santoro-Passarelli: "Em contraposição às partes que intervêm na conclusão do negócio e que se chamam partes em sentido formal, as que o são relativamente aos efeitos dizem-se partes em sentido substancial"[946].

O conceito de parte não diz respeito unicamente àquele que manifestou formalmente sua vontade no negócio jurídico, mas relaciona-se basicamente com o titular do interesse envolvido. E esse titular do interesse é a sociedade governada pelos controladores no que respeita à permanente perseguição do seu objeto e à observância, também permanente, de sua função social.

Desse modo, parte no negócio de controle são todos os titulares de direitos e deveres dele decorrentes, que, no caso, são os (i) signatários do acordo de controle e a (ii) sociedade que tem interesse, também permanente, na sua execução. Não se trata, apenas, de considerar que é no âmbito da sociedade que se executará o acordo.

No caso de acordo de controle, a companhia é titular do interesse na execução desse controle comum. A sociedade é, pois, titular legítima de um interesse fundamental que tem como causa-fim o exercício do poder-dever de controle, a cargo da comunhão. A sociedade é, por isso, parte em sentido substancial do negócio jurídico de controle a que está permanentemente vinculada. Em consequência, o acordo de controle, no Direito Societário brasileiro, não é um pacto parassocial, tal como ocorre com o acordo de voto dos minoritários, como referido.

NATUREZA DO ACORDO QUANDO VERSA SOBRE O VOTO MINORITÁRIO — PACTO PARASSOCIAL

Os acordos de acionistas que têm por objeto o exercício do voto — acordos reservados aos minoritários[947] — têm natureza específica.

---

946 Francesco Santoro-Passarelli, *Teoria geral do direito civil*, Coimbra, Atlântica, 1967, p. 198.

947 Nas companhias abertas o acordo de acionistas não pode alcançar a eleição de mem-

Não se confundem, portanto, com os acordos de controle e com os de bloqueio, como reiterado.

Versando sobre a (i) eleição de administradores e fiscais representantes dos minoritários, ou sobre a (ii) conduta comum no exercício da dissidência diante dos controladores e da administração ou, ainda, (iii) para aleatoriamente eleger, com maioria simples, os administradores que comandarão companhia com capital disperso (art. 137, II, *b* — *incumbent board* e *incumbent management*), os acordos de voto dos acionistas minoritários revestem a natureza de *contratos parassociais*, na medida em que os seus efeitos se operam no seio da própria companhia.

E, por assim ocorrer, o pacto de voto é um contrato *a lattere* daquele da companhia, através do qual as partes — todos acionistas minoritários — regulam sua vontade, tendo em vista harmonizar diretamente os seus interesses.

Assim, os acordos de voto (minoritários) são negócios que, embora devam atender ao interesse social (art. 115 e § 2º deste artigo) não vinculam a sociedade à vontade dos minoritários, expressa através dele. Não é a companhia, no caso do acordo de voto (minoritários), titular do interesse nele convencionado.

A execução do acordo de voto, próprio dos minoritários, não produz efeitos permanentes e muito menos relevantes na sociedade no que respeita à consecução do interesse social, que cabe, autônoma e permanentemente, aos controladores.

Em suma, não é a companhia titular de interesse no caso dos acordos de voto, na medida em que não são os minoritários que a conduzem à consecução de seus fins e de seu objeto estatutário.

Não obstante, sendo *parassociais*, os acordos de voto fundam-se na boa-fé e na *affectio* entre os convenentes, visando ao fim comum de concerto de voto minoritário em prol dos interesses dos próprios convenentes.

---

bros da diretoria (art. 143), mas apenas os do Conselho de Administração (art. 140). O fundamento de tal impossibilidade é a invasão de competência privativa do Conselho de Administração. Não obstante, já existe precedente jurisprudencial no sentido de que em companhias fechadas é válida cláusula de acordo de acionistas que indique a forma de preenchimento dos cargos de diretor. Assim, o Mandado de Segurança n. 159.915.1/5, da E. 6ª Câmara Civil do Tribunal de Justiça de São Paulo, julgado por votação unânime em 6 de fevereiro de 1992: "Efetivamente, sendo a empresa Polyenka companhia fechada, é perfeitamente válido acordo de acionistas que indique a forma como serão preenchidos os cargos de administração, desde que tenha sido elaborado quando de sua constituição e arquivado na sede da empresa, com publicidade do ato".

O ELEMENTO DA *AFFECTIO* NO ACORDO DE CONTROLE E NO ACORDO DE VOTO

Tanto os acordos de controle como aqueles de voto (minoritários) são plurilaterais, ainda que instrumentalmente possam também apresentar algum aspecto de unilateralidade. Insista-se, no entanto, que este último aspecto é meramente instrumental para a consecução do fim a que se propõem os acordos tanto de controle como de voto (minoritários), ou seja, o exercício concertado do poder-dever do controle ou, diferentemente, o exercício dos direitos dos minoritários.

O elemento da *affectio*, portanto, é inarredável e fundamental, seja na constituição da avença de controle como naquela de voto (minoritários), e, assim, na implementação de ambos. Há o pressuposto da disposição dos acionistas convenentes em constituir e manter o pacto de controle ou o pacto de voto (minoritários) visando precipuamente a conduzir, de forma harmônica, os seus interesses na companhia.

Dessa maneira, o elemento subjetivo, não apenas de vontade, mas também de conduta — ausência de má-fé e dissídio —, caracteriza fundamentalmente a realização do pacto. Ambos os acordos, de controle ou de voto (minoritários), fundam-se na *affectio societatis*, diferentemente dos acordos de bloqueio, que se fundamentam no *animus tenendi*, ou seja, o de deter ações capazes de manter ou aumentar a participação acionária dos acionistas pactuantes no caso de futura alienação, desejada por qualquer signatário.

A relação entre os pactuantes nos acordos de controle, bem como naquele de voto (minoritários), embasa-se em dois elementos: a fidelidade e a confiança, o que nada mais é do que a boa-fé e a *affectio societatis*.

Os subscritores do acordo de controle devem manter-se rigorosamente como colaboradores na realização do interesse comum (§ 2º), na medida em que compartilham das funções, deveres e responsabilidades de controle. Em se tratando de acordo de voto, o princípio da harmonia de propósitos e de conduta é também essencial para o cumprimento da avença entre os minoritários.

Daí decorre que, não podendo o pacto de controle ou aquele de voto (minoritários) cumprir o seu fim, por conduta considerada incompatível com o interesse social, respectivamente no exercício do controle e no exercício dos direitos da minoria pactuante, tem a parte convenente a prerrogativa, a todo tempo, de promover judicialmente a dissolução parcial ou total do pacto[948].

---

948 *V.*, a propósito, STJ, REsp 388.423/RS, Rel. Min. Sálvio de F. Teixeira, j. em 13-5-2005,

PREVISÃO DE EXCLUSÃO

A inobservância do princípio de lealdade (boa-fé) do pactuante enseja o pedido judicial ou arbitral (art. 109, § 3º) de *exclusão* do faltoso, se prevista no acordo, seja de controle, seja de voto (minoritários). Essa previsão contratual deve, outrossim, determinar as causas que podem ser invocadas para justificá-la[949].

Ressalte-se que a exclusão do pactuante não dissolve seja o *acordo de controle,* seja aquele de voto (minoritários). Se prevista a exclusão, será dever dos sócios atingidos pela deslealdade promovê-la, na medida em que tal conduta, necessariamente, afeta o interesse social no caso de acordo de controle, e os interesses dos demais minoritários no caso de acordo de voto. E, para que haja legitimidade no pedido judicial, é necessário que a maioria dos demais pactuantes requeira a medida, na conformidade com o previsto no respectivo acordo.

Como todo pacto plurilateral fundado na consecução de fins comuns, não pode ele prevalecer havendo conduta abusiva ou antissocial de qualquer das partes. Essa conduta, nas diversas formas de ruptura da *affectio* que possam ser identificadas, leva, com efeito, à quebra da confiança, que é o fundamento do acordo de controle e também do acordo de voto (minoritários). A dissolução, portanto, impõe-se, nesses casos.

QUEBRA DA *AFFECTIO*

As hipóteses de ruptura da *affectio,* tanto no seio de acordo de controle como no acordo de voto (minoritários), têm-se mostrado bastante frequentes.

Assim, havendo manifestação de dissidência ou discórdia entre os pactuantes, tácita ou expressa, estará estabelecido o requisito da dissolução[950]. Se, v. g., houver divergência sobre o objeto do voto haurido na reunião prévia da comunhão dos controladores, estará caracterizada a insubsistência do pacto. Da mesma forma, se houver divergência sobre a interpretação de cláusulas do acordo, tanto no de controle como naquele de voto (minoritários).

---

e TJRS, AC 597.093.749, Rel. Des. Armínio da Rosa, j. em 5-11-1997.

949 Soares de Faria, *Da exclusão dos sócios,* cit., p. 23.

950 A propósito da resolução do acordo de acionistas em razão da quebra da *affectio societatis, v.* STJ, REsp 388.423/RS, Rel. Min. Sálvio de F. Teixeira, *DJU,* 4-8-2003, e TJRS, AC 597.093.749, Rel. Des. Armínio da Rosa, j. em 5-11-1997.

O fundamental para que se caracterize a quebra da *affectio* é a sua materialidade, ou seja, fatos, atos ou condutas que consistentemente caracterizem o dissídio.

DISSOLUÇÃO E NÃO RESCISÃO — CONTROLE NAS *JOINT VENTURES*

Não se aplica ao acordo de controle nem ao acordo de voto (minoritários) o instituto da rescisão, próprio dos contratos bilaterais (arts. 476 e 477 do Código Civil).

O acordo de controle e o de voto (minoritários), pela *natureza plurilateral* de ambos, não são um negócio jurídico com cláusula resolutiva tácita representada pela rescisão em caso do não cumprimento do contrato por qualquer das partes.

Não há nos acordos de controle e naqueles de voto (minoritários), quanto à sua substância, prestações de uma parte junto à outra, ainda que instrumentalmente possa isso ocorrer em termos e procedimentos (reunião prévia da comunhão de controladores) ou ônus e encargos.

A avença tem por objeto o exercício comum do poder-dever do controle ou, então, o exercício do voto da minoria.

Há, outrossim, acordos em *joint ventures* em que determinado acionista tem função estratégica, de que decorre poder indicar administradores para determinados cargos na administração ou, também, o exercício de prerrogativas de veto e de alçada em específicas deliberações da competência da reunião prévia.

Nesse caso, o sócio estratégico, é parte do acordo de controle, integrando a comunhão. Assim, o exercício por ele do direito de veto, v. g., que demanda a aprovação da matéria no âmbito da reunião prévia por maioria qualificada, reveste-o das funções e das responsabilidades próprias do controle, assumidas pela comunhão. Tem ele, desse modo, o direito de exercício regular dos seus direitos especiais no seio da comunhão e, ao mesmo tempo, responde, como controlador, pelo abuso do poder ao fazê-lo exorbitantemente e contra o interesse social.

Tem, em consequência, o acionista estratégico signatário do acordo de controle a prerrogativa de exercer os procedimentos previstos nos §§ 8º e 9º no tocante aos demais signatários em assembleia geral ou perante os administradores, para o fim de cumprirem o acordado no tocante à eleição de cargos e ao exercício de veto e de alçada.

Voltando à matéria da dissolução, nos acordos de controle e naqueles de voto (minoritários) não existe a ideia, própria dos negócios bilaterais, de que a prestação devida por um convenente tem como causa a contrapresta-ção que lhe foi prometida. Insista-se que somente como *meio* existem obri-gações receptivas de um para outro convenente, pois têm por *fim* o exercício do controle ou de voto minoritário. O não cumprimento dessas obrigações de consecução do fim comum enseja, portanto, dissolução e não rescisão, esta típica dos contratos bilaterais e por isso incompatível com os acordos de controle e com os acordos de voto (minoritários).

Nestes não há preço, requisito indispensável aos contratos de natureza bilateral. Também não há a coisa que se estima pelo preço convencionado, mesmo porque o voto é inegociável (Código Penal, art. 177).

Nos acordos de controle e naqueles de voto (minoritários), o consenso se faz não com referência à prestação e sua contraprestação, necessariamen-te de natureza diversa (uma parte quer a coisa; a outra, o seu valor em di-nheiro), como ocorre nos negócios bilaterais.

Todos confluem para a mesma prestação, qual seja, o exercício harmo-nioso e de boa-fé do avençado no respectivo pacto e os efeitos que daí de-correm para o exercício do controle ou para o exercício de direitos próprios dos minoritários.

É nesse contexto que devem ser entendidas as cláusulas penais inseridas no respectivo acordo, pela sua inobservância por qualquer das partes. A propósito, vê-se na prática dos acordos de controle e nos de voto (minoritá-rios) uma assimilação apressada do instituto da rescisão dos contratos bila-terais. Não tendo tal natureza, a cláusula penal rescisória somente se aplica aos acordos de bloqueio.

E, com efeito, a prefixação das perdas e danos, corolário próprio do inadimplemento de contratos bilaterais e unilaterais, somente pode pre-valecer na avença de preempção da aquisição de ações ou de opção, de caráter tipicamente patrimonial, e claramente unilateral. A inobservância da preferência de ordem na aquisição acarreta danos mensuráveis com respeito ao patrimônio acionário envolvido.

No que respeita às cláusulas de exercício do controle ou de voto (mino-ritários) constantes do respectivo acordo, a prefixação de perdas e danos não se aplica, por não se tratar de negócio jurídico economicamente aferível quanto aos seus efeitos.

Não há preço para o exercício do voto, seja de controle, seja minoritário. Logo, não pode haver prefixação de perdas e danos pela inobservância do voto acordado na comunhão de controle ou no acordo de voto dos minori-tários.

Isso porque não cabe rescisão nesses acordos que envolvem, ambos, o exercício do direito de voto, mas, sim, dissolução, que nada mais é do que o momento jurídico em que se desfaz o vínculo entre os pactuantes, desaparecendo os direitos e as obrigações que dele decorriam.

E essa dissolução pode ser parcial ou total, como referido. Tanto mais em se tratando de acordo de controle e aquele de voto (minoritários), típicos contratos plurilaterais. Pode, portanto, a parte requerer a dissolução parcial, permanecendo a avença íntegra quanto aos demais convenentes. No caso, porém, de se tornar inviável o acordo com retiradas de parte que, v. g., compõe majoritariamente o controle comum, o efeito será o de dissolução do próprio pacto, por incompatibilidade do cumprimento do seu objeto.

Assim, no acordo de controle comum, retirando-se o titular das ações necessárias ao exercício desse poder, estará dissolvida *ipso facto* a própria comunhão. Também será o caso de, nos acordos de voto (minoritários), retirarem-se acionistas que proporcionam a formação de um bloco mínimo de ações para o exercício de determinados direitos de minoria, como será o caso de voto múltiplo, ou da eleição de representantes nos conselhos (art. 141) ou no Conselho Fiscal (art. 161)[951].

Por outro lado, o acordo de controle e o acordo de voto dos minoritários não se revestem de personalidade jurídica. Daí decorre que os vínculos se rompem desde logo, ou seja, a partir da declaração judicial ou arbitral da dissolução, pois não existe pessoa jurídica a ser objeto de liquidação patrimonial, como ocorre nas sociedades mercantis[952].

Ainda, por outro lado, não pode haver a dissolução por mera manifestação da vontade dos convenentes, a não ser que prevista no pacto. Há de ser sempre obtida a dissolução por sentença do juiz ou de tribunal arbitral. O título dissolutivo será a sentença judicial transitada em julgado ou arbitral, que é sempre única e definitiva.

E serão três as razões da dissolução judicial ou arbitral: a desconformidade da avença de controle ou do acordo de voto (minoritários) com o estatuto social, com a Lei Societária ou com o Ordenamento Jurídico. Será o caso, v. g., das cláusulas vazias, ou seja, da inespecificidade do acordo de controle quanto às matérias ou quanto às diretrizes de voto da comunhão nas reuniões prévias ou na assembleia geral, ou ainda no caso de inespecificidade das matérias relevantes ou extraordinárias que devem vincular os administradores.

Nesses casos, corresponderá a dissolução a uma anulação do próprio acordo. Será, portanto, uma dissolução plena.

---

951 *V.* comentários ao art. 141.

952 *V.* o art. 206 da Lei n. 6.404, de 1976.

A outra hipótese, a mais comum nos pactos de controle e também naqueles de voto (minoritários), é a sua inexequibilidade pela quebra da *affectio,* representada pelo dissídio entre os pactuantes, como reiterado. A terceira é a inobservância do princípio da boa-fé, nas suas manifestações de deslealdade em face dos demais signatários e do interesse social.

FUNÇÃO DO ACORDO DE ACIONISTAS

A lei vigente, por força da reforma de 2001 (Lei n. 10.303), institui, como referido, três diferentes acordos de acionistas que tem por objeto (i) a alienação das ações (compra e venda ou preferência para adquiri-las), o (ii) exercício do controle ou (iii) o exercício do voto por parte dos minoritários. Trata-se, com efeito, de três contratos nominados, que se distinguem inteiramente um dos demais quanto à função que têm no âmbito da companhia.

Na primeira espécie — acordos de compra e venda de ações ou *acordos de bloqueio* da disponibilidade das ações objeto da convenção —, comprometem-se os convenentes a não vender as suas ações a terceiros sem o assentimento dos demais, com relação à pessoa do proposto cessionário ou, então, sem que lhes seja dada a preferência nessa mesma aquisição[953]. Ou ainda têm por objeto contratar a opção de venda dessas ações, bem como a venda ou a compra conjunta (*tag along* e *drag along*).

Já os acordos de acionistas que têm por objeto 1) o exercício do controle e 2) o de voto (minoritários) visam a comprometer por antecipação a forma de votar, em matérias específicas[954].

Como reiterado, são estes últimos dois contratos nominados, cuja especificidade é requisito absoluto da sua validade e eficácia, devendo conter exaustivamente as matérias que serão objeto deles. Assim, no caso de acordos de controle como também no acordo de voto (minoritários), devem ser expressas as diretrizes do voto, na assembleia geral e especial, que deve ser dado pelos signatários.

Nos acordos de controle essa diretriz também deve ser expressa no tocante ao vínculo dos administradores que majoritariamente representam a comunhão no conselho de administração e na diretoria. E devem essas di-

---

953 Trata-se de pacto parassocial e que, por isso, não vincula os demais acionistas (art. 36, parágrafo único).

954 Halperin, *Sociedades anónimas*, cit., p. 634, que admite também compromisso quanto à forma de votar, em geral, e não apenas em casos específicos.

retrizes ater-se às matérias relevantes e extraordinárias elencadas no texto do próprio acordo de controle.

São ineficazes e não vinculativas nos acordos de controle, portanto, as orientações de voto aos administradores quando se trate de matérias referentes ao curso normal dos negócios da companhia, ou seja, de sua administração ordinária. Essa exorbitância, seja ela originada da inespecificidade do próprio acordo de controle quanto às matérias relevantes e extraordinárias vinculativas para os administradores (cláusula vazia), seja pela invasão genérica das competências legais e estatutárias dos órgãos da administração, e configuram abuso de poder por parte da comunhão, com os efeitos próprios dessa infração grave.

Nas companhias abertas, cabe à CVM exercer, nesses casos, seu poder sancionatório, sem embargo da declaração de invalidade e ineficácia do vínculo, por parte do Poder Judiciário ou de tribunal arbitral[955].

ACORDO ENTRE ACIONISTAS E COM TERCEIROS — BNDES — BNDESPAR

A lei vigente apenas regula e estabelece a eficácia junto à companhia e a terceiros dos acordos celebrados *entre acionistas*[956].

Temos, assim, que as convenções de (i) controle e as (ii) de voto (minoritários) e de (iii) disponibilidade de ações entre acionistas e *pessoas estranhas* à companhia valem somente entre as partes, não sendo oponíveis à companhia nem a terceiros em geral.

Entre nós, a prática tem adotado contratos *a latere* com bancos de desenvolvimento e de investimento, decorrentes de empréstimos feitos à companhia. Em virtude de ditos financiamentos, acionistas controladores comprometem-se junto à instituição financeira credora a votar em determinadas matérias, consoante diretrizes preestabelecidas no próprio contrato de financiamento ou, então, mediante prévia consulta. Também a disponibilidade das ações emitidas e por emitir tem sido objeto dessas avenças, inclusive no tocante à obrigação de subscrever ou de se abster de fazê-lo nos futuros aumentos de capital.

---

955 A respeito, TJMG, 13ª Câm., AC 1002405751312-9/002, Rel. Des. Eulina do Carmo Almeida, j. em 15-5-2008; Colegiado da CVM, Proc. RJ 2004/5494, Reg. 4483/2004, voto do Presidente Marcelo Trindade, j. em 16-12-2004; Colegiado da CVM – PAS RJ 2005/7229. Rel. Presidente Marcelo Trindade, j. em 10-5-2006. In Lazzareschi, ob. cit., p. 286 e s.

956 O TJRJ, em decisão isolada, atribui eficácia de acordo de acionista a contrato celebrado entre acionistas e não acionistas apenas em casos específicos.

Por aí se vê a enorme importância de tais acordos laterais e as matérias fundamentais que abrangem. Em se tratando de acordo de controle, a inclusão do financiador somente será válida e eficaz perante a companhia se este for ou tornar-se acionista, mediante subscrição de novas ações ou cessão daquelas de propriedade dos controladores.

Como reiterado, nesse caso a presença do acionista minoritário financiador no acordo de controle não o reveste do *status* de controlador, ou seja, não participa ele da comunhão dos controladores para os efeitos de exercer e responder pelo poder de controle e pelo dever fiduciário que daí decorre (parágrafo único do art. 116).

Pelo contrário, a presença do acionista financiador no seio do acordo de controle relativiza o exercício desse mesmo poder-dever por parte da comunhão. Tal ocorre na medida em que o credor acionista pode fazer prevalecer o seu direito de veto sobre a deliberação majoritária obtida em reunião prévia da comunhão, em face, v. g., do requisito com ele convencionado de maioria qualificada.

Em consequência, pode o acionista minoritário financiador que subscreveu o acordo de controle vincular o administrador ou os administradores que o representam nos órgãos da administração para vetar a aprovação da matéria objeto do quórum qualificado com ele estabelecido para a aprovação de determinadas matérias.

Essa vinculação será plenamente eficaz, desde que se trate de matéria relevante e extraordinária expressa no respectivo ajuste celebrado com o financiador. Aproveita, nessa hipótese, a absoluta vedação à inespecificidade desse veto (cláusula vazia). Também será anulável esse veto se configurar abuso do direito do acionista financiador ao exercitá-lo, seja no âmbito da reunião prévia, seja, sobretudo, na vinculação dos seus representantes nos órgãos da administração da companhia.

MODALIDADES DE ACORDO

Como reiterado, os acordos de acionistas são instituídos, por força do presente art. 118, como de três espécies diversas quanto à função que cada um tem no âmbito da companhia: (i) *acordos de controle,* (ii) *acordos de voto (minoritários),* e (iii) *acordos de bloqueio.*

Os acordos de (i) controle e aqueles de (ii) voto, de natureza plurilateral, têm por objeto organizar ou combinar de antemão o sufrágio dos acionistas convenientes. Essa unificação do voto em sentido comum predeterminado pode ter como finalidade controlar a companhia. Será, neste caso, *nomina-*

damente, "acordo para o exercício do poder de controle". Esse controle convencionado pela aglutinação de voto das ações dos signatários deverá, necessariamente, abranger a maioria absoluta das ações votantes (50% mais uma)[957].

Já o acordo de voto instituído pelo presente artigo como "acordos para o exercício do direito de voto" difere do acordo de controle quanto à sua função e efeitos perante a sociedade. Podem ter por objeto proteger a minoria acionária, hipótese em que são chamados de *acordos de defesa.* Neste caso, os acionistas minoritários organizam sua posição, seja para opor-se aos controladores, seja para fiscalizar eficazmente a legalidade e a legitimidade (interesse social) dos atos por eles praticados diretamente nas assembleias ou indiretamente através dos administradores da companhia[958], seja, ainda, para eleger seus representantes junto ao Conselho de Administração (art. 141) e ao Conselho Fiscal (art. 161).

E nas companhias com ações dispersas (art. 137, II, *b*) podem os acordos de voto prestar-se à aglutinação aleatória de blocos de minoritários para eleger os administradores que comandarão a companhia (*incumbent board*).

ACORDOS DE BLOQUEIO

Os *acordos de bloqueio,* por sua vez, de natureza unilateral, têm por função restringir a transmissibilidade das ações, presentes e futuras, dos acionistas convenentes. O acordo de bloqueio, embora de natureza diversa, aumenta substancialmente a eficácia do acordo de controle e aquele de voto (minoritários). Isso porque, não podendo os acionistas convenentes transmitir livremente suas ações (§ 4º deste artigo, art. 4º-A, § 2º), impede o acordo de bloqueio o esvaziamento da finalidade de mando (controle) ou a aglutinação das ações dos minoritários, assegurando, neste último caso, os procedimentos de defesa e a eleição de representantes da minoria nos órgãos de administração ou a aleatória eleição dos administradores que comandarão a companhia com ações dispersas (art. 127, II, *b*)[959].

As cláusulas mais usuais nos acordos de bloqueio contêm a proibição de transmissão de ações *inter vivos,* durante o prazo de sua duração, e a instituição do direito de preferência recíproca, na aquisição de ações a favor

---

957 *V.* comentários ao art. 116.

958 Pedrol, *La anónima actual,* cit., p. 10.

959 Garrigues-Uría, *Comentario,* cit., v. 1, p. 667 e s.

dos contratantes. Neste caso, a preferência segue uma ordem e um critério de proporcionalidade de ações possuídas: (em primeiro lugar, aos convenentes em conjunto, ou a um grupo também em conjunto, e depois a qualquer dos contratantes isoladamente ou à própria sociedade (p/ ações em tesouraria).

No âmbito dos acordos de bloqueio, a cláusula de preferência difere da promessa unilateral de venda, já que, nesta, é suficiente que o beneficiário decida regularmente exercer sua opção para que a venda seja concluída. A cláusula de preferência é mais complexa, uma vez que obriga a parte a comunicar aos beneficiários (demais convenentes), mediante uma nova manifestação, a intenção de vender, em concorrência com terceiros, as ações objeto do acordo.

A cláusula de preferência tem, portanto, uma natureza própria que dá origem a duas obrigações que não se encontram na promessa unilateral de venda: a obrigação de informar a intenção de vender e a de preferir o beneficiário[960].

Assim, a cláusula de preempção é diversa da cláusula de promessa de contratar, não se identificando, outrossim, com a cláusula de opção. Isso porque a cláusula de preferência instaura um concurso de interessados[961].

Assim, pela cláusula de opção a manifestação do interessado de adquirir já está preestabelecida quanto ao elemento fundamental do contrato, que é o preço. Não há, portanto, como no caso da preempção, um elemento a se estabelecer posteriormente e muito menos o concurso de outro comprador que já aceitou o preço até então desconhecido para o beneficiário da preferência.

Dessa forma, diferentemente da opção, o direito de preferência convencionado no acordo de bloqueio resulta da realização de duas operações jurídicas prévias: a (i) conclusão do pacto de preferência e a posterior (ii) decisão de vender a terceiros. Uma vez realizadas essas duas operações, o direito de preferência torna-se um concurso, que levará um ou vários credores da obrigação a adquirir essas ações, se assim o desejarem, dentro dos prazos de aceitação constante do acordo respectivo.

Uma vez consumado o direito de aquisição, observada a preferência de ordem, o beneficiário pactuante ou, na desistência deste, o terceiro pratica

---

960 Ibrahim Najjar, *Le droit d'option*: contribution à l'étude du droit potestatif et de l'acte unilateral, Paris, Librairie Générale de Droit et de Jurisprudence, 1967, p. 152 e s.

961 *Novos ensaios e pareceres de direito empresarial*, Rio de Janeiro, Forense, 1981, p. 229.

o ato unilateral suficiente para formar o contrato definitivo de compra. O acionista pactuante que prometeu a preferência não poderá opor-se legitimamente ao exercício do direito de preferência, previamente ajustado, desde que regular e literalmente exercido. Encontra-se ele, agora, em uma situação de sujeição. Conforme Santoro-Passarelli, trata-se de uma relação em que o titular pode querer sobre a esfera jurídica do sujeito passivo, o qual não pode e não deve fazer nada, e apenas tem de sujeitar-se às consequências, desde que regulares, da sua anterior declaração de vontade[962].

Nos acordos de preferência, deve-se anotar se estão vinculadas todas ou apenas parte das ações; se vincula os titulares convencionais presentes ou também futuros acordantes, ou, ainda, se vincula uma espécie, como, v. g., apenas as ordinárias ou apenas os títulos conversíveis em ações.

Não é da natureza do acordo de preferência a prefixação do preço da venda das ações, que será declarado posteriormente, se e quando a parte quiser alienar a terceiro, com base em preço livre de mercado.

Por outro lado, deve estar expressamente estabelecido o prazo para o exercício do direito de preempção.

Ademais, a cláusula deverá estabelecer a favor de quem é outorgada a prelação e se haverá ordem no seu exercício, v. g., se a preferência é, em primeiro lugar, da companhia para manter as ações em tesouraria, ou para acionistas do próprio grupo e, depois, para os demais grupos *pro rata*, ou ainda, se a preempção somente poderá, v. g., ser exercida por acionistas titulares de, no mínimo, 10% do capital social.

Dessa forma, o pacto de preferência constitui obrigação condicional de fazer. A eficácia do acordo de preempção mantém-se suspensa, não adquirindo as partes direito sobre as ações ou títulos conversíveis em ações cuja cessibilidade é o seu objeto, enquanto não se materializar, no futuro, a pretensão de venda por parte de um dos acionistas pactuantes.

Não há, consequentemente, nenhum débito por parte dos titulares das ações objeto da preempção, pois a *obligatio* não poderá ser exigida pelos demais convenentes — *nihil interim debeatur* —, havendo, apenas, para estes, uma expectativa de direito, sem ação correspondente[963].

Materializando-se, no entanto, o interesse de alienar, a eficácia da preempção opera-se a partir daí, passando o acionista pactuante que a propõe a ser devedor da obrigação[964].

---

962 Francesco Santoro-Passarelli, *Teoria geral do direito civil*, Coimbra, Atlântica Ed., 1967, p. 52.

963 Caio Mário da Silva Pereira, *Instituições de direito civil*, Rio de Janeiro, Forense, 1966, v. 2, p. 101 e s.

964 Caio Mário da Silva Pereira, ob. loc. cit.

Obriga-se, assim, o acionista vinculado ao acordo de preempção a não alienar a terceiros, sem que, previamente, ofereça a celebração do mesmo negócio aos demais acionistas integrantes do pacto ou à própria companhia.

O ato de ciência gera os efeitos próprios do contrato, ou seja, o *debitum* e o *creditum* da preferência, no que diz respeito à alienação das ações ou títulos nela conversíveis. Estabelece-se, por outro lado, a favor do acionista alienante, o início da prescrição aquisitiva do direito de dispor livremente de suas ações, nos termos do acordo de bloqueio respectivo.

O ajuste de bloqueio outorga ao credor preferência de ordem na aquisição e, desse modo, o direito de contratar essa mesma aquisição. A notícia da intenção de vender constitui, portanto, o implemento da condição do ajuste. Trata-se de comunicação dirigida aos demais acionistas signatários do acordo, que visa à alienação, na forma ali prevista.

A aceitação, pelos demais contratantes ou por qualquer deles, representa a integração das vontades desde que declarada sem ressalva.

É a aceitação uma declaração de índole receptiva de vontade, através da qual o credor da obrigação de preferência exerce o direito de formar o contrato de alienação que lhe foi comunicado, na forma convencionada[965].

Para tanto, a aceitação regular há de ser literal, como referido, ou seja, feita nos estritos termos do acordo de bloqueio, sem nenhuma restrição, condição, reserva ou modificação, traduzindo-se, assim, pela adesão plena aos termos do negócio anunciado[966].

Constitui, assim, o acordo de preempção contrato preliminar, pois nele ajusta-se o futuro negócio de transferência de ações[967].

O acordo de preferência constitui, assim, direito condicional de ver celebrado o contrato definitivo de compra e venda de ações. Há um vínculo contratual que obriga o acionista alienante e os demais pactuantes a manifestarem eficazmente sua vontade, no sentido do cumprimento das cláusulas do acordo de bloqueio.

Se o fizer irregular ou imperfeitamente o titular do direito de preferência, estará precluso o prazo de sua manifestação, ainda que pelo acordo de preempção tivesse mais tempo para manifestar-se validamente. Não poderá,

---

965 Orlando Gomes, *Contratos*, Rio de Janeiro, Forense, 1953, p. 70.

966 J. X. Carvalho de Mendonça, *Tratado de direito comercial*, Rio de Janeiro, Freitas Bastos, 1963, v. 6, p. 471; Serpa Lopes, *Comentários à Lei de Introdução ao Código Civil*, Rio de Janeiro, Freitas Bastos, 1959, v. 3, p. 97.

967 José Alexandre Tavares Guerreiro, Execução específica do acordo de acionistas, *Revista de Direito Mercantil*, n. 41, p. 50, 1981.

pois, o titular do direito que o fez de forma irregular ou imperfeita renovar a sua manifestação uma segunda vez, agora consoante os termos do negócio para, assim, convalidar o seu direito.

Não terá esta segunda manifestação eficácia alguma, na medida em que a primeira, por conter irregularidades, restrições, objeções, ressalvas, omissões ou lacunas, valer como renúncia ao seu direito de preferência. Isso porque a apresentação de contraproposta é estranha ao ajuste.

É pela regular, literal, irrestrita e incondicionada aceitação do negócio jurídico que se torna eficaz o contrato preliminar de aquisição das ações submetidas ao acordo de preferência. Não é, portanto, a convenção em si que dá essa eficácia. No momento da celebração do acordo de preempção não há, ainda, a manifestação de vontade dos acionistas pactuantes, no sentido de que pretendem alienar, de um lado, e adquirir com preferência, de outro, as ações envolvidas.

O objeto da cláusula de bloqueio é o de comunicar a intenção de vender ações, fazendo-o, de preferência, a favor das próprias partes contratantes, que se interpõem à realização de eventual negócio de venda das mesmas ações a terceiros. Os convenentes do bloqueio, na espécie, perseguem a possível realização, em futuro incerto, de um contrato principal de compra e venda de ações[968].

Visam os acionistas pactuantes, com o ajuste de bloqueio, a inibir, ou seja, bloquear o quanto possível a mobilidade e a cessibilidade do patrimônio acionário para fora do âmbito dos acionistas contratantes, notadamente se decorrente de acordo de controle.

São as partes do acordo de bloqueio concorrentes com terceiros, na posição de eventuais adquirentes, mas podem, inclusive, não chegar a essa posição, na medida em que o terceiro lograr adquirir as ações, após o cumprimento regular dos procedimentos de preempção.

Isto posto, cabe voltar sobre o conteúdo das principais cláusulas do contrato de bloqueio, no que concerne ao direito de preferência.

Deverá o ajuste estabelecer critério de ordem ou de rateio entre os pactuantes. Poderá, ainda, haver preempção das sobras não exercidas, em parte ou no todo, por outros pactuantes.

Deve, por outro lado, o acordo determinar quais as ações e títulos conversíveis em ações, presentes e futuras, que integram o negócio. Pode ser excluída parte das ações dos pactuantes, da mesma classe ou diversa. Dife-

---

968 Filadelfo de Azevedo, apud Caio Mário da Silva Pereira, *Instituições*, cit., v. 3, p. 81.

rentemente, portanto, da convenção de controle nas companhias fechadas, na qual tal exclusão de ações votantes é inadmissível. Já nas companhias abertas, os controladores podem manter no *floating* as ações excedentes do percentual acionário para a formação de maioria absoluta do capital votante (art. 4º-A, § 2º).

PREÇO JUSTO

Questão fundamental refere-se à fixação do preço justo. Nos acordos de preferência, a cláusula deverá ser a de igual ou melhor preço *vis-à-vis* a oferta concorrente de terceiro. Nesse caso, questiona-se que o preço ficaria ao arbítrio do ofertante, ensejando a tentativa de simulação do seu valor. O argumento é insubsistente, pois a prefixação do preço contraria frontalmente a própria natureza do negócio, que é exatamente o de instituir o concurso, ou seja, de estabelecer ofertas concorrentes, com preferência de ordem, de natureza subjetiva (a favor dos demais acionistas pactuantes), e não preferência econômica.

A propósito, representaria a cláusula de preferência com preço descontado enriquecimento sem causa, e, portanto, nulo. Obtida a oferta de terceiros de, v. g., 100 por ação, será o convenente vendedor obrigado a alienar seu portfólio aos demais acionistas pactuantes pelo critério de preço prefixado no contrato, por apenas 80, teria evidente efeito confiscatório das ações, o que é inadmissível, pelo seu caráter leonino.

Por outro lado, é nula a venda a terceiro quando o preço é inflado por iniciativa do acionista ofertante, o que obviamente contraria o inafastável princípio do valor justo das ações objeto da prelação.

Essa conduta ilícita e lesiva aos direitos dos demais convenentes é muitas vezes encontrada nas alienações de controle. Para tanto, o ofertante pactua com o terceiro que deseja adquirir as ações, de controle, uma oferta cheia, ou seja, sem os necessários descontos encontrados no passivo ou resultantes das contingências. Assim, a oferta cheia pelas ações de controle é de 100, sobre a qual, no entanto, os passivos são descontados, devendo, na realidade, o vendedor do controle receber apenas 30, que é o valor do saldo apurado na *due diligence* realizada.

Não obstante, o acionista oferece aos demais acionistas suas ações pelo preço cheio inicial. Essa fraude enseja a suspensão cautelar da venda a terceiro, o qual, por sua vez, responderá pelo conluio gravemente lesivo aos demais acionistas titulares da prelação.

Por outro lado, a prefixação de preço representaria, sempre, valor injusto, em detrimento do patrimônio do acionista alienante, além de contrariar a própria natureza do negócio, que é o de preferência jurídica, em igualdade econômica de preço e condições livres suspensivamente ajustados com terceiro.

LIVRE A CESSÃO, SE NÃO EXERCIDA A PREFERÊNCIA

Temos, assim, que não pode a convenção de bloqueio impedir a venda das ações a terceiros se não houver interesse conjunto ou isolado dos demais convenentes em adquiri-las. Prevalece, nessa hipótese contratual, o princípio de livre transmissibilidade[969]. Deverá, portanto, constar na própria avença um curto e ao mesmo tempo razoável prazo — em geral trinta dias —, dentro do qual os acionistas contratantes terão direito ao exercício da preempção.

A propósito, os acordos de bloqueio devem ser lidos à luz do princípio constitucional da livre disponibilidade patrimonial (art. 5º, XXII, da CF/88), bem como do princípio da plena liberdade de associar-se e de não permanecer associado (art. 5º, XX, da CF/88)[970].

Este último preceito constitucional (art. 5º, XX) é específico para a interpretação do acordo de bloqueio: "ninguém poderá ser compelido a associar-se ou a permanecer associado". Essa norma deve ser compreendida em um contexto amplo, cuja aplicação recai tanto sobre as associações como sobre as sociedades de natureza econômica, sejam elas públicas ou privadas, civis ou comerciais.

Isto posto, as restrições à alienação de ações objeto de acordo de bloqueio devem ser restritivamente compreendidas. Não podem tais limitações impedir a alienação das ações, a ponto de o acionista convenente ficar impossibilitado de fazê-lo, o que resultaria em clara afronta ao direito constitucional de propriedade.

Prevalece, neste capítulo, o princípio de que não pode o sujeito privado dispor de direito de outro sujeito, aí obviamente incluído o de propriedade. Somente o Poder Público pode dispor da propriedade privada, mediante justa indenização do valor expropriado (art. 5º, XXIV, da CF/88).

Ainda a propósito, a Constituição Federal de 1988 consagrou o direito de propriedade em diversos dispositivos, atribuindo-lhe importância funda-

---

969 V. comentários ao art. 36.

970 Modesto Carvalhosa, *Comentários ao Código Civil — Parte Especial*, São Paulo, Saraiva, 2003, v. 13, p. 81 e s.

mental. Assim é que, em seu art. 5º, XXII, concebeu o direito de propriedade como fundamental e, no art. 170, II, consagrou a propriedade privada
como um dos princípios gerais da atividade econômica[971].

Nesse contexto constitucional, os acionistas, na qualidade de proprietários das suas ações, poderão livremente aliená-las. Qualquer restrição, ainda
que convencional, como é o caso da cláusula (condição de aceitação subjetiva do novo acionista na companhia por critério de *affectio*), e da cláusula
de gradimento, fere frontalmente os preceitos constitucionais citados, que
disciplinam o direito fundamental de livre disponibilidade patrimonial.

De qualquer forma e em qualquer caso, a convenção de bloqueio não
poderá limitar o direito do acionista de livremente dispor de suas ações, mas
somente poderá estabelecer preferência de ordem para sua aquisição, sendo
sempre assegurados, dessa maneira, os meios de liberação do acionista para
alienar suas posições em ações ou em títulos nelas conversíveis.

Reitere-se que a restrição de alienar é nula (cláusula de gradimento),
sob qualquer forma, direta ou indiretamente, seja no próprio acordo de
bloqueio, seja no estatuto ou em qualquer outro negócio jurídico que afete
os meios de liberação aplicáveis à sua livre disponibilização, relacionados
com o atendimento aos direitos de preferência de ordem convencionados.

Não poderão, portanto, os signatários do acordo impedir a alienação das
ações, constrangendo o acionista alienante a permanecer na companhia,
sob o pretexto da manutenção da *affectio* entre eles.

PREFERÊNCIA NAS *JOINT VENTURES*

Não obstante, poderão os acionistas, por meio do acordo
de bloqueio, invocar a *affectio*, desde que preveja os meios de liberação.

É o que ocorre no caso de formação de uma *joint venture*. Nessa união
existe uma relação fundamental de natureza objetiva entre os dois blocos
de acionistas que se reúnem para a realização de um empreendimento comum. Embora o *intuitu pecuniae* prevaleça sempre, a causa-fim que levou
os dois grupos a constituir a *joint venture* é a qualidade objetiva de cada um

---

971 Pinto Ferreira leciona que "o conceito de propriedade previsto na Constituição vigente é bem amplo. No direito civil o direito de propriedade é o direito de usar, gozar e
dispor de uma coisa. No direito constitucional o conceito é mais amplo, pois representa um direito de conteúdo econômico-patrimonial. A garantia do direito de propriedade não se limita por consequência ao direito real, mas também incide nos direitos pessoais, de fundo patrimonial" (*Comentários à Constituição brasileira*, São
Paulo, Saraiva, v. 1, p. 103).

deles, que carregam consigo as marcas, o *know-how*, as patentes, a transferência de tecnologia, a organização, os atestados de obras etc.

Assim, nas *joint ventures*, pode-se mesmo dizer que, no plano objetivo de reunião de capacidades específicas de cada grupo, existe um *intuitu personae* ao lado do *intuitu pecuniae*. Ambos os intuitos é que levam à formação da *joint venture*, sendo o primeiro (qualidades objetivas específicas de cada grupo) a causa de sua constituição. Na formação de *joint ventures*, portanto, a cláusula de aceitação subjetiva (cláusula de gradimento) pode ser a razão de se estabelecer a preferência de ordem, mas nunca motivo para impedir a alienação das ações de um dos grupos a terceiros.

Cabe, no entanto, nas *joint ventures*, cláusula que impeça que, direta ou indiretamente, o terceiro adquirente seja concorrente ou inabilitado para preencher as aptidões técnicas do acionista retirante. Assim, a venda a terceiros, após exaurida a prelação, submete-se a esses requisitos de não concorrência, e de aptidão para contribuir para o empreendimento comum.

CLÁUSULA DE "GRADIMENTO"

E, mesmo no caso de o acordo de bloqueio ser omisso a respeito, prevalece, sempre, a regra constitucional da livre disponibilidade, não podendo os demais acionistas convenentes e muito menos a sociedade bloquear o exercício do direito de qualquer acionista convenente de dispor de suas ações ou de seus títulos conversíveis em ações, independentemente de ser ela constituída como *joint venture*, ou por mera agregação de capitais.

Não poderá ser objeto do acordo de bloqueio a subordinação da venda das ações a terceiros à prévia concordância dos demais convenentes. Trata-se, como reiterado, da *clausola di gradimento* do Direito italiano ou da *clause d'agrement* do Direito francês[972].

É evidente que tais avenças não poderão prevalecer em sociedades fechadas, sendo, outrossim, inteiramente incompatíveis com o instituto da companhia aberta, uma vez que, nesta, a livre circulabilidade das ações se faz em bolsa ou no mercado de balcão organizado.

OPÇÃO DE COMPRA E DE VENDA

O acordo de bloqueio poderá, outrossim, configurar uma opção de compra ou de venda de ações dos seus signatários, pois essas hi-

---

972 *V.* comentários ao art. 36.

póteses são nominadamente citadas no presente art. 118.

Trata-se de contratos pelos quais uma parte promete alienar a outros signatários ou à própria sociedade suas ações. Ou, então, a promessa de signatários ou da própria sociedade de adquiri-las. Em ambos os casos (*put and call*) basta a manifestação do beneficiário da compra ou da venda para o cumprimento do contrato.

O acordo pode prever que em determinadas circunstâncias, ou simplesmente pela vontade do acionista, pode este comprar as ações ou títulos conversíveis em ações de outro acionista, que é obrigado a vendê-las, conforme o preço e as condições previamente ajustados (*call*), desde que rigorosamente justo e remuneratório.

Ou, então, o acordo pode prever que em determinadas circunstâncias, ou simplesmente pela vontade do acionista, este pode sair do quadro societário da companhia, vendendo as suas ações para outro acionista ou para a própria sociedade, por preço previamente ajustado, desde que também rigorosamente justo (*put*). Nesta hipótese de venda poderá a sociedade ser a beneficiária da aquisição, para mantê-las em tesouraria, se tiver fundos disponíveis para tanto (art. 30).

A propósito, no exercício da opção de compra de ações objeto do acordo de preferência, em que o vendedor fica em situação de sujeição, o preço há de ser rigorosamente justo e, portanto, plenamente remuneratório, como referido.

Isto posto, não se pode admitir no caso de opção de compra e venda de ações o regime de especulação, próprio das opções de contratos futuros do mercado de valores mobiliários.

A opção que tem por objeto as ações de uma companhia não se confunde com aposta e, portanto, como referido, com especulação. As ações representam um patrimônio efetivo, concreto e susceptível de venda pelo seu valor real e atual. Assim, não pode o titular do direito de exercício da opção dela prevalecer-se para obtenção de enriquecimento especulativo, vale dizer, sem causa e, assim, ilícito.

Em consequência, não pode o acionista titular do direito de adquirir ações objeto do acordo aproveitar-se de cálculos pré-ajustados de preço, prazos ou outros expedientes, inclusive criação ou existência de fundos, para não remunerar o acionista obrigado a vender suas ações, por preço diferente daquele que seria devido à vista e pelo seu efetivo valor, correspondente, portanto, ao valor atual do patrimônio líquido da companhia a preços de mercado ou de fluxo de caixa, prevalecendo o de melhor valor.

Assim, ainda que as cláusulas de opção previstas no acordo de preferência falem em pagamento a prazo, o preço deve ser rigorosamente ajustado a valor presente, para, desse modo, ser calculado e efetivamente pago pelo seu valor atual.

Dessa forma, é absolutamente incompatível com o exercício da opção de compra constante de acordo de acionistas qualquer cláusula que leve o titular do direito da opção ao enriquecimento ilícito à custa do titular da obrigação de vender. A existência de tais cláusulas inscreve-se no capítulo do abuso de direito, contrariando, outrossim, o princípio da boa-fé (art. 113 do Código Civil).

Portanto, em qualquer circunstância, o preço a ser pago pelo exercício da opção de compra de ações ou títulos conversíveis em ações, objeto do acordo de preferência, deve ser absolutamente justo, atual e plenamente remuneratório, sendo nulas as cláusulas nele constantes que não observem esses princípios de boa-fé e levem ao enriquecimento ilícito do titular do direito de exercício da opção de compra de ações constantes do acordo de preferência.

Resumindo. Não poderá o exercício do direito de opção de compra de ações ou de títulos conversíveis em ações trazer para o titular da obrigação qualquer efeito confiscatório, em proveito do enriquecimento sem causa do titular desse direito.

Isto posto, constitui a opção de compra ou de venda de convenção preliminar que tem por objeto a obrigação de concluir outro contrato, no caso o de compra ou de venda de ações ou de títulos conversíveis em ações. É contrato unilateral porque, embora formado pelo consentimento de ambas as partes, gera obrigações *ex uno latere*.

A circunstância de criar obrigações para uma só das partes não tira a natureza contratual, pois só se torna perfeita a venda pelo acordo de vontades.

A natureza contratual da opção não é, todavia, pacífica. Uma parte da doutrina, fundada no Código Civil italiano, considera a opção uma proposta irrevogável de contratar.

No entanto, por haver, na espécie, duas manifestações de vontade, do outorgante e do beneficiário, está caracterizado o contrato. Trata-se, como referido, de negócio em que a faculdade de exigir o cumprimento existe apenas para uma das partes. A outra não tem direito, mas, sim, obrigação, cujo adimplemento fica subordinado à vontade do outro contratante. A promessa unilateral de contratar confere ao beneficiário o direito de opção. O acionista convenente promitente vendedor encontra-se, pois, numa situação de sujeição, como referido, já não podendo opor-se à conclusão do negócio.

Essa sujeição, no entanto, é relativa na medida em que a opção de compra e venda de ações deve ser exercida, rigorosamente, como um contrato de compra e venda, em que prevalece a inafastável regra da comutatividade e da equitatividade, traduzidas no preço justo e atual. Não pode, como reiterado, a opção relativa à compra e venda das ações objeto de acordo de acionistas ser forma de especulação ou de enriquecimento ilícito a favor do titular de direito de exercê-la, como reiterado.

Deverá esse contrato preliminar conter elementos necessários à celebração do contrato definitivo, tais como o número e a espécie das ações objeto da avença, o preço e as condições de pagamento. Não há necessidade de o preço (justo) estar previamente estabelecido em unidade monetária. Basta que, no contrato preliminar de opção que consta do texto do acordo de preferência, esteja estabelecida a forma ou a fórmula do seu cálculo a valor atual, como, v. g., o valor do patrimônio líquido a preços de mercado num recente período, ou sua apuração pelo fluxo de caixa descontado ou, ainda, tendo por base a cotação das ações no mercado de bolsa também num período imediato, ou então a combinação deles todos ou a prevalência do critério que melhor remunerar a venda ou a compra ajustada. De qualquer forma — valor em moeda ou critério e fórmula de cálculo —, não devem levar ao enriquecimento sem causa da parte beneficiária, nem constituir cláusula leonina, como reiterado.

Ademais, o preço e seu cálculo, em todas as suas formulações acima referidas, constantes do acordo de preferência, sujeita-se aos pressupostos obrigacionais constantes da cláusula *rebus sic stantibus*, do enriquecimento sem causa, do abuso de direito, da boa-fé objetiva e da função social do contrato, todos positivados no Código Civil.

Atendidos precipuamente os princípios de ordem pública acima citados, o titular da opção, ou seja, o credor da obrigação, no prazo estabelecido, terá a liberdade de efetuar ou não o contrato, dentro do livre critério de conveniência e oportunidade. Findo o prazo e não exercida a opção, libera-se o promitente.

Desejando, no entanto, o credor da obrigação exercer o seu direito, e caso a parte devedora se negue a fazê-lo, sem justa causa devidamente questionada, caberá a execução específica, nos termos dos arts. 466-A, 466-B e 466-C do Código de Processo Civil. Trata-se de processo de conhecimento, de rito ordinário, formando, portanto, a lide. No caso, não se pode cogitar de antecipação de tutela ou medida cautelar, pois ausente o requisito do *periculum*, na medida em que as ações e títulos nele conversíveis encontram-se registrados, sendo impossível o seu perecimento, portanto.

Dentre as causas de recusa do titular da obrigação de adimplir estará a inexistência de valor justo atual, seja pelo perecimento desse mesmo valor no tempo, seja pelo cálculo de valor que leva ao enriquecimento ilícito ou sem causa do titular do direito de opção diante das circunstâncias. A propósito, repita-se que a opção de compra e venda de ações é de natureza inteiramente diversa do regime de especulação, próprio dos negócios a vista ou de futuros da Bolsa ou do mercado de balcão organizado.

De qualquer forma, para o acolhimento judicial ou arbitral da execução específica deve ser incontroversa a matéria do preço justo e atual, e estarem, em consequência, afastados os questionamentos próprios da cláusula *rebus sic stantibus*, do enriquecimento ilícito, do abuso do direito, da boa-fé objetiva e da função social do contrato, tais como positivados no Código Civil.

Por outro lado, faltando ao contrato preliminar de opção os elementos necessários à sua execução específica (cláusulas vazias), o inadimplemento da promessa de contratar resolver-se-á em perdas e danos, de acordo com o princípio geral do art. 389 do Código Civil.

DIREITO CONTRATUAL DE VENDA CONJUNTA — *TAG ALONG*

A par do direito legal de venda conjunta, disciplinado pelo art. 254-A, que, após idas e vindas, consolidou a histórica Emenda Lehmann, que faculta aos minoritários venderem suas ações – *ex vi* da reforma de 2001 – com deságio de 20%, em oferta pública, no caso de alienação de controle, o presente art. 118 faculta a inclusão dessa cláusula convencional nos acordos de compra e venda e de preferência.

Trata-se de disposição contratual que prevê, no caso de venda das ações detidas por um ou mais signatários do acordo, que os demais pactuantes têm direito de vendê-las conjuntamente com aqueles. Essa cláusula pode ter por objeto ações de controle e também ações minoritárias.

Trata-se de uma convenção, no sentido de que os signatários do acordo ajustam entre si esse direito de venda conjunta, em que o credor da obrigação será aquele acionista signatário que não participou do negócio de venda com os terceiros.

A cláusula de venda conjunta é uma das modalidades de restrição à circulação das ações objeto do acordo e que reveste a venda originária a terceiros da condição de compra também das ações dos seus demais signatários. Trata-se de uma modalidade de opção em que o credor da obrigação poderá exercer regularmente o seu direito de venda conjunta dentro dos critérios de conveniência e oportunidade.

Esse pacto de venda conjunta pode vincular todas ou apenas parte das ações presentes ou futuras dos pactuantes, aí incluídos os títulos conversíveis em ações. No pacto de venda conjunta não constará o preço respectivo, que será aquele fixado entre o vendedor originário e o terceiro.

Desse modo, estão sujeitas ao exercício da operação tanto o vendedor originário das ações como o terceiro comprador, que não poderão prosseguir na conclusão do negócio entre eles se não incluírem as aquisições dos acionistas que desejem aliená-las pelo mesmo preço estabelecido.

A cláusula de *tag along* tem como natureza a prerrogativa jurídica de o acionista não contratante vender em igualdade econômica do preço e condições livres suspensivamente ajustados com terceiro.

Assim, a cláusula de *tag along* deverá obedecer a regra de igual preço *vis-à-vis* à oferta do terceiro. Em consequência, a prefixação do preço contraria frontalmente a natureza do negócio de venda conjunta.

Constitui a cláusula da venda conjunta uma convenção que tem por objeto a obrigação de concluir um outro contrato de compra das ações pelo terceiro adquirente do controle ou de bloco de ações em determinado percentual estabelecido no acordo.

O titular da obrigação não é parte do acordo de acionistas, por se tratar de terceiro. Não obstante, para que este possa contratar a aquisição das ações de controle ou de bloco minoritário, deverá aderir à cláusula de venda conjunta constante do acordo. E deverá fazê-lo por meio do instrumento de promessa de compra que firmará com os interessados (atuais controladores ou titulares de bloco de ações).

Trata-se, portanto, de um contrato único, representado por dois instrumentos firmados em sequência. Assim o preexistente acordo de venda conjunta aperfeiçoa-se com o de promessa de compra firmado por terceiro.

Daí o caráter de adesão ao primeiro ajuste declarado pelo terceiro comprador que, dessa forma, subscreve os termos da cláusula de venda conjunta, devendo fazê-lo sem qualquer ressalva, reserva, alteração ou condição. A adesão deve ser literal ao negócio único de venda conjunta das ações.

Institui-se, dessa forma, obrigações apenas para o terceiro aderente ao negócio jurídico de venda conjunta que, assim, completa o acordo de vontade anteriormente instituído em favor de todos os pactuantes, consoante cláusula do acordo.

A adesão do terceiro à cláusula de venda conjunta constitui uma promessa irrevogável de adquirir as ações de todos os signatários do acordo, embora tenha interesse econômico apenas naquelas do controle ou que formam determinado bloco minoritário.

Por outro lado, os demais acionistas, credores da obrigação, podem ou não exercer o *put* convencionado nessas duas etapas sucessivas do negócio único de venda conjunta. Estará, portanto, o terceiro aderente em posição de sujeição à vontade dos acionistas que não convencionaram com ele a venda do controle ou do bloco de ações.

Daí termos uma obrigação irrevogável dos controladores ou titulares de bloco de ações minoritárias de vender ao terceiro, e um direito de fazê-lo por parte dos demais acionistas integrantes do acordo de venda conjunta.

Poder-se-ia, em consequência, dizer que se trata de um negócio jurídico único, porém complexo, em que figuram direitos e obrigações diversas, conforme nele se posicionam as partes. Assim, o terceiro aderente é titular da obrigação de adquirir tanto as ações que irrevogavelmente convencionou com os controladores ou possuidores do bloco minoritário como também de fazê-lo com respeito às ações daqueles outros convenentes do acordo que eventualmente desejem vendê-las.

Está o terceiro aderente, portanto, em posição de sujeição para concluir o negócio de aquisição de ações com todos os convenentes, embora venha eventualmente a fazê-lo apenas com os compromissários, ou então com estes e parte dos demais acionistas pactuantes.

Daí não se tratar a venda conjunta de um negócio condicional, pois não existe nenhum evento futuro e incerto envolvido. O terceiro, desde logo, adere à cláusula de compra de todas as ações. Trata-se, então, de negócio certo e presente para o titular da obrigação, ou seja, o terceiro aderente.

Por outro lado, os demais acionistas integrantes do acordo que não convencionaram a venda com o terceiro aderente são titulares do direito de vender suas ações segundo o critério de conveniência e oportunidade. Trata-se de um direito tipicamente facultativo, que pode, assim, ser ou não exercido. Se não o for, o direito de venda preclui nos exatos termos do acordo, ou seja, no prazo nele consignado.

Essa faculdade de vender ou não vender não retira, no entanto, a irrevogabilidade do negócio firmado que por isso não é condicional, estando aperfeiçoada a promessa de compra e venda desde o momento da adesão do terceiro à cláusula de venda conjunta constante do acordo.

Os convenentes que não integram a venda originária do controle ou do bloco de ações passam a integrar esse mesmo contrato de compra e venda que, não obstante, desde logo vincula o titular da obrigação de comprar, o terceiro aderente.

Aí surge um nítido aspecto do negócio de opção na medida em que a venda conjunta, instituída em sucessivos momentos para formar um negócio único, contém a faculdade dos demais acionistas de exigir o cumprimento da compra por parte do terceiro aderente. Este não tem direito, mas unicamente obrigação, cujo adimplemento fica subordinado à vontade regularmente manifestada de parte ou de todos os demais acionistas convenentes.

Assim, a promessa unilateral de contratar por parte do terceiro aderente confere aos demais convenentes o direito regular de opção. O terceiro aderente encontra-se na posição de promitente comprador, ou seja, numa situação de sujeição, como referido, não podendo mais se opor à conclusão regular do negócio com qualquer dos demais acionistas convenentes, individualmente considerados.

Desse modo, no negócio de venda conjunta, a manifestação do terceiro aderente de adquirir as ações dos demais convenentes já está preestabelecida. Trata-se de obrigação certa e atual, não contendo qualquer elemento de condicionalidade. Estabelece-se aí uma relação em que os titulares do direito (demais acionistas convenentes) podem querer sobre a esfera jurídica do terceiro aderente, o qual não pode e não deve fazer nada, e apenas tem de sujeitar-se às consequências da sua vontade manifestada no momento da adesão à cláusula de venda conjunta, constante do acordo.

Daí ser o negócio de venda conjunta ao mesmo tempo único e complexo, por abranger um contrato bilateral de promessa de compra e venda e um contrato unilateral de opção (*put*).

DRAG ALONG

Inversamente, também pode ser convencionada a compra conjunta das ações objeto do acordo.

Nela se prevê que, caso o acionista controlador receba uma proposta de aquisição de controle, este poderá, na forma prevista no acordo, exigir que os minoritários convenentes também vendam as suas ações ao proponente, pelo preço da oferta aceito pelo controlador. A função do *drag along* é ampliar o espectro de possíveis interessados na aquisição do controle, na medida em que eles podem não ter interesse em manter os atuais minoritários integrantes do acordo, seja pelo perfil destes (fundos de pensão, possíveis *strikers*), seja, então, visando ao futuro fechamento do capital da companhia.

Trata-se de uma opção de venda (*call*) em que o credor da obrigação é o controlador, que pode exigir o cumprimento da alienação dos acionistas minoritários convenentes, sempre nos termos do acordo.

O valor dessa venda convencionada com os demais pactuantes é livre, ou seja, aquele que o terceiro comprador do controle pagará ao controlador, com ou sem deságio, sempre conforme os termos constantes do acordo respectivo. O deságio da cláusula não poderá ser em percentual maior do que aquele previsto no art. 254-A da Lei Societária (20%), sob pena de se configurar enriquecimento ilícito do adquirente do controle e, indiretamente, do próprio alienante do controle.

Com efeito, a cláusula de *drag along* com preço descontado acima daquele legalmente estabelecido para o controle (art. 254-A) teria evidente efeito confiscatório e leonino contra o patrimônio dos acionistas minoritários, titulares da pré-convencionada obrigação de vender.

A prefixação do preço dessa venda representaria, sempre, valor injusto, em detrimento do patrimônio do acionista obrigado. Tal cláusula contrariaria a própria natureza do negócio, que é o de obrigação de venda em igualdade econômica de preço e condições livremente ajustados ao terceiro titular do direito de adquiri-las, admitido o deságio máximo de 20%.

Insista-se neste ponto. O deságio não pode ser superior ao previsto no referido art. 254-A, na medida em que na transferência de controle essa norma dispõe que o adquirente deverá, sob pena de ineficácia do negócio, ofertar a compra das ações minoritárias com direito a voto que estão fora do acordo, pelo preço mínimo igual a 80% do valor pago por ação dessa espécie integrante do bloco de controle.

À semelhança do que ocorre no negócio do *tag along*, no pacto do *drag along* o terceiro adquirente adere ao pacto celebrado entre o atual controlador e determinados acionistas minoritários. E o faz mediante um novo instrumento de adesão literal ao pactuado entre aqueles, passando em consequência a ser parte desse negócio jurídico de opção de compra das ações de todos os pactuantes.

Não se trata de cessão de direitos entre o atual controlador e o adquirente compromissado dessas ações majoritárias. Isso porque o atual controlador permanece inteiramente vinculado ao negócio até a sua plena conclusão, que se dá com a aquisição de todas as ações objeto do acordo, ou seja, as do controle e as dos minoritários convenentes.

Trata-se o *drag along* de um contrato único, expresso em instrumentos sucessivos, quais sejam, o acordo, a adesão ao acordo e a aquisição das ações do controle e a dos minoritários convenentes. E por isso é um contrato complexo onde ingressam sucessivamente as partes, para o efeito de sua execução e conclusão.

Por outro lado, a posição jurídica é bastante nítida nessa sequência de atos que compõem esse negócio único: o adquirente do controle, ao aderir literalmente ao acordo, torna-se credor do direito de adquirir tanto as ações do controle como aquelas dos minoritários convenentes.

Desse modo, são devedores da obrigação, em igualdade de posição, tanto os controladores como os minoritários, em obrigações que se tornam simultâneas, na medida em que o terceiro aderente pode arguir a cláusula *non adimpleti contractus* com respeito às ações de controle, se não lograr efetivamente adquirir as ações de todos os minoritários convenentes.

Assim, a venda das ações é única e não sucessiva, integrando, portanto, um negócio único, embora os devedores da obrigação sejam vários e diversos, ou seja, o controlador com suas ações majoritárias e os demais acionistas convenentes, com suas ações minoritárias.

O direito de adquirir as ações de controle é constituído no momento do compromisso, seguido do instrumento da adesão do terceiro adquirente, ao passo que a obrigação de vender suas ações por parte dos acionistas minoritários convenentes já está pré-constituído originariamente no acordo.

A cláusula de *drag along* constante da convenção constitui um típico negócio de opção. Por meio dela os minoritários convenentes prometem alienar as suas ações vinculadas ao acordo ao terceiro adquirente das ações de controle. Não obstante a natureza de opção do negócio assim convencionado, o titular do direito não é conhecido no momento em que se constitui a opção.

Assim, temos desde logo identificados os titulares da obrigação de vender, que o farão àquele que se apresentar como adquirente das ações do controle. Isso posto, basta a manifestação regular do beneficiário de compra dessas ações minoritárias para que esta se consume, pelo preço e condições previamente ajustadas, desde que rigorosamente justas e remuneratórias. O preço e as condições serão, portanto, idênticos aos ajustados entre o alienante e o adquirente do controle, admitido o desconto máximo de 20% correspondentes ao prêmio respectivo, se expressamente convencionado.

Constitui, assim, a cláusula de *drag along* um negócio de opção de venda, de caráter preliminar que tem por objeto a obrigação de concluir um outro contrato, no caso, o de venda das ações ou títulos conversíveis em ações dos minoritários convenentes. Assim, a cláusula de *drag along* cria uma obrigação unilateral, por gerar obrigação *ex uno latere*.

Observados os princípios acima referidos, não há que se discutir sobre a validade dessa cláusula de venda conjunta, pois se trata de direito disponível.

A promessa unilateral de vender ao futuro controlador aderente do acordo confere a este o direito regular de opção de comprar (*call*). Os acionistas minoritários convenentes e, por isso, promitentes vendedores, encontram-se numa situação de sujeição, não podendo mais se opor à conclusão regular do negócio.

Essa sujeição, no entanto, é relativa, na medida em que a opção de compra das ações minoritárias vinculadas ao acordo deve ser exercida regularmente, como todo contrato de compra e venda, em que prevalece a inafastável regra da comutatividade e da equitatividade, traduzidas no preço justo e atual livremente convencionado entre o alienante e o adquirente das ações de controle. Não pode, portanto, a cláusula de *drag along* propiciar o enriquecimento ilícito do titular do direito de exercer o *call*.

Deverá, assim, a cláusula de *drag along* conter os elementos necessários à celebração regular do contrato definitivo, em que ressalta o preço livre ajustado para o negócio de transferência do controle e respectivas condições.

Não poderá, portanto, a cláusula fixar qualquer valor ou critério de preço para o negócio de opção aí instituído que seja incompatível com a natureza de tal negócio jurídico, que é o de igualdade econômica, com ou sem prêmio de controle. Qualquer precificação ou critério de avaliação que possa representar valor diverso daquele livremente convencionado entre vendedor e comprador do controle, é nulo, por representar, como referido, instrumento de enriquecimento ilícito do adquirente do controle e, indiretamente, do seu vendedor.

Isto posto, o credor da obrigação, ou seja, o adquirente do controle e aderente do acordo, no prazo estabelecido, terá a liberdade de regularmente exercer o seu direito de compra, concluindo o respectivo contrato, dentro do livre critério de conveniência e oportunidade.

Em consequência, a cláusula de *drag along* deve conter um prazo determinado para o exercício da opção de compra por parte do adquirente do controle, que deve ser ao mesmo tempo curto e razoável, ou seja, de 30 a 60 dias, a fim de que, findo este e não exercida a opção, possam os minoritários liberarem-se de sua obrigação pré-constituída de vender suas ações ao novo controlador.

Isto posto, faltando à cláusula de *drag along*, em face da sua natureza de contrato preliminar de opção de compra, os elementos necessários (cláusula vazia) à sua conversão em contrato definitivo, o inadimplemento da promessa de contratar por parte dos acionistas minoritários resolver-se-á em perdas e danos, de acordo com o princípio geral do art. 389 do Código Civil.

Desse modo, cabem inteiramente à cláusula de *drag along* as exceções descritas no caso de preferência, opção de compra e venda e de venda conjunta. Assim, o exercício do *drag along* não pode configurar abuso de direito, devendo rigorosamente pautar-se pelos princípios da boa-fé objetiva, *rebus sic stantibus* e da função social do contrato[973].

---

973 Princípios de ordem pública normatizados pelo Código Civil — arts. 113, 122, 123, 124, 140, 166, 186, 187, 421, 422, 884 e 885.

A OBRIGAÇÃO CONTRATUAL REVERSA DE VENDA CONJUNTA — *BRING ALONG*

Outras cláusulas referentes à compra e venda de ações têm sido acolhidas em acordos de bloqueio. Dentre elas, no âmbito das companhias com capital disperso (art. 137, II, *b*), a cláusula, encontrada na prática norte-americana, do *bring along*, na esteira do mais puro contratualismo que prevalece no regime societário naquele país.

Assim, o grupo minoritário dominante compromete-se a vender as suas ações caso outros grupos minoritários signatários do acordo tragam uma proposta de aquisição subscrita por um terceiro interessado na aquisição de um maior bloco de ações que permitiria aos seus titulares, aleatoriamente, eleger os administradores.

Essa cláusula de *bring along*, por outro lado, contém um direito liberatório a favor do atual grupo minoritário dominante, de não sujeitar-se à venda de seu bloco ao terceiro, na medida em que compre a participação dos demais minoritários acordantes pelo mesmo preço ofertado pelo terceiro interessado.

De qualquer forma, a venda a terceiros ou a compra em virtude da cláusula liberatória deve ser realizada pelo preço alcançado junto àquele mesmo terceiro, sendo de nenhum efeito a prefixação do valor dessa venda ou dessa aquisição.

A *ratio* dessa modalidade de acordo recíproco de opção, que se poderia conceber como um *take over* convencional, é a instabilidade intrínseca do comando nas companhias com capital disperso, que formam a quase totalidade das companhias abertas norte-americanas.

Nelas, ao confiarem a um grupo minoritário significativo o encargo de eleger os administradores, os demais grupos de acionistas integrantes do acordo têm a prerrogativa de, no caso de descontentamento com os rumos tomados pela companhia, procurarem um comprador para o grupo de ações dominantes, para adquiri-las.

Tal ocorrendo, esses terceiros passam a integrar o acordo para o efeito de exercerem a opção de compra das ações do grupo minoritário dominante que, uma vez consumado, acarreta a destituição do atual *incumbent board* e *incumbent management*, renovando, dessa forma, o comando da companhia, mediante a eleição de novos administradores.

Por outro lado, essa espécie de acordo de opção recíproca permite que o grupo minoritário dominante, diante do exercício da opção de compra de suas ações, possa torná-la ineficaz na medida em que, pelo mesmo preço ofertado pelos terceiros, adquira a totalidade das ações dos demais minoritários acordantes, mantendo-se, em consequência, o atual comando da companhia.

Essa cláusula liberatória a favor do grupo minoritário dominante acarreta, por sua vez, a liberação do grupo minoritário descontente, que se retira da companhia mediante remuneração compensatória.

Tal modalidade de acordo, como referido, é típica do regime contratualista que domina o direito societário norte-americano, em que os interesses dos acionistas tendem a confundir-se com o interesse social.

Pode-se, por outro lado, dizer que tal negócio visa exatamente ao interesse social, na medida em que o atual grupo minoritário dominante apresenta uma performance negativa ou pelo menos insatisfatória ao eleger uma administração que comanda a companhia de maneira insatisfatória no entendimento dos demais minoritários convenentes.

Pressupõe-se, portanto, que esses blocos de acionistas, ao promoverem as opções recíprocas, estão propugnando um melhor comando para a companhia num primeiro momento (opção de compra por terceiro adquirente das ações do grupo dominante) e, num segundo momento, atendem ao seu interesse individual, ao, alternativamente, venderem suas participações aos primeiros, que, assim, permanecem na companhia, continuando a aceitar o comando dos atuais administradores.

Sua aplicação no regime jurídico brasileiro deve ainda ser testada, no âmbito das companhias com capital disperso (art. 137, II, *b*).

A COMPANHIA COMO PARTE FORMAL EM ACORDOS DE PREFERÊNCIA

Nos acordos de bloqueio em que a sociedade é credora obrigacional na preferência de aquisição de ações do acionista retirante, ou de exercício de opção, torna-se ela parte formal do próprio acordo.

Ainda que, inadvertidamente, não o tenha firmado como parte, mas apenas como interveniente, tem ela interesse patrimonial na avença que lhe outorga direito de preferência em face de terceiros, bem como na aquisição direta das ações do acionista que, no prazo do acordo, desejar retirar-se, ou, ainda, na hipótese de opção de compra.

Não importa a preferência de ordem no exercício do crédito obrigacional, *vis-à-vis* aos demais acionistas. Será a companhia parte formal, em virtude de interesse próprio, ou seja, por vontade negocial que manifestou, tanto nos ajustes de preferência como no de opção de compra, tendo por objeto a aquisição regular de ações que manterá em tesouraria (art. 30, *b*, *c* e *d*).

Tem-se, desse modo, que nos acordos de bloqueio podem figurar como partes não apenas os que são titulares atuais de ações ou títulos conversíveis em ações emitidos pela companhia, mas também os que poderão adquiri-las por força do ajuste de preferência ou de compra. É o caso da companhia que manifesta a vontade de adquirir ações ou títulos conversíveis de sua própria emissão para mantê-los em tesouraria, por meio de acordos de bloqueios.

Será parte a sociedade ao exercer no futuro, em face de convênio, direitos patrimoniais inerentes a essas ações ou títulos conversíveis de sua própria emissão, com as restrições próprias dessa condição provisória, consoante o art. 30.

ACORDO DE ACIONISTAS EM COMPANHIAS FECHADAS

A sociedade anônima fechada, como se sabe, apresenta algumas características estruturais diversas daquelas das companhias abertas, razão por que a Lei n. 6.404, de 1976, veio a estabelecer, para cada qual, regimes jurídicos relativamente distintos.

Na companhia fechada, pontifica como elemento essencial a *affectio societatis*, que se traduz pela fidelidade e confiança recíproca entre os sócios. Seu funcionamento e organização baseiam-se, fundamentalmente, no interesse particular e nos vínculos pessoais e, portanto, subjetivos (sociedades familiares) ou contratuais e, portanto, objetivos (*joint ventures*) entre os sócios. A *affectio*, em última instância, é o próprio fundamento de sua constituição e existência.

Já as sociedades abertas, voltadas para a emissão de títulos junto ao público investidor[974] e por isso mesmo submetidas a uma rigorosa fiscalização e acompanhamento a cargo da Comissão de Valores Mobiliários (CVM), possuem nítido caráter institucional.

Por outro lado, nas sociedades fechadas ressalta-se o caráter contratual, que permite sejam regidas, em parte, por normas derivadas da autonomia da vontade, de molde a disciplinar os interesses privativos dos sócios.

Disso resulta, evidentemente, que, nas companhias fechadas, haja uma relativa liberdade de estipulação, permitindo aos acionistas justa adequação de seus interesses próprios.

E as normas legais que disciplinam sociedade fechada, embora dotando-as de maior flexibilidade, são, muitas vezes, insuficientes para assegurar a proteção e a tutela dos seus acionistas, que, para tanto, procuram discipli-

---

974 *V.* comentários ao art. 4º, § 3º.

nar e ajustar suas relações através do acordo de controle, do acordo de voto (minoritários) e do acordo de bloqueio.

Na prática das companhias fechadas, esses acordos muitas vezes estão inseridos diretamente no estatuto social. A função, a natureza e os efeitos desses convênios constantes no estatuto são quase idênticos às avenças próprias de acordos firmados em instrumento apartado.

Assim, ao contrário do que ocorre nas companhias abertas, dotadas de estrutura mais rígida, submetidas ao controle administrativo e regime sancionatório da CVM e disciplinadas por normas de Ordem Pública, os acordos de acionistas nas sociedades fechadas possibilitam, de forma mais ampla, o equacionamento dos interesses e das relações dos acionistas, uma vez que não estão limitados pelos princípios de tutela do público investidor.

O acordo de acionistas nas companhias fechadas é, pois, instrumento legal e legítimo muitas vezes necessário à adequação dos interesses dos seus acionistas, ao mesmo tempo sociais e individuais, constituindo-se em eficaz meio de exercício de direitos por parte de seus signatários.

É, assim, através do acordo que, nas sociedades fechadas, interesses poderão ser personalizados, assegurando-se aos acionistas a sua permanente participação na gestão social e a manutenção de determinadas normas estatutárias, seja por meio da fixação de critérios de eleição personalíssima de administradores, seja pela exacerbação do princípio majoritário (maioria absoluta), substituindo-o pela exigência de quórum qualificado ou até mesmo de unanimidade em algumas matérias específicas, seja, ainda, através de adoção de procedimentos de fiscalização da gestão social, seja, finalmente, por intermédio de qualquer outra cláusula que não constitua violação de norma legal expressa[975].

NATUREZA JURÍDICA DO ACORDO DE ACIONISTAS

Muito se discute acerca da natureza jurídica dos acordos de acionistas. Há os que entendem tratar-se de sociedade civil, o que não é admissível, não só pelo formalismo desse instituto como também pelo fato

---

975 Quanto, especificamente, à cláusula que tenha por objeto a eleição de administradores, a AC 219.618/1, Americana, j. em 3-2-1994 (col. Nelson Eizirik, *Sociedades anônimas*, cit., p. 70): "Sendo a empresa companhia fechada, é perfeitamente válido acordo de acionistas que indique a forma como serão preenchidos os cargos de administração, desde que tenha sido elaborado quando de sua constituição e arquivado na sede da empresa, com a publicidade do ato".

de não haver, na espécie, qualquer *apport* de capital que justificasse tal qualificação[976].

Outra doutrina — perfeitamente aceitável para os acordos de controle e de voto minoritário — atribui ao acordo a natureza de contrato plurilateral, tendo em vista que o fim perseguido é único e comum, no momento da constituição da avença[977]. Rubio, além de apontar-lhes a natureza plurilateral, inclui os acordos de acionistas entre os contratos de organização econômica[978].

Para outros, o acordo de acionistas não alcança as características de um contrato, sendo ato coletivo e complexo[979].

Ainda, outra escola atribui à avença natureza *sui generis*, na medida em que seria uma associação com elementos atípicos muito especiais, porém próximos daqueles da sociedade[980].

E, ainda, há o entendimento de que os acordos de acionistas são *contratos parassociais* ligados ao contrato principal de sociedade por um vínculo de acessoriedade[981].

E, finalmente, entende-se que poderá ser um contrato plurilateral, bilateral ou mesmo unilateral, conforme estejam colocados os interesses dos acionistas no respectivo contrato.

Essas teorias devem ser analisadas sob o enfoque da norma contida no presente art. 118, que nitidamente atribui objetos diversos aos acordos de

---

976 Garrigues-Uría, *Comentario*, cit., v. 1, p. 665.

977 Ascarelli, *Rivista*, cit., p. 256 e s.

978 Rubio, *Manual*, cit., p. 353.

979 Weiller apud Garrigues-Uría, *Comentario*, cit., v. 1, p. 666.

980 Pedrol, *La anónima actual*, cit., p. 39 e s.

981 Oppo apud Garrigues-Uría, *Comentario*, cit., p. 666. Na jurisprudência, alguns precedentes adotam tal entendimento: Apelação Cível n. 587.015.116, Porto Alegre, j. em 27-5-1987: "O Acordo de Acionistas é um instrumento contratual, parassocial, que deve ser arquivado na sede da companhia (...)" (col. Nelson Eizirik, *Sociedades anônimas*, cit., p. 2); Apelação Cível n. 161.344-1, São Paulo, j. em 28-8-1992: "...é de assentar-se que os acordos de sócios configuram *collateral agreement*, convenções paralelas, de modo a vigorar uma coligação entre as normas societárias e os pactos parassociais. Permanecem as convenções entre os sócios *a latere* do contrato da sociedade, malgrado terem existência independente (...). Presente a Lei n. 6.404/76, conclui-se ter ocorrido a recepção dos pactos parassociais em nosso direito positivo como negócios autônomos, ainda que interdependentes, com dupla objetividade: regular o direito de voto e a compra e venda de ações, ou preferência para a respectiva aquisição" (col. Nelson Eizirik, *Sociedades anônimas*, cit., p. 34).

acionistas. De um lado, os acordos de controle, de outro, o de voto dos minoritários e, finalmente, o de bloqueio.

Esses diferentes objetos levam à distinção sobre a natureza de cada um dos três. Em primeiro lugar, os acordos de controle e também os acordos de voto dos minoritários têm caráter plurilateral, em face da confluência de sufrágios para a realização de determinado fim comum: o exercício do controle ou o exercício dos direitos dos minoritários, respectivamente.

Não obstante essa característica comum (plurilateralidade), os acordos de controle não se confundem com os de voto dos minoritários, no que respeita às partes.

Como referido, nos acordos de controle a companhia é parte substancial da avença, na medida em que é titular do interesse envolvido, consubstanciado no exercício do controle comum a cargo da comunhão. Repita-se a lição de Santoro-Passarelli, a respeito: "Em contraposição às partes que intervêm na conclusão do negócio e que se chamam partes em sentido formal, as que o são relativamente aos efeitos dizem-se partes em sentido substancial"[982].

Na realidade, o conceito de parte não diz respeito unicamente àquele que manifestou formalmente sua vontade no negócio, mas relaciona-se basicamente com o titular do interesse envolvido. É o caso típico do interesse da companhia na execução do acordo de controle. A sociedade está vinculada ao acordo de controle tanto quanto as partes que formalmente o instituíram e subscreveram.

Isso porque o negócio jurídico do acordo de controle produz efeitos perante as partes que nele são titulares do interesse envolvido. Diga-se mais, a companhia, nos acordos de controle, é credora da obrigação da comunhão de controlá-la de acordo com o interesse social e no estrito cumprimento de seu dever fiduciário[983].

Por outro lado, a companhia também tem obrigações de fazer prevalecer junto aos órgãos sociais a vontade majoritária da comunhão, na forma e para os efeitos dos §§ 8º e 9º.

Assim, a sociedade é credora e devedora de obrigações no âmbito do acordo de controle, por força dos preceitos legais acima referidos e do que sobre o seu regular exercício consta da respectiva avença. Daí se conclui que os acordos de controle não são contratos parassociais, mas sim sociais, na

---

982 Francesco Santoro-Passarelli, *Teoria*, cit., p. 198.

983 Parágrafo único do art. 116 da Lei n. 6.404, de 1976.

medida em que o vínculo entre os pactuantes e a companhia produz um interesse substancial com respeito a esta última.

OS ACORDOS DE CONTROLE SÃO SOCIAIS

Como referido, o acordo de controle, diferentemente do acordo de voto dos minoritários (parassocial), é um contrato social, na medida em que a companhia é parte substancial dele.

Visa o acordo de controle a implementar o negócio primordial da companhia, ou seja, a realização do seu objeto social. Os efeitos do pacto de controle penetram na esfera da companhia influindo decisivamente na consecução dos seus fins.

Para isso, o acordo de controle preestabelece o exercício da atividade social de forma permanente, elegendo a maioria dos seus administradores e vinculando-os às deliberações prévias da comunhão nas matérias relevantes e extraordinárias nele consubstanciadas. Assim, a função do acordo de controle é a de harmonizar as vontades dos seus signatários na consecução do interesse social.

Daí os vínculos estabelecidos nos §§ 8º e 9º deste artigo que impedem a prevalência dos interesses individuais dos membros da comunhão de controle que conflitem ou se sobreponham aos da própria companhia.

O acordo de controle não é, pois, acessório do pacto societário estabelecido em seus estatutos, pois existe unidade permanente entre a sociedade e a comunhão de controle na implementação dos fins sociais e na preservação do interesse social.

Tem, com efeito, os acordos de controle a função de implementar o próprio estatuto social, na medida em que a comunhão de controle constitui um órgão da própria sociedade, que permanentemente a dirige no plano da efetivação dos objetivos sociais (*policy maker*).

Essa unidade intrínseca é da gênese do pacto de controle, na medida em que a própria sociedade tem sua sorte ligada à comunhão, a quem cabe estabelecer a perfeita consonância entre os interesses próprios do exercício coletivo do controle e aqueles da companhia, mantendo uma conduta harmônica, unitária, regular, estável e permanente, mediante o exercício do dever fiduciário que cabe à comunhão (parágrafo único do art. 116).

Temos, assim, que os acordos de controle são plurilaterais, pois confluentes os interesses dos seus signatários. São os acordos de controle sociais (e não parassociais), na medida em que são, outrossim, necessários e suficientes para a consecução do objeto da companhia.

OS ACORDOS DE VOTO (MINORITÁRIOS) SÃO PARASSOCIAIS

O acordo de voto (minoritários) é tipicamente um contrato parassocial, ao regular o exercício dos direitos dos minoritários de (i) fiscalizar a gestão social, (ii) eleger seus representantes em minoria nos órgãos da companhia e ainda (iii) aglutinar votos minoritários para eleger, por maioria simples, os administradores que comandarão as companhias com ações dispersas (*incumbent board* e *incumbent management*) (art. 137, II, *b*).

Trata-se de pacto acessório à implementação de direitos legais (eleição de representantes nos órgãos sociais) e estatutários. Embora o exercício desses direitos previstos no acordo de voto se deem diretamente na esfera da companhia, não influem decisivamente na consecução dos seus fins.

Dessa forma, diferentemente do acordo de controle, no qual a companhia é parte substancial, embora não o seja formalmente, tem os acordos de voto, como função precípua e única implementar a favor dos minoritários determinadas normas legais e cláusulas do próprio estatuto social.

Assim, o acordo de voto (minoritários) é acessório ao pacto societário e se refere a determinadas cláusulas do estatuto e não à lei interna da companhia como um todo. Diferentemente, portanto, do acordo de controle, que tem a função de implementar permanente, sistemática e organicamente o interesse social e os objetivos estatutários.

Por outro lado, o acordo de voto (minoritários), embora acessório e, portanto, tipicamente parassocial, deve manter perfeita consonância entre os interesses pessoais dos pactuantes e aqueles da companhia, não somente quanto às suas cláusulas como à própria conduta leal dos seus signatários no curso da vigência dele (art. 115). Assim, não pode haver oponibilidade dos direitos individuais dos sócios, consubstanciados no acordo de voto (minoritários), aos direitos sociais.

Temos, assim, que os acordos de voto (minoritários) são contratos plurilaterais, pois coincidentes os interesses das partes; parassociais, pois seus efeitos se produzem na esfera da companhia e fundamentam-se na *affectio* entre os seus signatários e na lealdade perante a sociedade. São, ainda, instrumentalmente acessórios da lei interna da sociedade, visando a implementar o exercício de direitos minoritários, observado sempre o interesse social (§ 2º).

OS ACORDOS DE CONTROLE VINCULAM AS SOCIEDADES CONTROLADAS

Os acordos visando ao exercício do poder de controle, como contratos sociais que são, produzem seus efeitos não apenas no âmbito da companhia controladora, mas, necessariamente, na esfera das companhias controladas[984].

Todas elas — controladora e controladas — são partes substanciais do acordo de controle. É indiscutível que os acordos de controle firmados no âmbito das sociedades controladoras têm plena eficácia sobre suas controladas.

Seria ineficaz o pacto de controle se pudesse ser entendido como restrito à própria controladora.

Aplica-se no caso o regime do *pass through* do direito norte-americano, ao tratar dos acordos de votação em bloco (*pooling agreements*).

Isso porque a finalidade dos acordos objetivando o exercício do poder de controle é: 1) eleger a maioria dos administradores das controladas; 2) determinar os votos de controle nas assembleias gerais nas controladas; e, ainda, 3) o direcionamento nas controladas das deliberações dos administradores vinculados indiretamente ao acordo celebrado na esfera da controladora, sobre matérias relevantes ou extraordinárias estabelecidas naquela avença.

Basta, para tanto, que o acordo firmado na controladora seja arquivado junto às suas controladas, podendo ocorrer essa averbação a qualquer tempo.

NATUREZA JURÍDICA DOS ACORDOS DE BLOQUEIO — CONTRATO UNILATERAL

A natureza jurídica do pacto de bloqueio é diversa daqueles de controle e de voto (minoritários), pois no primeiro prepondera a unilateralidade das relações negociais.

Há na celebração do pacto de bloqueio dois centros de interesses e uma só obrigação — a do devedor da obrigação[985]. Sujeito o seu aperfeiçoamento à manifestação unilateral de vontade do credor obrigacional, tem por objeto a compra e venda de ações e de títulos conversíveis em ações, de emissão da companhia, e o direito de preferência na aquisição desses mesmos valores.

---

984 Acórdão da 4ª Câmara Cível do Tribunal de Justiça do Estado de São Paulo, na Apelação Cível n. 161.344-1/9, relator o digno Desembargador Ney de Mello Almada, j. em 26-11-1992.

985 Caio Mário da Silva Pereira, *Instituições de direito civil*, Rio de Janeiro, Forense, 1966, v. 3, p. 45 e s.

Nele fica evidente o contraste entre os interesses daqueles que querem sair da companhia (vendedor e ofertante) e daqueles que desejam adquirir os respectivos títulos, preferencialmente ou por contrato de opção (ofertados).

Os acordos de bloqueio não têm como função implementar cláusulas do estatuto social, como ocorre com os acordos de controle. Ainda que a alteração da propriedade das ações possa determinar a mudança dos titulares do poder de controle – o que para a companhia é juridicamente essencial – essa alteração não modifica a estrutura societária, embora, de fato, possa afetar substancialmente a sua governança.

A acessoriedade do acordo de bloqueio se configura pelo requisito da existência da companhia e da prevalência de cláusulas compatíveis com a espécie e classe das ações que é objeto dela.

Temos, assim, que os pactos de bloqueio são de natureza unilateral clássica, dependendo sua validade e eficácia da existência da companhia e de artigos estatutários compatíveis, residindo aí a sua acessoriedade. Não são tais acordos de bloqueio, no entanto, parassociais, pois os interesses das partes são contrastantes, resolvendo-se a avença pela cláusula resolutiva implícita.

Por outro lado, quanto às partes, em sentido formal, os acordos de bloqueio podem abranger a própria companhia, como referido, na medida em que ela tenha preferência de ordem na aquisição de ações ou títulos conversíveis em ações de sua emissão, tanto nos casos de venda a terceiro (direito de preferência) como na compra (opção), tendo ela, em ambas as hipóteses, fundos para sua aquisição (art. 30).

Assim, como referido, diferentemente dos acordos de controle, em que a companhia é parte no sentido substancial, nos acordos de bloqueio a sociedade será parte em sentido formal quando for credora obrigacional no negócio de preempção e de compra, ainda que, inadvertidamente, não haja subscrito o respectivo instrumento como tal, mas apenas como interveniente anuente.

FUNÇÕES DO ACORDO DE ACIONISTAS

Os acordos de acionistas, no que se refere às convenções de controle e às de voto (minoritários), constituem um sucedâneo do absenteísmo dos acionistas[986].

Asseguram estabilidade à administração da companhia (acordo de controle) e, por outro lado, permitem aos sócios minoritários (acordo de voto),

---

986 Jaeger, *Inchieste*, cit., p. 656.

mediante a aglutinação de suas ações, fazer sentir a sua opinião nas decisões societárias[987] e eleger seus representantes em minoria nos Conselhos de Administração e Fiscal (arts. 141 e 161 da Lei Societária[988], ou, ainda, aglutinar votos para a eleição, por maioria simples, dos administradores que comandarão as companhias com capital disperso (*incumbent board* e *incumbent management*) (art. 137, II, *b*).

Comparado às *holdings*, as vantagens do acordo de acionistas são reconhecidas. Isso porque, ao constituírem uma sociedade de participação, os acionistas trocam suas ações da companhia que controlam ou de que participam por ações da própria *holding*, deixando, assim, de ser acionistas da companhia operacional. A perda da propriedade direta das ações daquela companhia operacional é irretratável, pois a substituição de ações próprias por aquelas de emissão da *holding* tem caráter definitivo[989].

Por outro lado, o acordo de controle e os acordos de voto (minoritários) têm por objeto matérias específicas, não abrangendo todos os assuntos próprios da assembleia geral, como é o caso dos votos de verdade (aprovação das contas dos administradores).

Já nas *holdings,* o acionista perde inteiramente o poder decisório na companhia operacional, mesmo porque já não possui as próprias ações que foram trocadas pelas da *holding.* Submetem-se, portanto, em todas as decisões, ao comando dos órgãos da *holding*, sem nenhuma possibilidade de revogação desses poderes.

Por tudo isso, a *holding* exige de seus participantes muito mais do que estes estão dispostos a lhe dar[990].

REQUISITO DE LICITUDE DO ACORDO

Indaga-se quanto ao conteúdo dos acordos de acionistas e não apenas com referência à sua forma.

Em princípio, qualquer acordo de acionistas que não seja ilícito quanto ao seu objeto e obedeça às prescrições de registro e publicidade determinadas na lei, é válido e eficaz perante a companhia e terceiros.

---

987 Jaeger, *Inchieste*, cit., p. 656.

988 V. comentários aos arts. 141 e 161.

989 Pedrol, *La anónima actual*, cit., p. 4 e s.

990 Pedrol, *La anónima actual*, cit., p. 5.

O primeiro critério para estabelecer a licitude ou não da avença é verificar se é útil ou danosa ao interesse social[991 e 992]. Reitere-se, no entanto, que a sociedade se vincula à sua observância naquilo que especificamente trata do exercício do controle, do exercício do voto dos minoritários ou do exercício de preferência ou direito de compra e venda, inclusive as avenças de compra e venda em bloco (*tag along*, *drag along*).

Isto posto, não está a companhia vinculada a nenhuma outra cláusula contratual além daquelas cabíveis nas três modalidades nominadas no presente art. 118.

Não obstante, nada impede, como reiterado, que o acordo de acionistas abranja outras matérias estranhas ao controle, ao voto dos minoritários e à compra e venda de ações.

É o caso dos contratos de investimentos que, com largo espectro, tratam de inúmeros assuntos além daqueles que vinculam a companhia. Curioso notar que em tais contratos muitas vezes as cláusulas próprias de um acordo de acionistas estão dispersas em meio às demais. Essa prática não impede que se identifiquem as cláusulas típicas de um acordo de acionistas, susceptíveis de ser exercidas no âmbito da companhia.

REQUISITO DE LEALDADE E DE FIDELIDADE

Nos acordos de acionistas, tendo por objeto o exercício do controle e aquele do direito de voto dos minoritários, há que ressaltar o seu caráter pessoal, ainda que celebrados entre pessoas jurídicas.

Trata-se, com efeito, tanto o acordo de controle como o de voto dos minoritários, de um negócio jurídico fundado em relações de duração, que demandam o estrito cumprimento dos princípios de lealdade e de fidelidade.

Na conduta dos convenentes haverá a observância do princípio de boa-fé quanto às cláusulas do pacto. Prevalece o caráter ativo e positivo da boa-fé, representado pela lealdade e convicção da existência do próprio direito. A boa-fé será inequívoca e constante, em todos os atos e negócios societários em que os pactuantes do controle e do voto minoritário intervenham.

Nesse passo confundem-se boa-fé e equidade, no sentido de fidelidade,

---

991 Conforme orientação doutrinária e jurisprudencial francesa, a que se referiu anteriormente.

992 § 2º do art. 118 da Lei n. 6.404, de 1976.

confiança e sinceridade dos pactuantes, uns perante os outros e em face do interesse social[993].

Ademais, devendo operar no âmbito das companhias, deve o acordo preencher o requisito da *affectio*. Deste decorre a possibilidade de dissolução judicial ou arbitral da avença, ao verificar-se que o acordo, em vez de cumprir o seu objetivo, ou seja, de harmonizar o exercício do direito de controle ou, então, de aglutinar o exercício do voto dos minoritários, traz a discórdia e a desarmonia entre os pactuantes, com reflexos danosos à condução dos negócios sociais.

A dissolução judicial ou arbitral, assim, será aceita no caso de abuso de direito por parte de alguns pactuantes, em detrimento dos demais ou da própria companhia em que o acordo de controle diretamente opera os seus efeitos. Será o caso, v. g., de má conduta por parte de administrador[994], eleito pela comunhão de controle ou em decorrência do acordo de voto dos minoritários.

Em todos esses casos, de quebra da *affectio* ou de má conduta ou dissídio ainda que de boa-fé nos acordos de controle e de voto minoritário, cabe, como referido, o pedido judicial ou arbitral de dissolução, eventualmente precedido de medidas de antecipação de tutela ou cautelares cabíveis, que possam suspender, desde logo, sua eficácia ou seus efeitos, havendo *fumus* e *periculum*[995 e 996].

A infidelidade e a má conduta do administrador eleito pela comunhão de controle (art. 158) são motivos veementes de pedido de dissolução judicial ou arbitral do acordo.

Por outro lado, há acordos de controle e também de voto minoritário em que se opera a sucessão das pessoas pactuantes, e que, delongando-se demasiadamente, estabelecem conflitos de orientação dos negócios sociais ou dos interesses das partes; querendo algumas vender as suas participações e outras, permanecer. Nesse caso será possível o pedido judicial ou arbitral de liberação da avença para o efeito de poder o pactuante interessado alienar suas ações.

---

993 Windscheid, *Diritto delle Pandette*, v. 1, p. 638 e s.

994 Art. 158 da Lei Societária.

995 Nesse sentido a 4ª Câmara Civil do Tribunal de Justiça de São Paulo, no Agravo de Instrumento n. 128.957-1, São Paulo, que declara os acordos de acionistas somente sujeitos a extinção por vontade das partes, sem discordância, ou por via judicial.

996 A respeito da impossibilidade de terceiros, inclusive o Estado, via decreto de chefe do Poder Executivo Estadual, extinguir acordo de acionistas, *v.* precedente do STJ, no julgamento do RMS 18.769/PR, Rel. Min. Eliana Calmon, j. em 2-12-2004.

Tanto o acordo visando ao exercício do controle como aquele do exercício de voto dos minoritários criam pactos com interesses confluentes para cuja consecução colaboram todos os signatários. Neles prevalece sempre a natureza de negócio plurilateral, ainda que subsidiariamente possam apresentar, instrumentalmente, aspectos de bilateralidade e de unilateralidade.

E, sendo plurilaterais essas avenças, ensejam a todo o tempo de vigência a sua dissolução judicial ou arbitral, como reiterado, na medida em que não pode aprisionar os pactuantes, além do momento em que se configura a quebra da *affectio* ou se verificam quaisquer das modalidades de abuso de direito por qualquer dos pactuantes, inclusive nos casos de deslealdade ou má conduta de administradores eleitos pelo acordo, ou ocorrendo outras formas de infringência do princípio da boa-fé no âmbito da própria administração ou da assembleia geral.

MODALIDADES DE ILICITUDE

A primeira modalidade de ilicitude será a do comércio de voto. Esse ilícito pode manifestar-se de diversas formas. Uma delas é a de delegar a outros convenentes o voto nas assembleias gerais, sem que, no próprio acordo, tenham sido especificadas as matérias e as diretrizes respectivas. São os acordos inespecíficos quanto às matérias que são objeto deles.

A outra forma de ilicitude será a convenção através da qual se obriga o acionista minoritário (acordo de voto) ou controlador a votar conforme vontade dos administradores da companhia ou, então, de pessoas estranhas a ela[997 e 998].

Desse modo, será ilícito o acordo que viole normas de lei, do estatuto social, os bons costumes e os princípios gerais de direito[999]. Nesse quadro incluem-se os acordos de voto cujas cláusulas caracterizem abuso de direito dos minoritários no seu exercício[1000] e abuso e desvio de poder dos controladores[1001], no que respeita aos interesses dos minoritários (*fraud on the mi-*

---

997 Arts. 115 e 117 da Lei n. 6.404, de 1976.

998 Conforme expressa tipificação do direito societário alemão — art. 136 da lei de 1965, já citada anteriormente.

999 Halperin, *Sociedades anónimas*, cit., p. 636.

1000 Art. 115 da Lei n. 6.404, de 1976.

1001 Art. 117 da Lei n. 6.404, de 1976.

nority) e ao interesse social[1002], em infringência, portanto, do dever fiduciário que lhes cabe[1003].

O interesse social, na espécie, é entendido *lato sensu*, ou seja, aquele próprio da companhia e também o interesse da coletividade dos acionistas. Também se incluem os interesses individuais ou de classes desses mesmos acionistas[1004].

Em todas as hipóteses em que o acordo de controle ou o acordo de voto (minoritários) ferir tais interesses, será nulo, por ser ilícito o seu conteúdo[1005].

INVALIDADE E INEFICÁCIA EM RAZÃO DE OBJETO INDEFINIDO OU AUSÊNCIA DE DIRETRIZ — AS CLÁUSULAS VAZIAS

Além da ilicitude, os acordos de acionistas poderão também ser inválidos e ineficazes pela impossibilidade de seu objeto.

A validade e a eficácia ou não dos acordos de acionistas seguem as mesmas regras cabíveis nos contratos de conteúdo patrimonial celebrados entre pessoas de direito privado.

Em suma, a nulidade ou a invalidade de tais avenças poderá derivar do fato de serem elas impossíveis, ou da ilicitude da causa das obrigações contraídas, ou, ainda, da indeterminação das prestações exigidas dos pactuantes e dos administradores que os representam[1006], além de violação das normas próprias da Lei Societária e demais regras aplicáveis à espécie[1007].

Entre os motivos de nulidade acima enunciados ressalta-se, com efeito, o da inespecificidade do acordo quanto às matérias ou quanto às diretrizes dos votos, seja ele acordo de controle ou acordo de voto dos minoritários: — as *cláusulas vazias*.

É indispensável que haja determinação das matérias que serão objeto do acordo de controle e do acordo de voto dos minoritários. Não pode a avença ser universal, pois isso representaria uma delegação de voto plena, sem um objetivo claro que pudesse ser cotejado com o interesse social.

Os acordos de controle que contêm cláusulas vazias são inválidos e ineficazes quanto à vinculação de votos dos seus participantes ou dos adminis-

---

1002 Art. 118, § 2º, da Lei n. 6.404, de 1976.

1003 Art. 116, parágrafo único, da Lei n. 6.404, de 1976.

1004 Jaeger, *Inchieste*, cit., p. 670 e s.

1005 Art. 118, § 2º, da Lei n. 6.404, de 1976.

1006 Art. 118, §§ 8º e 9º, da Lei n. 6.404, de 1976.

1007 Jaeger, *Inchieste*, cit., p. 671.

tradores vinculados[1008]. Assim, os administradores eleitos pela comunhão de controle estarão sempre liberados para votar com absoluta independência se o acordo não expressar, exaustivamente, as matérias relevantes ou extraordinárias que os vinculam.

Insista-se que deve, necessariamente, o acordo de controle conter, *numerus clausus*, as matérias de natureza relevante ou extraordinária que poderão, a cada evento futuro, vincular os administradores, mesmo que sejam elas de natureza anual ou plurianual, como é o caso dos planos de investimentos.

Assim, a inespecificidade das matérias torna inválido e ineficaz o acordo, seja com respeito aos próprios signatários, seja quanto aos administradores eleitos pela comunhão de controle.

ACORDO SOMENTE PODE OBJETIVAR DECLARAÇÃO DE VONTADE E NÃO DE VERDADE

O voto, dependendo do objeto, é uma declaração de verdade ou de vontade[1009]. Será o voto um *ato de vontade* na medida em que o acionista deva deliberar sobre a matéria institucional da companhia. Constituirá um *ato de verdade* quando o objeto do voto tem em vista aprovar a gestão dos componentes dos órgãos diretivos da companhia.

Isto posto, os acordos de controle ou aqueles de voto dos minoritários somente poderão ter por objeto *declaração de vontade*, ou seja, deliberações referentes, por exemplo, à alteração estatutária, inclusive aumento de capital, eleição e destituição de administradores, ou fusão, cisão, integração em grupo de sociedades ou qualquer outra matéria de caráter institucional ou de política de investimentos da companhia.

Jamais os acordos de controle e aqueles de voto dos minoritários poderão ter por objeto *ato de verdade,* ou seja, aprovação ou a desaprovação de relatório e contas da administração ou balanço e demonstrações de contas ou mesmo a ratificação de atos de natureza legal, como, v. g., o dividendo obrigatório declarado pelos órgãos da administração[1010] etc. Nesses casos, haveria típica ilicitude, representada pela convenção de controle ou de voto dos minoritários a favor ou contra os atos de administração da companhia.

1008 Art. 118, §§ 8º e 9º, da Lei n. 6.404, de 1976.

1009 *V.* comentários ao art. 110.

1010 Art. 202 da Lei n. 6.404, de 1976.

Será, em consequência, nulo o voto dado sobre essas matérias, desde que se originem de acordo de controle ou de voto dos minoritários. A nulidade, na espécie, é formal, independentemente, portanto, da prova de favorecimento ou de dano.

DESTITUIÇÃO DE ADMINISTRADORES ELEITOS POR ACORDO DE ACIONISTAS

Os administradores eleitos em virtude de avença de controle ou de voto dos minoritários são demissíveis pela assembleia geral ou pelo conselho da administração[1011], na medida em que sua atuação não corresponda aos deveres de diligência, probidade ou lealdade que lhes cabiam cumprir[1012]. Não será necessário para essa destituição que tenha ocorrido dolo ou culpa, bastando a mera inaptidão objetiva para o exercício do cargo, consoante os critérios enunciados na Lei Societária[1013].

Essa destituição é da competência da comunhão de controle, ainda que os administradores tenham sido eleitos por indicação dos minoritários em cumprimento do respectivo acordo de voto.

Por sua vez, a substituição do destituído, mesmo se houver arguição de gestão lesiva[1014], far-se-á respeitando o acordo respectivo[1015]. Caberá ao grupo minoritário apontar o substituto que será empossado no lugar do demitido. A comunhão de controle não poderá negar o seu voto, na hipótese. Mesmo quando houver responsabilização do administrador destituído[1016], mantém-se o direito dos convenentes minoritários de indicar seu substituto.

1011 Art. 143 da Lei n. 6.404, de 1976.

1012 Arts. 153 a 157 da Lei n. 6.404, de 1976.

1013 Art. 153 da Lei n. 6.404, de 1976.

1014 Art. 159 da Lei n. 6.404, de 1976.

1015 A jurisprudência tem atribuído plena eficácia às cláusulas de eleições e substituições de conselheiros, desde que observadas as formalidades legais. *Vide*, a propósito, recente decisão do TJRS, que manteve a antecipação da tutela deferida pelo juiz, para impedir deliberações sobre a composição dos órgãos de administração em inobservância do disposto no acordo de acionistas (AI 70.001.191.741, Rel. Des. Fernando Henning Jr., j. em 7-11-2000). No mesmo sentido o recente julgamento do TJSP (AI 345.278.4-9/00, j. em 19-5-2004), impedindo a realização de assembleia que tivesse como ordem do dia a substituição de conselheiros de administração até que fosse definida a correta interpretação do acordo de acionistas, nesse particular.

1016 Art. 159 da Lei n. 6.404, de 1976.

PRAZO DOS ACORDOS DE CONTROLE E DE VOTO

Em face da natureza plurilateral dos acordos de controle e dos de voto (minoritários), neles não prevalece o princípio da rescindibilidade, mas sim o da dissolução, como referido.

Assim, se decorrido o termo ou o prazo consignado (§ 6º), o acordo de controle ou o de voto (minoritário) extingue-se *ipso facto*. Se, porém, a avença for por prazo indeterminado, sua dissolução será sempre motivada, inclusive pela quebra da *affectio* ou deslealdade.

Mesmo que se prevejam no pacto hipóteses de dissolução, não se opera automaticamente esta, na medida em que, não havendo consenso na dissolução por distrato, deverá ocorrer sempre a dissolução judicial ou arbitral[1017].

Não se aplica, portanto, aos pactos de controle e àqueles de voto (minoritários) por prazo indeterminado a denúncia pura e simples, sob o fundamento de não mais interessar prossegui-los.

Não há, pois, nesses contratos, tipicamente plurilaterais, a possibilidade de extinguir-se por resilição unilateral. A denúncia dependerá de justa causa, ou seja, a quebra da *affectio*, ou pelo dissídio de vontades das partes ou ainda pela interpretação conflitante das cláusulas relevantes do pacto, e qualquer outra que configure materialmente a desavença, ou ainda por deslealdade em face dos pactuantes e do interesse social (§ 2º). Essa a dicção jurisprudencial, ou seja, de que a denúncia só pode dar-se por motivo justo[1018].

Essas características típicas do acordo de controle e daquele de voto (minoritários) não impedem, no entanto, que seja neles expressamente prevista a denúncia imotivada, mediante aviso prévio ou mero decurso de determinados prazos ou de termo ou ainda do término das etapas de implantação do empreendimento empresarial assumidas pela companhia.

Fora dessas hipóteses, a quebra da *affectio* e a deslealdade, surgidas a todo e qualquer tempo, serão a *causa* da dissolução requerida. A impossibilidade, portanto, de denúncia unilateral imotivada nos acordos de controle e nos de voto (minoritários) não pode levar à eternização desses pactos.

1017 *V.* comentários ao art. 109, § 3º.

1018 A propósito, Celso Barbi Filho, *Acordo de acionistas*, Belo Horizonte, Del Rey, 1993, p. 191 e s. Ainda, Arnoldo Wald, *Revista de Direito Mercantil*, 81:13; Darcy Bessone, *RF*, 300:123 e s.; Leães, *RF*, 297:161 e s.

Art. 118

EFICÁCIA ENTRE AS PARTES, A SOCIEDADE E TERCEIROS

Para os acionistas contratantes, a eficácia do acordo de acionistas nas suas três modalidades (controle, voto minoritário e de bloqueio) segue as regras do contrato particular de caráter plurilateral (acordos de controle e de voto) e unilateral (de bloqueio).

Perante a sociedade e terceiros, somente será eficaz o acordo depois de arquivado um exemplar de seu inteiro teor na sede social. A averbação far--se-á no livro próprio: registro de ações nominativas[1019]. No caso de ações escriturais, caberá à instituição encarregada proceder às anotações devidas nos seus livros e no extrato da conta corrente fornecido ao acionista (art. 40), podendo adotar o sistema de código[1020].

As averbações farão simples referência ao respectivo acordo, à sua data e ao objeto específico: se patrimonial (compra e venda de ações ou preferência), se de controle, ou se de voto minoritário.

Arquivado o exemplar do acordo e efetuadas as averbações, será o pacto oponível à companhia e a terceiros, que não poderão alegar ignorância.

Os procedimentos registrários de remessa do exemplar do acordo à companhia não foram previstos na lei. Caberá aos convenentes promover esse depósito na sede social, sem outra formalidade que não a de recibo de entrega.

Por medida de prudência, no entanto, poderão remeter o instrumento por via extrajudicial certificada (v. g., notificações por Cartório de Títulos e Documentos), ou ainda por correio eletrônico, que constitui prova material do envio.

1019 Reconhecendo tal exigência, o AI 2004.002.07499, Rel. Des. Bernardo Moreira Garcez Neto, da 10ª Câm. Cív. do TJRJ, j. em 8-6-2004.

1020 TJRS, AC 587.015.116-Porto Alegre, j. em 27-5-1987 (col. Nelson Eizirik, *Sociedades anônimas*, cit., p. 2): "O art. 118 da Lei das Sociedades Anônimas prevê a obrigatoriedade do que no acordo se contém, com força vinculante não apenas para os acionistas, como extensiva também a terceiros, desde que, em relação a estes, tenha ocorrido averbação nos livros do registro e no certificado de ações e, com relação àqueles acionistas, ser arquivado na sede da empresa".

STJ, REsp 1-SP, j. em 12-9-1989 (col. Nelson Eizirik, *Sociedades anônimas*, cit., p. 195): "Os acordos (que nos vieram do direito norte-americano e são conhecidos como *votting truste*), por excelência, só poderão ser observados pela companhia e oponíveis a terceiros quando levados ao seu conhecimento e averbados nos livros próprios (Lei n. 6.404/76, art. 118, §§ 1º-5º); ou reconhecidos e ratificados pela assembleia geral, desde que não causem prejuízo à sociedade".

SEÇÃO VI
REPRESENTAÇÃO DE ACIONISTA RESIDENTE OU DOMICILIADO NO EXTERIOR

Art. 119. *O acionista residente ou domiciliado no exterior deverá manter, no País, representante com poderes para receber citação em ações contra ele, propostas com fundamento nos preceitos desta lei.*

Parágrafo único. O exercício, no Brasil, de qualquer dos direitos de acionista, confere ao mandatário ou representante legal qualidade para receber citação judicial.

LEI DE 1940 — VIGENTE ART. 67

O Capítulo VIII do Decreto-Lei n. 2.627, de 1940, que permanece em vigor, contém dispositivo (art. 67) que prevê a obrigatoriedade de as *companhias estrangeiras autorizadas a funcionar no Brasil* manterem representantes com todos os poderes para receber citação e responder pelos atos praticados pela filial aqui estabelecida. Esse texto legal assim preceitua: "As sociedades anônimas estrangeiras, autorizadas a funcionar, são obrigadas a ter, permanentemente, representante no Brasil, com plenos poderes para tratar de quaisquer questões e resolvê-las definitivamente, podendo ser demandado e receber citação inicial pela sociedade. Parágrafo único. Só depois de arquivado no Registro do Comércio o instrumento de sua nomeação, poderá o representante entrar em relação com terceiros".

Verifica-se, portanto, que o Decreto-Lei n. 2.627, de 1940, não regulava as hipóteses de serem tais empresas acionistas de companhias brasileiras. E tampouco previa a hipótese de citação de pessoas físicas residentes e domiciliadas no exterior e de serem estas legalmente representadas para efeitos judiciais no Brasil.

Essa omissão fazia com que acionistas do exterior fossem citados por via rogatória, o que, na prática, tornava quase impossível ou, quando menos, dificílima a efetivação da medida[1021].

1021 Sobre a matéria, TJPR, 17ª Câm., AC 388167-2, Rel. Des. Vicente Del Prete Misurelli, j. em 26-3-2008. In Lazzareschi, ob. cit., p. 290.

LEI N. 6.404, DE 1976, E LEI N. 10.303, DE 2001

A Lei n. 6.404, de 1976 veio preencher lacuna, ao instituir mandato legal de acionista residente ou domiciliado no exterior, para o efeito de sua citação.

Dispõe o § 2º do art. 146, com a redação dada pela Lei n. 10.303, de 2001, que o *conselheiro residente no exterior* deverá constituir procurador residente no País, com poderes para receber citação. O *prazo de validade* dessa procuração deverá estender-se por, no mínimo, *três anos* após o término do prazo de gestão do conselheiro, contados do fim do seu mandato. Esse prazo de três anos, previsto no § 2º do art. 146, visa a estabelecer coincidência com o *prazo de prescrição* de três anos constante do art. 287, II, *b*, para a propositura de ações de responsabilidade civil contra o administrador por conta de sua gestão[1022].

Trata-se de medida salutar para proteger os interesses da companhia e de seus acionistas diante da gestão do administrador residente no exterior. Assim, a Lei n. 10.303, de 2001, estabelece a coincidência entre o prazo de mandato do procurador do conselheiro residente no exterior e o de prescrição e não mais a coincidência do prazo de mandato do conselheiro e da procuração. O defeito da norma anterior sobre a matéria tornava inexequível a citação na pessoa do procurador após o término do mandato do conselheiro por atos praticados durante a sua gestão. Trata-se, portanto, da correção de um dispositivo defeituoso que, em muitos casos, impossibilitava a efetiva responsabilização de conselheiro residente no exterior[1023].

TANTO CONTROLADOR COMO MINORITÁRIO

Não prevalece, diante do texto legal, a alusão constante na Exposição de Motivos de 1976 sobre "companhia brasileira controlada por acionistas residentes ou domiciliados no exterior".

Essa referência é meramente exemplificativa, já que a presunção legal de representação, na espécie, abrange tanto o controlador (art. 116) como o acionista minoritário, pessoa física ou jurídica, residente ou domiciliado no exterior.

1022 *V.* comentários ao art. 287.

1023 Sobre a matéria de citação, TJRJ, 12ª Câm., AC 2000.001.19929, Rel. Des. Wellington Jones Paiva, j. em 6-3-2001; EJTRJ 5/199; TJSP, 4ª Câm., Agr. Instr. 593690-4/3-00, Rel. Des. Enio Zuliani, j. em 30-10-2008; Decisão do Juízo do Setor de Precatórias de São Paulo, Capital, nos autos n. 48567/2000. In Lazzareschi, ob. cit., p. 290 e s.

CONCEITO LEGAL DE CONTROLE EXERCIDO NO EXTERIOR

O Decreto-Lei n. 1.598, de 26 de dezembro de 1977, que trata da cobrança do Imposto de Renda das pessoas jurídicas, continha, em seu art. 61, § 1º, *a*, definição legal abrangendo o controle gerado do exterior, *in verbis*: "§ 1º Para os efeitos deste artigo considera-se: *a*) acionista controlador a pessoa física ou grupo de pessoas físicas residentes no País e a *pessoa física ou jurídica residente ou domiciliada no exterior* que *diretamente* ou *através de sociedade ou sociedades sob seu controle* seja titular de direitos de sócios que lhe assegurem, de modo permanente, a maioria de votos nas deliberações da assembleia geral e o poder de eleger a maioria dos administradores da companhia". Posteriormente, o Decreto-Lei n. 2.065, de 26 de outubro de 1983, em seu art. 20, VI, deu nova redação ao aludido art. 61 do Decreto-Lei n. 1.598/77, suprimindo a referência ao controle exercido no exterior, nos seguintes termos: "Art. 61. Se a pessoa ligada for sócio controlador da pessoa jurídica, presumir-se-á distribuição disfarçada de lucros ainda que os negócios de que tratam os itens I a VII do art. 60 sejam realizados com a pessoa ligada por intermédio de outrem, ou com sociedade na qual a pessoa ligada tenha, direta ou indiretamente, interesse. Parágrafo único. Para os efeitos deste artigo, sócio ou acionista controlador é a pessoa física ou jurídica que diretamente, ou através de sociedade ou sociedades sob seu controle, seja titular de direitos de sócio que lhe assegurem, de modo permanente, a maioria de votos nas deliberações da sociedade".

O Decreto n. 3.000, de 26 de março de 1999 (Regulamento do Imposto de Renda), em consonância com a nova redação do art. 61, em seu art. 466, ao disciplinar a distribuição disfarçada de lucros, não fez qualquer referência a acionista controlador residente no exterior.

Conclui-se, do texto legal acima transcrito, que o acionista poderá controlar a companhia diretamente do exterior ou, *indiretamente*, através de sociedade de participação (*holding*) que constituir ou de que participar no Brasil.

RESIDÊNCIA E DOMICÍLIO

Uma vez que a lei fala em residência e domicílio para caracterizar o acionista do exterior, cumpre lembrar aqui a diferença entre os dois conceitos.

Residência é o lugar onde a pessoa mora habitualmente com a intenção de permanecer, ainda quando se afaste temporariamente. *Domicílio* é o lugar onde a pessoa estabelece o principal centro de sua atividade. Podem, pois, domicílio e residência confundir-se ou estarem dissociados[1024].

Em se tratando de acionista pessoa jurídica, prevalece o conceito de domicílio, que, conforme o caso, será a sede social ou o local onde se encontra o seu principal estabelecimento empresarial.

ALCANCE DO PRECEITO

A lei exige que o acionista domiciliado no exterior mantenha representante com poderes para receber citação. Se ele não cumprir o preceito, seja por não outorgar poderes expressos, seja por inexistência de qualquer representação formal, o simples exercício de quaisquer dos direitos de acionistas, de caráter político (voto) ou patrimonial (dividendo), confere qualidade à respectiva pessoa para receber a citação.

Não será necessário que a pessoa possua representação escrita para o exercício de qualquer ato social, como, v. g., procuração para comparecer à assembleia geral. Basta que exerça de fato, mesmo como gestor de negócio[1025], qualquer ato próprio do acionista, como, p. ex., subscrição de capital.

Portanto, com ou sem autorização, com mandato expresso ou tácito, com poderes gerais ou específicos, toda pessoa que praticar, em nome do acionista do exterior, qualquer ato societário tem qualidade para receber citação judicial contra o mesmo.

Na hipótese, também se incluem os administradores da sociedade de participação (*holding*) de que participe acionista do exterior.

MANDATO LEGAL

Trata-se, portanto, de mandato legal, uma vez que instituído pela lei, que outorga poder para receber citação judicial.

O mandato legal, na espécie, como geralmente ocorre, é instituído por uma necessidade de ordem pública, representada pela eficácia judicial de responsabilização do acionista do exterior por abuso de direito de voto (art. 115) ou por abuso ou desvio de poder no exercício do controle da companhia (art. 117).

1024 Orlando Gomes, *Introdução ao direito civil*, Rio de Janeiro, Forense, 1965, p. 154 e s.

1025 Art. 861 do Código Civil e o revogado art. 163 do Código Comercial.

EXCEÇÃO AO PRINCÍPIO GERAL

O mandato legal representa, na espécie, exceção ao princípio geral de que a ação deve ser proposta no domicílio do réu.

Constitui exceção, ainda, ao princípio geralmente aceito de que a citação feita no País somente é possível quando a Justiça brasileira for competente para conhecer da ação.

É também exceção ao princípio de que não se pode obrigar alguém a instituir mandatário judicial, notadamente para receber citação. Isso porque as leis processuais preveem todas as formas possíveis de atingir o citando, inclusive por carta rogatória dirigida à autoridade judiciária competente, para cumprir o ato processual de citação do acionista do exterior[1026].

Daí o mandato legal ora instituído restringir-se às citações referentes a ações propostas com fundamento unicamente nos preceitos da Lei Societária.

Seção VII
SUSPENSÃO DO EXERCÍCIO DE DIREITOS

Art. 120. A assembleia geral poderá suspender o exercício dos direitos do acionista que deixar de cumprir obrigação imposta pela lei ou pelo estatuto, cessando a suspensão logo que cumprida a obrigação.

LEI DE 1940

O art. 85 do Decreto-Lei n. 2.627, de 1940, dispunha: "A sociedade, por deliberação da assembleia geral, suspenderá o exercício dos direitos que a lei ou os estatutos conferem aos acionistas, sempre que este deixar de cumprir obrigações impostas pela lei ou pelos estatutos, *ou de executar medida de interesse coletivo*. A suspensão decairá logo que o acionista cumpra a obrigação *ou execute a medida*".

Tratava-se de preceito mais amplo, na medida em que admitia três hipóteses de suspensão: infringência de dispositivo legal ou estatutário e, ainda, descumprimento de medida de interesse coletivo.

1026 Arts. 200 e s. do Código de Processo Civil.

Consequentemente, o antigo Diploma de 1940 determinava, quanto a esta última hipótese, a subsistência da punição até que o acionista executasse a medida.

LEI N. 6.404, DE 1976

A Lei n. 6.404, de 1976, reproduz o preceito, eliminando, porém, a possibilidade de suspensão dos direitos do acionista fundada em inexecução de medida de interesse coletivo.

A supressão desta última hipótese deveu-se principalmente à estrutura das relações entre acionistas e destes com a companhia que a Lei de 1976 estabeleceu.

O Diploma de 1976 afastou o princípio *majoritário* e o de *igualdade de direitos e responsabilidades* dos acionistas. Dividiu o colégio acionário entre controladores e minoritários. Aos primeiros atribui o comando autárquico da companhia (art. 116) e, consequentemente, a prática dos atos e medidas tendentes à execução do objeto social e à consecução dos fins societários. Aos demais sócios não determina a execução de medida alguma, ao contrário, portanto, da antiga Lei de 1940, que formalmente possibilitava a qualquer acionista exercer o comando social.

Tendo em vista essa nítida separação entre acionistas controladores e não controladores, a lei vigente de 1976 teve que abandonar esse mandamento de execução de *medida de interesse coletivo*, para adotar outros mais consentâneos com os diferentes papéis dos sócios.

Assim, nos capítulos da conduta e das responsabilidades, criaram-se, para os acionistas não controladores, as figuras de antijuridicidade do abuso de direito e do conflito de interesses (art. 115) e, para os controladores (art. 116), as figuras do exercício abusivo do poder, do desvio de poder e também do conflito de interesses (art. 117).

SUSPENSÃO APENAS HAVENDO CONFLITO DE INTERESSES

Somente quando ocorre o conflito formal de interesses entre o acionista e a companhia é que a assembleia geral poderá suspender o exercício do direito de voto[1027 e 1028].

1027 *V.* comentários ao art. 109.

1028 *V.* comentários ao art. 115.

Nas demais hipóteses de antijuridicidade — abuso de direito e abuso e desvio de poder —, a responsabilidade do acionista será apurada judicialmente ou mediante arbitragem, não tendo a assembleia prerrogativa para liminarmente suspender direitos dos acionistas, como tem, v. g., no tocante aos administradores (art. 159).

Delimita melhor a Lei n. 6.404, de 1976, os poderes da assembleia geral, que, na antiga Lei de 1940, possuía uma esfera de discricionariedade por demais ampla, em virtude da fluida hipótese de "inexecução de medida de interesse coletivo".

Grande dissídio doutrinário formou-se, entre nós, sobre a matéria, sobretudo a partir de momentosa questão judicial no foro paulistano. Muito se discutiu sobre o alcance desse preceito e, consequentemente, sobre os limites de sua aplicação pela assembleia geral[1029].

ORIGEM DO DISPOSITIVO

A regra legal no antigo Diploma de 1940, em que prevaleciam os princípios majoritário e de igualdade de direitos e de responsabilidades, tinha como principal finalidade proteger a maioria acionária contra os abusos da minoria. Dava, por conseguinte, armas à assembleia geral para, majoritariamente, resguardar a companhia contra a conduta do minoritário lesiva ao interesse social[1030].

Esse instrumento de defesa foi inserido no art. 115 pela Lei n. 10.303/2001, que, embora trate da conduta do acionista em geral, visa efetivamente a configurar o abuso de direito do acionista não controlador. Isso porque a conduta lesiva dos controladores é tratada em outro dispositivo (art. 117).

ALCANCE RESTRITO DA NORMA

Há efetiva restrição da aplicabilidade da norma ora comentada, comparativamente ao alcance do art. 85 do antigo Diploma de 1940.

No Direito vigente, a suspensão só poderá ser imposta se direta, clara e especificamente o acionista deixar de cumprir obrigação legal ou estatutária.

1029 O dissídio é largamente retratado por Cunha Peixoto, *Sociedades por ações*, cit., v. 2, p. 376 e s.

1030 Cunha Peixoto, *Sociedades por ações*, cit., v. 2, p. 375 e 383.

Trata-se, pois, de um vínculo jurídico expresso no diploma legal ou na lei interna da companhia, em virtude do qual o acionista tem, perante a sociedade, determinadas obrigações de dar, fazer ou não fazer[1031].

SUSPENSÃO DO EXERCÍCIO DE DIREITOS É OBJETIVA E ESPECÍFICA

A lei fala em suspensão do exercício do direito do acionista e não em suspensão de determinados direitos ligados à ação.

Daí surge a questão de saber se a supressão atinge o acionista em todos os seus direitos ou em apenas alguns deles.

Evidentemente que a interpretação há de ser restritiva. A assembleia geral deve declarar quais os direitos que serão suspensos, não podendo fazê-lo genericamente.

Ademais, a suspensão do exercício dos direitos é objetiva, ligando-se diretamente com as ações possuídas.

O melhor exemplo dessa objetividade encontra-se na questão das ações em mora (arts. 106 e 108). A suspensão do exercício dos direitos, neste caso, atinge apenas as ações em atraso[1032].

Se o acionista inadimplente possui outras ações da companhia, já integralizadas ou cuja integralização se encontra em dia, não pode a suspensão abranger essas ações.

Assim, a sanção deliberada pela assembleia geral não alcança subjetivamente o acionista, mas apenas as suas ações em atraso. O acionista permanece no pleno exercício dos seus direitos patrimoniais e pessoais, inclusive de fiscalização e de ação, que lhe advêm da titularidade das demais ações não atingidas pela mora.

SERÁ SUSPENSO O EXERCÍCIO DOS DIREITOS INDERROGÁVEIS

A suspensão imposta pela assembleia geral poderá atingir todos os direitos assegurados ao acionista pela lei ou pelo estatuto.

1031 Sobre a matéria, AC do TJSC, 1ª Câm., AC 35.123, Rel. Des. Francisco Oliveira Filho, j. em 13-8-1991; TJSP, 5ª Câm., Agr. Instr. 545458-4/9-00-SP, Rel. Des. Carlos Giarusso Santos, j. em 7-5-2008; TJSP, 8ª Câm., Agr. Instr. 361.591.4/4-00, Rel. Des. Joaquim Garcia, j. em 15-6-2005. In Lazzareschi, p. 292 e s.

1032 V. comentários ao art. 106.

Neles se incluem os direitos essenciais (art. 109), bem como os próprios dos minoritários ou de classe[1033 e 1034].

A suspensão poderá, assim, atingir o direito de voto (art. 112) e o próprio direito de comparecimento às assembleias (art. 125), o de recebimento de dividendos e de bonificações (arts. 109, 201 e 205), o de preferência na subscrição de novas ações e valores mobiliários de emissão da companhia (arts. 170 e 171) e também o exercício do direito de recesso (art. 45). Não poderá ser suspenso o direito de fiscalizar a gestão dos negócios sociais e o de utilizar os meios, processos ou ações que a lei confere aos acionistas para assegurar os seus direitos (art. 109)[1035].

Os direitos individuais, da minoria e de classe são, com efeito, os susceptíveis de suspensão[1036], uma vez que os direitos modificáveis pela assembleia geral, como, v. g., os de valor de capital, forma societária, reorganização estrutural (fusão, incorporação e cisão), de participação em grupos societários etc., absolutamente não se coadunam com a hipótese de suspensão de direitos, uma vez que se ligam diretamente ao interesse societário, cuja modificação ou preservação é atribuída aos controladores.

Seria ilógico pretender restringir a suspensão a esses direitos modificáveis, pois isso tornaria o preceito inócuo e inaplicável.

CABE À ASSEMBLEIA DECLARAR OS DIREITOS SUSPENSOS

Não admite a lei hipótese em que os direitos pudessem ser automaticamente suspensos[1037].

Em qualquer caso, é necessário que a assembleia geral justificada e expressamente declare a suspensão dos direitos.

Deve mais a assembleia geral declarar especificamente quais os direitos cujo exercício será suspenso, não podendo fazê-lo genericamente. Não pode

---

1033 V. comentários ao art. 109.

1034 Na lei anterior, havia dissidência quanto a poder ou não atingir a suspensão os direitos essenciais ou somente os direitos alteráveis. Pela abrangência dos primeiros, Valverde, *Sociedades por ações*, cit., v. 2, p. 75; Cunha Peixoto, *Sociedades por ações*, cit., v. 2, p. 383. Contrariamente, Waldemar Ferreira, *Tratado*, cit., v. 4, p. 337; Gudesteu Pires, *Manual*, cit., p. 195.

1035 V. comentários aos arts. 109 e 137.

1036 V. comentários ao art. 109.

1037 V. comentários ao art. 106. Algumas legislações admitem a suspensão automática no caso de mora na integralização.

declarar, v. g., que fica suspenso o exercício dos direitos políticos ou, então, dos patrimoniais.

Dentro da mesma especificidade que se exige na outorga de poderes no mandato, também deverá a assembleia geral pormenorizadamente apontar as prerrogativas suspensas. Deve o conclave declarar que fica suspenso o exercício dos direitos de voto, de comparecimento à assembleia ou, então, o dos patrimoniais de subscrição preferencial, de recebimento de dividendo etc. Se, por exemplo, a assembleia geral vier a suspender o exercício do direito de voto e não mencionar expressamente a suspensão do direito de comparecimento à assembleia (art. 125), poderá o acionista exercer plenamente essa prerrogativa (*Debattrecht*).

Dá-se, assim, no caso, exatamente o inverso do que ocorre no mandato. Neste, os atos que não forem expressamente nomeados não poderão ser exercitados pelo mandatário. Na suspensão do exercício de direitos do acionista, aqueles que não forem expressamente suspensos pela assembleia geral poderão ser exercidos, sem qualquer limitação.

Tampouco se pode alegar o vínculo dos direitos de que decorreria a suspensão, v. g., do direito de comparecimento na assembleia geral (*Debattrecht*) como decorrência da suspensão do exercício do direito de voto.

Tal critério extensivo não prevalecerá, sendo nulos os atos dos administradores ou da mesa da assembleia geral que decorrerem dessa eventual interpretação exorbitante dos limites da suspensão do exercício de direitos do acionista.

A SUSPENSÃO ABRANGE TODOS OS ACIONISTAS NA MESMA CONDIÇÃO

Outro princípio de estrita observância é o de que não pode a assembleia geral fundar-se no critério subjetivo para cominar com suspensão a determinados acionistas e não a outros.

A suspensão deve abranger todos os acionistas em idênticas condições. Não pode ser discriminatória, alcançando determinados acionistas inadimplentes e excluindo, por conseguinte, os demais que se encontram na mesma situação irregular.

Se isso ocorrer, a suspensão será nula por representar típico abuso de direito e de poder dos acionistas que assim deliberaram, cabendo a estes responder pelos prejuízos causados àqueles que foram injustamente discriminados (arts. 115 e 117). Cf. art. 5º, *caput*, da Constituição Federal de 1988.

OBRIGAÇÕES DESCUMPRIDAS

Sendo restrito o alcance da pena de suspensão atribuível aos acionistas, desde logo dela se excluem as hipóteses de abuso de direito e de abuso e desvio de poder, que não podem acarretar suspensão *liminar*, já que se trata de matéria probatória que será deslindada em juízo[1038].

Restam, pois, como obrigações passíveis da medida de suspensão pela assembleia geral, *sine ministerio judicis*, as de integralizar as ações de capital subscrito (arts. 106 a 108) e o conflito formal de interesses (arts. 115 e 117).

A primeira inadimplência ensejadora da suspensão liminar é de caráter patrimonial. A segunda é de caráter político (voto), muito embora objetive quase sempre interesses de caráter patrimonial, como, v. g., a conferência de bens (art. 8º).

SUSPENSÃO DECORRENTE DA MORA NA INTEGRALIZAÇÃO

Verificando-se a mora (art. 107), poderá a assembleia geral decretar a suspensão do exercício daqueles direitos que expressamente nomear no próprio conclave. O caráter irretratável da obrigação de integralizar as ações subscritas torna, com efeito, incompatível o exercício dos direitos individuais, minoritários e de classe, do acionista que descumpre essa obrigação.

Uma vez purgada a mora, por qualquer dos meios admitidos em direito, inclusive consignação em juízo ou arrematação em leilão (art. 107), a suspensão cessa.

SUSPENSÃO DECORRENTE DE CONFLITO DE INTERESSES

A lei veda ao acionista que tem conflito formal de interesses com a companhia o exercício do voto nas assembleias gerais sobre a respectiva matéria. Trata-se de conflito formal e não substancial[1039].

Esse conflito é expressamente preceituado, proibindo a lei que o acionista vote sobre os seguintes assuntos: laudo de avaliação de bens com que concorrer para a formação do capital social; deliberações relativas à aprova-

---

1038 Nesse sentido, AI 361.591.4/4, Rel. Des. Joaquim Garcia, da 8ª Câm. Cív. do TJSP, j. em 15-6-2005.

1039 V. comentários ao art. 115.

ção de suas contas como administrador; deliberações que puderem beneficiá--lo de modo particular; e quaisquer deliberações em que ocorrerem outras formas de conflitos de interesses com a companhia.

Em qualquer uma das hipóteses *supra*, cabe à assembleia geral decretar a suspensão do exercício do voto, se não tiver espontaneamente o próprio acionista declarado o impedimento.

A iniciativa dessa declaração da assembleia geral caberá, em primeiro lugar, à mesa dos trabalhos, que submeterá ao conclave a proposta de suspensão do exercício do voto, para o respectivo acionista. A mesa fundamentará sua proposta, descrevendo a matéria formalmente conflitante, com a observação de que o acionista, ao negar-se ou ao omitir-se na declaração de seu próprio impedimento, deixou de cumprir obrigação imposta pela lei.

Essa proposta, outrossim, poderá ser feita por qualquer acionista presente ao conclave, com ou sem direito de voto (art. 125), se a mesa for omissa ou se opuser à medida.

Deve ficar claro que a suspensão do exercício do direito de voto do acionista, na espécie, abrange apenas a matéria ou as matérias sobre as quais tenha conflito formal de interesses. Não pode abranger as demais matérias constantes da ordem do dia.

Ademais, a suspensão, no caso de conflito formal de interesses, somente poderá atingir o exercício do voto e não o direito de opinar sobre a matéria (art. 125), que deverá ser integralmente respeitado. Assim, o comparecimento à assembleia e a livre discussão sobre a ordem do dia, inclusive no tocante ao assunto conflitante, não podem ser suspensos pela assembleia geral, na espécie.

DISPENSA DE INCLUSÃO NA ORDEM DO DIA

Muito se discutiu, na vigência do direito anterior, de 1940, sobre a necessidade ou não da inclusão da matéria de suspensão do exercício de direitos na ordem do dia, para efeito de validade da respectiva deliberação da assembleia geral.

Aqueles que mantinham ponto de vista favorável à inclusão lembravam que "se entre os objetivos da assembleia geral figura o da suspensão de direitos de sócio, necessário tal tema constar da 'ordem do dia', por se tratar de 'medida de resguardo ao direito dos acionistas, livrando-os de surpresas e ensejando-lhes o preparo de sua defesa, quando programadas discussão ou deliberação incidente sobre interesses próprios"[1040].

Ainda que respeitável essa posição[1041], certamente voltava-se ela para o amplo poder discricionário que possuía a assembleia geral, no regime legal revogado, que permitia a suspensão do exercício de direitos do acionista por "deixar de executar medida de interesse coletivo".

Com a supressão dessa válvula de abuso e tendo a lei vigente, de 1976, restringido sobremaneira as hipóteses obrigacionais que poderão ensejar a penalidade, há que se pender para o outro entendimento, qual seja, de que não será necessário incluir na ordem do dia a matéria expressa sobre a suspensão.

Veja-se os casos concretos de mora de integralização (art. 106) e de conflito formal de interesses (arts. 115 e 117). No primeiro, não haverá razão alguma para que prevaleça o princípio de publicação (art. 289), mesmo porque não caberá qualquer defesa do acionista, na espécie, que possa prevalecer na assembleia geral[1042].

Também no que diz respeito ao conflito formal de interesses, não caberia incluir o assunto na ordem do dia. Isso porque se presume que o próprio acionista declarará seu impedimento, no instante de votar a matéria em que tem interesse pessoal, a fim de, inclusive, não provocar a anulação da deliberação que particularmente lhe toca.

Por tudo isso, não tem fundamento, diante da norma vigente, exigir a publicidade prévia da matéria.

DIFERIMENTO DE PRAZO PARA CUMPRIMENTO DA OBRIGAÇÃO

A assembleia geral, em vez de imediatamente decretar a suspensão, poderá fixar prazo para que os acionistas cumpram a obrigação legal ou estatutária. Deverá declarar a assembleia que, decorrido o prazo, os acionistas incorrerão automaticamente na suspensão deliberada.

Evidentemente que, uma vez cumprida a obrigação, como, v. g., a purgação da mora, não prevalecerá para nenhum efeito a cominação decretada na assembleia geral.

1040 Acórdão do 4º Grupo de Câmaras Cíveis, Embargos n. 155.405, 1º Tribunal de Alçada Civil de São Paulo.

1041 Valverde, *Sociedades por ações*, cit., v. 2, p. 76; Cunha Peixoto, *Sociedades por ações*, cit., v. 2, p. 384.

1042 *V.* comentários ao art. 107.

INÍCIO E CESSAÇÃO DA PENALIDADE

A suspensão tem efeito para os acionistas presentes à assembleia geral a partir da própria data de sua realização, inclusive, se for o caso, abrangendo os próprios atos do conclave, como o direito de voto, que pode ser, desde logo, impedido para a hipótese de mora de integralização. Essa suspensão imediata inquestionavelmente ocorrerá em se tratando de conflito formal de interesses sobre matéria constante da ordem do dia.

Para os acionistas ausentes, a suspensão começará a contar da publicação da respectiva ata (art. 289). Essa publicação é necessária e suficiente — sem ela não será eficaz a suspensão[1043].

Uma vez cumprida a obrigação legal ou estatutária, cessa a suspensão de modo automático, independentemente, portanto, de qualquer deliberação, a respeito, da assembleia geral ou dos demais órgãos da companhia.

1043 V. comentários ao art. 289.

CAPÍTULO XI
ASSEMBLEIA GERAL

SEÇÃO I
DISPOSIÇÕES GERAIS

Art. 121. A assembleia geral, convocada e instalada de acordo com a lei e o estatuto, tem poderes para decidir todos os negócios relativos ao objeto da companhia e tomar as resoluções que julgar convenientes à sua defesa e desenvolvimento.

Parágrafo único. Nas companhias abertas, o acionista poderá participar e votar a distância em assembleia geral, nos termos da regulamentação da Comissão de Valores Mobiliários.

• *Parágrafo único acrescentado pela Lei n. 12.431, de 24 de junho de 2011.*

LEI DE 1940

A matéria era objeto, no antigo diploma (Dec.-Lei n. 2.627, de 1940), de dois dispositivos, que tinham o seguinte teor:

"Art. 86. A assembleia geral é a reunião dos acionistas convocada e instalada na forma da lei e dos estatutos, a fim de deliberar sobre a matéria de interesse social.

Art. 87. A assembleia geral tem poderes para resolver todos os negócios relativos ao objeto de exploração da sociedade, para tomar as decisões que julgar convenientes à defesa desta e ao desenvolvimento de suas operações".

Cotejando esses dois dispositivos com a lei vigente, de 1976, verifica-se que, no direito anterior, a assembleia geral era definida. Ademais, falava-se expressamente em interesse social.

LEI N. 6.404, DE 1976

A Lei n. 6.404, de 1976, consolida em um artigo a matéria, acrescentado por força da Lei n. 12.431, de 2011, de um único parágrafo.

Omite o presente dispositivo a definição de assembleia geral, bem como deixa de incluir no texto a expressão *interesse social*. Estabelece, apenas, genericamente, os poderes da assembleia geral.

Apesar de a lei vigente não repetir o requisito de atendimento do interesse social, este fica implícito. A omissão, no entanto, parece ter sido propositada, diante do forte caráter institucionalista que o Diploma de 1976, empresta à sociedade anônima.

Essa supressão significa que as deliberações da assembleia geral deverão atender não apenas ao interesse social, mas também ao interesse público, ao de seus empregados e aos da comunidade em que a companhia atua (art. 116).

Ainda que a assembleia geral não possa tratar de assuntos estranhos aos fins da sociedade, fica evidenciado que se empresta à companhia um papel transcendente. Esta, atendendo primeiro ao interesse social[1], deve, outrossim, voltar-se para a consecução dos fins *empresariais*.

LEI N. 12.431, DE 2011 — ACRÉSCIMO DE UM PARÁGRAFO

A Lei de 2011 trouxe uma inovação importante no que respeita à instalação, realização e registro (ata) da assembleia geral.

Trata-se da presença *on line* do acionista da companhia aberta, com funções múltiplas.

A primeira função é a de combater o absenteísmo dos minoritários, permitindo sua cômoda participação *on line* nas assembleias gerais e especiais da companhia.

A segunda é a de permitir a simultânea participação de acionistas institucionais nas assembleias ordinárias de aprovação de balanço e contas da administração, e que se multiplicam no mês de abril de cada exercício.

---

1   *V.* comentários ao art. 115.

A presença *on line*, nesses casos, enseja uma efetiva participação desses acionistas em todos os conclaves em que tenham posição relevante.

Em ambos os casos (absenteísmo e participação simultânea) há uma efetiva diminuição de custos e meios que, em geral, desestimulam e mesmo impedem a presença do acionista minoritário.

Mas o grande salto, com efeito, é o da participação simultânea em assembleias que se realizam no mesmo dia e na mesma hora, como é o caso das ordinárias.

De qualquer forma, deve ser entendido que não se trata de assembleia *on line*. Trata-se de uma assembleia materialmente realizada na sede social, com todas as formalidades próprias da sua instalação, realização e registro (ata).

O que ocorre é a presença *on line* de determinados acionistas, que participam com os fisicamente presentes de toda a discussão e deliberação objeto da ordem do dia.

E sobre esse tema, a presença *on line* em nada fere o regime do *debattrecht*, próprio das assembleias gerais (e especiais). Com efeito, a participação *on line* permite perfeitamente que os acionistas assim posicionados participem de todas as discussões a respeito das matérias, bem como apresentem suas moções, protestos e votos dissidentes que constarão como anexos na respectiva ata.

Temos, assim, que a presença *on line* não constitui nenhuma diminuição no exercício pleno do direito de participar, debater, protestar e votar fundamentadamente.

Trata-se, a presença *on line*, de uma evolução necessária e compatível com as facilidades de comunicação e as dificuldades de locomoção, próprias de nossa era.

ALTERAÇÃO DO ART. 100 PELA LEI N. 12.431, DE 2011 — ATA DA ASSEMBLEIA

Também por força da reforma da Lei Societária, trazida pela Lei de 2011, o Livro de Atas de que fala o inciso IV do art. 100, poderá ser substituído por registros mecanizados e eletrônicos. Vale dizer: as atas serão eletronicamente produzidas e arquivadas, para todos os efeitos registrários, mediante sistema de certificação cujo regulamento está a cargo da Comissão de Valores Mobiliários.

O sistema facilita enormemente não só a discussão e a aprovação da ata na conclusão dos trabalhos, como também permite o seu permanente acesso, via *internet*, dando, assim, consistência ao regime de transparência, devido pelas companhias abertas.

Também a Lei de 2011 acrescentou um único parágrafo ao art. 127, referente ao livro de Presença dos Acionistas, instituído no inciso V do art. 100.

Agora a lei considera presente em assembleia geral, para todos os fins e efeitos, o acionista participante *on line*, mediante simples registro eletrônico de seu comparecimento. Tudo conforme regulamentação exarada pela Comissão de Valores Mobiliários.

Esse dispositivo (art. 127), a par dos demais (art. 100 e presente parágrafo único) completa os procedimentos que estabelecem o regime presencial *on line*. Insista-se neste ponto. A presença *on line* não descaracteriza o regime do *debattrecht*, podendo mesmo reforçá-lo, na medida em que o acionista à distância tende a consignar suas manifestações, inclusive a fundamentação do seu voto.

ASSEMBLEIAS ESPECIAIS — LEI N. 12.431, DE 2011

Outra questão fundamental surge com a introdução desses dispositivos. A presença *on line* se dará não apenas nas assembleias gerais, como, e, sobretudo, nas especiais.

Isto porque as assembleias especiais são aquelas que mais demandam a participação dos titulares das respectivas ações atingidas. Não haveria nenhum progresso no capítulo da maior participação acionária, se, com efeito, não fosse contemplada a assembleia especial no bojo da regulamentação da Comissão de Valores Mobiliários.

Portanto, deve se entender a referência à assembleia geral que consta dos dispositivos trazidos pela Lei de 2011 em sentido amplo, abrangendo tanto os conclaves ordinários e extraordinários, como os especiais.

LEI N. 10.303, DE 2001

A Lei n. 10.303, de 2001, ao introduzir a reunião prévia dos controladores como instância decisória anterior à realização da assembleia geral, vincula o voto da maioria que será dado no conclave[2].

Os votos dos participantes do controle são dados em bloco na assembleia geral, não tendo qualquer eficácia o voto do controlador dissidente

---

2   *V.* comentários ao art. 118.

nesse conclave, *ex vi* do mesmo art. 118, com redação dada pela Lei n. 10.303, de 2001.

E, por força do § 8º do art. 118, o acordo oponível à sociedade passa a vincular não apenas os acionistas em assembleia geral ou especial, mas também os *administradores* indicados pela comunhão de controle, no que respeita às deliberações relevantes e extraordinárias do órgão de que participem. Fica, assim, desde logo, evidente que os acordos de controle vinculam, *ex vi* desse § 8º, não apenas os membros do Conselho de Administração eleitos pela comunhão, mas também os *diretores* na mesma situação, nas reuniões desse órgão, *quando não tiver a sociedade Conselho de Administração*.

Assim, nas companhias com Conselho de Administração, o acordo de controle vincula os *conselheiros* eleitos pela comunhão. E nas companhias onde não houver Conselho de Administração os *diretores* estarão vinculados ao acordo nas reuniões que esse órgão fizer.

É o que se verifica da redação do referido § 8º do art. 118 quando fala em "presidente da assembleia ou do órgão colegiado de deliberação da companhia". Embora não seja a diretoria um órgão colegiado, exerce também a *função deliberativa*, em reunião regular, além daquela que lhe é mais própria, de representação da companhia (art. 143, § 2º).

Dessa forma, a *diretoria*, na ausência do órgão colegiado próprio (Conselho de Administração), exerce a dupla função de órgão deliberativo e representativo, razão pela qual o acordo de controle alcança o voto dos *diretores* por ele indicados, prolatados em reunião regular (art. 143, § 2º).

Ainda sobre a extensão do acordo de controle, trazida pela Lei n. 10.303, de 2001, os seus efeitos vinculativos ocorrem também nas *assembleias especiais*, além daquelas gerais. Nesse sentido é expresso o § 7º do art. 118.

Com efeito, o acordo de acionistas, na conformidade do *caput* do art. 118 e seus parágrafos, pode ter por objeto o *poder de controle* e não apenas o direito de voto. E, em consequência, como esse *poder de controle* é exercido primeiro nos órgãos da administração da companhia para, depois, exprimir-se na assembleia geral ou especial, estão vinculados, no que respeita a seus votos, os membros do Conselho de Administração eleitos pela convenção e, também, os diretores quanto a seus votos em reunião regular da diretoria (art. 143, § 2º).

E, como referido, o § 6º do art. 118 esclarece dúvidas anteriores ao determinar que o prazo do acordo pode ser fixado em função do *termo* ou *condição resolutiva*.

Note-se ainda que termo ou condição subordinando a vigência do acordo de acionistas equivale a *prazo*. Nessa hipótese, embora não haja prazo *determinado*, existe um prazo de duração *determinável* pela ocorrência de um acontecimento previsto, ou seja, a alteração das participações acionárias das partes convenentes abaixo de certo percentual, a perda do controle etc.

Nesse sentido, a decisão do Tribunal de Justiça do Rio de Janeiro:

"Caracterização do acordo como ajuste com prazo certo, quando seu termo final, embora não expressado em data certa, está vinculado a evento futuro, ou condição suspensiva, qual seja, o desaparecimento do controle acionário dos convenentes"[3].

E, ainda como referido, o § 7º do art. 118 trata da questão do *síndico* no acordo de controle ou de voto minoritário, o qual é um mandatário com poderes para votar. O prazo do mandato outorgado ao *síndico* poderá ser superior a um ano, inclusive igual ao prazo do respectivo acordo de acionistas. Não há mais necessidade da renovação anual do mandato prevista no § 1º do art. 125.

Por sua vez, o § 8º do art. 118 expressamente determina que o presidente da assembleia ou do Conselho de Administração *não poderá computar o voto* proferido em desconformidade com o convencionado no acordo de controle. Trata-se de *norma impositiva* e, portanto, inexcusável o seu cumprimento por parte do presidente da assembleia geral ou especial e pelo presidente do Conselho de Administração ou, então, pelo presidente da reunião da diretoria.

Lembre-se, a propósito, que anteriormente à Lei n. 10.303, de 2001, tal prerrogativa era reconhecida pela doutrina[4].

Essa expressa determinação do § 8º do art. 118, é fundamental para dar *eficácia imediata* ao acordo de controle em cada caso. Os votos contrários à convenção de controle não serão computados, devendo ficar registrados na ata da assembleia do Conselho de Administração ou da diretoria tal decisão e seus fundamentos fáticos.

Isto posto, o § 8º do art. 118 objetiva o mesmo efeito do § 3º daquela mesma norma, qual seja, dar *plena coercibilidade* ao acordo de controle. Temos, assim, que o § 3º demanda o suprimento judicial e o § 8º determina, por autotutela, que o voto contrário não pode ser computado pelo presidente dos trabalhos.

E o § 9º do art. 118 permite a *autoexecução* do acordo por iniciativa da própria comunhão dos controladores, prejudicada com a ausência ou com a abstenção de voto de *acionista* também convenente, na assembleia geral ou especial.

---

3   EI na AC 34.167, j. em 13-11-1985.

4   Cf. relata o autor em *Acordo de acionistas*, cit., p. 245 e s.

Existem, portanto, por força do § 3º e do § 9º do art. 118, duas modalidades de *execução específica*: 1) por via *judicial* ou *arbitral*[5]; ou 2) pela *declaração de vontade da comunhão* nos casos de ausência do acordante ou de sua abstenção de voto na assembleia geral ou especial.

A *declaração substitutiva de voto* prevista no § 9º será feita diretamente pelos representantes da comunhão nas assembleias ou através de conselheiro ou diretor que represente a vontade majoritária do acordo nas reuniões do respectivo órgão onde deverão ser implementados os votos correspondentes ao direcionamento dos convenentes, obtidos também majoritariamente em *reunião prévia*.

E a *execução específica judicial* poderá ser substituída pela *execução específica arbitral estatutária*, prevista no § 3º do art. 109, desde que se trate de voto de acionista convenente e não de voto de administrador eleito pelo acordo. Isso porque o § 3º do art. 109 fala em solução arbitral de conflitos entre acionistas e a companhia, ou entre acionistas controladores e acionistas minoritários.

Assim, a *cláusula compromissória estatutária* vincula apenas a sociedade e aqueles acionistas formalmente compromissados e envolvidos no conflito em torno da execução do acordo de acionistas respectivo. Não obstante, nada impede que o conflito envolvendo os administradores eleitos pelo acordo de controle possa ser dirimido por arbitragem instituída em cláusula compromissória *autônoma*. Somente não alcança os administradores o compromisso arbitral *estatutário* (art. 109, § 3º)[6].

EVOLUÇÃO HISTÓRICA

Na *fase aristocrática* da sociedade anônima, não se conhecia a assembleia geral como instrumento de formação da vontade social. Todo o poder permanecia nas mãos dos fundadores, Casas Reais e grandes acionistas[7].

O caráter oligárquico da companhia, nesse período, era acentuado, sofrendo a sociedade anônima total influência do Estado ou diretamente do rei[8].

---

5   *V.* comentários ao art. 109.

6   *V.* comentários ao art. 109.

7   Garrigues-Uría, *Comentario a la ley de sociedades anónimas*, Madrid, 1976, v. 1, p. 551.

8   Brunetti, *Tratado del derecho de las sociedades*, Buenos Aires, UTHEA, 1960, v. 2, p. 361; Pedrol, *La anónima actual y la sindicación de acciones*, Madrid, Revista de Derecho Privado, 1969, p. 54 e s.

No Brasil, esse período oligárquico, em que a assembleia geral era órgão meramente homologatório, está espelhado claramente no Estatuto do Banco do Brasil, de 1908, que, em seu art. 9º, dispunha: "A assembleia geral do Banco será composta de 40 de seus maiores capitalistas"[9].

O revogado Código Comercial de 1850 não contemplava a figura da assembleia geral. A referência somente ocorreu com o Decreto n. 2.711, de 1860, que passou a conter alguns preceitos sobre a matéria, atendendo, assim, à prática societária, pois as companhias já vinham largamente adotando esse órgão em seus estatutos[10].

O caráter oligárquico, porém, persistiu a ponto de o Decreto n. 434, de 1891, estabelecer, em seu art. 141, que o regime de voto nas assembleias gerais somente seria exercível a partir de um número mínimo de ações, cabendo ao estatuto da companhia dispor a respeito desse *quantum*. Em consequência, a assembleia geral era composta apenas dos grandes detentores do capital[11].

FASE DEMOCRÁTICA

Em decorrência da evolução do pensamento político, as ideias democráticas de divisão de poderes, soberania, controle da legalidade e sufrágio universal que triunfaram definitivamente na Europa, na segunda metade do século XIX, acabaram modificando também a estrutura da organização interna da companhia e o exercício dos direitos dos acionistas.

A assembleia geral passou a ser órgão soberano da companhia, em que prevalecia o princípio majoritário do capital social. E como órgão soberano, ela chegou a ser comparável a uma constituinte permanente, uma vez que lhe cabia decidir sobre a alteração do estatuto social[12].

A sociedade anônima passou a ser organizada à semelhança do Estado, com três órgãos, correspondentes aos três poderes estatais. Um órgão legislativo, representado pela assembleia geral; um órgão executivo, representado pela diretoria, e um órgão fiscalizador, representado pelo Conselho Fiscal[13].

---

9   Cunha Peixoto, *Sociedades por ações*, Saraiva, 1972, v. 3, p. 3.

10 Valverde, *Sociedades por ações*, 2. ed., Forense, 1953, v. 2, p. 80.

11 Valverde, *Sociedades por ações*, cit., v. 2, p. 54.

12 Pedrol, *La anónima actual*, cit., p. 59.

13 Cunha Peixoto, *Sociedades por ações*, cit., v. 3, p. 1.

SUPERAÇÃO DO MITO DA DEMOCRACIA PLENA

A fase atual do instituto da assembleia geral caracteriza-se pela relativa desmistificação da teoria democrática, no seu confronto com a estrutura de comando da companhia.

Com efeito, o princípio democrático adaptado à sociedade anônima, na realidade, consagrava o regime *majoritário*, em virtude do qual os detentores da maioria do capital social assumiam periodicamente o seu comando. Reproduzia-se literalmente o regime político, em que o partido que obtivesse sufrágios majoritários assumia o poder como representante do colégio eleitoral, como um todo.

Ocorre que a transposição dessa estrutura de poder no âmbito da sociedade anônima não mais prevalece, por ter se instalado nela um regime de comando permanente por parte dos controladores, que constituem uma categoria própria, com poderes e deveres próprios, diferentemente dos demais acionistas (arts. 116 e 118). Os controladores se autoelegem, sem qualquer referibilidade ao colégio eleitoral, vale dizer, independentemente dos votos dos acionistas minoritários.

Distante do regime político em que os partidos podem alternar-se no poder, por força da mutação dos votos do eleitorado, nas companhias, tal mobilidade obviamente inexiste, pois o voto se exerce em função do capital possuído e não da pessoa do acionista e, muito menos, em razão dos méritos pessoais de um ou de outro grupo ou de seus respectivos programas de condução e orientação dos negócios da companhia.

Dessa forma, os majoritários absolutos (50% mais uma ação votante) mantêm-se permanentemente no comando da companhia de forma autárquica, e, portanto, autônoma *vis à vis* os minoritários.

Não há a aplicação pura e simples do princípio majoritário. Não obstante, há uma série de procedimentos que permitem aos minoritários fazerem-se representar nos órgãos da companhia, e, portanto, manifestar-se institucionalmente no que respeita à condução da política adotada pelos controladores.

Assim, são garantidas aos minoritários efetivas medidas de controle de legalidade e de participação nos órgãos colegiados da administração (conselho de administração) e de fiscalização (conselho fiscal). Existem também procedimentos que permitem aos minoritários manterem-se informados sobre a efetiva situação patrimonial e operacional da companhia, quando se trata de companhias abertas.

Estabeleceu-se, portanto, uma relativa distância entre a teoria democrática e a prática societária. Há, consequentemente, uma superação do mito da democracia plena na sociedade anônima, em que todos os acionistas reunidos decidiriam os destinos da empresa, fundados no princípio majoritário[14].

UMA NOVA ESCALA EMPRESARIAL

Não bastasse a inadequação do princípio político majoritário ao regime da sociedade anônima, outro fenômeno vem modificar profundamente as relações no seio das companhias, qual seja, o aparecimento de uma nova escala empresarial, a partir do último quartel do século XIX.

Surge a grande empresa com a disseminação de seu capital por milhares de acionistas. Estes são motivados muito mais pelas transações próprias do mercado de valores mobiliários, em termos de rentabilidade e lucro especulativo, do que se reunirem para decidir, todos juntos, sobre os destinos da companhia[15].

Desse fato decorre que, nas grandes companhias com capital disperso, os administradores assumem autonomamente a condução dos negócios sociais, sem necessidade, na prática, de ouvir a massa de acionistas[16], que esperam dos administradores (*incumbent board, incumbent management*) uma *performance* que se traduza em dividendos e valorização das suas ações negociadas em bolsa.

Esse quadro de absoluta liberdade dos administradores no comando das companhias com capital disperso (*management control*) firmou-se e persistiu até 1929, nos Estados Unidos. Devido à falência, no período da grande depressão, do mercado de capitais, passou o Estado a encarregar-se da defesa da economia popular, na área do mercado de valores mobiliários (*securities*).

Cria-se, para tanto, uma série de medidas visando à regulamentação e à proteção dos acionistas e investidores, notadamente pelo sistema de revelação completa dos negócios sociais, tanto nas emissões de valores (prospecto) como durante toda a existência da companhia (*full disclosure*).

Essas medidas de regulamentação do mercado de valores mobiliários, que a partir dos anos 30 se impuseram nos Estados Unidos, de certa forma,

---

14 Garrigues-Uría, *Comentario*, cit., v. 1, p. 552.

15 Pedrol, *La anónima actual*, cit., p. 61 e s.

16 Pedrol, *La anónima actual*, cit., p. 61 e s.

representam uma sobreposição da assembleia geral como órgão eficaz e suficiente de participação acionária.

Com efeito, a complexidade dos negócios, no sistema empresarial moderno, aliada aos múltiplos fatores de natureza técnica e às dificuldades de se obter pessoalmente informações sobre todos os aspectos da atividade da companhia, faz com que a aprovação ou desaprovação do acionista na assembleia geral sobre as matérias administrativas e institucionais, que lhe são submetidas, careçam de fundamento efetivo[17].

Consequentemente, os próprios administradores assumem o comando da companhia, em face do sistema de procurações outorgadas pelos acionistas individuais. Esse *management control* é apoiado pelos grandes acionistas institucionais (fundos) e, em muitos países, pelos bancos. Esse quadro enfraquece, sobremaneira, os poderes da assembleia geral[18].

As deliberações sociais são geradas em outros órgãos da companhia, diretamente ligados à execução da política empresarial, quais sejam, o conselho de administração e a diretoria[19].

ROMPIMENTO DO REGIME MAJORITÁRIO DE CAPITAL

Desaparece a relação de proporcionalidade entre o risco de capital assumido pelo acionista e o exercício do poder na sociedade anônima[20]. A dispersão das ações por uma massa constituída da *coletividade* desorganizada de acionistas rendeiros e especuladores possibilita o exercício do poder, na grande companhia pelos seus administradores (*incumbent board* e *incumbent management*), mantidos por uma *comunidade* de acionistas detentores de um percentual pequeno do capital social — às vezes, de apenas 2% ou 5%.

A escala da grande empresa institui o regime de domínio da assembleia geral pelos acionistas que se organizam para tal fim e não por aqueles que detêm a maior porcentagem de ações representativas de seu capital.

Fundando-se a assembleia geral no princípio majoritário de capital, perde esta, com efeito, sua função soberana na medida em que não mais prevalece a vontade daqueles que, com maior parcela, arriscaram seus investimentos no capital social.

---

17 Pedrol, *La anónima actual*, cit., p. 61.

18 Pedrol, *La anónima actual*, cit., p. 71.

19 *V.* comentários ao art. 118.

20 *V.* comentários ao art. 116.

MOVIMENTO DOUTRINÁRIO EM TORNO DO DECLÍNIO DA ASSEMBLEIA GERAL

A desmistificação do princípio majoritário e o surgimento da nova estrutura de relações entre acionistas, com o predomínio dos sócios dispersos organizados, acarretou um crescente absenteísmo nas assembleias gerais. Tal fenômeno suscitou um amplo movimento doutrinário em prol da revisão do sistema de organização de poderes no seio da sociedade anônima[21].

Partiu-se da constatação de que tais fenômenos reduziram efetivamente a importância prática da assembleia de acionistas, que passou a ter função meramente formal, sem qualquer relevância prática[22].

Contrariamente à habitual configuração da assembleia geral como expressão suprema da vontade social, temos, na realidade, um órgão deliberativo relativamente soberano[23 e 24].

Os acionistas minoritários não costumam estar presentes à assembleia geral, onde nenhuma decisão é, na realidade, originariamente tomada. A assembleia anual das grandes companhias torna-se um exercício sofisticado da ilusão popular[25].

Uma das razões desse declínio da assembleia geral está na referida complexidade da gestão social, que necessita de profissionais competentes e de decisões rápidas, as quais são incompatíveis com a morosidade da instalação e o ritual próprio da assembleia geral. Daí a limitação cada vez maior da competência da assembleia geral e o aumento correspondente dos poderes da administração[26].

Neste ponto, coincidem, portanto, a sociedade anônima tecnocrática e o Estado tecnocrático. E esse crescente deslocamento de poder da assembleia geral para os órgãos da administração resulta em um processo de concentração e de especialização de poderes destes últimos[27].

---

21 Garrigues-Uría, *Comentario*, cit., v. 1, p. 552.

22 Garrigues-Uría, *Comentario*, cit., v. 1, p. 554.

23 *V.* comentários ao art. 118.

24 Pailusseau, *La société anonyme — technique d'organisation de l'entreprise*, Paris, Sirey, 1967, p. 239.

25 Galbraith, *O novo Estado industrial*, p. 93; Champaud, *Le pouvoir de concentration de la société par actions*, Paris, Sirey, 1962, p. 89 e s.

26 Pailusseau, *La société anonyme*, cit., p. 239.

27 Brunetti, *Tratado*, cit., v. 2, p. 360 e s.; Garrigues-Uría, *Comentario*, cit., v. 1, p. 555.

As atribuições dos administradores tornam-se incomparavelmente maiores do que a competência anteriormente ostentada pela assembleia geral.

A assembleia geral, nos países em que ainda a adotam como órgão necessário, reduz-se a um conclave apenas de acionistas controladores (art. 116) que auto-homologam o que decidiram em reunião prévia (art. 118) e, assim, ratificam os atos que praticaram no Conselho de Administração e as medidas tomadas pelos diretores[28].

A assembleia geral retoma, em consequência, os seus contornos iniciais de órgão oligárquico[29], com a importante diferença de que, hoje, o domínio se funda necessariamente na propriedade da maior parcela do capital votante, ou seja, na maior capacidade de aglutinação e de organização para o exercício do poder de controle, notadamente por intermédio de acordo de votação em bloco para o seu exercício (art. 118).

Constatou-se, dessa forma, ter sido ilusório o postulado básico da homogeneidade dos acionistas, fundamentado na transposição do sistema democrático de governo[30].

DECLÍNIO NO DIREITO ESTRANGEIRO

Esse declínio da assembleia geral levou a uma gradativa transformação da estrutura tradicional da sociedade anônima, fundada na separação de atribuições dos seus órgãos e no princípio da soberania da assembleia geral como órgão necessário e fundamental.

A Lei Societária alemã de 1965, em seu art. 119, restringe muito os direitos da assembleia geral, determinando que esta deliberará somente nos casos estabelecidos expressamente em lei, ou no estatuto, não podendo tomar resoluções sobre matérias relativas à gestão social, salvo se a pedido da própria diretoria (*Vorstand*)[31]. Não se prevê, sequer, que tal pedido possa ser feito pelo Conselho de Administração[32].

A lei francesa de 1966, apesar de reafirmar o princípio da soberania da assembleia geral, reduz efetivamente os poderes desta.

Assim, a redução do quórum necessário à sua instalação facilita a atu-

---

28   V. comentários ao art. 118.
29   Garrigues-Uría, *Comentario*, cit., v. 1, p. 555.
30   Champaud, *Le pouvoir*, cit., p. 25 e s.; Pailusseau, *La société anonyme*, cit., p. 47 e s.
31   Arts. 76 a 94 da lei alemã de 1965.
32   Arts. 95 a 117 da lei alemã de 1965.

ação dos acionistas presentes, que podem mais facilmente impor sua vontade[33].

A Lei de 1966 limitou o papel da assembleia geral e acentuou a sua subordinação ao Conselho Supervisor, que efetivamente detém todos os poderes necessários à administração e gestão social[34]. Cabe ao Conselho de Supervisão eleger e também propor a destituição dos membros da diretoria[35]. Além disso, a destituição dos diretores somente poderá ser deliberada pela assembleia geral por justa causa[36].

O sistema francês de cogestão dos empregados na companhia também retira poderes da outrora soberana assembleia geral dos acionistas[37], como também ocorre no Direito alemão[38].

Assim, no regime instituído pela lei francesa de 1966, a assembleia geral conserva grande parte de suas atribuições anteriores, mas sua soberania encontra-se limitada pelas atribuições e poderes dos órgãos da administração[39]. E também a referida participação de trabalhadores na direção da companhia, pelo seu caráter de irrevogabilidade, retira, com efeito, o poder efetivo da assembleia geral.

No direito francês, houve momentos em que a tendência era até de supressão do órgão, como se pode ver na fase de discussão da Lei Societária de 1966[40]. Naquela oportunidade, muito se debateu acerca da possibilidade de suprimir a assembleia geral, substituindo-a pela consulta direta, por correspondência, aos acionistas.

A ideia, certamente inspirada no sistema norte-americano, não vingou pelo fato de que, no direito francês, admitia-se a ação ao portador, além de inexistir àquela época uma agência reguladora do mercado de capitais, pois a *Comission des Opérations de Bourse* somente foi instalada alguns anos após a promulgação da Lei de 1966[41].

---

33 Art. 153 da lei francesa de 1966, que exige apenas 50% das ações na primeira convocação e 1/4, na segunda.

34 Arts. 118 a 152 da lei francesa de 1966.

35 Art. 120 da lei francesa de 1966.

36 Art. 121 da lei francesa de 1966.

37 *Comités d'entreprises — Code du Travail*, arts. 431 e s.; *Interessement et participation des salariés — Code du Travail*, arts. 441 e s.

38 Arts. 95 e 96 da lei alemã de 1965.

39 Ripert-Roblot, *Traité élémentaire de droit commercial*, v. 1, p. 725.

40 Berr, *L'exercice du pouvoir dans les sociétés commerciales*, Paris, Sirey, 1961, p. 208 e s.

41 *Ordonnance* n. 67.833, de 28 de setembro de 1967.

Assim sendo, a legislação francesa apenas admite voto por correspondência nas sociedades limitadas[42].

No *direito norte-americano*, muitas legislações estaduais reconhecem a desnecessidade da assembleia geral. Ademais, em regra, os acionistas não intervêm nos negócios ordinários da companhia. Assim, não deliberam sobre a distribuição de dividendos[43] e não têm poderes para fiscalizar os administradores, limitando-se a sua competência em nomeá-los e destituí-los[44].

Também a Sociedade Anônima Europeia, refletindo a tendência restritiva dos poderes da assembleia geral, estabelece os assuntos sobre os quais é tal órgão competente para deliberar. Dessa forma, com exceção dos assuntos enumerados em dispositivo específico, todo o poder decisório da companhia passará às mãos dos órgãos da administração[45].

VOTO POR CORRESPONDÊNCIA

Adota-se, em diversos Estados norte-americanos, o voto por correspondência. Sua prática é evidentemente facilitada pelo fato de somente haver ações nominativas e pela sedimentada atividade reguladora e fiscalizadora da *Securities and Exchange Comission* sobre tais assuntos[46]. Trata-se da consulta aos sócios sem reunião.

Sua adoção é defendida como forma de poupar tempo e dispêndio que seriam necessários para a realização da assembleia geral. Argumenta-se, ainda, que tal prática representa forma de evolução da democracia moderna, permitindo a um grande número de acionistas participar da vida social. Constitui, pois, segundo seus defensores, meio de luta contra o absenteísmo dos acionistas[47].

Em grande número de Estados[48], a legislação prevê que determinadas

---

42 Decreto de 1967, art. 40 — *La réforme des sociétés commerciales,* Paris, Dalloz, 1966, v. 2, p. 122; Dominique Schmidt, *Les droits de la minorité dans la société anonyme,* Paris, Sirey, 1970, p. 77-81; Ripert-Roblot, *Traité,* cit., v. 1, p. 729.

43 *V.* comentários ao art. 202.

44 Ripert-Roblot, *Traité,* cit., v. 1, p. 744.

45 Art. 83 do Projeto da Sociedade Anônima Europeia.

46 Henn, *Law of corporation,* Saint Paul, West Publishing Co., 1970, p. 369.

47 Henn, *Law of corporation,* cit., p. 369 e s.; *Financial Handbook,* p. 12-26; *Ballantine on Corporations,* p. 390 e s.

48 California, Delaware, Idaho, Kentucky, Louisiana, Massachusetts, Minnesota, Nevada,

matérias de competência da assembleia geral poderão ser tomadas mediante o consentimento por escrito dos acionistas, sem necessidade de instalação do conclave.

Algumas legislações estaduais exigem consentimento de todos os acionistas[49]. Outras, como a de Delaware, permitem deliberações sem assembleia mediante o consentimento não unânime, a não ser que esteja diferentemente previsto no estatuto.

O Estado de New York prevê a unanimidade, mas admite que o estatuto estabeleça menor percentual. O Estado de New Jersey exige unanimidade para determinadas matérias e maioria para outras. E outros, como Flórida, Minnesota, Nevada e Kansas, exigem diferentes percentuais *ratione materiae*, sem realização de assembleia.

A modalidade também é prevista no *Model Business Corporation Act*, art. 145 — *Action by Shareholders without a Meeting,* que, no entanto, exige unanimidade[50].

Ainda que tal prática seja adotada pela legislação de dezesseis Estados americanos, no direito continental, sua aceitação não tem logrado êxito. Notadamente na Europa, sua adoção é entendida como contrária à pretendida unificação e harmonização das legislações dos Estados-Membros do Mercado Comum Europeu. Ademais, não corresponderia à tradição francesa do debate sobre as matérias de interesse coletivo. Daí propugnar-se, como melhor remédio para o absenteísmo, a adoção do regime de informação obrigatória[51].

Outro argumento contrário baseia-se no acúmulo de documentos que tal prática traria para as grandes sociedades, com milhares de acionistas. E, nas companhias pequenas, seria inadequada a sua adoção, uma vez que os acionistas têm mais condições de atuar diretamente na assembleia geral, representando, portanto, o voto por correspondência um formalismo despropositado[52].

New Jersey, New York, Ohio, Oklahoma, Pennsylvania, Tennessee, West Virginia e Maryland.

49 California, Kentucky, Maryland, Massachusetts, Ohio, Oklahoma, Tennessee e West Virginia.

50 *Model Business Corporation Act Annotated*, v. 2, p. 901 e s., e *Supplement,* 1977, p. 757 e s.

51 Dominique Schmidt, *Le droit de la minorité*, cit., p. 79.

52 Dominique Schmidt, *Le droit de la minorité*, cit., p. 81.

A ASSEMBLEIA GERAL COMO FÓRUM DOS INTERESSES DA SOCIEDADE CIVIL

Não obstante todas as razões e fenômenos que levaram ao declínio da assembleia geral, outros fatores vêm ultimamente proporcionando o ressurgimento da instituição.

O grande desenvolvimento da sociedade civil nos países democráticos e o efetivo poder de seus grupos de pressão contra os abusos do poder estatal e econômico, seja nas questões trabalhistas e de distribuição e transferência de renda, seja na preservação do meio ambiente, seja, ainda, na defesa dos interesses das comunidades locais em geral, têm feito das assembleias gerais, notadamente nos Estados Unidos, um fórum institucional de discussão e deliberação da maior importância, inclusive política, no sentido da preservação do sistema capitalista.

A assembleia geral, com efeito, tem servido para promover a integração das companhias nos interesses institucionais no plano comunitário, municipal, estadual e nacional, na medida em que as associações civis e os sindicatos trabalhistas têm, como acionistas, atuado no seio das assembleias para defender os consumidores, o meio ambiente e a transferência justa de renda para os empregados[53].

Na contraposição da maximização do lucro, o sistema de livre empresa tem encontrado na assembleia geral um instrumento a serviço dos interesses da sociedade civil.

Pode-se dizer que há um relativo ressurgimento da assembleia geral, já agora em um plano mais elevado, que foge ao formalismo que a caracterizava no período chamado democrático da sociedade anônima. A assembleia geral pode, assim, tornar-se um contrapeso à hegemonia dos tecnocratas que hoje empolgam a direção das atividades empresariais, a favor dos interesses da comunidade em que atua.

FUNDAMENTO TEÓRICO DA ASSEMBLEIA GERAL

A assembleia geral tem como fundamento formar a vontade do grupo, a partir das vontades individuais[54]. Para tanto, pressupõe uma confrontação de interesses. Não é, portanto, a assembleia geral instru-

---

53   V. comentários ao art. 116.

54   Dominique Schmidt (*Le droit de la minorité*, cit., p. 78 e s.), de quem são as ideias que se desenvolvem em seguida.

mento de mera consulta aos acionistas, como ocorre com o voto por correspondência.

O conclave proporciona teoricamente um conflito de ideias mediante a discussão das matérias promovidas pelos presentes, com possibilidade de surgirem explicações e apreciações do mérito das propostas.

É o instrumento eficaz que tem o acionista de confrontar suas opiniões com a dos demais. É, com efeito, na assembleia geral que pode ocorrer troca de pontos de vista e, assim, a intervenção minoritária. Esta tem seu peso nas decisões, na medida em que, ao arguir as questões propostas, não se considera a sua participação no capital, mas, principalmente, o seu poder de persuasão e a justeza de seus argumentos. Insista-se no aspecto ideal desses fundamentos.

Diferentemente, portanto, do voto por consulta, que isola os acionistas, a deliberação em assembleia geral os reúne para formar a vontade coletiva[55].

DEFINIÇÃO E CARACTERÍSTICAS DA ASSEMBLEIA GERAL

A assembleia geral é a reunião de acionistas na sede da companhia, devidamente convocada e instalada com quórum regulamentar, determinado pelo percentual de ações votantes, para deliberar, por maioria absoluta dos votos presentes, sobre assunto de sua competência[56].

Temos, assim, que é necessário e suficiente, para o comparecimento na assembleia geral, ser acionista (arts. 124 e 126). Não há reunião válida sem prévia convocação (art. 289), que é apenas dispensada se houver acionistas representando a totalidade do capital social (arts. 123 e 124).

A reunião realiza-se em local predeterminado (art. 124). Há diversos procedimentos para a instalação que somente se efetiva se houver quórum mínimo representado pelo capital votante e que varia *ratione materiae* (arts. 125, 127, 135 e 136)[57].

Além do *quórum de instalação*, há também o *quórum de deliberação*, que corresponde à maioria absoluta dos votos presentes ao conclave (art. 129). E, finalmente, há matérias determinadas na lei que são de competência privativa da assembleia geral (arts. 122, 132, 135 e 136)[58].

---

55 *V.* comentários ao art. 118.

56 Garrigues-Uría, *Comentario*, cit., v. 1, p. 555 e s.; J. X. Carvalho de Mendonça, *Tratado de direito comercial brasileiro*, Freitas Bastos, 1946, v. 4, p. 9; Halperin, *Sociedades anónimas*, Buenos Aires, Depalma, 1975, p. 557.

57 *V.* comentários aos arts. 124, 135 e 136.

58 *V.* comentários ao art. 122.

A assembleia geral, em nosso Direito Societário, continua sendo *órgão necessário,* que não pode faltar em nenhuma companhia, nem ser substituído, quanto à sua competência e funções, por qualquer outro[59].

Trata-se, embora formalmente, apenas de órgão supremo[60] e soberano[61] da companhia, uma vez que seu poder não emana nem deriva de nenhum outro órgão.

É evidente que tais atributos, originados de conceitos da Teoria Política, são bastante relativos, notadamente no que respeita à soberania. Isto porque, embora as decisões da assembleia geral sejam irrecorríveis, podem acarretar, em certas hipóteses, dissidência[62], não vinculando, pois, necessariamente, todos os acionistas[63].

Por outro lado, a assembleia geral é um *órgão interno* da companhia, já que não tem poderes de representação. Suas decisões são executadas pela diretoria (art. 144)[64].

Não é a assembleia geral um órgão permanente. Instala-se, ao menos, uma vez por ano e a qualquer tempo, quando excepcionalmente convocada (art. 135)[65].

NATUREZA JURÍDICA DA ASSEMBLEIA GERAL

A assembleia geral é um órgão integrante do regime de organização interna da companhia, estabelecido pela lei, com funções deliberativas e de verificação da legalidade e da legitimidade (abuso, desvio de poder) dos órgãos de administração social[66].

Forma a assembleia geral, com a diretoria, o conselho de administração e o conselho fiscal os órgãos necessários da companhia. O conselho de

---

59 Sem embargo da delegação de competência prevista no art. 59 e da competência alternativa, consoante o estatuto, prevista no art. 168. Garrigues-Uría, *Comentario,* cit., v. 1, p. 560; Brunetti, *Tratado,* cit., v. 2, p. 358.

60 *Vide* art. 698 do Código das Obrigações suíço e AI 347.150-1, Rel. Des. Belizário de Lacerda, 6ª Câm. Cív. do TAMG, j. em 19-12-2001.

61 Como vimos, no direito norte-americano, a assembleia geral assume diferentes características, não estando vinculada à ideia de soberania nem sendo um órgão necessário. As decisões mais importantes são, com efeito, tomadas pelo *board.*

62 Arts. 137, 206, 221, 230, 236, 256, 264, 270 e 298.

63 Halperin, *Sociedades anónimas,* cit., p. 556 e s.

64 Garrigues-Uría, *Comentario,* cit., v. 1, p. 560.

65 *V.* comentários ao art. 135.

66 Valverde, *Sociedades por ações,* cit., v. 2, p. 82; Halperin, *Sociedades anónimas,* cit., p. 557.

administração somente não será obrigatório em companhias fechadas, com regime de capital fixo (art. 138).

Não é a assembleia *mandatária* legal da sociedade, pois não representa a vontade de outra pessoa. Suas deliberações exprimem a vontade da própria companhia[67].

Não tem a assembleia geral, com efeito, qualquer representação, como referido, sendo sua vontade representada pela diretoria. A assembleia geral é, portanto, um órgão da sociedade, definido como o conjunto de pessoas a quem a lei atribui, mediante determinados procedimentos, o encargo de formar a vontade eficaz.

Trata-se de um órgão cuja vontade é oponível diretamente aos demais órgãos sociais e aos acionistas e indiretamente aos terceiros em geral, mediante representação da diretoria.

Constitui, portanto, um órgão corporativo que forma a vontade social pela fusão das vontades individuais[68].

Órgão formado de acionistas, a assembleia geral decide os assuntos sociais, manifestando a vontade da companhia. É, consequentemente, órgão deliberativo e não administrativo. Não lhe cabe representar ou gerir a companhia[69].

DOUTRINA DA ORGANICIDADE

A concepção da assembleia geral como órgão da sociedade anônima fundamenta-se essencialmente na teoria institucionalista de Gierke da sociedade em si (*Person an sich*)[70].

Em uma evidente assimilação das categorias do Direito Público, a teoria da organicidade considera a assembleia geral como *órgão legislativo* e *de controle da legalidade,* tendo, ainda, atribuições de *colégio eleitoral,* com poderes para eleger e destituir membros dos outros órgãos da companhia[71]. Ressalte-se também seu permanente poder constituinte, de alterar o estatuto social[72].

---

67 Halperin, *Sociedades anónimas*, cit., p. 557.

68 Garrigues-Uría, *Comentario*, cit., v. 1, p. 559 e s.

69 Garrigues-Uría, *Comentario*, cit., v. 1, p. 560.

70 *V.* comentários ao art. 115; Maisano, *L'eccesso di potere nelle deliberazioni assembleari di società per azioni*, Milano, Giuffrè, 1968, p. 24; Halperin, *Sociedades anónimas*, cit., p. 30.

71 *V.* comentários ao art. 141.

72 Valverde, *Sociedades por ações*, cit., v. 2, p. 82.

Ainda de acordo com a teoria da organicidade, a assembleia geral seria um ente dotado de personalidade própria constituído de pessoas físicas ou jurídicas que, por disposição da lei, estão autorizadas a manifestar a vontade da companhia e a desenvolver a atividade jurídica necessária à consecução de seus fins[73].

Em consequência, não podem ser responsabilizados os administradores por atos praticados pela assembleia geral, já que fogem ao âmbito de suas funções de representação e de gestão da sociedade. Assim, v. g., a decisão da assembleia de suspensão de exercício de direitos de acionistas (art. 120) será da responsabilidade daqueles que, no conclave, votaram pela medida.

A teoria da organicidade, tipicamente institucionalista, prestou-se a resolver o impasse das alterações estatutárias por maioria, incompatível com a escola contratualista. Tornou-se, assim, admissível a modificação da lei interna da companhia independentemente da aprovação de todos os sócios.

FORMAÇÃO DA VONTADE SOCIAL

A ausência de acionistas até o limite da formação do quórum regimental não é fato relevante. As assembleias não são destinadas a reunir todos os titulares das ações, mas, simplesmente, a deliberar sobre matérias do interesse social[74].

Portanto, a resolução tomada em assembleia será a vontade social, independentemente do número de acionistas que participam na sua instalação regular, ou seja, com o quórum mínimo necessário. Assim, a assembleia geral, regularmente instalada, representa a comunhão dos acionistas[75].

Por outro lado, é necessária a realização da assembleia geral para a formação da vontade coletiva, que pressupõe não apenas uma compilação de votos, mas também a exposição dos diferentes argumentos, opiniões e discussões, representando o conjunto dessas manifestações preambulares a efetiva participação, no conclave, dos diversos acionistas ou dos grupos por eles formados[76].

É, portanto, por meio da deliberação da assembleia geral que se exprime a vontade social. Essa deliberação, de um lado, deve ser considerada como

---

73 Brunetti, *Tratado*, cit., v. 2, p. 355 e s.

74 Dominique Schmidt, *Les droits de la minorité*, cit., p. 75.

75 Dominique Schmidt, *Les droits de la minorité*, cit., p. 75.

76 Dominique Schmidt, *Les droits de la minorité*, cit., p. 82 e s.

uma manifestação unilateral de vontade, já que representa justamente a vontade de um único sujeito — a companhia. Por outro lado, a deliberação resulta do concurso de diversas vontades manifestadas pelo voto[77].

PRINCÍPIO MAJORITÁRIO

O interesse coletivo ou comum dos sócios deve prevalecer sobre os seus interesses individuais, ainda que eles representem a maioria. O prevalecimento dos interesses egoísticos majoritários encontra seu antídoto nas figuras do abuso e desvio de poder dos controladores (art. 117)[78]. E a conturbação da assembleia geral pelos minoritários votos não prevalecentes será cominada como abuso de direito (art. 115)[79].

A minoria está submetida à decisão tomada pelos controladores, na presunção de que estes exercem sua vontade no interesse social (art. 116, parágrafo único).

Essa submissão não representa um princípio absoluto e indiscutível[80], mas, sim, relativo e anulável, na medida em que não pode o voto dos controladores prevalecer contrariamente ao interesse social, mediante abuso e desvio de poder (art. 117). A instituição de um poder majoritário permanente na assembleia geral não implica um poder arbitrário, fora de qualquer limite, verificação e fiscalização. É simplesmente o poder de dirimir conflitos de opiniões, conforme o interesse coletivo e social.

Assim, o poder de controle deve, em princípio, ser acatado. Porém, a não conformidade dessa decisão com o interesse coletivo e social pode ser arguida. É por isso que a intervenção da minoria no conclave, em vez de representar contestação ao princípio majoritário, completa-o e o legitima[81 e 82].

E a verificação dessa legitimidade visa a impedir que a maioria faça uso indevido de seu poder permanente de controle. Nesse passo, a proteção da minoria leva à defesa da própria sociedade[83].

---

77 Ascarelli, *Problemas das sociedades anônimas e direito comparado*, São Paulo, Saraiva, 1945, p. 375 e s.

78 *V.* comentários ao art. 117.

79 *V.* comentários ao art. 115.

80 Dominique Schmidt, *Les droits de la minorité*, cit., p. 1.

81 *V.* comentários ao art. 118.

82 Dominique Schmidt, *Les droits de la minorité*, cit., p. 16.

83 Brunetti, *Tratado*, cit., v. 2, p. 364; Hemard et al., *Sociétés commerciales*, Paris, Dalloz, 1974, v. 1, p. 327 e s.; Ripert-Roblot, *Traité*, cit., v. 1, p. 725.

MAIORIA POLÍTICA NA ASSEMBLEIA GERAL

Entende-se por maioria política, na assembleia geral, o acionista ou grupo de acionistas detentores de um número de ações votantes majoritária para a condução das decisões ali tomadas (art. 118).

A configuração da maioria (art. 116) e da minoria somente pode ser verificada na própria assembleia geral, inclusive pela verificação do cumprimento do acordo de acionistas pelo presidente da mesa (art. 118).

Os poderes da assembleia geral não são absolutos e, portanto, ilimitados. As decisões nela tomadas devem relacionar-se com o objeto da companhia. Devem, outrossim, visar ao interesse social, ou seja, ser convenientes à preservação e ao desenvolvimento da companhia. Tem, assim, a assembleia geral poderes limitados pela lei, pela ordem pública e pelos bons costumes (art. 2º) como qualquer ato jurídico[84 e 85].

Não pode a assembleia geral derrogar, desconhecer ou obstruir o exercício dos direitos inderrogáveis dos acionistas individuais e dos minoritários (art. 109)[86 e 87].

Tampouco pode a assembleia geral, nesse contexto, praticar atos gratuitos ou de mera liberalidade, ou estranhos ao objeto e aos fins sociais (art. 2º)[88].

VALIDADE DA ASSEMBLEIA GERAL

O primeiro requisito da validade da assembleia geral é que tenha sido convocada (art. 289) e instalada de acordo com as normas legais e estatutárias. Sem o cumprimento dessas formalidades, será a sua realização nula[89].

Trata-se, na espécie, de nulidade formal da própria realização do conclave e não apenas das deliberações nele tomadas (art. 124)[90]. Assim, mesmo

---

84 Valverde, *Sociedades por ações*, cit., v. 2, p. 83.

85 V. AC n. 264.383.4/8-00, Rel. Des. Zélia Maria Alves, 8ª Câm. Cív. do TJSP, j. em 13-8-2003.

86 V. comentários ao art. 109.

87 Salandra, apud Brunetti, *Tratado*, cit., v. 2, p. 368; Garrigues-Uría, *Comentario*, cit., v. 1, p. 571; Maisano, *L'eccesso di potere*, cit., p. 59 e s.; Alberto Mazzoni, La tutela delle minoranze azionarie, in *Inchieste di Diritto Comparato*, 5(2):1023 e s.

88 V. comentários ao art. 2º.

89 V. comentários ao art. 289.

90 V. comentários ao art. 124.

que as decisões quanto ao seu mérito ou conteúdo sejam conformes à lei, o vício na instalação e na realização da assembleia geral invalidará aquelas, de forma absoluta[91].

A convocação somente se torna desnecessária se estiverem presentes titulares de ações representativas da totalidade do capital social (art. 124)[92]. Neste caso, a assembleia geral só deliberará validamente se todos os acionistas presentes estiverem de acordo com a ordem do dia proposta pela administração. Caso contrário, embora instalada de forma regular, as suas deliberações serão nulas. Impõe-se, na hipótese, a convocação regular (art. 289), a fim de que os acionistas possam, com antecedência, preparar-se para a discussão e deliberação sobre a ordem do dia.

NATUREZA JURÍDICA DAS DELIBERAÇÕES

As deliberações sociais são declarações da vontade coletiva da companhia e, nesse sentido, entram na categoria de negócios jurídicos[93].

Trata-se de um negócio jurídico unilateral, formado pela coincidência de vontades individuais que se fundem para expressar a vontade coletiva. Constitui, com efeito, um negócio unitário, porque emana de um colégio também unitário[94].

Assim, a deliberação resulta da configuração da vontade de um sujeito — a companhia — que é uma parte, sendo, por isso, um ato unilateral[95].

A deliberação da assembleia é um ato coletivo unilateral na medida em que as declarações de vontade dos acionistas participantes do conclave têm o mesmo objeto e visam à realização de um interesse único e comum a todos. Há uma pluralidade de manifestações paralelas que caracterizam um concurso de vontades[96].

---

91 Sobre a validade das deliberações, Dieg Corapi, L'assemblea — Invalidità delle deliberazioni assembleari — Assemblea speciali, in *Inchieste di Diritto Comparato*, 5(1):717 e s.

92 A possibilidade de realização de assembleia geral independentemente de convocação pela presença da totalidade do capital social já era aceita como válida, na vigência da lei anterior, apesar de alguns doutrinadores autorizados não concordarem com essa prática (Cunha Peixoto, *Sociedades por ações*, cit., v. 3, p. 6).

93 Garrigues-Uría, *Comentario*, cit., v. 1, p. 577.

94 Garrigues-Uría, *Comentario*, cit., v. 1, p. 577.

95 Ascarelli, *Problemas*, cit., p. 398 e s.

96 Valverde, *Sociedades por ações*, cit., v. 1, p. 233, e v. 2, p. 87.

Não é a deliberação da assembleia geral um ato plurilateral, porque não há multiplicidade de vontades, mas várias vontades fusionadas ou unificadas[97]. Por outro lado, não são as deliberações da assembleia geral contratos. Isso porque não existem interesses opostos. E também porque não criam um vínculo recíproco de caráter irrevogável, pois as decisões da assembleia geral são, a todo o tempo, revogáveis por deliberação tomada em outra assembleia[98].

A vontade individual de cada acionista presente à assembleia geral manifesta-se no interesse social e não no particular do sócio[99].

Na impossibilidade de alcançar a unanimidade, a vontade da maioria prevalece. Nesse caso, julga-se que a maioria expressa a vontade social[100].

A deliberação tomada em assembleia geral tem como primeiro efeito a indivisibilidade interna e externa da vontade social.

E, como segundo, a revogabilidade das decisões pela maioria, ressalvados os direitos inderrogáveis dos acionistas (art. 109)[101 e 102].

REQUISITOS DE VALIDADE DAS DELIBERAÇÕES

Como referido, sendo a deliberação da assembleia geral um negócio jurídico unilateral, sua validade depende do preenchimento de diversos requisitos formais e substanciais.

Assim, formalmente, será válida a deliberação se a respectiva assembleia for regularmente convocada (art. 289) e instalada, as deliberações tomadas com a maioria suficiente de votos *ratione materiae* (arts. 129, 135 e 136) e, dos trabalhos, lavrada a respectiva ata (art. 130)[103].

Intrinsecamente, deve a assembleia ser competente para a deliberação das matérias constantes da ordem do dia (arts. 131 e 132).

Ademais, será necessário que o consentimento manifestado não esteja viciado por erro, dolo ou coação e que a decisão seja inspirada no interesse social. Finalmente, que o motivo da deliberação seja lícito[104].

---

97 Halperin, *Sociedades anónimas*, cit., p. 559.
98 Halperin, *Sociedades anónimas*, cit., p. 559.
99 *V.* comentários ao art. 115; Halperin, *Sociedades anónimas*, cit., p. 562.
100 Halperin, *Sociedades anónimas*, cit., p. 562.
101 *V.* comentários ao art. 109.
102 Ascarelli, *Problemas*, cit., p. 375.
103 Halperin, *Sociedades anónimas*, cit., p. 563.
104 Ascarelli, *Problemas*, cit., p. 399; Halperin, *Sociedades anónimas*, cit., p. 562 e s.

ATOS RESULTANTES DA DELIBERAÇÃO DA ASSEMBLEIA GERAL

Quanto à eficácia, os atos resultantes das deliberações tomadas em assembleia geral podem ser de diversas espécies.

Serão puramente internos aqueles que se referem à verificação da legalidade dos atos praticados pelos demais órgãos da companhia, como, v. g., a aprovação das demonstrações financeiras e o relatório e contas da administração (art. 132). Tais atos são juridicamente simples, uma vez que se destinam a regular as relações de ordem puramente interna[105].

Constituirão, por outro lado, atos de eficácia imediatamente externa aqueles que objetivam manifestar a vontade social nas relações com terceiros, de caráter contratual, bilateral ou unilateral. Encontra-se nessa categoria a aprovação de contratos de compra e venda de bens e de prestação de serviços, cuja celebração dependa, estatutariamente, da manifestação da assembleia. Também se inclui na categoria a constituição de consórcios (arts. 278 e 279).

Serão, ainda, de eficácia interna, porém integrativa de atos jurídicos envolvendo outras pessoas jurídicas, os que acarretam modificações institucionais na própria companhia, como a fusão, incorporação e cisão (arts. 223 a 234) ou a constituição de subsidiária integral (arts. 251 a 253) ou a integração em grupo de sociedades (arts. 265 a 277). Nesses casos, os atos decorrentes das decisões da assembleia geral projetam-se para o exterior, unindo-se a outras vontades[106], para formar negócios jurídicos plurilaterais.

SOBERANIA DA ASSEMBLEIA GERAL

A soberania da assembleia geral é plena nos limites da lei e do estatuto social. No podem as suas deliberações ser objeto de juízo de mérito pelo Poder Judiciário ou por tribunal arbitral. A essas entidades judicantes cabe estritamente verificar a legalidade e a legitimidade dos atos deliberados pela assembleia geral, bem como sua consonância com o objeto social. A declaração da antijuridicidade verificada judicial ou arbitralmente tem como efeito a decretação da nulidade, anulabilidade, abuso de poder, desvio de poder (art. 117), abuso de voto ou desvio de voto (art. 115).

---

105 Garrigues-Uría, *Comentario,* cit., v. 1, p. 577.

106 Garrigues-Uría, *Comentario,* cit., v. 1, p. 577.

Desse modo, a assembleia geral é o órgão supremo da companhia, sujeitas, no entanto, as respectivas deliberações ao princípio da estrita legalidade contida na Constituição Federal, nas leis do Ordenamento, na Lei Societária e — observada sempre a reserva da lei — nos regulamentos da Comissão de Valores Mobiliários.

Suas deliberações, ademais, estão sujeitas às sanções civis (responsabilidade), penais (art. 177 do Código Penal) e administrativas, estas no âmbito da competência sancionatória da Comissão de Valores Mobiliários.

Não obstante, como reiterado não podem as autoridades judiciais, arbitrais e administrativas (CVM) expressar nenhum juízo de mérito no que respeita à oportunidade ou conveniência das deliberações tomadas pela assembleia geral. Essa regra restritiva da competência externa quanto ao mérito das decisões tomadas, desde que legais e legítimas é absoluta, em face do regime de soberania da assembleia geral nos limites da lei[107].

COMPETÊNCIA PRIVATIVA

Art. 122. Compete privativamente à assembleia geral:

• *Caput* com redação mantida pela Lei n. 12.431, de 24 de junho de 2011.

I — reformar o estatuto social;

II — eleger ou destituir, a qualquer tempo, os administradores e fiscais da companhia, ressalvado o disposto no inciso II do art. 142;

III — tomar, anualmente, as contas dos administradores e deliberar sobre as demonstrações financeiras por eles apresentadas;

IV — autorizar a emissão de debêntures, ressalvado o disposto nos §§ 1º, 2º e 4º do art. 59;

• *Inciso com redação dada pela Lei n. 12.431, de 24 de junho de 2011.*

V — suspender o exercício dos direitos do acionista (art. 120);

VI — deliberar sobre a avaliação de bens com que o acionista concorrer para a formação do capital social;

---

107 Sobre a matéria, TJSP, 8ª Câm., AC 264.383.4/8-00, Rel. Des. Zelia Maria Antunes Alves, j. em 13-8-2003; TAMC, 3ª Câm., AC 330.066-3, Rel. Juiz Wander Marotta, j. em 2-5-2001; TJSP, 1ª Câm., Agr. Instr. 203.386-4/5, Rel. Des. Gildo dos Santos, j. em 18-9-2001; TJSP, 7ª Câm., AC 165.494-4/2-00, Rel. Des. Paulo Eduardo Razuk, j. em 30-1-2006; STJ, REsp 556.2650/RJ, Rel. Min. Barros Monteiro, *DJU* 13-2-2006, p. 803; STJ, REsp 49.960/RS, Rel. Min. Sálvio de Figueiredo Teixeira, *DJU* 23-6-2003, p. 370; STJ, REsp 1, Rel. Min. Gueiros Leite, *DJU* 16-10-1989; TJMG, AC 1.0024.04.443268-0/001, Rel. Des. Isalino Lisboa, j. em 16-12-2004; STJ, REsp 704.975/SP, Rel. Min. Massami Uyeda, j. em 19-8-2008, *DJU* 8-9-2008. In Lazzareschi, ob. cit., p. 294 e s.

VII — autorizar a emissão de partes beneficiárias;

VIII — deliberar sobre transformação, fusão, incorporação e cisão da companhia, sua dissolução e liquidação, eleger e destituir liquidantes e julgar-lhes as contas; e

IX — autorizar os administradores a confessar falência e pedir concordata.

Parágrafo único. Em caso de urgência, a confissão de falência ou o pedido de concordata poderá ser formulado pelos administradores, com a concordância do acionista controlador, se houver, convocando-se imediatamente a assembleia geral, para manifestar-se sobre a matéria.

LEI DE 1940

A matéria era regulada de maneira bastante semelhante à Lei n. 6.404, de 1976, no parágrafo único do art. 87 do Decreto-Lei n. 2.627, de 1940.

Os assuntos de competência da assembleia geral expressos naquele dispositivo inseriam-se, no entanto, em sistema legal bastante diverso do vigente, pois o antigo Direito filiava-se ao princípio majoritário de capital. Em consequência, atribuíam-se efetivos poderes à reunião dos acionistas.

Era mais amplo o colégio votante[108]. Ademais, vigorava o princípio de igualdade de direitos de todos os acionistas da mesma classe[109].

LEI N. 6.404, DE 1976

Embora tenha seguido o mesmo princípio de competência privativa do antigo Diploma de 1940, a Lei n. 6.404, de 1976, introduziu alterações importantes sobre a matéria.

Nas companhias que têm Conselho de Administração, por força de lei ou do estatuto (art. 138), os membros da diretoria são eleitos por aquele órgão e não pela assembleia geral (arts. 142 e 143)[110 e 111].

Da mesma forma, os membros de órgãos criados pelo estatuto, com funções técnicas ou de aconselhamento da administração, não precisam

---

108 *V.* comentários ao art. 15 c/c o art. 8º da Lei n. 10.303, de 2001.

109 *V.* comentários ao art. 112.

110 *V.* comentários ao art. 142.

111 *V.* AI 72.554-2, Rel. Des. Jones Figueiredo, 4ª Câm. Cív. do TJPE, j. em 22-11-2001.

ser eleitos pela assembleia geral, como exigia o Diploma de 1940. Podem fazê-lo os órgãos da própria administração (art. 160).

Também deixou de constar expressamente como da competência privativa da assembleia geral a deliberação sobre vantagens a fundadores, acionistas ou terceiros.

Por outro lado, em caso de urgência, a confissão de falência ou o pedido de recuperação judicial[112] poderão ser formulados eficazmente pelos administradores, *mediante a prévia concordância dos controladores*, cabendo à assembleia manifestar-se *a posteriori*. Institucionaliza-se, também dessa forma, a função de comando institucional da sociedade pelos seus controladores.

Nesse caso de urgência a legitimidade é exercida diretamente pelos administradores, como gestores da companhia, substitutivamente aos poderes próprios da assembleia geral, que terá função meramente homologatória do pedido.

E ainda nesse caso, verifica-se que a vontade da companhia é diretamente exercida pelo controlador, cabendo à administração executá-la.

Essa função de gestor direto da companhia, por sua vez, foi definitivamente institucionalizada com a adoção, pela Lei n. 10.303, de 2001, dos acordos de votação em bloco, *ex vi* do art. 118[113].

Trata-se, neste último caso, de convalidação, em parte, de entendimento jurisdicional que já admitia, nas concordatas, então vigentes, o pedido sem *referendum* prévio da assembleia geral, com fundamento na incompatibilidade do princípio da publicidade com o êxito do pedido.

Dentro da sistemática da Lei n. 6.404, de 1976, verifica-se, pois, que houve uma efetiva diminuição dos poderes e da competência da assembleia geral[114]. Também neste passo, a nossa lei procurou aproximar-se o quanto possível do sistema norte-americano, ainda que guardando certas características formais do órgão. Procurou o legislador, dessa forma, conciliar a tradição de nosso Direito com a relativa redução do papel institucional da assembleia geral dos acionistas[115 e 116].

---

112 Com o advento da nova Lei de Falências e Recuperação de Empresas (Lei n. 11.101, de 9-2-2005), a concordata deixou de existir, tendo sido substituída pela recuperação judicial e extrajudicial, disciplinadas nos arts. 47 a 72 e 161 a 167 daquele diploma legal.

113 *V.* comentários ao art. 118.

114 *V.* comentários ao art. 121.

115 *V.* comentários ao art. 118, com as alterações da Lei n. 10.303, de 2001.

116 A Lei n. 10.303, de 2001, ao instituir o acordo de voto em branco para a execução do

LEI N. 10.303, DE 2001 — INCLUSÃO DA COMPETÊNCIA ORIGINÁRIA DO CONSELHO DE ADMINISTRAÇÃO DE COMPANHIA ABERTA PARA A EMISSÃO DE DEBÊNTURES SIMPLES — ALTERAÇÃO DO INCISO IV DESTE ARTIGO E DO § 1º DO ART. 59

A Lei n. 10.303, de 2001, retira a competência *privativa* da assembleia geral de companhia aberta para a emissão de debênture simples, na medida em que o § 1º do art. 59 estabelece a *competência concorrente* do Conselho de Administração sobre essa matéria.

Dessa forma, o inciso IV do presente artigo passa a prever nas companhias abertas, como exceção à regra geral da competência privativa da assembleia geral para deliberar sobre a emissão de debêntures, a *competência originária e concorrente* do Conselho de Administração, *ex vi legis*, para a emissão de debêntures simples, não conversíveis em ações e sem garantia real.

Trata-se de *competência originária* do Conselho de Administração (§ 1º do art. 59)[117], que não se confunde com a *delegação de poderes* da assembleia geral ao Conselho para deliberar sobre as conclusões de emissão referidas nos incisos VI a VIII do art. 59, bem como sobre a *oportunidade* da emissão.

Assim, a alteração trazida pela Lei n. 10.303, de 2001, ao inciso IV deste artigo retirou expressamente a competência privativa da assembleia geral nas companhias abertas para deliberar sobre emissão de debêntures simples, consoante o § 1º do art. 59.

Ressalte-se que essa *competência concorrente* do Conselho de Administração trazida pelo § 1º do art. 59 restringe-se: 1) à emissão de debêntures simples; 2) não conversíveis em ações; e 3) sem garantia real.

Essas três condições devem ser cumulativas. Faltando qualquer uma delas, a deliberação sobre a emissão das debêntures será da competência privativa da assembleia geral.

Assim, a *competência originária e concorrente*, que o § 1º do art. 59 atribui, *ex vi legis*, ao Conselho de Administração das companhias abertas, não pode alcançar aquelas emissões de debêntures em que haja qualquer tipo de garantia ou privilégio para os credores debenturistas.

---

controle, deslocou de fato para as *reuniões prévias* dos acordantes os poderes decisórios não apenas da assembleia geral como também do Conselho de Administração e até da diretoria, na hipótese de instituir o Conselho.

117 *V.* comentários ao art. 159.

Ao falar de "debêntures simples" a lei quer referir-se a *debêntures sem garantia flutuante*, ou seja, sem o privilégio geral sobre o ativo da companhia. Não tendo qualquer preferência no recebimento do seu crédito em caso de liquidação da companhia, essas "debêntures simples" podem ser equiparadas aos credores quirografários, ou mesmo ser *subordinadas* a esses credores, debenturistas subquirografários, somente preferindo aos acionistas no eventual ativo remanescente (§ 4º do art. 58).

Não obstante, lembre-se que as chamadas "debêntures simples", *subordinadas ou não*, desprovidas de garantia real ou flutuante, podem gozar do direito de exigir da companhia a *indisponibilidade de determinados bens* imóveis ou outros sujeitos a registro de propriedade, desde que devidamente averbados nos registros competentes (art. 58, § 5º). Esse direito, no entanto, não lhes confere qualquer privilégio ou garantia concreta, mas apenas um direito, de executoriedade duvidosa e mais de acautelamento, no sentido de que a companhia não praticará atos de dilapidação do seu patrimônio.

Portanto, ainda que gozem do direito referido no § 5º do art. 58 da Lei n. 6.404, de 1976, na ausência de outra garantia ou privilégio, as debêntures devem ser consideradas "debêntures simples", podendo, *ex vi* da Lei n. 10.303, de 2001, o Conselho de Administração de companhias abertas deliberar originariamente sobre a sua emissão e determinar quais os bens sobre os quais recairá a indisponibilidade (art. 58, § 5º), consoante o facultado no § 1º do art. 59.

LEI N. 12.431, DE 2011 — COMPETÊNCIA PARA DELIBERAR EMISSÃO DE DEBÊNTURES — §§ 1º, 2º, 3º E 4º DO ART. 59

A Lei n. 12.431, de 2011, ao reformular o § 1º do art. 59, estendeu a competência originária e concorrente do conselho de administração a todas e quaisquer emissões de debêntures não conversíveis em ações, salvo, apenas, disposição estatutária em contrário[118].

---

118 A propósito, em recente decisão do Colegiado da CVM, o Diretor Relator Octávio Yazbek entendeu que: *"(...) a nova redação do art. 59, § 1º, da lei acionária, dada pela Lei n. 12.431, de 24-6-2011, tem aplicabilidade imediata e não condicionada. Ou seja, inexistindo disposição estatutária que impeça a deliberação pelo conselho, o novo texto legal se encontra em vigor e é hábil a produzir todos os seus efeitos, de modo que os conselhos de administração das companhias abertas já podem, de pronto, 'deliberar sobre a emissão de debêntures não conversíveis em ações' (...) na prática, os conselhos de administração acabam por criar constrições e ônus muito mais significativos para as companhias em outras deliberações, não havendo porque restringir a decisão acerca da emissão de*

Alterou a Lei n. 12.431, de 2011, igualmente, o § 2º da presente norma, ampliando, ainda mais, a competência do Conselho de Administração, de modo que, quando autorizado pelo estatuto social, delibere também sobre a emissão de debêntures conversíveis em ações, dentro do limite do capital autorizado.

Deu, a Lei de 2011, ao § 3º a redação do antigo § 2º, sem, contudo, a limitação do revogado art. 60, suprimindo a proibição de novas emissões antes de colocadas todas as debêntures das séries de emissão anterior ou antes de canceladas as séries não colocadas, bem como de negociar nova série da mesma emissão antes de colocada a anterior ou cancelado o saldo não colocado.

O § 4º, acrescentado pela Lei de 2011, apenas repete a parte final do § 1º anterior, alterado pela Lei n. 10.303, de 2001, para assegurar que, nos casos não previstos nos §§ 1º e 2º, *"a assembleia geral pode delegar ao Conselho de Administração a deliberação sobre as condições de que tratam os incisos VI a VIII do* caput *e sobre a oportunidade de emissão"*.

COMPETÊNCIA EXCLUSIVA

Na tentativa de manter certos atributos, a norma ora comentada enumera exaustivamente as matérias de competência exclusiva da assembleia geral (incisos I, II, III, IV, V, VI, VII, VIII e IX), cuja deliberação é indelegável a outros órgãos da companhia ou a outras pessoas.

É evidente que esse princípio legal da indelegabilidade não é absoluto, pois se estabelece na própria norma a delegação aos administradores para confessar a falência ou para requerer a recuperação judicial ou propor a recuperação extrajudicial (Lei n. 11.101/2005), ouvidos os controladores.

E, em outra parte, a lei vigente faculta a delegação de competência da assembleia geral para o Conselho de Administração de companhia aberta, no tocante à oportunidade e condições de emissão de debêntures (art. 59, § 1º).

A expressa determinação de matérias privativas representa a afirmação de que a assembleia geral é o órgão supremo da companhia.

E, na medida em que a assembleia geral não pode delegar suas atribuições legais a qualquer outro órgão da companhia, com exceção das hipóteses

---

debêntures não conversíveis" (Colegiado da CVM, Proc. RJ2011/8312, Reg. n. 7916/11, Rel. Octávio Yazbek, j. em 13-12-2011).

na própria lei enumeradas, por outro lado, não pode ela praticar atos da competência exclusiva dos demais órgãos sociais.

Essa distribuição e separação de competências pelos diversos órgãos necessários da companhia visa a garantir o seu normal funcionamento e a tornar exequível o controle da legalidade dos atos praticados por esses mesmos órgãos[119].

E, ainda neste passo, cabe reiterar que os assuntos especificamente indicados na lei como sendo da competência privativa da assembleia geral não podem ser delegados pelo *estatuto* a qualquer outro órgão societário[120]. Consequentemente, apenas a lei pode facultar delegação de competência, como raramente o faz.

DIREITO ESTRANGEIRO

No direito continental, adota-se o princípio da distribuição e limitação de competência dos diversos órgãos sociais, entre eles, o da assembleia geral. Assim, temos a lei argentina[121].

Já o Direito alemão, inversamente, dispõe no sentido de proibir a assembleia geral de ingerir-se em assuntos referentes à gestão da companhia, a não ser a pedido da diretoria[122]. Daí decorre, naquele país, o extremo fortalecimento dos órgãos da administração na condução da sociedade, em uma reminiscência, que ainda perdura, do *Führerprinzip*.

Por outro lado, o Código Civil italiano enumera os poderes privativos da assembleia geral[123]. Têm a mesma orientação a lei francesa[124] e a lei espanhola, embora nesta última a enumeração das competências seja esparsa e em razão das assembleias ordinárias e extraordinárias[125]. No mesmo sentido de especificidade, o Código das Obrigações suíço[126].

No Direito norte-americano, embora se adote, em regra, o sistema de assembleias gerais ordinárias (*annual meetings*) e extraordinárias (*special*

---

119 Valverde, *Sociedades por ações*, cit., v. 2, p. 87.

120 Batalha, *Sociedades anônimas e mercado de capitais*, Rio de Janeiro, Forense, 1973, v. 2, p. 532.

121 Arts. 233, 234 e 235 da lei argentina das sociedades de 1972.

122 Art. 119 da lei societária alemã de 1965; *v.* comentários ao art. 121.

123 Arts. 2.364 e 2.365 do Código Civil italiano de 1942.

124 Arts. 153 a 157 da lei de 1966.

125 Arts. 48, 50, 56 e 58 da lei espanhola de 1952.

126 Art. 698 do Código das Obrigações suíço.

meetings), não se apresenta uma enumeração organizada de matérias de sua competência[127]. Ademais, assuntos que, no sistema legislativo continental, são precipuamente reservados à assembleia geral, como a modificação do estatuto social, podem ser deliberados pelos órgãos da administração, salvo se os estatutos limitarem tais poderes ou exigirem aprovação dos acionistas[128].

Em princípio, o poder de alterar estatutos cabe ao *board*, a menos que seja reservado aos acionistas no certificado de incorporação (*charter*).

COMPETÊNCIA IRREVOGÁVEL

O nosso Direito Societário, não obstante as limitações das mais variadas formas impostas, de fato[129] e de direito, às atribuições da assembleia geral[130], ainda mantém a sua competência inderrogável sobre determinadas matérias fundamentais.

Cabe, assim, à assembleia geral manifestar-se eficazmente sobre a gestão social, deliberando sobre as contas dos administradores e demonstrações financeiras por eles apresentadas.

Mantém-se privativamente na esfera das atribuições legais da assembleia geral proceder à alteração do estatuto social. É, ainda, de sua competência privativa nomear e destituir os membros do Conselho de Administração e do Conselho Fiscal da companhia.

COMPETÊNCIA DELIBERATIVA DO CONSELHO DE ADMINISTRAÇÃO

Diferentemente da estrutura de competência do nosso antigo Direito, a Lei n. 6.404, de 1976, atribui competência ao Conselho de Administração para deliberar sobre algumas matérias, o que efetivamente retira da assembleia geral muitos dos seus antigos poderes.

---

127 Art. 28 do *Model Business Corporation Act*, in *Model Business Corporation Act*, cit., v. 1, p. 598 e s.

128 Henn, *Law of corporations*, cit., p. 378 e s. e 425 e s.; *Financial Handbook*, p. 1222; *Ballantine on Corporations*, p. 643 e s. A diferença de competências depende, em geral, da espécie de documentos que serão alterados. Sendo *articles of incorporation* ou *charter*, a competência será dos acionistas. Se for matéria do estatuto (*by laws*), a competência será dos administradores.

129 *V.* comentários ao art. 118.

130 *V.* comentários ao art. 121.

O Conselho de Administração, com efeito, é *um órgão deliberativo* da companhia, concorrendo, portanto, nessa função com a assembleia geral (arts. 138 e 140)[131]. Ademais, a sua composição e seu funcionamento são praticamente idênticos aos da assembleia geral.

É o Conselho de Administração um colégio deliberativo composto de acionistas ou não (art. 146, com a redação dada pela Lei n. 12.431, de 2011). Seus poderes são indelegáveis. Não tem representação da companhia. Possui procedimentos de convocação, instalação, funcionamento e assentamentos (ata) que devem ser determinados pelo estatuto. Suas deliberações são tomadas por maioria absoluta de votos, podendo o estatuto estabelecer quórum qualificado para certas deliberações (art. 140)[132].

Cabe ao Conselho de Administração (art. 142) fixar orientação geral dos negócios da companhia; eleger e destituir os diretores da companhia e fixar--lhes as atribuições, na forma do estatuto; fiscalizar a gestão dos diretores e examinar os documentos da companhia; convocar a assembleia geral; manifestar-se sobre o relatório da administração e as contas da diretoria; manifestar-se previamente sobre atos ou contratos, quando assim for exigido pelo estatuto; deliberar, quando autorizado pelo estatuto, sobre a emissão de ações ou de bônus de subscrição; autorizar, salvo disposição em contrário do estatuto, a alienação de bens do ativo permanente, a constituição de ônus reais e a prestação de garantias e obrigações de terceiros; escolher e destituir os auditores independentes, sujeito, no entanto, a eventual veto dos conselheiros representantes dos minoritários (arts. 141 e 142)[133], e escolher e substituir o seu presidente (art. 140)[134].

Ademais, as deliberações do Conselho de Administração serão arquivadas e publicadas no Registro do Comércio, quando contiverem deliberação destinada a produzir efeitos perante terceiros.

Temos, assim, que a redução de competência da assembleia geral é significativa, mesmo como colégio eleitoral[135]. Isso porque somente lhe caberá eleger e destituir os membros da diretoria nas companhias fechadas (art. 4º) de capital fixo que estatutariamente não tenham instituído Conselho de Administração.

---

131 *V.* comentários ao art. 140.

132 *V.* comentários ao art. 140.

133 *V.* comentários aos arts. 141 e 142.

134 *V.* comentários ao art. 140.

135 Ripert-Roblot, *Traité*, cit., v. 1, p. 744.

COMPETÊNCIA DELIBERATIVA DOS ÓRGÃOS DA ADMINISTRAÇÃO — DIVIDENDO OBRIGATÓRIO

Tanto nas companhias abertas como nas fechadas, a lei atribui competência aos órgãos da administração para deliberar a distribuição inferior ou a não distribuição de dividendo obrigatório, *informando* justificadamente à assembleia geral a situação financeira da companhia (art. 202)[136]. Não tem a assembleia geral competência para deliberar em contrário. Cabe-lhe apenas homologar a deliberação dos órgãos da administração.

Por outro lado, havendo lucro a distribuir e a essa distribuição não se opondo os administradores, não tem a assembleia geral competência para deliberar no sentido de sua retenção.

Portanto, a única função da assembleia geral, no que respeita ao dividendo obrigatório, é a de *declarar* a sua distribuição, ou não, de acordo com a deliberação dos administradores.

DUPLICIDADE DE COMPETÊNCIA — AINDA O DIVIDENDO OBRIGATÓRIO

Nas companhias fechadas prevê-se uma exceção à competência meramente homologatória da assembleia geral. Nessas sociedades, pode a assembleia geral *deliberar* a não distribuição parcial ou total do dividendo obrigatório.

Há, na hipótese, duplicidade de competência sobre a mesma matéria, pois, também os órgãos da administração podem decidir sobre a não distribuição do dividendo obrigatório.

Para dirimir o conflito de competência, estabelece-se o critério de ordem originado da atribuição geral outorgada aos órgãos da administração para decidir a matéria (art. 202). Assim, a assembleia geral somente poderá deliberar sobre a não distribuição do dividendo obrigatório, parcial ou totalmente, se não tiverem, a respeito, deliberado os administradores.

Nesse passo, a questão torna-se complexa. Se os administradores decidirem pela não distribuição, total ou parcial, não poderá a assembleia geral deliberar em contrário. Se os administradores determinarem a distribuição, tem a assembleia geral competência para desconsiderá-la, desde que o faça por decisão unânime dos votantes e sem oposição de acionistas não votantes presentes (art. 202)[137].

---

136 *V.* comentários ao art. 202.

137 *V.* comentários ao art. 202.

REFORMA DO ESTATUTO — INCISO I

A primeira competência irrevogável e privativa da assembleia geral é a de deliberar sobre a reforma do estatuto social.

Essa matéria é colocada em primeiro lugar por razões históricas. Isso porque a concepção rigorosamente contratualista da sociedade anônima limitava os poderes da maioria, colocando limites muito rigorosos às modificações estatutárias, em face do princípio da concordância de todos os contratantes, para modificação das cláusulas do pacto social[138].

Diante da adoção da teoria institucionalista, evoluiu-se para a dispensa da unanimidade dos acionistas, no tocante à modificação estatutária. Mesmo para a transformação de tipo societário, ou seja, de sociedade anônima para qualquer outra forma de sociedade mercantil, dispensa a lei o requisito da unanimidade, desde que previsto no estatuto (art. 221).

Há, consequentemente, um alargamento dos poderes da maioria, abrindo com isso ampla possibilidade de adaptação do estatuto às diferentes exigências e à própria evolução da vida social. Como contrapartida aos direitos dos acionistas discordantes da deliberação, ou mesmo daqueles que sobre ela simplesmente se omitiram ou nela não intervieram, a lei estabeleceu o direito de retirada *ratione materiae*, ou seja, com respeito às deliberações consideradas essenciais ou fundamentais, estabelecidas exaustivamente na lei (arts. 137, 206, 221, 230, 264 e 270)[139 e 140].

Vê-se claramente nessa conciliação entre a escola contratualista e a institucionalista o caráter excepcional dessa probabilidade de mudança do estatuto social por maioria, uma vez que diz respeito aos elementos propriamente contratuais da companhia e não simplesmente à deliberação sobre a gestão social[141].

Com efeito, não é facilmente conciliável o princípio legal de que a maioria, na constituição da companhia, não tem poder para alterar o projeto de estatuto (art. 87) com este outro princípio que permite que essa mesma maioria, logo após constituída a companhia, proceda às reformas naquele documento. Daí ter a lei cercado a decisão majoritária de determinados requisitos mínimos, como o quórum qualificado (arts. 135 e 136), e, ainda,

---

138 Cunha Peixoto, *Sociedades por ações*, cit., v. 3, p. 23 e s.; Ripert-Roblot, *Traité*, cit., v. 1, p. 747.

139 *V.* comentários aos arts. 137 e 264.

140 *V.* comentários ao art. 45.

141 Ascarelli, *Problemas,* cit., p. 375, nota 104.

contrabalançado esse regime com o direito de recesso (art. 137)[142, 143 e 144].

ATENUAÇÃO DO PRINCÍPIO MAJORITÁRIO

Tendo em vista sempre conciliar a contradição entre os fundamentos contratualistas e institucionalistas da sociedade anônima, a lei, como já fazia a anterior, exige quórum especialmente qualificado para a aprovação de determinadas matérias que importam na reforma estatutária (art. 136).

Ademais, quando se trata de criação de ações preferenciais ou alterações nas preferências, a lei exige, para a eficácia da deliberação da assembleia geral, a prévia aprovação ou a ratificação de acionistas pertencentes às classes de preferenciais interessadas na alteração, que deverão, por sua vez, deliberar em *assembleia especial*, mediante o voto favorável de mais da metade dos titulares dessas ações (art. 136), sem embargo do direito de recesso dos dissidentes (art. 137).

ELEIÇÃO DE ADMINISTRADORES E FISCAIS — INCISO II

A competência privativa da assembleia geral para a eleição de administradores e fiscais está evidentemente mal colocada. Isso porque, embora se trate de matéria de Ordem Pública, não podendo o estatuto dispor diferentemente, é a própria lei que outorga competência a um outro órgão deliberativo — o Conselho de Administração (art. 138) — para eleger o órgão executivo da companhia — a diretoria (art. 142)[145].

Portanto, a competência privativa da assembleia geral refere-se efetivamente à eleição e à destituição dos membros do Conselho de Administração e dos titulares do Conselho Fiscal. Quanto à diretoria, somente competirão à

---

142 *V.* comentários ao art. 136.

143 Sobre o fundamento do direito de recesso na teoria das bases essenciais do contrato, Ripert-Roblot, *Traité*, cit., v. 1, p. 915. No direito americano, sobre a competência da assembleia geral e os *vested rights,* fundados na teoria contratualista, *v. Model Business Corporation Act,* arts. 58 e 59; Henn, *Law of corporations*, cit., p. 378 e 425; *Ballantine on Corporations*, p. 649.

144 Sobre a matéria, Colegiado da CVM, Proc. RJ2007/1996, Reg. n. 5443/2007, Rel. Diretora Maria Helena Santana, j. em 21-3-2007: ..."a CVM possui competência legal para fazer valer as regras estatutárias das companhias sob sua jurisdição, com o objetivo de assegurar direitos e obrigações ali prescritos", in Lazzareschi, ob. cit., p. 297.

145 *V.* comentários ao art. 142.

assembleia de acionistas as funções de colégio eleitoral, em se tratando de companhia fechada com capital fixo e, mesmo assim, quando o estatuto desta não instituir Conselho de Administração, como lhe faculta a lei (art. 138)[146].

A eleição dos administradores e fiscais pela assembleia geral far-se-á nos períodos estabelecidos pelo estatuto, salvo se o titular do cargo vier a ser demitido antes do prazo do mandato, ou ficar impedido de exercer suas funções, inclusive no caso de propositura de ação de responsabilidade contra ele (arts. 146, 159 e 162)[147].

A eleição dar-se-á em assembleia geral ordinária, mesmo se fora dos prazos previstos, no estatuto, para a sua realização, tendo em vista o regime de competência por matéria adotado pela Lei n. 6.404, de 1976.

A lei não exige quórum especial para a eleição dos administradores e fiscais. Entretanto, o estatuto da companhia fechada poderá exigir maior quórum para essa deliberação (art. 129)[148].

ELEIÇÃO DO CONSELHO CONSULTIVO

A lei, ao enumerar exaustivamente as matérias de competência privativa da assembleia geral, deixou de nelas incluir a eleição dos membros do conselho consultivo ou de outros órgãos com funções técnicas ou destinados a aconselhar os administradores instituídos pelo estatuto (art. 160). Daí se conclui que o estatuto, ao criá-los, poderá determinar que a eleição dos seus membros será da competência do Conselho de Administração, na medida em que este é, tanto quanto a assembleia geral, um órgão deliberativo (art. 138) e também um colégio eleitoral para o efeito da eleição dos componentes da diretoria.

---

146 No direito norte-americano, a principal competência da assembleia geral anual é a de colégio eleitoral. Henn, *Law of corporations*, cit., p. 370.

147 V. comentários ao art. 146.

148 Sobre a competência de eleição da diretoria, TJPE, 4ª Câm., Agr. Instr. 72.554-2, Rel. Des. Jones Figueiredo, j. em 22-11-2001; sobre a competência privativa da assembleia geral, excluindo aquela do Judiciário para a eleição de administradores, STJ, REsp 49.960/RS, Rel. Min. Sálvio de Figueiredo Teixeira, *DJU* 23-6-2003, p. 370; sobre a nomeação judicial de administrador provisório, até nova eleição pelos acionistas, TJPR, 3ª Câm., Agr. 025545000, Rel. Des. Luiz Perrotti, j. em 9-3-1993; sobre o não cabimento da adoção do voto múltiplo para a eleição da diretoria, TJDF, 5ª T., MC 2001.00.2.002086-8, Rel. Des. Dacio Vieira, j. em 20-11-2003; sobre os requisitos de eleição de representante dos minoritários na administração da companhia, TJSC, 4ª Câm., Agr. Instr. 8.775, Rel. Des. Anselmo Cerello, j. em 25-8-1994. In Lazzareschi, ob. cit., p. 297 e s.

Não sendo, portanto, da competência privativa nem de um, nem de outro, disporá livremente o estatuto sobre qual dos dois órgãos deliberativos será competente para eleger os titulares desses conselhos consultivos.

Por outro lado, não pode o estatuto atribuir essa competência à diretoria, pois esta não é órgão propriamente deliberativo e, muito menos, colégio eleitoral, fugindo inteiramente às suas atribuições e funções de órgão preponderantemente executivo eleger, quem quer que seja, para o exercício de cargos na companhia[149].

DESTITUIÇÃO

A destituição de membros da administração constitui, em princípio, um direito da assembleia geral, fundado na vontade coletiva majoritariamente manifestada. Esta tem o poder de manter o administrador em suas funções até o término de seu mandato estatutário ou, então, de demiti-lo *ad nutum*, a qualquer tempo.

Por conseguinte, os administradores não têm garantia de chegar ao termo do seu mandato. Não há necessidade de justa causa, para a destituição. A faculdade de revogação de mandato de administradores é uma prerrogativa dos acionistas[150].

Não obstante, existem exceções de natureza contratual, que se sobrepõem a esse direito *kausaloss* da assembleia geral. Elas se impõem quando no acordo de controle os convenentes asseguram a determinada pessoa o exercício de cargo na administração.

Essa pactuação é possível na composição e mesmo causação do acordo de controle, em que se assegura, em caráter personalíssimo, a prerrogativa de determinado pactuante ocupar, por determinado prazo ou enquanto for capaz, um assento ou um posto no Conselho de Administração ou na diretoria.

Essa convenção é admissível tanto nas companhias que tenham o órgão colegiado, quanto nas que não o possuam, nas companhias abertas como nas fechadas, na medida em que, tanto numa como noutra, pode ser requisito para a composição do grupo de controle (art. 118).

---

149 *V.* comentários ao art. 118.

150 Cunha Peixoto, *Sociedades por ações*, cit., v. 3, p. 19. Diferentemente, portanto, do direito francês e do norte-americano. Neste último, os acionistas têm direito a destituir diretor com justa causa, podendo a destituição ser revogada pela Corte, em que está sujeita a revisão. Em sentido mais atenuado, propõe o art. 39 do *Model Business Corporation Act*. Henn, *Law of corporations*, cit., p. 377.

Nesses casos não prevalece a regra de demissão *ad nutum*, a não ser que seja provado ter o pactuante titular do direito agido, no exercício de suas atribuições, com culpa ou dolo ou com clara violação da lei, do estatuto ou do próprio acordo, em questões relevantes e insanáveis nele previstas.

A destituição, nesses casos, será objeto de decisão judicial ou arbitral, não podendo os demais administradores colegiadamente ou a assembleia geral promovê-la, sob pena de exercício ilegítimo de autoexecução.

Isto posto, o administrador demitido não faz jus a indenizações, salvo no que respeita aos eventuais direitos trabalhistas que tenha adquirido, como empregado, anteriormente à sua eleição. Neste caso, o tempo em que exerceu cargo na administração soma-se ao anterior, para os efeitos trabalhistas.

Em consequência, o exercício de mandato nos órgãos de administração equipara-se àquilo que, em direito público, se conhece como *cargo de confiança*[151].

Para eleição e destituição de administradores prevalece o disposto no art. 129 da lei, não havendo, portanto, necessidade de quórum qualificado.

Por outro lado, serão responsabilizados os controladores que elegerem administradores ou fiscais que sabem inaptos, moral ou tecnicamente (art. 117)[152].

DESTITUIÇÃO E ORDEM DO DIA

Cabe indagar se, para a eficácia da deliberação que destituir administrador, será necessário constar da ordem do dia a matéria.

Certamente que não. Isso porque a assembleia geral é, em regra, convocada pelos administradores e, salvo divergência entre eles, nunca, de fato, ter-se-ia incluída na ordem do dia e, portanto, na convocação matéria de destituição de administrador.

---

151 *V.* AC 39.443, Rel. Des. João José Schaefer, 4ª Câm. Cív. do TJSC, j. em 17-12-1992.

152 A propósito do afastamento do administrador por justa causa, afastamento provisório, recondução e outras hipóteses: TJSC, 4ª Câm., Em. Decl. em Agr. Instr. 71.551, Rel. Des. Anselmo Cerello, j. em 3-6-1993; TJRJ, 16ª Câm., Agr. Instr. 2002.002.04328, Rel. Des. Francisco de Assis Pessanha, j. em 25-4-2002; TJRJ, 8ª Câm., Agr. Instr. 200700221130, Rel. Des. Roberto Felinto, j. em 8-1-2008; TJPE, 5ª Câm., AgRg. 103235-7/02, Rel. Des. Jose Fernandes de Lemos, j. em 12-8-2004; STJ, REsp 40060/RS, Rel. Min. Sálvio de Figueiredo Teixeira, *DJU* 23-6-2003, p. 370; TJPR, 1ª Câm., Agr. Instr. 059206600, Rel. Des. J. Vidal Coelho, j. em 29-9-1998; TJPR, 3ª Câm., Ag. 032003800, Rel. Des. Jesus Sarrao, j. em 21-10-1997; TJDF, 5ª T., MC 2001.00.2.002086-8, Rel. Des. Dacio Vieira, j. em 20-11-2003. In Lazzareschi, ob. cit., p. 298 e s.

Tal requisito constituiria forma concreta de cerceamento dos direitos da assembleia geral, que veria, assim, tolhido ou pelo menos altamente dificultado o exercício do seu direito de destituir os administradores.

Não se aplica à deliberação de destituir o procedimento estabelecido na lei para aprovar em assembleia geral ação de responsabilidade contra administradores (art. 159). Em tal hipótese, há declaração de impedimento e imediata substituição do administrador. É, pois, uma *destituição qualificada* que requer procedimento formal, em virtude da gravidade da medida.

No entanto, quando se trata de destituição pura e simples, esta será eficaz independentemente de a matéria constar ou não da ordem do dia e da respectiva convocação. Pode, ainda, o assunto ser decidido em assembleia geral ordinária ou extraordinária.

Da mesma forma, deverá a assembleia geral proceder à substituição do administrador destituído independentemente de convocação ou de inclusão da matéria na ordem do dia. Consequentemente, não há necessidade de convocação especial para essa substituição.

DESTITUIÇÃO E SUBSTITUIÇÃO DE ADMINISTRADORES ELEITOS POR CLASSE, POR ACORDO OU PELA MINORIA — ART. 141

Os administradores eleitos pela minoria (art. 141)[153] ou por determinada classe (art. 16), ou, ainda, em virtude de acordo de acionistas, desde que sem caráter personalíssimo (art. 118)[154], são também demissíveis pela assembleia geral ou pelo próprio Conselho de Administração, em se tratando de diretores (art. 143). Para estes, no entanto, não valem as regras de destituição sem justa causa aplicáveis aos administradores eleitos pelos controladores.

Ainda que não se possa falar propriamente em demissão por justa causa, como ocorre nos direitos francês, alemão e norte-americano, a demissão, na hipótese, deve ser fundada em fatos que demonstrem negligência ou inaptidão para o exercício da função, consoante os critérios enunciados na lei, para o efeito de remuneração (art. 152). Se a causa for conduta culposa, dolosa ou com violação expressa de lei ou do estatuto, a destituição há de ser judicial ou arbitral.

---

153 *V.* comentários ao art. 141. AI 8.775, Rel. Des. Anselmo Cerello, 4ª Câm. Cív. do TJSC, j. em 25-8-1994.

154 *V.* comentários ao art. 118 e *RT*, 706/84 e TJRS, AI 70.001.191.741, Rel. Des. Fernando Henning Jr., j. em 7-11-2000.

Essa destituição, nos casos de negligência ou inaptidão, é da competência da assembleia geral ou do Conselho de Administração, para os diretores (arts. 121 e 138), prevalecendo o voto dos controladores (art. 116), muito embora esses administradores tenham sido eleitos em separado, conforme determinação legal ou estatutária[155].

Prevalece, na hipótese, o interesse social. Por outro lado, a substituição do destituído, em tais casos, far-se-á pelo processo de eleição estabelecido na lei, no estatuto ou no acordo de acionistas (art. 118).

A eleição do substituto será feita em separado pelo grupo de acionistas interessados ou, então, pela própria assembleia geral ou Conselho de Administração, rigorosamente de acordo com a nova indicação feita por aquele grupo (arts. 16, 18, 118 e 141)[156].

Não poderá, portanto, a assembleia geral, ao destituir o administrador, na hipótese, deixar de eleger o substituto rigorosamente de acordo com a lei (art. 141), com o estatuto (arts. 16 e 18) ou com o acordo de acionistas (art. 118), sob pena de infringirem os arts. 115 e 117 todos os acionistas que contribuírem para esse cerceamento de direito de minoria, classe, ou acordantes. No caso de destituição seguida do procedimento previsto no art. 159, o acordo de acionistas não prevalecerá para o efeito de eleição do substituto, por presumir-se rescindida a avença, em face da perda de confiança e boa-fé[157].

DELIBERAÇÃO SOBRE CONTAS E DEMONSTRAÇÕES FINANCEIRAS — INCISO III

É de importância fundamental a competência da assembleia geral para deliberar sobre demonstrações financeiras do exercício e tomar as contas dos administradores. Trata-se de competência não propriamente exclusiva, na medida em que compete ao Conselho de Administração, nas companhias que o possuem, manifestar-se sobre tais documentos (art. 142)[158].

É atribuição precípua e indeclinável do Conselho de Administração convocar a assembleia geral que tiver como matéria a tomada de contas e aprovação das demonstrações financeiras (arts. 123 e 142).

---

155 *V.* comentários ao art. 118.

156 *V.* comentários ao art. 118.

157 *V.* comentários ao art. 118.

158 *V.* comentários ao art. 142. Sobre a desnecessidade de manifestação do Conselho de Administração em companhias fechadas, *vide* AC 326.434-4/2-00, Rel. Des. Jacobina Rebello, 4ª Câm. Cív. do TJSP, j. em 1º-4-2004.

Se não houver Conselho de Administração, caberá à própria diretoria, originariamente, essa atribuição. Não cumprindo ela esse dever, qualquer acionista ou o Conselho Fiscal poderão fazê-lo (arts. 117, 123 e 163)[159 e 160].

A lei marca prazo para apresentação dessas contas e das demonstrações financeiras do exercício, como seja, o primeiro quadrimestre seguinte ao término do exercício social. Se não for obedecido o prazo ou deixar de haver a convocação regular da assembleia ordinária, a competência deliberativa, na espécie, continuará sendo da assembleia geral ordinária, uma vez que esta, diferentemente da Lei de 1940, tem competência *ratione materiae* e não mais *ratio temporis* (art. 131).

Em todo o caso, será considerada infringência de deveres dos administradores a apresentação extemporânea das contas e demonstrações financeiras (art. 153). E a não aprovação das contas da administração constitui fato gravíssimo que implica o dever indeclinável da assembleia geral de destituir os administradores, a todos ou a alguns, conforme a competência estatutária (art. 158). Se não o fizerem, os acionistas cujo voto prevalecer serão responsabilizados por conivência ou conluio (art. 115), principalmente os controladores (art. 117).

Da mesma forma, serão responsabilizados os acionistas que aprovarem contas irregulares de administradores, sejam os controladores, sejam aqueles que se reunirem a estes para tal fim (arts. 115 e 117).

Por outro lado, o acionista que for administrador não poderá pessoalmente votar na tomada de suas próprias contas, por ocorrer, na espécie, conflito formal de interesse (art. 115).

---

159 *V.* comentários ao art. 163.

160 A jurisprudência, no entanto, não é pacífica: AC 69.007-1 — Lençóis Paulista, j. de 19-2-1986 (col. Nelson Eizirik, *Sociedades anônimas — Jurisprudência*, Rio de Janeiro, Renovar, 1966, p. 612): "... só à assembleia geral da empresa-autora é que compete, *privativamente*, tomar, anualmente, as contas dos administradores e deliberar sobre as demonstrações financeiras por eles apresentadas (art. 122 da Lei n. 6.404, de 1976), não estando entre os direitos dos acionistas o de pedir contas, como decorre do enunciado dos arts. 109 e 123, ambos da referida lei. Por isso, como já se concluiu na Col. Câmara Civil, em acórdão de lavra do hoje Min. Sydney Sanches, do exame conjunto de tais dispositivos vê-se, pois, 'que não cabe a qualquer acionista exigir diretamente da diretoria de sociedade anônima a prestação de contas da administração', como ocorria no tempo da legislação anterior e ainda persiste na atual, tudo conforme magistério de Pontes de Miranda e, agora, de Rubens Requião, citados no referido acórdão" (cf. ac. un. em 8-2-1983 na AC 28.172-1, *RTJSP*, Ed. Lex, *83*:168).

EMISSÃO DE DEBÊNTURES — INCISO IV

Ainda que a emissão de debêntures seja da competência privativa da assembleia geral, por força das disposições contidas na Lei n. 12.431, de 2011[161], a lei prevê a competência concorrente do Conselho de Administração (art. 59), mantido o regime de delegação estatutária de poderes para a efetivação dessa medida àquele órgão de companhia aberta (art. 59).

Assim, nas companhias abertas, o Conselho de Administração pode deliberar sobre a emissão de debêntures não conversíveis em ações, salvo disposição estatutária em contrário, conforme literalmente dispõe o § 1º do art. 59.

Ademais, pode o estatuto da companhia aberta com capital autorizado autorizar o Conselho de Administração a deliberar sobre a emissão de debêntures conversíveis em ações, consoante o § 2º do art. 59.

Por outro lado, pode a assembleia geral simplesmente autorizar a emissão de debêntures, delegando ao Conselho de Administração a deliberação sobre a *oportunidade* da emissão, a época e as condições de vencimento, amortização ou resgate e, ainda, sobre a época e as condições do pagamento dos juros, da participação nos lucros e do prêmio de reembolso, se houver, e, finalmente, sobre o modo de subscrição ou colocação e o tipo das debêntures (§ 4º do art. 59).

O fundamento da competência originária da assembleia geral, embora concorrente e delegável, de *autorizar* a emissão de debêntures (art. 59), está em que tais valores representam um capital complementar de terceiros, que acarreta um endividamento da companhia[162], com repercussões no patrimônio social e na distribuição de dividendos aos acionistas.

Trata-se a debênture de forma singular de empréstimo lançado fracionariamente, em partes iguais, junto ao público, representado por valores mobiliários negociáveis.

Assim, mesmo que o estatuto já preveja a emissão desses títulos, é indispensável a autorização da assembleia geral para a sua emissão, podendo, no entanto, o Conselho de Administração também exercer essa competência nos casos previstos na lei (art. 59).

Por outro lado, não há necessidade de quórum especial para a deliberação da assembleia geral que autoriza a emissão de debêntures, como ocorria na vigência do Decreto-Lei n. 2.627, de 1940[163].

---

161 *V.* comentários ao art. 59.
162 Cunha Peixoto, *Sociedades por ações*, cit., v. 3, p. 22.
163 Art. 105.

A lei vigente dedica todo o seu Capítulo V (arts. 52 a 74) à regulação desses valores, que antes eram disciplinados por outras leis[164].

SUSPENSÃO DO EXERCÍCIO DE DIREITOS — INCISO V

A suspensão do exercício de direitos de acionista (art. 120)[165] é da competência exclusiva e inderrogável da assembleia geral. Dessa forma, não poderá ser delegada ao Conselho de Administração ou a qualquer outro órgão da companhia (art. 139).

E, mesmo que o estatuto enumere as hipóteses de suspensão, esta somente poderá prevalecer mediante deliberação eficaz da assembleia geral, em cada caso específico[166].

Será, portanto, nula a autorização estatutária para que a administração suspenda automaticamente o exercício de direitos do acionista, mesmo no caso de mora na integralização de ações subscritas (arts. 106 e 107)[167].

AVALIAÇÃO DE BENS — INCISO VI

A competência da assembleia geral para deliberar sobre a avaliação de bens (arts. 8º, 9º e 10) refere-se às hipóteses de aumento de capital (art. 170), pois, na constituição da companhia, não há reunião de acionistas, mas, sim, assembleia de subscritores[168].

A diferença entre um e outro conclave é significativa. Isso porque, na assembleia de subscritores, votam todos eles, independentemente da espécie ou classe das ações que subscreveram, cabendo a cada uma delas um voto (art. 87).

Entretanto, na assembleia de constituição, como também nas assembleias gerais de aumento, não poderão votar os acionistas que subscreveram o capital mediante conferência de bens, por haver conflito formal de interesses (arts. 8º e 115).

EMISSÃO DE PARTES BENEFICIÁRIAS — INCISO VII

A competência da assembleia geral para autorizar nas

---

164 Decreto n. 177-A, de 1893; Decreto-Lei n. 781, de 1938.

165 *V.* comentários ao art. 120.

166 *V.* Parecer de Orientação CVM n. 36, de 2009 (fim do rodapé).

167 Cunha Peixoto, *Sociedades por ações*, cit., v. 3, p. 22.

168 Cunha Peixoto, *Sociedades por ações*, cit., v. 3, p. 28.

companhias fechadas a emissão de partes beneficiárias (arts. 47 e 51)[169] fundamenta-se no fato de que estas podem acarretar à diminuição patrimonial dos acionistas no tocante aos dividendos[170].

Convém lembrar que o art. 47, com a redação trazida pela Lei n. 10.303, eliminou a faculdade de emissão de partes beneficiárias nas companhias abertas.

Para que haja modificação ou redução das vantagens conferidas às partes beneficiárias emitidas pelas companhias fechadas, a assembleia geral somente poderá deliberar eficazmente quando tal medida for aprovada pela metade, no mínimo, dos seus titulares, reunidos em *assembleia especial* (art. 51).

Cumpre ressaltar que, na emissão de partes beneficiárias feita gratuitamente, os acionistas interessados não poderão votar, por manifesto conflito formal de interesses (art. 115). Não há, entretanto, direito de recesso do acionista dissidente da emissão de partes beneficiárias.

TRANSFORMAÇÃO, FUSÃO, INCORPORAÇÃO, CISÃO E DISSOLUÇÃO DA COMPANHIA — INCISO VIII

A Lei de 1940 não incluía na competência da assembleia geral deliberar sobre a transformação. Essa lacuna foi preenchida pela Lei de 1976, pois não há matéria mais própria para deliberação da assembleia geral do que essa.

A lei vigente, como a anterior (1940)[171], exige o consentimento unânime dos acionistas para a transformação da companhia em outra forma societária, salvo se prevista no estatuto tal eventualidade, hipótese em que o acionista dissidente terá direito de recesso (art. 221).

Idêntica competência privativa, indelegável e inderrogável tem a assembleia geral para deliberar sobre fusão, incorporação e cisão da companhia.

Em todas essas operações, cabe ao acionista dissidente o direito de retirada, se discordar da deliberação da assembleia geral (arts. 137 e 230)[172 e 173].

---

169 *V.* comentários ao art. 47.

170 A lei anterior incluía a hipótese em um contexto mais amplo, exigindo que a assembleia geral deliberasse acerca de *concessão de quaisquer vantagens* em benefício de fundadores, acionistas ou terceiros.

171 Art. 150 do Decreto-Lei n. 2.627, de 1940.

172 *V.* comentários ao art. 137.

173 *V.* comentários aos arts. 45 e 109.

Para a deliberação eficaz da assembleia geral, no tocante à fusão, cisão ou incorporação da companhia em outra, a lei exige quórum especial (art. 136). Também nas deliberações referentes à dissolução e liquidação, a lei determina quórum especial (arts. 136 e 206)[174].

Já nas assembleias gerais de companhia em liquidação, todas as ações gozam de igual direito de voto, sendo ineficazes as restrições e limitações porventura existentes em relação às ações ordinárias ou preferenciais (art. 213).

FALÊNCIA E RECUPERAÇÃO DE EMPRESAS (LEI N. 11.101, DE 2005 — INCISO IX)

A Lei de 1976 delega, em caso de urgência, aos controladores, por intermédio da representação dos administradores, a confissão da falência ou o requerimento de recuperação judicial ou a proposta de recuperação extrajudicial.

A competência da assembleia geral, no caso, será *a posteriori* e, portanto, homologatória, não obstante poder adentrar no mérito dos atos praticados pelos administradores na execução da vontade dos controladores, que no caso são os gestores legais da companhia.

É evidente que, sendo a maioria deliberativa da assembleia geral formada pelos próprios controladores, impossível seria imaginar a hipótese de não ratificação do pedido de recuperação. A não ser que, consoante orientação predominante em nossa jurisprudência, a companhia desistisse do pedido. Para isso, a ratificação da desistência pela assembleia geral seria eficaz.

Na assembleia geral de ratificação da desistência, poderão os minoritários arguir a responsabilidade dos controladores e dos administradores pela eventual precipitação da medida, seja confissão de falência, seja pedido de recuperação. Poderão, ainda, arguir as irregularidades que levaram à propositura da medida, mesmo que esta se tivesse tornado inevitável. Tudo para o efeito de promover a ação de responsabilidade cabível (arts. 117, 158 e 159).

OS PRINCÍPIOS NORTEADORES DA LEI N. 11.101, DE 2005

A Lei de Falências revogada (Decreto-Lei n. 7.661, de 21-6-1945) previa o instituto da concordata preventiva, que consistia em um

---

174 *V.* comentários ao art. 136.

favor legal concedido pelo Poder Judiciário para aqueles empresários que se encontrassem em situação de *crise financeira*.

Tratava-se de uma verdadeira "moratória legal", concedida pelo período de 2 anos e que, geralmente, estendia-se por mais tempo sem qualquer pagamento aos credores, finalizando muitas vezes com a inevitável decretação da quebra.

Com a edição da lei (Lei n. 11.101, de 9-2-2005), em lugar da vetusta concordata preventiva, o legislador disponibilizou institutos para a efetiva recuperação da empresa e a superação de crises *econômico-financeiras*. São eles a recuperação judicial e a extrajudicial.

Nesse ponto reside a significativa diferença entre o regime anterior e o atual. Isso porque crise *econômico-financeira* significa que, além de o empresário não possuir liquidez suficiente para saldar suas dívidas naquele momento, precisa realizar grandes ajustes nos negócios.

Pode parecer, à primeira vista, pequena e irrelevante tal diferença. Entretanto, enquanto na concordata só havia o favor legal, ampliando o prazo de pagamento das dívidas, no agora instituto da recuperação encontram-se instrumentos financeiros, administrativos e jurídicos que podem ser empregados na empresa, possibilitando, além da postergação do vencimento das suas dívidas, reais possibilidades de recuperação do negócio.

Todo o sistema legal foi significativamente alterado, na medida em que, pelo anterior, o sacrifício imposto aos credores já vinha definido pelo legislador e era de *escolha unilateral do devedor* (prazo de pagamento e correção dos valores com juros de até 12% a.a.), enquanto na *recuperação* o sacrifício será delimitado pelo plano de *recuperação*, que impõe a efetiva *concordância e participação dos credores*.

Assim, no instituto da recuperação *extrajudicial* verifica-se um modelo mais flexível que visa a negociar os interesses dos mais relevantes credores. Já na recuperação *judicial*, há um processo formal e controlado pelo Poder Judiciário, em que os credores devem aprovar um plano de recuperação apresentado pelo devedor dentro do regime de comunhão de interesses (prevalência da vontade da maioria dos credores).

Por outro lado, enquanto a antiga concordata surtia efeitos apenas em relação aos credores quirografários (portadores de títulos de crédito sem garantias), a *recuperação* sujeita a todos os credores que aderirem ao plano, inclusive os credores trabalhistas e com garantias.

Ademais, na concordata era definido prazo fatal para o encerramento do favor legal (2 anos), sob pena de decretação da quebra da empresa. Já na recuperação, o prazo e os demais atos de acompanhamento das atividades da empresa são livremente definidos no plano, não havendo qualquer limitação temporal legalmente definida.

Como se isso não bastasse, o legislador, a fim de fomentar as atividades da empresa em crise, criou meios para que os credores continuem a disponibilizar linhas de crédito. Neste caso, terão os fornecedores preferência na ordem de recebimento dos créditos. São os denominados *créditos extraconcursais*. Na antiga concordata os fornecimentos por parte dos credores não gozavam de qualquer garantia de recebimento, o que dificultava a recuperação da empresa em função da necessidade de pagamentos à vista.

De grande importância, também, foi a abertura da possibilidade de convite aos credores para a renegociação das dívidas, no âmbito da recuperação *extrajudicial*, não implicando tal providência qualquer risco para a empresa devedora. Tudo isso porque, sob a égide da Lei falimentar antiga, a simples convocação dos credores para renegociações caracterizava o denominado ato de falência, ensejador automático da quebra.

Por tudo isso, verifica-se que terá acesso à recuperação a empresa cuja atividade econômica possa ser efetivamente organizada por meio do plano aprovado pelos credores (existência de real viabilidade econômica), evitando que, tal como ocorria na antiga concordata, o novo instituto passe a ser utilizado para prática de fraudes contra os credores e o esvaziamento da empresa devedora, como preparação da falência.

Isto posto, a vigente Lei de Falências e Recuperação de Empresas representa uma concreta perspectiva de tratamento positivo das crises econômico-financeiras das empresas, pois procura, sempre que possível, evitar o desaparecimento de unidades produtivas.

A razão de seu surgimento está expressa no art. 47: "A recuperação judicial tem por objetivo viabilizar a superação da situação de crise econômico-financeira do devedor, a fim de permitir a manutenção da fonte produtora, do emprego dos trabalhadores e dos interesses dos credores, promovendo, assim, a preservação da empresa, sua função social e o estímulo à atividade econômica".

Não obstante esse princípio da conservação da empresa, não se pode adotar um mecanismo indiscriminado para manter qualquer atividade econômica. A experiência mostra que a extinta concordata preventiva era, muitas vezes, ajuizada justamente para preparar a empresa para o processo falimentar. Logo, a afirmação, até hoje tida como verdadeira, de que "ninguém ganha com a falência" é relativa. Isso porque, no presente regime normativo, a rápida liquidação da empresa pode ser benéfica à comunidade.

O art. 75 da vigente Lei de Falências confirma esse entendimento: "A falência, ao promover o afastamento do devedor de suas atividades, visa a preservar e otimizar a utilização produtiva dos bens, ativos e recursos produtivos, inclusive os intangíveis, da empresa".

Portanto, deve-se ter em mente que a recuperação só será oportuna se os custos sociais e econômicos com a conservação da empresa forem menores do que sua rápida liquidação. Desse modo, somente a real viabilidade econômica da empresa em dificuldade pode legitimar a aplicação de um plano visando à sua recuperação.

Na busca dessa percepção do que é melhor para a salvação da unidade produtiva em jogo, os credores e a magistratura têm papel fundamental. Aos primeiros cabe atuar ativamente no processo. Por sua vez, espera-se que os juízes adotem sempre, no encaminhamento do processo, os princípios da função social dos contratos e da boa-fé objetiva, estabelecidos nos arts. 421 e 422 do Código Civil.

Assim é que, em face do relevante interesse público que a preservação da atividade econômica organizada ostenta, a atuação do juiz no processo deverá ser fundada no referido art. 47 da vigente Lei de quebras, no seu amplo alcance. Essa conduta construtiva impõe-se em face dos arts. 6º, § 4º, 49 e 161 daquele Diploma, que permitem ao credor com garantias executar seus créditos, desde que ultrapassados os 6 meses do processamento de recuperação judicial (*stay period*).

Dessa forma, todos os bens e contratos da empresa em crise que forem objeto de arrendamento mercantil (*leasing*), alienação fiduciária, reserva de domínio ou adiantamento de contrato de câmbio não serão obrigatoriamente incluídos na recuperação e poderão ser executados livremente após os 180 (cento e oitenta) dias.

A Lei de Falências permite que tais credores com garantias escolham entre a submissão ou não ao procedimento de recuperação. Se não o fizerem, certamente a recuperação será inviável, na medida em que os equipamentos, maquinários e veículos com os quais a empresa trabalha poderão ser dela rapidamente retirados.

Daí a prevalência do referido art. 47 da Lei 11.101, de 2005, que visa a preservar "a manutenção da fonte produtora, do emprego dos trabalhadores e dos interesses dos credores", o que demanda uma atuação efetiva do Poder Judiciário, a fim de, até mesmo, suspender a execução de garantias vinculadas aos empréstimos e contratos financeiros, desde que essa suspensão seja imprescindível para a recuperação da empresa em crise.

Existe, com efeito, uma contradição entre a finalidade da vigente Lei de 2005 e alguns de seus artigos que privilegiam determinados credores. Espera-se que tal conflito seja resolvido pela jurisprudência.

Ademais, deve sempre ser levado em conta o regime de *comunhão de interesses* dos credores adotado por aquele Diploma, fazendo com que a vontade da maioria prevaleça sobre a minoria, sempre visando ao bem maior do interesse coletivo da preservação da empresa, em face do direito individual de crédito envolvido na recuperação ou na falência.

REQUISITOS E EFEITOS DA RECUPERAÇÃO JUDICIAL — ARTS. 47 A 72 DA LEI N. 11. 101/2005

A recuperação judicial é providência destinada a sanear a crise econômica ou financeira da empresa, para, assim, mantê-la como fonte produtora de riquezas, pagadora de tributos e geradora de empregos, salvaguardando o interesse dos credores e, ao mesmo tempo, a sua função socioeconômica na comunidade em que atua.

De acordo com o *caput* do art. 49 da vigente Lei de Falências, estariam sujeitos à recuperação judicial *todos* os credores anteriores à data do respectivo pedido.

Porém, não é bem assim. Os parágrafos desse mesmo art. 49 excluem dos efeitos da recuperação judicial os créditos decorrentes de *contratos* de (I) alienação fiduciária, de *leasing* e os com reserva de domínio; os decorrentes de contratos de (II) compra e venda de imóveis; (III) os bancários por adiantamento de contrato de câmbio para exportação; (IV) os trabalhistas ou por acidentes do trabalho; (V) os tributários; e (VI) os garantidos por penhor.

Assim, esses credores, excluídos dos efeitos da recuperação judicial, podem continuar exercendo seus direitos reais e contratuais perante a devedora. Entretanto, durante os 180 dias do processamento do pedido (*stay period*), esses credores privilegiados não poderão realizar qualquer venda ou retirada de bens de capital essenciais à atividade do devedor, ou seja, não poderão executar os seus créditos no período.

Essa exclusão da recuperação judicial, para esses credores especiais, no entanto, não impede que eles se vinculem *voluntariamente* aos seus efeitos.

Verifica-se, portanto, que é a aprovação do denominado plano de recuperação que *livremente* definirá quais créditos anteriores ao pedido terão sua exigibilidade suspensa, bem como qual será a forma e o prazo de pagamento, sempre com maior ou menor flexibilidade para a adequação a cada caso. Até mesmo porque o plano de recuperação será aprovado pelos *credores*, não sendo mais uma prerrogativa exclusiva do juiz, como ocorria na concordata.

Por outro lado, os créditos que se constituírem *após* o devedor ter ingressado em juízo com o pedido estão isentos dos seus efeitos e não poderão ser atingidos ou novados pelo plano de recuperação judicial apresentado.

Pelo contrário, esses credores, *posteriores* ao pedido, ao contribuírem para o reerguimento da empresa em crise, terão seus créditos reclassificados para cima em caso de suceder a falência, entrando na categoria dos denominados extraconcursais.

Logo, a ampla participação dos credores anteriores e posteriores ao pedido de recuperação judicial mostra-se positiva, na medida em que possibilita a consistente recuperação da empresa, que passa a contar com amplo apoio, mesmo daqueles que legalmente não seriam por ela atingidos.

No que diz respeito aos requisitos para o ajuizamento e a viabilidade do processamento da recuperação judicial, é indispensável a análise, pelos credores, dos seguintes fatores: (I) importância socioeconômica e tempo de existência da empresa; (II) características da mão de obra e da tecnologia empregadas; (III) desempenho da administração como um todo e de cada diretor, isoladamente; (IV) fluxo de caixa a valor presente e futuro, volume do faturamento líquido, ativo e passivo, bem como nível de endividamento.

Dessa forma, cabe aos credores examinar a viabilidade da empresa, não podendo deixar de considerar as condições econômicas a partir das quais será possível programar o reerguimento do negócio, tendo em conta a sua relevância comunitária.

Assim é que, para merecer a recuperação judicial, a sociedade empresária deve reunir dois atributos essenciais: *ter potencial econômico para reerguer-se* e *revestir-se de importância socioeconômica.*

Não basta que haja consistência do plano de reorganização sob o ponto de vista técnico-jurídico. Deve ser demonstrado que a recuperação judicial é importante para a economia, sobretudo local, ou mesmo regional, ou ainda nacional, para que aquela empresa se reorganize, e volte a, no futuro, atuar com plena capacidade financeira e econômica.

RECUPERAÇÃO EXTRAJUDICIAL — ARTS. 161 A 167 DA LEI N. 11.101, DE 2005

A *recuperação extrajudicial* é a mais benéfica inovação trazida pela vigente Lei de Falências e Recuperação. Consiste na possibilidade legal concedida ao devedor em situação de crise de, espontaneamente, convocar seus credores para oferecer-lhes forma de composição para pagamento dos valores devidos. Trata-se, com efeito, da legalização da antiga "concordata branca", que era vedada na revogada Lei de Falências, ao caracterizar a convocação dos credores para renegociação das dívidas como ato de falência, acarretando, por si só, a quebra (LF, art. 2º, III).

Por mais que a "concordata branca" — não obstante a sua proibição legal — fosse largamente praticada por empresas brasileiras em dificuldades, é de grande importância a abertura, agora, da possibilidade legal de convocação dos credores para a renegociação das dívidas, não acarretando mais tal iniciativa qualquer risco para a empresa devedora, nos termos do art. 161 da lei vigente.

A recuperação extrajudicial veio, assim, regulamentar e ampliar a possibilidade do devedor — cuja empresa esteja em dificuldade econômica ou financeira — diretamente convocar seus credores para buscar soluções, sem necessidade, portanto, de ingresso judicial de pedido de recuperação.

Essa negociação direta entre devedor e credores será traduzida em um plano de recuperação, de natureza contratual e não judicial, e que estabelecerá as condições acordadas pelas partes.

Negociadas livremente as condições do plano de recuperação extrajudicial e firmado o respectivo contrato, os credores signatários ficam irrevogavelmente vinculados, devendo respeitar as suas condições. Por outro lado, em caso de descumprimento pelo devedor do plano de recuperação extrajudicial, poderá ele ser executado, podendo daí, até mesmo, resultar a sua falência.

Pode ainda o devedor, se quiser, requerer a homologação judicial do plano de recuperação extrajudicial. Essa homologação judicial pode interessar ao devedor, na medida em que, ao ser deferida, vinculará outros credores que efetivamente negociaram mais que optaram por rejeitar a proposta (dissidentes).

No entanto, para a ocorrência da vinculação dos credores dissidentes, deverá o plano de recuperação extrajudicial ser aprovado por credores que representem mais de 3/5 dos créditos de determinada *espécie*.

Aqui também prevalece o regime de comunhão de interesses, ou seja, a prevalência da vontade da maioria qualificada dos credores sobre aquela dos dissidentes. Já aqueles credores que nem sequer foram convocados ou não compareceram à reunião, não sofrerão qualquer limitação em seus direitos.

Importante ressaltar que somente a recuperação extrajudicial *com homologação em juízo* impõe esse requisito de maioria qualificada, entre outros. Por outro lado, a recuperação extrajudicial, sem homologação, pode ser feita a qualquer momento ou se dar por qualquer meio, traduzida por concessões de prazo, abatimentos, dações em pagamento, entre outras medidas.

Entre os benéficos efeitos da homologação *em juízo* da recuperação extrajudicial contratada, destacamos: (I) a constituição de título executivo judicial das dívidas incluídas, e, assim, a possibilidade de sua execução; (II) a atribuição de publicidade e oficialidade ao processo de recuperação; (III) a suspensão das ações e execuções em andamento, impossibilitando o pedido de falência dos credores sujeitos ao plano; (IV) a impossibilidade de os credores que aderiram ao plano extrajudicial desistirem da adesão, marcando, assim, o cunho contratual do vínculo, bem como (V) a possibilidade de inclusão (submissão) dos credores dissidentes, que não acataram a proposta de recuperação extrajudicial, se tiver ela sido aceita por 3/5 dos credores da mesma espécie, como referido.

Desse modo, fica claro que o legislador atribuiu aos devedores/credores a livre e direta negociação dos seus débitos/créditos, em substituição à extinta concordata preventiva, instituto em desacordo com as atuais práticas de mercado e, na maioria das vezes, insuficiente ou incapaz de reerguer a empresa.

Portanto, a recuperação extrajudicial, diante da atual realidade econômica brasileira, constitui alternativa viável para a efetiva recuperação da empresa, sem necessidade de intervenção judicial, que, livremente, poderá ou não ser utilizada, em caráter ratificatório e não decisório.

COMPETÊNCIA PARA CONVOCAÇÃO

> *Art. 123. Compete ao conselho de administração, se houver, ou aos diretores, observado o disposto no estatuto, convocar a assembleia geral.*
>
> *Parágrafo único. A assembleia geral pode também ser convocada:*
>
> *a) pelo conselho fiscal, nos casos previstos no n. V do art. 163;*
>
> *b) por qualquer acionista, quando os administradores retardarem, por mais de 60 (sessenta) dias, a convocação, nos casos previstos em lei ou no estatuto;*
>
> *c) por acionistas que representem 5% (cinco por cento), no mínimo, do capital social, quando os administradores não atenderem, no prazo de 8 (oito) dias, a pedido de convocação que apresentarem, devidamente fundamentado, com indicação das matérias a serem tratadas;*
>
> • *Alínea c com redação dada pela Lei n. 9.457, de 5 de maio de 1997.*
>
> *d) por acionistas que representem 5% (cinco por cento), no mínimo, do capital votante, ou 5% (cinco por cento), no mínimo, dos acionistas sem direito a voto, quando os administradores não atenderem, no prazo de 8 (oito) dias, a pedido de convocação de assembleia para instalação do conselho fiscal.*

• *Alínea* d *acrescentada pela Lei n. 9.457, de 5 de maio de 1997.*

LEI DE 1940

O Decreto-Lei n. 2.627, de 1940, regulava a matéria em seu art. 89, fazendo-o de maneira quase idêntica. Evidentemente, falava de competência originária de convocação da *diretoria*, já que não previa aquele Diploma o conselho de administração.

Reconhecia, assim, à diretoria o caráter de *órgão colegiado*, para o efeito de proceder à convocação das assembleias gerais.

Apenas algumas modificações técnicas foram introduzidas pela Lei n. 6.404, de 1976, ao regular a matéria.

LEI N. 6.404, DE 1976

A Lei vigente, de 1976 explicita melhor a competência originária dos órgãos da administração, que é plena para todas as hipóteses. Isso quer dizer que a convocação deverá ser feita de acordo com a lei e o estatuto, mas não apenas nos casos ali especificamente previstos. Também nas ocasiões excepcionais e por motivos relevantes, não capitulados na lei interna da companhia, cabe aos órgãos da administração convocar a assembleia geral, como no caso de instalação requerida pelo conselho fiscal.

A Lei n. 6.404, de 1976, estabelecia, originariamente, que para o acionista poder convocar a assembleia em nome próprio e não no da companhia necessitava ser titular de 5% ou mais do capital votante. A lei anterior, de 1940, determinava o percentual de 1/5 do capital social, podendo nele incluir-se também as ações sem direito a voto.

Quanto ao mais, a Lei de 1976 apenas adaptou a norma do direito anterior à nova estrutura de organização interna da companhia, atribuindo a competência originária ao conselho de administração. Inexistindo este, a atribuição é dos *diretores* e não mais da *diretoria*, como mencionava o Decreto-Lei n. 2.627, de 1940. Com essa modificação semântica, tentou o legislador de 1976 dar caráter não colegial à diretoria, o que não vingou em face do que dispõe o § 2º do art. 143.

LEI N. 9.457, DE 1997

O legislador de 1997 alterou a letra *c* do presente artigo para dispor que será legítima a autoconvocação da assembleia não mais por acionistas que representem 5%, no mínimo, *do capital votante*, mas por acionistas que representem 5%, no mínimo, *do capital social*.

Acrescenta o Diploma de 1997, ademais, a letra *d* para dar especial competência aos acionistas com 5% do capital votante e o mesmo percentual do capital sem direito a voto, para autoconvocarem assembleia para instalação do conselho fiscal.

Usou o legislador de 1997 dois critérios. Na letra *c* exige 5% do capital votante, tanto para os preferencialistas como para os ordinaristas, o que, evidentemente, é gravoso para os titulares de uma e de outra espécie. Na redação da Lei n. 6.404, de 1976, o direito era restrito aos ordinaristas, mas estes poderiam contar com o sempre menor percentual de ações votantes, *vis-à-vis* às preferenciais, para alcançar o mínimo que lhes dava legitimidade de autoconvocação.

Assim, numa companhia com apenas 1/3 de ordinárias (art. 15) — como habitualmente ocorre com as companhias abertas constituídas antes da vigência da Lei n. 10.303, de 2001 (art. 15, c/c o art. 8º desse diploma) —, bastava aos minoritários alcançar apenas 5% desse diminuto capital votante para ter a legitimidade. Já agora os ordinaristas deverão, num capital de 100, possuir 5% de todo o capital, o que se torna gravoso, dificultando, assim, que exerçam a prerrogativa de autoconvocação que o dispositivo anterior de 1976 lhes facultava com maior possibilidade.

Com referência às preferenciais, o legislador de 1976, ao outorgar-lhes legitimidade, o fez também de maneira gravosa, embora com menor intensidade, na medida em que o pressuposto nas companhias abertas constituídas antes da vigência da Lei n. 10.303, de 2001 (art. 15, c/c o art. 8º desse diploma), é que o capital seja de 1/3, 2/3. Assim, para os preferencialistas, o encargo de acrescentar às suas ações também as ordinárias cria uma relação percentual mais exequível, embora também onerosa, numa situação corrente de divisão do capital em 1/3, 2/3 (art. 15).

Daí resulta que o despreparado legislador de 1997 dificultou enormemente o direito de autoconvocação dos ordinaristas, em face da Lei de 1976, não obstante a evidência de que desejava ampliar essa legitimidade. Faltou ao legislador uma noção sistemática da Lei Societária ou maior aptidão aritmética.

Já com referência à legitimidade para autoconvocação de assembleia para instalação de conselho fiscal, o legislador de 1997 adotou o critério correto, respeitando a natureza dos direitos de cada espécie e os limites de emissão de cada uma.

Assim, os ordinaristas necessitam apenas de 5% das emitidas ações de sua classe, ou seja, geralmente sobre 1/3 do capital social (art. 15). E os preferencialistas deverão ostentar o percentual de 5% sobre a sua espécie, geralmente 2/3 do capital social.

Fica evidente que o ônus de legitimidade dos preferencialistas é maior, sobretudo pela dispersão dos titulares de preferenciais. Não obstante, trata-se de uma extensão de direitos aos preferencialistas, ainda que de difícil exercício.

Resta a possibilidade de ser o percentual do capital social reduzido para os fins de autoconvocação, nas companhias abertas, pela Comissão de Valores Mobiliários. E também nas companhias fechadas poderá o estatuto estabelecer um percentual mais reduzido, como mencionado adiante.

INSTALAÇÃO DO CONSELHO FISCAL — LEI DE 1997

O Diploma de 1997 expressa o direito já sistematicamente reconhecido da convocação, a todo tempo, de assembleia com o fim específico de instalar o conselho fiscal.

Assim o fez o legislador, não para criar um novo direito, mas, como referido, estender a legitimidade de autoconvocação aos preferencialistas, dentro dos requisitos percentuais ali estabelecidos. Os benefícios desse acréscimo das letras do art. 123 são evidentes, pois consagram o princípio de que o direito de pedir a instalação não se dá apenas em qualquer assembleia convocada pela administração, mas também de autoconvocação, a qualquer tempo, pelos acionistas não atendidos pela companhia.

NOÇÃO E REQUISITOS DE CONVOCAÇÃO

Convocação é a notificação pública (art. 289) dos acionistas para se reunirem em assembleia geral, a fim de deliberarem sobre assunto de interesse social[175].

Sob o ponto de vista subjetivo, deve ser entendida a convocação não como uma notificação, mas apenas como um convite, na medida em que o comparecimento do acionista ao conclave *não é dever*, porém direito individual e inderrogável (art. 125).

Objetivamente, no entanto, é uma notificação pública, uma vez que é meio pelo qual se dá ciência aos acionistas da reunião que irá realizar-se, a fim de que não possam, em qualquer hipótese ou sob qualquer pretexto,

---

175 Halperin, *Sociedades anónimas*, cit., p. 565.

alegar ignorância relativamente à realização do conclave e seus efeitos jurídicos.

Dois requisitos fundamentais devem ser cumpridos para a convocação eficaz da assembleia geral. Primeiro, é necessário que a medida seja de iniciativa de órgão ou de pessoa competente. Em segundo lugar, deverão ser cumpridos rigorosamente os procedimentos de publicidade e os demais previstos na lei (arts. 124 e 289)[176 e 177].

LEGITIMIDADE PARA CONVOCAÇÃO

Tendo como fundamento evitar a realização de assembleias gerais inúteis[178] e mesmo contrárias ao interesse social, a lei estabelece uma hierarquia de competências sucessivas para a convocação do conclave.

Há, assim, uma competência originária[179], que cabe aos órgãos da administração — conselho de administração —, ou, inexistindo este órgão, aos diretores. Caberá *substitutivamente* ao conselho fiscal convocar a assembleia geral *ordinária*, se os órgãos da administração retardarem por mais de um mês essa convocação (arts. 132 e 163). Atribui-se, também substitutivamente, a qualquer acionista a competência para convocar a assembleia geral *ordinária*, no caso de os administradores retardarem por mais de sessenta dias a sua convocação (art. 132)[180].

Também haverá competência substitutiva de qualquer acionista, para convocar assembleias *extraordinárias* previstas na lei, como, v. g., a que deve deliberar sobre incorporação de ações para constituição de subsidiária integral (art. 252) ou, então, as que devem ser realizadas para a formalização e conclusão de operações de fusão, incorporação ou cisão (art. 225).

Neste caso de assembleias extraordinárias não haverá preferência de ordem a favor do conselho fiscal, pois este tem competência substitutiva apenas para a convocação de assembleia geral *ordinária* (art. 163).

Caberá aos acionistas que representem, no mínimo, 5% do capital social a competência substitutiva para convocar o conclave, se não forem atendidos

---

176 *V.* comentários aos arts. 124 e 289.

177 Halperin, *Sociedades anónimas*, cit., p. 567.

178 Hemard, *Sociétés*, cit., v. 2, p. 7.

179 Miserocchi, L'assemblea, *Inchieste di Diritto Comparato*, 5(1):602.

180 *V. RT*, 676/102.

no pedido que fizerem aos administradores com respeito à assembleia geral *extraordinária*, tendo como objeto matéria de interesse relevante para a companhia.

E, finalmente, caberá aos acionistas que representem 5% do capital votante ou 5% do capital sem direito a voto proporem a convocação substitutiva da assembleia geral para instalação do conselho fiscal.

COMPETÊNCIA PRINCIPAL DO CONSELHO FISCAL

Além da competência substitutiva, no tocante à assembleia geral *ordinária*, tem o conselho fiscal competência originária para convocar assembleia geral *extraordinária*, quando julgar existirem motivos graves ou urgentes, de interesse social, que demandem a deliberação dos acionistas[181].

Trata-se, com efeito, de competência originária, pois a convocação, na espécie, independe de qualquer solicitação aos administradores. A convocação, neste caso, pode ser feita mesmo sem consulta aos órgãos da administração, aos controladores ou a qualquer acionista, pois tem como fundamento a gravidade ou a urgência da matéria, constatada no exercício das funções do órgão fiscalizador.

A consulta prévia aos administradores seria inconciliável com o caráter de gravidade da matéria, uma vez que se pressupõe que ela está ligada a atividades daqueles e, eventualmente, dos controladores, que poderiam, dessa forma, cercear ou procrastinar a convocação.

CONVOCAÇÃO ESPONTÂNEA E PROVOCADA

Outra classificação que se pode fazer no capítulo das competências é a da convocação *espontânea* e *provocada*. Será *espontânea* a convocação quando feita por iniciativa dos próprios administradores ou do conselho fiscal, em se tratando de reunião extraordinária (art. 163).

Essa convocação espontânea poderá referir-se ao cumprimento de exigências legais ou estatutárias, como também em virtude de relevantes motivos que recomendem a realização da assembleia geral.

---

181 A propósito da competência do Conselho Fiscal de sociedade desprovida de Conselho de Administração para a convocação de assembleia geral a fim de eleger diretores em substituição a diretores afastados por decisão judicial, *v.* TJSC, AI 9.467, Rel. Des. Alcides Aguiar, j. em 24-4-1996.

Será a convocação *provocada* quando se der não por iniciativa dos órgãos da administração ou fiscal, mas por solicitação dos acionistas aos administradores.

Neste caso, havendo atendimento por parte dos administradores, deverá ser inserida na convocação a circunstância de que esta está sendo feita a pedido dos acionistas, na forma da lei[182].

FUNDAMENTO DA CONVOCAÇÃO E COMPETÊNCIA DO CONSELHO DE ADMINISTRAÇÃO

A exigência legal da convocação pública (art. 289) tem como fundamento possibilitar a presença, na assembleia geral, de qualquer acionista que se interesse pelos negócios sociais, notadamente os não controladores e, ainda, aqueles titulares de ações preferenciais sem direito a voto[183].

A competência originária atribuída pela lei ao conselho de administração para convocar a assembleia geral baseia-se no pressuposto de que esse órgão tem condições melhores para julgar da conveniência e necessidade de realização do conclave, além dos casos previstos na lei e no estatuto. Dessa forma, se a companhia tiver Conselho de Administração, compete a ele e não aos diretores a convocação das assembleias gerais, sejam ordinárias, sejam extraordinárias.

Sendo órgão deliberativo colegiado, quem convoca a reunião é o próprio Conselho de Administração e não um ou mais conselheiros. Quem assina a convocatória é normalmente o presidente do Conselho ou, então, conforme dispuser o estatuto.

É, com efeito, ao conselho de administração como órgão colegiado e não a um de seus membros *ut singuli* que a lei reconhece competência[184].

---

182 Sobre a matéria, TJPR, 3ª Câm., AC 025494800, Rel. Des. J. Vidal Coelho, j. em 29-3-1994. Tb. TJPR, 3ª Câm., Ag. 023905800, Rel. Des. Luiz Perrotti, j. em 3-11-1992; TJSC, 4ª Câm., Agr. Instr. 9.467, Rel. Des. Alcides Aguiar, j. em 25-4-1996; STJ, REsp 792.660/SP, Rel. Min. Castro Filho, j. em 16-3-2006; *RT* 676/104; TJRJ, 9ª Câm., AC 2002.001.1826, Rel. Des. Laerson Mauro, j. em 17-12-2002. In Lazzareschi, ob. cit., p. 305 e s.

183 No direito norte-americano, não há necessidade, em geral, de convocação dos acionistas para o *annual meeting*, pois presume-se que todos os acionistas conhecem o estatuto, o qual costuma estabelecer data para tais reuniões, v. g., primeira terça-feira de janeiro. Não obstante, poderá o estatuto estabelecer o procedimento de convocação e publicidade. Já no caso de *special meeting*, deverá haver convocação, embora o art. 28 do *Model Business Corporation Act* seja muito vago a respeito. *Financial Handbook*, p. 1223.

184 Hemard, *Sociétés*, cit., v. 2, p. 3.

Mas é admissível que o estatuto ou o próprio regimento interno da administração reconheçam a um ou mais conselheiros o poder de executar as formalidades de convocação.

Dessa forma, deve-se distinguir competência para convocar, que é do Conselho de Administração, e a função de executar tal medida, que pode ser atribuída a membros desse órgão.

Em consequência, a convocação *espontânea* feita por um ou mais conselheiros *ut singuli* é nula. Da mesma forma, a convocação será nula, ainda quando *provocada* por acionistas, se for feita *ut singuli* por conselheiros[185].

NULIDADE DA ASSEMBLEIA IRREGULARMENTE CONVOCADA

A inobservância das formalidades legais da convocação abriria o precedente de admissibilidade de convocação por qualquer acionista, desde que não impugnada na assembleia respectiva a irregularidade. Tendo a convocação como fundamento evitar a conturbação da vida societária, as regras respectivas devem ser, portanto, rigorosamente observadas, não podendo ser supridas, quando desrespeitadas, pela vontade dos acionistas presentes na assembleia geral. Esse entendimento vale para todas as hipóteses de convocação: principal ou substitutiva, espontânea ou provocada[186].

VALIDADE SE HOUVER UNANIMIDADE

Comparecendo ao conclave acionistas que representem a totalidade do capital social, será considerada regular a assembleia geral, mesmo que a respectiva convocação tenha sido irregular (arts. 124 e 133). Isso porque, na hipótese, dispensa a lei o cumprimento das formalidades legais.

Ainda que válida quanto à sua *instalação*, a fase deliberativa da assembleia somente será eficaz se todos os acionistas, representando a totalidade do capital social, estiverem de acordo com a ordem do dia proposta. Em caso de discordância de qualquer acionista, com ou sem direito de voto, a assembleia será encerrada sem discussão e deliberação sobre a ordem do dia, aguardando a matéria outra oportunidade, para a qual deverá haver convocação regular (art. 289).

---

185 No direito argentino, Halperin, *Sociedades anónimas*, cit., p. 374 e 567.

186 A propósito, *v.* AC 2002.001.18426, Rel. Des. Laerson Mauro, da 9ª Câm. Cív. do TJRJ.

OUTRAS QUESTÕES EM TORNO DO CONSELHO DE ADMINISTRAÇÃO

Colocam-se outras questões no que tange à competência do conselho de administração para a convocação da assembleia geral[187]. Assim, se houver vacância de conselheiros a ponto de faltar número para a deliberação colegiada eficaz, prevista na lei (art. 140) ou no estatuto, cria-se o problema de ser ou não reconhecida a regularidade da convocação pelo Conselho incompleto[188]. Deve-se entender que tal convocação é regular, pois, na hipótese, uma das matérias urgentes e relevantes será a própria recomposição do conselho de administração desfalcado, que cabe à assembleia geral promover (art. 140).

Outro problema é o do conselho de administração irregularmente constituído ou composto (art. 146), com a redação dada pela Lei n. 12.431, de 2011. Neste caso, pergunta-se se a anulação da composição do Conselho acarretaria a nulidade de todas as assembleias gerais por ele convocadas. Deve-se concluir que não, pois tal medida importaria uma conturbação ainda maior e inútil da vida social, que é precisamente o que a lei pretende evitar por meio dos procedimentos de convocação pública (art. 289).

É evidente que não deve, na espécie, haver nulidade por questões formais, ou seja, de convocação irregular. Se, no entanto, as deliberações tomadas forem lesivas ao interesse social ou individual dos sócios, a origem viciada da convocação será matéria de convencimento para a decretação da nulidade dessas deliberações.

COMPETÊNCIA DOS DIRETORES

A *diretoria* não é, pela lei vigente, considerada propriamente órgão colegiado, pois não tem competência deliberativa, mas simplesmente executiva e de representação da companhia (art. 138), a não ser que inexista o conselho de administração (§ 2º do art. 143).

Não possuindo a sociedade conselho de administração, transforma-se a diretoria em órgão colegiado. Não obstante, o estatuto deve estabelecer as

---

187 As legislações atribuem a competência principal ao Conselho de Administração, quando o instituem. Assim, v. g., a lei francesa de 1966, art. 158, e o *Model Business Corporation Act*, art. 28. E, quando não preveem este órgão, a diretoria, como órgão colegiado, recebe tal competência, já que se considera a convocação uma função própria dos órgãos encarregados da administração. Nesse sentido, por exemplo, os arts. 2.363 do Código Civil italiano e 236 da lei das sociedades argentina de 1972.

188 Questões levantadas por Hemard, *Sociétés*, cit., v. 2, p. 4 e s.

atribuições e poderes de cada diretor e não propriamente da diretoria, a não ser o de representação e deliberação (§ 2º do art. 143). Assim sendo, inexistindo o conselho de administração, a competência principal para convocar a assembleia geral cabe aos *diretores*, como expressamente dispõe a lei.

Resta saber quais os diretores. A lei determina que se obedeça ao que, a respeito, dispuser o estatuto (art. 143), em razão do que se confere o dever a determinados diretores.

Portanto, se o estatuto autorizar um ou mais membros a convocar o conclave, dando-lhes poderes para tanto, não podem os demais diretores exercer tais atribuições. Se, no entanto, os diretores encarregados pelo estatuto para proceder à convocação não o fizerem, passarão a ter os demais competência subsidiária para agir, em razão da responsabilidade solidária que lhes cabe (art. 158).

No *silêncio* do estatuto, quanto à competência de determinados diretores para a convocação, a atribuição será de todos os membros da diretoria (§ 2º do art. 143). Nesse caso, todos devem firmar o edital de convocação[189].

RESPONSABILIDADE DOS ADMINISTRADORES

A responsabilidade pela não convocação pública (art. 289) decorre da inobservância de dever legal ou estatutário, podendo ser facilmente apurada, em se tratando de assembleia geral *ordinária* (art. 132).

Entretanto, poderão ocorrer outras hipóteses em que também haverá igual responsabilidade dos administradores.

Havendo assunto de interesse relevante para a sociedade, poderão ser igualmente responsabilizados os conselheiros ou diretores que deixarem de atender ao interesse social (art. 158), por não convocarem oportunamente a assembleia geral extraordinária.

Nas *companhias fechadas* que não tenham conselho de administração, os *diretores* são solidariamente responsáveis pelos prejuízos causados pela não convocação, ainda que, pelo estatuto, tal atribuição não caiba a todos (arts. 143, § 2º, e 158).

Nas *companhias abertas* e nas *fechadas* que possuam conselho de administração (art. 138), a convocação cabe a esse órgão colegiado e não individualmente aos conselheiros. Deixando o Conselho de Administração de

---

189 Cunha Peixoto, *Sociedades por ações*, cit., v. 3, p. 49 e s. Contrariamente, Gudesteu Pires (*Manual das sociedades anônimas*, cit., p. 220), que entende ser de todos os diretores a competência para a convocação, não podendo o estatuto limitá-la.

convocar a assembleia geral, haverá responsabilidade solidária dos conselheiros. Exime-se dessa responsabilidade qualquer conselheiro que convocar a assembleia geral, para nela dar conhecimento aos acionistas da omissão de seus colegas (art. 158).

PRAZO DE CONVOCAÇÃO

No que respeita à assembleia geral *ordinária*, a lei dá prazo para a sua convocação (art. 132). Não há, portanto, liberdade dos administradores para promoverem o conclave fora do período legal.

Já quanto à assembleia geral *extraordinária*, a lei dá ampla liberdade, com relação ao prazo de convocação, devendo os administradores fazê-lo sempre que julgarem conveniente aos interesses da companhia.

Os administradores serão, obviamente, os melhores intérpretes dessa oportunidade[190]. Por isso mesmo, serão eles responsabilizados se procrastinarem a convocação, quando há assunto relevante, grave ou urgente que demande a deliberação oportuna e não extemporânea da assembleia geral (art. 158).

A liberdade de convocação da assembleia geral *extraordinária*, dentro dos limites de oportunidade acima citados, apenas existe quando se tratar de convocação *espontânea* dos administradores. Quando é *provocada* pelos acionistas, a convocação deve ser imediata, sob pena de serem os administradores responsabilizados pela procrastinação, típica conduta de abuso de poder (art. 158).

CONVOCAÇÃO PELO CONSELHO FISCAL

O conselho fiscal tem competência *substitutiva* na convocação da assembleia geral *ordinária* e competência originária em se tratando de assembleia geral *extraordinária* (art. 163). O fundamento dessa convocação principal é a existência de motivo urgente ou grave que a justifique.

O motivo grave ou urgente deve constar do edital (art. 289), ainda que deva sê-lo apenas enunciativamente, para evitar a conturbação da vida social ou dos negócios sociais. Não há critério que possa delimitar os motivos graves ou urgentes. A discricionariedade do conselho fiscal é plena no julgamento do motivo, se grave ou urgente.

---

190 Garrigues-Uría, *Comentario*, cit., v. 1, p. 629.

Em consequência, cabe indagar se poderia haver a anulação formal da assembleia geral, alegando-se convocação irregular ou motivada por má-fé ou mera emulação.

Não se pode admitir a hipótese. A competência legal dada ao órgão de fiscalização é, como referido, plena, devendo ser acatada pelos acionistas que, necessariamente, deverão instalar a assembleia e nela discutir e deliberar sobre a ordem do dia proposta pelo conselho fiscal.

Não poderão os acionistas recusar a ordem do dia, encerrando, de plano, o conclave. Se isso fosse possível, estariam fazendo um prejulgamento dos motivos e da própria matéria proposta pelo órgão de fiscalização social, cerceando a manifestação dos demais acionistas presentes e o conhecimento pelos ausentes da matéria em pauta.

Dessa forma, a convocação pelo conselho fiscal há de ser, necessariamente, acatada pelos acionistas, mediante a instalação, discussão e deliberação sobre a ordem do dia proposta.

CONSELHO FISCAL E DELIBERAÇÃO INDIVIDUAL DE SEUS MEMBROS

Apesar de o conselho fiscal ser um órgão colegiado, deliberando por maioria de votos, é lícito a qualquer dos seus membros, agindo de per si, convocar a assembleia geral, desde que justifique a sua providência. A razão dessa competência *ut singuli* dos conselheiros fiscais é evidente. Sendo o órgão composto de representantes das ações preferenciais e, eventualmente, de acionistas minoritários (art. 161), poderia haver conflito entre eles, não se chegando nunca a um consenso.

Isso impediria que o membro do conselho fiscal, representante de espécie ou de minoria, pudesse levar à assembleia geral matéria por ele considerada grave ou urgente[191]. Daí ser inquestionável a competência do membro do conselho fiscal *ut singuli*, mesmo se eleito pelos controladores, para convocar a assembleia geral, desde que tenha anteriormente proposto essa medida em reunião do órgão e dela não tenha resultado a imediata providência pleiteada ou sua recusa pela maioria de seus integrantes[192].

Finalmente, cabe lembrar que a convocação da assembleia geral ordinária pelo conselho fiscal é dever indeclinável e não prerrogativa (art. 163).

---

191 Cunha Peixoto, *Sociedades por ações*, cit., v. 3, p. 51.

192 *V.* comentários aos arts. 161, 163, 164 e 165.

CONVOCAÇÃO POR ACIONISTA INDIVIDUAL

A lei prevê a hipótese de convocação da assembleia geral por acionista individual, no caso de descumprimento dessa obrigação legal ou estatutária por parte dos administradores[193].

Trata-se de *direito* e não de obrigação do acionista. E essa faculdade abrange tanto as hipóteses de assembleia geral *ordinária* como *extraordinária*. Em se tratando de assembleia *ordinária*, há uma preferência de ordem para o conselho fiscal que poderá convocá-la se os administradores retardarem a medida por mais de trinta dias. Somente após decorridos sessenta dias do prazo legal (art. 132) e não tendo, por sua vez, o conselho fiscal ou qualquer dos seus membros cumprido essa obrigação, caberá aos acionistas promoverem a convocação *ut singuli*.

Essa faculdade cabe a qualquer acionista, independentemente de percentual que possua no capital social e de suas ações lhe atribuírem ou não direito de voto.

CONVOCAÇÃO POR ACIONISTAS COM PERCENTUAL MÍNIMO DE CAPITAL

Faculta a lei aos acionistas que representem 5% ou mais do capital social a convocação da assembleia geral *extraordinária* da companhia.

No caso de companhias abertas, trata-se de direito típico dos minoritários[194], pois os controladores, nessa espécie societária, estão representados no conselho de administração, que tem competência principal de convocação, não necessitando, portanto, invocar essa prerrogativa para levar a efeito a medida.

Nas companhias fechadas que não possuem conselho de administração, esse direito pertence tanto aos minoritários como aos próprios controladores, pois estes podem eventualmente não estar representados pessoalmente na diretoria. Nesta hipótese, vindo a diretoria a negar a convocação do conclave, devem os controladores prevalecer-se da prerrogativa para convocá-lo, inclusive para demitir os diretores que deveriam ter atendido a sua solicitação.

REQUISITOS PARA CONVOCAÇÃO *UT SINGULI* PELO ACIONISTA

Para que a medida seja eficaz, devem os acionistas re-

---

193 Nesse sentido, TJRJ, AC 2002.001.18426, Rel. Des. Laerson Mauro, j. em 17-12-2002.
194 *V.* comentários ao art. 109.

presentar percentual mínimo de 5% do capital social. Devem também ter dirigido pedido de convocação aos diretores e não ter sido a solicitação atendida, no prazo de oito dias. E, finalmente, o pedido deve ter sido devidamente fundamentado, com indicação das matérias a serem tratadas.

A solicitação deve ser suficientemente justificada, quando se tratar de matéria de responsabilização dos administradores, de que se ocupa o art. 159 da lei.

VARIAÇÃO DO PERCENTUAL MÍNIMO

Quanto ao percentual do capital social, poderá ele ser reduzido, mas não aumentado (art. 291). A possibilidade de redução do percentual, nas companhias abertas, inclui-se entre as atribuições da Comissão de Valores Mobiliários, que deverá utilizar, portanto, o critério de proporcionalidade com o capital social da companhia (art. 291).

Nas companhias fechadas, poderá o estatuto estabelecer um percentual mais reduzido[195].

MOMENTO EM QUE PREVALECE O PERCENTUAL

O momento em que os acionistas deverão possuir 5% ou mais de ações votantes será o do *requerimento* de convocação endereçado aos administradores. Isso porque é nessa data que os acionistas interessados têm legitimidade para iniciar o processo de convocação, que poderá ser feito pelos administradores ou, diante da negativa destes, por eles mesmos.

É certo que os acionistas requerentes deverão manter o percentual mínimo que possuíam no capital por ocasião do pedido, no momento da realização da assembleia.

EXPEDIENTES OBSTATIVOS

Será irrelevante, no entanto, que os acionistas não consigam sustentar esse percentual mínimo por razões externas à sua vontade, como, v. g., a realização, no interstício, de um aumento de capital subscrito

---

195 Na lei argentina, a matéria é prevista no art. 236. No direito norte-americano, o *Model Business Corporation Act,* em seu art. 28, prevê a possibilidade de convocação da assembleia geral extraordinária (*special meeting*) pelos detentores de 10% do capital votante.

pelos controladores, por terceiros ou por um outro grupo de acionistas. Tal fato poderá ser considerado como uma manobra para impedir que, na assembleia geral convocada pelos acionistas minoritários, estes se apresentem com um mínimo de 5% do capital social.

Será mais fácil a efetivação desse expediente lesivo, nas companhias de capital autorizado, em que o conselho de administração pode ser competente para deliberar sobre as emissões (art. 168).

Em todas essas hipóteses, o aumento de capital, no interstício do pedido e da convocação, não poderá prevalecer para o efeito de considerar não preenchido o requisito de capital mínimo por parte daqueles mesmos acionistas. Prevalecerá, no caso, como referido, o capital social mínimo de 5% que possuíam na data do pedido.

FUNDAMENTO DO PEDIDO

O pedido será encaminhado aos administradores, por escrito. Deverá ele estar fundamentado, com a indicação das matérias a serem incluídas na ordem do dia.

Não poderão os administradores diante de tal fato recusar a solicitação dos acionistas alegando, v. g., que analisaram o seu mérito e chegaram à conclusão de que não há motivo relevante, nem urgente, nem grave que pudesse justificá-lo. Muito menos, poderão alegar que há abuso de direito do acionista (art. 115) ou que, no mérito, a solicitação não encontra fundamento jurídico.

Todos esses expedientes são inadmissíveis. Isso porque os administradores não constituem instância de julgamento. A lei outorga o direito aos acionistas qualificados de requerer a convocação e de efetivá-la, desde que preencham os requisitos formais, independentemente do mérito do pedido.

O fundamento que constará do pedido de convocação será examinado pelos acionistas na assembleia geral. Somente nesta, mediante discussão e deliberação, apurar-se-á a sua procedência ou não. E se porventura tratar-se de abuso de direito, é pela conclusão dos trabalhos da assembleia geral que se poderá apurar a responsabilidade do acionista requerente (art. 115).

Portanto, a assembleia geral será convocada e instalada, não podendo os administradores obstar a sua realização. As medidas contra os acionistas requerentes, se cabíveis, serão tomadas a posteriori[196].

---

196 Halperin, *Sociedades anónimas*, cit., p. 566; Garrigues-Uría, *Comentario*, cit., v. 1, p. 641.

DESPESAS DE CONVOCAÇÃO

As despesas de convocação pública (art. 289) feitas por acionista individual ou minoritário correm por conta da companhia. Na prática, deverá o acionista antecipar as respectivas despesas de publicação e depois cobrar amigavelmente e, em seguida, judicialmente da companhia a reposição do respectivo montante[197].

CONVOCAÇÃO PELA PRÓPRIA ASSEMBLEIA

Embora não prevista expressamente na lei, não pode ser negada a faculdade de convocação da assembleia geral pela própria assembleia geral. Com efeito, se é possível ao acionista com 5% do capital social requerer e convocar o conclave, seria inadmissível vedar à própria assembleia, que é órgão da companhia, autoconvocar-se para um próximo conclave[198].

Quando deliberar nesse sentido, a assembleia geral determinará aos administradores que promovam as respectivas publicações e anúncios de convocação (art. 289).

HIPÓTESES ESPECIAIS

Outras hipóteses previstas na lei demandam procedimento especial de convocação da assembleia geral. Assim, na sociedade em liquidação, compete ao liquidante convocá-la (art. 213)[199].

Nas *assembleias especiais* de acionistas preferenciais (art. 136) ou de titulares de partes beneficiárias, a convocação cabe aos administradores, consoante os procedimentos previstos no artigo ora comentado[200].

Nas assembleias de debenturistas, a convocação caberá, sem observância de ordem, ao agente fiduciário, aos administradores da companhia

---

197 AC 157.645-1-SP, j. de 20-12-1991 (col. Nelson Eizirik, *Sociedades anônimas*, cit., p. 623): "Leciona Fran Martins, em *Comentários à Lei das S/A*, Forense, t. 1, v. 2º/162, n. 549, com base ainda em Carneiro Guimarães, que as despesas com a convocação correm por conta da sociedade, pois era a essa que competia promover a convocação".

198 Valverde, *Sociedades por ações*, cit., v. 2, p. 96; Cunha Peixoto, *Sociedades por ações*, cit., v. 3, p. 52. Contrariamente, Halperin, *Sociedades anónimas*, cit., p. 567.

199 Art. 158 da lei francesa de 1966.

200 *V.* comentários aos arts. 4º-A, 44, 47, 124, 136 e 141.

emissora ou a debenturistas que representam 10%, no mínimo, dos títulos em circulação e também à Comissão de Valores Mobiliários (art. 71).

REVOGABILIDADE DA CONVOCAÇÃO

É admissível a revogação da convocação da assembleia geral, desde que se efetive tal medida até o dia designado para a sua realização[201].

Será competente para revogar a convocação aquele órgão, diretor ou acionista que a convocou. Assim, não poderá, v. g., um diretor revogar a convocação legitimamente feita por outro diretor.

Para revogar a convocação, há necessidade de justificação da medida[202]. Essa faculdade de revogação aplica-se irrestritamente às assembleias gerais *extraordinárias* (art. 135).

Já quanto à assembleia geral *ordinária*, a revogação torna-se mais complicada. Assim, se ela é convocada para o último dia do quadrimestre seguinte ao término do exercício, não poderá a convocação ser revogada, pois, na hipótese, estar-se-ia descumprindo a lei, que determina a realização do conclave até esse dia (art. 132).

Contudo, se a convocação for para data anterior àquele termo, nada impede que seja postergada a sua realização para outra data, dentro do prazo legal (art. 132).

Se, no entanto, a convocação for feita fora de prazo, a revogação da mesma será injustificável e, portanto, inadmissível, pois, no caso, os administradores reincidiriam na irregularidade.

Por outro lado, se a data da assembleia geral *ordinária* estiver prefixada no estatuto, é absolutamente vedado aos administradores revogar a convocação e fixar outra data para o conclave, ainda que dentro do prazo legal (art. 132).

Nesse caso, não há propriamente convocação, mas apenas publicação (art. 289) para convidar os acionistas ao comparecimento. Trata-se de convocação *ipso jure*. Revogar a convocação, nesta hipótese, equivaleria a uma reforma estatutária, absolutamente irregular[203].

---

201 Cunha Peixoto, *Sociedades por ações*, cit., v. 3, p. 52.

202 Cunha Peixoto, *Sociedades por ações*, cit., v. 3, p. 52.

203 Valverde, *Sociedades por ações*, cit., v. 2, p. 95.

INCOMPETÊNCIA DO JUDICIÁRIO E DA CVM

A lei não atribuiu competência ao Judiciário nem à Comissão de Valores Mobiliários para convocar a assembleia geral (art. 124)[204]. O órgão regulador tem competência apenas para convocar a assembleia dos debenturistas (art. 71).

Em outras legislações, em geral, prevê-se a hipótese de convocação da assembleia geral pelo Judiciário em determinados casos. Nesses países, a intervenção do Judiciário tem caráter subsidiário e se verifica a pedido de acionistas e não de ofício.

Na França, a Lei de 1966, em seu art. 158, preceitua que os acionistas não podem reunir-se por autoridade própria, mas podem dirigir-se ao Tribunal, pedindo que este designe um mandatário para convocar a assembleia geral. Procura-se, com esse procedimento, evitar abusos de acionistas, ao convocarem assembleias gerais sem necessidade, perturbando a companhia. A solicitação ao Judiciário somente pode ser feita por acionistas que representem 10% do capital social[205].

Na Argentina, a Lei de 1972, em seu art. 236, admite que, no caso de pedido de convocação da assembleia geral, que não tenha sido atendido, os acionistas recorram ao Judiciário ou à autoridade de controle estatal. A solicitação deverá ser formulada por acionistas com 5% do capital social e, na hipótese de deferimento, caberá ao representante do juízo convocar a assembleia geral e instalá-la regularmente[206].

Na Espanha, o art. 57 da Lei das Sociedades Anônimas de 1951 dispõe que, na hipótese de os administradores serem negligentes e não convocarem a assembleia geral, poderão os acionistas solicitar ao Judiciário autorização para convocá-la *ut singuli*[207]. Em se tratando de assembleia geral ordinária, não haverá necessidade de porcentagem mínima de capital. No entanto, a lei determina que o juiz ouça os administradores, podendo indeferir o pedido, se fundadas as razões destes. Tratando-se de assembleia geral extraordinária, o pedido deve ser formulado por acionistas que representem no mínimo 10% do capital social. O juiz, nesta hipótese, não pode indeferir a convocação.

---

204 *V.* comentários ao art. 124.

205 Ripert-Roblot, *Traité*, cit., v. 1, p. 738; Hemard, *Sociétés*, cit., v. 2, p. 8 e s.

206 Halperin, *Sociedades anónimas*, cit., p. 567.

207 Garrigues-Uría, *Comentario*, cit., v. 1, p. 635.

Na Itália, o art. 2.367 do Código Civil de 1942 preceitua que, se os administradores não atenderem a pedido de convocação formulado por acionistas titulares de 1/5 do capital social, tal convocação será ordenada por decreto do presidente do Tribunal.

Nos Estados Unidos, a legislação de alguns Estados também prevê a possibilidade de convocação da assembleia geral extraordinária (*special meeting*) pelo Judiciário[208].

MODO DE CONVOCAÇÃO E LOCAL

Art. 124. A convocação far-se-á mediante anúncio publicado por 3 (três) vezes, no mínimo, contendo, além do local, data e hora da assembleia, a ordem do dia, e, no caso de reforma do estatuto, a indicação da matéria.

§ 1º A primeira convocação da assembleia geral deverá ser feita:

• § 1º, caput, com redação dada pela Lei n. 10.303, de 31 de outubro de 2001.

I — na companhia fechada, com 8 (oito) dias de antecedência, no mínimo, contado o prazo da publicação do primeiro anúncio; não se realizando a assembleia, será publicado novo anúncio, de segunda convocação, com antecedência mínima de 5 (cinco) dias;

• Inciso I acrescentado pela Lei n. 10.303, de 31 de outubro de 2001.

II — na companhia aberta, o prazo de antecedência da primeira convocação será de 15 (quinze) dias e o da segunda convocação de 8 (oito) dias.

• Inciso II acrescentado pela Lei n. 10.303, de 31 de outubro de 2001.

§ 2º Salvo motivo de força maior, a assembleia geral realizar-se-á no edifício onde a companhia tiver a sede; quando houver de efetuar-se em outro, os anúncios indicarão, com clareza, o lugar da reunião, que em nenhum caso poderá realizar-se fora da localidade da sede.

§ 3º Nas companhias fechadas, o acionista que representar 5% (cinco por cento) ou mais, do capital social, será convocado por telegrama ou carta registrada, expedidos com a antecedência prevista no § 1º, desde que o tenha solicitado, por escrito, à companhia, com a indicação do endereço completo e do prazo de vigência do pedido, não superior a 2 (dois) exercícios sociais, e renovável; essa convocação não dispensa a publicação

---

208 Flórida, Maine, Michigan, New Hampshire e Rhode Island (*Model Business Corporation Act*, v. 1, p. 590).

do aviso previsto no § 1º, e sua inobservância dará ao acionista direito de haver, dos administradores da companhia, indenização pelos prejuízos sofridos.

§ 4º Independentemente das formalidades previstas neste artigo, será considerada regular a assembleia geral a que comparecerem todos os acionistas.

§ 5º A Comissão de Valores Mobiliários poderá, a seu exclusivo critério, mediante decisão fundamentada de seu Colegiado, a pedido de qualquer acionista, e ouvida a companhia:

- § 5º, caput, acrescentado pela Lei n. 10.303, de 31 de outubro de 2001.

I — aumentar, para até 30 (trinta) dias, a contar da data em que os documentos relativos às matérias a serem deliberadas forem colocados à disposição dos acionistas, o prazo de antecedência de publicação do primeiro anúncio de convocação da assembleia geral de companhia aberta, quando esta tiver por objeto operações que, por sua complexidade, exijam maior prazo para que possam ser conhecidas e analisadas pelos acionistas;

- Inciso I acrescentado pela Lei n. 10.303, de 31 de outubro de 2001.

II — interromper, por até 15 (quinze) dias, o curso do prazo de antecedência da convocação de assembleia geral extraordinária de companhia aberta, a fim de conhecer e analisar as propostas a serem submetidas à assembleia e, se for o caso, informar à companhia, até o término da interrupção, as razões pelas quais entende que a deliberação proposta à assembleia viola dispositivos legais ou regulamentares.

- Inciso II acrescentado pela Lei n. 10.303, de 31 de outubro de 2001.

§ 6º As companhias abertas com ações admitidas à negociação em bolsa de valores deverão remeter, na data da publicação do anúncio de convocação da assembleia, à bolsa de valores em que suas ações forem mais negociadas, os documentos postos à disposição dos acionistas para deliberação na assembleia geral.

- § 6º acrescentado pela Lei n. 10.303, de 31 de outubro de 2001.

LEI DE 1940

A matéria estava regulada no art. 88 do Decreto-Lei n. 2.627, de 1940, com os acréscimos feitos pelo art. 7º da Lei n. 5.589, de 1970.

Mencionava-se, no primeiro dispositivo, onde deveria ser feita a publicação, ou seja, no órgão oficial e em outro jornal de grande circulação.

Os preceitos acrescidos em 1970 visavam a reforçar o princípio de publicidade, notadamente com referência às companhias cujas ações eram negociadas em bolsa.

Assim, o § 3º determinava que, nos aumentos de capital, o anúncio ou edital de convocação deveria indicar o montante respectivo e sumariamente as características do aumento proposto.

E o § 4º dispunha que as companhias deveriam remeter à Bolsa de Valores em que estivessem registradas cópia do edital e da proposta da diretoria a ser apresentada à assembleia geral.

LEI N. 6.404, DE 1976

A Lei n. 6.404, de 1976, reiterou o regime de convocação do Direito anterior, de 1940 e de 1970, apenas com algumas modificações.

Transferiu o regime de publicações para dispositivo apartado, qual seja, o art. 289 do capítulo das Disposições Gerais, que unifica todas as publicações que devem ser feitas pela companhia.

Incorporou e ampliou o preceito de obrigatoriedade de indicação de matéria no edital de convocação. Não apenas o aumento de capital deve ser sumariado no edital, mas qualquer matéria que importe alteração do estatuto social.

Ademais, estabeleceu a faculdade de convocação, por carta ou telegrama, de acionista de companhia fechada que o solicitar, desde que possua 5% ou mais do capital social.

A Lei de 1976, também incorporou o entendimento administrativo contido na Portaria n. 18, de 1969, do Departamento Nacional do Registro do Comércio, que determinava às Juntas Comerciais que dispensassem a prova da convocação prévia da assembleia geral na forma do art. 289, quando fossem estas realizadas com a presença da totalidade dos acionistas.

Reduziu, ainda, a lei vigente o número de convocações, que, de três no antigo Diploma de 1940, passou agora a apenas duas. A terceira convocação somente é prevista na hipótese de redução de quórum qualificado, de que trata o art. 136[209].

LEI N. 10.303, DE 2001 — §§ 1º, 5º E 6º

A Lei n. 10.303, de 2001, com o objetivo de dar maior transparência aos acionistas a respeito das atividades e operações, ordinárias e extraordinárias, da companhia, trouxe várias alterações no que se refere

---

209 V. comentários ao art. 136.

aos *prazos para convocação das assembleias gerais das companhias abertas* e à divulgação das informações a respeito das deliberações a serem aí tomadas.

O § 1º do art. 124, com a redação trazida pela Lei n. 10.303, de 2001, estabelece uma *distinção entre companhias abertas e fechadas*, no que se refere aos *prazos* para *convocação* de assembleia geral.

Para as *companhias fechadas*, a Lei n. 10.303, de 2001, reitera os prazos estabelecidos na Lei n. 6.404, de 1976, ou seja, que a primeira publicação do anúncio de convocação deverá ser feita pelo menos *oito dias* antes da data marcada para a realização da assembleia, em *primeira convocação*, e com antecedência mínima de *cinco dias* (novo inciso I do § 1º), em *segunda convocação*.

Para as *companhias abertas*, o prazo de antecedência é fixado em *quinze dias*, em *primeira convocação*, e *oito dias*, em *segunda convocação* (novo inciso II do § 1º).

A principal inovação no que respeita à convocação da assembleia geral nas *companhias abertas* é trazida pelo novo § 5º, que estabelece a *competência da Comissão de Valores Mobiliários* para, a pedido de qualquer acionista, e ouvida a companhia, *aumentar* o prazo de antecedência da primeira publicação do edital de convocação da assembleia geral (inciso I do novo § 5º) ou *interromper* o curso desse prazo (inciso II do novo § 5º)[210].

Essas inovações legais referentes ao *aumento* e *interrupção* do prazo de antecedência para a convocação de assembleia geral de *companhias abertas*, na verdade, procuram conferir legalidade a um procedimento que a Comissão já vinha adotando, na prática, embora sem respaldo da lei.

Cumpre notar que o aumento e a interrupção do referido prazo dar-se-ão em hipóteses distintas, por razões diferentes. Assim é que o *aumento* do referido prazo, previsto no inciso I do § 5º, poderá ocorrer apenas para as *assembleias gerais extraordinárias* e desde que a matéria a ser deliberada, pela sua *complexidade*, requeira maior tempo para a análise por parte dos *acionistas*.

Já a *interrupção* de prazo — que se afigura *inconstitucional e ilegal* — também se aplicaria apenas para as *assembleias gerais extraordinárias*, conforme a menção expressa do inciso II do § 5º. Porém, teria por finalidade essa *interrupção* conceder tempo para que a Comissão pudesse *avaliar* se as *matérias* a serem deliberadas na assembleia convocada violariam ou não a lei ou as disposições regulamentares aplicáveis.

---

210 *V.* Decisões do Colegiado da CVM nos Processos Administrativos n. 2004/2274, 2003/12770, 2002/2883 e 2002/2854.

Importante ressaltar que a Comissão de Valores Mobiliários *não* poderá agir por iniciativa própria, para determinar esse *aumento* ou a *interrupção* de prazo, mas somente por *pedido de algum acionista*, nos termos expressos no § 5º.

Deve-se lembrar que a CVM, como ente da Administração Federal, deve observar o *princípio da estrita legalidade* (art. 37 da CF de 1988) em seus atos e procedimentos administrativos. Assim, na ausência de permissivo expresso da lei, não se pode admitir que a Agência Regulatória, de ofício, venha a determinar o aumento ou a interrupção do prazo de antecedência da convocação da assembleia geral.

Dispõe o § 5º, ainda, que, antes de conceder o referido *aumento* ou *interrupção de prazo*, a *Comissão ouvirá a companhia*. Com essa disposição, pretendeu a Lei n. 10.303, de 2001, instituir um *arremedo* de contraditório e de devido processo legal para esse procedimento administrativo, que culminará com a decisão de aumento ou interrupção do prazo para convocação da assembleia geral.

Da redação do § 5º infere-se que, para determinar o *aumento* ou a *interrupção* do prazo de antecedência da publicação para a convocação da assembleia geral, observar-se-á o seguinte procedimento administrativo: 1) a companhia *promove* pela primeira vez *a publicação do edital* de convocação da assembleia geral (art. 289); 2) o acionista minoritário *requer* à Comissão o *aumento* ou a *interrupção* do prazo de antecedência da publicação do primeiro edital de convocação da assembleia geral; 3) a Comissão *notifica* à companhia para que se manifeste, sem que, no entanto, a lei estabeleça o prazo para essa manifestação; 4) a companhia *se manifesta* perante a Comissão; 5) após ouvir a companhia, a Comissão *decide aumentar* o referido prazo, se entender que a matéria objeto da deliberação assemblear, por sua complexidade, requer maior tempo para análise pelos acionistas, ou *interrompê-lo*, se entender que as matérias submetidas à assembleia violam a lei ou as disposições regulamentares.

Como se vê, não estabelece o § 5º um *prazo* para que a companhia, uma vez notificada pela Comissão, se manifeste acerca do pedido de aumento ou interrupção de prazo apresentado pelo acionista, tampouco prevê a *suspensão do prazo* de antecedência da convocação da assembleia enquanto corre todo esse procedimento administrativo interno na Autarquia.

Assim, considerando-se que esse procedimento terá início após a primeira publicação do edital de convocação (art. 289) — pois é só nesse momento que, presume-se, para todos os efeitos legais, o acionista terá conhecimento dos assuntos da ordem do dia da assembleia geral —, e que essa publicação (art. 289) se fará pelo menos quinze dias antes da realização da assembleia geral (art. 124, § 1º, II), deve-se entender que todo esse "processo" deverá transcorrer e encerrar-se *antes do término desses quinze dias*, ou seja, antes da data marcada para a assembleia geral.

Caso *não* haja decisão da Comissão até esse prazo, *nada obstará* que a assembleia geral se realize, válida e eficazmente, na data originalmente marcada[211].

FUNDAMENTAÇÃO DOS ATOS ADMINISTRATIVOS DA CVM — LEI N. 9.784, DE 1999

A *decisão* sobre o *aumento* ou a *interrupção* de prazo a ser dada pela Comissão após a observância desse procedimento interno competirá ao seu Colegiado.

E essa *decisão* sobre o *aumento* ou a *interrupção* do prazo de publicação da convocação da assembleia geral afetará diretamente o interesse da companhia de realizar sua assembleia na data e nos termos previstos na convocação.

Assim, em razão do disposto no inciso I do art. 50 da Lei de 1999[212], ao determinar que "os atos administrativos deverão ser *motivados*, com indicação dos *fatos* e dos *fundamentos jurídicos*, quando: (...) neguem, limitem ou afetem

---

211 Sobre a matéria, Instrução CVM n. 372, de 2002; Colegiado da CVM, Proc. RJ2004/6498, j. em 29-10-2004; Proc. CVM RJ2002/5635, SEP, j. em 5-8-2002; Colegiado CVM, Proc. 2011/4394, Reg. 7676/2011, Rel. Presidente Maria Helena Santana, j. em 26-4-2011; Colegiado CVM, Proc. RJ2001/7547, Reg. 3412/2001, Rel. Diretor Wladimir Castelo Branco Castro, j. em 25-6-2002; Colegiado CVM, Proc. RJ2004/3098, Reg. 4413/2004, voto do Presidente Marcelo Fernandez Trindade, j. em 25-1-2005; Colegiado CVM, Proc. RJ2009/3455, Reg. 6501/2009, j. em 28-4-2009; Colegiado CVM, Proc. RJ2004/6498, j. em 29-10-2004; Colegiado CVM, Proc. RJ2007/8844, Reg. 5560/2007, Rel. Diretor Sergio Weguelin, j. em 9-10-2007. In Lazzareschi, ob. cit., p. 313 e s.

212 A Lei n. 9.784, de 1999, regula o *processo administrativo no âmbito da Administração Pública Federal* e aplica-se subsidiariamente aos processos administrativos no âmbito da Comissão de Valores Mobiliários, os quais são regidos pelas normas regulamentares baixadas na forma do § 2º do art. 9º da Lei n. 6.385, de 1976. Esse dispositivo legal, que previa a competência do Conselho Monetário Nacional (CMN) para regulamentar os processos administrativos no âmbito da Comissão de Valores Mobiliários, transferiu para esta tal competência. Dessa forma, permanecem em vigor a Resolução CMN n. 454/77, conforme alterada pela Resolução CMN n. 2.785/2000, que regula o processo administrativo ordinário, e a Resolução CMN n. 1.657/89, que regula o processo administrativo sumário. É de notar que a referida Resolução CMN n. 1.657/89 deve ser lida em conjunto com a Resolução CMN n. 2.785/2000 e com a Instrução CVM n. 238/95.

direitos ou interesses", a decisao do Colegiado será *necessária e suficientemente fundamentada*, sob pena de sua *nulidade*.

AUMENTO DE PRAZO — DECISÃO ADMINISTRATIVA SEM SANÇÃO — INCISO I DO § 5º

Note-se que a decisão do Colegiado da Comissão de Valores Mobiliários que determina o *aumento* de prazo *não* impõe uma *sanção* à companhia, pois não se baseia em qualquer irregularidade ou ato ilícito que ela tenha praticado.

Tal decisão, ainda que seja contrária ao interesse da companhia de realizar a assembleia na data originalmente marcada, estaria fundamentada na *garantia legal dos minoritários* de *amplo acesso* e *melhor conhecimento das matérias* a serem discutidas no conclave, com vistas à manifestação da sua vontade por meio do voto na assembleia geral.

Mas, embora o *aumento* do prazo para a realização da assembleia geral não configure uma *sanção administrativa*, poderá acarretar *perdas* à companhia, e, portanto, aos próprios acionistas, pelo atraso de uma deliberação relevante para a continuidade dos negócios sociais.

Portanto, há que verificar, caso a caso, o potencial prejuízo que seria causado à companhia com o *aumento* do prazo, cabendo à CVM, sob o restrito regime da discricionaridade, *sopesar* o interesse da companhia em deliberar *oportunamente* sobre determinada matéria e o interesse do minoritário em dispor de *maior prazo* para conhecer melhor a matéria, anteriormente à assembleia geral. Por isso, antes de conceder o aumento do referido prazo, a Comissão deverá *ouvir a companhia*, e, ao decidir, *fundamentar* sua decisão (referido inciso I do art. 50 da Lei n. 9.784, de 1999).

Deve, pois, a CVM, com cautela discricionária, avaliar a *evidência* da complexidade das matérias objeto de deliberação no conclave, e verificar se a concessão de maior prazo para o conhecimento dessas matérias não estará impondo à companhia ônus excessivo, em prejuízo dos próprios acionistas. A decisão do Órgão Regulador que não observar esses requisitos será ilegal e, portanto, *nula*, respondendo o Estado pela eventual arbitrariedade e por abuso ou desvio de poder de seus agentes.

INTERRUPÇÃO DE PRAZO — DECISÃO ADMINISTRATIVA SEM SANÇÃO — INCISO II DO § 5º

Se a decisão de *aumento* de prazo pode — observados os

requisitos legais e administrativos necessários (Lei n. 9.784, de 1999) — ser imponível aos administrados pela Comissão de Valores Mobiliários, o mesmo não se pode dizer da decisão que determinar a *interrupção* do prazo de antecedência da convocação da assembleia geral.

Essa "decisão" administrativa de *interromper* estará injustificadamente retardando a realização da assembleia (por até quinze dias) para que a Autarquia possa analisar e concluir sobre a existência ou inexistência de *violação da lei ou dos regulamentos* aplicáveis, e *notificar* a companhia da sua conclusão.

Esse retardamento não é justificável porque a "conclusão" a que chegar a CVM ao final do prazo de *interrupção não vinculará a companhia*, não podendo produzir o efeito jurídico de impor-lhe qualquer *sanção* ou determinar a *não realização* da assembleia geral.

Isso porque o procedimento administrativo de análise das *matérias* objeto do conclave, que ocorrerá a partir da data em que decidir *interromper* o prazo para a realização da assembleia geral, não pode ser considerado como um verdadeiro *processo administrativo sancionador*, apto a legitimar a imposição das sanções previstas no art. 11 e seus incisos da Lei n. 6.385, de 1976, alterada pelo inconstitucional Decreto n. 3.995, de 2001.

Tampouco poderá esse procedimento administrativo da CVM impor à companhia a *suspensão* ou o *impedimento* de realização da assembleia geral convocada, pois essa sanção não está prevista na lei.

Assim, a *decisão administrativa* que determinar a *interrupção* do prazo em questão terá apenas o efeito de retardar, *injustificadamente*, a realização da assembleia geral, durante o termo da interrupção, para que, ao fim desse termo, a CVM venha a proferir *outra decisão sobre a legalidade e regularidade do conclave* e que será totalmente *inútil* quanto aos seus efeitos.

E essa *decisão administrativa* da Autarquia sobre a eventual ilegalidade ou irregularidade do conclave será arbitrária e ao mesmo tempo *inútil*, porque, no exíguo prazo de até quinze dias em que perdurar a "interrupção", não haverá tempo hábil para instruir o devido *processo administrativo sancionador*, em que possam ser respeitadas as *garantias individuais constitucionais* relativas ao *devido processo legal* e, assim, garantir o direito fundamental ao *contraditório* e à *ampla defesa* (art. 5º, XXXV, da CF de 1988).

E, sem a observância dessas garantias constitucionais, não se pode admitir a imposição de qualquer sanção, prevista na Lei n. 6.385, de 1976, à companhia, e muito menos obstar a realização da assembleia geral "declarada ilegal ou irregular" pela Comissão de Valores Mobiliários. Se tal arbitrariedade ocorrer, estará configurada a responsabilidade da União por abuso e desvio de poder de seus agentes.

AUMENTO DE PRAZO SOMENTE PARA AS ASSEMBLEIAS GERAIS EXTRAORDINÁRIAS — AINDA O INCISO I DO § 5º

Colocadas essas relevantes questões a respeito da constitucionalidade, legalidade, legitimidade, abuso e desvio de poder das decisões da Comissão de Valores Mobiliários em matéria de *aumento* e *interrupção* do prazo de antecedência da convocação da assembleia geral, passamos a analisar as disposições legais que regem uma e outra hipótese.

Como referido, no que diz respeito ao *aumento* do prazo previsto no inciso I do § 5º, deve-se entender que este apenas se aplicará às *assembleias gerais extraordinárias*. Isso porque a lei autoriza o aumento de prazo somente quando a assembleia geral "tiver por objeto *operações* (*sic*) que, por sua complexidade, exijam maior prazo para que possam ser conhecidas e analisadas pelos acionistas". E nas assembleias gerais ordinárias não há deliberação sobre "operações", mas apenas a aprovação de contas, a deliberação sobre a destinação do lucro líquido do exercício e a eleição dos administradores e membros do Conselho Fiscal, se for o caso (art. 132).

Portanto, não poderá a CVM determinar o *aumento de prazo* para o exame de documentos relativos às matérias a serem aprovadas na *assembleia geral ordinária*.

EFEITOS DA DECISÃO DA CVM SOBRE AUMENTO OU INTERRUPÇÃO DE PRAZO — AINDA O § 5º

O § 5º tem redação absolutamente tortuosa, ao referir-se ao *aumento* ou à *interrupção* do "prazo de antecedência de publicação do primeiro anúncio de convocação da assembleia geral".

Na verdade, no caso de *aumento de prazo*, a CVM fixará, em sua *decisão fundamentada* (inciso I do art. 50 da referida Lei n. 9.784, de 1999), uma *nova data para a realização da assembleia geral*, que será, no máximo, trinta dias após a data em que os documentos a que se refere o art. 135 forem colocados à disposição dos acionistas.

Fixada nova data para a realização da assembleia geral extraordinária, deverá a companhia *renovar os procedimentos de publicação* oficial requeridos pelo presente art. 124, *publicando novamente o primeiro anúncio de convocação* pelo menos quinze dias antes da *nova data marcada para a assembleia* (art. 289).

INCONSTITUCIONALIDADE DO INCISO II DO § 5º

Como referido, o inciso II do § 5º do presente artigo, acrescentado pela Lei n. 10.303, de 2001, prevê que, depois de ter sido provocada pelo *acionista* e de ter ouvido a *companhia*, a CVM poderá determinar a *interrupção*[213], por até quinze dias, do prazo para realização da assembleia geral.

Essa disposição visaria a dar tempo para que ela — CVM — pudesse "conhecer e analisar" as matérias e as propostas a serem submetidas à aprovação assemblear, para, desse modo, avaliar se existe *ilegalidade ou então inconformidade com as normas regulamentares*.

Constatada a ilegalidade ou a irregularidade, a CVM deverá, ao término da *interrupção* de prazo, informar à companhia as razões em que se baseia a sua conclusão (inciso I do art. 50 da referida Lei n. 9.784, de 1999).

Decidindo a CVM pela *interrupção do prazo*, estabeleceria ela o *número de dias* em que perduraria a interrupção, respeitado o máximo de quinze. Durante o *termo da interrupção*, a Agência Regulatória analisaria a ocorrência de violação da lei ou dos dispositivos regulamentares e emitiria, ao final, um "parecer" sobre esses aspectos, *notificando a companhia do seu teor*.

É evidente que esse exíguo termo de interrupção, que durará no máximo quinze dias, não permite a instauração do devido *processo administrativo sancionador*, nos termos previstos nos referidos arts. 9º, V e § 2º, e 11 da Lei n. 6.385, de 1976, alterada pelo inconstitucional Decreto n. 3.995, de 2001, e regulados pela Resolução CMN n. 454/77, com as alterações introduzidas pelas Resoluções CMN n. 2.785/2000 e 1.657/89.

Em consequência, tal procedimento administrativo fere frontalmente os *princípios* constitucionais do *devido processo legal*, do *contraditório* e da *ampla defesa*.

Dada a impossibilidade de realização de um *devido processo administrativo sancionador*, durante o termo de interrupção do prazo de antecedência da convocação da assembleia geral, não poderá a CVM, ao fim desse termo — constatando que as matérias submetidas à assembleia geral são ilegais ou que violam as normas regulamentares —, proferir decisão impondo qualquer das penalidades previstas na Lei n. 6.385, de 1976 (art. 11 e seus incisos).

O procedimento administrativo interno que culminasse na imposição de tais sanções seria totalmente *nulo*, pela evidente afronta aos princípios constitucionais referidos, respondendo a União por essa arbitrariedade administrativa e evidente abuso e desvio de poder de seus agentes.

---

213 *V.* a decisão do Colegiado da CVM no Processo Administrativo n. 2003/12770.

Diante do Ordenamento Jurídico seria absurdo imaginar que a decisão proferida pela Comissão de Valores Mobiliários, "julgando" ilegal ou irregular a assembleia, ao término da interrupção, poderia vincular a companhia, impondo que se abstivesse de realizar a pretendida assembleia.

Não há na Lei n. 10.303, de 2001, nem nas demais leis, decretos e regulamentos aplicáveis à matéria, qualquer previsão que permita legitimar tal "sanção". As sanções que a Comissão está legitimada a aplicar, após a verificação do ilícito apurado no curso do *devido processo legal administrativo*, são apenas aquelas mencionadas no art. 11 da Lei n. 6.385, de 1976.

Portanto, em face do *princípio constitucional da estrita legalidade* (art. 37 da CF de 1988) a que está também adstrita a Comissão de Valores Mobiliários, tal sanção seria igualmente *nula*, não impedindo, de um lado, a companhia de realizar a assembleia, e, de outro, de promover a reparação junto ao Estado pela arbitrariedade cometida nesses casos por seus agentes.

PROCESSO ADMINISTRATIVO DE CONTROLE E SUAS LIMITAÇÕES — AINDA O § 5º

Não se pode, tampouco, cogitar que a "decisão" da Comissão de Valores Mobiliários acerca da eventual ilegalidade ou irregularidade da assembleia geral[214] — além de não ter a força de impor sanções à companhia — poderia servir como base para a posterior abertura de um novo *processo administrativo sancionatório* contra os responsáveis, para apuração das responsabilidades e imposição das sanções eventualmente cabíveis.

Como mero exercício de lógica jurídico-administrativa poder-se-ia cogitar que esse procedimento da CVM seria um *processo administrativo de controle*, o qual se caracteriza por ter *decisão final* meramente *declaratória* e não impositiva de uma sanção.

Tal decisão *vincularia a Administração Pública*, embora não seja autoexecutável, pois depende de outra decisão, em *processo administrativo sancionador*, para a aplicação de penalidades.

Ocorre que, mesmo nesses *processos administrativos de controle*, que devem ter rito próprio previsto em lei, é requisito de sua validade o *direito pleno de defesa do interessado antes do seu término*, caso se apurem irregularidades puníveis[215], em estrita consonância com o *princípio do contraditório*.

---

214 A propósito, *v.* a decisão do Colegiado da CVM no Processo Administrativo n. 2003/12770.

215 Cf. Hely Lopes Meirelles, *Direito administrativo brasileiro,* 23. ed., São Paulo, Malheiros, 1998, p. 566.

Assim, a "decisão" do Colegiado da Comissão de Valores Mobiliários sobre a eventual ilegalidade ou irregularidade do conclave não pode ter qualquer efeito jurídico-administrativo.

Caso viesse a servir a "decisão" de base para um *processo administrativo sancionador* a ser instaurado posteriormente, seria nulo este último, por estar baseado num *prejulgamento da matéria*, sem qualquer respaldo constitucional.

Portanto, deve-se entender como *absolutamente inconstitucional, ilegal* e desde logo *inaplicável* o inciso II do novo § 5º do art. 124, aberrantemente introduzido pela Lei n. 10.303, de 2001.

OBRIGAÇÃO DE REMETER À BOLSA OS DOCUMENTOS DISPONIBILIZADOS AOS ACIONISTAS — § 6º

Outra inovação trazida pelo § 6º, acrescentado ao presente artigo pela Lei n. 10.303, de 2001, é o dever das *companhias abertas* de *enviar* os *documentos* relativos às deliberações da assembleia geral à *Bolsa* (BM&FBovespa).

Previsão legal semelhante já existia, no § 4º do art. 88 do Decreto n. 2.627, de 26 de setembro de 1940, introduzido pela Lei n. 5.589, de 3 de julho de 1970, que determinava que as sociedades registradas em bolsas de valores enviassem às entidades em que se encontrassem registradas, com a antecedência prevista para a convocação da assembleia, cópia do *edital de convocação* e da *proposta da diretoria* a ser apresentada à assembleia geral.

E já na vigência da Lei n. 6.404, de 1976, a Instrução CVM n. 202, de 6 de dezembro de 1993 (art. 13, I, c/c o art. 16), obrigava as *companhias abertas* a enviar as suas demonstrações financeiras, o relatório da administração e o parecer do auditor independente, ou seja, os documentos referidos no art. 133 da Lei Societária: (i) à Comissão de Valores Mobiliários; (ii) à Bolsa em que seus valores mobiliários foram originalmente admitidos; (iii) à Bolsa em que foram mais negociados no último exercício; e (iv) às outras Bolsas que o solicitarem, no prazo de até um mês antes da data marcada para a realização da assembleia geral, ou no mesmo dia em que forem publicados pela imprensa, ou colocados à disposição dos acionistas, o que ocorreu primeiro.

Esta obrigação, que agora deve ser concentrada na única Bolsa do país — a BM&FBovespa — valia apenas para as *assembleias gerais ordinárias*. Para as *assembleias gerais extraordinárias*, o art. 17 da Instrução CVM n. 202/93 previa apenas o envio do edital de convocação, no mesmo dia de sua publicação, às entidades referidas acima, não havendo obrigatoriedade de envio dos documentos relativos às matérias objeto da ordem do dia.

Por outro lado, a Instrução CVM n. 319, de 3 de dezembro de 1999[216], por força do seu art. 2º, obriga as *companhias abertas* a realizar a publicação e enviar informações completas e demais documentos acerca das operações de fusão, cisão e incorporação: (i) à Comissão de Valores Mobiliários; (ii) às bolsas de valores; e (iii) às entidades do mercado de balcão organizado em que os valores mobiliários da companhia sejam admitidos à negociação; todas no prazo de até quinze dias antes da data de realização da assembleia geral.

Nesses casos, a Instrução CVM n. 319/99 determina, ainda, que os documentos relativos a essas operações sejam colocados à disposição dos acionistas da companhia a partir da data de envio suprarreferida.

Assim, já vigorava, mesmo antes da Lei n. 10.303, de 2001, para *todas as companhias abertas*, a obrigação de enviar à Bolsa os documentos relativos à assembleia geral ordinária, bem como aqueles relativos às assembleias gerais extraordinárias que deliberassem especificamente sobre fusão, cisão ou incorporação.

Isto posto, a Lei n. 10.303, de 2001, pretendeu *aperfeiçoar* o *sistema de informações* aos *acionistas*, aos *investidores do mercado*, aos integrantes do sistema de distribuição do mercado de valores mobiliários, aos credores e a toda a coletividade, oferecendo *mais um canal de acesso* aos documentos relativos às matérias a serem discutidas e votadas nas assembleias gerais ordinárias e extraordinárias, para que os acionistas e o mercado possam melhor avaliar a situação da companhia e tomar decisões consistentes.

Note-se que essa obrigação criada pela lei para a companhia a respeito da divulgação das informações pertinentes às futuras deliberações das assembleias gerais é *adicional* e *não elimina* a necessidade de colocar os documentos exigidos pelos arts. 133, para assembleias gerais ordinárias, e 135, para assembleias gerais extraordinárias) à *disposição dos acionistas* na sede da companhia, ou em outro local, devidamente indicado nos respectivos anúncios[217].

O sistema legal de informações criado pela Lei n. 10.303, de 2001, com relação às *assembleias gerais extraordinárias*, amplia as hipóteses em que as companhias abertas deverão enviar à Bolsa os documentos relativos às de-

---

216 A Instrução CVM n. 319/99 permanece em vigor, alterada pelas Instruções CVM n. 320, de 6 de dezembro de 1999, e 349, de 6 de março de 2001.

217 *V.* comentários aos arts. 133 e 135.

liberações assembleares. Assim, *qualquer que seja a deliberação* a ser tomada em assembleia extraordinária, os documentos a ela relativos devem ser enviados à BM&FBovespa.

Por outro lado, o avanço pretendido e propalado pelo legislador de 2001 não foi alcançado, pois o § 6º, quando comparado com as disposições correlatas das Instruções CVM n. 202/93 e 319/99, inexplicavelmente *reduz* o universo de companhias abertas que estarão obrigadas ao envio desses documentos, bem como o rol das entidades que devem receber os documentos exigidos pela lei.

Ressalte-se que o presente § 6º, sendo *norma superior* e *posterior* às Instruções CVM n. 202/93 e 319/99, e dispondo de *forma completa* a matéria relativa ao envio dos documentos referidos nos arts. 133 e 135 à Bolsa, *revoga* todas as disposições desses regulamentos emanados da Comissão de Valores Mobiliários sobre tal matéria.

Enquanto as referidas Instruções CVM n. 202/93 e 319/99 impunham o *dever* de envio dos documentos a *todas* as companhias abertas, a Lei n. 10.303, de 2001, restringiu essa obrigação às companhias abertas *com ações negociadas em Bolsa de Valores* (§ 3º do art. 4º introduzido pela Lei n. 10.303, de 2001). Com isso, tal obrigação legal não abrangeria as companhias abertas com *outros valores mobiliários* negociados em *Bolsa* ou no *mercado de balcão organizado* (art. 4º, § 3º)[218].

A Lei n. 10.303, de 2001, foi também mais *restritiva* que os referidos regulamentos anteriores da Comissão de Valores Mobiliários, ao determinar que os documentos postos à disposição dos acionistas antes da realização da assembleia geral sejam enviados apenas à *Bolsa* em que suas ações sejam *mais negociadas*.

Esse dispositivo está superado pela concentração dos negócios com ações em uma única Bolsa de Valores — a BM&FBovespa. Não obstante, continua a prevalecer a restrição se comparada com a Instrução CVM n. 319/99 que falava em Bolsas de Valores ou entidades do mercado de balcão organizado nas quais os valores mobiliários da companhia sejam admitidos à negociação.

A Lei n. 10.303, de 2001, cria, assim, um benefício apenas para os acionistas das companhias com *ações* negociadas na *Bolsa,* para os quais será garantido um canal de informação adicional, em prejuízo dos acionistas das companhias com ações negociadas apenas no mercado de balcão organizado.

---

218 *V.* comentários ao art. 4º.

Esclareça-se que os *documentos* a serem enviados à BM&FBovespa, nos termos do § 6º do art. 124, serão os *mesmos postos à disposição dos acionistas* para a deliberação da assembleia geral.

Assim, tratando-se de *assembleias gerais ordinárias*, devem ser enviados à Bolsa todos os *documentos referidos no art. 133*, e, tratando-se de *assembleias gerais extraordinárias*, todos os documentos que venham a ser disponibilizados aos acionistas na forma do § 3º do art. 135; parágrafo este acrescentado pela lei de 2001[219].

Por fim, os documentos mencionados devem ser remetidos pelas *companhias abertas* à Bolsa, conforme este § 6º, *na mesma data em que for feito o primeiro anúncio de convocação da assembleia geral*, ou seja, no mesmo prazo do § 1º, II, que será de, pelo menos, quinze dias antes da realização da assembleia geral.

FUNDAMENTO DA CONVOCAÇÃO PÚBLICA E DA PUBLICAÇÃO OFICIAL

Sendo a assembleia geral um conclave que objetiva provocar a troca de opiniões para a obtenção de um consenso entre os sócios, no sentido de realizar o interesse social, necessário que haja a convocação de todos. Feita a convocação, caberá a cada um decidir da conveniência ou não de sua presença, seja física, seja via internet, como faculta a Lei n. 12.431, de 2011 (art. 121, paragrafo único).

O regime de convocação pública deve permitir efetivamente que o acionista tome conhecimento prévio da realização da assembleia geral. O convite público é a forma juridicamente eficaz de alcançar a certeza de que todo acionista virá a tomar conhecimento da convocação.

É necessário, ademais, que a convocação seja publicada (art. 289) com antecedência mínima, permitindo, assim, ao acionista tomar conhecimento das matérias que serão discutidas na reunião e providenciar as medidas acauteladoras dos seus direitos individuais ou coletivos e, ainda, da preservação do interesse social.

É imprescindível, para tanto, que o edital de convocação publicado (art. 289) indique o essencial quanto às matérias constantes da ordem do dia, notadamente em se tratando de alteração estatutária, bem como data, hora, lugar, natureza da reunião, se em primeira ou em segunda convocação e, finalmente, a indicação do órgão ou pessoa responsável pelo edital e a data de sua lavratura.

---

219 *V.* comentários aos arts. 133 e 135.

Um dos princípios fundamentais das sociedades anônimas é o da publicidade oficial (art. 289), cuja função é levar à presunção legal do conhecimento de todos os atos societários relevantes, seja pelos acionistas, que legalmente se presumem dispersos, seja por terceiros.

E a Lei n. 10.303, de 2001, na esteira de todas as anteriores, determinou a publicação de todos os atos societários relevantes no *Diário Oficial do Estado* onde se situa a sede da companhia, exatamente para que se estabeleça a presunção legal de conhecimento dos acionistas e de terceiros desses mesmos atos. Tem, assim, a publicidade oficial caráter declaratório e constitutivo de direito, sendo o título necessário para determinar o termo inicial de aquisição de direitos ou de início do prazo decadencial ou prescricional, na forma e para os efeitos do art. 289.

É inteiramente inconcebível que o regime da publicidade oficial pudesse ser substituído pela publicação dos atos societários em outros veículos da imprensa ou da mídia eletrônica[220].

Seria o mesmo que prescindir da publicação das leis e dos atos administrativos no *Diário Oficial*, contanto que tais publicações fossem feitas em jornais de grande circulação ou pela *Internet*.

Como o próprio nome indica, o *Diário Oficial* é o órgão que tem precipuamente como função proceder às publicações oficiais dos atos societários, para, assim, configurar-se a *presunção legal* de conhecimento dos acionistas e de terceiros (arts. 98, § 1º, e 135, § 1º).

Os *efeitos* da publicação oficial são absolutamente relevantes no Ordenamento Jurídico.

Nesse passo aplicam-se os arts. 1º e 3º da Lei de Introdução às Normas do Direito Brasileiro: "Art. 1º Salvo disposição contrária, a lei começa a vigorar em todo o país quarenta e cinco dias depois de oficialmente publicada".

E o princípio da *presunção legal* está igualmente estabelecido no art. 3º: "Ninguém se escusa de cumprir a lei, alegando que não a conhece".

Esses dois princípios aplicam-se ao regime de publicação oficial dos atos relevantes das sociedades anônimas, conforme previsto no art. 289, como referido.

Uma vez oficialmente publicados os atos societários, ninguém pode escusar-se dos seus efeitos, ou seja, do início da aquisição, prescrição e da decadência de direitos, seja dos titulares de valores mobiliários emitidos pela companhia, seja dos acionistas, seja de terceiros, como os contratantes, os credores ou o Fisco, seja dos demais órgãos estatais que se relacionam com a companhia.

---

220 Da função constitutiva da publicação oficial (art. 289) tratam o art. 98 e seu § 1º e o art. 135, § 1º.

Dessa forma, a publicação oficial é imprescindível para a *segurança dos direitos subjetivos*, públicos e privados, e, portanto, para a efetividade da Ordem Pública.

DISPENSA DA CONVOCAÇÃO PÚBLICA NAS PEQUENAS COMPANHIAS

A Lei expressamente dispensa a convocação pública da assembleia geral nas companhias fechadas de pequeno porte, ou seja, que tiverem menos de vinte acionistas, com patrimônio líquido inferior a um milhão de reais e que atendam aos demais requisitos previstos no art. 294[221].

Nesse caso, a administração poderá convocar a assembleia geral por anúncio entregue a todos os acionistas, contrarrecibo, com antecedência de oito dias para a primeira convocação e de cinco, para a segunda.

Não se confunde essa espécie de convocação com a postal. Isso porque esse procedimento dependerá da vontade dos administradores, independentemente da previsão estatutária, e não dos acionistas, como ocorre com a convocação postal. Ademais, a convocação pública, na espécie, é dispensada, o que não acontece com a convocação postal que será reiterada pela publicação da convocatória (art. 289).

A respectiva assembleia também não se assemelha ao conclave unânime, porque este demanda a presença de acionistas representando a totalidade do capital social, ao passo que, no caso do art. 294, a assembleia instalar-se--á e deliberará validamente com quórum majoritário ou qualificado, previstos na Lei (arts. 129, 136 e 137)[222].

REQUISITOS PARA CONVOCAÇÃO POSTAL E SUA RENOVAÇÃO

Para que o acionista se beneficie desse duplo procedimento (publicação oficial — art. 289 e convocação postal), deverá possuir

---

221 *V.* comentários ao art. 294.

222 Embora tenha semelhanças, não se confunde a dispensa de convocação, na espécie, com as *consent meetings* do direito norte-americano. Estas são assembleias especiais, convocadas de maneira não regimental e cuja convocação não segue, portanto, a forma prescrita no estatuto. Sua validade fica na dependência da presença de todos os acionistas à assembleia geral ou da manifestação da vontade daqueles que não compareceram, que, para tanto, assinam um *waiver* da convocação e da *notice*. Ao assinar os *waivers*, os acionistas que não irão comparecer declaram renunciar ao comparecimento. Essas assembleias são limitadas às companhias com poucos acionistas (*Financial Handbook*, p. 12.25).

5% ou mais do capital social, ou seja, independentemente de ser titular de ações com direito a voto ou não. Evidentemente que o percentual é elevadíssimo, o que torna sua aplicação difícil.

Outro requisito é o de que haja solicitação expressa do acionista interessado, com a indicação precisa do endereço e do prazo de vigência dentro do qual pretende que lhe seja mantido o privilégio legal. Esse prazo, que não será superior a dois anos, poderá ser renovado.

Reitere-se que esse procedimento de reforço não substitui a publicação oficial dos editais de convocação na forma prevista no art. 289, na medida em que constitui a única forma de estabelecer a presunção absoluta de conhecimento e de consignar o início do prazo de aquisição de direitos e também o início dos prazos prescricionais e de decadência[223].

Para a renovação do prazo do de convocação postal, deverá o acionista solicitar novamente, por escrito, essa providência, podendo fazê-lo antes ou após a expiração do termo extintivo.

A convocação postal deverá ser feita obedecendo aos mesmos prazos da convocação pública, ou seja, oito dias para a primeira convocação e cinco dias para a segunda.

EXIGÊNCIA DE CONVOCAÇÃO PÚBLICA

Como referido, mesmo que todos os acionistas da companhia fechada adotem o regime de convocação postal, não está a administração dispensada do dever de efetivar a convocação por editais publicados na forma do art. 289[224].

A Lei não dispensou a convocação pública e oficial nesse caso. Nem poderia tê-lo feito, pois esta última visa, sobretudo, a ilidir a alegação de desconhecimento ou ignorância da realização do conclave, com efeitos *erga omnes*, ou seja, fazendo com que a publicação oficial (*Diário Oficial* do respectivo Estado) leve à presunção absoluta do conhecimento do ato societário

---

223 *V.* comentários ao art. 289.

224 Na legislação francesa — art. 124 do Decreto de 1967 —, se todas as ações forem nominativas, a publicação poderá ser substituída por carta registrada. De qualquer forma, os titulares de ações nominativas podem ser convocados por via postal, desde que façam tal pedido à sociedade. Não há distinção, na lei francesa, entre companhia aberta e fechada, valendo o preceito para todas as companhias. Na legislação belga, a convocação postal é obrigação legal e independe, portanto, da manifestação do acionista.

que será realizado e, ainda, do início da prescrição e decadência de um lado, e da aquisição dos direitos subjetivos daí decorrentes, de outro.

INOBSERVÂNCIA DA CONVOCAÇÃO POSTAL — EFEITOS CONSTITUTIVOS

A Lei, ao dispor que caberão perdas e danos pela inobservância, por parte dos administradores, da convocação postal, como modalidade complementar de publicação (art. 289), está se referindo aos efeitos também condenatórios da conduta dos administradores.

Em hipótese alguma essa alusão a perdas e danos elide o principal efeito, de natureza constitutiva, de anulação da própria assembleia, por vício formal.

Há que se ressaltar que a convocação postal é requisito de regularidade da instalação válida e eficaz do conclave. Em consequência, como referido, a irregularidade na convocação postal leva à anulação da própria assembleia por vício de instalação.

A convocação postal não é um benefício outorgado pela Lei ao acionista, mas um seu direito, de natureza legal, que se equivale inteiramente à convocação pública (art. 289).

Desse modo como haveria a anulação do conclave, por vício de instalação irregular, no caso de ausência de edital público, também não será válida a assembleia, cuja convocação postal deixou de ser plenamente observada, nos termos do § 3º.

Poderá o acionista destinatário promover a anulação da assembleia por convocação irregular, uma vez que, na espécie, deixou-se de cumprir um dos requisitos preliminares fundamentais para a instalação do conclave.

CONVOCAÇÃO PARA ALTERAÇÃO ESTATUTÁRIA

As reformas projetadas no estatuto devem ser indicadas com precisão, no edital de convocação da assembleia geral extraordinária[225]. Se na ordem do dia constar, p. ex., aumento do capital, deve o edital sumariar todos os elementos da proposta da administração[226].

É nula a convocação que contenha a mera indicação do artigo do estatuto que será alterado, pois o que objetiva a Lei é dar ao acionista o máximo de

---

225 Cunha Peixoto, *Sociedades por ações*, cit., v. 3, p. 44.
226 *V.* comentários ao art. 135.

informações para que ele compareça à assembleia preparado para discutir e deliberar sobre a proposta de alteração estatutária[227 e 228].

MATÉRIA ESTRANHA À CONVOCAÇÃO

Também é nula a deliberação que versar sobre matérias estranhas às constantes da convocação, ou seja, que não estiverem incluídas na ordem do dia da assembleia[229].

Presume-se, no caso, que o comparecimento do acionista à assembleia geral prende-se à ordem do dia e não ao conclave em si mesmo, pois não se trata de reunião de mera sociabilidade.

Assim, se fosse outra a matéria a ser discutida, os acionistas ausentes eventualmente poderiam ter interesse em comparecer. Daí a deliberação sobre a matéria não constante da ordem do dia constituir flagrante burla aos direitos individuais do acionista, sendo, em consequência, nula a deliberação correspondente.

Trata-se aqui de nulidade de deliberação e não da própria assembleia, ainda que esta, na hipótese, se realize com um vício formal de inobservância da ordem do dia.

No entanto, se as outras matérias ali debatidas e decididas forem as constantes da ordem do dia, serão as respectivas deliberações válidas e eficazes, a não ser que possuam tal conexão com a matéria extravagante que não seriam eficazes sem que esta também tivesse sido decidida.

Nesta hipótese, as deliberações constantes da ordem do dia serão também nulas. Seria, v. g., o caso de um aumento de capital que não tivesse, na assembleia, logrado aprovação, mas que nela mesma se decidisse, fora da ordem do dia, transformar o regime de capital da companhia para autorizado, aceitando-se, logo em seguida, a subscrição de um grupo estranho ao quadro social disposto a subscrever a referida parcela. Neste exemplo, tanto o aumento aprovado, constante da ordem do dia, como a mudança extravagante do regime do capital seriam nulos.

---

227 V. comentários aos arts. 133 e 135.

228 Sobre a matéria, Instrução CVM n. 341, de 2000; Decisão em JTJ 243/260; TJGO, 1ª Câm., AC 51287-4/188, Rel. Des. Matias Washington de Oliveira Negry, j. em 10-10-2000; TJMG 3ª Câm., Agr. Instr. 392.748-6, Rel. Juiz Edilson Fernandes, j. em 30-4-2003; TJMG, 13ª Câm., AC 1002405751312-9/002, Rel. Des. Eulina do Carmo Almeida, j. em 15-5-2008. In Lazzareschi, ob. cit., p. 309 e s.

229 No direito argentino, essa nulidade é expressa (art. 246 da lei das sociedades de 1972).

MATÉRIA ESTRANHA EM ASSEMBLEIA TOTALITÁRIA

Na assembleia a que compareçam acionistas representando a totalidade do capital social, dispensa a Lei a convocação pública (art. 289), valendo, na hipótese, até mesmo a convocação verbal[230].

Para a eficácia da assembleia totalitária, será necessário que todos os acionistas aprovem a ordem do dia, não importando tenha sido ela enunciada com antecedência ou sugerida no momento. Em consequência, não se pode falar em matéria extravagante da ordem do dia, pois, em qualquer caso, deverá haver a aprovação dos assuntos em pauta no próprio conclave. Portanto, qualquer matéria poderá ser sugerida e incluída na ordem do dia, desde que receba a aprovação da unanimidade dos acionistas, com e sem direito de voto.

MATÉRIAS LEGALMENTE INSCRITAS NA ORDEM DO DIA

Há matérias que implicitamente se incluem na ordem do dia[231]. É o caso de, mesmo sem constar da convocação, poder a assembleia geral, tanto a ordinária, como a extraordinária, destituir e substituir administradores[232].

Da mesma forma, poderão ser discutidas e deliberadas medidas urgentes, como o pedido de recuperação judicial ou extrajudicial ou a declaração de falência.

Também a propositura de ação de responsabilidade contra administradores e a declaração imediata de seu impedimento e respectiva substituição. Na assembleia geral *extraordinária*, poderá ocorrer deliberação nesse sentido, se for consequência direta de assunto constante da ordem do dia (art. 159).

CUMPRIMENTO DA ORDEM DO DIA

É inadmissível a supressão pela assembleia geral da discussão e deliberação de qualquer matéria constante da ordem do dia[233].

---

230 Como ocorre na legislação norueguesa, em que a lei faculta a convocação verbal. Miserocchi, *Inchieste di Diritto Comparato*, 5(1): 604.

231 Valverde, *Sociedades por ações*, cit., v. 2, p. 91; Ripert-Roblot, *Traité*, cit., v. 1, p. 740.

232 Essa faculdade é expressa na lei francesa de 1966, arts. 160, n. 3, e 128 do Decreto de 1967. Ripert-Roblot, *Traité*, cit., v. 1, p. 739 e s.

233 Ripert-Roblot, *Traité*, cit., v. 1, p. 740.

O estrito e completo cumprimento da ordem do dia constitui garantia dos acionistas que demonstraram interesse em participar do conclave.

O cumprimento de toda a pauta, por outro lado, constitui fundamento para evitar que outras questões imprevistas sejam levantadas, discutidas e votadas pelos acionistas presentes. Daí por que deve a ordem do dia ser precisa, a fim de o acionista ter uma noção exata do que será deliberado.

Há, portanto, necessidade de respeitar a ordem do dia no sentido de deliberar apenas sobre os assuntos nela previstos, da mesma forma que não pode ser suprimida nenhuma matéria que nela constar[234].

INSERÇÃO DE "OUTROS ASSUNTOS"

Para evitar o impasse sobre a oportunidade da deliberação, com respeito a assuntos de menor importância ou consequentes da própria matéria expressamente enunciada na ordem do dia, é prudente que na convocação, além dos assuntos específicos, conste, residualmente, "outros assuntos" ou "assuntos diversos".

Essa válvula permite, licitamente, que os acionistas, uma vez cumprida a pauta específica dos trabalhos, discutam e deliberem sobre questões de menor importância, complementares às primeiras decisões tomadas, ou que visem meramente à conservação de direitos da companhia e de seus acionistas ou, ainda, sobre indagações ou representações referentes às atividades desta. Pode-se incluir no item "outros assuntos" a convocação de uma nova assembleia geral[235].

Necessário reiterar que nenhuma matéria que importe na alteração de direitos dos acionistas ou na modificação institucional ou administrativa da companhia poderá ser discutida e deliberada nesse item residual da pauta[236].

A deliberação de qualquer assunto relevante será nula, na hipótese, respondendo os controladores e os demais acionistas que com eles contribuírem para a efetivação da irregularidade, pelas perdas e danos que advierem desse ato (arts. 115 e 117)[237].

---

234 Dominique Schmidt, *Les droits de la minorité*, cit., p. 86.

235 V. comentários ao art. 123.

236 Nesse sentido, AI 392.748-6, Rel. Des. Edílson Fernandes, 3ª Câm. Cív. do TAMG, j. em 30-4-2003.

237 Sobre a matéria, Cunha Peixoto, *Sociedades por ações*, cit., v. 3, p. 40. Contrariamente à inserção de "outros assuntos", Halperin, *Sociedades anónimas*, cit., p. 570.

APENAS DUAS CONVOCAÇÕES

A Lei vigente instituiu apenas duas convocações, em vez de três, como determinava o Diploma de 1940. Fez apenas exceção no caso de quórum qualificado, de que trata o art. 136[238 e 239].

Trata-se de medida oportuna, pois, havendo três convocações, a segunda tornava-se mera formalidade[240] protelatória e, portanto, contrária ao interesse social.

Cabe, a esta altura, saber se poderia o edital de convocação prever as duas convocações para o mesmo dia em horas diversas. O assunto é da maior importância, notadamente quando requer a Lei quórum qualificado de instalação e de votação (arts. 135 e 136).

A resposta é negativa, pois com essa possibilidade afastar-se-ia completamente o próprio espírito do instituto da convocação pública (art. 289), que objetiva exatamente dar oportunidade aos acionistas para que compareçam, discutam e deliberem sobre os assuntos da ordem do dia.

Se a Lei proporciona duas oportunidades para esse comparecimento, seria ilógico admitir que o mesmo pudesse ocorrer no mesmo dia, ainda que em horas diversas.

É imprescindível que haja dois editais publicados sucessivamente (art. 289), pois é por meio de uma segunda convocação que os acionistas eventualmente se disporão a comparecer à assembleia geral.

Não poderá realizar-se a assembleia geral em segunda convocação em espaço de tempo inferior a cinco dias. Não se permite, como referido, haver um único convite para o conclave, em primeira e segunda convocação, ainda que nele seja determinado o interstício mínimo de cinco dias entre uma e outra data para a reunião[241].

---

238 *V.* comentários ao art. 136.

239 AC 58.979-1-SP, j. em 5-3-1986 (col. Nelson Eizirik, *Sociedades anônimas*, cit., p. 629): "... a superveniência da Lei n. 6.404, de 15/12/76, tornou insubsistente a norma estatutária que previa a realização de uma terceira assembleia, quando não houver o funcionamento de segunda, na medida em que o novo diploma legal se satisfaz com a realização de apenas duas assembleias e permite que a segunda possa deliberar validamente com qualquer número de acionistas".

240 Exposição de Motivos do Projeto. Também a lei francesa de 1966 prevê apenas duas convocações (arts. 153 e 155).

241 Sobre a matéria, Colegiado da CVM, PAS RJ 15/05, Rel. Diretor Pedro Oliva Marcilio de Souza, j. em 29-11-2006; Parecer CVM/SJU n. 096/79; AC TJSP, 9ª Câm., Agr. Instr. 394362.4/6-00, Rel. Des. Sergio Gomes, j. em 27-9-2005. In Lazzareschi, ob. cit., p. 312 e s.

PRAZOS

Os prazos mínimos estabelecidos no § 1º deste art. 124 (de oito dias para a primeira convocação e de cinco, para a segunda) constituem preceitos de *ordem pública*, suscetíveis de serem alongados, mas não abreviados.

Conforme a regra geral contida no art. 132 do Código Civil computam-se tais prazos excluindo-se o dia do começo e incluindo-se o da realização da assembleia geral[242].

CONVOCAÇÃO IRREGULAR

A convocação pública (art. 289) e, por correspondência, que contiver vício quanto ao prazo, ao conteúdo ou a qualquer outro defeito formal ou substancial *ocasionará anulação da assembleia geral* e a responsabilidade dos administradores, como referido[243].

A nulidade é formal, da própria assembleia, pois a convocação irregular tem como consequência privar os acionistas de seu direito de discutir e votar as matérias ali deliberadas, ainda que o voto dos prejudicados, na hipótese, não possa numericamente prevalecer[244].

O mesmo vício afeta as ações preferenciais sem direito ou com direito restrito de voto. Se a irregularidade da convocação atingir os interesses destas, direta ou indiretamente, será a respectiva assembleia formalmente nula.

A irregularidade não prevalecerá se na assembleia geral estiverem presentes acionistas representando a totalidade do capital social. Isso, desde que todos eles, sem exceção, mesmo dos titulares de ações não votantes, concordarem com a ordem do dia proposta, que deverá, assim, ser retificada e *ratificada* no conclave, em face da irregularidade da convocação.

Fora dessa hipótese de unanimidade de presenças, a simples inobservância dos prazos mínimos de convocação pública ou postal, ou de interstício, acarretará a nulidade da assembleia geral[245].

---

242 Na lei anterior, havia dúvida quanto à contagem do prazo, tendo em vista que o dispositivo determinava que entre uma e outra convocação "mediará o prazo" (Cunha Peixoto, *Sociedades por ações*, cit., v. 3, p. 35).

243 Na lei francesa, a irregularidade da convocação pode acarretar sanções penais (arts. 441 e s. da lei de 1966).

244 Conforme orientação da jurisprudência francesa.

245 Halperin, *Sociedades anónimas*, cit., p. 569.

FISCALIZAÇÃO ADMINISTRATIVA DA REGULARIDADE — REGISTRO DO COMÉRCIO

Cabe ao Registro do Comércio proceder à verificação da regularidade formal da convocação pública (art. 289) e, bem assim, da conformidade da matéria discutida e deliberada com os itens constantes da ordem do dia.

Ademais, não pode prevalecer a orientação até aqui seguida normativamente pelas Juntas Comerciais, no sentido de que lhes cabe arquivar ata da assembleia geral, mesmo quando se discuta matéria diversa da constante da convocação. Nesse sentido decidiu o Ministério da Indústria e Comércio em processo — MIC n. 02416/72 —, entendendo que "a decisão de matéria diversa da referida nos editais de convocação constitui questão a ser examinada e decidida na esfera judicial, não estando incluída na competência do Registro do Comércio".

Tal orientação transforma as Juntas Comerciais em meros depósitos públicos de papéis, tornando dispensável, portanto, a função dos vogais, da Consultoria Jurídica e do seu Plenário. A citada decisão administrativa contrariava até mesmo a Lei n. 4.726, de 1965, e seu regulamento, cujo princípio foi mantido na Lei vigente de Registro Público de Empresas Mercantis — Lei n. 8.934, de 1994, e seu regulamento — Decreto n. 1.800, de 1996.

Isso porque cabe às Juntas Comerciais, precipuamente, examinar se os atos societários que lhe são levados para arquivamento estão em conformidade com a Lei.

Ainda que esse exame seja estritamente formal, a regularidade da publicação da convocação (art. 289) e a consonância das deliberações com os itens da ordem do dia devem ser examinadas detidamente, para o efeito de arquivamento ou de formulação de exigência à companhia.

Consequentemente, é o procedimento inverso que precisa prevalecer. No caso de indeferimento pela Junta é que devem os interessados requerer em juízo a revogação do ato administrativo daquele órgão.

LOCAL

A Lei Societária brasileira, ao contrário da francesa[246], não permite que o estatuto determine outro local para a realização da assembleia geral que não o da sede da companhia.

---

246 Art. 158 da lei francesa de 1966, que admite qualquer lugar conforme determinar o estatuto. Se este silenciar, será na sede social.

Justifica-se plenamente esse critério legal, pois é na sede da companhia que se encontram ou devem se encontrar os livros sociais e contábeis e o seu arquivo, os quais podem ser necessários à realização dos trabalhos e à elucidação dos debates ou prestação de esclarecimentos dos acionistas[247].

Somente é admitida a realização da assembleia geral em outro local que não a sede se houver *motivo de força maior*. Este não deve ser entendido no sentido lato, mas, sim, preciso, como seja, o conceituado no art. 393 do Código Civil como fato necessário, cujos efeitos não era possível evitar ou impedir. Por exemplo, se ocorrer incêndio no prédio em que se situa a sede, ou se na área urbana respectiva verifica-se o estado de calamidade pública etc.

Não cabem, portanto, outras justificativas que não se possam enquadrar no conceito de força maior, pois tal facilidade representaria instrumento de manobra para impedir o comparecimento dos acionistas.

De qualquer forma, para que, mesmo em caso de força maior, não escolham os administradores local inacessível ou dificultoso para o comparecimento dos sócios, a Lei exige, com propriedade, que não poderá a assembleia geral ser realizada fora da localidade da sede[248].

Entenda-se aqui localidade como o distrito urbano ou rural em que está situada a sede social e não o respectivo município. O preceito legal, portanto, é restritivo e perfeitamente justificável, notadamente em se tratando de grandes centros urbanos[249].

Por outro lado, se houver obstrução, por parte dos administradores, inclusive pela sonegação dos livros sociais ou grave ameaça aos acionistas e à sua integridade física ou moral, poderão esses mesmos acionistas deslocar a assembleia para um Tabelionato de Notas, para ali, sob o regime de fé

---

247 Valverde, *Sociedades por ações*, cit., v. 2, p. 92.

248 AC 60.391-1-SP, j. em 11-6-1987 (col. Nelson Eizirik, *Sociedades anônimas*, cit., p. 556). Tal princípio, em se tratando de sociedades fechadas, e em comparecendo todos os acionistas, vem sendo observado de forma menos rigorosa por nossa jurisprudência, mesmo em casos em que da ata conste local diverso daquele em que efetivamente se realizou a assembleia: "As assembleias gerais de sociedade anônima fechada — cujas regras não são tão rígidas e inflexíveis quanto as das empresas de capital aberto — podem ser realizadas em qualquer local, desde que presentes todos os acionistas, não obstante conste das atas que as reuniões se realizaram na sede social. Trata-se de mera incongruência, que não compromete a validade das assembleias, ainda mais na hipótese de sociedade familiar, composta apenas por pai e filha".

249 No direito argentino, a convocação deverá estabelecer o local da assembleia geral, que não deverá em nenhum caso ser realizada fora da jurisdição do domicílio social. Se tal ocorrer, a convocação seria anulável (Brunetti, *Tratado*, cit., v. 3, p. 556).

pública, realizar a assembleia geral, cuja ata se conterá na respectiva escritura de declaração. Esse documento público será levado ao Registro de Comércio e será arquivado, independentemente da posse dos livros sociais.

A publicidade oficial é insubstituível por qualquer outro meio, inclusive convocação pessoal ou postal (art. 289).

FUNDAMENTO DA PUBLICIDADE DA CONVOCAÇÃO

A publicação dos editais de convocação no *Diário Oficial* *(art. 289)* visa a assegurar o conhecimento dos acionistas da realização próxima da assembleia geral. Objetiva, outrossim, a promover a presença de todos os sócios interessados. Ademais, é o modo hábil de informá-los do que será discutido pela inserção, nos editais, da ordem do dia do conclave.

É, portanto, a publicidade a forma de notificação que permite presumir *de jure* que todos os acionistas estão cientes da realização da assembleia geral[250].

REQUISITOS FORMAIS DA PUBLICAÇÃO — CVM

Os requisitos legais da publicação dos editais convocatórios estão contidos no art. 289. Os anúncios deverão ser feitos no Órgão Oficial do Estado e em outro jornal de grande circulação, editado na localidade em que está situada a sede da companhia.

O anúncio deverá ser feito por três vezes, no mínimo, em cada um desses jornais.

Caberá, outrossim, à Comissão de Valores Mobiliários determinar que, além de fazê-lo no Diário Oficial, sejam os anúncios publicados em jornal de grande circulação editado nas localidades em que os valores mobiliários da companhia sejam negociados na Bolsa ou no mercado de balcão organizado (art. 289)[251].

---

250 Halperin, *Sociedades anónimas*, cit., p. 568.

251 A orientação da Comissão de Valores Mobiliários a respeito deverá, em linhas gerais, ser a seguinte:

As companhias cujos valores mobiliários sejam admitidos à negociação em Bolsa de Valores também deverão efetuar as publicações ordenadas em lei em jornal de grande circulação editado na localidade em que se situe a Bolsa de Valores na qual, no último exercício social, tenha-se verificado o maior volume negociado de valores de sua emissão. As companhias cujos valores mobiliários não sejam admitidos à nego-

CONCEITO DE JORNAL DE GRANDE CIRCULAÇÃO

Cabe aqui indagar o que seja "jornal de grande circulação editado em localidade em que está situada a sede da companhia" (art. 289).

Jornal é o que se publica em dias seguidos e que, assim, não se confunde com os *periódicos*, que se publicam semanal, quinzenal ou mensalmente. É evidente que o jornal não terá de ser publicado todos os dias da semana, mesmo porque, no País, apenas alguns têm publicação sem interrupção num ou dois dias da semana[252].

Basta que haja cinco publicações semanais, como os jornais econômicos, ou mesmo periodicidade menor para que seja o jornal suscetível de receber anúncios de editais e demais publicações legais da companhia.

Isto posto, por jornal de grande circulação deve-se entender aquele que tem sua distribuição organizada e permanente na localidade em que é editado, por meio da rede de venda urbana e de sistema de assinaturas.

Será absolutamente ilegal exigir que os jornais locais tenham publicação diária, pois, além de existirem poucos precedentes na grande imprensa nacional, tal medida representaria claro protecionismo à imprensa dos grandes centros urbanos em detrimento da imprensa local e dos acionistas residentes no município em que se situa a sede da companhia.

FUNDAMENTO DAS ASSEMBLEIAS TOTALITÁRIAS

Mesmo na vigência do Direito anterior, era considerada regular a realização de assembleias totalitárias sem convocação pública. Prevalecia, na espécie, a Portaria n. 18, de 20 de outubro de 1969, do Departamento Nacional do Registro do Comércio, que dispunha: "Devem as Juntas Comerciais dispensar a prova da convocação prévia pela imprensa, nos casos

---

ciação em Bolsa, mas que tenham efetuado emissão pública de valores mobiliários, deverão proceder às publicações acima referidas em jornal de grande circulação editado na localidade da sede da entidade integrante do sistema de distribuição do mercado de valores mobiliários (art. 15 da Lei n. 6.385, de 1976) que tenha liderado a distribuição dos valores mobiliários da companhia.

Ademais, as companhias abertas indicarão no extrato da ata da assembleia geral ordinária os jornais de grande circulação em que serão efetuadas as publicações previstas em lei e nos regulamentos da Comissão de Valores Mobiliários, sem prejuízo da eventual publicação em outro jornal.

252 Em 1977, publicavam-se diariamente *O Globo, Jornal do Brasil, O Estado de S. Paulo, Zero Hora de Porto Alegre* e *Folha de S.Paulo.*

de arquivamento de atas de assembleias gerais de sociedades anônimas, quando ficar efetivamente comprovado que as mesmas foram realizadas com a presença da totalidade dos acionistas".

O questionável fundamento da dispensa de convocação pública nas assembleias totalitárias é que somente os acionistas têm interesse em conhecer *com antecedência* os assuntos a serem discutidos.

Esse fundamento, de pouca ou nenhuma consistência, somente se aplica às companhias fechadas, e, nelas, notadamente as de cunho familiar.

Inadmissível a invocação do fundamento no que respeita às companhias abertas, em que a convocação da assembleia, seja ordinária, extraordinária ou especial, é do interesse institucional de toda a coletividade do mercado, bem como, no plano contratual, dos *stakeholders* e terceiros com ela relacionadas.

Há, sobretudo, um interesse público evidente na publicação dessas convocações em se tratando de companhia aberta, atendendo, assim, ao exercício da competência regulatória e sancionatória da Comissão de Valores Mobiliários.

Em consequência, a assembleia totalitária somente pode ser admitida nas companhias fechadas, sendo obrigatória a convocação pública (art. 289) nas companhias abertas, por razões de ordem pública.

Desse modo, nas companhias fechadas (familiares), comparecendo todos os acionistas à assembleia geral, presume a Lei que concordaram com a omissão desse requisito legal.

Não há por que negar validade à instalação da assembleia geral nas companhias fechadas, se todos os acionistas consentirem a respeito. E a presença da unanimidade dos acionistas dá segurança de que não serão lesados os seus interesses.

No plano das companhias fechadas, presume-se que o interesse de terceiros, na realização da assembleia, manifesta-se *a posteriori*, não tendo eles, pois, legitimidade para se oporem à sua realização por razões formais[253].

FORMAÇÃO DO COLÉGIO TOTALITÁRIO — COMPANHIAS FECHADAS

A Lei, ao falar em comparecimento de "todos os acionis-

---

253 A lei argentina exige que devem ser notificados diretores e conselheiros fiscais não acionistas (art. 240 da lei das sociedades de 1972). No direito francês, a matéria é regulada no art. 159 da lei de 1966. No direito suíço, no art. 701 do Código das Obrigações. No italiano, no art. 2.366 do Código Civil. No alemão, no art. 241 da lei de 1965. No direito espanhol, no art. 55 da lei de 1951.

tas", quer referir-se à presença de acionistas representando a *totalidade* do capital social. Não será necessário insistir no caráter capitalista do colégio acionário, cujas presenças e votos, no conclave, contam-se tendo em vista o capital possuído e não a pessoa do acionista (arts. 110 e 125).

Em consequência, será necessário que no Livro de Presença de Acionistas (art. 127) sejam somadas todas as ações da companhia emitidas e em circulação, com exceção apenas das que se encontram em tesouraria (art. 30)[254].

É, portanto, a verificação da totalidade do capital representado na instalação do conclave que dá legitimidade à sua instalação. Assim, se houver ações preferenciais e seus titulares não comparecerem, não estará configurada a totalidade das ações em circulação, e não poderá a assembleia ser instalada sem convocação regular, mesmo que tais sócios exibam parte dessas mesmas ações.

Dessa forma, verificada a presença de acionistas na assembleia representando a totalidade das ações ordinárias e preferenciais representativas do capital social, poderá ser ela regularmente *instalada*, independentemente da convocação pública (art. 289).

Reitere-se que todas essas regras e procedimentos somente se aplicam às companhias fechadas.

REQUISITOS DE DELIBERAÇÃO DA ASSEMBLEIA TOTALITÁRIA

A instalação, no entanto, não quer dizer que deverá a assembleia necessariamente deliberar sobre a ordem do dia. Como referido, esta somente será discutida e deliberada se houver concordância de todos os acionistas presentes sobre as matérias nela contidas. Se houver discordância de qualquer acionista, mesmo que não tenha ele direito a voto, não poderá a assembleia eficazmente deliberar, devendo esta encerrar-se com a expressa menção das razões desse mesmo encerramento, qual seja, a discordância de um ou mais dos acionistas sobre a ordem do dia proposta.

Se houver discordância apenas sobre um ou alguns itens da ordem do dia, poderá a assembleia validamente deliberar sobre os demais itens que receberam o consentimento unânime.

---

254 V. inclusão de um parágrafo único no art. 127, por força da Lei n. 12.431, que permite o acionista registrar sua presença a distância, na forma prevista em regulamento da Comissão de Valores Mobiliários.

Evidentemente que as deliberações sobre os assuntos constantes da ordem do dia serão tomadas por maioria absoluta ou qualificada, conforme a matéria (arts. 129, 135 e 136)[255].

Em resumo, nas companhias fechadas, as assembleias totalitárias serão validamente *instaladas*, se estiverem presentes acionistas representando a totalidade das ações ordinárias e preferenciais representativas do capital social. E essas mesmas assembleias somente deliberarão eficazmente se a totalidade dos acionistas concordar com a ordem do dia proposta, no todo ou em parte.

CONCEITO AMPLO DE ACIONISTA E COMPETÊNCIA DA ASSEMBLEIA

Serão considerados acionistas, para o efeito de obtenção desse colégio total, tanto os proprietários das ações ordinárias e preferenciais como os seus representantes (art. 126) e bem assim os usufrutuários e fiduciários. O conceito de acionista, na espécie, é amplo[256].

Tem a assembleia geral totalitária legitimidade para discutir e deliberar sobre as matérias próprias da reunião ordinária (art. 132), bem como da extraordinária (art. 135)[257].

Em se tratando de assembleia geral *ordinária*, a Lei expressamente dispensa a falta da publicação de anúncio e também da obediência aos prazos estabelecidos no art. l33. Porém, é obrigatória a publicação do relatório da administração e das demonstrações financeiras da companhia, antes da realização do conclave unânime (art. 289).

Se não for observada essa exigência, a assembleia geral não poderá instalar-se, sendo formalmente nula.

QUÓRUM DE INSTALAÇÃO

> *Art. 125. Ressalvadas as exceções previstas em lei, a assembleia geral instalar-se-á, em primeira convocação, com a presença de acionistas que representem, no mínimo, 1/4 (um quarto) do capital social com direito de voto; em segunda convocação, instalar-se-á com qualquer número.*

---

255 A lei argentina exige que, para validade das assembleias totalitárias, as decisões sejam tomadas pela unanimidade das ações votantes (art. 237, *in fine*, da lei de 1972).

256 A questão foi discutida no direito espanhol (Garrigues-Uría, *Comentario*, cit., v. 1, p. 623).

257 *V.* comentários ao art. 135.

Parágrafo único. Os acionistas sem direito de voto podem comparecer à assembleia geral e discutir a matéria submetida à deliberação.

LEI DE 1940

A matéria era disciplinada no art. 90 do Decreto-Lei n. 2.627, de 1940, de forma absolutamente idêntica. Já se adotava, na antiga Lei, a diferença de quórum de instalação e quórum de deliberação.

Também se fixava o quórum de instalação com base no *capital votante* e não com base na totalidade das ações emitidas pela companhia, não obstante também explicitar o direito de comparecimento e plena participação nos trabalhos do conclave dos titulares de ações sem direito de voto, abstendo-se estes apenas de intervir no momento dos sufrágios.

LEI N. 6.404, DE 1976

A Lei n. 6.404, de 1976, embora reproduza literalmente o texto da Lei anterior, insere o preceito ora comentado em um contexto bastante diverso. Assim, o cômputo de ações votantes para a verificação do *quórum* de instalação fica reduzido pelo permissivo de omissão de até 2/3 de ações preferenciais sem voto nas companhias abertas e fechadas constituídas anteriormente à vigência da Lei n. 10.303, de 2001.

Ademais, não se calcula o quórum com base no capital votante emitido pela companhia, como na Lei de 1940, mas apenas nas ações em circulação (*outstanding shares*), excluídas que são do conclave as ações em tesouraria (*treasury shares*), ainda que tenham direito a voto (art. 30).

LEI N. 12.431, DE 2011

O Diploma de 2011 acrescenta um parágrafo único ao art. 127, para dispor que "considera-se presente em assembleia geral o acionista que registrar a distância sua presença, na forma prevista em regulamento da CVM".

A medida visa incentivar o comparecimento dos acionistas nas companhias abertas, combatendo, assim, o absenteísmo, levando em conta, outrossim, a dificuldade de deslocamento de pessoas nos grandes centros urbanos e a simultaneidade de conclaves no mesmo dia como ocorre no período de realização das assembleias gerais ordinárias (art. 132).

Esse procedimento de comparecência *on line* é de ordem pública, acarretando o aumento do quórum de instalação da assembleia geral das companhias abertas. Nelas, o quórum de instalação será composto pelos acionistas fisicamente presentes e pelos que o serão *on line*.

Não há qualquer distinção entre um e outro acionista, devendo-se lavrar no Livro de Presença dos Acionistas (art. 100) o comparecimento de ambos. Essa circunstância (presença física e presença *on line*) não cria duas categorias. Todos os acionistas formam, da mesma maneira e para os mesmos efeitos, o quórum de instalação.

E em se tratando de Livro de Presença dos Acionistas, também a Lei 12.431, de 2011, faculta seja ele constituído por registros mecanizados ou eletrônicos, ao acrescentar um § 2º ao art. 100. Essa providência completa o quadro facilitador do comparecimento *on line*, na medida em que o registro respectivo se faz da mesma maneira.

Insista-se, a propósito, que o comparecimento *on line* é norma de ordem pública, não podendo a companhia aberta recusá-lo ou impedi-lo, ao passo que a adoção do Livro de Presença dos Acionistas na forma eletrônica (art. 100, § 2º) é facultativa.

QUÓRUM DE INSTALAÇÃO E DE DELIBERAÇÃO

Ao contrário de outras legislações, a Lei Societária brasileira estabelece diferentes exigências de quórum para a instalação da assembleia geral e para a deliberação eficaz nela tomada (arts. 129 e 136)[258].

Estabelece diferentes graduações de quórum de instalação, conforme sejam as assembleias gerais ordinárias ou extraordinárias. Para as ordinárias, o quórum de instalação é o previsto no artigo ora comentado[259]. Já para a reunião extraordinária, a Lei exige a presença de acionistas que representem 2/3, no mínimo, do capital votante, para que seja o conclave instalado em primeira convocação. Com relação à segunda convocação, vale a regra geral de instalação com qualquer número (art. 135)[260 e 261].

VERIFICAÇÃO E MANUTENÇÃO DO QUÓRUM

O quórum de instalação será verificado pelo lançamento das assinaturas no livro de presença de acionistas (art. 127), após provarem

---

258 *V.* comentários ao art. 136.

259 O art. 155 da lei francesa de 1966 contém o mesmo preceito.

260 *V.* comentários ao art. 135.

261 Diferentemente do que dispõe o art. 153 da lei francesa de 1966.

a sua qualidade, consoante as normas estabelecidas no art. 126, em parte derrogado pela Lei n. 8.021/90 e, por outro lado, relevantemente alterado pela Lei n. 12.431, de 2011 (arts. 100, § 2º e 127, parágrafo único).

Esse quórum registrado no Livro de Presença deve subsistir durante toda a reunião e manter-se no momento da votação.

Por conseguinte, a exigência de quórum não deve ser apenas satisfeita na instalação da assembleia, mas mantida e, portanto, respeitada durante todo o curso das deliberações.

Poderá, inclusive, ser verificado o quórum a qualquer momento durante o conclave por solicitação da mesa ou de qualquer acionista, com ou sem direito de voto. É mesmo aconselhável que seja constatada a presença mínima pela mesa a cada deliberação[262].

Com efeito, é indispensável à eficácia das deliberações que o quórum mínimo seja mantido. Se, em qualquer momento, acionistas com direito a voto decidirem ausentar-se, deverá a mesa recontar as ações votantes remanescentes para verificação da permanência de quórum mínimo. Se dessa retirada de acionistas resultar menor número de ações votantes do que o exigido por Lei, a assembleia será imediatamente suspensa, deixando, portanto, de discutir e deliberar sobre os restantes itens da ordem do dia.

Assim, se o conclave for instalado em primeira convocação, o "quórum" mínimo será o consignado na Lei, não podendo ser convertido no curso da assembleia em quórum mínimo de segunda convocação.

INSTALAÇÃO SEM O QUÓRUM LEGAL

Instalada sem o quórum legalmente exigido, a assembleia geral será formalmente nula. Essa nulidade do próprio ato de reunião dos acionistas é diversa da anulabilidade que fulmina as deliberações contrárias à Lei e ao estatuto.

Quando a instalação é irregular, o próprio conclave é nulo, ainda que, quanto ao conteúdo, as deliberações pudessem estar conforme a Lei e o estatuto. Tais deliberações não têm qualquer validade, portanto, em face do vício formal na constituição da vontade social que simplesmente inexistiu na hipótese[263].

---

262 Hemard, *Sociétés*, cit., v. 1, p. 215; Brunetti, *Tratado*, cit., v. 2, p. 392; Domenico Pettiti, Note sul presidente dell'assemblea di società per azioni, *Rivista delle Società*, 1963, p. 489; Miserocchi, *Inchieste di Diritto Comparato*, cit., p. 607.

263 AC 139.583-1-SP, 1ª Câm. Civ. do TJSP, j. em 20-8-1991 (col. Nelson Eizirik, *Sociedades*

Nesse sentido, ainda que com alguma confusão sobre a nulidade formal (da assembleia geral) e anulabilidade substancial (das deliberações), decidiu o Tribunal de Justiça do Estado da Guanabara[264]: "As instalações das assembleias gerais pressupõem convocação regular e número legal de acionistas. São, assim, nulas de pleno direito, insanavelmente nulas as deliberações tomadas em assembleia geral, ordinária ou extraordinária, que se instalou, em primeira convocação, sem o quórum legal. A assembleia geral, órgão da sociedade anônima, é verdadeiramente instituto de ordem pública; a sua constituição e existência, e modo de funcionar e deliberar, a presença, a representação dos acionistas e o exercício do direito de votar, tudo isso é regulado por leis de ordem pública"[265].

ALTERAÇÃO ESTATUTÁRIA DO QUÓRUM

Divergiram os principais comentadores do Direito revogado de 1940 sobre a possibilidade ou não de o estatuto alterar o quórum estabelecido em Lei para a instalação da assembleia geral. Ao admiti-lo, Valverde lecionava que, apenas quando o estatuto torna mais rigoroso o percentual mínimo, poderia a lei interna modificar a Lei geral. Restringia mais a hipótese, facultando-a apenas para a primeira convocação, entendendo que, em segunda ou terceira[266], salvo os casos expressos na Lei, a assembleia deveria instalar-se com qualquer número[267].

---

anônimas, cit., p. 588): "Sociedade anônima — Assembleia geral — Realização sem o quórum mínimo — Nulidade decretada. Sem quórum não há assembleia. A que sem ele se constitua será mero agrupamento de acionistas, sem nenhuma expressão jurídica e cujas deliberações nenhuma significação terão em relação à sociedade"; AC 144.160-1-SP, j. em 10-3-1992 (col. Nelson Eizirik, Sociedades anônimas, cit., p. 264): "... se a assembleia realizada estava inquinada de nulidade, todos os atos por ela aprovados são nulos, pois, o que é nuclearmente nulo, resulta sem possibilidade de repercussões efetivas, sendo de antiga sabença que quod nullum est non producit effectus".

264 Acórdão na Ap. 19.054, Rel. Des. Garcez Neto, Caderno de Jurisprudência, n. 18, p. 64, citado por Cunha Peixoto, Sociedades por ações, cit., v. 3, p. 125.

265 Sobre a matéria, decisão do TJSP, 1ª Câm. AC 139.583-1, Rel. Des. Euclides de Oliveira, j. em 20-8-1991; TJRS, AC 598309219, Rel. Des. Cacildo de Andrade Xavier, j. em 10-5-2000; TJSC, 3ª Câm. Agr. Instr. 98.000266-4, Rel. Des. Eder Graf, j. em 12-5-1998. In Lazzareschi, ob. cit., p. 318.

266 O Decreto-Lei n. 2.627, de 1940, admitia até três convocações e não apenas duas como a atual lei.

267 Valverde, Sociedades por ações, cit., v. 2, p. 97.

Ao justificar, no entanto, seu ponto de vista, Valverde apresentava dois argumentos conflitantes, ou seja, de um lado, evitar a desídia de acionistas e, de outro, a oposição de alguns ao funcionamento do conclave por falta de número.

Esse respeitável argumento, no entanto, não pode prevalecer, pois a faculdade de modificação estatutária do preceito legal para maior quórum poderia acarretar exatamente o que Valverde pensou devesse ser evitado, qual seja, a obstrução de alguns acionistas à realização da assembleia geral com exigência de quórum muito alto, simplesmente a ela não comparecendo.

Ainda que tal expediente não pudesse prevalecer na segunda convocação, os efeitos protelatórios resultantes da não instalação na primeira chamada poderia ser lesivo aos interesses sociais.

Não se poderia, no caso, sequer alegar abuso de direito do acionista, pois este somente se manifesta pelo voto (art. 115) e não pela abstenção ao comparecimento à assembleia, que é direito seu, não constituindo dever, a não ser na hipótese de ser o acionista administrador ou fiscal da companhia.

Deve, portanto, prevalecer o entendimento contrário, que, enfatizando o caráter de ordem pública do preceito, considera nula qualquer cláusula estatutária que modifique o quórum de instalação, mesmo para maior número[268].

FUNDAMENTO

O regime legal de quórum de instalação fundamenta-se especialmente na eficácia do direito do acionista de participar da assembleia geral, para nela simplesmente conhecer e discutir as matérias, como também sobre elas votar.

Ainda que a assembleia geral seja um órgão deliberativo colegiado que tem obrigação de decidir assuntos do interesse social em qualquer circunstância, dentro de sua competência, não se pode negar a evidência de que para a formação dessa vontade coletiva deve haver, pelo menos, numa primeira tentativa, a aglutinação de um valor significativo do capital social representado pela presença dos respectivos titulares.

---

268 Cunha Peixoto, *Sociedades por ações*, cit., v. 3, p. 56. A respeito, Arturo Dalmartello, Regime legale e regime statutario dell'assemblea ordinaria di seconda convocazione, *Rivista delle Società*, 1960, p. 27 e s.

Se intransponível o absenteísmo, em uma segunda tentativa, essa vontade social será expressa de qualquer forma por aqueles acionistas detentores de qualquer percentual que se dispuserem a declará-la.

E essa declaração, de qualquer forma, deve exprimir o consenso tanto dos que votam como dos que, destituídos desse direito, participam nas discussões, influenciando com suas opiniões a vontade coletiva majoritariamente expressa. Daí o direito de voto ser distinto daquele de participar da assembleia geral e tomar parte na discussão[269]. O direito de participar é prerrogativa de todos os acionistas, sendo, por outro lado, obrigação daqueles que, cumulando as atribuições de acionista e as funções de administrador ou fiscal, devem comparecer ao conclave para esclarecer e mesmo debater e discutir as questões em pauta.

Mesmo sem voto, o acionista deve participar das discussões da assembleia geral, confrontando interesses, discutindo as matérias, tendo, assim, possibilidade indireta de determinar o interesse comum e atual da companhia. É por meio desse mecanismo que a vontade social emana da coletividade dos associados[270].

É com o concurso do acionista sem direito de voto que se pode muitas vezes melhor conduzir os interesses sociais, seja quando esclarece pontos duvidosos ou contribui com a sua experiência nos negócios empresariais, seja quando formula seus protestos, objeções e propostas que inibem o eventual desvio e abuso de poder dos controladores nas decisões da assembleia geral[271 e 272].

DESVINCULAÇÃO ENTRE DIREITO DE DEBATER E DE VOTAR

Fundado nos pressupostos anteriormente mencionados, todo acionista poderá participar de qualquer assembleia geral e nela discutir matéria de interesse individual, coletivo e social, sem nenhuma distinção entre as diferentes categorias de ação. Assim, todo acionista tem direito à palavra, embora possa não ter direito a voto.

Trata-se do *Debattrecht*, que deve ser entendido em face da nossa Lei como prerrogativa autônoma e plena, inteiramente desvinculada do outro

---

269 Ascarelli, *Problemas*, cit., p. 377.

270 Dominique Schmidt, *Les droits de la minorité*, cit., p. 77.

271 Valverde, *Sociedades por ações*, cit., v. 2, p. 98 e s.

272 Sobre a matéria, TJSC, 3ª Câm. Agr. Instr. 5.525, Rel. Des. Eder Graf, j. em 22-5-1990. In Lazzareschi, ob. cit., p. 319.

direito, que é o de voto. Não é, portanto, o direito de participação meramente propiciatório ou preparatório do exercício do voto, uma vez que não está vinculado a ele.

O comparecimento à assembleia geral é um direito autônomo e inderrogável do acionista, não podendo ser cassado pelo estatuto nem pela assembleia geral. A violação dessa prerrogativa constitui caso típico de abuso de poder[273].

OBRIGAÇÃO DE COMPARECER

O comparecimento à assembleia geral constitui direito e não obrigação do acionista, que pode abster-se sem que, para tanto, deva justificar-se a qualquer momento e sob qualquer pretexto[274].

Tal regime, no entanto, não se aplica literalmente aos acionistas controladores (arts. 116 e 118) e aos acionistas que acumulam as funções de administradores ou fiscais da companhia. Nestas hipóteses, têm obrigação de comparecer. Sendo administradores, não podem estar ausentes da assembleia geral, a não ser que outro administrador em seu lugar ali compareça representando a administração (art. 134).

Da mesma forma, o acionista que for membro do Conselho Fiscal deve estar presente a qualquer assembleia, seja ela ordinária ou extraordinária, a não ser que também outro fiscal compareça em seu lugar, representando o órgão.

INSTALAÇÃO SEM A PRESENÇA DE ADMINISTRADORES E FISCAIS

Sempre distinguindo entre procedimento de instalação e de deliberação da assembleia geral, deve ser ressaltado que, embora seja ela eficazmente instalável, uma vez cumprido o requisito de quórum mínimo, não pode ela deliberar eficazmente se não estiverem presentes administradores e fiscais. Assim, uma vez declarados abertos os trabalhos, deverá a mesa verificar e declarar presentes os membros do Conselho Fiscal ou ao menos um deles.

Se for constatada a ausência deles, não estará cumprido o requisito formal estabelecido no art. 164, que será indispensável para o prosseguimento

---

273 Ripert-Roblot (*Traité*, cit., v. 1, p. 727), que menciona também o direito de voto, que no sistema legislativo francês, é intrínseco a todas as ações. Sobre *Debattrecht*, Jaeger, *Inchieste di Diritto Comparato*, 5(1):655.

274 *V.* comentários ao art. 118.

dos trabalhos. Em consequência, não poderá a assembleia geral passar à fase das deliberações, devendo ser encerrada a essa altura.

Trata-se de preceito que não poderá ser contornado, salvo com a concordância inicial de todos os acionistas presentes declarando dispensáveis, naquele conclave, o cumprimento desse requisito legal (art. 134). Ainda que essa dispensa seja expressamente prevista para a assembleia geral ordinária (art. 134), não se pode negar a sua aplicação também para o caso da assembleia geral extraordinária.

QUÓRUM PARA PRIMEIRA INSTALAÇÃO

O nosso Direito seguiu a tendência da maioria das legislações que exigem quórum apenas para a instalação da assembleia em primeira convocação, permitindo a celebração do conclave em segunda, com qualquer número de sócios que compareçam[275].

Esse critério legal visa a sancionar o absenteísmo dos acionistas, permitindo que a marcha normal dos negócios se faça pela iniciativa daqueles que efetivamente se interessam pela condução da companhia[276].

CÁLCULO DO QUÓRUM — DIREITO ESTRANGEIRO

Seguiu a nossa Lei o critério do cálculo de quórum fundado no capital votante. O regime do cálculo do quórum, no entanto, na legislação estrangeira é bastante variado.

No Direito norte-americano há uma grande flexibilidade para o seu cálculo. Em regra, atribui-se ao estatuto estabelecer o critério a respeito[277]. O *Model Business Corporation Act* propõe que, salvo se o estatuto dispuser diferentemente, a maioria das ações com direito a voto constituirão o quórum

---

275 A convocação da assembleia em segunda chamada pressupõe, evidentemente, a instalação da assembleia em primeira convocação, como decidiu o TJRS, AC 598.309.219, Rel. Des. Cacildo de Andrade Xavier, j. em 10-5-2000.

276 Garrigues-Uría, *Comentario*, cit., v. 1, p. 600. Na França, admite-se a hipótese de assembleia com um só acionista. Em todo o caso, na legislação francesa, a assembleia geral ordinária instala-se primeiro com 1/4 de acionistas, e em segunda convocação com qualquer número. Na assembleia geral extraordinária, a primeira instala-se com metade e a segunda, com 1/4 (arts. 153 e 155). Reitere-se que todas as ações têm direito a voto (Ripert-Roblot, *Traité*, cit., v. 1, p. 472).

277 *Lattin on Corporations*, p. 361; *Ballantine on Corporations*, p. 173; Henn, *Law of corporations*, cit., p. 373.

de instalação da assembleia que, no entanto, não poderá ser menor do que 1/3 dessas mesmas ações votantes[278].

No Direito espanhol não se usa exclusivamente o critério capitalista para o cálculo do quórum[279]. Assim, tanto será válida a assembleia instalada com as ações representativas da metade do capital social como também o será se estiver presente a maioria absoluta dos acionistas, qualquer que seja o capital por eles representado. Dá-se, assim, importância idêntica ao fator capital e ao pessoal. Pode, por conseguinte, o quórum ser computado tanto por cabeça como por ações[280].

SOMENTE SE CONTAM AS AÇÕES REGISTRADAS — CRITÉRIO DE CAPITAL

No Direito brasileiro, mesmo podendo todos os acionistas comparecer à assembleia geral, somente serão computados para o cálculo do quórum as ações com direito a voto que estiverem inscritas nos livros de registro e de lançamento de ações nominativas, pois somente elas têm direito a voto (arts. 31, 34 e 41)[281 e 282].

O nosso Direito, portanto, adotou rigorosamente o critério de quórum pelo capital com direito de voto. Embora todos os acionistas possam comparecer à assembleia geral, somente a presença, em primeira convocação, de um percentual mínimo do capital social votante permitirá a instalação do conclave. Poderá ele ser formado de ações ordinárias e de preferenciais com voto.

QUÓRUM COM AÇÕES COM VOTO RESTRITO

Surge a questão se as ações com *voto restrito* (art. 111) são computáveis para a verificação do quórum de instalação.

Embora Valverde considere plenamente admissíveis tais ações para esse efeito[283], a regra tem suas limitações. Serão calculadas tais ações em razão das matérias constantes da ordem do dia ou da própria natureza da assembleia.

---

278 Art. 32 do *Model Business Corporations Act*.

279 Art. 51 da lei espanhola de 1951.

280 Garrigues-Uría, *Comentario*, cit., v. 1, p. 600.

281 *V.* comentários aos arts. 31 e 41.

282 Lei n. 8.021, de 1990.

283 Valverde, *Sociedades por ações*, cit., v. 2, p. 98.

Se o estatuto restringe o voto para as matérias próprias da assembleia ordinária (art. 132), não serão elas consideradas para a formação do respectivo quórum.

Se a restrição referir-se a matérias próprias da assembleia extraordinária, ocorrerá exatamente o contrário.

Uma vez que a restrição objetiva matérias específicas, tanto no conclave ordinário como no extraordinário, como, v. g., eleição de diretores e aumento de capital, respectivamente, a questão complica-se, na medida em que, na ordem do dia, constem outros assuntos não contemplados com a restrição estatutária do voto.

A solução será a de computar plenamente tais ações para a instalação. Porém, ao serem votadas as matérias em que tais ações estão impedidas de fazê-lo, caberá à mesa proceder à *verificação de* quórum, mediante recontagem das ações votantes presentes, excluindo as de voto restrito.

Se verificado que o quórum é inferior ao legal, nesse momento, a matéria não poderá ser votada em primeira convocação. Entendimento diverso levaria a que se burlasse a Lei, computando-se ações não votantes para a decisão de assuntos para os quais não há quórum mínimo de ações com voto.

QUÓRUM COM AÇÕES COM LIMITAÇÃO DE VOTO

Diferente é a questão no que respeita às ações com *voto limitado* (art. 110). Neste caso não há qualquer restrição, pois a lei manda sempre calcular o quórum em relação ao capital — ações com direito de voto — e não em relação ao número de votos.

Repita-se que a limitação prevista no art. 110 é numérica e não *ratione materiae*, como ocorre com as preferenciais com voto restrito (art. 111). Portanto, não interessa o número de votos, porque podem tais ações votar sobre todos os assuntos constantes da ordem do dia.

QUÓRUM COM AÇÕES NÃO INTEGRALIZADAS — MANOBRA DE CONTROLE — VOTO PLURAL

O quórum é formado com base no capital subscrito e não no integralizado. Leva-se em conta, portanto, o capital subscrito com direito a voto, mesmo que tais ações ou parte delas não estejam totalmente integralizadas[284].

---

284 Cunha Peixoto, *Sociedades por ações*, cit., v. 3, p. 54.

Evidentemente que tal franquia legal enseja, de fato, o *voto plural,* na medida em que o quórum calculado em relação ao capital fica desproporcionado na hipótese. As ações cem por cento integralizadas têm o mesmo voto de ações, v. g., com 50% pagos. Neste caso, pode-se inferir que estas últimas terão dois votos e a primeira apenas um, se levarmos em conta a relação capital social[285].

AÇÕES EM TESOURARIA

É expressa a nossa Lei ao vedar a inclusão de ações em tesouraria no exercício de quaisquer direitos, inclusive no de com elas comparecer e votar nas assembleias gerais (art. 30)[286].

Em consequência, não entram no cômputo do quórum nem podem ensejar, ainda que por procuração (art. 126), o comparecimento de qualquer participante na assembleia geral. Tal fato constituirá fraude à Lei, tornando nula a própria assembleia.

LEGITIMAÇÃO E REPRESENTAÇÃO

Art. 126. As pessoas presentes à assembleia deverão provar a sua qualidade de acionista, observadas as seguintes normas:

I — os titulares de ações nominativas exibirão, se exigido, documento hábil de sua identidade;

II — os titulares de ações escriturais ou em custódia nos termos do art. 41, além do documento de identidade, exibirão, ou depositarão na companhia, se o estatuto o exigir, comprovante expedido pela instituição financeira depositária;

• Inciso com redação dada pela Lei n. 9.457, de 5 de maio de 1997.

III — os titulares de ações ao portador exibirão os respectivos certificados ou documento de depósito nos termos do n. II;

IV — os titulares de ações escriturais ou em custódia nos termos do art. 41, além do documento de identidade, exibirão, ou depositarão na companhia, se o estatuto o exigir, comprovante expedido pela instituição financeira depositária.

---

285 *V.* comentários ao art. 110.

286 A lei societária francesa, em seu art. 164, estabelece expressamente que tais ações não entram no cômputo do quórum de instalação.

§ 1º O acionista pode ser representado na assembleia geral por procurador constituído há menos de 1 (um) ano, que seja acionista, administrador da companhia ou advogado; na companhia aberta, o procurador pode, ainda, ser instituição financeira, cabendo ao administrador de fundos de investimento representar os condôminos.

§ 2º O pedido de procuração mediante correspondência, ou anúncio publicado, sem prejuízo da regulamentação que sobre o assunto vier a baixar a Comissão de Valores Mobiliários, deverá satisfazer aos seguintes requisitos:

a) conter todos os elementos informativos necessários ao exercício do voto pedido;

b) facultar ao acionista o exercício de voto contrário à decisão com indicação de outro procurador para o exercício desse voto;

c) ser dirigido a todos os titulares de ações cujos endereços constem da companhia.

• *Alínea com redação dada pela Lei n. 9.457, de 5 de maio de 1997.*

§ 3º É facultado a qualquer acionista, detentor de ações, com ou sem voto, que represente 0,5% (meio por cento), no mínimo, do capital social, solicitar relação de endereços dos acionistas, para os fins previstos no § 1º, obedecidos sempre os requisitos do parágrafo anterior.

• *Parágrafo com redação dada pela Lei n. 9.457, de 5 de maio de 1997.*

§ 4º Têm a qualidade para comparecer à assembleia os representantes legais dos acionistas.

LEI DE 1940

A matéria era tratada no art. 91 do Decreto-Lei n. 2.627, de 1940, nos seguintes termos: "As pessoas presentes à assembleia geral deverão provar a sua qualidade de acionistas. Os titulares de ações nominativas exibirão, se exigido, documento hábil de sua identidade; os de ação ao portador exibirão os respectivos títulos ou documento que prove terem estes sido depositados na sede social ou em estabelecimento designado nos anúncios de convocação, conforme determinarem os estatutos. § 1º Os acionistas poderão ser representados na assembleia geral por procurador que prove também aquela qualidade. Os membros da diretoria, do Conselho Fiscal ou de qualquer outro órgão criado pelos estatutos não poderão ser procuradores ou representantes dos acionistas na assembleia geral. § 2º Têm qualidade para comparecer às assembleias gerais os representantes legais dos acionistas".

Filiava-se o Direito anterior, de 1940, ao princípio da representação restrita aos próprios acionistas, excluindo a possibilidade de outorga de mandato a terceiros, estranhos ao quadro social. Seguia, nesse particular, a Lei antiga o regime europeu de impedimento dos administradores de se imiscuírem na formação da vontade social. Essa opção legislativa é diametralmente oposta ao regime de *corporation* do Direito norte-americano, em que a dissociação entre propriedade de ações e o comando da companhia já se instalara, mediante o efetivo exercício desta prerrogativa pelos seus administradores (*incumbent board e incumbent managment*).

Por isso, proibia o Diploma de 1940 a representação do acionista por parte de membro de órgão da administração ou de fiscalização da companhia. Repelia, dessa forma, aquele diploma o procedimento da *proxy machinery* instalado na prática norte-americana desde o século XIX e nas *Regulations* da *Securities and Exchange Comission* desde 1934.

Com tais preceitos, a Lei de 1940 visava a evitar que pessoas estranhas à sociedade tomassem parte nas suas assembleias gerais[287], presumindo o conflito de interesses na representação de acionistas por administradores e fiscais da própria companhia.

Dessa forma, a Lei anterior afirmava que o direito de comparecimento e eventualmente de voto na assembleia geral era inerente à propriedade da ação. O Diploma antigo, portanto, fundava-se na unidade entre ações e comando da sociedade, que se manifestava sempre pelo voto do acionista, sem interferência dos administradores, proibidos de representar aquele nas assembleias gerais. O regime de *corporation* era negado, ou ao menos desconhecido pelo legislador de 1940.

LEI N. 6.404, DE 1976

A vigente Lei n. 6.404, de 1976, trata a matéria de maneira inteiramente diversa, muito embora a redação do artigo, em certos trechos, seja idêntica à do Direito anterior, de 1940.

As inovações da atual Lei Societária, não são apenas formais, mas substanciais, na medida em que subvertem todos os princípios adotados pelo Diploma de 1940.

Em primeiro lugar, institui a representação de acionistas por terceiros estranhos ao quadro social. Faculta, ainda, a representação do acionista por

---

287 Valverde, *Sociedades por ações*, cit., v. 2, p. 101.

administrador da companhia, colocando de lado, portanto, a regra do conflito de interesses reconhecida pelo direito continental à época.

Adota, nesse passo, a Lei vigente, o sistema norte-americano de *corporation*, em que o comando da companhia passa para os administradores em virtude da dispersão das ações.

Também nesse passo o legislador de 1976 foi de uma grande visão, ao prognosticar que, entre nós, no futuro, a dissociação entre propriedade das ações e comando da companhia iria verificar-se, em virtude da dispersão do capital, o que, na prática ocorreu a partir de 2006 com a criação do Novo Mercado da BM&FBovespa.

A propósito, o legislador de 1976, na versão original do texto legal, fundou dialeticamente toda a estrutura da Lei societária na instituição do controle (art. 116). Ao mesmo tempo, por força do presente artigo, introduziu bases sólidas para a adoção do regime de *corporation* entre nós, decorrente da dispersão do capital, de que decorre a referida dissociação entre a propriedade das ações e o efetivo comando da companhia, que passa a ser autonomamente exercido pelos seus administradores (*incumbent board* e *incumbent management*).

Para tanto estabelece o presente artigo, em seus §§ 1º, 2º e 3º, o regime da *Proxy Regulations* do *Securities Exchange Act* de 1934, em suas *Rules e Schedules*. E atribui à Comissão de Valores Mobiliários — CVM, em seu § 2º, o dever de regulamentar a matéria, estabelecendo esse mesmo § 2º as regras fundamentais que deverão ser observadas nesse regulamento administrativo, as quais acabaram por se traduzir na Instrução CVM n. 341, de 2000, revogada pela vigente Instrução CVM n. 481, de 2009.

Ademais, admite a norma ora estudada a hipótese de representação de acionistas de companhia aberta por instituições financeiras. Por outro lado, determina que não poderá a instituição financeira ser acionista se juntamente com o mandato prestar serviços de emissão, custódia (arts. 31 e 41)[288] e administração de ações (art. 293). Se a representação estiver desacompanhada desses serviços, poderá a instituição ser também acionista da companhia.

Estabelece, ainda, a presente disposição, prazo máximo de mandato para representação na assembleia geral.

Institui diversos procedimentos que deverão ser obedecidos, quando a procuração é solicitada mediante correspondência ou anúncio, ao atribuir à Comissão de Valores Mobiliários poderes regulamentares sobre a matéria,

---

288 *V.* comentários aos arts. 31 e 41, com as alterações da Lei n. 10.303, de 2001.

o que se efetivou com a vigente Instrução CVM n. 481, de 2009. Também neste particular a nossa Lei de 1976 seguiu a legislação norte-americana.

Quanto ao mais, reconhece as diferentes situações originadas de representação convencional e de representação legal[289].

LEI N. 8.021, DE 1990

A Lei n. 8.021, de 1990, ao suprimir os títulos ao portador e endossáveis, atingiu também as ações que revestiam tais formas, pelo que a norma ora estudada, no seu enunciado, ficou parcialmente revogada por incompatibilidade com aquela lei geral.

Assim, os procedimentos probatórios da titularidade dessas antigas formas de ações (ao portador e endossáveis) previstos nos revogados incisos II e III do presente artigo caíram em desuso, não mais integrando o texto legal. Restaram, portanto, vigentes os incisos I e IV, juntamente com os parágrafos do dispositivo, que não foram afetados pela Lei n. 8.021, de 1990.

LEI N. 9.457, DE 1997

O Diploma de 1997, tendo em vista a supressão das ações ao portador e endossáveis, por força da Lei n. 8.021, de 1990, adaptou o presente art. 126 à nominatividade compulsória. Para tanto, suprimiu os incisos II e III, que tratavam da identificação de titulares de ações endossáveis e ao portador, renumerando o antigo inciso IV da Lei n. 6.404, de 1976, que passou para inciso II.

Com essa mesma finalidade de recebimento no âmbito societário da Lei n. 8.021, de 1990, suprimiu, na letra c do § 2º, a menção a ações nominativas ou endossáveis, tendo em vista sempre a nominatividade obrigatória de todos os títulos societários.

Aproveitou, ademais, o legislador de 1997 para reformular em parte a redação do § 3º. Nesse sentido substitui a menção a meio por cento, ou

---

289 Sobre prova da qualidade de acionista, TJRJ, 9ª Câm. AC 2002.001.18426, Rel. Des. Laerson Mauro, j. em 17-12-2002; sobre a participação na assembleia geral do adquirente das ações, TJSC, 3ª Câm. AC 97.008622-9, Rel. Des. Eder Graf, j. em 10-2-1998; sobre a presença de não acionista na assembleia geral, Parecer CVM/SJU n. 037/81, entendendo que não acarreta, por si só, a nulidade das deliberações ali tomadas, aplicando-se aos infratores, administrativamente, as penalidades cabíveis. In Lazzareschi, ob. cit., p. 329 e s.

mais, por meio por cento, no mínimo, uniformizando, assim, o critério de porcentagem requerida na lei societária[290].

Ademais, suprimiu a referência "aos quais a companhia enviou pedidos de procuração para o fim de remeter novo pedido". No lugar dessa disposição, o legislador de 1997 colocou "para os fins previstos no § 1º".

À primeira vista, pode parecer que o legislador de 1997, ao alterar a redação do § 3º, procurou desviar o sentido da própria norma, ou seja, o exercício da oposição (*proxy contest*) dos acionistas à *proxy machinery* montada pelos administradores, através do sistema de *two way proxy*.

Se essa foi a intenção do legislador, ou seja, a de tornar inócuo o dispositivo de defesa dos acionistas na *proxy fight*, não logrou o seu intento. Tendemos a crer que o legislador de 1997 procurou apenas aperfeiçoar semanticamente a norma, pois, de outra forma, estaria configurada uma imoralidade legislativa que não pensamos existir no caso, ou seja, tornar o dispositivo inócuo.

O fato de a redação do § 3º manter a remissão ao intocado § 1º, que trata exatamente do sistema de *two way proxy*, não autoriza entender que tenha havido qualquer neutralização da prerrogativa do acionista de exercer todos os direitos de oposição e atravessamento das *solicitations* dos administradores.

E, com efeito, mantida a faculdade de os administradores e instituições financeiras serem procuradores dos acionistas, mediante *solicitation*, não há o que discutir quanto à prerrogativa permanente de atravessamento dos acionistas na *proxy fight*.

A Lei brasileira de 1976, ao adotar claramente o *Schedule* 14-A e as *Rules* X-14 no tocante à matéria objeto dos dispositivos contidos no presente artigo, não pode ser derrogada pela Lei de 1997, que, ao não tocar nos direitos de representação dos administradores e instituições financeiras *ipso facto*, continua a exigir os procedimentos de *solicitation* e de *proxy statement* que deverão incluir as *proposals of security holders* (*Rule* X14-A-8, *Rule* X14-7) a que podem opor-se o acionista, até a assembleia geral.

Assim, continua legalmente facultado ao acionista, a quem a companhia recusou-se a fornecer os elementos e os serviços solicitados, enviar por meio da companhia aos demais acionistas por ele indicados uma *proxy statement*, bem como uma *proxy form* própria e outras comunicações que entenda cabíveis. A companhia, para tanto, deve fornecer as informações solicitadas

---

290 *V.* comentários ao art. 123.

pelo acionista, a fim de que tais medidas sejam efetuadas diretamente pelo próprio acionista.

Por isso, deve-se reiterar que a alteração do § 3º teve objetivo meramente semântico, ou seja, declaratório, para o fim de tornar mais inteligível o dispositivo. Ainda que não tenha logrado tal intento o legislador de 1997, que, muito pelo contrário, trouxe confusão ao alterar o texto claro da Lei de 1976, no tocante ao sistema de *proxy fight* entre administradores e acionistas na busca de procurações, prevalecem os procedimentos na sua inteireza diante da interpretação sistemática da norma[291].

LEI N. 12.431, DE 2011

O Diploma de 2011 traz alterações relevantes no que respeita aos dispositivos contidos na presente norma sobre matéria de legitimação dos acionistas diante da assembleia geral.

Ao instituir a presença *on line* do acionista na assembleia geral (e especial) a Lei de 2011 subverte, com efeito, os requisitos de exibição material de documentos e comprovantes de que tratam os incisos I e IV. Daí a Lei demandar à Comissão de Valores Mobiliários uma regulamentação que harmonize aqueles procedimentos vigentes com as técnicas modernas de identificação eletrônica, certificada ou não.

Para tanto, o nosso Ordenamento já possui legislação própria, ao instituir o sistema ICP-Brasil — Chaves Públicas Brasileiras — dentro do regime de certificação digital, vigente a partir da Medida Provisória n. 2.200-2/2001.

Essa legislação de 2001 reconhece expressamente a validade jurídica dos documentos assinados por meio eletrônico, em seu art. 10, cujo § 1º dispõe: "As declarações constantes dos documentos em forma eletrônica produzidos

---

291 Sobre a matéria de fornecimento pela companhia de lista dos acionistas para solicitação de procurações, a Instrução CVM n 481, de 2009; Colegiado da CVM, Proc. RJ2003/13119 e RJ2003/7260, Rel. Diretora Norma Jonssen Parente, j. em 23-11-2004; Colegiado da CVM, Proc. RJ2008/1794, Rel. Diretor Sergio Weguelin, j. em 24-6-2008; Colegiado da CVM, Proc. RJ2010/6865, Rel. Diretor Eli Loria; Colegiado da CVM, Proc. RJ2997/13822, Rel. Diretor Sergio Weguelin, j. em 25-3-2008; Colegiado da CVM, Proc. RJ2003/13119, Rel. Presidente Marcelo Trindade, j. em 23-1-2004; Colegiado da CVM, Proc. SP2009/0042, Rel. Diretor Marcos Barbosa Pinto, j. em 8-12-2009, com voto da Presidente Maria Helena Santana; Colegiado da CVM, Proc. RJ2010/0620, Rel. Diretor Otavio Yasbek, j. em 23-2-2010; Colegiado da CVM, Proc. RJ2007/12.822, Rel. Diretor Sergio Weguelin, j. em 25-3-2008; Colegiado da CVM, Proc. RJ2004/0712 e RJ2004/0203, Rel. Diretora Norma Jonssen Parente, j. em 11-2-2004. In Lazzareschi, ob. cit., p. 322 e s.

com a utilização do processo de certificação disponibilizado pela ICP-Brasil presumem-se verdadeiros em relação aos signatários".

Ademais, o § 2º do mesmo Diploma estabelece que "o disposto nesta Medida Provisória não obsta a utilização de outro meio de comprovação da autoria e integridade de documentos em forma eletrônica, inclusive os que utilizem certificados não emitidos pela ICP-Brasil, desde que admitido pelas partes como válido ou aceito pela pessoa a quem for oposto o documento".

Nesse sentido, dispõe o art. 219 do Código Civil: "As declarações constantes de documentos assinados presumem-se verdadeiras em relação aos signatários".

Do conjunto dessas normas, constata-se que a regulamentação da CVM da Lei n. 12.431, de 2011, irá voltar-se para um procedimento simples e direto de legitimação dos acionistas que comparecerem *on line* nas assembleias gerais e especiais, tendo em vista que esse Diploma alterou abrangentemente o art. 127 sobre a matéria.

Assim, os requisitos de legitimação e de comparecência (art. 127) se conjugam para o efeito do pleno reconhecimento do direito do acionista diante dos conclaves da companhia.

Daí resulta que duas categorias de participantes se legitimam para o conclave: — os acionistas fisicamente presentes e os que o fazem *on line*. Para os primeiros impõem-se os procedimentos literalmente previstos nos incisos I e IV. Para os segundos cabe observar, quanto à sua legitimação, o que dispuser o regulamento da Comissão de Valores Mobiliários.

Desse modo, a Lei n. 12.431 de 2011 não derroga nenhum dispositivo contido, na presente norma, devendo, no entanto, o que ali se prescreve, adaptar-se às situações de legitimação *on line*, consoante a referida regulamentação da Comissão de Valores Mobiliários.

E, ainda, a propósito da matéria, a legitimação *on line* se aplica tanto às companhias abertas como às fechadas, desde que previstas em seu estatuto.

E insista-se que, não obstante a Lei n. 12.431 de 2011 falar apenas em assembleias gerais, não pode restar qualquer dúvida sobre a sua aplicação às assembleias especiais, na medida em que nestas a presença do maior número de acionistas se impõe.

E, ainda, deve-se evitar a confusão que os leigos fazem entre legitimação e participação *on line* nos conclaves com a chamada "assembleia *on line*". Esta não existe.

E, muito menos, existe a também vulgarmente propalada "assembleia virtual", ao imaginarem os leigos que não mais seria necessário a sua realização física, na sede da companhia, com mesa constituída etc. É a mesma coisa que admitir-se um governo virtual, em qualquer local físico, ou um parlamento virtual etc. Essa imaterialidade dos conclaves das companhias subverteria inteiramente a função das assembleias gerais, que demandam uma indispensável materialidade[292].

O SISTEMA NORTE-AMERICANO

O regime regulamentar norte-americano encontra-se consubstanciado nas referidas *Proxy Regulations* do *Securities Exchange Act* de 1934: *Rules* 14a-1 até 14a-12; 14c-1 até 14c-7; e 14d-1 até 14f-1. Tais normas são complementadas pelas *Schedules* 14A, 14B, 14C e 14D.

Esse sistema, pela larga experiência de sua aplicação, serviu de base para as modernas regulamentações alemã e inglesa e também para a francesa, se bem que esta última não admita a representação institucional[293].

Fundamenta-se o regime regulamentar norte-americano em dois princípios: o da publicidade e o da igualdade[294].

Objetiva essa regulamentação proteger o sistema acionário mediante a tutela daqueles que investem suas poupanças em valores mobiliários emitidos pelas companhias (*securities*).

A regra fundamental — art. 14 — do *Securities Exchange Act* declara que o pedido de procuração (*solicitation of proxies*) será considerado ilícito se não obedecer às regras ditadas pela *Securities and Exchange Commission*.

Com base em seus poderes regulamentares e no artigo de lei supracitado, a *Securities and Exchange Commission* baixou a *Regulation* X-14, a qual se aplica a todas as companhias com ações cotadas em Bolsa. Não obstante essa limitação, as regras disciplinadoras acabaram abrangendo a quase totalidade

---

292 Sobre a matéria de transmissão dos trabalhos da assembleia geral por vídeo ou áudio, ao vivo, Colegiado da CVM, Proc. RJ2008/1794, Reg. 5973/2008, Rel. Diretor Sergio Weguelin, j. em 24-6-2008. Também a Diretiva 2007/36/CE, do Parlamento Europeu e do Conselho da U.E., de 11-7-2007.

293 Art. 135 da lei societária alemã de 1965: art. 71 da *Schedule*. Tabela A, anexo do *Companies Act* de 1948, cit., na Inglaterra; e arts. 162 da lei de 1966, e 132, 133 e 134 do decreto de 1967, na França. A respeito da adaptação francesa, Dominique Schmidt, *Les droits de la minorité*, cit., p. 83.

294 A síntese que ora será feita do sistema norte-americano fundamenta-se no Livro I do seminário norte-americano da *International Faculty* da Universidade da Filadélfia, 1975, e no trabalho de Jaeger, *Inchieste di Diritto Comparato*, cit., p. 696 e s.; Loss, *Securities regulations*, cit., p. 857 e s.; *Financial Handbook*, p. 13 e 15; *Lattin on corporations*, p. 365 e s.; Henn, *Law of corporations*, cit., p. 381 e s.

das *corporations*, na medida em que os administradores destas, que as comandam, solicitam procurações aos respectivos acionistas[295].

O primeiro princípio — o da publicidade — traduz-se pela obrigação de remessa de abundante documentação aos acionistas destinatários, possibilitando que estes decidam sobre o mérito do pedido, inclusive exprimindo sua oposição às medidas propostas.

Dessa forma, a massa de acionistas é colocada a par dos negócios sociais, podendo, até, participar mais eficazmente das deliberações e também fiscalizar a política levada a efeito pelos administradores que a comandam[296].

O objetivo da publicidade, na espécie, é que os possuidores de *securities* recebam informações e explicações suficientes sobre a questão a respeito da qual a pessoa solicitante deverá ser autorizada a votar. Tais informações possibilitam ao acionista solicitado saber o que está efetivamente autorizando[297].

A rigorosa disciplina regulamentar é acompanhada de uma fiscalização administrativa permanente. Exige a *Securities and Exchange Commission* que lhe sejam submetidas todas as fórmulas de procurações, antes de sua remessa aos acionistas; caso contrário, não poderão ser elas utilizadas. Há, portanto, necessidade de autorização expressa, em cada caso, daquela agência governamental (*Rule* X14-A-6).

No capítulo da igualdade, que é o outro princípio fundamental das regras de controle da representação institucional, procura o sistema norte-americano, ainda que não alcance plenamente o equilíbrio de situações entre os administradores que comandam a companhia e os acionistas opositores, pelo menos refrear uma excessiva desproporção entre um e outro grupo, quando solicitam o envio de procurações por parte dos acionistas[298].

Evidentemente que, em face do problema de as despesas dos administradores correrem por conta da companhia, contrapondo-se às despesas do próprio bolso que devem ser arcadas pelos acionistas oponentes, esse princípio de igualdade fica, com efeito, reduzido quanto aos seus efeitos práticos a mera declaração inócua de princípio.

AINDA AS REGRAS FUNDAMENTAIS DO DIREITO NORTE-AMERICANO

As principais regras, após as sucessivas modificações

---

295 Jaeger, *Inchieste*, cit., p. 697.

296 Dominique Schmidt, *Les droits de la minorité*, cit., p. 83.

297 *Ballantine on corporations*, p. 413 e s.

298 Loss, *Securities regulations*, cit., p. 889, citado por Jaeger, *Inchieste*, cit., p. 698.

havidas depois de sua imposição em 1934, concentram-se na validade ou não das procurações[299]. Estas, para serem consideradas legítimas, devem ser enviadas aos acionistas juntamente com outros documentos: uma fórmula de procuração (*proxy form*), uma declaração que contenha informações relativas aos assuntos constantes da ordem do dia (*proxy statement*), um relatório sobre a situação econômica e financeira da companhia, referente ao último ano fiscal.

Dá-se maior ênfase à *proxy statement* (*Schedule* 14A — *Information required in proxy statement*), que deve conter uma série minuciosa de informações sobre todas as matérias constantes da ordem do dia. Assim, p. ex., no que respeita à eleição de administradores, devem ser mencionados, além da qualificação dos candidatos, também o número de ações que possuem na companhia, a sua remuneração e a eventual existência de acordos ou de relações particulares entre eles e a companhia (*Schedule* 14A, item 6).

Por outro lado, devem ser indicados os pontos de vista do solicitante sobre cada assunto constante da ordem do dia, para o efeito da opção do acionista solicitado sobre a deliberação respectiva.

Finalmente, a regulamentação enfatiza que a *solicitation* não pode conter declarações falsas ou enganadoras (*misleading*) sobre qualquer circunstância relevante relacionada com a matéria ou que deixe de mencionar, por outro lado, fatos relevantes, quando tais referências sejam necessárias para não tornar falsas ou enganadoras as informações fornecidas. Essa regra (*Rule* X14-A-9) é da maior importância no Direito americano.

PROCURAÇÃO SOLICITADA POR ADMINISTRADOR NO SISTEMA NORTE-AMERICANO

Além dessas regras gerais, existem as específicas para as procurações solicitadas pelos administradores, que comandam a *corporation*. Nesse caso, a fórmula deve ser redigida de maneira a permitir que o acionista especifique, para cada um dos pontos de vista propostos para votação da matéria da ordem do dia, a maneira como entende que seu voto deva ser dado. Assim, para cada proposta, deve ser oferecida a possibilidade de o acionista solicitado votar a favor ou contra o ponto de vista manifestado pelo administrador (*Rule* X14-A-4).

O objetivo desse sistema de *two way proxy* é o de frear o uso das procurações como instrumento de captura de votos da parte dos

---

299 Conforme a síntese de Jaeger, *Inchieste*, cit., p. 698 e s.

administradores, assegurando certa liberdade de escolha do acionista solicitado, encontrável na própria fórmula da procuração.

OPOSIÇÃO DOS ACIONISTAS NO SISTEMA NORTE-AMERICANO — *PROXY STATEMENT* E *PROXY CONTEST*

É óbvio que apenas esse procedimento de *two way proxy* não dá oportunidade efetiva aos acionistas que desejam organizar uma oposição aos administradores, que comandam a companhia[300]. Outras normas, portanto, visam a permitir a tais acionistas a possibilidade de levar ao conhecimento dos demais sócios da companhia a sua opinião contrária às propostas dos atuais administradores.

Tais regras possibilitam a realização de uma efetiva campanha a favor das contrapropostas que os acionistas opositores entendem devam prevalecer em contraposição àquelas dos atuais administradores, que, por força da dispersão acionária, estão no comando da *corporation*.

Para tanto, o regulamento oferece três alternativas. A primeira é a de que qualquer acionista pode contraindicar aos próprios administradores as propostas que deseja sejam apresentadas em nome dele, acionista, na assembleia. Se essas propostas são pertinentes, passam eles a fazer parte da *proxy statement*, com a indicação do acionista que a apresentou. A arguição de impertinência da contraproposta é extremamente restringida pelo Regulamento, que especifica exaustivamente quais as hipóteses em que o administrador pode recusá-la.

Muito embora o administrador possa opor-se a tais contrapropostas apresentadas pelos acionistas contestadores, deve ele consentir que o acionista contraproponente a justifique mediante uma breve declaração dos motivos que será inserida na *proxy statement*, o que significa que a contraproposta fará parte da própria fórmula de procuração (*proxy form*) (*Rule* X 14-A-8), no espaço reservado às *proposals of security holders*.

A segunda alternativa, a do *proxy contest*, permite que qualquer acionista possa enviar por meio da companhia aos demais acionistas por ele indicados uma *proxy statement* própria, bem como uma *proxy form* própria e outras comunicações que entenda cabíveis. A companhia, para tanto, deve fornecer as informações solicitadas pelo acionista. Não obstante, todas as despesas correm por conta do acionista contraproponente, o que torna pa-

---

300 Jaeger, *Inchieste*, cit., p. 699.

tente a posição de desigualdade entre ele e os administradores na disputa das procurações.

A terceira alternativa, e última, faculta ao acionista, a quem a companhia se recusou a fornecer os elementos e os serviços solicitados para a execução da segunda alternativa, solicitar da companhia uma lista dos nomes e dos endereços dos sócios, a fim de que tais medidas sejam efetuadas diretamente pelo próprio acionista contraproponente (*Rule* X-14-7).

Esta última opção não é, evidentemente, favorável aos administradores, que atualmente comandam a *corporation*, pois ficam a descoberto, preferindo, portanto, a segunda, na medida em que por meio dela podem melhor manobrar e controlar o movimento de oposição dos acionistas[301].

COERCIBILIDADE DAS REGRAS NO SISTEMA NORTE-AMERICANO

Como referido, todas as formas de procuração, antes de enviadas aos acionistas, devem ser submetidas à *Securities and Exchange Commission* — SEC, que pode exigir sejam tais fórmulas modificadas, completadas ou adequadas às prescrições regulamentares (*Rule* X-14-A-6).

Se essas exigências não forem cumpridas pelo solicitante, a Comissão poderá obter da autoridade judiciária uma *injunction*, com base na qual as procurações não poderão ser utilizadas na assembleia, podendo até ser adiado o conclave, a fim de que os acionistas recebam, a tempo, documentos devidamente aprovados pela SEC.

Por outro lado, embora não previsto na lei, os tribunais geralmente admitem o ingresso em juízo de medidas referentes à violação das *Proxy Regulations*, por parte das pessoas que tenham sido prejudicadas por essa inobservância[302].

O COMANDO DOS ADMINISTRADORES NAS COMPANHIAS COM CAPITAL DISPERSO E A MANIPULAÇÃO DAS PROCURAÇÕES

O nosso Direito anterior a 1976, como referido, proibia expressamente que membros da diretoria, do Conselho Fiscal ou de qualquer outro órgão criado pelos estatutos pudessem ser procuradores ou representantes dos acionistas na assembleia geral[303].

---

301 Loss, *Securities regulations*, cit., p. 892.

302 Loss, *Securities regulations*, cit., p. 931 e s., que relaciona os principais casos a respeito.

303 Art. 91 do Decreto-Lei n. 2.627, de 1940. Valverde, *Sociedades por ações*, cit., v. 2, p. 101.

As combinações fraudulentas que infalivelmente decorrem da outorga de procuração a administradores nas companhias com capital disperso são incontáveis na crônica da sociedade anônima moderna.

A propósito, o depoimento de Loss, com base na conturbada experiência norte-americana: "A diversificação do colégio acionário, com a concomitante dissociação entre a propriedade e a administração, coloca a assembleia geral à mercê do instituto da representação. Isso torna o mandato uma força impressionante, tanto no sentido do bem como do mal de nosso sistema econômico. Se não for disciplinado adequadamente, esse sistema é um convite aberto à autoperpetuação e à irresponsabilidade dos administradores. Devidamente circunscrito, pode, por outro lado, tornar-se o instrumento de salvação do próprio regime societário"[304].

Apenas a mais importante dessas distorções apontadas por Loss será referida, qual seja, a da perpetuação dos atuais administradores nessas sociedades sem controlador (art. 116, a). Nessas companhias com capital disperso, os atuais administradores acabam mantendo-se indefinidamente no seu comando. Trata-se do mais grave fenômeno decorrente da dissociação entre propriedade e voto e consequente dissociação entre propriedade (das ações) e poder societário, conhecido na prática norte-americana como *management control*.

O fenômeno do distanciamento do comando societário da consecução do interesse social, fruto da manipulação das procurações pelos seus administradores que dominam as companhias com capital disperso é ainda descrito por Loss[305]: "Na medida em que os administradores estão ligados a um grupo minoritário, a estabilidade do comando da *corporation* estará relativamente assegurada. Quando, no entanto, esse grupo minoritário e os administradores entram em desacordo, uma importante batalha produzir-se-á. Nesta, os administradores detêm uma poderosa e estratégica posição. Na renhida luta por procurações, os administradores podem sonegar o uso da máquina de procurações (*proxy machinery*) para aquele grupo minoritário, o qual, em consequência, enfrentará enormes obstáculos. O esforço desses minoritários para cercar os acionistas com argumentos suficientemente convincentes, enviando-lhes as respectivas procurações, é descomunal, quando são milhares de acionistas. Ademais, há uma natural tendência dos acionistas de não serem incomodados, razão pela qual são propensos a votar

---

304 Loss, *Securities regulations*, cit., p. 15 e s.
305 Loss, *Securities regulations*, cit., p. 15 e s.

a favor da administração existente. Em terceiro lugar, há sempre dois lados dos argumentos apresentados pelos contendores e, frequentemente, o lado da administração é mais convincente. (...) Exemplos adicionais[306] sobre a disputa entre os grupos minoritários e administradores poderiam ser citados, mas estes servem para ilustrar a precariedade da influência do grupo minoritário, quando a administração é antagônica. (...) A maneira mais comum de comando entre as grandes companhias é a dos administradores (*management control*). Quando o colégio acionário é suficientemente difuso, a posição dos administradores torna-se quase inexpugnável. Os administradores não necessitam possuir ações. A estratégica vantagem de sua posição é suficiente. A presunção de bom desempenho está a seu favor e, mais concretamente, a máquina de procurações (*proxy machinery*) encontra-se à sua disposição. Os administradores escolhem o Comitê de Procurações (*proxy committee*) e, ao fazer as indicações entre seus próprios membros, asseguram a continuidade do seu comando. O poder desse mecanismo é grande demais para que eventualmente possam os acionistas destruí-lo".

INSTRUÇÃO CVM N. 481, DE 2009 — PEDIDO PÚBLICO DE PROCURAÇÃO

A Instrução Normativa CVM n. 481, de 2009, fundou-se na sistemática do Direito norte-americano sobre a matéria, consubstanciada nas acima descritas *Proxy Regulations*, do *Securities Exchange Act*, de 1934, com algumas atenuações e adaptações ao nosso Direito Civil e Societário e aos novos instrumentos de informação e de comunicação trazidos pela rede mundial de computadores.

REGRAS GERAIS

De acordo com a Instrução Normativa CVM n. 481/2009, são pedidos públicos de procuração: (i) os que empreguem meios públicos de comunicação (televisão, rádio, revistas, jornais e páginas na rede mundial de computadores); (II) os dirigidos a mais de 5 (cinco) acionistas, quando promovidos, direta ou indiretamente, pela administração ou por acionista controlador; e (iii) os dirigidos a mais de 10 (dez) acionistas, quando promovidos por qualquer outra pessoa (art. 22)[307].

---

306 Após descrever os casos de *Standards Oil Co.* de Indiana (em 1929) e *Tide Water Associated Oil Co.*

307 PROCURAÇÃO CVM N. 481, DE 17 DE DEZEMBRO DE 2009 — Dispõe sobre infor-

mações e pedidos públicos de procuração para exercícios do direito de voto em assembleia de acionistas.

A PRESIDENTE DA COMISSÃO DE VALORES MOBILIÁRIOS — CVM torna público que o colegiado, em reunião realizada em 8 de dezembro de 2009, com fundamento no disposto nos arts. 8º, I e III, e 22, § 1º, I, da Lei n. 6.385, de 7 de dezembro de 1976, e art. 126, § 2º, da Lei n. 6.404, de 15 de dezembro de 1976, aprovou a seguinte Instrução:

(...)

CAPÍTULO IV — Pedidos Públicos de Procuração

Art. 22. Para os fins desta Instrução, são considerados pedidos de procuração:

I — os pedidos que empreguem meios públicos de comunicação, tais como a televisão, o rádio, revistas, jornais e páginas na rede mundial de computadores;

II — os pedidos dirigidos a mais de 5 (cinco) acionistas, quando promovidos, direta ou indiretamente, pela administração ou por acionista controlador; e

III — os pedidos dirigidos a mais de 10 (dez) acionistas, quando promovidos por qualquer outra pessoa.

Parágrafo único. Fundos de investimentos cujas decisões sobre exercício com direito de voto em assembleia sejam tomadas discricionariamente pelo mesmo gestor serão considerados como um único acionista para os fins dos incisos II e III deste artigo.

Art. 23. Os pedidos públicos devem ser acompanhados da minuta de procuração e das informações indicadas no Anexo 23 à presente Instrução.

§ 1º Os pedidos públicos de procuração devem ser acompanhados, ainda:

I — das informações e documentos previstos nos arts. 8º a 21 desta Instrução, relativos à matéria para a qual é solicitada a procuração; e

II — de quaisquer outras informações e documentos relevantes para o exercício de direito de voto pelo acionista.

§ 2º Os pedidos públicos de procuração podem fazer referência a uma página na rede mundial de computadores na qual todas as informações exigidas por este artigo estejam disponíveis.

Art. 24. As procurações objeto de pedido público devem:

I — indicar um procurador para votar a favor, um procurador para se abster e outro procurador para votar contra cada uma das propostas objeto do pedido;

II — indicar expressamente como o procurador deve votar em relação a cada uma das propostas ou, se for o caso, se ele deverá se abster em relação a tais propostas;

III — restringir-se a uma única assembleia.

Art. 25. Os pedidos públicos de procuração devem ser dirigidos a todos os acionistas com direito de voto na assembleia.

Parágrafo único. A obrigação prevista no *caput* será considerada atendida:

I — se o solicitante enviar o pedido por correspondência a todos os acionistas com direito de voto cujos endereços constem da companhia;

II — se a companhia facultar a todos os acionistas com direito de voto a possibilidade de outorgar a procuração objeto do pedido através de sistema eletrônico na rede mundial de computadores; ou

III — em se tratando de pedido promovido por acionista que não seja controlador nem administrador, se o pedido for feito mediante publicação nos jornais de grande circulação utilizados habitualmente pela companhia.

Art. 26. Uma cópia de todo o material utilizado em pedidos públicos de procuração deve ser colocada à disposição dos acionistas, por meio de sistema eletrônico na página da CVM na rede mundial de computadores, na data de início da realização do pedido.

§ 1º Para que a obrigação prevista no *caput* possa ser cumprida, os pedidos públicos de procuração devem ser encaminhados ao diretor de relações com investidores no dia útil anterior à data de início da realização do pedido.

§ 2º O diretor de relações com investidores não é responsável pelas informações contidas em pedidos de procuração que não sejam realizados pela administração.

Art. 27. A administração da companhia deve comunicar ao mercado sua intenção de realizar pedido público de procuração com pelo menos 10 (dez) dias úteis de antecedência, indicando as matérias para as quais as procurações serão solicitadas.

Parágrafo único. A comunicação prevista no *caput* deverá ser feita por meio de sistema eletrônico na página da CVM na rede mundial de computadores.

Art. 28. As procurações objeto de pedido público promovido pela administração referentes à eleição de administradores e membros do conselho fiscal devem facultar ao acionista votar tanto nos candidatos indicados pela administração, como em candidatos indicados por acionistas representando, no mínimo, 0,5% (meio por cento) do capital social.

§ 1º Os acionistas que desejarem incluir candidatos nas procurações solicitadas pela administração devem enviar pedido por escrito à companhia dentro de 5 (cinco) dias úteis contados da realização do comunicado previsto no art. 27.

§ 2º O pedido dos acionistas deve incluir as informações exigidas nos itens 2, 3 e 4 do Anexo 23 desta Instrução e nos itens 12.6 a 12.10 do formulário de referência.

Art. 29. Os pedidos públicos de procuração promovidos pela administração podem ser custeados pela companhia.

Art. 30. Os pedidos de relação de endereços de acionistas fundados no art. 126, § 3º, da Lei n. 6.404, de 1976, devem ser atendidos pela companhia dentro de, no máximo, 3 (três) dias úteis.

§ 1º Os pedidos a que se refere o *caput* poderão ser formulados, alternativamente, entre:

I — o primeiro dia do exercício social e a data da realização da assembleia geral ordinária;

II — a data da primeira convocação e a data de realização de qualquer assembleia geral extraordinária;

III — a data da divulgação ao mercado de ato societário que dependa de deliberação assemblear e a data de realização da respectiva assembleia.

§ 2º A companhia pode exigir:

I — reconhecimento da firma do signatário do pedido;

II — cópia dos documentos que comprovem que o signatário tem poderes para representar o acionista; e

III — declaração do acionista de que pretende utilizar a lista para os fins do art. 126, § 1º, da Lei n. 6.404, de 1976.

§ 3º É vedado à companhia:

I — exigir quaisquer outras justificativas para o pedido;

II – cobrar pelo fornecimento da relação de acionistas;

III – condicionar o deferimento do pedido ao cumprimento de quaisquer formalidades ou à apresentação de quaisquer documentos não previstos no § 2º.

§ 4º A relação de endereços deverá listar todos os acionistas em ordem decrescente, conforme o respectivo número de ações; é desnecessário identificar a participação acionária de cada um.

Art. 31. A companhia que aceita procurações eletrônicas por meio de sistema na rede mundial de computadores deve permitir que acionistas titulares de 0,5% (meio por cento) ou mais do capital social incluam pedidos de procuração no sistema.

§ 1º A obrigação prevista no *caput* deve ser atendida pela companhia dentro de 2 (dois) dias úteis contados da data do recebimento do pedido público de procuração formulado pelos acionistas.

§ 2º O sistema de procurações eletrônicas da companhia deve dar igual destaque aos pedidos de procuração promovidos pela administração, pelo acionista controlador e pelos acionistas não controladores.

Art. 32. A companhia que não aceita procurações eletrônicas por meio de sistema na rede mundial de computadores, nos termos do art. 31, deve ressarcir as despesas incorridas com a realização de pedidos públicos de procuração de acionistas titulares de 0,5% (meio por cento) ou mais do capital social.

§ 1º Para os fins deste artigo, são reembolsáveis apenas as seguintes despesas:

I – despesas com a publicação de até 3 (três) anúncios no mesmo jornal em que a companhia publica suas demonstrações financeiras; e

II – despesas com impressão e envio dos pedidos de procuração aos acionistas da companhia.

§ 2º O ressarcimento previsto no *caput* será integral caso:

I – a proposta apoiada pelo acionista seja aprovada; ou

II – pelo menos um dos candidatos apoiados pelo acionista seja eleito.

§ 3º Caso nenhuma das hipóteses previstas no parágrafo anterior se verifique, o ressarcimento será de, no mínimo, 50% (cinquenta por cento) das despesas incorridas, podendo a companhia estabelecer percentual superior.

§ 4º O ressarcimento deve ser feito dentro de 10 (dez) dias úteis contados do recebimento de requerimento formulado à companhia.

§ 5º O requerimento referido no § 4º deve ser acompanhado de documentos que comprovem as despesas incorridas.

Capítulo V – Disposições Gerais

Art. 33. A CVM pode, a qualquer tempo:

I – pedir esclarecimentos sobre informações ou documentos fornecidos de acordo com esta Instrução;

II – solicitar o envio de informações e documentos adicionais aos exigidos por esta Instrução;

III – solicitar correções nas informações fornecidas de acordo com esta Instrução; e

IV – determinar a interrupção de pedidos públicos de procuração que contrariem esta Instrução.

Art. 34. Constitui infração grave, para os efeitos da Lei n. 6.385, de 7 de dezembro de 1976:

Os pedidos públicos de procuração podem referir-se a qualquer deliberação a ser tomada em assembleia geral e ser efetuados tanto por *administradores* como pelos *controladores* e *acionistas minoritários* da companhia, como também por *qualquer outra pessoa*[308].

Para tanto, os pedidos públicos de procuração devem: (i) indicar um procurador para votar a favor, um procurador para se abster e outro procurador para votar contra cada uma das propostas objeto do pedido; (ii) indicar expressamente como o procurador deve votar em relação a cada uma das propostas ou, se for o caso, se ele deverá abster-se em relação a tais propostas; e (III) restringir-se a uma única assembleia (art. 24).

Os pedidos devem, ainda, ser dirigidos a todos os acionistas com direito de voto na assembleia geral (art. 25, *caput*).

Os pedidos serão atendidos apenas: (i) se forem enviados por correspondência a todos os acionistas com direito de voto cujos endereços constem da companhia; (ii) se forem efetuados através de sistema eletrônico na rede mundial de computadores disponibilizado pela companhia a todos os acionistas com direito de voto; ou (iii) se forem publicados em jornais de grande circulação utilizados habitualmente pela companhia, em se tratando de pedido promovido por acionista minoritário (art. 25, parágrafo único).

Os pedidos públicos de procuração promovidos pela administração podem ser custeados pela companhia (art. 29).

A companhia que aceitar procurações eletrônicas por meio de sistema na rede mundial de computadores deve permitir que acionistas titulares de 0,5% ou mais do capital social incluam pedidos de procuração no sistema (art. 31).

I — a violação das obrigações previstas no art. 2º e nos arts. 8º a 21 e 26 a 32 desta Instrução; e

II — o descumprimento das solicitações, pedidos e determinações da CVM, nos termos do art. 33 desta Instrução.

Art. 35. Na hipótese prevista no art. 12 desta Instrução, é facultado à companhia omitir as informações exigidas no item 13 do Formulário de Referência relativas aos exercícios de 2007 e 2008.

Art. 36. Fica revogada a Instrução CVM n. 341, de 13 de julho de 2000.

Art. 37. Esta Instrução entra em vigor em 1º de janeiro de 2010.

308 De acordo com o art. 126, § 1º, da Lei de S/A: "Art. 126 (...) § 1º O acionista pode ser representado na assembleia geral por procurador constituído há menos de 1 (um) ano, que seja *acionista, administrador da companhia* ou *advogado*; na companhia aberta, o procurador pode, ainda, ser *instituição financeira*, cabendo ao administrador de fundos de investimento representar os condôminos" (grifamos).

A companhia que não aceitar procurações eletrônicas por meio de sistema na rede mundial de computadores deve ressarcir as despesas incorridas com a realização de pedidos públicos de procuração de acionistas titulares de 0,5% ou mais do capital social (art. 32).

São reembolsáveis: (i) as despesas com a publicação de até três anúncios no mesmo jornal em que a companhia publica suas demonstrações financeiras; e (ii) as despesas com impressão e envio dos pedidos de procuração aos acionistas da companhia (art. 32, § 1º).

O ressarcimento será integral caso: (i) a proposta apoiada pelo acionista seja aprovada; ou (ii) pelo menos um dos candidatos apoiados pelo acionista seja eleito (art. 32, § 2º).

Caso as hipóteses acima se verifiquem, o ressarcimento será de, no mínimo, 50% das despesas, sem prejuízo de a companhia estabelecer percentual superior (art. 32, § 3º).

Em seguida, a Instrução Normativa CVM n. 481/2009 trata dos *pedidos de lista de acionistas*, determinando, em especial, que a relação de endereços deverá listar todos os acionistas em ordem decrescente, conforme o respectivo número de ações, sendo desnecessário identificar a participação acionária de cada um (art. 30, § 4º).

PROXY FIGHT

Em cenários de dispersão acionária (art. 137, II, *b*) desaparece a figura do controlador, ou seja, aquele acionista majoritário que, de modo permanente, tem o poder de eleger a maioria dos administradores da companhia (art. 116, *a*)[309]. Assim, nas companhias com capital disperso se estabelece o comando direto e autônomo dos seus administradores, que assumem o dever fiduciário de atender ao interesse social e ao dos acionistas (arts. 153 a 158).

O poder dos administradores de dirigir autonomamente as atividades sociais origina-se de três fatores: primeiramente (i) da formação de blocos minoritários aleatórios que logram elegê-los; (ii) da utilização de *poison pills* que assegurem o prevalecimento aleatório de um acionista ou bloco de acionistas minoritários e, assim, inibam a formação de outros blocos antagônicos na eleição dos administradores que comandarão a companhia; ou (iii) da utilização de pedidos públicos de procuração para a eleição da maio-

---

309 *V.* comentários ao art. 116.

ria dos administradores e membros do Conselho Fiscal. Esse instrumento é sempre utilizado quando a dispersão do capital for mais acentuada.

As disputas de procurações (*proxy fight*) entre os administradores e os acionistas minoritários surgem, portanto, em cenários de maior dispersão acionária, em que os pedidos públicos de procuração são a única alternativa viável de prevalecimento do comando societário pelos atuais administradores.

Marcelo Lamy Rego afirma, *in verbis*, que "as regras do '*proxy contest*', ou as disputas com pedidos de procuração antagônicos que competem pelo voto do acionista absenteísta, também precisam ser incluídas nas discussões, com a criação de mecanismos para coibir o uso da 'máquina' da companhia pelos '*insiders*' (administradores e acionistas ligados aos mesmos), de forma a equilibrar a disputa. Mas essa me parece ainda uma discussão secundária no momento que vivemos. É importante primeiro termos uma regra básica que seja abrangente e descritiva. As disputas pelos votos do minoritário ausente acontecerão de maneira natural quando o mercado entender e digerir as regras básicas. Essa será uma das muitas evoluções da questão no nosso direito"[310].

Nesse sentido, paralelamente, administradores e acionistas minoritários nas companhias com ações dispersas poderão formular pedidos públicos de procuração com a indicação de candidatos a eles ligados e de sua confiança, disputando entre si a maioria aleatória dos votos dos demais acionistas minoritários absenteístas.

A Instrução Normativa CVM n. 481/2009 prevê, alternativamente à utilização de pedidos de procuração antagônicos, que os pedidos públicos de procuração da própria administração contenham, conjuntamente aos candidatos por ela indicados, candidatos indicados por acionistas representando, no mínimo, 0,5% do capital social (art. 28).

Nesta hipótese a procuração será outorgada exclusivamente a um administrador da companhia. Contudo, o voto a ser proferido poderá, igualmente, ser computado em um candidato por ele indicado ou em um candidato indicado por um acionista minoritário.

Para tanto, os acionistas que desejam incluir candidatos nas procurações solicitadas pela administração devem enviar pedido, por escrito, à companhia dentro do prazo de cinco dias úteis da comunicação pelo administrador da intenção de realizar seu pedido de procuração (art. 28, § 1º).

---

310 Pedido de procuração para votar, in *Direito societário*: desafios atuais, coord. Rodrigo Castro e Leandro Aragão, São Paulo, Quartier Latin, 2009, p. 341.

Cumpre mencionar alguns aspectos já levantados pelos estudiosos sobre o mecanismo de pedido público de procuração.

João Laudo de Camargo levanta dois pontos: (i) a assimetria informacional existente entre os administradores da companhia e os demais acionistas em uma disputa de procurações (*proxy fight*); e (ii) a possível incompatibilidade do pedido público de procuração com o regime de voto múltiplo, previsto no art. 141 da Lei de Sociedades Anônimas[311].

Yuki Yokoi, ao analisar especificamente o sistema eletrônico de pedido público de procurações, afirma que as plataformas permitem aos administradores acompanhar a chegada das procurações e receber um relatório dos votos no fim do processo. Os minoritários temem que os administradores usem tal informação em benefício próprio[312].

Natura, Eternit, Petrobras, BM&FBovespa e Bematech são exemplos de companhias que já disponibilizam uma plataforma eletrônica para o cômputo dos pedidos públicos de procurações; contudo, a adesão dos acionistas ainda é incipiente.

A QUEBRA DO PRINCÍPIO DA IGUALDADE NA INSTRUÇÃO CVM N. 481, DE 2009

Ao baixar a Instrução n. 481/2009, a CVM atenuou o grave defeito que se vê na regulamentação (*Proxy Regulations*) e na prática norte-americana, no que respeita às despesas de coleta de procurações. Como se viu, a disciplina existente naquele país permite que os gastos de elaboração e remessa de pedidos por parte dos administradores sejam pagos pela companhia, ao passo que as despesas feitas pelos acionistas opositores em uma *proxy fight* deverão ser arcadas por eles próprios. Essas despesas, em alguns casos na década áurea americana (anos 1920), chegaram a mais de 1 milhão de dólares[313].

Em consequência, o alardeado princípio de igualdade do regime norte-americano esbarra, como referido, com esse obstáculo fundamental,

---

311 *Revista Capital Aberto*, mar. 2010.

312 *Revista Capital Aberto*, mar. 2010.

313 Loss, *Securities regulations*, cit., p. 859. Já em 1929, na *proxy fight* entre Rockfeller e o Coronel Stewart, no curso dos escândalos do período Harding, as despesas do primeiro chegaram a trezentos mil dólares, o que valeu a observação de um administrador de outra companhia petrolífera: "Com trezentos mil dólares, eu poderia comprar as procurações de qualquer grande companhia do país" (Loss, *Securities regulations*, cit., p. 16).

que, em parte, foi atenuado pelo nosso Regulamento (arts. 31 e 32 da Instrução CVM n. 481/2009).

Não obstante, mantém a nossa Instrução a iniquidade, na medida em que as despesas referentes ao *proxy contest* serão ressarcidas apenas em parte, conforme o disposto nos artigos citados — no mínimo de 50% (art. 32, § 3º) —, podendo ser integral apenas em caso de sucesso das proposições e de eleição de representantes dos acionistas opositores (art. 32, § 2º).

Por outro lado, seguindo os passos da falácia da igualdade do sistema norte-americano, também a nossa Instrução faculta que os pedidos públicos de procuração promovidos pela administração podem ser 100% custeados pela companhia (art. 29).

Assim, permite a CVM, mercê desse Regulamento de 2009, que se estabeleça um sistema que concede aos administradores que comandam a companhia com capital disperso (art. 137, II, *b*) o uso dos serviços e dos próprios recursos da sociedade para a captura das procurações. Perdeu-se, assim, entre nós, a oportunidade de implantação de rigorosa igualdade com respeito às despesas feitas pelos administradores que comandam a companhia e aos ônus arcados pelos acionistas opositores na disputa por procurações; visam os primeiros à manutenção de seu comando, e os segundos à sua substituição ou à alteração da política da companhia (investimentos, distribuição de dividendos etc.).

A REPRESENTAÇÃO DOS ADMINISTRADORES NO DIREITO SOCIETÁRIO BRASILEIRO

A representação de acionistas por administradores e por instituições financeiras insere-se no sistema inaugurado pela Lei n. 6.404, de 1976, quando o legislador, com grande antecipação, previu a futura dissociação entre propriedade e voto, do que decorre a dissociação entre propriedade e o comando da companhia, entre risco de capital e domínio da sociedade pelos que não o tem (os seus administradores).

Dessa forma, o legislador de 1976, ao mesmo tempo que instituiu o regime do controle (art. 116), visualizou o seu gradativo desaparecimento, mediante a implantação do sistema de *corporation* na prática societária brasileira, ou seja, o surgimento de companhias com capital disperso (art. 137, II, *b*), do que resulta o comando autônomo delas pelos seus administradores.

Por outro lado, a Lei Societária vigente permite a influência sobre o controle da companhia (art. 116) por parte de instituição financeira. Esta, valendo-se dos serviços com ações que pode prestar à companhia e aos acionistas, amealhará procuração de votos de sócios rendeiros.

Tal operação é feita sem nenhum risco de investimento próprio no capital da companhia, o que até mesmo lhe é vedado fazer (art. 293). De posse dessas ações de acionistas minoritários, podem influir na adoção de políticas da companhia, notadamente no que respeita à distribuição de dividendos ou em outras matérias assembleares que demandam quórum qualificado.

LEI N. 10.303, DE 2001 — EXTRATO FORNECIDO PELA INSTITUIÇÃO CUSTODIANTE — INSTRUÇÃO CVM N. 115, DE 1990

A *parte final* do *caput* do art. 31, em sua redação introduzida pela Lei n. 10.303, de 2001, prevê que o extrato fornecido pela instituição custodiante, na qualidade de proprietária fiduciária das ações, é documento hábil para caracterizar a presunção de propriedade da ação nominativa registrada, bem como dos ônus reais que incidem sobre essas ações, consoante o art. 39[314].

A partir da entrada em vigor da Lei n. 10.303, de 2001, a inscrição do nome do acionista no livro próprio e o *extrato* fornecido pela instituição custodiante passaram a acarretar a *presunção relativa (juris tantum) de propriedade da ação nominativa registrada*, admitindo-se, no entanto, *prova em contrário*. O mesmo ocorre com o penhor ou caução que oneram as ações registradas, para efeitos dos arts. 39 e 40.

Presume-se, assim, que a pessoa cujo nome consta do livro de registro de ações ou do *extrato* emitido pela instituição custodiante é *legítima proprietária*, presunção esta que somente se destruirá após decisão judicial que declare a nulidade do registro ou do extrato.

Essa redação da *parte final* do *caput* do art. 31, introduzida pela Lei n. 10.303, de 2001, que incluiu o *extrato,* fornecido pela instituição custodiante como documento capaz de fazer presumir a propriedade das ações nominativas registradas, veio consolidar em lei mecanismo já adotado administrativamente pela Instrução CVM n. 115, de 11 de abril de 1990.

Nos termos do art. 6º dessa Instrução, o acionista pode exercer seus direitos em assembleia geral simplesmente apresentando um *comprovante* emitido pela instituição prestadora dos serviços de custódia. No art. 7º da

---

314 *V.* comentários ao art. 39.

mesma Instrução, por sua vez, há a previsão de que a instituição custodiante, "por ocasião do exercício do direito de voto, exercício de direito de preferência, distribuição de dividendos ou bonificações e, em qualquer caso, no último dia útil de cada trimestre civil", deverá fornecer à companhia *a lista* dos titulares de ações em custódia. Ou seja: a lista emitida pela instituição custodiante servirá para a companhia conhecer seus próprios acionistas. A presunção de propriedade do *extrato* fornecido pela instituição custodiante, portanto, já era contemplada pela aludida Instrução n. 115/90.

A atual redação da *parte final* do *caput* do art. 31 desta Lei, além dessa presunção de propriedade para os acionistas cujo nome conste do *extrato* emitido pela instituição custodiante, trouxe outra novidade: a qualidade de *proprietária fiduciária dada à instituição custodiante*[315].

Todavia, vale mencionar que a propriedade fiduciária das ações custodiadas atribuída à instituição custodiante, de que tratam os arts. 31 e 41, com a redação dada pela Lei n. 10.303, de 2001, surgiu precipuamente para instrumentalizar as *transferências de ações dentro dos sistemas computadorizados das instituições financeiras*.

REPRESENTAÇÃO POR NÃO ACIONISTA

Em sentido geral, a representação por não acionista constitui a principal inovação da Lei n. 6.404, de 1976. Segue esse diploma a regra comum do mandato, de que qualquer sujeito capaz pode agir em nome e por conta de outro.

No plano específico da sociedade anônima, obedece à tendência, universal[316], de não mais restringir-se apenas aos acionistas a participação na assembleia geral[317 e 318].

---

315 *V.* comentários ao art. 41.

316 Não é o caso do direito francês, que somente admite procuração a outro acionista ou a cônjuge (Ripert-Roblot, *Traité*, cit., v. 1, p. 727).

317 Sobre a tendência anterior e a sua evolução, Jaeger, *Inchieste di diritto comparato*, cit., p. 681 e s.

318 Sobre a matéria de representação de acionista não residente no país, Colegiado da CVM, Proc. RJ2008/1794, Reg. 5973/2008, Rel. Dir. Sergio Weguelin, j. em 24-6-2008; TJBA, 1ª Câm., AC 24.550-0/00, Rel. Des. Carlos Cintra, j. em 12-6-2002; com decisão reformada pelo STJ, REsp 648.711/BA, Rel. Min. p/ acórdão Carlos Alberto Menezes Direito, *DJU* 7-8-2006. In Lazzareschi, ob. cit., p. 321 e s.

DIREITO ESTRANGEIRO

Na legislação de outros países colhem-se três critérios com referência à representação na assembleia geral por não sócio[319].

Assim, há legislações que facultam expressamente a representação indiferentemente a acionistas ou não[320].

Outras legislações simplesmente omitem a restrição de concessão de mandato a não sócios, seguindo a regra geral do mandato a sujeito capaz[321].

E em um terceiro grupo estão as legislações que determinam que o representante deve necessariamente ser um acionista ou, então, uma pessoa legitimada a participar da assembleia com direito de voto[322]. Neste último grupo encontra-se a legislação canadense, que admite a derrogação do preceito pelo estatuto[323].

Nas duas primeiras categorias, no entanto, nota-se que a faculdade de mandato a terceiros não acionistas, em geral, vem acompanhada de expressa proibição à outorga a administradores e a instituições financeiras. E, quando a admitem, a respectiva representação é objeto de minuciosa regulamentação, visando a coibir os inevitáveis abusos que tal faculdade enseja.

FUNDAMENTO DA REPRESENTAÇÃO POR NÃO ACIONISTAS

A representação por não acionistas visa a remediar o absenteísmo dos mesmos. Estes, por intermédio da procuração outorgada, contribuem, por meio de seus mandatários, para a formação da vontade social.

Nas grandes companhias, em alguns países, a representação voluntária por não acionistas realmente possibilita a obtenção de quórum legal de instalação da assembleia geral[324]. Evidentemente que esse não é o caso do Direito brasileiro, no qual o quórum é formado apenas de ações votantes.

---

319 Conforme o estudo comparativo de Jaeger, *Inchieste*, cit., p. 691 e s.

320 Lei mexicana das sociedades, art. 192; lei espanhola das sociedades por ações, art. 60.

321 Lei das sociedades argentina de 1972, art. 239; lei alemã de 1965, art. 134; Código Civil italiano, art. 2.372, com a redação dada pela lei de 1974.

322 Lei francesa de 1966, art. 161, que permite, no entanto, representação pelo cônjuge; Israel, art. 64 da *Companies Ordinance*.

323 Jaeger, *Inchieste*, cit., p. 693.

324 É o caso, v. g., da França, onde todas as ações têm direito a voto.

Essa restrição legal permite a formação de quórum com a maioria absoluta do capital votante (art. 15)[325].

REGRAS GERAIS DO MANDATO — CÓDIGO CIVIL

O nosso Direito Societário, ao adotar o sistema de representação por terceiro não acionista, submete-o às regras gerais do mandato constantes dos arts. 653 e s. do Código Civil. Entre elas ressaltam-se os preceitos referentes à forma, poderes, gratuidade ou onerosidade, extinção, renúncia e revogação, excesso de mandato e de poderes e prática dos atos contrários às instruções recebidas. Vale a pena tecer comentários a respeito de alguns desses preceitos.

O mandato deve ser expresso, manifestado por instrumento particular, pois não se exige seja ele público. Por outro lado, não se admite mandato tácito, nem verbal. A procuração particular deve conter todos os requisitos formais próprios desse negócio jurídico.

Os poderes são sempre especiais[326]. No instrumento de outorga deve ser declarado se terá o mandatário poderes para intervir em todos os assuntos da ordem do dia. Caso contrário, devem ser especificadas quais as matérias que poderão ser objeto de sua manifestação e deliberação.

Dessa forma, no mandato, que será sempre especial, os poderes podem ser gerais para intervir, discutir, propor, protestar e, se for o caso, votar sobre todas as matérias constantes dos trabalhos ou se restringir a apenas algumas delas. Neste último caso, com relação aos demais assuntos para os quais o acionista não autorizou a intervenção do mandatário, considera-se que houve abstenção do voto.

Também nesta hipótese não terá o mandatário poderes para debater, intervir ou apresentar protestos ou representações.

É perfeitamente admissível a restrição da outorga a determinadas matérias, na medida em que o acionista não deseja que certos assuntos sejam discutidos e deliberados pelo representante, como, v. g., aqueles que

---

325 Loss, *Securities regulations*, Boston, Little, Brownand Co., 1961, p. 858, citado por Jaeger, *Inchieste*, cit., p. 679 e s.

326 No sistema da *common law*, há distinção entre *general* e *special proxy*. A primeira abrange toda a ordem do dia, e a segunda, apenas alguns assuntos. Essa divisão não se coaduna com o nosso direito civil (arts. 1.294 e 1.925 do CC de 1916, correspondentes aos arts. 660 e 661 do CC de 2002). *Ballantine on corporations*, p. 407: *Lattin on corporations*, cit., p. 309: Charlesworth, *Company law*, 10. ed., London, 1972, p. 193, apud Jaeger, *Inchieste*, cit., p. 689.

acarretem modificações na estrutura da companhia ou nos direitos individuais do acionista[327].

Essa restrição de poderes permitirá que o acionista exerça, eventualmente, o direito de recesso (art. 45), ou que promova, *a posteriori*, as medidas convenientes à anulação das respectivas deliberações ou à responsabilização dos controladores e administradores e especialmente destes últimos nas companhias com capital disperso (art. 137, II, *b*), às quais comandam autonomamente[328].

LEI N. 10.303, DE 2001 — MANDATO DE VOTO EM BLOCO — § 7º DO ART. 118

A Lei n. 10.303, de 2001, alterou de forma significativa a disciplina do acordo de acionistas com a redação do *caput* do art. 118 e com os §§ 6º a 11 acrescentados a essa norma.

A primeira alteração decorrente da atual redação do *caput* do artigo foi a inclusão, no rol das matérias que podem ser reguladas por acordo de acionistas, com plena eficácia e oponibilidade à companhia, desde que o acordo seja arquivado em sua sede, da matéria referente ao *exercício do poder de controle*.

Com isso, os acordos (i) de controle e (ii) de voto adquiriram feições distintas no direito societário brasileiro, bastante assemelhadas às dos acordos de votação em bloco, ou *pooling agreements*, consagrados a mais pela prática, doutrina e jurisprudência norte-americanas[329].

Por meio dessa modalidade de acordo os acionistas signatários comprometem-se, enquanto estiver vigente, a instituir uma comunhão, para assim exercer o controle societário, razão pela qual convencionam realizar uma *reunião prévia* a cada deliberação dos órgãos sociais, onde será decidido, pelo critério de maioria absoluta dos acordantes, com base no número das respectivas ações vinculadas ao acordo, o rumo dos votos a serem proferidos pelos acionistas convenentes em assembleia geral, e pelos conselheiros e diretores representantes dos acionistas signatários nas reuniões do conselho de administração e diretoria, respectivamente (§§ 8º e 9º do art. 118).

Já o § 7º instituiu a figura do *síndico do acordo de controle,* que é o representante da comunhão dos acionistas signatários e a quem cabe proferir os

---

327 Jaeger, *Inchieste*, cit., p. 689.

328 *V.* comentários ao art. 116.

329 *V.* comentários ao art. 118.

votos correspondentes às ações de propriedade daqueles, consoante o direcionamento dado na *reunião prévia*.

Prevê-se, ainda, que o mandato outorgado pelos signatários ao *síndico*, para o prolação do *voto comum*, poderá ter prazo de duração superior ao previsto no art. 126 da Lei (um ano). Em verdade, esse mandato é irrevogável, de acordo com o art. 686, parágrafo único, do Código Civil, que prescreve essa irrevogabilidade quando constituir meio de cumprir uma obrigação contratada.

PROCURAÇÃO VAZIA — PODERES EM BRANCO

Entende-se como procuração vazia ou em branco, ou com poderes em branco, aquela em que o acionista outorga poderes a mandatário desconhecido ou em que deixa o preenchimento dos poderes para votar as matérias da procuração à discricionariedade do próprio mandatário. Assim, p. ex., o acionista outorgará poderes em branco ao seu representante para eleger os administradores, não indicando, porém, as pessoas em quem deve ou aquelas em quem não pode votar.

Tal outorga é perfeitamente admissível em se tratando de representação dada a outro acionista ou a advogado[330]. Em se tratando, no entanto, de administrador ou de instituição financeira, será absolutamente irregular, pois nesses casos a procuração deve sempre satisfazer os requisitos mencionados na Lei para representação por correspondência ou anúncio.

A faculdade de representação com poderes em branco a administradores e a bancos seria absolutamente lesiva aos interesses dos acionistas[331]. A nossa Lei, como também a alemã, proíbe expressamente a representação com poderes em branco às instituições bancárias[332].

UNICIDADE OU DIVERSIDADE DE REPRESENTANTES

A preocupação a respeito da possibilidade de ser o acionista representado por mais de um mandatário, na assembleia geral, traz à

---

330 Admitem a procuração em branco os doutrinadores em geral, conforme Jaeger (*Inchieste*, cit., p. 691). No direito francês, na antiga lei, Berr, *L'exercise du pouvoir*, cit., p. 256. Na lei francesa vigente, Ripert-Roblot, *Traité*, cit., v. 1, p. 728. É de notar que, no direito francês atual, a representação somente cabe a acionista ou a seu cônjuge.

331 Jaeger, *Inchieste*, cit., p. 691.

332 Art. 135 da lei societária alemã de 1965.

baila, antes de tudo, a questão teórica de reconhecer ao acionista direito subjetivo de voto uno ou tantos direitos de voto quantas forem as suas ações[333].

Diferentemente do Direito espanhol[334], o sistema legal brasileiro sempre optou pela relação entre capital e voto, podendo-se, assim, descartar qualquer vínculo subjetivo do voto, a não ser o de legitimação do titular das ações[335], pois tem ele direito a tantos votos quantas forem as suas ações. Os votos, com efeito, contam-se pelas ações e não por seus possuidores.

Evidentemente que não se pode admitir que um mesmo acionista vote em um sentido com algumas ações e em outro, contrário ao primeiro, com as demais. A mesma coerência é exigível da parte de seu representante.

Isto posto, resta saber se pode ou não haver mais de um representante de um único acionista.

Coloca-se a questão de duas maneiras. Em razão da matéria e em razão das próprias ações. Assim, se a procuração especial restringiu os poderes do mandatário a determinadas matérias, poderá o acionista, por meio de outro procurador, comparecer à assembleia e discutir e votar as demais que constam deste último instrumento de mandato. Cite-se, como exemplo, o caso de procuração dada a um banco para votar e subscrever aumento de capital e outra outorgada a um terceiro para discutir as demais questões da ordem do dia.

Não há, na hipótese, razão para impedir a atuação de cada um dos procuradores, nos estritos termos do respectivo instrumento de mandato. É pacífica, portanto, a possibilidade de diversidade de representantes *ratione materiae*.

Já quando o mandato abrange todas as questões da ordem do dia, o problema complica-se. Mas também é indiscutível, diante da Lei n. 6.404, de 1976, que tal hipótese deve ser admitida, em face do sistema de serviços com ações prestadas pelos bancos[336].

Assim, poderá um mesmo acionista ter parte de suas ações administradas por um banco com procuração de voto. E, ainda, ter outorgado procuração a administradores para votarem com as ações restantes. Nessa hipótese, ambos — o banco e o administrador — comparecerão à assembleia geral como procuradores do acionista, não podendo ser objetada a presença nem de um nem dos demais.

---

333 Sobre a discussão da matéria de unidade e diversidade de representação na doutrina estrangeira, Jaeger, *Inchieste*, cit., p. 687 e s.

334 *V.* comentários ao art. 152. Art. 60 da lei societária de 1951.

335 Halperin, *Sociedades anónimas*, cit., p. 685.

336 *V.* arts. 27, 34, 41 (com as alterações da Lei n. 10.303, de 2001) e 42.

Tampouco poderá ser exigida coerência na discussão e no voto, pois terão eles direito de legitimamente discordar ou de concordar com as propostas apresentadas, de acordo com os poderes recebidos. A coincidência de pontos de vista e de voto, na espécie, será mera casualidade.

Pelo exemplo dado, verifica-se até que ponto vai a dissociação entre propriedade da ação e voto, em razão da faculdade de outorga de mandato a instituições financeiras e a administradores, notadamente, quanto a estes últimos, nas companhias com capital disperso (art. 137, II, *b*).

REPRESENTAÇÃO PELO SÍNDICO DO ACORDO COM VOTAÇÃO EM BLOCO

O § 7º do art. 118, ao dispor sobre a não aplicação das restrições de prazo constantes do § 1º do presente artigo, estabelece a natureza de *mandato do síndico* representante da comunhão dos controladores nas assembleias gerais ou especiais da companhia[337].

Esse *mandato* é *irrevogável* pelo prazo que for nele assinalado, o qual, pela prática dos acordos de votação em bloco, deve coincidir com o prazo do próprio acordo. Assim, o *síndico* da comunhão dos controladores vota *com todas as ações do bloco de controle* nas assembleias gerais e especiais. Seu mandato não pode, dessa forma, ser revogado individualmente por qualquer dos signatários do acordo de controle.

O mesmo *mandato irrevogável* têm aqueles *titulares dos votos majoritários* obtidos na *reunião prévia* da comunhão dos controladores que direcionar o voto dos administradores eleitos pelo acordo nas reuniões de seus órgãos de administração, inclusive para os efeitos previstos nos §§ 8º e 9º do art. 118.

Aplica-se a esse mandato irrevogável, tanto do *síndico* da comunhão dos controladores como da *maioria dos seus participantes*, o art. 686, parágrafo único, do Código Civil, que prescreve essa irrevogabilidade quando o mandato constituir meio de cumprir uma obrigação contratada.

É o caso dos *acordos de controle com votação em bloco*, que demandam uma representação do síndico ou da maioria dos seus convenentes para exprimir o *direcionamento* obtido na *reunião prévia* e o respectivo voto consonante nas assembleias da companhia e a dos seus representantes no Conselho de Administração e na diretoria (§§ 7º, 8º e 9º do art. 118).

---

337 *V.* comentários ao art. 118.

REPRESENTAÇÃO POR PESSOA JURÍDICA

A Lei Societária admite a representação por instituição financeira, em se tratando de ações de companhia aberta.

Não parece incompatível com a natureza do mandato que outras pessoas jurídicas possam ter representação de acionistas, tanto em companhias abertas como nas fechadas. No entanto, a Lei veda essa representação nas companhias fechadas para instituições financeiras[338].

MODIFICAÇÃO OU SUPRESSÃO PELO ESTATUTO DOS PODERES DE REPRESENTAÇÃO

Pergunta-se se o estatuto pode restringir os poderes de representação facultados pela Lei às pessoas ali mencionadas.

O fundamento dessa restrição estatutária estaria em que, nas companhias fechadas e, principalmente, nas familiares (art. 294), seria admissível que se desejasse a presença pessoal dos acionistas na assembleia ou sua representação por outros acionistas, assegurando dessa forma a sua participação direta na assembleia, em face da estrutura quase pessoal em muitas delas[339].

Parece-nos que não é possível tal restrição, pois se trata de norma de ordem pública não alterável pelo estatuto. Essa modificação ou supressão do regime de representação poderia ser entendida como cerceamento à presença indireta do acionista na assembleia geral.

Deve-se, nesse passo, entender que a Lei, ao ampliar a representação a terceiros, tem como objetivo exatamente permitir, por meios mais amplos, a participação dos acionistas, que não possam fazê-lo pessoalmente, nas discussões e deliberações sociais.

LEGITIMAÇÃO E REPRESENTAÇÃO

A Lei faz distinção entre legitimação e representação. Será legitimado para comparecer às assembleias e nelas participar o acio-

---

338 Sobre o impedimento legal de o administrador de fundo de investimento designar analista para representar os interesses dos condôminos, Parecer CVM/SJU n. 007, de 1995.

339 Jaeger, *Inchieste*, cit., p. 684 e s. O direito italiano admite a modificação do regime de representação pelo primeiro estatuto (art. 2.372 do Código Civil italiano, com a redação dada pela lei de 1974).

nista ou seu representante. O termo *acionista*, nesse caso, não deve ser entendido *stricto sensu*, ou seja, restrito à figura do proprietário da ação.

Isso porque também estará convencionalmente legitimado o usufrutuário, que não é o proprietário. Este será para todos os efeitos o acionista, embora não possa ser confundido com o nu-proprietário e, muito menos, aceito como representante deste, pois tem conflito material de interesses com ele, no tocante à condução dos negócios sociais[340].

Da mesma forma, está legitimado para os atos da assembleia o fiduciário, que faz as vezes do proprietário pleno no fideicomisso, durante a vigência da fidúcia[341]. Também aqui não se trata de representação do herdeiro ou legatário.

Em consequência, são considerados para o efeito de admissão à assembleia geral e como tais denominados "acionistas" todos os que, em virtude de lei, têm legitimidade para exercer direitos de acionista, no que diz respeito aos atos do conclave. Neles se incluem, além do proprietário da ação, o usufrutuário, o fiduciário (fideicomisso), o inventariante e, assim, todo o representante legal[342 e 343].

Desse modo, há uma dissociação entre propriedade e legitimação. Quem está formalmente legitimado pode não ser o proprietário da ação[344], embora para os efeitos da assembleia geral seja indiscutivelmente o acionista.

Trata-se, no caso, de uma cessão legitimadora de determinados direitos inerentes à ação[345] a um sujeito diverso do sócio e que assim os exerce em nome próprio.

Nesse contexto duas são as espécies de representação legal. A primeira é a que se exerce em razão da incapacidade pessoal do acionista, como a do menor, a do interdito e a do espólio.

A segunda é a do mandato orgânico que exercem os administradores,

---

340 *V.* comentários ao art. 114.

341 Art. 1.735 do Código Civil de 1916, correspondente ao art. 1.955 do CC de 2002.

342 Jaeger, *Inchieste*, cit., p. 708.

343 A propósito, TJRS, Agr. Instr. 70006266381, Des. Rel. Sergio Fernando de Vasconcellos Chaves, j. em 18-6-2003; Parecer CVM/SJU n. 013/87 (fim do rodapé).

344 Trata-se da *Legitimationsubertrangung* do direito alemão, largamente utilizada pelos bancos até a lei de 1937 e que tem na doutrina ibero-americana a denominação *cessão legitimadora*. A respeito, Jaeger, *Inchieste*, cit., p. 709 e s. Não se trata de representação indireta, nem se confunde com o *voting trust* do direito americano (Valverde, *Sociedades por ações*, cit., v. 2, p. 102).

345 Art. 1.385 do Código Civil de 1916.

gerentes ou sócios da pessoa jurídica.

Ademais, é pacífica, em todas as legislações, a admissibilidade da representação legal na assembleia[346].

FUNDOS DE INVESTIMENTO

Resta saber em que categoria se enquadra o administrador de fundos de investimento ao representar o condomínio acionário sob sua administração.

Trata-se, evidentemente, de representação orgânica. Não constituem, porém, os fundos mútuos de investimento pessoas jurídicas. Para os efeitos da classificação acima, pode-se, no entanto, dizer que se trata de representação orgânica, pois o fundo de investimento é um condomínio institucional que constitui quase uma pessoa jurídica. Isso em face das características de patrimônio apartado que apresenta, além de possuir órgãos próprios, como o do administrador e da assembleia geral dos condôminos.

LEGITIMAÇÃO DE TITULARES DE AÇÕES DEPOSITADAS E ADMINISTRADAS

Preceitua o art. 25 da Lei n. 6.385, de 1976, que criou a Comissão de Valores Mobiliários, que, "salvo mandato expresso com prazo não superior a um ano, o administrador de carteira e o depositário de valores mobiliários não podem exercer o direito de voto que couber às ações sob sua administração ou custódia".

Há duas espécies de depósito de ações para a configuração dessa representatividade: o depósito de ações em custódia não fungível, regulado pelas normas do depósito voluntário previstas no Código Civil[347]; um segundo depósito, de natureza especial, regulado no art. 41 da Lei n. 6.404, de 1976, que é o de custódia de ações fungíveis[348].

---

346 Sobre a matéria de impedimento de o administrador-mandatário votar as matérias referidas no § 1º do art. 134, *RT* 546/263; Maria Lucia de Araujo Cintra, *RDM* 43/86. E sobre a impossibilidade de o mandante insurgir-se contra o mandatário, TJBA, 1ª Câm., Ac. citado 24.550-0, Rel. Des. Carlos Cintra, j. em 12-6-2002. E sobre a legitimidade do acionista mandante diante dos atos nulos praticados pelo mandatário em assembleia geral, STJ, REsp citado, 649.711/BA, Rel. Min. p/ acórdão, Carlos Alberto Menezes Direito. In Lazzareschi, ob. cit., p. 322.

347 Arts. 627 e 628 do Código Civil.

348 *V.* comentários ao art. 41, com as alterações da Lei n. 10.303, de 2001.

Nessas duas hipóteses[349], o mandato será voluntário e expresso, não podendo ser tácito nem entendido como orgânico. Além disso, será revogável a todo o tempo e não poderá ultrapassar o período de um ano.

O MANDATO DE INSTITUIÇÕES FINANCEIRAS NÃO PODE CONTER PODERES EM BRANCO — CVM

O instrumento de mandato, nos casos acima citados, não poderá conter poderes em branco, pois se trata tipicamente de representação exercida por instituições financeiras. Seu exercício, portanto, submete-se às regras previstas na Lei para os mandatos por correspondência ou anúncio, consoante o estabelecido na Instrução CVM n. 481, de 2009.

REPRESENTAÇÃO DE AÇÕES ESCRITURAIS — CVM

A representação de ações escriturais pela instituição que administra as respectivas contas correntes[350] também é consensual, limitada a um ano, revogável e expressa.

Igualmente nessa hipótese o mandato não pode ser em branco, a ele se aplicando todas as regras legais e regulamentares — estas a cargo da Comissão de Valores Mobiliários — referentes à representação por correspondência ou anúncio, consoante o disposto a respeito na Resolução CVM n. 481 de 2009.

SEM PROCURAÇÃO, O VOTO CABE AO ACIONISTA

Em todas as hipóteses de administração de ações por instituição financeira ou entidade (arts. 34 e 41) de custódia, o voto caberá ao acionista, salvo se outorgada procuração, em conformidade com o que dispuser, regulando a matéria, a Comissão de Valores Mobiliários.

Devem, em consequência, as instituições financeiras e a entidade de custódia emitir oportunamente todos os documentos e extratos necessários à legitimação do acionista na assembleia geral[351].

---

349 Existia, ainda, o depósito para a emissão de "certificado de depósito de ações", regulado no art. 43 da lei, revogado pela Lei n. 8.021, de 1990.

350 O artigo ora comentado novamente fala em instituição financeira *depositária*, incidindo no mesmo erro de técnica jurídica verificado no art. 34. *V.* comentários ao art. 34.

351 *V.* comentários ao art. 41, com as alterações da Lei n. 10.303, de 2001.

O descumprimento de qualquer desses encargos será considerado cerceamento do direito de comparecimento e participação pelo voto do acionista na assembleia geral, cabendo, na hipótese, as cominações administrativas a cargo da Comissão de Valores Mobiliários e, ainda, o ressarcimento por perdas e danos.

BM&FBOVESPA

Podendo também a BM&FBovespa executar os serviços de ações descritos (art. 293), todo o quadro jurídico acima lembrado aplica-se também a ela. Sua representação será voluntária, expressa, revogável, com prazo determinado, não podendo o mandato conter poderes em branco. As regras da representação por anúncio ou por correspondência também se aplicam à BM&FBovespa, literalmente[352].

ADMINISTRADORES DE CARTEIRAS

O mesmo regime, sem exceção, aplica-se aos administradores de carteiras de ações. Estes, que serão sociedades corretoras, distribuidoras, ou instituições financeiras, somente podem representar o acionista submetendo-se a todas as regras do mandato estritamente prescrito na Lei e regulamentado pela Comissão de Valores Mobiliários. Portanto, não poderá o instrumento conter poderes em branco.

DEPÓSITO EM OUTRAS INSTITUIÇÕES NÃO PREVISTAS NOS ANÚNCIOS

Fala a Lei que pode o estatuto prever competência para a administração da companhia determinar em que instituição financeira devem as ações ser depositadas, para o fim de legitimação do acionista na assembleia geral. Tal requisito deverá constar expressa e esclarecedoramente nos anúncios de convocação da assembleia (art. 124)[353].

Neste caso — de previsão estatutária —, somente será válido o depósito das ações quando se obedecer à indicação constante do anúncio. Se o acio-

---

352 *V.* comentários ao art. 41, com as alterações da Lei n. 10.303, de 2001.

353 *V.* comentários ao art. 124, com as alterações da Lei n. 10.303, de 2001.

nista depositar as ações em estabelecimento diverso, não poderá participar da assembleia geral, pois esse procedimento constitui violação do estatuto[354].

LEGITIMIDADE COM AÇÕES NOMINATIVAS REGISTRADAS — ART. 31

Os titulares de ações nominativas registradas legitimam--se mediante a inscrição do seu nome no livro próprio (art. 31) ou pelo lançamento dos extratos fornecidos pela entidade custodiante[355]. O fato de eventualmente exibirem certificados de tais ações de nada vale, já que não constituem documento nem necessário, nem suficiente à comprovação da titularidade das respectivas ações[356].

Além desse requisito, poderá a administração, durante os atos preliminares à instalação da assembleia, exigir prova de identidade daquele que se apresenta como acionista. Para tanto, basta a exibição de "documento hábil de identidade", que poderá ser carteira da Ordem dos Advogados, carteira profissional etc. Não poderá a mesa negar a validade de nenhum desses documentos públicos de identificação, o que constituiria típica manobra de cerceamento de presença e de voto de acionistas.

LEGITIMIDADE COM AÇÕES ESCRITURAIS — ART. 34

Para o comparecimento à assembleia, o estatuto pode exigir que o acionista titular de ações escriturais prove sua qualidade, mediante documento expedido pela instituição administradora[357].

É evidente que tal exigência estatutária é inteiramente dispensável, pois a instituição administradora de tais ações deverá fornecer à companhia, sempre que esta (por contrato) o exigir ou, então, ao menos uma vez por ano (art. 102), o *printout* dos lançamentos, onde constarão a cópia dos extratos das contas correntes e a lista dos acionistas com as quantidades das respectivas ações. Com essa lista, terá a companhia elementos mais do que seguros e, ao mesmo tempo, totalizantes do colégio acionário.

Portanto, bastará a identificação do acionista e respectivo cotejo do seu nome com a lista fornecida pela instituição administradora para que se produza a legitimação necessária à sua participação na assembleia.

---

354 Valverde, *Sociedades por ações*, cit., v. 2, p. 101.

355 V. comentários ao art. 31, com as alterações da Lei n. 10.303, de 2001.

356 V. comentários ao art. 31, com as alterações da Lei n. 10.303, de 2001.

357 V. comentários ao art. 35.

A faculdade estatutária, portanto, de exigir que o acionista mostre, outrossim, extrato de sua conta corrente de ações escriturais fornecido pela instituição administradora é injustificável.

LEGITIMAÇÃO COM AÇÕES EM CUSTÓDIA

Com referência às ações em custódia, seja esta singular e infungível, seja coletiva e fungível (arts. 41 e 42), é perfeitamente justificável a exibição do extrato de depósito fornecido pela entidade custodiante. Isso porque, em ambos os casos — custódia fungível e infungível —, a relação negocial é instituída entre o acionista e a entidade custodiante, sem intervenção da companhia. Esta, em princípio, somente tomará conhecimento da existência da custódia por meio do extrato exibido pelo acionista, que é o único que pode requerer a sua expedição[358].

Também nesse passo a Lei falhou, pois, não deveria facultar ao estatuto a exigência da comprovação, mas, mediante extrato, desde logo exigir que tal requisito fosse cumprido[359].

Em consequência, impõe-se a exigência estatutária da exibição do referido documento de comprovação, para os efeitos dos arts. 31, 41 e do aqui comentado.

LIMITAÇÃO TEMPORAL DA EFICÁCIA DA REPRESENTAÇÃO

Limita a Lei a representação do acionista a um prazo menor do que um ano, como o faz, em geral, o Direito norte-americano[360 e 361].

Essa limitação vale tanto para as procurações outorgadas a outros acionistas como a terceiros não acionistas. Nessa restrição incluem-se os representantes institucionais, como sejam os bancos, administradores, instituições que prestam serviços com ações (arts. 27, 34 e 41) e administradores de carteiras de ações[362].

---

358 *V.* comentários ao art. 41, com as alterações da Lei n. 10.303, de 2001.

359 *V.* comentários ao art. 31, com as alterações da Lei n. 10.303, de 2001.

360 *V.* comentários ao art. 118, com as alterações da Lei n. 10.303, de 2001.

361 O direito norte-americano, em geral, fixa em onze meses a duração do mandato (art. 31 do *Model Business Corporation Act*). Também a lei de Nova York (art. 609, *b*). A lei de Delaware fixa o prazo máximo em três anos (art. 212) (Henn, *Law of corporations*, cit., p. 381 e s.).

362 Art. 25 da Lei n. 6.385, de 1976, que criou a Comissão de Valores Mobiliários.

Esse mandato poderá, no entanto, ser renovado, desde que o seja expressamente. Não se admite, na hipótese, o silêncio como manifestação de vontade, de que pudesse resultar uma renovação tácita da representação.

Assim, para todos os casos, exceto para a representação decorrente de acordo de votação em bloco (art. 118, § 7º)[363], será absolutamente indispensável a renovação expressa, em que se reproduzirão os poderes especiais outorgados, devendo a averbação, no anterior ou em novo instrumento, ser arquivada na companhia, conforme dispuser o estatuto. Dessa forma, o término do prazo extingue o mandato[364], sem nenhuma outra formalidade, pois se trata de prazo legal.

Não pode, o representante alegar ignorância da extinção do mandato, não se aplicando à hipótese o preceituado no art. 689 do Código Civil. Nem se aplica, na espécie, a gestão de negócios[365], pois também o acionista não pode alegar ignorância da cessação legal do mandato, cabendo-lhe diligenciar ou a renovação ou a outorga a outro mandatário ou, então, passar a exercitar, ele próprio, os direitos que lhe são inerentes[366].

REVOGAÇÃO DA REPRESENTAÇÃO

À exceção do disposto no § 7º do art. 118, dentro do prazo legal máximo de um ano, menos um dia, a revogação da representação pode ser feita a qualquer tempo.

Essa revogação será tácita na medida em que o próprio acionista compareça à assembleia e ali intervenha e vote, se lhe couber tal direito[367].

Fora dessa hipótese de revogação ostensiva, pela presença e exercício dos direitos na assembleia pelo próprio acionista, a revogação há de ser expressa, valendo, no caso, as regras contidas nos arts. 686 e 687 do Código Civil.

Essa revogação deverá ser comunicada à companhia, antes da realização da assembleia. Se não for feita, a admissão do representante e o exercício

---

363 *V.* comentários ao art. 118, com as alterações da Lei n. 10.303, de 2001.

364 Art. 1.316 do Código Civil de 1916 (art. 682 do CC de 2002).

365 Arts. 1.331 e s. do Código Civil de 1916 (arts. 861 e s. do CC de 2002).

366 A limitação legal do prazo de mandato para efeitos societários é uma tendência geral das legislações modernas. Assim, o art. 132 do Decreto francês n. 236.867, que limita os poderes para uma única assembleia. Também a recente lei italiana de 1974, que deu nova redação ao art. 2.372 do Código Civil italiano, o qual também limita a representação a uma única assembleia.

367 Jaeger (*Inchieste*, cit., p. 687), citando notadamente o direito inglês.

dos direitos em nome do mandante no curso da assembleia serão plenamente eficazes[368].

Por outro lado, a representação exercida após a comunicação à companhia será nula, sem embargo da responsabilidade da administração e da mesa pela aceitação do exercício irregular do mandato.

REPRESENTANTES INSTITUCIONAIS — CVM

A Lei faculta a determinadas instituições do mercado de valores mobiliários e do próprio sistema financeiro nacional e, ainda, a membros dos órgãos da própria companhia (Instrução CVM n. 481, de 2009), representarem os acionistas na assembleia geral e, assim, quando for o caso, exercerem o voto.

Esses representantes institucionais são especificamente as instituições que podem prestar serviços de ações (art. 293), como sejam as instituições financeiras em geral, as BM&FBovespa e demais instituições do sistema de distribuição do mercado de valores mobiliários que forem autorizados, para tanto, pela Comissão de Valores Mobiliários[369].

Também são representantes institucionais os administradores de carteiras de ações e as instituições depositárias de valores mobiliários, nelas incluídas as que prestam serviços de custódia individual e não fungível[370 e 371].

São, ainda, representantes institucionais os administradores da própria companhia emissora das ações, na forma deste artigo e da Instrução CVM n. 481, de 2009.

Não são representantes institucionais, mas, sim, representantes orgânicos, os administradores dos fundos de investimento.

CONCEITO DE REPRESENTANTE INSTITUCIONAL E CONFLITO DE INTERESSES

Representante institucional é aquele que, em virtude de sua situação no mercado de valores mobiliários ou na própria companhia,

---

368 A lei inglesa contém preceito específico a respeito: Regra 73 do *First Schedule*. Tabela A, anexo ao *Companies Act* de 1948. Publicação oficial de 1967, p. 282.

369 Art. 15 da Lei n. 6.385, de 1976, com as alterações da Lei n. 10.303, de 2001, e do Decreto n. 3.995, ambos de 2001.

370 *V.* comentários aos arts. 31 e 41, com as alterações da Lei n. 10.303, de 2001.

371 Art. 25 da Lei n. 6.385, de 1976.

tem condições para representar um grande número de acionistas na assembleia geral, como decorrência das facilidades paralelas ou dos serviços correlatos que presta (art. 41), inclusive com as próprias ações (art. 293), ou, então, da posição privilegiada que ostenta (administrador). Daí a presunção de possuírem interesses próprios na condução dos negócios sociais, seja internamente (administradores), seja externamente, com referência ao mercado (instituições financeiras).

A posição institucional desses representantes perante a sociedade, em que possuem interesses internos de comando no caso dos administradores de companhias com capital disperso (art. 137, II, *b*), e externos de negociação das ações das instituições financeiras, torna patente o conflito com os interesses próprios dos acionistas representados.

Ademais, esse conflito de interesses não se manifesta apenas entre os acionistas representados e os representantes institucionais. Pode, ainda, verificar-se entre os controladores e as instituições financeiras, na medida em que estas, utilizando-se das procurações, tendem a influenciar e mesmo constranger os controladores, v. g., no capítulo da distribuição de dividendos[372].

E, com referência aos acionistas rendeiros, representados ou não, pode esse conflito manifestar-se, v. g., pelo interesse da instituição financeira representante em emitir debêntures para negociação no mercado, em detrimento da rentabilidade das ações.

LEGISLAÇÃO ESTRANGEIRA

Tendo em vista a experiência universal dos abusos praticados pelos administradores e bancos, no exercício da representação de acionistas na assembleia geral, as legislações têm expressamente proibido essa forma de mandato.

As que por tradição a admitem, como as dos Estados Unidos, para os administradores[373] e da Alemanha, para os bancos[374], submeteram tais práticas, a partir dos anos 1930, a uma rígida disciplina, procurando, dessa forma, diminuir os abusos que, no entanto, pela própria natureza da relação, parecem inevitáveis.

---

372 Loss, *Securities regulations*, cit., p. 15 e s.

373 *Proxy Rules* do *Securities Exchange Act* de 1934. *Rules*, 14a-1 a 14a-12; 14c-1 a 14c-7; e 14d-1 a 14f-1. *Schedules* 14A, 14B, 14C e 14D.

374 Art. 135 da lei societária de 1965.

Pela negativa expressa dessa representação institucional dispõe a Lei italiana de 1974, que modificou o art. 2.372 do Código Civil: "A representação não pode ser conferida aos administradores, aos síndicos e aos dependentes da sociedade, nem a sociedade por essa controlada e aos administradores, síndicos e dependentes dessa, nem a estabelecimentos ou institutos de crédito".

Com ênfase na proibição aos administradores, a Lei argentina de 1972, em seu art. 239, prescreve: "Os acionistas podem fazer-se representar nas assembleias gerais. Não podem ser mandatários os diretores, os síndicos, os integrantes do Conselho de Administração, os gerentes e demais empregados da sociedade".

No mesmo sentido, preceitua o art. 88 do Código Europeu de Sociedade Anônima, fundando-se o preceito proibitivo no princípio do conflito de interesses. Assim, o art. 88 prescreve: "O acionista, tendo direito de voto, pode se fazer representar na assembleia geral por um mandatário. Não podem ser mandatários os membros da diretoria e do conselho de administração, os prepostos da sociedade ou das sociedades dependentes"[375].

REPRESENTAÇÃO PELOS BANCOS

A representação de acionistas pelos bancos é outra forma de fraude altamente condenada, a ponto de até a lei nazista de 1937 ter procurado frear os abusos que tais instituições cometiam por meio da *Legitimationsubertragung* nos anos 1920 e que passaram a ser conhecidos como *Aktienskandale*.

O expediente que a Lei n. 6.404, de 1976, introduziu em nosso Direito resume-se na coleta de procurações de ações depositadas nos bancos por pequenos e médios acionistas, a pretexto de serviços de custódia e outros.

Tais ações formam a massa de votos necessários para que o banco exerça sua influência própria junto à companhia (*Depotstimmrecht*), compondo-se com os controladores, mediante a nomeação de administradores apontados pelo banco.

Por esse processo, as instituições financeiras passam a participar do controle de inúmeras companhias, votando de acordo com os interesses dos controladores[376], embora o façam com as ações dos minoritários, cujos inte-

---

375 No mesmo sentido, a lei espanhola de 1951, art. 60, que proíbe também a representação pelos bancos, conforme o seguinte preceito: "Não é lícita a representação conferida a uma pessoa jurídica nem aquela atribuída a pessoas físicas que a pessoa jurídica tenha designado expressamente como sua representante na assembleia" (Jaeger, *Inchieste*, cit., p. 694).

376 Jaeger, *Inchieste*, cit., p. 703 e s. A respeito, Andrew Shonfield, *Modern capitalism*, p. 293 e s.

resses não apenas são colocados de lado, como também impossibilitados e bloqueados pela representação bancária.

Foi dessa maneira que, na Alemanha, os bancos passaram a praticamente dominar a política dos *Konzerne*. Naquele país, o setor financeiro tornou--se praticamente o controlador de toda a economia industrial. Para diminuir tais abusos, a lei de 1937 passou a limitar e a regulamentar essa apropriação do direito alheio pelos bancos alemães. Essa disciplina foi muito mais aprofundada pela vigente lei de 1965, notadamente ao não mais permitir a utilização pelos bancos do instituto da *Legitimationsubertragung* (cessão legitimadora)[377].

O ATUAL SISTEMA ALEMÃO DE REPRESENTAÇÃO PELOS BANCOS

Na Alemanha, há várias décadas, o Direito Positivo vem elaborando a distinção entre representação institucional e não institucional.

O fundamento dessa diferenciação está no perigo da outorga de procurações a entidades de grande potencial econômico e a grandes organizações, cuja tendência é ligar-se aos grupos de controle das companhias.

Essa distinção tem razões históricas, marcadas pelo papel nocivo dos bancos na utilização abusiva das ações dos pequenos e médios acionistas que as depositavam em seus estabelecimentos. Como referido, essas práticas foram exacerbadamente danosas nos anos 1920, a tal ponto que formam um capítulo especial da história econômica da Alemanha, conhecido como *Aktienskandal*.

Tendo em vista essa fraude consubstanciada no uso do voto de pequenos acionistas não no interesse legítimo destes, mas no do próprio banco, em conluio com os grupos dominantes das respectivas companhias, a Lei societária de 1937 estabeleceu uma série de restrições. Fez com que as procurações conferidas aos bancos tivessem uma disciplina mais rigorosa do que aquela destinada às procurações outorgadas a particulares[378]. Dispunha o art. 114 daquela Lei que não seriam válidas as procurações em branco outorgadas aos estabelecimentos de crédito. Ademais, limitava a sua vigência a um período de quinze meses, sendo o mandato, outrossim, revogável a qualquer tempo.

Essas medidas, no entanto, foram insuficientes para evitar a continuidade do abuso do domínio externo das companhias pelos bancos por meio

---

377 Sobre a cessão legitimadora, Jaeger, *Inchieste*, cit., p. 709 e s.

378 Conforme a descrição de Jaeger (*Inchieste*, cit., p. 703 e s.), a qual é, adiante, seguida.

de ações de pequenos sócios. Isso porque, utilizando-se do instituto de *Legitimationsubertragung*[379], exercitavam o direito de voto com as ações ao portador depositadas em seus estabelecimentos, sem nenhuma procuração escrita, mas com base na legitimação derivada da própria posse dessas ações. Mediante tal expediente, os abusos mantiveram-se intactos com o predomínio dos bancos sobre todas as atividades produtivas alemãs[380].

Impunha-se, em consequência, uma disciplina mais efetiva dessa danosa prática, e foi o que fez a Lei societária de 1965. Em primeiro lugar impediu a utilização da *Legitimationsubertragung* para as ações ao portador, ao preceituar em seu art. 134 que "o direito de voto pode ser exercido por um mandatário. A forma escrita é necessária e suficiente para a procuração. O instrumento de mandato deve ser apresentado à companhia e lhe ser confiado para o seu arquivamento".

Dispondo dessa maneira, a Lei alemã de 1965 excluiu do expediente de utilização pelos bancos da cessão legitimadora a quase totalidade das ações depositadas em seus estabelecimentos, pois a grande massa de pequenos e médios acionistas adota para suas ações a forma ao portador.

Ademais, a disciplina da *Legitimationsubertragung* para as ações nominativas, prevista no art. 129 da Lei de 1965, impede, até certo ponto, os abusos que poderiam ocorrer, por parte dos bancos e administradores, notadamente com referência ao exercício oculto do voto conflitante.

Isso porque a Lei alemã de 1965 exige que essas ações fiduciárias constem expressamente como tais na lista de presença da assembleia geral. Em consequência, os bancos ficaram obrigados a se submeter ao regime da procuração expressa, consubstanciada em instrumento de mandato arquivado na companhia e que não pode ser outorgado em branco.

INFLUÊNCIA DO DIREITO NORTE-AMERICANO NO SISTEMA ALEMÃO

A disciplina, no Direito alemão, quanto aos *poderes da outorga* consta minuciosamente dos arts. 128 e 135 da Lei de 1965, e inspirou-se no regime norte-americano das *Proxy Regulations*. Há, em consequência, uma mudança radical no regime do *Depotstimmrecht*.

---

379 *Legitimationsubertragung* é a versão germânica de fidúcia, ou seja, da cessão legitimadora de direitos inerentes à ação ao cessionário, que teme autorização (*Ermächtigund*) com tais ações, mantendo o cedente, no entanto, os direitos patrimoniais do título (Jaeger, *Inchieste*, cit., p. 709 e s.).

380 Andrew Shonfield, *Modern capitalism*, cit., p. 239 e s.

A Lei germânica só consente o exercício do voto por parte dos bancos na medida em que se garanta a livre decisão dos próprios acionistas quanto às matérias em pauta, precedida de um efetivo conhecimento dos assuntos sobre os quais a assembleia geral é chamada a pronunciar-se[381].

No que diz respeito à remessa de informações como pressuposto para a solicitação de outorga de procuração, os bancos, as pessoas e instituições a eles ligados obrigam-se a transmitir aos acionistas solicitados, de cujas ações tenham a custódia, todas as informações e comunicações (*Mitteilungen*) que eles, bancos, tenham por sua vez recebido da administração (*Vorstand*), em conformidade com o art. 125 do referido Diploma de 1965.

Essa comunicação retransmitida aos acionistas solicitados deve conter a indicação das matérias incluídas na ordem do dia, os pedidos e as propostas de candidaturas feitas pelos acionistas, os argumentos apresentados como justificativa daquelas propostas e a posição que os administradores pretendam assumir a respeito.

Esses requisitos — que lembram mais o Direito francês[382] do que o norte-americano, em face da aparente pobreza das informações fornecidas — são, no entanto, compensados pelo sistema de informações que devem ser ordinariamente prestadas aos acionistas, consoante o art. 131 da Lei de 1965. Em consequência, as informações devidas aos acionistas solicitados completam aquelas que recebem normalmente em virtude do direito de informação (*Auskunftsrecht*) que aquela Lei atribui a todos os acionistas.

Por outro lado, no que respeita à livre decisão do acionista solicitado, a Lei alemã é muito mais aperfeiçoada do que o regime regulatório norte--americano. Isso porque o banco para o qual é outorgada a procuração está definitivamente a ela vinculado, não podendo dela descartar-se nem deixar de seguir rigorosamente as instruções dos acionistas nela contidas.

A discordância, na espécie, somente será admitida em casos excepcionais e especificamente previstos na Lei. Para tanto, o banco, no instrumento de pedido, além das informações a que já se referiu, solicitará ao acionista a indicação do modo como pretende seja votada cada uma das questões constantes da ordem do dia. Essa solicitação será acompanhada com propostas sobre esses mesmos assuntos, formuladas pelo banco, o qual, no entanto, ao fazê-las, deve deixar-se guiar pelo interesse do acionista e não no seu próprio, consoante expressamente determina o art. 128 da Lei de 1965.

---

381 Jaeger, *Inchieste*, cit., p. 704 e s.
382 Arts. 162, da lei societária francesa de 1966, e 132, 133 e 134 do decreto de 1967.

E, ainda como reforço desse preceito, prevê aquela Lei que o banco deve revelar aos acionistas solicitados qualquer circunstância ou fato que poderia colocá-lo em conflito de interesses com tais acionistas. Assim, v. g., deve o banco comunicar ao acionista solicitado que a sua administração e a da companhia, cujas ações são objeto da solicitação, têm membros em comum[383].

Ademais, o banco não poderá formular propostas de sua iniciativa se o acionista lhe remeter instruções escritas com respeito a qualquer assunto da ordem do dia, consoante dispõe o art. 128 daquele Diploma de 1965.

E também, de acordo com esse mesmo dispositivo legal, a fórmula da procuração a ser remetida pelos bancos fica sujeita à forma e aos requisitos especificados por decreto do Ministério da Justiça.

Em consequência de todas essas garantias de livre e prévia manifestação de vontade do acionista que vincula legalmente o banco ao seu cumprimento, este somente poderá exercer o voto conforme as propostas que transmitiu ao acionista, na eventualidade de este não lhe enviar as suas próprias instruções a respeito, conforme determina o art. 135 da Lei citada.

Outros dispositivos completam a disciplina da representação institucional dos bancos e das pessoas físicas e jurídicas a eles ligadas. Assim, a procuração não poderá ser em branco, seja quanto à própria pessoa do mandatário, seja quanto à orientação do voto.

As procurações em branco, com efeito, antes da Lei alemã de 1937, constituíam a forma mais usual das fraudes e abusos praticados pelos bancos, que entre si trocavam procurações para dessa forma manterem posições externas de dominação em todo o segmento industrial e comercial da economia alemã[384].

A propósito, não podem ser as procurações dadas a mais de um banco, devendo sê-lo a favor de uma única instituição[385]. Com isso evita-se exatamente a troca de procurações que anteriormente possibilitava aos bancos o domínio cruzado da economia alemã, na medida em que também não pode o banco mandatário substabelecer o mandato, a não ser excepcionalmente[386].

E, repetindo o preceito inaugurado pela Lei de 1937, os poderes de representação não podem ter eficácia por um tempo superior a quinze meses, devendo, para tanto, ser datados[387].

---

383 Jaeger, *Inchieste*, cit., p. 706, nota 172.

384 Andrew Sholfield, *Modern capitalism*, cit., p. 239 e s.

385 Art. 135 da lei societária alemã de 1965.

386 Art. 135 da lei societária alemã de 1965.

387 Art. 135 da lei societária alemã de 1965.

E, finalmente, como referido, é vedada a utilização da *Legitimationsuber-tragung* para as ações ao portador, o que impede o uso arbitrário pelos bancos em proveito próprio desses títulos depositados por pequenos acionistas em seus estabelecimentos, mediante a presunção de titularidade pela mera posse[388].

LIVRO DE PRESENÇA

Art. 127. Antes de abrir-se a assembleia, os acionistas assinarão o "Livro de Presença", indicando o seu nome, nacionalidade e residência, bem como a quantidade, espécie e classe das ações de que forem titulares.

Parágrafo único. Considera-se presente em assembleia geral, para todos os efeitos desta Lei, o acionista que registrar a distância sua presença, na forma prevista em regulamento da Comissão de Valores Mobiliários.

• *Parágrafo único acrescentado pela Lei n. 12.431, de 24 de junho de 2011.*

LEI DE 1940

O preceito estava contido no art. 92 do Decreto-Lei n. 2.627, de 1940, com a seguinte redação: "Antes de abrir-se a assembleia geral, os acionistas lançarão no 'Livro de Presença' o seu nome, nacionalidade, indicação do domicílio e a natureza das ações, com o respectivo número".

Tratava-se, portanto, de norma idêntica, apenas diferindo em algumas palavras do *caput* da Lei vigente.

Os fundamentos que informavam o antigo Direito, na espécie, também não se alteraram, não obstante os procedimentos tenham sido ampliados pela Lei 12.431, de 2011, no tocante à presença *on line*.

O Livro de Presença constituía o instrumento de verificação e prova da existência de *quórum* de instalação da assembleia geral.

Cabe lembrar que a matéria foi inaugurada pelo Decreto-Lei n. 2.627, de 1940, pois o Direito anterior àquele Diploma não continha a exigência desse livro social, muito embora, na prática, as companhias já o utilizassem para o efeito exatamente probatório da instalação regular da assembleia geral[389].

---

388 Art. 134 da lei societária alemã de 1965.

389 Valverde, *Sociedades por ações*, cit., v. 2, p. 73, citando J. X. Carvalho de Mendonça.

LEI N. 6.404, DE 1976

Como no regime societário anterior, de 1940, o Livro de Presença, na Lei vigente de 1976, é obrigatório e seu preenchimento constitui ato preambular da instalação eficaz da assembleia geral.

É mediante o seu regular preenchimento que se verifica a existência ou não de quórum mínimo exigido para a realização dos trabalhos (arts. 125 e 135)[390].

Constitui, assim, o Livro de Presença a prova necessária e suficiente do atendimento das formalidades legais de comparecimento de acionistas em número mínimo para a instalação da assembleia geral.

LEI N. 12.431, DE 2011

Esse livro de presença, *ex vi* da Lei n. 12.431, de 2011, nas companhias abertas, "poderá ser substituído" por registros mecanizados ou eletrônicos, consoante o regulamento expedido pela Comissão de Valores Mobiliários.

Essa ampliação da modalidade de Livro de Presença dos Acionistas, de que trata o inciso V do art. 100, trazido pelo reforma da Lei Societária, de 2011, não pode ser entendida como "substituição", como bisonhamente declara o legislador. Trata-se, como referido, de nova modalidade de Livro obrigatório de Presença, que se faz eletronicamente, com todos os meios e fins próprios desse procedimento registrário.

Assim, será obrigatório, tanto o Livro de Presença físico nas companhias fechadas, como o será o Livro obrigatório de Presença, na forma eletrônica, nas companhias abertas.

A obrigatoriedade do Livro não se desnatura nem em uma como na outra das duas formas de registro obrigatório: físico para as fechadas e eletrônico para as abertas.

Ambos os procedimentos (livro físico nas companhias fechadas e eletrônico nas companhias abertas) permitem a participação e a votação dos acionistas que se matricularem para a assembleia geral e a especial regularmente convocada (art. 289), consoante o parágrafo único do art. 121, trazido pela Lei n. 12.431, de 2011.

A propósito, a adoção do Livro de Presença, na forma eletrônica, pelas companhias abertas será obrigatória, apesar de o legislador de 2011, distrai-

---

390 *V.* comentários ao art. 135.

damente, no § 2º por ele introduzido no art. 100, falar em "poderão" ser substituídos.

Não se trata de faculdade legal, mas sim, de obrigatoriedade, como preceito de ordem pública que é: as companhias abertas deverão adotar o Livro obrigatório de Presença na forma eletrônica.

Isto porque a Lei de 2011, no parágrafo único do presente artigo, declara que "considera-se presente" o acionista que o faça *on line*.

De tudo isso decorre que nas companhias abertas, na forma da regulamentação expedida pela Comissão de Valores Mobiliários, o Livro de presença, de que trata o inciso V do art. 100, será, sempre, na forma eletrônica.

E como não pode haver para o mesmo fim registrário dois livros serão os assentamentos físicos ineficazes. Assim, tantos os acionistas comparecentes fisicamente como os que o façam *on line*, serão registrados no Livro de presença eletrônico.

Ainda a propósito, não se trata de assembleia *on line*, como canhestramente falam os leigos. Não existe assembleia *on line*, mas sim presença *on line*.

O conclave, necessariamente, se realizará na sede social, composto regularmente na forma prevista no art. 128, não obstante, nas companhias abertas, ser formado por acionistas fisicamente presentes e os que o serão via internet.

As formalidades próprias de convocação física (art. 289) e instalação também física, no local da sede da companhia (art. 128), não se alteram nem se estendem pela adoção do meio eletrônico de registro e comparecimento *on line* estabelecida pela Lei de 2011.

FORMALIDADES

O lançamento das presenças no Livro social (físico ou eletrônico), está condicionado ao preenchimento de outro requisito preliminar à instalação da assembleia, qual seja, a prova de legitimação para o comparecimento ao conclave na qualidade de acionista, representante ou outro título de legitimação.

Assim, antes de qualquer assentamento deverá ser positivado pela administração o cumprimento desse requisito de legitimação e representação (art. 126).

A propósito, quando se tratar de presença *on line* (Lei n. 12.431, de 2011), aplicam-se os dispositivos referentes às Chaves Públicas Brasileiras, não obstante também poder se adotar outro meio de comprovação da presença em forma eletrônica, não sendo necessário que sejam certificados pela ICP--Brasil (art. 10, § 2º, da Medida Provisória n. 2.200-2/2001)[391].

Nas companhias fechadas, cada acionista que se apresente colocará sua assinatura na folha própria do Livro de Presença, com a indicação do nome e se é acionista, legitimado ou representante. Sendo representante, deve indicar qual o acionista ou acionistas representados[392].

Além do nome e da qualidade, se acionista, representante ou legitimado (usufrutuário, fiduciário, inventariante ou síndico — § 7º do art. 118), cabe a indicação da nacionalidade e do domicílio. No caso de representante, o domicílio indicado será o do procurador.

A quantidade, espécie e classe das ações também devem ser apontadas juntamente com a *forma* de que se revestem. É por meio desses elementos que será calculado o quórum.

Nas companhias abertas, esses mesmos requisitos devem ser atendidos pelas declarações *on line*, não sendo dispensáveis.

O objetivo, na espécie, é a verificação do quórum e não da legitimidade da propriedade das respectivas ações. Tal procedimento deve ser levado a efeito pelos administradores como condição prejudicial ao lançamento das declarações no Livro de Presença, sejam os assentamentos físicos ou eletrônicos.

Encabeçando a folha física ou eletrônica do Livro de Presença deverá constar o dia, mês e ano, em que se realiza o conclave, bem como a espécie de assembleia — ordinária, extraordinária (art. 131) ou especial.

Após a última assinatura física ou eletrônica lançada pelos acionistas, seus representantes ou legitimados, os administradores presentes deverão encerrar a folha de presença, cancelando todas as linhas em branco quando se tratar de Livro físico.

Este procedimento é necessário, a fim de que se verifique o quórum de instalação do conclave[393].

A lista de presença física e *on line* deve ser lançada antes de abrir-se a assembleia geral, pois a determinação dos acionistas presentes, respectivo capital, espécie, classe e forma de ações que representam constitui requisito necessário à instalação do conclave.

---

391 *V.* comentários ao art. 126.

392 Valverde, *Sociedades por ações*, cit., v. 2, p. 105.

393 Valverde, *Sociedades por ações*, cit., v. 2, p. 105 e s.; Cunha Peixoto, *Sociedades por ações*, cit., v. 3, p. 73 e s.

A formação dessa lista de presença e seu lançamento no livro próprio, físico ou eletrônico é, assim, um ato preparatório da assembleia geral que não pode iniciar-se, caso não se tenha confeccionado a referida lista[394].

FUNÇÕES DA LISTA

A lista de presença, física e *on line*, além de ser indispensável para determinar o quórum legal de instalação (art. 125), legitima os acionistas, seus representantes e demais pessoas legalmente admitidas ao conclave ao exercício dos direitos inerentes à participação na assembleia geral, inclusive o de voto[395]. Permite, ainda, que os acionistas presentes fisicamente ou *on line* possam impugnar a presença de pessoas sem legitimação ou representação regular (art. 126) ou, então, o próprio quórum de instalação[396]. É, ainda, pela lista física ou eletrônica que poderão os acionistas impugnar os votos daqueles que tenham conflito de interesses com a companhia (arts. 115 e 156), bem como os votos dados em função de acordos de acionistas (art. 118)[397].

Ademais, é mediante a lista de presença, seja física, seja eletrônica, que os acionistas presentes e a própria mesa poderão proceder, a qualquer tempo, durante a realização da assembleia, à verificação de presenças para efeito de votação das matérias constantes da ordem do dia[398].

A Lei determina que as declarações de presença sejam assinadas, física ou eletronicamente por todos os declarantes. Essa a única exigência de autenticidade da lista, além daquelas assinaturas de encerramento da folha física ou eletrônica, pelos administradores.

Não prevê, portanto, o nosso Direito a intervenção de autoridade judiciária para formalizar a lista, como o faz, por exemplo, a Lei alemã[399], que manda sejam as decisões da assembleia geral autenticadas por ato judicial ou por tabelião.

---

394 Garrigues-Uría, *Comentario*, cit., v. 1, p. 713.

395 Garrigues-Uría, *Comentario*, cit., v. 1, p. 714.

396 *V.* AI 98.000.266-4, Rel. Des. Eder Graf, 3ª Câm. Cív. do TJSC, j. em 12-5-1998.

397 *V.* comentários ao art. 118.

398 *V.* comentários ao art. 125.

399 Arts. 129 e 130 da lei societária alemã de 1965. Também não o exigem as leis francesa e espanhola. No direito francês, a matéria é disciplinada pelos arts. 167, da lei de 1966, e 127 e 145 do decreto de 1967. Na lei espanhola, pelo art. 64 da lei de 1951. No direito alemão, o art. 129 é da maior importância, em face da representação institucional. *V.* comentários ao art. 126.

A LISTA É PARTE INTEGRANTE DA ATA

A lista de presença constante da folha respectiva do livro próprio, físico ou eletrônico, é parte integrante da ata[400].

É indispensável que tal ocorra, tendo em vista que esse é o único meio de provar a efetividade do quórum de instalação da assembleia geral, pois nem todos os presentes fisicamente ou *on line* ao conclave são obrigados a assinar a respectiva ata, bastando para a sua validade a assinatura de quantos sejam suficientes para constituir a maioria necessária para as deliberações tomadas na assembleia (art. 130). Verifica-se, portanto, que as assinaturas físicas e eletrônicas da ata referem-se ao quórum de deliberação (art. 129) e não de instalação (art. 125), que são inteiramente diversos[401].

Assim, teoricamente, pode haver um quórum de deliberação, sem que haja quórum de instalação. Como este legalmente é indispensável à verificação daquele, impõe-se que a lista de presença lançada no livro próprio, físico ou eletrônico, conste como parte integrante da ata, para efeito de comprovar a instalação eficaz dos trabalhos[402].

A LISTA COMO INSTRUMENTO DE PROVA — CVM

Os assentamentos constantes do Livro de Presença, físico ou eletrônico, constituem elemento de prova, para todos os efeitos, devendo, para tanto, ser conservado (físico) e arquivado (eletrônico) pela administração da companhia, a todo o tempo, na sede social e na rede mundial de computadores.

Em consequência, a lista de presença na forma física não poderá ser feita em folha solta, pois tal expediente poderia constituir fraude, pois se perderia a cronologia dos assentamentos e sua sequência, que constituem a própria razão de se lançarem as declarações em livro próprio.

Não contempla a Lei a faculdade de se pedirem certidões desses assentamentos por qualquer pessoa (art. 100). Repete, assim, a Lei vigente a indesculpável omissão da Lei anterior, de 1940. No que respeita ao Livro de Presença eletrônico, que adota o sistema de chaves, caberá à CVM, dentro

---

400 Valverde, *Sociedades por ações*, cit., v. 2, p. 106.

401 V. comentários ao art. 125.

402 A respeito do tema, Cunha Peixoto, *Sociedades por ações*, cit., v. 3, p. 74; Brunetti, *Tratado*, cit., v. 2, p. 391 e s.

do regime da transparência, regulamentar a matéria de acesso a esses assentamentos.

Em consequência, a exibição do Livro de Presença, físico ou eletrônico, deverá ser ordenada judicialmente, a requerimento de acionistas que representem 5% do capital (art. 105), porcentagem essa que poderá ser alterada, nas companhias abertas, pela Comissão de Valores Mobiliários (art. 291). O preceito vale plenamente para os Livros de Registro eletrônico, que, como referido, será adotado sob o regime de chaves.

Esse patente cerceamento que a Lei vigente impôs à verificação dos assentamentos constantes do Livro de Presença, seja físico, seja eletrônico, não se aplica à própria assembleia, na qual qualquer acionista, a todo o tempo, antes de sua instalação e durante as discussões e votações, poderá solicitar à mesa a sua exibição física ou eletrônica.

A negativa de exibição física ou eletrônica (regime de chaves) do Livro de Presença pelos administradores e membros da mesa, antes e durante o conclave, constituirá abuso de poder (arts. 177 e 158).

ASSEMBLEIAS TOTALITÁRIAS

Nas assembleias totalitárias (arts. 124 e 133), o lançamento das declarações de presença no livro próprio, físico ou eletrônico, não pode de forma alguma ser dispensado. Pelo contrário, é neste caso que mais se impõe esse preceito de ordem pública, tendo em vista a dispensa de convocação pública (art. 128) que, embora interesse diretamente aos acionistas, indiretamente se relaciona com interesses de terceiros em geral[403].

Ademais, a instalação da assembleia totalitária não significa que os trabalhos prosseguirão, o que somente ocorrerá se houver concordância unânime dos acionistas sobre a ordem do dia proposta[404].

LISTA IRREGULAR

A lista de presença, física ou eletrônica, irregularmente preenchida constitui razão suficiente para a declaração de nulidade formal da assembleia. A irregularidade pode manifestar-se de diversas maneiras: ocorrência de vício documental representado por assinaturas ou declarações

---

403 *V.* comentários ao art. 124.

404 *V.* comentários ao art. 124.

falsas, seja quanto à identidade dos acionistas, representantes e legitimados, seja com respeito à quantidade das ações e sua espécie.

Note-se que não se trata de nulidade das deliberações, mas da própria reunião, cuja instalação irregular torna-a inexistente no mundo jurídico.

ACIONISTAS RETARDATÁRIOS

Nada impede que os acionistas retardatários, desde que fisicamente, sejam admitidos à assembleia geral, nela podendo exercer todos os direitos inerentes às respectivas ações, inclusive o de votar. Seus nomes não constarão do Livro de Presença físico, mas, sim, da ata da assembleia, em que serão assentados todos os requisitos previstos no artigo ora comentado, bem como a anotação de que assinam a ata e não o livro próprio, em virtude de terem chegado ao conclave após o encerramento da referida lista de presença[405].

A questão de presença tardia, quando se trata do regime de livro eletrônico, torna-se procedimentalmente mais complicada, embora o princípio seja o mesmo. Cabe à Comissão de Valores Mobiliários considerar a questão, para tecnicamente igualizar os direitos de comparecimento tardio também dos acionistas *on line*[406].

MESA

Art. 128. Os trabalhos da assembleia serão dirigidos por mesa composta, salvo disposição diversa do estatuto, de presidente e secretário, escolhidos pelos acionistas presentes.

LEI DE 1940

A matéria constava do art. 93 do Decreto-Lei n. 2.627, de 1940, nos seguintes termos: "Os estatutos determinarão a composição da mesa que dirigirá os trabalhos da assembleia geral".

Na vigência do Direito anterior, de 1940, o entendimento era um pouco diferente. A regra era a de que, no silêncio do estatuto, competia à assembleia

---

405 Valverde, *Sociedades por ações*, cit., v. 2, p. 74; Cunha Peixoto, *Sociedades por ações*, cit., v. 3, p. 106.

406 Sobre a matéria, Colegiado da CVM, PAS RJ2008/12069, Rel. Diretor Eliseu Martins; TJSC, 3ª Câm., Agr. Instr. 98.000266-4, Rel. Des. Eder Graf, j. em 12-5-1988.

geral, preliminarmente à instalação dos trabalhos, eleger o presidente da mesa, o qual escolheria, entre os acionistas ou não, um ou mais secretários para auxiliá-lo[407].

LEI N. 6.404, DE 1976

A Lei n. 6.404, de 1976, estabelece normas precisas de constituição e composição da mesa, no caso de omissão estatutária. Nesta hipótese, caberá à assembleia eleger não apenas o presidente mas também o secretário.

LEI N. 10.303, DE 2001 — NÃO CÔMPUTO DOS VOTOS CONTRÁRIOS AO ACORDO DE CONTROLE — § 8º DO ART. 118

Por sua vez, o § 8º do art. 118 expressamente determina que o presidente da assembleia ou do conselho de administração *não poderá computar o voto* proferido em desconformidade com o convencionado no acordo de controle.

Trata-se de *norma impositiva* e, portanto, é inescusável o seu cumprimento pelo presidente da assembleia geral ou especial e pelo presidente do conselho de administração ou, então, pelo presidente da reunião da diretoria.

Lembre-se, a propósito, que anteriormente à Lei n. 10.303, de 2001, tal prerrogativa era reconhecida pela doutrina[408].

Essa expressa determinação do § 8º do art. 118, com redação dada pela Lei n. 10.303, de 2001, é fundamental para dar *eficácia imediata* ao acordo de controle em cada caso. Os votos contrários à comunhão de controle não serão computados, devendo ficar registrada na ata da assembleia, ou do conselho de administração ou, ainda, da diretoria tal decisão e seus fundamentos fáticos.

Esse § 8º do art. 118 objetiva o mesmo efeito do § 3º, com a redação dada pela Lei n. 6.404, de 1976, qual seja, dar *plena coercibilidade* ao acordo de controle. Temos, assim, que o § 3º demanda o suprimento judicial, em processo de conhecimento, e o referido § 8º determina que o voto contrário não pode ser computado pelo presidente dos trabalhos.

---

407 Valverde, *Sociedades por ações*, cit., v. 2, p. 106.
408 Conforme relata o autor, *Acordo de acionistas*, cit., 1984, p. 245 e s.

LEI N. 12.431, DE 2011

A Lei de 2011 amplia os procedimentos da Mesa ao instituir o Livro eletrônico de Presença (art. 100, V) e, consequentemente, a participação *on line* dos acionistas nos conclaves (art. 127).

Embora com as mesmas funções ditadas pela Lei de 1976, a Mesa, nas companhias abertas, devem estar aparelhadas para a coleta simultânea das manifestações, votos e protestos apresentados, durante o conclave, pelos acionistas fisicamente presentes e os que estão *on line*.

O exercício do direito de participação e votação *on line* nas assembleias gerais e especiais nas companhias abertas, consoante os referidos arts. 100, 121 e 127 com a redação trazida pela Lei n. 12.431, de 2011, deve ser plenamente assegurado pela Mesa, aplicando-se, no caso, todos os procedimentos próprios dessa mesma participação, em absoluta igualdade com os acionistas fisicamente presentes.

Cabe à Comissão de Valores Mobiliários estabelecer regras de procedimento para que a Mesa assegure essa absoluta igualdade de efetivo e simultâneo exercício dos direitos de participação plena no conclave, tanto para uma como para outra categoria de participação.

Ainda a propósito da instituição da participação *on line* nas assembleias, poderá o estatuto da companhia fechada estabelecê-lo, desde que o faça nos moldes do regulamento da Comissão de Valores Mobiliários, em tudo que couber.

PREVISÃO ESTATUTÁRIA

Em geral, os estatutos das companhias determinam a quem caberá a direção da Mesa que, em princípio, recai sobre o presidente do Conselho de Administração[409] ou, então, sobre o membro mais importante da diretoria.

O preceito estatutário, na espécie, é de todo conveniente, pois permite que os administradores ou mesmo outras pessoas designadas, desde logo, assumam os trabalhos preliminares da assembleia, notadamente o de verificação de legitimidade e representação dos presentes, fisicamente ou *on line* (art. 126), lançamento no Livro de Presença, físico ou *on line* (art. 127)

---

409 O direito francês — art. 146 do decreto de 1967 — estabelece que a assembleia geral será dirigida pelo presidente do Conselho de Administração e, na sua ausência, por pessoa designada no estatuto ou eleita na assembleia geral.

e a verificação prévia da existência ou não de quórum de instalação (art. 125), sem embargo das outras providências, ainda preliminares, como a presença na reunião dos livros sociais (art. 100) e demais documentos indispensáveis à instalação e à realização da assembleia geral, inclusive a juntada dos extratos fornecidos pela entidade custodiante (art. 31) e demais procedimentos previstos pela Comissão de Valores Mobiliários nas companhias abertas, por força do que, a respeito, dispõe a Lei n. 12.431, de 2011[410].

Inexistindo previsão estatutária sobre a composição da Mesa, haverá necessariamente uma quebra no ritmo dos trabalhos, pois, nessa hipótese, os atos e providências preliminares estarão a cargo de administradores que, se não forem eles mesmos eleitos os membros da mesa, deverão transferir toda a documentação e todas as informações ao presidente e ao secretário eleitos. Estes poderão, como medida indispensável de prudência, novamente examinar as legitimações, representações, lançamentos no livro de presença física ou *on line* e, ainda, proceder à verificação de quórum mínimo.

Tais providências inevitavelmente retardarão os trabalhos. Acrescente-se, ademais, a possível inexperiência dos acionistas ou de terceiros eleitos para a presidência e secretaria, notadamente quanto a este último encargo, o que poderá prejudicar os trabalhos, seja pelo seu não acompanhamento e falta de oportuna anotação dos atos da assembleia, seja, ainda, pela lavratura falha da respectiva ata.

Por todas essas razões, impõe-se prudencialmente a previsão estatutária para a direção dos trabalhos. No entanto, essa previsão deve ser propositadamente elástica, permitindo sucessivas opções para a substituição dos indicados, a fim de que não se crie um impasse, se estes estiverem fisicamente ausentes.

A propósito, a Mesa será necessariamente composta de acionistas fisicamente presentes, sendo, com efeito, inadmissível que aqueles que o estão *on line* possam presidi-la ou secretariá-la.

Insista-se neste ponto. Não existe assembleia *on line*, como propugnam os leigos, mas apenas participação *on line*. O conclave deve ser realizado na sede social, com a devida secretaria dos trabalhos, para a indispensável verificação de quórum, instalação, realização e encerramento dos trabalhos.

Tais procedimentos somente podem ocorrer na sede da companhia, a que devem comparecer fisicamente os administradores, fiscais e auditores.

---

410 *V.* comentários ao art. 31.

Não se pode, com efeito, admitir que os administradores, fiscais e auditores participem *on line* do conclave, pois a Lei presume que compareçam na sede social para, na ocasião, prestarem esclarecimentos e produzirem manifestações, de posse dos documentos próprios da administração.

Voltando à questão de composição da Mesa, é ainda aconselhável que o estatuto, nesse passo, preveja em último lugar a eleição pela assembleia geral dos dirigentes dos trabalhos. Isso porque, se não houver alternativas, recaindo a indicação estatutária, v. g., apenas no presidente do Conselho, a ausência deste impedirá a realização da assembleia. A mesa, nesse caso, somente poderá ser composta se houver a alteração estatutária respectiva, sob pena de a direção do conclave, precariamente formada ao arrepio da disposição interna, ser considerada irregular[411].

A ELEIÇÃO DA MESA CONSTITUI ATO PRELIMINAR NECESSÁRIO

Na omissão do estatuto, a eleição dos dirigentes dos trabalhos constitui um dos atos preliminares à instalação da assembleia geral.

Essa eleição será de qualquer forma realizada, mesmo se não houver *quórum* regulamentar, pois caberá ao presidente da mesa, indeclinavelmente, instalar a assembleia geral, inclusive para, em seguida, declarar a inexistência de número legal para a sua realização, encerrando-a, consequentemente, mediante termo no livro de atas físico ou *on line* (art. 100), que será assinado física ou eletronicamente pelo presidente e secretário e pelos acionistas presentes.

O mesmo procedimento caberá aos dirigentes do conclave designados pelo estatuto que, de qualquer forma, deverão abrir os trabalhos, para, em seguida, encerrá-los por inexistência de quórum legal (arts. 125 e 135)[412].

COLÉGIO ELEITORAL PARA ELEIÇÃO DA MESA

Os dirigentes da Mesa, como último ato preliminar à instalação do conclave, serão eleitos, via física e eletrônica, pelos acionistas, pelos representantes e pelas pessoas legitimadas com direito a voto, que firmaram o Livro de Presença (art. 127), físico ou *on line*. Esses formam o colégio eleitoral para a eleição da Mesa.

---

411 Cunha Peixoto, *Sociedades por ações*, cit., v. 2, p. 75.

412 *V.* comentários ao art. 135.

Se não houver mais de uma candidatura para cada uma das funções, a eleição poderá ser feita por aclamação.

Se houver mais de um candidato para cada posto, a eleição será processada por maioria absoluta de sufrágios obtidos das ações com direito a voto (art. 125).

Esse procedimento impõe-se, uma vez que, não prevendo a Lei as respectivas formalidades, prevalecem, na hipótese, os princípios sobre o quórum das deliberações (art. 219)[413].

COMPOSIÇÃO DA MESA POR NÃO ACIONISTAS

A doutrina brasileira aceitou a composição da Mesa por não acionistas[414], mesmo na vigência da Lei anterior, que não admitia a presença destes na assembleia[415].

A prática já demonstrara essa possibilidade, na medida em que o estatuto poderia indicar para a presidência dos trabalhos o diretor da companhia, o qual poderia não ser acionista.

É inteiramente procedente tal entendimento, pois, ao menos nas grandes companhias, abertas ou fechadas, a condução dos trabalhos, notadamente a redação da ata, exige nível profissional e experiência.

Como lembra Waldemar Ferreira[416], podem os membros da mesa ser empregados da própria companhia ou mesmo advogados ou quaisquer outros profissionais habilitados à condução e ao registro dos trabalhos.

A mesa poderá, pois, ser composta de administradores, acionistas ou não, dos próprios acionistas, de seus representantes, acionistas ou não (art. 126), de pessoas legitimadas ou, ainda, de pessoas estranhas ao colégio de participantes da assembleia geral. Essa indicação estranha ao quadro administrativo ou social da companhia poderá constar do próprio estatuto ou, na omissão deste, por eleição feita preliminarmente à instalação da assembleia, na forma a que se referiu anteriormente.

A oportunidade de indicação de não acionistas para comporem a mesa foi ilustrada por Cunha Peixoto, ainda no regime mínimo de sete acionistas

---

413 Garrigues-Uría, *Comentario*, cit., v. 1, p. 692.

414 Waldemar Ferreira, *Tratado de direito comercial*, Saraiva, v. 5, p. 1448; Cunha Peixoto, *Sociedades por ações*, cit., v. 3, p. 75.

415 *V.* comentários ao art. 110.

416 Waldemar Ferreira, *Tratado*, cit., v. 5, p. 1448.

imposto pelo direito revogado de 1940, tendo em vista a eventual obstrução dos minoritários, pela sua ausência, à realização da assembleia[417].

Com muito maior razão, recomenda-se a eleição de pessoas estranhas ao quadro social ou administrativo, no regime vigente, pois a sociedade anônima pode constituir-se com apenas dois sócios (art. 80).

Se os membros da Mesa forem pessoas estranhas ao colégio de acionistas e à própria companhia, especialmente contratados para exercerem as funções de presidente e secretário do conclave, o exercício de tais funções poderá ser oneroso. Cabe, pois, à companhia arcar com a respectiva remuneração.

Não há necessidade de tal encargo ser aprovado pela assembleia, pois a relação criada foge da competência da assembleia geral, podendo ser enquadrada entre as despesas operacionais da sociedade.

NATUREZA JURÍDICA DA MESA

Discute-se, na doutrina, a natureza jurídica das funções exercidas pelos membros da Mesa[418]. Em face da possibilidade de seu exercício por pessoas estranhas aos quadros acionário e administrativo da companhia, podem-se ter duas situações. Se o presidente e o secretário forem participantes da assembleia geral, serão considerados *investidos de funções especiais*[419].

Em se tratando de pessoas estranhas ao quadro social ou administrativo, serão os membros da mesa *prestadores de serviços* à assembleia geral e, via de consequência, à companhia.

O caráter funcional das atividades exercidas pela Mesa não lhe permite alcançar a categoria de órgão social, pois lhe faltam atribuições de representação.

CARACTERÍSTICAS DAS FUNÇÕES DA MESA

A Mesa constitui um dos elementos necessários à organização da assembleia geral, imposto pela Lei. Em consequência, não pode realizar-se o conclave sem que tenha sido composta a direção dos trabalhos[420].

---

417 Cunha Peixoto, *Sociedades por ações*, cit., v. 3, p. 76.

418 Conforme o relato de Domenico Pettiti, *Rivista delle Società*, 1963, p. 483 e s.

419 Domenico Pettiti, *Rivista delle Società*, 1963, p. 486.

420 Domenico Pettiti, *Rivista delle Società*, 1963, p. 483 e s.

As funções da mesa derivam, portanto, da norma de ordem pública, que a institui. Trata-se, pois, de função irrevogável pelo estatuto, ao qual cabe apenas, e facultativamente, determinar o modo de sua constituição.

Os membros da Mesa exercem suas funções no seio da própria assembleia com o objetivo de permitir a regular formação da vontade social. Para tanto, a Mesa coordena as atividades necessárias à formação dessa mesma vontade, que é a da própria companhia. Para alcançar esse objetivo, pratica uma série de atos puramente internos[421].

A MESA EXECUTA O ACORDO DE CONTROLE NA ASSEMBLEIA GERAL — § 8º DO ART. 118

Conforme o disposto no *caput* e no § 1º do art. 118, desde que arquivado na sede da sociedade, o acordo de acionistas tem sua *eficácia expandida* além das partes contratantes, de modo a tornar-se de observância obrigatória para a sociedade e oponível a terceiros.

No caso de acordo para o *exercício do poder de controle*, desde que cumpridas as formalidades aventadas, é dever da sociedade promover a sua eficácia. Desse modo, deverá a *mesa da assembleia* proceder em conformidade com as cláusulas da convenção dos controladores, no tocante ao voto dos seus participantes, seja quanto às matérias, seja ainda quanto às diretrizes a serem observadas no exercício do voto, podendo a assembleia geral, por proposta da mesa ou de qualquer acionista, convenente ou não, declarar nulo o voto dado em desconformidade com o acordo de controle[422].

Sendo passível de anulação o voto desconforme com os termos do acordo de controle, não pode a sociedade levá-lo em consideração. Resta, assim, evidente a impossibilidade de as partes contratantes esquivarem-se de seus termos na assembleia geral ou especial da sociedade ou nas reuniões deliberativas dos órgãos da administração da companhia.

A MESA NÃO TOMA PARTE NAS DELIBERAÇÕES QUANTO AO SEU MÉRITO

A Mesa não toma parte nas deliberações, sendo que os votos eventualmente dados por seus membros, quando acionistas, não se confundem nem se relacionam com as funções especiais que exercem como dirigentes dos trabalhos.

---

421 Domenico Pettiti, *Rivista delle Società*, 1963, p. 485 e s.

422 Cf. nosso *Acordo de acionistas*, cit., 1985, p. 245.

Daí não ser admissível a hipótese de o estatuto outorgar ao presidente da Mesa o voto de qualidade, como aventam diversos doutrinadores[423], que chegam a indicar esse procedimento como uma das orientações fundamentais para a reforma do regime legal das sociedades anônimas. Propõem como solução para o problema do empate no escrutínio a previsão estatutária de que a decisão caberá ao presidente da Mesa[424].

A solução aventada seria impossível diante da nossa Lei que, embora faculte ao estatuto a prerrogativa de estabelecer regra para o caso de empate (art. 129), por outro lado, veda o voto plural (art. 110). No caso, o voto de desempate do presidente-acionista incidiria, pois, na proibição legal[425]. E, se não fosse ele acionista, não poderia simplesmente votar, porque esse direito é reservado unicamente a titulares de ações do capital da companhia[426].

FUNÇÕES DO PRESIDENTE DA MESA

Quando o presidente da Mesa é pessoa indicada pelo estatuto, cabe-lhe dirigir e praticar os atos preliminares à instalação da assembleia geral, no que será auxiliado pelo secretário, também estatutariamente indicado, e pelos administradores da companhia.

Toca-lhe admitir acionistas à reunião, fisicamente e *on line*; examinar os documentos de legitimação, cotejando-os com os livros sociais, fiscos ou eletrônicos (arts. 31, 100 e 126); verificar os poderes de representação; formar a lista de presença, mediante o preenchimento da respectiva folha no livro próprio, físico ou eletrônico, fazendo com que o façam devidamente os que comparecerem fisicamente ou *on line* (art. 127)[427]; e resolver as dúvidas que surgirem[428 e 429].

---

423 Steiger, *Le droit des sociétés anonymes en Suisse*, Lausanne, 1973, p. 203; Pedrol, *La anónima actual*, cit., p. 84; Garrigues, *Hacia un nuevo derecho mercantil*, Madrid, Technos, 1971, p. 196.

424 Garrigues-Uría, *Comentario*, cit., v. 1, p. 567 e s. Na Espanha, a Direção Geral dos Registros e do Notariado, por resolução, nega possibilidade de arquivamento da cláusula estatutária que conceda voto dirimente à pessoa que preside os trabalhos.

425 Cunha Peixoto, *Sociedades por ações*, cit., v. 3, p. 79.

426 Arts. 110, 111 e 112 da Lei n. 6.404, de 1976.

427 V. comentários ao art. 127.

428 V. comentários ao art. 31.

429 Garrigues-Uría, *Comentario*, cit., v. 1, p. 690.

Na hipótese de os membros da mesa deverem ser escolhidos pela assembleia geral, em virtude da omissão estatutária, os atos preliminares acima apontados ficarão a cargo dos administradores da companhia.

Os dirigentes dos trabalhos terão apenas as funções de instalação do conclave e a direção dos atos que se seguirem.

Em virtude de designação estatutária ou por eleição realizada imediatamente após o encerramento do Livro de Presença, físico ou *on line* (art. 127), caberá ao presidente da mesa instalar e dirigir os trabalhos da assembleia geral.

Compete-lhe, nesse mister, declarar instalada a reunião e, em seguida, verificar a existência, ou não, de quórum legal para o seu prosseguimento.

Se negativa a verificação, declarará que não há número legal de acionistas, encerrando, logo em seguida, os trabalhos, mediante a lavratura da respectiva ata, física ou eletrônica, assinada por ele e pelo secretário e pelos acionistas presentes fisicamente ou *on line* (sistema de chaves).

Se for verificada a existência de número legal, o presidente da Mesa declarará o cumprimento da exigência[430].

PRESENÇA OBRIGATÓRIA DE ADMINISTRADORES, FISCAIS E AUDITORES

Em seguida à verificação do quórum legal, seja ordinária ou extraordinária a assembleia, verificará a Mesa se está presente pelo menos um membro do Conselho Fiscal, se houver (art. 164). Em se tratando de assembleia geral ordinária, verificará se, além daquele, também está presente ao menos um membro da administração e o auditor independente.

Caso não estejam presentes um conselheiro fiscal em qualquer assembleia, ou os demais na ordinária, solicitará o presidente da Mesa a manifestação dos presentes no sentido de opinarem quanto à dispensa ou não de tais presenças. Se a *unanimidade* dos presentes se manifestar favoravelmente à dispensa, o presidente declarará que os trabalhos prosseguirão.

No entanto, se qualquer dos acionistas, com ou sem direito a voto, declarar-se contrário, não dispensando a presença daqueles representantes dos órgãos sociais e da auditoria, o presidente da mesa declarará encerrada a reunião, por descumprimento de requisito legal.

---

430 Sobre a matéria, Colegiado da CVM, PAS RJ2008/12062, Rel. Diretor Eliseu Martins. j. em 14-7-2009. In Lazzareschi, ob. cit., p. 331.

O acionista que fizer a exigência não necessitará justificar a sua decisão, nem poderá o presidente submeter a matéria à deliberação majoritária. Isso porque a prestação de esclarecimentos por parte dos fiscais, administradores e auditores constitui direito individual do sócio, não podendo ser derrogado ou obstruído por decisão da maioria.

DIREÇÃO DA FASE DELIBERATIVA

Não ocorrendo oposição de qualquer acionista quanto ao requisito acima ou estando presentes os fiscais, administradores e auditores, conforme o caso, o presidente da mesa declarará que a assembleia geral foi regularmente convocada (art. 289), mediante publicação e envio de convite postal, se for o caso, ou, ainda, em virtude da presença da totalidade dos acionistas, dispensada, na hipótese, a convocação prévia (art. 124).

Em seguida, o presidente da mesa ordenará ao secretário a leitura da ordem do dia e, bem assim, da ata da assembleia geral anterior, se porventura esta ainda não foi publicada, e se tal formalidade for solicitada por qualquer acionista.

Dando prosseguimento, o dirigente dos trabalhos colocará em discussão a ordem do dia.

ASSEMBLEIA TOTALITÁRIA

Em se tratando de assembleia totalitária (art. 124), a mesa submeterá aos presentes, para deliberação, a ordem do dia[431].

Se qualquer acionista discordar das matérias nela constantes, será a assembleia encerrada.

Se todos os acionistas concordarem ou se, no entanto, algum acionista discordar apenas de um ou mais itens dessa mesma ordem do dia, serão tais matérias excluídas e prosseguirá a assembleia, passando-se à discussão e deliberação dos assuntos unanimemente aceitos[432].

ORDEM DE ENCAMINHAMENTO DAS MATÉRIAS

Resolvidas essas preliminares, o presidente da mesa porá em discussão cada uma das matérias objeto da assembleia, pela ordem

---

431 V. comentários ao art. 124.
432 V. comentários ao art. 124.

e na sequência da enumeração constante da ordem do dia. Dará a palavra a quem dela quiser fazer uso. Por deliberação da maioria, poderá, no entanto, haver a inversão das matérias, desde que justificadamente.

Em seguida, na mesma sequência dos itens inseridos na ordem do dia porá em votação a matéria, proclamando seu resultado, observando-se o quórum de deliberação exigido (arts. 129 e 136).

Para o exercício dessas funções, poderá o presidente da Mesa solicitar a dois ou mais acionistas presentes que auxiliem a Mesa na verificação de presença e na coleta e contagem de votos[433]. Essa medida, em se tratando de Livro de Presença eletrônico e da participação *on line* (arts. 100, 121 e 127, com a redação dada pela Lei n. 12.431, de 2011) deverá, de fato, contar com a assistência de profissionais para permitir o acesso dos dados respectivos. Essa assessoria, no entanto, não dispensa que seja a verificação atestada pelos acionistas designados.

Terminadas as fases de discussão e deliberação da ordem do dia, porá, ainda, o presidente à disposição dos presentes a palavra, na forma física e eletrônica.

Encerrada mais essa fase, determinará o presidente a lavratura da ata pelo secretário da mesa no livro próprio, físico ou eletrônico (art. 100), que uma vez terminada será por este lida e transmitida eletronicamente, para a aprovação dos presentes. Em seguida, pelo secretário, será submetida a ata à assinatura física ou eletrônica dos acionistas presentes, sendo suficiente a adesão de quantos bastem para constituir a maioria necessária para as deliberações tomadas na assembleia (art. 130).

Após a tomada física e eletrônica das assinaturas suficientes, o presidente da Mesa declarará encerrados os trabalhos e, consequentemente, a assembleia geral.

OBSERVÂNCIA DA ORDEM DO DIA

É função do presidente da Mesa encaminhar as matérias da ordem do dia da assembleia e manter a ordem dos trabalhos[434]. Para tanto, deverá observar e fazer observar pelos fisicamente presentes e pelos participantes *on line* a ordem do dia.

Trata-se de um princípio de ordem pública de estrita observância, pois constitui garantia aos acionistas ausentes de que nenhum assunto que não

---

433 Valverde, *Sociedades por ações*, cit., v. 2, p. 107.

434 Valverde, *Sociedades por ações*, cit., v. 2, p. 107.

aqueles constantes da convocação serão examinados e deliberados na assembleia geral.

Se fosse, com efeito, possível ampliar a ordem do dia por decisão dos fisicamente presentes e dos que estão *on line*, os ausentes poderiam ter seus direitos escamoteados por deliberações não previstas, que lhes poderiam interessar direta ou indiretamente.

Em razão disso, não pode a mesa permitir sequer a mera discussão de assuntos não incluídos na ordem do dia e, muito menos, qualquer deliberação que, mesmo indiretamente, fuja ou extravase à pauta dos trabalhos.

FUNÇÃO DE SUSPENDER A EFICÁCIA DOS VOTOS CONTRÁRIOS AO ACORDO DE CONTROLE — § 8º DO ART. 118

Os §§ 8º e 9º do art. 118 tratam de declaração da ineficácia dos atos de obstrução que os dissidentes do acordo de controle venham a produzir contrariamente ao decidido pela maioria nas reuniões do órgão interno da comunhão de controle, as denominadas *reuniões prévias*.

A propósito, tratando o § 9º de *matéria processual* no campo da *autotutela*, produz efeitos imediatos sobre todos os acordos de controle com votação em bloco, a partir da vigência da Lei n. 10.303, de 2001, vinculando os procedimentos que estão em curso na execução desses acordos celebrados anteriormente à vigência da Lei Societária de 2001.

Deve-se acrescentar que o dever legal contido no § 8º a respeito da obrigatoriedade da suspensão do voto contrário ao acordo de controle, por parte do presidente da assembleia ou do Conselho de Administração e da diretoria, torna imperativos esses procedimentos que anteriormente à vigência da Lei n. 10.303, de 2001, vinham sendo, na pratica, adotados nas convenções com votação em bloco.

Assim, o *procedimento suspensivo* previsto no § 8º apenas torna obrigatória a prática legítima já adotada anteriormente à vigência da Lei n. 10.303, de 2001, na execução dos acordos de votação em bloco arquivados na sociedade.

No caso do § 8º, portanto, a imperatividade dessa norma a partir do advento da Lei n. 10.303, de 2001, legitima os procedimentos que nesse mesmo sentido foram na prática adotados pelos presidentes de mesa, notadamente do conselho de administração, em que os votos dados pelos conselheiros contrários à orientação majoritariamente obtida na *reunião prévia* dos controladores não eram considerados.

Como referido, o *regime de votação em bloco* visa ao exercício do *poder--dever de controle comum* da companhia (§ 2º do art. 118 e art. 116, parágrafo único).

Em consequência, o *direcionamento* dos votos para o exercício desse controle comum deve ser *majoritariamente* definido em reuniões da comunhão dos acionistas que compõem o bloco de controle.

As graves responsabilidades desse *poder-dever de controle* demandam, com efeito, que o seu exercício pelo *bloco de ações* de controle seja uniformemente direcionado, não podendo ser fragmentado e, assim, prejudicado pela eventual dissidência de alguns dos participantes dessa comunhão de interesses revestida da grave responsabilidade de exercer o comando da companhia.

E essa dissidência não poderá prevalecer nas deliberações que demandam os votos dos controladores acordantes nas assembleias da companhia e na deliberação dos conselheiros e diretores eleitos em decorrência do acordo de controle.

Tal dissidência, portanto, não pode produzir efeitos diante da absoluta indispensabilidade do exercício uniforme e, portanto, harmônico do *poder-dever de controle*, tendo em vista o interesse social (arts. 116, parágrafo único, e 117).

A companhia seria necessariamente prejudicada se essa dissidência pudesse conturbar o exercício das graves responsabilidades que advêm do *poder-dever de controle* (art. 118, § 2º).

A eventual dissidência de acionista componente da comunhão de controle deve manifestar-se em juízo ou perante os árbitros (art. 109, § 3º), em cujo âmbito deve o dissidente arguir o seu conflito em face dos acionistas que majoritariamente integram esse tipo de acordo com *votação em bloco*.

LIMITAÇÃO DO TEMPO DE DISCUSSÃO

A Mesa tem a faculdade de limitar o tempo que cada acionista poderá utilizar no encaminhamento e discussão das propostas. Essa prerrogativa cabe, com efeito, à Mesa e não à assembleia geral, podendo, portanto, o presidente dos trabalhos arbitrar o tempo que será dado a cada um, levando em consideração, outrossim, o sistema de comparecimento *on line* nesse regramento restritivo.

Evidentemente que essa restrição apenas será admissível se for geral, abrangendo a todos os acionistas, os fisicamente presentes e os que o fazem *on line*.

Poderá, no entanto, a restrição ser estabelecida no curso da reunião, em face da delonga constatada nas discussões anteriores ou, então, tendo em vista a importância e complexidade da matéria a ser discutida. Por outro lado, não pode o presidente da Mesa cassar a palavra de nenhum acionista, seja ela verbalmente manifestada, seja *on line*[435].

REGIME DE VOTAÇÃO

O sistema de votação será o que, no momento, for julgado mais oportuno. Trata-se de competência também da mesa, não precisando ser submetida à deliberação da assembleia e observado o regime de votação *on line*[436].

A votação será feita pelo sistema que melhor adaptar-se às circunstâncias. Poderá ser admitida a simples aclamação, desde que assim também se manifestem os acionistas presentes *on line*.

O mais comum, no entanto é o regime de escrutínio, mediante o sufrágio, aberto ou secreto, manifestado pelo voto unitário (oral, escrito e por *e--mail*) de todos os acionistas votantes, fisicamente presentes e aqueles *on line*. A manifestação de assentimento dos presentes pelo levantamento das mãos não se aplica à espécie, já que o voto não é pessoal, mas contado pelas ações possuídas. Ademais esse sistema é incompatível com o regime de comparecimento *on line*, por motivos óbvios.

Conforme o caso, poderá a mesa convidar acionistas fisicamente presentes para auxiliá-la nos trabalhos respectivos, como referido.

FUNÇÕES DO SECRETÁRIO DA MESA

Caberá ao secretário da Mesa auxiliar o presidente nos trabalhos de instalação, realização e conclusão da assembleia.

Deverá, ainda, proceder à leitura da ordem do dia e da ata da assembleia anterior não publicada, se solicitada por acionista presente, fisicamente ou *on line*. Também lhe compete lavrar a ata, no livro próprio, físico ou eletrônico, que constitui a sua principal função[437].

---

435 Batalha, *Sociedades anônimas*, cit., v. 2, p. 569.

436 Contrariamente à opinião de Valverde (*Sociedades por ações*, cit., v. 2, p. 108), que entende dever a escolha do sistema de votação ser submetida à deliberação da assembleia geral.

437 O Código Civil italiano dispensa a assistência do secretário se a ata é redigida por notário.

E, no curso dos trabalhos, cabe ao secretário da Mesa anotar, física ou eletronicamente, todas as discussões e deliberações com os respectivos resultados, bem como organizar, pela ordem, as inscrições dos acionistas que desejam manifestar-se, seja para os que comparecem fisicamente, seja para aqueles que o fazem *on line*, controlando, ademais, o tempo utilizado, se for estabelecido o critério de limitação nas manifestações.

Tanto quanto a do presidente, a presença do secretário da Mesa é imprescindível à instalação e à realização da assembleia geral[438], não podendo, portanto, ser dispensada pelo estatuto e, muito menos, por deliberação tomada no próprio conclave, que não pode eficazmente reunir-se sem que seja constituída formalmente a Mesa.

EXPULSÃO DE ACIONISTA

Discute-se, na doutrina, a possibilidade de a Mesa expulsar acionista da assembleia geral. Os principais comentadores entendem possível a medida, opinando Valverde[439] que tal providência será deliberada pela assembleia geral, por indicação da Mesa. Cunha Peixoto entende ser da competência do presidente dos trabalhos essa providência[440].

Evidentemente que tal discussão se fundava no regime de comparecimento necessariamente físico dos acionistas no conclave. A matéria, com efeito, é inaplicável aos acionistas que comparecem *on line*.

Isto posto, prevalece o entendimento de que nem a Mesa nem a assembleia podem impedir o acionista credenciado de participar fisicamente da assembleia geral, salvo se seus atos, durante a reunião, puderem ser caracterizados como crimes ou contravenções[441], ou atentarem contra o decoro, inclusive por motivos de embriaguez ou manifesta insanidade mental, ou, ainda, por conduta antissocial.

Não poderá, assim, a Mesa, e muito menos a maioria dos acionistas, expulsar o acionista fisicamente presente por excessos verbais ou pela apresentação de documentos veementes de protesto, ou, ainda, por objeções ou acusações levantadas.

---

438 Garrigues-Uría, *Comentario*, cit., v. 1, p. 694.

439 Valverde, *Sociedades por ações*, cit., v. 2, p. 107.

440 Cunha Peixoto, *Sociedades por ações*, cit., v. 3, p. 76.

441 Batalha, *Sociedades anônimas*, cit., v. 2, p. 569.

Tais desdobramentos, que são naturais quando há dissídio no seio do colégio acionário, são perfeitamente absorvidos pela ata que não deverá reproduzi-los, mesmo a pedido dos interessados[442]. A Lei, inclusive para evitar esse constrangimento, institui o regime de ata sumária (art. 130).

RESPONSABILIDADE DA MESA

Não prevê a Lei especificamente a responsabilidade dos componentes da Mesa, notadamente do presidente, uma vez que não se trata de um órgão, mas de mera função[443]. E essa função caracteriza-se por uma atividade necessariamente discricionária, porque fundada em critérios opinativos, em procedimentos indutivos, em interpretações jurídicas e em elementos de experiência, nem sempre fixos e constantes[444].

Isto posto, não prevê a Lei as figuras próprias de responsabilidade, como o faz para os controladores e para os administradores (arts. 117 e 158).

Em consequência, deve-se fixar a responsabilidade dos membros da Mesa, notadamente a do seu presidente, dentro dos limites do dolo, do abuso e do desvio de poder e de negligência[445].Tais figuras legitimam a companhia e o acionista prejudicado a propor as medidas de responsabilidades cabíveis em cada caso.

Evidentemente que, sendo o presidente da Mesa e o secretário administradores ou controladores da companhia, a responsabilidade na condução da assembleia geral não poderá ser desvinculada dessas posições que ostentam permanentemente na companhia.

É forçoso pressupor, na espécie, que a má ou negligente conduta que tiveram, ao presidir ou ao secretariar a Mesa, visa ao atendimento de interesses ilícitos que têm como controladores ou administradores.

Haverá, nessa hipótese, portanto, típico abuso e desvio de poder do controlador, indiretamente exercido pelas funções de membro da Mesa dirigente da assembleia geral. Da mesma forma e pela mesma razão, serão responsabilizados os administradores mesários.

---

442 Valverde, *Sociedades por ações*, cit., v. 2, p. 108.

443 Na doutrina, sobre a responsabilidade do presidente da mesa, Pettiti, *Rivista delle Società*, 1963, p. 504 e s.; Niccolo Sanitro, Il presidente dell'assemblea nella società di capitali, *Rivista delle Società*, 1961, p. 1004 e s.

444 Cancian, apud Pettiti, *Rivista delle Società*, 1963, p. 504.

445 Garrigues-Uría, *Comentario*, cit., v. 1, p. 694.

QUÓRUM DAS DELIBERAÇÕES

Art. 129. As deliberações da assembleia geral, ressalvadas as exceções previstas em lei, serão tomadas por maioria absoluta de votos, não se computando os votos em branco.

§ 1º O estatuto da companhia fechada pode aumentar o quórum exigido para certas deliberações, desde que especifique as matérias.

§ 2º No caso de empate, se o estatuto não estabelecer procedimento de arbitragem e não contiver norma diversa, a assembleia será convocada, com intervalo mínimo de 2 (dois) meses, para votar a deliberação; se permanecer o empate e os acionistas não concordarem em cometer a decisão a um terceiro, caberá ao Poder Judiciário decidir, no interesse da companhia.

LEI DE 1940

A matéria era disciplinada no art. 94 do Decreto-Lei n. 2.627, de 1940, da seguinte forma: "As deliberações, ressalvadas as exceções previstas na lei, são tomadas por maioria absoluta de votos, não se computando os votos em branco".

Não continha o Direito anterior, de 1940, os parágrafos introduzidos pela Lei atual, sendo que o preceito era idêntico ao que ora constitui o *caput* da norma vigente, com a única diferença de que agora se acrescentou as palavras "da assembleia geral", explicitando melhor a regra do Diploma de 1940.

Quanto ao mais, o Direito revogado, de 1940, não previa a hipótese de aumento estatutário do quórum legal, em razão do que se considerava vedada essa faculdade. Ademais, não se previa qualquer procedimento para dirimir o impasse de votação igualitária nas deliberações sociais.

LEI N. 6.404, DE 1976

A Lei n. 6.404, de 1976, ao acrescentar parágrafos ao preceito, no *caput*, reproduz o princípio majoritário do Direito anterior. Por outro lado, modifica substancialmente o entendimento de que não poderia o estatuto modificar o quórum.

Admite, com efeito, a Lei em vigor, expressamente, que o estatuto da companhia fechada possa estabelecer maior quórum para certas deliberações.

Com esse dispositivo, visou o legislador de 1976 permitir o controle indireto da companhia por grupos com participação minoritária, na companhia fechada, que, mediante esse mecanismo, podem opor o seu *veto* a determinadas deliberações sociais, pois sem a sua concordância não será alcançado o quórum deliberativo necessário.

Essa finalidade está expressa na Exposição de Motivos do Projeto do Executivo de 1976 da seguinte forma: "O art. 129 admite, nas companhias fechadas, alterações de quórum para certas deliberações, pondo fim a dúvidas existentes na doutrina atual; *trata-se de providência de grande utilidade na associação de sociedades ou grupos*" (grifamos).

Ademais, procura a Lei vigente dirimir o impasse na votação em assembleias gerais, fazendo-o de forma não muito feliz, mesmo porque parte de um pressuposto falso, como já salientado pela doutrina[446] e que será mais adiante comentado.

LEI N. 12.431, DE 2011

O Diploma de 2011 estabelece o regime de participação *on line* dos acionistas nas assembleias gerais (e especiais) da companhia, na forma prevista nos parágrafos acrescidos aos arts. 100, 121 e 127.

Ainda que esse regime de participação *on line* nos conclaves da companhia não altere em nada o disposto no artigo ora estudado, deve-se levar em conta os procedimentos que daí decorrem, o que fica por conta da Comissão de Valores Mobiliários.

Obviamente, por força do regime de participação *on line*, inaugurado pela Lei de 2011, o quórum deliberativo se estabelece com o cômputo de todos os acionistas que comparecem ao conclave fisicamente e os que o fazem *on line*[447].

LEI N. 10.303, DE 2001 — JUÍZO ARBITRAL — § 3º DO ART. 109

De acordo com o § 3º acrescentado ao art. 109 pela Lei n. 10.303, de 2001, o estatuto da sociedade pode estabelecer que as divergências entre os acionistas e a companhia, ou entre os acionistas controladores e os acionistas minoritários, poderão ser solucionadas, mediante arbitramento, nos termos em que especificar.

---

446 Cunha Peixoto, *Sociedades por ações*, cit., v. 3, p. 79.
447 *V.* comentários aos arts. 100, 121 e 127.

O pressuposto de validade e eficácia da decisão arbitral depende de expressa declaração de vontade das partes envolvidas, seja na *cláusula compromissória*, seja no *compromisso* propriamente dito.

Há, com efeito, um requisito necessariamente de *forma* para a *validade* e *eficácia* da cláusula compromissória estatutária que depende de específica e formal adoção dessa cláusula por parte de todos os compromissados. Sem essa expressa aprovação a cláusula compromissória é nula, por ferir o direito essencial do acionista de socorrer-se do Poder Judiciário[448].

E essa aprovação vincula os *fundadores* na constituição[449] e aqueles acionistas que nas alterações estatutárias posteriores tiverem expressamente renunciado ao direito essencial prescrito no § 2º do art. 109 da Lei n. 6.404/76 para a inclusão desse *pacto parassocial* de arbitragem no estatuto.

A aplicação da *cláusula compromissória* apenas aos que a tenham subscrito atende ao princípio fundamental de que na companhia não pode ocorrer qualquer restrição ao direito de disponibilidade dos direitos essenciais dos sócios, no caso, o de socorrer-se do Poder Judiciário para a declaração ou a imposição dos seus interesses[450]. Trata-se de cláusula pétrea da Constituição Federal, *ex vi* do § 4º, IV, do art. 60.

Assim, a cláusula compromissória não vincula nem os acionistas atuais que não subscreveram esse *pacto parassocial estatutário* nem os acionistas que posteriormente adentram a sociedade sem expressamente aderir a ele[451].

---

448 Nesse sentido, pela necessidade de manifestação por escrito da vontade das partes para que possam validamente comprometer-se à solução arbitral dos conflitos decorrentes do contrato, em razão da derrogação da competência da autoridade judiciária ordinária, que constitui uma garantia constitucional, a decisão judicial da Corte de Cassação Civil italiana, de 25 de janeiro de 1997, n. 781, *Giurisprudenzia Italiana*, 1998, p. 250.

449 Na constituição da sociedade, o consenso deve existir sempre quanto a todos os elementos que compõem o ato constitutivo, inclusive a cláusula arbitral.

450 Nesse sentido, a decisão arbitral do *Collegio Arbitrale di Padova*, de 19 de junho de 1996 (*Rivista di Arbitragio*, 1998, p. 112), que afirma não poder a derrogação da competência do juízo estatal operar em oposição a um sujeito que não é parte no compromisso, não podendo o terceiro participar legitimamente do procedimento arbitral, ativa ou passivamente.

451 Na decisão citada da Corte de Cassação italiana (de 25-1-1997) julgou-se competente o juízo estatal para declarar a nulidade do laudo arbitral por ter-se revelado insubsistente à vontade contratual das partes na instituição do juízo arbitral, que é o fundamento do poder decisório dos árbitros.

Não há presunção de renúncia de direito essencial de qualquer acionista, tanto mais em se tratando de *pacto parassocial*, de cuja natureza é a cláusula compromissória estatutária. Não se pode presumir que alguém haja deferido a solução de controvérsia a um colégio arbitral pelo simples fato de estar ele previsto no estatuto. Não há renúncia implícita a direito essencial do acionista. Não pode, assim, a sociedade ou a maioria dos acionistas impor a cláusula compromissória estatutária a quem não a tenha constituído ou a ela não tenha aderido expressamente por documento formal[452].

LEI N. 10.303, DE 2001 — INEFICÁCIA DO VOTO DISCORDANTE EM ACORDO DE CONTROLE — ART. 118, §§ 8º E 9º

A Lei n. 10.303, de 2001, alterou de forma significativa a disciplina do acordo de acionistas, com a redação do *caput* do art. 118 e com os §§ 6º a 11, acrescentados a este artigo.

A primeira dessas alterações, decorrente dessa redação do *caput* do artigo, foi a expressa inclusão, no rol das matérias que podem ser reguladas por acordo de acionistas, o referente ao *exercício do poder de controle*.

Com isso, os acordos de acionistas adquiriram feição inédita no Direito brasileiro, bastante assemelhada à dos acordos de votação em bloco, ou *pooling agreements*, consagrados há mais de um século pela doutrina e jurisprudência norte-americanas.

Por meio dessa modalidade de acordo os acionistas signatários comprometem-se, enquanto estiver vigente, a instituir uma comunhão, para assim exercer o controle societário.

Para tanto, convencionam realizar uma *reunião prévia* a cada deliberação dos órgãos sociais, onde será decidido, pelo critério de maioria absoluta dos acordantes, o rumo dos votos a serem proferidos pelos acionistas convenentes em assembleia geral, e pelos conselheiros e diretores representantes da comunhão nas reuniões do conselho de administração e da diretoria.

Por sua vez, o § 8º do art. 118 expressamente determina que o presidente da assembleia ou do conselho de administração *não poderá computar*

---

452 Nesse sentido, as decisões judiciais da Corte de Cassação Civil italiana (de 9-4-1993, n. 4.351, e de 24-9-1996, n. 8.407) enfatizam que, sendo a cláusula compromissória uma cláusula vexatória, nos termos do art. 1.341 do Código Civil italiano, caso se insira nas condições gerais de um contrato, predispostas por um dos contraentes, será eficaz contra o outro se este dela tiver expressamente tomado conhecimento no momento da conclusão do contrato.

o voto proferido em desconformidade com o convencionado no acordo de controle.

Trata-se de *norma impositiva* e, portanto, inescusável o seu cumprimento pelo presidente da assembleia geral ou especial e pelo presidente do conselho de administração e pelo presidente da reunião da diretoria.

Lembre-se, a propósito, que anteriormente à Lei n. 10.303, de 2001, tal prerrogativa era reconhecida pela doutrina[453].

Essa expressa determinação do § 8º acima referido é fundamental para dar *eficácia imediata* ao acordo de controle, em cada caso. Os votos contrários à convenção não serão computados, devendo ficar registrados na ata da assembleia, do Conselho de Administração ou da diretoria tal decisão e seus fundamentos fáticos.

Esse § 8º do art. 118 objetiva o mesmo efeito do § 3º do mesmo artigo, qual seja, dar *plena coercibilidade* ao acordo de controle. Temos, assim, que o § 3º demanda o suprimento judicial, em processo de conhecimento de natureza constitutiva, e o § 8º determina que o voto contrário não pode ser computado pelo presidente dos trabalhos.

Já § 9º do art. 118 permite a *autoexecução* do acordo de controle, por iniciativa da comunhão dos acordantes prejudicada com a ausência ou com a abstenção de voto de *acionista* também convenente, na assembleia geral ou especial, ou então com a ausência ou omissão dos *administradores* eleitos em razão do acordo

Cabe, no caso, aos conselheiros ou diretores eleitos pela comunhão de controle, presentes à reunião do respectivo órgão, votar pelo ausente ou abstinente, na estrita conformidade com a direção do voto *majoritariamente* estabelecido na *reunião prévia* respectiva.

Existem, portanto, por força do § 3º e do § 9º do art. 118, duas modalidades de *execução*: 1) por via *judicial* ou *arbitral*[454], mediante processo de conhecimento, de natureza constitutiva, como referido, ou 2) autoexecução, mediante *declaração de vontade da comunhão*, nos casos de ausência do acordante ou de sua abstenção de voto.

A *declaração substitutiva de voto* prevista no § 9º será feita diretamente pelos representantes da comunhão nas assembleias ou por intermédio de conselheiro ou diretor que represente a vontade majoritária do acordo nas reuniões do respectivo órgão onde deverão ser implementados os votos

---

453 Cf. relata o autor, *Acordo de acionistas*, cit., 1984, p. 245 e s.

454 *V.* comentários ao art. 109.

correspondentes ao direcionamento dos convenentes, obtido também majoritariamente em *reunião prévia*.

AINDA OS §§ 8º E 9º DO ART. 118

Os §§ 8º e 9º tratam de declaração da ineficácia dos atos de obstrução que os dissidentes do acordo venham a produzir contrariamente ao decidido por maioria nas reuniões do órgão interno da comunhão de controle, as denominadas *reuniões prévias*.

A propósito, tratando o § 9º de *matéria processual* no campo da *autotutela*, produz efeitos imediatos sobre todos os acordos de voto em bloco a partir da vigência da Lei n. 10.303, de 2001, vinculando os procedimentos que estão em curso na execução desses acordos celebrados anteriormente à sua vigência.

Deve-se acrescentar que o dever legal contido no § 8º a respeito da obrigatoriedade da suspensão do voto contrário ao acordo, por parte do presidente da assembleia ou do Conselho de Administração e da diretoria, torna imperativos esses procedimentos que, anteriormente à vigência da Lei n. 10.303, de 2001, vinham sendo adotados na prática das convenções com votação em bloco.

Assim, o *procedimento suspensivo* previsto no § 8º apenas torna obrigatória a prática legítima já anteriormente adotada na execução dos acordos de controle arquivados na sociedade anteriormente à vigência da Lei n. 10.303, de 2001.

No caso do § 8º, portanto, a imperatividade dessa norma, a partir da vigência do Diploma de 2001, legitima os procedimentos que nesse mesmo sentido foram, na prática, adotados pelos presidentes de mesa, notadamente do conselho de administração, em que os votos dados pelos conselheiros contrários à orientação majoritariamente obtida na *reunião prévia* não eram considerados.

Como referido, o *regime de votação em bloco* visa ao exercício do *poder-dever de controle comum* da companhia (arts. 118, *caput*, e 116, parágrafo único). Em consequência, o *direcionamento* dos votos para o exercício desse controle comum deve ser *majoritariamente* definido em reuniões da comunhão dos acionistas que compõem o bloco de controle. As graves responsabilidades desse *poder-dever de controle* demandam, com efeito, que o seu exercício pelo *bloco de ações* de controle seja uniformemente direcionado, não podendo ser fragmentado e, assim, prejudicado pela eventual dissidência de alguns dos participantes dessa comunhão de interesses, na medida em que está revestida da grave responsabilidade de exercer o comando da companhia.

E essa dissidência não poderá prevalecer nas deliberações que demandam os votos dos controladores acordantes nas assembleias da companhia e na deliberação dos conselheiros e diretores eleitos em decorrência do acordo.

Tal dissidência, portanto, não pode produzir efeitos diante da absoluta indispensabilidade do exercício uniforme e, portanto, harmônico do *poder-dever de controle*, tendo em vista o interesse social (arts. 116, parágrafo único, e 117).

A sociedade seria necessariamente prejudicada se essa dissidência pudesse conturbar o exercício das graves responsabilidades que advêm do *poder-dever de controle* (§ 2º).

A eventual dissidência de acionista componente da comunhão de controle deve manifestar-se em juízo ou perante os árbitros (art. 109, § 3º), em cujo âmbito deve o dissidente arguir o seu conflito em face dos acionistas que majoritariamente integram o *acordo de voto em bloco*.

ABUSO DOS CONVENENTES MAJORITÁRIOS NA UTILIZAÇÃO DO REGIME DE AUTOEXECUÇÃO E DE AUTOTUTELA — §§ 8º E 9º

Ademais, a matéria de quórum majoritário, em se tratando de acordo de controle, deve levar em conta o ajustado na convenção no que respeita ao direcionamento de voto convencionado.

Não se trata, portanto, apenas de observância, pelo presidente da Mesa, do deliberado em reunião prévia quanto à votação em bloco, consoante os procedimentos estabelecidos, como princípio de ordem pública, nos referidos §§ 8º e 9º do art. 118.

Também esses procedimentos devem ser necessariamente aplicados no que respeita diretamente aos termos do próprio acordo de controle, ou seja, o cumprimento de suas cláusulas.

A propósito, é expresso o referido § 8º do art. 118: "O presidente da assembleia ou do órgão colegiado de deliberação da companhia não computará o voto proferido com infração de acordo de acionistas devidamente arquivado".

O mesmo se repete quanto ao regime de autotutela instituído no § 9º, ao dispor a aplicação da norma por infringência "dos termos do acordo".

Assim, o presidente da Mesa, *ex officio*, ou por provação de qualquer acionista, convenente ou não, não computará o voto proferido pelos controladores, em maioria, que contrariem os termos expressos do acordo.

Assim, v.g., o acordo de controle prevê a eleição de determinada pessoa para ocupar um cargo, ou o direito de indicar quem o preencherá. Essa regra não pode ser inobservada pelos demais convenentes em assembleia geral, ou por meio de votação de administradores eleitos pela comunhão nos órgãos da companhia.

Essa vedação se aplica, outrossim, à própria reunião prévia, que não pode deliberar em descumprimento ou infringência dos termos do acordo, sob qualquer pretexto ou justificação.

Tratar-se-á, no caso, de abuso de poder e abuso de direito por parte dos convenentes majoritários contra os interesses assegurados, no acordo, a favor de um ou mais convenentes.

Será nula tal deliberação contrária aos termos expressos da convenção, manifestada em voto majoritário na assembleia geral, ou, indiretamente, nos órgãos de administração pela maioria dos indicados pela comunhão (conselho e diretoria).

Não se pode, com efeito, fazer prevalecer o deliberado em reunião prévia, contrariamente aos termos do acordo para, por meio do regime de autoexecução e autotutela, infringi-lo.

Seria, com efeito, uma forma ilícita de infringir do acordo, pela imposição da não observância dos seus termos, sob o pretexto de haver sido a infringência deliberada em reunião prévia, ou mesmo diretamente, sem que dela conste.

Daí se conclui que o exercício da função de autoexecução do presidente da Mesa refere-se diretamente aos termos expressos do próprio acordo. E desde que observados estritamente esses termos, cabe-lhes, por força do que dispõem os referidos §§ 8º e 9º, fazer cumprir o que for deliberado, regular e licitamente, pela maioria dos convenentes, em reunião prévia.

Repita-se: não pode o regime de autoexecução e de autotutela ser utilizado para infringir os termos do próprio acordo.

Qualquer crise de certeza sobre determinadas cláusulas do acordo ou do exercício de direitos ali previstos, de interesse de qualquer de seus convenentes ou da própria comunhão, deverá ser dirimida em juízo arbitral ou estatal.

Não pode, em consequência, servir o regime de autoexecução e de autotutela como instância "cautelar", sob nenhum pretexto ou justificativa.

No caso de uso ilícito dos regimes de autoexecução e de autotutela, além dos efeitos constitutivos próprios do direito violado, cabe a condenação do presidente da Mesa e dos convenentes que o infringiram, por acaso ou omissão, pela prática, por todos eles, de abuso de poder, desvio de poder e abuso de direito.

PRINCÍPIO MAJORITÁRIO

Reitera a Lei de 1976, formalmente, o princípio majoritário[455] reconhecido em todas as legislações como fruto da aceitação da teoria institucionalista[456].

Entende-se como princípio majoritário na assembleia geral a decisão eficaz tomada pelos acionistas que aglutinam maior soma do capital votante e que, assim, representam a vontade social.

A adoção desse regime origina-se da impossibilidade teórica de a assembleia geral deliberar por unanimidade[457]. A decisão unânime, de caráter eminentemente contratualista, não se coaduna com a estrutura da sociedade anônima. Por isso, a Lei sujeita os acionistas a regras de obediência e de vinculação à vontade social manifestada pelos votos majoritários regularmente declarados em assembleia geral.

O acionista, ao se submeter, por imposição legal, a essa regra, não renuncia a direitos que poderiam entender-se próprios da relação contratual. A sociedade anônima não se compadece com a estrutura das relações próprias do contrato bilateral, em que as decisões devem originar-se do consentimento das partes.

A lei cria regras próprias que disciplinam as relações internas entre os acionistas, fundamentadas no princípio de que as resoluções ou deliberações sociais manifestam-se por maioria de votos e não por unanimidade[458].

Trata-se de princípio de ordem pública, inderrogável pelo estatuto ou pela assembleia geral[459]. Não pode, pois, o estatuto, v. g., instituir que caberá a determinada minoria na assembleia estabelecer a vontade social ou, contrariamente, que certos assuntos, além daqueles prescritos em lei (art. 221), somente poderão ser deliberados pelo voto unânime dos acionistas presentes.

QUÓRUM DE INSTALAÇÃO E QUÓRUM DELIBERATIVO

"Exigir um quórum não é impor a participação dos acio-

455 V. comentários ao art. 121.
456 V. comentários aos arts. 116 e 117.
457 Halperin, *Sociedades anónimas*, cit., p. 562, nota 21.
458 Valverde, *Sociedades por ações*, cit., v. 2, p. 110.
459 Sobre o tema, Ascarelli, Sui poteri della maggioranza nelle società per azioni ed alcuni loro limiti, in *Studi in tema di società*, Milano, Giuffrè, 1952, p. 99 e s.

nistas; é somente subordinar a validade das decisões de uma assembleia à presença ou à representação de um número suficiente de acionistas"[460].

A Lei, ao disciplinar a matéria, estabelece diferentes critérios quanto ao quórum de instalação e ao de deliberação da assembleia geral. O primeiro verifica-se pela soma de todas as ações com direito de voto trazidas à assembleia geral pelos seus titulares, nelas se contando, inclusive, as que, em virtude de conflito formal de interesses, não poderão ser computadas na votação de determinadas matérias da ordem do dia (art. 115).

Já o quórum de deliberação é formado unicamente por aquelas ações votadas antes que efetivamente se manifestaram sobre a proposta respectiva a favor ou contra. Excluem-se desse cômputo os votos em branco, neles compreendidos os que nada declararam, os que se abstiveram ou os que votaram fora de matéria em pauta[461], ou, ainda, os votos dissidentes em acordo de controle, sob o regime de votação em bloco (art. 118, § 8º)[462].

Assim, excluem-se do quórum deliberativo não só os votos em branco propriamente ditos — à exceção dos votos em branco de subscritores de acordo de controle que são substituídos pelo voto da comunhão de controle (art. 118, § 9º) — como também os votos nulos.

Votos em branco são aqueles que, pelo sistema de escrutínio, não contêm qualquer declaração de vontade quanto ao mérito. Abstenção de voto é a declaração verbal de não manifestação de vontade quanto ao mérito. Tem, obviamente, o mesmo efeito do voto em branco inserido em cédula.

Voto nulo é aquele que, no sistema de sufrágio por cédula, contém declaração estranha ao objeto da votação. Será também considerada nula a declaração verbal do acionista, nas votações em aberto, que não se coadune com a matéria votada naquele momento.

Estabelecida a maioria eficaz representada pelos votos válidos, esta traduz, nos limites da Lei e do estatuto, a vontade social. É por meio das deliberações válidas, tomadas na assembleia geral, que a companhia encontra a forma de expressar a sua vontade[463 e 464].

---

460 Brunetti, *Tratado*, cit., v. 2, p. 391 e s. *V.* comentários ao art. 125.

461 Sobre o direito estrangeiro em matéria de *quorum*, *v.* comentários ao art. 131, Cunha Peixoto, *Sociedades por ações*, cit., v. 3, p. 77.

462 *V.* comentários ao art. 118.

463 Valverde, *Sociedades por ações*, cit., v. 2, p. 111. Sobre a formação da vontade social e sua representação perante terceiros, Ascarelli, *Problemas*, cit., p. 367 e s.

464 Sobre o princípio majoritário nas deliberações sociais, STJ, REsp 362.778/RS, Rel. Min. Sálvio de Figueiredo Teixeira, *DJU* 23-6-2003, p. 374. In Lazzareschi, ob. cit., p. 332.

FUNDAMENTO DA EXCLUSÃO DO VOTO EM BRANCO

Ao excluir os votos em branco e nulos do quórum deliberativo da assembleia geral, visa a Lei a que os acionistas presentes efetivamente assumam o encargo de decidir pela companhia, votando a favor ou contra as propostas apresentadas[465].

Esse fundamento é da maior importância, na Lei, uma vez que é pelo voto que se caracteriza o mencionado abuso de direito do acionista (art. 115). Outro tanto se pode dizer dos casos de abuso e desvio de poder por parte dos controladores mediante o exercício do voto (art. 117).

Cabendo a todo acionista, controlador ou não, exercer o voto no interesse da companhia, muito dificilmente se poderia imaginar cumprido esse requisito pelo absenteísmo[466].

OBSTRUÇÃO E RESPONSABILIDADE PELO VOTO EM BRANCO

O voto em branco ou nulo, na medida em que impeça a verificação de quórum deliberativo mínimo, poderá caracterizar-se como abuso de direito por parte do acionista minoritário, que, dessa forma, logrará obstruir os trabalhos (art. 115).

Da parte do controlador, tal conduta constituirá, efetivamente, abuso de poder, pois não se pode admitir a sua abstenção, ao votar matéria de interesse social, ou, então, que utilize suas ações para negar número legal para as deliberações da assembleia geral. Nesse caso, cabe o remédio instituído nos §§ 8º e 9º do art. 118, acrescentados pela Lei n. 10.303, de 2001.

Em face das responsabilidades do voto que a Lei instituiu para os acionistas em geral (art. 115) e para os controladores em especial (art. 117), o voto em branco ou nulo poderá constituir exercício abusivo do direito de voto. A Lei não isenta os acionistas da responsabilidade pelos danos causados, ainda que o seu voto não tenha prevalecido (art. 118).

ESPÉCIES DE MAIORIA

Para o efeito de cômputo dos votos, fala a Lei em maioria absoluta e qualificada (art. 136).

---

465 Valverde (*Sociedades por ações*, cit., v. 2, p. 112) entende que, ao excluir os votos em branco, a lei pune o indiferentismo. A respeito de abstenção de voto e questões correlatas, H. Fargosi, *Nuevas cuestiones de derecho comercial*, p. 95 e s.

466 *V.* comentários ao art. 118.

Essas duas espécies de maioria contrastam com aquela de maioria relativa, que não é admitida pela Lei como quórum deliberativo. A maioria relativa, com efeito, é o maior número de votos obtidos, sem qualquer referência a um percentual mínimo do total dos votos dados.

Calcula-se as maiorias absoluta e qualificada, no entanto, sobre o número total dos votos validamente manifestados[467]. A maioria absoluta corresponderá a 50% mais um dos votos. A maioria qualificada representará o percentual acima deste, estabelecido na Lei[468] ou, facultativamente, no estatuto social da companhia fechada.

Convém, a respeito, notar que tanto a maioria absoluta como a qualificada têm como referência os votos válidos da assembleia geral e não o número de ações votantes do capital social.

QUANDO O PRINCÍPIO MAJORITÁRIO NÃO PREVALECE

A decisão majoritária, absoluta ou qualificada, não prevalece, em se tratando de prerrogativas individuais de minoria e de classe de ações cujos respectivos direitos são inderrogáveis pelo estatuto ou pela assembleia geral (art. 109)[469].

Também não prevalece quando a Lei excepcionalmente exige deliberação unânime, que é o caso de transformação da forma societária. Neste caso, a Lei impõe a decisão unânime de todos os acionistas, com e sem direito de voto, salvo se anteriormente tiver sido prevista a hipótese no estatuto social (art. 221). O vigente art. 72 da Lei n. 2.627, de 1940, da mesma forma exige consentimento unânime de todos os acionistas para a mudança da nacionalidade da companhia estrangeira (art. 300).

CÁLCULO COM BASE NO CAPITAL SOCIAL

Computam-se os votos na proporção dos quinhões de cada acionista no capital, representados pelas respectivas ações. O menor quinhão — ou seja, uma ação — corresponderá a um voto nas deliberações sociais (art. 110).

---

467 Valverde, *Sociedades por ações*, cit., v. 2, p. 112 e s.; Cunha Peixoto, *Sociedades por ações*, cit., v. 3, p. 77 e s.; Aloysio Lopes Pontes, *Sociedades anônimas*, Rio de Janeiro, Forense, 1957, v. 2, p. 472.

468 *V.* comentários aos arts. 135 e 136.

469 *V.* comentários ao art. 109.

Essa regra ancestral da parceria marítima aplicada pelas sociedades mercantis encontra-se reproduzida no art. 486 do nosso Código Comercial, nos seguintes termos: "Nas parcerias ou sociedades de navios, o parecer da maioria no valor dos interesses prevalece contra o da minoria nos mesmos interesses, ainda que esta seja representada pelo maior número de sócios e aquela por um só. Os votos computam-se na proporção dos quinhões; o menor quinhão será contado por um voto".

Prevalece, portanto, o caráter capitalista do colégio acionário, cujas presenças e votos na assembleia geral contam-se pelo capital possuído e não pelo número das pessoas titulares das respectivas ações.

Essa regra fundamental — proporção entre capital e voto — é, no entanto, paradoxalmente relativa na sociedade anônima, ao passo que é plena e absoluta na maioria das sociedades comerciais de pessoas.

Isso porque a maioria das legislações admite, na sociedade anônima, a propriedade de quinhão de capital sem direito a voto. Em nossa Lei, as ações sem voto poderão constituir até dois terços do capital social, *ex vi* da escala geométrica das ações preferenciais (art. 15) nas companhias constituídas anteriormente à vigência da Lei n. 10.303, de 2001 (art. 15, c/c o art. 8º deste diploma).

RELATIVIDADE DA REGRA DO CAPITAL SOCIAL EM FACE DO PRECEITO DE EMISSÃO

É, outrossim, relativa essa regra de proporção entre o quinhão de capital e o voto, tendo em vista que este se conta pelo número de ações possuídas, independentemente do valor de emissão destas. Esse valor poderá, como se sabe, variar entre uma emissão e outra ou entre uma classe e outra de ações.

Todas as ações, com e sem valor nominal, devem ser emitidas pelo seu valor real, nos aumentos de capital por subscrição, razão por que variará intensamente o seu preço de emissão (art. 170). Assim, o quinhão com que o acionista contribuiu para o capital social, no ato de subscrição, não corresponde exatamente ao número de votos que terá na assembleia geral.

Tomemos o seguinte exemplo: um acionista que, em uma emissão de capital em 2011, subscreveu mil lotes de ações sem valor nominal por dez reais cada uma terá o mesmo número de votos daquele que, em 2013, subscreveu também mil ações sem valor nominal, porém a trinta reais cada.

Da mesma forma, com relação às ações com valor nominal, terá o mesmo número de votos o acionista que, em determinada emissão, subscreveu quinhentas pelo seu valor nominal e um outro que, um ano após, subscreveu também ações com um ágio de cinco reais por ação.

RELATIVIDADE PELA LIMITAÇÃO AO NÚMERO DE AÇÕES

Também a regra de os votos corresponderem ao quinhão com que cada acionista contribuiu para o capital social torna-se relativa pela possibilidade de limitação ao número de votos de cada sócio (art. 110), cujo fundamento é o de proteger a minoria, mediante a minimização do poder de controle por aqueles que detêm grandes lotes de ações[470].

Essa restrição estatutária deve alcançar a todos os acionistas, sem exceção. Ao instituir esse regime, o estatuto deve obedecer ao sistema de voto mínimo, o que torna desproporcional o número de votos somente a partir de certo piso.

Em consequência, todos os pequenos quinhões de ações terão voto idêntico em razão das ações possuídas. Somente após determinado valor de cada quinhão é que os votos passam a contar-se por lotes de dezena, centena ou milhar de ações. Nesta altura, portanto, manifesta-se a desproporção entre voto e quinhão de capital possuído.

NATUREZA JURÍDICA DAS DELIBERAÇÕES

A deliberação social é um processo volitivo que inclui a fase de discussão e de votação[471]. Não se confunde, portanto, deliberação com votação pura e simples. Trata-se de uma combinação de atos, representados pelas declarações de vontade de cada acionista, que se unificam, constituindo, pelo prevalecimento do voto majoritário, a vontade da assembleia geral (art. 121), que também é a da própria companhia[472].

Esse princípio deve ser rigorosamente observado no que respeita às presenças *on line* de acionistas (arts. 100, 121 e 127). Os participantes *on line* devem ter absoluto acesso às discussões, de que devem plenamente participar, pelos meios eletrônicos colocados à sua disposição durante os trabalhos do conclave.

---

470 *V.* comentários ao art. 110. Valverde, *Sociedades por ações*, cit., v. 2, p. 115; Garrigues-Uría, *Comentario*, cit., v. 2, p. 442.

471 Conforme as teorias trazidas por Pedrol, *La anónima actual*, cit., p. 106 e s.; Ascarelli, *Problemas*, cit., p. 398.

472 *V.* comentários ao art. 118. Pedrol, *La anónima actual*, cit., p. 109.

A deliberação social é, pois, um ato complexo, na medida em que é uma combinação de atos interdependentes ou conexos[473].

Constitui também a deliberação social um ato coletivo, pois nele existe identidade quanto ao fim e quanto aos procedimentos. Trata-se de ato colegial, pois existe unidade de impulso dirigido para o mesmo fim[474].

Não há como negar ao ato complexo da discussão e votação das matérias, objeto da assembleia geral, a natureza de ato colegial, uma vez que os acionistas não apenas desejam alcançar o mesmo efeito jurídico, como também têm o mesmo interesse em consegui-lo[475].

E, sendo um ato complexo e colegial, a deliberação é um processo de formação de vontade de um sujeito, ou seja, de uma parte. É, pois, um ato unilateral[476].

A deliberação diz respeito à formação da vontade da companhia e não propriamente à declaração dessa mesma vontade.

Em consequência, as deliberações não são diretamente dirigidas aos terceiros estranhos à companhia. Os destinatários da deliberação da assembleia são os administradores da companhia, aos quais cabe, por sua vez, por representação atribuída por Lei aos diretores, declarar a vontade social perante terceiros[477].

MAIORIA QUALIFICADA

A Lei faculta ao estatuto de companhia fechada que estabeleça exigência de quórum maior para certas deliberações. Não admite, porém, quórum menor do que o absoluto. Como referido, maioria absoluta é a metade mais um dos votos realmente manifestados pelos acionistas presentes à assembleia geral[478]. É, portanto, o número imediatamente superior à metade, ainda que esta seja fracionária[479].

---

473 Conforme a teoria de Carnelutti, invocada por Pedrol, *La anónima actual*, cit., p. 108.

474 Carnelutti, apud Pedrol, *La anónima actual*, cit., p. 108.

475 Pedrol, *La anónima actual*, cit., p. 108.

476 Ascarelli, *Problemas*, cit., p. 398 e s.

477 Ascarelli, *Problemas*, cit., p. 399.

478 Valverde, *Sociedades por ações*, cit., v. 2, p. 112.

479 RE 44.585, *DJ*, 12 out. 1961, p. 2239, citado por Cunha Peixoto, *Sociedades por ações*, cit., v. 3, p. 123.

A Lei, ao facultar quórum diverso na companhia fechada, em nenhuma hipótese admite que a deliberação seja tomada por maioria relativa, isto é, por maioria que não represente metade mais um dos votos dados.

A permissão conferida é de aumento do quórum, sempre com base no número de ações votantes presentes à assembleia. Será o quórum qualificado, ou seja, *mais* do que a metade mais um dos votos validamente manifestados no conclave. Essa maioria qualificada poderá ser, v. g., de 60% dos votos efetivos ou, como normalmente se exige, 2/3 desses mesmos votos[480].

SOMENTE PARA DETERMINADAS DELIBERAÇÕES

A Lei é expressa no sentido de restringir o alcance dessa exigência estatutária de aumento de quórum na companhia fechada. O quórum qualificado pode apenas atingir determinadas matérias expressamente declaradas no próprio estatuto que o instituiu.

Ao assim determinar, procurou a Lei evitar o bloqueio absoluto da minoria sobre todos os assuntos de interesse social, o que levaria a um impasse na vida da companhia.

Entenda-se, pois, que essas matérias, objeto da deliberação por quórum qualificado, não podem ser aquelas próprias da assembleia geral ordinária (art. 132). Nem podem atingir questões inerentes ao desenvolvimento normal da companhia, como aumentos do capital social por subscrição (art. 170).

Somente poderão ter por objeto matérias que modifiquem a estrutura jurídica ou patrimonial da companhia, tais como incorporação, fusão, cisão e mesmo transformação da forma societária, se estatutariamente prevista (art. 221); ou, ainda, a liquidação da companhia ou sua integração em grupo de sociedades ou a constituição de subsidiária integral.

Ademais, sob o aspecto de modificações patrimoniais, poderá o estatuto prever que determinadas aquisições, alienações e onerações deverão ser submetidas à assembleia geral, cuja deliberação dependerá de quórum qualificado ali estabelecido.

Fora dessas hipóteses, não se pode admitir o quórum qualificado, pois representaria a ditadura da minoria acionária.

MINORIAS DE BLOQUEIO

O quórum qualificado propicia a formação das chamadas

---

480 Nesse sentido, AI 598.467.140, Rel. Desa. Maria Isabel Broggini, do TJRS, j. em 9-2-1999.

minorias de bloqueio, capazes de obstruir a aprovação das deliberações sociais[481].

Tendo em vista esse fenômeno, na vigência da Lei anterior, de 1940, o entendimento era no sentido da impossibilidade de tal cláusula[482]. No mesmo sentido, há manifestações na doutrina estrangeira[483].

Entretanto, a Lei de 1976 facultou esse regime nas companhias fechadas, como "medida de grande utilidade na associação de grupos".

Com efeito, o quórum qualificado possibilita à minoria obstruir até o funcionamento da empresa[484].

Em todo caso, representa a prevalência da minoria sobre a maioria[485], o que, de resto, vem consolidar a estrutura da Lei vigente, que se fundamenta na dissociação entre o risco do capital e o domínio da companhia[486], mediante a substituição da figura do acionista majoritário pela do acionista controlador (art. 116).

A participação de grupos minoritários no comando, de fato, da sociedade encontra no dispositivo ora comentado mais uma modalidade de efetivação, no capítulo das companhias fechadas, juntando-se ao regime previsto no art. 18[487].

DIREITO DE "VETO" DE GRUPOS MINORITÁRIOS

A forma de assegurar a grupos com pequena participação no capital uma ascendência efetiva sobre a política e a condução da sociedade é a de outorgar-lhe o direito de *veto*. Essa possibilidade tornou-se efetiva com a criação de classe especial de preferenciais (art. 18) e também com a exigência, facultada pela Lei, de quórum qualificado, ora estudado.

---

481 André M. de Andrade, *Anotações à Lei das Sociedades Anônimas*, São Paulo, Atlas, 1977, p. 140.

482 Valverde, *Sociedades por ações*, cit., v. 2, p. 114; Cunha Peixoto, *Sociedades por ações*, cit., v. 3, p. 78 e s.

483 Hemard, *Sociétés*, cit., v.1, p. 220: "Seria nula uma cláusula estatutária diminuindo ou reforçando a maioria prevista em lei". Ainda sobre a matéria, notadamente sobre as maneiras de se elevar a maioria necessária para uma deliberação, Dalmartello, *Rivista delle Società*, 1960, p. 35 e s.

484 Cunha Peixoto, *Sociedades por ações*, cit., v. 3, p. 79.

485 Cunha Peixoto, *Sociedades por ações*, cit., v. 3, p. 78.

486 *V.* comentários ao art. 116.

487 *V.* comentários ao art. 18.

Existem determinadas atividades empresariais de que não pode participar capital estrangeiro além de certo percentual. Essa minoria de bloqueio, instituída pelo Direito vigente, permite, de fato, a participação de grupo alienígena minoritário no comando da companhia, mediante o direito de *veto* em certas deliberações sociais.

Também o mesmo expediente legal possibilita que as companhias nacionais com participação estrangeira preencham formalmente, junto aos bancos de desenvolvimento, o requisito de nacionalidade brasileira do capital, sem que, com isto, fique alijado, de fato, do comando da sociedade, o grupo estrangeiro que dela participa.

CRITÉRIOS PARA O DESEMPATE

A Lei prevê diversos critérios para dirimir o impasse nas deliberações sociais, partindo de um falso pressuposto de que o empate constitui uma categoria especial nas decisões da assembleia geral. Na realidade, isso não existe. Talvez o legislador de 1976, ainda nesse passo, tenha se inspirado na disciplina da parceria marítima de nosso Código Comercial que, no citado art. 486, última parte, preceitua que "no caso de empate decidirá a sorte, se os sócios não preferirem cometer a decisão a um terceiro".

Na realidade, não há, além dos votos vencedores da maioria absoluta e, consequentemente, dos votos vencidos da minoria, uma categoria intermediária.

Esta última constitui uma contradição com o princípio majoritário. Como ensina a melhor doutrina, o empate é aparente, porque, se não foi obtida a maioria exigida por Lei, a proposição foi recusada[488]. Assim, se o resultado da votação aponta o empate, não haverá, evidentemente, deliberação[489].

O impasse na votação erigido à categoria de deliberação que deve ser dirimida constitui, pois, um equívoco. Não obstante, cabe indagar sobre as diversas hipóteses previstas na lei[490 e 491].

---

488 Cunha Peixoto (*Sociedades por ações*, cit., v. 3, p. 79 e s.) leciona: "Só aparentemente há empate. Realmente houve derrota da tese. Com efeito, a lei determina que a resolução só será vitoriosa se atingir a maioria absoluta de votos dos que comparecerem à assembleia. *A contrario sensu*, se não houve esta maioria, a questão foi derrotada".

489 Valverde, *Sociedades por ações*, cit., v. 2, p. 113.

490 EI 274.460-4/0-01, Rel. Des. Antônio Maria Lopes, 3ª Câm. Cív. do TJSP, j. em 3-5-2005.

491 Sobre a matéria de empate, Decisão em *RT* 641/65; TJSP, 3ª Câm., Emb. Inf. 274.460-4/0-01, Rel. Des. Antonio Maria Lopes, j. em 3-5-2005. In Lazzareschi, ob. cit., p. 335 e s.

PROCEDIMENTO DE ARBITRAGEM — PACTO PARASSOCIAL

A cláusula compromissória estatutária constitui um *pacto parassocial* entre a sociedade e os seus fundadores e acionistas que aprovaram a sua inclusão estatutária ou que expressamente aderiram aos seus termos.

A cláusula compromissória estatutária tem a mesma natureza dos acordos de acionistas (art. 118) e da cláusula deliminatória à circulação das ações de que trata o art. 36.

A *cláusula compromissória estatutária* é uma *convenção* entre a sociedade e determinados acionistas que manifestaram sua vontade, individualmente e a da própria sociedade. Trata-se de um *pacto parassocial* entre a sociedade e esses acionistas individuais.

Não se confunda a cláusula compromissória estatutária com as normas estatutárias impostas a todos os acionistas coletiva e individualmente. Há, como lembra Oppo, com apoio em Vivante[492], clara distinção entre a livre declaração de vontade dos acionistas e a obrigação dos acionistas como membros da sociedade.

Ao renunciar à jurisdição estatal para adotar o juízo arbitral, o acionista e a sociedade estão *renunciando* a um *direito essencial* que, portanto, tem caráter personalíssimo, como referido, não se transmitindo aos acionistas que não renunciaram expressamente a esse direito constitucionalmente assegurado (art. 5º, XXXV) e societariamente reiterado (§ 2º do art. 109).

Em consequência, o *pacto parassocial* que instituiu a cláusula compromissória estatutária restringe seus efeitos e sua exigibilidade à sociedade e, individualmente, aos acionistas estipulantes.

Trata-se de *convenção* que não se impõe às *relações sociais*, que se mantêm fundadas no juízo estatal[493]. Não logra, com efeito, a *cláusula compromissória estatutária* estabelecer uma *relação de subordinação* aos seus termos com respeito aos acionistas que individualmente não a subscreveram. E quanto aos seus efeitos prevalece o procedimento imposto pelo parágrafo único do art. 36, que demanda a concordância expressa dos acionistas aos termos da respectiva alteração estatutária.

---

492 Giorgio Oppo, *I contratti parassociali*, Milano, Vallardi, 1942, p. 3 e s.

493 Giorgio Oppo, *I contratti parassociali*, cit., p. 7 e s.

Trata-se, portanto, a cláusula compromissória estatutária, de *convenção entre partes*, oponível à sociedade e aos acionistas individualmente comprometidos[494].

Assim, a *cláusula compromissória* prevista no § 3º do art. 109 não constitui *norma estatutária organizacional* da sociedade, mas pacto parassocial que a Lei prevê como válido e eficaz[495]. O mesmo ocorre com a cláusula estatutária que limita a circulação das ações (art. 36)[496]. Aqui também se trata de pacto parassocial. A propósito, prevê o parágrafo único do art. 36 que a alteração estatutária parassocial somente se aplicará às ações cujos titulares com ela expressamente concordem, mediante pedido de averbação no "Livro de Registro de Ações Nominativas" (art. 100, com a redação dada pela Lei n. 12.431, de 2011).

OUTROS CRITÉRIOS ESTATUTÁRIOS — VOTO PLURAL

Além da arbitragem, a Lei faculta que o estatuto estabeleça outros critérios. Dentre estes, ocorre de imediato a ideia do voto dirimente do presidente da mesa da assembleia geral ou de qualquer acionista. Esta solução foi inclusive aventada por Valverde[497], o que foi logo rebatida, com incontestável propriedade, por Cunha Peixoto, que aponta, na hipótese, a instauração de voto plural (art. 110)[498], nos seguintes termos: "O argumento esposado pelos partidários da possibilidade de os estatutos permitirem o desempate pelo presidente da assembleia ou pelo acionista mais velho encontra resistência no parágrafo único do art. 80[499]. Este dispositivo veda o voto plural, e é desta natureza o segundo voto dado por um acionista — seja ele qual for — com o objetivo de estabelecer o desempate. Realmente, o que o estatuto estava fazendo era atribuir ao acionista presidente da assembleia ou ao mais idoso um voto a mais, o que é proibido pela legislação brasileira".

---

494 Cf. Antonio Pedrol, *La anónima actual y la sindications de acciones*, Madrid, Ed. Revista de Derecho Privado, 1969, p. 17 e s.

495 Cf. Giorgio Bianchi, a cláusula compromissória é um pacto acessório com a função de obrigar as partes a remeter à decisão de árbitros as controvérsias decorrentes do contrato principal, tendo ela individualidade própria e autonomia, destacando-se do contrato ao qual acede.

496 *V.* comentários ao art. 36.

497 Valverde, *Sociedades por ações*, cit., v. 2, p. 113.

498 Cunha Peixoto, *Sociedades por ações*, cit., v. 3, p. 79 e s.

499 Art. 80 do Decreto-Lei n. 2.627, de 1940, reproduzido no art. 110 da Lei n. 6.404, de 1976.

Vê-se, portanto, que o estatuto não pode estabelecer o regime do voto dirimente pelas razões acima expostas. Outras soluções devem ser encontradas por conta da criatividade dos advogados.

CONVOCAÇÃO COM INTERVALO DE DOIS MESES

A norma ora comentada assemelha-se a um mau discurso que, iniciado com infelicidade, vai se afundando em contradições e alusões cada vez mais impróprias. Dispõe a Lei de 1976 que, se não houver previsão estatutária para resolver o impasse, deverá a nova assembleia ser convocada com intervalo *mínimo* de dois meses.

O "fundamento" desse dispositivo somente pode estar em erro gráfico do autógrafo da Lei, pois, na, realidade, é inconcebível que uma sociedade na qual os sócios encontrem-se em um impasse sobre a matéria de assembleia geral deva submeter-se a um período de meditação de *pelo menos dois meses* para voltar ao assunto, como se a companhia pudesse, na maioria dos casos, aguardar tanto tempo para decidir seus negócios jurídicos. A solução, neste caso, será a reforma do dispositivo[500].

PERMANÊNCIA DO IMPASSE — LEI N. 9.307, DE 1996

Malograda essa audiência de conciliação entre os acionistas, faculta a Lei que, mesmo sem previsão estatutária, os sócios cometam a questão à arbitragem. Aqui teremos os inconvenientes da possível delonga do juízo arbitral, além da já mencionada derrogação da soberania da assembleia geral, o que constitui extravagância sem precedentes. Não haverá revisão pelo Judiciário *ex vi* da Lei n. 9.307, de 1996[501].

Mas se os acionistas resolverem desprezar a arbitragem, manda a Lei que se remeta a questão ao Poder Judiciário, para que ele decida o mérito do impasse, visando ao interesse da companhia. Evidentemente que a recomendação final é despicienda.

Porém, pergunta-se: com que critério poderá o Judiciário decidir esse mérito? A perplexidade é total, valendo a respeito as observações de Darcy de Arruda Miranda[502]: "Resta saber se tais funções lhe são cabentes e, em

---

500 É bem possível que o legislador, nesse passo, tenha se inspirado, apressada e inadvertidamente, no direito francês (art. 156 da lei francesa de 1966).

501 *V.* comentários ao art. 118.

502 Darcy de Arruda Miranda Jr., *Breves comentários à Lei de Sociedades Anônimas*, p. 187.

qualquer caso, qual o critério de que se valerá, tratando-se não só de um terceiro, mas de uma decisão a ser tomada por um membro de um Poder fora dos negócios comerciais, proibido mesmo de ser comerciante, sujeito, não a aplicar a lei a um fato que lhe é submetido, mas a dar o seu voto de Minerva em assunto que foge completamente às suas atribuições normais"[503].

PERSISTÊNCIA DO IMPASSE — DISSOLUÇÃO

O impasse, nas deliberações da assembleia geral, se persistir após o período mínimo de reconciliação (dois meses), leva à dissolução judicial, que é o único remédio possível, na espécie, de resto previsto no art. 206 da Lei.

Com efeito, o impasse evidencia a impossibilidade de a companhia preencher o seu fim, cabendo a acionistas que representem 5% ou mais do capital social propor a medida. Nada impede, outrossim, que se dissolva a companhia convencionalmente por deliberação da assembleia geral em tal hipótese (arts. 136 e 206)[504].

Fora dessas duas soluções, as outras podem delongar o impasse, em prejuízo do próprio patrimônio social que, nesse ínterim, poderá deteriorar-se, causando danos aos próprios acionistas e aos credores. E o voto dirimente, que poderia ser a solução lógica, não tem forma jurídica no contexto da Lei, que proíbe o voto plural (art. 110, § 3º).

ATA DA ASSEMBLEIA

Art. 130. Dos trabalhos e deliberações da assembleia será lavrada, em livro próprio, ata assinada pelos membros da mesa e pelos acionistas presentes. Para validade da ata é suficiente a assinatura de quantos bastem para constituir a maioria necessária para as deliberações tomadas na assembleia. Da ata tirar-se-ão certidões ou cópias autênticas para os fins legais.

§ 1º A ata poderá ser lavrada na forma de sumário dos fatos ocorridos, inclusive dissidências e protestos, e conter a transcrição apenas das deliberações tomadas, desde que:

---

503 A respeito, Decisão do STJ, REsp 49.960/RS, Rel. Min. Sálvio de Figueiredo Teixeira, *DJU*, 23-6-2003, p. 370.

504 *V.* comentários ao art. 136.

a) *os documentos ou propostas submetidos à assembleia, assim como as declarações de voto ou dissidência, referidos na ata, sejam numerados seguidamente, autenticados pela mesa e por qualquer acionista que o solicitar, e arquivados na companhia;*

b) *a mesa, a pedido de acionista interessado, autentique exemplar ou cópia de proposta, declaração de voto ou dissidência, ou protesto apresentado.*

§ 2º *A assembleia geral da companhia aberta pode autorizar a publicação de ata com omissão das assinaturas dos acionistas.*

§ 3º *Se a ata não for lavrada na forma permitida pelo § 1º, poderá ser publicado apenas o seu extrato, com o sumário dos fatos ocorridos e a transcrição das deliberações tomadas.*

LEI DE 1940

A matéria era regulada no art. 96 do Decreto-Lei n. 2.627, de 1940, nos seguintes termos: "A ata dos trabalhos e resoluções da assembleia geral será lavrada no livro competente e será assinada pelos membros da mesa e pelos acionistas que houverem estado presentes à assembleia. Para validade da ata é suficiente a assinatura de tantos quantos constituírem por seus votos a maioria necessária para as deliberações tomadas pela assembleia. Da ata tirar-se-ão certidões ou cópias autênticas para os fins legais".

Da redação dessa norma e do regime da Lei revogada verifica-se que o direito anterior se filiava ao princípio documental da assembleia geral, constituído da lista de presença do conclave e da ata formal dos respectivos trabalhos, ambos lançados em livros próprios.

Ademais, permitia-se a ata sintética, não se obrigando, portanto, à adoção do regime da ata analítica onde se lançassem todos os dados relacionados com as deliberações da assembleia geral.

Exigia a Lei de 1940 que, para legitimação do documento, fosse ele firmado por tantos acionistas quantos bastassem para constituir o quórum deliberativo mínimo.

Também se entendia que a redação da ata cabia à mesa e, especificamente, ao secretário. Adotava-se o regime de documento privado, dispensando-se a intervenção de oficial público. Entendia-se, ainda, que para a legitimidade da ata, deveria ser esta aprovada pela assembleia geral, fazendo, em consequência, parte dos trabalhos, que não poderiam ser encerrados sem a sua aprovação[505].

---

505 Valverde, *Sociedades por ações*, cit., v. 2, p. 119; Cunha Peixoto, *Sociedades por ações*, cit., v. 3, p. 86 e s.

Por outro lado, ainda por elaboração interpretativa do texto legal, desvinculava-se a eficácia da ata da validade das deliberações da assembleia geral, entendendo-se poder esta ser íntegra, mesmo que a respectiva ata fosse nula[506].

O Direito revogado, de 1940, filiava-se estritamente ao princípio da publicidade, no tocante à ata da assembleia geral. Quanto ao mais, o Decreto-Lei n. 2.627, de 1940, não estabelecia os elementos indispensáveis à ata, deixando de apontar o seu conteúdo necessário, o que acabou sendo construído pela prática, mesmo anterior à Lei societária de 1940[507].

LEI N. 6.404, DE 1976, E LEI N. 12.431, DE 2011

O Direito vigente, com as adaptações necessárias ao regime de ata eletrônica, trazido pela Lei n. 12.431, de 2011, em seu § 2º, também se filia ao princípio documental da assembleia, baseado na lista de presença (art. 127) e na ata formal da reunião dos acionistas, que devem constar dos livros próprios (art. 100, § 2º), não admitindo, portanto, os respectivos assentamentos em documentos ou folhas apartadas ou soltas quando se tratar de ata física.

E, quanto ao regime de declarações da ata, não só adota a forma sintética como exacerba profundamente esse regime, ao instituir a ata sumária.

Assim, temos que a ata, por deliberação majoritária, poderá ser lavrada sem que dela conste o inteiro teor dos protestos e representações de acionistas. A iniquidade desse sistema de ata sumária foi reiteradamente apontada, durante a tramitação do projeto de 1976, e, após a promulgação da Lei, do mesmo ano, por um dos grandes comercialistas brasileiros[508].

A Lei vigente, de 1976, trouxe outra inovação. Quando a ata não for sumária — e somente nesta hipótese —, poderá a administração publicar apenas o seu extrato. Trata-se, igualmente, de preceito lesivo aos interesses dos acionistas minoritários.

A Lei reitera o regime de publicação oficial (art. 289), porém com essas restrições de conteúdo que impedem que a ata reflita, ainda que sinteticamente, os trabalhos da assembleia. O princípio da informação torna-se relativo, pois se submetem os trabalhos à censura prévia dos controladores.

---

506 Valverde, *Sociedades por ações*, cit., v. 2, p. 119.

507 Valverde, *Sociedades por ações*, cit., v. 2, p. 118.

508 Sampaio de Lacerda, Suplemento do *Manual das sociedades por ações*, cit., p. 39 e s.

Estes, na prática, dificultam aos acionistas ausentes valer-se da publicação da ata para conhecimento e defesa de seus direitos à frente dos administradores e dos próprios controladores (arts. 117 e 158).

Mantém a Lei o princípio do Direito anterior, de 1940, de exigir que a ata, para ser legítima, leve a assinatura dos acionistas presentes, valendo, no caso de recusa de alguns, o autógrafo de quantos sócios bastem para formar a maioria deliberativa (art. 129).

Nas companhias abertas, poderá a assembleia geral — e não o estatuto — autorizar a *publicação* de ata (art. 289) com omissão das assinaturas dos acionistas que, no entanto, são imprescindíveis para a eficácia do documento original.

Mantém-se, ademais, o princípio de que a redação da ata cabe à mesa e, especificamente, ao secretário (art. 128). Daí permanecer o regime de documento privado, dispensada a intervenção de oficial público na produção do documento.

Da Lei vigente de 1976, por outro lado, não se pode inferir modificação no entendimento de que a eficácia ou não da ata independe da validade das deliberações, estando uma desvinculada da outra. Pode, consequentemente, prevalecer a deliberação, embora nulo o documento.

E, finalmente, a Lei n. 6.404, de 1976, não explicitou também os elementos indispensáveis que deverão constar da ata. Seu conteúdo, portanto, segue as exigências gerais contidas nas demais normas da Lei aplicáveis à espécie.

LEI N. 12.431, DE 2011

A Lei n. 12.431, que trouxe alterações relevantes em matéria de emissão de debêntures, também instituiu o regime eletrônico para a elaboração, aprovação e assinatura da ata da assembleia geral, no bojo do sistema de comparecimento e participação *on line* de acionistas ao conclave.

Para tanto, alterou o § 2º do art. 100, para instituir o Livro Eletrônico de Atas das Assembleias Gerais nas companhias abertas.

Esse livro eletrônico de atas deverá obedecer o regulamento da Comissão de Valores Mobiliários, no conjunto dos procedimentos que estabelece para o comparecimento *on line* de acionistas à assembleia geral.

A propósito, também as companhias fechadas poderão, em seu estatuto, adotar o Livro Eletrônico de Atas das Assembleias Gerais.

De qualquer forma, a introdução do regime de ata eletrônica altera, quando compulsoriamente adotada nas companhias abertas e voluntariamente (estatuto) nas companhias fechadas, diversos procedimentos documentais físicos previstos no presente artigo, notadamente nas letras *a* e *b* do § 1º, que deverão ser adaptados ao sistema.

Essas adaptações se referem especialmente à autenticação pela Mesa das declarações de voto ou dissidência e da cópia dessas mesmas manifestações.

Outras adaptações se impõem, como as referentes às assinaturas eletrônicas e a prévia adoção do sistema de chaves e demais providências de aprovação da ata.

Isto posto, deve-se novamente alertar para a bisonha redação do referido § 2º do art. 100, ao falar que "os livros poderão ser substituídos" por registros mecanizados ou eletrônicos.

Primeiramente não se trata de "substituição" dos Livros Sociais. Esses simplesmente se exprimem na forma eletrônica, não deixando jamais de ser Livros Sociais, para todos os fins e efeitos de direito, notadamente os previstos na Lei e, especificamente, no presente artigo.

Mas a ausência de vocação jurídica do legislador não para aí, ao falar que os livros de que fala o § 2º "poderão" ser substituídos. Ocorre que, nas companhias abertas, a presença *on line* dos acionistas na assembleia geral é compulsória. Trata-se de preceito de ordem pública, nos termos da regulamentação respectiva da Comissão de Valores Mobiliários.

Assim, os livros sociais e nele o Livro de Atas das Assembleias Gerais deverão ser lavrados no sistema eletrônico e não mais na modalidade física. Mesmo porque seria impossível manter um livro de atas físico para os acionistas fisicamente presentes ao conclave e outro eletrônico para os que comparecem *on line*.

Daí por que nas companhias abertas, na forma do regulamento respectivo da Comissão de Valores Mobiliários, o Livro de Atas das Assembleias Gerais será obrigatoriamente eletrônico.

NOÇÃO DE ATA

Tendo em vista o regime de ata sintética adotado pela nossa Lei vigente, como já o fazia a anterior, de 1940, pode-se concebê-la como o resumo das formalidades e das deliberações que houve na assembleia geral, constituindo o documento comprobatório dos atos jurídicos levados a efeito durante os trabalhos[509]. Em um sentido mais amplo, a ata é o docu-

---

509 Cunha Peixoto, *Sociedades por ações*, cit., v. 3, p. 85.

mento que concentra e perpetua os fatos ocorridos durante a assembleia[510].

CONCEITO DE DELIBERAÇÃO SOCIAL E FUNDAMENTO DA ATA

Deliberação social é um processo volitivo que inclui a fase de discussão e de votação[511]. Não se confunde a deliberação com a votação pura e simples, nem com a própria decisão majoritária. A deliberação é uma combinação de atos, representados pelas declarações de vontade de cada acionista — com e sem direito de voto —, que se unificam, constituindo, pelo prevalecimento dos votos majoritários, a vontade da própria companhia[512].

A ata, por sua vez, como documento necessário da sociedade anônima, relacionado com os trabalhos da assembleia geral, possibilita o controle da legalidade e da legitimidade da sua instalação e das deliberações havidas. Constitui, pois, a ata instrumento de certeza jurídica, na medida em que registra as deliberações e a vontade social, permitindo assim que seja ela oponível aos demais órgãos sociais e, por meio destes, ao colégio acionário e, após publicada, a todos os acionistas e a terceiros (art. 289).

Permite, ademais, esse documento da assembleia que contra a instalação, as deliberações e a vontade majoritária sejam opostas as exceções de irregularidade e de nulidade pelos acionistas, presentes e ausentes.

É por meio da ata e sua publicação (art. 289) que os acionistas ausentes e terceiros que mantenham direta ou indiretamente relação com a companhia podem exercer seus direitos em face da sociedade, em decorrência das deliberações havidas e da vontade social manifestada. Neles se incluem, notadamente, o direito de recesso (art. 45), os direitos de preferência na subscrição de ações (art. 171) e os direitos dos credores na cisão, fusão, incorporação e liquidação[513].

EFEITOS DA ATA

A ata, como documento que exprime as deliberações e as decisões da assembleia geral, constitui o título pelo qual os acionistas

---

510 Valverde, *Sociedades por ações*, cit., v. 2, p. 118.

511 Pedrol, *La anónima actual*, cit., p. 106 e s.; Ascarelli, *Problemas*, cit., p. 398. V. comentários ao art. 129.

512 Pedrol, *La anónima actual*, cit., p. 109.

513 V. arts. 232, 233 e 287.

exercem seus direitos patrimoniais e pessoais previstos em Lei e no estatuto e promovem medidas de responsabilidade e de nulidade cabíveis por vício formal ou substancial do conclave[514].

Constitui, da mesma forma, o título necessário para que terceiros credores ou que tenham relação legal, administrativa ou corporativa com a companhia, como o Fisco, a Comissão de Valores Mobiliários e a BM&FBovespa, exerçam as suas jurisdições administrativas e atribuições regimentais corporativas em face da companhia.

A ata, como referido, constitui um documento corporativo particular ou privado, uma vez que é elaborado e firmado pelos próprios acionistas e pela Mesa (art. 128), física ou eletronicamente (companhias abertas), sem interferência de oficial público[515].

Desconsiderou a nossa Lei a exigência de documento público, lavrado por tabelião, como ocorre com outras legislações (v. g., a alemã, que determina seja a ata lavrada por um notário, consoante o art. 130 da Lei societária de 1965).

Também o documento público é exigido no Direito italiano para as assembleias extraordinárias, igualmente lavrada por um tabelião, ao passo que, para as assembleias ordinárias, a Lei faculta o documento privado, firmado pelo presidente e secretário da Mesa, sem embargo de poder também ser lavrado por notário[516].

DOCUMENTO SINTÉTICO

Não se deve atribuir à Lei de 1976 a adoção do regime de ata sintética, pois tal sistema era, na prática, adotado no Direito anterior, de 1940, em que apenas se documentavam as deliberações, nelas evidente-

---

514 Cunha Peixoto, *Sociedades por ações*, cit., v. 3, p. 86.

515 Assim como no direito francês (art. 149 do decreto de 1967), que comete o encargo ao presidente e ao secretário da reunião, também no direito argentino, art. 73 da lei societária de 1972. *Companies Act* inglês de 1948, art. 145; *Model Business Corporation Act* norte-americano, art. 52, que recomenda a assinatura da ata pelo secretário; também as legislações de Delaware, art. 142, e de New York, art. 624. Sobre o assunto, E. Simonetto, Ancora sul verbale notarile di delibera assembleare di società per azioni, *Rivista delle Società*, 1969, p. 898 e s.

516 Art. 2.375 do Código Civil italiano. Sobre a discussão doutrinária e jurisprudencial a respeito, no direito italiano, remissão de Luigi Miserocchi, *Inchieste di Diritto Comparato*, 5(1):645 e s.

mente compreendida as fases de discussão das matérias e de eventuais oposições, protestos e representações dos acionistas.

Em consequência, não é obrigatória, em nosso Direito, a ata analítica, entendida como o documento que transcreve, dentre outros elementos, o número de ações de cada participante, o modo pelo qual cada acionista votou, do que deve resultar uma lista dos acionistas que votaram pró e contra cada uma das proposições apresentadas; qualidade com que cada um se apresenta (acionista, procurador, legitimado etc.). Essas exigências ocorrem com variações nas legislações francesa, alemã, argentina e na maioria dos Estados norte-americanos[517].

CONTEÚDO DA ATA SINTÉTICA

O documento sintético adotado pela nossa prática deve mencionar, física ou eletronicamente, a espécie da assembleia (art. 131), o local de sua realização, a data e a hora, a sua regular convocação (art. 124)[518], o quórum de instalação levantado no livro de presenças, físico ou eletrônico (arts. 125 e 127), a eleição do presidente e secretário da mesa (art. 128), a ordem do dia e as respectivas deliberações e decisões tomadas com referência a cada um dos itens da pauta.

Quanto à votação, declarará também sucintamente os resultados, descrevendo a aprovação ou não das matérias, se por maioria ou unanimidade (art. 129), não havendo necessidade de descrever os votos de cada um dos acionistas, a não ser que a mesa entenda necessário, a seu exclusivo critério, por iniciativa própria ou por solicitação de qualquer acionista.

No capítulo das deliberações deverão ser transcritas, física ou eletronicamente (companhias abertas), as proposições manifestadas por escrito ou verbalmente pelos acionistas presentes fisicamente ou *on line*; se pertinentes à ordem do dia, nelas compreendidas as oposições, representações e protestos, no seu inteiro teor. Se eleitos membros dos órgãos da companhia, deverá ser declinada a qualificação completa de cada um.

---

517 Decreto francês de 1967, art. 145; lei societária alemã de 1965, art. 130; lei das sociedades argentina, art. 249. Sobre o direito norte-americano, remissão de Miserocchi, *Inchieste di Diritto Comparato*, p. 628 e s.

518 V. comentários ao art. 124.

OMISSÃO DE DECLARAÇÕES INFAMANTES

Em nosso Direito, não é admitida a inserção, em ata, de declarações ou de expressões infamantes de qualquer gênero, notadamente aquelas relacionadas com a própria companhia, seus administradores, fiscais e acionistas em geral.

A respeito, leciona Valverde: "A ata, tanto quanto possível, conterá, se bem que resumidamente, todos os fatos, circunstâncias e incidentes ocorridos durante a reunião. 'Consignará não tudo o que foi dito, mas o que foi feito, de maneira a permitir ulteriormente deduzir as consequências dos fatos. Não reproduzirá, mesmo a pedido dos interessados, imputações injuriosas ou caluniosas trocadas entre os acionistas no correr dos debates'. O acionista, porém, tem sempre o direito de exigir que da ata conste a sua opinião sobre a matéria discutida ou votada"[519].

Tem a mesa poderes plenos para impedir que as declarações infamantes sejam reproduzidas na ata. O fundamento dessa prerrogativa está em que lhe cabe resguardar o decoro dos trabalhos, bem como a honra e a dignidade das pessoas envolvidas, além do bom nome da própria companhia que, direta ou indiretamente, estaria comprometido, notadamente em se tratando de declarações inconvenientes e abusivas (art. 115) assacadas contra a direção dos negócios sociais ou a conduta dos administradores[520].

A discricionariedade que tem a mesa, ao vetar tais declarações, deve, no entanto, ser bastante moderada, pois as oposições ou protestos necessariamente contêm críticas objetivas ou subjetivas que, se estiverem lançadas em termos, não podem deixar de ser reproduzidas e arquivadas.

Não é permitido à mesa impedir que sejam transcritas na ata física ou eletrônica tais declarações, sob a alegação de que não têm fundamento quanto ao mérito. Não é a mesa poder judicante para decidir sobre a substância das arguições apresentadas pelos acionistas, verbais ou escritas, em papel ou *on line*.

Seu poder discricionário, na espécie, reduz-se à forma das declarações e não quanto ao seu conteúdo. Deve, portanto, a mesa encontrar a linguagem apropriada que, sob sua iniciativa, deverá refletir fielmente na ata o objeto da proposição do acionista, consultando-o inclusive sobre a propriedade da transcrição que ela propõe conste da mesma.

---

519 Valverde, *Sociedades por ações*, cit., v. 3, p. 108 e s., citando, por sua vez, Wauwermans, Houpin e Bosvieux e Vitta.

520 Conforme o Decreto n. 1.800, de 30 de janeiro de 1996, art. 53, I.

ATA SUMÁRIA E ART. 159

Faculta a nossa Lei que a ata sintética se reduza a uma transcrição sumária, ou seja, que do seu texto expositivo excluam-se as declarações de voto ou dissidência e os protestos manifestados pelos acionistas, que serão nela apenas mencionados resumidamente e arquivados como documentos em apartado, embora dela integrante.

Não obstante, na assembleia geral em que se deliberar sobre responsabilidade civil dos administradores (art. 159), não pode prevalecer o regime da ata sumária, pois tal manobra impediria a efetivação do próprio objeto do conclave.

O impedimento do uso desse expediente prevalece tanto no caso de ser aprovada como de ser rejeitada a proposta de ingressar com ação judicial respectiva, tendo em vista que poderão acionistas representando 5% do capital social efetivar a medida[521], sem embargo da iniciativa individual de qualquer acionista prejudicado por ato de administrador.

Assim sendo, a transcrição plena das proposições e representações dos acionistas deve ser observada, para o efeito da necessária publicidade.

CERTIFICADO DA REPRESENTAÇÃO E SUA PUBLICIDADE

No regime de ata sumária, estabeleceu a Lei de 1976 um sucedâneo consubstanciado na entrega ao acionista, a pedido seu, de uma cópia autenticada pela mesa do documento censurado. De posse desse documento autenticado, poderá o acionista dirigir-se a quem de direito para reivindicar seus interesses, inclusive ao juízo estatal ou arbitral[522].

Esse preceito coercitivo deve ser adaptado à ata eletrônica, levando em conta o seu caráter documental, na forma do regulamento respectivo da Comissão de Valores Mobiliários.

Em se tratando de matéria de interesse coletivo, poderá o acionista proceder à publicação em separado desse documento (art. 289), encimado com a indicação da assembleia geral a que se refere e respectiva companhia.

Poderia, inclusive, na vigência da Lei n. 4.726, de 1965, *ex vi* do disposto em seu art. 37, II, e o seu regulamento — Decreto n. 57.651, de 1966, art. 48, II, 9º —, arquivá-lo na Junta Comercial[523].

---

521 *V.* comentários ao art. 109.

522 *V.* comentários ao art. 109.

523 A Lei n. 8.934, de 1994, e seu regulamento — Decreto n. 1.800, de 1996 — não reproduziram tal direito de arquivamento.

Tais iniciativas possibilitarão ao acionista interessado aglutinar outros sócios na sua causa social, inclusive para a formação da minoria necessária de capital que, quase sempre, é requisitada para o exercício de direitos contra os administradores e controladores, notadamente na hipótese dos arts. 158 e 159.

EXTRATO DA ATA E RESPONSABILIDADE DA JUNTA COMERCIAL

Faculta a Lei, outrossim, que das atas sintéticas, *porém não sumárias*, possa a administração extrair um resumo para publicação.

Esse dispositivo tem causado uma série de mal-entendidos, notadamente no que diz respeito à interpretação que dele vêm fazendo certas Juntas Comerciais. Assim, em primeiro lugar, deve ser enfatizado que somente quando a ata é plena e *não sumária* pode a publicação ser feita mediante resumo das deliberações.

Em segundo lugar, que não se confunda a publicação (art. 289) com o arquivamento na Junta Comercial (art. 98). É, portanto, obrigação irrecusável da administração da companhia arquivar o *inteiro teor* da ata no Registro do Comércio. E cabe às Juntas Comerciais exigir esse arquivamento de inteiro teor (art. 98).

A propósito, cabe à Comissão de Valores Mobiliários estabelecer as regras de arquivamento das atas eletrônicas das companhias abertas nas Juntas Comerciais, para todos os efeitos previstas no presente artigo e na Lei.

Deve, ademais, a Junta Comercial aprovar extrato formulado pela administração da companhia, arquivando-o juntamente com a ata propriamente dita. Somente com a certidão da Junta, declarando que arquivou a ata física ou eletrônica no seu inteiro teor e que autoriza a publicação do extrato, é que este pode efetivamente ser publicado.

TENDÊNCIA À REVOGAÇÃO IMPLÍCITA DO ART. 289 — CVM

Tendo em vista os precedentes da Comissão de Valores Mobiliários no tocante ao regime de publicação estabelecido no art. 289 da Lei, que sempre procurou derrogar no âmbito de sua jurisdição administrativa, é de se prever que, ilegalmente, também a tente na regulamentação da ata eletrônica das assembleias gerais.

Essa "cultura", contrária à Lei, cultivada naquela Autarquia parte do raciocínio primário de que "ninguém lê Diário Oficial", desconsiderando, propositadamente, as indispensáveis funções que a publicação oficial dos atos societários possui, qual seja, a de fazer presumir o conhecimento universal dos mesmos, inclusive para os efeitos de início e extinção de prazos de exercício de direitos e de prescrição, aquisitiva e extintiva.

Isto posto, independentemente do regulamento da Comissão de Valores Mobiliários nesse particular, e apesar dele, é obrigação legal da companhia fazer publicar fisicamente, na forma e para os efeitos do referido art. 289, as atas das assembleias realizadas.

Não tem a regulamentação da Comissão de Valores legitimidade para, obliquamente, derrogar o art. 289, perante o princípio da reserva da lei. E não terá, pelo mesmo princípio, a companhia exclusividade para deixar de promover a publicação instituída no referido art. 289, sob o pretexto da omissão ou disposição contrária à Lei, que, eventualmente, promova a Autarquia em seu regulamento a respeito[524].

NÃO PODE SER PUBLICADO EXTRATO DE ATA SUMÁRIA

Ainda que pareça redundante a repetição do texto claro da Lei a respeito, torna-se indispensável ressaltar que é absolutamente ilegal a publicação de extrato de ata submetida ao regime sumário.

A insistência sobre esse ponto fundamenta-se na autorização que algumas Juntas têm dado para tanto, talvez desatentas a esse duplo dano que os administradores da companhia podem infligir aos acionistas minoritários: além da ata sumária também a publicação de mero extrato do conclave.

A admissibilidade desse procedimento irregular pelo Registro do Comércio não tem fundamento, devendo os acionistas minoritários impetrar as medidas judiciais cabíveis para a aplicação do claro texto legal na espécie.

OMISSÃO DE ASSINATURAS

Permite, ainda, a Lei que, nas companhias abertas, a ata seja publicada sem a menção das assinaturas dos acionistas[525]. Neste caso, serão mencionados apenas os membros da mesa, presidente e secretário.

---

524 V. comentários ao art. 289. (fim do rodapé)

525 Cai por terra, neste passo, o entendimento doutrinário, no regime anterior, de que seria nula de pleno direito a publicação da ata que não contivesse a assinatura dos acionistas. Cunha Peixoto, *Sociedades por ações*, cit., v. 3, p. 87, citando Waldemar Ferreira.

A ata, entretanto, fará normalmente parte integrante da assembleia geral, necessitando ser aprovada e assinada por acionistas suficientes, antes do encerramento do conclave.

INVALIDADE DA ATA E VALIDADE DAS DELIBERAÇÕES E VICE-VERSA

A anulação da ata não invalida, por sua vez, as deliberações sociais nem a própria assembleia geral.

Assim, se por falta de qualquer requisito a ata for ineficaz, pode a assembleia geral ser plenamente válida, cabendo à assembleia seguinte, devidamente convocada e instalada, ratificar as deliberações anteriormente tomadas que não foram fielmente reproduzidas na ata anterior[526].

Por outro lado, a validade formal da ata nada tem a ver com a validade das deliberações, sendo atos jurídicos diversos, ainda que interligados. Dessa forma, a ata que retrate deliberação nula será reconhecida no mundo jurídico como o documento que permite invalidar a deliberação nela transcrita.

Trata-se, portanto, de um título que, como reiterado, presta-se a impor as decisões eficazes que retrata ou, por outro lado, serve como instrumento necessário à arguição e decretação de nulidade de deliberações irregulares ou ilegais[527].

Em consequência, a nulidade da ata há de, sempre, ser formal, ou seja, quando não reflete ou distorce as deliberações e os trabalhos que nela estão transcritos.

Não será nunca ineficaz quando reflete fielmente as deliberações, mesmo quando estas são nulas.

Por sua vez, a adulteração da ata constitui crime de falsificação de documento particular, capitulado no Código Penal de 1940[528]. Ademais, as falsas declarações nela lançadas com o intuito de prejudicar acionistas ou terceiros constitui crime de falsidade ideológica, também configurado naquele Código[529].

ATA POR ESCRITURA PÚBLICA, FORA DA SEDE

É possível que ocorra obstrução na instalação ou na

---

526 Valverde, *Sociedades por ações*, cit., v. 2, p. 119.

527 Ferrara, *Rivista delle Società*, 1957, p. 63.

528 Art. 298 do Código Penal de 1940.

529 Art. 299 do Código Penal de 1940.

realização da assembleia geral na sede social, por ilícita iniciativa dos administradores.

Essa hipótese geralmente ocorre quando há expectativa de que atos e contas de administradores serão censurados pela assembleia geral. Também ocorre quando há eleição de novos administradores com a consequente destituição dos atuais, ou quando se instala dissídio entre os acionistas. Daí, resultam movimentos de resistência daqueles que detêm cargos na administração ou desejam ou não a realização de votação de determinadas matérias ordinárias ou extraordinárias.

Essa resistência é mais comum do que se imagina nas disputas de grupos no seio da assembleia geral. Caracteriza-se pela retenção ou sonegação dos livros sociais, negando-se os administradores a entregá-los ao presidente eleito pela assembleia. Ou ainda invocam os administradores o estatuto para reter a presidência dos trabalhos, quando serão eles próprios objeto de destituição ou censura por parte dos acionistas majoritários.

Nessas hipóteses, acionistas que formam maioria no quórum de instalação poderão decidir retirar-se da sede social obstruída ou conturbada pela conduta dos administradores, a fim de realizar a assembleia geral em cartório de notas da comarca onde se encontra a sede social.

Ali a ata da assembleia será lavrada por escrevente, em escritura pública de declaração. A assembleia assim realizada deverá conter todos os requisitos formais de verificação de quórum de instalação e de deliberação majoritária, além da fundamentação de sua realização extraordinária fora da sede social e na ausência dos livros sociais sonegados[530].

Essa escritura pública declaratória da ata da assembleia geral deverá ser arquivada no Registro do Comércio, sendo válida e eficaz para produzir todos os efeitos legais e estatutários.

Esse remédio tem sido utilizado e é o único cabível no caso de resistência dos administradores à instalação e deliberação majoritária.

---

530 A jurisprudência já acolheu esse entendimento no âmbito das companhias fechadas (cf. AC 60.391-1 — São Paulo, de cuja ementa consta: "Sociedade familiar fechada não sujeita às regras rígidas e inflexíveis estipuladas para as de capital aberto — Possibilidade de realização das reuniões em qualquer lugar. 'Essa decisão, embora restrita às companhias fechadas, demonstra a tendência de flexibilização do local do conclave societário. Evidentemente que o entendimento jurisprudencial deve ser mais abrangente a partir das situações reais das companhias, tanto fechadas como abertas, cujos acionistas majoritários sofrem constrangimentos por parte da administração ou da mesa ou de outros acionistas, impeditivos da instalação regular ou da boa ordem dos trabalhos' "). Deve, portanto, a jurisprudência acolher a tese de que a maioria pode deslocar-se da sede social para o cartório de notas, no caso de constrangimento.

Também será admitida a assembleia majoritária em cartório no caso de não haver na sede social condições de segurança em face de ameaças ou aparatos de força intimatórios.

O mesmo procedimento deverá ser observado se no curso da assembleia geral já instalada houver obstrução ou conturbação de acionistas, administradores ou terceiros intrusos que impeça a livre e eficaz deliberação da maioria.

É comum verificar-se, em todos esses casos, uma duplicidade de atas. Os administradores e acionistas que com aqueles compactuam no abuso de poder e de direito lavram ata nos livros retidos, inteiramente contrária às deliberações majoritárias publicamente lançadas em cartório. Nesse caso, cabe ao Registro do Comércio negar ou desarquivar a assembleia ilegal realizada na sede social para acolher o conclave majoritário realizado em cartório.

INVOCAÇÃO ABUSIVA DO ESTATUTO

Na conduta obstrutiva, conturbando a normal instalação ou realização da assembleia geral majoritária, os administradores — por vezes também acionistas — invocam o estatuto social para impedir a formação de mesa por eleição majoritária. Será o caso, v. g., de presidência do conclave determinada no estatuto para o presidente do Conselho ou para o diretor-presidente.

Estando em jogo a destituição dos administradores, na forma e para os efeitos dos arts. 158 e 159, prevalecerá a livre indicação pelos acionistas majoritários da composição da mesa.

A invocação de artigos estatutários no caso, por parte dos administradores indigitados (arts. 158 e 159), constituirá abuso de poder e de direito e caracterizará má-fé.

Nesse confronto entre os administradores indigitados (arts. 158 e 159) e a maioria dos acionistas não pode prevalecer a indicação estatutária desses mesmos administradores para comandarem a mesa.

O artigo do estatuto, no caso, terá sua eficácia suspensa, a fim de que os acionistas majoritários possam livremente deliberar sobre a matéria sancionatória, por meio de eleição de mesa que conduza os trabalhos com independência.

E, com efeito, o artigo estatutário que predetermina o ocupante da mesa é de procedimento, ou seja, visa apenas a facilitar a ordem dos trabalhos, abreviando a formalidade de eleição em cada conclave.

Não pode essa disposição estatutária adjetiva prevalecer se contrária ao interesse social, como será o caso de arguição quanto à conduta ou quanto às contas e relatório da administração ou permanência nos cargos, sempre nos termos e para os efeitos dos referidos arts. 158 e 159.

A propósito, a disposição estatutária não cria para o administrador indicado (v. g., presidente do Conselho ou diretor-presidente) direito subjetivo, a não ser que tenha essa prerrogativa sido expressamente convencionada em acordo de acionistas.

Isto posto, o administrador, como representante orgânico da companhia, não pode opor direito próprio contra esta. E não tem ele direito subjetivo para o exercício da presidência da mesa, pois sua nomeação não se dá por meio de norma jurídica, mas simplesmente por norma estatutária[531].

E não tendo o administrador direito próprio perante a assembleia geral, a sua indicação estatutária não constitui prerrogativa, mas sim dever ou obrigação decorrente de suas funções, entre as quais se inclui a de estar presente à assembleia geral (art. 134).

Pode, consequentemente, a assembleia geral, por deliberação preliminar ou no curso dos trabalhos, dispensar o administrador dessa função, sem necessidade de apresentar razões para tanto, suspendendo, portanto, a eficácia da regra estatutária na instalação ou mesmo, estando em curso o conclave, quando se trata de matéria prevista no art. 159.

REQUISITOS DA VALIDADE DA ATA OU DA ESCRITURA PÚBLICA

Para a validade da ata, são necessários três requisitos: (i) ser lavrada no livro próprio, físico ou eletrônico (art. 100) ou perante o tabelião público da comarca onde se situa a sede social; (ii) ser assinada pelos membros da mesa e pelo menos por tantos acionistas quantos constituírem, por seus votos, a maioria necessária para as deliberações da assembleia.

Nas companhias abertas, quando a assembleia geral assim deliberar, será dispensada a inclusão do último requisito na publicação (art. 289), bastando, para esse único efeito, a assinatura dos membros da mesa. Dispensa-se, consequentemente, a reprodução das assinaturas dos demais acionistas[532].

---

531 Como ensina o mestre Goffredo da Silva Telles, "as permissões não concedidas por meio de normas jurídicas não são permissões jurídicas e não constituem direitos subjetivos" (*Enciclopédia Saraiva do Direito*, v. 28, p. 298 e s.).

532 V. AC 332.767-4/0, Rel. Des. Waldemar Nogueira Filho, 3ª Câm. Cív. do TJSP, j. em 17-8-2004.

O não preenchimento de um desses requisitos acima enumerados torna a ata nula.

LAVRATURA NO LIVRO PRÓPRIO OU EM CARTÓRIO

Para a validade da ata, a sua inserção, física ou eletrônica, no respectivo Livro de Atas das Assembleias gerais (art. 100, § 2º) ou em escritura pública é de fundamental importância.

Havendo duplicidade de assembleias, prevalecerá a realizada majoritariamente fora da sede social, consubstanciada em escritura pública firmada pela maioria dos acionistas que atenderam à convocação, revestida de todas as formalidades legais.

Lavrada no livro próprio, físico ou eletrônico, ou em instrumento público, poder-se-ão tirar da ata certidões, cópias autenticadas ou traslados para os fins legais. No caso de ata eletrônica, será utilizado o sistema de chaves para a sua certificação.

Essa certidão (ou traslado) poderá ser obtida logo após o conclave, quando serão assinadas pelos membros da mesa, fisicamente ou pelo sistema de chaves. Se forem solicitadas posteriormente, tais certidões serão firmadas pelos diretores competentes, física ou eletronicamente.

Poderão requisitar certidões físicas ou eletrônicas tanto os acionistas como terceiros interessados[533]. Sendo documento necessariamente destinado à publicação (art. 289), nada impede que terceiros, desde logo, obtenham particularmente certidão física ou eletrônica daquilo que logo mais será do conhecimento público.

OCASIÃO DE SER LAVRADA A ATA E SUA DESAPROVAÇÃO

A ata deverá ser lavrada durante a assembleia geral, pois faz parte dela. O conclave será interrompido com essa finalidade, para possibilitar que os acionistas, presentes fisicamente ou *on line*, conheçam o seu texto, discutam os seus termos, verbalmente por meio eletrônico e a aprovem[534].

Ocorrendo a hipótese de a ata não ser aprovada por ser defeituosa, omissa ou não refletir com exatidão as deliberações, impõe-se nova prorro-

---

533 Contrariamente à douta opinião de Valverde, *Sociedades por ações*, cit., v. 2, p. 121.

534 Garrigues-Uría (*Comentario*, v. 1, p. 700) apontam as dificuldades em conciliar o tempo necessário à lavratura da ata durante o período em que se realiza a assembleia.

gação dos trabalhos, que continuarão interrompidos até que sejam retificados os defeitos apontados.

Se persistir a divergência, mediante a não aprovação dessa segunda ata ou da primeira com as retificações solicitadas, as deliberações tomadas na assembleia geral, não obstante, serão válidas[535], porém não oponíveis aos demais órgãos da administração encarregados de executá-las e aos demais acionistas, pois falta o documento necessário a essa oponibilidade.

OBRIGATORIEDADE E FORÇA PROBANTE DA ATA

É, com efeito, a ata documento necessário para a eficácia das deliberações tomadas na assembleia geral, pelo que deverá ser lavrada na forma da Lei[536].

Também a ata, sob a forma física ou eletrônica, é documento necessário para a eficácia das assembleias especiais, tais como a dos acionistas preferenciais, debenturistas e titulares de partes beneficiárias (arts. 51, 71 e 137).

A ata entra na categoria dos instrumentos particulares e como tal faz prova plena dos atos nela transcritos no que respeita às relações dos acionistas entre si, entre estes e a sociedade[537] e perante terceiros.

Quanto a estes últimos, vale, como regra geral, o preceito contido no art. 135, ou seja, de que os atos relativos à assembleia geral, para valerem contra terceiros, ficam sujeitos às formalidades de arquivamento e publicação (art. 289), não podendo, todavia, a falta de cumprimento dessas formalidades ser oposta, pela companhia, aos seus acionistas e a terceiros de boa-fé.

Evidentemente que a ata tem valor probante até prova em contrário. Assim, podem ser contestadas por qualquer meio as declarações nela contidas[538] ou a sua própria legalidade documental, física ou eletrônica.

ARQUIVAMENTO E PUBLICIDADE

A ata, física ou eletrônica impressa, ou a escritura pública, deverá ser arquivada no Registro do Comércio na forma da Lei (art. 98).

---

535 Garrigues-Uría, *Comentario*, cit., v. 1, p. 705.

536 Em todas as legislações, há necessidade da ata. Assim, na França, arts. 170, da lei de 1966, e 149 e 151 do decreto de 1967. A falta desta acarreta sanção penal. Art. 447 da lei de 1966. Na Itália, o art. 2.375 do Código Civil. Na Alemanha, o art. 130 da lei de 1965.

537 Valverde, *Sociedades por ações*, cit., v. 2, p. 118.

538 Hemard, *Sociétés*, cit., v. 2, p. 239.

Nas certidões do livro de atas físico, autenticadas pelo presidente e pelo secretário da mesa, declara-se, no fecho: "Confere com o original". O mesmo procedimento ocorre nas atas eletrônicas, utilizando-se o sistema de chaves.

O arquivamento é exigência que se aplica a todas as atas, físicas ou eletrônicas, que para tanto devem ser impressas, sejam elas ordinárias (art. 134) ou extraordinárias (art. 135), sejam especiais (arts. 51, 71 e 137), bem como as de constituição da companhia (art. 94).

Não há exceção para o preceito, mesmo quando se trate de assunto interno da companhia, como, v. g., a suspensão de exercício de direito de acionistas (arts. 120 e 122) ou de responsabilização de administradores (art. 159).

Especialmente nesses casos, como nos demais que toquem direitos e atribuições de acionistas e de administradores, respectivamente, a falta de publicidade não pode ser invocada, pois tornaria indefinidamente inaplicável qualquer medida referente aos acionistas e administradores, pois a eficácia e, portanto, a aplicação da vontade social, na espécie, valem a partir da produção do documento, ou seja, da ata.

ATRIBUIÇÕES DO REGISTRO DO COMÉRCIO E PUBLICAÇÃO

As certidões ou cópias autênticas da ata física ou eletrônica impressa ou da escritura pública serão arquivadas na Junta Comercial, que é o órgão competente do Registro do Comércio para tanto, consoante a Lei n. 8.934, de 1994 (art. 98).

A Junta Comercial, determinando o arquivamento, não decide acerca da validade das deliberações, mas apenas de sua regularidade aparente ou formal. Suas decisões não têm efeito de direito material, podendo ser atacadas judicialmente[539].

Arquivada a ata física ou eletrônica impressa da assembleia geral, o órgão do Registro do Comércio expedirá certidão do arquivamento, a qual deverá ser publicada juntamente com a ata (arts. 98 e 289). A regra vale, outrossim, para atos publicados como extrato, quando a certidão deve mencionar que a ata, no seu inteiro teor, foi arquivada na Junta Comercial[540].

Qualquer interessado poderá consultar as atas e documentos arquivados no Registro do Comércio[541].

---

539 Batalha, *Sociedades anônimas*, cit., v. 2, p. 570.

540 *V.* comentários ao art. 289.

541 A lei francesa possibilita, ainda, que os acionistas obtenham certidões das atas refe-

ARQUIVAMENTO NA CVM

As companhias abertas deverão também arquivar suas atas eletrônicas junto à Comissão de Valores Mobiliários, conforme esta dispuser a respeito no regulamento próprio (art. 100, § 2º)[542].

Da mesma forma, caberá às companhias cujos valores mobiliários são cotados nas Bolsas de Valores arquivar suas atas junto a tais instituições de acordo com as normas de autorregulação por elas instituídas e os preceitos legais que apontam a sua competência disciplinadora do mercado bolsístico[543].

ARQUIVAMENTOS ESPECIAIS

Todas as companhias cuja constituição e funcionamento dependem de autorização governamental devem submeter suas atas ao órgão de controle ou à agência reguladora respectivos. Esse procedimento precede ao arquivamento perante a Junta Comercial e à sua publicação (art. 289).

Assim, v. g., é o caso das instituições financeiras[544], das companhias concessionárias de serviços públicos ou das companhias de mineração[545 e 546].

ESPÉCIES DE ASSEMBLEIA

Art. 131. A assembleia geral é ordinária quando tem por objeto as matérias previstas no art. 132, e extraordinária nos demais casos.

---

rentes aos três últimos exercícios fornecidas pela própria companhia. Art. 170 da lei de 1966. Ripert-Roblot, *Traité*, cit., v. 1, p. 735.

542 Art. 22 da Lei n. 6.385, de 1976.

543 Arts. 8º, § 1º, 17, 18, *d*, e 21, § 5º, da Lei n. 6.385, de 1976.

544 Lei n. 4.595, de 1964, art. 10, IX, *f*; Decreto n. 1.800, de 30 de janeiro de 1996, art. 53, IX.

545 Art. 97 do Decreto n. 62.934, de 1968, e o referido art. 38, X, da Lei n. 4.728, de 1965.

546 Sobre a matéria de atas da assembleia geral, Parecer CVM/SJU n. 037/81; Parecer CVM/SJU n. 096/79; Parecer Jurídico DNRC/COJUR n. 194/98; Parecer CVM/SJU n. 091/79; Parecer CVM/SJU n. 05/78; TJSC, 3ª Câm., Agr. Instr. 98.000266-4, Rel. Des. Eder Graf, j. em 12-5-1998; TJAP, Câm. Única, AC 2.115/2005, Rel. Des. Mario Gurtyev, j. em 3-5-2005; TJSP, 3ª Câm., AC 332.767/0, Rel. Des. Waldemar Nogueira Filho, j. em 17-8-2004. In Lazzareschi, ob. cit., p. 335 e s.

Parágrafo único. A assembleia geral ordinária e a assembleia geral extraordinária poderão ser, cumulativamente, convocadas e realizadas no mesmo local, data e hora, instrumentadas em ata única.

LEI DE 1940

A matéria era disciplinada no art. 97 do Decreto-Lei n. 2.627, de 1940, nos seguintes termos: "A assembleia geral é ordinária ou extraordinária".

A forma sucinta do preceito levava ao entendimento de que a distinção entre uma e outra fundava-se em razão da época e não em razão da matéria.

Não se permitia, ademais, a acumulação de assembleias ordinária e extraordinária, entendendo-se que deveriam ser convocadas e realizadas apartadamente, ainda que no mesmo dia e local. Assim, as convocações deveriam prever, no mínimo, horas diversas para uma e para outra, sendo as deliberações transcritas em atas apartadas.

LEI N. 6.404, DE 1976

A Lei n. 6.404, de 1976, mantendo as duas espécies de assembleias gerais dos acionistas, é mais explícita.

Adota o regime distintivo entre a ordinária e a extraordinária em razão das matérias privativas de uma e de outra e não em função da época em que devem ser realizadas.

Será ordinária a assembleia quando tiver por objeto as matérias previstas no art. 132 e extraordinária em todos os demais casos, notadamente a reforma estatutária (art. 135).

Por outro lado, a Lei de 1976 instituiu o regime de assembleias gerais acumuladas, dispensando-se duas convocações e duas atas. Trata-se de medida bastante conveniente e que vem a atalhar uma série de formalismos injustificáveis, propiciando, pois, economia administrativa para a sociedade.

LEI N. 9.457, DE 1997

O Diploma de 1997 amplia as hipóteses de assembleia em que deliberam todos os acionistas, com e sem direito de voto. Será instalado esse conclave para a escolha dos peritos indicados pela administração para apresentar laudo sobre o *valor econômico* da companhia (art. 45, §§ 1º, 3º e 4º).

Cria, ademais, a Lei n. 9.457, de 1997, restrição de competência para a assembleia geral deliberar sobre mudança do objeto essencial da companhia (art. 283).

Institui também a Lei de 1997 a assembleia especial com o propósito específico de instalação do Conselho Fiscal (art. 123, parágrafo único, *d*).

LEI N. 10.303, DE 2001

O art. 4º-A criou uma nova modalidade de *assembleia especial*, cujo objetivo único é deliberar sobre a realização de nova avaliação das ações, pelo mesmo critério ou por outro. Não podem os presentes ao conclave deliberar validamente sobre qualquer outra matéria de interesse da sociedade, por absoluta falta de legitimidade para tanto.

Trata-se da *assembleia de revisão do preço ofertado*, mediante a qual a minoria orgânica pode impugnar a avaliação apresentada pela companhia.

O requerimento para a convocação da assembleia especial deve ser apresentado, motivadamente, no prazo de quinze dias contados da data da *divulgação* do valor da oferta pública.

Nos termos do art. 4º-A, § 1º, parte final, caso os administradores não atendam, no prazo de oito dias, o pedido de convocação devidamente fundamentado, os acionistas minoritários poderão convocar a *assembleia especial*.

LEI N. 12.431, DE 2011

O Diploma de 2011 instituiu, dentre outras providências, o comparecimento *on line* de acionistas ao conclave das companhias abertas, seja ele ordinário, extraordinário ou especial, nos termos da regulamentação emanada da Comissão de Valores Mobiliários (arts. 121, parágrafo único, e 127, parágrafo único).

Ademais, instituiu o livro de atas eletrônico, bem como o livro de presença de acionistas eletrônico (art. 100, § 2º). Esse novo sistema de livros sociais interessam sobremaneira o dispositivo contido no parágrafo único do presente artigo, no que respeita à ata única.

A propósito, deve ficar novamente esclarecido que a Lei de 2011 não introduziu a "assembleia eletrônica" ou *on line*, como desinformadamente entendem os leigos.

A assembleia geral, em qualquer de suas espécies, realiza-se sempre em local físico, ou seja, em sua sede social, com a composição da mesa dentre os acionistas fisicamente presentes (art. 121), consoante o mesmo dispositivo contido no parágrafo único do artigo ora estudado.

O que, doravante, se impõe às companhias abertas, sem embargo de as fechadas também estatutariamente o adotarem, é o comparecimento *on line* de acionistas, e os correspondentes livros sociais eletrônicos.

Reitere-se, a propósito, que nas companhias abertas, consoante à regulamentação da CVM, os livros sociais de presença de acionistas e de atas dos conclaves serão necessariamente eletrônicos, em consonância com o sistema de comparecimento *on line* de acionistas.

COLÉGIO DE MINORITÁRIOS — LEI N. 10.303, DE 2001 — EXCLUSÃO DO CONTROLADOR — § 2º DO ART. 4º-A

A convocação da assembleia especial de revisão do preço deve ser requerida por *minoria orgânica*, como tal considerada aquela composta por titulares de, pelo menos, 10% das ações em circulação no mercado.

Nos termos do § 2º do art. 4º-A, são consideradas *em circulação no mercado* todas as ações do capital da companhia, *menos* as de propriedade do acionista controlador, de diretores, de conselheiros de administração e as em tesouraria. Trata-se de critério subjetivo já existente na regulamentação administrativa da Comissão de Valores Mobiliários, incorporado à Lei societária, que se refere à posição ocupada pelo acionista controlador, não à maior ou menor circulação ou negociabilidade das ações.

Definindo a Lei, de forma precisa e conclusiva, quais são as ações tidas como *em circulação* no mercado, não pode a CVM, no exercício do seu poder regulamentar, previsto no § 4º do art. 4º-A, aumentar ou reduzir o escopo de tal conceito para, por exemplo, dele excluir pessoas *representando o mesmo interesse* que o controlador, ou nele incluir os conselheiros de administração eleitos pelos minoritários.

Somente podem convocar e participar na assembleia especial aqueles que já eram acionistas na data da divulgação do valor da oferta pública. Com efeito, não deve ser admitido, sob pena de se incentivar uma *indústria da revisão*, que eventuais "minoritários" comprem ações após a divulgação do preço da oferta para participar da assembleia especial e forçar uma revisão do preço.

Aplica-se analogicamente, assim, o disposto no § 1º do art. 137, com a redação que lhe foi dada pela Lei n. 9.457, de 1997, objetivando eliminar a *indústria do recesso*, que exige, para a legitimação ao exercício desse direito, a titularidade das ações na data da primeira publicação do edital de convocação da assembleia, ou na data da comunicação do fato relevante objeto da deliberação, se anterior à publicação do edital[547].

QUÓRUM DELIBERATIVO E PRAZOS — ASSEMBLEIA DE REVISÃO DO PREÇO OFERTADO — AINDA O § 2º DO ART. 4º-A

Na assembleia especial dos minoritários de revisão do preço da oferta, podem participar e votar todos os acionistas da companhia, inclusive os titulares de ações preferenciais, sem direito de voto, *excluídos* os acionistas controladores, diretores e conselheiros de administração.

Assim, o *colégio eleitoral* da assembleia especial de revisão do preço será composto apenas pelos titulares das ações em circulação, tal como definidas no § 2º do art. 4º -A, dele estando, outrossim, excluídas as ações mantidas em tesouraria.

Convocada essa *assembleia especial*, os titulares de ações em circulação no mercado deverão deliberar, por *maioria absoluta* de votos dos presentes, conforme determina o art. 129 da Lei. Devem aí deliberar se rejeitam ou aprovam pedido de revisão do preço oferecido pelo acionista controlador.

No primeiro caso — rejeição do pedido de revisão —, o acionista controlador poderá prosseguir normalmente com o procedimento de oferta pública, requerendo à Comissão que conceda o registro para a sua realização.

Na hipótese de ser aprovado o pedido de revisão, caberá à assembleia geral deliberar, também por *maioria absoluta* de votos, sobre a empresa especializada a ser indicada para realizar a nova avaliação das ações.

Como a Lei não o fez, deve a regulamentação expedida pela Comissão de Valores Mobiliários, com fundamento no § 4º do novo art. 4º -A, estabelecer *prazo* para que a nova avaliação seja elaborada, a fim de que o processo de cancelamento de registro não fique indefinidamente suspenso. É o que se depreende da redação atrabiliária desse § 4º, ao atribuir à Comissão a competência para *fixar prazos para a eficácia dessa revisão*.

RESGATE — § 6º DO ART. 44

Com a introdução, pela Lei n. 10.303, de 2001, do § 6º no art. 44, o resgate de ações não mais constitui direito potestativo da

---

547 Nelson Eizirik, *Reforma das S/A e do mercado de capitais*, 2. ed., Rio de Janeiro, Renovar, 1998, p. 85.

sociedade, dependendo, para sua eficácia, de aprovação dos titulares de, no mínimo, 50% das ações da respectiva classe atingida.

Dessa forma, alterou-se substancialmente a natureza do direito ao resgate. A sociedade não mais tem poder potestativo de resgatar determinadas classes de ações, salvo se sobre estas tenha o estatuto previsto o resgate.

Não havendo previsão estatutária de resgate de determinada classe de ações *no momento de sua criação e emissão*, o negócio deverá ser aprovado por *assembleia especial* dos acionistas atingidos, com um quórum de aprovação de, no mínimo, 50% das respectivas ações emitidas.

Forma-se, dessa maneira, uma *comunhão de interesses* entre os acionistas da classe atingida, do que resulta estarem vinculados todos eles à determinação da maioria.

Por outro lado, a *autorização estatutária* do resgate não pode ser plena ou universal, devendo especificar, no momento de criação e emissão, quais as classes de ações que são resgatáveis independentemente da concordância da comunhão dos acionistas atingidos.

A autorização estatutária, se universal, frustraria inteiramente os propósitos contidos no § 6º do art. 44, ou seja, de suprimir o poder potestativo da companhia de dispor compulsoriamente de determinadas classes de ações, mesmo contrariamente à vontade dos seus titulares.

O § 6º elimina esse poder potestativo estatutário ou soberano da assembleia geral que existia na vigência do anteriormente disposto no art. 44 da Lei n. 6.404, de 1976.

SOBERANIA DA ASSEMBLEIA ESPECIAL

A *assembleia especial* dos acionistas atingidos pela medida *é soberana* no sentido de vincular todos os acionistas, ausentes ou presentes, concordantes ou discordantes, desde que a vontade do conclave seja manifestada favoravelmente pelos titulares de, pelo menos, 50% da respectiva classe.

Nesse conclave será discutido e deliberado não apenas o *negócio de resgate*, mas, fundamentalmente, o *valor apurado* e sua absoluta consistência com os parâmetros estabelecidos no art. 170, § 1º, da lei societária.

Examinará, portanto, a assembleia especial o *laudo* que deverá ser especialmente preparado para tal negócio pela administração da sociedade. O *valor do resgate* é questão fundamental que deverá ser objeto de deliberação.

Se a assembleia geral não aprovar também o *valor do resgate*, fundada em informações, laudos e pareceres independentes que integrarão os documentos do conclave, a deliberação favorável será ineficaz. Será o mesmo que aprovar a subscrição de capital em bens, de que trata o art. 8º, sem que tenha sido baseada a deliberação em laudo consistente sobre o patrimônio oferecido pelo acionista interessado.

Assim, a Lei n. 10.303, de 2001, estabeleceu o quórum *qualificado* unicamente para as matérias que o legislador julgou constituírem as *bases essenciais* (organizacionais) da companhia.

E a Lei destaca, entre essas matérias, as modificações que diretamente afetam os interesses patrimoniais de *determinada categoria de acionistas*, fazendo com que a eficácia da deliberação da assembleia geral extraordinária, além do quórum *qualificado*, também necessite da aprovação dos acionistas preferencialistas interessados, reunidos em *assembleia especial* (§ 1º do art. 136).

Caso apenas os acionistas ordinaristas restem prejudicados pela deliberação de que trata o inciso I do art. 136, não há necessidade de realização de assembleia especial, visto ter sido a matéria deliberada majoritariamente pelos mesmos ordinaristas em assembleia geral. Não obstante, poderá o ordinarista dissidente retirar-se da companhia, nos termos do inciso I do art. 137 (redação da Lei n. 9.457, de 1997).

REDUÇÃO DO QUÓRUM — CVM — § 3º DO ART. 136

A redação do § 3º do art. 136 possibilitou que o quórum da *assembleia especial* dos preferencialistas interessados, de que trata o § 1º desta norma, fosse reduzido, mediante autorização da Comissão de Valores Mobiliários, nas condições do § 2º [548].

Ou seja, caso uma companhia aberta com ações dispersas (art. 137, II, *b*), e cujas *três últimas assembleias especiais* de determinada classe de ações preferenciais fossem realizadas com a presença de acionistas representando *menos da metade das ações*, poderá a Comissão autorizar a redução do quórum qualificado.

Tem a *assembleia especial* como fundamento a tutela dos interesses da comunhão da respectiva categoria de acionistas, evitando que a reforma estatutária que lhe diz respeito seja deliberada pelos ordinaristas em assembleia geral de forma a prejudicá-la.

A *assembleia especial*, portanto, é um instrumento de defesa e de permanência dos direitos da comunhão dos acionistas pertencentes a classes de

---

548 *V.* a decisão do Colegiado da CVM no Processo Administrativo n. 2006/6785.

ações preferenciais, diante dos interesses dos titulares das ações ordinárias que constituem o quórum deliberativo da assembleia geral.

REPRESENTANTES DA MINORIA NO CONSELHO DE ADMINISTRAÇÃO — § 4º DO ART. 141

A Lei n. 10.303, de 2001, alterou radicalmente o § 4º do art. 141, outorgando o *direito de*: 1) *os minoritários ordinaristas* e 2) *os preferencialistas* indicarem, *cada um deles*, um membro do Conselho de Administração.

O *colégio* dos ordinaristas para a eleição dos seus representantes será formado por titulares de, pelo menos, 15% das *ações com direito a voto, excluídos os ordinaristas controladores.*

O *colégio dos preferencialistas* será formado de, no mínimo, 10% do capital social, *excluindo as preferenciais possuídas pelos controladores diretos e indiretos* e, ainda, dos preferencialistas que já tenham seu representante no Conselho de Administração, em decorrência do exercício do direito estatutário previsto no art. 18 da Lei.

Esse *colégio separado* de *ordinaristas*, instituído pelo art. 141, I, do § 4º, e de *preferencialistas* (inciso II do § 4º), ou então o *colégio conjunto* previsto no § 5º, *não logram constituir uma assembleia especial*, separada da assembleia geral, que, finalmente, irá eleger os membros do Conselho de Administração.

A eleição de representantes dos minoritários ordinaristas e dos preferencialistas far-se-á no próprio momento de indicação pelos controladores dos seus conselheiros.

Presume-se, portanto, que, em reunião de seus grupos separados, tenham os ordinaristas e os preferencialistas minoritários, respectivamente, preenchido o percentual de votos na assembleia geral, capaz de indicar os respectivos representantes de cada uma das classes, ou, então, em conjunto, o representante único das duas classes de ações (§ 5º do art. 141).

Caberá ao *presidente da mesa* verificar o percentual mínimo exigido pelos incisos I e II do § 4º ou então pelo § 5º, ambos do art. 141, já referidos, ocasião em que, outrossim, declarará cumprido o requisito de permanência prevista no § 6º.

Assim procedendo, estarão os indicados pelos dois grupos automaticamente eleitos pela assembleia geral que, nesse passo, não será deliberativa, mas meramente *homologatória* da indicação com mais número de votos feita pelos minoritários de ambas as classes de ações, separadamente (§ 4º) ou em conjunto (§ 5º, ambos do art. 141).

ESPÉCIE DE ASSEMBLEIAS — DIREITO ESTRANGEIRO

Em regra, todas as legislações estabelecem diferenciação entre assembleia geral ordinária e extraordinária. Essa diferenciação ora é feita *ratione materiae*, ora *ratio temporis*.

No Direito italiano — arts. 2.364 e 2.365 do Código Civil de 1942 —, a distinção entre ordinárias e extraordinárias está em relação com a matéria a tratar e não com a época da convocação. As ordinárias devem ser convocadas ao menos uma vez por ano, dentro dos quatro meses seguintes ao exercício social, e as extraordinárias, quando for necessário deliberar sobre os assuntos previstos no citado art. 2.365.

No Direito inglês, o *Companies Act* de 1948 prevê a celebração obrigatória a cada ano da *ordinary general meeting* para tomada de contas, e a *extraordinary general meeting* para os demais assuntos de interesse social[549].

O Direito norte-americano também prevê os dois conclaves, sob as denominações de *annual meeting*, de realização obrigatória, e de *special meeting*. Para diferenciá-las, adota-se, em geral, o regime temporal e não *ratione materiae*.

Conforme sugere o *Model Business Corporation Act*, art. 28, a assembleia geral ordinária realizar-se-á na data consignada nos estatutos. De qualquer forma, não se realizando a *annual meeting* durante o período de treze meses, o Poder Judiciário poderá, a requerimento de qualquer acionista, ordenar sumariamente a sua convocação e realização.

As assembleias gerais extraordinárias poderão ser convocadas pela administração ou pelos titulares de, no mínimo, 1/10 das ações com direito de voto, ou, ainda, pelas pessoas autorizadas pelo estatuto a fazê-lo.

A reunião extraordinária poderá ser convocada por qualquer motivo, inclusive para deliberar a respeito da eleição dos membros do Conselho de Administração (*Board of Directors*) ou para o preenchimento de vagas se a eleição não se realizar na assembleia geral ordinária.

Assim, o principal objetivo da assembleia geral ordinária é a eleição dos membros do *board*, não havendo necessidade de sua convocação, se fixada a data, local e hora no próprio estatuto[550].

O Direito francês estabelece distinção *ratione materiae*, invertendo, no entanto, a sua explicitação. Especifica os assuntos próprios da assembleia extraordinária e relega para a reunião ordinária todas as demais matérias[551].

---

549 Arts. 131 e 132 do *Companies Act* de 1948.

550 Miserocchi, *Inchieste di Diritto Comparato*, 5(1):595 e s.

551 Arts. 153, 154 e 155 da lei societária de 1966.

Também o Direito argentino distingue as reuniões ordinárias e extraordinárias em razão da matéria[552].

Já outras legislações adotam o critério temporal, como é o caso da Lei alemã de 1965 — arts. 119 a 128[553], assim como o Direito espanhol[554] — art. 49 da Lei de 1951 — e do Código das Obrigações suíço — art. 699.

VÁRIAS ESPÉCIES DE ASSEMBLEIAS

A Lei vigente prevê várias espécies de assembleias. Assim, temos as *assembleias gerais dos acionistas*, para as quais são convocados todos os sócios. Além dessas, há a *assembleia de constituição,* que é competente para verificar a regularidade dos atos constitutivos da companhia e aprovar a sua formação[555]. Esse conclave é formado de subscritores, pois não existem ainda acionistas. Não tem, portanto, essa reunião qualquer relação com a companhia, pois esta ainda não existe, podendo ou não ser constituída em decorrência da deliberação ali tomada pelos presentes[556].

Também há as *assembleias especiais* de acionistas, que deliberam sobre assuntos que afetam direitos de determinadas classes ou espécies de ações (arts. 4º-A, 16, 44 e 136)[557].

Finalmente, temos as *assembleias de não acionistas*, formadas de pessoas que têm interesses patrimoniais na companhia, não representados por ações. Ainda que possam também ser acionistas, essas pessoas, quando se reúnem em tais assembleias, não revestem tal qualidade, mas, sim, de credores ou de titulares de outros direitos junto à sociedade. É o caso dos titulares de debêntures e de partes beneficiárias nas companhias fechadas (art. 47), aos quais a Lei atribui poderes de decisão colegiada oponíveis à própria assembleia geral dos acionistas (arts. 51 e 71)[558].

CARACTERÍSTICAS E FUNÇÕES DAS ASSEMBLEIAS

A *assembleia geral dos acionistas* é órgão social

---

552 Art. 234 da lei societária de 1972.

553 Para Garrigues-Uría, o sistema alemão superou essa distinção em razão da matéria ou da periodicidade (*Comentario*, cit., v. 1, p. 581).

554 Garrigues-Uría, *Comentario*, cit., v. 1, p. 582.

555 Cunha Peixoto, *Sociedades por ações*, cit., v. 3, p. 87.

556 J. X. Carvalho de Mendonça, *Tratado*, cit., v. 4, p. 13 e s.

557 *V.* comentários aos arts. 4º-A, 44 e 136.

558 *V.* comentários ao art. 47. Brunetti, *Tratado*, cit., v. 2, p. 366 e 407.

necessário[559], de que depende o funcionamento da companhia já constituída, formado por todos os acionistas, que podem estar presentes e dela participar, mesmo sem direito a voto (art. 125).

A *assembleia de subscritores* é o procedimento necessário à constituição da própria companhia, formada por pessoas que ainda não são acionistas, tendo todas elas igual direito de voto (art. 87).

As *assembleias especiais,* restritas aos titulares de determinada espécie ou classe de ações, visa à proteção dos direitos inerentes a essas categorias, previstos no estatuto, cuja reforma proposta em assembleia geral dos acionistas poderá afetá-los.

E a *assembleia de não acionistas*, formada por debenturistas e titulares de partes beneficiárias das companhias fechadas (arts. 47, 51 e 71), tem o mesmo objetivo das *assembleias especiais*[560].

ESPÉCIES DE ASSEMBLEIAS GERAIS DE ACIONISTAS

Em quase todos os ordenamentos jurídicos, faz-se distinção entre assembleia geral *ordinária* e *extraordinária.* Como referido, essa divisão terminológica universalmente adotada não corresponde, no entanto, a uma unanimidade de critérios distintivos[561].

Há o *critério temporal* e o *critério funcional.* De acordo com o critério temporal, as assembleias ordinárias são as que se realizam em datas ou prazos predeterminados, em regra no início ou no encerramento do exercício social ou fiscal.

Dentro desse critério, extraordinários são todos os conclaves que se realizam fora dos prazos determinados em Lei ou no estatuto, independentemente das matérias a elas submetidas. Estas, portanto, podem deliberar sobre assuntos próprios da assembleia geral ordinária.

Assim, a *época* da reunião é que caracteriza a assembleia nesse regime. Nada impede, no entanto, que se realizem assembleias extraordinárias no período próprio da reunião ordinária.

Já pelo *critério da função*, a assembleia geral será ordinária ou extraordinária em razão de sua competência para decidir sobre as matérias explícita ou residualmente enunciadas na lei.

---

559 *V.* comentários ao art. 121.

560 Sobre assembleias especiais de acionistas e de não acionistas, Hemard, *Sociétés*, cit., v. 2, p. 321 e s.; Halperin, *Sociedades anónimas*, cit., p. 619.

561 Miserocchi, *Inchieste di Diritto Comparato*, p. 597 e s.

Em consequência, a época da reunião não afeta a natureza da assembleia. A infração do prazo legal ou estatutário pode acarretar apenas a responsabilidade dos administradores[562] e não a mudança da natureza do conclave. A distinção, portanto, é feita em razão das matérias a serem deliberadas em uma e em outra espécie de assembleia.

SUPERAÇÃO DESSE CRITÉRIO DISTINTIVO

Esses sistemas fundados no tempo e na matéria têm recebido críticas dos doutrinadores que afirmam a tendência de sua superação, invocando notadamente o Direito alemão que, com efeito, menciona como ordinária apenas a assembleia que deve ser convocada anualmente para balanço e dividendos[563].

Apontam-se como distinção mais plausível a obrigatoriedade e a facultatividade de uma e de outra. A diferença fundamental seria, portanto, que a assembleia geral ordinária é obrigatória, devendo celebrar-se periodicamente, por determinação legal, enquanto a extraordinária é facultativa, ficando a sua realização confiada à livre discricionariedade dos administradores ou dos acionistas[564].

Com base nesse critério, temos, em nossa Lei, que *obrigatórias* são as assembleias gerais, as especiais, a constituinte e a de não acionistas, as quais a Lei determina sejam realizadas periódica ou especialmente, em decorrência das atividades normais ou excepcionais da companhia (arts. 4º-A, 44, 51, 71 e 136)[565].

Facultativas são as reuniões de acionistas que os órgãos da companhia ou os próprios (arts. 123 e 163) resolvem convocar para deliberação sobre assuntos de interesse social[566].

ASSEMBLEIA GERAL ORDINÁRIA

A assembleia geral ordinária é obrigatória, devendo ser realizada anualmente, no período previsto na Lei, para deliberar sobre as matérias também legalmente determinadas (art. 132).

---

562 Halperin, *Sociedades anónimas*, cit., p. 564.

563 Arts. 119 e s. da lei societária alemã de 1965.

564 Garrigues-Uría, *Comentario*, cit., v. 1, p. 584.

565 *V.* comentários aos arts. 4º-A, 44, 47 e 136.

566 *V.* comentários ao art. 163. Valverde, *Sociedades por ações*, cit., v. 2, p. 121.

Tem a assembleia geral ordinária como características, além de sua obrigatoriedade, a sua periodicidade e a competência exclusiva e indelegável sobre as matérias que a Lei lhe atribui (art. 132).

Não pode a assembleia geral ordinária tratar de quaisquer assuntos, além daqueles que exaustivamente a Lei enumera como de sua competência.

A ordem do dia da reunião ordinária é, desse modo, composta apenas das matérias que a Lei especifica e sobre as quais os acionistas terão de opinar (art. 132).

Assuntos estranhos não podem sequer ser objeto de discussão e de decisão. Mesmo contendo a pauta o item "outros assuntos", não poderão ser discutidas matérias que não se prendam aos fatos administrativos do exercício findo[567], e outras matérias correlatas com a gestão social e o funcionamento e composição dos órgãos sociais.

Não obstante constar da Lei a matéria específica que poderá ser deliberada na assembleia ordinária, deverá o edital de convocação conter todos os itens que serão objeto das deliberações (arts. 124 e 289)[568]. Não basta referir-se ao artigo de regência (art. 132). Isto porque poderão determinadas assembleias ordinárias, conforme a sua respectiva ordem do dia, interessar mais a uns ou a outros acionistas, como, v. g., as que incluam eleição de administradores[569].

Assim, a ordem do dia das assembleias ordinárias, tanto quanto das extraordinárias, deverá ser detalhadamente especificada na convocação publicada (art. 289).

A propósito, no caso de reforma do estatuto, deverão ser mencionadas na convocação da assembleia geral extraordinária quais as matérias que serão objeto dessa deliberação (arts. 124, § 6º, e 133, § 3º)[570].

ASSEMBLEIAS ACUMULADAS

Faculta a Lei a convocação e a realização, no mesmo dia e hora, das assembleias gerais ordinária e extraordinária. Não se trata de assembleia mista em que pudessem confundir-se as ordens do dia de ambas ou o quórum de instalação e de deliberação de uma e de outra.

Em consequência, todas as formalidades próprias de cada uma deverão ser rigorosamente obedecidas. Apenas a mesa poderá ser comum a ambas,

---

567 Valverde, *Sociedades por ações*, cit., v. 2, p. 122.

568 Contrariamente à douta opinião de Cunha Peixoto, *Sociedades por ações*, cit., v. 3, p. 90, na vigência do Decreto-Lei n. 2.627, de 1940.

569 *V.* comentários ao art. 124.

570 *V.* comentários aos arts. 124 e 133.

bem como a ata que deverá retratar as deliberações nelas tomadas.

Quanto à ordem do dia, o quórum de instalação e o de deliberação serão rigorosamente observados. Para tanto, será imprescindível que as pautas sejam discutidas e votadas sucessivamente. O importante é que venham a ser submetidas separadamente ao conclave conjunto. Será primeiro discutida a ordem do dia da assembleia ordinária e, esgotada esta, em seguida, a ordem do dia da extraordinária; ou, então, o inverso.

Não podem, pois, os assuntos próprios de uma e de outra assembleia ser discutidos alternadamente.

ATA SUMÁRIA

Nas assembleias acumuladas podem os acionistas majoritariamente deliberar a adoção de ata sumária para uma delas e não para a outra.

Em suma, as assembleias acumuladas não constituem um único conclave, porém dois, que se sucedem, obedecendo cada um rigorosamente as prescrições legais e estatutárias que, de forma diversa, disciplinam a sua convocação, instalação, deliberação, arquivamento e publicação oficial (art. 289)[571 e 572].

Seção II
ASSEMBLEIA GERAL ORDINÁRIA

OBJETO

Art. 132. Anualmente, nos 4 (quatro) primeiros meses seguintes ao término do exercício social, deverá haver 1 (uma) assembleia geral para:

---

571 Diferentemente, portanto, do conceito de Hemard (*Sociétés*, cit., v. 2, p. 84), que entende serem as assembleias acumuladas uma única assembleia mista, conceituando-a como aquela convocada para tomar decisões relevantes, algumas de competência da assembleia geral ordinária e outras de competência da assembleia geral extraordinária.

572 Sobre a matéria, de forma equivocada, *RT* 685/85; e TJSP, 4ª-Câm., AC 170.527, Rel. Des. Lobo Junior, j. em 30-4-1992. In Lazzareschi, ob. cit., p. 338.

I — tomar as contas dos administradores, examinar, discutir e votar as demonstrações financeiras;

II — deliberar sobre a destinação do lucro líquido do exercício e a distribuição de dividendos;

III — eleger os administradores e os membros do conselho fiscal, quando for o caso;

IV — aprovar a correção da expressão monetária do capital social (art. 167).

LEI DE 1940

O Decreto-Lei n. 2.627, de 1940, estabelecia a competência da assembleia geral ordinária e o prazo dentro do qual deveria ela realizar-se em dois artigos que assim dispunham:

"Art. 98. Haverá anualmente uma assembleia geral, que tomará as contas da diretoria, examinará e discutirá o balanço e o parecer do Conselho Fiscal, sobre eles deliberando.

Parágrafo único. A assembleia geral ordinária realizar-se-á nos quatro primeiros meses após a terminação do exercício social".

"Art. 102. Após a deliberação sobre os assuntos referidos nos artigos anteriores desta Seção, a assembleia geral elegerá, quando for o caso, os membros da diretoria e, em qualquer hipótese, os do Conselho Fiscal".

LEI N. 6.404, DE 1976

A Lei n. 6.404, de 1976, manteve em linhas gerais as mesmas atribuições da assembleia geral ordinária, bem como as exigências de anualidade e periodicidade de sua realização.

Houve por bem o legislador consolidar em um só artigo todas as funções da assembleia ordinária. E, dentre estas, adaptou os poderes de eleição dos membros dos órgãos da companhia à facultatividade do Conselho Fiscal e, ainda, à competência do Conselho de Administração para eleger os diretores (arts. 138 e 161). Assim, apenas quando for o caso, serão eleitos pela assembleia geral os conselheiros fiscais e os diretores (arts. 142 e 161).

Serão obrigatoriamente eleitos pela assembleia geral ordinária, no entanto, os membros do Conselho de Administração (art. 140).

A Lei mantém, ademais, a reserva de poderes ao estatuto para deliberar sobre a periodicidade do mandato dos administradores que, não obstante, não poderá exceder de três anos, permitida a reeleição (arts. 140 e 143). Dessa forma, a assembleia geral ordinária somente procederá à eleição de administradores, quando vencidos os seus mandatos ou nas hipóteses de substituição previstas na Lei e no estatuto (art. 150).

Quanto à deliberação sobre a destinação do lucro líquido pela assembleia geral ordinária, há que se apontar a relatividade do preceito, na medida em que a Lei, ao instituir o dividendo obrigatório, retirou-lhe a competência para deliberar a respeito.

Cabe à reunião ordinária apenas declarar ou homologar o que, a respeito, for decidido pela administração (art. 202). Assim, a competência deliberativa da assembleia ordinária, na espécie, refere-se à destinação do lucro líquido que exceder o montante alocado à distribuição do dividendo obrigatório (arts. 122, 192 e 204).

A mesma atribuição meramente homologatória ou declaratória verificava-se no que diz respeito à revogada correção da expressão monetária do capital social (art. 167), que vigorou até o exercício de 1996 (Lei n. 9.249, de 26-12-1995).

LEI N. 10.303, DE 2001

A Lei n. 10.303, de 2001, com o objetivo de dar maior transparência aos acionistas a respeito das atividades e dos negócios jurídicos ordinários e extraordinários da companhia restaurou a exigência da Lei de 1940 de se colocar à disposição dos acionistas o parecer do Conselho Fiscal, acrescentando os votos dos conselheiros dissidentes.

Trouxe, assim, a Lei de 2001, vários aperfeiçoamentos no que se refere à divulgação das informações a respeito das deliberações a serem tomadas pela assembleia geral ordinária.

Assim, no que se refere às *assembleias gerais ordinárias*, o inciso IV inclui, no rol dos documentos que devem ser disponibilizados aos acionistas da companhia anteriormente à realização dessa assembleia, o *parecer do Conselho Fiscal*, que deverá trazer os *votos dissidentes*, se houver, bem como todos os *demais documentos* em poder da companhia que sejam pertinentes aos assuntos da ordem do dia.

Tendo em vista que o art. 133 trata dos documentos para deliberação da *assembleia geral ordinária*, deve-se entender necessária a disponibilização aos acionistas dos pareceres do Conselho Fiscal sobre *todas as matérias* a serem discutidas e aprovadas nessa assembleia, cuja elaboração caiba ao Conselho Fiscal, nos termos do art. 163 da lei societária[573], tais como: o pa-

---

573 *V.* comentários ao art. 163.

recer sobre o relatório anual da administração (art. 163, II), o parecer sobre as propostas dos órgãos da administração relativas à distribuição de dividendos (art. 163, III) e o parecer sobre as demonstrações financeiras do exercício social (art. 163, VII).

LEI N. 12.431, DE 2011 — ARTS. 11, 121, 127 E 146

A Lei de 2011, ao instituir a participação *on line* de acionistas na assembleia geral, além de outras providências atinentes, como o Livro de Presenças e o Livro de Atas eletrônico (arts. 100, 121 e 127), estabelece um regime em que exercem plenamente os seus direitos no conclave tanto os fisicamente presentes como os que o fazem pelo sistema mundial de computadores.

Esse regime de participação *on line* outorga aos seus usuários o exercício pleno dos direitos de participar dos debates, de promover votos escritos e protestos e de votar as matérias da ordem do dia, sem qualquer distinção de ordem com respeito aos acionistas fisicamente presentes.

Cabe à Comissão de Valores Mobiliários regulamentar essa participação, bem como os livros sociais que deverão ser adotados, obrigatoriamente, nas companhias abertas.

Como referido, essa participação *on line* também pode ocorrer nas companhias fechadas, conforme dispuser o estatuto social. Nesse caso também os livros sociais, de que trata o art. 100, deverão ser obrigatoriamente eletrônicos.

E como reiterado, a Lei n. 12.431, de 2011, não instituiu a assembleia *on line*, mas sim a participação *on line*, que é regime jurídico inteiramente diverso daquele.

Assim, todas as assembleias gerais e especiais serão fisicamente instaladas e realizadas na sede social, dirigidas por acionistas fisicamente presentes, na forma do estatuto. A simultânea participação *on line* e a física dos acionistas não desnatura ou altera a estrutura física dos conclaves.

Ademais, a Lei de 2011, ao alterar o art. 146, dispensou, no que respeita à eleição de conselheiro de administração (alínea III do presente artigo), a exigência de ser ele residente no país, mantendo o requisito apenas para os diretores.

Outrossim, dispensa a Lei de 2011, ao alterar o mesmo art. 146, o requisito de ser acionista para ser eleito para o conselho de administração.

Essas duas providências retiram um formalismo inócuo no que respeita à condição de acionista do conselheiro e de sua residência no país.

Não se conformava mais o antigo preceito contido no 146 da Lei com as demandas de gestão globalizada das empresas, no plano de seu conselho de administração, cuja profissionalização (conselheiros profissionais) não se coadunam com a condição de acionistas, podendo não só residir fora do país como atuar por videoconferência nas reuniões do órgão. A propósito, essa prática tem sido largamente adotada.

FUNDAMENTOS DA ASSEMBLEIA GERAL ORDINÁRIA

A assembleia geral ordinária constitui um dos fundamentos clássicos da sociedade anônima, representado pelo governo e fiscalização da companhia por seus acionistas.

Dessa forma, por mais que se suprima os poderes das assembleias gerais, a nossa Lei[574] e as legislações estrangeiras continuam prevendo a realização periódica de reuniões de sócios para que estes deliberem a respeito de determinadas matérias.

Preserva-se, assim, o direito inderrogável de os acionistas se manifestarem sobre determinados assuntos; serem informados dos negócios da companhia; e sobre eles opinarem, tendo em vista a formação da vontade social, por meio do voto majoritário.

Mesmo os acionistas sem direito a voto participam da fase de debate dessas deliberações colegiadas, tendo acesso a demonstrações financeiras e demais documentos e informações que a respeito solicitarem, podendo discutir, dessa forma, todos os assuntos ligados à administração da companhia.

NÃO SE TRATA DE DEVER DE ACIONISTA

Ainda que a realização da assembleia geral ordinária constitua uma obrigação legal, não se pode dizer que têm os acionistas o dever de fiscalizar e de acompanhar os negócios da companhia, como entendem alguns autores[575].

Ocorre, entretanto, que o não exercício do direito de comparecer e votar nas assembleias gerais ordinárias pode acarretar a dissolução da companhia pela impossibilidade de se reunirem os seus acionistas.

---

574 V. comentários ao art. 121. Com efeito, a lei alemã de 1937, inspirada no *Fuhrerprinzip,* reforçou de tal maneira os poderes da administração que conseguiu retirar dos acionistas o direito de se manifestarem sobre as contas da administração. E a lei societária germânica de 1965 reitera, embora com atenuantes, esse mesmo regime — arts. 172, 173 e 175. A respeito, De Gregorio, Note sul Diritto di informazione dell'azionista, *Rivista delle Società,* 1959, p. 634 e s., notadamente a p. 644.

575 Entre eles Hemard, *Sociétés,* cit., v. 2, p. 315.

A ausência de todos os acionistas à assembleia geral ou o comparecimento de apenas um deles, durante dois exercícios subsequentes, demonstra que a companhia não pode preencher o seu fim, dissolvendo-se de pleno direito, em virtude do pressuposto legal de que não existem mais sócios conhecidos ou suficientes para o seu prosseguimento (art. 206).

Não obstante, não tem o acionista dever de comparecimento nem será ele responsável pelos efeitos dessa ausência, a não ser no caso de controlador (arts. 116 e 118), quando pelo seu absenteísmo provoca a dissolução de companhia próspera, em proveito próprio (art. 117)[576].

NATUREZA E COMPETÊNCIA EXAUSTIVA DA ASSEMBLEIA GERAL ORDINÁRIA

A assembleia geral ordinária é a manifestação normal do poder deliberante na sociedade anônima[577].

A Lei exige a sua realização anual, mesmo que não haja administradores a serem eleitos ou lucros a serem distribuídos[578].

Não há exceção ao princípio da obrigatoriedade dessa reunião anual. Não podem os acionistas renunciar ao direito de se manifestarem sobre as contas do exercício findo.

A Lei determina claramente a competência da assembleia geral ordinária, enumerando exaustivamente os assuntos sobre os quais deverá manifestar-se.

Trata-se, por outro lado, de competência exclusiva, não facultando a Lei delegação de competência nem à assembleia geral extraordinária nem aos demais órgãos sociais ou a terceiros. Assim, a assembleia geral ordinária não pode delegar à administração os poderes que lhe foram atribuídos pela Lei[579].

Ademais, o regime legal de competência da assembleia geral ordinária é de ordem pública, não sendo limitável pelo estatuto. E as matérias atribuídas pela Lei à reunião ordinária, sendo exaustivas, não podem ser ampliadas pelo estatuto[580].

---

576 *V.* comentários ao art. 118.
577 Ripert-Roblot, *Traité*, cit., v. 1, p. 743.
578 Ripert-Roblot, *Traité*, cit., v. 1, p. 726.
579 Halperin, *Sociedades anónimas*, cit., p. 565.
580 Contrariamente à opinião de Hemard, *Sociétés*, cit., v. 2, p. 32.

ASSEMBLEIA GERAL ORDINÁRIA E EXERCÍCIO SOCIAL

A Lei estabelece a época da assembleia geral ordinária tomando como base o exercício social (art. 175) que terá duração de doze meses[581].

Apenas nas hipóteses de constituição da companhia ou de alteração estatutária poderá o exercício social ter diferente duração; em qualquer outro caso, a duração será obrigatoriamente de um ano.

Entretanto, os acionistas têm plena liberdade de fixar estatutariamente a data do encerramento do exercício, podendo, inclusive, fazê-lo em data móvel, ou seja, v. g., no primeiro dia útil do ano ou último dia de fevereiro.

Há, no entanto, casos especiais em que a própria Lei determina a data do encerramento do exercício social, como ocorre, v. g., com as instituições financeiras[582].

Dessa forma, o conceito de exercício social está ligado à ideia de prestação de contas e de distribuição de resultados. Isto porque é no término do exercício social que se reúnem os titulares do capital empregado no negócio para saberem dos lucros auferidos ou prejuízos verificados no período findo, bem como para examinar a gestão financeira dos administradores.

CONVOCAÇÃO

Findo o exercício social, a Lei dá o prazo máximo de quatro meses para a realização da assembleia geral ordinária. Não obstante a Lei determinar o prazo de realização anual da assembleia ordinária, poderá entre uma e outra reunião mediar um tempo superior ou inferior a um ano, conforme seja realizada no início ou no fim do quadrimestre legalmente previsto.

A realização da assembleia geral ordinária constitui um dever legal, cuja violação, embora não imputável aos acionistas, importará necessariamente em responsabilidade dos administradores pelos prejuízos decorrentes (arts. 132 e 158)[583].

Como para a realização da assembleia geral é necessário prévia convocação, os administradores respondem pelos prejuízos por não fazê-lo ou no caso de promovê-la tardiamente.

---

581 V. comentários ao art. 175.

582 Art. 31 da Lei n. 4.595, de 1964, que prescreve dever o exercício social, uniformemente, encerrar-se em 31 de dezembro de cada ano para as instituições integrantes do Sistema Financeiro Nacional.

583 Valverde, *Sociedades por ações*, cit., v. 2, p. 126.

Ademais, se os administradores retardarem por mais de sessenta dias o respectivo edital convocatório, qualquer acionista poderá promover a medida (art. 123)[584]. Conta-se essa prerrogativa do acionista a partir do término do quadrimestre, quando o estatuto não especifica data ou época certa para o conclave.

Por outro lado, mesmo que a data da assembleia geral ordinária esteja prevista no estatuto, tal fato não exime os administradores da obrigação de convocá-la (art. 124)[585], ao contrário do que sucede no Direito norte-americano, em que não há necessidade de convocação para a *annual meeting*, na presunção de que todos os acionistas conhecem o estatuto, em que se fixam dia, hora e local da realização do conclave[586].

ASSEMBLEIA GERAL ORDINÁRIA FORA DO PRAZO

Pode-se falar, em nosso Direito, como o fazem os doutrinadores franceses[587], em assembleia geral ordinária convocada extraordinariamente.

Isto porque a nossa Lei estabelece o *critério de competência*, e não o temporal, para distinção entre a assembleia ordinária e a extraordinária. Dessa forma, mesmo convocada fora do prazo estatutário ou do quadrimestre, para deliberar sobre assuntos de sua competência, será sempre considerada assembleia geral ordinária[588].

Portanto, a convocação dentro dos quatro meses seguintes ao encerramento do exercício não se refere à qualificação da assembleia nem à sua validade, mas apenas à responsabilidade dos administradores[589].

Assim, as assembleias ordinárias caracterizam-se tanto pela periodicidade como pela competência e não perdem o seu caráter ordinário, mesmo quando realizadas fora do prazo. Entender contrariamente significaria admitir o absurdo de que uma assembleia ordinária pudesse adquirir, em segunda convocação, a qualidade de extraordinária[590].

---

584 *V.* comentários ao art. 123.

585 *V.* comentários ao art. 124. Valverde, *Sociedades por ações*, cit., v. 2, p. 127.

586 Como, v. g., o art. 28 do *Model Business Corporation Act*; *Financial Handbook*, p. 12-23.

587 Ripert-Roblot, *Traité*, cit., v. 1, p. 726; Hemard, *Sociétés*, cit., v. 2, p. 316.

588 Em sentido contrário, *v.* AC 170.527, Rel. Des. Lobo Júnior, 4ª Câm. Cív. do TJSP, j. em 30-4-1992.

589 Halperin, *Sociedades anónimas*, cit., p. 603, fundado no regime legal argentino.

590 Garrigues-Uría, *Comentario*, cit., v. 1, p. 597 e s. Contrariamente à posição assumida pelo Tribunal Supremo da Espanha, que entendeu deverem ser consideradas extraordinárias as assembleias que fora do prazo aprovem contas sociais.

Em consequência, o fato de ser a assembleia geral ordinária realizada fora do prazo não extingue a sua competência exclusiva, sendo, portanto, plenamente eficazes as suas deliberações[591].

PRESENÇA E BOICOTE DOS ADMINISTRADORES, AUDITORES E FISCAIS

Para a realização da assembleia geral ordinária a Lei exige a presença dos administradores (art. 134), pois cabe a eles a apresentação de documentos referentes à matéria da competência do conclave. Da mesma forma, devem estar presentes o auditor independente e, ainda, membros do Conselho Fiscal, se houver[592].

Em todo o caso, a exigência legal da presença dessas pessoas[593] poderá ser dispensada pela unanimidade dos acionistas presentes.

Por outro lado, caso qualquer sócio, com ou sem direito de voto, manifestar-se pela presença de alguma dessas pessoas, deverá a assembleia geral ordinária adiar todas as deliberações, ou algumas delas pertinentes.

Para a celebração do conclave ordinário exige-se a cooperação dos administradores, pois cabe a eles a apresentação dos documentos da administração (art. 133)[594].

Se os administradores não apresentarem tais documentos, torna-se impossível ao conclave deliberar sobre as matérias próprias da assembleia geral ordinária, à exceção, eventualmente, da eleição dos órgãos da administração e de fiscalização.

Assim, como deliberar sobre as contas da administração se estas não são apresentadas? Como pretender a aprovação das demonstrações financeiras se não forem elas levantadas?

Na hipótese de boicote dos administradores a assembleia prosseguirá para que os acionistas tomem as medidas previstas no art. 159 contra aqueles, deliberando a propositura da ação de responsabilidade e a sua destituição. Tais decisões podem, com efeito, ser tomadas na assembleia geral ordinária, como expressamente prevê a lei (art. 159).

---

591 Conforme remissão de Garrigues-Uría (*Comentario*, cit., v. 1, p. 597 e s.), a generalidade das doutrinas francesa, alemã e italiana, bem como a doutrina e a jurisprudência espanholas.

592 *V.* comentários aos arts. 161, 163, 164 e 165.

593 *V.* comentários aos arts. 129 e 134.

594 *V.* comentários ao art. 133.

Evidentemente que apenas em caso de força maior poderão os administradores deixar de elaborar e de apresentar os documentos da administração na assembleia geral ordinária. Trata-se da única hipótese em que as medidas de responsabilização e de destituição não seriam cabíveis.

De qualquer forma, as deliberações que dependam da apreciação dos documentos da administração terão de ser adiadas.

RESPONSABILIDADE DOS CONTROLADORES

A questão de responsabilização torna-se problemática na hipótese de falta de elaboração e apresentação dos documentos pelos administradores (art. 133), quando são eles próprios os controladores ou estejam acobertados por estes[595].

Neste caso, é provável que não seja sequer apresentada a moção de responsabilização e de destituição ou, então, se apresentada, seja recusada pela maioria da assembleia formada pelos controladores.

Se tal ocorrer, cabe a responsabilidade plena dos controladores na forma do art. 117, tanto por omissão de proposta no sentido de responsabilizar e destituir os administradores como de sua desaprovação majoritária, quando for requerida por acionista minoritário (art. 159)[596].

AS MATÉRIAS SÃO EXAUSTIVAS

A Lei, ao adotar o regime de competência *ratione materiae*, estabeleceu exaustivamente as matérias próprias da assembleia geral ordinária, atribuindo ao conclave extraordinário todas as demais[597].

Para facilitar a efetividade desse critério, admite a Lei sejam realizadas cumulativamente as duas reuniões, convocadas para o mesmo dia, hora e local (art. 131).

Em consequência, não poderá a assembleia geral ordinária deliberar sobre outras matérias que não aquelas previstas na Lei.

---

595 Cunha Peixoto, *Sociedades por ações*, cit., v. 3, p. 94.

596 *V.* comentários ao art. 118.

597 A lei francesa expressamente outorga toda competência residual à assembleia geral ordinária, estabelecendo que esta tomará todas as decisões além daquelas previstas pelos arts. 153 e 154 da lei de 1966, isto é, salvo os casos de alteração do estatuto e mudança de nacionalidade da companhia — art. 155 da lei de 1966. Hemard, *Sociétés*, cit., v. 2, p. 319. Na lei espanhola, segundo entendimento doutrinário, na falta de texto expresso, a assembleia geral ordinária pode deliberar sobre assuntos distintos dos determinados pela lei. Garrigues-Uría, *Comentario*, cit., v. 1, p. 589 e s.

TOMAR AS CONTAS E DELIBERAR SOBRE AS DEMONSTRAÇÕES FINANCEIRAS

Têm os acionistas o acesso às demonstrações financeiras da companhia e às contas dos administradores, que devem ser aprovadas na assembleia geral ordinária do exercício imediatamente seguinte. Tendo em vista poderem os acionistas conhecer previamente os documentos da administração que serão submetidos à sua deliberação, deverão estes ser publicados com antecedência (arts. 133 e 289)[598].

Nesse passo, o nosso Direito ainda mantém a regra clássica de competência da reunião ordinária. Tal não ocorre, v. g., com a Lei alemã de 1965, que, repetindo o sistema de 1937, estabelece no seu art. 175 que a assembleia geral ordinária será convocada apenas para tomar conhecimento das demonstrações financeiras já aprovadas pelo Conselho de Supervisão. A assembleia geral somente será competente para aprovar as demonstrações financeiras, se assim o decidirem a diretoria (*Vorstand*) e o referido Conselho de Supervisão[599].

Já em nosso Direito, a administração é obrigada a submeter suas contas à assembleia geral ordinária, que é o único órgão competente para aprová-las ou rejeitá-las (art. 122)[600]. A não aprovação dos documentos da administração ou de qualquer deles, notadamente das demonstrações financeiras, tem como consequência, em regra, a destituição dos administradores (art. 159).

Trata-se de falta gravíssima dos administradores o não cumprimento dos requisitos formais e intrínsecos na elaboração desses documentos, sendo solidariamente responsáveis pelos prejuízos causados por tal falha (art. 158). E, com efeito, a não aprovação do balanço acarreta problemas de toda ordem para a companhia, notadamente junto ao Fisco e ao Registro do Comércio.

DESTINAÇÃO DO LUCRO E DISTRIBUIÇÃO DE DIVIDENDOS

A competência da assembleia geral ordinária de deliberar sobre a destinação do lucro e a distribuição de dividendos toma diferentes feições na Lei.

---

598 V. comentários ao art. 133.

599 Art. 172 da lei societária de 1965.

600 V. comentários ao art. 122.

Em primeiro lugar, cabe aos órgãos da administração apresentarem à reunião ordinária, juntamente com as demonstrações financeiras, proposta sobre a destinação a ser dada ao lucro líquido do exercício (art. 192). As demonstrações financeiras registrarão o destino dos lucros, segundo a proposta dos administradores[601], no pressuposto de sua aprovação pela assembleia geral (art. 176).

Em consequência, a iniciativa, na espécie, não é mais do próprio conclave, pois já vem elaborada no conjunto das demonstrações financeiras do exercício. Evidentemente que poderá a assembleia geral rejeitar a proposição, com exceção da parcela referente ao dividendo obrigatório (art. 202), que é irrecusável[602].

Aquela iniciativa da administração de propor a destinação a ser dada ao lucro líquido do exercício é indeclinável, não podendo os administradores omitirem-se a respeito, sob pena de serem responsabilizados pela falta (art. 158).

Por outro lado, poderá também a administração declarar dividendos semestrais (intercalares) com base em balanço respectivo, se, para tanto, forem autorizados pelo estatuto (art. 204). Nesse caso, caberá posteriormente à assembleia geral ratificar essa distribuição[603].

DIVIDENDOS

Quanto aos dividendos obrigatórios (art. 202), não tem a assembleia geral competência para deliberar a respeito, pois estes são estatutariamente fixados. Não cabe, pois, à assembleia exercer poderes discricionários para estabelecer em cada exercício o seu *quantum*[604].

Na *companhia aberta*, a assembleia geral apenas tomará conhecimento da decisão dos órgãos da administração acerca de distribuição ou não de dividendos. Se os administradores decidirem distribuí-los, caberá à assembleia geral ordinária declarar a distribuição dos dividendos estatutariamente previstos. E quando os administradores decidirem pela não distribuição, caberá ao conclave ordinário apenas homologar essa decisão, não tendo competência para decidir em contrário[605].

---

601 V. comentários aos arts. 176 e 192.

602 V. comentários aos art. 202 e 122.

603 V. comentários ao art. 204.

604 V. comentários ao art. 17.

605 V. comentários ao art. 202.

Na *companhia fechada*, a assembleia geral ordinária somente poderá, por unanimidade, deliberar pela não distribuição do dividendo obrigatório, se os administradores não se tiverem manifestado a respeito. Se o tiverem feito positivamente, ou seja, pela distribuição, não poderá o conclave decidir o contrário. E se os administradores tiverem decidido pela não distribuição, não caberá à assembleia geral ordinária senão homologar essa decisão[606].

A lei estabelece diversas regras com referência à eleição dos administradores e fiscais e respectivos sistemas de votação e de representação de minorias[607].

ELEIÇÃO DOS ADMINISTRADORES E DO CONSELHO FISCAL

A Lei estabelece que compete à assembleia geral a eleição dos administradores, observado o que, a respeito, prescreve o art. 146, com a redação dada pela Lei n. 12.431, de 2011.

No caso de a companhia ter Conselho de Administração (arts. 138 e 239), os diretores serão eleitos por este órgão e não pela assembleia geral ordinária[608].

Em qualquer caso, o prazo do mandato dos administradores deverá estar fixado no estatuto, sendo, no máximo, de três anos, admitida a reeleição (arts. 140 e 143)[609].

Já os membros do Conselho Fiscal serão eleitos anualmente, se o estatuto dispuser que seu funcionamento será permanente (art. 161). O funcionamento permanente desse órgão é obrigatório nas sociedades de economia mista (art. 240)[610].

Nas demais companhias, abertas ou fechadas, não sendo permanente o Conselho Fiscal, haverá eleição apenas nos exercícios sociais em que for instalado, a pedido de acionistas, na forma da Lei.

EXCEÇÃO À REGRA DE COMPETÊNCIA EXCLUSIVA — CONSELHO FISCAL

A eleição de membros do Conselho Fiscal em companhia que adote regime não permanente de funcionamento desse órgão, embora

---

606 *V.* comentários ao art. 202.

607 Capítulos XII e XIII da Lei n. 6.404, de 1976. *V.* comentários ao art. 141.

608 *V.* comentários ao art. 122. *V.* AI 72.554-2, Rel. Des. Jones Figueiredo, 4ª Câm. Cív. do TJPE, j. em 22-11-2001.

609 *V.* comentários ao art. 140.

610 *V.* comentários ao art. 161.

seja da competência expressa da assembleia ordinária, poderá, no entanto, dar-se em assembleia geral extraordinária.

Estabelece, com efeito, a Lei que o pedido de funcionamento do Conselho Fiscal, ainda que a matéria não conste do anúncio de convocação, poderá ser formulado em qualquer assembleia geral, que elegerá os seus membros (art. 161).

Portanto, será da competência da assembleia geral extraordinária tal eleição, na eventualidade de não terem sido convocadas assembleias acumuladas (art. 132).

Trata-se, pois, de exceção à regra de competência *ratione materiae* da assembleia geral ordinária.

Temos, em suma, quanto ao Conselho Fiscal, que, sendo ele de funcionamento permanente, é da competência exclusiva da assembleia geral *ordinária* eleger os seus membros e fixar-lhes as remunerações e bem assim as substituições e destituições.

Se o órgão for de funcionamento não permanente, a eleição dos seus componentes, bem como a fixação da respectiva remuneração, poderá dar-se tanto em assembleia ordinária como em extraordinária[611].

DOCUMENTOS DA ADMINISTRAÇÃO

Art. 133. Os administradores devem comunicar, até 1 (um) mês

---

611 Sobre a matéria, Instrução CVM n. 202/93, com respeito à inobservância do prazo de realização da assembleia geral ordinária; sobre a prévia elaboração das demonstrações financeiras, Colegiado da CVM, PAS RJ2004/5238, Rel. Presidente Marcelo Trindade, j. em 28-3-2005; tb. Parecer CVM/SJU n. 009/84 e Colegiado da CVM, PAS RJ2005/8528, Rel. Diretora Maria Helena Santana, j. em 24-1-2007; sobre matéria de prestação de contas dos administradores, STJ, REsp 792.660/SP, Rel. Min. Castro Filho, j. em 16-3-2006; TJSC, 1ª Câm., AC 48.733, Rel. Des. Trindade dos Santos, j. em 1º-10-1996; TJRO, AC 02.003999-9, Rel. Des. Sebastião T. Chaves; TJRJ, 2ª Câm., AC 2000.001.17807, Rel. Des. Gustavo Kuhl Leite, j. em 20-2-2001; TJPR, 2ª Câm., Emb. Decl. 120.249-5/01, Rel. Des. Hirosè Zeni, j. em 2-10-2002; TJSP, 9ª Câm., AC 502125 -4/5, Rel. Des. Carlos Stroppa, j. em 19-2-2008; TJDF, 2ª T., AC 50358/98, Rel. Des. Sandra de Santis, j. em 11-6-1999; STJ, REsp 179008/SP, Rel. Min. Cesar Asfor Rocha, *DJU* 26-6-2000, p. 177, *RSTJ* 136/350; *JTJ* 124/343; sobre a matéria de dividendos e sua distribuição, *RT* 609/70; Colegiado da CVM, Proc. RJ2005/2611, Reg. 4734/05, Rel. Diretor Sergio Weguelin; sobre matéria de eleição, TJSP, 9ª Câm., Agr. Instr. 394.4/6-00, Rel. Des. Sergio Goes, j. em 25-9-2005; TJDF, 5ª T., MC2001.00.2.002086-8, Rel. Des. Dacio Vieira, j. em 20-11-2003; TJPE, 4ª Câm., Agr. Instr. 72554-2, Rel. Des. Jones Figueiredo, j. em 22-11-2001; e sobre matéria de destituição, TJSC, 4ª Câm., AC 39.443, Rel. Des. João José Schaefer, j. em 17-12-1992. In Lazzareschi, ob. cit., p. 339 e s.

antes da data marcada para a realização da assembleia geral ordinária, por anúncios publicados na forma prevista no art. 124, que se acham à disposição dos acionistas:

I — o relatório da administração sobre os negócios sociais e os principais fatos administrativos do exercício findo;

II — a cópia das demonstrações financeiras;

III — o parecer dos auditores independentes, se houver;

IV — o parecer do conselho fiscal, inclusive votos dissidentes, se houver; e

• Inciso acrescentado pela Lei n. 10.303, de 31 de outubro de 2001.

V — demais documentos pertinentes a assuntos incluídos na ordem do dia.

• Inciso acrescentado pela Lei n. 10.303, de 31 de outubro de 2001.

§ 1º Os anúncios indicarão o local ou locais onde os acionistas poderão obter cópias desses documentos.

§ 2º A companhia remeterá cópia desses documentos aos acionistas que o pedirem por escrito, nas condições previstas no § 3º do art. 124.

§ 3º Os documentos referidos neste artigo, à exceção dos constantes dos incisos IV e V, serão publicados até 5 (cinco) dias, pelo menos, antes da data marcada para a realização da assembleia geral.

• Parágrafo com redação dada pela Lei n. 10.303, de 31 de outubro de 2001.

§ 4º A assembleia geral que reunir a totalidade dos acionistas poderá considerar sanada a falta de publicação dos anúncios ou a inobservância dos prazos referidos neste artigo; mas é obrigatória a publicação dos documentos antes da realização da assembleia.

§ 5º A publicação dos anúncios é dispensada quando os documentos a que se refere este artigo são publicados até 1 (um) mês antes da data marcada para a realização da assembleia geral ordinária.

LEI DE 1940

O Decreto-Lei n. 2.627, de 1940, disciplinava a matéria em seu art. 99 de forma quase idêntica à Lei n. 6.404, de 1976. Incluía, no entanto, entre os documentos a serem colocados à disposição dos acionistas o parecer do Conselho Fiscal. Determinava também que, para o mesmo fim, fosse elaborada a lista dos acionistas que ainda não haviam integralizado suas ações e o número destas. Neste particular, entendia-se pacificamente que tal exigência referia-se apenas às ações em mora, a fim de que os acionistas ficassem a par da verdadeira situação econômica da sociedade[612].

Por outro lado, a lei de 1940 exigia apenas balanço e demonstrações de resultados do próprio exercício (conta de lucros e perdas).

LEI N. 6.404, DE 1976

A Lei n. 6.404, de 1976, exige que sejam elaboradas e colocadas à disposição dos acionistas não somente as demonstrações financeiras do exercício (art. 176), como também a demonstração de lucros ou prejuízos acumulados (art. 186) e a demonstração das origens e aplicações de recursos (art. 188)[613]. Introduz norma de grande utilidade para os grandes acionistas, qual seja, a da remessa dos documentos da administração àqueles que o desejarem, desde que detenham 5% ou mais do *capital social*.

Tal preceito aplica-se tanto às companhias fechadas como às abertas, sendo que a remissão que se faz ao art. 124, § 3º[614], refere-se apenas ao *procedimento* de solicitação e de remessa das informações e não ao próprio direito do acionista.

Introduziu o Diploma de 1976 outra exigência, qual seja, o parecer dos auditores independentes, se houver, fazendo ele parte do elenco de documentos que devem ser do conhecimento dos acionistas.

Tal medida veio substituir, nas grandes companhias, notadamente nas abertas, o parecer do Conselho Fiscal, diferentemente, portanto, da Lei n. 10.303, de 2001, que restabeleceu e aperfeiçoou o regime do Diploma de 1940, restaurando a relevância jurídica do parecer do Conselho Fiscal e os votos dissidentes dos conselheiros, como documentos à disposição dos acionistas.

Com efeito, a Lei de 1976 não mais obrigava o oferecimento desta última peça, mesmo quando o órgão estivesse em funcionamento ou mesmo quando fosse de funcionamento permanente (art. 240). A respeito, a doutrina, na Lei de 1940, alertava para a inutilidade dos pareceres do Conselho Fiscal, pois não eram esclarecedores[615].

Contém, outrossim, a Lei de 1976 dispositivo expresso que possibilita seja sanada pela assembleia geral unânime (art. 124, § 4º) a falta de publi-

---

612 Valverde, *Sociedades por ações*, cit., v. 2, p. 131 e s.

613 *V.* comentários aos arts. 176, 186 e 188.

614 *V.* comentários ao art. 124.

615 Cunha Peixoto, *Sociedades por ações*, cit., v. 3, p. 98; Valverde, *Sociedades por ações*, cit., v. 2, p. 132.

cação dos anúncios que colocam à disposição dos acionistas os documentos da administração ou, então, a inobservância do prazo mínimo do anúncio respectivo ou da publicação desses mesmos documentos.

Essa norma necessita uma correta interpretação no que diz respeito aos procedimentos e aos interesses que dela decorrem.

Ademais, a Lei de 1976 retira também a exigência de exibição aos acionistas da lista de subscritores de ações em mora.

Quanto ao local onde devem tais documentos ser colocados à disposição dos acionistas, a Lei de 1976 mantém a pouca clareza do Diploma de 1940. Prevalece, portanto, o entendimento de que tais documentos estão à disposição dos acionistas na sede social necessariamente[616], e em outros locais, a critério da administração e da Comissão de Valores Mobiliários, com relação às companhias abertas.

Temos, assim, que a Lei de 1976 mantém o regime da publicação (art. 289) dos documentos da administração *antes* de sua aprovação pela assembleia geral, facilitando, dessa forma, o conhecimento deles por parte dos acionistas, o que possibilita uma tomada de posição sobre os assuntos que devem ser deliberados na assembleia geral[617].

Temos assim que a Lei de 1976 aperfeiçoou, ainda que timidamente, o sistema de informações aos acionistas.

LEI N. 10.303, DE 2001 — INCISOS IV E V E § 3º

A Lei n. 10.303, de 2001, com o objetivo de dar maior transparência aos acionistas a respeito das atividades e dos negócios jurídicos, ordinários e extraordinários, da companhia, restaurou a exigência da Lei de 1940 de se colocar à disposição dos acionistas o parecer do Conselho Fiscal, acrescentando os votos dos conselheiros dissidentes.

Trouxe, assim, a Lei de 2001 vários aperfeiçoamentos no que se refere à divulgação das informações sobre as deliberações a serem tomadas pela assembleia geral ordinária.

Assim, no que se refere às *assembleias gerais ordinárias*, o inciso IV acrescentado a este artigo 133 pela Lei n. 10.303, de 2001, inclui, no rol dos documentos que devem ser disponibilizados aos acionistas da companhia anteriormente à realização dessa assembleia, o *parecer do Conselho Fiscal*,

---

616 Cunha Peixoto, *Sociedades por ações*, cit., v. 3, p. 96.

617 Valverde, *Sociedades por ações*, cit., v. 2, p. 129.

que deverá trazer os *votos dissidentes*, se houver, bem como todos os *demais documentos* em poder da companhia que sejam pertinentes aos assuntos da ordem do dia.

Tendo em vista que o presente art. 133 trata dos documentos para deliberação da *assembleia geral ordinária*, deve-se entender necessária a disponibilização aos acionistas dos pareceres do Conselho Fiscal sobre *todas as matérias* a serem discutidas e aprovadas nessa assembleia, cuja elaboração caiba ao Conselho Fiscal, nos termos do novo art. 163 da lei societária[618], tais como: o parecer sobre o relatório anual da administração (art. 163, II), o parecer sobre as propostas dos órgãos da administração relativas à distribuição de dividendos (art. 163, III) e o parecer sobre as demonstrações financeiras do exercício social (art. 163, VII).

PARECER DO CONSELHO FISCAL E OS VOTOS VENCIDOS — INCISO IV

Dessa forma, também passou a ser divulgado pela companhia o *inteiro teor dos votos vencidos* na aprovação dos pareceres pelo Conselho Fiscal.

Note-se que não bastará mencionar quais foram os votos vencidos na aprovação dos pareceres, devendo-se entender necessária a divulgação do *conteúdo completo desses votos*, para que os acionistas possam adequadamente avaliá-los e, assim, formar o seu próprio convencimento a respeito das matérias questionadas.

É importante ressaltar que a obrigação da companhia de divulgar os *pareceres do Conselho Fiscal* anteriormente à realização da assembleia geral ordinária, conforme o novo inciso IV, que retoma e amplia a exigência do Diploma de 1940, em nada confronta com a regra do art. 164 da Lei[619].

Assim, não obstante a divulgação dos pareceres feita antes da assembleia geral, deverá o Conselho Fiscal ou, ao menos, um de seus membros *comparecer* à assembleia geral para prestar os esclarecimentos necessários solicitados pelos acionistas.

Também não há qualquer conflito com a regra do parágrafo único do art. 164, podendo os pareceres do Conselho Fiscal, não obstante a sua divulgação prévia na forma do inciso IV deste art. 133, ser lidos na assembleia geral.

---

618 *V.* comentários ao art. 163.

619 *V.* comentários aos arts. 161, 163, 164 e 165.

A Lei n. 10.303, de 2001, não se refere *ao prazo* que a administração da companhia terá para entregar ao Conselho Fiscal os documentos necessários para que este possa emitir o seu parecer.

Entretanto, tendo em vista que os pareceres do Conselho Fiscal serão divulgados com um mês de antecedência da assembleia geral ordinária, deve a *administração da companhia* providenciar para que sejam entregues ao Conselho Fiscal: 1) o relatório da administração; 2) as demonstrações financeiras; 3) as propostas para a distribuição de dividendos; 4) o parecer dos auditores independentes; e 5) todos os demais documentos relacionados aos principais negócios e fatos ocorridos na sociedade, em *prazo razoável*, que não deve ser inferior a quinze dias, para que o órgão fiscalizador possa preparar o seu parecer, aplicando-se por analogia o disposto no art. 124 para as companhias abertas[620].

E o parecer do Conselho Fiscal deve também ser entregue à administração da companhia com *prazo razoável* de antecedência para que esta possa colocá-lo à disposição dos acionistas nos locais indicados nos anúncios e enviá-lo às Bolsas de Valores (§ 6º do art. 124)[621].

Se a *administração* da companhia não entregar ao Conselho Fiscal *tempestivamente* os documentos necessários à elaboração do seu parecer, ou, por sua vez, se o Conselho Fiscal, tendo recebido os documentos da administração em *prazo razoável*, não entregar tempestivamente o seu parecer à administração, os administradores ou conselheiros fiscais, conforme o caso, responderão solidariamente pelos prejuízos eventualmente causados à companhia ou aos seus acionistas pelo descumprimento do seu dever legal (art. 158, § 2º).

DEMAIS DOCUMENTOS PERTINENTES — INCISO V

A Lei n. 10.303, de 2001, também acrescentou o inciso V a este art. 133, determinando que sejam também divulgados aos acionistas, previamente à realização da assembleia geral ordinária, todos os "demais documentos pertinentes a assuntos da ordem do dia".

Os "demais documentos", que a Lei n. 10.303, de 2001, impõe sejam disponibilizados aos acionistas, são, na verdade, *documentos* não enumerados no presente art. 133, e que porventura se relacionem com os assuntos determinados na ordem do dia da *assembleia geral ordinária*.

---

620 *V.* comentários ao art. 124.

621 *V.* comentários ao art. 124.

Note-se que essa regra não se aplica a documentos relativos ao item "outros assuntos" que sejam incluídos na pauta da *assembleia geral extraordinária*, ainda que esta seja realizada *conjuntamente* à ordinária. Para tais matérias, valerá a regra de informação contida no § 3º do art. 135[622].

Vale ressaltar que, embora esteja a companhia obrigada a divulgar, previamente à realização da assembleia geral ordinária, os documentos referidos nos novos incisos IV e V, a Lei n. 10.303, de 2001, no novo § 3º do presente art. 133, *dispensá-los da publicação* antes da realização da assembleia geral ordinária.

Portanto, os acionistas interessados em analisar esses documentos não poderão contar com a sua publicação antes da assembleia geral, devendo deles obter cópias nos locais indicados pela companhia nos anúncios publicados.

Não obstante, é necessário conter os anúncios publicados a menção ao parecer do Conselho Fiscal e a existência de votos divergentes, se houver, e ainda de outros documentos referentes às matérias incluídas na ordem do dia. A ausência dessas menções frustraria inteiramente os propósitos contidos na Lei n. 10.303, de 2001, a respeito.

INFORMAÇÕES FINANCEIRAS E NEGOCIAIS

Importante ressaltar que existem, nas legislações modernas, dois tipos de informações devidas pelos administradores aos acionistas[623]. Um é referente ao *estado financeiro* da companhia, consubstanciado nos documentos da administração, notadamente das demonstrações financeiras. Outro é referente à *situação dos negócios*, incluindo fatos e atos relevantes nas atividades da companhia (art. 157)[624] que devem ser revelados em prospectos relativos à emissão de capital, de empréstimos e em outras ocasiões, como, p. ex., no caso de oferta pública de aquisição de ações em que estejam envolvidos os controladores da companhia (arts. 4º e 254-A)[625].

Sobre as informações financeiras, todos os ordenamentos asseguram de maneira mais ou menos ampla a divulgação dos dados respectivos. Entretanto, sendo inegável a interpenetração das informações financeiras e ne-

---

622 *V.* comentários ao art. 135.

623 Conforme estudo de Mazzoni, *Inchieste di Diritto Comparato*, 5(2):1144 e s.

624 *V.* comentários ao art. 157.

625 *V.* comentários aos arts. 4º e 254-A.

gociais, temos, no direito continental, como regra, a divulgação apenas de dados financeiros considerados essenciais. Invoca-se, neste caso, o princípio do segredo dos negócios, quando o acionista solicita informações que adentram o caráter negocial das atividades da companhia e não apenas o estritamente financeiro. Nesse sentido, temos o Direito alemão — art. 131 da Lei societária de 1965.

No Direito italiano, há uma ampliação substancial das informações financeiras, sem, no entanto, estabelecer-se a obrigação de os administradores prestarem informes sobre aspectos negociais propriamente ditos — art. 2.425-*bis* do Código Civil, introduzido pela Lei de 1974.

O Direito francês contém provavelmente o sistema mais avançado de informações, abrangendo tanto aspectos financeiros quanto negociais — como se pode verificar dos arts. 168 e 173 da Lei de 1966 e dos arts. 135 e 153 do Decreto de 1967.

DIREITO DO ACIONISTA DE SOLICITAR INFORMAÇÕES

Dentro desse quadro temos que, em geral, as leis atribuem ao acionista individual o direito de solicitar informações sobre os assuntos legalmente previstos.

Assim, v. g., a Lei societária alemã de 1965 afirma o princípio da igualdade dos sócios, ou seja, se qualquer acionista obtiver da companhia determinada informação fora da assembleia geral, qualquer outro sócio tem direito a receber a mesma informação durante o conclave.

Também no Direito espanhol, qualquer acionista pode pedir, antes ou durante a assembleia geral, informações sobre assuntos constantes da ordem do dia — art. 65 da Lei de 1951[626].

No Direito suíço, marcado pelo principal valor nacional — o do sigilo bancário —, os acionistas isoladamente são investidos de um indefinido direito de fiscalização que, entretanto, não é ilimitado, tendo em vista o dogma do segredo dos negócios. Não obstante, a assembleia geral, como órgão supremo da companhia, pode, por decisão majoritária, exigir quaisquer esclarecimentos da administração[627]. Portanto, no Direito suíço, às minorias não cabe tal prerrogativa.

---

626 Garrigues-Uría, *Comentario*, cit., v. 1, p. 717 e s.

627 De Steiger, *Le droit des sociétés*, cit., p. 196. A respeito, ver principalmente o art. 697 do Código das Obrigações suíço.

SISTEMA DA *COMMON LAW*

No sistema da *common law*, o regime é diverso quanto ao conteúdo e ao procedimento. Quanto ao conteúdo, as informações devem revelar, além da situação financeira propriamente dita, quaisquer atos ou fatos relevantes relacionados com as atividades da companhia, vale dizer, com a situação dos negócios sociais.

Quanto ao procedimento, entende-se que o objetivo de assegurar a mais ampla informação aos acionistas é muito importante para ficar na dependência da solicitação dos sócios curiosos. Em consequência, enfatiza-se e amplia-se o dever de *disclosure* dos negócios por parte dos administradores, sem, no entanto, relegar o direito subjetivo de informação exercido por iniciativa do acionista, representado pela inspeção direta dos documentos financeiros[628].

Portanto, no sistema continental, à clara exceção do Direito francês, o regime de informações tem por objeto a situação financeira da companhia, cabendo, como regra geral, ao acionista tomar a iniciativa a respeito; estabelecendo a Lei o princípio da reserva de sigilo quanto às operações empresariais propriamente ditas.

No sistema da *common law*, cabe aos administradores a iniciativa de revelar totalmente a situação financeira, patrimonial e operacional da companhia e bem assim as suas posições pessoais com as ações e demais valores mobiliários emitidos por ela e respectivas transações (*short selling*). Portanto, a posição dos acionistas é *passiva* e a dos administradores, *ativa*, sem embargo de aqueles, como referido, poderem examinar os documentos financeiros por sua própria iniciativa.

ÓRGÃOS ADMINISTRATIVOS DE TUTELA AO DIREITO DE INFORMAÇÕES — DIREITO NORTE-AMERICANO

A doutrina americana afirma, com relação ao regime jurídico da informação, que *there is no right if there is no remedy*.

Com base nessa filosofia, entendeu-se necessária a criação de instrumentos para assegurar o direito à informação aos acionistas, na eventualidade de não contarem, nesse particular, com a cooperação dos administradores.

---

628 Como, v. g., o art. 52 do *Model Business Corporation Act*.

Por meio de agências governamentais, estabeleceu-se um sistema de fiscalização sobre a autenticidade e a profundidade das informações, sem, contudo, caber aos órgãos públicos responsabilidade alguma sobre a veracidade das declarações respectivas, pelas quais respondem unicamente os formuladores dos documentos.

Devem, portanto, tais informações ser exatas e também suficientemente completas para permitir aos acionistas e aos investidores a formação de uma imagem real da situação da companhia.

Parte-se, no regime da *common law*, do pressuposto de que os acionistas e os investidores não somente devem dispor de informações, mas também que essas mesmas informações não os induzam a erro[629].

Nos Estados Unidos, cabe à *Securities and Exchange Commission* a regulamentação e a fiscalização desse amplo sistema de *disclosure*[630], *ex vi* do *Securities Exchange Act* de 1934.

Na França, essas atribuições cabem à *Comission des Opérations de Bourse*, criada pela *Ordonnance* 833 de 1967, que tem na regulamentação e controle das informações prestadas aos investidores e acionistas uma das suas principais atribuições[631].

No Japão, criou-se, em 1948, a Comissão de Valores Mobiliários, com as mesmas características e funções das agências governamentais americana e francesa, no tocante à tutela das informações ao mercado de capitais e aos acionistas, e que é subsidiada nesses encargos pela Comissão Normativa de Valores Mobiliários[632].

COMISSÃO DE VALORES MOBILIÁRIOS — FUNDAMENTOS DA TUTELA ADMINISTRATIVA

No Brasil, concomitantemente à promulgação da vigente Lei das Sociedades por Ações de 1976, editou-se a Lei n. 6.385, de 1976,

---

629 Claude Heurteux, *L'information des actionnaires et des épargnants*, Paris, Sirey, 1961, p. 299 e s.

630 A respeito, Robert H. Mundheim, *Selected trends in disclosure — Requirements for public corporations*, Faculdade Internacional de Direito da Universidade da Pensilvânia, 1975. Hélio Portocarrero de Castro e Nelson Laks Eizirick, *Regulação e controle do mercado de capitais*, Rio de Janeiro, IBMEC, 1974, p. 33 e s.

631 Arts. 294 e s. do decreto francês de 1967. Ripert-Roblot, *Traité*, cit., v. 1, p. 733 e 736.

632 *Securities Market in Japan*, 1977. *Japan Securities Research Institute*, Tóquio, 1977, p. 182 e s. Thomaz Schneider, *O mercado de capitais no Japão*, Rio de Janeiro, IBMEC, 1975, p. 61 e s.

que criou a Comissão de Valores Mobiliários, com as funções, dentre outras, de fiscalizar o sistema de informações das companhias abertas que devem ser prestadas aos acionistas e ao mercado de valores mobiliários[633].

O fundamento da criação dessas agências governamentais em diversos países está em que, nas companhias com títulos negociados junto ao público, a questão das informações ultrapassa a relação acionista-sociedade, devendo atender às necessidades do próprio mercado, tendo em vista proteger o conjunto dos investimentos nele aplicados.

A falta de informações por omissão dos administradores, ou sua prestação falsa ou lacunosa, encontra nos diversos sistemas legislativos sanções de caráter civil e penal. A Lei francesa, por exemplo, inclui a matéria nas disposições penais da Lei societária de 1966[634].

No plano civil, a Lei francesa dá ao acionista a quem foram negadas as informações direito de solicitar o suprimento judicial para que se ordene a prestação respectiva por parte dos administradores[635].

No Brasil, as falsas informações financeiras e também as negociais constituem crime cominado com pena de reclusão de um a quatro anos — art. 177 do Código Penal de 1940.

Nessa penalidade incorrem os diretores e os fiscais da sociedade por ações que em relatório, parecer, balanço ou comunicações ao público ou à assembleia fizerem afirmações falsas sobre as condições econômicas da sociedade, ou ocultarem fraudulentamente, no todo ou em parte, fato a elas relativo.

Ainda entre nós as informações financeiras falsas ou a omissão na prestação delas, representadas pelos documentos da administração, acarretam a nulidade das deliberações respectivas da assembleia geral ordinária[636].

Note-se que nem a assembleia geral totalitária (art. 124) poderá convalidar a falta desses documentos da administração e muito menos a sua pu-

---

633 Arts. 4º, 8º, 9º e 22 da Lei n. 6.385, de 1976. Anteriormente a essa lei instituidora da Comissão de Valores Mobiliários, o sistema de fiscalização das informações das companhias com ações negociadas no mercado de capitais já se inspirava no sistema norte-americano da *disclosure*, conforme se pode ver, notadamente, da Lei n. 4.728, de 1965, da Lei n. 5.589, de 1970, e das Resoluções do Banco Central n. 88 e 106 e, ainda, da Circular n. 179 do mesmo Banco. *V.* Arnoldo Wald, *Estudos e pareceres de direito comercial*, São Paulo, Revista dos Tribunais, 1979, p. 209 e s.

634 Arts. 444, 445, 446 e 484 da lei societária francesa de 1966.

635 Arts. 172, da lei societária francesa de 1966, e 143 do decreto de 1967. Sobre decisão judicial, na espécie, do Tribunal de Estrasburgo, *v.* Barbiera, *Inchieste di Diritto Comparato*, p. 927, nota 73.

636 Como no direito francês, art. 173 da lei de 1966.

blicação (art. 289). Podem eventualmente tais assembleias, por unanimidade, desconsiderar apenas a falta de publicação do anúncio de que se encontram tais documentos à disposição dos acionistas ou, então, relevar o atraso na publicação desses mesmos documentos[637].

SEGREDO *VERSUS* PLENA INFORMAÇÃO

Os regimes jurídicos, em geral, dividem-se em duas correntes diversas, no que respeita às informações sobre os negócios sociais.

Uma corrente coloca limites à obrigação dos administradores de revelarem matéria negocial, invocando o sigilo que deve preservar a companhia da indiscrição dos concorrentes[638] e até do próprio Fisco. Lideram essa corrente a Suíça[639] e a Alemanha, mais explicitamente esta última, que inclusive comina os administradores pela indiscrição nas informações que prestarem aos acionistas[640].

A outra corrente, que obriga os administradores, por sua iniciativa, a informarem sobre atos e fatos relativos à companhia e suas ações, é obviamente liderada pela legislação norte-americana[641], seguida da inglesa[642], da francesa[643] e do sistema legal japonês[644].

---

637 *V.* comentários ao art. 124.

638 *V.* comentários ao art. 147.

639 Art. 697 do Código das Obrigações suíço.

640 Art. 404 da lei societária alemã de 1965, conjugado com o citado art. 131 do mesmo diploma. A respeito da tendência mais recente da adoção do regime de *full disclosure* na Alemanha, Helmut Kohl e Rainer Walz, The German way towards disclosure, *Journal of Comparative Law and Securities Regulation*, 1:69 e s., 1978.

641 O regime de *disclosure* é objeto das leis que regulam a emissão e negociação de valores mobiliários no mercado de capitais norte-americano, ou seja, o *Securities Act* de 1933, o *Securities Exchange Act* de 1934, o *Public Utility Holding Company Act* de 1935, o *Trust Indenture Act* de 1939, o *Investment Company Act* de 1940 e o *Investment Advisers Act* de 1940. As principais normas reguladoras da matéria são os arts. 10, 12, 13, 16 e 18 do *Securities Exchange Act* e a Regra 10-B-5, fundada no art. 10-B desta mesma lei. Também são fundamentais as Fórmulas 8-K, 10-K e 10-Q, sempre com fundamento na lei de 1934. Ainda a Regra 12b-25. Também o *Securities Act Release* n. 5.092. Igualmente a Regra 14a-8.

642 Arts. 113, 148, 196, 199 e 6, 7 e 27 (1) (a) do *Companies Act* de 1967.

643 Arts. 170 da lei de 1966 e 135 e 153 do decreto de 1967. Sobre o direito francês de informação ao público e aos acionistas, L'infomation des actionnaires, *La Rev. Fiduciaire*, 329:39 e s., abr. 1972.

644 Misao Tatsuta, *Securities regulation in Japan*, Tóquio, Ed. Univ. de Tóquio, 1970, p. 49 e s.

A filosofia da *informação plena* sobre a situação financeira e negocial da companhia por iniciativa dos administradores é de que esse regime constitui a principal salvaguarda para o acionista e para os investidores do mercado, tornando possível a estes avaliar todos os fatos necessários a uma inteligente apreciação sobre o valor de uma emissão feita pela companhia[645].

SISTEMA BRASILEIRO DE INFORMAÇÕES

A Lei Societária brasileira de 1976, não obstante fortemente inspirada no sistema norte-americano, dividiu nitidamente o regime de informações financeiras do regime das informações negociais.

Quanto às primeiras, não podem as informações ser objeto de sigilo por parte dos administradores. Estes devem fornecer aos acionistas, mediante a publicidade ou os pedidos especiais e pessoais previstos na Lei, todas as informações solicitadas.

Já quanto às informações negociais (art. 157), a Lei instituiu a *reserva de sigilo*, a critério dos próprios administradores, constituindo-se a Comissão de Valores Mobiliários instância administrativa competente para decidir sobre a procedência ou não desse sigilo[646].

Com referência às informações negociais (art. 157), a Lei determina, em primeiro lugar, que os esclarecimentos prestados pelos administradores sobre atos ou fatos relevantes nas atividades da companhia somente poderão ser utilizados no legítimo interesse da companhia ou do acionista, respondendo os solicitantes pelos abusos que praticarem (art. 157).

Preceitua, em seguida, o mesmo art. 157 da Lei que os administradores poderão recusar-se a prestar informações sobre os atos ou fatos relevantes da companhia ou deixar de divulgá-los, se entenderem que sua revelação porá em risco interesse legítimo da companhia[647].

Estabelece ainda a mesma norma que caberá à Comissão de Valores Mobiliários, a pedido dos administradores, de qualquer acionista, ou por iniciativa própria, decidir sobre a prestação da informação e responsabilizar os administradores, se for o caso.

---

645 *Financial Handbook*, p. 9.28.

646 *V.* comentários ao art. 157.

647 Sobre conflito entre o interesse da companhia e o dos acionistas em matéria de informações negociais e reserva de sigilo, o estudo comparativo de Barbiera, *Inchieste di Diritto Comparato*, 5(2):913 e s.

RESPONSABILIDADE DOS ADMINISTRADORES QUANTO ÀS INFORMAÇÕES NEGOCIAIS

A obliquidade deste último trecho da norma[648] leva a indagar se o administrador será, como na Lei alemã — art. 404 —, responsabilizado por revelar matéria sigilosa ou se essa responsabilização somente se verificará ao negar-se ele a revelar matéria considerada pela Comissão de Valores Mobiliários como não sigilosa.

Parece-nos que, na sistemática legal adotada, em que se ressalta a reserva de sigilo nas informações negociais, caberá a responsabilização em ambas as hipóteses.

Na primeira — revelação de matéria sigilosa —, sua responsabilidade advirá de negligência (art. 153) ou mesmo de má-fé na revelação de matéria negocial que prejudica direito da companhia (art. 155)[649].

Na segunda hipótese — recusa de revelação de matéria negocial não considerada sigilosa —, sua responsabilidade fundamentar-se-á no abuso de poder (art. 158).

INTERAÇÃO DAS INFORMAÇÕES FINANCEIRAS E NEGOCIAIS

Da análise de nossa Lei, não resta dúvida de que há uma evidente interação entre as informações financeiras e negociais. Assim, fundem-se, até certo ponto, uma e outra, na medida em que o relatório da administração deve descrever os negócios sociais e os principais fatos administrativos do exercício findo.

Nas *companhias abertas*, o *relatório anual* informará sobre política de reinvestimento de lucros e distribuição de dividendos constantes de acordos de acionistas arquivados na companhia (art. 118)[650].

A Lei determina, outrossim, que o relatório anual da administração deverá relacionar os investimentos da companhia em sociedades coligadas e controladas e mencionar as modificações ocorridas durante o exercício (art. 243).

E, em decorrência desse relatório e dos demais documentos financeiros, os administradores da companhia aberta são obrigados a revelar à assembleia

---

648 Art. 157, § 5º, da Lei n. 6.404, de 1976.

649 *V.* comentários ao art. 155.

650 *V.* comentários ao art. 118.

geral, a pedido de acionistas que representem 5% ou mais do *capital social*, informações sobre quaisquer atos ou fatos relevantes nas atividades da companhia.

Tem-se, dessa forma, uma difícil fronteira entre o que pode ou não ser considerado sigiloso, em matéria de informações aos acionistas, cabendo à Comissão de Valores Mobiliários, à semelhança do que, há décadas, fazem a *Securities and Exchange Commission* e a *Comission des Opérations de Bourse* francesa, editar uma série de regras que conciliem os interesses da companhia e aqueles do mercado e dos investidores.

REVELAÇÃO ESPONTÂNEA DE INFORMAÇÕES NEGOCIAIS — RELATÓRIO DA ADMINISTRAÇÃO — CVM

Embora a Lei disponha no art. 157[651] que as informações negociais serão fornecidas por solicitação de titulares de um bloco significativo de ações de companhia aberta, fica evidente, tendo em vista a sistemática da própria Lei, que os administradores, no seu relatório anual, não podem sonegar fatos ou atos relevantes relacionados com as atividades da companhia, referentes ao exercício findo e também ao em curso.

Toda a política operacional e a de investimentos e, bem assim, os prognósticos conjunturais e estruturais sobre sua execução devem estar contidos no relatório anual.

Já não cabe, com efeito, falar em exercícios financeiros estanques, na medida em que os documentos da administração deverão conter demonstração de lucros ou prejuízos acumulados com todas as mutações e projeções próprias desse demonstrativo, cujos fatos e atos que lhes deram origem devem ser explicitamente referidos no relatório anual (art. 186).

O mesmo se diga da demonstração do resultado do exercício cuja explicitação importa em revelações operacionais ou negociais. Outro tanto se pode dizer das reservas estatutárias (art. 194) e das feitas para contingências (art. 195) e ainda da retenção de lucros (art. 196) que a Lei determina sejam explicitamente justificadas. De todos esses itens decorre necessariamente a revelação de aspectos negociais da companhia[652].

O mesmo critério de informações plenas impõe-se na formação de orçamento de capital plurianual, bem como nas destinações dadas às reservas

---

651 *V.* comentários ao art. 157.
652 *V.* comentários ao art. 196.

de capital (art. 184), notadamente quando são elas aplicadas na absorção de prejuízos ou na compra de ações pela própria companhia (art. 200).

Dentro das exigências de pormenorizada informação sobre as origens desses demonstrativos financeiros que importam na revelação das suas causas negociais e operacionais caberá à Comissão de Valores Mobiliários fixar normas que assegurem aos acionistas e ao mercado de valores mobiliários a configuração do real estado patrimonial e operacional e das perspectivas de lucratividade das companhias abertas (art. 177).

FUNDAMENTO DO REGIME DE INFORMAÇÕES

Tendo em vista os poderes dos administradores[653], as informações que devem por estes ser prestadas aos acionistas e aos investidores correspondem à necessidade de tornar mais eficaz a fiscalização, pela assembleia geral, da condução dos negócios sociais[654].

Entende-se, com respeito aos acionistas, que as informações financeiras e negociais que a companhia deve prestar-lhes constituem pressuposto do direito dos sócios de participar da deliberação da assembleia geral, tendo em vista a formação da sua vontade consciente.

Entende-se mais que, se não houve a necessária e correta informação, haverá uma formação irregular da vontade social[655]. Em consequência, o fundamento do regime de informação é o próprio voto do acionista[656].

Ocorre, no entanto, que o sistema de informações não tem, nas legislações modernas, como razão de ser apenas o exercício do direito de voto.

Está, com efeito, profundamente ligado ao controle da legalidade e da legitimidade (interesse social, abuso e desvio de poder) dos atos dos administradores e dos controladores.

Essa verificação de legitimidade possibilita ao acionista não apenas exercitar o direito de voto com maior conhecimento dos fatos sociais, como também fiscalizar a gestão da companhia, os atos dos administradores, a situação dos negócios e de seu investimento pessoal, e, assim, a conveniência de nela permanecer.

Esse conceito e função do regime de informações aos acionistas voltado para a avaliação das perspectivas da companhia no contexto econômico e,

---

653 V. comentários ao art. 118.

654 Heurteux, *L'information*, cit., p. 233.

655 De Gregorio, *Rivista delle Società*, 1959, p. 636, 639, 640 e 642.

656 Ripert-Roblot, *Traité*, cit., v. 1, p. 732.

consequentemente, da gestão do capital nela investido levam em conta o absenteísmo dos acionistas, os quais por meio das publicações de informações integrais e pormenorizadas poderão melhor avaliar a sua participação não apenas no capital da companhia, como no próprio setor onde ela se insere, fazendo comparações com outras sociedades do mesmo ramo ou com empresas dedicadas a outras atividades.

O direito à informação não visa, assim, apenas ao voto, mas também a suprir o seu não exercício, possibilitando, dessa forma, que os acionistas rendeiros ou especuladores possam conhecer a real situação da companhia.

Dentro desse ponto de vista, as informações não amparam somente o acionista atual, mas também o potencial, que poderá surgir dentre os investidores do mercado. Visa, ainda, o moderno sistema de informações à tutela de terceiros, dos credores e de toda a comunidade de negócios, notadamente a relacionada com o mercado de valores mobiliários[657].

Em consequência, o regime de informações tem como fundamento a tutela dos interesses gerais da própria coletividade, reforçando, assim, o caráter institucional das sociedades anônimas.

INICIATIVA DA PRESTAÇÃO DE INFORMAÇÕES

A informação constitui um direito essencial do acionista de natureza passiva, em regra, na medida em que a iniciativa do fornecimento dos dados exatos e completos sobre a situação financeira e negocial da companhia cabe aos administradores e é manifestada nos documentos da administração e naqueles referentes à emissão de valores mobiliários e de oferta pública de ações.

No entanto, quando tais informações ou sua complementação dependem da iniciativa dos acionistas, tais como remessa postal ou o pedido de informações em assembleia geral (art. 157), trata-se de um direito de natureza ativa[658].

Ademais, a Lei exige, nesses casos, que os acionistas solicitantes detenham, no mínimo, 5% do capital social. Vale dizer que, nas companhias abertas, esse percentual se apresenta, às vezes, como excessivo ao exercício do próprio controle da companhia, em face da atomização e do absenteísmo dos acionistas poupadores ou especuladores.

---

657 Garrigues-Uría, *Comentario*, cit., v. 1, p. 719 e s.; De Gregorio, *Rivista delle Società*, 1959, p. 641.

658 *V.* comentários ao art. 157.

Nesse passo, portanto, a nossa Lei inspirou-se no ordenamento suíço, que outorga o direito à informação apenas aos majoritários e não aos minoritários[659].

Temos, assim, que o direito de fiscalizar, consubstanciado no regime de informações, será individualmente exercido na sua forma passiva e ativa. Neste último caso, por acionistas detentores de expressivo percentual de *todo* o capital social.

Essas duas modalidades de fiscalização da atividade social, por meio do regime de informações, constituem manifestações de um mesmo direito, que pertence à categoria dos essenciais[660], consubstanciado, de um lado, na obrigação da companhia de prestar informações e, de outro, no direito dos acionistas de exigirem informações (arts. 124 e 157).

O caráter essencial do direito de informação não admite, pois, restrições ou limitações estatutárias ou por deliberação da assembleia geral ou dos demais órgãos da companhia[661].

OBRIGAÇÕES DOS ADMINISTRADORES

Têm os administradores obrigação de espontaneamente prestar aos acionistas as seguintes informações, envolvendo aspectos financeiros e negociais da companhia: publicar os anúncios até um mês antes da assembleia geral, na forma do art. 124 da lei[662]; colocar efetivamente os documentos da administração à disposição dos acionistas, necessariamente na sede social e em outros locais indicados nos anúncios; promover a publicação dos documentos da administração até cinco dias antes da assembleia geral, de conformidade com o art. 289 da Lei[663].

Por solicitação de acionistas que detenham, no mínimo, 5% do capital social, devem ainda os administradores, indeclinavelmente, enviar cópia dos documentos da administração, na forma do art. 124; ainda por solicitação de titulares desse mesmo percentual de ações, os administradores devem revelar à assembleia geral ordinária quaisquer atos ou fatos relevantes relacionados com as atividades da companhia.

---

659 Art. 697 do Código das Obrigações suíço.

660 Garrigues-Uría, *Comentario*, cit., v. 1, p. 718.

661 Barbiera, *Inchieste di Diritto Comparato*, 5(2):916.

662 *V.* comentários ao art. 124.

663 *V.* comentários ao art. 289.

A lei, ao instituir esse regime ativo e passivo de informações, visou propiciar a divulgação da real situação da companhia, tanto no seu aspecto financeiro-patrimonial como negocial, e ainda no que respeita à própria gestão dos administradores.

Em consequência, devem estes elaborar com o maior cuidado e profundidade tais documentos, a fim de possibilitar aos acionistas presentes fisicamente ou *on line* à assembleia geral ordinária (Lei n. 12.431, de 2011) o exercício consciente do direito de voto e aos acionistas ausentes o conhecimento do estado dos negócios da companhia de que são participantes.

INFORMAÇÕES PERTINENTES

Ainda que as informações financeiras sejam periódicas, pois vinculadas à assembleia geral ordinária, devem elas estar permanentemente à disposição dos acionistas.

Embora a Lei seja omissa a respeito, o entendimento coaduna-se necessariamente com o seu espírito, que é o de instruir o exercício do direito de voto (art. 15) com o sistema de informações[664]. Este somente pode ser entendido como o direito do acionista, individualmente, a qualquer época, de tomar conhecimento dos documentos da administração que foram postos à sua disposição antes das assembleias gerais.

Nesse sentido dispõe a Lei francesa de 1966, que instituiu um exemplar sistema de informações. De acordo com o art. 170 daquele Diploma, os acionistas têm à sua disposição as informações e documentos referentes aos três últimos exercícios, assim como as atas e os livros de presença das respectivas assembleias gerais, deles podendo exigir cópias.

TITULAR DO DIREITO DE INFORMAÇÃO E DOMÍNIO PÚBLICO

Têm direito à informação os acionistas e seus representantes (art. 124)[665] e todas as pessoas que possuem legitimidade para comparecer à assembleia geral, com ou sem direito de voto.

Ademais, o direito à informação, não dizendo respeito apenas ao exercício do direito de voto, deve ser plenamente acessível aos acionistas que se abstêm de comparecer à assembleia geral[666].

---

664 *V.* comentários ao art. 15 c/c o art. 8º da Lei n. 10.303, de 2001.

665 *V.* comentários ao art. 124.

666 Ripert-Roblot, *Traité*, cit., v. 1, p. 735, comentando o art. 171 da lei francesa de 1966.

No exercício desse direito, pode o seu titular ser assistido por advogados, técnicos e peritos da área financeira e econômica[667].

As informações financeiras e negociais, uma vez publicadas (art. 289), passam ao domínio público, podendo ser utilizadas por quem tenha legitimidade em juízo ou administrativamente para defender interesses próprios ou da própria companhia (art. 159)[668]. Assim, o uso das informações por um acionista ou investidor do mercado não limita ou impede as medidas que, em decorrência dessas mesmas informações, sejam levadas a efeito por outro acionista, investidor ou autoridades reguladoras (Comissão de Valores Mobiliários) ou autorreguladoras (Bolsa) e entidades do mercado de balcão organizado[669].

EXAME E PUBLICIDADE DOS DOCUMENTOS

Antes da publicação (art. 289) dos documentos da administração, que deverá ser feita com uma antecedência de, no mínimo, cinco dias da realização da assembleia geral ordinária, os acionistas terão acesso pessoal a eles, que, para tanto, deverão estar, durante os trinta dias anteriores ao conclave, à disposição dos sócios interessados.

Esse regime de disponibilidade comporta o uso de portal da companhia, para o fim de terem os acionistas acesso *on line* desses documentos previamente ao conclave.

Esses mesmos documentos serão publicados no prazo acima citado, a fim de resguardar, desse modo, os interesses dos acionistas que não puderam ter acesso pessoal a eles, notadamente para aqueles sócios que são residentes em outras localidades.

CONSULTA NA SEDE SOCIAL — SISTEMA *ON LINE*

Como aventado, os documentos da administração de que tratam os incisos I a V deste art. 133 deverão ao menos ser depositados, durante os trinta dias anteriores à assembleia geral ordinária, na sede social, mesmo porque é nela que se realizará, salvo motivo de força maior, a reunião ordinária[670].

---

667 Conforme expressamente admite o art. 144 do decreto francês de 1967.

668 *V.* comentários ao art. 109.

669 Ney O. Brito, *Disclosure*, regulação e metas, *Revista do IBMEC*, 7:84.

670 Valverde, *Sociedades por ações*, cit., v. 2, p. 128.

Como referido, esse procedimento, ao menos nas companhias abertas, faz-se através do portal da companhia, permitindo que os acionistas possam dele conhecer *on line*, dispensando-se, portanto, os inconvenientes de comparecimento à sede social para tanto.

Quando não se referiu expressamente à sede social, o legislador não quis admitir que fosse escolhido outro local, o que certamente ensejaria manobra lesiva dos administradores, representada pela indicação de lugar inacessível, incômodo ou custoso para o acionista.

Assim, conjugando o art. 124 com o ora comentado, temos que a companhia, *além* da sede social, poderá depositar cópias dos documentos da administração em outros locais, tais como agências bancárias, Bolsas de Valores, ou em instituições integrantes do sistema financeiro ou do mercado de balcão organizado.

E poderá a companhia, sempre, disponibilizar esses documentos na rede mundial de computadores, como reiterado, que é o sistema moderno de cumprimento mais efetivo da exigência legal.

Nas companhias abertas, com efeito, seria absurdo a não utilização do sistema eletrônico para conhecimento dos acionistas dos documentos exigidos pelo presente artigo.

A concepção do documento físico e sua disposição também física na sede social está ultrapassada no que respeita às grandes companhias, notadamente as abertas, devendo se ler o preceito levando em conta os meios modernos de informação que, como referido, trazem maior efetividade às finalidades do preceito ora estudado.

Esse sistema de colocação dos documentos no portal da companhia, na maioria dos casos, notadamente nas grandes companhias com acionistas espalhados em todo o território nacional, como, v. g., a Petrobras, impõe-se no exame dos documentos sociais pelos acionistas.

O mesmo sistema *on line* se impõe nas grandes companhias fechadas, cujos documentos interessam ao setor respectivo e à própria economia como um todo.

Tal disponibilidade *on line*, outrossim, é irrecusável na hipótese de a sede social estar localizada em lugar de difícil acesso.

Desse modo, nas companhias abertas, deverá a Comissão de Valores Mobiliários estabelecer também procedimento *on line* que possibilite a obtenção do texto dos documentos da administração por parte não somente dos acionistas que o desejarem, como também pelas instituições integrantes do sistema de distribuição no mercado de valores mobiliários e das instituições financeiras[671].

RELATÓRIO DA ADMINISTRAÇÃO

O primeiro documento exigido por Lei para ser posto à disposição dos acionistas e à publicidade é o relatório da administração sobre os negócios sociais e os principais fatos administrativos do exercício findo. Trata-se de um documento conjunto do conselho de administração, se houver, e da diretoria.

Havendo conselho de administração, deve ele manifestar-se sobre o relatório da administração (art. 132), daí entender-se que a elaboração deste cabe aos diretores em conjunto. Dessarte, devem assinar o relatório os membros do Conselho de Administração e os diretores que estiverem em exercício.

Como a própria Lei explicita, o relatório da administração é um documento destinado a esclarecer os acionistas sobre os principais fatos ocorridos no exercício[672], envolvendo aspectos financeiros, patrimoniais e negociais.

Essa amplitude, ainda que existente no antigo Diploma, assume, no Direito vigente, uma outra importância, seja pelo maior reforço dos aspectos institucionais das companhias, seja pela instauração do regime de informações aos acionistas e ao público investidor.

Temos, assim, que o relatório da administração indeclinavelmente deve conter todas as informações sobre os negócios sociais e os principais fatos administrativos do exercício findo. Não mais se permite a prática anterior à Lei de 1976 de completa omissão de esclarecimentos na elaboração desses relatórios.

Com efeito, instaurou-se entre nós o hábito de constituir o relatório, nas pequenas companhias familiares, de um preâmbulo inócuo, com apenas três linhas, ao balanço geral do exercício.

E nas grandes companhias, fossem aquelas com ações cotadas em Bolsa, fossem as fechadas, o relatório continha, em geral, um estudo encomendado sobre a conjuntura econômica nacional e sobre o setor de

---

671 Art. 15 da Lei n. 6.385, de 1976.

672 Valverde, *Sociedades por ações*, cit., v. 2, p. 129 e s.

atividade diretamente ligado à empresa, o que constituía forma de sonegar aos acionistas uma série de informações sobre a própria companhia.

Tanto uma como outra modalidade de omissão de informações não pode ser admitida no regime da Lei vigente. O relatório da administração deve conter informações concretas, minuciosas, profundas e sinceras sobre a situação financeira, negocial e patrimonial da companhia e suas perspectivas imediatas e mediatas.

Se não for obedecido esse preceito, os administradores e os controladores, se for o caso, poderão ser responsabilizados (arts. 117 e 158).

Entre outros esclarecimentos, é necessário que conste do relatório todos os fatos e atos que influíram na exploração do objeto social e as causas determinantes dos prejuízos e dos lucros.

Deve o relatório referir-se à política de reinvestimento de lucros e distribuição de dividendos constantes de acordos de acionistas arquivados na companhia (art. 118)[673]. Deve, ainda, relacionar os investimentos da companhia em sociedades coligadas e controladas, dando precisas informações sobre a situação econômico-financeira dessas companhias e de suas perspectivas (art. 243).

Deve também esclarecer a política de compra de ações pela própria companhia (art. 30) e a posição dessas em tesouraria e as vendidas, bem como os resultados apurados nessas transações[674].

É imprescindível que o relatório explicite as razões e destinações das reservas a serem constituídas e a retenção de lucros, alocadas ou mantidas (arts. 194 e 200).

Também deve haver a explicitação clara do resultado do exercício e sua relação com os lucros ou prejuízos acumulados (arts. 186 e 187), bem como mencionadas as origens e aplicações de recursos (art. 188). A política de dividendos proposta também deve ser justificada plenamente.

Ademais, o relatório da diretoria deve explicitar, em linguagem inteligível, todas as rubricas de importância relevante nas demonstrações financeiras.

FRAUDE

Constitui fraude, cominada com a pena de reclusão de um a quatro anos em que incorrem os administradores, a elaboração e apre-

---

673 *V.* comentários ao art. 118.

674 *V.* comentários ao art. 4º.

sentação de relatório apresentado ao público e à assembleia geral que contenha afirmação falsa sobre as condições econômicas da sociedade ou que oculte fraudulentamente, no todo ou em parte, fato a elas relativo (arts. 177 do CC de 1940).

DEMONSTRAÇÕES FINANCEIRAS

O fundamento da publicação das demonstrações financeiras antes de sua apreciação pela assembleia geral é o de exatamente informar os acionistas sobre o referido documento, a fim de que, com conhecimento suficiente, possam eles aprová-lo ou rejeitá-lo no conclave[675].

Neste particular, a publicação prévia atende precipuamente aos interesses dos acionistas quanto ao controle da legalidade do referido documento, e não propriamente ao público investidor em geral e à comunidade de negócios cuja informação pode ser utilmente satisfeita após a sua publicação, ou seja, depois de aprovado pela assembleia geral.

Devem firmar as demonstrações financeiras os administradores no exercício de seus cargos, e o contador da companhia, que é responsável pela sua exatidão, legalidade e conformidade com os padrões contábeis geralmente aceitos.

COMISSÃO DE VALORES MOBILIÁRIOS

Nas companhias abertas, as demonstrações financeiras deverão rigorosamente seguir as regras estabelecidas pela Comissão de Valores Mobiliários, que, para tanto, baixa normas regulamentares que objetivam estabelecer e aperfeiçoar um sistema efetivo de informação aos acionistas e ao mercado de valores mobiliários

A propósito, as Instruções CVM n. 457, de 2007, e n. 485, de 2010, sobre a elaboração e divulgação das demonstrações financeiras consolidadas, com base no padrão contábil internacional, emitido pela *International Accounting Standards Board — IASB*.

A finalidade dessa regulamentação é alcançar a real revelação do estado patrimonial, econômico e financeiro da companhia[676].

---

675 A informação por meio de documentos contábeis mais completos está sendo alvo de leis como, v. g., os arts. 151 e s. da lei societária alemã de 1965. Arts. 148 e s. do projeto da sociedade anônima europeia e 162 da lei societária francesa de 1966.

676 Art. 22 da Lei n. 6.385, de 1976.

Nas companhias que tiverem conselho de administração, caberá a esse órgão colegiado e deliberativo manifestar-se, previamente à assembleia geral ordinária, sobre as contas da diretoria, que obviamente estão incluídas nas demonstrações financeiras (art. 142)[677].

PARECER DOS AUDITORES INDEPENDENTES

A Lei de 2001 obriga a publicação do parecer do Conselho Fiscal, quando em funcionamento ou ainda quando esse órgão tiver atividade permanente por força de disposição legal (art. 240) ou estatutária.

Por outro lado, o parecer dos auditores independentes, se houver, submete-se ao mesmo regime de informações e de publicação (art. 289) aplicável ao relatório da administração e às demonstrações financeiras.

Não constitui o parecer dos auditores um dos documentos da administração, sendo, ao contrário, um laudo de aferição destes. Inspira-se ele no sistema americano de *auditing accounting* e, no francês, dos *comissaires aux comptes*.

Os auditores, embora contratados pela administração da companhia, são obrigados a manter uma posição de total independência profissional. Por isso, constitui um documento indispensável na orientação dos acionistas e do mercado, quanto à exatidão dos dados e elementos oferecidos pelos administradores.

A respeito, a Comissão de Valores Mobiliários exige das companhias abertas parecer de auditores independentes[678].

REMESSA DOS DOCUMENTOS AOS GRANDES ACIONISTAS

A exemplo das legislações societárias estrangeiras, notadamente a francesa[679], a Lei n. 6.404, de 1976, instituiu o regime de remessa de documentos da administração aos acionistas. Apenas estabeleceu uma nítida discriminação, ao reservar o direito de receber domiciliarmente esses documentos para os grandes acionistas, vale dizer, praticamente aos próprios controladores.

---

677 *V.* comentários ao art. 142.

678 Arts. 22, este com as alterações do Decreto n. 3.995, de 2001, e 26 da Lei n. 6.385, de 1976, que criou a Comissão de Valores Mobiliários.

679 Arts. 138 da lei francesa de 1966 e 138 do decreto de 1967.

Isto porque a Lei exige que o acionista, para ter direito a esse sistema, deverá possuir nada menos do que 5% ou mais do *capital social*.

Trata-se, portanto, de um grosseiro simulacro de direito, pois os minoritários em geral não poderão jamais se beneficiar desse regime de informações. A Lei francesa, ao contrário, outorga essa prerrogativa a qualquer acionista, independentemente do percentual de sua participação acionária.

O objetivo desse sistema, teoricamente, é o de atingir os acionistas rendeiros cuja tendência é ausentar-se da assembleia geral, mantendo-os informados da situação financeira e negocial da companhia.

Entre nós, a medida não tem esse alcance, sendo quase de nenhuma utilidade para acionistas minoritários que se beneficiarão dela somente no caso de companhias pequenas. Já nas grandes sociedades, a medida é, na prática, inaplicável, a não ser em casos de investidores institucionais (como os fundos de pensão) ou de instituições administradoras de carteiras de ações.

COMPANHIAS ABERTAS E FECHADAS

O regime de remessa pessoal dos documentos da administração aos grandes acionistas aplica-se tanto às companhias abertas como às fechadas. A remissão ao art. 124 da Lei refere-se apenas às *regras de procedimento* e não ao direito substantivo do acionista[680].

Assim, o sócio que provar possuir 5% ou mais de *todo* o capital social poderá solicitar por escrito à companhia, seja aberta ou fechada, os benefícios da remessa pessoal dos documentos, indicando o endereço completo e prazo de vigência do pedido, que não poderá ser superior a dois anos, mas que é renovável[681].

INOBSERVÂNCIA ACARRETA NULIDADE

Se os administradores não remeterem os documentos aos acionistas e aos legitimados em conformidade com as disposições legais, tal falha equipara-se à falta de depósito dos documentos à disposição dos acionistas no prazo legal. Assim sendo, será a assembleia geral ordinária nula por descumprimento das formalidades preliminares previstas para a sua instalação e realização.

---

680 *V.* comentários ao art. 124.

681 *V.* comentários ao art. 124.

PUBLICAÇÃO DOS ANÚNCIOS E DOS DOCUMENTOS

Com a publicação dos documentos da administração (art. 289) os acionistas ausentes à assembleia geral tomarão conhecimento dos negócios da companhia. Da mesma forma, a publicação dos anúncios de que tais documentos estão na sede social e em outros locais à disposição dos acionistas permite que estes os examinem pessoalmente, com um prazo razoável. Desse modo, poderão discutir e deliberar, com propriedade, sobre o seu conteúdo.

Este anúncio deverá ser publicado por três vezes, no mínimo, consoante o regime previsto no art. 289 da Lei, com um mês de antecedência da data da assembleia geral ordinária.

A Lei somente dispensa a publicação desses anúncios quando os próprios documentos da administração são publicados um mês antes da realização do conclave. Nesta hipótese, os acionistas terão à sua disposição os próprios documentos publicados, em um prazo que a Lei pressupõe suficiente para seu exame pormenorizado.

Caso contrário, além dos anúncios, a Lei obriga a publicação dos documentos com, no mínimo, cinco dias de antecedência da data marcada para a realização da assembleia geral ordinária.

ASSEMBLEIA TOTALITÁRIA

Estando presente a totalidade dos acionistas no conclave ordinário, a Lei dispensa a publicação dos anúncios ou, então, releva a inobservância dos prazos mínimos para a publicação desses anúncios ou mesmo da publicação das demonstrações financeiras.

A Lei é clara, no entanto, no sentido de que os documentos da administração *não* poderão deixar de ser publicados, ainda que o sejam fora do prazo.

Se não houver essa publicação (art. 289), não poderá a assembleia eficazmente deliberar, devendo ser encerrada logo após a sua instalação.

Com efeito, o princípio da publicidade de documentos da administração e dos atos da assembleia geral, tanto os de caráter contábil como os sociais (art. 289), não pode ser derrogado pela assembleia geral.

Apenas os anúncios de convocação da assembleia (art. 124) e os que declaram estar à disposição dos acionistas os documentos da administração é que podem ser sanados por deliberação unânime dos acionistas[682].

---

682 *V.* comentários ao art. 124.

DELIBERAÇÃO UNÂNIME

Não é o fato de a assembleia ser *totalitária* que torna automaticamente sanada a ausência de publicação dos documentos da administração[683]. Será necessário que *todos* os acionistas, representando, portanto, a totalidade do capital social, deliberem nesse sentido, neles incluídos os sócios sem direito a voto.

Se qualquer acionista, com ou sem direito a voto, discordar da proposta de revelação daquelas exigências legais, a assembleia não poderá deliberar validamente, sendo as suas decisões nulas.

Isto porque têm os acionistas, nos regimes da informação e da publicação (art. 289), a garantia de conhecimento prévio dos documentos da administração, cuja antecedência prevista em Lei constitui direito individual seu, que não pode ser derrogado pela maioria da assembleia geral.

Assim, se algum acionista julgar imprescindível a consulta a esses documentos antes da assembleia geral, ainda que totalitária, não há como fugir à necessidade de cumprimento dos prazos, convocando-se a assembleia geral ordinária para trinta dias após, se faltarem os anúncios ou, no mínimo, cinco dias após, se ainda não foram publicados os documentos da administração.

Dessa forma, basta que um acionista não se julgue em condições de debater as contas da diretoria e demais documentos, em virtude da omissão da respectiva publicidade, para que a assembleia geral ordinária seja adiada[684].

Daí falar a Lei que a assembleia geral *poderá considerar sanada a falta*, o que significa que a matéria deverá ser submetida preliminarmente à decisão dos acionistas, que não poderão convalidar as falhas, a não ser por unanimidade, pois não tem, a maioria, poderes para derrogar direito individual do acionista à informação e à publicação (art. 289)[685 e 686].

---

683 *V.* comentários ao art. 124.

684 Cunha Peixoto, *Sociedades por ações*, cit., v. 3, p. 97.

685 *V.* comentários aos arts. 109 e 289.

686 Sobre a matéria de publicação, republicação e sua não observância, Instrução CVM n. 251 de 1996; Parecer CVM/SJU n. 009/84; Parecer CVM/SJU n. 023/95; Parecer Jurídico DNRC/COJUR n. 182/96; Proc. CVM RJ2009/6750, Rel. Diretor Eliseu Martins, j. em 13-10-2009; Parecer CVM/SJU n. 089/79; Parecer CVM/SJU n. 008/80; TJPI, 4ª Câm., AC 0081186-0, Rel. Des. Eloy d'Almeida Lins, j. em 3-6-2004. Sobre suspensão da AGO, *JTJ* 154/125. Sobre auditor independente, PAS CVM n. TA-RJ2001/8045, j. em 20-12-2002. Sobre assembleia totalitária, Parecer Jurídico DNRC/COJUR22/97. In Lazzareschi, ob. cit., p. 345 e s.

PROCEDIMENTO

Art. 134. Instalada a assembleia geral, proceder-se-á, se requerida por qualquer acionista, à leitura dos documentos referidos no art. 133 e do parecer do Conselho Fiscal, se houver, os quais serão submetidos pela mesa à discussão e votação.

§ 1º Os administradores da companhia, ou ao menos um deles, e o auditor independente, se houver, deverão estar presentes à assembleia para atender a pedidos de esclarecimentos de acionistas, mas os administradores não poderão votar, como acionistas ou procuradores, os documentos referidos neste artigo.

§ 2º Se a assembleia tiver necessidade de outros esclarecimentos, poderá adiar a deliberação e ordenar diligências; também será adiada a deliberação, salvo dispensa dos acionistas presentes, na hipótese de não comparecimento de administrador, membro do conselho fiscal ou auditor independente.

§ 3º A aprovação, sem reserva, das demonstrações financeiras e das contas, exonera de responsabilidade os administradores e fiscais, salvo erro, dolo, fraude ou simulação (art. 286).

§ 4º Se a assembleia aprovar as demonstrações financeiras com modificação no montante do lucro do exercício ou no valor das obrigações da companhia, os administradores promoverão, dentro de 30 (trinta) dias, a republicação das demonstrações, com as retificações deliberadas pela assembleia; se a destinação dos lucros proposta pelos órgãos de administração não lograr aprovação (art. 176, § 3º), as modificações introduzidas constarão da ata da assembleia.

§ 5º A ata da assembleia geral ordinária será arquivada no registro do comércio e publicada.

§ 6º As disposições do § 1º, segunda parte, não se aplicam quando, nas sociedades fechadas, os diretores forem os únicos acionistas.

LEI DE 1940

A matéria era esparsamente tratada no Decreto-Lei n. 2.627, de 1940, em seus arts. 100, 101, 103 e 174.

Esses preceitos estabeleciam praticamente o mesmo procedimento para a assembleia geral, embora em um contexto normativo bastante diverso, caracterizado pela proibição de acionista ser representado na assembleia geral por pessoa que não revestisse essa qualidade.

Quanto à matéria específica, havia, em princípio, a necessidade de leitura dos documentos da administração, o que seria dispensado apenas se houvesse pedido de dispensa aprovado. Entretanto, se algum acionista discordasse, os documentos deveriam ser lidos.

Já se adotava o regime de impedimento de votação para os diretores, estendendo-se a proibição aos membros do conselho fiscal. Também já se previa a faculdade de adiamento do conclave, na hipótese de haver necessidade de novos esclarecimentos, tendo a assembleia ainda poderes para ordenar as diligências que entendesse devidas.

O Direito revogado falava em exoneração dos diretores e do conselho fiscal pela aprovação sem reservas do balanço e das contas, com a ressalva de constatação posterior de vício jurídico.

Os regimes de publicidade oficial da ata da assembleia geral ordinária e de seu arquivamento no Registro do Comércio eram idênticos.

LEI N. 6.404, DE 1976

A Lei vigente, de 1976, estabeleceu certas inovações na espécie, mantendo a mesma sistemática da Lei anterior de 1940 quanto ao mais.

Assim, em primeiro lugar, inverteu o procedimento de leitura dos documentos da administração na assembleia geral. Não há mais necessidade dessa leitura, salvo se requerida por acionista. Presume-se agora a dispensa desse ritual, salvo se por iniciativa de acionista tal leitura for solicitada.

Deslinda a Lei vigente, dessa maneira, a antiga polêmica sobre a licitude da dispensa dessa formalidade. Valverde, na vigência do antigo Diploma, afirma que não seria lícita a proposta de dispensa da leitura dessas peças, a pretexto de que os acionistas já haviam tomado conhecimento destas pela sua publicação[687]. Já Cunha Peixoto opina que seria lícita a medida[688].

Outra inovação de grande importância da Lei de 1976 é a exigência da presença de, pelo menos, um administrador e um auditor independente na assembleia geral ordinária e, bem assim, de pelo menos um membro do Conselho Fiscal, se em funcionamento (art. 164), cabendo a todos eles responderem aos pedidos de informações formulados pelos acionistas[689].

---

687 Valverde, *Sociedades por ações,* cit., v. 2, p. 134.

688 Cunha Peixoto, *Sociedades por ações,* cit., v. 3, p. 103.

689 *V.* comentários ao art. 164.

Por outro lado, a Lei de 1976 permite a dispensa dessas pessoas por deliberação expressa da assembleia, a fim de não impedir a sua realização, quando for julgada urgente a matéria ou dispensáveis os esclarecimentos.

Ademais, a Lei vigente é mais explícita quanto ao impedimento de votação, ao declarar que os administradores não poderão votar também como procuradores (art. 124), e não apenas como acionistas[690].

Com tal explicitação, visa a Lei n. 6.404, de 1976, evitar um dos expedientes que facilmente seriam utilizados pelos administradores para a aprovação de suas próprias contas, como seja, a obtenção de procurações em massa dos acionistas conforme lhes faculta a Lei em outras matérias assembleares (art. 124).

Outra questão de grande interesse é a republicação das demonstrações financeiras quando aprovadas pela assembleia geral ordinária com modificação no montante do lucro do exercício ou no valor das obrigações constantes das demonstrações publicadas.

Tal exigência, no entanto, não prevalecerá se a proposta dos administradores de destinação dos lucros inserida nas demonstrações financeiras não for aprovada (art. 176). Neste caso, as retificações cabíveis a essa destinação constarão apenas da ata dos respectivos trabalhos, não havendo, portanto, necessidade de sua republicação.

Outro ponto da maior importância é a explicitação que a Lei de 1976 trouxe no sentido de que, nas companhias fechadas, sendo os administradores os únicos acionistas, poderão eles próprios votar os documentos da sua administração. Esse entendimento já vinha sendo aceito na vigência do Direito anterior, de 1940, pois a Lei antiga não previra outra alternativa para dirimir o conflito de interesses na espécie.

O diploma vigente, no entanto, reserva essa possibilidade apenas para as companhias fechadas, no pressuposto de que as abertas possuem um colégio acionário que extravasa a figura dos próprios controladores, pois suas ações encontram-se disseminadas no mercado de valores mobiliários (art. 4º)[691].

Evidentemente que esse pressuposto não se coaduna inteiramente com o conceito legal de companhia aberta. Isto porque poderá ser ela familiar quanto à composição do seu capital acionário e ao mesmo tempo aberta, na medida em que emita debêntures e não ações junto ao público. Trata-se,

---

690 A propósito, *v.* AC 039.796-4/6, Rel. Des. Leite Cintra, do TJSP, em 3-6-1998.

691 *V.* comentários ao art. 4º.

portanto, de uma restrição falha da Lei, cabendo à Comissão de Valores Mobiliários deslindar a questão dentro de sua competência regulamentar[692].

LEI N. 10.303, DE 2001

A Lei n. 10.303, de 2001, com o objetivo de dar maior transparência aos acionistas a respeito das atividades e dos negócios jurídicos, ordinários e extraordinários, da companhia, restaurou a exigência da Lei de 1940 de se colocar à disposição dos acionistas o parecer do Conselho Fiscal, inclusive os votos dos conselheiros dissidentes.

Trouxe, ademais, a Lei de 2001, vários aperfeiçoamentos no que se refere à divulgação das informações a respeito das deliberações a serem tomadas pela assembleia geral ordinária.

Assim, sempre no que se refere às *assembleias gerais ordinárias*, o inciso IV acrescentado ao art. 133 pela Lei n. 10.303, de 2001, além de incluir no rol dos documentos que devem ser disponibilizados aos acionistas da companhia anteriormente à realização dessa assembleia, o *parecer do Conselho Fiscal*, que deverá trazer os *votos dissidentes*, se houver, também acrescentará todos os *demais documentos* em poder da companhia que sejam pertinentes aos assuntos da ordem do dia.

Tendo em vista que o art. 133 trata dos documentos para deliberação da *assembleia geral ordinária*, deve-se entender necessária a disponibilização aos acionistas dos pareceres do Conselho Fiscal sobre *todas as matérias* a serem discutidas e aprovadas nessa assembleia, cuja elaboração caiba a esse Conselho, nos termos do art. 163 da lei societária[693], tais como: o parecer sobre o relatório anual da administração (art. 163, II), o parecer sobre as propostas dos órgãos da administração relativas à distribuição de dividendos (art. 163, III) e o parecer sobre as demonstrações financeiras do exercício social (art. 163, VII).

LEI N. 12.431, DE 2011

A Lei n. 12.431, de 2011, instituiu a presença *on line* dos acionistas à assembleia geral. Para tanto criou o Livro de Presenças eletrônico, o mesmo ocorrendo com o Livro de Atas dos Trabalhos, tudo consoante o disposto nos arts. 100, 121, 127.

---

692 Art. 8º da Lei n. 6.385, de 1976.

693 *V.* comentários ao art. 163.

Além disso, possibilitou a eleição de membros do conselho de administração residentes fora do país e que não mais necessitam ser acionistas da companhia, conforme o disposto na redação dada pelo Diploma de 2011, no art. 146.

Desse modo, há que compatibilizar as presenças *on line* dos acionistas com aqueles que fisicamente ocorrem nas assembleias gerais, no que respeita à simultânea participação de ambas as categorias nos trabalhos. Cabe à Comissão de Valores Mobiliários regulamentar a matéria.

Isto posto, a assembleia geral, seja ordinária, extraordinária ou especial, será sempre fisicamente instalada na sede social, a que devem fisicamente comparecer administradores, membros do Conselho Fiscal e os auditores independentes.

Pelos procedimentos que se desenvolvem na assembleia geral ordinária, tal como instituído no presente artigo 134, não se pode imaginá-la instalada pelo sistema *on line*, como propugnam os leigos ao lerem açodadamente os dispositivos a respeito contidos na Lei de 2011.

A presença de acionistas *on line* e os livros eletrônicos não logram constituir a chamada "assembleia *on line*". Esta, necessariamente, se instala fisicamente na sede social, como reiterado.

Há que haver, com efeito, um local físico onde possam se praticar todos os atos próprios da assembleia ordinária, ordenados e previstos no presente art. 134.

A alcunhada "assembleia *on line*", ademais, reverteria e subverteria a sistemática da Lei Societária, toda ela fundada no regime da sede social, como centro do exercício de direitos, de obrigações e de responsabilidades por parte dos administradores, controladores e acionistas (art. 115).

REQUISITOS PRÉVIOS E NECESSÁRIOS À INSTALAÇÃO

São requisitos prévios à *instalação* da assembleia geral a existência de convocação regular (arts. 123, 124 e 289), de quórum legal de comparecimento (art. 125) e de formação da mesa diretora dos trabalhos (art. 128)[694].

Para a *instalação* da assembleia geral ordinária, há necessidade de cumprimento de outros requisitos, como a publicação dos anúncios e dos próprios documentos da administração (art. 133).

---

694 Sobre a matéria, *v.* comentários aos arts. 125, 127 e 128, e Cunha Peixoto, *Sociedades por ações,* cit., v. 3, p. 102 e s. Também Garrigues-Uría, *Comentario,* cit., v. 1, p. 692.

Não obstante, pode o conclave *instalar-se* sem que tenha havido o cumprimento dessas obrigações legais por parte dos administradores. Se tal ocorrer, a assembleia geral ordinária não poderá deliberar sobre a ordem do dia (art. 132), mas deverá indeclinavelmente tomar providências de responsabilização e destituição dos administradores por descumprimento daqueles encargos legais (arts. 158 e 159)[695].Quanto à matéria constante dos anúncios de convocação (art. 289), as deliberações respectivas ficarão adiadas para outro conclave[696].

ADIAMENTO DA DELIBERAÇÃO PARA NOVOS ESCLARECIMENTOS

A necessidade de novos esclarecimentos para a deliberação ou, ainda, a realização de diligências esclarecedoras sobre as matérias da pauta podem acarretar o adiamento das deliberações da assembleia geral ordinária.

A decisão de adiamento, nessa hipótese, cabe à maioria legal (art. 129), que tem competência para decidir. Desse modo, não haverá, por um lado, necessidade de decisão unânime dos presentes e, por outro, não prevalecerá a vontade isolada ou minoritária dos acionistas que se declararem não esclarecidos ou que demandarem diligências. Estes, com efeito, tendo ou não direito a voto, podem propor o adiamento para esclarecimentos e diligências, porém deverão submeter-se à decisão majoritária[697].

ADIAMENTO POR AUSÊNCIA DE ADMINISTRADORES E OUTROS

A Lei é expressa ao determinar que, para a realização da assembleia geral ordinária, devem estar presentes, ao menos, um administrador, um auditor independente e um membro do Conselho Fiscal, se em funcionamento (art. 164).

Esse requisito poderá ser dispensado pelos acionistas presentes. No entanto, se qualquer acionista, com ou sem direito de voto, vier a exigir alguma ou todas essas presenças, impõe-se o adiamento das deliberações da assembleia geral ordinária. Nesta hipótese, portanto, não prevalece a decisão

---

695 *V.* comentários ao art. 132.

696 Valverde, *Sociedades por ações*, cit., v. 2, p. 133.

697 Sobre o requerimento judicial de suspensão da assembleia para exame de documentos, *v. JTJ*, 154/125.

majoritária, pois, do contrário, os minoritários ficariam sempre cerceados no seu direito a esclarecimentos, pela imposição do voto dos controladores[698].

Ainda neste caso, se persistir a ausência dos administradores ao conclave, poderá a matéria convolar para a responsabilização destes, na forma dos arts. 158 e 159.

Evidentemente que tal direito poderá tomar forma abusiva por parte de acionistas interessados (art. 115). Será o caso de ausência propositada de administrador, fiscal ou auditor em conluio com acionista que não deseje a votação de determinados itens da ordem do dia. Esse abuso poderá ser arguido na própria assembleia, para que a maioria, por voto plenamente justificado, delibere realizá-la[699].

INICIATIVA DAS DILIGÊNCIAS

As diligências requeridas e aprovadas pelos acionistas, as quais importam, inclusive, no adiamento das deliberações da assembleia geral, cabem aos administradores e não à mesa do conclave.

Isto porque a competência e a autoridade do presidente e do secretário da assembleia geral cessam com o encerramento dos trabalhos, não tendo eles delegação da assembleia geral nem representação dela ou da própria companhia, para tomar as providências necessárias[700].

Dessa forma, é aos administradores ou, conforme o caso, aos membros do Conselho Fiscal ou aos auditores que caberá o encargo de diligenciar os assuntos determinados pela assembleia geral ordinária.

OUTRA OU A MESMA ASSEMBLEIA?

No caso de adiamento, seja para diligências, seja por ausência de administradores, fiscais ou auditores, cabe indagar se a assembleia é *suspensa* ou se a decisão de suspender as deliberações importa na realização de uma *outra* reunião.

Os doutrinadores, no regime da Lei anterior, de 1940, entendem tratar-se da mesma assembleia, pois houve convocação, tendo ocorrido apenas uma *interrupção* para se trazer aos acionistas novos esclarecimentos[701].

---

698 *V.* comentários ao art. 132.

699 *V.* comentários ao art. 141.

700 *V.* comentários ao art. 128.

701 Cunha Peixoto, *Sociedades por ações*, cit., v. 3, p. 106; Valverde, *Sociedades por ações*, cit., v. 2, p. 135.

Essa doutrina é perfeitamente aceitável, na medida em que se delibere, no conclave, dia e hora para o prosseguimento dos trabalhos. Se não houver tal deliberação, com respeito ao adiamento, deixando, portanto, aos administradores determinar a oportunidade da convocação e realização da próxima reunião, haverá uma nova assembleia e não o prosseguimento da primeira.

De qualquer forma, impõe-se a publicação das convocações regulares, na estrita conformidade com os procedimentos previstos nos arts. 124 e 289.

Em hipótese alguma podem os administradores escusar-se da publicação de novas convocações, sob a alegação, v. g., de estarem presentes ao conclave adiado acionistas representando a totalidade do capital social (art. 124) ou, então, de que a convocação de dia e hora foi anunciada na própria assembleia[702].

REGIME DE DELIBERAÇÃO

A deliberação das matérias constantes da ordem do dia será feita ponto por ponto, discutindo-se e votando-se cada item, antes de se passar aos debates e ao sufrágio do seguinte[703].

Esse regime é de rigorosa observância por vários motivos. Primeiro, porque as matérias atribuídas pela Lei à assembleia geral ordinária são de extrema importância no tocante ao controle da legalidade da gestão dos administradores.

Tanto assim que estes devem apresentar documentos destacados sobre o exercício social por cuja condução são responsáveis, consubstanciados no relatório e nas demonstrações financeiras.

A análise detida e responsável de um e de outro e o cotejo das explicações constantes do primeiro documento com as rubricas lançadas no segundo necessitam, com efeito, de observância de ordem estabelecida na convocação e também de destaque, cada item de per si.

Quanto ao primeiro requisito, é fundamental que seja seguido. Por exemplo, seria inadmissível a inversão da ordem do dia para a discussão e aprovação, em primeiro lugar, do parecer dos auditores (art. 133) favorável à aprovação das contas dos administradores.

---

702 Contrariamente, portanto, à douta opinião de Cunha Peixoto, *Sociedades por ações*, cit., v. 3, p. 106, que, no entanto, considera útil a publicação de novos anúncios. Pela exigência de outra convocação, Valverde, *Sociedades por ações*, cit., v. 2, p. 135.

703 *V.* comentários ao art. 129.

Ora, uma vez aprovado este documento externo, estaria prejudicada a análise do mérito das contas da administração e das próprias demonstrações financeiras. Dessa forma, a discussão e deliberação dos documentos da administração devem seguir rigorosamente a sequência estabelecida no art. 133[704].

Também deve ser obedecida rigorosamente a sequência de matérias determinadas no art. 132, ou seja: primeiro se discutem e se votam os documentos da administração, para, somente após, proceder-se à eleição dos administradores e fiscais.

Isto porque a não aprovação das contas ou do relatório ou a desclassificação das demonstrações financeiras poderão levar à configuração de impedimento dos administradores e fiscais, responsáveis pela produção daqueles documentos, incompatível com a reeleição deles.

Temos, assim, que a ordem das matérias deve ser rigorosamente seguida e a discussão e votação de cada um dos itens devem ser destacadas.

Neste capítulo, referente ao regime de destaques, outro fundamento se impõe, qual seja, o de verificação de quórum de instalação, que pode deixar de existir no curso dos trabalhos (art. 125)[705].

Deverá a mesa, por iniciativa própria ou por solicitação de qualquer acionista, com ou sem direito de voto, proceder à verificação de presença de acionistas precedentemente à votação de cada matéria constante da ordem do dia.

Se for verificado o esvaziamento da assembleia, quando instalada em primeira convocação, deverá a mesa suspender os trabalhos, dando os mesmos por encerrados por falta de quórum regimental.

Razão por que, mais uma vez, impõe-se que os itens constantes da ordem do dia sejam votados destacadamente, a fim de que o presidente da mesa declare, a cada oportunidade, que se procedeu à votação, havendo quórum legal.

Impõe-se, ainda, o destaque, na medida em que é possível a aprovação de um item e a desaprovação de outro[706].

Ademais, por não serem as matérias constantes da ordem do dia dependentes, nada impede o fracionamento das deliberações de um item em dois ou mais subitens. Assim, v. g., as demonstrações financeiras, por es-

---

704 V. comentários ao art. 133.

705 V. comentários ao art. 125.

706 Sobre o regime de discussão da assembleia geral, De Steiger, *Le droit des sociétés*, cit., p. 197.

tarem conformes às exigências legais e às normas contábeis geralmente aceitas, podem ser aprovadas.

Nada impede, no entanto, que as contas da administração não sejam aprovadas quanto ao seu conteúdo[707]. Nessa hipótese, terá ocorrido *destaque* para as contas da administração, após a aprovação formal das demonstrações financeiras, votando-se separadamente uma e outra.

Nesse particular, convém mesmo ressaltar que a votação não se limita a aprovar ou a rejeitar matéria da ordem do dia. Pode a votação *modificar* o montante do lucro do exercício ou o valor das obrigações da companhia e outras retificações cabíveis. Poderá, ainda, haver aprovação das demonstrações financeiras com modificações da destinação dos lucros proposta pela administração (art. 176).

Por tudo isso, não se pode conceber a votação englobada dos documentos da administração (art. 133) e, muito menos, de toda a ordem do dia da assembleia geral ordinária (art. 132).

IMPEDIMENTO DE VOTO

Na sistemática da Lei, temos o impedimento de voto das preferenciais, se assim estabelecer o estatuto (art. 15)[708].

O outro tipo de impedimento refere-se ao conflito formal de interesses (arts. 115 e 156). Trata-se, no caso, de impedimento de aprovação das contas referentes à sua própria gestão[709]. A lei veda o seu voto de maneira absoluta, estendendo expressamente a proibição à utilização pelo administrador de procurações (art. 126) para alcançar a aprovação dos referidos documentos.

Em consequência, não podem os administradores, como acionistas ou representantes de acionistas[710], aprovar as demonstrações financeiras, contas e pareceres relativos ao exercício em que participam ou participaram como membros dos órgãos da administração da companhia.

Nesse impedimento, inclui-se o voto referente aos pareceres dos auditores independentes e do Conselho Fiscal.

Se os administradores infringirem esse dispositivo, seus votos serão nulos. A ineficácia de seus votos, no entanto, não acarreta, necessariamen-

---

707 Cunha Peixoto, *Sociedades por ações*, cit., v. 3, p. 104.

708 *V.* comentários ao art. 15.

709 *V.* comentários ao art. 115.

710 *V.* TJSP, AC 039.796-4/6, Rel. Des. Leite Cintra, j. em 3-6-1998.

te, a anulação das respectivas deliberações. Somente serão nulas as decisões quando os votos dos impedidos forem indispensáveis para alcançar a maioria necessária à aprovação dos documentos da administração.

CONSELHEIRO FISCAL

Na Lei anterior, de 1940, o impedimento estendia-se expressamente aos membros do Conselho Fiscal[711]. Entendia-se, no entanto, que esse impedimento não prevaleceria se o conselheiro fiscal deixasse de subscrever o parecer, como no caso de representante de acionistas dissidentes[712].

No regime da Lei vigente, de 1976, o parecer do Conselho Fiscal, quando em funcionamento, faz parte do conjunto dos documentos que são submetidos à deliberação da assembleia geral ordinária.

Em consequência, prevalece o impedimento do voto para aqueles conselheiros fiscais que subscreveram o parecer respectivo.

Já os membros desse órgão societário que deixarem de subscrever o documento, por discordar de seus termos ou conclusões, poderão a ele opor-se por meio do voto na assembleia geral ordinária.

Conclui-se, pois, que somente é admitido o voto do acionista conselheiro fiscal para a manifestação de discordância, ou seja, se ele for contrário à aprovação dos documentos da administração, inclusive o parecer do próprio Conselho Fiscal, demonstrando, dessa forma, sua condição de acionista ou de representante de acionistas dissidentes da orientação dos controladores[713].

VOTO PREVALECENTE DOS MINORITÁRIOS

O dever de abstenção dos acionistas administradores ou fiscais pode acarretar o prevalecimento do voto dos minoritários nas deliberações sobre os documentos da administração.

Deve, consequentemente, essa minoria, transformada momentaneamente em grupo majoritário na assembleia geral, votar rigorosamente de acordo com o interesse social.

Não pode tal grupo, a quem a Lei atribui o encargo decisório, abusar do seu direito de voto, deliberando contrariamente ao interesse da companhia,

---

711 Art. 100 do Decreto-Lei n. 2.627, de 1940.

712 Valverde, *Sociedades por ações*, cit., v. 2, p. 137.

713 *V.* comentários ao art. 163.

agindo por capricho ou com o objetivo de obter vantagem pessoal (*striking*). Se isso ocorrer, sobre os acionistas minoritários que, na hipótese formam o colégio decisório da assembleia geral, recairão as cominações por abuso do direito de voto (art. 115)[714].

APROVAÇÃO, RETIFICAÇÃO OU RECUSA DOS DOCUMENTOS

A aprovação e a recusa dos documentos da administração poderão tomar diversas feições. Assim, no tocante aos relatórios da administração, a aprovação ou recusa será total, não comportando tais peças retificações ou emendas, por se tratar de documentos definitivos, os quais devem ser simplesmente aprovados ou rejeitados.

Já com relação específica às demonstrações financeiras, os critérios de deliberação são diversos. Estas, que deverão exprimir com clareza a situação do patrimônio da companhia e as mutações ocorridas no exercício, conterão o balanço patrimonial, a demonstração dos lucros ou prejuízos acumulados, a demonstração do resultado do exercício e a demonstração das origens e aplicações de recursos (art. 176).

RETIFICAÇÕES NAS DEMONSTRAÇÕES FINANCEIRAS

Tais grupos de contas não constituem, em princípio, um documento definitivo, muito embora os administradores, auditores e fiscais respondam por sua exatidão e legalidade. Constituem tais documentos, com efeito, uma *proposta* dos administradores à assembleia geral[715], a ponto de poder o conclave aprovar modificação no valor das obrigações da companhia e no montante do lucro do exercício.

Essas alterações significam a aprovação *com retificação* das demonstrações financeiras e importam no reconhecimento de erro na elaboração do balanço patrimonial e na demonstração dos resultados do exercício ou dos lucros ou prejuízos acumulados (arts. 186 e 187).

A aprovação com reserva das demonstrações financeiras obriga os administradores a promoverem a republicação de todos os documentos que as compõem (art. 176), mesmo aqueles que não foram retificados com as deliberações tomadas na assembleia geral.

---

714 V. comentários ao art. 115.

715 Cunha Peixoto, *Sociedades por ações,* cit., v. 3, p. 104.

ORIGEM DAS RETIFICAÇÕES E DA RECUSA

As modificações nas contas do balanço patrimonial ou em outros grupos componentes das demonstrações financeiras importam no reconhecimento de um erro acidental ou, então, substancial, na elaboração do documento.

Se a falha for de natureza acidental, não caberá, em princípio, a responsabilização dos administradores.

Se, no entanto, tratar-se de um erro substancial, poderá o fato levar à própria rejeição das demonstrações financeiras, com a consequente responsabilização e impedimento dos administradores (arts. 158 e 159).

Entretanto, se for do interesse da companhia, o erro essencial poderá acarretar apenas a responsabilização e impedimento dos administradores, aprovando a assembleia geral, com as reservas e retificações devidas, as demonstrações financeiras.

RETIFICAÇÕES QUANTO AO LUCRO E DIVIDENDOS

No tocante à demonstração do resultado do exercício, a que se acrescentam os lucros ou prejuízos acumulados (arts. 186 a 188) e respectiva destinação dos lucros, formação de reservas, distribuição de dividendos, bem como participações dos administradores e empregados (arts. 189 e 204), as demonstrações financeiras constituem, como referido, propostas conclusivas do balanço sobre cujo mérito deve necessariamente decidir a assembleia geral.

A Lei é expressa ao definir esse capítulo das demonstrações financeiras como proposta encaminhada à deliberação do conclave.

Deverão os administradores apresentar proposta sobre a destinação a ser dada ao lucro líquido do exercício (art. 192). Ademais, as demonstrações financeiras registrarão a destinação dos lucros, segundo a proposta dos administradores, no pressuposto de sua aprovação pela assembleia geral (art. 176).

A não aprovação parcial ou total das propostas da administração não constituirá propriamente retificação das demonstrações financeiras, mas, sim, a sua reformulação no tocante às conclusões[716].

Não se pode, neste passo, falar em erro, sob qualquer de suas modalidades, mas, simplesmente, em modificação da proposta original. Não cabe,

---

716 Cunha Peixoto, *Sociedades por ações,* cit., v. 3, p. 105.

portanto, qualquer imputação aos administradores, pois a responsabilidade, na espécie, cabe inteiramente à assembleia geral.

Daí não ter a Lei exigido, neste caso, a republicação das demonstrações financeiras, substituindo-a pela simples inserção dessas alterações na ata.

Temos, assim, que as retificações referentes ao montante do lucro ou do valor das obrigações da companhia originam-se de erro acidental ou substancial, como referido, podendo acarretar a responsabilização e o impedimento dos administradores.

Já as modificações quanto à destinação dos lucros ou distribuição dos dividendos inserem-se no próprio regime de aprovação das demonstrações financeiras, não cabendo aos administradores qualquer responsabilidade pela sua retificação ou não aprovação pela assembleia geral ordinária[717].

---

717 Sobre a matéria de método das demonstrações financeiras, Instrução CVM n. 457, de 2007, alterada pela Instrução CVM n. 485, de 2010, que dispõem sobre a elaboração e divulgação das demonstrações financeiras consolidadas, com base no padrão contábil internacional, emitido pela *International Accounting Standards Board — IASB*. Sobre a leitura dos documentos próprios da assembleia geral ordinária, STJ, REsp 1008263/SC, Rel. Min. Nancy Andrighi, j. em 21-2-2008; *JTJ* 154/125. Sobre refazimento das demonstrações financeiras, Proc. CVM 2000/4909. 200/4910 e 2000/4911, Rel. Diretor Wladimir Castelo Branco Castro, j. em 5-2-2001. Sobre a necessidade da presença de administradores, Colegiado da CVM, PAS 24/05, voto da Diretora Norma Jonssen Parente, j. em 9-6-2005. Sobre a presença do auditor independente, Parecer CVM/SJU n. 037/81. Sobre impedimento dos administradores, STF, RE 93092/RJ, Min. Moreira Alves, j. em 7-10-1980, *RT* 546/263. Sobre adiamento da AGO, TJMG, 10ª Câm., AC 1.0702.03.069046-6/001, Rel. Des. Roberto Borges de Oliveira, j. em 4-4-2006; *JTJ* 154/125. Sobre aprovação de contas, Colegiado da CVM, PAS 24/03, Rel. Diretor Wladimir Castelo Branco Castro, j. em 9-6-2005. Sobre aprovação de reservas, STJ, AgRg no Ag 950104/DF, Rel. Min. Massami Uyeda, *DJe* 30-3-2009; ainda sobre aprovação de contas, REsp 31620/SP, Rel. Min. Eduardo Ribeiro, *DJU* 29-8-1994, p. 22195; *RT* 567/80; STJ, REsp 257573/DF, Rel. p/ acórdão Min. Ari Pargendler, *DJU* 25-6-2001, *RSTJ* 148/323; STJ, REsp 256596/SP, Rel. p/ acórdão Min. Antonio de Padua Ribeiro, *DJU* 18-6-2001, p. 150, *RSTJ* 151/313; TJDF, 1ª T., Agr. Instr. 1998.00.2.000932-5, Rel. Des. Waldir Leoncio Junior, j. em 1º-2-1999; STJ, REsp 179008/SP, Rel. Min. Cesar Asfor Rocha, *DJU* 26-6-2000, p. 177; *RSTJ* 136/350; TJGO, 3ª Câm., AC 26162-5/188, Rel. Des. Homero Sabino de Freitas, j. em 25-8-1992; STF, 1ª T., RE 88.695, Rel. Min. Rodrigues Alckmin, j. em 18-4-1978; TJGO, 3ª Câm., AC 27301-l/188, Rel. Des. Jamil Pereira de Macedo, j. em 6-8-1992; sobre aprovação e anulação de deliberação, TJSP, 5ª Câm., AC 262.004.l/4, Rel. Des. Marco Cesar, j. em 7-3-1996; TJSP, 6ª Câm. Dir. Priv., AC 99402035125-4, Rel. Des. Sebastião Carlos Garcia, j. em 29-4-2010. Sobre alteração e republicação das demonstrações financeiras, TRF, 2ª R., AMS 89.02.08951-7/RJ, Rel. p/ acórdão, Des. Federal D'Andrea Ferreira, j. em 14-3-1994. Sobre a obrigatoriedade de publicação (art. 289), Parecer Jurídico DNRC/COJUR n. 194/96. In Lazzareschi, ob. cit., p. 350 e s.

Seção III
ASSEMBLEIA GERAL EXTRAORDINÁRIA

REFORMA DO ESTATUTO

Art. 135. A assembleia geral extraordinária que tiver por objeto a reforma do estatuto somente se instalará em primeira convocação com a presença de acionistas que representem 2/3 (dois terços), no mínimo, do capital com direito a voto, mas poderá instalar-se em segunda com qualquer número.

§ 1º Os atos relativos a reformas do estatuto, para valerem contra terceiros, ficam sujeitos às formalidades de arquivamento e publicação, não podendo, todavia, a falta de cumprimento dessas formalidades ser oposta, pela companhia ou por seus acionistas, a terceiros de boa-fé.

§ 2º Aplica-se aos atos de reforma do estatuto o disposto no art. 97 e seus §§ 1º e 2º e no art. 98 e seu § 1º.

§ 3º Os documentos pertinentes à matéria a ser debatida na assembleia geral extraordinária deverão ser postos à disposição dos acionistas, na sede da companhia, por ocasião da publicação do primeiro anúncio de convocação da assembleia geral.

• *Parágrafo acrescentado pela Lei n. 10.303, de 31 de outubro de 2001.*

LEI DE 1940

No Decreto-Lei n. 2.627, de 1940, os arts. 104 e 50, parágrafo único, preceituavam de maneira quase idêntica em comparação com a Lei n. 6.404, de 1976. Assim, o art. 104: "A assembleia geral extraordinária, que tiver por objeto a reforma dos estatutos, somente se instalará, em primeira ou em segunda convocação, com a presença de acionistas que representem dois terços, no mínimo, do capital, com direito de voto, instalando-se, todavia, em terceira convocação com qualquer número". E o art. 50, no seu parágrafo único, preceituava: "Os atos relativos à reforma de estatutos, para serem válidos contra terceiros, ficam sujeitos às mesmas formalidades, não podendo, todavia, a falta do cumprimento desta ser oposta aos terceiros de boa-fé pela sociedade ou por seus sócios".

Era regra a terceira convocação, e a questão da eficácia contra terceiros estava deslocada para o capítulo do arquivamento e publicação dos atos constitutivos. Não havia remissão ao regime de arquivamento no Registro do Comércio. Quanto ao mais, a disciplina era idêntica ao Diploma de 1976.

LEI N. 6.404, DE 1976

A Lei n. 6.404, de 1976, eliminou o regime de terceira convocação, determinando que já em segunda instale-se a assembleia geral extraordinária com qualquer número.

Ademais, deslocou a matéria de eficácia contra terceiros para o lugar próprio. E, ao explicitar o regime de arquivamento no Registro do Comércio e publicação (art. 289), unificou o princípio de que tais procedimentos sucessivos são, por um lado, obrigatórios e, por outro, que a sua não observância é inoponível pela companhia a seus acionistas e a terceiros de boa-fé.

Daí a remissão aos arts. 97 e 98, que disciplinam o arquivamento e a publicação dos documentos referentes à constituição da companhia.

FUNDAMENTOS DA PUBLICAÇÃO OFICIAL — § 1º

Um dos princípios fundamentais das sociedades anônimas é o da publicação oficial, cuja função é levar à presunção legal do conhecimento de todos os atos societários relevantes, seja pelos acionistas, que legalmente se presumem diversos, seja por terceiros, consoante o disposto no art. 289.

E a Lei n. 10.303, de 2001, na esteira das anteriores, determina a publicação de todos os atos societários relevantes nos *Diários Oficiais do Estado* onde se situa a sede da companhia, exatamente para que se estabeleça a presunção legal de conhecimento, dos acionistas e de terceiros, desses mesmos atos. Tem, assim, a publicação oficial caráter declaratório e constitutivo de direito, sendo o título necessário para determinar o termo inicial de aquisição de direitos e de seu exercício ou de menção do prazo decadencial ou prescricional.

Seria inteiramente inconcebível que o regime da publicação oficial pudesse ser substituído pela publicação dos atos societários em outros veículos da imprensa ou da mídia eletrônica. A respeito da função constitutiva da publicação oficial tratam, outrossim, os arts. 98, § 1º, e 135.

Seria o mesmo que prescindir da publicação das leis e dos atos administrativos do *Diário Oficial*, contanto que tais publicações fossem feitas em jornais de grande circulação ou pela Internet.

Como o próprio nome indica, o *Diário Oficial* é o órgão que tem precipuamente como função proceder às publicações oficiais dos atos

Art. 135

societários, para, assim, configurar-se a *presunção legal* de conhecimento dos acionistas e de terceiros.

Os *efeitos* da publicação oficial são absolutamente relevantes no Ordenamento Jurídico.

Nesse passo aplicam-se os arts. 1º e 3º da Lei de Introdução às Normas do Direito Brasileiro: "Art. 1º Salvo disposição contrária, a lei começa a vigorar em todo o país quarenta e cinco dias depois de oficialmente publicada".

E o princípio da *presunção legal* está estabelecido no art. 3º da Lei comum: "Ninguém se escusa de cumprir a lei, alegando que não a conhece".

Esses dois princípios aplicam-se ao regime de publicação oficial dos atos relevantes das sociedades anônimas, conforme instituído no referido art. 289.

Uma vez oficialmente publicados os atos societários, ninguém pode escusar-se dos seus efeitos, ou seja, do início da prescrição e da aquisição de direitos e de seu exercício, seja dos titulares de valores mobiliários emitidos pela companhia, seja dos acionistas, seja de terceiros, como os contratantes, os credores ou o Fisco, e dos demais órgãos estatais que se relacionam com a companhia.

Dessa forma, a publicação oficial é imprescindível para a *segurança dos direitos subjetivos*, públicos e privados, e, portanto, para a efetividade da Ordem Pública.

LEI N. 10.303, DE 2001 — § 3º

Similarmente à disposição do art. 133[718], que trata das assembleias gerais ordinárias, o § 3º, acrescentado a este art. 135, cria para as *companhias abertas e fechadas* a obrigação de, *anteriormente* à realização das *assembleias gerais extraordinárias*, colocar à disposição de seus acionistas os *documentos relativos às matérias a serem aí discutidas na assembleia*.

A Lei n. 6.404, de 1976, determinava apenas a publicação de documentos relativos às deliberações das *assembleias gerais ordinárias* (arts. 133 e 289) das *companhias abertas e fechadas*, não existindo obrigação de divulgação de informações a respeito das deliberações das *assembleias gerais extraordinárias*.

Para as *companhias abertas*, no entanto, vigoravam as exigências da Instrução CVM n. 319, de 3 de dezembro de 1999, conforme alterada pelas Instruções CVM n. 320/99 e 349/2001, que se referiam à divulgação de in-

718 *V.* comentários ao art. 133.

formações previamente às assembleias gerais que tivessem por objeto deliberações sobre operações de *incorporação, fusão e cisão.*

O § 3º, introduzido pela Lei n. 10.303, de 2001, ao presente art. 135, *amplia* a abrangência das exigências de divulgação de informações, que já vigoraram para as *companhias abertas,* nos termos da referida Instrução CVM n. 319/99.

Ademais, o § 3º deste art. 135 aplica-se também às *companhias fechadas* e introduz a obrigatoriedade de divulgação de documentos relativos a *qualquer matéria* a ser aprovada pela *assembleia geral extraordinária.*

A Lei n. 10.303, de 2001, com a introdução do § 3º, visa favorecer o conhecimento e a transparência das deliberações que serão tomadas na *reforma do estatuto,* permitindo especialmente que os minoritários conheçam a *causa* e o *mérito* das propostas a serem discutidas em assembleia geral, bem como os documentos que a *justificam,* sob o ponto de vista jurídico, econômico, contábil e, ainda, de sua conveniência e oportunidade negocial.

Dessa forma, a partir da vigência da Lei n. 10.303, de 2001, todos os documentos relacionados com as deliberações das *assembleias gerais extraordinárias* devem ser divulgados previamente, para que tenham os acionistas a oportunidade de avaliar as matérias a serem discutidas e, assim, formar, com consistência técnica, jurídica e negocial, a sua vontade, a ser manifestada por meio do voto na assembleia geral.

Deve, assim, a administração da companhia providenciar para que sejam postos à disposição dos acionistas *todos* os *documentos pertinentes* às matérias objeto da ordem do dia, que possam conter informações relevantes e esclarecedoras aos acionistas, os quais deverão ser preparados de forma completa, clara e direta sobre os assuntos a serem votados na assembleia.

Cabe à companhia disponibilizar esses documentos *na sua sede social,* e ainda no blog da companhia, na *mesma data em que publicar o primeiro edital de convocação (art. 289)* para a assembleia geral, ou seja, *pelo menos* oito dias antes da realização desta, para as *companhias fechadas,* e quinze dias antes dessa data, para as *companhias abertas* (art. 124)[719]. Nesse edital de convocação deve ser declarado estarem os documentos a que se refere o § 3º à disposição dos acionistas.

Além disso, tais documentos, nas companhias abertas, deverão ser enviados à BM&FBovespa e às entidades do mercado de balcão organizado, conforme a exigência contida no novo § 6º do art. 124.

---

719 *V.* comentários ao art. 124.

Como se vê, terão os acionistas *prazo menor* para avaliar as informações *relativas* às matérias a serem deliberadas nas assembleias gerais *extraordinárias* do que para avaliar os documentos acerca das matérias a serem discutidas na assembleia geral *ordinária* (art. 133)[720].

Ainda a propósito, como acima aventado, nas companhias abertas e nas grandes companhias fechadas, a exigência contida no presente § 3º deve ser entendida quanto ao seu fim e não quanto aos seus meios. Desse modo quando ali se fala em "postos à disposição dos acionistas" devem a companhia, necessariamente, utilizar a rede mundial de computadores para a divulgação desses documentos, não se restringindo ao meio físico, representado pelas instalações da sede social.

O procedimento que exige a presença física do acionista para tomar conhecimento dos documentos não mais se coaduna com os meios eletrônicos de informação que são hoje universalmente utilizados.

Desse modo, impõe-se que, além do depósito da sede social dos documentos de que trata o presente § 3º, à disposição dos acionistas, esses mesmos informes sejam disponibilizados no *blog* da companhia, com livre acesso aos acionistas.

Essa procedência aplica-se, necessariamente, às companhias abertas e também às companhias fechadas relevantes para o mercado em geral, como referido.

LEI N. 12.431, DE 2011

A Lei n. 12.431, de 2011, em meio a outras providências, instituiu, nas companhias abertas, a faculdade de presença *on line* dos acionistas nas assembleias gerais da companhia, sejam elas ordinárias, extraordinárias ou, ainda, especiais, consoante o disposto em seus arts. 121 e 127.

Instituiu mais a Lei de 2011 os livros sociais de presença e de atas eletrônicos para, assim, estabelecer os meios necessários à efetiva participação *on line* de acionistas (art. 100).

E ao criar os livros sociais eletrônicos nas companhias abertas, tornam-se eles obrigatórios, não podendo mais ser utilizados os livros físicos, por incompatibilidade com a faculdade de presença de acionistas *on line*.

Por outro lado, em hipótese alguma institui a Lei de 2011, como reiterado, a alcunhada "assembleia geral *on line*", tão do gosto dos leigos. Não se

---

720 *V.* comentários ao art. 133.

pode, com efeito, confundir faculdade de presença *on line* de acionistas ao conclave com ele próprio que, necessariamente, deve ser fisicamente realizado na sede social e ali instalado pelos acionistas fisicamente presentes, com a presença física, outrossim, de administradores, fiscais e do auditor independente.

Desse modo, a assembleia é sempre fisicamente instalada na sede social, pela mesa composta de acionistas fisicamente presentes, acolhendo tanto os acionistas fisicamente presentes, como aqueles *on line* (arts. 123 a 131).

Seria mesmo um absurdo imaginar-se que a Lei de 2011 teria eliminado o direito de presença física do acionista na sede social, para ali participar dos trabalhos do conclave. O Diploma de 2011 criou uma faculdade de presença *on line* e não a supressão da presença física de acionistas nas assembleias gerais da companhia.

Não foi essa, com efeito, a intenção do legislador, mesmo porque se assim absurdamente ocorresse, estaria subvertida toda a estrutura da companhia, instituída pela Lei de 1976, fundada no regime de sede social, como centro de exercício de direitos dos acionistas e do exercício do poder-dever dos administradores e dos fiscais.

Ainda a propósito, não obstante a Lei de 2011 voltar-se para as companhias abertas, quando institui obrigatoriamente os livros eletrônicos e a faculdade de presença *on line* nos conclaves, nada impede que tal regime seja estatutariamente adotado pelas companhias fechadas, desde que o façam nos termos da regulamentação que, a respeito das primeiras, emana da Comissão de Valores Mobiliários.

OBJETO DA ASSEMBLEIA GERAL EXTRAORDINÁRIA

A Lei de 1976, repetindo a sistemática do Direito anterior, de 1940, na seção referente à assembleia geral extraordinária, apenas estabelece normas para o conclave que tiver por objeto a reforma do estatuto social.

Tal orientação legislativa significa que as reuniões extraordinárias que não visarem à modificação estatutária seguem as disposições gerais referentes às assembleias da companhia, sejam elas ordinárias ou extraordinárias, constantes dos arts. 121 a 131 da lei.

Quanto ao objeto propriamente dito da assembleia geral extraordinária, a Lei de 1976 adotou o regime de competência *ratione materiae*, estabelecendo exaustivamente as matérias de competência da assembleia geral ordinária e atribuindo ao conclave extraordinário todas as demais (art. 132)[721].

Em consequência, os assuntos que não são de competência da reunião ordinária (art. 132) devem ser deliberados na assembleia geral extraordinária.

Além da reforma do estatuto, o conclave extraordinário deve decidir matérias outras, tais como emissão de valores mobiliários pela companhia (debêntures e partes beneficiárias somente pelas companhias fechadas) (arts. 46, 47 e 59)[722] e modificações nos direitos a elas inerentes (arts. 51 e 71).

Cabe, ainda, à assembleia geral extraordinária autorizar empréstimos, ou a compra e venda e a oneração de bens constantes do seu ativo, conforme dispuser o estatuto.

Ainda é da sua competência os assuntos urgentes e imprevistos, como a autorização *a posteriori* aos administradores para confessar falência, requerer recuperação judicial ou apresentar proposta de recuperação extrajudicial (arts. 122 e 47 a 72 e 161 a 167 da Lei n. 11.101/2005) e a suspensão do exercício dos direitos do acionista. Cabe a ela também deliberar sobre liquidação da companhia (art. 122).

É sua atribuição, ademais, deliberar sobre a avaliação de bens com que o acionista concorrer para a formação do capital social (art. 122)[723].

NOÇÃO DE REFORMA ESTATUTÁRIA

Sendo o principal objeto da assembleia geral extraordinária a alteração do estatuto, deve-se configurar o seu âmbito. Seria entendida como tal qualquer modificação mesmo de redação ou qualquer outra que não afetasse a substância dos direitos e obrigações e a configuração da pessoa jurídica?

A interpretação aceita, entre nós, de que toda a alteração do estatuto, afete o seu fundo ou somente a sua forma, constitui modificação da lei interna da companhia[724], devendo, tanto em uma como em outra hipótese, ser observados os requisitos que a Lei impõe na espécie[725].

---

721 *V.* comentários ao art. 132.

722 *V.* comentários aos arts. 47, 59 e 122.

723 *V.* comentários ao art. 122.

724 Garrigues-Uría, *Comentario*, cit., v. 2, p. 320.

725 Diferentemente da lei alemã de 1965 que faz distinção entre alterações meramente

"REQUISITOS" — INDICAÇÃO DA MATÉRIA NO EDITAL DE CONVOCAÇÃO

A Lei estabelece exigências especiais quando a assembleia geral extraordinária tem por objeto a alteração do estatuto social. Para a sua realização, será necessária a indicação da matéria nos anúncios de convocação.

Nesse edital as reformas projetadas devem ser apontadas com precisão, ainda que sumariamente[726]. Não basta, portanto, a mera referência ao artigo do estatuto que será alterado.

Em face do regime de informações trazido pela Lei, devem os administradores, no edital de convocação (art. 124), fornecer aos acionistas o máximo de dados para que eles compareçam à assembleia geral preparados para discutir sobre a proposta de alteração estatutária[727], inclusive o depósito na sede social dos documentos referentes às matérias objeto da ordem do dia (§ 3º deste art. 135), inserindo-os ademais no portal eletrônico da companhia.

INDICAÇÕES ESPECÍFICAS EM AUMENTO DE CAPITAL

Se a alteração estatutária objetivar o aumento do capital social, deve o edital conter a indicação, pelo menos, dos seguintes elementos extraídos da proposta da administração: o montante atual do capital; valor da emissão e o correspondente valor nominal das ações, se houver; a classe das ações que serão emitidas, a sua forma e se terão ou não valor nominal; os eventuais direitos especiais que serão atribuídos a determinadas ações e os correspondentes direitos que serão suprimidos comparativamente a outras espécies e classes de ações; parcelas, prazos e condições de integralização; os procedimentos especiais de subscrição, como, v. g., em se tratando de menores etc.

QUÓRUM ESPECIAL DE INSTALAÇÃO

Outro requisito prejudicial, no caso de reforma estatutária, é o da verificação de quórum especial de instalação. A Lei é expressa ao determinar que em primeira convocação não prevalecerá o regime de

---

de redação e alterações de fundo, autorizando, na primeira hipótese, que a modificação seja efetuada pelos administradores — art. 179 da lei societária de 1965.

726 *V.* comentários ao art. 124.

727 *V.* comentários ao art. 124.

presenças previsto no art. 125, sendo indispensável o comparecimento de acionistas representando, no mínimo, 2/3 do capital votante[728].

Por outro lado, a Lei dispensa a terceira convocação (que é vista no Diploma de 1940), admitindo que o conclave instale-se pela segunda vez com qualquer número.

A razão dessa exigência de maior quórum de *instalação* está na relevância da matéria. Todavia, como a companhia não pode ser sacrificada com o desinteresse dos seus acionistas, a Lei permite que em segunda convocação a assembleia geral instale-se com qualquer número[729], desde que dois ou mais acionistas presentes tenham direito a voto.

QUÓRUM ESPECIAL DE DELIBERAÇÃO

Para algumas matérias, a Lei ainda exige quórum especial para deliberação, ou seja, a aprovação de acionistas que representem metade, no mínimo, das ações com direito de voto para os assuntos especificados no art. 136[730].

Ademais, poderá o estatuto de companhia fechada exigir ainda maior quórum para a deliberação dessas matérias (art. 136)[731].

FORMALIDADES DE ARQUIVAMENTO E DE PUBLICAÇÃO

A Lei determina que os atos relativos a reformas do estatuto somente são oponíveis a terceiros após cumpridas as formalidades de registro e de publicação (art. 289). É, por outro lado, inoponível a terceiros de boa-fé o descumprimento dessas exigências legais.

Evidentemente que tal preceito de arquivamento e de publicação (art. 289) não se aplica apenas às hipóteses de reforma estatutária, mas a todas as deliberações das assembleias, sejam elas tomadas no âmbito de competência das reuniões ordinárias (art. 132), sejam, ainda, matérias próprias do conclave extraordinário que não importem na reforma da lei interna da companhia.

A referência, na espécie, à alteração estatutária origina-se da importância que esse ato tem para terceiros, não podendo, no entanto, daí se inferir

---

728 AC 139.583-1/2, Rel. Des. Euclides de Oliveira, do TJSP, j. em 20-8-1991.

729 Valverde, *Sociedades por ações*, cit., v. 2, p. 150 e s.

730 V. comentários ao art. 136.

731 V. comentários ao art. 129.

que, para os demais casos de deliberação, não prevaleça a mesma regra fundamental.

Além desses requisitos de arquivamento e de publicação (art. 289)[732], que são gerais, a assembleia geral extraordinária que tiver por objeto alteração estatutária deve, outrossim, observar os procedimentos comuns determinados pela Lei para a instalação e realização das assembleias gerais (arts. 121 a 131).

RAZÕES DA REFORMA ESTATUTÁRIA

Diversas razões, tanto de ordem institucional como contratual, podem levar à alteração do estatuto da sociedade. A reforma da lei interna pode assim atender à necessidade de adaptar a companhia a novas exigências econômicas e financeiras ou, então, a um melhor funcionamento dos seus órgãos.

Pode, ainda, visar a adaptação da sociedade às novas estruturas legais que a levam a atender outros interesses, fora dos seus próprios representados pela maximização do lucro, tais como os da coletividade em que a companhia atua, a dos empregados e a do próprio Estado, no plano regulatório.

REFORMA PELO REGIME MAJORITÁRIO — SUA EVOLUÇÃO

Em todas as legislações prevalece o regime de reforma estatutária por maioria absoluta de votos e não por unanimidade, como fruto de longo processo em que se questionou o problema da natureza jurídica da sociedade.

Assim, o regime majoritário é consequência da superação do conceito estritamente contratualista da sociedade a que se vinculava a exigência de consentimento unânime dos acionistas para a alteração do estatuto.

Até meados do século XIX predominava o princípio da aprovação unânime dos acionistas para a eficácia de qualquer modificação estatutária.

O primeiro passo no sentido da superação do regime de unanimidade girou em torno da Lei francesa de 1867, cujos intérpretes passaram, em determinadas circunstâncias, a admitir o princípio majoritário. Não obstan-

---

732 *V.* comentários ao art. 289.

te o dissídio exegético, prosseguiu até a promulgação, naquele país, da Lei de 1913[733].

Sob a égide da Lei francesa de 1867, a doutrina subordinava a possibilidade de alteração estatutária por maioria à existência de dispositivo permissivo no próprio estatuto; caso contrário, deveria prevalecer o sistema de unanimidade. Porém, a jurisprudência, apontando os inconvenientes da solução teórica aventada, passou a distinguir as *bases essenciais* do contrato social das suas *bases secundárias*, admitindo que estas últimas fossem alteradas por maioria, independentemente de prescrição estatutária.

Nesse processo de construção jurisprudencial, os tribunais franceses foram obrigados a conceituar diferencialmente as referidas bases, em razão do que acabaram restringindo as matérias essenciais, a tal ponto que, pouco a pouco, passou-se a afirmar o princípio da competência plena da assembleia geral para decidir majoritariamente todas as matérias que importavam modificação da lei interna da companhia, ainda que diferenciando o quórum deliberativo em um e em outro caso[734].

O fundamento dessa construção jurisprudencial na França era de que os acionistas, ao aceitarem sua condição de membros de uma sociedade anônima, implicitamente passavam a admitir uma eventual modificação de seu estatuto, por decisão da maioria e não pela unanimidade deles[735].

E a Lei francesa de 16 de novembro de 1913 afirmava o princípio da soberania da assembleia geral. Com base nesse diploma, a jurisprudência daquele país passa a elaborar a teoria dos direitos individuais (*droits propres*) dos acionistas como limite aos poderes da assembleia geral[736].

Não obstante, foi a Lei belga de 1873 que primeiro filiou-se ao regime majoritário para modificação dos estatutos sociais, somente exigindo unanimidade quando se tratasse de alteração do objeto social[737].

DIREITO BRASILEIRO

Seguiu os passos da Lei belga o Decreto brasileiro n. 821, de 1882, que dava competência à assembleia geral para alterar os estatutos

---

733 Hemard, *Sociétés*, cit., v. 2, p. 288 e s.; Valverde, *Sociedades por ações*, cit., v. 2, p. 148.

734 A diferença de *quorum* deliberativo, que é adotado pela nossa lei, em seu art. 136, é fruto, ainda, dessa teoria das bases essenciais e bases secundárias.

735 Hemard, *Sociétés*, cit., v. 2, p. 288.

736 Hemard, *Sociétés*, cit., v. 2, p. 289 e s.

737 Valverde, *Sociedades por ações*, cit., v. 2, p. 148 e s.

da companhia, salvo cláusula estatutária em contrário ou no caso de mudança do objeto social que demandava a unanimidade. Esse regime foi reiterado pelo Decreto n. 434, de 1891.

E na reforma legislativa de 1940, o Decreto-Lei n. 2.627 outorgou competência absoluta à assembleia geral para alterar os estatutos das sociedades anônimas em todas as suas disposições, inclusive no que se refere ao objeto social. Era de ordem pública o preceito majoritário, não permitindo, pois, que o estatuto dispusesse em contrário[738]. Assim, a partir do Decreto-Lei n. 2.627, de 1940, o poder de alterar os estatutos é outorgado, pela Lei, à assembleia geral.

Superou-se, dessa forma, o conceito ortodoxo de que a sociedade anônima tem natureza contratual, do que decorria o princípio da imutabilidade de cláusulas de seu estatuto, que somente poderiam ser alteradas com o consentimento unânime de todos os sócios[739].

TEORIAS CONTRATUALISTAS *VERSUS* TEORIAS INSTITUCIONALISTAS

No esforço doutrinário e jurisprudencial dessa superação, diversas teorias foram elaboradas para explicar a natureza jurídica da sociedade anônima, tais como a teoria do ato complexo e a teoria da instituição, as quais negam a natureza contratual da companhia.

Não se podendo, no entanto, fugir à origem contratual da sociedade anônima, passou-se a perquirir as características diferenciais do contrato societário, em face das teorias assentes dos contratos bilaterais e unilaterais, do que resultou a clássica teoria do contrato plurilateral de Ascarelli[740]. Não obstante, a questão da natureza jurídica da sociedade anônima não é pacífica na doutrina[741].

A escola institucionalista[742] encontra insignes adeptos entre nós[743], os quais consideram a sociedade anônima cada vez mais afastada da ideia de

---

738 Valverde, *Sociedades por ações*, cit., v. 2, p. 148 e s.

739 Valverde, *Sociedades por ações*, cit., v. 2, p. 147.

740 Ascarelli, *Problemas*, cit., p. 274 e s.

741 Ripert-Roblot, *Traité*, cit., p. 437 e s.; Carlo B. Vanetti, Costituzione della società — Sez. VI — Modifiche dell' ato costitutivo, *Inchieste di Diritto Comparato*, 5(1): 297 e s.

742 V. comentários ao art. 115.

743 Fran Martins, Introdução, in *Comentários à Lei das Sociedades Anônimas*, Rio de Janeiro, Forense, 1977; Cunha Peixoto, *Sociedades por ações*, cit., v. 3, p. 138 e 143.

contrato, mesmo do plurilateral. Seria ela, portanto, uma instituição na medida em que os seus interesses próprios (lucros) estão sempre mais subordinados aos interesses da coletividade e aos do próprio Estado.

Assim, a vontade da companhia manifestar-se-ia por meio de seus órgãos, não para atender aos interesses daqueles sócios que buscaram no progresso societário a rentabilidade ótima de seus investimentos de capital, mas, sim, ao máximo desempenho empresarial.

Não resta dúvida de que atualmente a sociedade anônima apresenta características contratuais de caráter plurilateral permeadas, no entanto, de forte tendência institucional.

Constituída, com efeito, em virtude de um contrato privado, a companhia, na medida em que atua no meio social como forma de organização jurídica da empresa, acaba por ser considerada uma instituição de interesse público, levando inclusive à ingerência do Estado nos atos de sua formação e atuação[744].

INDERROGABILIDADE DO PRINCÍPIO MAJORITÁRIO

Todas as legislações consagraram o princípio majoritário[745]. Pergunta-se, no contexto da nossa Lei, se seria admissível a derrogação, ainda que parcial, desse princípio pelo estatuto, que, v. g., exigisse, para uma determinada matéria de alteração, a unanimidade dos acionistas presentes, ou mesmo a unanimidade do capital social (art. 136)[746].

Ainda que haja opiniões a favor dessa derrogabilidade via estatuto, inclusive cláusula que determine até mesmo proibição de reforma estatutária[747], o regime deliberativo majoritário, entre nós, está consubstanciado em preceito de ordem pública, inderrogável, portanto, pelo estatuto.

Somente a Lei poderá estabelecer exceções ao regime majoritário, como efetivamente o faz quando exige unanimidade dos acionistas para a mudança de nacionalidade de companhia brasileira[748], ou para transformação da forma societária, salvo, neste último caso, se tal operação tiver sido prevista no estatuto social (art. 221)[749].

---

744 V. comentários ao art. 1º.

745 V. comentários aos arts. 115 e 122.

746 A respeito, De Steiger, *Le droit des sociétés*, cit., p. 211 e s.

747 Giron Tena, apud Garrigues-Uría, *Comentario*, cit., v. 1, p. 233.

748 Art. 72 do Decreto-Lei n. 2.627, de 1940, que continua em vigor, *ex vi* do art. 300 da Lei n. 6.404, de 1976.

749 V. comentários ao art. 122.

DIREITO ESTRANGEIRO

No direito continental, as diversas legislações seguem os mesmos princípios e obedecem a idênticos requisitos quanto ao regime deliberativo para a alteração estatutária, como seja: a competência da assembleia geral para decidir por maioria; a necessidade de arquivamento e de publicação; o respeito aos direitos essenciais dos acionistas.

Nesse sentido, v. g., a Lei societária francesa de 1966, art. 153; o Código Civil italiano, art. 2.365; a Lei societária alemã de 1965, art. 179; o Código das Obrigações suíço, art. 647; e a Lei espanhola de sociedades anônimas de 1951, art. 84.

O Direito inglês estabelece distinção entre *memorandum of association* e *articles of association*. O *memorandum* somente poderá ser alterado nos casos previstos em lei, consoante dispõem os arts. 4º e 5º do *Companies Act* de 1948.

Já os *articles of association* podem ser alterados por deliberação especial (*extraordinary or special resolutions*) de acionistas representando 3/4 das ações com direito de voto[750].

Deverão ser observadas, outrossim, as disposições a respeito contidas no *memorandum, ex vi* do art. 10 do *Companies Act* de 1948[751].

No Direito norte-americano, também se distingue o *charter* ou *certificate of incorporation*, de um lado, e os *by laws,* de outro. Assim, o *charter* tem regime especial para a sua alteração, conforme se pode ver, p. ex., dos arts. 58 e 59 do *Model Business Corporation Act*[752].

Para alteração nos *by laws*, o modelo legislativo, em seu art. 27, outorga poderes ao *board of directors*, inclusive para adotar outro estatuto e não apenas para alterá-lo, a menos que tal poder esteja reservado aos acionistas no *charter*.

---

750 Art. 141 do *Companies Act* de 1948.

751 Charlesworth e Cain, *Company law*, cit., p. 73 e s. O art. 10, a respeito, dispõe: "(1) Observadas as disposições desta lei e as condições contidas em seu *memorandum of association*, uma companhia poderá alterar seus *articles of association* mediante deliberação especial; (2) qualquer alteração ou acréscimo assim efetivado, observada a presente lei, será tão válido quanto seria se estivesse contido no estatuto original". E o art. 141 dispõe: "Uma deliberação será considerada especial quando é tomada por maioria igual à requerida para a validade de uma deliberação extraordinária (3/4 das ações com direito de voto) em assembleia geral convocada com, no mínimo, vinte dias de antecedência".

752 *Model Business Corporation Act*, v. 2, p. 248-62.

E o art. 27-A do *Model Business Corporation Act* permite aos administradores adotar estatutos de emergência, sujeitos, no entanto, a retificações ou a rejeição por parte dos acionistas[753].

Anote-se que, nas diversas legislações estaduais norte-americanas, vem-se firmando a tendência de unificar os critérios de alteração do *charter* e dos *by laws*, perdendo importância a distinção entre os dois documentos[754].

CONDIÇÕES DE VALIDADE E EFICÁCIA

Seguindo a tradição do direito continental, verifica-se da nossa sistemática legislativa que a reforma estatutária deve atender às mencionadas exigências formais de convocação, quórum de instalação e de deliberação, arquivamento e publicação (art. 289).

A sua eficácia depende, outrossim, do preenchimento das condições substanciais, quais sejam, a de que a deliberação não esteja em desacordo com a Lei, ou com o estatuto, e que não fira os direitos essenciais dos acionistas (art. 109)[755].

LIMITES DA COMPETÊNCIA MAJORITÁRIA

Em princípio, a assembleia geral é competente para efetuar qualquer alteração estatutária. Trata-se, no entanto, de competência relativa, pois encontra determinados limites de ordem material.

Ainda com fundamento na teoria contratualista, a doutrina francesa identifica esses limites nas mencionadas *bases essenciais* do contrato social. Em torno desse conceito, entende-se que o acionista, ao ingressar na companhia, está motivado pela existência de determinadas bases jurídicas de natureza organizacional, as quais constituem o pressuposto do seu consentimento, ao integrar o colégio acionário.

Em consequência, tais bases jurídicas organizacionais não podem ser modificadas sem a sua concordância, por constituírem direitos individuais dos acionistas (*droits propres*)[756].

---

753 *Model Business Corporation Act*, v. 1, p. 552-80.

754 Vanetti, *Inchieste di Diritto Comparato*, 5(1):301. A respeito da matéria, Henn, *Law of corporations*, cit., p. 224, 378 e 708; *Lattin on Corporations*, p. 570 e s.; *Financial Handbook*, p. 12.22.

755 V. comentários ao art. 109.

756 Garrigues-Uría, *Comentario*, cit., v. 2, p. 235 e s.; Vanetti, *Inchieste di Diritto Comparato*, 5(1):295 e s.

Ademais, estabelece a Lei francesa de 1966, em seu art. 153, que a assembleia geral, ao alterar o estatuto, não pode aumentar os compromissos (*engagements*) dos acionistas. Assim, além dos direitos, também os encargos constituem limites à alteração estatutária[757].

Já a doutrina suíça entende da mesma forma, identificando nos *direitos adquiridos* dos acionistas o fundamento dos limites de competência da assembleia geral para alterar as normas organizacionais do estatuto.

Esses direitos adquiridos são declarados e explicitados no art. 646 do Código das Obrigações suíço, que preceitua não poderem os acionistas ser privados, sem o seu consentimento, dos direitos adquiridos vinculados à sua condição de sócio. São considerados direitos adquiridos do acionista aqueles que, em virtude de disposição legal ou estatutária, não dependem de deliberações da assembleia geral, nem das decisões da administração.

Entende a doutrina que o acionista, ao ingressar na companhia, submete-se à autoridade dos órgãos sociais, na medida em que esta é fundada no estatuto. A lei interna representa a constituição (no sentido político) da sociedade, obrigando, em consequência, não somente os acionistas, mas também os órgãos sociais.

O acionista, ao renunciar o exercício de sua vontade própria e em favor da deliberação da assembleia geral, nessa mesma renúncia não incluiu os seus direitos adquiridos, que não podem ser suprimidos pela vontade majoritária sem o seu consentimento expresso[758].

Além dos direitos individuais e dos encargos dos acionistas, a alteração estatutária deverá ser conforme a Lei, a ordem pública e os bons costumes. Não pode, consequentemente, violar disposições legais de caráter imperativo, nem o próprio estatuto naquilo em que este reflete a Lei e os direitos individuais dos acionistas e o interesse dos credores e de terceiros em geral, em suas relações com a companhia[759].

Temos, assim, que os direitos individuais dos acionistas (art. 109) são reconhecidos em todas as legislações como o principal limite às alterações organizacionais estatutárias, que não podem servir para restringi-los ou para suprimi-los.

Ademais, é inadmissível que as alterações aumentem os compromissos e os encargos dos acionistas ou a renúncia de seus direitos essenciais nem

---

757 Hemard, *Sociétés*, cit., v. 2, p. 298; Ripert-Roblot, *Traité*, cit., v. 1, p. 437.

758 Conforme De Steiger, *Le droit des sociétés*, cit., p. 186 e s.

759 Garrigues-Uría, *Comentario*, cit., v. 2, p. 233.

contrariem a Lei e o próprio estatuto, quando este refletir princípios e preceitos de ordem pública[760].

OBRIGATORIEDADE DA REFORMA

A reforma estatutária regularmente deliberada vincula a sociedade, pois tal ato representa a própria vontade social.

A alteração do estatuto quanto às suas normas organizacionais obriga a todos os acionistas, na medida em que não modifique as bases essenciais da companhia, declaradas na lei (arts. 109 e 136)[761]. Neste caso, a deliberação não obriga aos acionistas discordantes ou mesmo aqueles que sobre tais alterações simplesmente se omitiram ou nelas não intervieram (art. 137).

Para todos os acionistas que se encontram nessas situações de dissidência, a Lei estabeleceu o direito de retirada *ratione materiae*. Havendo modificações estatutárias consideradas fundamentais no que respeita à existência, estrutura e organização da companhia, cabe o direito de retirada. São as hipóteses estabelecidas exaustivamente no art. 137[762].

Isto posto, a reforma estatutária obriga a todos os acionistas, desde que obedecidos os limites acima apontados.

OPOSIÇÃO DE TERCEIROS

A oposição de terceiros à alteração do estatuto pode fundar-se no descumprimento das formalidades legais de arquivamento e de publicações (arts. 135, § 2º, e 289) ou, então, na contrariedade substancial aos preceitos legais e estatutários que protegem os interesses dos credores e dos contratantes.

COMPETÊNCIA DA ASSEMBLEIA GERAL EXTRAORDINÁRIA — SOBERANIA

A reforma estatutária é de competência exclusiva da assembleia geral *extraordinária*, não podendo o estatuto delegar essa atribuição à assembleia geral ordinária, nem a outro órgão da companhia[763].

---

760 *V.* comentários ao art. 109.

761 *V.* comentários ao art. 136.

762 *V.* comentários ao art. 137.

763 *V.* comentários ao art. 122. De Steiger, *Le droit des sociétés*, cit., p. 313.

Trata-se de antigo princípio, ora reiterado pela Lei n. 6.404, de 1976, ou seja, de que o poder de modificar o estatuto faz parte dos direitos inalienáveis da assembleia geral extraordinária[764].

Difícil adequar o conceito político de soberania à assembleia geral, na medida em que a vontade nela manifestada não vincula necessariamente toda a cidadania societária que, como referido, pode dissentir da deliberação, retirando-se da companhia (arts. 45 e 137).

Não obstante, pode-se fazer a comparação, na medida em que tais deliberações, em regra, não estão sujeitas à aprovação de outro órgão social[765]. Não obstante, havendo acordo de controle (art. 118) essa soberania está vinculada aos seus termos (art. 118), não podendo a comunhão votar contrariamente ao ali convencionado.

APROVAÇÃO POR TERCEIROS

Ocorrem, no entanto, casos em que a reforma estatutária está sujeita à aprovação de órgãos públicos.

Há, ademais, casos especiais em que a aprovação das reformas estatutárias regularmente deliberadas pela assembleia geral depende, para sua eficácia interna e externa, da aprovação de terceiros ou classes especiais de acionistas.

Assim, todas as companhias que dependem de prévia autorização governamental para funcionar devem submeter não só os seus atos constitutivos, mas também toda e qualquer alteração estatutária à aprovação do órgão público, sob cuja jurisdição administrativa está a companhia subordinada.

Essa aprovação administrativa deve ser feita antes de qualquer procedimento de arquivamento e de publicação (art. 289) da respectiva assembleia geral, não tendo qualquer eficácia a modificação, enquanto não for aprovada pelo órgão governamental competente.

Também depende de aprovação dos credores a alteração estatutária representada pela redução do capital social (art. 173). Os credores podem inclusive opor-se à alteração, na hipótese em que tal medida venha a prejudicar seus interesses junto à companhia (art. 174).

---

764 Diferentemente, portanto, do direito societário alemão que, em seu art. 179, prevê expressamente que a assembleia geral pode delegar ao Conselho Supervisor (*Aufsichtsrat*) competência para efetuar reformas estatutárias de caráter formal, ou seja, modificações na redação. No mesmo sentido, o direito norte-americano.

765 De Steiger, *Le droit des sociétés*, cit., p. 314.

Não terá, outrossim, eficácia a alteração estatutária deliberada em assembleia geral extraordinária que alterar direitos de classe de acionistas enquanto os atingidos pela medida não se manifestarem favoravelmente, por unanimidade (art. 16) ou majoritariamente, em assembleia especial (arts. 18 e 136).

Em ambos os casos, os acionistas atingidos pela reforma estatutária não deliberam, mas aprovam ou rejeitam a deliberação majoritária objeto da assembleia geral. No caso de rejeição, a deliberação, se já tomada, será ineficaz. O mesmo ocorre no que respeita ao resgate de ações (art. 44)[766].

QUÓRUM DE INSTALAÇÃO

Quando a assembleia geral extraordinária não tiver por objeto alteração estatutária, o quórum de instalação será igual ao exigido para a assembleia geral ordinária, consoante as disposições gerais aplicáveis a ambas, consubstanciadas no art. 125[767].

Se o conclave tiver por objeto reforma de estatuto, ele somente se instalará em primeira convocação com o quórum qualificado estabelecido na Lei.

O preceito tem como objetivo criar condições mais rigorosas de manifestação da vontade social, mediante o agrupamento de maior percentual do capital social para as discussões sobre a matéria relevante de reforma da lei interna da companhia. Com isso, estará melhor assegurado o interesse social.

Em segunda convocação, o conclave instalar-se-á com qualquer número, tanto para reforma estatutária como para deliberação sobre as demais matérias próprias da assembleia geral extraordinária, pois o absenteísmo dos acionistas não pode sacrificar os interesses da companhia[768].

Entretanto, a primeira e a segunda convocação não podem ser feitas em um único anúncio[769].

QUÓRUM DELIBERATIVO — CVM

Se não for para tratar de nenhum dos assuntos enume-

---

766 *V.* comentários ao art. 44.

767 *V.* comentários ao art. 125. *V.* também art. 153 da lei francesa de 1966.

768 Conforme lição, a que já se referiu, de Valverde, *Sociedades por ações*, cit., v. 2, p. 150 e s. Sobre a matéria, Garrigues-Uría, *Comentario*, cit., v. 1, p. 238 e s.; Cunha Peixoto, *Sociedades por ações*, cit., v. 3, p. 145 e s.

769 *V.* comentários ao art. 124.

rados no art. 136, o quórum de deliberação da assembleia geral extraordinária é o estabelecido no art. 129.

Dessa forma, as alterações estatutárias que não toquem as bases essenciais (organizacionais) da companhia podem ser eficazmente deliberadas por maioria absoluta de votos, não se computando os votos em branco ou nulos[770].

Já as reformas estatutárias que tenham por objeto as matérias capituladas no art. 136[771] demandam para sua eficácia a aprovação de acionistas que representem metade, no mínimo, das ações com direito de voto.

Esse quórum deliberativo mínimo pode, outrossim, ser aumentado nas companhias fechadas, se assim dispuser o estatuto (art. 136).

E nas companhias abertas, ao contrário, poderá a Comissão de Valores Mobiliários mandar reduzir o quórum qualificado de deliberação previsto para a aprovação das matérias arroladas no art. 136, desde que existam os requisitos de dispersão de ações no mercado (art. 137, II, *b*) e de reiteração de absenteísmo.

Ambas as medidas previstas na Lei visam a salvaguarda do interesse social e a proteção dos acionistas minoritários. Para tanto, o quórum de deliberação por maioria absoluta estabelecido para as companhias fechadas é o mínimo (arts. 129 e 136).

Por outro lado, as companhias abertas não podem, em nenhuma hipótese, aumentar o quórum. Neste caso, trata-se doação e quórum fixo que, no entanto, em circunstâncias especiais previstas na Lei, pode ser diminuído por medida regulamentar da Comissão de Valores Mobiliários (art. 136).

EFEITOS DO ARQUIVAMENTO E DA PUBLICAÇÃO

Indaga-se se o arquivamento e a publicação têm efeito *declaratório* ou *constitutivo*.

Têm efeito constitutivo por representarem elementos essenciais à reforma estatutária e meio de sua eficácia[772].

Além de constitutivo, o arquivamento e a publicação têm efeito *declaratório*, na medida em que constituem requisitos de oponibilidade aos próprios acionistas e a terceiros.

---

770 *V.* comentários ao arts. 118 e 129.

771 *V.* comentários ao art. 136.

772 É o que ocorre no direito societário alemão em que, por força do art. 181 da lei societária de 1965, a modificação estatutária somente passa a produzir efeitos após o arquivamento e publicidade.

Ressalte-se que sem o arquivamento e a publicação (art. 289) a alteração estatutária não é eficaz para os acionistas, a não ser para aqueles que comparecem física ou *on line* à respectiva assembleia geral e assinam o Livro de Presença físico ou eletrônico (art. 100, com a redação dada pela Lei n. 12.431, de 2011).

Os demais acionistas ausentes ao conclave são considerados terceiros, pois é através do arquivamento e da publicação (art. 289) que os acionistas, presentes e ausentes, vinculam-se aos efeitos da alteração estatutária, seja para o início da aquisição e exercício de direitos, seja para o início da sua prescrição e decadência.

Daí terem o arquivamento e a publicação (art. 289) o duplo efeito constitutivo e declaratório.

EFICÁCIA DAS ALTERAÇÕES

Sob outro ângulo, temos que as alterações estatutárias produzem efeito a partir da deliberação tomada, não obstante os procedimentos de arquivamento e de publicação (art. 289) terem efeito constitutivo e declaratório.

Isto posto, *internamente*, ou seja, no âmbito da companhia, a reforma produz efeito desde o momento em que é tomada a deliberação. Por exemplo, se a alteração aumentar o número de administradores, pode-se proceder, em seguida, à eleição destes na assembleia geral ordinária acumulada (art. 131). E, se aumentar o capital, as ações poderão ser emitidas desde logo (arts. 21, 23 e 29).

COMPANHIAS SUJEITAS A AUTORIZAÇÃO

No que se refere às companhias que dependem de autorização governamental para funcionar, a questão é mais complexa. Em se tratando, v. g., de aumento de capital, a autorização para a emissão das ações dependerá da aprovação da reforma estatutária respectiva pelo órgão estatal.

Já quanto aos cargos na administração, a eleição dos seus ocupantes poderá ser feita imediatamente. Porém, estes somente entrarão no exercício de suas funções (art. 149) após a aprovação da respectiva assembleia pelo órgão público competente.

EFICÁCIA EXTERNA

Externamente, a eficácia das alterações estatutárias somente se produzirá após o arquivamento e publicação (art. 289) dos respectivos atos.

Sobre a matéria, cabe ainda ressaltar que é possível a assembleia geral determinar que o novo estatuto somente entrará em vigor a partir de determinada data ou após ocorrido determinado fato ou cumpridos certos atos.

A propósito, a Lei é expressa ao determinar que deve ser arquivada a ata referente à reforma estatutária, como de resto ocorre com todas as assembleias gerais da companhia.

Cabe à Junta Comercial verificar o cumprimento de todas as exigências legais, no tocante à respectiva deliberação, inclusive o determinado no art. 98. Se o Registro do Comércio recusar o arquivamento da ata, haverá necessidade de ser convocada e realizada outra assembleia geral para sanar a irregularidade (art. 97).

Por outro lado, uma vez arquivada a ata, os administradores deverão providenciar sua publicação (art. 289), dentro de trinta dias (art. 98).

Trata-se de obrigação indeclinável dos administradores, devendo estes ser responsabilizados, se por acaso não promoverem tempestivamente o arquivamento e a publicação oficial dos respectivos documentos (arts. 158 e 159)[773].

A falta de arquivamento, no entanto, não pode suspender o efeito constitutivo interno das deliberações da assembleia geral, cuja eficácia, quanto aos acionistas presentes, prevalece a partir da realização da própria assembleia[774].

QUÓRUM QUALIFICADO

> **Art. 136. É necessária a aprovação de acionistas que representem metade, no mínimo, das ações com direito a voto, se maior quórum não**

---

773 A respeito de aspectos doutrinários da matéria, De Steiger, *Le droit des sociétés*, cit., p. 315.

774 Sobre a incompetência da Comissão de Valores Mobiliários para alterar regras estatutárias, Colegiado CVM, Proc. RJ2001/3270, Rel. Diretor Wladimir Castelo Branco Castro, j. em 4-12-2001. Sobre a anulação da assembleia por ausência de quórum, TJSP, AC 139.583.l/2, Rel. Des. Euclides de Oliveira, j. em 20-8-1991. Sobre a suspensão dos trabalhos da assembleia havendo dúvidas a respeito da interpretação de acordo de acionistas, TJSP, 8ª Câm., Agr. Instr. 345.278.4/9-00, Rel. Des. Alvares Lobo, j. em 19-5-2004. Sobre a competência da assembleia geral extraordinária para revogar atos de liberalidade, TJMG, 3ª Câm., AC 330.066-3, Rel. Juiz Wander Marotta, j. em 2-5-2001. Sobre arquivamento da ata da assembleia geral extraordinária, Parecer CVM/SJU, n. 037/81; STJ, REsp 148.357/RS, Rel. Min. Nancy Andrighi, *DJU* 25-9-2000, p. 85. In Lazzareschi, ob. cit., p. 362 e s.

*for exigido pelo estatuto da companhia cujas ações não estejam admitidas
à negociação em bolsa ou no mercado de balcão, para deliberação sobre:*

• Caput *com redação dada pela Lei n. 9.457, de 5 de maio de 1997.*

*I — criação de ações preferenciais ou aumento de classe de ações pre-
ferenciais existentes, sem guardar proporção com as demais classes de
ações preferenciais, salvo se já previstos ou autorizados pelo estatuto;*

• *Inciso com redação dada pela Lei n. 10.303, de 31 de outubro de 2001.*

*II — alteração nas preferências, vantagens e condições de resgate ou
amortização de uma ou mais classes de ações preferenciais, ou criação de
nova classe mais favorecida;*

• *Inciso com redação dada pela Lei n. 9.457, de 5 de maio de 1997.*

III — redução do dividendo obrigatório;

• *Inciso com redação dada pela Lei n. 9.457, de 5 de maio de 1997.*

IV — fusão da companhia, ou sua incorporação em outra;

• *Inciso com redação dada pela Lei n. 9.457, de 5 de maio de 1997.*

V — participação em grupo de sociedades (art. 265);

• *Inciso com redação dada pela Lei n. 9.457, de 5 de maio de 1997.*

VI — mudança do objeto da companhia;

• *Inciso com redação dada pela Lei n. 9.457, de 5 de maio de 1997.*

VII — cessação do estado de liquidação da companhia;

• *Inciso com redação dada pela Lei n. 9.457, de 5 de maio de 1997.*

VIII — criação de partes beneficiárias;

• *Inciso com redação dada pela Lei n. 9.457, de 5 de maio de 1997.*

IX — cisão da companhia;

• *Inciso acrescentado pela Lei n. 9.457, de 5 de maio de 1997.*

X — dissolução da companhia.

• *Inciso acrescentado pela Lei n. 9.457, de 5 de maio de 1997.*

*§ 1º Nos casos dos incisos I e II, a eficácia da deliberação depende de
prévia aprovação ou da ratificação, em prazo improrrogável de 1 (um)
ano, por titulares de mais da metade de cada classe de ações preferenciais
prejudicadas, reunidos em assembleia especial convocada pelos administradores e instalada com as formalidades desta Lei.*

• *Parágrafo com redação dada pela Lei n. 9.457, de 5 de maio de 1997.*

*§ 2º A Comissão de Valores Mobiliários pode autorizar a redução do
quórum previsto neste artigo no caso de companhia aberta com a propriedade das ações dispersa no mercado, e cujas três últimas assembleias tenham sido realizadas com a presença de acionistas representando menos*

da metade das ações com direito a voto. Neste caso, a autorização da Comissão de Valores Mobiliários será mencionada nos avisos de convocação e a deliberação com quórum reduzido somente poderá ser adotada em terceira convocação.

§ 3º O disposto no § 2º deste artigo aplica-se também às assembleias especiais de acionistas preferenciais de que trata o § 1º.

- *Parágrafo com redação dada pela Lei n. 10.303, de 31 de outubro de 2001.*

§ 4º Deverá constar da ata da assembleia geral que deliberar sobre as matérias dos incisos I e II, se não houver prévia aprovação, que a deliberação só terá eficácia após a sua ratificação pela assembleia especial prevista no § 1º.

- *Parágrafo acrescentado pela Lei n. 9.457, de 5 de maio de 1997.*

LEI DE 1940

O Decreto-Lei n. 2.627, de 1940, disciplinava a matéria em seus arts. 105 e 106. No tocante ao quórum especial deliberativo, determinava ser necessária a aprovação de acionistas que representassem metade, no mínimo, do capital com direito de voto, com relação aos assuntos especificados no próprio art. 105.

Também se exigia, no antigo Diploma societário, de 1940, realização de assembleia especial dos acionistas preferenciais, *ex vi* do art. 106 daquele Diploma.

LEI N. 6.404, DE 1976

A Lei n. 6.404, de 1976, manteve o mesmo regime de quórum qualificado para deliberação sobre matérias que constituam bases essenciais da companhia ou que alterem determinados direitos de acionistas preferenciais.

Na enumeração das matérias respectivas, a Lei de 1976 trouxe alterações. Assim, houve supressão de matérias que, no Diploma de 1940, demandavam quórum qualificado, tais como a criação de debêntures e proposta de concordata[775]. Tais assuntos, previstos no art. 122 da Lei n. 6.404, de 1976, podem ser

---

775 Que, com o advento da nova Lei de Falências e Recuperação de Empresas (Lei n. 11.101/2005), deixou de existir, sendo substituída pela recuperação judicial e extrajudicial.

deliberados pela assembleia geral extraordinária (art. 131), com o quórum eventual previsto no art. 129[776].

Por outro lado, a Lei vigente incluiu três matérias que requerem quórum deliberativo qualificado. São elas a alteração do dividendo obrigatório (art. 202), a cisão (art. 229) e a participação da companhia em grupo de sociedades (art. 265)[777].

Ademais, a Lei de 1976 acrescentou mais uma hipótese no que se refere às ações preferenciais, qual seja, a de aumento desproporcional do número delas. E, ao regular o regime de assembleia especial das preferenciais, fala em classes de ação *interessadas* e não em classes *prejudicadas*, que era o termo usado no art. 106 do antigo Diploma de 1940.

E ainda sobre a assembleia especial dos acionistas preferenciais, alterou o respectivo quórum deliberativo para *mais da metade* da classe de ações preferenciais interessadas. Na Lei de 1940 exigia-se metade *pelo menos* do capital constituído pelas classes prejudicadas.

A diferença é fundamental na medida em que evita o surgimento do empate na deliberação, o que poderia ocorrer no regime do Decreto-Lei n. 2.627, de 1940. Instituiu a Lei n. 6.404, de 1976, ademais, a competência da Comissão de Valores Mobiliários para autorizar a redução do quórum qualificado das assembleias gerais extraordinárias, nas companhias abertas, visando, dessa forma, a impedir que o absenteísmo possa prejudicar deliberações de fundamental importância.

Por outro lado, poderá o estatuto de companhia fechada exigir maior quórum para a deliberação dessas matérias.

LEI N. 9.457, DE 1997 — LEI KANDIR

O Diploma de 1997 alterou substancialmente os dispositivos contidos no art. 136, visando tais alterações a supressão e a fragilização de diversas hipóteses de exercício do direito de recesso remissivamente previstas no art. 137, tudo para permitir a desestatização das empresas públicas e de economia mista, que se efetivaram a partir daí.

Assim, as alterações do art. 136 trazida pela Lei n. 9.457, de 1997, constituem instrumento de diminuição e derrogação de direitos dos acionistas, no tocante ao direito material de recesso ou à forma de seu exercício.

---

776 *V.* comentários ao art. 122.

777 *V.* comentários ao art. 202.

Outrossim, o legislador de 1997 fez algumas alterações semânticas e gramaticais. No *caput* a lei de 1997 substituiu a expressão "companhia fechada" por "companhia cujas ações não estejam admitidas à negociação em bolsa ou no mercado de balcão".

Com tal alteração, o legislador quis ampliar o leque das companhias que não podem, via estatutária, ver aumentado o quórum de deliberação. Passou a Lei de 1997 a considerar companhia aberta não apenas as que negociam suas ações no mercado de Bolsa, mas também aquelas que o fazem no mercado de acesso — o mercado de balcão organizado.

Criou, assim, a Lei de 1997 o conceito de *companhia de mercado*, entendida como a participação da companhia com suas ações tanto no mercado de Bolsa como no de balcão organizado.

Para tais companhias não pode haver alteração estatutária do percentual mínimo exigido para deliberação sobre as matérias extraordinárias previstas no presente artigo.

Quanto às matérias que demandam quórum qualificado, o legislador de 1997 alterou a sua numeração e mesmo a conceituação de diversos dispositivos, sempre voltado a acarretar a supressão ou a fragilização do direito de recesso remissivamente tratado no art. 137, para, assim, viabilizar os leilões de privatização das companhias estatais.

Salvaram-se apenas os casos de criação e de alteração de direitos referentes a ações preferenciais, a redução (não mais alteração) do dividendo obrigatório, os negócios de fusão e de incorporação, a participação em grupo de sociedades e a mudança do objeto social.

Ficaram fora do direito de recesso a dissolução da companhia ou cessação do estado de liquidação e a cisão, cuja derrogação constituiu a própria razão de ser da Lei n. 9.457, de 1997 (Lei Kandir), ou seja, suprimir direitos dos acionistas para encorajar os adquirentes a adquirir as companhias estatais colocadas em leilão.

Trata-se, efetivamente, a Lei Kandir de um diploma casuístico, que visou dotar o governo de meios jurídicos para viabilizar o seu projeto, em detrimento dos direitos dos minoritários.

Estes viram suprimidos seus direitos instituídos pela Lei de 1967, sob o pretexto de uma "Razão de Estado", de natureza meramente conjuntural, ou seja, de implementação de uma política que se esgotaria logo após, pela conclusão do processo de privatizações empreendido e terminado nos fins da década de 90.

É de se observar que o iníquo Projeto Kandir, na sua versão original, enfocava praticamente só este aspecto de direito material, camuflando a supressão de direitos com propostas de «aperfeiçoamento» dos poderes administrativos da Comissão de Valores Mobiliários.

Enviado ao Congresso esse monstrengo legislativo de supressão de direitos de milhares de investidores, recebeu o projeto, não obstante, inúmeras emendas, enfeixadas na oportuna e festejada Emenda Hauly, e que trouxeram alguns benefícios compensatórios aos minoritários, o que nem de longe cogitava o projeto Kandir.

Os dois primeiros incisos foram preservados e mantido o respectivo direito de recesso (art. 137). Não obstante, reintroduziu-se o conceito de *prejuízo* para o seu exercício que constava do art. 106 do Decreto-Lei n. 2.627, de 1940[778].

A expressão da Lei Kandir — "classe de ações preferenciais prejudicadas", substitutivamente à redação da Lei n. 6.404, de 1976 — "classe de ações preferenciais interessadas" insere-se no rosário de infortúnios conceituais trazidos pelo legislador de 1997.

Não se pode falar em *prejuízo*, pois este induz à noção de dano ou lesão, que é resultado da culpa ou dolo do agente. A Lei de 1976 desvinculou-se do termo que se continha no art. 106 do Diploma de 1940.

Isto porque quando a assembleia geral delibera sobre a modificação desses direitos, presume-se que o faça no interesse social. O mesmo se supõe dos administradores ao formularem a proposta. Portanto, não deveria a Lei de 1997 bisonhamente retroceder, ao falar em *prejuízo* como pressuposto necessário para a realização da assembleia especial.

Outrossim, o polêmico Diploma de 1997 explicita a competência dos administradores para a convocação e instalação da assembleia especial dos preferencialistas.

Essa prerrogativa exclusiva evidentemente já defluía da leitura sistemática da Lei de 1976, sendo, portanto, supérflua.

O inciso IV do presente art. 136, que se refere ao dividendo obrigatório (art. 202), foi renumerado para inciso III e alterado o pressuposto para o exercício do direito de recesso: *redução* e não mais *alteração*[779].

A necessidade de se configurar a redução trouxe controvérsia em torno de formas indiretas e ambíguas utilizadas para diminuir o dividendo obrigatório, com aparência de mera redefinição de critérios de distribuição e outras modalidades de fragilização ou escamoteação desse direito (art. 202).

---

778 *V.* comentários ao art. 137.

779 *V.* comentários aos arts. 137 e 202.

Assim, o direito não surge apenas da redução frontal e explícita dos dividendos, mas também poderá surgir quando não se pode claramente avaliar os efeitos das alterações estatutárias que venham a tratar da matéria.

Portanto, o acionista dissidente da deliberação, ao verificar fumaça de redução indireta de seus direitos, deverá exercer tempestivamente (art. 45) o seu direito de recesso, que será provado no curso da ação judicial respectiva, se necessário.

Ainda sobre as matérias envolvendo ações preferenciais (incisos I e II), o legislador de 1997 estabeleceu, no referido § 1º, que a assembleia especial dos preferencialistas deve reunir-se *no prazo improrrogável de um ano*. O prazo, portanto, é de decadência do direito.

Os efeitos da não realização da assembleia geral, por força da redação do § 1º daquele Diploma de 1997, são que a deliberação da assembleia geral torna-se plenamente eficaz, após decorrido *in albis* aquele período.

O legislador de 1997, assim, acrescentou o ônus de prazo decadencial para a deliberação dos preferencialistas interessados. No caso de inobservância do prazo, perdem os preferencialistas o direito de se opor à deliberação anteriormente tomada pela assembleia geral.

Ainda sobre a eficácia da deliberação da assembleia geral sobre as matérias previstas nos incisos I e II, o legislador de 1997 acrescentou um novo parágrafo para dizer o óbvio, ou seja, da suspensão de sua eficácia até a deliberação tempestiva dos preferencialistas reunidos em assembleia especial.

Tão preocupado em explicitar o óbvio, perdeu o legislador de 1997 a oportunidade de dispor expressamente sobre a plena eficácia da deliberação da assembleia geral em caso de perderem os preferencialistas o prazo decadencial para o exercício do seu direito (§ 1º).

LEI N. 10.303, DE 2001 — DEFINIÇÃO DE COMPANHIA COM CAPITAL DISPERSO — ART. 137, II, *B*

Tendo em vista o § 2º do presente artigo, o art. 137, II, *b* institui a definição legal de companhia com capital disperso, ao falar em perda do controle nos termos expressos do art. 116, na medida em que o antigo controlador não mais detém a maioria absoluta (50% mais uma) das ações votantes.

Não obstante a redação canhestra desse dispositivo (art. 137, II, *b*), é ele claro ao preceituar que são companhias com capital disperso aqueles que não mais têm controlador, na medida em que este não mais pode, de modo permanente e, portanto, autônoma e autarquicamente, comandar a companhia, independentemente da vontade dos demais acionistas.

Nessas companhias com capital disperso não mais existe, com efeito, uma maioria permanente (art. 116).

Os acionistas dispersos, individualmente, ou em grupos ou blocos minoritários, e, assim, sempre circunstancial e aleatoriamente, formam, a cada assembleia, o quórum deliberativo da respectiva ordem do dia.

Essa somatória de votos de acionistas que, individualmente, detêm um capital em ações votantes sempre menor do que a maioria absoluta necessária à configuração do controle (art. 116) formam o colégio das companhias com capital disperso, para todos os efeitos.

E dentre esses efeitos, está o direito de, por ser companhia de capital disperso, poderem os seus acionistas, cumulativamente ao requisito de liquidez, exercerem o direito de recesso nas hipóteses de fusão, de incorporação ou de participação em grupo de sociedades (art. 265), tudo conforme remissão que faz o referido art. 137, II, *a* e *b*, ao presente artigo, em seus incisos IV e V, além do mencionado § 2º[780].

Dessa definição legal (art. 137, II, *b*) resulta a existência de duas categorias de sociedades anônimas: aquelas com controlador, para os fins e efeitos do art. 116, e as de capital disperso que, não logrando possuir uma maioria absoluta permanente do capital votante, transfere, de fato, o comando da companhia para os seus administradores (*incumbent board, incumbent management*).

Aos administradores, portanto, cabe conduzir a companhia, com todas os deveres daí inerentes e a responsabilidade respectiva, nos termos dos arts. 153 a 159 da Lei[781].

LEI N. 10.303, DE 2001 — INCISO I E O § 3º

O inciso I deste art. 136, com redação dada pela Lei n. 10.303, de 2001, *reduz* as hipóteses de quórum qualificado no aumento de classes de ações das companhias fechadas e daquelas companhias abertas cujas ações não sejam negociadas no mercado de valores mobiliários (art. 4º, § 3º)[782].

---

780 V. comentários ao art. 137.

781 V. comentários aos arts. 116 e 118.

782 V. comentários ao art. 4º.

Sob o regime instituído pela Lei n. 10.303, de 2001, somente estão sujeitas à aprovação por quórum qualificado a criação de ações preferenciais ou o aumento de *classes de ações preferenciais existentes* que não guardem proporção com as demais *classes de ações preferenciais*, quando não houver anterior previsão estatutária.

A redação do inciso I do presente artigo *excluiu*, portanto, a necessidade de aprovação por quórum qualificado do aumento desproporcional de *classes de ações ordinárias* relativamente às demais classes de ações da companhia (art. 16).

Na redação das Leis n. 6.404, de 1976, e 9.457, de 1997, determinava-se que o aumento de *classe de ações ordinárias* deveria também ser submetido à deliberação assemblear e aprovado por quórum qualificado.

Assim, a Lei n. 10.303, de 2001, estabeleceu o quórum qualificado unicamente para as matérias que o legislador julgou constituírem as *bases essenciais* (organizacionais) da companhia.

E a Lei destaca, entre essas matérias, as modificações que diretamente afetam os interesses patrimoniais de *determinada categoria de acionistas*, fazendo com que a eficácia da deliberação da assembleia geral extraordinária, além do quórum qualificado, também necessite da aprovação dos acionistas preferencialistas interessados, reunidos em *assembleia especial* (§ 1º do presente art. 136).

Caso apenas os acionistas ordinaristas restem prejudicados pela deliberação de que trata o inciso I deste art. 136, não há necessidade de realização de assembleia especial, visto ter sido a matéria por eles deliberada em assembleia geral. Não obstante, poderá o ordinarista dissidente retirar-se da companhia, nos termos do inciso I do art. 137 (redação da Lei n. 9.457, de 1997).

REDUÇÃO DO QUÓRUM DA ASSEMBLEIA ESPECIAL — CVM — § 3º

O § 3º do presente artigo possibilita que o quórum da *assembleia especial* dos preferencialistas interessados, de que trata o § 1º também desta norma, seja reduzido, mediante autorização da Comissão de Valores Mobiliários, nas condições do § 2º.

Ou seja, no caso de uma companhia aberta com ações dispersas no mercado (art. 137, II, *b*), cujas *três últimas assembleias especiais* de determinada classe de ações preferenciais tenham sido realizadas com a presença de acionistas representando *menos da metade das ações*, poderá a Comissão de Valores Mobiliários autorizar a redução do quórum qualificado[783].

---

783 A propósito, *v.* a decisão do Colegiado da CVM no julgamento do Processo Administrativo n. 2006/6785.

Tem a *assembleia especial* como fundamento a tutela dos interesses da comunhão da respectiva categoria de acionistas, evitando que a reforma estatutária que lhe diz respeito seja deliberada pelos ordinaristas em assembleia geral de forma a prejudicá-la.

A *assembleia especial*, portanto, é um instrumento de defesa e de permanência dos direitos da comunhão dos acionistas pertencentes a classes de ações preferenciais, diante dos interesses dos titulares das ações ordinárias que constituem o quórum deliberativo da assembleia geral.

LEI N. 12.431, DE 2011 — PARTICIPAÇÃO *ON LINE* EM ASSEMBLEIA

Tratando o presente artigo, especificamente, de quórum deliberativo, nele se estabelecendo diversas providências para mitigar o absenteísmo (§§ 2º e 3º), cabe invocar a Lei n. 12.431, de 2011, que, dentre outras providências, institui o regime de comparecimento *on line* de acionistas nas assembleias gerais, ao acrescentar um parágrafo único ao art. 121 e outro ao art. 127.

Esse Diploma de 2011 cria meios, nas companhias abertas, para a participação dos acionistas que, por razões de comodidade, distância, coincidência de agenda e custos, abstêm-se de comparecer.

A regra é cogente para as companhias abertas, como também o são aquelas referentes à nova conformação dos livros sociais de presença de acionistas e de atas (art. 100, V e VI) que passam a ser eletrônicos. Essa nova modalidade registrária é fundamental para permitir, com efeito, a presença *on line* dos acionistas.

Essas providências, tanto da presença *on line* como dos assentamentos eletrônicos dos livros sociais respectivos, necessariamente se aplicam às assembleias especiais, de que trata o presente artigo, nos seus §§ 1º, 2º e 3º.

Embora o legislador de 2011 tenha se referido apenas às assembleias gerais, deixando de mencionar as especiais, é exatamente nestas que o regime de presença *on line* mais se impõe, dada a relevância das matérias que determinada comunhão de interesses, de específica classe de ações, deve deliberar.

Por se tratar de uma comunhão de interesses formada por minorias acionárias, seja de ordinaristas, seja dos preferencialistas, a faculdade de presença *on line*, necessariamente, reforça o colégio dos acionistas participantes, preenchendo, dessa forma, os fins previstos na presente norma que é o de congregar um maior número de participantes nos conclaves, especialmente, naqueles especiais (§§ 2º e 3º).

Isto posto, deve a Comissão de Valores Mobiliários, ao regulamentar a matéria, voltar-se para esse aspecto, interpretando a Lei de 2011, nesse particular, como se referindo às assembleias todas das companhias, sejam as gerais, sejam as especiais.

A propósito, a Lei n. 12.431, embora estabeleça normas cogentes para as companhias abertas, nada impede que também companhias fechadas adotem o sistema voluntariamente, desde que o façam no estatuto social e sigam, no que couber, o regulamento que a respeito cabe à Comissão de Valores Mobiliários.

DIREITO DE RECESSO COM BASE NO INCISO I

Assunto diretamente relacionado ao inciso I desta norma é o *direito de recesso* previsto no inciso I do art. 137 (com a redação da Lei n. 9.457, de 1997).

Nesse passo, cumpre salientar que a redação do inciso I do presente artigo, trazida pela Lei n. 10.303, de 2001, que determina a aprovação, por quórum qualificado, de criação de ações preferenciais ou aumento de classe de ações preferenciais existentes sem guardar proporção com as demais classes de ações preferenciais, não exclui o direito de retirada dos acionistas detentores de ações ordinárias atingidas por essa mesma deliberação.

Isso porque o art. 137, I, garante o direito de retirada aos acionistas dissidentes da deliberação da assembleia geral ou da assembleia especial no caso do inciso I deste art. 136, contanto que esses acionistas sejam titulares de ações da *espécie prejudicada* (*sic*) — incluindo-se aqui, de acordo com o art. 15 da Lei, as *ações ordinárias*.

Ainda que a redação do inciso I deste art. 136 tenha *restringido* a exigência do quórum qualificado em determinadas situações, o inciso I do art. 137, com a redação dada pela Lei n. 9.457, de 1997, manteve o *direito de retirada* do titular de *ações ordinárias patrimonialmente afetadas* com a criação ou aumento de *classe* de ações preferenciais que não guardem proporção com as demais classes de ações preferenciais.

Assim, possuem direito de retirada tanto os titulares de *ações preferenciais* como os titulares de *ações ordinárias*, desde que seu "prejuízo", em virtude da deliberação de que trata o presente inciso I, possa ser evidenciado.

A propósito, deve-se entender amplamente o termo "prejuízo", constante do inciso I do art. 136, ou seja, no sentido de diminuição de direitos patrimoniais que determinada espécie ou classe de ações venha a sofrer em decorrência da deliberação da assembleia geral.

Dessa forma, se apenas uma *classe* de *ações preferenciais* tem seus direitos patrimoniais alcançados pela deliberação, somente os titulares dessa classe de ações podem retirar-se da companhia.

Se, no entanto, a *criação* de *ações preferenciais* ou *aumento* desproporcional de suas classes repercutir em outra *espécie* ou *classe,* inclusive a espécie dos *ordinaristas,* os respectivos titulares das ações atingidas podem exercer o direito de retirada.

Em qualquer caso, no entanto, deve ficar comprovada a diminuição de direitos patrimoniais, não se presumindo que todo e qualquer acionista possa retirar-se da companhia tão somente invocando as deliberações ocorridas com base neste inciso I, da qual, por ação ou omissão, discordou, mas que, no entanto, *não atingem desfavoravelmente seus interesses patrimoniais.*

DIREITO ESTRANGEIRO

Também nas legislações de outros países encontra-se o sistema de quórum deliberativo qualificado, com diferentes versões.

A Lei francesa de 1996, em seu art. 153, estabelece quórum especial para qualquer modificação estatutária, além de impor a unanimidade para elevação do capital social mediante aumento do valor nominal das ações[784].

No Direito italiano, o art. 2.369 do Código Civil exige, mesmo em segunda convocação, o voto favorável de mais da metade do capital social para deliberação eficaz sobre mudança de objeto, transformação da companhia, liquidação antecipada, transferência da sede para o estrangeiro e emissão de ações preferenciais.

No Direito norte-americano, a alteração dos *by laws* é entendida geralmente como incluída na administração normal dos negócios, razão por que cabe aos administradores alterá-los, tendo ampla autonomia para tanto[785].

Mas quando se trata de alterações no *certificate of incorporation (charter)*[786], entende-se, em regra, que se trata de matéria substancial, que transcende à competência da administração. Por serem consideradas atos extraordinários, tais mudanças exigem, em geral, a aprovação da maioria dos acionistas com direito a voto[787]. Os procedimentos para alteração do *charter* estão propostos

---

784 Art. 178 da lei francesa de 1996.

785 Henn, *Law of corporations,* cit., p. 694.

786 Sobre *articles of incorporation* e *by laws, v.* comentários ao art. 135.

787 *Ballantine on Corporation,* p. 643 e s.

no art. 59 do *Model Business Corporation Act*[788].

FUNDAMENTO

A relevância dada pela Lei a determinadas matérias, exigindo que para deliberação eficaz sobre as mesmas deva haver concordância de metade, pelo menos das ações com direito a voto, fundamenta-se na teoria das *bases essenciais* (organizacionais) da companhia.

A teoria das bases essenciais, de origem contratualista[789], explica que o acionista, ao ingressar na sociedade, está motivado pela existência de determinados fundamentos jurídico-organizacionais, que constituem o pressuposto do seu consentimento para integrar a coletividade dos seus sócios. São, portanto, essas bases jurídico-organizacionais direitos próprios do acionista, não podendo ser modificados sem o seu consentimento.

Há que se conciliar, pois, essa concepção nitidamente contratualista com os aspectos institucionais da companhia, representados, na espécie, pelo regime de decisão majoritária.

CONCILIAÇÃO DAS TEORIAS DO CONTRATO E DA INSTITUIÇÃO

A solução encontrada foi exatamente a de exigir quórum especial para a deliberação de determinadas matérias que interessam fundamentalmente à própria existência e à estrutura da sociedade e aos direitos patrimoniais de determinadas categorias de acionistas.

Para tanto, a Lei, em primeiro lugar, estabelece o quórum qualificado para todas as matérias que o legislador julgou constituírem as bases essenciais (organizacionais) da companhia.

Em segundo lugar, destaca a norma, entre essas matérias, as modificações que diretamente afetam os interesses patrimoniais de determinada categoria de acionistas, no caso, fazendo com que a deliberação da assembleia geral extraordinária, além do quórum qualificado, também necessite, para sua eficácia, ser aprovada pela comunhão dos interessados, reunidos em assembleia especial.

Vai mais longe a Lei nessa conciliação entre os aspectos contratuais e institucionais da companhia, permitindo ao acionista que discordar das alterações dessas bases essenciais da companhia o direito de retirada, mediante o reembolso do valor de suas ações (arts. 45 e 137).

---

788 *Model Business Corporation Act*, v. 2, p. 253 e s.
789 V. comentários ao art. 135.

Assim, com fundamento na teoria institucionalista, admite-se a deliberação qualificada da maioria sobre as matérias que, na teoria contratualista, são consideradas básicas à existência e à organização da companhia.

Porém, algumas dessas matérias somente poderão ser decididas pelo sistema majoritário, se os próprios acionistas interessados diretamente, também por maioria qualificada, concordarem com a modificação.

E, finalmente, com uma concessão larga à teoria contratualista, permite-se em determinados casos de modificações das bases essenciais da companhia[790], que o acionista discordante retire-se da sociedade (art. 137).

QUÓRUM EVENTUAL E QUALIFICAÇÃO

Há uma diferença fundamental entre o quórum deliberativo estabelecido no art. 129 e o quórum decisório qualificado.

Na primeira hipótese, prevalece a maioria absoluta *de votos* presentes ao conclave[791]. É o chamado quórum eventual.

No caso de quórum qualificado, prevalece a maioria absoluta *das ações com direito a voto*.

Temos, pois, que no quórum qualificado a maioria não é calculada sobre o *número de votos*, mas sobre o *número de ações votantes*.

NÚMERO DE VOTOS E VERIFICAÇÃO DO QUÓRUM

Para o efeito de quórum qualificado, cada ação votante dá direito a um voto. Em consequência, a eventual limitação estatutária sobre o máximo de votos de cada acionista (art. 110) não prevalece para o efeito do cômputo do quórum mínimo de deliberação na presente hipótese[792].

Portanto, cabe à mesa (art. 128) verificar quantas ações com direito a voto existem no momento da deliberação, para declarar ou não a existência de quórum qualificado.

QUÓRUM MÍNIMO OU FIXO

Para a eficácia da deliberação, será necessário que, ao ser ela tomada, metade de todas as ações com direito a voto esteja legitimamente representada na assembleia geral.

---

790 Com exceção apenas da criação de partes beneficiárias (art. 137).

791 *V.* comentários ao art. 129.

792 Valverde, *Sociedades por ações*, cit., v. 2, p. 154.

Trata-se de quórum mínimo para as companhias *fechadas*, na medida em que, pelo estatuto, poderá ser o mesmo aumentado.

No tocante às companhias de mercado[793], temos quórum fixo, podendo, no entanto, ser *reduzido* pela Comissão de Valores Mobiliários. O estatuto da companhia aberta não poderá alterar o quórum qualificado, seja para aumentá-lo, seja para diminuí-lo.

EMPATE

Há nítida diferença no tocante ao quórum eventual e o qualificado. Pelo art. 129, as deliberações da assembleia geral serão tomadas por *maioria absoluta* de votos presentes à assembleia. Já o quórum qualificado de aprovação é representado pela *metade*, no mínimo, das ações com direito de voto.

Temos, portanto, que para a reforma das bases essenciais (organizacionais) da companhia poderá ocorrer o empate, aplicando-se, na espécie, o disposto no art. 129[794].

REDUÇÃO DO QUÓRUM — CVM

A redução do quórum qualificado tem seu fundamento na presumível eventualidade de a companhia aberta com ações negociadas no mercado (art. 4º) não poder reunir em assembleia geral extraordinária acionistas suficientes para a deliberação qualificada, daí resultando possíveis entraves na vida da companhia, que não poderá, em consequência, deliberar sobre matérias essenciais.

Trata-se de um favor legal que a Comissão de Valores Mobiliários poderá conceder, em cada caso, se a companhia preencher os dois requisitos previstos na Lei: evidência de estarem suas ações dispersas[795] junto ao público investidor (capital disperso — art. 137, II, *b*) e ter havido presenças de acionistas nas três últimas assembleias que representaram menos da metade das ações com direito a voto[796].

---

793 *V.* comentários ao art. 4º.

794 *V.* comentários ao art. 129.

795 *V.* comentários ao art. 17.

796 A propósito, *v.* a decisão do Colegiado da CVM no julgamento do Processo Administrativo n. 2006/6785.

Evidentemente que tal redução de quórum somente se aplica às companhias de capital disperso (art. 137, II, *b*). Seria inadmissível que nas companhias com controlador (art. 116), detendo este, portanto, mais da metade das ações votantes, pudesse alegar falta de quórum deliberativo qualificado nas últimas três assembleias, pois são eles próprios que devem formá-lo.

Assim, quando a Lei exige que a companhia aberta evidencie a dispersão do seu capital (art. 137, II, *b*), isto significa que a maioria absoluta das ações ordinárias, ou seja, mais de 50% do capital com direito a voto (art. 110), deverá estar distribuída entre acionistas do mercado (*floating*), deixando, portanto, de existir o controlador (art. 116)[797].

DUAS CONVOCAÇÕES SEM MENÇÃO DE QUÓRUM REDUZIDO

Deve a companhia de capital disperso (art. 137, II, *b*), uma vez concedida a redução de quórum pela Comissão de Valores Mobiliários, promover a primeira convocação e, se for o caso, uma segunda, para deliberação com quórum qualificado (arts. 123 e 124).

Somente se não houver quórum de deliberação qualificado, nas duas primeiras oportunidades, é que a companhia de capital disperso procederá a uma terceira convocação, sempre de acordo com o art. 124, mencionando-se, nesse anúncio, a autorização da Comissão de Valores Mobiliários.

Portanto, não pode a companhia de capital disperso inserir nos editais de primeira e segunda convocação a redução de quórum concedida pela Comissão de Valores Mobiliários. Se assim o fizesse, haveria um evidente estímulo ao absenteísmo dos acionistas, o que não é, evidentemente, o objetivo da Lei.

Cabe aos administradores tomarem a iniciativa de requerer à Comissão de Valores Mobiliários a concessão do favor.

Essa solicitação deve *anteceder* à primeira convocação da assembleia e não ser o resultado da constatação da inexistência de quórum deliberativo qualificado na primeira e na segunda convocação.

AS MATÉRIAS SÃO EXAUSTIVAS

O elenco de assuntos que a Lei enumera, quando exige para a sua deliberação o quórum qualificado, é exaustivo e não enunciativo. Assim, não pode o estatuto incluir qualquer outra matéria nessa exigência.

---

797 *V.* comentários aos arts. 4º e 17.

Se tal pudesse ocorrer, haveria uma subversão completa do princípio majoritário, que deve, como regra, traduzir-se por maioria absoluta (art. 129).

Ademais, a inclusão de outras questões suscetíveis de deliberação da assembleia geral no regime de quórum qualificado criaria um sério empecilho ao desenvolvimento dos negócios sociais. E ainda levaria a companhia a ser indiretamente submetida, em matérias relevantes, à vontade omissiva da minoria, na medida em que a abstenção desta nas assembleias trancaria a possibilidade de deliberação eficaz da assembleia geral[798].

Dessa forma, somente as matérias que a Lei reputa como constitutivas das bases essenciais organizativas da companhia é que podem merecer o quórum deliberativo qualificado.

CRIAÇÃO DE AÇÕES PREFERENCIAIS — INCISO I

A primeira das matérias exaustivamente enumeradas pela Lei refere-se à criação de ações preferenciais. Tal modificação estatutária atinge de maneira substancial os direitos patrimoniais dos titulares de ações ordinárias, na medida em que estabelece prioridade na distribuição de dividendos e mesmo na vantagem aleatória do reembolso do capital (art. 17)[799]. Toca, portanto, uma das bases essenciais do pacto social (art. 17)[800].

AUMENTO DE CLASSE DE PREFERENCIAIS — AINDA O INCISO I

Uma outra hipótese levantada pela Lei é a do aumento de número de preferenciais fora das proporções existentes. Altera-se a relação com as ações preferenciais já existentes.

Andou bem o legislador de 1976, ao incluir a matéria, tendo em vista que a Lei permite que o número de ações preferenciais pode chegar a dois terços do *total das ações emitidas* nas companhias abertas e fechadas que as emitiram anteriormente à vigência da Lei n. 10.303, de 2001 (art. 15)[801].

Em consequência, o aumento de preferenciais, na hipótese, também se inscreve no capítulo das bases essenciais da companhia, merecendo quórum qualificado para a sua deliberação pela assembleia geral.

---

798 *V.* comentários ao art. 118.

799 *V.* comentários ao art. 17.

800 *V.* comentários ao art. 17.

801 *V.* comentários ao art. 15 c/c o art. 8º da Lei n. 10.303, de 2001.

Em qualquer caso, portanto, quando haja aumento do número de ações preferenciais, inclusive para adotar o limite máximo permitido, presume a Lei que tais acréscimos poderão prejudicar tanto os acionistas já titulares de ações preferenciais como os possuidores de ordinárias (art. 15 c/c o art. 8º da Lei n. 10.303, de 2001).

PREVISÃO ESTATUTÁRIA — AINDA O INCISO I

Se houver previsão estatutária para a criação ou para aumento de ações preferenciais, a Lei presume que os acionistas, ao aderirem ao estatuto social, já sabiam que dentre as bases essenciais da organização da companhia estava incluída essa previsão. Logo, não prevalecerá o quórum deliberativo qualificado, mas o eventual, previsto no art. 129.

ALTERAÇÃO DAS VANTAGENS — INCISO II

Evidentemente que a alteração nas preferências e nas condições e vantagens de uma ou mais classes dessas ações interfere nos direitos patrimoniais dos acionistas titulares destas ou, então, afeta os interesses dos titulares de ações ordinárias, além de alterar uma das bases essenciais do contrato social (art. 17)[802].

Com efeito, preceitua a Lei que o estatuto da companhia com ações preferenciais declarará as vantagens ou as preferências atribuídas a cada classe dessas ações (art. 19)[803].

Não constitui, pois, matéria cuja modificação possa estar prevista no estatuto, porque se trata de direitos patrimoniais assegurados ao acionista. Daí não haver ressalva nenhuma na Lei de previsão estatutária que pudesse tornar inaplicável o quórum qualificado.

CRIAÇÃO DE NOVA CLASSE — INCISO II

Também se exige quórum deliberativo especial para a criação de nova classe de ações preferenciais mais favorecida. As razões são as mesmas. A emissão de tais ações afeta de maneira substancial os interesses dos demais acionistas, em termos de dividendos, seja dos titulares de ações ordinárias, seja daqueles que detenham preferenciais de outras classes (arts. 15 e 17).

---

802 *V.* comentários ao art. 17.

803 *V.* comentários ao art. 19.

CRIAÇÃO DE PARTES BENEFICIÁRIAS — INCISO VIII

Compete à assembleia geral extraordinária unicamente de companhia fechada (art. 47)[804] deliberar sobre a emissão de partes beneficiárias (art. 46).

Essa emissão pode ser deliberada a qualquer tempo (art. 46). A criação desses títulos estranhos ao capital social e, portanto, à sua formação repercute nos direitos dos acionistas, sendo, portanto, inadmissível sua aceitação por maioria absoluta (art. 129)[805]. Daí também a exigência de quórum qualificado, sem o qual não será eficaz a criação desses valores mobiliários.

REDUÇÃO DO DIVIDENDO OBRIGATÓRIO — INCISO III

O direito do acionista ao dividendo obrigatório é inerente ao próprio contrato societário (art. 202)[806] que lhe garante um *quantum* do lucro líquido apurado em cada exercício. Se o estatuto não o determinar, a Lei supre a omissão estabelecendo esse *quantum*. Esse direito, portanto, decorre da estipulação estatutária ou, na sua ausência, da própria Lei. Não pode ser aleatoriamente reduzido.

Não pode ser alterado o estatuto nesse particular, a não ser que maioria qualificada o faça.

MUDANÇA DO OBJETO SOCIAL — INCISO VI

O objeto social é o fim para o qual a sociedade é constituída[807], representando, outrossim, o limite da atividade societária, que não pode ultrapassar os seus precisos termos. Daí a definição estatutária do objeto social ser exaustiva e não enunciativa ou exemplificativa[808].

A definição precisa e completa do objeto (art. 2º) importa a limitação precípua da área de discricionariedade dos administradores e dos acionistas controladores (art. 116).

Define, portanto, o objeto a espécie de empresa que será desenvolvida pela companhia, ou seja, a atividade econômica em razão da qual se cons-

---

804 V. comentários ao art. 47.

805 Cunha Peixoto, *Sociedades por ações*, cit., v. 3, p. 149.

806 V. comentários ao art. 202.

807 Valverde, *Sociedades por ações*, cit., v. 2, p. 73.

808 V. comentários aos arts. 137 e 2º.

titui a sociedade e em torno da qual a vida societária se realiza e se desenvolve[809]. Nesse sentido, o objeto social é a exploração a que se dedica a sociedade[810].

Qualquer alteração estatutária, tendo em vista o *objeto social*, necessita, com efeito, de disciplina mais rígida, pois se trata da base fundamental do contrato social[811].

Ao se admitir a adoção do regime majoritário para a modificação da principal estipulação do estatuto, o que não era admitido pela nossa Lei de 1891 (art. 128), nele se impõe a maioria qualificada de deliberação.

Convém, a respeito, notar que a Lei vigente não distingue entre objeto essencial e acidental[812], como ocorre no sistema da *common law*[813], cabendo à jurisprudência e à doutrina fazê-lo, em face da relevância do primeiro e da mera instrumentalidade do segundo.

INCORPORAÇÃO, FUSÃO E CISÃO — INCISOS IV E IX

Os negócios jurídicos de fusão, de cisão e de incorporação vão além da modificação da própria estrutura da companhia e, portanto, das bases essenciais de sua organização, para adentrar o campo da sua própria existência e personalidade jurídica.

Alterando a conformação da própria entidade, impõe-se a maioria qualificada, sendo inteiramente incompatível, nessas hipóteses, a adoção da maioria eventual.

CESSAÇÃO DO ESTADO DE LIQUIDAÇÃO — INCISO VII

Sendo a liquidação um processo, que não tem o efeito de extinguir a personalidade jurídica da companhia (art. 207), a dissolução

---

809 Enrico Zenelli, *Rivista delle Società*, 1951, p. 385.

810 Ruy Carneiro Guimarães, *Sociedade por ações*, 1960, v. 1, p. 35.

811 Diego Corapi, *Inchieste di Diritto Comparato*, 5(1):45.

812 Garrigues-Uría, *Comentario*, cit., v. 2, p. 253; Halperin, *Sociedades anónimas*, cit., p. 325 e s.

813 No sistema da *common law*, é mais fácil a distinção dada à separação entre ato constitutivo (*articles of association* ou *charter*) e o estatuto (*by laws*), com diferentes requisitos para um e outro. O objeto, sendo elemento essencial, integra o ato constitutivo (*articles of association*). Não obstante, em questões de âmbito menor podem os administradores modificá-lo naquilo em que o objeto pode ser considerado acidental.

é revogável pela vontade da assembleia geral, que por deliberação eficaz pode revertê-la, fazendo a sociedade voltar a perseguir o seu objetivo social (arts. 213 e 219)[814].

Diante da relevância da matéria, ligada também à continuidade ou não de sua existência, torna-se indispensável a prevalência do quórum qualificado.

PARTICIPAÇÃO EM GRUPOS SOCIETÁRIOS DE DIREITO — INCISO V — ARTS. 265 A 277

A constituição de um grupo de sociedades de direito (arts. 265 a 277) de que participe a companhia na qualidade de controlada ou de controladora importa a modificação das bases essenciais da organização da companhia, na medida em que a combinação de recursos ou de esforços transforma o objetivo social próprio em componente de um objetivo maior, que é o do próprio grupo.

Muito embora a personalidade jurídica de cada companhia componente do grupo mantenha-se íntegra, as atividades empresariais mesclam-se pela mudança de escala dos interesses envolvidos que passam a ser do próprio grupo, consoante convenção (arts. 269, 270 e 271), e não de cada uma das sociedades convenentes, isoladamente.

Ao alterar as bases essenciais da organização da companhia quanto à consecução do seu objetivo empresarial, a constituição do grupo, consequentemente, toca os interesses patrimoniais dos acionistas. Incontestável, portanto, a exigência legal de quórum qualificado para a respectiva deliberação.

ASSEMBLEIAS ESPECIAIS — §§ 1º E SEGUINTES

Determina a Lei n. 10.303, de 2001, que, havendo aumento de classe de ações preferenciais com relação às demais classes de preferenciais já emitidas, alterações nas vantagens e condições a elas outorgadas ou a criação de nova classe de preferenciais mais favorecida, a eficácia da deliberação depende de prévia aprovação ou da ratificação de assembleia especial dos titulares das ações preferenciais atingidas ou interessadas.

---

814 Sobre a revogação do estado de liquidação no direito norte-americano, art. 88 do *Model Business Corporation Act*.

DIREITOS DE NATUREZA PATRIMONIAL

Os direitos de natureza patrimonial, representados por dividendos prioritários às ações preferenciais, além daqueles necessariamente previstos na Lei, devem estar expressamente declarados no estatuto social, que também deve declinar as restrições a que ficarão sujeitas as ações preferenciais (arts. 17 e 19)[815].

Essa disposição estatutária institui a favor dos titulares de ações preferenciais prerrogativas patrimoniais que não podem ser modificadas pela vontade majoritária dos acionistas com direito a voto.

Há que existir, indeclinavelmente, o consentimento da comunhão dos titulares das ações preferenciais atingidas para que as modificações estatutárias que eventualmente prejudiquem seus interesses patrimoniais tenham eficácia.

COMUNHÃO DOS PREFERENCIALISTAS — CONCILIAÇÃO DOS ASPECTOS CONTRATUAIS E INSTITUCIONAIS

Se fosse necessário o consentimento unânime dos titulares das preferenciais para que houvesse a alteração estatutária respectiva, criar-se-ia um impasse social representado pela imobilização da própria atividade da sociedade[816].

Por outro lado, sujeitar o interesse da comunhão dos acionistas preferenciais atingidos, assegurado pelo estatuto, à deliberação da assembleia geral dos sócios representaria completa iniquidade, permitindo-se que os majoritários derrogassem seus direitos. Tal hipótese seria contrária aos próprios fundamentos do Direito.

Daí terem encontrado os juristas[817] uma fórmula que conciliou, na espécie, os aspectos contratuais e institucionais, qual seja, a da *assembleia especial* que combina a exigência de tutela da comunhão dos preferencialistas com a liberdade de movimentos da sociedade.

A assembleia especial, portanto, concebe a coletividade de acionistas preferenciais como uma *comunhão* no seio da qual também deve prevale-

---

815 *V.* comentários ao art. 17.

816 Sylvio Marcondes, *Questões de direito mercantil*, São Paulo, Saraiva, 1977, p. 55 e s., seguindo a sugestão de Bekker.

817 A fórmula é de Goldschmidt, que propôs a sua inclusão na lei germânica de 1884. Mignoli, apud Sylvio Marcondes, *Questões*, cit., p. 56.

cer o regime de deliberação majoritária. Atenua-se, dessa maneira, a eventual prepotência individual dos seus componentes.

A manifestação da vontade da comunhão pela maioria também qualificada dos seus membros constitui a solução adotada por outras legislações, seja por meio da assembleia especial, seja pela *deliberação em separado*, na própria assembleia geral.

Por outro lado, a Lei n. 10.303, de 2001, ao alterar radicalmente o § 3º deste artigo, criou a possibilidade de redução pela Comissão de Valores Mobiliários também do quórum da assembleia especial, como referido.

REGIME MAJORITÁRIO NA ASSEMBLEIA ESPECIAL — FUNDAMENTO

A *assembleia especial* resulta da existência de várias categorias de acionistas na companhia, representadas por classes diversas de ações preferenciais.

Diante do dilema já aludido — de reconhecer-se à companhia o poder de tolher o privilégio concedido mediante sucessivas modificações estatutárias ou considerar o regime patrimonial outorgado às ações preferenciais um direito individual subtraído ao regime majoritário —, encontrou-se uma solução intermediária, que compõe os interesses da comunhão dos titulares de tais ações com os da companhia, permitindo a esta a evolução de sua estrutura financeira e de capital[818].

Na composição desses interesses não se considera mais a preferência como um direito intocável sem o consentimento individual do titular, passando-se a submeter a sua modificação às regras da organização societária e ao regime majoritário *no âmbito da classe interessada*[819].

Tem, portanto, a *assembleia especial* como fundamento a tutela dos interesses da respectiva comunhão de acionistas preferencialistas, evitando que a reforma estatutária que lhes diz respeito seja deliberada pelos acionistas em assembleia geral de forma a prejudicá-los.

A *assembleia especial*, portanto, é um instrumento de defesa e de permanência dos direitos dos acionistas pertencentes a classes de ações preferenciais, diante dos interesses dos titulares das ações ordinárias, que constituem o quórum deliberativo da assembleia geral.

---

818 Diego Corapi, *Inchieste di Diritto Comparato*, 5(1):764 e s.

819 Diego Corapi, *Inchieste di Diritto Comparato*, 5(1):764.

DIREITO ESTRANGEIRO

Na legislação de outros países, verifica-se que o princípio da *categoria* bifurca-se em dois procedimentos distintos: o da *assembleia especial* e o da *deliberação em separado*, na própria assembleia geral, como referido.

No primeiro sistema — *assembleia especial* —, o conclave é inteiramente separado da assembleia geral e deve seguir, para a sua realização, os mesmos procedimentos requeridos para esta.

Já a *deliberação em separado* é realizada no próprio conclave geral, dentro dos procedimentos e da ordem do dia deste, congregando os votos apenas dos acionistas pertencentes à categoria atingida ou interessada.

Adotam o regime de *assembleia especial*, dentre outros, a França[820], a Itália[821], o Japão[822] e o México[823].

Acolheram o regime de *voto em separado* a Bélgica[824], a Dinamarca[825] e a Suécia[826].

A Lei alemã faculta a adoção de um ou de outro sistema, consoante se pode ver do art. 138 da Lei societária de 1965: "As decisões especiais de determinados acionistas previstas na presente lei ou nos estatutos devem ser adotadas seja por meio de uma assembleia separada desses mesmos acionistas, seja mediante o voto em separado".

Dessa forma, haverá, no sistema legal alemão, sempre uma *resolução especial* da própria *categoria* de acionistas, quando as relações existentes entre as diferentes categorias de ações são modificadas em detrimento de uma delas[827].

Na Inglaterra são previstas as *class meetings*. Se a companhia tiver mais de uma classe de ações, poderão ser realizadas assembleias de classes[828].

---

820 Art. 156 da lei francesa de 1966.

821 Art. 2.376 do Código Civil italiano de 1942.

822 Arts. 345 e 346 do Código de Comércio japonês.

823 Art. 195 da lei mexicana de sociedades de 1934.

824 Art. 71 da lei belga de 1953.

825 Art. 54 da lei dinamarquesa de 1930.

826 Art. 133 da lei societária sueca de 1944.

827 Art. 179 da lei societária alemã de 1965.

828 Charlesworth, *Company law*, cit., p. 279. A matéria é tratada nos arts. 139 e 144 do *Companies Act* de 1948 e na *Table* art. 4, que faz remissão aos procedimentos da assembleia geral.

No Direito norte-americano, adota-se o princípio da categoria, não havendo, no entanto, uma definição clara sobre o respectivo procedimento, como se pode ver no art. 60 c/c o art. 59 do *Model Business Corporation Act*.

O art. 60 dispõe: "Voto de classe de ações para alteração (do *charter*) — Os titulares de ações em circulação de uma determinada classe terão direito de votar como uma classe (categoria), no que diz respeito a uma proposta de alteração (do *charter*), quer tenham direito de voto ou não, em conformidade com os *articles of incorporation*, se a referida alteração: (*a*) resultar em acréscimo ou diminuição do número total de ações daquela classe; (*b*) resultar em acréscimo ou diminuição do valor nominal das ações da classe; (*c*) efetivar uma permuta ou criar um direito à permuta, no todo ou em parte, com relação às ações de outra classe; (*d*) modificar a designação, as preferências, as limitações ou direitos relativos às ações da classe; (*e*) converter as ações de uma classe em outra; (*f*) criar nova classe de ações com direitos e preferências maiores que as da classe; (*g*) proceder à divisão das ações de uma classe de ações preferenciais ou especiais; (*h*) limitar ou denegar quaisquer direitos de preempção existentes; (*i*) cancelar ou, por qualquer outra forma, modificar a distribuição dos dividendos das ações da classe, acumulados, mas não declarados".

Por outro lado, consoante o disposto no art. 59 do *Model Business Corporation Act*, inverte-se o princípio adotado no direito continental, na medida em que se declara que "uma classe de ações sem direito a voto não pode, mediante seu próprio voto favorável, nos termos e para os efeitos do art. 50, aprovar uma alteração (dos *articles of incorporation*), se esta não obtiver ratificação da maioria das ações que têm direito a votar a referida matéria"[829].

DIREITO BRASILEIRO

O Decreto n. 21.365, de 1932, que instituiu, entre nós, as ações preferenciais, adotou os dois regimes que sucessivamente deveriam ser aplicados. Era o que dispunha o art. 8º daquela lei:

"Sempre que a modificação de estatutos vise a alterar as preferências e vantagens conferidas a uma ou mais classes de ações preferenciais, ou a criar nova classe de ações com preferência mais favorável do que as exis-

---

829 *Model Business Corporation Act*, v. 2, p. 265.

tentes ou alterar o seu valor nominal, essa modificação somente poderá realizar-se mediante a aprovação de possuidores de 2/3, pelo menos, do capital constituído pelas classes prejudicadas, após a aprovação da proposta por acionistas representando a maioria do capital com direito a voto, conforme a legislação vigente".

§ 1º A aprovação pelas referidas classes se *verificará na mesma assembleia geral* convocada para a reforma de estatutos.

§ 2º Se nessa reunião a proposta não for aprovada por 2/3, pelo menos, do capital representado pelas classes prejudicadas, ou for rejeitada por mais de 1/3 do capital representado por essas mesmas classes, será convocada uma *assembleia especial* composta exclusivamente desses acionistas".

O Decreto-Lei n. 2.627, de 1940, abandonou a fórmula sucessiva e estabeleceu um único regime, como seja, o da assembleia especial[830].

E a vigente Lei n. 6.404, de 1976 reiterou essa orientação, determinando que, em qualquer caso, deverá realizar-se a assembleia especial da comunhão dos preferencialistas atingidos.

Como referido, essa reunião será realizada separadamente da assembleia geral. Ademais, para a sua eficácia devem ser obedecidos todos os procedimentos próprios da assembleia geral, quais sejam: convocação, quórum de instalação, legitimação e representação, constituição da mesa, ordem do dia, quórum qualificado de deliberação, ou o determinado pela Comissão de Valores Mobiliários (§ 3º), ata, arquivamento e publicação, prevalecendo, no caso de companhias abertas, o que, a respeito, dispõe a Lei n. 12.431, de 2011.

A DIMINUIÇÃO DE DIREITOS É PRESSUPOSTO NECESSÁRIO

Essa alteração de direitos patrimoniais da classe de preferenciais atingidos, em consequência de um ato alheio de disposição, ou seja, dos ordinaristas, com interesses opostos aos preferenciais, é que torna indispensável a realização da assembleia especial[831].

Essa alteração estatutária de que pode resultar uma diminuição dos direitos patrimoniais de determinada classe de preferenciais é recusável pela

---

830 Art. 106 do Decreto-Lei n. 2.627, de 1940.

831 O termo é ainda encontrado no Código Civil italiano, art. 2.376: "Assembleias especiais — Se existem diversas categorias de ações, as deliberações da assembleia, que prejudiquem os direitos de uma delas, devem ser aprovadas também pela assembleia especial dos sócios da categoria interessada".

comunhão, mediante deliberação majoritária qualificada ou determinada pela Comissão de Valores Mobiliários (§ 3º) na assembleia especial, mesmo porque seria inadmissível tal modificação de direito e de interesses sem uma adesão ou renúncia da classe interessada[832].

NECESSIDADE OU NÃO DA ASSEMBLEIA ESPECIAL — CONVOCAÇÃO PELOS ADMINISTRADORES

Se a assembleia especial tem como pressuposto de sua realização a diminuição de direitos patrimoniais de classe de preferenciais, não havendo tal diminuição na mudança do estatuto social, será ela desnecessária.

Ocorre, no entanto, que a questão não é tão simples. Em primeiro lugar, porque não será regular que os administradores, diretamente interessados na aprovação da proposta de alteração, julguem, eles próprios, da oportunidade ou não de se realizar a referida assembleia especial.

É claro que em casos evidentes de melhoria dos direitos patrimoniais de determinada classe de preferenciais seria inadmissível a convocação do conclave especial, como, v. g., aumento do percentual de dividendo prioritário para todas as preferenciais (art. 17)[833].

Não pode, portanto, a administração deixar de convocar a assembleia especial para que a classe de preferencialistas delibere a respeito de alteração estatutária que afete os seus dividendos.

Temos que o pressuposto da realização da assembleia especial é a *modificação dos direitos* relativos a uma classe de ações preferenciais[834], nas hipóteses previstas na lei. Se com a alteração estatutária nenhum direito próprio da categoria for diminuído, será supérflua e inútil a realização do conclave[835].

No entanto, se não for clara e, portanto, notória a inexistência de qualquer diminuição de direito da categoria, impõe-se a convocação, pelos administradores, da assembleia especial, pois é da competência da comunhão atingida dirimir a questão e, portanto, deliberar da oportunidade e da conveniência, ou não, da proposta.

---

832 Mignoli, apud Sylvio Marcondes, *Questões*, cit., p. 61 e s.

833 *V.* comentários ao art. 17.

834 Como na lei francesa de 1966, art. 156. Hemard, *Sociétés*, cit., v. 2, p. 321 e s.

835 Valverde, *Sociedades por ações*, cit., v. 2, p. 232 e s.; Cunha Peixoto, *Sociedades por ações*, cit., v. 3, p. 180.

Em regra, portanto, deve haver a convocação e a realização da assembleia especial, como no caso das alterações dos dividendos previstos no art. 17 (com nova redação dada pela Lei n. 10.303, de 2001), para os preferencialistas com suas ações admitidas à negociação no mercado de valores mobiliários (art. 4º)[836].

DIMINUIÇÃO EFETIVA DE DIREITOS

A diminuição de direitos patrimoniais consubstanciada na proposta de alteração estatutária deve ser efetiva e não eventual. Pode, no entanto, essa perda ser futura, não precisando, portanto, ser atual.

No caso de perda futura, também poderá a assembleia especial rejeitar a proposta, pois os direitos patrimoniais instituídos a favor da categoria não cessam em cada exercício, constituindo, em regra, direito próprio dos respectivos acionistas até a extinção da companhia.

DIREITOS QUE DEMANDAM A APROVAÇÃO DA CLASSE DE PREFERENCIAIS ATINGIDAS

Os direitos que, para serem alterados, exigem a deliberação da classe respectiva são: manutenção do percentual de ações preferenciais existentes; inalterabilidade das vantagens asseguradas às ações já existentes (art. 17); não emissão de novas classes de preferenciais mais favorecidas.

A primeira hipótese prevista na norma — *criação* de ações preferenciais — não pode ser objeto de deliberação de categoria, pois tal negócio jurídico antecede à própria existência de acionistas dessa espécie. Daí ser impossível a realização do conclave especial[837].

EFICÁCIA DA DELIBERAÇÃO DA ASSEMBLEIA GERAL

A realização da assembleia especial constitui requisito prejudicial para a eficácia da deliberação da assembleia geral. Esta não produzirá efeito, enquanto a assembleia especial não deliberar favoravelmente sobre a matéria.

---

836 *V.* comentários ao art. 4º.

837 Sylvio Marcondes, *Questões*, cit., p. 62.

Portanto, a deliberação da assembleia geral sobre a reforma estatutária que atinja direitos dos acionistas preferenciais deve ser entendida como mera *proposta* de reforma, enquanto a classe de preferenciais interessada não deliberar a respeito.

QUÓRUM DA ASSEMBLEIA ESPECIAL

Para a validade da deliberação da assembleia especial, necessário será que a matéria seja decidida por titulares de mais da metade das ações da classe interessada.

Trata-se, portanto, de quórum deliberativo qualificado, não podendo a deliberação eficaz produzir-se com quórum eventual (art. 129). Não obstante, o § 3º da presente norma prevê a competência da Comissão de Valores Mobiliários para diminuir esse quórum deliberativo.

MOMENTO DA REALIZAÇÃO DA ASSEMBLEIA ESPECIAL

A assembleia especial poderá reunir-se antes ou após a assembleia geral respectiva. A deliberação será de aprovação ou rejeição da proposta. Isto porque a deliberação da assembleia geral é mera proposta à assembleia especial. Não cabe, pois, falar em ratificação, como erroneamente o faz a lei.

Antes da assembleia geral, a assembleia especial da comunhão aprovará ou rejeitará a *proposta da administração*.

Se realizada após o conclave geral que aprovou a matéria, a assembleia especial igualmente aprovará ou rejeitará a *proposta da assembleia geral*.

Em ambos os casos, trata-se de *proposta* e não de deliberação, na medida em que não é eficaz e, portanto, inoponível à companhia e a seus acionistas.

A assembleia especial deve reunir-se no prazo decadencial de um ano, *ex vi* da redação dada ao dispositivo pela Lei n. 9.457, de 1997.

INEFICÁCIA

Como reiterado, a deliberação da assembleia geral contém mera *proposta* de modificação do estatuto, pois a efetiva alteração depende de aprovação da comunhão da classe de preferenciais atingidas[838].

---

838 Valverde, *Sociedades por ações*, cit., v. 2, p. 231.

Assim, se a assembleia especial não a aprovar, a proposta não é nula, pois, como mera proposta, não tem efeito[839].

A ineficácia não decorre da deliberação contrária da assembleia especial. Trata-se de ineficácia pela própria natureza da proposta que, se não for aprovada pela assembleia especial, simplesmente desaparece do mundo jurídico.

Se, ao contrário, houver aprovação da proposta da assembleia geral pela comunhão atingida no conclave especial, aquela se torna *deliberação* eficaz, oponível à companhia, aos seus acionistas e a terceiros.

ASSEMBLEIA ESPECIAL CRIADA PELO ESTATUTO — ART. 18, PARÁGRAFO ÚNICO

Poderá o estatuto, tanto de companhia fechada quanto de companhia aberta, subordinar as alterações estatutárias que especificar à aprovação, em assembleia especial, dos titulares de ações da classe de preferenciais (art. 18)[840].

Vê-se daí que as hipóteses enumeradas na lei, que ensejam a realização de assembleia especial de categoria, não são exaustivas. Pode o estatuto, portanto, acrescentar outras matérias suscetíveis de deliberação pela classe ou classes de ações preferenciais.

A essas assembleias especiais aplicam-se os procedimentos e regime próprio da assembleia especial determinada pela lei[841].

---

839 Hemard, *Sociétés*, cit., v. 2, p. 324; Messineo, *Manuale di diritto civile e commerciale*, Milano, Giuffrè, 1954, v. 4, p. 445; Mignoli, *Rivista delle Società*, 1960, p. 242 e s.

840 *V.* comentários ao art. 18.

841 Sobre a matéria de quebra de proporção, Parecer CVM/SJU n. 025/86 antecedido pelo Parecer CVM/SJU n. 004/85 e Parecer CVM/SJU n. 021/79. Sobre previsão estatutária, Parecer CVM/SJU n. 066/83, precedido pelo Parecer CVM/SJU n. 001/80. Sobre alteração de direitos e vantagens, art. 2º da Instrução CVM n. 358, de 2002. Sobre alteração nos dividendos, Parecer CVM/SJU n. 074/83, precedido do Parecer CVM/SJU n. 009/82. Sobre conversibilidade de ações, Parecer CVM/SJU n. 023/87; Parecer CVM/SJU n. 023/87. Sobre mudança de objeto social, Colegiado da CVM, Proc. RJ2003/5457, Rel. Diretor Luiz Antonio de Sampaio Campos, j. em 4-8-2004; Parecer CVM/SJU n. 010/83, precedido pelo Parecer CVM/SJU n. 059/81; Parecer CVM/SJU n. 062/79; Parecer CVM/SJU n. 076/79; Parecer CVM/SJU n. 125/78; Parecer CVM/SJU n. 088/82. Sobre ações preferenciais, Parecer CVM/SJU n. 161/79; Parecer CVM/SJU n. 051/85. Sobre assembleia especial, Parecer CVM/SJU n. 004/83; Parecer CVM/SJU n. 026/87; CVM/SJU n. 072/83; Colegiado CVM, Proc. RJ2003/7844, Rel. Diretora Norma Jonssen Parente, j. em 13-1-2004; Proc. RJ2006/6785, Rel. Diretor Pedro Oliva Marcilio de Souza, com voto do Presidente Marcelo Trindade, j. em 25-9-2006;

DIREITO DE RETIRADA

Art. 137. A aprovação das matérias previstas nos incisos I a VI e IX do art. 136 dá ao acionista dissidente o direito de retirar-se da companhia, mediante reembolso do valor das suas ações (art. 45), observadas as seguintes normas:

- Caput *com redação dada pela Lei n. 10.303, de 31 de outubro de 2001.*

I — nos casos dos incisos I e II do art. 136, somente terá direito de retirada o titular de ações de espécie ou classe prejudicadas;

- *Inciso I acrescentado pela Lei n. 9.457, de 5 de maio de 1997.*

II — nos casos dos incisos IV e V do art. 136, não terá direito de retirada o titular de ação de espécie ou classe que tenha liquidez e dispersão no mercado, considerando-se haver:

a) liquidez, quando a espécie ou classe de ação, ou certificado que a represente, integre índice geral representativo de carteira de valores mobiliários admitido à negociação no mercado de valores mobiliários, no Brasil ou no exterior, definido pela Comissão de Valores Mobiliários; e

b) dispersão, quando o acionista controlador, a sociedade controladora ou outras sociedades sob seu controle detiverem menos da metade da espécie ou classe de ação;

- *Inciso com redação dada pela Lei n. 10.303, de 31 de outubro de 2001.*

III — no caso do inciso IX do art. 136, somente haverá direito de retirada se a cisão implicar:

a) mudança do objeto social, salvo quando o patrimônio cindido for vertido para sociedade cuja atividade preponderante coincida com a decorrente do objeto social da sociedade cindida;

b) redução do dividendo obrigatório; ou

c) participação em grupo de sociedades;

- *Inciso com redação dada pela Lei n. 10.303, de 31 de outubro de 2001.*

IV — o reembolso da ação deve ser reclamado à companhia no prazo de 30 (trinta) dias contado da publicação da ata da assembleia geral;

- *Antigo inciso III renumerado pela Lei n. 10.303, de 31 de outubro de 2001.*

Parecer CVM/SJU n. 071/78; Proc. CVM RJ2009/10433, Rel. Diretor Octavio Yazbek, j. em 15-12-2009; Proc. CVM RJ2008/9337, Rel Diretor Sergio Weguelin, j. em 4-1-2008. Sobre 3ª convocação, Colegiado da CVM, Proc. RJ2006/9236. Sobre redução de quórum, Proc. CVM 2002/0567, Rel. Diretor Luiz Antonio de Sampaio Campos, j. em 10-10-2002; Proc. CVM RJ2006/6785, Rel. Diretor Pedro Oliva Marcilio de Souza, j. em 25-9-2006. In Lazzareschi, ob. cit., p. 365 e s.

V — o prazo para o dissidente de deliberação de assembleia especial (art. 136, § 1º) será contado da publicação da respectiva ata;

- *Antigo inciso IV renumerado pela Lei n. 10.303, de 31 de outubro de 2001.*

VI — o pagamento do reembolso somente poderá ser exigido após a observância do disposto no § 3º e, se for o caso, da ratificação da deliberação pela assembleia geral.

- *Antigo inciso V renumerado pela Lei n. 10.303, de 31 de outubro de 2001.*

§ 1º O acionista dissidente de deliberação da assembleia, inclusive o titular de ações preferenciais sem direito de voto, poderá exercer o direito de reembolso das ações de que, comprovadamente, era titular na data da primeira publicação do edital de convocação da assembleia, ou na data da comunicação do fato relevante objeto da deliberação, se anterior.

- *Parágrafo com redação dada pela Lei n. 9.457, de 5 de maio de 1997.*

§ 2º O direito de reembolso poderá ser exercido no prazo previsto nos incisos IV ou V do caput **deste artigo, conforme o caso, ainda que o titular das ações tenha se abstido de votar contra a deliberação ou não tenha comparecido à assembleia.**

- *Parágrafo com redação dada pela Lei n. 10.303, de 31 de outubro de 2001.*

§ 3º Nos 10 (dez) dias subsequentes ao término do prazo de que tratam os incisos IV e V do caput **deste artigo, conforme o caso, contado da publicação da ata da assembleia geral ou da assembleia especial que ratificar a deliberação, é facultado aos órgãos da administração convocar a assembleia geral para ratificar ou reconsiderar a deliberação, se entenderem que o pagamento do preço do reembolso das ações aos acionistas dissidentes que exerceram o direito de retirada porá em risco a estabilidade financeira da empresa.**

- *Parágrafo com redação dada pela Lei n. 10.303, de 31 de outubro de 2001.*

§ 4º Decairá do direito de retirada o acionista que não o exercer no prazo fixado.

- *Parágrafo acrescentado pela Lei n. 9.457, de 5 de maio de 1997.*

LEI DE 1940

O Decreto-Lei n. 2.627, de 1940, já adotava o regime de recesso, no seu art. 107, incluindo-o entre os direitos essenciais dos acionistas previstos no art. 78. O art. 107 declinava as hipóteses em que poderia ser exercido esse direito, ou seja, criação de ações preferenciais, alterações nas preferências ou vantagens, criação de nova classe de preferenciais mais favorecidas, mudança do objeto essencial da sociedade, incorporação da sociedade em outra, ou sua fusão, cessação do estado de liquidação, mediante a reposição da sociedade em sua vida normal. O art. 150 acrescentava a hipótese de transformação da forma societária. Além disso, o art. 107 estabelecia o procedimento para o exercício do direito de recesso, o critério de valor de reembolso e as regras a serem obedecidas em caso de falência da companhia.

Por sua vez, o art. 17 da antiga Lei de 1940 conceituava o negócio jurídico do reembolso e determinava a redução do capital, se a companhia não conseguisse recolocar as respectivas ações junto aos acionistas remanescentes ou a terceiros.

Adotava, portanto, o antigo diploma os mesmos princípios e semelhantes procedimentos da Lei n. 6.404, de 1976. Diferença fundamental, no entanto, havia no que respeita à redução do capital social, pois não previa o Decreto-Lei de 1940, a aquisição de ações à conta de reservas e a sua manutenção em tesouraria, como ocorre com a Lei n. 6.404, de 1976. Ademais, não previa a lei anterior o direito de retratação da companhia.

LEI N. 6.404, DE 1976

O legislador de 1976 tentou reunir em apenas dois preceitos toda a matéria — nos arts. 45 e 137. Não o conseguiu, porém, no que diz respeito às hipóteses de recesso que são encontradas direta ou indiretamente em outras normas (arts. 221, 223, 225, 230, 236, 252, 256, 264, 265, 270 e 298)[842].

Quanto ao conceito de reembolso e o procedimento de exercício do direito de recesso, a Lei n. 6.404, de 1976, disciplinou-os no art. 45[843].

Reafirma o Diploma de 1976, outrossim, a categoria de direito inderrogável do recesso, em seu art. 109[844].

A lei vigente estendeu a faculdade de recesso a outras alterações do estatuto, tais como: aumento de classe existente de ações preferenciais[845], sem

---

842 V. comentários ao art. 264.

843 V. comentários ao art. 45.

844 V. comentários ao art. 109.

845 "(...) Direito de recesso pela criação de ações preferenciais (...) necessidade de ocorrência de prejuízo como pressuposto da retirada (...) sob pena de se transformar

guardar proporção com as anteriores (art. 136); alteração do dividendo obrigatório (art. 202); cisão da companhia (art. 230); dissolução da companhia deliberada em assembleia geral (art. 206); incorporação da companhia controlada ou sua fusão (art. 264); participação da companhia em grupo de sociedades (arts. 265 e 270); desapropriação de ações de controle da companhia (art. 236); aquisição por sociedade aberta do controle de sociedade mercantil, quando a transação importar investimento relevante (art. 256); transformação da companhia (arts. 221 e 298) e incorporação de todas as ações para constituição de subsidiária integral (art. 252).

A Lei de 1976 deixou de fazer a referência à mudança do *objeto essencial* da companhia que constava expressamente no Diploma de 1940, falando apenas em mudança de objeto da companhia. Não obstante, cabe sempre distinguir um do outro, ou seja, o objeto essencial do objeto acidental (art. 2º)[846].

Por outro lado, essa abrangência permite que também as diversas formas de alterações de fato do objeto social (art. 136, VI) — sem modificação do estatuto — estejam compreendidas no direito de recesso.

Surge, assim, na Lei de 1976, o direito de recesso quando o controlador e os administradores levam à descaracterização do objeto social. Nesse passo a Lei n. 6.404, de 1976, seguiu a moderna orientação do Direito norte-americano, traduzida no art. 80 da *Model Business Corporation Act*.

Ademais, manteve a Lei de 1976 o direito tanto para os acionistas de companhias fechadas como abertas.

Mesmo porque nesta última categoria é que o direito de recesso mais se impõe, em face do distanciamento existente entre os controladores e sua administração nas companhias com controle (art. 116) , de um lado, e os minoritários, de outro.

Esse distanciamento ainda mais se acentua nas companhias com capital disperso (inciso II, *b*) na medida em que ocorre o deslocamento, de fato, do poder de comando diretamente para os administradores (*incumbent board, incumbent management*), que passam a dirigi-la autonomamente, sem as constrições instituídas nos arts. 116 e 117; fundados os seus deveres fiduciários diretamente nos arts. 153 a 158[847].

---

o recesso em mera venda de ações, o que escapa à finalidade do instituto" (STJ, REsp 31.515.158, Rel. Min. Sálvio de Figueiredo Teixeira, *DJU*, 22-4-1996).

846 *V.* comentários ao art. 2º.

847 Sobre a matéria, Eduardo Secchi Munhoz, em artigo "Quem deve comandar a companhia? Alocação do poder empresarial: sistema de freios e contrapesos", in *Temas*

Seguiu a Lei de 1976 a legislação societária do Estado de New York. Funda-se aquele diploma na teoria anglo-saxônica da *opression*, ou seja, da desconsideração do objeto social e dos direitos patrimoniais dos acionistas, pela desfiguração do patrimônio social, via fusão, cisão e incorporação. Nesse sentido abrangente, inspirou-se, outrossim, o nosso legislador de 1976 no art. 210 do *Company Act* inglês, de 1948.

Por outro lado, manteve a Lei de 1976 a distinção entre companhia incorporada e incorporadora, para apenas contemplar com o recesso os acionistas da incorporadora.

DEFINIÇÃO LEGAL DE COMPANHIA COM CAPITAL DISPERSO — INCISO II, *B* — ART. 4º-A, § 2º

O inciso II, letra *b* logrou definir legalmente a companhia com capital disperso pelo critério de não mais possuir o antigo controlador as ações votantes majoritárias.

Pelo não atendimento ao regime de permanência do comando da sociedade, fundado nos deveres fiduciários instituídos nos arts. 116 e 117, o antigo controlador não mais preenche, outrossim, o requisito constante do art. 4º-A, § 2º, de não ter suas ações majoritárias votantes em circulação (*floating*) no mercado de valores mobiliários. Essa segregação, com efeito, é que possibilita o exercício permanente do comando da companhia, o que não mais ocorre nas companhias com capital disperso.

Em consequência, diante da perda das ações majoritárias votantes (50% mais uma ação ordinária) e a colocação das que minoritariamente ainda possui o antigo controlador no mercado (*floating*), desaparece o regime de imputação de deveres e de responsabilidades consignados ao controlador, *ex vi* dos referidos arts. 116 e 117.

O antigo controlador não mais o é: não pode doravante comandar autônoma e autarquicamente a companhia. Não mais aparta do *floating* do mercado as suas ações de controle ou, no mínimo, o percentual de 50% mais uma delas. Não mais tem deveres fiduciários decorrentes do exercício do poder de controle (arts. 116 e 117), por isso que não mais o exercem.

As ações do antigo controlador são colocadas na vala comum das negociações do mercado de bolsa, não mais se distinguindo daquelas dos demais

essenciais de direito empresarial — Estudos em homenagem a Modesto Carvalhosa, Saraiva, 2012, p. 505 e s. (fim do rodapé).

acionistas, todos minoritários, na medida em que não alcançam, com suas ações isoladamente consideradas, o quórum majoritário permanente de 50% mais uma das ordinárias.

Aos ex-controladores, como a todos os demais acionistas, aplica-se o regime de abuso de direito instituído no art. 115 e não mais de abuso de poder consignado no art. 117.

O comando, de fato, da companhia, em consequência, passa diretamente para os administradores que, não obstante, não estão submetidos aos preceitos contidos nos arts. 116 e 117, no tocante aos seus deveres fiduciários.

Em consequência, no capítulo dos deveres fiduciários, tem os administradores o poder de comando, de fato, da companhia, regulados pelos arts. 153 a 158, que constituem o sucedâneo aplicável no que tange aos deveres e responsabilidades agora não apenas na gestão, mas também no comando autônomo que assumem da própria sociedade, ao desaparecer o regime de controle estabelecido nos referidos arts. 116 e 117.

O poder empresarial é, de fato, assumido pelos administradores em seu sentido pleno.

O fenômeno entre nós instala-se a partir de 2006 (Novo Mercado), do que tardiamente decorreu a dissociação entre propriedade de ações e poder de comando empresarial, descrita por Berle & Means em sua obra clássica dos anos 30 do século passado[848].

Nas companhias com capital disperso, em consequência, devem os administradores (*incumbent board, incumbent management*), sem intercessão dos acionistas dispersos — autonomamente, portanto — servi-los, ou seja, comandar a companhia no interesse daqueles, através de conduta que leve à maximização dos resultados e da contínua criação de riqueza empresarial.

Devem, ainda, os administradores que, de fato, passam a comandar autarquicamente a companhia com capital disperso, atender à sua função social, como institucionalmente estabelecido na Lei Societária vigente.

Trata-se, no caso, de um dever fiduciário que se acrescenta àquele de promover os interesses patrimoniais dos acionistas e a prosperidade contínua da companhia.

Não obstante, a experiência cada vez mais aguda e dramática dos países em que prevalecem no mercado as companhias com capital disperso (Estados Unidos, Inglaterra, França) demonstra a efetivação de uma conduta abusiva por parte dos administradores que as comandam, mercê de diversos

---

848 A. Berle Jr. & G. Means, *The modern corporation and private property*, N. Y. Harcourt, Brace, & World, 1967, p. 66 e s. (fim do rodapé).

expedientes como a utilização das *poison pills*, dos *staggered boards* (substituição escalonada dos administradores), das *proxy fights* (Resolução CVM n. 481/2009) e outros meios, todos voltados à sua permanência, independentemente da condução boa ou ruinosa da companhia.

Há, com efeito, um excesso de poder dos administradores nas companhias com capital disperso, pois as comandam sem referibilidade a um controlador (art. 116), do que resulta contarem com o distanciamento dos acionistas dispersos, que não têm meios institucionais de supervisionarem e fiscalizarem a sua atuação nos negócios ordinários e extraordinários.

Acrescente-se a esse fenômeno de distanciamento, a crescente complexidade da governança das companhias, em todos os seus segmentos — de gestão e de produção — que torna, com efeito, inacessível o seu entendimento e domínio dos dados por parte dos acionistas dispersos.

Na realidade, as grandes companhias com capital disperso, nos países de capitalismo desenvolvido, tem levado a uma indevida e iníqua apropriação do patrimônio social por parte dos administradores que as comandam, através dos bônus anuais e as *golden parachutes* que instituíram a seu próprio favor, em detrimento evidente dos interesses patrimoniais dos acionistas e da sociedade.

A tal ponto chegou essa apropriação abusiva do patrimônio social, que os administradores adotaram prêmios injustificáveis a seu favor fundados diretamente no faturamento da companhia e não no lucro do exercício.

Isto posto, instala-se na prática societária brasileira esse mesmo fenômeno de deslocamento do poder de comando para os administradores nas companhias com capital disperso. Os abusos que foram constatados nesse contexto nos demais países são por demais conhecidos, pelo que deve a Comissão de Valores Mobiliários promover as medidas necessárias para preveni-los e sancioná-los[849].

LEI N. 12.431, DE 2011 — § 3º

Dispondo o § 3º do presente artigo sobre a assembleia de retratação das alterações estatutárias anteriormente aprovadas, em face do excessivo encargo financeiro que resulta do efetivo exercício do direito de recesso, cabe invocar a reforma da Lei Societária trazida pela Lei n. 12.431, de 2011, que institui a presença *on line* de acionistas nas assembleias gerais (e especiais) da companhia aberta.

---

849 *V.* comentários aos arts. 4º-A, 116, 117, 153 a 158.

Os dispositivos sobre a matéria estão contidos nos parágrafos únicos, acrescentados aos arts. 121 e 127 pela Lei de 2011, sendo cogentes para as companhias abertas e facultativos para as companhias fechadas que os adotarem em seus estatutos sociais.

Em consequência da obrigatoriedade do regime de comparecimento *on line* dos acionistas nas assembleias gerais das companhias abertas, também os livros sociais de presença e de atas serão sempre e unicamente eletrônicos, consoante o disposto no § 2º do art. 100.

Esse regime de comparecimento *on line* tem efeito relevante na formação do quórum da assembleia geral de retratação nas companhias com capital disperso, na medida em que o colégio deliberativo tende a ser mais significativo para a dirimência da matéria (Resolução CVM n. 481, de 2009)[850].

DIREITO ESTRANGEIRO

O direito de recesso surge regulado pela primeira vez no Código de Comércio italiano de 1882. Foi a seguir introduzido em quase todas as legislações, de forma mais ou menos extensa.

Assim é que, no Ordenamento norte-americano, as diversas leis estaduais divergem quanto à abrangência desse direito e até na denominação que lhe emprestam (*right to dissent*; *right to appraisal* ou *withdraw*).

Em várias jurisdições, o *appraisal remedy* aplica-se com mais frequência à cessão de uma parcela substancial do ativo da companhia, levada a efeito excepcionalmente, ou seja, fora do processo regular dos negócios da companhia. Também se aplica no caso de *mergers* e *consolidations*, como ainda em determinadas alterações dos *articles of incorporation* e também em outras deliberações[851].

No *Model Business Corporation Act*, a matéria substantiva é tratada no art. 80 e seu procedimento no art. 81.

O art. 80 reza: "Direito dos Acionistas de Dissentir (*Rights of Dissenting Shareholders*) — Qualquer acionista de uma companhia terá o direito de dissentir de quaisquer das seguintes medidas tomadas pela companhia: (*a*) qualquer plano de *merger* ou *consolidation* do qual a companhia seja parte;

---

850 *V.* comentários aos arts. 100, 121 e 127.

851 Henn, *Law of corporations,* cit., p. 723 e s.; *Lattin on Corporations,* p. 591 e s.; *Ballantine on Corporations,* p. 700 e s.; Alfred F. Connard, *Corporations in perspective,* New York, The Foundation Press, Inc., 1976, p. 220 e s.

(*b*) qualquer cessão ou permuta de todo ou parte do ativo da companhia, operada fora do curso regular dos negócios; incluindo as que ocorrerem no curso do processo de dissolução, mas excluindo-se a hipótese de alienação resultante de sentença judicial ou, ainda, de venda a dinheiro, cujo produto líquido, no todo ou em parte, seja atribuído entre os acionistas na proporção das respectivas participações, no período de um ano após a conclusão do negócio. O artigo não se aplica aos acionistas da companhia incorporadora, se o voto de tais acionistas não era necessário para aprovar a incorporação (votos minoritários)".

É fundamental, no entanto, ressaltar que, após a reformulação de 1969 do *Model Business Corporation Act,* o direito de recesso deixou de se aplicar, em regra, às ações registradas em Bolsas de Valores[852].

E também inúmeras leis estaduais excluem do direito de recesso as ações que podem ser prontamente vendidas no mercado de capitais. Na Lei de Delaware e na de alguns outros Estados, a exclusão do direito abrange também as ações em geral ou classes de ações espalhadas por mais de dois mil acionistas[853].

Já a Legislação do Estado de New York, em que as ações das principais companhias nacionais e estrangeiras são negociadas, não contém essa restrição[854].

No Direito inglês temos um instituto equivalente ao direito de recesso, consoante se pode ver do art. 210 do *Companies Act* de 1948 (*Alternative remedy to winding up in cases of oppression*). Também se encontra alguma semelhança nas disposições constantes do art. 22 do mesmo Diploma[855].

No art. 210 está expressamente reconhecido o direito de recesso do acionista, o qual, no entanto, deve ser decretado pelo Tribunal. A hipótese que enseja a retirada é a da conduta dos administradores prejudicial aos interesses particulares do acionista interessado ou, então, no caso de dissolução da companhia.

No *Direito espanhol,* a matéria é prevista no art. 85 da Lei de 1951, que admite o recesso apenas na alteração do objeto social[856].

---

852 *Model Business Corporation Act,* v. 2, p. 436.

853 Além de Delaware, art. 262 (k), os Estados de Connecticut, Flórida e Pensilvânia.

854 *N. Y. Business Corporation Law,* arts. 623, 806, 907 e 910. Connard, *Corporations,* cit., p. 241 e s.

855 *Alteration in memorandum of articles increasing liability to contribute to share capital not to bind existing members without consent.*

856 Garrigues-Uría, *Comentario,* cit., v. 2, p. 252 e s.

Na Itália, o direito de recesso também é menos abrangente, podendo ser exercido apenas nos casos de mudança de objeto, de reforma societária e de transferência da sede da companhia para o estrangeiro[857].

Já o *Direito francês* ignora o recesso, pois não inclui a hipótese nas operações previstas no art. 217 da Lei de 1966.

E o *Direito alemão* contém dispositivo que expressamente exclui a possibilidade do direito de recesso, ao proibir que sejam devolvidas as contribuições feitas pelos sócios ao capital social — art. 57 da Lei de 1965.

Não obstante, o art. 375 abre exceção à regra, admitindo o direito de retirada do acionista, no caso de transformação da forma da sociedade, mediante a compra pela companhia de parcela de capital do acionista. Entende-se, no caso, haver um direito a *indenização* e não propriamente um direito de recesso. Cabe, outrossim, ao Tribunal fixar essa indenização.

ANTECEDENTES E OBJETIVOS DA REFORMA TRAZIDA PELA LEI N. 10.303, DE 2001

A legislação societária, no que diz respeito ao direito de recesso, vem sendo objeto de inúmeras alterações, demonstrando uma conduta volúvel dos sucessivos legisladores quanto ao alcance e os objetivos do instituto.

E, com efeito, após a promulgação da Lei n. 6.404, de 1976, foram feitas várias tentativas de enfraquecer o direito de recesso, quer quanto às hipóteses de incidência, quer quanto ao valor do reembolso.

A primeira delas ocorreu em dezembro de 1989, como referido, quando foi promulgada a famigerada Lei n. 7.958, conhecida como "Lei Lobão", que deu "nova" redação ao *caput* do art. 137 e excluiu os incisos VI e VIII do art. 136 como hipóteses para o exercício do direito de recesso.

A execrada "Lei Lobão" provocou enorme polêmica doutrinária[858] e

---

857 Art. 2.437, *in fine*, do Código Civil italiano de 1942. Também o art. 2.343, *in fine*, do mesmo Código prevê o recesso do sócio conferente de bens ao capital.

858 No sentido de que não teria sido eliminado o direito de recesso nas hipóteses de incorporação, fusão, cisão e participação em grupo de sociedades: Rubens Aprobato Machado, Sociedades por ações — incorporação, fusão e cisão — direito de retirada, *Revista de Direito Mercantil*, 82:46; Mauro Rodrigues Penteado, A Lei n. 7.958/89 e a pretensa modificação do direito de retirada dos acionistas: uma discussão inócua, *Revista de Direito Mercantil*, 77:47; Modesto Carvalhosa, A Lei n. 7.958, de 20-12-89, e o direito de retirada dos acionistas dissidentes, *Revista de Direito Mercantil*, 96:21; Paulo Salvador Frontini, Sociedade anônima — direito de retirada — recesso de

jurisprudencial[859] sobre a eventual restrição desse direito nas hipóteses de incorporação, fusão e cisão da companhia e na participação em grupos de sociedades.

Em 1999, o Superior Tribunal de Justiça pacificou a matéria ao decidir que a casuística "Lei Lobão" *não* excluiu o direito de recesso na hipótese de cisão, pois não revogou o art. 230 da Lei n. 6.404, de 1976, que trata especificamente do direito de retirada nas operações de incorporação, fusão e cisão[860].

Assim, a tristemente célebre "Lei Lobão" não excluiu o direito de recesso naquelas hipóteses por não ter, com efeito, revogado o art. 230 da Lei das S.A., que permaneceu em vigor apesar dessa tentativa legislativa escandalosamente casuística de supressão de direitos dos acionistas minoritários para atender aos interesses de uma única então poderosa companhia.

MEDIDA PROVISÓRIA N. 1.179, DE 1995

Com a edição da Medida Provisória n. 1.179, em novembro de 1995 (posteriormente convertida na Lei n. 9.710, de 19-11-1998), que

---

dissidente — Lei Lobão: um precedente judicial, *Revista de Direito Mercantil, 86*:71; Maria Lucia de Araújo Cintra, Lei n. 7.958, de 20-12-89 (Lei Lobão), *Revista de Direito Mercantil, 98*:80; Norma Jonssen Parente, O direito de recesso na incorporação, fusão ou cisão de sociedades, *Revista de Direito Mercantil, 97*:67; Renata Brandão Moritz, As hipóteses de recesso na Lei das Sociedades Anônimas, *Revista de Direito Mercantil, 101*:56. Por outro lado, entendendo que teria sido suprimido o direito de recesso em tais hipóteses: Jorge Lobo, Direito de retirada nos casos de fusão, incorporação, cisão e participação em grupos de sociedades, *RT, 664*:44; Luiz Leonardo Cantidiano, *Direito societário e mercado de capitais*, Rio de Janeiro, Renovar, 1996, p. 29; Alfredo Lamy Filho e José Luiz Bulhões Pedreira, *A Lei das S.A.* Rio de Janeiro, Renovar, 1996, v. 2, p. 344 e 352.

859 A jurisprudência dos tribunais consagrou, em duas decisões, a tese de que a "Lei Lobão" não teria suprimido o direito de recesso em operações de incorporações, cisões ou fusões: acórdão proferido pela 2ª Câmara Cível do Tribunal de Alçada de Minas Gerais na Apelação Cível n. 116.737-1, publicado no *Minas Gerais*, de 26 de setembro de 1991; e acórdão proferido pela 7ª Câmara Cível do Tribunal de Alçada de Minas Gerais, na Apelação Cível n. 187.636-4, publicado no *Minas Gerais*, de 15 de março de 1995. Todavia, há decisão no sentido de a Lei n. 7.958/89 ter eliminado o recesso na incorporação: acórdão proferido pela 5ª Câmara Cível do Tribunal de Justiça do Rio Grande do Sul, na Apelação Cível n. 596.193.110, julgada em 26-12-1996.

860 REsp 68.367-MG, 3ª Turma do STJ, Rel. Min. Eduardo Ribeiro, *DJU*, 22-3-1999, in *Revista de Direito Mercantil, 116*:180, com comentários de Frederico Simionato.

tratava do fortalecimento e da reestruturação do Sistema Financeiro Nacional, o governo procurou novamente excluir o direito de recesso em algumas operações de reorganizações societárias.

O objetivo da Medida Provisória n. 1.179, de 1995, era instituir o Programa de Estímulo à Reestruturação e ao Fortalecimento do Sistema Financeiro Nacional — PROER, para garantir a liquidez e solvência do Sistema, além de defender o patrimônio e os interesses dos investidores e depositantes.

Na realidade, tratava-se de uma reação do governo aos casos de intervenção em bancos estaduais e privados que vinham ocorrendo desde o início daquele ano. Com a instituição do PROER, o governo esperava proteger o mercado de novas intervenções, *incentivando* a *incorporação* de instituições financeiras em dificuldades por outras mais saudáveis.

Como incentivo, criou um tratamento tributário especial para as instituições que desejassem promover incorporações (art. 2º), favorecendo, assim, a *concentração* do sistema financeiro.

Para tanto, a referida Medida Provisória n. 1.179, de 1995, em seu art. 3º, determinava que os acionistas minoritários das instituições pertencentes ao Sistema Financeiro Nacional *não* poderiam exercer o direito de retirada nos casos de incorporação, fusão, cisão e participação em grupos de sociedades[861].

Tratava-se de uma nova medida restritiva do direito de retirada do minoritário, sob a argumentação de que o seu exercício poderia prejudicar o processo de concentração das instituições financeiras tido como saudável pelo Governo Federal.

Naturalmente, com essa "inovação" contida no art. 3º da citada Medida Provisória n. 1.179, de 1995, os *controladores* das instituições financeiras foram beneficiados, pois não precisavam pagar o valor do reembolso das ações dos minoritários dissidentes nas operações de reestruturação societária, obviamente em detrimento dos direitos destes[862].

LEI KANDIR, DE 1997

Por sua vez, em 1997, foi promulgada a Lei n. 9.457, que alterou diversos dispositivos da Lei n. 6.404, de 1976, entre eles os arts. 136

---

861 "Art. 3º Nas reorganizações societárias ocorridas no âmbito do Programa de que trata o art. 1º não se aplica o disposto nos arts. 230, 254, 255, 256, § 2º, 264, § 3º, e 270, parágrafo único, da Lei n. 6.404, de 15 de dezembro de 1976."

862 Nelson Eizirik, O PROER e os minoritários. Lei Teresoca dos bancos?, *Revista Monitor Público*, Rio de Janeiro, Conjunto Universitário Cândido Mendes, 9(3):58, abr./maio/jun. 1996.

e 137, uma vez mais cassando e restringindo substancialmente o direito de recesso, fazendo-o, ademais, de forma casuística, tudo visando a privatização das companhias estatais.

O legislador de 1997 retirou o direito de recesso nos casos de *cisão* da companhia, favorecendo a execução do Plano Nacional de Desestatização, principalmente para promover a *divisão* da Telebras em várias empresas e, posteriormente, privatizá-las sem ter o comprador de pagar o valor do reembolso aos acionistas minoritários eventualmente dissidentes.

Ademais, a Lei n. 9.457, de 1997, *reduziu* o alcance do direito de recesso nas hipóteses de *incorporação* e de *fusão*, visando a diminuir os custos de operações de concentração empresarial.

Por outro lado, a Lei n. 9.457, de 1997, revogou a vergonhosa "Lei Lobão".

Mas, ao mesmo tempo, suprimiu o direito de recesso nos casos de fusão, de incorporação e de formação de grupo de sociedades quando as ações:

a) integrassem *índices gerais* representativos de carteiras de ações admitidas à negociação em bolsas de futuros; ou

b) fossem emitidas por companhias nas quais mais da metade do total das ações se encontrassem em circulação no mercado.

Dessa forma, a Lei n. 9.457, de 1997, excluiu o direito de recesso nas hipóteses em que as ações da companhia possuíssem elevados níveis de *liquidez* ou apresentassem índices de *dispersão* no mercado, superior à metade do capital social.

A "justificativa" para a exclusão na Lei Kandir do direito de retirada nessas hipóteses residia no fato de que, tendo as ações *liquidez*, bastaria ao acionista dissidente *vendê-las no mercado* e, assim, "retirar-se" da companhia, não havendo necessidade de obrigar esta última a reembolsá-lo.

Dessa forma, entendeu o legislador encomendado de 1997 que, quando as ações possuem *status* de plena *negociabilidade*, consoante presunção legal, não há por que exigir a descapitalização da companhia, com todos os riscos patrimoniais que poderão advir do pagamento aos acionistas dissidentes do valor do reembolso de suas ações. Tudo visando a privatização das companhias estatais.

Ademais, a Lei n. 9.457/97 *não* exigia para a exclusão do direito de recesso que as ações atendessem *simultaneamente* às *duas* exigências ora previstas nas alíneas *a* e *b* do inciso II do presente artigo. Bastava que fossem dotadas de *liquidez* ou de *dispersão* para que seus titulares estivessem impedidos de exercer o direito de recesso.

Este foi o objetivo visado pelo casuístico legislador de 1997, qual seja, não descapitalizar a companhia quando encontrassem as ações por ela emitidas "*índices ideais*" de negociabilidade *ou* de dispersão no mercado.

Assim, a norma então prevista no inciso II do art. 137, com a redação dada pela Lei n. 9.457, de 1997, objetivou fundamentalmente reduzir as hipóteses em que a companhia seria obrigada a se descapitalizar para viabilizar o pagamento do reembolso dos acionistas dissidentes.

Assim, o legislador de 1997, de acordo com a redação por ele dada ao art. 137, II, passou a adotar, para a exclusão do direito de recesso, o referido critério *alternativo* da *negociabilidade* ou de *dispersão* das ações no mercado.

A *negociabilidade*, conforme a norma referida de 1997, decorreria da inclusão das ações na lista de *blue chips* de negociação de mercado futuro da BM&F.

Já a *dispersão* no mercado ocorreria quando mais da metade das ações de emissão da sociedade, exceto as dos controladores, se encontrassem em circulação no mercado.

Este foi, portanto, o "princípio" adotado pela Lei n. 9.457, de 1997: se os acionistas podem retirar-se da sociedade, vendendo suas ações em bolsa, na medida em que ostentem índices legais de plena negociabilidade, ou apresentem dispersão no mercado, não há por que "exigir" da companhia um desnecessário "sacrifício patrimonial".

Entendeu, assim, o polêmico legislador de 1997 que tanto as ações *blue chips* como as que estivessem dispersas *encontravam "negociabilidade ideal" no mercado*, por força, sempre, de presunção legal.

E a supressão do direito de recesso, em tais hipóteses, decorria da presunção daí decorrente de que, havendo *liquidez* ou alternativamente *dispersão* das ações, o acionista insatisfeito poderia alienar suas ações no mercado, não ficando, portanto, obrigado a permanecer vinculado a determinado empreendimento econômico[863].

Como reiterado, as exigências constantes do inciso II, *a* e *b*, do art. 137, com a redação da Lei n. 9.457, de 1997, eram *alternativas*, bastando, portanto, atender a uma *ou* a outra para que fosse negado o direito de recesso ao acionista dissidente.

Pretendeu, dessa forma, o casuístico legislador de 1997, com as indicações constantes das alíneas *a* e *b* do inciso II do art. 137, estabelecer critérios que apurassem a *presença das ações de mercado* e sua consequente liquidez, dentro do pressuposto de que, havendo *facilidade de negociação* da ação, o recesso seria desnecessário[864], pois o acionista não encontraria dificuldade

---

863 Nelson Eizirik, *Reforma das S/A e do mercado de capitais*, 2. ed., Renovar, 1998, p. 74.

864 José Edwaldo Tavares Borba, *Direito societário*, 5. ed., Rio de Janeiro, Renovar, 1999, p. 353-4.

em vendê-las. E o entendimento de que os critérios de *liquidez* e de *dispersão*, previstos nas letras *a* e *b* do inciso II do art. 137, com a redação dada pela Lei n. 9.457/97, eram *alternativos*, foi plenamente "aceita" em nossa doutrina[865].

Com relação especificamente ao critério de *dispersão* das ações no mercado, note-se que a letra *b* do inciso II do art. 137 negava o direito de recesso aos titulares de ações de *companhias abertas* com *circulação* no mercado, entendendo-se por ações em circulação no mercado *todas* as ações de emissão da companhia, *menos* as de propriedade do acionista controlador, *independentemente* de estarem sendo negociadas pelos seus titulares ou não.

Portanto, nessa hipótese, o parâmetro adotado pela Lei n. 9.457, de 1997, era o da dispersão baseado no *total* das ações de emissão da companhia.

O dispositivo legal contido no art. 137 não poderia exigir que mais da metade de cada espécie ou classe de ações estivesse dispersa no mercado, sob pena de tornar-se, no caso das ações *ordinárias*, praticamente letra morta[866].

Com efeito, na questionada lei casuística de 1997 o legislador instituiu, sem o saber, a companhia com capital disperso na medida em que previu a situação de nenhum acionista alcançar o requisito para o exercício do controle (art. 116), ou seja, não possuir o mínimo de 50% mais uma das ações votantes, em consequência, configurar a dispersão das ordinárias.

Assim, presumia a Lei Kandir que, quando não houvesse mais acionista controlador e, em consequência, ninguém mais fosse titular de mais da metade *do total* das ações ordinárias, estaria atendido o requisito legal da *dispersão* das ações, não tendo o acionista dissidente o direito de recesso.

Foi mais longe o legislador: — se nenhum acionista detivesse, direta ou indiretamente, mais da metade *do total* das ações da companhia, *independentemente* da espécie ou classe, havia a *presunção legal* de que estaria sendo atendido o requisito de *dispersão* das ações, podendo ser legitimamente negado o direito de recesso ao acionista dissidente da deliberação de incorporação da companhia.

---

865 Anna Luiza Prisco Paraiso, *O direito de retirada na sociedade anónima*, Rio de Janeiro, Lumen Juris, 2000, p. 194; Francisco Antunes Maciel Mussnich, Reflexões sobre o direito de recesso na minirreforma da Lei de Sociedades por Ações, in *A reforma da Lei das S/A*, coord. por Jorge Lobo, São Paulo, Atlas, 1998, p. 79.

866 Nelson Eizirik, Notas sobre o direito de recesso na incorporação, fusão e cisão das companhias, *Revista de Direito Mercantil*, 113:128.

Conforme reiterado, essa direcionada reforma societária de 1997 visou dificultar o exercício do direito de recesso com o intuito de facilitar as privatizações[867], assim como reduzir os custos dos processos de *concentração empresarial*.

Pelo seu execrável caráter de supressão de direitos dos acionistas minoritários de mercado, visando privilegiar o processo de privatizações das companhias estatais, teve a Lei Kandir curta duração, não obstante nela, em razão da festejada Emenda Hauly, terem sido introduzidas algumas medidas de atualização e de modernização de dispositivos da Lei de 1976 e que, por isso, subsistiram.

LEI N. 10.303, DE 2001

A Lei n. 10.303, de 2001, objetivou restabelecer em termos o direito de recesso, com vistas a melhor tutelar os interesses dos acionistas minoritários, dentre os quais o próprio Governo, que passou a deter posições minoritárias em várias companhias, após a sua privatização.

Nos casos de fusão, de incorporação ou de participação em grupo de sociedades, não se alterou o princípio introduzido pela Lei n. 9.457, de 1997, de negar o direito de recesso aos titulares de ações dotadas de liquidez ou emitidas por companhias com capital disperso no mercado (inciso II, *a* e *b*).

Promoveu a Lei n. 10.303, de 2001, porém, uma alteração substancial nos critérios para que se possam aferir os parâmetros de dispersão e de liquidez (inciso II, *a* e *b*) visando a reduzir as hipóteses em que pode ser negado o direito de recesso aos acionistas dissidentes.

Doravante, somente poderá ser negado o recesso nos casos acima mencionados ao titular de ação de espécie ou classe que apresente liquidez *e, ao mesmo tempo,* dispersão no mercado.

No regime da casuística Lei n. 9.457, de 1997, os critérios de liquidez e de dispersão eram alternativos; com a reforma na Lei Societária de 2001, passam a ser cumulativos.

Assim, somente se em determinada espécie ou classe de ação verificar-se *conjuntamente* a ocorrência dos dois parâmetros — liquidez e dispersão — poderá ser negado o direito de recesso ao acionista dissidente. Presume-se, em tal situação, que o acionista insatisfeito terá condições de vender no mercado suas ações.

---

867 Relatório do Deputado Emerson Kapaz sobre o Projeto de Lei n. 3.115, de 1997.

Ademais, modificou a Lei de 2001 a forma de se apurar a ocorrência de liquidez e de dispersão das ações.

Nos termos da redação do presente artigo, presume-se haver *liquidez*, quando a espécie ou classe de ação ou certificado que a represente (como o ADRs, UNITS) integre índice geral representativo de carteira de valores mobiliários admitido à negociação no mercado de valores mobiliários no Brasil ou no exterior, definido pela CVM (inciso II, *a*).

Já a *dispersão* ocorre quando a companhia torna-se de capital disperso, ou seja, quando mais da metade das ações, votantes ou não, são negociadas no mercado.

Desaparece, em consequência, o controlador, nos termos do art. 116, em face do disposto no art. 4º-A, § 2º.

A redação oblíqua e defeituosa do inciso II, *b* do presente artigo fala em acionista controlador com menos da metade da espécie ou classe de ação. Ora, o controlador pode ter menos ou mais da metade de ações preferenciais e nem por isso deixará de ser controlador, desde que mantenha — e fora do mercado — 50% mais uma das ações ordinárias, portanto, das ações votantes.

O que realmente caracteriza a dispersão (inciso II, *b*) é o fato de não mais existir nenhum acionista com ações ordinárias majoritárias (50% mais uma) que lhe atribuiriam, de modo permanente, o comando da companhia, nos termos e para os efeitos dos arts. 116 e 117 e na conformidade com o disposto no art. 4º-A, § 2º (fora de circulação no mercado).

Desse modo, o que também caracteriza a dispersão (inciso II, *b*) é o fato de as ações de emissão da companhia estarem no *floating* do mercado de bolsa ou de balcão organizado.

Em consequência não mais existe um controlador na medida em que deixa de preencher o requisito de controle fundado sempre na permanência (art. 116), e que lhe impede de negociar suas ações ordinárias majoritárias no mercado, nos termos do art. 4º-A, § 2º.

Por outro lado, como previsto na Lei de 2001, poderemos ter situações em que, numa incorporação, fusão ou deliberação de participação em grupo de sociedades, determinadas ações de uma companhia conferirão o direito de recesso aos seus titulares e outras não.

Por exemplo: se na companhia X as ações preferenciais *classe A* atendem aos requisitos de *dispersão* e de *liquidez*, não conferem elas aos seus titulares o direito de recesso; se, na mesma companhia, as ações ordinárias e as preferenciais *classe B* apresentam liquidez, mas não dispersão, os seus titulares têm o direito de recesso.

A Lei n. 10.303, de 2001, também introduz mudanças importantes no que se refere ao direito de recesso na cisão.

Em 1997, com a promulgação da Lei n. 9.457, negou-se o direito de recesso na cisão. Já no regime da Lei de 2001, a cisão propiciará ao acionista dissidente o direito de retirar-se da companhia se houver mudança do objeto social, salvo se o patrimônio for vertido para sociedade cuja atividade preponderante coincida com aquela desenvolvida pela sociedade cindida, ou, então, se ocorrer redução do dividendo obrigatório ou a sociedade cindida vier a integrar um grupo de sociedades de direito.

Foram ainda alterados o inciso I do art. 136 e o inciso I da presente norma, passando a constituir causa do recesso a criação de ações preferenciais e o aumento de classe de ações preferencias existentes sem guardar proporção com as demais classes de ações preferenciais, salvo se já previsto no estatuto social.

Não obstante, a redação dada ao inciso I do art. 136 confere direito de retirada tanto aos titulares de ações preferenciais como aos titulares de ações ordinárias, desde que possam demonstrar efetiva diminuição em seus direitos patrimoniais decorrente da deliberação da assembleia geral[868].

VISÃO INSTITUCIONAL DO DIREITO DE RECESSO

As modificações verificadas no direito de recesso a partir de 1989 constituem um reflexo da sua indevida utilização como instrumento de política governamental: ora é enfraquecido, para viabilizar ou reduzir os custos da desestatização, ora é fortalecido, como ocorre com a Lei n. 10.303, de 2001, para aumentar o valor de posições acionárias minoritárias, principalmente as do próprio Estado, que passou a essa condição após as privatizações ocorridas, notadamente, a partir de 1997.

Trata-se de uma visão tecnocrática e casuística do Direito Societário, infelizmente em voga, que confere aos institutos legais uma feição meramente instrumental de *receitas* em favor de uma ou de outra finalidade econômica: deseja-se favorecer as privatizações e concentrações? Retire-se o direito de recesso; deseja-se valorizar posições minoritárias do Governo? Revigora-se o direito de recesso. E assim segue-se, ora incluindo, ora retirando, o direito de retirada instituído na lei, ao sabor dos desejos da tecnocracia governamental.

Não é necessário dizer que essa *ciclotimia legislativa* é extremamente danosa para a segurança das relações jurídicas, que é o objetivo fundamen-

868 *V.* comentários ao art. 136.

tal do ordenamento e, assim, para a efetiva *tutela* dos direitos dos minoritários, uma vez que impossibilita a adequada institucionalização do direito de recesso, dificultando a compreensão de seu alcance e objetivos, assim como a formação de uma jurisprudência consistente sobre a matéria.

DIREITO DE RECESSO NA FUSÃO, INCORPORAÇÃO E PARTICIPAÇÃO EM GRUPO DE SOCIEDADES — INCISO II

A Lei n. 10.303, de 2001, no que se refere ao direito de recesso na *fusão, incorporação* ou *participação* em grupos de sociedades, introduziu alterações importantes.

Em primeiro lugar, observa-se que *não* foi confirmada a regra introduzida pela Lei n. 9.457, de 1997, de *negar* o direito de recesso aos titulares de ações dotadas de *liquidez* ou emitidas por companhias com o capital *disperso* no mercado.

Pelo contrário, a Lei n. 10.303, de 2001, modificou substancialmente os *critérios* para que se possam aferir os *parâmetros* de liquidez e de dispersão das ações, visando a *reduzir* as hipóteses em que pode ser negado o direito de retirada aos acionistas dissidentes.

Dispõe o art. 137, II, com a redação dada pela Lei n. 10.303, de 2001, que, nos casos dos incisos IV e V do art. 136, isto é, nas *fusões, incorporações* ou *participação* em grupos de sociedades, somente não terá direito de retirada o titular de ação de *espécie* ou *classe* que tenha *liquidez* e, cumulativamente, *dispersão* no mercado[869].

No regime da Lei n. 9.457, de 1997, os critérios de liquidez e de dispersão, aplicáveis para o efeito de negar o direito de recesso na fusão, incorporação ou participação em grupo de sociedades, eram inequivocamente *alternativos*, como referido. Com a reforma da Lei n. 10.303, de 2001, tais critérios passam a ser *cumulativos*, como reiterado.

O inciso II do art. 137 é explícito ao mencionar a liquidez *e* a dispersão de *espécie* ou *classe* de ações, ao contrário da redação anterior de 1997. E, assim, os critérios de liquidez *e de* dispersão devem ser verificados *cumulativamente* e não mais alternativamente, como na redação de 1997 ao art. 137, II, para que possa ser excluído o exercício do direito de retirada.

Temos, portanto, *ex vi* do inciso II do art. 137, que, somente se em determinada espécie ou classe de ação se verificar *conjuntamente* a ocor-

---

869 *V.* comentários ao art. 136.

rência dos dois parâmetros — liquidez e dispersão —, poderá ser negado o direito de recesso.

Assim, determinadas ações de *uma mesma companhia* podem conferir o direito de recesso e outras não: p. ex., na companhia X, se as ações preferenciais *classe A* apresentam dispersão e liquidez, pode a companhia legitimamente negar o direito de recesso; se as ações ordinárias (art. 4º-A, § 2º) e preferenciais *classe B* apresentam liquidez, mas não dispersão, os seus titulares têm o direito de recesso.

Além disso, a Lei n. 10.303, de 2001, modificou a *forma* de apurar a ocorrência de liquidez e de dispersão das ações, também visando a *reduzir* os casos de supressão do exercício de direito de retirada.

Nesse sentido, o inciso II, com a redação que lhe foi dada pela Lei n. 10.303, de 2001, presume haver:

a) *liquidez*, quando a espécie ou classe de ação, ou certificado que a represente (ADR), integre o índice geral de carteira de valores mobiliários admitido à negociação no mercado de valores mobiliários, no *Brasil ou no exterior*, tal como definido pela Comissão de Valores Mobiliários; e

b) *dispersão*, quando nenhum acionista possui maioria absoluta de ações ordinárias, na forma e para os efeitos dos arts. 4º-A, § 2º e 116, ou seja, quando a companhia for de capital disperso.

A propósito, a reforma trazida pela Lei n. 10.303, de 2001, no caso, apresenta feição contraditória, pois tornou mais fácil de ser alcançado o parâmetro liquidez e, por outro lado, mais difícil de ser atingido o parâmetro dispersão.

Como vimos, de acordo com o texto da Lei n. 10.303, de 2001, considera-se existir *liquidez* (art. 137, II, *a*) quando a espécie ou classe de ação, ou o certificado que a represente, integre índice geral representativo de carteira de valores mobiliários admitido à negociação no mercado de valores mobiliários, no Brasil ou no exterior, definido pela Comissão de Valores Mobiliários.

Em primeiro lugar, essa norma introduzida pela Lei n. 10.303, de 2001, consagrou o entendimento já verificado, na prática dos negócios, ainda no regime da Lei n. 9.457, de 1997: o parâmetro *liquidez* deve ser aferido com relação a uma *determinada espécie ou classe de ação*.

Assim, o parâmetro *liquidez* é adotado, inequivocamente, tendo em vista especificamente a *espécie* ou a *classe* de ações, não a totalidade das ações de emissão de determinada companhia.

No regime legal anterior, de 1997, o art. 137, II, *a*, presumia a liquidez das ações que integrassem *índices gerais representativos de carteira de ações admitidos à negociação em bolsas de futuros*.

À época (1997), com efeito, o único índice geral representativo de carteira de ações admitido à negociação em bolsas de futuros era o Ibovespa, da Bolsa de Valores de São Paulo, objeto de negociação no mercado futuro de índices, sob a modalidade *Contrato Futuro de Ibovespa*, na Bolsa de Mercadoria & Futuros — BM&FBovespa.

Assim, presumia-se, no regime legal de 1997, a liquidez apenas das ações integrantes do Ibovespa, não atendendo esse requisito às ações integrantes de outros índices representativos de carteiras de ações, por não serem tais índices negociados em bolsas de futuros.

AMPLIAÇÃO DOS ÍNDICES DE AFERIÇÃO DE LIQUIDEZ — INCISO II, *A*

A letra *a* do inciso II do art. 137, na redação dada pela Lei n. 10.303, de 2001, segue orientação mais ampla, *não* exigindo que a ação integre *índice* admitido à negociação somente em *bolsa de futuros*, mas que tal índice seja admitido à negociação no *mercado de valores mobiliários*.

O *índice* constitui uma *carteira teórica*, integrada pelas ações que apresentam maior negociabilidade no mercado.

Assim, consoante a Lei de 2001 também será presumida a *liquidez* de ações integrantes de *outros índices*, além do Ibovespa, desde que sejam negociadas no mercado de valores mobiliários e *aceitas pela Comissão de Valores Mobiliários*.

Doravante, poderão ser consideradas ações com liquidez também aquelas que integrem outros índices, como, por exemplo, o IBX — Índice Brasil, e o IGC — Índice de Ações com Governança Corporativa Diferenciada, todos também elaborados pela BM&FBovespa.

Além disso, não mais se exige que o índice seja transacionado em mercado futuro, bastando que seja admitido à negociação no mercado de valores mobiliários, seja de bolsa de valores, seja de balcão organizado, *desde que aceito pela Comissão de Valores Mobiliários*.

Embora na prática do mercado somente ocorram negociações com índices de ações em bolsas de futuros, nada impede que venham a ser negociados *contratos de índices* no mercado à vista.

ÍNDICES GERAIS SÃO DERIVATIVOS — INCISO II, *A*

Os *índices gerais representativos de ações* são considerados valores mobiliários, desde a edição do Decreto-Lei n. 2.286, de 1986 (art. 3º), e, portanto, a sua negociação no mercado de valores mobiliários está sujeita à fiscalização da Comissão de Valores Mobiliários.

Sendo os *índices* tipicamente *derivativos*, estão eles incluídos no elenco de valores mobiliários, nos termos do art. 2º, VII, da Lei n. 6.385, de 1976.

Há, portanto, uma presunção legal *absoluta* de que as espécies e classes de ações que integram tais índices aceitos pela Comissão de Valores Mobiliários constituem títulos dotados de comprovada liquidez, motivo pelo qual foi excluído pela lei o exercício do direito de retirada de seus titulares, *ex vi* do presente inciso II.

A redação dada ao inciso II, *a*, do presente artigo menciona as ações ou *certificados que as representem* que integrem *índices* representativos de carteira de valores mobiliários negociados no Brasil ou no *exterior*.

Visou-se, com tal norma, alcançar também os *títulos representativos de ações* emitidas por companhias nacionais que são negociados no exterior, como é tipicamente o caso dos *American Depositary Receipts* — ADR. Estes são títulos negociáveis no mercado norte-americano, emitidos por bancos depositários, representativos de ações de companhias sediadas fora dos Estados Unidos, ou então dos *Global Depositary Receipts* — GDR.

Caso os *títulos* representativos de ações, como são os ADR, os GDR, as UNITS integrem um *índice* negociado em mercado de valores mobiliários no exterior e *reconhecido pela Comissão de Valores Mobiliários*, verifica-se a presunção legal de que as espécies ou classes de ações representadas por tais títulos são dotadas de liquidez.

É possível que a *ação representada* por ADR ou componha uma UNIT integre *índice* negociado no mercado de valores mobiliários brasileiro, mas que esse mesmo ADR ou UNIT *não* integre qualquer índice negociado no exterior. Ou ocorra a situação inversa: o ADR ou UNIT integre um índice, mas o mesmo não ocorra com as respectivas ações.

Em qualquer das hipóteses, a ação, ou o título que a represente, ao integrar o índice negociado no mercado, aceito pela Comissão, acarreta a presunção legal de liquidez, pois a conversão de tais títulos — ADR, GDR ou UNIT — em ações, e vice-versa, é praticamente automática.

CRITÉRIO DE DISPERSÃO — INCISO II, *B*

Com relação ao critério de *dispersão* das ações, a Lei n. 10.303, de 2001, introduziu uma alteração importante na maneira de sua *aferição*.

Com efeito, consoante a Lei de 2001, para se efetuar o cálculo da *dispersão* das ações no mercado não mais se contará o total das ações emitidas pela sociedade, como anteriormente (1997), mas o *total da espécie* ou *da classe* da ação de que o dissidente for titular.

A Lei n. 9.457, de 1997, presumia a *dispersão* quando deixava de existir o controlador (art. 116), ao deter menos do *total das ações* da companhia[870]. Nesse caso de não mais existência de um acionista titular de ações majoritárias que lhe credenciavam para o exercício do controle (art. 116) entendia-se haver dispersão suficiente para se negar o exercício do direito de recesso ao minoritário.

Ou seja, quando a companhia se tornava de capital disperso, o exercício do direito de retirada não subsistia.

A contrario sensu, a concentração de mais da metade do *total* de ações votantes nas mãos do acionista controlador e, por isso, fora de circulação no mercado, permitia aos acionistas dissidentes o exercício do direito de retirada.

Isto posto, consideram-se *ações em circulação no mercado* aquelas que *não* são as majoritárias votantes do acionista controlador da companhia (art. 4º-A, § 2º e art. 116).

Dessa situação pode surgir a companhia com capital disperso, em que desaparece a figura e as funções do controlador, estando todas as ações no mercado de bolsa ou de balcão organizado.

Por sua vez, a Lei n. 10.303, de 2001 repete, em termos, o canhestro texto da Lei Kandir, de 1997, ao falar em controlador possuindo menos da metade da espécie ou da classe de ações, para, assim, negar o exercício do direito de retirada.

Ocorre que não importa, como referido, se o controlador tenha mais ou menos, a maioria ou a minoria, das ações preferenciais, na medida em que estão todas elas no mercado, onde são, obviamente, livremente negociadas.

O que a norma quer dizer é que não mais existindo o controlador, ou seja, aquele titular de ações majoritárias votantes que lhe ensejam o exercício permanente do controle (art. 116), por terem elas sido colocadas no mercado (art. 4º-A, § 2º), o exercício do direito de retirada é legalmente negado.

Vale dizer: nas companhias com capital disperso, ou seja, sem controlador, o exercício do recesso não pode ser exercido, na medida em que todas as ações, ordinárias e preferenciais estarão sendo negociadas no mercado de bolsa ou de balcão organizado.

---

870 Nelson Eizirik, Notas sobre o direito de recesso na incorporação, fusão e cisão das companhias, *Revista de Direito Mercantil*, 113:127.

Não mais existe ações ordinárias majoritárias de controle fora do mercado (art. 4º-A, § 2º). Todas as ações, sejam ordinárias ou preferenciais, são negociáveis, não subsistindo a categoria de fora do mercado, de um lado (controle) e dentro dele, as minoritárias votantes e as preferenciais.

Trata-se, pois, da companhia com capital disperso, que se deduz do presente inciso II, *b*. Nela é que se veda o exercício da retirada, desde que também preenchido o requisito de liquidez (inciso II, *a*).

Desse modo, nas companhias com controlador (art. 4º-A, § 2º) o exercício do direito de recesso é legalmente reconhecido.

Portanto, a Lei n. 10.303, de 2001, *presume a dispersão* quando o acionista controlador deixa de sê-lo, por não mais possuir ações majoritárias votantes (art. 116) e ter colocadas as que lhe restam no mercado, não mais prevalecendo, no caso, o disposto no art. 4º-A, § 2º.

Haverá dispersão, outrossim, e desde logo, quando a companhia é constituída com capital disperso.

Isto posto, não terá o acionista o direito de exercer o recesso, na hipótese do art. 137, II, se a companhia for de capital disperso (*b*) e, cumulativamente, atender os requisitos de liquidez (*a*).

Assim, em praticamente todos os casos em que houver incorporação, fusão ou participação em grupo de sociedades ocorrerá o exercício do direito de recesso, em alguma das espécies ou classes de ações, pois será, de fato, muito difícil atingir os dois parâmetros — liquidez e dispersão —, *cumulativamente*, na forma como passam a ser calculados a partir da vigência da Lei n. 10.303, de 2001.

RECESSO NA CISÃO

A Lei n. 10.303, de 2001, introduziu uma alteração relevante no que se refere ao direito de recesso em operações de *cisão*.

Conforme referido, na anterior reforma promovida pela Lei n. 9.457, de 1997, *retirou-se* o direito de recesso nos casos de *cisão* para, assim, facilitar a confortável execução do Plano de Desestatização do Governo Federal, ou seja, sem que o novo controlador privado tivesse que arcar com os custos decorrentes do exercício do direito de recesso pelos minoritários dissidentes.

À época (1997) já se discutia a respeito do cabimento ou não do direito de recesso nos casos em que a cisão acarretasse mudança do objeto social da companhia ou a redução do dividendo obrigatório mínimo[871].

---

871 Nelson Eizirik, Notas sobre o direito de recesso na incorporação, fusão e cisão das companhias, *Revista de Direito Mercantil*, *113*:125.

O direito de recesso em tais hipóteses decorreria não propriamente da cisão, mas dos *efeitos* dela advindos, que poderiam configurar um dos casos previstos nos incisos I, II, III e VI do art. 136 , todas autônomas, gerando, *independentemente* da cisão, o direito de recesso[872].

Isto posto, a reforma trazida pela Lei n. 10.303, de 2001, concedeu o direito de recesso somente ocorrendo três efeitos da cisão.

A cisão, em si, continua *não* gerando o direito de recesso. Porém, dela podem resultar alterações profundas nas bases essenciais da nova companhia que permitirão o exercício do direito de recesso pelos acionistas dissidentes.

Assim, segundo o Deputado Emerson Kapaz, no relatório de seu festejado substitutivo, "haverá direito de retirada, nos casos de cisão, quando dela resultarem eventos que normalmente ensejariam o exercício de tal direito"[873].

RECESSO NA CISÃO — MUDANÇA DE OBJETO SOCIAL — INCISO III, *A*

A primeira hipótese geradora do recesso na cisão encontra-se regulada no inciso III, *a*, que trata da *mudança do objeto social* da companhia resultante da cisão.

Conforme essa alínea *a*, o acionista dissidente terá o direito de exercer o recesso se a cisão implicar *mudança de objeto social*, salvo se o patrimônio cindido for vertido para uma sociedade cuja *atividade preponderante* coincida com a decorrente do objeto social da sociedade cindida[874].

Daí decorre que o acionista dissidente estará legitimado para exercer o direito de recesso na cisão, quando dela decorrer mudança do objeto social da sociedade cindida.

Cabe observar que o objeto social refere-se à *atividade-fim* da companhia[875]. Nesse sentido, o objeto social pode ser definido como a *atividade econômica* em razão da qual se constitui a sociedade e em torno da qual a vida social se realiza e se desenvolve.

---

872 Mauro Rodrigues Penteado, *Reforma da Lei das Sociedades por Ações*, São Paulo, Pioneira, 1998, p. 50.

873 Relatório do Deputado Emerson Kapaz sobre o Projeto de Lei n. 3.115, de 1997.

874 *V.* EI 200/94, Rel. Des. Laerson Mauro, do 1º Grupo de Câmaras Cíveis do TJRJ, j. em 15-2-1995.

875 José Alexandre Tavares Guerreiro, Sobre a interpretação do objeto social, *Revista de Direito Mercantil*, 54:70.

E, com efeito, a Lei n. 10.303, de 2001, confere o direito de recesso nos casos de mudança do objeto social, *exceto* quando a *atividade-fim* das sociedades cindidas e da sociedade decorrente da cisão *coincidam*.

Tendo em vista que o critério para apurar se houve ou não mudança do objeto social é *casuístico*, poderão surgir dúvidas naquelas companhias que possuem *mais de uma atividade preponderante*, devendo, portanto, cada caso ser analisado cuidadosamente.

Assim, na hipótese de uma companhia que possui como *objeto social* várias atividades distintas, como, por exemplo, a fiação, a tecelagem e a tinturaria, poderá ser realizada uma *cisão* e a empresa decorrente da operação dedicar-se a apenas uma dessas três atividades. Nesse caso, ocorreria, em tese, a *redução* do objeto social; se há redução, há mudança do objeto social, cabendo o exercício do direito de recesso[876].

No entanto, no caso acima exemplificado, o acionista, para legitimar-se ao exercício do direito de recesso, deve demonstrar, com base no critério do *patrimônio vertido*, se houve ou não *redução da atividade econômica*, analisando, assim, o *patrimônio operacional* que foi transferido para a companhia nova.

Se tiver sido vertido para a companhia nova o patrimônio que corresponda às *três atividades*, ele *não* terá o exercício do direito de recesso. Contudo, se a empresa cindida possuía três atividades e somente foi vertido para a nova companhia o *patrimônio operacional* relativo a uma delas, caberá o exercício do direito de recesso.

Portanto, é mediante a análise do *patrimônio vertido* para a nova companhia que se poderá verificar se, operacionalmente, essa nova companhia poderá desempenhar as mesmas atividades da companhia cindida.

RECESSO NA CISÃO — CONCEITO DE ATIVIDADE PREPONDERANTE — AINDA O INCISO III, *A*

O conceito de *atividade preponderante* de uma companhia, para os efeitos do art. 137, III, *a*, é *empresarial* e não jurídico/estatutário, ou seja, refere-se, de fato, à *atividade econômica* efetivamente desenvolvida pela companhia.

Se o conceito de *atividade* fosse jurídico, bastaria, para não conferir o exercício do direito de recesso, prever no estatuto da companhia resultante da cisão a mesma atividade que a companhia cindida desempenhava.

---

876 Philomeno J. da Costa, Cisão de sociedade por ações, *RT*, 553:49.

A finalidade da Lei n. 10.303, de 2001, ao admitir o recesso na *mudança de objeto social*, é impedir que o acionista seja obrigado a mudar de uma sociedade que exerce uma *atividade econômico-empresarial* determinada, que era do seu interesse, para outra companhia que desempenhará uma atividade diversa, que ele não tenha interesse.

Assim — repita-se — o conceito de *atividade preponderante* é de natureza *econômico-empresarial*, devendo-se aferir se a desenvolvida pela companhia objeto da cisão coincide ou não com a da companhia cindida, tendo como critério aferidor o *patrimônio operacional* que foi vertido.

REDUÇÃO DO DIVIDENDO OBRIGATÓRIO — INCISO III, *B*

A segunda hipótese de recesso na cisão encontra-se prevista no art. 137, III, *b*, com a redação dada pela Lei n. 10.303, de 2001, que admite o seu exercício na hipótese de ocorrer *redução* do dividendo obrigatório no momento da substituição das ações da companhia cindida pelas ações da companhia resultante da cisão.

O dividendo obrigatório, previsto no art. 202 da Lei das S.A., consiste em 50% do lucro líquido, se o estatuto for omisso, e 25%, no mínimo, se o estatuto regulamentar a matéria[877].

Em se tratando de *companhia fechada*, qualquer redução do dividendo obrigatório na companhia resultante da cisão ensejará, para o acionista dissidente, o exercício do direito de recesso.

Diversa é a situação da *companhia aberta* cujas ações preferenciais estão admitidas à negociação no mercado de capitais.

O art. 17, § 1º, I, *a* e *b*[878], estabelece duas modalidades alternativas de dividendos para as companhias cujas ações estejam admitidas à negociação no mercado: prioridade no recebimento dos dividendos correspondentes a 3% do patrimônio líquido; ou dividendo 10% maior do que os pagos às ações ordinárias.

Dessa forma, se na *nova companhia aberta* resultante da cisão o acionista não tiver direito ao dividendo prioritário de 3% do patrimônio líquido *ou* 10% a mais que o contido pelas ordinárias, ele poderá exercer o direito de recesso.

Ademais, se uma nova companhia aberta resultante de cisão não conferir aos preferencialistas a prioridade no recebimento de 3% nem os 10% a

---

877 *V.* comentários ao art. 202.

878 *V.* comentários ao art. 17.

mais que as ordinárias, mas assegurar-lhes o direito de serem incluídas na oferta pública de alienação de controle da companhia, previsto na letra *c* do § 1º do art. 17, têm os acionistas dissidentes o direito de exercer o recesso.

Assim, na nova *companhia aberta* resultante da *cisão* deve ser garantido ao acionista o dividendo obrigatório da letra *a* ou *b* do § 1º do art. 17. Se não for conferido ao acionista nem o direito ao dividendo obrigatório previsto na letra *a* nem o da letra *b*, mas sim o direito estabelecido na letra *c* (de participar na oferta pública), o acionista *terá* direito de recesso, porque haverá uma efetiva *redução* (eliminação) do dividendo obrigatório.

No entanto, no caso de o acionista receber, na companhia cindida, 3% do patrimônio líquido como dividendo obrigatório e, na companhia aberta objeto de cisão, 10% a mais do que as ordinárias, também como dividendo obrigatório, em princípio, ele *não* terá o direito de exercer o recesso, em face da presunção de que, nesse caso, não haverá redução do dividendo obrigatório.

RECESSO NA CISÃO — PARTICIPAÇÃO EM GRUPO DE SOCIEDADES — INCISO III, *C*

A terceira hipótese de recesso na cisão encontra-se regulada no art. 137, III, *c*, e consiste na *participação em grupo de sociedades*.

Trata-se de evidente impropriedade legislativa. As hipóteses previstas nas letras *a* e *b* do inciso II do art. 137 — mudança de objeto social e redução dos dividendos — podem decorrer do processo de cisão, como consequência direta de tal operação.

Já a *participação em grupo de sociedades*, por definição, não decorre do processo de cisão, mas de *ato posterior*, que com ele não está necessariamente relacionado, e que ocasiona, de per si, o direito de recesso na forma prevista no art. 270 e no novo inciso II do art. 137.

O *grupo de sociedades* a que se refere a letra *c* do inciso III do art. 137, com a redação dada pela Lei n. 10.303, de 2001, é o *grupo de direito* (arts. 265 a 277).

O *grupo de sociedades de direito* constitui uma técnica de concentração empresarial mediante a qual duas ou mais sociedades, sendo uma dominante e as demais dominadas, unem-se sob uma mesma direção para alcançar objetivos comuns.

Entre nós, o *grupo de sociedade de direito* é muito pouco utilizado na prática dos negócios. As companhias têm utilizado o instituto do consórcio, previsto nos arts. 278 e 279, que lhes permite maior flexibilidade para alcançar os mesmos objetivos, sem os custos decorrentes do direito de recesso conferido aos acionistas dissidentes.

Nos termos do art. 265, a sociedade controladora e suas controladas podem constituir um grupo de sociedades, mediante *convenção* pela qual se obrigam a combinar recursos ou esforços para a realização dos respectivos objetos, ou para participar de atividades ou empreendimentos comuns[879].

A formação do *grupo de direito*, mediante *convenção*, permite a criação de uma administração centralizada de todas as companhias do grupo, o que retira a autonomia de gestão de cada uma delas.

A deliberação de integrar um grupo de sociedades de direito (art. 265) altera profundamente a estrutura de cada uma das companhias dele componentes, seu objeto, seu fim, sua administração e seu patrimônio.

Tais alterações, que se refletem nos estatutos sociais, modificam os direitos de seus acionistas, razão pela qual o parágrafo único do art. 270 concede aos acionistas dissidentes, no caso, o direito de recesso, desde que não se trate de sociedade que atenda aos parâmetros de liquidez e de dispersão, consoante o novo inciso II do presente art. 137.

O *direito de retirada*, previsto no parágrafo único do art. 270 da Lei das S.A., tem como *causa* a deliberação assemblear favorável à convenção, tomada pelos acionistas majoritários; o *fato gerador* do recesso, pois é a vontade legítima da companhia de participar em grupo de sociedades de direito (art. 265).

Assim, a norma constante da letra *c* do inciso III do art. 137 *é inútil*; o direito de recesso, no caso, não decorre da cisão, mas de *ato posterior* da companhia resultante da cisão, consistente na assinatura de convenção de grupo, o qual enseja ao acionista dissidente o direito de recesso, nos termos do referido parágrafo único do art. 270.

REDUÇÃO PATRIMONIAL EFETIVA

A reforma societária em 1997 (Lei n. 9.457) adotou o princípio, já consagrado na doutrina e na jurisprudência, de que o exercício do direito de recesso, em hipóteses relacionadas com a modificação dos direitos das ações existentes, pressupõe a ocorrência de *redução patrimonial* para o acionista dissidente (inciso I do art. 137).

---

879 *V.* comentários aos arts. 265 e s.

Nesse sentido, dispõe o inciso I deste artigo, que não foi alterado pela Lei n. 10.303, de 2001, que, nos casos dos incisos I e II do art. 136, somente terá direito de recesso o titular de ações de espécie ou classe *prejudicadas*.

Assim, o *pressuposto* para a legitimidade do exercício do direito de recesso não é a simples discordância de determinada deliberação assemblear, mas sim a verificação de efetiva *redução patrimonial* acarretada pela alteração nos direitos conferidos às ações do acionista minoritário.

A *redução patrimonial* não se presume, cabendo ao acionista dissidente, ao pleitear o recebimento do valor de reembolso de suas ações, alegar a sua ocorrência.

Faz-se necessário que o acionista declare que tal alteração, *objetivamente*, repercutirá de forma negativa em seu patrimônio acionário.

Isto posto, não se pode deduzir, *a priori*, que a alteração do dividendo prioritário de 3% sobre o patrimônio líquido, para um dividendo 10% superior ao da ação ordinária, ocasione perda patrimonial para o acionista[880].

Assim, em princípio, não cabe o exercício do direito de recesso se o acionista receber, na sociedade cindida, ações que lhe atribuam o dividendo previsto na letra *a* do § 1º do art. 17, quando ele antes recebia o previsto na letra *b*, e vice-versa, a não ser que declare, e, em seguida, demonstre a ocorrência efetiva de redução dos dividendos a que teria direito.

CONCEITO DE RECESSO

O recesso é a faculdade legal do acionista de retirar-se da companhia, mediante a reposição do valor patrimonial das ações respectivas.

Trata-se de um negócio jurídico, em virtude do qual a companhia é obrigada a pagar aos acionistas dissidentes o valor de suas ações. Constitui uma resilição unilateral ou denúncia.

É, portanto, reminiscência da concepção contratualista da sociedade anônima[881], que ainda subsiste em diversas esferas da sua estrutura.

FUNDAMENTO DO RECESSO

Formaram-se duas teorias em torno do direito de recesso. A *teoria da lei*, que entende basear-se tal prerrogativa na vontade do legislador, considerando a matéria como de ordem pública e, por isso, irre-

---

880 V. comentários ao art. 17.
881 Garrigues-Uría, *Comentario*, cit., v. 2, p. 252.

nunciável e indisponível por parte do acionista e inderrogável pelo estatuto ou pela assembleia geral (art. 109, V)[882].

Já para a *teoria do contrato*, o direito de recesso implica uma rescisão parcial do contrato de sociedade, tendo como causa a não permanência das cláusulas que motivaram o consentimento do acionista.

Em consequência, a norma legal seria mera disposição de caráter subsidiário ou supletivo da vontade das partes.

Admite, pois, essa teoria que o direito de recesso, por ser contratual, seria renunciável ou alterável, notadamente pela superveniência de circunstâncias e de fatos que modificariam as estipulações iniciais[883].

Na realidade, o direito de recesso origina-se do reconhecimento legal dos fundamentos essenciais (organizacionais) da companhia. Trata-se, portanto, de direito que visa a conciliar os interesses da companhia e dos acionistas.

A lei, de um lado, dá poderes à maioria para modificar as bases essenciais do contrato social e, de outro, garante ao acionista discordante dessas modificações a possibilidade de denunciar parcialmente o pacto social a que aderiu.

Tem, outrossim, caráter indenizatório (como no direito inglês e alemão), no caso de conduta *ultra vires* dos administradores, por desconsiderar o estatuto da companhia, como acentua o direito espanhol.

Pode também o acionista arguir a alteração de fato do objeto social pela impossibilidade instrumental de sua realização, em face da venda do patrimônio operacional da companhia, no seu todo ou de parte substancial que afete essa operacionalidade.

Trata-se, com efeito, de corretivo do princípio majoritário, no sentido de que, diante de algumas modificações mais importantes do estatuto social, a lei protege o acionista individual que se considere prejudicado por tais modificações.

Dá-se-lhe, com as exceções legais (inciso II), o direito de liquidar sua parte no capital social, sem necessidade de, para tanto, encontrar comprador para ceder as respectivas ações[884].

O fundamento, portanto, do direito de recesso encontra-se na proteção aos interesses do sócio individual que não quer ficar vinculado à companhia. Constitui instrumento legal de proteção aos não controladores.

---

882 V. comentários ao art. 109.

883 A. Velasco, *La separación del accionista*, Barcelona, Ed. Derecho Financiero, 1976, p. 11 e s.

884 Barbiera, *Inchieste di Diritto Comparato*, 5(2):982.

Ademais, dirime o recesso o conflito formal de interesses representado, de um lado, pela permanência da pessoa jurídica e a preservação do princípio majoritário e, de outro, pelo direito de ressarcimento aos acionistas inconformados com decisões contrárias aos seus interesses.

Permite, dessa forma, a lei que o acionista, por sua vontade manifestada oportunamente, deixe de arcar com determinados efeitos jurídicos decorrentes da decisão majoritária sobre matérias específicas[885].

O acionista, portanto, retira-se não da sociedade a cuja estrutura jurídica aderiu. Afasta-se, isto sim, por antecipação, da companhia modificada[886] ou descaracterizada.

Trata-se de um contrapeso à regra geral da decisão majoritária, no tocante à modificação das bases essenciais (organizacionais) da companhia, como referido.

NATUREZA DO DIREITO DE RECESSO

Constitui o recesso de um direito de natureza patrimonial, na medida em que tutela o interesse do acionista, no que respeita à sua participação no capital da companhia[887].

Tem, por outro lado, a natureza de uma liquidação antecipada e parcial dos haveres do sócio na sociedade[888].

Configura, ainda, uma resilição ou denúncia unilateral. O poder de resilir é exercido mediante declaração de vontade da parte a quem o contrato não mais interessa[889].

Por outro lado, é resilição parcial, porque não extingue o contrato, mas simplesmente a relação jurídica entre o acionista denunciante e os demais acionistas remanescentes. Daí a importância da teoria do contrato plurilateral, que permite a resilição parcial.

A RESILIÇÃO EXTINGUE A RELAÇÃO

O acionista que denuncia extingue a relação jurídica

---

885 Barbiera, *Inchieste di Diritto Comparato*, 5(2):983.

886 Barbiera, *Inchieste di Diritto Comparato*, 5(2):984.

887 E. H. Richard, *Derechos patrimoniales de los accionistas en las sociedades anónimas*, Buenos Aires, Ed. Lemer, 1970, p. 210.

888 Messineo, *Manuale*, cit., v. 4, p. 505.

889 Orlando Gomes, *Introdução ao direito civil*, Rio de Janeiro, Forense, 1965, p. 190.

negocial[890], embora não torne ineficaz, na espécie, o próprio contrato de que a referida relação se origina.

O exercício do direito de recesso, por constituir uma denúncia ou resilição unilateral e parcial, é negócio jurídico, produzindo a extinção da relação jurídica entre o acionista e a companhia[891].

A resilição unilateral representada pela retirada do acionista produz efeito para o futuro, não extinguindo a relação jurídica negocial desde o momento do seu exercício.

Isto porque apenas com o pagamento e quitação dos haveres do acionista retirante é que ocorre a extinção[892]. Enquanto tal não ocorrer, a relação jurídica mantém-se íntegra para todos os efeitos, notadamente para o pleno exercício dos direitos patrimoniais e políticos do acionista junto à companhia[893].

MOMENTO DA EXTINÇÃO DA RELAÇÃO JURÍDICA

Uma vez pago o valor das ações e dando-se o acionista por quitado, cessa a relação jurídica e, consequentemente, qualquer pretensão, direito, obrigações, ações e execuções decorrentes da situação de sócio[894].

O pagamento do valor das ações mediante consignação em juízo, embora faça cessar a relação de sócio, não mais podendo aquele que requereu o recesso exercê-lo novamente, não extingue, porém, as ações, pretensões e exceções que tenha o acionista com referência ao reembolso (art. 45).

Ademais, a eficácia da resilição ou denúncia unilateral e parcial do acionista produz efeito declaratório e constitutivo a partir da própria declaração de vontade manifestada, independentemente de pronunciamento judicial, ou administrativo, ou de qualquer procedimento extrajudicial.

PRECEITO DE ORDEM PÚBLICA

O direito de recesso constitui preceito de ordem pública, inscrito entre os direitos individuais do acionista. Constitui, portanto,

---

890 Pontes de Miranda, *Tratado de direito privado*, Rio de Janeiro, Borsoi, v. 25, p. 293.

891 Conforme Pontes de Miranda, *Tratado*, cit., v. 25, p. 293.

892 *V.*, a propósito, TJSP, 4ª Câmara de Direito Privado, AI 320.676-412-00, Rel. Des. Jacobina Rabello, j. em 18-3-2004.

893 Halperin, *Sociedades anônimas*, cit., p. 627.

894 Lattin, *Lattin on corporations*, cit., p. 611.

prerrogativa intangível e inderrogável pelo estatuto ou pela assembleia geral, sendo, outrossim, irrenunciável e indisponível (art. 109, V), como referido.

Será nula, portanto, a cláusula estatutária ou a convenção que torne mais gravoso o exercício desse direito ou que o restrinja.

DIREITO IRRENUNCIÁVEL E INDISPONÍVEL

Com relação ao direito de recesso, é impróprio falar em renúncia *a priori* ou *a posteriori*[895]. Isto porque não se pode confundir o não exercício de um direito com a sua renúncia. Esta última significa o abandono ou a desistência do direito de que se é titular.

O fato de o acionista decidir permanecer na sociedade, apesar de alteração estatutária, não significa renúncia ao seu direito de recesso, mas apenas o não exercício da prerrogativa legal em determinado momento, que permanece íntegra, podendo ser plenamente acionada no futuro, quando houver causa[896].

CRÍTICAS AO DIREITO DE RECESSO — LEI N. 9.457, DE 1997

Na esteira do institucionalismo, a Lei n. 9.457, de 1997, acolheu críticas que têm sido formuladas ao direito de recesso[897]. Argumenta-se, v. g., que o direito de recesso entorpece as atividades sociais de maior importância, impossibilitando mudanças estruturais necessárias ao seu desenvolvimento. Acrescentam que o reembolso acarreta ônus excessivo para as finanças da sociedade, além de incentivar a especulação[898].

Assim, o direito de recesso alcançaria os atos mais importantes da vida societária, entravando o seu crescimento e estimulando a sua descapitalização. Premiaria esse direito os que desejam dela retirar-se e puniria os que nela permanecem. Chega-se a vislumbrar nessa prerrogativa uma arma

---

895 A respeito do tema, Ascarelli, *Studi*, cit., p. 242; Barbiera, *Inchieste di Diritto Comparato*, 5(2):983; Garrigues-Uría, *Comentario*, cit., v. 2, p. 256.

896 Sobre o alcance da renúncia ao direito de recesso previsto no art. 221 da lei, *v.* comentários aos arts. 45 e 109.

897 Conforme o recenseamento de Velasco, *La separación*, cit., p. 7 e s.

898 Fabio Comparato, O direito de recesso, como negócio jurídico, *Gazeta Mercantil*, 13 mar. 1977.

engatilhada contra a companhia e os demais acionistas que nela permanecem[899].

Seria, pois, o direito de recesso uma instituição atípica que não se acomodaria à natureza da sociedade anônima[900]. Daí, segundo seus contestadores, ser cada vez menos aceito[901].

Tais críticas traduzem a tendência institucionalista da sociedade anônima e, portanto, o princípio de defesa da empresa e de hegemonia absoluta dos controladores (art. 116).

Entendem, pois, os seus propugnadores que os interesses empresariais poderiam justificar a privação dos direitos do sócio e, portanto, a alteração de seus interesses. Em suma, teria a empresa objetivos próprios além e acima do interesse dos acionistas.

Daí se falar, também, em restrição do direito de recesso ao menor número possível de casos[902].

PRESSUPOSTOS PARA O EXERCÍCIO DO DIREITO

São dois os pressupostos para o exercício do direito de recesso.

O primeiro é de ter havido deliberação eficaz da assembleia geral sobre uma das matérias especificadas na lei como suscetíveis de gerar esse direito (art. 136)[903].

O segundo, a prática de atos, por parte do controlador e dos administradores, que alterem de fato e substancialmente o objeto social, seja pela mudança de atividade, seja pelo desaparecimento significativo do patrimônio operacional que instrumentalmente permitia a sua consecução.

O outro pressuposto é o de *não* ter havido consentimento do acionista à modificação. Ocorrendo o consentimento, manifestado em assembleia geral regularmente instalada e realizada, não poderá o acionista arrepender-se dele, para o efeito de exercitar o direito de retirada[904].

---

899 Robert Dreyfuss, *Gazeta Mercantil*, 11 out. 1977.

900 Velasco, *La separación*, cit., p. 22.

901 Velasco, *La separación*, cit., p. 46.

902 Bulgarelli, *Proteção das minorias,* cit., p. 70.

903 *V.* comentários ao art. 136.

904 RE 104.985-6-RS, j. em 17-6-1986 (col. Nelson Eizirik, *Sociedades anônimas — Jurisprudência,* Rio de Janeiro, Renovar, 1996, p. 222-32): Sociedade Anônima — Direito de recesso — Não exige a Lei n. 6.404/76, art. 136,V, que a alteração estatutária importe

A prova do não consentimento, na hipótese, é negativa, ou seja, deve provar que não compareceu à assembleia ou, se o fez, que votou contra a decisão ou se absteve de votar (§ 2º).

Evidenciado que, se pela ação ou omissão o acionista dissentiu, está ele legitimado para o exercício do direito de retirada[905].

Poderá exercê-lo, *em regra*, qualquer acionista, independentemente da espécie, classe ou forma de suas ações[906], observado o disposto no § 1º, no que respeita à data de início da aquisição desse direito.

DEVE HAVER INTERESSE ATINGIDO

A redação do inciso I do presente artigo fala em "espécie ou classe *prejudicadas*".

O legislador, ao assim dispor, procurou refletir a tendência jurisprudencial e doutrinária, no sentido de que o exercício do recesso pressupõe a possível diminuição de direitos patrimoniais dos minoritários.

Não obstante, o legislador despreparado fala em "prejuízo", desconhecendo que o termo é sinônimo de dano, decorrente de ato ilícito que afeta o patrimônio material ou moral de alguém. É o que prescreve o art. 186 do Código Civil: "Aquele que, por ação ou omissão voluntária, negligência ou imprudência, violar direito e causar dano a outrem, ainda que exclusivamente moral, comete ato ilícito". No mesmo sentido, o art. 389 do Código Civil, quanto aos efeitos do ato ilícito.

Ocorre que as alterações institucionais ou estatutárias da companhia constituem atos perfeitamente lícitos e previstos expressamente na lei, não

---

mudança de objeto essencial da empresa. Basta que prejudiquem interesses de acionistas minoritários, para dar ensejo ao recesso.

Min. Carlos Madeira: "Por outro lado, cabe notar que a lei atual não exige que a alteração diga respeito a objeto essencial da companhia, como fazia a legislação anterior. Basta que, por sua importância, a alteração prejudique interesses dos acionistas dissidentes (art. 136, V, da Lei n. 6.404/76)".

AC 3.287-90-RJ, j. em 13-11-1990 (col. Nelson Eizirik, *Sociedades anônimas,* cit., p. 244): "Sociedade Anônima. Direito de retirada ou de recesso. A mudança de objeto da sociedade legitima o sócio dissidente a se retirar da sociedade, mediante reembolso de suas ações, se o reclamar à companhia no prazo de trinta dias contados da publicação da ata da assembleia geral extraordinária (arts. 136, V, e 137 da Lei n. 6.404/76)".

905 *V.* comentários ao art. 45.

906 No direito norte-americano, em regra, a prerrogativa de recesso é reservada aos acionistas legitimados para votar a deliberação. Henn, *Law of corporations,* cit., p. 723.

violando direito algum do acionista, pelo que não se pode falar em dano.

Assim, é inadmissível falar em *prejuízo* do acionista alcançado pela alteração estatutária ou estrutural da companhia. O direito do minoritário ao recesso nasce quando o seu *interesse* patrimonial é alcançado pelas alterações havidas.

A regra de que o direito cabe a qualquer acionista não deve, no entanto, ser entendida como absoluta. Há o pressuposto de que o *interesse* do acionista foi atingido.

Assim, se a modificação atinge todas as ações, como é o caso, v. g., de alteração, de direito ou de fato, do objeto social; modificação do dividendo obrigatório; fusão, incorporação, cisão etc., não pode a companhia opor-se a qualquer acionista que pretenda retirar-se[907].

Porém, se a modificação estatutária atinge apenas as ações preferenciais, somente os titulares destas poderão exercer o direito de recesso, como, v. g., na hipótese de alteração desfavorável das preferências dessas ações. Dessa forma, se apenas uma classe de ações é alcançada pela alteração, somente os titulares de ações dessa mesma classe podem exigir o reembolso (art. 136, I)[908].

Se, no entanto, a modificação dos direitos de uma espécie, forma ou classe repercute em outra espécie, classe ou forma, os titulares destas ações atingidas podem exercer o direito.

Será o caso de criação de preferenciais, aumento desproporcional ou modificação (favorável) dos direitos referentes a elas, do que decorrerá prejuízo aos interesses patrimoniais dos titulares de ações ordinárias.

Dessa maneira, em todas as hipóteses deve haver direito atingido, não se presumindo, portanto, que todo e qualquer acionista possa retirar-se da companhia tão somente invocando modificações decididas em assembleia geral que, por ação ou omissão, discordou, mas que, no entanto, não atingem desfavoravelmente os seus *interesses patrimoniais*[909].

---

907 *V.* comentários ao art. 45.

908 *V.* comentários ao art. 136.

909 AC 150.494-1-SP, j. em 9-6-1992 (col. Nelson Eizirik, *Sociedades anônimas,* cit., p. 212-213): Sociedade anônima — Acionista minoritário — Direito de recesso — Pressuposto — Alteração estatutária — Insuficiência — Necessidade da existência de prejuízo aos interesses do acionista — Ação improcedente — Recurso não provido.

(Rel. Des. Renan Lotufo): O que se tem que ver é o efetivo conceito de prejuízo.

O prejuízo a que alude a doutrina e a jurisprudência é o dos interesses do minoritário, não de dano ocorrido.

RECESSO PARCIAL

Não pode haver recesso parcial. Em nosso Direito[910], o recesso é exercido sobre *todas* as ações da *espécie* ou *classe* possuídas pelo acionista.

Do contrário, teríamos, v. g., acionistas titulares de um milhão de ações ordinárias atingidas pela criação de preferenciais, que exerceriam o recesso apenas sobre metade delas, auferindo um resultado patrimonial em dinheiro que, em certos casos, compensaria o restante que iria ele manter.

Essa hipótese levaria a uma evidente especulação, configurável como abuso do direito (art. 115)[911], o que certamente é incompatível com o instituto do recesso e do reembolso[912].

AÇÕES NÃO INTEGRALIZADAS

Também as ações não integralizadas ensejam o exercício do direito de recesso, pois todo acionista passa a ser titular dessa prerrogativa no momento em que se torna sócio (§ 1º).

Nesta hipótese, é evidente que o reembolso será feito na proporção das parcelas integralizadas. Vigora, no entanto, para estas o critério de valor

---

É o que se tem em acórdão do Supremo, com apoio em lição de Modesto Carvalhosa, a qual foi transcrita na apelação:

"Daí o exercício do direito de recesso, que é, como acentua Modesto Carvalhosa, um 'corretivo do princípio majoritário, no sentido de que, frente a algumas modificações mais importantes do estatuto social, a lei protege o acionista individual que se considere prejudicado por tais modificações'. 'O acionista, aduz o autor, retira-se não da sociedade a cuja estrutura aderiu. Afasta-se, isso sim, por antecipação da companhia, como fazia a legislação anterior. Basta que, por sua importância, a alteração prejudique interesses dos acionistas dissidentes' (artigo 136, inciso V, da Lei Federal n. 6.404, de 1976), Recurso Extraordinário n. 104.985-6-RS, Segunda Turma, julgado em 17.6.86, Relator Ministro Carlos Madeira, maioria de votos (com votos vencedores Ministros Aldir Passarinho e Djaci Falcão)".

910 No direito norte-americano, o *Model Business Corporation Act*, em seu art. 80, propõe que o acionista exerça seu direito de recesso parcialmente, isto é, com apenas parte de suas ações.

911 Garrigues-Uría (*Comentario*, cit., v. 2, p. 254) lecionam que o direito de recesso deve ser exercido totalmente, não podendo ser limitado a uma parte das ações possuídas pelo sócio.

912 V. comentários ao art. 109, sobre o *abuso do direito* (de recesso) nas companhias abertas.

estabelecido no estatuto (art. 45, § 1º) ou, na falta deste, o valor do patrimônio líquido de acordo com o último balanço aprovado[913].

São indeclinavelmente aplicáveis, portanto, ao reembolso das ações não integralizadas, na proporção das entradas realizadas, todas as regras de cálculo e de procedimento previstas no art. 45 e no ora comentado.

Não pode, com efeito, a companhia pretextar a não integralização para pretender reembolsá-las pelo valor igual às entradas efetuadas.

AÇÕES EM MORA

Os acionistas devidamente constituídos em mora (arts. 106 e 108) não podem requerer o reembolso, porque se encontram em débito com a companhia.

No entanto, se purgarem a mora, poderão, logo em seguida, exercer o direito de recesso, pois o pagamento, na hipótese, convalesce esse direito plenamente.

Da mesma forma, caberá a retirada se consignarem as prestações devidas em juízo, no caso de recusa do seu recebimento pela companhia, com o presumível intuito de obstar o exercício do direito de retirada.

IMPOSSIBILIDADE DE RECESSO CONVENCIONAL

Discute-se, ainda, na doutrina, as espécies de recesso: legal ou convencional, conforme tenham, obviamente, origem na lei ou na vontade das partes contratantes[914].

Em nosso Direito, no entanto, é inadmissível a extensão do direito de recesso a hipóteses análogas às legais.

Não podem, portanto, o estatuto e, muito menos, a assembleia geral estabelecer outras hipóteses ou conceder excepcionalmente o remédio[915].

As hipóteses legais são aplicáveis às situações de direito e de fato, tais como abusos de poder e de fraude à lei por parte dos administradores e dos controladores.

---

913 V. comentários ao art. 45.

914 Velasco, *La separación*, cit., p. 12 e s.

915 Admitem o recesso convencional Messineo, *Manuale*, cit., v. 4, p. 505, e Halperin, *Sociedades anónimas*, cit., p. 627.

Será o caso de alteração de fato do objeto social, ou também de incorporação, fusão ou cisão de fato, mediante venda de patrimônio operacional, sem observância das formalidades legais respectivas.

A enumeração legal é taxativa e, portanto, exaustiva[916].

CONDIÇÕES ARTIFICIAIS PARA FORÇAR O RECESSO — CVM

O abuso do direito de recesso por parte das instituições financeiras administradoras de fundos mútuos bem como a criação de condições artificiais pela companhia para forçar o recesso foram comentados no art. 109[917].

Sobre este último fenômeno, no entanto, cabe reiterar a configuração do abuso de poder dos controladores (art. 117) que, ao proporem modificações estatutárias suscetíveis de exercício do recesso, fazem-no não no interesse social, mas, sim, no de desvencilhar-se de minoria política ou patrimonialmente incômoda.

Sendo companhia aberta, caberá, além da responsabilidade civil dos administradores e controladores (arts. 117 e 158), também as sanções administrativas, a cargo da Comissão de Valores Mobiliários.

MANIFESTAÇÃO DE DISSIDÊNCIA

Como referido no estudo da natureza jurídica desse direito, o recesso constitui declaração unilateral de vontade, de índole receptiva, que não necessita de aceitação por parte da companhia e que surte efeito desde o momento em que chega ao conhecimento da administração societária[918].

Será eficaz qualquer meio que consigne em documento[919] a vontade do acionista e permita sua prova, admitindo-se, portanto, todos os meios idôneos de manifestação de vontade, inclusive fazer constar da própria ata da assembleia geral.

Neste caso, a manifestação será oral. Nos demais casos, deverá sê-lo por escrito, através de correspondência com a comprovação de entrega. Dispensa-se a notificação extrajudicial e a judicial.

---

916 V. comentários ao art. 45.

917 V. comentários ao art. 109.

918 Garrigues-Uría, *Comentario*, cit., v. 2, p. 255.

919 Garrigues-Uría, *Comentario*, cit., v. 2, p. 235.

ASSEMBLEIA DE RETRATAÇÃO

Tendo em vista que o recesso pode colocar em risco a estabilidade financeira da companhia, admitiu a lei que esta, diante do volume de pedidos de retirada, promova assembleia de retratação, tendo como ordem do dia ratificar a deliberação anteriormente tomada ou o seu cancelamento[920].

Adota, portanto, a nossa lei a sistemática de que a deliberação que ensejou o recesso é plenamente eficaz e não condicional. Essa eficácia, no entanto, poderá desaparecer, se uma nova assembleia convocada, após decorridos os trinta dias ao término do prazo para o exercício do direito, decidir cancelar a deliberação a respeito, voltando o estatuto da companhia ao *statu quo ante*.

A eficácia dessa retratação é incontestável, cessando todos os efeitos do exercício do direito de recesso que, em consequência, tornam-se inoponíveis à companhia.

Não cabe qualquer reparação ou indenização aos acionistas pela decisão retificadora de sua assembleia geral, pois se trata de preceito de ordem pública que atende ao princípio da permanência do capital social.

HIPÓTESES DE RECESSO

As causas, de direito e de fato, que fundamentam o exercício do recesso são amplas em nossa lei. Além dos casos enumerados no artigo ora comentado, é prevista a retirada nas hipóteses consubstanciadas nos arts. 221, 236, 256 e 264. No caso de incorporação de controlada (art. 264), há normas especiais de reembolso[921].

PRAZO DE EXERCÍCIO E RETRATAÇÃO — §§ 2º E 3º

O prazo de exercício do direito de recesso conta-se *sempre* da data da publicação da ata da assembleia geral (art. 289).

No caso de *alteração de direito*, o período de trinta dias deferido pela lei aproveita tanto ao acionista como à companhia. Isto porque a sociedade

---

920 *V.* comentários ao art. 45.

921 *V.* comentários ao art. 264 e elenco das hipóteses de recesso, nos comentários ao art. 45.

poderá entre o trigésimo primeiro e o quadragésimo dia após a publicação da ata do conclave convocar assembleia de retratação.

No caso de *alteração de fato* do objeto, da personalidade jurídica (fusão, cisão, incorporação) ou do desaparecimento do patrimônio operacional da companhia, o prazo de trinta dias para o exercício do direito não prevalece, pois falta o fato jurídico gerador da prescrição (publicação da ata da assembleia geral), pois não se observou esse imperativo procedimento.

Nesses casos o prazo de manifestação de dissidência do acionista será o de dois anos, previsto no art. 286, pois se trata de atos violadores da lei e do estatuto, praticados pelos administradores e controladores.

Por outro lado, não se pode falar em assembleia de retratação no caso de *alteração de fato* do objeto social ou de incorporação, cisão ou incorporação sem a observância estrita dos procedimentos legais. Nesses casos, a violação da lei e do estatuto não pode convalescer, pois falta o pressuposto de boa-fé (art. 285).

Em consequência, não poderá o prazo ser antecipado a favor do acionista nem a favor da companhia. Mesmo que o acionista exerça desde logo, na própria assembleia, o seu direito de retirada, esta somente se tornará eficaz perante a companhia pela *publicação* (art. 289)[922] da respectiva ata em que deverá constar a declaração do dissidente.

Da mesma forma, o acionista que logo após a assembleia geral fizer a comunicação à companhia de sua retirada deverá aguardar o decurso dos trinta dias *após a publicação* para obter o reembolso de suas ações.

Qualquer medida que o acionista tome anteriormente ao decurso desse prazo, para forçar o reembolso sob o pretexto de que se antecipou à publicação da ata, será inteiramente ineficaz.

O fundamento, portanto, dessa estrita observância do prazo de trinta dias contados da publicação da ata da assembleia geral (art. 289) é o da igualdade de direitos que têm, na hipótese, os acionistas e a companhia.

Essa igualdade existe tanto entre os próprios acionistas retirantes que devem receber na mesma ocasião o reembolso, como entre estes e a companhia, que, como medida de defesa do seu patrimônio, tem o direito de levantar, terminados os trinta dias, a sua posição diante dos pedidos de recesso, a fim de que sua administração delibere, em seguida, sobre a conveniência, ou não, de convocar a assembleia geral para decidir pela retratação ou pela ratificação da deliberação que ensejou os pedidos dos acionistas.

---

922 *V*. comentários ao art. 289.

PRAZO DE DECADÊNCIA

O Código Civil prescreve distinção expressa entre decadência e prescrição (arts. 205 e 206, prescrição e arts. 207 a 211, decadência).

Outrossim, a diferença entre uma e outra figura é largamente reconhecida pela doutrina e pela jurisprudência.

A decadência seria a perda de um direito, ao passo que a prescrição seria a perda da ação que faria prevalecer esse mesmo direito.

Têm, no entanto, uma e outra, a característica comum de perecibilidade do direito pela inércia do seu titular.

É o caso típico do não exercício do direito de recesso no prazo de trinta dias contados da publicação da ata da assembleia geral ou de dois anos nos casos de atos praticados pelos administradores e controladores, violadores da lei ou do estatuto (art. 286) e que importam na *alteração de fato* do objeto social ou ainda que resultem em cisão, fusão e incorporação *de fato* da companhia.

Tanto a decadência como a prescrição são preceitos de ordem pública, erigidos em norma que visa a evitar a perpetuidade dos direitos, imprimindo maior segurança às relações jurídicas no tempo[923].

Ocorre que a *decadência* de que fala a lei extingue o direito e determina o desaparecimento consequente da ação que lhe corresponde, pois a esta faltará o pressuposto essencial do objeto[924].

Já a *prescrição* atinge diretamente a ação e, por via oblíqua, faz desaparecer o direito por ela tutelado; a *decadência*, inversamente, atinge diretamente o direito e, por via reflexa, extingue a ação[925].

Na decadência, o direito é outorgado para ser exercido dentro de um determinado prazo; se não o for, extinguir-se-á. Para a decadência, o prazo não se interrompe nem se suspende, correndo indefectível e fatalmente contra todos, terminando sempre no dia preestabelecido, não podendo, ademais, ser objeto de renúncia[926]. Na decadência, portanto, é o próprio direito que fenece[927].

---

923 Fabio Fanucchi, *Decadência e prescrição em direito tributário*, São Paulo, Bushatsky, 1971, p. 233.

924 Fabio Fanucchi, *Decadência*, cit., p. 125.

925 Washington de Barros Monteiro, *Curso de direito civil*, v. 1, p. 299.

926 Washington de Barros Monteiro, *Curso*, cit., v. 1, p. 230.

927 Silvio Rodrigues, *Direito civil*, v. 1, p. 350 e s.

Em consequência, será inoperante qualquer medida proposta pelo acionista visando a produzir o efeito de interromper o prazo de trinta dias determinado pela lei para o exercício do direito de recesso originado de deliberação regular e legítima tomada em assembleia geral.

O prazo de trinta dias, nesses casos, contados da publicação da ata da assembleia geral, é fatal e ininterrupto, não podendo ser relevado para qualquer acionista, correndo igual para todos[928].

---

[928] Sobre alteração de fato do objeto social, voto da Diretora Norma Jonssen Parente, in Colegiado CVM, Proc. RJ2003/5457, j. em 4-8-2004. Sobre a diferença entre recesso e dissolução parcial, TJSP, 10ª Câm., AC 37.198-4/2, Rel. Des. Quaglia Barbosa, j. em 30-6-1998. Sobre a natureza essencial do direito de recesso, que não pode ser suprimido pelo estatuto ou por deliberação assemblear, *JTJ* 214/168. Sobre interpretação, em caso de dúvida, sempre a favor do acionista que exerceu o direito de recesso, STJ, REsp 63.367/MG, Rel. Min. Eduardo Ribeiro, *DJU* 22-3-1999, p. 187. Sobre mudança de objeto social, TJRJ, 1ª Grupo de Câmaras Cíveis, Emb. Infr. 200/94, Rel. Des. Laerson Mauro, j. em 15-2-1995; Parecer CVM/SJU n. 011/94. Sobre a natureza exaustiva das causas legais de recesso, TJSP, 1ª Grupo de Câmaras Cíveis, AR 247.278-1, Rel. Des. Vasconcellos Pereira, j. em 5-11-1997; Parecer CVM/PJU, n. 005/200; Parecer CVM/SJU n. 110/79. Sobre os fundamentos do direito de recesso, TJRS, 6ª Câm., AC 70006803084, Rel. p/ acórdão, Des. Carlos Alberto Alvaro de Oliveira, j. em 17-12-2003. Sobre o caráter potestativo do direito de recesso, Parecer CVM/SJU n. 012/81. Sobre o abuso no exercício do direito de recesso, STJ, REsp 197.239/SP, Rel. Min. Eduardo Ribeiro, *DJU* 17-5-1999, p. 203. Sobre valor do reembolso, STJ, REsp 51.655/RJ, Rel. p/ acórdão Min. Nilson Naves, *DJU* 3-3-1997, p. 4638. Sobre a necessidade de ser demonstrada a diminuição patrimonial para o exercício do direito de recesso, TJSP, 10ª Câm., AC 37.198-4/2, Rel. Des. Quaglia Barbosa, j. em 30-6-1998. STJ, REsp 32.525/SP, Rel. Min. Sálvio de Figueiredo Teixeira, *DJU* 22-4-1996, p. 12575, *RSTJ* 85/250, *RT* 730/182. Em sentido contrário, de desnecessidade de demonstrar diminuição patrimonial, Parecer CVM/PJU n. 008/2002; Parecer CVM/SJU n. 119/79. Sobre quebra de proporção de ações, que ensejam o exercício do direito de recesso, Parecer CVM/SJU n. 036/84; Parecer CVM/SJU n. 040/84. Sobre prescrição e pedido judicial de recesso, *JTJ* 282/398. Sobre a configuração de acionista dissidente, para os efeitos do exercício do direito de recesso, STJ, REsp 570.028/AP, Rel. Min. Castro Filho, *DJU* 2-5-2005, p. 340. Sobre a vedação de se utilizar o exercício do direito de recesso para obtenção de lucro, STJ, REsp 197.329/SP, Rel. Min. Eduardo Ribeiro, *RSTJ* 119/365; TJSP, 4ª Câm., Agr. Instr. 320.676-4/2-00, Rel. Des. Jacobina Rabello, j. em 18-3-2004. In Lazzareschi, ob. cit., p. 377 e s.